Winfried Boecken

BGB –
Allgemeiner Teil

W0087032

Kohlhammer

Studienreihe Rechtswissenschaften

herausgegeben von
Professor Dr. Winfried Boecken und Professor Dr. Heinrich Wilms (†)

BGB –
Allgemeiner Teil

von
Winfried Boecken
Dr. jur. LL.M. (EHI Florenz), ordentlicher Professor an der
Universität Konstanz

2. Auflage

Verlag W. Kohlhammer

ISBN 978-3-17-021950-2

Vorwort

Mit der nunmehr vorliegenden zweiten Auflage ist das Lehrbuch BGB-Allgemeiner Teil unter Berücksichtigung von Gesetzgebung, Rechtsprechung und Literatur auf den Stand von Juli 2011 gebracht worden. Besonderes Gewicht wurde bei der Neubearbeitung darauf gelegt, die sich auch zu Fragen des Allgemeinen Teils stetig fortentwickelnde Rechtsprechung in den jeweils einschlägigen Kontext systematisch und nachvollziehbar einzuarbeiten sowie weitere Literaturnachweise zum vertieften Studium wesentlicher Probleme des Allgemeinen Teils aufzunehmen. Darüber hinaus ist die Überarbeitung zum Anlass genommen worden, die Einführung in das Bürgerliche Recht (1. Teil) erheblich zu straffen, um die Rechtsgeschäftslehre (3. Teil) als Zentrum des Allgemeinen Teils in ihren dogmatisch-systematischen Grundlagen und Zusammenhängen weiter vertiefen zu können.

Für intensive Diskussion und aufwendige Mitarbeit bei der Vorbereitung dieser Auflage gilt mein besonderer Dank Herrn cand. jur. Daniel C. Jacobsen. Weiterhin danke ich Frau Assessorin Sybille Schroff für die zuverlässige Überarbeitung des Sachverzeichnisses sowie Frau stud. jur. Iris Burkhart für die Hilfe bei der Rechtsprechungs- und Literaturrecherche. Schließlich habe ich meiner Sekretärin Frau Silvia Hug für die souveräne Bewältigung der notwendigen Arbeiten zur Erstellung des Manuskripts zu danken.

Konstanz, im August 2011   Winfried Boecken

Aus dem Vorwort zur ersten Auflage

Das vorliegende Lehrbuch zum Allgemeinen Teil des Bürgerlichen Gesetzbuchs im Rahmen der Studienreihe Rechtswissenschaften wendet sich entsprechend der Zielsetzung der Studienreihe in erster Linie an Studenten der Rechtswissenschaften. Seiner Konzeption nach ist das Lehrbuch darauf ausgerichtet, systematisch die allgemeinen Grundlagen des Bürgerlichen Rechts respektive des Privatrechts zu vermitteln und dabei die dogmatischen Strukturen dieses Rechtsgebiets erkennbar und nachvollziehbar zu machen.

Die systematische Darstellung wird durch eine Vielzahl von in den Text aufgenommenen Beispielen ergänzt, mittels derer das Verständnis der notwendig abstrakt zu behandelnden Themen erleichtert und Praxisnähe hergestellt werden soll. Darüber hinaus sind in einem Anhang wichtige Entscheidungen, Schemata und Definitionen aufgenommen worden. Hierdurch soll den Studenten die Möglichkeit eröffnet werden, sich einen schnellen Zugang zu einschlägiger höchstrichterlicher Rechtsprechung, Prüfungsreihenfolgen und der Bedeutung zentraler Begriffe aus dem Allgemeinen Teil des Bürgerlichen Rechts zu verschaffen. Das Lehrbuch ist von seinem didaktischen und wissenschaftlichen Anspruch her so angelegt, dass es nicht nur für Anfangssemester als Grundlegung für das Verständnis des Bürgerlichen Rechts geeignet ist, sondern auch Studenten in vorgerückten Semestern zur Wiederholung und Vergegenwärtigung des examensrelevanten Stoffes dient.

Der Aufbau der Lehrbuchs orientiert sich wesentlich an der Gliederung des Allgemeinen Teils des Bürgerlichen Gesetzbuchs: Nach einer Einführung in das Bürgerliche Recht (1. Teil) wird zunächst auf die Subjekte, subjektiven Rechte und Rechtsobjekte eingegangen (2. Teil), folgend wird die im Mittelpunkt stehende Rechtsgeschäftslehre als Kernstück des Allgemeinen Teils des Bürgerlichen Gesetzbuchs entfaltet (3. Teil), schließlich werden Fristen, Verjährung, Rechtsausübung und Sicherheitsleistung behandelt (4. Teil).

Inhaltsverzeichnis

Inhaltsverzeichnis

Inhaltsverzeichnis

Abkürzungsverzeichnis

a. A.	andere(r) Ansicht
a. a. O.	am angegebenen Ort
a. E.	am Ende
a. F.	alte Fassung
ABl.	Amtsblatt
Abs.	Absatz
AcP	Archiv für die civilistische Praxis
ADHGB	Allgemeines Deutsches Handelsgesetzbuch
AG	Aktiengesellschaft, Amtsgericht
AGBG	Gesetz zur Regelung des Rechts der Allgemeinen Geschäfts-bedingungen (AGB-Gesetz)
AGBGB	Ausführungsgesetz zum Bürgerlichen Gesetzbuch
AGG	Allgemeines Gleichbehandlungsgesetz
AGGVG	Ausführungsgesetz zum Gerichtsverfassungsgesetz
AKB	Allgemeine Bedingungen für die Kraftfahrtversicherung
AktG	Aktiengesetz
allg. M.	allgemeine Meinung
ALR	Allgemeines Landrecht für die Preußischen Staaten
AltautoV	Verordnung über die Überlassung, Rücknahme und umwelt-verträgliche Entsorgung von Altfahrzeugen
amtl.	amtlich(e/er/es/en)
AO	Abgabenordnung
ArbG	Arbeitsgericht
ArbGG	Arbeitsgerichtsgesetz
ArbPlSchG	Gesetz über den Schutz des Arbeitsplatzes bei Einberufung zum Wehrdienst (Arbeitsplatzschutzgesetz)
ArbSchG	Gesetz über die Durchführung von Maßnahmen des Arbeits-schutzes zur Verbesserung der Sicherheit und des Gesundheits-schutzes der Beschäftigten bei der Arbeit (Arbeitsschutzgesetz)
ArbZG	Arbeitszeitgesetz
Art.	Artikel
ASiG	Gesetz über Betriebsärzte, Sicherheitsingenieure und andere Fachkräfte für Arbeitssicherheit (Arbeitssicherheitsgesetz)
Aufl.	Auflage
AÜG	Gesetz zur Regelung der gewerbsmäßigen Arbeitnehmer-überlassung (Arbeitnehmerüberlassungsgesetz)
ausf.	ausführlich
BAG	Bundesarbeitsgericht
BAGE	Sammlung der Entscheidungen des Bundesarbeitsgerichts
BauGB	Baugesetzbuch

Abkürzungsverzeichnis

BayObLG	Bayerisches Oberstes Landesgericht
BayObLGZ	Entscheidungen des Bayerischen Obersten Landesgerichts in Zivilsachen
BayVerfGH	Bayrischer Verfassungsgerichtshof
BB	Der Betriebsberater
BBergG	Bundesberggesetz
BBiG	Berufsbildungsgesetz
Bd.	Band
betr.	betreffend
BetrAVG	Gesetz über die Verbesserung der betrieblichen Altersversorgung
BetrVG	Betriebsverfassungsgesetz
BeurkG	Beurkundungsgesetz
BFH	Bundesfinanzhof
BGB	Bürgerliches Gesetzbuch
BGB-InfoV	Verordnung über Informations- und Nachweispflichten nach bürgerlichem Recht
BGBl.	Bundesgesetzblatt
BGH	Bundesgerichtshof
BGHZ	Entscheidungen des Bundesgerichtshofes in Zivilsachen
BR-Drucks.	Bundesratsdrucksachen
BSG	Bundessozialgericht
Bsp.	Beispiel(e/en)
bspw.	beispielsweise
BT-Drucks.	Bundestagsdrucksachen
BUrlG	Mindesturlaubsgesetz für Arbeitnehmer (Bundesurlaubsgesetz)
BuW	Betrieb und Wirtschaft
BVerfG	Bundesverfassungsgericht
BVerfGE	Entscheidung(en) des Bundesverfassungsgerichts
BVerwG	Bundesverwaltungsgericht
bzgl.	bezüglich
bzw.	beziehungsweise
c. i. c.	culpa in contrahendo (Verschulden bei Vertragsschluss)
d. h.	das heißt
DB	Der Betrieb
ders.	Derselbe
DM	Deutsche Mark (ehem. Währung)
DNotZ	Deutsche Notarzeitung
EFZG	Gesetz über die Zahlung des Arbeitsentgelts an Feiertagen und im Krankheitsfall (Entgeltfortzahlungsgesetz)
eG	eingetragene Genossenschaft
EG	Europäische Gemeinschaft
EGBGB	Einführungsgesetz zum Bürgerlichen Gesetzbuch
EGHGB	Einführungsgesetz zum Handelsgesetzbuch
EGV	Vertrag zur Gründung der Europäischen Gemeinschaft (EG-Vertrag)
EheG	Ehegesetz
Einf.v.	Einführung vor

Einl.	Einleitung
Einl. v.	Einleitung vor
ErbbauVO	Verordnung über das Erbbaurecht
ErbGleichG	Gesetz zur erbrechtlichen Gleichstellung nichtehelicher Kinder
EStG	Einkommensteuergesetz
EuGH	Europäischer Gerichtshof
€	Euro (Währung)
EWIV	Europäische Wirtschaftliche Interessenvereinigung
f.	folgende
FamRZ	Zeitschrift für das gesamte Familienrecht
FernAbsG	Fernabsatzgesetz
FernUSG	Gesetz zum Schutz der Teilnehmer am Fernunterricht (Fernunterrichtsschutzgesetz)
ff.	fortfolgende
FG	Finanzgericht
FGG	Gesetz über die Angelegenheiten der freiwilligen Gerichtsbarkeit
FGO	Finanzgerichtsordnung
Fn.	Fußnote
FS	Festschrift
GastG	Gaststättengesetz
GBl.	Gesetzblatt
GBO	Grundbuchordnung
GbR	Gesellschaft bürgerlichen Rechts (BGB-Gesellschaft)
GebrMG	Gebrauchsmustergesetz
GemO BW	Gemeindeordnung für Baden-Württemberg
GenG	Gesetz betreffend die Erwerbs- und Wirtschaftsgenossenschaften (Genossenschaftsgesetz)
GeschmMG	Gesetz über den rechtlichen Schutz von Mustern und Modellen (Geschmacksmustergesetz)
GewO	Gewerbeordnung
GewStG	Gewerbesteuergesetz
GG	Grundgesetz für die Bundesrepublik Deutschland
ggf.	gegebenenfalls
GleichberG	Gesetz über die Gleichberechtigung von Mann und Frau auf dem Gebiet des bürgerlichen Rechts (Gleichberechtigungsgesetz)
GmbH	Gesellschaft mit beschränkter Haftung
GmbHG	Gesetz betreffend die Gesellschaften mit beschränkter Haftung (GmbH-Gesetz)
grds.	grundsätzlich
Grds.	Grundsätze
GrdstVG	Gesetz zu Verbesserung der Agrarstruktur und zur Sicherung land- und forstwirtschaftlicher Betriebe (Grundstücksverkehrsgesetz)
GRUR	Gewerblicher Rechtsschutz und Urheberrecht
GRURInt	Gewerblicher Rechtsschutz und Urheberrecht, Internationaler Teil
GVG	Gerichtsverfassungsgesetz
GWB	Gesetz gegen Wettbewerbsbeschränkungen

Abkürzungsverzeichnis

h. L.	herrschende Lehre
h. M.	herrschende Meinung
HAG	Heimarbeitsgesetz
HausratsV	Verordnung über die Behandlung der Ehewohnung und des Hausrats (Hausratsverordnung)
Hdb.	Handbuch
HdGStiftG	Gesetz zur Errichtung einer Stiftung „Haus der Geschichte der Bundesrepublik Deutschland"
HeimG	Heimgesetz
HGB	Handelsgesetzbuch
HinterlegungsO	Hinterlegungsordnung
HPflG	Haftpflichtgesetz
Hrsg.	Herausgeber
HWiG	Gesetz über den Widerruf von Haustürgeschäften und ähnlichen Geschäften (Haustürwiderrufsgesetz)
i. d. F.	in der Fassung
i. d. R.	in der Regel
i. S. d.	im Sinne des/der
i. S. v.	im Sinne von
i. V. m.	in Verbindung mit
insb.	insbesondere
InsO	Insolvenzordnung
JA	Juristische Arbeitsblätter
JArbSchG	Gesetz zum Schutz der arbeitenden Jugend (Jugendarbeitsschutzgesetz)
JURA	Juristische Ausbildung
JuS	Juristische Schulung
JW	Juristische Wochenschrift
JZ	Juristenzeitung
KfzPflVV	Verordnung über den Versicherungsschutz in der Kraftfahrzeug-Haftpflichtversicherung (Kraftfahrzeug-Pflichtversicherungsverordnung)
KG	Kommanditgesellschaft
KGaA	Kommanditgesellschaft auf Aktien
KindRG	Gesetz zur Reform des Kindschaftsrechts (Kindschaftsrechtsreformgesetz)
KO	Konkursordnung
KostO	Gesetz über die Kosten in Angelegenheiten der freiwilligen Gerichtsbarkeit (Kostenordnung)
KSchG	Kündigungsschutzgesetz
KStG	Körperschaftsteuergesetz
KunstUrhG	Gesetz betreffend das Urheberrecht an Werken der bildenden Künste und der Photographie (Kunsturheberrechtsgesetz)
LAG	Landesarbeitsgericht
lat.	lateinisch
LG	Landgericht
Lit.	Literatur

LM	Lindenmaier/Möhring (Nachschlagewerk des Bundesgerichtshofes)
LPartG	Gesetz über die eingetragene Lebenspartnerschaft (Lebenspartnerschaftsgesetz)
Ls.	Leitsatz
LSG	Landessozialgericht
LVwVfG BW	Landesverwaltungsverfahrensgesetz für Baden-Württemberg
m. w. N.	mit weiteren Nachweisen
m. W. v.	mit Wirkung vom
MarkenG	Gesetz über den Schutz von Marken und sonstigen Kennzeichen (Markengesetz)
MDR	Monatsschrift für Deutsches Recht
MuSchG	Gesetz zum Schutz der erwerbstätigen Mutter (Mutterschutzgesetz)
n. F.	neue Fassung
Nachw.	Nachweise(n)
NachwG	Gesetz über den Nachweis der für ein Arbeitsverhältnis geltenden wesentlichen Bedingungen (Nachweisgesetz)
NJW	Neue Juristische Wochenschrift
NJW-CoR	Computerreport der Neuen Juristischen Wochenschrift
NJW-RR	Neue Juristische Wochenschrift Rechtsprechungs-Report Zivilrecht
Nr.	Nummer
NRG BW	Gesetz über das Nachbarrecht Baden-Württemberg
NVwZ	Neue Zeitschrift für Verwaltungsrecht
NZA	Neue Zeitschrift für Arbeitsrecht
OGHBrZ	Oberster Gerichtshof für die britische Zone
OHG	offene Handelsgesellschaft
OLG	Oberlandesgericht
OVG	Oberverwaltungsgericht
PachtkredG	Pachtkreditgesetz
PartG	Gesetz über die politischen Parteien (Parteiengesetz)
PartGG	Gesetz über Partnerschaftsgesellschaften Angehöriger Freier Berufe (Partnerschaftsgesellschaftsgesetz)
PBfG	Personenbeförderungsgesetz
PDLV	Postdienstleistungsverordnung
PflVG	Gesetz über die Pflichtversicherung für Kraftfahrzeughalter (Pflichtversicherungsgesetz)
pFV	positive Forderungsverletzung
PostG 1998	Postgesetz 1998
ProdHaftG	Gesetz über die Haftung für fehlerhafte Produkte (Produkthaftungsgesetz)
ProstG	Gesetz zur Regelung der Rechtsverhältnisse der Prostituierten (Prostitutionsgesetz)
PUDLV	Postuniversaldienstleistungsverordnung
pVV	positive Vertragsverletzung

Abkürzungsverzeichnis

RAO	Rechtsanwaltsordnung
RdA	Recht der Arbeit
RG	Reichsgericht
RGBl.	Reichsgesetzblatt
RGJW	Das Reichsgericht in der Juristischen Wochenschrift
RGSt	Entscheidungen des Reichsgerichts in Strafsachen
RGZ	Entscheidungen des Reichsgerichts in Zivilsachen
RIW	Recht der internationalen Wirtschaft
Rn.	Randnummer
RPflStud	Rechtspfleger – Studienhefte
Rspr.	Rechtsprechung
S., s.	Seite, Siehe, siehe
Sch	Schema
SchuldRModG	Gesetz zur Modernisierung des Schuldrechts (Schuldrechtsmodernisierungsgesetz)
SchwarzArbG	Gesetz zur Bekämpfung der Schwarzarbeit
SG	Sozialgericht
SGB	Sozialgesetzbuch
SGG	Sozialgerichtsgesetz
SigG	Gesetz über Rahmenbedingungen für elektronische Signaturen (Signaturgesetz)
Slg.	Sammlung
sog.	so genannt(e/er/es)
st. Rspr.	ständige Rechtsprechung
StaatsGH	Staatsgerichtshof
StGB	Strafgesetzbuch
StiftG BW	Stiftungsgesetz für Baden-Württemberg
StPO	Strafprozessordnung
StVG	Straßenverkehrsgesetz
SZ	Süddeutsche Zeitung
TDG	Gesetz über die Nutzung von Telediensten (Teledienstegesetz)
TierSchG	Tierschutzgesetz
TPG	Gesetz über die Spende, Entnahme und Übertragung von Organen (Transplantationsgesetz)
TVG	Tarifvertragsgesetz
TVöD	Tarifvertrag für den öffentlichen Dienst
TzBfG	Gesetz über Teilzeitarbeit und befristete Arbeitsverträge (Teilzeit- und Befristungsgesetz)
TzWrG	Gesetz über die Veräußerung von Teilzeitnutzungsrechten an Wohngebäuden (Teilzeit-Wohnrechtegesetz)
u. a.	unter anderem, und andere(s)
u. U.	unter Umständen
Überbl. v.	Überblick vor
UFITA	Archiv für Urheber-, Film-, Funk- und Theaterrecht
UKlaG	Gesetz über Unterlassungsklagen bei Verbraucherrechts- und anderen Verstößen (Unterlassungsklagengesetz)
UmweltHG	Umwelthaftungsgesetz

UmwG	Umwandlungsgesetz
UrhG	Gesetz über Urheberrechte und verwandte Schutzrechte (Urheberrechtsgesetz)
UStG	Umsatzsteuergesetz
usw.	und so weiter
UWG	Gesetz gegen den unlauteren Wettbewerb
VAG	Gesetz über die Beaufsichtigung der Versicherungsunternehmen (Versicherungsaufsichtsgesetz)
VAHRG	Gesetz zur Regelung von Härten im Versorgungsausgleich
verb.	verbunden(e)
VerbrKrG	Verbraucherkreditgesetz
VereinsG	Vereinsgesetz
VerfG	Verfassungsgericht
VerfGH	Verfassungsgerichtshof
VerschG	Verschollenheitsgesetz
VG	Verwaltungsgericht
VGH	Verwaltungsgerichtshof
vgl.	vergleiche
VO	Verordnung
VOB	Vergabe- und Vertragsordnung für Bauleistungen
Vorb.	Vorbemerkung(en)
Vorb. v.	Vorbemerkung(en) vor
VR	Verwaltungsrundschau
VuR	Verbraucher und Recht
VVG	Gesetz über den Versicherungsvertrag (Versicherungsvertragsgesetz)
VwGO	Verwaltungsgerichtsordnung
VwVfG	Verwaltungsverfahrensgesetz
WEG	Gesetz über das Wohnungseigentum und das Dauerwohnrecht (Wohnungseigentumsgesetz)
WM	Wertpapier-Mitteilungen
WoVermittG	Gesetz zur Regelung der Wohnungsvermittlung (Wohnungsvermittlungsgesetz)
WzS	Wege zur Sozialversicherung
z. B.	zum Beispiel
z. T.	zum Teil
ZfIR	Zeitschrift für Immobilienrecht
Ziff.	Ziffer
ZIP	Zeitschrift für Wirtschaftsrecht
ZPO	Zivilprozessordnung
ZVG	Gesetz über die Zwangsversteigerung und Zwangsverwaltung
ZZP	Zeitschrift für Zivilprozess

Paragrafen ohne nähere Angaben sind solche des BGB

Auswahl der herangezogenen Literatur zum Allgemeinen Teil des BGB

Lehrbücher und Fallsammlungen

Armbrüster, Christian, Examinatorium BGB AT, 2006.
Bork, Reinhard, Allgemeiner Teil des Bürgerlichen Gesetzbuchs, 3. Aufl., 2011.
Brox, Hans/*Walker*, Wolf-Dietrich, Allgemeiner Teil des BGB, 34. Aufl., 2010.
Enneccerus, Ludwig/*Nipperdey*, Hans-Carl, Lehrbuch des Bürgerlichen Rechts, Bd. 1, Allgemeiner Teil des Bürgerlichen Rechts, Halbbd. 2, Entstehung, Untergang und Veränderung der Rechte, Ansprüche und Einreden, Ausübung und Sicherung der Rechte, 15. Aufl., 1960.
Faust, Florian, Bürgerliches Gesetzbuch, Allgemeiner Teil, 2. Aufl., 2007.
Fezer, Karl-Heinz, Klausurenkurs zum BGB Allgemeiner Teil, 8. Aufl., 2011.
Flume, Werner, Allgemeiner Teil des Bürgerlichen Rechts, Bd. 2, das Rechtsgeschäft, 3. Aufl. 1979.
Köhler, Helmut, BGB Allgemeiner Teil, 34. Aufl., 2010.
Larenz, Karl/*Wolf*, Manfred, Allgemeiner Teil des Bürgerlichen Rechts, 9. Aufl., 2004.
Leenen, Detlef, BGB Allgemeiner Teil: Rechtsgeschäftslehre, 2011.
Leipold, Dieter, BGB I: Einführung und Allgemeiner Teil, ein Lehrbuch mit Fällen und Kontrollfragen, 6. Aufl., 2010.
Medicus, Dieter, Allgemeiner Teil des BGB, 10. Aufl., 2010.
von Tuhr, Andreas, Der Allgemeine Teil des Deutschen Bürgerlichen Rechts, Bd. 2 die rechtserheblichen Tatsachen, insbesondere das Rechtsgeschäft, 1914.

Kommentare

Bamberger/Roth, Kommentar zum Bürgerlichen Gesetzbuch, Bd. 1, §§ 1–610, CISG, 3. Aufl., 2011.
Bürgerliches Gesetzbuch, Handkommentar, (Hk-BGB), 6. Aufl., 2009.
Erman, Bürgerliches Gesetzbuch, Handkommentar, Bd. 1, §§ 1–758 BGB, AGG UklaG, 12. Aufl., 2008.
Jauernig, Othmar, Bürgerliches Gesetzbuch, Kommentar, 13. Aufl., 2009.
Münchener Kommentar zum Bürgerlichen Gesetzbuch, Bd. 1, Teilbd. 1, Allgemeiner Teil, §§ 1–240, 5. Aufl., 2006.
Palandt, Bürgerliches Gesetzbuch, 70. Aufl., 2011.
Planck, Bürgerliches Gesetzbuch nebst Einführungsgesetz, 2. Aufl., 1898.
Prütting, Hanns/*Wegen*, Gerhard/*Weinreich*, Gerd (PWW), BGB, Kommentar, 5. Aufl., 2010.

Literaturverzeichnis

Soergel, Bürgerliches Gesetzbuch, mit Einführungsgesetz und Nebengesetzen,
  Bd. 1, Allgemeiner Teil 1, §§ 1–103 BGB, 13. Aufl., 2000.
  Bd. 2, Allgemeiner Teil 2, §§ 104–240 BGB, 13. Aufl., 1999.
Staudinger, Kommentar zum Bürgerlichen Gesetzbuch mit Einführungsgesetz und
  Nebengesetzen, Buch 1, Allgemeiner Teil,
  §§ 21–79 (Allgemeiner Teil 2), Neubearbeitung 2005.
  §§ 90–133; §§ 1–54, 63 BeurkG (Allgemeiner Teil 3 und Beurkundungsverfahren), Neubearbeitung 2004.
  §§ 134–163 (Allgemeiner Teil 4), Neubearbeitung 2003.
  §§ 139–163 (Allgemeiner Teil 4b), Neubearbeitung 2010.
Staudinger, Kommentar zum Bürgerlichen Gesetzbuch mit Einführungsgesetz und
  Nebengesetzen, Eckpfeiler des Zivilrechts, Neubearbeitung 2011.

1. Teil: **Einführung in das Bürgerliche Recht**

§ 1 Recht und Privarecht (Bürgerliches Recht und Sonderprivatrecht)

Literatur: *Canaris*, Grundrechte und Privatrecht, AcP 184 (1984), 201; *ders.*, Zur Problematik von Privatrecht und verfassungsrechtlichem Übermaßverbot, JZ 1988, 494; *Diederichsen*, Die Selbstbehauptung des Privatrechts gegenüber dem Grundgesetz, JURA 1997, 57; *Hager*, Grundrechte im Privatrecht, JZ 1994, 373; *Merten*, das System der Rechtsquellen, JURA 1981, 169; *Medicus*, Der Grundsatz der Verhältnismäßigkeit im Privatrecht, AcP 192 (1992), 35; *Singer*, Vertragsfreiheit, Grundrechte und der Schutz des Menschen vor sich selbst, JZ 1995, 1133.

Rechtsprechung: **EuGH NJW 1996, 1267** – *Brasserie du Pêcheur* (Schadensersatz aufgrund eines gemeinschaftsrechtlichen Staatshaftungsanspruchs bei Verstoß des Mitgliedstaates gegen Gemeinschaftsrecht; Art. 5, 189, 215 EGV a. F. = Art. 10, 249, 288 EGV n. F.); **BVerfGE 58, 300** – *Naßauskiesungs-Beschluss* (Inhalt und Schranken des Eigentums, Enteignung; Art. 3 Abs. 1, 14 GG, §§ 903, 905 BGB); **BVerfGE 7, 198** – *Lüth-Urteil* (Einwirkung der Grundrechte über die Generalklauseln des bürgerlichen Rechts, Schranke der allgemeinen Gesetze, Wechselwirkungstheorie; Art. 1 Abs. 3, 2 Abs. 1, 5 Abs. 1 Satz 1, Abs. 2 GG, § 826 BGB); **BAGE 103, 111** – *Islamisches Kopftuch* (Sozialwidrigkeit einer Arbeitgeber-Kündigung, Abwägung von Grundrechtspositionen; Art. 4 Abs. 1, Abs. 2 GG und Art. 12 Abs. 1, 19 Abs. 3 GG, §§ 315 Abs. 1, 242, § 102 Abs. 1 BetrVG, § 1 Abs. 2 KSchG).

I. Recht

1. Begriff und Bedeutung

Angesichts der Vielgestaltigkeit und Komplexität zwischenmenschlicher Beziehungen ist es in weiten gesellschaftlichen und sozialen (etwa Familie, Schule, Kirche, Gemeinde, Verein) aber auch wirtschaftlichen Bereichen (Unternehmen, Verbände) notwendig, dass bestimmte Verhaltensweisen einem **Gebot oder Verbot** unterliegen oder sonstige Folgen an sie geknüpft sind. Regelmäßig nur so kann der Einzelne sein Handeln nach diesen „sozialen Spielregeln"[1] ausrichten. Das **Recht** soll dabei das Zusammenleben der Menschen regeln und ordnen[2]. Neben den rechtlichen Regelungen können Normen der **Sitte** und der **Moral** (Sittlichkeit) das zwischenmenschliche Zusammenleben beeinflussen und lenken[3]. Das Recht

1

---

1 *Brox/Walker*, BGB AT, Rn. 1.
2 Zu den Erscheinungsweisen des Rechts und den ihnen zugeordneten Wissenschaften s. *Larenz/Canaris*, Methodenlehre der Rechtswissenschaft, S. 11 ff.
3 Zur Abgrenzung des Rechts von Sitte und Moral (Sittlichkeit) s. sogleich Rn. 3 ff.

stellt dabei anders als Sitte und Moral (Sittlichkeit) verbindliche Regeln auf, die **Rechtsnormen**. Nur sie können mit Hilfe staatlicher Institutionen, insb. der Gerichte, zwangsweise durchgesetzt werden. Rechtsnormen sind im Hinblick auf das **Rechtsstaatsprinzip** (Art. 20 Abs. 3 GG)[4] und das Erfordernis der **Rechtssicherheit** nur dann für den Einzelnen verbindlich, wenn sie ein hinreichendes Maß an Bestimmtheit aufweisen[5]. Die inhaltlich maßgebliche Leitvorstellung allen Rechts muss die Idee der **Gerechtigkeit** sein[6]. Erst daraus kann in überzeugender Weise die Verbindlichkeit des Rechts für jeden Rechtsunterworfenen abgeleitet werden. Die Vorstellungen des Einzelnen davon, was „Gerechtigkeit" bedeutet, können z. T. deutlich divergieren. Doch gibt es allgemein anerkannte Werte, etwa die gemäß Art. 1 Abs. 1 Satz 1 GG „**unantastbare**" **Menschenwürde**[7], aufgrund derer sich nach Art. 1 Abs. 2 GG das Deutsche Volk „zu unverletzlichen und unveräußerlichen Menschenrechten als Grundlage jeder menschlichen Gemeinschaft, des Friedens und der Gerechtigkeit in der Welt" bekennt. So ist nach Art. 102 GG die Todesstrafe abgeschafft. Gerechtigkeit kann maßgeblich auch über den Aspekt der **Gleichheit** angestrebt werden.

2 Über das Ziel der Verwirklichung von Gerechtigkeit hinaus ist die **Befriedungsfunktion** des Rechts zu betonen. Soweit infolge des zwischenmenschlichen Zusammenlebens Konflikte auftreten, soll sich nicht (mehr) das Recht des Stärkeren („Faustrecht") durchsetzen[8]. Vielmehr wird ein staatlich geregeltes Verfahren zur Verfügung gestellt, dessen sich der Einzelne zur Durchsetzung seiner Rechtspositionen bedienen kann, aber auch muss. Ein Zustand des Rechtsfriedens herrscht dann, wenn für den Einzelnen und die Rechtsgemeinschaft kein Grund oder keine Möglichkeit mehr besteht, eine einmal eingetretene Rechtslage zu ändern. Die (Verfolgungs-)Verjährung im Strafrecht schließt die Ahndung der Tat endgültig aus, wobei Mord (§ 211 StGB) nie verjährt (§ 78 Abs. 2 StGB). Nach Eintritt der Rechtskraft eines zivilgerichtlichen Urteils (§§ 322 ff. ZPO) ist eine Änderung nur noch in ganz besonderen Ausnahmekonstellationen möglich[9]. **Rechtsfrieden** und **Rechtssicherheit** sind von so zentraler Bedeutung für die Rechtsstaatlichkeit (Art. 20 Abs. 3 GG)[10], dass um ihretwillen die Möglichkeit einer im Einzelfall vielleicht unrichtigen Entscheidung in Kauf genommen werden muss[11].

> **Bsp.:** Nach Eintritt der Verjährung[12] ist der Schuldner im Interesse des Rechtsfriedens und der Rechtssicherheit berechtigt, die Leistung zu verweigern (§ 214 Abs. 1)[13].

---

4 Zum Rechtsstaatsprinzip s. Sodan/*Leisner*, GG, Art. 20 Rn. 34 ff.
5 BVerfGE 5, 25 (31 ff.); s. näher Sodan/*Sodan*, GG, Art. 20 Rn. 55 ff.
6 Zum Recht als Lösung von Gerechtigkeitsfragen s. *Zippelius*, Juristische Methodenlehre, S. 8 ff.
7 Der Einzelne darf nicht zum bloßen „Objekt" staatlichen Handelns gemacht werden, s. BVerfGE 45, 187 (228) – *Lebenslange Freiheitsstrafe bei Mord*; 27, 1 (6).
8 *Köhler*, BGB AT, § 1 Rn. 3.
9 S. §§ 578 ff. ZPO (Nichtigkeitsklage und Restitutionsklage).
10 Zum Rechtsstaatsprinzip näher Sodan/*Leisner*, GG, Art. 20 Rn. 34 ff.
11 BVerfGE 2, 380 (403).
12 Zur Verjährung s. Rn. 692 ff.
13 BGHZ 156, 232 (243 f.).

2. Abgrenzungen

Nicht nur Normen des Rechts – Rechtsnormen – ordnen und regeln das Zusam- **3**
menleben der Menschen. Das Recht ist abzugrenzen von **Sitte und Moral (Sittlich-**
keit). Der Begriff „Sitte" umschreibt dabei diejenigen Bräuche und Gewohnheiten,
deren Einhaltung von der Mehrheit des maßgeblichen Ausschnittes der Gesellschaft als für ein geregeltes Zusammenleben erforderlich angesehen wird. Insoweit können große regionale Unterschiede bestehen.

> **Bsp.:** Das Bürgerliche Gesetzbuch (BGB)[14] geht in § 157 davon aus, dass eine „Ver-
> kehrssitte"[15] bestehen kann. Im Handelsverkehr unter Kaufleuten ist nach § 346 HGB
> auf „Handelsbräuche" Rücksicht zu nehmen.

Der maßgebliche Unterschied zwischen Recht und Sitte liegt in der **Sanktionierung** **4**
von Verstößen. Das Recht ist durch die Möglichkeit seiner zwangsweisen Durchsetzung mit Hilfe staatlicher Institutionen, insb. der staatlichen Gerichte, gekennzeichnet. Der Missachtung sittlicher Normen kann allenfalls gesellschaftlich-so-
ziale Missachtung folgen, staatlicher Zwang findet keine Grundlage. Zu beachten
ist, dass aus einer Sitte, einem Brauch, einer Gewohnheit unter bestimmten Voraussetzungen Gewohnheitsrecht entstehen kann[16].

Auch die **Moral (Sittlichkeit)** kann dem Einzelnen eine bestimmte Verhaltensweise **5**
ge- oder verbieten, etwa aufgrund eines Gewissensentschlusses oder religiös-welt-
anschaulicher Vorgaben. Gleiches gilt für allgemeine Grundnormen der Sozialmoral, etwa das Gebot der Anständigkeit[17].

> **Bsp.:** Das von einer Person als für sich verbindlich erachtete Gebot „Du sollst nicht
> lügen" kann einen religiös-weltanschaulichen (bspw. christlichen) Hintergrund haben,
> auf einer individuellen Gewissensbetätigung beruhen oder als allgemeine moralische
> Grundregel anerkannt worden sein.

Auch Normen der Moral (Sittlichkeit) fehlt – wie Normen der Sitte – der im **6**
Hinblick auf ihre Durchsetzbarkeit **zwingende Charakter.** Ein bloßer Verstoß
gegen eine sittlich-moralische Vorgabe kann zwar zu einem „schlechten Gewissen", zu „Gewissensbissen", nicht aber zur zwangsweisen Durchsetzung der Mo-
ralvorstellung führen. Moral (Sittlichkeit) und Recht verfolgen darüber hinaus
unterschiedliche Ziele. Die Normen der Moral (Sittlichkeit) verurteilen bereits den
verwerflichen „unsittlichen" Gedanken, während Rechtsnormen regelmäßig erst
die nach außen in irgendeiner Form kundgemachte Betätigung einer verwerflichen
Gesinnung sanktionieren.

> **Bsp.:** Der bloße Gedanke, „diesen Idioten am liebsten umbringen" zu wollen, mag
> unsittlich sein; durch Rechtsnormen sanktioniert ist erst eine dahingehende, nach
> außen gerichtete Willensbetätigung, etwa die Beleidigung, die vollendete oder ver-
> suchte Tötung, Körperverletzung sowie Beihilfe oder Anstiftung eines anderen
> hierzu[18].

---

14 Zum BGB s. Rn. 23 ff.
15 Zur Verkehrssitte s. noch folgend.
16 Zur Rechtsquelle „Gewohnheitsrecht" s. noch folgend Rn. 15 f.
17 *Brox/Walker*, BGB AT, Rn. 3.
18 S. § 823 sowie §§ 185, 211 ff., 222, 223 ff., 229, 22 ff., 26 ff. StGB.

7   Recht ist damit gleichsam als „ethisches Minimum" anzusehen[19]. Verbindungen zwischen Recht und Moral (Sittlichkeit) bestehen dabei in beiden Richtungen, etwa dergestalt, dass in bestimmten Rechtsnormen auf sittliche Vorstellungen im Sinne einer „Sozialmoral" verwiesen wird.

> Bsp. (1): Der Begriff der „guten Sitten" i. S. v. § 826 und § 138 wird nach allg. M. ausgelegt[20] als das „Anstandsgefühl aller billig und gerecht Denkenden"[21].

> Bsp. (2): Bereits das bloße Bestehen einer Strafandrohung, etwa § 218 StGB (Schwangerschaftsabbruch), hat „Einfluss auf die Wertvorstellungen und die Verhaltensweisen" der rechtsunterworfenen Bevölkerung[22]. Rechtsnormen können aufgrund einer im Laufe der Zeit geänderten Sozialmoral ihrerseits Änderungen erfahren.

3.   Recht im formellen und im materiellen Sinne

8   **Rechtsnormen im formellen Sinne** sind solche, die in einem gesetzlich geregelten förmlichen Gesetzgebungsverfahren von einem dazu legitimierten Gesetzgeber erlassen werden. Hierzu gehören die im parlamentarischen Gesetzgebungsverfahren des Bundestages verabschiedeten Bundesgesetze ebenso wie die von den Landesparlamenten durch die Landesgesetzgeber geschaffenen Gesetze (formelle Gesetze).

9   Mit dem Begriff der **Rechtsnormen im materiellen Sinne** wird darauf abgestellt, dass Normen einen bestimmten Regelungsgehalt haben, der für eine unbestimmte Vielzahl von Lebenssachverhalten, insoweit abstrakt, und für eine unbestimmte Vielzahl von Personen, insoweit generell, gilt. Zu den Rechtsnormen im materiellen Sinne gehören neben den formellen Gesetzen Rechtsverordnungen[23] und Satzungen von Körperschaften des öffentlichen Rechts[24].

4.   Zwingendes und nachgiebiges Recht

10   Insbesondere im Bereich des bürgerlichen Rechts[25] von großer Wichtigkeit ist die Unterscheidung zwischen **zwingendem (unnachgiebigem)**[26] und **abdingbarem (dispositivem, nachgiebigem)**[27] Recht[28]. Zwingendes Recht ist unabdingbar, d. h. hiervon kann nicht abgewichen werden.

> Bsp.: Die dem Dienstberechtigten nach den §§ 617, 618 obliegenden Verpflichtungen können nicht im Voraus durch Vertrag aufgehoben oder beschränkt werden (§ 619).

---

19 *Brox/Walker*, BGB AT, Rn. 3.
20 Zur Gesetzesauslegung s. Rn. 69 ff.
21 BGHZ 69, 295 (297) – *Fluchthelfervertrag*; 10, 228 (232) – *Gläubigergefährdung*. S. näher Rn. 446.
22 BVerfGE 39, 1 (57) – *Fristenlösung*.
23 S. unten Rn. 13.
24 S. unten Rn. 14.
25 Zum bürgerlichen Recht s. Rn. 19 und 23 ff.
26 Lat. *ius cogens* = zwingendes Recht.
27 Lat. *ius dispositivum* = nachgiebiges Recht.
28 Zu zwingendem und abdingbarem Recht s. *Larenz/Wolf*, BGB AT, § 3 Rn. 94 ff.

Demgegenüber sind mit nachgiebigem Recht solche gesetzlichen Regelungen gemeint, von denen z. B. in vertraglichen Vereinbarungen abgewichen werden kann. Die Mehrzahl der Vorschriften des bürgerlichen Rechts ist abdingbar.

> **Bsp.:** Nach der gesetzlichen Grundvorstellung trifft den Vermieter die Verpflichtung zur Ausführung von Schönheitsreparaturen. Denn er hat gemäß § 535 Abs. 1 Satz 2 die Mietsache während der Mietzeit „... zu erhalten". Nach ganz h. M. ist die in der Praxis vielfach übliche vertragliche Abwälzung dieser Pflicht auf den Mieter auch im Rahmen eines Formularvertrages im Grundsatz zulässig[29].

Bestimmte gesetzliche Vorschriften sehen vor, dass hiervon nicht zum Nachteil einer hierdurch geschützten Person abgewichen werden darf. Insoweit handelt es sich um sog. halbseitig zwingende Vorschriften.

> **Bsp.:** So kann im Reisevertragsrecht von den Regelungen der §§ 651a bis 651l gem. § 651m grundsätzlich nicht zum Nachteil des Reisenden abgewichen werden.

5. Rechtsquellen

Bei der Frage nach den Rechtsquellen geht es um die **Entstehung von Recht bzw. 11 Rechtsnormen**, d. h., auf welchem Wege und von wem Rechtsnormen geschaffen werden können[30]. Insoweit ist zwischen dem **geschriebenen (positiven, gesetzten)**[31] und dem **ungeschriebenen Recht** zu unterscheiden.

a) Geschriebenes (positives, gesetztes) Recht

(1) Gesetze. Hierzu zählen zunächst die vom (Bundes- oder Landes-)Gesetzgeber **12** (Legislative) in einem Gesetzgebungsverfahren „förmlich"[32] erlassenen (Bundes- oder Landes-)Gesetze[33].

> **Bsp.:** Das GG und das BGB sind ebenso geschriebenes Recht wie etwa das Gesetz über das Nachbarrecht des Landes Baden-Württemberg (NRG BW).

(2) Rechtsverordnungen. Rechtsverordnungen sind Rechtsnormen im materiellen **13** Sinne[34], die von der Exekutive erlassen werden und einer besonderen – hinsichtlich Inhalt, Zweck und Ausmaß bestimmten – gesetzlichen **Ermächtigungsgrundlage** (Rechtsgrundlage) bedürfen (Art. 80 GG)[35]. Ermächtigungen für den Bereich des bürgerlichen Rechts enthalten die Art. 238 ff. EGBGB, etwa für die BGB-InfoV.

(3) Satzungen. Geschriebenes Recht stellen auch die (autonomen) **Satzungen** dar. **14** Diese Rechtsnormen im materiellen Sinne sind dadurch gekennzeichnet, dass sie von einer (Selbstverwaltungs-)Körperschaft des öffentlichen Rechts, z. B. einer

---

29 BGHZ 101, 253 (261 ff.); 92, 363 (367 ff.); zur Unwirksamkeit eines „starren" Fristenplans s. aber BGH NJW 2004, 2586 (2586 f.).
30 Zu den Rechtsquellen s. im Einzelnen *Larenz/Wolf*, BGB AT, § 3 Rn. 6.
31 Lat. *ponere* = setzen, stellen, legen.
32 Zu Rechtsnormen im formellen Sinn s. bereits Rn. 8.
33 Zum Verhältnis von Bundes- zu Landesrecht s. Art. 31 GG.
34 Zu Rechtsnormen im formellen und im materiellen Sinne s. bereits Rn. 9.
35 BVerfGE 91, 148 (163) – *Umlaufverfahren*.

Universität oder einer Gemeinde[36], für deren Mitglieder auf der Grundlage und im Rahmen der ihr vom Staat verliehenen[37] **Satzungsautonomie** erlassen werden. Das Bestimmtheitserfordernis des Art. 80 Abs. 1 Satz 2 GG gilt nach h. M. für den Erlass von Satzungen analog[38].

15 b) **Ungeschriebenes Recht (Gewohnheitsrecht).** Gewohnheitsrecht entsteht durch jahrelang **andauernde tatsächliche Übung**[39], die auf einer **allgemeinen Rechtsüberzeugung**[40] der beteiligten Verkehrs- bzw. Personenkreise beruht[41]. Da immer mehr Bereiche durch geschriebenes Recht normiert sind, bleibt zunehmend weniger Raum für Gewohnheitsrecht. Zur Außerkraftsetzung einer Norm des Gewohnheitsrechts bedarf es nach h. M. eines Eingreifens des Gesetzgebers oder der Bildung von entgegenwirkendem Gewohnheitsrecht[42].

16 Kein Gewohnheitsrecht und auch im Übrigen nicht als Rechtsquelle anzuerkennen ist die **st. Rspr. oberster Gerichte** zu einer bestimmten Frage, der sog. Gerichtsgebrauch. Doch kann sich aus einer st. Rspr. Gewohnheitsrecht entwickeln, wenn sie in das allgemeine Rechtsbewusstsein übergeht und von den Rechtsgenossen überwiegend als geltende Norm anerkannt wird.

> **Bsp. (1):** Die jahrelange st. Rspr. des BAG zu den Zulässigkeitsvoraussetzungen für Arbeitskampfmaßnahmen (Streik, Aussperrung)[43] hatte jedenfalls bis Ende der 1980er Jahre kein Gewohnheitsrecht erzeugt, da sie von Anfang an und auch noch zu diesem Zeitpunkt umstritten war[44].

> **Bsp. (2):** Aus der jahrelangen st. Rspr. des BAG zur Beschränkung der Haftung des Arbeitnehmers für Schäden aufgrund betrieblich veranlasster Tätigkeiten[45] (früher: sog. gefahrgeneigte Arbeit) ist möglicherweise Gewohnheitsrecht entstanden[46].

17 c) **Konkurrenz von Rechtsnormen.** Das Verhältnis von Rechtsvorschriften, die auf ein und denselben Sachverhalt Anwendung finden und aus verschiedenen Rechtsquellen stammen, ist ausgehend von der Rangordnung der Rechtsnormen nach den Prinzipien des so genannten **Geltungsvorrangs** und des so genannten **Anwendungsvorrangs** zu bestimmen[47].

---

36 Zur gemeindlichen Satzungshoheit als Ausfluss der Selbstverwaltungsgarantie (Art. 28 Abs. 2 GG) s. z.B. für Baden-Württemberg § 4 Gemeindeordnung (GemO BW).

37 Hierbei sind der Grundsatz des Vorbehalts des Gesetzes und die sog. Wesentlichkeitstheorie zu beachten; s. BVerfGE 33, 125 (158 ff.) – *Facharzt*; 98, 218 (251 ff.) – *Rechtschreibreform*.

38 Zur Rechtsanwendungsmethode der Analogie s. Rn. 79.

39 Lat. *consuetudo* = Gewohnheit.

40 Lat. *opinio iuris* = Rechtsüberzeugung, lat. *opinio necessitatis* = Überzeugung von der Notwendigkeit.

41 Zum Gewohnheitsrecht als Rechtsquelle s. Palandt/*Sprau*, BGB, Einl. Rn. 22 m. w. N.

42 BGHZ 37, 219 (224 m. w. N.).

43 BAGE 23, 292 (293 ff.); 1, 291 (292 ff.).

44 BAGE 58, 138 (142 ff.); 33, 185 (190 ff.); 33, 140 (148 ff.).

45 Zur Beweislastverteilung s. § 619a.

46 BAGE 57, 55 (63 m. w. N.).

47 S. hierzu näher *Larenz/Wolf*, BGB AT, § 3 Rn. 46 ff.

II. Privatrecht

1. Begriff

Die gesamte Rechtsordnung lässt sich in zwei große Bereiche einteilen, einerseits **18**
das Privatrecht, andererseits das öffentliche Recht („Zweiteilung der Rechtsordnung"). Das **Privatrecht** ist derjenige Teil der Rechtsordnung, der die Rechtsbeziehungen zwischen den Privatpersonen untereinander betrifft und auf gleichge-
ordneter Ebene im Sinne einer privatautonomen[48] Selbstbestimmung regelt. Das
öffentliche Recht betrifft die Rechtsbeziehungen innerhalb des Staates als Träger
hoheitlicher Gewalt, die Organisation seiner Institutionen sowie die Rechtbezie-
hungen zwischen Staat und Bürger[49].
Aus Gründen der systematischen Klarheit wird zwischen dem allgemeinen und
dem besonderen Privatrecht unterschieden. Das Privatrecht ist im Wesentlichen
durch Gesetze, ferner durch eine Reihe von Rechtsverordnungen geregelt[50].

2. Allgemeines Privatrecht – Bürgerliches Recht

Das allgemeine Privatrecht umfasst die Regelungen des Privatrechts, die für jeden **19**
Bürger gelten. Es wird auch als **Bürgerliches Recht** oder **Zivilrecht** bezeichnet,
dessen Kernbereich vor allem im BGB[51] mit seinen fünf Büchern (Allgemeiner Teil,
Schuldrecht, Sachenrecht, Familienrecht, Erbrecht) geregelt ist[52]. Weiter gehören
zum allgemeinen Privatrecht bzw. Bürgerlichen Recht außerhalb des BGB kodifi-
zierte bürgerlich-rechtliche (Neben-) Gesetze und Verordnungen. Es handelt sich
um gesondert geregelte Bereiche, die der Gesetzgeber aus verschiedenen Gründen
nicht in das BGB aufgenommen hat. Beispielhaft hervorgehoben seien etwa das
Gesetz über das Wohnungseigentum und das Dauerwohnrecht (WEG), das Gesetz
über die Haftung für fehlerhafte Produkte (ProdHG) und das Allgemeine Gleichbehandlungsgesetz (AGG).

3. Besonderes Privatrecht

Das Besondere Privatrecht (**Sonderprivatrecht**) gilt nur für bestimmte Sachgebiete **20**
bzw. Sonderbereiche und richtet sich nur an bestimmte Personen- oder Berufs-
gruppen[53]. Hierzu gehören z.B. das Handelsrecht, das Immaterialgüterrecht wie
auch das Arbeitsrecht.
Das **Handelsrecht** ist das **Sonderprivatrecht der Kaufleute** und Unternehmen, das
vor allem im HGB geregelt ist. Dieses Gesetz enthält auf die Bedürfnisse des
Handelsverkehrs zugeschnittenes Sonderrecht für die wirtschaftliche Betätigung

---

48 Zur Privatautonomie als dem zentralen Prinzip des BGB s. Rn. 30 ff.
49 Zu den Theorien zur Abgrenzung zwischen dem öffentlichen Recht und dem Privatrecht
    s. Maurer, § 3, Rn. 10 ff.
50 Zu Rechtsnormen im formellen und im materiellen Sinne s. bereits Rn. 8 f.
51 Zum BGB s. Rn. 23 ff.
52 Zur Rechtsentwicklung auf den einzelnen Gebieten s. Köhler, BGB AT, § 3 Rn. 34 ff.
53 Zu Sonderprivatrechten neben dem BGB s. *Larenz/Wolf*, BGB AT, § 1 Rn. 52 ff.

von Kaufleuten und Handelsgesellschaften. Für verschiedene Unternehmensformen finden sich darüber hinaus besondere gesetzliche Regelungen wie z. B. im AktG oder im GmbHG.

21   Unter dem Begriff des **Immaterialgüterrechts** werden rechtliche Regelungen zum Schutz des sog. „geistigen Eigentums" verstanden. Hierzu gehört z. B. das Urheberrechtsgesetz (UrhG). Gemäß § 1 UrhG genießen die Urheber von Werken der Literatur, Wissenschaft und Kunst für ihre Werke Schutz nach Maßgabe dieses Gesetzes. Auf der Grundlage des Markengesetzes (MarkenG) werden nach § 1 MarkenG Marken, geschäftliche Bezeichnungen und geographische Herkunftsangaben geschützt[54]. Nach dem Patentgesetz (PatG) genießen Erfinder den Schutz von Patenten, die gemäß § 1 Abs. 1 PatG für neue Erfindungen erteilt werden, wenn diese auf einer erfinderischen Tätigkeit beruhen und gewerblich anwendbar sind.

22   Das **Arbeitsrecht** ist das **Sonderprivatrecht der Arbeitnehmer**. Arbeitnehmer ist derjenige, der aufgrund eines privatrechtlichen Vertrages im Dienste eines anderen zur Leistung weisungsgebundener Arbeit in persönlicher Abhängigkeit verpflichtet ist[55]. Die Vorschriften der §§ 611 ff. BGB, §§ 105 ff. GewO enthalten grundlegende Regelungen für den Bereich des Arbeitsvertragsrechts. Darüber hinaus sind eine Vielzahl von Gesetzen zum Schutz der Arbeitnehmer von Bedeutung. Hervorgehoben seien etwa das Kündigungsschutzgesetz (KSchG), das Mindesturlaubsgesetz für Arbeitnehmer (BUrlG) oder auch das Gesetz über die Zahlung des Arbeitsentgelts an Feiertagen und im Krankheitsfall (EFZG). Bedeutsame Gesetze für das Kollektivarbeitsrecht, wozu unter anderem und vor allem das Recht der Gewerkschaften, Arbeitgeberverbände und Betriebsräte gehört, regeln etwa das Tarifvertragsgesetz (TVG) und das Betriebsverfassungsgesetz (BetrVG).

§ 2 Bürgerliches Gesetzbuch (BGB)

Literatur: *Hönn*, Zur Problematik der Privatautonomie, JURA 1984, 57; *Paulus/Zenker*, Grenzen der Privatautonomie, JuS 2001, 1; *Petersen*, Die Privatautonomie und ihre Grenzen, JURA 2011, 184; *Schulte-Noelke*, Die schwere Geburt des Bürgerlichen Gesetzbuchs, NJW 1996, 1705.
Rechtsprechung: BVerfGE 89, 214 – *Bürgschaft Familienangehöriger* (Sittenwidrigkeit von Mit-Verpflichtungen naher Angehöriger bei krasser finanzieller Überforderung, Einwirkung von Grundrechten bei der Auslegung zivilrechtlicher Generalklauseln; Art. 2 Abs. 1, 20 Abs. 1, 28 Abs. 1 GG, §§ 138, 242 BGB); BVerfGE 72, 155 – *Elterliche Vertretungsmacht* (Schutz Minderjähriger vor unbegrenzter finanzieller Verpflichtung durch die Eltern als gesetzliche Vertreter; Art. 2 Abs. 1 i. V. m. 1 Abs. 1 GG, §§ 1629 Abs. 1, 1643 Abs. 1, 1822 Nr. 3 BGB); BGHZ 123, 368 (Erbrechtsgarantie, Testierfreiheit, Sittenwidrigkeit eines Behindertentestaments, Pflichtteil,; Art. 14 Abs. 1 GG, §§ 138 Abs. 1, 2306 Abs. 1 Satz 2 BGB).

---

54 Zum Begriff der Marke als schutzfähiges Zeichen im Sinne von § 3 MarkenG s. Fezer, Markenrecht, § 3 MarkenG Rn. 9 ff .
55 S. nur AnwK-ArbR/*Schöne*, § 611 BGB Rn. 58 mit Nachw. aus der Rechtspr. des BAG.

I. Entstehung des BGB

Die **Entstehung des BGB** ist vor dem Hintergrund der Kontroverse zwischen **23** *Anton Friedrich Justus Thibaut*, der sich bereits 1814 nach dem Ende der napoleonischen Besatzung für ein einheitliches BGB aussprach[1], und *Friedrich Carl von Savigny*, der zuvor rechtstheoretische Klarheit über den Inhalt des zu kodifizierenden Rechts gewinnen wollte[2], zu sehen (sog. **Kodifikationsstreit**). Die seitens *von Savigny* in den folgenden Jahrzehnten verfasste siebenbändige Schrift „System des römischen Rechts" wird als systembildend für das BGB angesehen. Im Hinblick auf das Gesetzgebungsverfahren musste zunächst die am 16.4.1871 in Kraft getretene Reichsverfassung im Jahr 1873 dahingehend geändert werden, dass dem am 18.1.1871 gegründeten Deutschen Reich die Gesetzgebungskompetenz für das bürgerliche Recht zugewiesen wurde („lex Miquel-Lasker"). Die daraufhin 1874 vom Bundesrat berufene sog. **Erste Kommission**[3] legte 1888 den Ersten Entwurf eines bürgerlichen Gesetzbuches für das Deutsche Reich mit den jeweiligen Begründungen der vorgeschlagenen Vorschriften, den sog. **Motiven**, vor. Eine wegen der Kritik[4] am Ersten Entwurf 1890 einberufene sog. Zweite Kommission legte 1895 den Zweiten Entwurf mitsamt den die Begründungen enthaltenden sog. **Protokollen** vor, welcher 1896 vom Bundesrat beraten, anschließend als Reichstagsvorlage[5] eingebracht, vom Reichstag inhaltlich nahezu unverändert angenommen und am 18.8.1896 von Kaiser *Wilhelm II.* ausgefertigt, unterschrieben und verkündet wurde[6]. Die sog. **Materialien zum BGB (Motive, Protokolle)**[7] sind nach wie vor von großer Bedeutung für die Auslegung[8] der Vorschriften des BGB. Am 1.1.1900 ist das BGB in Kraft getreten (Art. 1 Abs. 1 EGBGB).

II. Gründe für die Schaffung des BGB

Das BGB war die **erste einheitliche Kodifikation** des bürgerlichen Rechts[9] für das **24** damalige deutsche Reich. Vor Inkrafttreten des BGB herrschte ein Zustand der **Rechtszersplitterung**[10], d.h., in den einzelnen Ländern galt jeweils unterschiedliches Landesrecht (sog. **Partikularrecht**). In Preußen galt das Allgemeine Landrecht für die preußischen Staaten (ALR) von 1794, in Bayern der Codex Maximilianeus

---

1 „Über die Notwendigkeit eines allgemeinen bürgerlichen Rechts für Deutschland" (1814).
2 „Vom Beruf unserer Zeit für Gesetzgebung und Rechtswissenschaft" (1815).
3 Unter dem Vorsitz des Präsidenten des Reichsoberhandelsgerichts *Heinrich Eduard Pape*.
4 Insb. durch Schriften von *Otto von Gierke*, „Die soziale Aufgabe des Privatrechts" (1889); *ders.* „Der Entwurf eines bürgerlichen Gesetzbuchs und das deutsche Recht" (1889) und *Anton Menger* „Das Bürgerliche Recht und die besitzlosen Volksklassen" (1890).
5 Sog. Dritter Entwurf (zusammen mit einer Denkschrift des Reichsjustizamtes).
6 Zur „schweren Geburt des BGB" s. *Schulte-Nölke* NJW 1996, 1705 ff.; s. zur Entstehungsgeschichte des BGB, *U. Wesel* Geschichte des Rechts, Rn. 285.
7 Zu den Materialien s. *Benno Mugdan*, Die gesammten Materialien zum Bürgerlichen Gesetzbuch für das Deutsche Reich, 1899.
8 Zur Gesetzesauslegung s. Rn. 69 ff.
9 Zur Einordnung des bürgerlichen Rechts als allgemeines Privatrecht s. Rn. 19.
10 Zur Vorgeschichte des BGB s. *Larenz/Wolf*, BGB AT, § 3 Rn. 37 ff.

bavaricus civilis von 1756, in Sachsen das BGB für das Königreich Sachsen von 1863, in Baden das Badische Landrecht von 1809 und in einigen linksrheinischen Gebieten der aus dem französischen Rechtskreis stammende Code Civil (Code Napoléon) von 1804. Im übrigen Reichsgebiet galt subsidiär – soweit in einem Land eine eigene Kodifikation des bürgerlichen Rechts nicht existierte – das aus dem römischen Recht stammende und in Deutschland etwa ab dem 15./16. Jahrhundert rezipierte „Kaiserrecht"[11], aus dem sich das gewohnheitsrechtlich[12] anerkannte sog. **Gemeine Recht** (Pandektenrecht[13]) entwickelte. Damit hatte das **römische Recht** einen maßgeblichen Einfluss auf das deutsche Recht gewonnen. Die umfassende Rechtszersplitterung stand dem **aufblühenden Handelsverkehr** und dem Beginn der **Industrialisierung** im Wege. Bereits 1833/34 war der deutsche Zollverein gegründet worden. Somit bestand ein maßgebliches Interesse gerade auch der Wirtschaft an einem national einheitlich gültigen Bürgerlichen Gesetzbuch. Vor Inkrafttreten des BGB am 1.1.1900 war eine Rechtsvereinheitlichung im Wesentlichen nur im Bereich des Prozessrechts erreicht worden; seit 1.10.1879 galten die sog. Reichsjustizgesetze[14], u.a. ZPO, StPO[15] und GVG. Zugleich mit dem BGB traten zum 1.1.1900 das Gesetz über die Zwangsversteigerung und die Zwangsverwaltung (ZVG), die Grundbuchordnung (GBO) und das Gesetz über die Angelegenheiten der freiwilligen Gerichtsbarkeit (FGG)[16] in Kraft (siehe Art. 1 Abs. 1 EGBGB). Ebenfalls zum 1.1.1900 trat für den Bereich des Handelsrechts das HGB in Kraft (Art. 1 Abs. 1 EGHGB)[17].

III. Entwicklung des BGB

25 Das BGB ist seit dem Inkrafttreten im Jahr 1900 in den wesentlichen Grundstrukturen unverändert geblieben. Daran haben auch die erheblichen politischen und gesellschaftlichen Umwälzungen in Deutschland und Europa, etwa infolge der beiden Weltkriege, des Nationalsozialismus, der Wiedervereinigung Deutschlands wie auch des europäischen Einigungsprozesses nichts geändert. Der Grund für diese „Beständigkeit" des BGB liegt unter anderem in der **Abstraktheit der Konzeption** des Gesetzbuchs, die sich wesentlich in der sog. Ausklammerungsmethode[18] wie auch in der Verwendung von sog. **Generalklauseln** – z.B. § 242 (Treu und Glauben) und § 138 (gute Sitten) – widerspiegelt, was die Möglichkeit einer flexiblen Anpassung an die jeweils vorherrschenden politischen und gesellschaftlichen Zielvorstellungen eröffnete[19].

---

11 Kodifiziert im „*corpus juris*".
12 Zur Rechtsquelle Gewohnheitsrecht s. Rn. 15 f.
13 Recht der Pandekten (lat. *digesten*).
14 Zum 125-jährigen Jubiläum der Reichsjustizgesetze von 1879 (GVG, ZPO, StPO, KO, ferner RAO) s. *Kissel*, NJW 2004, 2872 ff.
15 Im Bereich des materiellen Strafrechts galt bereits das StGB von 1871.
16 Heute FamFG.
17 Zuvor galt das ADHGB von 1861.
18 Siehe dazu noch folgend Rn. 45 f.
19 Siehe etwa zum Wandel der Privatrechtsordnung im Nationalsozialismus eindrucksvoll *Rüthers*, Die unbegrenzte Auslegung, 91 ff.

Trotz einer in der Gesamtheit festzustellenden Kontinuität in den wesentlichen **26** Grundstrukturen hat das BGB seit dem Zeitpunkt seines Inkrafttretens zum Teil aber auch erhebliche gesetzliche Änderungen erfahren. So war in der Vergangenheit vor dem Hintergrund der in Art. 3 Abs. 2 GG niedergelegten Gleichberechtigung von Männern und Frauen insbesondere das **Familienrecht** Gegenstand zahlreicher gesetzgeberischer Eingriffe, um diesem verfassungsrechtlichen Gleichberechtigungsgebot im Rahmen des Bürgerlichen Rechts Rechnung zu tragen. Hervorgehoben sei weiter die Gleichstellung nichtehelicher Kinder mit ehelichen Kindern im Familienrecht und im Erbrecht, die ebenfalls verfassungsrechtlich durch den in Art. 6 Abs. 5 GG niedergelegten Gleichstellungsauftrag ausgelöst worden ist. Im Bereich des Schuldrechts sind Änderungen unter anderem im Hinblick auf in der Praxis neu entwickelte Vertragstypen[20] wie auch zur **Stärkung des Verbraucherschutzes**, der zunächst wesentlich außerhalb des BGB punktuell in bürgerlich-rechtlichen Nebengesetzen geregelt war[21], für notwendig erachtet worden. Vergleichsweise wenige Änderungen haben neben dem Allgemeinen Teil des BGB das Sachenrecht und das Erbrecht erfahren.

IV. Anwendungs- und Geltungsbereich

1. Zeitlicher Anwendungsbereich

Das BGB ist gemäß Art. 1 Abs. 1 EGBGB zum **1.1.1900** in Kraft getreten[22]. Über- **27** **gangsvorschriften** aus diesem Anlass enthalten die Art. 157, 163 ff. EGBGB[23], im Hinblick auf jüngere Änderungen die Art. 219 ff., 229 §§ 1 ff. EGBGB[24] sowie aus Anlass der Wiedervereinigung Deutschlands die Art. 230 ff. EGBGB[25].

2. Räumlicher Anwendungsbereich

Der räumliche Anwendungsbereich des BGB bestimmt sich in Fällen mit Aus- **28** landsberührung nach den **kollisionsrechtlichen Regelungen** insb. der Art. 3 ff. EGBGB[26], der Rom I VO für vertragliche, sowie der Rom II VO für außervertragliche Schuldverhältnisse, denen sich ein eigenes Teil-Rechtsgebiet, das Internationale Privatrecht (IPR), widmet[27].

---

20 z.B. der Reisevertrag, der in den §§ 651a ff. geregelt worden ist.
21 So wurden z.B. die Regelungen des AGBG und des HWiG im Zuge der Schuldrechtsmodernisierung zum 1.1.2002 in das BGB aufgenommen, siehe §§ 305 ff. und §§ 312 f.
22 Zur Entstehung des BGB s. bereits Rn. 23.
23 Palandt/*Sprau*, BGB, Überbl. v. Art. 181 EGBGB Rn. 1 f.
24 Palandt/*Thorn*, BGB, Art. 220 EGBGB Rn. 1 ff.
25 Die Kommentierungen der Art. 230 ff. EGBGB sind in das Palandt-Archiv Teil II eingestellt worden und abrufbar im Internet unter http://www.palandt.beck.de.
26 Palandt/*Thorn*, BGB, Einl. v. Art. 3 EGBGB Rn. 1 ff.
27 Zum räumlichen Geltungsbereich des BGB (Kollisionsrecht) s. *Köhler*, BGB AT, § 3 Rn. 47 ff.

3. Sachlicher Anwendungsbereich

29 Die im BGB enthaltenen Vorschriften gelten für **sonderprivatrechtlich geregelte Bereiche** nur, soweit dort keine Sonderregelungen bestehen (Subsidiaritätsprinzip). Mit Inkrafttreten des BGB blieb das übrige Bundesrecht („Reichsgesetze") in Kraft, soweit nicht ein anderes bestimmt war (Art. 50 EGBGB). Einen Vorbehalt für Landesrecht enthält Art. 1 Abs. 2 EGBGB[28]. Das Verhältnis des BGB zu privatrechtlichen Vorschriften der Landesgesetze wird in Art. 55 ff. EGBGB näher geregelt[29]; die meisten Bundesländer haben hierzu Ausführungsgesetze zum BGB erlassen[30].

V. Zentrale Prinzipien des BGB

1. Privatautonomie

30 Wesentliches Grundprinzip des BGB ist die sog. **Privatautonomie.** Dieser Grundsatz beinhaltet die Unabhängigkeit und Freiheit des Einzelnen bei der eigenverantwortlichen Gestaltung und Regelung seiner privaten Lebensverhältnisse[31]. Die wesentlichen Elemente der Privatautonomie sind die **Vertrags-, Eigentums-, Testier- sowie Vereinigungsfreiheit**[32]. Art. 2 Abs. 1 GG gewährleistet die Privatautonomie als Selbstbestimmung des Einzelnen im Rechtsleben. Die eigenbestimmte Gestaltung von Rechtsverhältnissen ist Teil der allgemeinen Handlungsfreiheit[33], die ihre Grenzen in der Entfaltungsfreiheit Anderer findet. Die Privatautonomie bedarf deshalb der Ausgestaltung durch die Rechtsordnung, insb. im Vertragsrecht[34]. Die Betonung des Prinzips der Privatautonomie ist erklärbar vor dem politischen Hintergrund bei der Entstehung des BGB[35] Ende des 19. Jahrhunderts, der wesentlich von der Idee des Altliberalismus[36] sowie der wirtschaftsliberalistischen Einstellung des „laissez faire"[37] geprägt war[38]. Man ging von der Vorstellung aus, dass jeder Mensch in der Lage sei, im freien Wettbewerb seine Lebensverhältnisse selbst – privatautonom – zu regeln. Der Staat sollte sich im Wesentlichen auf die Sozialgesetzgebung und die Schaffung sonstiger Schutzge-

---

28 BVerfGE 78, 205 (210 m. w. N.), hier auch zu Art. 73 EGBGB (Regalien).
29 Zum Verhältnis des BGB zum Landesrecht s. näher *Larenz/Wolf*, BGB AT, § 3 Rn. 60 ff.
30 Z. B. Baden-Württemberg das AGBGB.
31 Zum „ethischen Personalismus" des BGB s. *Larenz/Wolf*, BGB AT, § 2 Rn. 2 ff.
32 S. dazu noch im Einzelnen Rn. 31 ff.
33 St.Rspr.: BVerfGE 72, 155 (170); 8, 274 (328).
34 BVerfGE 103, 89 (100 f.) – *Unterhaltsverzichtsvertrag*; 89, 214 (231 f.) – *Ehegatten-Bürgschaft*; NJW 2005, 2376 (2377) – *Kapital-Lebensversicherung.*
35 Zur Entstehung und den Gründen für die Schaffung des BGB s. bereits Rn. 23 f.
36 Liberalismus: lat. *liber* = frei, lat. *liberalis* = die Freiheit betr., freiheitlich. Den Altliberalismus prägte maßgeblich die Vorstellung eines schwachen Staates und ausgedehnter individueller Rechte.
37 „Lasst sie machen; gewähren lassen": Politischer, wirtschaftlicher und sozialer Grundsatz des klassischen Wirtschaftsliberalismus, der auf dem Vertrauen des Wirkens des Preismechanismus' (Angebot und Nachfrage) beruht (Vordenker *Adam Smith*).
38 Zum Liberalismusmodell des BGB s. *Larenz/Wolf*, BGB AT, § 2 Rn. 37 ff.

setze beschränken (etwa Arbeitnehmer-Schutzgesetze oder das soziale Mietrecht). Ihren rechtlichen Niederschlag hat diese (wirtschafts- und sozial-)politische Vorstellung der Privatautonomie vor allem in drei Rechtsinstituten gefunden: der Vertragsfreiheit (§ 311 Abs. 1[39]), der Eigentumsfreiheit (§ 903) sowie der Testierfreiheit (§§ 1937, 2064 ff.)[40]. Nach allg. M. ist auch die Vereinigungsfreiheit (§§ 21 ff., 705 ff., Art. 9 Abs. 1 und 3 GG) als Bestandteil der Privatautonomie anzusehen.

a) Vertragsfreiheit. Der Grundsatz der Vertragsfreiheit (§ 311 Abs. 1) umfasst die **31** **Abschluss-** und **Beendigungsfreiheit** sowie die **Inhaltsfreiheit,** gleichsam das „Ob" und „Mit wem" sowie das „Was" des Vertrages[41]. Aufgrund der Vertragsfreiheit ist es grds. jedem Volljährigen[42] unbenommen, in eigener Verantwortung Geschäfte abzuschließen und sich zu Leistungen, etwa im Rahmen von Darlehens-, Schuldbeitritts- oder Bürgschaftsverträgen, zu verpflichten, selbst wenn diese ihn finanziell überfordern und von ihm notfalls nur unter dauernder Inanspruchnahme auch des pfändungsfreien Einkommens erbracht werden können[43]. Für den Bereich des Arbeitsvertragsrechts enthält § 105 Satz 1 GewO eine **Spezialregelung** des Grundsatzes der Vertragsfreiheit[44].

b) Eigentumsfreiheit. Gemäß § 903 Satz 1 kann der **Eigentümer** einer Sache, so- **32** weit nicht das Gesetz oder Rechte Dritter entgegenstehen, mit der Sache nach Belieben verfahren und andere von jeder Einwirkung ausschließen. Gemäß § 903 Satz 2 sind darüber hinaus Belange des Tierschutzes zu beachten.[45] In den aufgezeigten Grenzen steht es damit grds. **im Belieben des Eigentümers,** ob er seine Sache bspw. veräußert, belastet, zur Produktion oder anderweitig nutzt oder gar zerstört. Verfassungsrechtlich ist das Eigentum in Art. 14 Abs. 1 Satz 1 GG gewährleistet. Im Unterschied zum BGB, das Eigentum nur an Sachen und Tieren kennt, fällt unter den Schutzbereich des Eigentums i. S. v. Art. 14 Abs. 1 Satz 1 GG grds. jedes vermögenswerte Recht. Erfasst werden also nicht nur Sachen und Tiere, sondern z.B. auch Forderungen, sonstige Rechte an Sachen wie z.B. Pfandrechte und Hypotheken und unter bestimmten Voraussetzungen auch öffentlich-rechtliche Positionen, soweit diese auf eigener (Beitrags-)Leistung des Berechtigten beruhen[46].

c) Testierfreiheit. Nach § 1922 Abs. 1 geht mit dem Tode einer Person (Erbfall) **33** deren Vermögen (Erbschaft) im Wege der Universalsukzession[47] auf den oder die Erben über. Der Erblasser kann nach dem in § 1937 niedergelegten Grundsatz der Testierfreiheit durch einseitige Verfügung von Todes wegen – Testament

---

39 Vor Inkrafttreten des SchuldRModG § 305 a. F.
40 S. hierzu etwa *Petersen* JURA 2011, 184 ff.
41 S. näher zur Vertragsfreiheit Rn. 257 ff.
42 Zum hohen Stellenwert des zivilrechtlichen Schutzes Minderjähriger (§ 2) s. Rn. 321 ff.
43 BGHZ 137, 329 (335); 120, 272 (274 ff.); 106, 269 (272 f.); NJW-RR 2004, 924 (925).
44 AnwK-ArbR/*Boecken*, § 105 GewO Rn. 1 ff.
45 Zu Tieren (§ 90a) als Rechtsobjekten eigener Art s. Rn. 183.
46 S. näher zu den eigentumsfähigen Positionen i.S.d. Art. 14 Abs. 1 Satz 1 GG *Jarass/Pieroth*, GG, Art. 14 Rn. 7 ff.
47 Zur Universalsukzession als Eintritt des Erwerbers in die gesamte Rechtsstellung des Rechtsvorgängers s. Rn. 160.

(§§ 2064 ff., 2229 ff.), letztwillige Verfügung – seine(n) Erben bestimmen. Schranken werden der Testierfreiheit neben dem Pflichtteilsrecht (§§ 2303 ff.) durch die allgemeine Grenze der Sittenwidrigkeit (§ 138 Abs. 1) gezogen[48]. Verfassungsrechtlich wird die Testierfreiheit als Bestandteil der Institutsgarantie des Erbrechts durch Art. 14 Abs. 1 GG gewährleistet.

34 d) **Vereinigungsfreiheit.** Das Grundrecht des Art. 9 Abs. 1 GG gewährleistet allen Deutschen das Recht, Vereine und Gesellschaften zu bilden. Damit garantiert es dem einzelnen Bürger die Freiheit, sich aus privater Initiative mit anderen zu **Vereinigungen irgendwelcher Art** zusammenzufinden, sie zu gründen, ihnen beizutreten, aber auch ihnen fernzubleiben und aus ihnen wieder auszutreten[49]. Einfachgesetzlich wird die Vereinigungsfreiheit insb. im Rahmen der vereinsrechtlichen Vorschriften (§§ 21 ff.)[50] sowie im Bereich des Gesellschaftsrechts (§§ 705 ff.) gewährleistet. Ihr ist im Zivilrecht durch die Auslegung der privatrechtlichen Vorschriften, insb. der Generalklauseln (§§ 138, 242), Rechnung zu tragen[51]. Arbeitgeberverbände und Gewerkschaften sowie Arbeitnehmer und Arbeitgeber können sich auf den ausnahmsweise im Privatrecht unmittelbar geltenden Schutz der Koalitionsfreiheit aus Art. 9 Abs. 3 GG berufen[52].

2. Weitere Prinzipien

35 Neben dem Kernprinzip der Privatautonomie finden sich im BGB weitere bedeutsame allgemeine Prinzipien, insb. der durch eine Vielzahl von Regelungsbereichen und Einzelvorschriften verwirklichte **Schutz sozial schwacher** Personen sowie der in jüngerer Zeit stetig an Bedeutung gewinnende privatrechtliche **Verbraucherschutz.**

36 Sozialer Schutz bzw. Ausgleich wird im BGB für den Bereich der Wohnraummietverhältnisse durch das sog. „**soziale Mietrecht**" verwirklicht. Der Gesetzgeber hielt es für erforderlich, den im Verhältnis zum Vermieter bei der Vertragsgestaltung regelmäßig in einer schwächeren Position befindlichen Mieter von Wohnraum zu schützen. Auf vielfältige Weise wird diesem typisierend angenommenen Ungleichgewicht Rechnung getragen, vor allem durch zugunsten des Wohnraummieters einseitig zwingende[53] „Preis-"[54] und Bestandsschutzregelungen.

---

48 BGHZ 123, 368 (371 ff.); 111, 36 (39 f.), hier zum Testament zugunsten eines behinderten Kindes letztlich auf Kosten der Sozialhilfe; BGHZ 140, 118 (128 ff.), hier zu einer Erbunfähigkeitsklausel.
49 BVerfGE 50, 290 (354).
50 S. dazu Rn. 110 ff.
51 BGHZ 140, 74 (77 m. w. N.).
52 Zur im Übrigen nur mittelbaren Drittwirkung der Grundrechte im Privatrecht über die zivilrechtlichen Generalklauseln s. grundlegend BVerfGE 7, 198 (204 ff.) – Lüth-Urteil.
53 Zu unabdingbarem (zwingendem) und nachgiebigem (dispositivem) Recht siehe bereits oben Rn. 10.
54 S. dazu etwa die Vorschriften über Mieterhöhungen §§ 557 ff., Betriebskosten §§ 556 f. i. V. m. der BetrKV, § 560 und die Mietsicherheit (Kaution), insb. § 551.

Bsp.: Nach § 574 Abs. 1 Satz 1 kann der Mieter der Kündigung des Vermieters widersprechen und von ihm die Fortsetzung des Mietverhältnisses verlangen, wenn die Beendigung des Mietverhältnisses für den Mieter, seine Familie oder einen anderen Angehörigen seines Haushalts eine „Härte" bedeuten würde, die auch unter Würdigung der berechtigten Interessen des Vermieters nicht zu rechtfertigen ist. Eine „Härte" liegt gemäß § 574 Abs. 2 auch vor, wenn angemessener Ersatzwohnraum zu zumutbaren Bedingungen nicht beschafft werden kann.

Eine zum Nachteil des Mieters von diesen Schutzvorschriften abweichende Vereinbarung ist nach § 574 Abs. 4 unwirksam.

Des Weiteren finden sich im BGB neben den Schutzvorschriften des sozialen **37** Wohnraummietrechts vor allem auch für den Bereich des Dienst- bzw. Arbeitsvertrages eine Reihe von Schutzvorschriften zugunsten des Dienst- bzw. Arbeitnehmers. Die privatrechtlichen Vorschriften des **Arbeitnehmerschutzes im BGB**[55] sind mit dem Schutz der Mieter von Wohnraum vor dem Hintergrund vergleichbar, dass bezogen auf das Verhältnis zwischen Arbeitnehmer und Arbeitgeber von einem sog. **strukturellen Machtungleichgewicht** zum Nachteil des ersteren vor allem bei der Gestaltung der Arbeitsbedingungen ausgegangen und der Arbeitnehmer deshalb für schutzbedürftig erachtet wird. In diesem Zusammenhang sei auch auf den im Allgemeinen Gleichbehandlungsgesetz (**AGG**) als eines bürgerlich-rechtlichen Nebengesetzes geregelten Schutz unter anderem der Arbeitnehmer vor Benachteiligungen wegen eines der in § 1 AGG genannten Merkmale (z.B. wegen des Geschlechts, einer Behinderung oder des Alters) hingewiesen[56].

Über den Schutz sozial schwacher Personen hinaus hat als weiteres Prinzip der **38** **Schutz des Verbrauchers** im Verhältnis zum Unternehmer Eingang in das BGB gefunden. Die insoweit für das Recht des Verbraucherschutzes im Ausgangspunkt maßgeblichen Definitionen der Begriffe „Verbraucher" und „Unternehmer" finden sich in den Vorschriften des Allgemeinen Teils. Gemäß § 13 ist **Verbraucher** jede natürliche Person, die ein Rechtsgeschäft zu einem Zwecke abschließt, der weder ihrer gewerblichen noch ihrer selbständigen beruflichen Tätigkeit zugerechnet werden kann. **Unternehmer** ist eine natürliche oder juristische Person oder eine rechtsfähige Personengesellschaft, die bei Abschluss eines Rechtsgeschäfts in Ausübung ihrer gewerblichen oder selbständigen beruflichen Tätigkeit handelt (§ 14 Abs. 1).[57] Zum Verbraucherschutz gehören etwa die in den §§ 312 ff. getroffenen Regelungen zu besonderen Vertriebsformen, des Weiteren die in §§ 474 ff. niedergelegten Bestimmungen zum Verbrauchsgüterkauf wie auch die in §§ 491 ff. enthaltenen Vorschriften zum Verbraucherdarlehensvertrag sowie die Regelungen zu Finanzierungshilfen (§§ 499 ff.) und Ratenlieferungsverträgen (§§ 505 ff.).

---

55 Außerhalb des BGB gibt es darüber hinaus eine Vielzahl von besonderen Arbeitnehmer-Schutzgesetzen mit Vorschriften privatrechtlicher, aber auch öffentlich-rechtlicher Natur, siehe schon oben Rn. 22.

56 Siehe insb. § 7 Abs. 1 AGG i.V.m. § 1 AGG.

57 S. zu den Begriffen des Verbrauchers und des Unternehmers s. Rn. 316 f.

39   Abschließend sei noch kurz auf den Schutz des Vertragspartners des Verwenders **Allgemeiner Geschäftsbedingungen (AGB)** vor „unangemessener Benachteiligung" durch die Vorschriften des AGB-Rechts (§§ 305 ff.) hingewiesen, der nicht allein, aber auch einen Verbraucherschutz beinhaltet. Erforderlich ist insoweit zunächst das Vorliegen von AGB. Nach der Definition des § 305 Abs. 1 Satz 1 sind AGB „für eine Vielzahl von Verträgen vorformulierte Vertragsbedingungen, die eine Vertragspartei (Verwender) der anderen Vertragspartei bei Abschluss eines Vertrages stellt." Weiter ist die Eröffnung des persönlichen Anwendungsbereiches der AGB-Vorschriften nach § 310 erforderlich. Sind die vorformulierten Vertragsbedingungen zudem nach Maßgabe der §§ 305 Abs. 2, Abs. 3, 305a ff. wirksam in den Vertrag einbezogen worden, so werden sie schließlich der Inhaltskontrolle am Maßstab der §§ 309, 308, 307 unterzogen[58].

VI. Inhalt und Regelungstechniken des BGB

1.   Inhalt des BGB

40   a) **Allgemeiner Teil (Buch 1).** Das Erste Buch des BGB, der in den Vorschriften der §§ 1–240 normierte Allgemeine Teil, enthält **grundlegende allgemeine Regelungen,** die vor allem für die anderen Bücher des BGB, darüber hinaus aber auch außerhalb des BGB von Bedeutung sind. Neben Bestimmungen u. a. über Personen (§§ 1 ff.) sowie Sachen und Tiere (§§ 90 ff.) finden sich hier als Kern dieses Buches die Normen über Rechtsgeschäfte (§§ 104 ff.)[59].

41   b) **Recht der Schuldverhältnisse (Buch 2).** Das im Zweiten Buch des BGB in den Vorschriften der §§ 241–853 niedergelegte Recht der Schuldverhältnisse (Schuldrecht) ist unterteilt in einen allgemeinen Teil (§§ 241–432) und einen besonderen Teil (§§ 433–853). Regelungsgegenstand des Schuldrechts sind wesentlich **Vorschriften über Sonderverbindungen zwischen Personen,** die auf **vertraglicher** oder **gesetzlicher** Grundlage beruhen und **Ansprüche** bzw. **Verpflichtungen** der Personen untereinander begründen.

42   c) **Sachenrecht (Buch 3).** Das Sachenrecht als Drittes Buch des BGB regelt in den Bestimmungen der §§ 854–1296 die **rechtlichen Beziehungen einer Person zu einer Sache.** Zentraler Regelungsgegenstand des Sachenrechts ist das Eigentum als das umfassendste Recht an einer Sache (§§ 903 ff.). Darüber hinaus sind im Sachenrecht vor allem die gegenüber dem Eigentum sog. **beschränkt dinglichen Rechte** an Sachen normiert (z. B. die Hypothek an einem Grundstück, §§ 1113 ff., oder das Pfandrecht an beweglichen Sachen, §§ 1204 ff.).

---

58 Näher zur Kontrolle von AGB Rn. 298 ff.
59 S. hierzu ausf. Rn. 185 ff.

d) Familienrecht (Buch 4). Das Vierte Buch des BGB regelt das Familienrecht in **43** den Vorschriften der §§ 1297–1921. Neben dem umfassend normierten Rechtsinstitut der **bürgerlichen Ehe** (§§ 1297 ff.) finden sich in diesem Buch Bestimmungen über die **Verwandtschaft** (§§ 1589 ff.) und **Vormundschaft** (§§ 1773 ff.), **rechtliche Betreuung** (§§ 1896 ff.) und **Pflegschaft** (§§ 1909 ff.).

e) Erbrecht (Buch 5). Das im Fünften Buch des BGB geregelte Erbrecht (§§ 1922– **44** 2385) enthält Vorschriften über die **vermögensrechtlichen Folgen des Todes eines Menschen**, des sog. Erblassers. Neben Bestimmungen u.a. über die **Erbfolge** (§§ 1922 ff.) finden sich im Erbrecht Regelungen insb. zur **rechtlichen Stellung des Erben** (§§ 1942 ff.) sowie zum **Testament** (§§ 2064 ff.).

2. Regelungstechniken des BGB

a) Ausklammerungsmethode. Maßgebliche Bedeutung misst das BGB der sog. **45** **Ausklammerungsmethode** (**Abstraktionsmethode, Klammertechnik**) bei, d.h., der Technik des Voranstellens des Allgemeinen vor das Besondere[60]. Dies zeigt sich zum einen daran, dass die im Allgemeinen Teil des BGB geregelten – gleichsam „vor die Klammer" gezogenen – grundlegenden allgemeinen Vorschriften insb. über Personen, Sachen und Rechtsgeschäfte grds. **auch für alle anderen Bücher des BGB Geltung beanspruchen**, soweit dort keine bereichsspezifischen Sonderregelungen bestehen[61]. Dieses gesetzestechnische Vorgehen erfordert einen hohen Grad an Abstraktion[62].

> **Bsp.:** Die allgemeinen Regeln der §§ 104 ff., 145 ff. über das Zustandekommen und die Wirksamkeit von Verträgen finden grds. auf alle Vertragsarten Anwendung[63], etwa auch auf den Ehevertrag (§§ 1408 ff.)[64] und den Erbvertrag (§§ 2274 ff.)[65], unter Berücksichtigung der dort ggf. vorgesehenen Modifikationen bzw. Sonderregelungen.

Des Weiteren wird die Ausklammerungstechnik auch **innerhalb der einzelnen Bü- 46** **cher** des BGB angewendet. So werden im Zweiten Buch des BGB, dem Schuldrecht, zunächst die Schuldverhältnisse allgemein geregelt – Allgemeines Schuldrecht (Abschnitte 1–7: §§ 241–432) –, gefolgt von besonderen Vorschriften für einzelne typische Schuldverhältnisse – Besonderes Schuldrecht (Abschnitt 8: §§ 433–853) –, etwa betreffend den Reisevertrag (§§ 651a–651m).

> **Bsp. (1):** Im Rahmen des reisevertraglichen Schadensersatzanspruches nach § 651f Abs. 1 ist die allgemeine schuldrechtliche Vorschrift des § 276 zu beachten. Zu vertreten hat der Reiseveranstalter nach § 276 Abs. 1 Satz 1 Vorsatz und Fahrlässigkeit. Fahrlässig handelt nach der Legaldefinition des § 276 Abs. 2, wer die im Verkehr erforderliche Sorgfalt außer Acht lässt[66].

---

60 Zur Systematik des BGB s. *Larenz/Wolf*, BGB AT, § 3 Rn. 76 ff.
61 Zum Rationalisierungseffekt der Klammermethode s. *Medicus*, BGB AT, Rn. 31.
62 Zum abstrahierend-generalisierenden Stil des BGB s. *Larenz/Wolf*, BGB AT, § 3 Rn. 81 ff.; *Medicus*, BGB AT, Rn. 18 f.
63 Palandt/*Ellenberger*, Einf. v. § 145 Rn. 5.
64 Palandt/*Brudermüller*, BGB, § 1408 Rn. 3.
65 Palandt/*Weidlich*, BGB, § 2275 Rn. 1 ff.
66 BGHZ 161, 79 (82).

Bsp. (2): Die Vorschrift des § 362 Abs. 1 regelt die Rechtsfolge des Bewirkens der geschuldeten Leistung an den Gläubiger dahingehend, dass das Schuldverhältnis durch Erfüllung erlischt. Diese allgemein angeordnete Rechtsfolge gilt grds. für alle besonderen Schuldverhältnisse, u.a. Kaufvertrag (§ 433), Schenkungsvertrag (§ 516), Werkvertrag (§ 631) etc.

47 **b) Verweisungstechnik.** Dem abstrahierenden Stil verpflichtet finden sich im BGB zahlreiche **Verweisungen auf einzelne Vorschriften** oder **gesamte Regelungskomplexe** innerhalb wie außerhalb des BGB.

Bsp.: Für Arbeitsverträge, die auf bestimmte Zeit abgeschlossen werden, gilt gemäß § 620 Abs. 3 das Teilzeit- und Befristungsgesetz (TzBfG).
Nach § 27 Abs. 3 finden auf die Geschäftsführung des Vorstands eines Vereins die für den Auftrag geltenden Vorschriften der §§ 664–670 entsprechende Anwendung.
Die Vorschriften des § 164 Abs. 1 finden entsprechende Anwendung auf die sog. Passivvertretung (§ 164 Abs. 3).

48 Wird auf eine Rechtsnorm sowohl hinsichtlich ihres Tatbestands wie auch ihrer Rechtsfolge verwiesen, so wird von einer sog. **Rechtsgrundverweisung** gesprochen. Nimmt die verweisende Norm lediglich die Rechtsfolge einer anderen Norm in Bezug, so handelt es sich um eine sog. **Rechtsfolgenverweisung.**

49 **c) Legaldefinitionen.** Auslegungsfragen und -schwierigkeiten ergeben sich insb. dann, wenn das Gesetz Begriffe nicht selbst – im Wege einer sog. Legaldefinition – definiert[67]. So stellt bspw. die Vorschrift des § 903 Satz 1 nicht klar, wann eine „Einwirkung" im Sinne dieser Regelung vorliegt. In § 833 Satz 2 wird nicht ausdrücklich näher bestimmt, was unter dem abstrakt verwendeten Begriff „Haustier" im Sinne dieser Vorschrift zu verstehen ist. An anderen Stellen erleichtert das Gesetz die Rechtsanwendung mitunter, indem es regelmäßig besonders wichtige und im Gesetz häufig verwendete **Begriffe legaldefiniert,** so etwa die Begriffe „Sache" (§ 90)[68], „unverzüglich" (§ 121 Abs. 1 Satz 1), „kennen musste" (§ 122 Abs. 2), „Einwilligung" (§ 183 Satz 1), „Genehmigung" (§ 184 Abs. 1), „Anspruch" (§ 194 Abs. 1)[69]. Der Begriff des „Unternehmers" wird in § 14 legaldefiniert.

Bsp.: „Verbraucher"[70] ist nach der Legaldefinition des § 13 jede natürliche Person, die ein Rechtsgeschäft zu einem Zweck abschließt, das weder ihrer gewerblichen noch ihrer selbständigen beruflichen Tätigkeit zugerechnet werden kann[71].

50 **d) Fiktionen.** Mittels einer Fiktion wird das Vorliegen eines Tatbestandsmerkmals gesetzlich angeordnet, obwohl es tatsächlich nicht erfüllt ist, oder im umgekehrten Fall ein Tatbestand als nicht einschlägig fingiert, obwohl seine Voraussetzungen

---

67 Zur Gesetzesauslegung s. Rn. 69 ff.
68 Zu den verschieden Arten von Sachen (§§ 90 ff.) s. Rn. 164 ff.
69 Zum Anspruch im materiell-rechtlichen Sinne (§ 194 Abs. 1) s. Rn. 155.
70 S. z.B. §§ 241a, 310 Abs. 3, 312, 312d, 355, 474, 485, 495, , 661a.
71 Zum Verbraucherschutz s. Rn. 315 ff.

eigentlich erfüllt sind[72]. Die Verwendung einer Fiktion wird deutlich, wenn im Gesetz von „gilt"[73] oder „gelten"[74] die Rede ist.

> **Bsp.:** Wird das Dienstverhältnis nach dem Ablauf der Dienstzeit von dem Verpflichteten mit Wissen des anderen Teiles fortgesetzt, so gilt es gemäß § 625 als auf unbestimmte Zeit verlängert, sofern nicht der andere Teil unverzüglich widerspricht[75].

e) Auslegungsregeln. An einigen Stellen stellt das BGB sog. **Auslegungsregeln** auf. **51**
Diese sind dadurch gekennzeichnet, dass die Formulierung „im Zweifel" herangezogen wird[76]. Besteht im konkreten Fall eine andere als die von der Vorschrift lediglich „im Zweifel" vorgesehene Vereinbarung, so soll jene gelten.

> **Bsp.:** Ein Kostenanschlag ist nach der Auslegungsregel des § 632 Abs. 3 „im Zweifel" nicht zu vergüten. Vereinbaren die Parteien des Werkvertrages indes eine Vergütung bereits für den Kostenanschlag, so gilt maßgeblich diese Vereinbarung und die Zweifelsregelung des § 632 Abs. 3 kommt nicht zur Anwendung.

f) Gesetzliche Vermutungen. Gesetzliche Vermutungen haben eine ähnliche Funk- **52**
tion wie Fiktionen. Gesetzliche Vermutungen sind entweder die gesetzgeberisch anerkannte Folge davon, dass bestimmte Geschehensabläufe mit einer gewissen Regelmäßigkeit, nicht aber Ausschließlichkeit erfolgen oder die Konsequenz dessen, dass bestimmte Umstände nicht mit vertretbarem Aufwand in letzter Gewissheit aufklärbar sind. Mitunter spricht das Gesetz selbst davon, dass etwas „vermutet" wird[77].

> **Bsp.:** Zeigt sich innerhalb von sechs Monaten seit Gefahrübergang ein Sachmangel, so wird vermutet, dass die Sache bereits bei Gefahrübergang mangelhaft war, es sei denn, diese Vermutung ist mit der Art der Sache oder des Mangels unvereinbar (§ 476, Beweislastumkehr[78]).

Zu unterscheiden sind **widerlegbare** und **unwiderlegbare Vermutungen.** Der Beweis des Gegenteils einer gesetzlich vermuteten Tatsache ist zulässig, sofern nicht das Gesetz selbst ausdrücklich ein anderes vorschreibt (§ 292 Satz 1 ZPO)[79].

> **Bsp.:** Es wird unwiderlegbar vermutet, dass die Ehe gescheitert ist, wenn die Ehegatten seit drei Jahren getrennt leben (§ 1566 Abs. 2).

g) Regelungen zur Verteilung der Beweislast. Als Beweislast wird **diejenige recht- 53
liche Last** bezeichnet, die dem Beweispflichtigen obliegt, wenn er eine Tatsache zu beweisen hat, um sein Recht letztlich erfolgreich gerichtlich durchsetzen zu können. Im Zivilrecht gilt der allgemein anerkannte Grundsatz, dass derjenige, der sich auf eine für ihn günstige Tatsache beruft, die Beweislast für ihr Vorhandensein

---

72 Zu gesetzlichen Fiktionen als Verweisungen s. *Larenz/Canaris,* Methodenlehre der Rechtswissenschaft, S. 83 ff.
73 S. z.B. §§ 9 Abs. 1, 24, 49 Abs. 2, 84, 105a Satz 1, 108 Abs. 2 Satz 2 Halbsatz 2, 110.
74 S. z.B. §§ 92 Abs. 2, 96, 310 Abs. 3 Nr. 1.
75 S. auch § 15 Abs. 5 TzBfG für befristete Arbeitsverhältnisse.
76 S. z.B. §§ 30 Satz 2, 83 Satz 4, 113 Abs. 4, 125 Satz 2.
77 S. siehe z.B. § 443 Abs. 2 und § 1006.
78 Zur Beweislast s. sogleich Rn. 53.
79 Zur Beweislast s. sogleich Rn. 53.

trägt[80]. Kann eine Tatsache von dem Beweispflichtigen sowie ihr Gegenteil von der anderen Seite nicht bewiesen werden – *non liquet*[81] –, so geht dies im Zivilrecht grds. zulasten des Beweispflichtigen. Das Gesetz ordnet mitunter ausdrücklich an, wer die Beweislast trägt[82]. In anderen Fällen muss der Gesetzesanwender aus der Formulierung der Norm erst den Schluss ziehen, dass eine bestimmte Verteilung der Beweislast aufgestellt wird.

> **Bsp. (1):** Verletzt der Schuldner eine Pflicht aus dem Schuldverhältnis, so kann der Gläubiger Ersatz des hierdurch entstehenden Schadens verlangen (§ 280 Abs. 1 Satz 1). Nach § 280 Abs. 1 Satz 2 gilt dies „nicht", wenn der Schuldner die Pflichtverletzung „nicht" zu vertreten hat. Aus dieser doppelten Verneinung ergibt sich, dass das Verschulden kraft gesetzlicher Anordnung – widerlegbar – vermutet wird und der Schuldner die Beweislast für das Nichtvertretenmüssen trägt[83].

> **Bsp. (2):** Abweichend von § 280 Abs. 1 hat der Arbeitnehmer dem Arbeitgeber Ersatz für den aus der Verletzung einer Pflicht aus dem Arbeitsverhältnis entstehenden Schaden nur zu leisten, wenn er die Pflichtverletzung zu vertreten hat (§ 619a). Hier hat der Arbeitgeber im Streitfall die Tatsachen darzulegen und zu beweisen, die ein Verschulden des Arbeitnehmers begründen.

§ 3 Grundlagen der Rechtsanwendung/Methode der Fallbearbeitung

Literatur: *Armbrüster/Leske*, Hinweise zur Bearbeitung vertragsrechtlicher Klausurfälle, JA 2002, 130; *Börsch*, Die Planwidrigkeit der Lücke, JA 2000, 117; *Brox*, Zur Methode der Bearbeitung eines zivilrechtlichen Falles, JA 1987, 169; *Byrd/Lehmann*, Zitierfibel für Juristen, 2. Aufl. 2011; *Dühn*, Die 10 Gebote der Klausurbearbeitung, JA 2000, 765; *Körber*, Zivilrechtliche Fallbearbeitung in Klausur und Praxis, JuS 2008, 289; *Petersen*, Die Auslegung von Rechtsgeschäften, JURA 2004, 536; *Schapp*, Einführung in das Bürgerliche Recht: Auslegung und Anwendung der Rechtssätze, JA 2002, 763.
Rechtsprechung: BVerfGE **85, 69** – *Eilversammlung* (verfassungskonforme Auslegung; Art. 8 Abs. 1 GG, § 14 Abs. 1 VersG); **BGHZ 179, 27** m. Anm. *Faust*, JuS 2009, 274 (richtlinienkonforme Auslegung, Verbrauchsgüterkauf, Nutzungsersatz; beachte nunmehr § 474 Abs. 2 S. 1); **BGHZ 112, 122** (Gesetzesauslegung, Analogieschluss, § 656 analog bei Partnerschaftsvermittlungs-Dienstverträgen i. S. v. § 611); **BGHZ 55, 153** – *Fleet-Fall* (Eigentumsverletzung i. S. v. § 823 Abs. 1 durch bloße Nutzungsbeeinträchtigung); **BGHZ 46, 74** – *Schallplatten* (Kartellrecht, Methoden der Gesetzesauslegung und ihr Verhältnis zueinander; Art. 20 Abs. 3 GG, § 16 GWB a. F.); **RGZ 158, 388** – *Bienen-Fall* (Gesetzesauslegung am Beispiel des Begriffs Haustier i. S. v. § 833 Satz 2).

---

80 Zurückgehend auf *Leo Rosenberg*, Die Beweislast auf der Grundlage des BGB und der ZPO, 1900; *Rosenberg*, Lehrbuch des Deutschen Zivilprozessrechts, 1927, § 166, 352 ff.
81 Lat. *non liquet* = (Es ist) nicht klar.
82 S. z.B. §§ 345, 355 Abs. 3 Satz 3, 363, 543 Abs. 4 Satz 2, 575 Abs. 3 Satz 3, 2336 Abs. 3.
83 Palandt/*Grüneberg*, BGB, § 280 Rn. 34.

I. Überblick

Die Hauptaufgabe des Juristen besteht darin, **gesetzliche Bestimmungen auf einen** **54**
konkreten Lebenssachverhalt anzuwenden. Das gilt insb. auch für den Richter, der
bei seiner Recht sprechenden Tätigkeit „an Gesetz und Recht gebunden" ist
(Art. 20 Abs. 3 GG). Die Methoden der Anwendung und Auslegung des BGB
haben sich im Laufe der Jahre vielfach gewandelt und weiter entwickelt[1]. Im
Folgenden wird zunächst der **Aufbau der (Anspruchs-)Norm** erläutert[2]. Sodann
wird auf die Methode der **Gesetzesanwendung** im Rahmen der juristischen Fallbearbeitung eingegangen[3]. Von großer Bedeutung ist in diesem Zusammenhang
die weiter zu behandelnde **Auslegung von Gesetzen**[4]. Schließlich werden einige
besondere Argumentationsformen bei der Gesetzesanwendung vorgestellt[5].

II. Aufbau der Norm

Rechtsnormen (Rechtssätze) weisen eine bestimmte – logische – Struktur auf[6]. **55**
Von besonderer Bedeutung im Privatrecht ist die sog. **Anspruchsnorm,** welche die
Anspruchsgrundlage für eine begehrte Rechtsfolge beinhaltet[7]. Anspruchsnorm
ist jede Norm, die einem Rechtssubjekt[8] als Anspruchsinhaber bei Vorliegen bestimmter Voraussetzungen einen **Anspruch** – also nach § 194 Abs. 1 **das Recht,**
von einem anderen ein Tun oder Unterlassen zu verlangen[9] – gewährt.

> **Bsp.:** Der Eigentümer kann gemäß § 985 von dem nicht berechtigten Besitzer die
> Herausgabe der Sache verlangen.

Umgekehrt betrachtet wird durch die Anspruchsnorm eine andere Person, und **56**
zwar der Anspruchsgegner, **verpflichtet.** Die Betrachtung von Berechtigung auf der
einen, Verpflichtung auf der anderen Seite, ändert nichts am rechtlichen Ergebnis,
sondern ist vielmehr Ausdruck ein und desselben rechtlichen Gebildes, nämlich
des Anspruchs.

Anspruchsnormen bestehen aus zwei Teilen, dem **Tatbestand** und der **Rechtsfolge.** **57**
Dabei enthält der Tatbestand die **Voraussetzungen** (V_1, V_2, V_3, ... V_n), bei deren
Vorliegen die Rechtsfolge (R) eintritt. Es gilt demnach: $V_1+V_2+V_3 + ...V_n = R$. Die
Anzahl der Voraussetzungen ist davon abhängig, wie viele Voraussetzungen der
Tatbestand der konkreten Anspruchsnorm enthält. Erst wenn alle Tatbestandsvo-

---

1 Zu den wichtigsten Strömungen (Begriffsjurisprudenz, Interessenjurisprudenz, Wertungs-
  jurisprudenz, kritische Jurisprudenz, ökonomische Analyse des Rechts) und ihrer Entwicklung s. *Larenz/Wolf*, BGB AT, § 4 Rn. 1 ff.; Palandt/*Sprau*, BGB, Einl. Rn. 34 ff.
2 S. Rn. 55 ff.
3 Dazu Rn. 59 ff.
4 S. Rn. 69 ff.
5 Dazu Rn. 78 ff.
6 Zur logischen Struktur von Rechtsnormen s. *Larenz/Canaris*, Methodenlehre der Rechtswissenschaft, S. 71 ff., zu sog. unvollständigen Rechtssätzen S. 78 ff.
7 Zur Ermittlung der Anspruchsgrundlage (Anspruchsnorm) s. Rn. 61.
8 Zu Rechtssubjekten (natürliche und juristische Personen) s. Rn. 83 ff.
9 Zum Begriff des materiell-rechtlichen Anspruchs s. Rn. 155.

raussetzungen erfüllt sind, besteht auf der Rechtsfolgenseite das Recht, ein Tun oder Unterlassen zu verlangen (§ 194 Abs. 1), d.h., der Anspruch ist gegeben.

> **Bsp.:** Die von der Anspruchsnorm § 823 Abs. 1 gewährte Rechtsfolge „Verpflichtung zum Ersatz des daraus entstehenden Schadens" tritt ein, wenn folgende Tatbestandsvoraussetzungen erfüllt sind:
>
> – Verletzungserfolg (Verletzung eines der in § 823 Abs. 1 genannten Rechte oder Rechtsgüter)
> – Verletzungshandlung (positives Tun oder Unterlassen)
> – Haftungsbegründende Kausalität (zwischen Verletzungshandlung und Verletzungserfolg)
> – Rechtswidrigkeit des Verhaltens
> – Verschulden.
>
> Liegen diese Voraussetzungen vor, so bestimmt § 823 Abs. 1 als Rechtsfolge, dass der Schädiger „dem anderen zum Ersatz des daraus entstehenden Schadens verpflichtet" ist. Auf der Rechtsfolgenseite ist danach noch zu prüfen:
>
> – Eintritt eines Schadens
> – Haftungsausfüllende Kausalität (zwischen Verletzungserfolg und Schaden)
> – Art und Umfang des Schadens (richtet sich nach §§ 249 ff.).

58 Der Zusammenhang zwischen Tatbestand und Rechtsfolge wird als **konditionale**[10] **Struktur** bezeichnet[11]. Nicht nur Anspruchsnormen weisen eine solche konditionale Struktur auf, sondern auch andere Bestimmungen, die als Rechtsfolge einen anderen Inhalt als die Gewährung eines Anspruchs regeln. Der Eintritt der Rechtsfolge ist auch dort durch das Vorliegen bestimmter, im Tatbestand genannter Voraussetzungen bedingt.

> **Bsp.:** Mit der Vollendung der Geburt – Tatbestandsvoraussetzung – beginnt nach § 1 die Rechtsfähigkeit des Menschen (Rechtsfolge).

III. Methode der Gesetzesanwendung, Fallbearbeitung

59 Die Methode der Gesetzesanwendung beschreibt die **Anwendung einer gesetzlichen Bestimmung** – also einer abstrakten Norm[12] – **auf einen konkreten Lebensvorgang** (Fall, Sachverhalt). Es wird geprüft, ob ein konkreter Lebenssachverhalt den Tatbestand einer Rechtsnorm erfüllt. Ist dies der Fall, so tritt die im Gesetz angeordnete Rechtsfolge ein. So gewährt die Anspruchsnorm ihrem Inhaber einen Anspruch (§ 194 Abs. 1) gegen den Anspruchsgegner[13]. Den Prüfvorgang im Rahmen der Bearbeitung eines juristischen Falles, ob ein Lebenssachverhalt dem gesetzlichen Tatbestand entspricht, also die einzelnen Tatbestandsvoraussetzungen der Rechtsnorm erfüllt, nennt man **Subsumtion.**

---

10 Lat. *conditio* = Bedingung, Gelegenheit.
11 Zum sog. Konditionalprogramm s. *Zippelius*, Juristische Methodenlehre, S. 28 ff.
12 Zu abstrakt-generellen Rechtsnormen s. Rn. 9.
13 Zur Anspruchsnorm s. bereits Rn. 55 f.

1.   Vorgehensweise bei der Gesetzesanwendung

Die Methode der Gesetzesanwendung weist eine logische Struktur auf, den sog.   **60**
Syllogismus[14]. Zwei Voraussetzungen (Prämissen) – genannt „Obersatz" und
„Untersatz" – ergeben eine Schlussfolgerung (Konklusion) – genannt „Schlusssatz"[15]. Im Rahmen der juristischen Fallbearbeitung ist **zunächst** ein Obersatz zu
bilden, bestehend aus Tatbestand und Rechtsfolge derjenigen Norm, aus welcher
sich möglicherweise ein Anspruch ergibt. In einem **zweiten Schritt** – auf der Ebene
des Untersatzes – ist zu prüfen, ob sich der konkrete Lebenssachverhalt dem
Tatbestand der gesetzlichen Regelung einordnen lässt, ob also die einzelnen Voraussetzungen des Tatbestands der Norm erfüllt sind. Dieser zweite Schritt im
Rahmen der Gesetzesanwendung wird als Subsumtion bezeichnet. Schließlich
wird als dritter **und letzter Schritt** ein Schlusssatz formuliert. Hier wird das Ergebnis der Prüfung mitgeteilt, das bei Erfüllung der Tatbestandsvoraussetzungen in
dem Eintritt der Rechtsfolge besteht.

> **Bsp.:** V und K schließen einen Kaufvertrag über ein Kfz. K verlangt von V Übergabe
> des Kfz und Verschaffung des Eigentums gemäß § 433 Abs. 1 Satz 1.
>
> – 1. Schritt (**Obersatz**):
>
> Durch den Kaufvertrag über eine Sache (Tatbestand) wird der Verkäufer gemäß § 433
> Abs. 1 Satz 1 verpflichtet, dem Käufer die Sache zu übergeben und das Eigentum zu
> verschaffen (Rechtsfolge).
>
> – 2. Schritt (**Untersatz**):
>
> Prüfung des Tatbestandsmerkmals „Kaufvertrag":
> Nach dem Sachverhalt haben V und K einen Kaufvertrag geschlossen. (Die Prüfung
> als solche ist deshalb hier unproblematisch.)
> Prüfung des Tatbestandsmerkmals „Sache":
> Sachen i.S.d. BGB sind nach § 90 nur körperliche Gegenstände. Das Kfz ist ein kör-
> perlicher Gegenstand und damit eine Sache.
> Die Voraussetzungen des Tatbestands des § 433 Abs. 1 Satz 1 sind gegeben.
>
> – 3. Schritt (**Schlusssatz**):
>
> Damit tritt die Rechtsfolge von § 433 Abs. 1 Satz 1 ein: V ist verpflichtet, dem K das
> Kfz zu übergeben und Eigentum daran zu verschaffen. (Anders formuliert: K hat einen
> Anspruch gegen V auf Übergabe und Übereignung des Kfz aus § 433 Abs. 1 Satz 1)

2.   Ermittlung des Anspruchsziels, Auffinden der Anspruchsgrundlage

→ *Sch 1 Rn. 749*

Der Subsumtion zwingend vorauszugehen haben die mitunter schwierig zu beant-   **61**
worten Fragen nach dem konkreten Begehren des Anspruchstellers, dem sog.

---

14 Zum juristischen Syllogismus s. *Larenz/Canaris*, Methodenlehre der Rechtswissen-
    schaft, S. 91 ff.; *Zippelius*, Juristische Methodenlehre, S. 97 f.
15 Die Syllogismen sind ein auf *Aristoteles* zurückgehender Katalog von Typen logischer
    Schlussfolgerungen. Berühmtes Bsp.:
    Prämisse 1 (Obersatz): Alle Menschen sind sterblich.
    Prämisse 2 (Untersatz): Sokrates ist ein Mensch.
    Konklusion (Schlusssatz): Also ist Sokrates sterblich.

Anspruchsziel, sowie danach, aus welcher Rechtsnorm bzw. welchen Rechtsnormen sich dieses Begehren ergeben kann. Hierbei geht es um das **Auffinden der maßgeblichen Anspruchsgrundlage bzw. -grundlagen.** Deshalb ist nach eingehender Lektüre des zu bearbeitenden Sachverhalts herauszufinden, was im konkreten Fall geltend gemacht wird, sprich, der Anspruchsteller tatsächlich begehrt. In Betracht kommt etwa das Verlangen nach Verschaffung einer Sache zu Eigentum, weil nach Ansicht des Anspruchstellers ein Kaufvertrag darüber abgeschlossen wurde, oder nach Schadensersatz, weil der Anspruchsgegner eine Körperverletzung begangen habe, oder nach Herausgabe einer Sache, weil sie dem Anspruchsteller weggenommen worden sei etc. Im Hinblick darauf, dass das tatsächliche Begehren des Anspruchstellers oftmals nicht in juristischen Termini zum Ausdruck gebracht wird, ist der Sachverhalt gleichsam aus der „Laiensprache" in die juristische Fachsprache zu übersetzen.

> **Bsp.:** Verlangt A von B, jener solle „gefälligst nachts nicht ständig so einen Lärm machen, dass man gar nicht mehr schlafen kann", so ist das Begehren des A jedenfalls auf Unterlassung gerichtet, ggf. zusätzlich auf Schadensersatz, etwa wegen Gesundheitsbeeinträchtigung.

62   Nach Klärung des Anspruchsziels ist in einem nächsten Schritt nach einer **Rechtsnorm** zu suchen, die einen entsprechenden Anspruch[16] als Rechtsfolge enthält, also nach der **Anspruchsgrundlage.** Als Hilfsmittel kann hierbei die Frage: „**Wer will von wem was woraus?**" herangezogen werden. Das Fragewort „Wer" betrifft die Person des Anspruchstellers, „wem" die des Anspruchsgegners, „was" meint das Anspruchsziel und „woraus" fragt nach der Anspruchsgrundlage.

> **Bsp.:** Verkäufer V („Wer") will von Käufer K („wem") Bezahlung des vereinbarten Kaufpreises („was") aus § 433 Abs. 2 („woraus").

63   Erst nach Klärung dieser Fragen kann die **materielle Prüfung** unter Berücksichtigung der Subsumtionstechnik (Syllogismus) beginnen.

3.   Gutachtenstil

64   Im Rahmen der juristischen Fallbearbeitung im rechtswissenschaftlichen Studium wird regelmäßig gefordert, die Prüfung im sog. **Gutachtenstil** vorzunehmen. Das bedeutet, dass nicht bereits eingangs das Ergebnis der Prüfung mitgeteilt wird. Vielmehr ist im Obersatz[17] zunächst die Möglichkeit eines Anspruchs auf der Grundlage einer bestimmten Norm zu formulieren. Empfehlenswert ist dabei die Verwendung des Modus des Konjunktivs.

> **Bsp.:** Macht K einen Anspruch auf Lieferung eines Kfz aus einem Kaufvertrag geltend, so müsste der Obersatz im Gutachten wie folgt formuliert werden: K könnte gegen V einen Anspruch auf Eigentumsverschaffung und Übergabe des Kfz aus § 433 Abs. 1 Satz 1 haben[18].

---

16   Zum Anspruch im materiellen Sinn (§ 194 Abs. 1) s. Rn. 155.
17   Zu Ober-, Unter- und Schlusssatz s. bereits Rn. 60.
18   Denkbar ist ferner die Formulierung: „Möglicherweise hat K einen Anspruch gegen V auf Eigentumsverschaffung und Übergabe des Kfz aus § 433 Abs. 1 Satz 1." Jedenfalls unzulässig ist die Formulierung des Obersatzes in Form einer Frage.

Nach der Formulierung des Obersatzes im Gutachtenstil sind **zur weiteren Verdeutlichung die abstrakten Voraussetzungen des gesetzlichen Tatbestands,** welche erfüllt sein müssen, damit die begehrte Rechtsfolge ausgelöst wird, aufzuführen. Auch insoweit ist der Modus Konjunktiv zu bemühen. **65**

> **Bsp.:** Dann müsste zwischen V und K ein Kaufvertrag über eine Sache geschlossen worden sein.

Anschließend ist **jede einzelne Tatbestandsvoraussetzung** – ihrerseits wiederum im Gutachtenstil – „durchzuprüfen", d.h., es ist im Untersatz[19] zu ermitteln, ob das jeweilige Tatbestandsmerkmal aufgrund des vorliegenden Lebenssachverhalts erfüllt ist. **66**

> **Bsp.:** Zunächst ist zu prüfen, ob zwischen V und K ein Kaufvertrag zustande gekommen ist. Das ist nach dem Sachverhalt der Fall. Als weitere Voraussetzung ist zu prüfen, ob ein Kaufvertrag über eine Sache zustande gekommen ist. Gemäß § 90 sind Sachen i.S.d. Gesetzes nur körperliche Gegenstände[20]. Bei dem Kfz handelt es sich um einen körperlichen Gegenstand. Damit liegt ein Kaufvertrag über eine Sache vor. Die Tatbestandsvoraussetzungen des § 433 Abs. 1 Satz 1 sind gegeben.

Liegen alle Tatbestandsvoraussetzungen vor, greift die Rechtsfolge der Norm ein. Im Schlusssatz ist abschließend das **Ergebnis der Prüfung** im Modus des Indikativs zu formulieren. **67**

> **Bsp.:** Im Hinblick darauf, dass die Tatbestandsvoraussetzungen des § 433 Abs. 1 Satz 1 vorliegen, hat K einen Anspruch gegen V auf Übergabe des Kfz und Eigentumsverschaffung.

Im Gegensatz zum Gutachtenstil stellt der insb. in gerichtlichen Entscheidungen angewandte und zumeist im Zweiten Juristischen Staatsexamen zu bemühende sog. **Urteilsstil** das Ergebnis der Fallprüfung an den Anfang[21]. **68**

> **Bsp.:** K hat gegen V einen Anspruch auf Eigentumsverschaffung und Übergabe des Kfz aus § 433 Abs. 1 Satz 1. Denn die Parteien haben einen Kaufvertrag über das Kfz geschlossen. Das Angebot des V ist vorliegend darin zu sehen, dass (…).

IV. Gesetzesauslegung

1. Bedeutung

Will ein Rechtsanwender das Gesetz in inhaltlich zutreffender Weise anwenden, d.h., einen konkreten Lebenssachverhalt den in einer Rechtsnorm sowohl auf Tatbestands- als auch auf Rechtsfolgeseite genannten abstrakten und allgemeinen Begriffen im Wege der Subsumtion unterordnen[22], so muss er sich zuvor Klarheit darüber verschaffen, **was unter den im Gesetz verwendeten Begriffen zu** **69**

---

19 Zum Untersatz s. bereits Rn. 60.
20 Zu Sachen s. Rn. 164 ff.
21 Zum Urteilsstil s. *Schellhammer*, Zivilprozess, Rn. 820 ff..
22 Zur Methode der Gesetzesanwendung s. bereits Rn. 59 ff.

verstehen ist. Angesichts der im Hinblick auf die zumindest potentielle Regelung unzähliger Fälle durch ein und dieselbe Norm **notwendigen Allgemeinheit der abstrakt-generellen Regelungen** besteht über den Aussagegehalt einzelner in der Norm verwendeter Begriffe nicht immer endgültige Gewissheit. Das regelmäßig hohe Abstraktionsniveau des BGB wird dadurch zu einem Problem der Rechtsanwendung, denn die Subsumtion eines Lebensvorgangs unter den Tatbestand einer Rechtsnorm verlangt, dass über die in der Norm verwendeten Begriffe **Klarheit herrscht.** Hier setzt die vor der Subsumtion vorzunehmende sog. **Gesetzesauslegung** an[23]. Ein Gesetz auszulegen heißt, seinen Sinn zu erforschen[24].

> **Bsp.:** Nach § 823 Abs. 1 ist u.a. derjenige zum Schadensersatz verpflichtet, der vorsätzlich oder fahrlässig das Eigentum eines anderen widerrechtlich verletzt. Ob eine Verletzung des Eigentums nur bei Beschädigung bzw. Zerstörung und Entziehung der Sache gegeben ist, oder auch bei einer bloßen, nicht die Substanz der Sache berührenden Beeinträchtigung ihrer Nutzung, wird aus § 823 Abs. 1 nicht ohne weiteres deutlich. Diese Frage muss durch Auslegung des Begriffs Eigentum ermittelt werden. In dem berühmten „Fleet-Fall" hat der BGH erstmals die Verletzung des Eigentums auch durch eine reine, die Substanz der Sache selbst unberührt lassende Beeinträchtigung der Nutzung bejaht[25].

2.   Auslegungsmethoden

70   Im Wege der Gesetzesauslegung wird zur näheren Bestimmung des Inhalts eines Begriffs zunächst auf vier nebeneinander anzuwendende Methoden bzw. Kriterien der Auslegung zurückgegriffen. Neben diesem sog. **Viererkanon der „klassischen" Auslegungsmethoden**[26] – die grammatikalische, systematische, historische und teleologische Auslegung[27] – können ggf. weitere Prinzipien der Auslegung Beachtung finden.

71   a) **„Viererkanon" der Auslegung.** Es ist i.d.R. sinnvoll, die vier klassischen Auslegungsmethoden in der **nachfolgenden Reihenfolge – grammatikalische, systematische, historische und teleologische Auslegung** – zu prüfen[28]. In dem sog. Bienen-Fall[29] hat das RG vorbildlich die vorgenannten Auslegungsmethoden zur Klärung der Frage, ob es sich bei der Biene um ein Haustier i.S.d. § 833 Satz 2 handelt, herangezogen.

> **Bsp.:** Auf einem Truppenübungsplatz wurde ein Pferdegespann des Militärs von einem Bienenschwarm überfallen, der einem Imker auf dem benachbarten Grundstück gehörte. Vier Pferde verendeten. – Nach § 833 Satz 1 ist derjenige, der ein Tier hält, u.a.

---

23 Zu Funktion und Aufgaben der Gesetzesauslegung s. *Larenz/Canaris*, Methodenlehre der Rechtswissenschaft, S. 133 ff.; *Larenz/Wolf*, BGB AT, § 4 Rn. 31 ff.
24 Palandt/*Sprau*, BGB, Einl. Rn. 40 ff.
25 S. BGHZ 55, 153 (158 ff.); hierzu ausf. *Boecken*, Deliktsrechtlicher Eigentumsschutz gegen reine Nutzungsbeeinträchtigungen, S. 81 ff.
26 Zurückgehend auf *von Savigny*, s. *Zippelius*, Juristische Methodenlehre, S. 42 ff.
27 Instruktiv zu den Auslegungsmethoden BGHZ 46, 74 (76 ff. m. w. N.). – *Schallplatten.*
28 Zum Verhältnis der Auslegungskriterien zueinander s. *Larenz/Canaris*, Methodenlehre der Rechtswissenschaft, S. 163 ff.; *Zippelius*, Juristische Methodenlehre, S. 62 f.; *Larenz/Wolf*, BGB AT, § 4 Rn. 50.
29 RGZ 158, 388.

dann zum Schadensersatz verpflichtet, wenn durch das Tier eine Sache (oder ein Tier, s. § 90a Satz 3) beschädigt wird. Diese, von einem Verschulden unabhängige Gefährdungshaftung tritt nach § 833 Satz 2 nicht ein, wenn der Schaden durch ein Haustier verursacht wird, das dem Beruf, der Erwerbstätigkeit oder dem Unterhalt des Tierhalters zu dienen bestimmt ist, und entweder der Tierhalter bei der Beaufsichtigung des Tieres die im Verkehr erforderliche Sorgfalt beobachtet oder der Schaden auch bei Anwendung dieser Sorgfalt entstanden sein würde. Die in dem RG-Fall durch Auslegung zu klärende Frage war die, ob es sich bei Bienen um Haustiere i.S.d. § 833 Satz 2 handelt mit der Folge, dass der vom Militär auf Schadensersatz wegen der Verendung der Pferde in Anspruch genommene Imker nicht gehaftet hätte, sofern er bei der Beaufsichtigung der Bienen die im Verkehr erforderliche Sorgfalt beobachtet hat oder der Schaden auch bei Anwendung dieser Sorgfalt eingetreten wäre.

(1) Grammatikalische Auslegung. Die **zunächst heranzuziehende grammatikalische Auslegungsmethode** geht von dem Wortlaut der Norm aus und fragt nach dem Sinn des verwendeten Begriffs unter Heranziehung des allgemeinen oder, sofern gegeben, des juristischen Sprachgebrauchs. Existiert keine juristische Definition des verwendeten Begriffs, so ist eine endgültige Klärung des Inhalts eines im Gesetz verwendeten Begriffs mit der grammatikalischen Auslegungsmethode in kritischen Fällen selten möglich. **72**

> **Bsp.:** Allein aus dem in § 833 Satz 2 verwendeten Begriff Haustier lässt sich nicht entnehmen, ob darunter auch Bienen zu verstehen sind. Zwar kann davon ausgegangen werden, dass hierzu typischerweise zahme Tiere wie Hunde, Katzen, Pferde, Schweine gehören, die der Mensch in seiner Nähe hält. Damit ist aber nicht auszuschließen, dass hierunter auch die von Menschen in Bienenstöcken gehaltenen Bienen fallen können. In seiner Entscheidung hat das RG zur Auslegung nach dem Wortsinn ausgeführt, dass § 833 Satz 2 „... keine ausdrückliche Angabe darüber (enthält), welche Tiere Haustiere sind.“[30].

(2) Systematische Auslegung. Bei dieser Methode der **Auslegung nach dem Gesetzes- bzw. Bedeutungszusammenhang** wird darauf abgestellt, in welchem gesetzlichen Zusammenhang eine Norm steht und ob sich daraus weiterführende Hinweise auf den Bedeutungsgehalt des verwendeten Begriffs ergeben. Der Rechtsanwender hat also eine Betrachtung des Gesetzesumfelds vorzunehmen, mithin auf den **systematischen Kontext** der Norm abzustellen. **73**

> **Bsp.:** Bezogen auf den *Bienen*-Fall des RG ist im Rahmen der systematischen Auslegung zu berücksichtigen, dass sich in den Vorschriften der §§ 961–964 ausführliche Regelungen über die Eigentumsverhältnisse an Bienenschwärmen finden. Allerdings lässt sich aus diesen Bestimmungen nichts zur Beantwortung der Frage entnehmen, ob es sich bei Bienen um Haustiere i.S.d. § 833 Satz 2 handelt.

Die Methode der systematischen Auslegung ist vor dem Hintergrund der Grund- und Zielvorstellung der „**Einheit der Rechtsordnung**" zu sehen. Eine Vorschrift oder ein einzelnes in ihr enthaltenes Tatbestandsmerkmal soll idealerweise nicht im Widerspruch zu anderen Regelungen oder Gesetzen ausgelegt und angewendet werden.

---

30 S. RGZ 158, 388 (391).

74 (3) **Historische Auslegung.** Im Rahmen dieser Auslegungsmethode wird nach dem **Willen des historischen Gesetzgebers und der Entstehungsgeschichte der Norm** gefragt[31], also gleichsam darauf abgestellt, welche Gedanken die Gesetzesverfasser bei Schaffung der Regelung angestellt haben. Heranzuziehen sind insoweit vor allem die Gesetzesbegründungen, die bei heutigen Gesetzen aus den Drucksachen des Bundestages (BT-Drucks.)[32] und des Bundesrates (BR-Drucks.) entnommen werden können. Bezogen auf das BGB geben zusätzlich zu den Reichstags-Drucksachen die Motive und Protokolle der Ersten und Zweiten Kommission Auskunft über Grund und Zielsetzung der jeweiligen Regelungen, soweit sie bereits zum 1.1.1900 in Kraft getreten sind[33].

> **Bsp.:** Im *Bienen*-Fall hat das RG auch die historische Auslegungsmethode herangezogen und festgestellt, dass im Rahmen eines Gesetzgebungsverfahrens zur Änderung des § 833 nach Inkrafttreten des BGB „… Anträge, die Biene in der neuen Fassung des § 833 ausdrücklich zu erwähnen und als Haustier zu bezeichnen, abgelehnt worden" sind[34]. Hiernach spricht die historische Auslegungsmethode dagegen, Bienen die Haustiereigenschaft i.S.d. § 833 Satz 2 zuzusprechen.

75 (4) **Teleologische Auslegung.** Die letztlich oftmals entscheidende Auslegungsmethode der teleologischen[35] Auslegung fragt danach, **welcher Sinn und Zweck**[36], **welches Ziel mit einer Rechtsnorm** verfolgt wird, also was erreicht oder vermieden werden soll[37]. Es ist davon auszugehen, dass das Gesetz eine zweckmäßige, vernünftige und gerechte Regelung treffen will[38]. Die heutige Zielvorstellung ist dabei zwar regelmäßig, aber nicht notwendig deckungsgleich mit dem, was der historische Gesetzgeber zum Zeitpunkt der Schaffung der Norm intendierte. Denn der Inhalt und Anwendungsbereich einer Norm bzw. eines in der Norm verwendeten Begriffs kann sich im Laufe der Zeit mit Änderung der gesellschaftlichen Wirklichkeit ebenfalls verändern.

> **Bsp.:** Unter Heranziehung der teleologischen Auslegungsmethode ist im *Bienen*-Fall den Bienen die Eigenschaft als Haustier abzusprechen. Das folgt daraus, dass die in § 833 Satz 2 gegenüber der Gefährdungshaftung nach § 833 Satz 1 normierte Haftungsprivilegierung impliziert, dass ein Tierhalter sein Haustier beaufsichtigen kann unter Beachtung der im Verkehr erforderlichen Sorgfalt. Nur dann soll die Haftung des Tierhalters für durch das Haustier verursachte Schäden durch das zusätzliche Erfordernis des Verschuldens begrenzt werden. Im Hinblick darauf, dass Bienen bzw. Bienenschwärme außerhalb von Bienenstöcken nicht beaufsichtigt werden können, um einen Schadenseintritt zu vermeiden, spricht der Zweck von § 833 Satz 2 entscheidend dagegen, die Bienen als Haustiere i.S. dieser Vorschrift einzuordnen[39].

---

31 BGHZ 46, 74 (79 ff. m. w. N.). – *Schallplatten.*
32 Ab der 8. Wahlperiode abrufbar unter: http://drucksachen.bundestag.de.
33 Die Materialien zum BGB sind veröffentlicht von *Benno Mugdan*, Die gesamten Materialien zum Bürgerlichen Gesetzbuch für das Deutsche Reich, 1899.
34 RGZ 158, 388 (391).
35 Griech. *telos* = Ziel, Zweck, Sinn.
36 Lat. *ratio legis* = Sinn und Zweck des Gesetzes, die Ratio des Gesetzes.
37 BGHZ 78, 263 (265); 2, 176 (184 f.); RGZ 142, 36 (40 f.).
38 RGZ 74, 69 (72).
39 S. RGZ 158, 388 (391 f.).

b) Sonstige Prinzipien der Auslegung. – (1) Verfassungskonforme Auslegung. **76**
Unter Berücksichtigung der insb. im Bereich des öffentlichen Rechts vorzunehmenden **verfassungskonformen Auslegung** ist im Hinblick auf den gebotenen Respekt vor der gesetzgebenden Gewalt (arg. Art. 100 Abs. 1 GG) im Zweifel demjenigen Ergebnis der Auslegung einer einfach-gesetzlichen Norm der Vorrang zu geben, das mit der Verfassung (GG) am weitesten im Einklang steht[40].

> **Bsp.:** § 14 Abs. 1 VersG ist mit Blick auf Art. 8 GG (Versammlungsfreiheit) verfassungskonform dahin auszulegen, dass Eilversammlungen anzumelden sind, sobald die Möglichkeit dazu besteht[41].

Die verfassungskonforme Auslegung ist dabei nicht als „Methode" der Auslegung[42], sondern als **„Vorzugsregel"** zu verstehen, die erst dann zum Einsatz kommt, wenn die Auslegung anhand der klassischen Methoden zu mehreren gleichrangigen Ergebnissen geführt hat. Sie findet ihre Grenzen dort, wo sie zu dem Wortlaut und dem klar erkennbaren Willen des Gesetzgebers in Widerspruch treten würde[43]. Der Richter darf einem nach Wortlaut und Sinn eindeutigen Gesetz nicht durch „verfassungskonforme" Auslegung einen entgegengesetzten Sinn geben[44].

(2) Europarechtskonforme Auslegung. Die zunehmend an Bedeutung gewinnende **77**
Methode der **unionsrechtskonformen Auslegung** versucht, im Rahmen der Auslegung nationaler Vorschriften Widersprüche zum gesamten europäischen Unionsrecht (früher: Gemeinschaftsrecht) – entweder dem sog. Primärrecht (insb. EUV, AEUV) oder dem Sekundärrecht (insb. Richtlinien, Verordnungen)[45] – zu vermeiden[46]. Dies ist vor dem Hintergrund zu sehen, dass die Tätigkeit der Union die Angleichung („Harmonisierung") der innerstaatlichen Rechtsvorschriften umfasst, soweit dies für das Funktionieren des Gemeinsamen Marktes (sog. Binnenmarkt) erforderlich ist[47]. Von der unionsrechtskonformen Auslegung im Hinblick auf ihren Prüfungsmaßstab zu unterscheiden ist die **Auslegungsmethode der richtlinienkonformen Auslegung**[48], nach welcher demjenigen Ergebnis der Auslegung nationaler (Umsetzungs-)Vorschriften der Vorzug zu geben ist, das mit der jewei-

---

40 BVerfGE 86, 288 (320 f.); 2, 266 (282).
41 BVerfGE 85, 69 (72 ff.).
42 A. A. Palandt/*Sprau*, BGB, Einl. Rn. 42: Unterfall der systematischen Auslegung.
43 BVerfGE 71, 81 (105); 54, 277 (299 f.).
44 BVerfGE 8, 28 (33 ff.).
45 Näher zu den Rechtsquellen des Unionsrechts s. *Hailbronner/Jochum*, Europarecht I, Rn. 222 ff.
46 Zum Einfluss des Unionsrechts auf das bürgerliche Recht s. *Köhler*, BGB AT, § 3 Rn. 37 ff.; zur Bedeutung für die Auslegung s. *Larenz/Wolf*, BGB AT, § 4 Rn. 70 ff.
47 Zur europäischen Harmonisierung sowie zur Internationalisierung des Privatrechts s. *Larenz/Wolf*, BGB AT, § 2 Rn. 89 ff., 97 ff.
48 Zur richtlinienkonformen Auslegung s. *Köhler*, BGB AT, Rn. 40.

ligen Richtlinie (Art. 288 Abs. 3 AEUV), auf der die Vorschrift beruht, am meisten übereinstimmt[49].

> **Bsp.:** Die richtlinienkonforme Auslegung des § 651f Abs. 1[50] ergibt, dass für den Entlastungsbeweis des Reiseveranstalters keine strengeren Voraussetzungen gelten als für den Nachweis fehlenden Verschuldens nach § 276[51].

Diese Auslegungsmethoden dienen der Umsetzung des europarechtlichen Grundsatzes des sog. **effet utile**, also des Erfordernisses der Gewährleistung und Durchsetzung des Gemeinschaftsrechts mit der größtmöglichen praktischen Wirksamkeit[52].

V. Besondere Methoden der Rechtsanwendung

78 Es gibt eine Vielzahl von **Formen juristischer Argumentation**[53]; jedenfalls die nachfolgend vorgestellten sollten zum Standardrepertoire eines Juristen gehören. Die Entscheidung für ein bestimmtes Argumentationsmuster legt regelmäßig bereits das Ergebnis fest, etwa im Rahmen der Auslegung[54].

1. Analogieschluss

79 Der Analogieschluss (*argumentum per analogiam*) – auch genannt Ähnlichkeitsargument oder schlicht Analogie – ist der Schluss von einem gesetzlich geregelten auf einen gleichgelagerten, rechtsähnlichen, aber gesetzlich nicht geregelten Fall[55]. Er ist nur zulässig, wenn kumulativ zwei Voraussetzungen erfüllt sind. Erforderlich ist zunächst eine planwidrige, d.h. vom Gesetzgeber nicht erkannte oder beabsichtigte **Regelungslücke**[56], des Weiteren die wertungsmäßige **Vergleichbarkeit der Interessenlagen**[57].

> **Bsp.:** Beeinträchtigungen, die von einer Mietwohnung innerhalb desselben Grundstückseigentums auf eine andere Mietwohnung einwirken, berechtigen den Mieter der von den Beeinträchtigungen betroffenen Wohnung sowohl mangels planwidriger Regelungslücke als auch im Hinblick auf die fehlende Vergleichbarkeit der Interessenlagen nicht zu einem verschuldensunabhängigen nachbarrechtlichen Ausgleichsanspruch analog § 906 Abs. 2 Satz 2 gegen den Mieter der anderen Wohnung[58].

---

49 BGHZ 150, 248 (251 ff.); Palandt/*Sprau*, BGB, Einl. Rn. 43 f., hier auch zum Problem der überschießenden Umsetzung europarechtlicher Vorgaben.
50 Die Vorschriften der §§ 651a ff. über den Reisevertrag wurden zur Umsetzung der Pauschalreisen-Richtlinie 90/314/EWG eingefügt.
51 BGHZ 161, 79 (82 ff.).
52 S. näher hierzu Potacs EuR 2009, 465 ff.
53 Palandt/*Sprau*, BGB, Einl. Rn. 47 ff.
54 Zur Gesetzesauslegung s. bereits Rn. 69 ff.
55 Palandt/*Sprau*, BGB, Einl. Rn. 48 m. w. N., hier auch zur Unterscheidung von Einzelanalogie und Rechtsanalogie.
56 BGHZ 149, 165 (174); NJW 2003, 1932 (1933).
57 BGHZ 120, 239 (251 f.) – *Froschlärm*; 110, 183 (193); 105, 140 (143).
58 BGHZ 157, 188 (192 ff. m. w. N.).

Liegt eine Regelungslücke vor, so kann sie dann nicht als Grundlage einer Analogie dienen, wenn dem Gesetzeszusammenhang und dem Wortlaut ein *„beredtes Schweigen"* des Gesetzgebers zu entnehmen ist, also das planmäßige, gewollte Offenlassen der Gesetzeslücke[59].

> **Bsp.:** Die Vorschrift des § 56 HGB, nach der der Ladenangestellte zu den in einem derartigen Laden gewöhnlich erfolgenden Verkäufen als ermächtigt gilt, ist auf Ankäufe auch nicht entsprechend anwendbar[60].

Der Frage nach der Zulässigkeit eines Analogieschlusses hat regelmäßig die **Gesetzesauslegung voranzugehen,** da erst danach Klarheit über das Vorliegen einer planwidrigen gesetzgeberischen Regelungslücke sowie über den begrifflichen Inhalt der analog anzuwendenden Vorschrift herrscht[61].

Der Analogieschluss ist im Zivilrecht von Verfassungs wegen grds. nicht zu beanstanden[62]. Im **Strafrecht** steht das Analogieverbot zulasten des Täters nach Art. 103 Abs. 2 GG entgegen[63]. Den Grundsatz **„Keine Strafe ohne Gesetz"** (*nulla poena sine lege)*[64] gibt § 1 StGB auf einfachgesetzlicher Ebene wieder.

2. Umkehrschluss

Als Umkehrschluss (*argumentum e contrario*) wird der Schluss von einem gesetzlich geregelten auf einen nicht geregelten Fall bezeichnet[65]. Analogie und Umkehrschluss stehen in einem Spannungsverhältnis, sie konkurrieren miteinander[66].   **80**

> **Bsp.:** Nach § 7 Abs. 2 kann eine natürliche Person den Wohnsitz an mehreren Orten haben. Für Vereine bestimmt § 24, dass als Sitz der Ort gilt, an welchem die Verwaltung geführt wird. § 24 sagt nichts darüber, ob ein Verein einen Doppelsitz (Zweitsitz) haben kann.
>
> Kann nun § 7 Abs. 2 auf den Verein analog angewendet werden? Oder ist vielmehr – mit der wohl h. M.[67] – der Umkehrschluss aus § 24 dahingehend geboten, dass ein anderer Vereinssitz als der in § 24 vorgesehene nicht möglich ist?

3. Erst-recht-Schluss

Der Erst-recht-Schluss (*argumentum a fortiori*) ist der „Schluss vom Stärkeren   **81** her". Dieser Oberbegriff umfasst zwei Formen, den „Schluss vom Größeren zum

---

59 Zur Feststellung und Ausfüllung von Gesetzeslücken s. *Larenz/Canaris*, Methodenlehre der Rechtswissenschaft, S. 191 ff.; *Zippelius*, Juristische Methodenlehre, S. 64 ff.; Palandt/*Sprau*, BGB, Einl. Rn. 55 f.
60 BGH NJW 1988, 2109 (2110).
61 Zur Gesetzesauslegung s. bereits Rn. 69 ff.
62 BVerfGE 82, 6 (11 ff.); 25, 167 (183).
63 BVerfG NJW 2005, 2140 (2140 f. m. w. N.).
64 S. auch den Grundsatz *nullum crimen sine lege* = Kein Verbrechen ohne Gesetz.
65 Näher zum Begriff und zur Zulässigkeit der Rechtsanwendungsmethode des Umkehrschlusses s. *Larenz/Canaris*, Methodenlehre der Rechtswissenschaft, S. 209 f.
66 Palandt/*Sprau*, BGB, Einl. Rn. 50: „Gegenstück".
67 Sehr umstritten; Palandt/*Ellenberger*, BGB, § 24 Rn. 2 m. w. N.

Geringeren" (*argumentum a maiori ad minus*)[68] und den „Schluss vom Kleineren zum Größeren" (*argumentum a minori ad maius*).

> **Bsp.:** Ist für rechtmäßige Enteignungen eine Entschädigung zu zahlen (Art. 14 Abs. 3 GG), so ist dies erst recht bei rechtswidrigen, sog. enteignungsgleichen Eingriffen geboten[69].

4. Teleologische Reduktion

82 Im Wege der teleologischen[70] Reduktion wird im Hinblick auf den Sinn und Zweck einer Vorschrift deren Anwendungsbereich entgegen dem Wortlaut eingeschränkt. Es wird die Anwendbarkeit der Norm verneint, obwohl sie ihrem Wortlaut nach einschlägig wäre. Eine teleologische Reduktion von Vorschriften entgegen ihrem Wortlaut gehört zu den anerkannten, verfassungsrechtlich nicht zu beanstandenden Auslegungsgrundsätzen[71].

> **Bsp.:** Das bei der Stellvertretung bedeutsame „Geschäft für den, den es angeht"[72], ist ein durch teleologische Reduktion des Offenkundigkeitsprinzips (§ 164 Abs. 2)[73] entwickeltes Rechtsinstitut bei Bargeschäften des täglichen Lebens, und zwar vor allem beim dinglichen Rechtserwerb[74].

---

68 Oder auch lat. *plus continet minus* = das Mehr enthält das Weniger.
69 BGHZ 6, 270 (290 f. m. w. N.).
70 Der griechische Begriff *telos* bedeutet Ziel, Zweck, Sinn.
71 BVerfGE 88, 145 (166 ff.); 35, 263 (278 ff.); NJW 1997, 2230 (2230 f.).
72 Zum „Geschäft für den, den es angeht" s. Rn. 617.
73 Zum sog. Offenheitsgrundsatz (Offenkundigkeitsprinzip) im Rahmen des Rechts der Stellvertretung s. Rn. 615 ff.
74 BGHZ 154, 276 (279); RGZ 100, 190 (192 f.).

2. Teil: Subjekte, subjektive Rechte und Rechtsobjekte

§ 4 Subjekte: natürliche und juristische Personen

Literatur: *Dreier*, Stufungen des vorgeburtlichen Lebensschutzes, ZRP 2002, 377; *Götting*, Sanktionen bei Verletzungen des postmortalen Persönlichkeitsrechts, GRUR 2004, 801; *Hattenhauer*, „Person" – Zur Geschichte eines Begriffs, JuS 1982, 405; *Kellermann*, Die BGB-Gesellschaft in ihrer Ausgestaltung durch die neuere Rechtsprechung, JA 2003, 640; *Krumm*, Die Stiftung bürgerlichen Rechts, JA 2010, 849; *Petersen*, Die rechtsfähige Personengesellschaft, JURA 2004, 683; *K. Schmidt*, Die BGB-Außengesellschaft: rechts- und parteifähig – Besprechung des Grundlagenurteils II ZR 331/00 vom 29.1.2001, NJW 2001, 993; *Wellenhofer*, Grundstücksgeschäfte mit der BGB-Gesellschaft, JuS 2010, 1048.
Rechtsprechung: BVerfGE 50, 290 – *Mitbestimmungs-Urteil* (Gewerkschaften, Koalitionsfreiheit, juristische Personen, Sozialbindung des Eigentums u.a.; Art. 2 Abs. 1, 9 Abs. 1, Abs. 3, 12 Abs. 1, 14 Abs. 1 GG); BGHZ 149, 191 – *shell.de* (Ansprüche bei Verwendung einer berühmten Marke als Internet-Domain durch einen gleichnamigen Nichtberechtigten; §§ 14 f. MarkenG, § 12); BGHZ 146, 341 – ARGE *Weißes Ross I* (Rechtsfähigkeit der Außen-GbR, Parteifähigkeit im Zivilprozess, akzessorische Haftung der Gesellschafter; §§ 14 Abs. 2, 705, § 50 Abs. 1 ZPO, § 128 HGB); BGHZ 109, 327 (Arglistiges Verschweigen eines Mangels der Kaufsache, Wissenszurechnung eines Organvertreters; §§ 31, 89 Abs. 1, § 463 Satz 2 a. F.); BGHZ 70, 313 (Ehegatten-Stiftung durch Erbvertrag; Art. 3 GG, §§ 80 ff. BGB); BGHZ 50, 133 – *Mephisto* (Persönlichkeitsschutz Verstorbener; Art. 1, 2, 5 GG, §§ 823, 1004 BGB); BGHZ 29, 33 (Ärztlicher Heileingriff als tatbestandliche Körperverletzung, Einwilligung des Minderjährigen in eine Operation; §§ 107, 823 Abs. 1, 1626); BGHZ 8, 243 (Luesinfektion einer Schwangeren, kausale Gesundheitsverletzung des Kindes, Verschuldens-Zurechnung; §§ 31, 823 Abs. 1, 831); BGH LM Nr. 11 zu § 31 BGB (Idealverein, Haftung für nicht rechtsfähigen Verein, Handelndenhaftung; §§ 31, 54 Satz 2, 276, 831); BVerwGE 71, 309 (Verlust der deutschen Staatsangehörigkeit, Wohnsitz, Begründung und Aufhebung, Doppel- bzw. Zweitwohnsitz; § 7 Abs. 1, Abs. 2, Abs. 3); OLG Frankfurt a.M. NJW 1997, 3099 (Eintritt des Erbfalls im Zeitpunkt des Hirntods, Erbrecht, §§ 1, 1371 Abs. 1, 1922, 1931, 1933).

I. Begriff des Rechtssubjekts

Bei dem im BGB nicht definierten **Begriff des Rechtssubjekts** bzw. der **Rechtssubjekte** handelt es sich um die **Adressaten** der Regelungen des Bürgerlichen Gesetzbuches, d.h. diejenigen, die Rechte und Verpflichtungen haben können. Bei den Rechten kann es sich z.B. um den Anspruch auf Kaufpreiszahlung (§ 433 Abs. 2) oder den Anspruch des Arbeitnehmers auf Gewährung der vereinbarten Vergütung (§ 611 Abs. 1) handeln. Zu den Verpflichtungen gehören etwa die Verpflichtung des Käufers zur Kaufpreiszahlung (§ 433 Abs. 2), die Verpflichtung zur Leistung von Schadensersatz (§ 823 Abs. 1) oder etwa auch die Verpflichtung zur Unterhaltsgewährung zwischen Verwandten in gerader Linie (§ 1601). **83**

Rechtssubjekte sind danach Träger von Rechten und Pflichten. Diese Fähigkeit wird als **Rechtsfähigkeit** bezeichnet[1]. Nach dem Gesetz kommt die Rechtsfähigkeit, und damit die Eigenschaft, Rechtssubjekt sein zu können, nur **Personen** zu, nicht hingegen Sachen, Tieren oder anderen Rechtsobjekten[2].

> **Bsp.**: Ein Tier kann nicht testamentarisch als Erbe eingesetzt werden, weil es mangels Rechtsfähigkeit nicht Träger eines Erbrechts sein kann.

Das BGB unterscheidet zwei Arten von Personen, und zwar die **natürlichen Personen** (§§ 1 ff.)[3] und die **juristischen Personen** (§§ 21 ff.)[4].

II. Natürliche Personen

1. Beginn und Ende der Rechtsfähigkeit

84 Natürliche Personen i.S.d. BGB sind, wie die Vorschriften der §§ 1 ff. deutlich machen, die **Menschen. Rechtsfähigkeit erlangt jeder Mensch,** eine Unterscheidung nach irgendwelchen Merkmalen wie z.B. Herkunft, Rasse, Geschlecht oder Religion ist dem BGB fremd und wäre auch verfassungsrechtlich wegen Verstoßes gegen die durch Art. 1 GG geschützte Menschenwürde unzulässig.

85 Gem. der Regelung des § 1 beginnt die Rechtsfähigkeit des Menschen mit der **Vollendung der Geburt.** Die Geburt ist mit dem vollständigen Austritt aus dem Mutterleib vollendet, ohne dass es darauf ankommt, ob die Nabelschnur durchtrennt ist oder nicht[5]. Lebt das Kind in diesem Moment, so hat es Rechtsfähigkeit erlangt, auch wenn es kurz darauf verstirbt. Hingegen kann ein Kind, das tot geboren wird, keine Rechtsfähigkeit erlangen.

86 Im BGB nicht ausdrücklich geregelt ist das **Ende der Rechtsfähigkeit.** Im Hinblick darauf, dass der natürlichen Person Rechtsfähigkeit aufgrund ihrer Existenz als solchen zukommt, kann das Ende der Rechtsfähigkeit nur durch **Tod**[6] eintreten[7].

---

1 Vgl. die Beschreibung der rechtsfähigen Personengesellschaft in § 14 Abs. 2; zum Begriff der Rechtsfähigkeit ausführlich *Lehmann* AcP 207 (2007), 225 ff.
2 Zu den Rechtsobjekten s. Rn. 162 ff.
3 S. dazu Rn. 84 ff.
4 Dazu unter Rn. 104 ff.
5 S. Palandt/*Ellenberger*, BGB, § 1 Rn. 2. Anderes gilt im Strafrecht: Nach ganz herrschender Auffassung in Rspr. und Lit. beginnt das Menschsein nicht erst mit der Vollendung der Geburt, sondern mit dem Beginn der Geburt, also bei einer normalen Geburt mit Beginn der Eröffnungswehen, s. hierzu nur Schönke/Schröder/*Eser*, StGB, vor § 211 Rn. 13 m. w. N.
6 BGHZ 14, 249 (249).
7 Deshalb bleibt auch eine Person, die ihre Rechtsangelegenheiten etwa aufgrund von Krankheit oder Behinderung nicht mehr selbst besorgen kann, gleichwohl rechtsfähig. Zur Besorgung ihrer Rechtsangelegenheiten wird in diesem Fall auf Antrag oder von Amts wegen ein Betreuer bestellt, s. §§ 1896 ff.

Als maßgebender Zeitpunkt für den Eintritt des Todes wird heute nach allgemeiner Auffassung der sog. Gesamthirntod angesehen[8], hingegen nicht der Herz- und Kreislaufstillstand.[9] Unter dem Gesamthirntod wird der vollständige und irreversible Zusammenbruch der Gesamtfunktion des Gehirns verstanden, mögen Kreislauf und Atmung auch noch künstlich aufrechterhalten werden können[10].

Der genaue **Todeszeitpunkt** ist deshalb von besonderer Bedeutung, weil mit dem **87** Tod einer Person **rechtlich erhebliche Folgen** verbunden sind. So tritt mit dem Tod gemäß § 1922 Abs. 1 die sog. Gesamtrechtsnachfolge ein, d.h., mit dem Tod einer Person (Erbfall) geht deren Vermögen als Ganzes auf eine oder mehrere Personen über. Der Erbe oder die Erben treten also im Todeszeitpunkt kraft gesetzlicher Anordnung in die gesamte Rechtsstellung des Verstorbenen (Erblassers) ein. Rechtliche Relevanz hat der Todeszeitpunkt z.B. auch im Rahmen des Transplantationsgesetzes für die Zulässigkeit der Organentnahme beim Toten[11]. Des Weiteren haben der Tod und der Todeszeitpunkt Bedeutung für die nach § 1353 Abs. 1 Satz 1 auf Lebenszeit geschlossene Ehe, die dadurch aufgelöst wird.
Die Feststellung des Todes und damit des Todeszeitpunkts ist nicht möglich, wenn **ungewiss** ist, ob eine Person noch lebt oder nicht.

> **Bsp.:** Infolge der Tsunami-Katastrophe in Südostasien im Dezember 2004 werden auch viele deutsche Staatsangehörige vermisst.

In diesen Fällen kann wegen der erheblichen rechtlichen Folgen des Todes und der damit unvereinbaren Ungewissheit über den Eintritt desselben auf der **Grundlage des Verschollenheitsgesetzes** eine verschollene Person[12] durch gerichtlichen Beschluss für tot erklärt werden. Aufgrund der Todeserklärung wird widerlegbar vermutet, dass der Verschollene zu dem in dem Beschluss festgestellten Zeitpunkt gestorben ist[13]. Die Todeserklärung hat bis zur Widerlegung der Vermutung dieselben rechtlichen Folgen, die im Falle des (feststehenden) tatsächlichen Todes einer Person eintreten, also z.B. erbrechtlich die Gesamtrechtsnachfolge (§ 1922 Abs. 1) oder eherechtlich das Ende der Ehe[14].

Auch wenn die Rechtsfähigkeit des Menschen mit seinem Tod erlischt, der Ver- **88** storbene mithin nicht mehr Träger von Rechten und Pflichten sein kann, so ist anerkannt, dass das **allgemeine Persönlichkeitsrecht**, d.h. das Recht des Einzelnen gegenüber jedem auf Achtung seiner Menschenwürde und Entfaltung seiner individuellen Persönlichkeit[15], und auch besondere Ausprägungen dieses Rechts wie etwa das Recht am eigenen Bild gemäß §§ 22 ff. KunstUrhG **über den Tod des**

---

8 S. hierzu m. w. N. OLG Frankfurt a.M. NJW 1997, 3099 (3100).
9 S. *St. Lorenz* JuS 2010, 11 (11).
10 OLG Frankfurt a.M. NJW 1997, 3099 (3100) m. w. N.
11 S. § 3 TPG; dazu näher *Deutsch* NJW 1998, 777 ff.
12 Zum Begriff s. § 1 VerschG.
13 § 9 Abs. 1 VerschG.
14 Hier ist für den Fall, dass der für tot erklärte Ehegatte noch lebt, § 1319 Abs. 1 zu beachten, wonach die neue Ehe grds. nicht wegen Verstoßes gegen § 1306 (Doppelehe) aufgehoben werden kann.
15 Zum Begriff s. BGHZ 13, 334 (338); s. auch noch folgend unter Rn. 150.

ursprünglichen Rechtsträgers hinaus fortwirken[16]. Der insb. verfassungsrechtlich durch Art. 1 und Art. 2 GG begründete Schutz der Persönlichkeit des Menschen zu Lebzeiten[17] wäre unvollständig, wenn das Persönlichkeitsrecht im obigen Sinne mit dem Tode in vollem Umfang wegfallen würde. Deshalb besteht der allgemeine Wert- und Achtungsanspruch weiter, so dass das über den Tod hinaus fortwirkende Lebensbild eines Verstorbenen jedenfalls gegen schwerwiegende Entstellungen geschützt wird[18]. Die Eigenschaft des Persönlichkeitsrechts als eines höchstpersönlichen und damit unübertragbaren und unvererblichen Rechts steht dessen Fortwirkung aus Schutzgründen nicht entgegen[19]. Unter Anlehnung an spezielle gesetzliche Regelungen wie etwa § 22 KunstUrhG ist anerkannt, dass zumindest nahe Angehörige den Schutz des fortwirkenden Persönlichkeitsrechts insb. durch die Geltendmachung von Unterlassungsansprüchen gegen Beeinträchtigungen wahrnehmen können[20].

> **Bsp.:** In einem Roman wird die Hauptfigur, die das Publikum an einen im Dritten Reich erfolgreichen Schauspieler und Intendanten erinnert, sehr negativ gezeichnet. Nach dem Tod des Schauspielers will dessen Adoptivsohn das Erscheinen bzw. die Verbreitung des Buches verhindern (BGHZ 50, 133 ff., *Mephisto*-Fall).

2. Rechtsstellung des werdenden Menschen – nasciturus

89 Die Anknüpfung der Rechtsfähigkeit an die Vollendung der Geburt hat zur Folge, dass der **nasciturus**, also das gezeugte, aber noch nicht geborene Kind, als solcher keine Rechtsfähigkeit besitzt, mithin nicht Träger von Rechten und Pflichten sein kann. Gleichwohl wird der nasciturus über den strafrechtlichen Schutz[21] hinaus bürgerlich-rechtlich in Einzelfällen durch besondere Vorschriften wie eine rechtsfähige Person behandelt.

90 So hat im Falle der Tötung einer aufgrund Gesetzes zum Unterhalt verpflichteten Person mit der Folge, dass dem Unterhaltsberechtigten der Anspruch auf Unterhalt entzogen wird, dieser gegen den Schädiger nach § 844 Abs. 2 Satz 1 einen **Anspruch auf Schadensersatz wegen entgangenen Unterhalts**. Dieses Recht auf Schadensersatz setzt allerdings genauso wie das weggefallene Recht auf Unterhalt grds. voraus, dass der Berechtigte im Zeitpunkt der Tötung des Unterhaltsverpflichteten bereits gelebt hat. Denn nur dann kann er rechtsfähig, mithin Träger von Rechten – hier Ansprüche auf Unterhalt bzw. Schadensersatz – sein. Der nasciturus hätte deshalb im Falle der Tötung des Vaters vor der Geburt keinen Schadensersatzanspruch wegen der Entziehung des nach der Geburt an sich gegebenen Anspruchs auf Unterhalt. Hier hilft die Regelung des § 844 Abs. 2 Satz 2: Danach tritt die Ersatzpflicht auch dann ein, wenn der Dritte zur Zeit der Verlet-

---

16 Grundlegend BGHZ 14, 249 (249). S. auch BGHZ 50, 133 (136); 107, 384 (391); 169, 193 (196); für das Recht am eigenen Bild ist das in § 22 KunstUrhG ausdrücklich geregelt, s. hierzu BGH NJW 1996, 593 (594 f.).
17 BGHZ 13, 334 (338).
18 BGHZ 50, 133 (138 f.); 107, 384 (391).
19 BGHZ 50, 133 (137).
20 S. BGHZ 50, 133 (137 und 139).
21 S. die Vorschriften über den Schwangerschaftsabbruch in §§ 218 ff. StGB.

zung **gezeugt, aber noch nicht geboren war.** Diese Vorschrift zielt auf die finanzielle Absicherung des Kindes, das bereits vor seiner Geburt den Vater verliert.

> **Bsp.:** V, dessen Ehefrau F im vierten Monat schwanger ist, wird durch Verschulden des S bei einem Verkehrsunfall getötet. Das später lebend geborene Kind K hat wegen entgangenen Unterhalts gemäß § 844 Abs. 2 Satz 1 i. V. m. Satz 2 einen eigenen Schadensersatzanspruch gegen S, obwohl es im Zeitpunkt der Tötung noch nicht geboren war.

Eine weitere bedeutsame Vorschrift zum Schutz des nasciturus findet sich im **Erb-** **91** **recht.** In Übereinstimmung mit der Anknüpfung der Rechtsfähigkeit an die Vollendung der Geburt (§ 1) bestimmt die Regelung des § 1923 Abs. 1, dass nur derjenige Erbe werden kann, der zur Zeit des Erbfalls lebt (sog. Erbfähigkeit). Verstirbt der Erblasser vor der Geburt seines Kindes, so könnte das Kind, auch wenn es später lebend geboren wird, wegen der im Zeitpunkt des Todes fehlenden Rechts- und Erbfähigkeit nicht Erbe sein. Zum Schutze des nasciturus **erweitert das Gesetz in § 1923 Abs. 2 die Erbfähigkeit durch eine Fiktion**[22]. Wer zur Zeit des Erbfalls noch nicht lebte, aber bereits gezeugt war, gilt als vor dem Erbfall geboren. Wird der nasciturus später lebend geboren, so wirkt sich die Fiktion des § 1923 Abs. 2 dahin aus, dass er Erbe sein kann, obwohl er im Zeitpunkt des Todes noch nicht geboren war und deshalb auch noch keine Rechtsfähigkeit erlangt hatte.

> **Bsp.:** Der 31-jährige E verstirbt infolge eines Autounfalls. Er hat keine Verwandten, die einzige persönliche Beziehung bestand zu seiner Lebensgefährtin L, die im Zeitpunkt seines Todes ein Kind von ihm erwartete. Kommt das Kind lebend zur Welt, so wird es gemäß §§ 1922 Abs. 1, 1923 Abs. 1 i. V. m. Abs. 2 und § 1924 Abs. 1 Alleinerbe des E.

Schließlich ist der unter dem Gesichtspunkt der Rechtsfähigkeit unproblematische **92** Fall hervorzuheben, dass ein nasciturus z. B. infolge eines durch einen Dritten herbeigeführten Unfalls verletzt und später mit einem Gesundheitsschaden geboren wird[23]. Der Schadensersatzanspruch aus § 823 Abs. 1 setzt u. a. die Verletzung des Körpers oder der Gesundheit eines anderen voraus, d. h., einer Person, also eines Trägers von Rechten und Pflichten[24]. Die Rechtsfähigkeit beginnt jedoch erst mit der Vollendung der Geburt. Allerdings ist zu beachten, dass der nasciturus und das später lebend geborene Kind identische Wesen sind, so dass sich Verletzungen der Leibesfrucht mit der Folge einer dauernden Schädigung nach der Geburt als Körper- bzw. Gesundheitsverletzung des Menschen darstellen[25]. Aus diesem Grunde ist die Tatsache, dass die Verletzung vorgeburtlich zugefügt wurde, kein Hinderungsgrund für die Anwendung des § 823 Abs. 1: Die Körper- bzw. Gesundheitsverletzung vermittelt sich auch am geborenen Menschen, der deshalb bei Vorliegen der maßgebenden Voraussetzungen wegen der vorgeburtlichen Schädigung Ansprüche auf Schadensersatz gemäß § 823 Abs. 1 haben kann.

---

22 Darunter versteht man methodisch die gesetzliche Annahme eines Sachverhalts, der mit den tatsächlichen Verhältnissen nicht übereinstimmt, s. *Hübner*, BGB AT, Rn. 91; *Musielak*, Grundkurs BGB, Rn. 283; grundlegend *Esser*, Wert und Bedeutung der Rechtsfiktionen.
23 S. etwa die Fallkonstellation in BGHZ 58, 48; zuvor schon BGHZ 8, 243.
24 S. BGHZ 58, 48 (50).
25 BGHZ 58, 48 (51).

Bsp.: S verursacht schuldhaft einen Unfall, bei dem die M schwer verletzt wird und u.a. eine Gehirnerschütterung erleidet, die dazu führt, dass M für mehrere Stunden das Bewusstsein verliert. Zum Zeitpunkt des Unfalls war die M schwanger. Als das Kind geboren wird, stellt sich heraus, dass dieses aufgrund des Unfalls einen Gehirnschaden erlitten hat, der spastische Lähmungen verursacht[26].

3. Unterscheidung zwischen Rechtsfähigkeit und Handlungsfähigkeit

93 Die Erlangung der Rechtsfähigkeit mit der Vollendung der Geburt bedeutet nicht, dass der Mensch ab diesem Zeitpunkt auch rechtlich wirksam handeln, z.B. Verträge abschließen oder für angerichtete Schäden verantwortlich gemacht werden kann. Insoweit ist über die Rechtsfähigkeit hinaus die sog. **Handlungsfähigkeit** erforderlich. Darunter wird die Fähigkeit, rechtlich wirksam handeln zu können, verstanden[27]. Zur Handlungsfähigkeit gehören insb. die Geschäftsfähigkeit und die Deliktsfähigkeit[28].

94 Unter dem Begriff der **Geschäftsfähigkeit** ist die Fähigkeit einer Person zu verstehen, im Rechtsverkehr selbständig auftreten und rechtsverbindliche Erklärungen abgeben und empfangen zu können, sprich **durch eigenes Handeln wirksam Rechtsgeschäfte vorzunehmen**[29]. Das BGB unterscheidet zwischen geschäftsunfähigen Personen, beschränkt geschäftsfähigen Personen und geschäftsfähigen Personen[30]. **Geschäftsunfähig** sind nach § 104 Personen, die noch nicht das siebente Lebensjahr vollendet haben, und solche, die sich in einem die freie Willensbestimmung ausschließenden Zustand krankhafter Störung der Geistestätigkeit befinden, sofern der Zustand seiner Natur nach nicht ein vorübergehender ist[31]. **Beschränkt geschäftsfähig** sind gemäß § 106 Minderjährige, die das siebente Lebensjahr, aber noch nicht das 18. Lebensjahr vollendet haben. **Unbeschränkt geschäftsfähig** sind Personen mit Eintritt der Volljährigkeit, d.h. mit Vollendung des achtzehnten Lebensjahres[32]. Der Eintritt der Volljährigkeit hat bürgerlichrechtlich große Bedeutung. Neben der Erlangung der unbeschränkten Geschäftsfähigkeit ist das Erreichen der Volljährigkeit z.B. Anknüpfungspunkt für das Ende der elterlichen Sorge (§ 1626 Abs. 1) oder auch für den Eintritt der Ehemündigkeit (§ 1303 Abs. 1).

95 **Deliktsfähigkeit** meint die Fähigkeit, für schadenstiftende Ereignisse durch unerlaubte Handlungen (§§ 823 ff.) **verantwortlich gemacht werden zu können**[33]. Das Gesetz regelt in § 827 und § 828, wann Deliktsfähigkeit nicht gegeben ist. Über die Verweisung in § 276 Abs. 1 Satz 2 gelten diese Regelungen auch außerhalb des Deliktsrechts in Rahmen sonstiger, insb. vertraglich begründeter Schuldver-

---

26   S. BGHZ 58, 48.
27   S. *Larenz/Wolf*, BGB AT, § 6 Rn. 1; *Lehmann* AcP 207 (2007), 225 (226).
28   Siehe auch *Lehmann* AcP 207 (2007), 225 (226).
29   S. nur *Larenz/Wolf*, BGB AT, § 6 Rn. 12; zum Begriff des Rechtsgeschäfts näher Rn. 186 ff.
30   S. näher zur Geschäftsfähigkeit unter Rn. 321 ff.
31   S. noch näher Rn. 323 ff.
32   S. § 2 i. V. m. § 106.
33   S. *Larenz/Wolf*, BGB AT, § 6 Rn. 33.

hältnisse, wenn es um die Verantwortlichkeit des Schuldners für zugefügte Schäden geht.

Nach § 827 Satz 1 ist derjenige nicht deliktsfähig, der im Zustand der Bewusstlosigkeit oder in einem die freie Willensbestimmung ausschließenden Zustand krankhafter Störung der Geistestätigkeit einem anderen einen Schaden zufügt. Das Gesetz knüpft also hier für die Deliktsunfähigkeit **an einen bestimmten Zustand einer Person an**[34]. Sofern der Zustand der Bewusstlosigkeit oder der Ausschluss der freien Willensbestimmung durch geistige Getränke oder ähnliche Mittel herbeigeführt wurde, ordnet das Gesetz in § 827 Satz 2 eine **Fahrlässigkeitshaftung** an, die nur dann ausgeschlossen ist, wenn der Täter ohne Verschulden in den Zustand der Unzurechnungsfähigkeit geraten ist (§ 827 Satz 2 Halbsatz 2). Der innere Grund für die Fahrlässigkeitshaftung nach § 827 Satz 2 liegt darin, dass sich der Schädiger in den Zustand versetzt hat.

§ 828 regelt die **Deliktsfähigkeit minderjähriger Personen**. Gem. § 828 Abs. 1 sind Personen, die das siebente Lebensjahr noch nicht vollendet haben, für den einem anderen zugefügten Schaden nicht verantwortlich. Nach Vollendung des siebenten bis zur Vollendung des zehnten Lebensjahres haften Kinder nicht für Schäden, die bei einem Unfall mit einem Kraftfahrzeug, einer Schienenbahn oder einer Schwebebahn einem anderen zugefügt werden, es sei denn, die Schadenszufügung erfolgte vorsätzlich (§ 828 Abs. 2). Mit diesem, erst 2002 eingeführten Haftungsprivileg soll dem Umstand Rechnung getragen werden, dass Kinder i. d. R. erst ab Vollendung des 10. Lebensjahres im Stande sind, die besonderen Gefahren des motorisierten Straßenverkehrs zu erkennen, insb. Entfernungen und Geschwindigkeiten richtig einzuschätzen, und sich den Gefahren entsprechend zu verhalten[35]. Dieses Haftungsprivileg greift deshalb nur ein, wenn sich in einem Schadensfall die typische Überforderungssituation des Kindes aufgrund der spezifischen Gefahren des motorisierten Verkehrs realisiert[36].

> **Bsp.:** Der neunjährige M veranstaltet mit seinem Zwillingsbruder auf der Fahrbahn einer Straße ein Wettrennen mit Kickboards. Obgleich M im Umgang mit einem Kickboard geübt ist, stürzt er. Das Kickboard prallt gegen einen ordnungsgemäß am rechten Straßenrand geparkten Pkw und beschädigt diesen. – Hier kann das Haftungsprivileg des § 828 Abs. 2 nicht eingreifen, weil sich bei der Schadenszufügung nicht die besonderen Gefahren des motorisierten Verkehrs verwirklicht haben[37].

Die Vorschrift des § 828 Abs. 3 regelt die **beschränkte Deliktsfähigkeit**. Danach ist derjenige, der das achtzehnte Lebensjahr noch nicht vollendet hat und dessen Verantwortlichkeit nicht nach § 828 Abs. 1 oder Abs. 2 ausgeschlossen ist, dann für einen Schaden nicht verantwortlich, wenn er bei der Begehung der schädigenden Handlung **nicht die zur Erkenntnis der Verantwortlichkeit erforderliche Einsicht hat**. Für die Frage, ob diese Einsicht gegeben ist, wird allein auf die intellektuelle Fähigkeit, die Gefährlichkeit eines Tuns zu erkennen, abgestellt[38]. Irrelevant ist hingegen, ob der Minderjährige auch die Fähigkeit hat, sich dieser Einsicht

---

34 Deshalb wird insoweit auch von zustandsbedingter Deliktsfähigkeit gesprochen, s. *Larenz/Wolf*, BGB AT, § 6 Rn. 34 ff.
35 BGH NJW 2005, 354 (354).
36 BGH NJW 2005, 354 (354); BGHZ 172, 83 (8).
37 BGH NJW 2005, 354 (355).
38 BGH NJW 1984, 1958 (1958).

gemäß zu verhalten, sprich, sein Verhalten entsprechend seiner intellektuellen Einsichtsfähigkeit zu steuern[39].

96 Über die Geschäftsfähigkeit und die Deliktsfähigkeit hinaus kennt das BGB weitere Fälle, in denen die Rechtsfähigkeit nicht ausreicht, um rechtlich wirksam handeln zu können. Neben der schon erwähnten **Ehefähigkeit**[40] sei auf die **Testierfähigkeit** hingewiesen. Nach § 2229 Abs. 1 kann ein Minderjähriger ein Testament erst errichten, wenn er das 16. Lebensjahr vollendet hat. Personen, die wegen krankhafter Störung der Geistestätigkeit, wegen Geistesschwäche oder wegen Bewusstseinsstörungen nicht mehr in der Lage sind, die Bedeutung einer von ihnen abgegebenen Willenserklärung einzusehen und nach dieser Einsicht zu handeln, können nach § 2229 Abs. 4 ein Testament nicht errichten.

97 Im Zusammenhang mit der Unterscheidung zwischen Rechtsfähigkeit und Handlungsfähigkeit spielt, bezogen auf den Bereich ärztlicher Heileingriffe, die **Einwilligungsfähigkeit** des Patienten eine Rolle. Ärztliche Heileingriffe stellen nur dann keine rechtswidrige Körperverletzung i.S.d. § 823 Abs. 1 dar, wenn der Patient wirksam in die Behandlung eingewilligt hat[41]. Eine wirksame Einwilligung setzt Einwilligungsfähigkeit voraus, d.h., dass der Einwilligende seiner geistigen Veranlagung und Entwicklung sowie seiner sittlichen Reife nach fähig war, die Erheblichkeit und möglichen Folgen des Eingriffs zu beurteilen[42].

4.   Wohnsitz und Name der natürlichen Person

98 Die Vorschriften des BGB über natürliche Personen (§§ 1 ff.) enthalten in den §§ 7–11 **Regelungen über den Wohnsitz** und in § 12 eine **Bestimmung über das Namensrecht**. Sowohl der Wohnsitz wie auch der Name eines Menschen haben (u.a.) die Funktion, den Menschen im Rechtsverkehr zu **individualisieren**[43], d.h., unterscheidbar und identifizierbar zu machen. Von daher sind die Regelungen über den Wohnsitz und das Namensrecht systematisch zutreffend den bürgerlichrechtlichen Vorschriften über die natürlichen Personen zugeordnet.

99 a) **Wohnsitz.** Der Wohnsitz stellt neben anderen Merkmalen ein **bedeutsames Individualisierungskriterium** des Menschen dar. So fällt insb. die Unterscheidung zwischen mehreren Personen mit Namensidentität leichter, wenn sie nach ihrem jeweiligen Wohnsitz zugeordnet werden können. Neben dieser **tatsächlichen Bedeutung** erlangt der Wohnsitz durch eine **Vielzahl gesetzlicher Regelungen**, die aus ganz unterschiedlichen Gründen an den Wohnsitz anknüpfen, **rechtliche Relevanz**. So bestimmt z.B. § 132 Abs. 2 Satz 2 für die öffentliche Zustellung einer Willenserklärung das Amtsgericht für zuständig, in dessen Bezirk der Erklärende seinen Wohnsitz hat. Des Weiteren ist auf § 269 Abs. 1 hinzuweisen, wonach Leistungsort der Wohnsitz des Schuldners zur Zeit der Entstehung des Schuldverhältnisses ist, sofern über den Leistungsort keine Parteivereinbarung getroffen worden ist

---

39 BGH NJW 1984, 1958 (1958).
40 § 1303 Abs. 1: Eine Ehe soll nicht vor Eintritt der Volljährigkeit eingegangen werden.
41 S. nur BGHZ 29, 33 (37).
42 BGHZ 29, 33 (36 f.).
43 S. nur *Larenz/Wolf*, BGB AT, § 7 Rn. 10 und Rn. 1.

und sich dieser auch nicht aus der Natur des Schuldverhältnisses ergibt. Außerhalb des BGB wird z.B. in §§ 12, 13 ZPO zur Bestimmung des allgemeinen Gerichtsstands, das ist das Gericht, das für alle gegen eine Person zu erhebenden Klagen vorbehaltlich von Sonderregelungen zuständig ist, an den Wohnsitz angeknüpft. Gemäß § 7 Abs. 1 wird der Wohnsitz eines Menschen[44] dadurch begründet, dass er sich **an einem Ort ständig niederlässt (gewillkürte Wohnsitzbegründung).** Wohnsitz ist der räumliche Mittelpunkt der Lebensbeziehungen, wobei nicht die Wohnung als solche, sondern der Ort, in welcher eine Wohnung liegt, gemeint ist[45]. Die Begründung des Wohnsitzes erfolgt durch einen **Willensakt**, indem sich eine Person kraft eigener Entscheidung an einem Ort – wie § 7 Abs. 1 formuliert – ständig niederlässt, d.h., den Willen hat, den Schwerpunkt der Lebensverhältnisse dort dauernd beizubehalten[46]. Dieser Willensakt stellt **keine Willenserklärung** im Rechtssinne dar, weil er nicht auf die Herbeiführung einer Rechtsfolge gerichtet ist[47], sondern auf die **Schaffung einer tatsächlichen Situation**, an welche dann das Gesetz Rechtsfolgen knüpft[48]. Von dem Begriff des Wohnsitzes zu unterscheiden ist der **Aufenthaltsort**. Hierunter versteht man den Ort, der von einer Person nur im Hinblick auf einen eng begrenzten Teil ihrer gesamten Lebensverhältnisse genommen wird[49].

> **Bsp.:** Ein Montagearbeiter, der mit seiner Familie in Stuttgart wohnt und für mehrere Monate auf einer Baustelle in Berlin arbeitet, hat dort seinen Aufenthaltsort, der Wohnsitz bleibt jedoch Stuttgart.

Nach § 7 Abs. 2 kann der Wohnsitz **gleichzeitig an mehreren Orten bestehen.** Das ist allerdings nur der Fall, wenn der Schwerpunkt der Lebensverhältnisse etwa gleichmäßig auf die jeweiligen Orte verteilt ist, wobei der Aufenthalt auch zwischen den Orten wechseln kann, wenn nur von jedem Ort aus die gesamten Lebensverhältnisse schwerpunktmäßig bestimmt werden[50].
Der gewillkürte Wohnsitz kann nach § 7 Abs. 3 **aufgehoben werden**, wenn die Niederlassung mit dem Willen beendet wird, sie aufzugeben. Hierfür ist neben der tatsächlichen Aufgabe der Willensakt erforderlich, den Ort nicht mehr als Schwerpunkt der Lebensverhältnisse beizubehalten[51]. Der Aufgabewille ist aus den konkreten Umständen zu ermitteln und kann häufig aus der Tatsache hergeleitet werden, dass die bisherige Niederlassung für lange Dauer verlassen und ein neuer Wohnsitz begründet worden ist[52].
Obwohl es sich bei der gewillkürten Wohnsitzbegründung oder -aufhebung nicht um Willenserklärungen handelt, können **Geschäftsunfähige oder in der Geschäftsfähigkeit beschränkte Personen** nach § 8 Abs. 1 nicht ohne den Willen des gesetzlichen Vertreters einen Wohnsitz begründen oder aufheben. Eine Ausnahme davon gilt nach § 8 Abs. 2 nur für einen Minderjährigen, der verheiratet ist oder war.

---

44 Bei juristischen Personen wird allgemein von „Sitz" gesprochen.
45 S. nur Palandt/*Ellenberger*, BGB, § 7 Rn. 1.
46 BVerwGE 71, 309 (312).
47 Zum Begriff der Willenserklärung s. näher Rn. 198 ff.
48 Wie hier *Larenz/Wolf*, BGB AT, § 7 Rn. 17; a. A. Palandt/*Ellenberger*, BGB, § 7 Rn. 7.
49 BVerwGE 71, 309 (313).
50 BVerwGE 71, 309 (313).
51 BVerwGE 71, 309 (312).
52 BVerwGE 71, 309 (312 f.).

Für **Soldaten** wird in § 9 Abs. 1 ein vom Willen unabhängiger Wohnsitz gesetzlich festgelegt. Hiernach hat ein Soldat seinen Wohnsitz grds. am Standort (§ 9 Abs. 1 Satz 1)[53]. Gesetzlicher Wohnsitz des **minderjährigen Kindes** ist nach § 11 Satz 1 Halbsatz 1 der Wohnsitz der Eltern. Das gilt allerdings nur, wenn nicht nach Maßgabe der §§ 7, 8 ein gewillkürter Wohnsitz festgelegt wird.

100 b) **Name und Namensschutz. – (1) Bedeutung und Rechtsnatur.** Der **Name einer Person** dient zu ihrer **Kennzeichnung und Individualisierung.** Damit können die gesellschaftlich und rechtlich relevanten Lebensäußerungen einer Person von denen anderer unterschieden werden[54].

Der Bedeutung des Namens als Individualisierungs- und Persönlichkeitsmerkmal trägt das BGB in § 12 durch den **Schutz des Namens** Rechnung. Hiernach kann jeder im Falle der Namensbestreitung oder des unbefugten Gebrauchs seines Namens Beseitigung der Beeinträchtigung und unter Umständen auch Unterlassung verlangen. Das Namensrecht beinhaltet demzufolge für den Namensträger das **Recht zum Gebrauch seines Namens wie auch zur Abwehr von Beeinträchtigungen gegenüber jedermann.** Insoweit handelt es sich um ein **subjektives Recht**[55] im Sinne eines ausschließlichen Persönlichkeitsrecht des Namensträgers[56], d.h., es vermittelt diesem ein **absolutes Recht**[57], weil er die damit zugewiesenen Befugnisse allein ausüben und alle anderen Personen davon ausschließen kann.

Das im BGB von Anfang an normierte Namensrecht stellt eine **besondere Form** des erst nach Inkrafttreten des Grundgesetzes anerkannten **allgemeinen Persönlichkeitsrechts** dar[58]. Ebenso wie dieses dient das Namensrecht in erster Linie dem **Schutz ideeller Interessen,** vor allem dem Schutz des Wert- und Achtungsanspruchs der Persönlichkeit[59]. So zielt der Namensschutz insb. darauf ab, den Berechtigten dagegen zu schützen, dass ihm das Verhalten eines unbefugt unter demselben Namen Auftretenden zugerechnet wird und umgekehrt. Des Weiteren soll er sich auch gegen den falschen Schein einer Familienangehörigkeit zur Wehr setzen können. Schließlich soll es seiner persönlichen Entscheidung vorbehalten sein, ob, wie lange und in welchen Zusammenhängen sein Name in der Öffentlichkeit in Erscheinung treten soll[60]. Neben ideellen Interessen schützt das Namensrecht **auch vermögenswerte Interessen der Person**[61]. Dem Namen als besonders bedeutsames Persönlichkeitsmerkmal kann erheblicher wirtschaftlicher Wert zukommen, der im Allgemeinen auf der Bekanntheit und dem Ansehen der Person in der Öffentlichkeit beruht[62]. Dieser Wert kann dadurch wirtschaftlich nutzbar gemacht wer-

---

53 Das gilt nach § 9 Abs. 2 nicht für Soldaten, die nur aufgrund der – inzwischen ausgesetzten – Wehrpflicht Wehrdienst leisten oder die nicht selbständig einen Wohnsitz begründen können.
54 S. BGHZ 8, 318 (320); 32, 103 (111).
55 Zum Begriff s. noch Rn. 147.
56 BGHZ 32, 103 (111).
57 Zum Begriff s. noch folgend Rn. 156.
58 S. BGH NJW 2000, 2195 (2197); zum allgemeinen Persönlichkeitsrecht s. noch folgend Rn. 150.
59 BGH NJW 2000, 2195 (2197).
60 S. BGHZ 32, 103 (111).
61 BGH NJW 2000, 2195 (2197); NJW 2008, 3782 (3782 f.).
62 BGH NJW 2000, 2195 (2197).

den, dass der Namensträger Dritten gestattet, seinen Namen etwa in der Werbung für Waren oder Dienstleistungen einzusetzen[63].

Soweit das Namensrecht dem Schutz ideeller Interessen dient, ist es unauflöslich mit der Person seines Trägers verbunden und als solches ein **höchstpersönliches Recht**, über das nicht verfügt werden kann, etwa durch Übertragung auf eine andere Person[64]. Das Namensrecht erlischt mit dem Tod einer Person[65], es ist als höchstpersönliches Recht auch nicht vererblich[66]. Hingegen ist inzwischen in der Rspr. des BGH anerkannt, dass die **vermögensrechtlichen Bestandteile des Namensrechts wie auch des allgemeinen Persönlichkeitsrechts** jedenfalls vererblich sind, um den Schutz gegenüber einer kommerziellen Nutzung des Namens eines Verstorbenen durch nichtberechtigte Personen zu gewährleisten, indem der Erbe die Rolle des verstorbenen Namensträgers übernimmt und wie dieser gegen eine unbefugte Nutzung vorgehen kann[67]. Dieser Schutz ist in entsprechender Anwendung von § 22 Satz 3 KUG auf zehn Jahre nach dem Tod begrenzt[68]. Der postmortale Schutz vermögenswerter Bestandteile des Namensrechts wie auch des **allgemeinen Persönlichkeitsrechts** über den Weg der Vererblichkeit auf eine andere Person ist zu unterscheiden von der Wahrnehmung des Schutzes des Persönlichkeitsrechts Verstorbener gegenüber schwerwiegenden Beeinträchtigungen des Persönlichkeitsbildes durch nahe Angehörige, die nicht selbst Inhaber des Persönlichkeitsrechts des Verstorbenen werden[69].

(2) Gegenstand des Namensschutzes. Gegenstand des Namensschutzes nach § 12 ist zunächst der **bürgerliche Name** einer natürlichen Person, der sich aus dem **Vor- und Familiennamen** zusammensetzt[70]. Irrelevant ist, ob der Familienname durch Geburt, Adoption oder Ehe erworben ist, im Falle der Aufgabe des Geburtsnamens durch Eheschließung unterfällt auch jener weiter dem Namensschutz[71]. **Adelsprädikate** wie z.B. Graf oder Fürstin sind Bestandteile des Nachnamens[72], kein Namensbestandteil sind akademische Grade wie z.B. der Doktortitel[73]. Dasselbe gilt für Berufs- und Amtsbezeichnungen, etwa für den Titel eines Universitätsprofessors. **101**

Namensrechtlich geschützt ist auch das **Pseudonym**, unter dem eine Person in der Öffentlichkeit aus beruflichen oder sonstigen Gründen auftritt und bekannt ist, z.B. der Künstlername[74].

---

63 BGH NJW 2000, 2195 (2197).
64 BGHZ 32, 103 (111); NJW 2000, 2195 (2197).
65 BGHZ 8, 318 (324); 169, 193 (195 f.).
66 BGH NJW 2000, 2195 (2197).
67 BGH NJW 2000, 2195 (2198); BGHZ 169, 193 (196).
68 BGHZ 169, 193 (198 f.).
69 S. zur Unterscheidung auch BGH NJW 2000, 2195 (2198); zum postmortalen Persönlichkeitsschutz schon oben Rn. 88.
70 BGHZ 8, 318 (320).
71 RG JW 1925, 363 (364).
72 Art. 109 Abs. 3 Satz 2 WRV, der dies regelt, gilt auch heute noch gemäß Art. 123 Abs. 1 GG als einfaches Bundesrecht fort. S. Soergel/*Heinrich*, BGB, § 12 Rn. 5; BVerwGE 23, 344 (345).
73 BGHZ 38, 380 (382).
74 BGHZ 30, 7 (9); 169, 193 (196).

> Bsp.: So hatte etwa Norma Jeane Baker den Künstlernamen Marilyn Monroe gewählt, Kurt Tucholsky schrieb u. a. unter dem Pseudonym Theobald Tiger.

Einen eigenständigen namensrechtlichen Schutz kann auch der **Vorname** genießen, wenn die für diesen Schutz erforderliche Individualisierung aufgrund einer überragenden Bekanntheit der betreffenden Person oder einer erheblichen Kennzeichnungskraft des Vornamens gegeben ist[75].

> Bsp.: So wurde und wird der bekannte deutsche Fußballspieler Uwe Seeler vielfach allein mit seinem Vornamen „Uwe" oder mit der Wendung „Uns Uwe" bezeichnet.

Über den Schutz des bürgerlichen Namens und von Pseudonymen natürlicher Personen hinaus, auf den § 12 seiner systematischen Einordnung nach in den Vorschriften der §§ 1 ff. über natürliche Personen primär bezogen ist, besteht der Namensschutz auch für die **Firma als Name eines Kaufmanns,** unter der er im Handelsverkehr auftritt[76], für den **Namen juristischer Personen des Privatrechts**[77] **und des öffentlichen Rechts**[78] wie auch für **nicht rechtsfähige Personenvereinigungen**[79].

Namensschutz genießen können auch **Namensteile** oder aus einem Namen abgeleitete **Abkürzungen,** sofern die Bezeichnung eine individualisierende Wirkung hat, d. h. namensmäßige Unterscheidungskraft besitzt und damit geeignet ist, eine Namensfunktion auszuüben[80]. Eine Unternehmensbezeichnung mit Namensfunktion ist sowohl als Kennzeichen nach §§ 5, 15 MarkenG wie auch als Name nach § 12 geschützt[81]. Der sog. zeichenrechtliche Schutz geht dem namensrechtlichen Schutz vor[82]. § 12 kommt allerdings zur Anwendung, wenn die Unternehmensbezeichnung außerhalb des geschäftlichen Verkehrs oder außerhalb der Branche und damit außerhalb der kennzeichenrechtlichen Verwechslungsgefahr verwendet wird[83]. Schließlich erstreckt sich der Namensschutz auch auf **Wappen und Siegel einer Institution,** sofern diese individualisierende Unterscheidungskraft aufweisen und damit zur namensmäßigen Kennzeichnung geeignet sind[84].

102   (3) **Beeinträchtigungen des Namensrechts.** Gemäß § 12 Satz 1 kann das Namensrecht auf zweifache Weise verletzt werden. Zum einen kann das Recht zum Gebrauch eines Namens durch einen Dritten bestritten werden (**Namensleugnung**). Zum anderen kann das Interesse des Namensträgers dadurch verletzt werden, dass ein anderer unbefugt den gleichen Namen gebraucht (**Namensanmaßung**).

---

75 BGH NJW 2009, 1756 (1757); NJW 2008, 3782 (3783); NJW 1983, 1184 (1185).
76 BGHZ 11, 214 (215); 14, 155 (195); 24, 238 (240); 149, 191 (197). Zur Handelsfirma s. näher §§ 17 ff. HGB.
77 BGH NJW 1970, 1270 (1270); BGHZ 43, 245 (252).
78 BGHZ 124, 173 (178).
79 S. BGHZ 43, 245 (252 und 255 f.), hier bezogen auf eine Gewerkschaft, wobei sich der BGH allerdings nicht ausdrücklich damit auseinandersetzt, dass diese als nicht rechtsfähige Personenvereinigung (s. dazu noch folgend Rn. 138 ff.) organisiert ist.
80 BGHZ 43, 245 (252); s. auch BGHZ 11, 214 (216); 24, 238 (240).
81 BGH NJW 2008, 3716 (3716).
82 BGHZ 149, 191 (196).
83 BGH NJW 2008, 3716 (3716).
84 BGHZ 119, 237 (245), hier bezogen auf Wappen und Siegel sowie den Namen einer Universität.

Die **Namensleugnung als Bestreiten des Rechts zum Gebrauch eines Namens** kann ausdrücklich oder stillschweigend geschehen. Letzteres ist etwa dann der Fall, wenn eine Person von einer anderen dauernd mit einem falschen Namen angesprochen wird[85].

> **Bsp.:** Andreas M. unterzieht sich einer Geschlechtsumwandlung und lässt daraufhin den Vornamen in Andrea ändern (möglich nach § 1 Transsexuellengesetz). Wenn ihr Arbeitgeber sie nunmehr trotzdem weiterhin mit dem Namen Andreas anspricht, dann liegt darin ein konkludentes Bestreiten des Namens.

Bei dem **praktisch bedeutsameren Fall der Namensanmaßung** besteht die Verletzung des Namensrechts darin, dass ein Dritter unbefugt den gleichen Namen gebraucht, dadurch eine Zuordnungsverwirrung auslöst und schutzwürdige Interessen des Namensträgers verletzt[86]. Hiernach ist die Verwendung eines fremden Namens nur dann ein Gebrauchen i.S.d. § 12, wenn sie geeignet ist, eine namensmäßige Zuordnungsverwirrung hervorzurufen[87]. Der Grund für diese Beschränkung liegt darin, dass die Vorschrift des § 12 nur den Schutz des Namens in seiner Funktion als Identitätsbezeichnung der Person seines Trägers zum Ziel hat[88].
Der Namensschutz nach § 12 erfasst nur den **unbefugten Gebrauch** eines Namens. Mit dem Begriff unbefugt ist die rechtswidrige Verwendung des Namens gemeint, d.h. der Gebrauch muss in Widerspruch zur Rechtsordnung stehen[89]. Das ist der Fall, wenn der Namensträger als der Alleinberechtigte der Verwendung seines Namens durch Dritte nicht zugestimmt hat.
Um einen unbefugten Gebrauch des Namens handelt es sich in erster Linie, wenn der Name einer Person von einer anderen, der es nicht zukommt, **als Kennzeichen oder Unterscheidungsmerkmal benutzt wird**[90].

> **Bsp.:** In der Benutzung eines fremden Namens als Internetadresse liegt regelmäßig eine Namensanmaßung[91].

Des Weiteren liegt ein unbefugter Gebrauch des Namens darin, dass der Namensträger durch die Verwendung seines Namens seitens eines Dritten **in Beziehung gebracht wird zu bestimmten Einrichtungen, Gütern oder Erzeugnissen, mit denen er nichts zu tun hat**[92].

> **Bsp.:** K vertreibt Waren, insb. T-Shirts und Sweatshirts mit Abbildungen von Namen, Wappen und Siegeln der Universität Heidelberg, ohne hierzu ermächtigt zu sein[93].

Ein Namensmissbrauch durch den eigenmächtigen namentlichen Hinweis auf eine andere Person im Zusammenhang mit einer Werbung liegt jedoch nicht vor, wenn die Art des Hinweises die Annahme ausschließt, dass die angepriesenen Leistungen oder Erzeugnisse **dem Genannten zuzurechnen sind**[94].

---

85 S. nur Palandt/*Ellenberger*, § 12 Rn. 18.
86 BGHZ 149, 191 (199); NJW 2007, 682 (683); NJW 2008, 3716 (3717).
87 BGHZ 119, 237 (245).
88 BGHZ 119, 237 (245).
89 S. näher zum Begriff der Rechtswidrigkeit *Boecken*, Deliktsrechtlicher Eigentumsschutz gegen reine Nutzungsbeeinträchtigungen, S. 286.
90 BGHZ 30, 7 (9); 119, 237 (245).
91 BGHZ 149, 191 (199); NJW 2007, 682 (683).
92 BGHZ 30, 7 (9); 119, 237 (245 f.).
93 BGHZ 119, 237; s. auch BGHZ 110, 196 (*Boris Becker*).
94 BGHZ 30, 7 (9 f.).

Bsp.: Die in weiten Bevölkerungskreisen als Künstlerin vor allem in den fünfziger und sechziger Jahren bekannte Caterina Valente wurde namentlich im Zusammenhang mit der Werbung für Präparate zum Reinigen und Befestigen von Zahnprothesen erwähnt[95].

Die Verwendung eines fremden Namens fällt auch dann unter den Gebrauch i. S. v. § 12, wenn **der Name einer dritten Person beigelegt wird**. Das ist z.B. dann der Fall, wenn eine Ehefrau ihren Freund als ihren Ehemann vorstellt[96].

Schließlich kann sogar die Verwendung des eigenen Namens bei Gleichnamigkeit mit anderen Personen ein Gebrauch i.S.d. § 12 sein, **wenn in der Öffentlichkeit mit dem Namen eine genau bestimmte Person verbunden wird**[97].

Schließlich müssen, damit der Namensschutz des § 12 eingreifen kann, durch den zuordnungswidrigen Gebrauch **schutzwürdige Interessen des Namensträgers verletzt sein**[98]. Schutzwürdige Interessen des Namensträgers sind nicht nur wirtschaftliche Interessen, sondern auch persönliche und ideelle Interessen[99]. Ausreichend ist das Interesse, dass nicht der Eindruck von Beziehungen familiärer, geschäftlicher oder sonstiger Art erweckt wird[100], z.B. auch nicht die Verbindung mit bestimmten politischen Zielsetzungen[101].

103 **(4) Folgen der Verletzung des Namensrechts.** Der in seinem Namensrecht verletzte Namensträger kann in erster Linie **Beseitigung der Beeinträchtigung** verlangen (§ 12 Satz 1).

Bsp.: Wird der Name einer bekannten Persönlichkeit unbefugt zur Kennzeichnung eines Erzeugnisses, z.B. eines Bildes, verwendet, so kann diese die Entfernung des Namens verlangen.

Die Beseitigung einer bestehenden Beeinträchtigung ist allerdings nicht ausreichend, wenn der Namensträger auch für die Zukunft Beeinträchtigungen zu befürchten hat. In diesem Fall steht ihm gemäß § 12 Satz 2 ein **Anspruch auf Unterlassung künftiger Beeinträchtigungen** zu. Obwohl das Gesetz in dieser Regelung von „weiteren" Beeinträchtigungen spricht, ist allgemeiner Auffassung nach die Geltendmachung eines Unterlassungsanspruchs bereits zur Verhinderung einer erstmaligen Beeinträchtigung möglich[102].

Über Beseitigungs- und Unterlassungsansprüche als sog. Abwehransprüche hinaus kann die Verletzung des Namensrechts auch **Ansprüche auf Ersatz materieller und immaterieller Schäden auslösen**[103].

---

95 BGHZ 30, 7 ff. In solchen Fällen kann allerdings ein Schutz über das allgemeine Persönlichkeitsrecht gegeben sein, s. BGHZ 30, 7 (10 ff.).
96 S. Palandt/*Ellenberger*, BGB, § 12 Rn. 26.
97 S. die *Shell*-Entscheidung BGHZ 149, 191 (197 ff.) betr. die Verwendung eines Domain-Namens.
98 S. BGHZ 149, 191 (199).
99 BGHZ 8, 318 (323); 124, 173 (181).
100 S. nur Palandt/*Ellenberger*, BGB, § 12 Rn. 31.
101 BGHZ 8, 318 (322 f.).
102 MünchKomm/*Bayreuther*, BGB, § 12 Rn. 234.
103 S. BGH NJW 2000, 2195 (2197).

Bsp.: P betreibt unter dem Namen „Speed" seit einigen Jahren einen gut gehenden Pizza-Service, der zahlreiche Stammkunden hat. Eines Tages eröffnet S ebenfalls einen Pizza-Service mit dem Namen „Speed" in einem nahe gelegenen Stadtteil. Ein Teil der Kunden von P bestellt in der Meinung, es handele sich um eine neue Filiale von P, nunmehr bei S die Pizzen. Durch die Abwanderung der Kunden entsteht dem P ein Schaden von monatlich 1.500 €.

Ein **Anspruch auf Schadensersatz** kann sich im Falle der Verletzung des Namensrechts aus § 823 Abs. 1 ergeben. Das Namensrecht ist als „**sonstiges Recht**" im Sinne dieser Vorschrift geschützt. Für das Bestehen des Anspruchs auf Schadensersatz müssen neben der Beeinträchtigung des Namensrechts auch die weiteren Voraussetzungen der Haftungsregelung des § 823 Abs. 1, insb. das Verschulden und ein Schaden gegeben sein. Im Falle der Verletzung des Namensrechts kann auch ein **Ersatz immaterieller Schäden** in Betracht kommen, etwa weil der Namensträger in der Öffentlichkeit einer besonders verunglimpfenden oder peinlichen Situation ausgesetzt wird. Die rechtliche Grundlage für den Ersatz immaterieller Schäden ist allerdings nicht § 253 Abs. 2, der einen Anspruch auf Ersatz von Nichtvermögensschäden nur für die Fälle der Verletzung des Körpers, der Gesundheit, der Freiheit oder der sexuellen Selbstbestimmung vorsieht. Immaterieller Schadensersatz bei Verletzung des allgemeinen Persönlichkeitsrechts wie auch seiner besonderen Erscheinungsformen wie etwa des Namensrechts wird unter Rückgriff auf Art. 1, 2 GG begründet[104], wobei der Anspruch allerdings nur in Betracht kommt, wenn es sich bei der Verletzung um einen schwerwiegenden Eingriff handelt und die Beeinträchtigung nicht auf andere Weise befriedigend ausgeglichen werden kann[105].

Über die in § 12 bezeichneten Abwehransprüche sowie Ansprüche auf materiellen und immateriellen Schadensersatz hinaus kann der in seinem Namensrecht Verletzte bei Vorliegen der maßgebenden Voraussetzungen auch einen **Bereicherungsanspruch** aus § 812 Abs. 1 Satz 1 Alt. 2 (Eingriffskondiktion) geltend machen. Dieser Anspruch kommt unbeschadet von Schäden, die der Namensträger erlitten hat, in Betracht, wenn der Verletzer aufgrund der Namensrechtsbeeinträchtigung eine Bereicherung erlangt hat, etwa aufgrund der Werbung mit dem Namen einer bekannten Person einen besonders hohen Gewinn. Das ist kein Schaden beim Verletzten, sondern eine Bereicherung bei dem Verletzer, die entsprechend der Abschöpfungsfunktion des Bereicherungsrechts von dem Verletzten herausverlangt werden kann.

---

104 S. BGH NJW 2000, 2195 (2197).
105 BGH NJW 2000, 2195 (2197).

III. Juristische Personen

1. Begriff und Überblick

104   Neben den natürlichen Personen kennt das BGB **juristische Personen.** Diese besitzen, und darin liegt ihre Eigenart, im Vergleich mit nicht rechtsfähigen Personenvereinigungen,[106] genauso wie die natürlichen Personen **Rechtsfähigkeit, d.h.,** wie letztere können sie **Träger von Rechten und Pflichten sein**[107]. Die juristische Person hat damit eine eigene **Rechtspersönlichkeit**[108], aufgrund derer sie nicht nur gegenüber den sie schaffenden natürlichen Personen rechtlich verselbständigt ist[109], sondern als solche wie die natürlichen Personen am Rechtsverkehr teilnehmen kann. Sie ist deshalb fähig, Rechte zu haben, wie z.B. das Eigentum an Grundstücken oder einen Anspruch auf Kaufpreiszahlung aufgrund eines zwischen ihr und einem Dritten abgeschlossenen Kaufvertrages, sowie Verpflichtungen einzugehen, wie z.B. die Rückzahlung eines Darlehens aufgrund eines Darlehensvertrages. Die Anerkennung der Rechtsfähigkeit ist das rechtliche Mittel zur Ermöglichung einer **eigenen Teilnahme am Rechtsverkehr,** die allerdings – weil die juristische Person als solche nur ein gedankliches Konstrukt ist – durch sog. **Organe** in Gestalt natürlicher Personen wahrgenommen werden muss. Deren Handeln wird der juristischen Person rechtsverbindlich zugerechnet[110].

105   Das BGB selbst kennt und regelt nur **zwei Formen der juristischen Person.** Es handelt sich zum einen um den **rechtsfähigen Verein** (§§ 21 ff.)[111] und zum anderen um die **rechtsfähige Stiftung** (§§ 80 ff.)[112]. Außerhalb des BGB sind im Privatrecht **weitere Formen juristischer Personen** anerkannt. Hierzu gehört die Gesellschaft mit beschränkter Haftung (GmbH), die im GmbH-Gesetz geregelt ist. § 13 Abs. 1 GmbHG weist der GmbH Rechtsfähigkeit zu. Des Weiteren ist die im Aktiengesetz normierte Aktiengesellschaft nach § 1 Abs. 1 S. 1 AktG juristische Person, dasselbe gilt für die in §§ 278 ff. AktG geregelte Kommanditgesellschaft auf Aktien (§ 278 Abs. 1 AktG). Weitere juristische Personen des Privatrechts sind die eingetragene Genossenschaft nach § 17 Abs. 1 GenG und der im Versicherungsaufsichtsgesetz geregelte Versicherungsverein auf Gegenseitigkeit, dem nach § 15 VAG Rechtsfähigkeit zugewiesen ist.

106   Von den vorgenannten juristischen Personen des Privatrechts zu unterscheiden sind die **juristischen Personen des öffentlichen Rechts,** die gleichermaßen wie jene Rechtsfähigkeit besitzen, deren Rechtssubjektivität aber im öffentlichen Recht

---

106   Jedenfalls idealtypisch, denn durch die Anerkennung der Rechtsfähigkeit der Gesellschaft bürgerlichen Rechts (§§ 705 ff.) in der Rspr. des BGH (grundlegend BGHZ 146, 341) verschwimmen die Grenzen, s. noch folgend Rn. 138 ff.
107   BGHZ 146, 341 (347).
108   BGHZ 146, 341 (347).
109   S. BGHZ 146, 341 (347).
110   S. noch folgend Rn. 117 ff.
111   Dazu Rn. 110 ff.
112   Dazu Rn. 132 ff.

begründet ist[113]. Zu den juristischen Personen des öffentlichen Rechts zählen die **rechtsfähigen Körperschaften, Anstalten und Stiftungen des öffentlichen Rechts**[114]. Das BGB spricht die Trias der juristischen Personen des öffentlichen Rechts lediglich in der Vorschrift des § 89 an und erklärt die Regelung des § 31 über die Haftung des Vereins für seine Organe[115] auf die juristischen Personen des öffentlichen Rechts **für entsprechend anwendbar** (§ 89 Abs. 1). Soweit juristische Personen des öffentlichen Rechts insolvenzfähig sind, d.h. über ihr Vermögen das Insolvenzverfahren nach den Vorschriften der Insolvenzordnung durchgeführt werden kann[116], findet § 42 Abs. 2 über die **persönliche Verantwortlichkeit des Vorstands eines Vereins** für den Fall der Verzögerung des Antrags auf Eröffnung des Insolvenzverfahrens entsprechende Anwendung (§ 89 Abs. 2).

Der **Grund** für die gesetzliche Anerkennung einer eigenen Rechtspersönlichkeit bestimmter Organisationseinheiten im Privatrecht ist wesentlich praktischer Natur. Im Kern soll damit für die natürlichen Personen, die letztlich hinter der juristischen Person stehen, die Teilnahme am Rechtsverkehr erleichtert werden. Insoweit spielen vor allem zwei Gesichtspunkte eine Rolle. Zum einen ermöglicht die eigene Rechtspersönlichkeit der juristischen Person, **dass diese im Rechtsverkehr als solche auftritt** und durch das Handeln ihrer Organe z.B. Verträge, aus denen nur sie berechtigt und verpflichtet wird, schließen oder Eigentum etwa an einem Grundstück erwerben kann. Tatsächlich und rechtlich wäre es ohne Anerkennung der Figur der juristischen Person sehr aufwendig, wenn sich mehrere Personen zur Verfolgung eines bestimmten Zwecks zusammenschließen wollen, dies aber nur derart könnten, dass jede z.B. am Abschluss von Verträgen beteiligt werden müsste.

107

> **Bsp.:** Wollen mehrere Personen einen Sportclub gründen, so empfiehlt es sich, für die Personenvereinigung die Rechtsform des rechtsfähigen Vereins[117] zu wählen. Der Verein selbst tritt dann als juristische Person im Rechtsverkehr auf, d.h., er wird als solcher z.B. Vertragspartner eines Kaufvertrages über Trikots oder Eigentümer des Grundstücks, auf dem das Club-Gebäude errichtet werden soll. Stünde die Möglichkeit der Bildung eines rechtsfähigen Vereins nicht zur Verfügung, dann müssten die Mitglieder selbst als natürliche Personen gemeinsam etwa Kaufverträge schließen oder sonstige Rechtsgeschäfte[118] tätigen. Zusätzliche Probleme, insb. auch für die Vertragspartner, würden sich daraus ergeben, dass die Mitglieder eines Clubs i.d.R. wechseln und damit z.B. die Frage aufgeworfen würde, ob neu eintretende Mitglieder auch aus schon vorher geschlossenen Verträgen berechtigt oder verpflichtet würden.

---

113 Zur Rechtsfähigkeit im öffentlichen Recht s. *Maurer*, AllgVerwR, § 21 Rn. 4 ff.
114 S. hierzu näher *Maurer*, AllgVerwR, § 23 Rn. 1 ff., 49 ff. und 55.
115 Dazu noch Rn. 123 ff.
116 Was aber nur in Ausnahmefällen möglich ist: Nach § 12 Abs. 1 Nr. 1 InsO ist das Insolvenzverfahren über das Vermögen des Bundes oder eines Landes unzulässig. Darüber hinaus ist gemäß § 12 Abs. 1 Nr. 2 InsO das Insolvenzverfahren über das Vermögen einer juristischen Person des öffentlichen Rechts, die der Aufsicht eines Landes untersteht, unzulässig, sofern das Landesrecht dies bestimmt. Insoweit haben die Länder die Insolvenzfähigkeit i.d.R. ausgeschlossen, s. bezogen auf Baden-Württemberg § 45 AGGVG, jedoch mit Ausnahme u.a. der Landesbank-BW. Gemäß § 171b Abs. 1 SGB V findet § 12 Abs. 1 Nr. 1 InsO auf Krankenkassen keine Anwendung. Diese sind insolvenzfähig.
117 S. dazu Rn. 110 ff.
118 Zum Begriff des Rechtsgeschäfts s. näher Rn. 186 ff.

Zum anderen bedeutet die Anerkennung der juristischen Person eine **Risikoverminderung für die dahinter stehenden natürlichen Personen,** weil aufgrund der rechtlichen Selbständigkeit und der damit eigenständigen Teilnahme am Rechtsverkehr für Verbindlichkeiten, etwa aufgrund eines Kaufvertrages für die Kaufpreiszahlung, nur die juristische Person selbst einzustehen und mit ihrem Vermögen zu haften hat. Die hinter der juristischen Person stehenden natürlichen Personen haften grds. nicht für deren Schulden[119].

> **Bsp.:** Hat der in der Rechtsform eines rechtsfähigen Vereins bestehende Sportclub ein Vereinsgebäude bauen lassen, so kann der Bauunternehmer B seine Werklohnforderung aus § 631 Abs. 1 nur gegenüber dem Verein geltend machen, der hierfür auch mit seinem Vermögen haftet. Die Vereinsmitglieder selbst müssen nicht mit ihrem persönlichen Vermögen für die Verbindlichkeiten des Vereins einstehen.

Die grds. zu beachtende rechtliche Verschiedenheit zwischen juristischer Person und den dahinter stehenden natürlichen Personen ist allerdings dann irrelevant, wenn die Rechtsfigur der juristischen Person rechtsmissbräuchlich ausgenutzt wird. In diesem Fall kommt bzgl. der Verbindlichkeiten der juristischen Person eine sog. **Durchgriffshaftung** auf das persönliche Vermögen der die juristische Person tragenden natürlichen Personen in Betracht.

> **Bsp.:** Mitglieder eines rechtsfähigen Siedlungsvereins sorgen nicht durch Beiträge und die Bildung von Rücklagen dafür, dass dieser den Pachtzins an den Verpächter zahlen kann[120].

108   Die Rechtsfähigkeit juristischer Personen ist im Vergleich mit derjenigen natürlicher Personen nur eine **Teilrechtsfähigkeit.** Rechte und Pflichten können juristische Personen vor allem dort nicht haben, wo jene an die **Existenz der natürlichen Person als solche** anknüpfen. Das gilt etwa für familienrechtliche Berechtigungen und Verpflichtungen, von der Eheschließung bis zum Unterhalt, die juristischen Personen nicht zustehen können. Auch das allgemeine Persönlichkeitsrecht[121] und seine besonderen Erscheinungsformen, etwa das Namensrecht[122] oder das Recht am eigenen Bild[123], sind in erster Linie auf den Schutz der natürlichen Person ausgerichtet. Gleichwohl sind das allgemeine Persönlichkeitsrecht und dessen besondere Erscheinungsformen juristischen Personen nicht gänzlich versagt. Die Anwendbarkeit des **Namensrechts** und damit die Geltung auch des Namensschutzes für juristische Personen ist seit langem anerkannt, weil auch diese im Rechtsverkehr ein Interesse an Identitätswahrung und Schutz vor Identitätsverwirrung haben[124]. Darüber hinaus können sich juristische Personen auch auf ein ihnen zustehendes **allgemeines Persönlichkeitsrecht** berufen, allerdings nur insoweit, als

---

119 BGHZ 54, 222 (224).
120 S. BGHZ 54, 222 (224 f.); zur persönlichen Haftung eines GmbH-Gesellschafters BGHZ 125, 366 (368); zur Haftung von Vereinsmitgliedern eines eingetragenen Vereins BGH NZG 2008, 670 (672), Kolpingwerk; ausf. Nachw. zur sog. Durchgriffshaftung und der diesbezüglichen Entwicklung der Rspr. des BGH bei Palandt/*Ellenberger,* BGB, Einf. v. § 21 Rn. 12 ff.
121 S. dazu noch Rn. 150.
122 S. § 12.
123 S. §§ 22 ff. KunstUrhG.
124 S. nur BGHZ 98, 94 (95) und schon oben Rn. 101.

sie durch Dritte in ihrem **sozialen Geltungsanspruch** als Arbeitgeber oder als Wirtschaftsunternehmen betroffen werden[125]. Das kann etwa der Fall sein, wenn ein Unternehmen durch eine ehrverletzende Kritik an der Qualität seiner Produkte in der Öffentlichkeit herabgesetzt wird[126].

Die im Vergleich mit der natürlichen Person nur beschränkte Rechtsfähigkeit gelangt auch im Grundgesetz bzgl. der Frage der Grundrechtsfähigkeit zum Ausdruck. Nach der Bestimmung des Art. 19 Abs. 3 GG gelten die Grundrechte auch für inländische juristische Personen, soweit sie ihrem Wesen nach auf diese anwendbar sind. Diese Grundrechtsnorm erklärt sich vor dem Hintergrund, dass das Wertesystem der Grundrechte von der Würde und Freiheit des einzelnen Menschen als natürlicher Person ausgeht[127]. Sinnmitte ist der Schutz der privaten natürlichen Person gegen hoheitliche Übergriffe, gleichzeitig sollen sie die Voraussetzungen und Möglichkeiten für eine freie Mitwirkung und Mitgestaltung im Gemeinwesen sichern[128]. Auf Grundrechte können sich juristische Personen deshalb nur dort berufen, wo jene nicht allein auf den Schutz natürlicher Personen ausgerichtet sind und sofern ein Schutzbedürfnis besteht. Das gilt z.B. für den Schutz des Eigentums gemäß Art. 14 GG, über den auch der vermögensrechtliche Bereich einer juristischen Person gegenüber staatlichen Eingriffen abgesichert wird[129].

Anders als der Mensch, der mit der Geburt kraft seiner Existenz Rechtsfähigkeit **109** erlangt, müssen juristische Personen als mit Rechtsfähigkeit ausgestattete künstliche Rechtsgebilde erst „ins Leben gerufen" werden. Neben **einem rechtsgeschäftlichen Gründungsakt** der hinter der juristischen Person stehenden natürlichen Personen[130] ist für die Erlangung der Rechtsfähigkeit zusätzlich ein **staatlicher Akt** erforderlich, wobei insoweit nach dem Gesetz zwei Systeme unterschieden werden. Nach dem sog. **System der Normativbestimmungen** ist gesetzlich im Einzelnen statuiert, welche Voraussetzungen für den Erwerb der Rechtsfähigkeit gegeben sein müssen. Das Vorliegen dieser Voraussetzungen wird durch eine staatliche Stelle überprüft. Sind die Voraussetzungen gegeben, wird die Rechtsfähigkeit durch die Eintragung in ein öffentliches Register erworben. Dieses System gilt etwa für den sog. Idealverein[131], der nach § 21 Rechtsfähigkeit durch Eintragung in das Vereinsregister des zuständigen Amtsgerichts erlangt. Von diesem System zu unterscheiden ist das sog. **Konzessionssystem,** auf dessen Grundlage die Rechtsfähigkeit durch staatliche Verleihung bzw. Genehmigung erworben wird. Der wesentliche Unterschied zum System der Normativbestimmungen liegt darin, dass über die Erteilung der staatlichen Konzession nach pflichtgemäßem Ermessen[132] entschieden wird, d.h., die Verwaltung hat entsprechend dem Zweck der maßge-

---

125 BGHZ 98, 94 (97).
126 BGHZ 98, 94 (98).
127 BVerfGE 21, 362 (369).
128 BVerfGE 21, 362 (369); 68, 193 (205).
129 S. z.B. BVerfGE 50, 290 (352).
130 S. noch folgend Rn. 115.
131 S. noch Rn. 115.
132 Zum Begriff s. *Maurer,* AllgVerwR, § 7 Rn. 7 ff.

benden Regelungen darüber zu entscheiden, ob die Konzession erteilt wird. Nach dem Konzessionssystem erlangen der wirtschaftliche Verein[133] gemäß § 22 und der Versicherungsverein auf Gegenseitigkeit nach § 15 VAG Rechtsfähigkeit. Keine Bedeutung im deutschen Privatrecht hat das **System der freien Körperschaftsbildung**[134], wonach die Rechtsfähigkeit mit Vorliegen der gesetzlichen Voraussetzungen erlangt wird, ohne dass eine staatliche Kontrolle stattfindet[135].

2. Der rechtsfähige Verein

110   **a) Begriff und Arten.** Seinem **Begriff** nach ist der **Verein** i.S.d. BGB eine auf Dauer angelegte Vereinigung von Personen zur Verfolgung eines gemeinsamen Zwecks[136], die durch eine körperschaftliche – korporative – Organisationsstruktur gekennzeichnet ist[137]. Wesentlichen Ausdruck findet die **körperschaftliche Struktur des Vereins** in der Führung eines eigenen Namens, der Aufteilung der Aufgaben zwischen einer Mitgliederversammlung und einem Vorstand sowie der Unabhängigkeit in der Existenz von dem wechselnden Bestand seiner Mitglieder, der in der Möglichkeit des Beitritts, des Austritts und der Ausschließung seinen Ausdruck findet[138]. Die vorgenannten Merkmale des Vereins sind sowohl für den rechtsfähigen wie auch den nicht rechtsfähigen Verein kennzeichnend, letzterer unterscheidet sich von jenem nicht dem Begriff nach, sondern allein unter dem Gesichtspunkt der **fehlenden Rechtssubjektivität**[139].

111   Der Verein i.S.d. BGB stellt den **Grundtypus körperschaftlich strukturierter Personenvereinigungen** dar. Weitere gesetzlich vorgesehene Personenvereinigungen mit korporativer Organisationsstruktur sind die Gesellschaft mit beschränkter Haftung (GmbH), die Aktiengesellschaft (AG), die Kommanditgesellschaft auf Aktien (KGaA)und die eingetragene Genossenschaft (eG)[140]. Von dem Grundtypus der körperschaftlichen Personenvereinigung zu unterscheiden ist die **Organisationsform der Gesellschaft,** deren Grundform im BGB in Gestalt der Gesellschaft bürgerlichen Rechts (GbR) in §§ 705 ff. geregelt ist. Zwar handelt es sich auch bei dieser um eine Vereinigung von Personen, die ebenso wie der Verein zur Verfolgung eines gemeinsamen Zwecks errichtet wird[141] und darüber hinaus unter

---

133   Zum Begriff s. folgend Rn. 113.
134   Für ein solches System spricht sich etwa der Gesetzesantrag des Landes Baden-Württemberg, BR-Drucks. 99/06, S. 2, 22 u. 25 f. bezogen auf den nicht wirtschaftlichen Verein aus.
135   S. ausf. zur Entstehung juristischer Personen und insb. zur Erlangung der Rechtsfähigkeit Rn. 115.
136   S. § 21 und § 22.
137   RGZ 143, 212 (213); BGH LM Nr. 11 zu § 31 BGB; NJW 1979, 2304 (2305).
138   BGHZ 25, 311 (313).
139   S. RGZ 85, 256 (258 und 259 f.); 143, 212 (213); zum nicht rechtsfähigen Verein s. noch Rn. 144 ff.
140   Zur Rechtsfähigkeit dieser Organisationsgebilde s. schon oben Rn. 105.
141   S. § 705.

einem eigenen Namen nach außen auftreten kann[142]. Jedoch liegt der wesentliche Unterschied zum Begriff des Vereins in der **fehlenden körperschaftlichen Struktur der Gesellschaft**[143]. Neben der im BGB geregelten GbR als Grundform der sog. Personengesellschaft gehören hierzu die offene Handelsgesellschaft (OHG)[144] und die Kommanditgesellschaft (KG)[145] als handelsrechtliche Personengesellschaften, die Partnerschaft für Angehörige freier Berufe nach Maßgabe des Partnerschaftsgesellschaftsgesetzes (PartGG) sowie die Europäische Wirtschaftliche Interessenvereinigung (EWIV) als supranationale Gesellschaftsform[146].

Abgesehen von der begrifflichen Unterschiedlichkeit zwischen Verein und Personengesellschaft hat das BGB auch die **Frage der Rechtsfähigkeit** dieser Personenvereinigungen dahin unterschiedlich geregelt, dass **dem Verein grds. eine eigene Rechtspersönlichkeit zukommt, der Gesellschaft bürgerlichen Rechts hingegen nicht.** Allerdings ist diese scharfe Abgrenzung zwischen Rechtsfähigkeit der Körperschaft und fehlender Rechtsfähigkeit der Personengesellschaft schon **gesetzlich dadurch aufgeweicht,** dass das BGB auch den nicht rechtsfähigen Verein kennt[147] und den handelsrechtlichen Personengesellschaften sowie der Partnerschaft freier Berufsangehöriger im Rechtsverkehr eine Stellung eingeräumt wird, die der einer rechtsfähigen Person angenähert ist[148]. Darüber hinaus hat der BGH inzwischen die **Rechtsfähigkeit der GbR** insoweit anerkannt, als sie durch Teilnahme am Rechtsverkehr eigene Rechte und Pflichten begründet[149]. **112**

Das Gesetz unterscheidet zwischen den beiden Arten des nicht wirtschaftlichen Vereins (§ 21) und des wirtschaftlichen Vereins (§ 22). Die Unterscheidung ist von Bedeutung für die Frage, wie der Verein Rechtsfähigkeit erlangt[150]. Maßgebend für die Frage, ob ein **nicht wirtschaftlicher Verein,** der auch **Idealverein** genannt wird[151], oder ein **wirtschaftlicher Verein** gegeben ist, ist der **Zweck,** den der Verein verfolgt. Sofern der Zweck auf einen **wirtschaftlichen Geschäftsbetrieb** gerichtet ist, handelt es sich um einen wirtschaftlichen Verein i. S. d. § 22. Anderenfalls liegt ein Idealverein vor, dessen Zweck **nicht** auf einen wirtschaftlichen Geschäftsbetrieb gerichtet ist. **113**

---

142 Hieran anknüpfend vertritt die h. M., dass auch eine GbR den Namensschutz nach § 12 genießen kann, s. KG WRP 1990, 37 (38 f.); Soergel/*Heinrich*, BGB, § 12 Rn. 31; Palandt/*Ellenberger*, BGB, § 12 Rn. 9. Zum Namensrecht und Namensschutz s. oben Rn. 100 ff.
143 S. noch näher Rn. 139.
144 §§ 105 ff. HGB.
145 §§ 161 ff. HGB.
146 S. zur EWIV ausf. Ebenroth/Boujong/Joost/Strohn/*Hakenberg*, HGB, Bd. 1, EWIV.
147 S. § 54, der nach dieser Regelung den Bestimmungen über die GbR unterworfen wird, was sich im Laufe der Rechtsentwicklung seit dem Inkrafttreten des BGB grundlegend geändert hat, s. noch folgend Rn. 144 ff.
148 S. §§ 124, 161 Abs. 2 HGB für die OHG und KG, § 7 Abs. 2 PartGG i. V. m. § 124 HGB für die Partnerschaft.
149 BGHZ 146, 341, s. noch folgend Rn. 142.
150 S. dazu und zu dem Grund der unterschiedlichen Anforderungen für die Erlangung der Rechtsfähigkeit folgend Rn. 115.
151 S. nur BGH LM Nr. 11 zu § 31 BGB.

Das danach für die Abgrenzung zwischen den unterschiedlichen Vereinstypen nach §§ 21, 22 entscheidende Kriterium der Ausrichtung auf einen wirtschaftlichen Geschäftsbetrieb ist in seiner Bedeutung immer umstritten gewesen[152]. Nach heute h. M. werden **drei Grundtypen wirtschaftlicher Vereine unterschieden (sog. typologischer Ansatz)**[153]. Ein wirtschaftlicher Geschäftsbetrieb liegt danach zunächst vor, wenn der Verein **dauerhaft, planmäßig und entgeltlich Waren oder Dienstleistungen auf einem äußeren Markt anbietet**[154]. Die Leistungen können jeglicher Art sein und deshalb auch ideelle Güter umfassen[155].

> **Bsp.:** Ein Verein führt entsprechend seinem satzungsmäßigem Zweck gegen Entgelt Kurse über religiöse Fragen durch.[156]

Weiter kann auf die Verwertungsgesellschaft Wort (VG Wort) verwiesen werden, die in der Rechtsform eines rechtsfähigen Vereins kraft Verleihung als wirtschaftlicher Verein u.a. Ansprüche von Urhebern geistiger Werke nach dem UrhG wahrnimmt. Darüber hinaus ist ein Verein auch dann auf einen wirtschaftlichen Geschäftsbetrieb ausgerichtet, wenn er seine unternehmerische Tätigkeit nicht Dritten gegenüber entfaltet, sondern die **dauerhafte und planmäßige Erbringung entgeltlicher Leistungen allein auf den „Binnenmarkt"**[157] **der Mitglieder bezogen ist**[158]. Das Mitglied muss dem Verein allerdings gleichsam in der Rolle eines Kunden gegenübertreten, der Leistungen nachfragt, die typischerweise auch auf einem äußeren Markt angeboten werden[159].

> **Bsp.:** Vereinsmäßig organisierte Einkaufsgemeinschaften, z.B. für Beamte oder Gewerkschaftsmitglieder[160].

Schließlich liegt auch dann ein wirtschaftlicher Geschäftsbetrieb vor, wenn ein Verein von unternehmerisch tätigen Mitgliedern zu dem Zweck gegründet wird, für diese als **gewissermaßen ausgegliederter Teil** dauerhaft bestimmte Aufgaben wahrzunehmen, die ansonsten die Mitglieder selbst im Rahmen ihrer eigenen unternehmerischen Tätigkeit durchführen müssten[161].

> **Bsp.:** Eine vereinsmäßig organisierte Funktaxizentrale, die für ihre als Inhaber und Pächter von Taxiunternehmen unternehmerisch tätigen Mitglieder deren Förderung durch die Vermittlung von Taxifahrten und die Unterhaltung einer Funkanlage bezweckt, hat als verselbständigter Teil seiner Mitglieder eine wirtschaftliche Zielsetzung, auch wenn der Verein selbst für die an Dritte erbrachten Leistungen, Vermittlung von Taxifahrten, keine Gegenleistung erhält[162].

---

152 S. hierzu nur *Larenz/Wolf*, BGB AT, § 10 Rn. 31 ff. und die Nachweise in der folgenden Fn.
153 Zu dem Theorienstreit und der heute h. M. s. ausf. Soergel/*Hadding*, BGB, §§ 21, 22 Rn. 19 ff.; *K.Schmidt* AcP 182, 1 (9 ff.); Palandt/*Ellenberger*, BGB, § 21 Rn. 3 ff.; MünchKomm/*Reuter*, BGB, §§ 21, 22 Rn. 4 ff., Staudinger/*Weick*, BGB, § 21 Rn. 5 ff.
154 S. etwa *K.Schmidt* AcP 182, 1 (16), Palandt/*Ellenberger*, BGB, § 21 Rn. 4.
155 S. OLG Düsseldorf NJW 1983, 2574 (2575).
156 S. OLG Düsseldorf NJW 1983, 2574 betr. die Scientology Church.
157 S. OLG Düsseldorf NJW 1983, 2574 (2574) m. w. N.
158 S. Palandt/*Ellenberger*, BGB, § 21 Rn. 5; Soergel/*Hadding*, BGB, §§ 21, 22 Rn. 28 m. w. N.
159 S. Soergel/*Hadding*, BGB, §§ 21, 22 Rn. 28.
160 S. die Bsp. bei Palandt/*Ellenberger*, BGB, § 21 Rn. 5.
161 S. Soergel/*Hadding*, BGB, §§ 21, 22 Rn. 30.
162 BGHZ 45, 395; BVerwG NJW 1979, 2261.

Weist ein Verein einen wirtschaftlichen Geschäftsbetrieb im vorstehenden Sinne   **114**
nicht auf, so handelt es sich um einen **Idealverein** i.S.d. § 21. Hierzu zählen wesentlich Vereine, die soziale, kulturelle, religiöse, wissenschaftliche oder sonstige,
nicht wirtschaftliche Ziele verfolgen.

> **Bsp.:** Ein solches Ziel kann etwa die Wahrnehmung und Förderung der Interessen des
> Kraftfahrens und des Motorsports sein, wie dies z.B. beim ADAC der Fall ist[163].

Der Einordnung eines Vereins als Idealverein steht es nicht entgegen, dass dieser
zur Verfolgung seiner ideellen Ziele auch unternehmerische Tätigkeiten entfaltet,
sofern diese Tätigkeiten dem nicht wirtschaftlichen Hauptzweck **untergeordnet
und lediglich Hilfsmittel zu dessen Verwirklichung sind**[164]. Insoweit wird von dem
sog. **Nebenzweckprivileg** des Idealvereins gesprochen[165].

> **Bsp. (1):** Die Qualifizierung des ADAC als Idealverein wird nicht dadurch in Frage
> gestellt, dass er über die ADAC Rechtsschutz Versicherungs-AG seinen Mitgliedern
> Verkehrsrechtsschutz anbietet und dieses rechtlich selbständige Wirtschaftsunterneh-
> men etwa durch die Überlassung von Geschäftsräumen und Personal für Beratung und
> Abschluss von Verträgen sowie die Möglichkeit des Zugriffs auf die Mitgliederkartei
> unterstützt[166].

> **Bsp. (2):** Der Kulturverein K verfolgt den satzungsmäßigen Zweck, allgemein kultu-
> relle Ereignisse in der Region zu fördern und insb. finanziell zu unterstützen. Der
> Verein betreibt u.a. ein öffentliches Kino, um mit den daraus resultierenden Einnah-
> men seine Zielsetzung verwirklichen zu können.

b) Entstehung. Die Entstehung des rechtsfähigen Vereins erfolgt durch den sog.   **115**
Gründungsvertrag und nachfolgend die **Erlangung der Rechtsfähigkeit.** Bezogen
auf die Erlangung der Rechtsfähigkeit als zweitem Schritt ist zwischen dem nicht
wirtschaftlichen Verein (§ 21) und dem wirtschaftlichen Verein (§ 22) zu unterscheiden.
Der Verein ist eine körperschaftlich strukturierte Personenvereinigung[167] zur Verfolgung eines bestimmten Zwecks nicht wirtschaftlicher oder wirtschaftlicher
Art. Diese Vereinigung kann als privatrechtlicher Zusammenschluss mehrerer
Personen nur durch einen entsprechenden **Willen der gründungsbereiten Personen**
entstehen, die sich einander ihren jeweiligen, auf die rechtliche Folge der Gründung eines Vereins gerichteten Willen erklären müssen. Als demzufolge Willenserklärungen[168] von mehreren, mindestens zwei Personen[169], die übereinstimmend
auf die Gründung des Vereins gerichtet sind, handelt es sich bei dem Gründungsakt um einen rechtsgeschäftlichen Vorgang[170] in Gestalt eines **Vertrages**[171] **zwischen den Gründern.** Dieser Vertrag stellt allerdings nicht einen gegenseitigen

---

163 Hierzu ausf. BGHZ 85, 84.
164 BGHZ 15, 315 (319 f.); 85, 84 (93); OLG Düsseldorf NJW 1983, 2574 (2576).
165 BGHZ 85, 84 (93); OLG Düsseldorf NJW 1983, 2574 (2576).
166 BGHZ 85, 84 (92 ff.).
167 S. oben Rn. 110.
168 Zum Begriff s. näher Rn. 198.
169 Für die Erlangung der Rechtsfähigkeit soll die Zahl der Mitglieder mindestens sieben
     betragen, s. § 56.
170 Zum Begriff des Rechtsgeschäfts s. Rn. 186 ff.
171 Zum Vertrag s. Rn. 256 ff.

Vertrag dar, vielmehr handelt es sich um einen davon zu unterscheidenden Vertrag zur Schaffung des Organisationsgebildes Verein[172].

Wesentlicher Inhalt des Gründungsvertrages ist der **Beschluss über die Satzung des Vereins,** die damit im Ausgangspunkt selbst vertraglicher Natur ist. Zum Zwecke der Erlangung der Rechtsfähigkeit muss die Satzung nach § 57 als Mindesterfordernisse den Zweck, den Namen und den Sitz des Vereins enthalten, außerdem muss aus ihr hervorgehen, dass der Verein Rechtsfähigkeit erlangen soll. Trotz ihrer im Ausgangspunkt vertraglichen Natur[173] verselbständigt sich die Satzung mit der Gründung des Vereins zu dessen sog. **Verfassung**[174].

Über den Abschluss des Gründungsvertrages hinaus bedarf es zur Entstehung des Vereins als juristischer Person der **Erlangung der Rechtsfähigkeit durch staatliche Mitwirkung.** Nach der Vorschrift des § 21 erlangt der nicht wirtschaftliche Verein (Idealverein)[175] Rechtsfähigkeit durch **Eintragung in das Vereinsregister** des zuständigen Amtsgerichts. Die Eintragung, die nur nach Anmeldung durch den Vorstand des Vereins stattfindet (§ 59), erfolgt gemäß dem sog. **System der Normativbestimmungen**[176], d.h., liegen die gesetzlich geforderten Voraussetzungen vor, was das zuständige Amtsgericht zu überprüfen hat, so muss der Verein eingetragen werden. Das macht auch die Regelung des § 60 deutlich, wonach die Anmeldung (nur) zurückzuweisen ist, sofern den gesetzlich vorgeschriebenen Erfordernissen der §§ 56–59 nicht genügt ist. Mit der Eintragung[177] erhält der Name des Vereins den Zusatz „eingetragener Verein" (§ 65).

Die Eintragung des Vereins hat die **rechtliche Wirkung,** dass dieser als solcher **rechtsfähig** wird, also Träger von Rechten und Pflichten sein kann[178], und daran anknüpfend prozessrechtlich nach § 50 Abs. 1 ZPO die sog. **Parteifähigkeit** erlangt, d.h., in einem Rechtsstreit klagen und verklagt werden kann. Damit hat die Eintragung für die Erlangung der Rechtsfähigkeit und Parteifähigkeit rechtsbegründende Wirkung[179], insoweit wird auch davon gesprochen, dass die Eintragung **konstitutive Wirkung** hat.

Der wirtschaftliche Verein[180] erlangt gemäß § 22 Satz 1 in Ermangelung besonderer bundesgesetzlicher Vorschriften Rechtsfähigkeit durch **staatliche Verleihung.** Nach § 22 Satz 2 steht die Verleihung dem Land zu, in dessen Gebiet der Verein seinen Sitz hat[181].

Die Vorschrift des § 22 Satz 1 grenzt hinsichtlich der Erlangung der Rechtsfähigkeit in zweifacher Hinsicht ab[182]. Zum einen können wirtschaftliche Vereine anders als Idealvereine Rechtsfähigkeit nur durch einen **individuellen behördlichen**

---

172 S. *Larenz/Wolf*, BGB AT, § 10 Rn. 3.
173 S. RGZ 165, 140 (143); BGHZ 47, 172 (179).
174 S. RGZ 165, 140 (143 f.); BGHZ 47, 172 (179 f.); zur Verfassung auch folgend Rn. 116.
175 Zur Abgrenzung zum wirtschaftlichen Verein s. oben Rn. 113.
176 S. oben Rn. 109.
177 Die nach §§ 80, 86 KostO gebührenpflichtig ist.
178 Zum Begriff s. oben Rn. 83.
179 BGH NJW 1983, 993 (993).
180 Zur Abgrenzung zum Idealverein s. oben Rn. 113 f.
181 In Baden-Württemberg sind gemäß § 1 Abs. 1 AGBGB die Regierungspräsidien zuständig.
182 S. hierzu instruktiv BVerwG NJW 1979, 2261 (2262 f.).

Verleihungsakt erlangen, der insoweit **konstitutiv** ist, sprich als solcher die Rechtsfähigkeit begründet[183]. Hierbei handelt es sich um das sog. **Konzessionssystem**[184], die Behörde entscheidet nach pflichtgemäßem Ermessen über die Erteilung der Konzession. Für die Ausübung dieses Ermessens ist die zweite Abgrenzungsfunktion des § 22 Satz 1 von entscheidender Bedeutung, wonach der wirtschaftliche Verein Rechtsfähigkeit durch staatliche Verleihung nur „**in Ermangelung besonderer bundesgesetzlicher Vorschriften**" erlangt. Hiermit soll sichergestellt werden, dass sich wirtschaftlich tätige Zusammenschlüsse primär solcher Organisationsformen bedienen, die bundesgesetzlich vorgesehen sind und auf deren Grundlage die Vereinigung bei Erfüllung der einschlägigen Voraussetzungen Rechtsfähigkeit durch Eintragung erlangt[185]. Bei den besonderen bundesgesetzlichen Regelungen für wirtschaftlich tätige Vereinigungen handelt es sich wesentlich um die **Vorschriften des AktG, GmbHG, GenG und VAG.** Diese speziellen Rechtsgrundlagen sehen anders als das Vereinsrecht besondere Schutzvorschriften insb. für die Gläubiger und Mitglieder dieser Vereinigungen bzw. juristischen Personen vor[186]. Wesentlicher Zweck des Konzessionssystems nach § 22 Satz 1 ist danach die Vermeidung einer **Umgehung** der gegenüber dem Vereinsrecht strengeren Bestimmungen des AktG, GmbHG usw.

Liegen ausnahmsweise die Voraussetzungen für eine Verleihung der Rechtsfähigkeit nach § 22 Satz 1 vor, so entsteht diese durch den Akt der Verleihung seitens der zuständigen Behörde. Bis zu dem Zeitpunkt der Erlangung der Rechtsfähigkeit ist der Verein **mit Abschluss des Gründungsvertrages entstanden** und rechtlich als nicht rechtsfähiger Verein[187] einzuordnen. Für Verpflichtungen, die im Gründungsstadium des noch nicht rechtsfähigen Vereins entstanden sind, haftet der rechtsfähige Verein[188].

c) Verfassung und Organe. – (1) Verfassung. Gemäß § 25 wird die **Verfassung** **116** **eines rechtsfähigen Vereins,** soweit sie nicht auf den zwingenden[189] Vorschriften der §§ 26 ff. beruht, durch die **Vereinssatzung** bestimmt. Unter dem im Gesetz nicht näher definierten Begriff der Verfassung sind nach der Rspr. die das Vereinsleben **prägenden Grundentscheidungen,** sprich Leitprinzipien und Grundsatzregelungen zu verstehen[190], die, soweit sie nicht im Gesetz enthalten sind, kraft der zwingenden Vorgabe in § 25[191] in die Satzung aufgenommen werden müssen[192]. Gemäß § 57 Abs. 1 **muss** die Satzung den Zweck, den Namen und den Sitz des Vereins enthalten. Des Weiteren muss aus der Satzung hervorgehen, dass der Verein eingetragen werden soll. Weiterer **Mussinhalt** der Satzung ist der Name des Vereins (§ 57 Abs. 1). Wie bei natürlichen Personen[193] hat der Name des Vereins die Funktion, den Verein im Rechtsverkehr zu kennzeichnen und diesem so eine

---

183 S. BVerwG NJW 1979, 2261 (2263).
184 S. dazu oben Rn. 109.
185 S. BVerwG NJW 1979, 2261 (2262 f.).
186 S. BVerwG NJW 1979, 2261 (2263 f.).
187 S. dazu noch folgend Rn. 144 ff.
188 RG Seufferts Archiv Bd. 67 Nr. 171, 305 (306); RGZ 85, 256 (260).
189 S. § 40.
190 S. BGHZ 47, 172 (177); 88, 314 (316); 105, 306 (313).
191 Bei späteren Änderungen der Satzung nach § 71 Abs. 1 Satz 1.
192 BGHZ 47, 172 (177); 88, 314 (316); 105, 306 (313).
193 S. zum Namensrecht natürlicher Personen oben Rn. 100 ff.

von anderen Vereinigungen unterscheidbare Identität zu geben. Der darüber hinaus als Mussinhalt der Satzung in § 57 Abs. 1 vorgeschriebene Sitz des Vereins dient vergleichbar dem Wohnsitz der natürlichen Person[194] neben dem Namen zur Individualisierung des Vereins. Gemäß § 24 gilt als Sitz des Vereins der Ort, an welchem die Verwaltung geführt wird, sofern nicht etwas anderes bestimmt ist. Die Satzung kann einen anderen Ort als Sitz bestimmen. Eine Reihe gesetzlicher Vorschriften knüpfen Rechtsfolgen an den in der Satzung festgelegten Sitz des Vereins[195].

Zum Mussinhalt der Satzung gehören über die Erfordernisse des § 57 Abs. 1 hinaus **alle weiteren wesentlichen Grundentscheidungen**, welche die Verfassung der Personenvereinigung ausmachen, und zwar vor allem solche, die die Mitglieder des Vereins in besonderer Weise betreffen[196]. So müssen z.B. Vereinsstrafen, mittels derer die Einhaltung mitgliedschaftlicher Pflichten sichergestellt werden soll, in der Satzung selbst geregelt sein[197].

Über den Mussinhalt der Satzung i.S.d. § 57 sowie alle sonstigen für das Vereinsleben wesentlichen Grundentscheidungen hinaus legt § 58 den sog. **Sollinhalt der Satzung** fest. Hierzu gehören Bestimmungen über den Eintritt und Austritt der Mitglieder, die Beitragspflichten der Mitglieder, die Bildung des Vorstands sowie über die Einberufung der Mitgliederversammlung.

Bei **Verstößen gegen den Muss- und Sollinhalt** der §§ 57, 58 ist nach § 60 die Anmeldung zur Eintragung in das Vereinsregister von dem Amtsgericht unter Angabe der Gründe zurückzuweisen. Bedeutung hat die Unterscheidung zwischen Muss- und Sollinhalt der Satzung insoweit, als im Falle einer trotz Vorliegens eines Verstoßes erfolgten Eintragung der Verstoß gegen den Mussinhalt einen wesentlichen Mangel i. S. v. § 395 FamFG darstellt mit der Folge, dass die Eintragung in das Vereinsregister von dem zuständigen Gericht von Amts wegen gelöscht werden kann. Bis zum Zeitpunkt der Löschung ist die Eintragung allerdings wirksam, d.h. der Verein ist rechtsfähig[198].

Vereinssatzungen unterliegen einer sog. **richterlichen Inhaltskontrolle** vor allem bei Vereinigungen, die eine **überragende Machtstellung** im wirtschaftlichen und sozialen Bereich haben[199]. Die Vorschriften über Allgemeine Geschäftsbedingungen (§§ 305 ff.) finden nach § 310 Abs. 4 Satz 1 bei Verträgen u.a. auf dem Gebiet des Gesellschaftsrechts und damit auch auf rechtsfähige Vereine keine Anwendung. Im Rahmen der richterlichen Inhaltskontrolle überprüft die Rspr. insb., ob Satzungsregelungen die gesetzlichen Grenzen des § 134[200] und des § 138[201] einhalten.

---

194 §§ 7 ff., dazu oben Rn. 99.
195 S. z.B. § 55 Abs. 1 (für die Eintragung von Idealvereinen zuständiges Amtsgericht) und § 17 Abs. 1 ZPO (allgemeiner Gerichtsstand juristischer Personen).
196 BGHZ 105, 306 (313).
197 S. BGHZ 21, 370 (373), hier auch zur Abgrenzung zwischen Vertragsstrafe im Sinne der §§ 336 ff. wie auch zu den satzungsmäßigen Anforderungen an die Festlegung einer Vertragsstrafe. Zur Zulässigkeit der Regelung einer Vereinsstrafe im Rahmen der Vereinsautonomie s. BGHZ 29, 352 (355).
198 S. BGH NJW 1983, 993 (993).
199 S. BGH NJW 1999, 3552 (3552), hier bezogen auf einen Fußballverband; BGHZ 128, 93 betr. einen Reit-Dachverband.
200 S. dazu noch Rn. 436 ff.
201 Dazu Rn. 444 ff.

Bsp.: Die Regelung eines Fußballverbandes, wonach Mitgliedsvereine bei Verpflichtung eines Amateurs eines anderen Vereins zur Zahlung einer Ausbildungs- und Förderungsentschädigung verpflichtet sind, ist wegen der darin liegenden Beschränkung der durch Art. 12 Abs. 1 GG geschützten Berufsfreiheit der Fußballspieler nach § 138 nichtig[202].

(2) Organe. Der Verein ist ein Rechtskonstrukt, das nicht selbst, sondern nur **117** durch Organe seinen Willen bilden und am Rechtsverkehr teilnehmen kann. Das Gesetz sieht mindestens[203] zwei Organe vor, und zwar die Mitgliederversammlung (§ 32) sowie den Vorstand (§ 26).

Nach § 32 Abs. 1 Satz 1 werden die Angelegenheiten des Vereins, soweit sie nicht **118** von dem Vorstand oder einem anderen Vereinsorgan zu besorgen sind, durch Beschlussfassung in einer Versammlung der Mitglieder geordnet. Als wesentliche, für den Verein grundlegend bedeutsame Aufgaben sind der **Mitgliederversammlung** durch Gesetz vor allem die Bestellung und Kontrolle des Vorstands (§ 27 Abs. 1), die Vornahme von Satzungsänderungen einschließlich der Änderung des Vereinszwecks (§ 33 Abs. 1) sowie die Auflösung des Vereins (§ 41) zugewiesen. Aus § 40 folgt, dass die Vorschriften der §§ 32, 33 über die Zuständigkeit der Mitgliederversammlung sog. nachgiebiges Recht sind, d.h., die Satzung insoweit anderes regeln kann, etwa eine vom Gesetz abweichende Ausweitung oder Verkürzung der Befugnisse der Mitgliederversammlung. Ausgeschlossen ist allerdings eine völlige Beseitigung der Mitgliederversammlung, weil das Gesetz von einer dualen Organstruktur des Vereins ausgeht, wie insb. auch die zwingende Regelung des § 41 deutlich macht.

Die Mitgliederversammlung äußert ihren Willen durch **Beschlussfassung** (§ 32 Abs. 1 Sätze 1 und 3). Dabei ist rechtlich zwischen der Stimmabgabe der Mitglieder und dem dadurch zustande kommenden Beschluss zu unterscheiden. Bei der Stimmabgabe des einzelnen Mitgliedes handelt es sich um eine **Willenserklärung**[204], die deshalb auch den allgemeinen Vorschriften über die Anfechtbarkeit und die Nichtigkeit von Rechtsgeschäften unterliegt[205]. Der **Beschluss** stellt gleichfalls ein Rechtsgeschäft dar, das aus mehreren gleichgerichteten Willenserklärungen besteht. Diese Gleichgerichtetheit der Erklärungen unterscheidet den Beschluss von einem Vertrag, der zwar auch ein mehrseitiges Rechtsgeschäft darstellt, jedoch durch gegenseitige, zueinander in Bezug stehende Willenserklärungen gekennzeichnet ist[206]. Der Beschluss wird in Abgrenzung zum Vertrag als ein Rechtsgeschäft eigener Art, sog. **Gesamtakt**, bezeichnet[207]. Er ist Rechtsgeschäft, weil er notwendig aus einer[208] oder mehreren Willenserklärungen besteht und auf eine rechtsverbindliche Entscheidung über einen zur Abstimmung gestellten An-

---

202 S. BGH NJW 1999, 3552 (3552 ff.).
203 Aus § 32 Abs. 1 Satz 1 geht hervor, dass weitere Vereinsorgane gebildet werden können.
204 Zum Begriff s. folgend Rn. 198.
205 BGHZ 14, 264 (267).
206 S. BGH NJW 1998, 3713 (3714), hier zum Beschluss einer Wohnungseigentümergemeinschaft. Zum Begriff des mehrseitigen Rechtsgeschäfts s. noch Rn. 192.
207 BGH NJW 1998, 3713 (3714).
208 Wenn nur ein Mitglied auf der Mitgliederversammlung erscheint, s. noch folgend im Text.

trag gerichtet ist[209]. Für eine wirksame Beschlussfassung durch die Mitgliederversammlung muss die **Beschlussfähigkeit** gegeben sein. Soweit die Satzung nicht eine bestimmte Mindestzahl anwesender Mitglieder vorschreibt, ist die Beschlussfähigkeit bereits bei der Anwesenheit eines Mitgliedes gegeben[210]. Nach § 32 Abs. 1 Satz 3 entscheidet bei der Beschlussfassung die Mehrheit der abgegebenen Stimmen. Für Satzungsänderungen ist nach § 33 Abs. 1 Satz 1 eine Mehrheit von drei Vierteln der abgegebenen Stimmen erforderlich. Soll der Vereinszweck geändert werden, verlangt das Gesetz in § 33 Abs. 1 Satz 2 die Zustimmung aller, nicht nur der erschienenen Mitglieder. Für den Auflösungsbeschluss ist wiederum eine Mehrheit von drei Vierteln der erschienenen Mitglieder erforderlich (§ 41 Satz 2). In allen Fällen kann durch Satzungsregelung von den genannten Mehrheitserfordernissen abgewichen werden[211].

119 Neben der Mitgliederversammlung muss der Verein als weiteres Organ einen **Vorstand** haben. Aus den Regelungen des § 40 i. V. m. § 26 Abs. 1 Satz 1 ist zu entnehmen, dass es sich hierbei um ein **notwendiges Organ** handelt und insoweit auch die Satzung nichts anderes bestimmen kann[212]. Gem. § 26 Abs. 2 Satz 1 kann der Vorstand aus mehreren Personen bestehen. Nach § 58 Nr. 3 gehört es zum Soll-Inhalt der Satzung, Bestimmungen über die Bildung des Vorstands zu enthalten. Trifft die Satzung hinsichtlich der Zahl der Vorstandsmitglieder keine Regelung, so besteht der Vorstand aus einer Person.

Die **Bestellung des Vorstands** erfolgt nach § 27 Abs. 1 durch Beschluss der Mitgliederversammlung. Unter dem Begriff der Bestellung ist die verfassungsmäßige, sprich den gesetzlichen und satzungsmäßigen Vorgaben entsprechende Berufung einer oder mehrerer Personen zur Organstellung zu verstehen[213]. Davon zu unterscheiden ist das durch Abschluss eines sog. **Anstellungsvertrages** zwischen dem Vorstandsmitglied und dem Verein begründete schuldrechtliche Vertragsverhältnis, in welchem die konkreten Bedingungen der Tätigkeit, etwa die Zahlung einer Vergütung, geregelt werden[214]. Nach § 27 Abs. 2 Satz 1 ist die Bestellung zum Vorstandsmitglied jederzeit widerruflich[215].

Dem Vorstand obliegt **nach außen** im Rechtsverkehr gemäß § 26 Abs. 1 Satz 2 Hs. 1 die gerichtliche und außergerichtliche Vertretung des Vereins. Bezogen auf das **Innenverhältnis** zum Verein und die Mitglieder ist der Vorstand, wie § 27 Abs. 3 deutlich macht, zur Geschäftsführung befugt. Das Handeln des Vorstands nach außen, sprich die in § 26 Abs. 1 Satz 2 Hs. 1 bezeichnete gerichtliche und außergerichtliche Vertretung des Vereins, ist als **Tätigkeit des rechtsfähigen Ver-**

---

209 S. BGH NJW 1998, 3713 (3715).
210 S. RGZ 82, 386 (388).
211 S. § 40 und § 41 Satz 2.
212 BGHZ 69, 250 (253).
213 BGHZ 113, 237 (240).
214 S. zur Unterscheidung von Organstellung und Anstellungsvertrag BGHZ 113, 237 (242); BAG NJW 1996, 614 (615). Die Verschiedenheit dieser Rechtsverhältnisse wird besonders deutlich im Falle des Ausscheidens aus der Organstellung: Endet diese, so besteht das Anstellungsverhältnis fort, bis es selbst durch Zeitablauf (bei Befristung) oder durch Kündigung endet, s. BAG NJW 1996, 614 (615).
215 S. die Parallele zur jederzeitigen Widerruflichkeit der Vollmacht zur Stellvertretung in § 168; zur Stellvertretung s. Rn. 600 ff.

eins selbst anzusehen, dieser handelt durch seine Organe[216]. Dieses organschaftliche Handeln des Vorstands als **Eigenhandeln der juristischen Person Verein** ist von dem Rechtsinstitut der (gewillkürten und gesetzlichen) **Stellvertretung**[217] zu unterscheiden[218]. Das Gesetz trägt dem in § 26 Abs. 1 Satz 2 Hs. 2 dadurch Rechnung, dass dem Vorstand „die Stellung eines gesetzlichen Vertreters" zugewiesen wird. Der Vorstand ist also nicht gesetzlicher Vertreter[219], allerdings finden aufgrund der Anordnung des § 26 Abs. 1 Satz 2 Hs. 2 die Vorschriften des Vertretungsrechts, insb. der §§ 164 ff., Anwendung, soweit dies erforderlich ist[220].

Die gerichtliche und außergerichtliche Vertretung des Vereins durch den Vorstand hat zur Folge, dass durch ein Handeln des Vorstands im Rechtsverkehr **der Verein selbst rechtserheblich tätig wird.** Im Falle des Abschlusses schuldrechtlicher Verträge wird deshalb der Verein als solcher berechtigt und verpflichtet.

> **Bsp.:** Schließt der Vorstand einen Mietvertrag zu Anmietung von Vereinsräumen ab, so ist der Verein selbst Mieter und damit Vertragspartner des Mietvertrages. Der Verein hat Anspruch auf Überlassung der Räumlichkeiten (§ 535 Abs. 1), auf der anderen Seite ist er gemäß § 535 Abs. 2 verpflichtet, die vereinbarte Miete zu entrichten.

Ist der Vorstand aus mehreren Personen gebildet, so stellt sich bei der Vertretung die Frage, ob jedes Vorstandsmitglied allein handeln kann (**Einzelvertretung**) oder nur alle zusammen tätig werden können (**Gesamtvertretung**) oder aber ob es ausreicht, dass eine Mehrheit von Mitgliedern handelt (**Mehrheitsprinzip**). Die Satzung kann jede denkbare Art der Vertretung regeln. Enthält die Satzung keine Bestimmung, so ist nach § 26 Abs. 2 S. 1 das Mehrheitsprinzip maßgebend[221].

Die auf das Innenverhältnis zum Verein und dessen Mitglieder bezogene **Geschäftsführungsbefugnis des Vorstands** umfasst alle Geschäfte, die der Vorstand unter Orientierung am Vereinszweck vornimmt[222]. Aus § 27 Abs. 3 geht nicht nur hervor, dass grds. dem Vorstand als Organ die Geschäftsführung zusteht, sofern diese nicht durch Satzung einem anderen Organ zugewiesen ist[223]. § 27 Abs. 3 ordnet des Weiteren an, dass auf die Geschäftsführung des Vorstands die für den Auftrag geltenden Vorschriften der §§ 664–670 entsprechende Anwendung finden.

Der Vorstand ist zur Geschäftsführung des Vereins nicht nur berechtigt, sondern auch verpflichtet.[224] Er muss die dem Vereinszweck dienenden Maßnahmen ergreifen und Schaden vom Verein abwenden, sog. **Interessenwahrnehmungspflicht.**[225] Verletzt der Vorstand seine Pflichten, ist er gegenüber dem Verein nach Maßgabe der §§ 27 Abs. 3, 664 ff., 280 Abs. 1 zum Schadensersatz verpflichtet.

---

216 Sog. Organtheorie, s. hierzu sehr klar *Beuthien* NJW 1999, 1142.
217 Als rechtlich bedeutsames Handeln in fremdem Namen, also für eine andere Person, s. näher Rn. 615 ff.
218 S. *Beuthien* NJW 1999, 1142 (1143).
219 So allerdings die sog. Vertretertheorie, dazu *Beuthien* NJW 1999, 1142 (1142 f.) m. w. N.
220 *Beuthien* NJW 1999, 1142 (1144).
221 Anderes, nämlich Gesamtvertretung, gilt hingegen für die GmbH, § 35 Abs. 2 S. 1 GmbHG und die AG, § 78 Abs. 2 S. 1 AktG.
222 S. nur *Larenz/Wolf*, BGB AT, § 10 Rn. 76; Palandt/*Ellenberger*, BGB, § 27 Rn. 4.
223 S. zu dieser Möglichkeit BGHZ 69, 250 (252).
224 S. Hk-BGB/*Dörner*, § 27 Rn. 5.
225 S. MünchKomm/*Reuter*, BGB, § 27 Rn. 42; *Unger* NJW 2009, 3269 (3270).

Nach § 276 Abs. 1 S. 1 haftet der Vorstand für Vorsatz und **Fahrlässigkeit.** Die Regelung des § 31a Abs. 1 begrenzt den Haftungsmaßstab eines unentgeltlich (**ehrenamtlich**) oder nur gegen eine geringe Vergütung von nicht über 500 € jährlich tätigen Vorstands, der dem Verein bzw. einem Mitglied in Wahrnehmung seiner Vorstandspflichten einen Schaden zufügt, auf **Vorsatz und grobe Fahrlässigkeit.**[226] Die Haftungsbegrenzung des § 31a Abs. 1 bezieht sich nur auf das sog. **Innenverhältnis**, sprich auf das Verhältnis zwischen dem Vorstand und dem Verein bzw. dessen Mitgliedern.[227] Die Haftung des Vorstands im sog. **Außenverhältnis**, sprich gegenüber Dritten, bleibt dagegen vollumfänglich bestehen.[228] Wird der Vorstand von einem Dritten wegen einer (nur) fahrlässigen Pflichtverletzung in Wahrnehmung seiner Vorstandspflichten auf Schadensersatz in Anspruch genommen, kann der Vorstand gem. § 31a Abs. 2 von dem Verein Befreiung von der Verbindlichkeit verlangen (sog. **Freistellungsanspruch**).[229]

120   **d) Mitgliedschaft.** Bei der Mitgliedschaft im Verein handelt es sich um eine **rechtliche Sonderbeziehung** zwischen Verein und Mitglied, über die beide Seiten zur Förderung des gemeinsamen Zwecks[230] verbunden sind[231]. Im Hinblick auf die in der Mitgliedschaft zum Ausdruck gelangende Zugehörigkeit zu einer Personenvereinigung wird die Sonderbeziehung bzw. das Mitgliedschaftsverhältnis[232] auch als **personenrechtliches Rechtsverhältnis** bezeichnet[233]. Das Mitgliedschaftsverhältnis und die damit verbundenen Rechte und Pflichten bestehen nur zwischen dem Vereinsmitglied und dem Verein, nicht aber im Verhältnis zwischen den Vereinsmitgliedern untereinander[234].

Soweit die Mitgliedschaft nicht durch **Beteiligung am Gründungsvertrag**[235] erworben wird, kann sie nur durch einen **Aufnahmevertrag** zwischen Bewerber und Verein begründet werden[236]. Dieser Vertrag kommt dadurch zustande, dass der Verein den Aufnahmeantrag des Bewerbers annimmt[237]. Minderjährige bedürfen der Zustimmung[238] ihres gesetzlichen Vertreters, weil sie durch den Aufnahmevertrag rechtlich nicht lediglich einen Vorteil i.S.d. § 107[239] erlangen, denn die Mitgliedschaft in einem Verein beinhaltet auch Pflichten, insb. die Beitragspflicht. Vorbehaltlich anderweitiger Satzungsregelung können **natürliche und juristische Personen** die Mitgliedschaft erwerben. Darüber hinaus ist anerkannt, dass auch **nicht rechtsfähige Personenzusammenschlüsse**[240] Mitglied eines Vereins sein können[241].

---

226 S. näher zur Haftungsbegrezung nach § 30a, *Unger* NJW 2009, 3269 ff.
227 S. Palandt/Ellenberger, BGB, § 31a Rn. 4.
228 S. Medicus, BGB AT, Rn. 1140b; PWW/Schöpflin, BGB, § 31a Rn. 2.
229 S. dazu Palandt/*Ellenberger*, BGB, § 31a Rn. 5.
230 S. dazu oben Rn. 110 ff.
231 BGHZ 110, 323 (330).
232 BGHZ 110, 323 (334).
233 S. nur Palandt/*Ellenberger*, BGB, § 38 Rn. 1.
234 BGHZ 110, 323 (334).
235 S. dazu oben Rn. 115.
236 BGHZ 101, 193 (196).
237 BGHZ 101, 193 (196).
238 S. zum Begriff Rn. 586 ff.
239 Dazu Rn. 338 ff.
240 S. dazu Rn. 138 ff.
241 S. BGHZ 116, 86 (88 ff.), hier zur Mitgliedschaft einer GbR in einer Genossenschaft.

Ihrer Rechtsnatur nach handelt es sich bei der Vereinsmitgliedschaft um eine sog. **höchstpersönliche Rechtsposition**. Im Gesetz ist das in § 38 geregelt, wonach die Mitgliedschaft nicht übertragbar und nicht vererblich ist sowie die Ausübung der mit der Mitgliedschaft verbundenen Rechte nicht einem anderen überlassen werden kann.

> Bsp.: Das Vereinsmitglied M kann sich bei der Abstimmung in der Mitgliederversammlung nicht durch ein anderes Mitglied oder eine vereinsfremde Person vertreten lassen. Allerdings kann die Satzung, wie aus § 40 hervorgeht, anderes bestimmen.

Der Verein kann grds. **frei entscheiden**, ob ein Mitgliedschaftsbewerber aufgenommen werden soll oder nicht[242]. Anderes gilt nach der Rspr. des BGH dann, wenn das Selbstbestimmungsrecht des Vereins über die Aufnahme von Mitgliedern durch einen sog. **Aufnahmezwang** eingeschränkt ist. Ein solcher Aufnahmezwang wird für den Fall angenommen, dass ein Verein im wirtschaftlichen oder sozialen Bereich eine **überragende Machtstellung** innehat und für den Bewerber ein **wesentliches oder grundlegendes Interesse** am Erwerb der Mitgliedschaft besteht[243].

> Bsp.: Der in einem Metall-Betrieb tätige Maschinenschlosser M beantragt 1980 seine Aufnahme bei der Gewerkschaft IG-Metall. Bis zu der kurze Zeit vor der Antragstellung erfolgten Auflösung der KPD war M Mitglied dieser Partei gewesen. Der Aufnahmeantrag wurde von der IG-Metall unter Hinweis auf die frühere KPD-Mitgliedschaft abgelehnt. – Obwohl die IG-Metall im Metallbereich nicht die einzige Gewerkschaft ist, bejahte der BGH wegen der überragenden Machtstellung dieser Gewerkschaft grds. einen Anspruch des M, aufgenommen zu werden. Dieser sei als Metall-Arbeitnehmer auf die Mitgliedschaft angewiesen, wenn er gewerkschaftlich angemessen und schlagkräftig repräsentiert sein wolle[244]. Allerdings ist zum Schutz der Selbstbestimmung der Gewerkschaft deren vorrangiges Interesse zu berücksichtigen, keine Bewerber aufnehmen zu müssen, die einer gegnerischen, gewerkschaftsfeindlichen politischen Partei angehören oder angehört haben, wenn sich der Bewerber nicht glaubhaft von den Zielen dieser Partei abgewendet hat[245].

Mit der Mitgliedschaft im Verein sind **Rechte und Pflichten** verbunden. Diese **121** werden durch die Mitgliedschaft begründet und ergeben sich aus dem Gesetz und der Satzung des Vereins. Zu den aus der Mitgliedschaft fließenden Rechten gehören zunächst die sog. **Organschaftsrechte**, darunter sind die Rechte des Mitglieds im Zusammenhang mit der Willensbildung innerhalb des Vereins durch seine Organe zu verstehen[246]. Hierzu zählen z.B. das Recht auf Teilnahme an der Mitgliederversammlung[247] wie auch das passive Wahlrecht bezogen auf die Vereinsämter. Von den organschaftlichen Rechten sind die sog. **Genussrechte**[248] bzw. **Wertrechte**[249] zu unterscheiden. Hierbei handelt es sich um den Mitgliedern eingeräumte vorteilhafte Rechtspositionen wie z.B. das Recht auf Benutzung von Vereinseinrichtungen (Sportplatz, Schwimmbad) oder auch auf Auskunft und Be-

---

242 BGHZ 93, 151 (152); 101, 193 (200).
243 S. nur BGHZ 93, 151 (152); 101, 193 (200); s. auch schon BGHZ 21, 1 (4 ff.); 29, 344 (351); 63, 282 (285).
244 BGHZ 93, 151 (152 ff.).
245 BGHZ 93, 151 (155 ff.).
246 S. *Larenz/Wolf*, BGB AT, § 10 Rn. 99.
247 S. § 32 Abs. 1 Satz 1 und Satz 3.
248 S. *Larenz/Wolf*, BGB AT, § 10 Rn. 100.
249 Palandt/*Ellenberger*, BGB, § 38 Rn. 1a.

ratung, wie etwa bei einem Mieterverein. Darüber hinaus hat jedes Mitglied einen **Anspruch auf Gleichbehandlung,** wenn nicht ein Sachgrund für eine unterschiedliche Behandlung gegeben ist[250]. Schließlich können Mitgliedern durch Satzung sog. Sonderrechte eingeräumt werden wie z.B. die satzungsmäßig festgelegte Stellung als Vorstandsmitglied[251] oder auch die Zuweisung eines erhöhten Stimmrechts.

Im Falle der **Verletzung von Mitgliedschaftsrechten** durch den Verein kommt ein Schadensersatzanspruch nach der Regelung des § 280 Abs. 1 in Betracht, der auch auf das Rechtsverhältnis zwischen Mitglied und Verein Anwendung findet[252], obwohl es sich nicht um ein Schuldverhältnis im technischen Sinne handelt. Des Weiteren sind nach der Rspr. des BGH die Mitgliedschaftsrechte als **sonstiges Recht** i.S.d. § 823 Abs. 1 einzuordnen, so dass im Falle ihrer Beeinträchtigung auch ein deliktsrechtlicher Schadensersatzanspruch in Betracht kommt[253].

> **Bsp.:** Ein Idealverein hat sich zum Zweck gesetzt, einen bestimmten Bootstyp, der vom Verein festgelegte Bauvorschriften erfüllen muss, und deren Eigentümer u.a. durch die Teilnahme an Regatten zu fördern. In Folge einer Änderung der Bauvorschriften durch den Verein wird ein Mitglied, das unter der Geltung und entsprechend den alten Vorschriften ein Boot hatte bauen lassen, vom Vorstand des Vereins die Teilnahme an der Regatta „Rund-um-den-Bodensee" verweigert. – Der BGH hat darin eine Verletzung der Mitgliedschaftsrechte unter dem Gesichtspunkt gesehen, dass hierzu auch das Recht eines jeden Mitglieds gehöre, nicht entgegen den geltenden vereinsrechtlichen Bestimmungen behandelt zu werden. Das allerdings war geschehen, weil sich das Mitglied bei dem Bau seines Bootes nach den Vorschriften des Vereins gerichtet hatte[254].

Bei den durch die Mitgliedschaft begründeten Pflichten lässt sich zwischen organschaftlichen Pflichten und vermögensartigen Pflichten sowie, in Parallele zu den Sonderrechten, besonderen Pflichten für bestimmte Mitglieder unterscheiden. **Organschaftliche Pflichten** können durch Satzung festgelegt werden. Hierzu gehören etwa die Pflicht zur Teilnahme an der Mitgliederversammlung oder zur Übernahme von Ämtern. Wichtigste **vermögensartige Pflicht** ist die Beitragspflicht, bzgl. derer die Satzung nach § 58 Nr. 2 Regelungen enthalten soll, und zwar darüber, ob und welche Beiträge von den Mitgliedern zu leisten sind. **Sonderpflichten** sind vergleichbar den Sonderrechten solche, die nach der Satzung nur bestimmten Mitgliedern auferlegt werden. So kann die Höhe der Beiträge unter Berücksichtigung der Wirtschaftskraft der Mitglieder unterschiedlich ausgestaltet sein.

Die Einhaltung der mitgliedschaftlichen Pflichten kann durch **vereinsrechtlich vorgesehene Strafen** gesichert werden[255]. Eine Vereinsstrafe, die verschiedene Maßnahmen bis hin zum Ausschluss[256] des Mitgliedes beinhalten kann, kann nur

---

250 S. BGH LM Nr. 2 zu § 39 BGB; BGH NJW 1960, 2142 (2143).
251 Vgl. BGH NJW 1969, 131, hier zur Stellung des Geschäftsführers einer GmbH.
252 S. Palandt/*Grüneberg*, BGB, § 280 Rn. 8; BGHZ 110, 323 (327), hier noch vor Inkrafttreten des § 280 Abs. 1 i. d. F. der Schuldrechtsreform zur Begründung von Schadensersatzpflichten „ähnlich der positiven Forderungsverletzung".
253 BGHZ 110, 323 (327).
254 BGHZ 110, 323 (327).
255 BGHZ 21, 370 (373).
256 S. z.B. BGHZ 13, 5; 87, 337.

wirksam verhängt werden, wenn sie in der Satzung vorgesehen ist, das in der Satzung vorgeschriebene Verfahren eingehalten wird, die Strafregelung selbst nicht gesetzes- oder sittenwidrig und die im Einzelfall erfolgte Bestrafung nicht offenbar unbillig ist[257].

Die Mitgliedschaft kann durch Austritt, Ausschluss, Verlust der durch die Satzung **122** vorgeschriebenen persönlichen Eigenschaften sowie durch Tod enden.
Gem. der Regelung des § 39 Abs. 1, die nicht zur Disposition der Satzung steht[258], sind die Mitglieder zum **Austritt** aus dem Verein berechtigt. Hintergrund dieser Regelung ist die durch Art. 9 Abs. 1 GG geschützte **negative Vereinigungsfreiheit**, von der auch durch Austritt aus dem Verein Gebrauch gemacht werden kann. Das Austrittsrecht kann durch die Satzung allein im Rahmen der Vorgaben des § 39 Abs. 2 beschränkt werden. Danach kann die Satzung regeln, dass der Austritt nur am Schluss eines Geschäftsjahres oder erst nach dem Ablauf einer Kündigungsfrist zulässig ist, wobei diese höchstens zwei Jahre betragen darf. Im Falle des **Austritts aus einer Gewerkschaft**[259] darf nach der Rspr. des BGH die Kündigungsfrist sechs Monate nicht überschreiten[260]. Der Grund hierfür liegt darin, dass eine längere Kündigungsfrist nicht mit der durch Art. 9 Abs. 3 Satz 1 GG gewährleisteten Koalitionsfreiheit vereinbar ist, die auch die negative Koalitionsfreiheit umfasst, d. h., das Recht, einer Gewerkschaft nicht anzugehören, bzw. aus dieser auszutreten. Dieses Recht kann nicht durch überlange Kündigungsfristen eingeschränkt werden[261].

e) **Verantwortlichkeit des Vereins.** Der Verein als juristische Person handelt i. S. d. **123** Organtheorie[262] durch seine Organe, deren Handeln ist rechtlich mithin Eigenhandeln der Personenvereinigung. In § 31 wird daraus für schadensstiftende Handlungen von Vereinsorganen eine **haftungsrechtliche Konsequenz** gezogen: Danach ist **der Verein für den Schaden verantwortlich,** den der Vorstand, ein Mitglied des Vorstands oder ein anderer verfassungsmäßig berufener Vertreter durch eine in Ausführung der ihm zustehenden Verrichtungen begangene, zum Schadensersatz verpflichtende Handlung einem Dritten zufügt. Verantwortlichkeit des Vereins für den Schaden meint, dass diesen selbst als juristische Person eine **Einstandspflicht**[263] gegenüber dem geschädigten Dritten trifft. Der Verein haftet **mit seinem Vermögen** neben der Person, die als Organ bzw. verfassungsmäßig berufener Vertreter die zum Schadensersatz verpflichtende Handlung begangen hat.

> **Bsp.:** Macht das Vorstandsmitglied M zur Erlangung eines Bankkredits für den Bau eines Vereinsheims gegenüber der Bank B falsche Angaben über die Vermögensverhältnisse des Vereins, so haftet der M wegen Betrugs aus unerlaubter Handlung nach § 823

---

257 BGHZ 21, 370 (373); 87, 337 (343).
258 S. § 40.
259 Gewerkschaften sind aus historischen Gründen als nicht rechtsfähige Vereine organisiert, s. noch Rn. 144.
260 BGH NJW 1981, 340 (340).
261 BGH NJW 1981, 340 (340). Die Nichtigkeit einer Satzungsregelung, die eine über sechs Monate hinausgehende Kündigungsfrist vorsieht, folgt unmittelbar aus Art. 9 Abs. 3 Satz 2 GG. Das ist eine Besonderheit, weil den Grundrechten im Privatrecht ansonsten nur eine sog. mittelbare Drittwirkung zukommt, s. *Larenz/Wolf*, BGB AT, § 4 Rn. 64 ff.
262 S. oben Rn. 119.
263 BGHZ 99, 298 (300).

Abs. 2 i. V. m. § 263 StGB, der Verein muss für den der B entstandenen Schaden gemäß §§ 31, 823 Abs. 2 i. V. m. § 263 StGB einstehen[264].

Insoweit ist es der **Zweck von § 31,** den rechtsfähigen Verein selbst in die Verantwortung zu nehmen, ohne dass dieser geschädigte Dritte auf Schadensersatzansprüche gegen die als Organ handelnden Personen verweisen kann[265]. Ihrem Inhalt nach ist die Regelung des § 31 keine haftungsbegründende, sondern eine **haftungszuweisende Norm** in dem Sinne, dass sie nicht mehr leistet, als dass eine zum Schadensersatz verpflichtende Handlung eines Organs dem Verein zugerechnet wird[266]. § 31 setzt deshalb für die Zuweisung der Haftung voraus, dass das **Organ selbst einen Haftungstatbestand** erfüllt[267]. Das kann z.B. eine unerlaubte Handlung i.S.d. § 823 Abs. 1 sein. Darüber hinaus wird die Zuweisungsnorm des § 31 nach h. M. auch angewandt, wenn im Rahmen bestehender schuldrechtlicher Beziehungen zwischen dem Verein und Dritten durch ein Organ eine schuldhafte Pflichtverletzung begangen wird, z.B. bei der Erfüllung vertraglich begründeter Pflichten (§ 280 Abs. 1) oder im vorvertraglichen Bereich (§§ 311 Abs. 2, 280 Abs. 1)[268]. Hier wird dem Verein über § 31 auch eine vertragliche bzw. vertragsähnliche Haftung zugewiesen[269].
Im Verhältnis zwischen dem Verein und seinen Organen findet § 831 Abs. 1 mangels Weisungsgebundenheit der Organe keine Anwendung[270].

124   Die Haftungszuweisung nach § 31 setzt zunächst voraus, dass der **Vorstand, ein Mitglied des Vorstands oder ein anderer verfassungsmäßig berufener Vertreter** eine Dritten gegenüber zum Schadensersatz verpflichtende Handlung begangen hat. Der Begriff des verfassungsmäßig berufenen Vertreters umfasst den Vorstand und dessen Mitglieder, darüber hinaus alle Personen, die eine in der Satzung (Verfassung) vorgesehene Organstellung innehaben. Das können auch besondere Vertreter i.S.d. § 30 Satz 1 sein.

> **Bsp.:** In der Satzung eines Großvereins ist vorgesehen, dass für die Grundstücksverwaltung sowie den Grundstückserwerb und die Grundstücksveräußerung ein besonderer Vertreter zuständig ist.

---

264   Sowie nach h. M. aus vertragsähnlicher Haftung nach §§ 31, 311 Abs. 2, 241 Abs. 2, 280 Abs. 1, s. noch Rn. folgend und 127.
265   S. BGH NJW 1980, 115 (115); BGHZ 98, 148 (157).
266   BGHZ 99, 298 (302).
267   BGHZ 99, 298 (302).
268   S. z.B. zur *culpa in contrahendo* (cic), heute § 311 Abs. 2, BGH NJW 1977, 2259 (2259); BGHZ 109, 327 (330), hier zur Sachmängelgewährleistungshaftung, § 463 Satz 2 a. F.
269   S. nur BGH NJW 1977, 2259 (2259 f.); Palandt/*Ellenberger*, BGB, § 31 Rn. 2; *Köhler*, BGB AT, § 21 Rn. 30a. Das ist deshalb nicht selbstverständlich, weil in diesen Fällen die schuldrechtliche Beziehung zwischen dem Verein und dem Dritten besteht, in der Person des Organs selbst jedenfalls eine vertragliche oder vertragsähnliche Haftung nicht begründet werden kann.
270   S. BGH NJW 1998, 1854 (1857): § 831 Abs. 1 kommt nur dann zur Anwendung, soweit eine Haftung nach § 31 nicht in Betracht kommt; s. auch Palandt/*Sprau*, BGB, § 831 Rn. 3.

Die Rspr. hat den Anwendungsbereich des § 31 durch die sog. **Repräsentanten-haftung**[271] ausgedehnt. Danach sind verfassungsmäßig berufene Vertreter im Sinne dieser Zuweisungsnorm nicht nur Personen, deren Tätigkeit in der Satzung des Vereins vorgesehen ist[272]. Vielmehr werden auch solche Personen als verfassungsmäßig berufene Vertreter angesehen, denen durch die allgemeine Betriebs-regelung und Handhabung **bedeutsame, wesensmäßige Funktionen der juristischen Person zur eigenverantwortlichen Erfüllung** zugewiesen sind, sie also derart aufgrund ihrer Tätigkeit den Verein repräsentieren[273]. Mit diesem ausdehnenden Verständnis wird verhindert, dass der Verein selbst darüber entscheidet, für wessen Handeln er nach § 31 einstehen will[274].

> **Bsp.:** Der als eingetragener Verein mit dem Zweck der Förderung eines umweltverträglichen Autoverkehrs organisierte Verein „Auto und Umwelt" hat in verschiedenen Städten Büros, die von angestellten Mitarbeitern selbständig geleitet werden. Der Vorstand des Vereins besteht aus drei Mitgliedern, weitere Organe sieht die Satzung nicht vor. Die wesentlichen Aufgaben der Büroleiter vor Ort bestehen darin, die Ziele des Vereins darzustellen, Veranstaltungen zu organisieren, Beratungen durchzuführen und Stellungnahmen zu gemeindlichen bzw. städtischen Verkehrsprojekten abzugeben. Darüber hinaus sind sie für die Anmietung der Büros, deren Einrichtung und sonstige erforderliche Maßnahmen zuständig und insoweit mit entsprechender Vollmacht ausgestattet. L, der das Büro in der Stadt X leitet, erschleicht sich unter Vorspiegelung der Finanzierung eines geplanten Umbaus des Büros einen Kredit bei der Bank B. Das Darlehen wird von L für sich verbraucht und nicht zurückgezahlt. – Für den der Bank durch die unerlaubte Handlung des L (§ 823 Abs. 2 i. V. m. § 263 StGB) entstandenen Schaden hat der Verein über § 31 einzustehen. Auch wenn der L keine in der Satzung vorgesehene Organstellung innehat, so ist er doch als Leiter des Büros bei seiner Tätigkeit Repräsentant des Vereins und damit verfassungsmäßig berufener Vertreter[275]. Die Überschreitung der eingeräumten Vollmacht steht dieser Eigenschaft nicht entgegen.

Der Anwendungsbereich des § 31 ist des Weiteren durch die Rspr. des BGH dahin **125** erweitert worden, dass eine Einstandspflicht des Vereins nach dieser Vorschrift auch dann besteht, wenn wichtige Aufgaben, deren Wahrnehmung eine gewisse Selbständigkeit erfordert, von Personen durchgeführt werden, die weder die Stellung eines Organs noch eines Repräsentanten haben. In diesen Fällen wird in der Nichtbestellung eines Organs oder eines Repräsentanten für die Wahrnehmung der Aufgabe ein **Organisationsmangel** gesehen, der dazu führt, dass sich der Verein bei Verwirklichung eines zum Schadensersatz verpflichtenden Haftungtatbestands durch die Aufgaben wahrnehmende Person so behandeln lassen muss, als habe er dieser Person die Stellung eines verfassungsmäßigen Vertreters eingeräumt[276]. Insoweit wird von einer sog. **Fiktionshaftung des Vereins** für mangelhafte Organisation gesprochen[277]. Der Unterschied zur Repräsentantenhaftung liegt darin, dass bei der Fiktionshaftung eine Person eine bedeutsame Aufgabe wahrnimmt, die ihrer Stellung nach weder Organ noch Repräsentant ist, obwohl

---

271 BGH NJW 1998, 1854 (1856).
272 BGHZ 49, 19 (21); BGH NJW 1998, 1854 (1856).
273 BGHZ 49, 19 (21); BGH NJW 1998, 1854 (1856).
274 BGH NJW 1998, 1854 (1856).
275 S. den Fall BGHZ 49, 19.
276 S. BGH NJW 1980, 2810 (2811); schon vorher BGHZ 24, 200 (212).
277 S. BGH NJW 1980, 2810 (2811).

es angesichts des Inhalts der Aufgabe erforderlich gewesen wäre, diese einem verfassungsmäßig berufenen Vertreter zu überantworten.

> **Bsp.:** Im vorgenannten Fall ist der L aus dem Arbeitsverhältnis mit dem Verein ausgeschieden. Anstatt sofort einen neuen Mitarbeiter für die Leitung des Büros einzustellen, lässt der Verein die Führung des Büros vorübergehend von der verbliebenen Sekretärin des L wahrnehmen. Im Zusammenhang mit einer dienstlich veranlassten Fahrt mit ihrem Pkw verursacht diese schuldhaft einen Unfall, bei dem der G zu Schaden kommt. – Hierfür hat (auch) der Verein aufgrund der Fiktionshaftung nach § 31 einzustehen.

126 Über die Eigenschaft als verfassungsmäßig berufener Vertreter hinaus setzt eine Haftungszuweisung an den Verein nach § 31 weiter voraus, dass die schadenstiftende Handlung „in Ausführung der ihm[278] zustehenden Verrichtungen" begangen wird. Hierfür ist maßgebend, ob das Handeln des verfassungsmäßig berufenen Vertreters in den diesem nach der Aufgabenverteilung im Verein **zugewiesenen Wirkungskreis** fällt[279], der Vertreter gewissermaßen „in amtlicher Eigenschaft" handelt[280]. Daran fehlt es nur dann, wenn das schadenstiftende Verhalten so sehr außerhalb des Aufgabenbereichs steht, dass ein **innerer Zusammenhang** zwischen dem Handeln und dem allgemeinen Rahmen der dem verfassungsmäßig berufenen Vertreter obliegenden Aufgaben nicht mehr erkennbar ist[281].

> **Bsp.:** Im Ausgangsfall hat der L den Betrug der Bank gegenüber „in Ausführung der ihm zustehenden Verrichtungen" begangen. Zum Wirkungskreis des L gehörten auch Maßnahmen bzgl. des Büros. Aus der Sicht der außen stehenden Bank wurde L im Rahmen des ihm zugewiesenen Aufgabenbereichs tätig, als er vorspiegelte, einen Kredit zur Finanzierung eines Umbaus aufzunehmen. Der darin liegende Missbrauch seiner Stellung im Innenverhältnis ändert nichts an dem von außen betrachtet inneren Zusammenhang zwischen Kreditaufnahme und zugewiesenem Aufgabenbereich. Anders wäre der Fall dann zu beurteilen, wenn der L mit einer gefälschten Vollmacht des Vereins einen Kredit zur Finanzierung seines Privathauses aufgenommen hätte, den er nicht zurückzahlen kann. Hier ist nach außen offensichtlich, dass diese Handlung nichts mit dem Aufgabenbereich des L zu tun hat. Deshalb könnte der Verein hier nicht in die Haftung genommen werden.

127 Schließlich setzt die Haftungszuweisung nach § 31 voraus, dass der verfassungsmäßig berufene Vertreter **einen Dritten durch eine zum Schadensersatz verpflichtende Handlung schädigt**. Dazu gehören alle gesetzlich begründeten Schadensersatzverpflichtungen, also insb. aufgrund unerlaubter Handlungen i.S.d. §§ 823 ff. wie auch aufgrund eines Gefährdungshaftungstatbestands wie z.B. § 7 StVG. Darüber hinaus wird § 31 nach h. M. auch in Fällen vertraglicher Haftung (z.B. § 280 Abs. 1) und vertragsähnlicher Haftung (etwa § 311 Abs. 2, § 280 Abs. 1) angewendet.

Die Vorschrift des § 31 ist systematisch innerhalb der Bestimmungen über den rechtsfähigen Verein geregelt. Sie findet darüber hinaus **kraft ausdrücklicher gesetzlicher Anordnung in § 89** entsprechende Anwendung auf den Fiskus[282] und

---

278 Dem verfassungsmäßig berufenen Vertreter.
279 BGHZ 98, 148 (151 f.).
280 BGH NJW 1980, 115 (115).
281 S. BGHZ 98, 148 (152 und 158.).
282 Damit ist der Staat – der Bund und die Länder einschließlich der Gemeinden – gemeint, soweit dieser nicht hoheitlich handelt, sondern als Privatrechtssubjekt auftritt, z.B. „Bleistifte kauft".

die (sonstigen) Körperschaften, Stiftungen und Anstalten des öffentlichen Rechts, sofern diese privatrechtlich handeln. Des Weiteren wird § 31 von der Rspr. auf **alle juristischen Personen des Privatrechts**[283] sowie die **handelsrechtlichen Personengesellschaften** OHG und KG[284] angewandt. Auch die **GbR** muss sich ein zum Schadensersatz verpflichtendes Handeln ihrer Gesellschafter entsprechend § 31 zurechnen lassen[285].

> Hinweis: In der Fallprüfung ist bei einer möglichen Haftung des Vereins nach § 31, z.B., wenn ein Organ in Wahrnehmung seiner Aufgaben eine unerlaubte Handlung i.S.d. § 823 Abs. 1 begangen hat, im Obersatz als Anspruchsgrundlage § 31 i. V. m. der haftungsbegründenden Norm, z.B. § 823 Abs. 1, zu nennen. Sodann sind die Voraussetzungen des § 31 – verfassungsmäßig berufener Vertreter, Handeln in Ausführung der ihm zustehenden Verrichtung sowie zum Schadensersatz verpflichtende Handlungen des Organs – zu prüfen, wobei innerhalb der zuletzt genannten Voraussetzung auf das Vorliegen eines Haftungstatbestands, z.B. § 823 Abs. 1, in der Person des Organs einzugehen ist.

f) Ende des rechtsfähigen Vereins. Bezogen auf das Ende des rechtsfähigen Vereins   **128**
sind dessen **Erlöschen, Auflösung und der Verlust der Rechtsfähigkeit** zu unterscheiden[286].
Der Verein **erlischt**, wenn er alle seine Mitglieder durch Tod, Austritt oder aus sonstigen Gründen und damit die Grundlage für sein Dasein verloren hat[287]. In diesem Fall geht der Verein rechtlich unter, ohne dass eine Auflösung und Liquidation erfolgt[288]. Des Weiteren erlischt ein Verein im Falle eines behördlichen Verbots und der Einziehung seines Vermögens auf der Grundlage der §§ 3 ff. VereinsG.

Neben dem Erlöschen kann das Ende des Vereins durch **Auflösung** eintreten. Die   **129**
Auflösung führt dazu, dass grds. ein Liquidationsverfahren durchzuführen ist (§ 47), bis zu dessen Abschluss die Rechtsfähigkeit nach Maßgabe des § 49 Abs. 2 fortbesteht. Eine Auflösung des Vereins kann nach § 41 durch Beschluss der Mitgliederversammlung herbeigeführt werden.

Als weiterer Auflösungsgrund ist in § 42 die Eröffnung des Insolvenzverfahrens   **130**
bestimmt[289]. Ist der Verein nur für eine bestimmte Zeit ins Leben gerufen worden, befristet oder bis zum Eintritt einer auflösenden Bedingung, so wird er mit Ablauf der Zeit oder Bedingungseintritt aufgelöst (§ 74 Abs. 2). Mit der Auflösung des Vereins fällt das Vermögen nach § 45 Abs. 1 grds. an die in der Satzung bestimmten Personen. Fehlt eine satzungsmäßige Bestimmung der Anfallberechtigten, so fällt das Vermögen des Vereins bei rein selbstnützigen Vereinen an die Mitglieder und anderenfalls an den Fiskus, sprich den Staat (§ 45 Abs. 3)[290].

---

283 S. zur eingetragenen Genossenschaft z.B. BGHZ 98, 148 (150); zur GmbH BGHZ 99, 298.
284 S. BGH NJW 1952, 537 (538) und RGZ 76, 35 (48).
285 BGH NJW 2003, 1445 (1446 f.); zur GbR s. noch folgend Rn. 139 ff.
286 S. zur Begrifflichkeit näher Palandt/*Ellenberger*, BGB, § 41 Rn. 1 ff.
287 BGHZ 19, 51 (57 und 64); BVerwG NJW 1997, 474 (476).
288 BGHZ 19, 51 (57).
289 In diesem Fall findet eine Liquidation nicht statt, s. § 47.
290 Bei Anfall an den Fiskus kommt es nicht zu einer Liquidation, s. § 47.

131 Schließlich kann der Verein die **Rechtsfähigkeit durch Entziehung** nach Maßgabe der §§ 43 und 73 verlieren. In diesem Fall ist es nicht ausgeschlossen, dass der Verein als nicht rechtsfähiger Verein oder GbR fortbesteht[291]. Darüber hinaus kann der Verein unter entsprechender Anwendung des § 41 auf die Rechtsfähigkeit verzichten[292].

3. Die rechtsfähige Stiftung

132 Die zweite Form der juristischen Person, die das BGB neben dem rechtsfähigen Verein[293] kennt, ist die in den Vorschriften der §§ 80 ff. geregelte **rechtsfähige Stiftung.** Neben diesen bundesgesetzlichen Bestimmungen sind für das Recht der Stiftung die Stiftungsgesetze der Länder maßgebend[294].
Bei der rechtsfähigen Stiftung handelt es sich um eine **mit Rechtsfähigkeit ausgestattete Organisation,** die einen bestimmten, durch das sog. Stiftungsgeschäft festgelegten Zweck mit Hilfe **eines Vermögens** verfolgt, das der Erreichung dieses Zwecks dauernd gewidmet ist[295]. In Übereinstimmung mit dem rechtsfähigen Verein zielt also auch die Stiftung auf die Verwirklichung eines, seitens des Stifters (§ 81 Abs. 1 Satz 2) festgelegten, Zwecks ab. Im Unterschied zum Verein stellt sie jedoch keine Personenvereinigung dar, deren Mitglieder gemeinsam den bestimmten Zweck verfolgen. Die rechtsfähige Stiftung ist vielmehr ein **Sondervermögen,** das rechtlich und organisatorisch selbständig der Erfüllung des Zwecks dient.

133 Der **Begriff der Stiftung** ist nicht auf den der rechtsfähigen Stiftung des Privatrechts i.S.d. §§ 80 ff. festgelegt. So gibt es als juristische Person des öffentlichen Rechts neben Körperschaften und Anstalten die **Stiftung des öffentlichen Rechts,** die durch staatlichen Hoheitsakt errichtet wird, sei es durch Gesetz oder aufgrund eines Gesetzes[296], und der Wahrnehmung einer öffentlichen Aufgabe dient[297].

> **Bsp.:** Die Stiftung „Haus der Geschichte der Bundesrepublik Deutschland" wurde durch das Gesetz zur Errichtung einer Stiftung „Haus der Geschichte der Bundesrepublik Deutschland" (HdGStiftG) ins Leben gerufen. Ihr Zweck besteht darin, u.a. durch Ausstellungen Kenntnisse über die Geschichte der BRD im geteilten Deutschland zu vermitteln (s. § 2 HdGStiftG).

134 Des Weiteren ist von der rechtsfähigen Stiftung nach §§ 80 ff. die **rechtlich unselbständige Stiftung** zu unterscheiden. Der Begriff der Stiftung ist als Rechtsbegriff nicht auf die rechtsfähige Stiftung festgelegt[298]. Das Wesen einer unselbständigen Stiftung besteht darin, dass ein Vermögen einer bereits bestehenden oder aus diesem Anlass geschaffenen Rechtspersönlichkeit mit der Widmung zugewendet wird, das Vermögen zu dem mit der Stiftung verfolgten Zweck zu verwenden[299]. Diese Rechtspersönlichkeit kann eine natürliche oder eine juristische Per-

---

291 Palandt/*Ellenberger*, BGB, § 41 Rn. 2; PWW/*Schöpflin*, BGB, § 41 Rn. 1.
292 S. dazu BayObLGZ 59, 152 (158).
293 S. oben Rn. 110 ff.
294 S. bspw. das Stiftungsgesetz für Baden-Württemberg (StiftG BW).
295 S. BayObLG NJW 1973, 249.
296 S. *Maurer*, AllgVerwR, § 23 Rn. 55.
297 S. *Maurer*, AllgVerwR, § 23 Rn. 55.
298 S. OLG Stuttgart NJW 1964, 1231 (1232); BayObLG NJW 1973, 249.
299 S. OLG Stuttgart NJW 1964, 1231 (1231 f.).

son sein, die bezogen auf die Verwaltung des Vermögens als Treuhänder fungiert, weshalb die unselbständige Stiftung auch als **fiduziarische Stiftung** bezeichnet wird[300].

> **Bsp.:** Mehrere Unternehmen gründen eine GmbH mit dem Zweck, aus dem Stammkapital und den Erträgen ihren Arbeitnehmern Zuwendungen für eine Altersversorgung zu ermöglichen[301].

Für die **Entstehung** einer rechtsfähigen Stiftung sind nach § 80 Abs. 1 das Stiftungsgeschäft und die Anerkennung durch die zuständige Behörde des Landes erforderlich, in dem die Stiftung ihren Sitz haben soll. Bei dem **Stiftungsgeschäft**, das nach dem Gesetz unter Lebenden (§ 81) und von Todes wegen (§ 83)[302] vorgenommen werden kann, handelt es sich um eine **nicht empfangbedürftige Willenserklärung**[303] des Stifters[304]. Gemäß § 81 Abs. 1 Satz 1 bedarf das Stiftungsgeschäft unter Lebenden der schriftlichen Form[305]. Seinem Inhalt nach muss das Stiftungsgeschäft nach § 81 Abs. 1 Satz 2 die verbindliche Erklärung des Stifters enthalten, ein Vermögen zur Erfüllung eines von ihm vorgegebenen Zwecks zu widmen. Des Weiteren hat die Erklärung eine Satzung für die Stiftung mit dem in § 81 Abs. 1 Satz 3 bezeichneten Inhalt zu enthalten[306]. Der vom Stifter vorgegebene Zweck kann **gemeinnützig** oder **privatnützig** sein. Letzteres ist häufig der Fall bei sog. Familienstiftungen, die vor allem errichtet werden, damit das Vermögen nicht durch Erbfall auseinander gerissen wird[307]. Bis zur Grenze des Gesetzesverstoßes (§ 134)[308] oder der Sittenwidrigkeit (§ 138)[309] kann der Stifter sein Vermögen zur Verfolgung jedes beliebigen Zwecks widmen, z.B. für kulturelle, soziale, religiöse, politische oder auch wissenschaftliche Zwecke.

> **Bsp.:** Die nach der Ermordung des Arbeitgeber-Präsidenten Hanns-Martin Schleyer durch Terroristen im Jahr 1977 von der deutschen Wirtschaft gegründete Hanns-Martin Schleyer Stiftung mit Sitz in Köln hat den Zweck, insb. junge Wirtschafts-, Rechts- und Kulturwissenschaftler zu fördern.

Kumulativ zum Stiftungsgeschäft ist für die Entstehung einer rechtsfähigen Stiftung nach § 80 Abs. 1 die **Anerkennung durch die zuständige Behörde des Landes** erforderlich, in dem die Stiftung ihren Sitz haben soll. Die Stiftung erlangt mithin Rechtsfähigkeit nach dem sog. **Konzessionssystem**[310]. Bei der Anerkennung i.S.d. § 80 Abs. 1 handelt es sich um einen sog. privatrechtsgestaltenden Verwaltungs-

---

300 S. OLG Stuttgart NJW 1964, 1231 (1231 f.).
301 Vgl. OLG Stuttgart NJW 1964, 1231.
302 Gemäß § 83 Satz 1 durch eine Verfügung von Todes wegen, d.h. durch Testament (§§ 1937, 2064 ff.) oder Erbvertrag (§§ 1941, 2274 ff.).
303 Zum Begriff s. Rn. 213.
304 S. Soergel/*Neuhoff*, BGB, § 80 Rn. 2.
305 § 126, s. zur Schriftform noch Rn. 375 ff. Bei einer Verfügung von Todes wegen ist nach § 2247 für das Testament die eigenhändige Errichtung erforderlich, d.h., es muss eine eigenhändig geschriebene und unterschriebene Erklärung sein. Für den Erbvertrag schreibt das Gesetz in § 2276 notarielle Beurkundung vor.
306 S. als Bsp. die erbvertragliche Stiftungssatzung in BGHZ 70, 313 (314 ff.).
307 S. als Bsp. für eine Familienstiftung BGHZ 70, 313.
308 S. dazu noch Rn. 436 ff.
309 Dazu Rn. 444 ff.
310 S. dazu oben Rn. 109.

akt[311]. Das Erfordernis der Anerkennung erfüllt eine Kontroll- und Schutzfunktion[312]. Im Rahmen des Anerkennungsverfahrens wird geprüft, ob der Stiftung öffentliche Interessen entgegenstehen, insb., ob durch die Entstehung der Stiftung das Gemeinwohl gefährdet wird[313]. Eine solche Gefährdung ist sowohl bei einem Verstoß gegen einfaches Gesetzesrecht wie auch bei Gefahren für Rechtsgüter mit Verfassungsrang gegeben[314].

Mit der Anerkennung der Stiftung als rechtsfähig tritt die **Rechtsfolge des § 82 Satz 1** ein, wonach der Stifter verpflichtet ist, das in dem Stiftungsgeschäft zugesicherte Vermögen auf die Stiftung zu übertragen. Das bedeutet, dass die Stiftung als nunmehr rechtsfähige Person gegen den Stifter einen **schuldrechtlichen Anspruch auf Übertragung des gewidmeten Vermögens** hat. Hierbei handelt es sich um einen der seltenen Fälle, dass abweichend von der Regel des § 311 Abs. 1 ein Schuldverhältnis nicht durch Vertrag, sondern durch einseitiges Rechtsgeschäft, nämlich das Stiftungsgeschäft, begründet wird[315].

136 Die **Verfassung der Stiftung** wird neben bundes- und landesgesetzlichen Vorgaben durch das Stiftungsgeschäft bestimmt (§ 85), das nach § 81 Abs. 1 Satz 3 eine Satzung enthalten muss mit Regelungen über den Namen, den Sitz, den Zweck, das Vermögen sowie die Bildung des Vorstands der Stiftung. Auf den **Vorstand** finden über § 86 Satz 1 die dort genannten Vorschriften des Vereinsrechts entsprechende Anwendung. Danach haftet die Stiftung insb. auch nach Maßgabe des § 31 für schadenstiftende Handlungen des Vorstands bzw. eines verfassungsmäßig berufenen Vertreters[316]. Eine Mitgliederversammlung, wie sie der Verein hat[317], gibt es bei der Stiftung naturgemäß nicht. Die Stiftung kann jedoch je nach Zwecksetzung bestimmte Personen begünstigen. Bei diesen handelt es sich nicht um Mitglieder der Stiftung, sondern um **Nutznießer des Stiftungsvermögens**, die sog. **Destinatäre**[318].

> **Bsp.:** Eine vermögende Person errichtet eine privatnützige Stiftung mit dem Ziel, dass aus den Vermögenserträgen die Ausbildung der Nachkommen finanziert wird[319]. Hier sind die nach dem Stiftungszweck begünstigten Nachkommen Destinatäre der Stiftung.

137 Die rechtsfähige Stiftung kann aus verschiedenen Gründen **erlöschen**. Nach § 87 Abs. 1 kann die zuständige Behörde die Stiftung **aufheben**, wenn die Erfüllung des Stiftungszwecks unmöglich geworden ist oder die Stiftung das Gemeinwohl gefährdet. Die Erfüllung des Stiftungszwecks wird z.B. aus tatsächlichen Gründen unmöglich, wenn das Vermögen, mit dessen Hilfe der Zweck verfolgt werden soll, endgültig nicht mehr vorhanden ist.

---

311 S. BVerwG NJW 1969, 339 (339). Zum Begriff des privatrechtsgestaltenden Verwaltungsakts s. *Maurer*, AllgVerwR, § 9 Rn. 45.
312 BVerwG NJW 1998, 2545 (2545).
313 BVerwG NJW 1969, 339 (339).
314 BVerwG NJW 1998, 2545 (2545), hier zu einem Verstoß gegen das Diskriminierungsverbot des Art. 3 Abs. 3 GG.
315 Weitere Bsp. hierfür sind die Auslobung (§ 657) und das Vermächtnis (§ 1939).
316 Näher dazu oben Rn. 123 ff.
317 S. oben Rn. 118.
318 BGHZ 68, 344 (350).
319 S. den Sachverhalt BGHZ 68, 344.

Bsp.: Eine Stiftung hat ihr Vermögen in Aktien eines Unternehmens angelegt. Mit dem Verfall des Aktienkurses und dem Ausscheiden des Unternehmens aus dem Markt ist das Vermögen verloren gegangen.

Weitere Gründe für das Erlöschen der Stiftung sind ein entsprechender Beschluss des Vorstands, die Eröffnung des Insolvenzverfahrens (§§ 86 Satz 1, 42), der Eintritt einer auflösenden Bedingung[320], wenn das Stiftungsgeschäft unter einer entsprechenden Bedingung vorgenommen wurde[321], Zeitablauf im Falle einer Befristung des Stiftungsgeschäfts derart, dass die Stiftung nur auf bestimmte Zeit errichtet werden soll, sowie ein Widerruf der Anerkennung nach Maßgabe des § 49 Abs. 2 VwVfG, wenn diese von der zuständigen Behörde nur widerruflich erteilt worden ist.

4. Abgrenzung zur Gesellschaft bürgerlichen Rechts und zum nicht rechtsfähigen Verein

In den Vorschriften der §§ 705 ff. wird die **Gesellschaft bürgerlichen Rechts (GbR)** **138** geregelt, bei der es sich um die Grundform der Personengesellschaften handelt, was gesetzlich in den Verweisungen des § 105 Abs. 3 HGB und des § 161 Abs. 2 i. V. m. § 105 Abs. 3 HGB sowie des § 1 Abs. 4 PartGG für die Personengesellschaften des Handelsrechts (OHG, KG) und die Partnerschaftsgesellschaft für Angehörige freier Berufe auf das Recht der GbR zum Ausdruck gelangt. § 54 erwähnt den **nicht rechtsfähigen Verein**, auf den gemäß § 54 Satz 1 die Bestimmungen über die GbR für anwendbar erklärt werden. Bzgl. beider Personenvereinigungen hat eine Rechtsentwicklung stattgefunden, die entgegen den Vorstellungen des BGB-Gesetzgebers zu einer heute weithin anerkannten „Rechtssubjektivierung" dieser Vereinigungen geführt hat.

a) Gesellschaft bürgerlichen Rechts. Die GbR ist nach § 705 ein Zusammenschluss **139** mehrerer, mindestens von zwei Personen, die sich als Gesellschafter auf der Grundlage eines Vertrages gegenseitig verpflichten, die Erreichung eines gemeinsamen Zwecks in der durch den Vertrag festgelegten Weise zu fördern, insb. die vereinbarten Beiträge zu leisten.

Bsp.: Die Kfz-Mechaniker A, B und C wollen eine Kfz-Reparaturwerkstatt betreiben. In einem schriftlichen Vertrag vereinbaren sie als Zweck der Unternehmung die Durchführung von Reparaturen durch jeden der Gesellschafter. Darüber hinaus wird festgelegt, dass jeder ein Startkapital von 10.000 € einzubringen hat.

In Übereinstimmung mit dem rechtsfähigen Verein[322] handelt es sich auch bei der GbR um eine Vereinigung von Personen, die auf die Verfolgung eines **gemeinsamen Zwecks** gerichtet ist und auf **vertraglicher Grundlage** beruht. Anders als der rechtsfähige Verein hat die GbR allerdings **keine körperschaftliche Struktur,** denn sie ist in ihrem Bestand der gesetzlichen Konzeption nach gerade **nicht unabhängig von ihren Mitgliedern** (den Gesellschaftern): Gemäß § 727 Abs. 1 wird die Gesellschaft, sofern im Vertrag nichts anderes bestimmt ist, durch den Tod eines der Gesellschafter aufgelöst, und nach § 723 Abs. 1 kann jeder Gesellschafter die

---

320 § 158 Abs. 2, zur auflösenden Bedingung s. noch Rn. 569.
321 Das Stiftungsgeschäft ist nicht bedingungsfeindlich, s. BGHZ 70, 313 (322 f.).
322 S. dazu oben Rn. 110 ff.

Gesellschaft grds. jederzeit kündigen[323]. Die GbR weist also im Unterschied zum (rechtsfähigen) Verein der gesetzlichen Ausgestaltung nach eine **personale Struktur** auf[324], d.h., die Gesellschafter als solche tragen mit ihrer Person und ihren Beiträgen entsprechend der gesellschaftsvertraglichen Vereinbarung zur Erreichung des gemeinsamen Zwecks bei. Für den Erfolg der Gesellschaft kommt es auf die Person der einzelnen Gesellschafter an. In dieser personalen Bedingtheit der Gesellschaft und Verbundenheit derselben mit den Gesellschaftern spiegelt sich die Einordnung als Personengesellschaft wider[325].

> **Bsp.:** Im obigen Beispiel des Betriebs einer Kfz-Reparaturwerkstatt sind es die Gesellschafter A, B und C, die durch ihren persönlichen Einsatz und die Leistung der Beiträge den Gesellschaftszweck verwirklichen wollen und die Gesellschaft ausmachen.

140 Die GbR kann als Außengesellschaft oder als Innengesellschaft bestehen. Von einer **Außengesellschaft** wird gesprochen, wenn die GbR durch ihre Vertreter am Rechtsverkehr teilnimmt[326]. Eine **Innengesellschaft** liegt vor, wenn sich mehrere Personen zur Erreichung eines gemeinsamen Zwecks zusammenschließen, jedoch nach außen nicht als GbR im Rechtsverkehr auftreten und ein gesamthänderisch gebundenes Gesellschaftsvermögen[327] nicht vorhanden ist[328]. Praktische Relevanz hat diese Form der GbR u.a. in Gestalt der sog. **Ehegatten-Innengesellschaft** erlangt[329].

> **Bsp.:** Die Eheleute A und B vereinbaren bei der Eheschließung Gütertrennung. Sie beschließen gemeinsam, durch den Erwerb von Grund und Boden sowie die Errichtung von Wohnhäusern Vermögen zu bilden, um sich auf diese Weise eine dauernde arbeitsfreie Erwerbsquelle zu schaffen. Das gelingt v. a. durch die Geschäftstüchtigkeit der Ehefrau, die darüber hinaus für aufgenommene Darlehen auch die persönliche Haftung übernahm. Die erworbenen Immobilien standen alle im Eigentum des Ehemannes. – Der BGH hat hier eine Ehegatten-Innengesellschaft mit der Begründung bejaht, dass die Ehegatten abredegemäß durch beiderseitige Leistungen einen über den typischen Rahmen der ehelichen Lebensgemeinschaft hinausgehenden Zweck verfolgten. Deshalb war die Ehefrau nach der durch Scheidung bedingten Auflösung der Innengesellschaft nach § 722 Abs. 1 am Gewinn und Verlust der Gesellschaft zu beteiligen[330].

---

323 Sofern sie nicht von vornherein nur für eine bestimmte Zeit eingegangen ist, dann bleibt nur das Recht zur Kündigung aus wichtigem Grund, § 723 Abs. 1 Satz 2.

324 *Larenz/Wolf*, BGB AT, § 9 Rn. 38 spricht von einer personalistischen Grundlage.

325 Der BGH beschreibt die personale Verbundenheit der Gesellschaft mit den Gesellschaftern dahin, dass durch diese maßgeblich der Kredit der Gesellschaft, ihr Ansehen und ihre Geltung im Rechtsverkehr bestimmt wird, BGHZ 34, 293 (297 f.).

326 S. Palandt/*Sprau*, BGB, § 705 Rn. 33.

327 S. noch Rn. 141.

328 S. BGH NJW 1990, 573 (574). Nach MünchKomm/*Ulmer*, BGB, § 705 Rn. 280 ist das Fehlen eines Gesamthandsvermögens nicht unbedingte Voraussetzung für die Annahme einer bloßen Innengesellschaft.

329 S. z.B. BGHZ 8, 249; 31, 197; BGH NJW 1974, 2278; ausf. MünchKomm/*Ulmer*, BGB, vor § 705 Rn. 73 ff. Kritisch zur Anwendung des Gesellschaftsrechts als Ausgleichsgrundlage nach Scheidungen, wenn zwischen den Ehegatten der gesetzliche Güterstand der Zugewinngemeinschaft (§§ 1363 ff.) ausgeschlossen war, z.B. *Medicus/Lorenz*, Schuldrecht BT, Rn. 969.

330 BGH NJW 1974, 2278. S. auch BGHZ 84, 361 (366), wonach es an einer Gesellschaft fehlt, wenn ein Ehegatte nur Beiträge leistet, die der Verwirklichung der ehelichen Lebensgemeinschaft dienen.

Die Gesellschaft entsteht durch einen **Vertrag** zwischen den Gesellschaftern **141** (§ 705), der grds. formfrei geschlossen werden kann.[331] Bei dem Vertrag handelt es sich seiner Rechtsnatur nach um einen **schuld- und organisationsrechtlichen Vertrag**[332]. Wesentlicher Inhalt des Vertrages ist die Verpflichtung der Gesellschafter, den gemeinsamen Zweck zu fördern[333]. Insoweit unterscheidet sich der Gesellschaftsvertrag von den für gegenseitige Verträge typischen Austauschverträgen, bei denen zwischen den Vertragspartnern Leistungen um der Gegenleistung willen, die jeweils in das Vermögen des anderen übergehen sollen, erbracht werden[334].

Begriffsnotwendiger Inhalt des Gesellschaftsvertrages ist die **Förderung eines gemeinsamen Zwecks**[335] auf Dauer oder vorübergehend. Als Zweck der Gesellschaft kann jede rechtlich erlaubte Zielsetzung vereinbart werden, mag diese nun wirtschaftlicher oder ideeller Natur sein[336].

> **Bsp.:** Eine Gesellschaft kann den ideellen Zweck haben, gemeinschaftlich und alternativ zu wohnen, um im Rahmen eines staatlichen Selbsthilfeprogramms Geldmittel für die Instandsetzung eines Gebäudes zu erhalten[337].

Der gemeinsame Zweck ist von den Gesellschaftern in der durch den Vertrag bestimmten Weise zu fördern, insb. **durch Leistung der vereinbarten Beiträge.** Werden Beiträge geleistet, was für das Bestehen einer Gesellschaft nicht notwendig der Fall sein muss, so stellen die Beiträge zusammen mit den durch die Geschäftsführung für die Gesellschaft erworbenen Gegenständen nach § 718 Abs. 1 **gemeinschaftliches Vermögen** der Gesellschafter, das Gesellschaftsvermögen, dar. Dieses Vermögen ist als Sondervermögen streng von dem Privatvermögen der Gesellschafter zu trennen[338]. Wenn das Gesetz in § 718 Abs. 1 davon spricht, dass das Gesellschaftsvermögen „gemeinschaftliches Vermögen der Gesellschafter" wird, so ist damit eine **gesamthänderische Bindung** des Vermögens gemeint: Jedem Gesellschafter sind das Vermögen sowie die einzelnen Gegenstände und Verbindlichkeiten zur Gänze in seiner Verbundenheit mit den anderen Gesellschaftern zugeordnet[339]. Die Gesellschafter sind also (nur) zur **gesamten Hand** gemeinsam Träger des Gesellschaftsvermögens. § 719 zieht daraus die rechtlichen Konsequenzen. Gem. § 719 Abs. 1 kann ein Gesellschafter nicht über seinen Anteil am Gesellschaftsvermögen verfügen.

> **Bsp.:** Hat im obigen Beispiel der Kfz-Reparaturwerkstatt der C anstelle der 10.000 € eine Hebebühne in die Gesellschaft eingebracht, so ist diese damit Gesellschaftsvermögen geworden. Der C kann die Hebebühne z.B. nicht mehr auf D zu Eigentum über-

---

331 Anderes gilt aber z.B. dann, wenn sich ein Gesellschafter im Gesellschaftsvertrag dazu verpflichtet, als Beitrag ein Grundstück einzubringen. Nach § 311b Abs. 1 Satz 1 bedarf der Vertrag dann der notariellen Beurkundung (§ 128).

332 S. *K. Schmidt*, GesR, § 59 I. 2. c); MünchKomm/*Ulmer*, BGB, § 705 Rn. 155 ff. m. w. N.

333 BGH NJW 1951, 308 (308).

334 BGH NJW 1951, 308 (308). S. als Bsp. den Kaufvertrag, § 433.

335 BGH NJW 1951, 308 (308).

336 BGHZ 135, 387 (389).

337 S. den Sachverhalt in BGHZ 135, 387 (387 f.).

338 BGH NJW 1999, 1407 (1407).

339 Zum Begriff der Gesamthand und des Gesamthandsvermögens s. MünchKomm/ *Ulmer*, § 705 Rn. 289 ff. und § 718 Rn. 2 ff.

tragen. Die Hebebühne steht nach der Einbringung im Gesamthandseigentum von A, B und C mit der Folge, dass diese nur noch gemeinsam berechtigt sind, die Hebebühne an einen Dritten zu veräußern.

142 Mit der inzwischen von der Rspr. des BGH vollzogenen Anerkennung der Rechtsfähigkeit der **GbR als Außengesellschaft**[340], soweit sie durch die Teilnahme am Rechtsverkehr eigene Rechte und Pflichten begründet[341], wird nunmehr entgegen dem Wortlaut des § 718 Abs. 1 die Gesellschaft als solche als **Trägerin des Gesellschaftsvermögens** angesehen. Dieser werden im Außenverhältnis die Rechte und Pflichten als Subjekt zugeordnet, nicht den Gesellschaftern in ihrer gesamthänderischen Verbundenheit. Damit ist eine Angleichung an die in § 124 Abs. 1 HGB normierte rechtliche Selbständigkeit der OHG erfolgt[342].
Die Anerkennung der Rechtsfähigkeit der GbR hat weitere Konsequenzen. So ist die GbR als solche **parteifähig** im Zivilprozess[343], denn nach § 50 Abs. 1 ZPO richtet sich die Parteifähigkeit, sprich die Fähigkeit in einem Zivilprozess Kläger oder Beklagter sein zu können, nach der Rechtsfähigkeit. Die Parteifähigkeit der GbR hat z.B. den Vorteil, dass ein Gläubiger die GbR als solche verklagen kann und nicht gegen alle Gesellschafter zusammen in ihrer gesamthänderischen Verbundenheit Klage erheben muss, was u.a. im Falle eines Gesellschafterwechsels zu Schwierigkeiten führt.
Die GbR ist auch **grundbuchfähig**,[344] d.h., sie kann unter ihrer Bezeichnung in das Grundbuch eingetragen werden. Nach § 47 Abs. 2 GBO sind dabei aber **auch die Gesellschafter** der GbR einzutragen[345].
Des Weiteren ist mit der Zuweisung der Rechtsfähigkeit **haftungsrechtlich** die Folge verbunden, dass die GbR mit dem Gesellschaftsvermögen für Verbindlichkeiten haftet und darüber hinaus die Gesellschafter vergleichbar der Rechtslage bei der OHG[346] für die von der GbR begründeten Verbindlichkeiten im Sinne einer **akzessorischen Haftung** auch persönlich mit ihrem Privatvermögen einzustehen haben[347]. Das gilt nicht nur für **rechtsgeschäftlich begründetet Verbindlichkeiten**, sondern wegen der aus der Anerkennung der Rechtsfähigkeit gezogenen Konsequenz einer entsprechenden Anwendung des § 31[348] auch für **gesetzlich begründete Verbindlichkeiten** der GbR[349].

---

340 Zur Unterscheidung von Außen- und Innengesellschaft s. oben Rn. 140.
341 BGHZ 146, 341 (343 ff.) in Auseinandersetzung mit den maßgebenden Theorien zur Rechtsnatur der GbR und Nachw. zur Diskussion. Aus der Lit. s. zu dieser Entscheidung K. *Schmidt* NJW 2001, 993 und NJW 2003, 1897; *Heil* NZG 2001, 300; *Ulmer* ZIP 2001, 585; *Beuthien* JZ 2003, 715.
342 S. dazu Ebenroth/Boujong/Joost/*Hillmann*, HGB, § 124 Rn. 3 ff.
343 BGHZ 146, 341 (347 ff.) mit ausführlicher Begründung.
344 S. grundlegend BGHZ 179, 102 (105 ff.) m. w. N. und dazu K. *Schmidt* JuS 2009, 278. S. ferner § 899a, §§ 47 Abs. 2, 82 S. 3 GBO.
345 A.A. noch zur alten Rechtslage BGHZ 179, 102 (111 ff.). Zu Grundstücksgeschäften mit der GbR s. näher *Wellenhofer* JuS 2010, 1048.
346 S. § 128 HGB.
347 BGHZ 146, 341 (358); 142, 315 (318); 154, 88 (94). Zur Haftung eines GbR-Neugesellschafters analog 130 HGB s. BGHZ 154, 370 (372 ff.). S. näher zur Haftung bei der GbR *Hueck/Windbichler*, GesR, § 9 Rn. 6 ff..
348 S. zu dieser Haftungszuweisungsnorm ausf. oben Rn. 123 ff.
349 BGHZ 154, 88 (93 ff.); 172, 169 (172) m. w. N..

Bsp.: Fügt ein Gesellschafter in Ausübung der ihm obliegenden Aufgaben einem Dritten durch eine unerlaubte Handlung (z. B. Kreditbetrug) einen Schaden zu, so haften hierfür neben der Gesellschaft mit dem Gesellschaftsvermögen die Gesellschafter akzessorisch mit ihrem Privatvermögen.

Die Frage der **Geschäftsführungsbefugnis** ist in den Vorschriften der §§ 709 ff.   **143**
geregelt. Im Ausgangspunkt geht § 709 Abs. 1 von dem Modell der **gemeinschaftlichen Geschäftsführung** aus, wonach die Führung der Geschäfte den Gesellschaftern gemeinschaftlich zusteht und für jedes Geschäft die Zustimmung aller Gesellschafter erforderlich ist[350]. In diesem Grundmodell der gemeinschaftlichen Geschäftsführung gelangt wiederum die Idee der personalen Verbundenheit zwischen Gesellschaft und Gesellschaftern[351] zum Ausdruck. § 714 knüpft die Vertretungsmacht, sprich die Fähigkeit zu rechtsgeschäftlich verbindlichem Handeln im Außenverhältnis, grds. („im Zweifel") an die Befugnis zur Geschäftsführung[352].

b) **Der nicht rechtsfähige Verein.** Der nicht rechtsfähige Verein ist wie der rechts-   **144**
fähige Verein dem Begriff nach ein Verein, d. h., eine auf Dauer angelegte Vereinigung von Personen zur Verfolgung eines gemeinsamen Zwecks, die durch eine körperschaftliche Organisationsstruktur gekennzeichnet und in ihrer Existenz von dem Wechsel der Mitglieder unabhängig ist[353]. Von dem rechtsfähigen Verein unterscheidet sich der nicht rechtsfähige Verein vor allem durch seine **fehlende Eintragung in das Vereinsregister** und, jedenfalls nach dem Wortlaut des § 54, auch durch die fehlende Rechtssubjektivität, sprich der Fähigkeit, Träger von Rechten und Pflichten zu sein[354]. In der sozialen Wirklichkeit findet sich die Organisationsform des nicht rechtsfähigen Vereins sowohl bei kleineren Personenvereinigungen, z. B. dem Kegelclub oder dem Taubenzüchterverein, wie auch bei Massenorganisationen, etwa den Gewerkschaften[355].
Trotz des Charakters einer vom Wechsel der Mitglieder unabhängigen körperschaftlichen Personenvereinigung hat der Gesetzgeber in § 54 als der einzigen bürgerlich-rechtlichen Regelung, die sich mit dem nicht rechtsfähigen Verein befasst, diesen dem Recht der GbR unterworfen. Gemäß § 54 Satz 1 finden auf Vereine, die nicht rechtsfähig sind, **die Vorschriften über die Gesellschaft Anwendung.** Der Grund für den Verweis auf das Recht der Gesellschaft ist heute nur noch ein historischer. Nach § 61 Abs. 1 (i. d. F. vom 18.8.1896[356]) hatte das Amtsgericht im Falle der Zulassung der Anmeldung eines Vereins zur Eintragung zwecks Erlangung der Rechtsfähigkeit die Anmeldung der zuständigen Verwaltungsbehörde mitzuteilen. Diese konnte aufgrund von § 61 Abs. 2 in der vorgenannten Fassung u. a. dann Einspruch gegen die Eintragung erheben, wenn der

---

350 Der Gesellschaftsvertrag kann allerdings anderes vorsehen, s. näher zur Geschäftsführungsbefugnis bei der GbR *Medicus/Lorenz*, Schuldrecht BT, Rn. 974 ff.
351 S. oben Rn. 139.
352 Hierbei handelt es sich um eine organschaftliche Vertretungsmacht, s. nur MünchKomm/*Ulmer/Schäfer*, BGB, § 714 Rn. 16 f.
353 S. BGHZ 43, 316 (319); zum Begriff des Vereins s. näher oben Rn. 110 f.
354 S. oben Rn. 115.
355 S. näher zur rechtlichen Organisation der Gewerkschaften MünchHandbArbR/ *Löwisch/Rieble*, Bd. 2, § 160 Rn. 5ff.
356 RGBl 1896 I, 195.

Verein einen **politischen, sozialpolitischen oder religiösen Zweck** verfolgte. Mit dem Verweis des nicht rechtsfähigen Vereins auf das in verschiedener Hinsicht nachteilige (z.B. bei der Haftung) und dem körperschaftlichen Charakter nicht Rechnung tragende Recht der GbR wollte der Gesetzgeber mittelbar erreichen, dass Vereine insb. auch mit den vorgenannten Zielsetzungen (z.B. Gewerkschaften) die Rechtsfähigkeit erstrebten und sich damit der Kontrolle der Verwaltungsbehörden unterwarfen[357]. Um das zu vermeiden, haben sich die **Gewerkschaften** traditionell als nicht rechtsfähige Vereine organisiert. Abgesehen von der Unvereinbarkeit dieser Zielsetzung des § 54 Satz 1 mit Art. 9 Abs. 1 und Abs. 3 GG[358] ist der Zweck dieser Vorschrift, Vereine mittelbar zur Erlangung der Rechtsfähigkeit zu drängen, um auf diesem Weg eine verwaltungsbehördliche Kontrolle zu ermöglichen, mit der Aufhebung des § 61 a. F.[359] hinfällig geworden[360]. Zwar ist § 54 Satz 1 bestehen geblieben, jedoch besteht heute Einigkeit darüber, **auf den nicht rechtsfähigen Verein grds. Vereinsrecht anzuwenden**, soweit dem nicht die fehlende Eintragung in das Vereinsregister oder die mangelnde Rechtsfähigkeit entgegensteht[361]. Die Rspr. hat damit eine Anpassung des anzuwendenden Rechts an die Realität der körperschaftlichen Struktur des Vereins vorgenommen[362].

Die **Anwendbarkeit des Vereinsrechts anstelle der Vorschriften über die GbR** hat etwa zur Folge, dass die Regelungen über die Verfassung, den Vorstand wie auch die Mitgliederversammlung entsprechende Geltung auch für den nicht rechtsfähigen Verein haben[363]. Gleichfalls gelten die vereinsrechtlichen Regelungen über den Austritt aus dem Verein. Deshalb findet auch § 738 Abs. 1 Satz 2 keine Anwendung, so dass ein ausscheidendes Mitglied keinen Anspruch auf das Auseinandersetzungsguthaben hat[364]. Ob dem nicht rechtsfähigen Verein nach der Anerkennung der Rechtsfähigkeit der Außen-GbR[365] eine **(Teil)Rechtsfähigkeit** zukommt, ist bislang nicht abschließend geklärt.[366] Diese Frage hat unter anderem für die Vermögens- und die Grundbuchfähigkeit des nicht rechtsfähigen Vereins Bedeutung.[367]

---

357 S. hierzu etwa die Ausführungen in BGHZ 50, 325 (328) im Zusammenhang mit der Anerkennung der aktiven Parteifähigkeit von Gewerkschaften.

358 S. nur Palandt/*Ellenberger*, BGB, § 54 Rn. 1.

359 Aufgehoben wurde auch der mit § 61 Abs. 2 korrespondierende § 43 Abs. 3 a. F., wonach einem Verein, der nach der Satzung einen politischen, sozialpolitischen oder religiösen Zweck nicht hat, die Rechtsfähigkeit entzogen werden kann, wenn er einen solchen Zweck verfolgt.

360 BGH NJW 1979, 2304 (2305).

361 S. BGHZ 50, 325 (328); BGH NJW 1979, 2304 (2305); Palandt/*Ellenberger*, BGB, § 54 Rn. 1; MünchKomm/*Reuter*, BGB, § 54 Rn. 4.

362 S. BGHZ 43, 316 (319).

363 S. BayObLGZ 90, 71 (75); Soergel/*Hadding*, BGB, § 54 Rn. 12 ff.; Palandt/*Ellenberger*, BGB, § 54 Rn. 6.

364 BGHZ 50, 325 (329).

365 S. oben Rn. 142.

366 Für die Anerkennung der Teil(Rechtsfähigkeit) z.B. Hk-BGB/*Dörner*, § 54 Rn. 4; Palandt/*Ellenberger*, BGB, § 54 Rn. 7 ff.; Staudinger/*Habermeier*, Eckpfeiler, R. Rn. 31; K. Schmidt NJW 2001, 993 (1002 f.); dagegen z.B. PWW/*Schöpflin*, BGB, § 54 Rn. 12; ausf. *Wagner*, ZZP 117 (2004), 305 (357 ff.).

367 S. hierzu näher Palandt/*Ellenberger*, BGB, § 54 Rn. 7 f.

Die Rspr. hat im Ergebnis wie beim rechtsfähigen Verein und anders als bei der **145**
GbR eine **persönliche Haftung der Mitglieder** mit ihrem Privatvermögen für
rechtsgeschäftlich begründete Verbindlichkeiten des Vereins ausgeschlossen[368].
Begründet wird das damit, dass bei einem Verein die Vertretungsmacht seiner
Organe typischerweise auf eine Verpflichtung des Vereinsvermögens beschränkt
ist und das im Rechtsverkehr auch so verstanden wird[369]. Die Mitglieder haften
deshalb für rechtsgeschäftlich begründete Verbindlichkeiten des Vereins nur mit
dem Gesamthandsvermögen als Gesamtschuldner[370]. Anderes gilt für den nicht
rechtsfähigen wirtschaftlichen Verein.[371] Hier haften die Mitglieder nach § 54
Satz 1 entsprechend den Haftungsgrundsätzen der GbR[372] persönlich mit ihrem
Privatvermögen für die Verbindlichkeiten des Vereins[373].
Davon zu unterscheiden ist die in § 54 Satz 2 angeordnete sog. **Handelndenhaftung.** Danach haftet aus einem Rechtsgeschäft, das im Namen des nicht rechtsfähigen Vereins einem Dritten gegenüber vorgenommen wird, der Handelnde persönlich. Hiervon werden Erfüllungsansprüche wie auch Schadensersatzansprüche
aus vertraglichen und vertragsähnlichen Rechtsbeziehungen zu Dritten erfasst[374].

> **Bsp.:** Mietet der Vorsitzende des Taubenzüchtervereins für die Weihnachtsfeier einen
> Saal, so sind die Mitglieder als Gesamthandsgemeinschaft zur Zahlung der Miete
> beschränkt auf das Gesamthandsvermögen verpflichtet, der Vorsitzende ist darüber
> hinaus aufgrund § 54 Satz 2 persönlich verpflichtet.

Die Regelung des § 54 Satz 2 bezieht sich auf den **Vertreter mit und ohne Vertretungsmacht.** Letzterer Fall ist auch in § 179 geregelt[375]. § 54 Satz 2 geht insofern
weiter, als die persönliche Haftung auch bei vorliegender Vertretungsmacht eingreift.
Entsprechend anwendbar ist des Weiteren die **Haftungszuweisungsnorm des**
§ 31[376], aber auch hier nur bezogen auf die Haftung mit dem Vereinsvermögen.
Eine persönliche Haftung mit dem Privatvermögen ist, anders als bei der GbR,
ausgeschlossen[377].

Der nicht rechtsfähige Verein ist nach Maßgabe des § 50 Abs. 2 ZPO aktiv und **146**
passiv parteifähig. Das bedeutet, dass der Verein klagen und verklagt werden
kann.[378]

---

368 BGH NJW 1979, 2304 (2306); NJW-RR 2003, 1265.
369 BGH NJW 1979, 2304 (2306).
370 §§ 54 Satz 1, 714, 427.
371 Zur Abgrenzung von Idealverein und wirtschaftlichem Verein s. oben Rn. 113 f.
372 S. oben Rn. 142.
373 S. BGHZ 146, 190 (201); Staudinger/*Weick*, BGB, § 54 Rn. 54; Soergel/*Hadding*,
  BGB, § 54 Rn. 25.
374 S. BGH NJW 1957, 1186 (1186).
375 S. dazu Rn. 674 ff.
376 Dazu oben Rn. 123 ff.
377 BGHZ 50, 325 (329).
378 So schon vor der Neufassung des § 50 Abs. 2 ZPO durch Art. 3 des Gesetzes zur
  Erleichterung elektronischer Anmeldungen zum Vereinsregister und anderer vereins-
  rechtlicher Änderungen vom 24.9.2009 (BGBl. 2009 I, 3145) BGH NJW 2008, 69
  (74); s. zur Anerkennung der aktiven Parteifähigkeit einer Gewerkschaft schon nach
  früherem Recht BGHZ 42, 210 (216); 50, 325; 109, 15 (17).

§ 5 Subjektive Rechte

Literatur: *Frommeyer*, Persönlichkeitsschutz nach dem Tode und Schadensersatz - BGHZ 143, 214ff. („Marlene Dietrich") und BGH, NJW 2000, 2201f. („Der blaue Engel"), JuS 2002, 13; *Lettmaier*, Das allgemeine Persönlichkeitsrecht in der zivilrechtlichen Fallbearbeitung – zugleich ein Spiegel der neueren Rechtsprechung JA 2008, 566; *Schapp*, Einführung in das Bürgerliche Recht: Die Anspruchsnormen und ihre Anwendung, JA 2002, 939; *Schreiber*, Haftung bei Gefälligkeiten, JURA 2001, 810; *Wüstenbekker*, Die subjektiven Privatrechte, JA 1984, 227.

Rechtsprechung: BGH NJW 2004, 762 (Allgemeines Persönlichkeitsrecht, Privatsphäre, Intimsphäre, Veröffentlichung der Luftbildaufnahmen von Feriendomizilen Prominenter ohne deren Zustimmung; Art. 1, 2, 5 GG, §§ 823 Abs. 1, 1004 BGB); **BGHZ 143, 214 –** *Marlene Dietrich* (Schadensersatzanspruch bei Verletzung der vermögenswerten Bestandteile des postmortalen Persönlichkeitsrechts; § 823 Abs. 1 BGB; §§ 22 f. KunstUrhG); **BGH NJW 1992, 2084** (Allgemeines Persönlichkeitsrecht, Recht am eigenen Bild, Schadensersatz- und Bereicherungsansprüche bei ungenehmigter Veröffentlichung zu Werbezwecken, Bemessung der Entschädigung; §§ 812 Abs. 1 Satz 1 Alt. 2, 823 Abs. 1 BGB; § 287 Abs. 2 ZPO).

I.   Begriff und Bedeutung

147   Der **Begriff der subjektiven Rechte bzw. des subjektiven Rechts** bildet einen Gegenpol zum **Begriff des objektiven Rechts** (Recht im objektiven Sinne). Mit letzterem wird die Rechtsordnung als Ganzes oder die Gesamtheit der abstrakt-generellen Regelungen einzelner Teilbereiche der Gesamtrechtsordnung, z.B. des Privatrechts, des bürgerlichen Rechts, des Sachenrechts oder auch des Familienrechts bezeichnet. Im Unterschied dazu ist unter dem Begriff des subjektiven Rechts (Recht im subjektiven Sinne) **die einer bestimmten Person**[1] **auf der Grundlage des objektiven Rechts verliehene und von der Rechtsordnung anerkannte Rechtsmacht zu verstehen**[2]. Subjektive Rechte sind danach die einer einzelnen Person zustehenden Rechte bzw. Rechtspositionen, es handelt sich somit um die Zuweisung individueller Rechts- und Willensmacht[3].

Auch wenn die subjektiven Rechte begrifflich den Gegenpol zum Begriff des objektiven Rechts bilden, **kann es ohne objektives Recht kein subjektives Recht geben**. Die Rechtsordnung stellt gleichsam den Rahmen dar, innerhalb dessen subjektive Rechte erst entstehen und ausgeübt werden können.

Subjektive Rechte dienen in erster Linie der **Sicherung einer individuellen, selbstbestimmten Freiheitssphäre** und damit der individuellen Befriedigung menschlicher Interessen und Bedürfnisse[4]. Die Selbstbestimmung des Menschen über seine Rechtsgüter bzw. Rechtspositionen ist Ausfluss des Grundsatzes der Privatautonomie und insofern Grundelement der Privatrechtsordnung[5].

---

1   Zum Begriff der Person s. oben Rn. 83 ff.
2   S. etwa *Larenz/Wolf*, BGB AT, § 14 Rn. 1 ff.; zum rechtsgeschichtlichen Hintergrund des subjektiven Rechts s. *Medicus*, BGB AT, Rn. 70.
3   S. *Larenz/Wolf*, BGB AT, § 14 Rn. 11 ff. m. w. N.
4   S. *Brox/Walker*, BGB AT, Rn. 620.
5   S. *Larenz/Wolf*, BGB AT, § 14 Rn. 5 ff.; Palandt/*Ellenberger*, BGB, Überbl. v. § 104 Rn. 1.

II. Unterscheidung subjektiver Rechte

Subjektive Rechte werden nach verschiedenen Kriterien unterschieden. Im Vor- **148**
dergrund stehen zum einen die **Unterscheidung nach dem Inhalt des Rechts**, sprich
der Art der durch das Recht verliehenen Rechtsmacht[6], zum anderen die **Differenzierung nach der Person des Verpflichteten**[7].

1. Unterscheidung nach dem Inhalt

Unter Anknüpfung an den Inhalt des subjektiven Rechts wird unterschieden zwi- **149**
schen Persönlichkeitsrechten, Herrschaftsrechten, Familienrechten, Anteils- und
Mitgliedschaftsrechten, Gestaltungsrechten und Ansprüchen.

a) Persönlichkeitsrechte. Unter Persönlichkeitsrechten sind solche Rechte bzw. **150**
Rechtsgüter zu verstehen, die **unmittelbar mit dem Menschen als Person bzw.
seiner Persönlichkeit verbunden sind.** Hierzu gehören zunächst die in § 823 Abs. 1
genannten und absolut, sprich gegenüber jedermann[8] gegen Eingriffe **geschützten
Rechtsgüter Leben, Körper, Gesundheit** und **Freiheit.** Über diese ausdrücklich genannten Rechtsgüter hinaus hat die Rspr. unter der Geltung des Grundgesetzes
mit Rückgriff auf Art. 2 Abs. 1 i. V. m. Art. 1 Abs. 1 GG das sog. **allgemeine
Persönlichkeitsrecht**[9] entwickelt, das über § 823 Abs. 1 als sonstiges Recht geschützt wird. Das allgemeine Persönlichkeitsrecht ist das Recht des einzelnen gegenüber jedermann auf Achtung seiner Menschenwürde und Entfaltung seiner
individuellen Persönlichkeit und umfasst insb. den Schutz der Intim- und Privatsphäre[10].
Eine besondere Form des erst nach Inkrafttreten des Grundgesetzes anerkannten
allgemeinen Persönlichkeitsrechts ist das im BGB von Anfang an in § 12 normierte
Namensrecht[11]. Ebenso wie das allgemeine Persönlichkeitsrecht dient das Namensrecht in erster Linie dem Schutz ideeller Interessen, vor allem dem Schutz des
Wert- und Achtungsanspruchs der Persönlichkeit[12]. Darüber hinaus schützt das
Namensrecht aber auch vermögenswerte Interessen der Person[13]. Der Schutz des
Namensrechts wird nach § 12 dadurch geleistet, dass jeder im Falle der Namensbestreitung oder des unbefugten Gebrauchs seines Namens Beseitigung der Beein-
trächtigung und u. U. auch Unterlassung verlangen kann[14].

---

6 S. folgend Rn. 149 ff.
7 S. Rn. 156 f.
8 S. noch zum Begriff der absoluten Rechte Rn. 156.
9 S. schon oben Rn. 88.
10 S. BGH NJW 2004, 762 ff.; BGH NJW 2004, 766 (766 f.); ausf. zum allgemeinen Persönlichkeitsrecht der Überblick bei Palandt/*Sprau*, BGB, § 823 Rn. 83 ff.; zur Fallbearbeitung s. *Lettmaier* JA 2008, 566.
11 S. BGH NJW 2000, 2195 (2197); zum Namensrecht s. bereits ausf. Rn. 100 ff.
12 BGH NJW 2000, 2195 (2197).
13 BGH NJW 2000, 2195 (2197); s. schon oben Rn. 100.
14 S. näher oben Rn. 103.

Ebenso wie das Namensrecht stellt auch das sog. **Recht am eigenen Bild**, das nach Maßgabe der §§ 22 ff. KunstUrhG geschützt wird, eine besondere Erscheinungsform des allgemeinen Persönlichkeitsrechts dar[15]. Nach § 22 KunstUrhG dürfen Bildnisse einer Person grds. nur mit Einwilligung des Abgebildeten verbreitet oder öffentlich zur Schau gestellt werden. Allein dem Abgebildeten steht das Recht zu, darüber zu entscheiden, ob und auf welche Weise er der Öffentlichkeit im Bild vorgestellt wird[16]. Ausnahmen hiervon regeln die Vorschriften der §§ 23 und 24 KunstUrhG. So dürfen z.B. nach § 23 Abs. 1 Nr. 1 Bildnisse aus dem Bereich der Zeitgeschichte ohne die erforderliche Einwilligung der abgebildeten Person verbreitet und zur Schau gestellt werden. § 24 bestimmt, dass für Zwecke der Rechtspflege und der öffentlichen Sicherheit von Behörden Bildnisse ohne Einwilligung des Berechtigten sowie des Abgebildeten oder seiner Angehörigen vervielfältigt, verbreitet und öffentlich zur Schau gestellt werden dürfen, so etwa wenn Polizeibeamte zur Ermittlung von Straftätern einen Demonstrationszug fotografieren[17].

151   **b) Herrschaftsrechte.** **Herrschaftsrechte** zeichnen sich dadurch aus, dass dem Inhaber des Rechts **Herrschaftsmacht über einen bestimmten Gegenstand**[18], insb. über Sachen, Rechte und geistige Schöpfungen zukommt. Die Herrschaftsmacht äußert sich vor allem in der Möglichkeit des Berechtigten, über den ihm rechtlich zugewiesenen Gegenstand verfügen[19] und diesen nutzen zu können. Zugleich sind die Herrschaftsrechte als absolute Rechte[20] von jedermann zu beachten und insoweit umfassend gegen unbefugte Eingriffe Dritter geschützt[21].

Herrschaftsrechte gibt es zunächst an Sachen (§ 90), und zwar an beweglichen und unbeweglichen (Grundstücke) Sachen. Insoweit werden diese Herrschaftsrechte auch als Sachenrechte oder dingliche Rechte bezeichnet, diese sind wesentlich im Dritten Buch des BGB, dem Sachenrecht, geregelt. Die einschlägigen Vorschriften gelten über § 90a Satz 3 gleichermaßen für Tiere, die nach § 90a Satz 1 keine Sachen sind.

Umfassendstes Herrschaftsrecht an einer Sache ist das in §§ 903 ff. geregelte **Eigentum.** Nach § 903 Satz 1 kann der Eigentümer einer Sache mit dieser nach Belieben verfahren und andere von jeder Einwirkung ausschließen, soweit nicht das Gesetz oder Rechte Dritter entgegenstehen[22]. Neben dem Eigentum gibt es weitere Herrschaftsrechte an Sachen, die dem Berechtigten allerdings im Vergleich zum Eigentum nur eine **begrenzte Herrschaftsmacht** einräumen, weshalb insoweit von **beschränkt dinglichen Rechten** gesprochen wird[23]. Hierzu gehört etwa bezogen auf Grundstücke die in §§ 1113 ff. geregelte **Hypothek**, welche die Belastung eines Grundstücks derart darstellt, dass an denjenigen, zu dessen Gunsten die

---

15 S. BGHZ 143, 214 (218); BGH NJW 1985, 1617 (1618).
16 S. nur BGH NJW 1992, 2084 (2084).
17 S. BGH NJW 1975, 2075 (2076).
18 Zum Begriff des Gegenstands s. noch Rn. 162 f.
19 S. zum Begriff der Verfügung Rn. 195 f.
20 S. dazu noch Rn. 156.
21 S. Rn. 156.
22 S. hierzu ausf. *Boecken*, Deliktsrechtlicher Eigentumsschutz gegen reine Nutzungsbeeinträchtigungen, S. 163 ff.
23 *Wolf/Wellenhofer*, Sachenrecht, § 1 Rn. 6 ff.

Belastung erfolgt, eine bestimmte Geldsumme zur Befriedigung wegen einer ihm zustehenden Forderung aus dem Grundstück zu zahlen ist (§ 1113 Abs. 1). Die Hypothek ist danach Mittel zur Sicherung einer Forderung, etwa eines Bankdarlehens zum Erwerb eines Grundstücks. Erfüllt der Schuldner die Forderung nicht rechtzeitig, ist der Hypothekeninhaber nach § 1147 berechtigt, aus dem Grundstück im Wege der Zwangsvollstreckung Befriedigung zu suchen. Die Hypothek räumt dem Inhaber also anders als das Eigentum nur ein an bestimmte Voraussetzungen geknüpftes Verwertungsrecht hinsichtlich des Grundstücks ein. An beweglichen Sachen kann als Sicherungsmittel ein **Pfandrecht** nach §§ 1204 ff. bestellt werden. Zu den beschränkt dinglichen Rechten gehören auch **Nutzungsrechte an Sachen**, z. B. der Nießbrauch nach §§ 1030 ff. Kein Herrschaftsrecht an einer Sache ist der **Besitz** i. S. d. §§ 854 ff., hierbei handelt es sich lediglich um die tatsächliche Herrschaft (tatsächliche Gewalt, § 854 Abs. 1) über eine Sache. Allerdings ist der berechtigte Besitz vergleichbar dem Eigentum (§§ 985, 1004), gegen Entziehung und Störung geschützt (§§ 861, 862), darüber hinaus ist er als sonstiges Recht i. S. d. § 823 Abs. 1 anerkannt[24].

Herrschaftsrechte können auch an Rechten bestehen. So kann nach § 1273 Abs. 1 Gegenstand eines Pfandrechts auch ein Recht sein. Dasselbe gilt für den Nießbrauch nach §§ 1068 ff.

> **Bsp.:** Unternehmer U nimmt bei der Bank B ein Darlehen (§ 488) auf. Zur Sicherung des Kredits räumt U der B nach § 1274 ein Pfandrecht an seiner Werklohnforderung[25] aus § 631 Abs. 1 gegen D ein. Wenn U bei Fälligkeit das Darlehen nicht zurückzahlt, ist B zur Einziehung der Werklohnforderung gegen D nach §§ 1282 Abs. 1, 1228 Abs. 2 berechtigt.

Schließlich können **Herrschaftsrechte an geistigen Schöpfungen** bestehen, insoweit wird von **Immaterialgüterrechten** gesprochen. Hierzu gehören das **Urheberrecht** an Werken der Literatur, Wissenschaft und Kunst nach Maßgabe des Urheberrechtsgesetzes (UrhG), des Weiteren **Patentrechte** (§§ 1 ff. PatG), **Markenrechte** (§§ 1 ff. MarkenG), **Gebrauchsmusterrechte** (§§ 1 ff. GebrMG) und **Geschmacksmusterrechte** (§§ 1 ff. GeschmMG)[26]. Dem Inhaber des Immaterialgüterrechts kommt grds. die alleinige und inhaltlich unbeschränkte Nutzungsmöglichkeit zu. So schützt etwa das Urheberrecht den Urheber nach der allgemeinen Regelung des § 11 UrhG in seinen geistigen und persönlichen Beziehungen zum Werk sowie in der Nutzung des Werkes. Neben dem Veröffentlichungsrecht (§ 12 UrhG), dem Recht auf Anerkennung der Urheberschaft (§ 13 UrhG) und dem Recht des Verbots der Entstellung des Werkes (§ 14 UrhG) steht dem Urheber ausschließlich das Recht zu, sein Werk in körperlicher Form zu verwerten (§ 15 ff. UrhG). Immaterialgüterrechte unterliegen einer **zeitlich begrenzten Schutzdauer**. So erlischt z. B. nach § 64 UrhG das Urheberrecht siebzig Jahre nach dem Tode des Urhebers. Ebenso wie bei den anderen Herrschaftsrechten genießen die Inhaber von Immaterialgüterrechten gegenüber unbefugten Eingriffen Dritter Schutz, wobei die entsprechenden rechtlichen Grundlagen in den jeweiligen Spezialgesetzen zu finden sind.

---

24 MünchKomm/*Wagner*, BGB, § 823 Rn. 157 ff. m. w. N., Soergel/*Spickhoff*, BGB, § 823 Rn. 98.
25 Zum Anspruch als subjektives Recht s. folgend Rn. 155.
26 S. hierzu *Larenz/Wolf*, BGB AT, § 15 Rn. 8 ff.

Bsp.: Nach § 98 Abs. 1 UrhG kann der Urheber eines Werkes verlangen, dass alle rechtswidrig hergestellten, verbreiteten oder zur rechtswidrigen Verbreitung bestimmten Vervielfältigungsstücke, die im Besitz oder Eigentum des Verletzers des Urheberrechts stehen, vernichtet werden.

152 **c) Familienrechte.** Als weitere Kategorie der subjektiven Rechte werden die sog. persönlichen Familienrechte eingeordnet[27]. Hierzu zählt z.B. das Recht auf eheliche Lebensgemeinschaft (§ 1353), das elterliche Sorgerecht (§§ 1626 ff.) oder auch das Vormundschaftsrecht (§§ 1773 ff.). Von den Persönlichkeitsrechten unterscheiden sich die persönlichen Familienrechte darin, dass sie **im Verhältnis zu einer anderen Person** bestehen[28]. Zugleich handelt es sich auch nicht um Herrschaftsrechte, denn durch die persönlichen Familienrechte wird keine Herrschaftsmacht[29] über andere Personen, z.B. Ehegatten, begründet[30].

153 **d) Anteilsrechte und Mitgliedschafts- bzw. Gesellschafterrechte.** Zu den subjektiven Rechten gehören des Weiteren die sog. Anteilsrechte und Mitgliedschafts- bzw. Gesellschafterrechte. Unter dem **Begriff des Anteilsrechts** wird die vermögensmäßige Beteiligung einer Person etwa an einer Personengesellschaft (z.B. GbR)[31] oder einer juristischen Person (z.B. GmbHG) verstanden[32]. Mit den **Mitgliedschafts- bzw. Gesellschafterrechten** werden die Mitwirkungs- und Beteiligungsrechte an der Willensbildung und Geschäftsführung innerhalb einer Personenvereinigung (Verein, Gesellschaft) bezeichnet[33].

154 **e) Gestaltungsrechte.** Unter einem Gestaltungsrecht wird ein subjektives Recht verstanden, das einer Person die Rechtsmacht einräumt, **ohne Mitwirkung eines anderen einseitig auf eine bestehende Rechtslage einzuwirken und diese ändern zu können**[34]. Bedeutsame Gestaltungsrechte sind etwa die **Kündigung**, z.B. eines Mietvertrages (§§ 568 ff.) oder eines Arbeitsvertrages (§§ 622, 626), die **Anfechtung** einer Willenserklärung (§§ 119 ff.)[35] oder auch der **Rücktritt** vom Vertrag (§§ 346 ff.).

Die **Ausübung eines Gestaltungsrechts** hat i. d. R. durch empfangsbedürftige Willenserklärung (Gestaltungserklärung) zu erfolgen, die mit Zugang beim Erklärungsgegner ihre rechtliche Wirkung entfaltet. So bestimmt § 143 Abs. 1, dass die Anfechtung durch Erklärung gegenüber dem Anfechtungsgegner erfolgt[36]. Dasselbe gilt für den Rücktritt vom Vertrag, der nach § 349 durch Erklärung gegenüber dem anderen Teil zu erfolgen hat. Gestaltungsrechte sind einseitige Rechtsgeschäfte, weil der rechtliche Erfolg, etwa die Kündigung eines Arbeitsverhältnisses oder die Anfechtung eines Kaufvertrages, allein durch eine Person herbeigeführt werden kann[37]. Als einseitige Rechtsgeschäfte sind Gestaltungsrechte

---

27 S. *Larenz/Wolf*, BGB AT, § 15 Rn. 26 ff.
28 S. *Larenz/Wolf*, BGB AT, § 15 Rn. 31.
29 S. oben Rn. 151.
30 S. *Larenz/Wolf*, BGB AT, § 15 Rn. 26.
31 S. dazu Rn. 139 ff.
32 S. *Larenz/Wolf*, BGB AT, § 15 Rn. 79.
33 Ausf. hierzu *Larenz/Wolf*, BGB AT, § 15 Rn. 79 ff.
34 S. *Brox/Walker*, BGB AT, Rn. 629; *Larenz/Wolf*, BGB AT, § 15 Rn. 83.
35 S. dazu Rn. 493 ff.
36 Dazu Rn. 540 ff.
37 Zum Begriff des einseitigen Rechtsgeschäfts siehe Rn. 191.

grds. **bedingungsfeindlich**, weil sie die Rechtslage eindeutig klären müssen, damit der betroffene Erklärungsempfänger über den durch die Gestaltungserklärung neu zu schaffenden Rechtszustand nicht im Unklaren ist[38]. Anderes gilt nur dann, wenn der Eintritt der Bedingung **vom Willen des Erklärungsempfängers** abhängig ist (sog. Potestativbedingung)[39]. Wird ein Gestaltungsrecht durch eine Person ausgeübt, die für die Wirksamkeit des Rechtsgeschäfts der Zustimmung eines Dritten bedarf, so ist bei fehlender vorheriger Zustimmung (Einwilligung) des Dritten das Rechtsgeschäft unwirksam, wie z.B. § 111 S. 1 für das Minderjährigenrecht deutlich macht[40]. Eine nachträgliche Zustimmung (Genehmigung) durch den Dritten[41] ist grds. nicht möglich, weil auch hier eine Ungewissheit über die Rechtslage für den Erklärungsempfänger vermieden werden soll[42].

Die Ausübung des Gestaltungsrechts führt zu dessen **Erlöschen**, es wird gewissermaßen „verbraucht"[43]. Das Gestaltungsrecht erlischt auch durch Verstreichenlassen einer Frist, innerhalb derer es hätte ausgeübt werden müssen (s. z.B. §§ 121, 124 für die Anfechtung)[44].

f) Ansprüche. Zu den subjektiven Rechten gehören schließlich Ansprüche. Nach **155** der in § 194 Abs. 1 enthaltenen Legaldefinition ist ein Anspruch **das Recht, von einem anderen ein Tun oder Unterlassen zu verlangen**, der andere ist als Kehrseite des Anspruchs dementsprechend verpflichtet.

> **Bsp. (1):** Ansprüche in Gestalt eines auf ein Tun gerichteten Rechts sind z.B. der Anspruch des Verkäufers auf Kaufpreiszahlung nach § 433 Abs. 2, der Anspruch des Mieters auf Gewährung des Gebrauchs der Mietsache während der Mietzeit gemäß § 535 Abs. 1 Satz 1 oder auch der Anspruch des Eigentümers auf Herausgabe der Sache nach § 985.

> **Bsp. (2):** Ein Anspruch in Form eines Rechts auf ein Unterlassen gegen einen anderen ergibt sich z.B. für den Arbeitgeber aus der Vereinbarung eines nachvertraglichen Wettbewerbsverbots mit dem Arbeitnehmer, wonach dieser für die Zeit nach der Beendigung des Arbeitsverhältnisses dem Arbeitgeber in bestimmtem Umfang keinen Wettbewerb machen darf. Insoweit hat der Arbeitgeber einen Anspruch auf Unterlassung von Wettbewerb. Die Zulässigkeit eines solchen, verbreitet vereinbarten nachvertraglichen Wettbewerbsverbots richtet sich nach § 110 Satz 2 GewO i.V.m. §§ 74 ff. HGB[45].

Ein Anspruch kann entweder **durch Rechtsgeschäft**[46] begründet werden oder aber auf **gesetzlicher Grundlage** beruhen. Der rechtsgeschäftliche oder gesetzliche Entstehungsgrund des Anspruchs wird **Anspruchsgrundlage** genannt.

---

38 S. BGHZ 32, 375 (383); 97, 264 (267); zu bedingten Rechtsgeschäften s. näher Rn. 566 ff., 574.
39 BGHZ 97, 264 (267); s. dazu Rn. 571.
40 Zu § 111 siehe Rn. 363 ff.
41 S. dazu näher Rn. 586 ff.
42 S. Palandt/*Ellenberger*, BGB, Überbl. v. § 104 Rn. 17.
43 S. *Larenz/Wolf*, BGB AT, § 15 Rn. 76.
44 Dazu Rn. 545 ff.
45 S. hierzu Ebenroth/Boujong/Joost/Strohn/*Boecken*, HGB, Kommentierung zu §§ 74 ff. HGB.
46 S. zum Rechtsgeschäft ausf. Rn. 185 ff.

Bsp. (1): V und K schließen einen Kaufvertrag über eine Sache (§ 433). Aufgrund des Kaufvertrages ist V nach § 433 Abs. 1 Satz 1 verpflichtet, dem K die Sache zu übergeben und das Eigentum an der Sache zu verschaffen. Diese Verpflichtung des V ist aus der Sicht des K ein Anspruch auf ein Tun (Übergabe und Eigentumsverschaffung), der rechtsgeschäftlich durch den Kaufvertrag begründet worden ist[47]. § 433 sagt nur, welche vertragstypischen Pflichten bzw. Ansprüche bei Abschluss des Kaufvertrages entstehen. Dadurch ändert sich nichts an der rechtsgeschäftlichen Grundlage des Anspruchs von K in Gestalt des Kaufvertrages.

Bsp. (2): Beschädigt der S mangels gehöriger Aufmerksamkeit im Verkehr das Fahrzeug des D, so hat dieser nach § 823 Abs. 1 einen Anspruch auf Schadensersatz. Hierbei handelt es sich um einen gesetzlich begründeten Anspruch des D, dessen Entstehung allein davon abhängt, dass die in der gesetzlichen Grundlage des § 823 Abs. 1 bestimmten Tatbestandsvoraussetzungen erfüllt sind.

Ansprüche gibt es **in allen Bereichen des BGB**, also im Schuldrecht, Sachenrecht, Familienrecht und Erbrecht. Im Schuldrecht wird der Anspruch als **Forderung** bezeichnet, wie sich aus § 241 Abs. 1 ergibt. Danach ist der Gläubiger kraft des Schuldverhältnisses[48] berechtigt, von dem Schuldner eine Leistung zu fordern (§ 241 Abs. 1 Satz 1), die auch in einem Unterlassen bestehen kann (§ 241 Abs. 1 Satz 2). Der Begriff der Forderung bezeichnet mithin einen Anspruch aus einem Schuldverhältnis, das entweder rechtsgeschäftlich entsteht, und zwar nach § 311 Abs. 1 i. d. R. durch Vertrag, ausnahmsweise auch durch einseitiges Rechtsgeschäft (z. B. § 657)[49], oder gesetzlich begründet wird, vor allem aus Geschäftsführung ohne Auftrag (§§ 677 ff.), Bereicherungsrecht (§§ 812 ff.) oder unerlaubten Handlungen (§§ 823 ff.). Der **Begriff des Anspruchs i. S. v. § 194 ist nur teilidentisch mit dem Begriff der Forderung** insofern, als jener eben auch Rechte auf ein Tun oder Unterlassen gegen eine andere Person außerhalb des Schuldrechts umfasst.

Bsp. (1): Gem. § 985 hat der Eigentümer gegen den Besitzer einen Anspruch auf Herausgabe seiner Sache. Hierbei handelt es sich um einen Anspruch aus dem Eigentum[50], mithin einen sachenrechtlichen Anspruch.

Bsp. (2): Die Mutter eines nichtehelichen Kindes hat gegen den Vater einen familienrechtlichen Anspruch auf Zahlung von Unterhalt nach § 1615 l Abs. 2 Satz 2, wenn wegen der Pflege oder Erziehung des Kindes eine Erwerbstätigkeit nicht erwartet werden kann. Der Unterhaltsanspruch endet grds. drei Jahre nach der Geburt (§ 1615 l Abs. 2 Satz 3).

2.   Unterscheidung nach der Person des Verpflichteten

156   Nach der **Person des Verpflichteten** werden die subjektiven Rechte in **absolute und relative Rechte** unterschieden. Von Bedeutung ist die Unterscheidung insb. für die Frage der Verletzbarkeit und des Schutzes der jeweiligen Rechte.

---

47 Zum Zustandekommen von Verträgen s. ausf. Rn. 261 ff.
48 S. zum Begriff des Schuldverhältnisses Hk-BGB/*Schulze*, vor § 241–853 Rn. 15.
49 Zum Begriff des einseitigen Rechtsgeschäfts s. Rn. 191.
50 S. auch die Überschrift vor § 985 („Ansprüche aus dem Eigentum").

Absolute Rechte sind solche subjektiven Rechte, **die gegenüber jedermann wirken und deshalb absolut, d. h., von jeder Person zu beachten sind.** Diese subjektiven Rechte können von jedem verletzt werden, weshalb jeder verpflichtet ist, das entsprechende Recht oder Rechtsgut nicht zu beeinträchtigen. Zu den absoluten Rechten gehören insb. die in § 823 Abs. 1 genannten Persönlichkeitsrechte Leben, Körper, Gesundheit, Freiheit, das allgemeine Persönlichkeitsrecht ebenso wie das Namensrecht und das Recht am eigenen Bild als dessen besondere Erscheinungsformen[51], das Eigentum und die beschränkt dinglichen Rechte[52] wie auch die Immaterialgüterrechte[53]. Wird in ein absolutes Recht durch einen Dritten unbefugt eingegriffen, so kommen für den Inhaber des verletzten Rechts ggf. Schadensersatzansprüche aus § 823 Abs. 1, Beseitigungs- und Unterlassungsansprüche aus § 1004 Abs. 1 (analog)[54] wie auch Ansprüche aus ungerechtfertigter Bereicherung nach § 812 Abs. 1 Satz 1 Alt. 2 (Eingriffskondiktion) in Betracht.

> **Bsp. (1):** Beschädigt jemand rechtswidrig und schuldhaft das Kfz eines anderen, so steht dem Eigentümer aus § 823 Abs. 1 ein Schadensersatzanspruch zu.

> **Bsp. (2):** Stürzt von einem Nachbargrundstück ein Baum auf ein Grundstück, so hat der Eigentümer des betroffenen Grundstücks einen Anspruch auf Beseitigung der Beeinträchtigung nach § 1004 Abs. 1 Satz 1. Ist dabei das Haus des Eigentümers beschädigt worden, so besteht bei Verschulden des Grundstücksnachbarn zusätzlich ein Anspruch auf Schadensersatz aus § 823 Abs. 1.

> **Bsp. (3):** Wird ohne Einwilligung des Abgebildeten ein Foto zu Werbezwecken veröffentlicht, so hat der Abgebildete einen bereicherungsrechtlichen Anspruch aus §§ 812 Abs. 1 Satz 1 Alt. 2, 818 Abs. 2 auf Zahlung einer angemessenen Vergütung[55].

Relative Rechte sind solche subjektiven Rechte, **die sich nur gegen bestimmte Personen richten,** nur diese sind gegenüber dem Rechtsinhaber verpflichtet und können das Recht verletzen. Zu den relativen Rechten gehören die Ansprüche, insb. auch Forderungen aus einem Schuldverhältnis. **157**

> **Bsp. (1):** Verkäufer V hat einen Anspruch auf Kaufpreiszahlung (§ 433 Abs. 2) gegen die Käuferin K-GmbH, die bei Fälligkeit nicht zahlt. Die Pflicht zur Zahlung des Kaufpreises kann nur von der K verletzt werden, denn nur diese ist gegenüber V verpflichtet.

> **Bsp. (2):** Wird eine Kaufsache durch einen Dritten zerstört, so kann der Anspruch des Käufers gegen den Verkäufer auf Übergabe und Eigentumsverschaffung (§ 433 Abs. 1 Satz 1) zwar wegen Vorliegens tatsächlicher Unmöglichkeit untergehen (§ 275 Abs. 1). Dieser Untergang des Anspruchs des K beruht jedoch auf der gesetzlichen Regelung des § 275 Abs. 1, hiervon ist die tatsächliche Handlung des Dritten, die Zerstörung der Sache, zu unterscheiden.

---

51 Zu den Persönlichkeitsrechten s. oben Rn. 150.
52 Zu den Herrschaftsrechten an Sachen oben Rn. 151.
53 S. oben Rn. 151.
54 § 1004 schützt unmittelbar nur das Eigentum, der Schutz in Gestalt eines Beseitigungs- und Unterlassungsanspruchs ist jedoch von der Rspr. auf alle absoluten Rechte ausgedehnt worden, s. näher Palandt/*Bassenge*, BGB, § 1004 Rn. 4.
55 S. BGH NJW 1992, 2084 ff.

3. Entstehung bzw. Erwerb subjektiver Rechte

158 Der Erwerb subjektiver Rechte kann auf verschiedene Art und Weise erfolgen. Zum einen kann das Recht in der Person des Erwerbers neu entstehen, insoweit wird von einem **originären (ursprünglichen) Rechtserwerb** gesprochen. Ein solcher liegt z. B. bei der Begründung eines Schuldverhältnisses vor, der Gläubiger erwirbt dadurch originär ein subjektives Recht in Gestalt einer Forderung.

> **Bsp.:** Schließen V und K einen Kaufvertrag, so erwirbt V originär den Anspruch auf Kaufpreiszahlung (§ 433 Abs. 2); der K erlangt ebenfalls originär den Anspruch auf Übergabe und Eigentumsverschaffung an der Kaufsache (§ 433 Abs. 1 Satz 1). Denn diese Ansprüche haben vorher nicht bestanden, sondern sind erst durch den Abschluss des Kaufvertrages begründet worden.

Ein ursprünglicher Erwerb z. B. des Eigentums liegt vor, wenn sich jemand eine herrenlose bewegliche Sache aneignet (§ 958), des Weiteren in den Fällen der Ersitzung (§ 937) wie auch des Erwerbs durch Verbindung, Vermischung, Vermengung und Verarbeitung (§§ 946 ff.).

159 Subjektive Rechte können zum anderen aufgrund eines sog. **derivativen (abgeleiteten) Erwerbs** erlangt werden. In diesem Fall wird ein bereits bestehendes Recht von dem bisherigen Rechtsinhaber auf eine andere Person übertragen, wobei die Übertragung rechtsgeschäftlich[56] oder kraft Gesetzes erfolgen kann. In jedem Fall handelt es sich um eine sog. **Rechtsnachfolge.** Ein derivativer Erwerb aufgrund Rechtsgeschäfts liegt z. B. vor bei der Übertragung des Eigentums nach § 929 Satz 1 oder auch bei der Abtretung einer Forderung gemäß § 398.

> **Bsp.:** V hat aufgrund des Abschlusses eines Kaufvertrages mit K gegen diesen einen Anspruch auf Kaufpreiszahlung (§ 433 Abs. 2). Diese Forderung hat V mit dem Abschluss des Kaufvertrages originär erworben. Tritt V seine Forderung gegen K an G nach § 398 ab, so erwirbt der G die Forderung im Wege des derivativen Erwerbs als Rechtsnachfolger des V.

Im Zusammenhang mit dem derivativen Erwerb von Rechten ist zwischen der sog. **Singularsukzession** (Einzelrechtsnachfolge) und der sog. **Universalsukzession** (Gesamtrechtsnachfolge) zu unterscheiden. Die grds. allein mögliche Einzelrechtsnachfolge hat zum Inhalt, dass subjektive Rechte jeweils für sich nur einzeln nach den für die Übertragung des Rechts maßgebenden Vorschriften auf einen Rechtsnachfolger übertragen werden können. Hintergrund ist das sachenrechtliche Spezialitätsprinzip, wonach dingliche Rechte nur bezogen auf einzelne Rechtsobjekte bestehen und dementsprechend auch nur einzeln übertragen werden können[57]. Die Übertragung im Wege der Einzelrechtsnachfolge findet auch dann statt, wenn etwa aufgrund eines Kaufvertrages gleichzeitig eine Vielzahl von Gegenständen bzw. subjektiven Rechten übertragen werden soll.

> **Bsp.:** Arbeitgeber A veräußert aufgrund eines Kaufvertrages seinen Betrieb an B[58]. Die Übertragung der mit dem Betrieb verbundenen Gegenstände bzw. der daran bestehenden subjektiven Rechte hat grds. [59] für jeden Gegenstand einzeln zu erfolgen. So muss A das Eigentum an den Maschinen und Fahrzeugen jeweils nach §§ 929 ff. auf B

---

56 Zum Begriff des Rechtsgeschäfts s. Rn. 186 ff.
57 S. Hk-BGB/*Schulte-Nölke*, v. § 854–§ 1296 Rn. 18.
58 Betriebsübergang i. S. d. § 613a.
59 S. noch folgend Rn. 160.

übertragen. Die Übereignung des Betriebsgrundstücks hat nach §§ 873, 925 zu erfolgen. Forderungen, die A z.B. aus Lieferverträgen gegen Dritte hat, müssen je einzeln an B nach § 398 abgetreten werden.

Ausnahmsweise kann eine Rechtsnachfolge auch auf dem Weg einer sog. **Gesamt-** **160** **rechtsnachfolge** stattfinden. Das bedeutet, dass nicht jedes Recht einzeln nach den hierfür maßgebenden Vorschriften übertragen werden muss, sondern der Rechtsnachfolger **in einem Akt** in die gesamte Rechtstellung des Rechtsvorgängers eintritt. Wesentlicher Fall der Gesamtrechtsnachfolge ist die in § 1922 Abs. 1 geregelte **erbrechtliche Gesamtrechtsnachfolge,** wonach mit dem Tode einer Person (Erbfall) deren gesamtes Vermögen (Erbschaft) als Ganzes auf eine oder mehrere andere Personen (Erben) übergeht. Hierbei handelt es sich um eine **gesetzlich angeordnete Gesamtrechtsnachfolge.** Daneben gibt es den Vorgang der Gesamtrechtsnachfolge bei Verschmelzungen, Spaltungen und Vermögensübertragungen von Rechtsträgern nach dem Umwandlungsgesetz (UmwG), der insoweit gegenüber der erbrechtlichen Gesamtrechtsnachfolge eine Besonderheit aufweist, als hier die (partielle) Gesamtrechtsnachfolge als solche zwar auch gesetzlich angeordnet wird, jedoch **auf rechtsgeschäftlicher Grundlage** (Verschmelzungs-, Spaltungs-, Vermögensübertragungs-Vertrag) beruht[60].

4. Untergang subjektiver Rechte

Subjektive Rechte können aufgrund Rechtsgeschäfts[61] oder kraft Gesetzes unter- **161** gehen. Ein **rechtsgeschäftlicher Untergang** erfolgt durch **Verzicht,** der z. T. durch einseitiges Rechtsgeschäft[62], z. T. nur durch zweiseitiges Rechtsgeschäft (Vertrag)[63] möglich ist.

> **Bsp. (1):** Das Eigentum an einem Grundstück kann nach § 928 Abs. 1 dadurch aufgegeben werden, dass der Eigentümer den Verzicht dem Grundbuchamt gegenüber erklärt und der Verzicht in das Grundbuch eingetragen wird.

> **Bsp. (2):** Der Verzicht auf eine Forderung ist gemäß § 397 nur durch einen Erlassvertrag zwischen Gläubiger und Schuldner möglich. Der Gläubiger kann also nicht einseitig entscheiden, die Schuld zu erlassen. Damit soll der Schuldner geschützt werden, dem es vielleicht gar nicht angenehm ist, als jemand dazustehen, dem eine Schuld erlassen wird.

Nicht verzichtbar sind wegen ihrer Höchstpersönlichkeit die **Persönlichkeitsrechte,** diese gehen, auch wenn das nicht ausdrücklich angeordnet ist, kraft Gesetzes mit dem Tode des Rechtsträgers unter[64]. Dasselbe gilt, wenn der Gegenstand eines Herrschaftsrechts vernichtet wird. So geht das Eigentum unter, wenn die Sache zerstört wird. Forderungen erlöschen durch Erfüllung, wie sich aus § 362 Abs. 1 ergibt. Immaterialgüterrechte gehen nach Ablauf der Zeit unter, für die sie dem Rechtsinhaber (bzw. seinen Erben) ausschließlich zugewiesen sind. So erlischt nach § 64 UrhG das Urheberrecht 70 Jahre nach dem Tod des Urhebers.

---

60 S. hierzu näher *Boecken*, Unternehmensumwandlungen und Arbeitsrecht, Rn. 9 ff.
61 Zum Begriff des Rechtsgeschäfts s. Rn. 186 ff.
62 S. dazu Rn. 191.
63 Dazu Rn. 192.
64 S. *Larenz/Wolf*, BGB AT, § 14 Rn. 39.

§ 6 Rechtsobjekte

Literatur *Finger/P. Müller,* „Körperwelten" im Spannungsfeld von Wissenschaftsfreiheit und Menschenwürde, NJW 2004, 1073; *Hufen,* Die Menschenwürde, Art. 1 I GG, JuS 2010, 1; *Spranger,* Die Rechte des Patienten bei der Entnahme und Nutzung von Körpersubstanzen, NJW 2005, 1084; *Steding,* § 90a BGB – nur juristische Begriffskosmetik? Reflexionen zur Stellung des Tieres im Recht, JuS 1996, 962.

Rechtsprechung: BGH NJW 2000, 2898 (Sachgesamtheit, sachenrechtliches Bestimmtheitserfordernis bei Raumsicherungsübereignung; §§ 929, 930); **BGHZ 124, 52** (Schmerzensgeldanspruch bei Vernichtung einer Kryokonserve mit Sperma, Körperverletzung durch Beschädigung oder Vernichtung vorübergehend ausgegliederter Körperbestandteile, Abgrenzung zum Begriff der Sache; § 823 Abs. 1, § 847 Abs. 1 a. F. = § 253 Abs. 2 n. F.); **BGH NJW-RR 1990, 586** (Einbauküche als Zubehör eines Wohnhauses; §§ 94 Abs. 2, 97); **BGHZ 102, 135** (Kaufrechtliche Sachmängelgewährleistung für fehlerhafte Standardsoftware, rechtliche Einordnung von Verträgen über Softwareleistungen, einheitliche Sache; § 93, §§ 459 ff. a. F. = §§ 434 ff. n. F.); **BGHZ 61, 80** (Kfz als einheitliche zusammengesetzte Sache, serienmäßig hergestellter Austausch-Motor nicht wesentlicher Bestandteil des Kfz; §§ 93, 947 Abs. 2); **BGHZ 20, 159** (Herstellereigenschaft des Lieferanten von Rohstoffen unter Eigentumsvorbehalt, Hauptsache, Nebensache; §§ 947, 950); **RGZ 69, 117** (Maschinen als wesentliche Bestandteile einer Fabrik, Begriff der Sache, natürliche Einheit, zusammengesetzte Sache, wesentliche und unwesentliche Bestandteile, Zubehör; §§ 90, 93, 94, 97, 98); **RGSt 64, 313** (Kein Erwerb von Eigentum an einem menschlichen Leichnam durch die Erben, Sachbeschädigung; §§ 90, 1922 BGB, § 303 StGB).

I. Begriff und Abgrenzungen

162 Der **Begriff** des Rechtsobjekts ist im BGB nicht definiert und wird als solcher auch nicht verwendet. Stattdessen findet sich der Begriff des Gegenstandes bzw. der Gegenstände[1]. Rechtsobjekte werden deshalb auch als Rechtsgegenstände bezeichnet[2]. Der Begriff des Rechtsobjekts bzw. Gegenstands ist in Gegenüberstellung zu dem Begriff des Rechtssubjekts[3] zu verstehen. Mit dem Begriff des Rechtsobjekts werden **Gegenstände bezeichnet, die der rechtlichen Beherrschung durch eine Person unterliegen,** d. h. von ihr auf der Grundlage und im Rahmen der objektiven Rechtsordnung **genutzt und verwertet werden können**[4].

163 Zu den Rechtsobjekten gehören **Sachen**[5], **Tiere**[6] **und Rechte**[7]. **Kein Gegenstand des Rechts** bzw. Rechtsobjekt ist der **Mensch.** Die in Art. 1 Abs. 1 GG niedergelegte Menschenwürde verbietet es, den Menschen als einen der rechtlichen Beherrschung durch einen anderen unterliegenden Gegenstand anzusehen. Das gilt auch für die mit dem Menschen unmittelbar verbundenen **Persönlichkeitsrechte**[8]. Hingegen stellen **vom menschlichen Körper abgetrennte Teile** wie z. B. zum Zwecke

---

1 S. z. B. § 135 Abs. 1 Satz 1 und § 90.
2 S. *Larenz/Wolf,* BGB AT, § 20 Rn. 1.
3 S. dazu oben Rn. 83.
4 S. nur *Larenz/Wolf,* BGB AT, § 20 Rn. 1.
5 S. Rn. 164 ff.
6 S. Rn. 183.
7 S. Rn. 184.
8 S. dazu oben Rn. 150.

der Transplantation entnommene Organe vor ihrer Einpflanzung, gespendetes Blut oder auch gezogene Zähne grds. Rechtsobjekte dar[9]. Allerdings ist nach § 17 TPG der Handel mit menschlichen Organen verboten. Sofern Körperbestandteile ausgegliedert worden sind und nach dem Willen des Rechtsträgers keine körperliche Funktion mehr haben sollen, werden sie **mit der Trennung vom Körper** als bewegliche Sachen[10] in entsprechender Anwendung des § 953 Eigentum desjenigen, von dem sie ausgegliedert worden sind[11]. Soll dem ausgegliederten Körperbestandteil auch nach der Trennung noch **eine körperliche Funktion** zukommen, so handelt es sich nach wie vor um **einen Bestandteil des Körpers, nicht hingegen um ein Rechtsobjekt.**

> **Bsp.:** Lässt ein zeugungsfähiger Mann vor einer Operation, die möglicherweise zur Zeugungsunfähigkeit führt, Sperma einfrieren, um sich für den Fall der Zeugungsunfähigkeit die Möglichkeit zu erhalten, eigene Nachkommen zu haben, so kommt dem eingefrorenen Sperma nach wie vor eine körperliche Funktion zu, es bleibt im rechtlichen Sinne Bestandteil des Körpers. Das führt bei Vernichtung des Spermas dazu, dass eine Körperverletzung i.S.d. § 823 Abs. 1 gegeben ist[12].

Nicht als Rechtsobjekt einzuordnen ist auch der **menschliche Leichnam**[13]. Der Leichnam ist dem allgemeinen Rechtsverkehr entzogen, selbst Angehörigen steht an dem Leichnam kein Eigentum zu[14]. Die Nichteinordnung des Leichnams als Rechtsobjekt liegt in dem postmortal fortwirkenden Persönlichkeitsrecht[15] begründet. Im Hinblick darauf sind etwa Skelette und Mumien z.B. aus der Steinzeit als Rechtsobjekte anzusehen, denn bei diesen Leichen bzw. Leichenteilen wirkt kein Persönlichkeitsrecht mehr fort.

Das **Vermögen**, das im BGB an verschiedenen Stellen genannt wird[16] und worunter die **Summe aller geldwerten Rechte und Güter einer Person verstanden wird**[17], ist kein Rechtsobjekt. Zwar kann über das Vermögen ein schuldrechtlicher Vertrag wirksam geschlossen werden, wie § 311b Abs. 3 deutlich macht. Jedoch kann das Vermögen nicht als solches auf den Erwerber übertragen werden, vielmehr müssen die einzelnen Gegenstände des Vermögens (Sachen und Rechte) im Wege der Einzelrechtsnachfolge[18] nach den für die Übertragung der jeweiligen Rechte maßgebenden Vorschriften übertragen werden. Ebenso wenig wie das Vermögen ist das **Unternehmen** ein Rechtsobjekt. Der Begriff des Unternehmens wird im BGB häufig verwandt[19]. Hierunter ist die organisatorische Einheit personeller und sachlicher Mittel zur Erreichung eines wirtschaftlichen Zwecks zu verstehen. Das Unternehmen besteht aus einer Vielzahl bestimmter vermögenswerter Rechte und

---

9 S. Hk-BGB/*Dörner*, § 90 Rn. 3; s. auch PWW/*Völzmann-Stickelbrock*, BGB, § 90 Rn. 6.
10 S. zum Begriff Rn. 166.
11 S. BGHZ 124, 52 (55).
12 S. BGHZ 124, 52 ff.
13 So etwa *Brox*, BGB AT, Rn. 780; a. A. Palandt/*Ellenberger*, BGB, Überbl. v. § 90 Rn. 11 und Palandt/*Weidlich*, BGB, § 1922 Rn. 37.
14 S. RGSt 64, 313 (314 ff.).
15 S. dazu schon Rn. 88.
16 S. z.B. §§ 45 ff., 81 Abs. 1 Satz 2 oder auch 516 Abs. 1.
17 Zum Begriff des Vermögens s. *Medicus*, BGB AT, Rn. 1198; *Köhler*, BGB AT, § 22 Rn. 9.
18 S. oben Rn. 159.
19 S. z.B. §§ 449 Abs. 3, 622 Abs. 2.

Güter, z.B. Rechten an Grundstücken, Maschinen, Warenbeständen, Patentrechten wie auch sonstigen Rechten, z.B. Forderungen. Es handelt sich um einen **Inbegriff von bestimmten Vermögensgegenständen**[20]. Zwar kann auch über ein Unternehmen ein schuldrechtlicher Vertrag geschlossen werden, z.B. ein Kaufvertrag. Jedoch müssen die das Unternehmen ausmachenden Gegenstände jeweils für sich nach den einschlägigen Vorschriften übertragen werden.

II. Sachen

1. Begriff und Abgrenzungen

164 Nach der **Legaldefinition des § 90 sind Sachen im Sinne des Gesetzes nur körperliche Gegenstände.** Um einen körperlichen Gegenstand im Sinne dieser Vorschrift handelt es sich dann, wenn er sinnlich wahrnehmbar, räumlich abgegrenzt, tatsächlich beherrschbar und nach sachenrechtlichen Grundsätzen übertragbar ist[21]. Der Aggregatzustand des Gegenstandes spielt grds. keine Rolle[22]. Für die Einordnung eines Gegenstandes als Sache kommt es nicht darauf an, dass er tatsächlich oder rechtlich beherrscht ist, ausreichend ist vielmehr die **Beherrschbarkeit.** Aus diesem Grunde fallen auch herrenlose Sachen unter den Begriff der Sache.

165 Keine Sachen im Sinne des BGB sind nach der ausdrücklichen Vorschrift des § 90a **Tiere**[23]. Gleichfalls keine Sachen stellen **Energien** jeder Art dar, z.B. Strom, Licht, Wärme, Schallwellen oder auch Strahlen[24]. Diesen Gegenständen fehlt u.a. die für den Sachbegriff erforderliche Körperlichkeit[25]. Elektronische, auf einem Datenträger gespeicherte **Computer-Daten** sind ebenso wie **Software** bzw. **Computerprogramme** keine Sachen. Allerdings stellt ihre Verkörperung in Gestalt des Datenträgers (z.B. CD-ROM, USB-Stick) eine Sache dar[26]. Schließlich sind auch **natürliche Allgemeingüter** wie z.B. Luft und Wasser (offenes Meer, Grundwasser) keine Sachen im Sinne des BGB. Mangels Beherrschbarkeit sind sie dem Rechtsverkehr entzogen, darüber hinaus fehlt es an der Abgrenzbarkeit[27]. Anderes gilt dann, wenn diese Güter in Behältnissen verkörpert werden, etwa Wasser in einem Gefäß. Dann handelt es sich um eine Sache.

---

20 BGH NJW 1968, 392 (393).
21 S. Staudinger/*Dilcher*, BGB, Vorb. zu §§ 90 ff. Rn. 8.
22 LG Konstanz NJW 1996, 2662.
23 S. noch Rn. 183.
24 S. *Larenz/Wolf*, BGB AT, § 20 Rn. 15.
25 S. auch *Brox*, BGB AT, Rn. 781 und 796.
26 Streitig, s. BGH NJW 1993, 2436 (2437 f.); BGHZ 102, 135 (139 f.); a.A. BaRo/*Fritzsche*, BGB, § 90 Rn. 26 m. w. N. .
27 S. *Medicus*, BGB AT, Rn. 1175; *Larenz/Wolf*, BGB AT, § 20 Rn. 15.

2. Unterscheidungen von Sachen

a) Bewegliche und unbewegliche Sachen. Eine wichtige Unterscheidung von Sa- **166** chen ist die zwischen beweglichen und unbeweglichen Sachen. **Unbewegliche Sachen** sind **Grundstücke**. Ein Grundstück im Rechtssinne ist der infolge Vermessung räumlich abgegrenzte Teil der Erdoberfläche, der in der Abteilung Bestandsverzeichnis (Register) eines Grundbuchblatts ohne Rücksicht auf die Art seiner Nutzung unter einer besonderen Nummer eingetragen ist[28]. Grundstücken gleichgestellt sind insb. das Erbbaurecht (§ 11 Abs. 1 Satz 1 ErbbauRG), ferner das Bergwerkseigentum (§ 9 Abs. 1 S. 1 Hs. 2 BBergG) und wohl auch das Wohnungseigentum (§§ 3 ff. WEG)[29]. Insoweit wird von **grundstücksgleichen Rechten** gesprochen[30]. Sind Schiffe in das Schiffsregister eingetragen, so werden sie regelmäßig wie Grundstücke behandelt[31]. **Bewegliche Sachen** sind alle die Sachen, bei denen es sich nicht um Grundstücke handelt.

Die Unterscheidung zwischen beweglichen und unbeweglichen Sachen ist in verschiedener Hinsicht von Bedeutung. So erfolgt z. B. die **Übertragung des Eigentums** an beweglichen und unbeweglichen Sachen nach unterschiedlichen Vorschriften (§§ 929 ff. für bewegliche Sachen, §§ 873, 925 für Grundstücke). Nur für Grundstücke haben im Ausgangspunkt die Vorschriften des **privaten Nachbarrechts** der §§ 905 ff. Bedeutung. Die **schuldrechtliche Verpflichtung** zur Übertragung oder zum Erwerb des Eigentums an einem Grundstück bedarf nach § 311b Abs. 1 zu ihrer Wirksamkeit der notariellen Beurkundung[32]. Demgegenüber ist die Verpflichtung zur Eigentumsübertragung an einer beweglichen Sache formlos wirksam.

b) Vertretbare und nicht vertretbare Sachen. Gem. § 91 sind **vertretbare Sachen** **167** solche beweglichen Sachen, die im Verkehr nach Zahl, Maß oder Gewicht bestimmt zu werden pflegen. Das sind solche Sachen, die nach der Verkehrsanschauung **ohne weiteres austauschbar** sind, d. h., sich von anderen Sachen nicht durch ausgeprägte Individualisierungsmerkmale abheben[33]. Hierunter fallen z. B. serienmäßig angefertigte Produkte wie Autos und Maschinen, Zeitschriften, Serienmöbel[34], Heizöl, Kohlen, Wein[35] oder auch Bargeld. **Nicht vertretbare (unvertretbare) Sachen** sind solche, die durch individuelle Merkmale gekennzeichnet sind[36], z. B. eine den Wünschen des Bestellers angepasste Einbauküche[37], einmalige Kunstgegenstände, maßgeschneiderte Anzüge oder auch individuell angefertigte Möbel[38]. Zu den unvertretbaren Sachen gehören auch Grundstücke sowie Eigentumswoh-

---

28 S. BGHZ 49, 145 (146).
29 S. BGH NJW 1986, 1811 (1811); a. A. Palandt/*Bassenge*, BGB, Überbl. v. § 873 Rn. 3.
30 S. BGHZ 23, 241 (244).
31 S. BGHZ 112, 4 (5 ff.); Soergel/*Marly*, BGB, Vorb. § 90 Rn. 20.
32 S. § 128 und dazu Rn. 387 ff.
33 S. BGH NJW 1985, 2413 (2414); NJW 1971, 1793 (1794).
34 S. BGH NJW 1971, 1793 (1794).
35 BGH NJW 1985, 2403.
36 S. Hk-BGB/*Dörner*, § 91 Rn. 1.
37 BGH NJW-RR 1990, 787 (788).
38 S. RGZ 107, 339 (340).

nungen[39]. Die Unterscheidung zwischen vertretbaren und nicht vertretbaren Sachen erlangt u. a. **Bedeutung im Schadensersatzrecht.**[40]

> **Bsp.:** S ist wegen vollständiger Zerstörung eines dem G gehörenden Original-Gemäldes zum Schadensersatz verpflichtet, dessen Inhalt und Umfang sich nach §§ 249 ff. richtet. Grds. hat S nach § 249 Abs. 1 gemäß dem Grundsatz der Naturalrestitution den Zustand herzustellen, der ohne Eintritt des schädigenden Ereignisses bestünde. Allerdings kommt eine Reparatur als Möglichkeit der Herstellung angesichts der vollständigen Zerstörung des Bildes nicht in Betracht. Zwar kann als Naturalrestitution i. S. v. § 249 Abs. 1 grds. auch eine Ersatzbeschaffung in Frage kommen. Diese Möglichkeit ist jedoch auf vertretbare Sachen i. S. v. § 91 beschränkt[41]. Sie scheidet im vorliegenden Fall aus, weil es sich bei dem Original-Gemälde um eine nicht vertretbare Sache handelt. S ist daher wegen Unmöglichkeit der Herstellung nach § 251 Abs. 1 verpflichtet, den G in Geld zu entschädigen.

168   **c) Verbrauchbare und nicht verbrauchbare Sachen.** Nach § 92 Abs. 1 sind **verbrauchbare Sachen** solche beweglichen Sachen, deren **bestimmungsmäßiger Gebrauch in dem Verbrauch oder in der Veräußerung** besteht. Hierzu gehören z. B. Lebensmittel und Brennmaterial. Hierbei handelt es sich um **tatsächlich verbrauchbare Sachen.** Davon zu unterscheiden sind die **im Rechtssinne verbrauchbaren Sachen,** die zur Veräußerung bestimmt sind, wie z. B. Geld oder Wertpapiere[42]. Die Regelung des § 92 Abs. 2 fingiert alle beweglichen Sachen als verbrauchbar, die zu einem Warenlager oder zu einem sonstigen Sachinbegriff gehören, dessen bestimmungsmäßiger Gebrauch in der Veräußerung der einzelnen Sachen besteht. Ob ein entsprechender bestimmungsmäßiger Gebrauch gegeben ist, hängt von dem Willen des Berechtigten ab[43]. Die Unterscheidung zwischen verbrauchbaren und nicht verbrauchbaren Sachen ist z. B. bedeutsam bei Gebrauchsüberlassungsverträgen.

> **Bsp.:** A „leiht" sich von B ein Fahrrad und eine Packung Salz. Nach Ablauf der vereinbarten Zeit verlangt B beides zurück. A hat das Salz verbraucht. – Bzgl. der Packung Salz besteht keine leihvertragliche Pflicht zur Rückgabe in natura (§ 604 Abs. 1). Salz ist eine verbrauchbare Sache. Nach der „Leihvereinbarung" zwischen A und B war A zum Verbrauch berechtigt. Verbrauchbare Sachen sind i. d. R. vertretbare Sachen. Deshalb haben A und B einen Sachdarlehensvertrag geschlossen (§ 607 Abs. 1 Satz 1), weshalb der A lediglich „Sachen gleicher Art, Güte und Menge", mithin eine vergleichbare Packung Salz zurückzugeben hat (§ 607 Abs. 1 Satz 2). Hingegen ist das Fahrrad keine verbrauchbare Sache, die Nutzung bzw. Abnutzung des Fahrrades stellt keine Form des bestimmungsgemäßen Gebrauchs durch „Verbrauch" i. S. v. § 92 Abs. 1 dar[44]. A hat deshalb das geliehene Fahrrad (§ 598) gemäß § 604 Abs. 1 an B herauszugeben.

---

39   S. BGH NJW 1995, 587 (588).
40   S. näher zu den §§ 249 ff. *Pöschke* JA 2010, 257 ff.
41   S. BGH NJW 1985, 2413 (2414).
42   S. Palandt/*Ellenberger*, BGB, § 92 Rn. 2.
43   Palandt/*Ellenberger*, BGB, § 92 Rn. 3.
44   S. auch *Larenz/Wolf*, BGB AT, § 20 Rn. 34.

d) Teilbare und unteilbare Sachen. Eine Sache ist **teilbar**, wenn sie ohne Wertmin- **169**
derung in wirtschaftlich gleichartige Teile zerlegt werden kann, z.B. Bargeld, Zu-
cker oder auch Kartoffeln. Anderenfalls handelt es sich um eine **unteilbare Sache**,
z.B. ein Klavier oder auch ein Fahrrad. Die Unterscheidung erlangt Bedeutung
insb. bei der Aufhebung von Rechtsgemeinschaften[45]. Sofern die Teilung einer
Sache in Natur ausgeschlossen ist, kann die Teilung nur durch Verkauf, u. U. im
Wege der Teilungsversteigerung erfolgen.

e) Sache und Sachgesamtheit. Sache i. S. v. § 90 ist die **Einzelsache bzw. einheitli-** **170**
che Sache oder Sacheinheit. Die Sacheinheit kann zum einen eine **natürliche Ein-**
heit[46] sein, z.B. ein Stein oder die Karte eines Kartenspiels. Zum anderen liegt eine
einheitliche Sache auch dann vor, wenn eine Mehrzahl von Sachen **nach der Ver-**
kehrsanschauung unter Berücksichtigung ihrer Eignung und ihres Verwendungs-
zwecks im Rechtsverkehr als ein einheitlicher Gegenstand angesehen wird[47], z.B.
ein Kohlehaufen oder ein Legespiel. Eine Einzelsache ist darüber hinaus auch die
zusammengesetzte Sache (sog. **Körpereinheit**)[48], in der mehrere zunächst selbständige Sachen derart aufgegangen sind, dass sie als (wesentliche) Bestandteile
(§§ 93 ff.)[49] ihre Selbständigkeit verloren haben[50]. Beispiel hierfür ist etwa ein
Kraftfahrzeug, das u.a. aus Fahrgestell, Karosserie, Motor, Reifen, Lenkrad usw.
besteht[51].

Bei der sog. **Sachgesamtheit** handelt es sich nicht um eine Sache i.S.d. § 90, die **171**
Sachgesamtheit besteht aus mehreren selbständigen Einzelsachen[52], die im Verkehr unter einer einheitlichen Bezeichnung „als zusammengehörend" zusammengefasst sind und deren Wert und Funktionsfähigkeit durch ihre Vollständigkeit
und funktionale Verbindung mitbestimmt wird[53]. Das Gesetz verwendet den Begriff **Sachinbegriff**[54] und nennt als Beispiel das Warenlager (§ 92 Abs. 2). Weitere
Beispiele für Sachgesamtheiten sind etwa Münz-, Briefmarken- und sonstige
Sammlungen[55], eine „Handbibliothek Kunst"[56], der Bestand eines Archivs[57] oder
auch ein Kaffeeservice oder eine Möbel-Sitzgruppe[58]. Zwar kann schuldrechtlich
eine Verpflichtung zur Übertragung einer Sachgesamtheit eingegangen werden,
z.B. zum Verkauf eines Warenlagers. Allerdings kann diese Verpflichtung nur
durch Übereignung jeder Einzelsache nach den hierfür maßgebenden Vorschriften

---

45 S. für die Bruchteils-Gemeinschaft §§ 752 Satz 1, 753 (auch i. V. m. § 731 Satz 2 für die
    GbR, § 2042 Abs. 2 für die Miterbengemeinschaft).
46 S. RGZ 69, 117 (119).
47 S. BGHZ 102, 135 (149).
48 S. RGZ 87, 43 (45).
49 S. noch folgend Rn. 173 ff.
50 S. BGHZ 20, 154 (157 ff.).
51 S. BGHZ 18, 226 (228 ff.).
52 BGHZ 18, 226 (228).
53 BGHZ 76, 216 (219 f.).
54 S. etwa §§ 92 Abs. 2, 1035 Satz 1.
55 S. BGH NJW 2000, 2898 (2898).
56 BGH NJW-RR 1994, 1537 (1537 f.).
57 BGHZ 76, 216 (219 ff.).
58 OLG Celle NJW-RR 1994, 1305 (1305 f.).

erfüllt werden. Darüber hinaus können die Einzelsachen einer Sachgesamtheit unterschiedlichen Eigentümern rechtlich zugeordnet sein.

172 f) **Hauptsachen und Nebensachen.** Das Gesetz verwendet in manchen Vorschriften den **Begriff der Hauptsache**, so etwa in § 947 Abs. 2, wonach im Falle der Verbindung beweglicher Sachen gemäß § 947 Abs. 1 der Eigentümer der Hauptsache das Alleineigentum erwirbt, mithin der Eigentümer der Sache, die nicht als Hauptsache anzusehen ist, der **Nebensache**, das Eigentum verliert. Für die Beurteilung, welche Sachen bei mehreren Sachen als Hauptsache oder Nebensache anzusehen sind, kommt es weder auf das Wertverhältnis noch auf das Verhältnis des räumlichen Umfangs der Einzelsachen entscheidend an. Von einer Hauptsache kann nach der Verkehrsauffassung nur gesprochen werden, wenn die anderen Sachen fehlen können, ohne dass das Wesen der Sache dadurch beeinträchtigt würde[59].

> **Bsp.:** Das Gehäuse, in welches ein technisches Gerät eingefügt ist, kann dann nicht als Nebensache i.S.d. § 947 Abs. 2 angesehen werden, wenn zwar das Gerät ohne das Gehäuse in Tätigkeit gesetzt werden kann, jedoch praktisch nicht benutzbar ist[60].

3.   Wesentliche Bestandteile

173 Gem. § 93 können Bestandteile einer Sache, die voneinander nicht getrennt werden können, **ohne dass der eine oder der andere zerstört oder in seinem Wesen verändert wird (wesentliche Bestandteile)**, nicht Gegenstand besonderer Rechte sein. Sinn und Zweck von § 93 gehen dahin, die Vernichtung wirtschaftlicher Werte zu verhindern[61]. Rechtlich soll das dadurch sichergestellt werden, dass wesentliche Bestandteile **nicht Gegenstand besonderer Rechte sein können**, d.h., das Eigentum an der Sache zugleich auch das Eigentum an deren wesentlichen Bestandteilen umfasst. An einer Sache und ihren wesentlichen Bestandteilen kann also nicht jeweiliges Eigentum verschiedener Personen bestehen[62]. Rechtliche Bedeutung hat die sog. **Sonderrechtsunfähigkeit** wesentlicher Bestandteile insb. in den Fällen des gesetzlichen Eigentumsverlustes nach §§ 946 ff. So erstreckt sich nach § 946 das Eigentum an einem Grundstück auch auf bewegliche Sachen, die nach Verbindung mit dem Grundstück dessen wesentlicher Bestandteil geworden sind[63].

Unter **Bestandteilen einer Sache** werden die Teile einer natürlichen Sacheinheit wie auch die Teile einer zusammengesetzten Sache verstanden, die infolge der Zusammenfügung ihre Selbständigkeit verloren haben[64]. Für die Frage, **ob ein Bestandteil einer Sache wesentlich ist** und deshalb i. S. v. § 93 nicht Gegenstand besonderer Rechte sein kann, ist entscheidend, ob im Falle einer Trennung der eine oder

---

59 S. BGHZ 20, 159 (163).
60 S. BGHZ 20, 159 (161 ff.).
61 S. BGHZ 20, 154 (157).
62 S. auch Hk-BGB/*Dörner*, § 93 Rn. 1.
63 Der Verlust des Eigentums für den Eigentümer der beweglichen Sache, die wesentlicher Bestandteil des Grundstücks geworden ist, wird über die Rechtsgrundverweisung des § 951 Abs. 1 Satz 1 bereicherungsrechtlich ausgeglichen.
64 S. Palandt/*Ellenberger*, BGB, § 93 Rn. 2; Hk-BGB/*Dörner*, § 93 Rn. 2.

andere Bestandteil der zusammengefügten Sache **zerstört oder in seinem Wesen verändert wird.** Insoweit ist maßgebend darauf abzustellen, ob der eine oder andere Bestandteil nach der Trennung unter Berücksichtigung der Verkehrsanschauung **noch wirtschaftlich sinnvoll genutzt werden kann,** mag dies auch erst durch erneute Zusammenfügung mit einer anderen Sache möglich sein[65].

> **Bsp. (1):** Der Motor eines Kfz ist nicht dessen wesentlicher Bestandteil. Er kann jederzeit für andere Fahrzeuge als Antriebsmaschine verwendet werden. Auch das Kfz kann nach Ausbau des Motors weiter verwendet werden durch Einbau eines anderen Motors[66].

> **Bsp. (2):** Die fest verbundenen Glasscheiben einer Thermopan-Verglasung sind wesentliche Bestandteile des Fensters[67].

§ 94 bestimmt eigenständig, welche Sachen **wesentliche Bestandteile eines Grund-** **174** **stücks oder eines Gebäudes sind.** Die Vorschrift dient über den auch schon für § 93 maßgebenden Zweck, wirtschaftlich zusammengehörende Werte zu erhalten, hinaus der Schaffung klarer und sicherer Rechtsverhältnisse im Grundstücksverkehr[68]. Zu den wesentlichen Bestandteilen eines Grundstücks gehören nach § 94 Abs. 1 Satz 1 **die mit dem Grund und Boden fest verbundenen Sachen, insb. Gebäude.** Gebäude im Sinne der Vorschrift sind nicht nur (Fertig-)Häuser, sondern auch andere Bauwerke wie etwa eine Tiefgarage[69]. Die Frage, ob eine Sache mit dem Grundstück fest verbunden ist, ist nach der Verkehrsanschauung zu beurteilen. Wesentliche Bestandteile eines Grundstücks sind nach § 94 Abs. 1 Satz 1 auch dessen Erzeugnisse (§ 99 Abs. 1)[70], das sind die natürlichen Bodenprodukte, solange sie mit dem Boden zusammenhängen. Hierzu gehören etwa noch nicht geerntetes Obst oder noch nicht geschlagenes „Holz auf dem Stamm"[71]. Nach der Regelung des § 94 Abs. 1 Satz 2 werden Samen mit dem Aussäen, Pflanzen mit dem Einpflanzen wesentliche Grundstücksbestandteile.

Zu den **wesentlichen Bestandteilen eines Gebäudes** gehören gemäß § 94 Abs. 2 die zur Herstellung des Gebäudes eingefügten Sachen. Die Frage, ob eine Sache zur Herstellung eines Gebäudes eingefügt ist, ist danach zu entscheiden, ob die Einfügung dieser Sache dem Gebäude ein bestimmtes Gepräge gegeben hat. Dies ist nach der Verkehrsanschauung bei natürlicher Auffassung über das Wesen, den Zweck und die Beschaffenheit des Gebäudes zu beurteilen[72]. Zur Herstellung eingefügt ist eine Sache, ohne die das Gebäude nach der Verkehrsanschauung noch nicht fertiggestellt ist[73].

---

65 S. BGHZ 61, 80 (81 f.).
66 S. BGHZ 61, 80 (81 f.).
67 S. LG Lübeck NJW 1986, 2514 (2515).
68 S. BGHZ 26, 225 (228); BGHZ 53, 324 (325).
69 S. BGH NJW 1982, 756 (756).
70 S. noch folgend Rn. 180.
71 RGZ 80, 229 (232).
72 BGHZ 53, 324 (325).
73 BGH NJW 1984, 2277 (2278).

Bsp. (1): Eine Ölheizungsanlage ist wesentlicher Bestandteil eines Wohngebäudes[74].

Bsp. (2): Nach der Verkehrsanschauung ist ein Schulgebäude unter den klimatischen Verhältnissen Mitteleuropas ohne Heizungsanlage nicht fertig. Die Teile der Anlage werden dem Gebäude zu seiner Herstellung eingefügt[75].

175 Nach § 95 Abs. 1 Satz 1 gehören zu den Bestandteilen eines Grundstücks solche Sachen nicht, die nur **zu einem vorübergehenden Zweck** mit dem Grund und Boden verbunden sind. Gemäß Satz 2 von § 95 Abs. 1 gilt das gleiche von einem Gebäude oder einem anderen Werk, das in Ausübung eines Rechts an einem fremden Grundstück von dem Berechtigten mit dem Grundstück verbunden worden ist. In Parallele zu § 94 Abs. 2 bestimmt § 95 Abs. 2, dass die nur zu einem vorübergehenden Zweck in ein Gebäude eingefügten Sachen nicht zu den Bestandteilen des Gebäudes gehören. Die Regelung des § 95 **stellt eine Einschränkung zu §§ 93, 94 dar**, wonach die Bestandteile einer Sache i.S.d. § 95 – sog. **Scheinbestandteile** – Gegenstand besonderer Rechte sein können[76]. Die Frage, ob Sachen nur zu einem vorübergehenden Zweck verbunden oder eingefügt sind, ist nach dem inneren, mit dem äußeren Sachverhalt vereinbaren Willen des Verbindenden im Zeitpunkt der Vornahme der Verbindung zu beurteilen[77].

Bsp.: Auch bei einer festen Verbindung mit dem Boden sind etwa eine Kinderschaukel und ein Sandkasten keine wesentlichen Bestandteile des Grundstücks, weil derartige Anlagen nur zu einem vorübergehenden Zweck mit dem Grund und Boden verbunden werden, nämlich für die Dauer des Bedarfs für spielende Kinder[78].

176 Verbindet ein **Mieter, Pächter** oder ein in ähnlicher Weise **schuldrechtlich Berechtigter** Sachen mit dem Grund und Boden, so spricht regelmäßig **eine Vermutung dafür**, dass dies mangels besonderer Vereinbarungen nur in seinem Interesse für die Dauer des Vertragsverhältnisses und damit zu **einem vorübergehenden Zweck** geschieht[79]. Diese Vermutung wird nicht schon durch eine massive Bauart des Bauwerks oder aufgrund der langen Dauer des Vertrages entkräftet. Vielmehr ist erforderlich, dass der Erbauer bei der Errichtung des Bauwerks den Willen hat, dieses bei Beendigung des Vertragsverhältnisses in das Eigentum seines Vertragspartners übergehen zu lassen[80]. Nach der Regelung des § 95 Abs. 1 Satz 2 sind Scheinbestandteile auch solche Gebäude oder andere Bauwerke, die in Ausübung eines Rechts an einem fremden Grundstück von dem Berechtigten mit dem Grundstück verbunden worden sind. Ein solches Recht an einem fremden Grundstück, aufgrund dessen die Verbindung vorgenommen worden ist, kann z.B. das Erbbaurecht sein.

---

74 S. BGHZ 53, 324 ff. hier auch zu einer nachträglich eingebauten Ölheizungsanlage.
75 BGH NJW 1979, 712.
76 S. Hk-BGB/*Dörner*, § 95 Rn. 1 und 4.
77 S. BGHZ 54, 208 (210); S. zur Möglichkeit und den Voraussetzungen einer nachträglichen Umwidmung eines wesentlichen Bestandteils in einen Scheinbestandteil, BGHZ 165, 184 (187 ff.) m.w.N., str.
78 S. BGH NJW 1992, 1101 (1102).
79 S. BGH NJW 1996, 916 (917).
80 BGH NJW 1996, 916 (917).

Bsp.: Die von dem Pächter G auf dem Grundstück des L errichtete Windkraftanlage, die nach Ablauf von 30 Jahren wieder vollständig abgebaut werden soll, wird nur Scheinbestandteil des Grundstücks von L. Die lange Laufzeit ändert an dem vorübergehenden Zweck i.S.d. § 95 Abs. 1 S. 1 nichts, sofern nach dem Willen des G im Zeitpunkt der Verbindung feststeht, dass die Anlage nach einer bestimmten Zeit wieder entfernt werden soll.[81]

Gemäß § 96 gelten **Rechte, die mit dem Eigentum an einem Grundstück verbunden** **177** **sind**, als Bestandteil des Grundstücks. Sinn und Zweck dieser Fiktion gehen vor allem dahin, die hypothekarische Haftung nach §§ 1120 ff. auf die mit dem Grundstück verbundenen Rechte auszudehnen[82]. Zu den Rechten im Sinne der Vorschrift gehören wesentlich die sog. subjektiv-dinglichen Rechte, z.B. Grunddienstbarkeiten (§§ 1018 ff.) und Reallasten (§§ 1105 ff.)[83].

4. Zubehör

Nach § 97 Abs. 1 sind Zubehör solche **beweglichen Sachen**, die, ohne Bestandteil **178** der Hauptsache zu sein, dem **wirtschaftlichen Zweck der Hauptsache zu dienen bestimmt sind** und zu ihr in einem dieser Bestimmung entsprechenden räumlichen Verhältnis stehen. Die Zubehöreigenschaft ist nach Satz 2 von § 97 Abs. 1 nicht gegeben, wenn die Sache im Verkehr nicht als Zubehör angesehen wird. Darüber hinaus fehlt es nach § 97 Abs. 2 Satz 1 an der Zubehöreigenschaft bei nur vorübergehender Nutzung einer Sache für den wirtschaftlichen Zweck der Hauptsache. Die Regelung des § 98 enthält eine nicht abschließende Aufzählung, welche Sachen bei Gebäuden von Gewerbebetrieben und Landgütern dem Zweck der Hauptsache zu dienen bestimmt sind, das Gesetz spricht insoweit von gewerblichem und landwirtschaftlichem Inventar.

Zubehör sind im Unterschied zu Bestandteilen **grds. rechtlich selbständige Sachen**, können also sonderrechtsfähig sein und deshalb z.B. unabhängig von der Hauptsache übereignet werden[84]. Auf der anderen Seite wird der enge wirtschaftliche Zusammenhang zwischen Hauptsache und Zubehör in gesetzlichen Vorschriften dahin berücksichtigt, dass **das Zubehör grds. das rechtliche Schicksal der Hauptsache teilen soll**. So ist z.B. nach § 926 Abs. 1 Satz 2 im Falle einer Grundstücksveräußerung im Zweifel anzunehmen, dass sich die Veräußerung des Grundstücks auf das Zubehör erstrecken soll, der Erwerber also mit dem Eigentumserwerb am Grundstück auch das Eigentum am Zubehör erlangt.

Zubehör können nur bewegliche Sachen sein, die zugleich **nicht wesentliche oder unwesentliche Bestandteile der Hauptsache sein dürfen**. Hauptsache können bewegliche Sachen und Grundstücke sein.

---

81 Vgl. OLG Koblenz ZfIR 2007, 292 (292 f.); BGH NJW 1985, 789 (789 f.). In diesen Fällen wurde der vorübergehende Zweck verneint, weil der Grundstückseigentümer nach Ablauf der Laufzeit das Recht zur Übernahme der baulichen Anlagen hatte.
82 S. Palandt/*Ellenberger*, BGB, § 96 Rn. 1.
83 S. Palandt/*Ellenberger*, BGB, § 96 Rn. 2.
84 S. Palandt/*Ellenberger*, BGB, § 97 Rn. 1.

179 Eine bewegliche Sache ist nur dann Zubehör, wenn sie ihrem **wirtschaftlichen Zweck nach der Hauptsache zu dienen bestimmt ist.** Die Zubehöreigenschaft setzt mithin voraus, dass die bewegliche Sache bei wirtschaftlicher Betrachtung den Zweck der Hauptsache fördert[85], insoweit wird ein Abhängigkeitsverhältnis im Sinne einer übergeordneten Hauptsache (z. B. Grundstück) und einer untergeordneten beweglichen Sache gefordert[86].

> **Bsp.:** In aller Regel werden die einem Unternehmen zugeordneten Sachen als Zubehör desjenigen Grundstücks angesehen, auf welchem das Unternehmen betrieben wird[87].

Die Bestimmung der beweglichen Sache als Zubehör der Hauptsache erfolgt **durch den Willen desjenigen, der die Hauptsache nutzt**[88]. Hierbei handelt es sich um eine Widmung für den Zweck der Hauptsache[89]. Erforderlich ist eine Widmung auf unbestimmte Dauer. Soll die Benutzung der Sache für den wirtschaftlichen Zweck der Hauptsache nach dem Willen des Einfügenden nur vorübergehend sein, so fehlt es nach § 97 Abs. 2 Satz 1 an der Zubehöreigenschaft[90].

Die Zubehöreigenschaft einer beweglichen Sache erfordert weiter, dass die Sache zur Hauptsache in einem der Zweckbestimmung entsprechenden **räumlichen Verhältnis** steht. Das bedeutet nicht, dass die bewegliche Sache immer in unmittelbarer Nähe der Hauptsache angesiedelt sein muss[91].

> **Bsp. (1):** Die Sauerstoffanlage einer Röhrenfabrik ist auch dann als Zubehör anzusehen, wenn sie in einem etwa 1 km von der Fabrik entfernten Gebäude untergebracht ist[92].

> **Bsp. (2):** Auf fremden Grundstücken liegende Fernleitungen stehen im Hinblick auf ihre ununterbrochene Verbindung in einem ausreichenden räumlichen Verhältnis zum Elektrizitätswerk, von welchem sie ausgehen[93].

§ 97 Abs. 1 Satz 2 schließt trotz Vorliegens der Voraussetzungen des § 97 Abs. 1 Satz 1 die Zubehöreigenschaft aus, wenn die Sache **im Verkehr nicht als Zubehör angesehen wird.** Maßgebend ist die Verkehrsanschauung, d.h., die Auffassung, die sich allgemein oder in einer bestimmten Region gebildet hat und in den Lebens- und Geschäftsgewohnheiten der Beteiligten in Erscheinung tritt[94].

> **Bsp.:** Eine Einbauküche konnte nach der in Norddeutschland 1990 geltenden Verkehrsanschauung als Zubehör eines Wohnhauses angesehen werden[95]. Anders wurde entschieden für die Region Rheinland[96] wie auch den Niedersächsischen Raum[97].

---

85 S. Hk-BGB/*Dörner*, §§ 97, 98 Rn. 3.
86 S. BGHZ 85, 234 (237).
87 S. BGHZ 85, 234 (237).
88 BGH NJW 1969, 2135 (2136).
89 BGH NJW 1969, 2135 (2136); NJW 2009, 1078 (1079).
90 Siehe hierzu BGH NJW 2009, 1078 (1079 f.) bezogen auf die Zubehöreigenschaft einer Einbauküche.
91 S. Hk-BGB/*Dörner*, §§ 97, 98 Rn. 5.
92 S. RGZ 157, 40 (47 f.).
93 RGZ 87, 43 (47 f.).
94 S. Palandt/*Ellenberger*, BGB, § 97 Rn. 9.
95 BGH NJW-RR 1990, 586 (587 f.).
96 OLG Düsseldorf NJW-RR 1994, 1039 (1039 ff.).
97 OLG Celle NJW-RR 1989, 333; zum süddeutschen Raum s. BGH NJW 2009, 1078 (1079).

§ 98 soll die Anwendung des § 97 erleichtern. Zu diesem Zweck wird bestimmt, dass das **Inventar von gewerblichen Betriebsgebäuden und Landgütern** dem wirtschaftlichen Zweck der Hauptsache, also des Betriebsgebäudes oder des Landguts, zu dienen bestimmt ist[98].

5. Nutzungen

Nach § 100 sind Nutzungen die **Früchte einer Sache oder eines Rechts sowie die** **180**
Vorteile, welche der Gebrauch der Sache oder des Rechts gewährt. Der Begriff der Früchte einer Sache oder eines Rechts ist in § 99 näher beschrieben. Nutzungen haben rechtlich in verschiedener Hinsicht Bedeutung, so z.B. unter den Gesichtspunkten der Berechtigung zur Ziehung von Nutzungen oder der Verpflichtung zur Herausgabe von Nutzungen.

> **Bsp. (1):** Nach § 1030 Abs. 1 kann eine Sache in der Weise belastet werden, dass derjenige, zu dessen Gunsten die Belastung erfolgt, berechtigt ist, die Nutzungen der Sache zu ziehen (Nießbrauch).

> **Bsp. (2):** Gemäß § 818 Abs. 1 Alt. 1 erstreckt sich die Verpflichtung zur bereicherungsrechtlichen Herausgabe des rechtsgrundlos Erlangten auch auf die gezogenen Nutzungen.

Die Regelung des § 99 unterscheidet zwischen Sach- und Rechtsfrüchten. Gem. § 99 Abs. 1 sind **Früchte einer Sache** die Erzeugnisse der Sache und die sonstige Ausbeute, welche aus der Sache ihrer Bestimmung gemäß gewonnen wird. Insoweit wird von unmittelbaren Sachfrüchten gesprochen. Zu den Erzeugnissen einer Sache gehören z.B. natürliche Bodenprodukte wie etwa Obst, Gemüse, Getreide, Holz wie auch Tierprodukte, z.B. Kälber, Kuhmilch, Hühnereier. Aus einer Sache ihrer Bestimmung gemäß gewonnene Ausbeute sind z.B. Kohle aus einem Bergwerk oder Steine aus einem Steinbruch.

Nach § 99 Abs. 2 sind **Früchte eines Rechts** die Erträge, welche das Recht seiner Bestimmung gemäß gewährt, insb. bei einem Recht auf Gewinnung von Bodenbestandteilen die gewonnenen Bestandteile. Hierbei handelt es sich um sog. **unmittelbare Rechtsfrüchte.** Darunter fallen z.B. die von einem Pächter aufgrund des Pachtrechts und von einem Nießbraucher aufgrund des ihm eingeräumten Nießbrauchs gewonnenen Früchte.

Zu den Früchten gehören schließlich gemäß § 99 Abs. 3 auch die **Erträge,** welche eine Sache oder ein Recht vermöge eines Rechtsverhältnisses gewährt. Insoweit wird von sog. **mittelbaren Sach- und Rechtsfrüchten** gesprochen. Eine mittelbare Sachfrucht i.S.d. § 99 Abs. 3 ist z.B. der Pachtzins, den der Verpächter aufgrund des Pachtverhältnisses für die Überlassung der Sache erhält[99]. Unter die **mittelbaren Rechtsfrüchte** fällt wesentlich die Lizenzgebühr, die der Inhaber eines Immaterialgüterrechts für die Überlassung des Rechts zur Verwertung von dem Lizenznehmer erhält[100].

---

98 Zu § 98 Nr. 1 s. BGHZ 165, 261 (263 ff.).
99 S. BGHZ 63, 365 (367 f.).
100 S. Palandt/*Ellenberger*, BGB, § 99 Rn. 4.

181   Neben den Früchten i. S. d. § 99 sind gemäß § 100 Nutzungen auch **Vorteile, welche der Gebrauch der Sache oder des Rechts gewährt.** Nutzungen in Form von Vorteilen, die der Gebrauch einer Sache gewährt, sind vor allem bei Sachen bedeutsam, die wegen ihrer natürlichen Beschaffenheit keine unmittelbaren Sachfrüchte hervorbringen können, was bei den meisten beweglichen Sachen der Fall ist. **Gebrauchsvorteile einer Sache** sind solche Vorteile, die in der Verwendung einer Sache liegen oder aus ihrer Verwendung resultieren und regelmäßig durch den Sachbesitz vermittelt werden. Danach sind Gebrauchsvorteile etwa bei Fahrzeugen aller Art der aus der Nutzung derselben bspw. resultierende Vorteil des Fahrens oder des Transports. Der Gebrauch von elektrisch betriebenen Produktionsmaschinen gewährt den Vorteil der Produktion von Gütern. Die Nutzung eines Wohngrundstücks oder einer Wohnung gewährt den Vorteil des Wohnens. Für die Bewertung der Gebrauchsvorteile ist grds. deren objektiver Wert maßgeblich[101], z. B. der übliche Pachtzins oder der übliche Mietzins[102]. Unter dem **Gebrauchsvorteil eines Rechts** ist die Ausübung der mit dem Recht verbundenen Befugnisse zu verstehen[103]. Hierzu gehört etwa die Ausübung des Stimmrechts eines Wohnungseigentümers in einer Wohnungseigentümer-Versammlung[104].

182   Die Vorschrift des § 101 enthält eine Regelung zur **Verteilung von Früchten** zwischen mehreren aufeinander folgenden Berechtigten, soweit nicht eine besondere gesetzliche oder eine vertragliche Regelung eingreift. Die Vorschrift des § 102 gewährt demjenigen, der zur Herausgabe von Früchten verpflichtet ist, einen **Anspruch auf Ersatz der Kosten,** die im Zusammenhang mit der Gewinnung der Früchte entstanden sind. Schließlich findet sich in § 103 eine Bestimmung zur **Verteilung von Lasten,** d. h., von auf einer Sache oder auf einem Recht liegenden Leistungspflichten, die aus der Sache oder dem Recht zu entrichten sind und deshalb deren Nutzungswert mindern[105]. Zu solchen Lasten gehören z. B. zu entrichtende Hypotheken und Grundschuldzinsen[106].

III. Tiere

183   Zu den Rechtsobjekten gehören neben den Sachen auch die Tiere. Nach § 90a Satz 1 sind Tiere keine Sachen.[107] Sie werden gemäß § 90a Satz 2 durch besondere Gesetze geschützt, insb. ist hier neben Art. 20a GG das Tierschutzgesetz (TierSchG) von Bedeutung. Allerdings finden nach der Regelung des § 90a Satz 3 die für Sachen geltenden Vorschriften auf Tiere entsprechende Anwendung, soweit nicht etwas anderes bestimmt ist. Das BGB enthält nur vereinzelt von den Vor-

---

101   S. BGH NJW 1995, 2627 (2628).
102   S. BGH NJW 1998, 1707 (1707) und BGH NJW-RR 1998, 803 (805).
103   S. Palandt/*Ellenberger*, BGB, § 100 Rn. 1.
104   Palandt/*Ellenberger*, BGB, § 100 Rn. 1.
105   S. Palandt/*Ellenberger*, BGB, § 103 Rn. 1.
106   Palandt/*Ellenberger*, BGB, § 103 Rn. 3.
107   S. zur Einordnung dieser Norm als „gefühlige Deklamation ohne wirklich rechtlichen Inhalt" Palandt/*Ellenberger*, BGB, § 90a Rn. 1, sowie die Glosse von *K. Schmidt* JZ 1989, 790 ff.: BGB „zum Streicheln", a. a. O. (792).

schriften für Sachen abweichende Regelungen für Tiere, insb. die Bestimmung des
§ 251 Abs. 2 Satz 2 im Schadensersatzrecht[108]. Nach § 251 Abs. 2 Satz 1 kann der
Schädiger den Gläubiger in Geld entschädigen, wenn die Herstellung der beschädigten Sache nur mit unverhältnismäßigen Aufwendungen möglich ist. Hiervon
abweichend bestimmt § 251 Abs. 2 Satz 2, dass die aus der Heilbehandlung eines
verletzten Tieres entstandenen Aufwendungen nicht bereits dann unverhältnismä
ßig sind, wenn sie dessen Wert erheblich übersteigen.

IV. Rechte

In Abgrenzung zu den Sachen als körperlichen Gegenständen (§ 90) werden **un** **184**
körperliche Gegenstände als Rechte bezeichnet. Neben dem Eigentum als dem
umfassendsten Recht an einer Sache sowie den beschränkt dinglichen Rechten[109]
gehören hierzu etwa auch die Immaterialgüterrechte[110] wie auch Ansprüche[111].
Diese Rechte können von dem Inhaber des Rechts grds. genutzt, insb. übertragen
und belastet werden. Insoweit unterliegen sie der rechtlichen Beherrschung durch
den Rechtsinhaber und sind Rechtsobjekte[112].
Persönlichkeitsrechte[113] sind der Natur der Sache nach an eine bestimmte Person
gebunden. Als **höchstpersönliche Rechte** können sie **nicht Gegenstand des Rechts**
verkehrs sein und unterfallen deshalb nicht dem Begriff des Rechtsobjekts. Das
ändert nichts daran, dass Persönlichkeitsrechte als absolute Rechte[114] gegen Eingriffe geschützt sind und z.B. im Falle ihrer Verletzung eine Verpflichtung zum
Schadensersatz nach § 823 Abs. 1 für den Schädiger auslösen können.
Ebenfalls nicht als Rechtsobjekte einzuordnen sind **Gestaltungsrechte** wie z.B. die
Anfechtung, der Rücktritt oder die Kündigung, die an ein bestimmtes Rechtsverhältnis gebunden sind und damit nicht einer selbständigen rechtlichen Beherrschung durch eine Person unterliegen.

---

108 S. ferner etwa die lediglich deklaratorische Vorschrift des § 903 Satz 2 sowie §§ 701
    Abs. 4, 971 Abs. 1 Satz 2.
109 S. oben Rn. 151.
110 S. oben Rn. 151.
111 Dazu oben Rn. 155.
112 Zum Begriff des Rechtsobjekts s. oben Rn. 162.
113 S. dazu oben Rn. 150.
114 S. dazu oben Rn. 156.

3. Teil: **Rechtsgeschäftslehre**

§ 7 Das Rechtsgeschäft

Literatur: *Bayerle*, Trennungs- und Abstraktionsprinzip in der Fallbearbeitung, JuS 2009, 1079; *Coester-Waltjen*, Schuldverhältnis – Rechtsgeschäft – Vertrag, JURA 2003, 819; *Grigoleit*, Abstraktion und Willensmängel – Die Anfechtbarkeit des Verfügungsgeschäfts, AcP 199 (1999), 379; *Haedicke,* Der bürgerlich-rechtliche Verfügungsbegriff, JuS 2001, 966; *Haferkamp*, „Fehleridentität" – zur Frage der Anfechtung von Grund- und Erfüllungsgeschäft, JURA 1998, 511; *St. Lorenz*, Grundwissen – Zivilrecht: Abstrakte und kausale Rechtsgeschäfte, JuS 2009, 489; *Petersen*, Das Abstraktionsprinzip, JURA 2004, 98; *Strack*, Hintergründe des Abstraktionsprinzips, JURA 2011, 5
Übungsfall: *Edenfeld*, Übungsklausur Bürgerliches Recht: Anfechtung, Stellvertretung und Abstraktionsprinzip, JuS 2005, 42.
Rechtsprechung: BGHZ 97, 372 (Weder vertraglicher noch deliktischer Schadensersatzanspruch des Partners einer eheähnlichen Lebensgemeinschaft bei Geburt eines Kindes infolge abredewidrig unterlassener Empfängnisverhütungsmaßnahmen, Empfängnisverhütungsabrede ist einer rechtsgeschäftlichen Regelung nicht zugänglich; Art. 1, 2, 6 GG, §§ 823 Abs. 1, 826 BGB); **BGHZ 75, 221** (Begriff der Verfügung i.S.d. Sachenrechts, Anwartschaftsrecht, keine Erweiterung des Eigentumsvorbehalts ohne Zustimmung des Zweiterwerbers; §§ 185, 455, 929, 930); **BGHZ 21, 102** (Gefälligkeitsfahrt, Abgrenzung rechtsgeschäftlichen Handelns zur rechtlich bedeutungslosen Gefälligkeit; §§ 164, 241, 276, 662); **BGH NJW 1974, 1705** (Rechtsbeziehungen zwischen den Mitspielern einer Lottospielgemeinschaft, regelmäßig kein Rechtsgeschäft; §§ 705, 762);

I.   Bedeutung und Begriff des Rechtsgeschäfts

1.   Bedeutung und Funktion

185   Dem BGB liegt der liberale Gedanke der **Privatautonomie** zugrunde: Das Gesetz geht davon aus, dass der Einzelne innerhalb der durch die Rechtsordnung gesetzten Grenzen[1] seine Angelegenheiten auf der Ebene der Gleichordnung im Grundsatz eigenverantwortlich regeln kann[2]. Wesentlichen Ausdruck hat die Anerkennung dieser, im Ausgangspunkt an die Person und deren frei gebildeten Willen anknüpfenden **Selbstbestimmung** des einzelnen im bürgerlichen Recht in der Vertragsfreiheit (§ 311), der Vereinigungsfreiheit (§§ 21 ff., 705 ff.), der Eigentumsfreiheit (§ 903) und der Testierfreiheit (§§ 2064 ff.) gefunden. Diese Freiheiten,

---

1   Z. B. die Grenzen des gesetzlichen Verbots (§ 134) und der Sittenwidrigkeit (§ 138), dazu näher Rn. 436 ff. und 444 ff.
2   Zu Einschränkungen der privatautonomen Gestaltung unter verschiedenen Gesichtspunkten, insb. auch dem Ausgleich wirtschaftlicher Ungleichgewichte s. *Hattenhauer*, Grundbegriffe des bürgerlichen Rechts, S. 80 ff.

die als Grundbedingungen eigenverantwortlicher Lebensgestaltung anzusehen sind, werden zugleich verfassungsrechtlich gewährleistet und geschützt[3]. Zur Realisierung der Privatautonomie und insb. der vorgenannten Bereiche selbstbestimmten Handelns bedarf es eines rechtlichen Instrumentariums, mit dem die Vielfalt rechtlich bedeutsamer Willensakte erfasst wird. Dieses gesetzlich zwar nicht definierte, jedoch zugrunde gelegte und in vielfacher Hinsicht geregelte[4] Instrument ist das **Rechtsgeschäft**, das als hoch abstrakter Begriff eine Fülle unterschiedlicher Willensakte einer oder mehrerer Personen wie etwa den Kaufvertrag, die Kündigung, die Übertragung von Eigentum oder auch die Errichtung eines Testaments umfasst. Notwendiger Bestandteil eines jeden Rechtsgeschäfts ist die **Willenserklärung**, die als nucleus des Begriffs Rechtsgeschäft dessen Rückbindung an die Person und deren Willen als Legitimationsgrundlage für die Anerkennung rechtlich erheblichen Verhaltens zum Ausdruck bringt[5], gleichwohl aber von dem Begriff des Rechtsgeschäfts zu unterscheiden ist. Das macht schon die Systematik des Gesetzes deutlich, wenn der 3. Abschnitt des Allgemeinen Teils mit „Rechtsgeschäft" überschrieben ist und sich sodann im Titel 2 in den §§ 116 ff. Regelungen zur „Willenserklärung" finden. Eine besonders wichtige Erscheinungsform des Rechtsgeschäfts ist der Vertrag, der in einer von Selbstbestimmung geprägten bürgerlichen Rechtsordnung das wesentliche Mittel zur Verwirklichung des Güter- und Leistungsaustauschs darstellt[6].

2.   Begriff des Rechtsgeschäfts

Unter dem im Gesetz selbst nicht festgelegten Begriff des Rechtsgeschäfts wird ein Tatbestand verstanden, der auf die Herbeiführung eines vom Gesetz anerkannten Rechtserfolgs gerichtet ist. Wesentlicher Inhalt dieses Tatbestands sind eine oder mehrere Willenserklärungen, wobei unter Umständen weitere Erfordernisse hinzukommen müssen, um den beabsichtigten Rechtserfolg eintreten zu lassen[7].   **186**

a) Herbeiführung einer Rechtsfolge. Zunächst muss, insoweit deckungsgleich mit dem Begriff der Willenserklärung,[8] ein Tatbestand gegeben sein, der auf die Herbeiführung einer Rechtsfolge gerichtet ist. D. h. nichts anderes, als dass **durch das Verhalten einer oder mehrerer Personen etwas rechtlich Verbindliches erreicht** werden soll[9], was deshalb möglich ist, weil das Gesetz an das Vorliegen eines entsprechenden Tatbestands rechtliche Folgen knüpft.   **187**

---

3 S. Art. 2 Abs. 1 GG, der auch die Vertragsfreiheit umfasst, dazu nur Jarass/Pieroth/*Jarass*, GG, Art. 2 Rn. 4 mit Nachw. aus der Rspr. des BVerfG; Art. 9 GG Vereinigungsfreiheit; Art. 14 GG Eigentum und Erbrecht.

4 S. Abschnitt 3 des 1. Buches des BGB, §§ 104 ff.

5 S. hierzu eingehend und zur Entwicklung der Begriffe Rechtsgeschäft und Willenserklärung *Hattenhauer*, Grundbegriffe des bürgerlichen Rechts, S. 67 ff.

6 S. näher zum Vertrag Rn. 256 ff.

7 S. auch die Beschreibung des Begriffs bei *Brox/Walker*, BGB AT, Rn. 96 f.; *Larenz/Wolf*, BGB AT, § 22 Rn. 3; Palandt/*Ellenberger*, Überbl. v. § 104 Rn. 2.

8 S. noch folgend Rn. 198.

9 S. BGHZ 21, 102 (106 f.) in Abgrenzung zur rechtlich bedeutungslosen Gefälligkeit, dazu noch folgend im Text.

Bsp. (1): Durch den Abschluss eines Kaufvertrages über eine Sache führen die Vertragspartner eine Rechtsfolge herbei, indem sie jeweils mit dem in § 433 vorgesehenen Inhalt verpflichtet (und berechtigt) werden. Der Verkäufer wird verpflichtet, dem Käufer die Sache zu übergeben und das Eigentum zu verschaffen (§ 433 Abs. 1 Satz 1). Den Käufer trifft die Verpflichtung, den vereinbarten Kaufpreis zu zahlen und die gekaufte Sache abzunehmen (§ 433 Abs. 2).

Bsp. (2): Der Ausspruch einer Kündigung zielt auf die Rechtsfolge der Beendigung eines Dauerschuldverhältnisses, z.B. eines Arbeitsverhältnisses (§ 622).

188 **Nicht** unter den Begriff des Rechtsgeschäfts fallen hiernach **Verhaltensweisen** bzw. Erklärungen, die nicht auf die Herbeiführung einer rechtlichen Folge gerichtet, sondern im rechtlich bedeutungslosen und damit unverbindlichen gesellschaftlichen Bereich angesiedelt sind. Hierzu gehören bspw. Essenseinladungen ebenso wie das Versprechen, jemanden nach einer gemeinsamen Feier mit dem Auto nach Hause zu fahren, wie auch die während einer Zugfahrt erklärte Bereitschaft, kurzfristig auf das Gepäck eines Mitreisenden zu achten. Werden die Essenseinladung abgesagt, das Versprechen der Mitnahme im Auto nicht eingehalten oder das Gepäck im Zug trotz der Bereiterklärung zur Achtsamkeit gestohlen, so kann aus solchen enttäuschten Gefälligkeiten eine rechtliche Folge, Erfüllungsansprüche oder Schadensersatzansprüche, nicht abgeleitet werden. Bei solchen **Gefälligkeiten des täglichen Lebens** und im rein gesellschaftlichen Bereich haben die zur Gefälligkeit bereiten Personen nicht den Willen, sich rechtlich zu binden, sprich eine Rechtsfolge herbeiführen zu wollen[10].

> **Bsp.:** Die Zusage einer Frau, zur Verhütung einer Schwangerschaft Medikamente nehmen zu wollen, kann nicht ohne weiteres als rechtsgeschäftliche Erklärung verstanden werden[11].

189 Die Frage, ob eine rechtlich unerhebliche Gefälligkeit oder ein rechtsgeschäftlich relevantes Verhalten gegeben ist, lässt sich allerdings jenseits von Gefälligkeiten des täglichen Lebens nicht immer ohne weiteres beantworten.[12] Für die Abgrenzung zwischen Rechtsgeschäft und bloßer Gefälligkeit ist nach der Rspr. des BGH entscheidend, ob der Empfänger einer Leistung unter den gegebenen Umständen nach Treu und Glauben mit Rücksicht auf die Verkehrssitte (§ 242) auf einen über eine bloße Gefälligkeit hinausgehenden **rechtlichen Bindungswillen** des Leistenden schließen durfte[13]. Maßgebend hierfür sind die Umstände des Einzelfalles, wobei der Wert einer anvertrauten Sache, die wirtschaftliche Bedeutung einer Angelegenheit, das erkennbare Interesse des Begünstigten und die dem Leistenden erkennbare Gefahr einer fehlerhaften Leistung auf einen rechtlichen Bindungswillen schließen lassen können[14].

> **Bsp.:** Ein Fuhrunternehmen hat einen Frachtauftrag übernommen. Als der Lastwagen beladen ist, verunglückt der Fahrer tödlich. Das unter hohem Termindruck stehende Fuhrunternehmen fragt bei einer ihm bekannten Spedition an, ob diese einen Fahrer

---

10 S. BGHZ 21, 102 (107).
11 S. BGHZ 97, 372 (377 f.).
12 Zur Fallbearbeitung s. *Fezer*, Klausurenkurs BGB AT, Fall 5, S. 55 ff.
13 BGHZ 21, 102 (106 f.); BGH NJW 1974, 1705 (1706).
14 S. BGHZ 21, 102 (107); BGH NJW 1974, 1705 (1706).

zur Verfügung stellen kann. Die Spedition kommt der Bitte nach. Auf dem Rückweg bleibt der Lkw wegen Motorschadens liegen und muss abgeschleppt werden. Das Fuhrunternehmen verlangt von der Spedition die Reparatur- und Abschleppkosten mit der Begründung, diese habe einen unzuverlässigen Fahrer gestellt. Die Spedition verweist darauf, den Fahrer nur aus Gefälligkeit zur Verfügung gestellt zu haben. – Der BGH hat hier unter Berücksichtigung der gegebenen Umstände des Einzelfalles einen rechtsgeschäftlichen Charakter der Überlassung des Fahrers bejaht[15].

190 Werden im Zuge der Erweisung einer bloßen Gefälligkeit von dem Handelnden Schäden herbeigeführt, so kann mangels rechtsgeschäftlicher Grundlage allein eine gesetzliche Schadensersatzhaftung nach den Vorschriften über unerlaubte Handlungen der §§ 823 ff. und/oder aufgrund eines Tatbestands der Gefährdungshaftung in Betracht kommen.

> **Bsp.:** A bietet dem B nach einer Party an, ihn mit dem Wagen nach Hause zu bringen. Unterwegs verursacht der A fahrlässig einen Unfall, bei dem B verletzt wird. – Nach allgemeinen Regeln hat der B Anspruch auf Ersatz seiner materiellen Schäden aus § 823 Abs. 1, § 823 Abs. 2 BGB i. V. m. § 223 StGB sowie aus § 7 Abs. 1 StVG. Ein Anspruch auf Schmerzensgeld kommt nach § 253 Abs. 2 in Betracht.

Zum Teil wird in solchen Fällen einer Schadenszufügung aus Anlass einer Gefälligkeit die analoge Anwendung gesetzlicher **Haftungsmilderungsregelungen** bei unentgeltlicher Leistungserbringung – s. § 521 für den Schenker, § 599 für den Verleiher, und § 690 für den Verwahrer – befürwortet[16]. Angesichts der Parallele unter dem Aspekt der Unentgeltlichkeit liegt dieser Gedanke nahe. Auf der anderen Seite ist zu berücksichtigen, dass z. B. auch das Auftragsrecht (§§ 662 ff.) keine Haftungsmilderung für den Beauftragten kennt und die Entgegennahme einer Gefälligkeit als solche noch kein Grund ist, den gesetzlich vorgesehenen Schutz von Rechtspositionen zu mindern. Jedenfalls für **Gefälligkeitsfahrten im Straßenverkehr** kommt nach der Rspr. des BGH eine Haftungsmilderung nur in Betracht, wenn eine entsprechende Abrede getroffen wurde oder von einem stillschweigenden Haftungsausschluss ausgegangen werden kann[17].

191 **b) Willenserklärung(en) als wesentlicher Inhalt des Rechtsgeschäfts.** Wesentlicher Inhalt des Rechtsgeschäfts sind **eine oder mehrere Willenserklärungen**[18], die den beabsichtigten Rechtserfolg herbeiführen. Hiernach wird zwischen einseitigen und mehrseitigen Rechtsgeschäften unterschieden[19]. Bei einem **einseitigen Rechtsgeschäft** wird der gewollte rechtliche Erfolg bereits durch die Willenserklärung einer Person herbeigeführt. Für das Zustandekommen des einseitigen Rechtsgeschäfts genügt mithin anders als bei einem Vertrag[20] eine Willenserklärung[21]. Bedeutsame **Beispiele für ein einseitiges Rechtsgeschäft** sind etwa die Kündigung eines Dauerschuldverhältnisses[22] wie auch die Anfechtung eines Rechtsge-

---

15 BGHZ 21, 102 (108 f.).
16 S. Staudinger/*Schiemann*, Eckpfeiler, C. Rn. 8.
17 S. BGHZ 30, 40 (46); 43, 72 (76 f.). S. näher zur Haftungsmilderung *Medicus*, BGB AT, Rn. 186 ff.
18 Zum Begriff der Willenserklärung s. folgend Rn. 198 ff.
19 S. nur Palandt/*Ellenberger*, BGB, Überbl. v. § 104 Rn. 11 f.
20 Siehe noch folgend Rn. 192.
21 Siehe *Leenen* JURA 2007, 721 ff. (723).
22 Z. B. eines Arbeitsverhältnisses, § 622 oder § 626.

schäfts[23]. Um ein einseitiges Rechtsgeschäft handelt es sich des Weiteren bei der Auslobung nach § 657[24].

192 Unter **mehrseitigen Rechtsgeschäften** werden solche Tatbestände verstanden, deren Zustandekommen mindestens zwei Willenserklärungen verschiedener Personen erfordert. **Hauptbeispiel für ein mehrseitiges Rechtsgeschäft ist der Vertrag,** der als Rechtserfolg im Sinne der Erzeugung bindender Wirkungen für die Vertragsparteien nur durch mindestens zwei übereinstimmende Willenserklärungen, nach der gesetzlichen Terminologie Antrag (Angebot) und Annahme (§§ 145 ff.), zustande kommen kann[25]. Verträge als wesentlicher Fall mehrseitiger Rechtsgeschäfte können auch durch mehr als nur zwei übereinstimmende Willenserklärungen zustande kommen, so etwa beim Gesellschaftsvertrag i. S. d. § 705, wenn mehr als zwei Gesellschafter sich gegenseitig zur Förderung der Erreichung eines gemeinsamen Zwecks verpflichten[26]. Zu den mehrseitigen Rechtsgeschäften gehört auch der **Vertrag zur Gründung eines Vereins**[27], bei dem es sich im Unterschied zu einem gegenseitigen Vertrag[28] mangels Verpflichtung zum Leistungsaustausch untereinander um einen Vertrag zur Schaffung des Organisationsgebildes Verein handelt[29]. Ein mehrseitiges Rechtsgeschäft stellt schließlich auch der **Beschluss** von Mitgliedern einer Personengesellschaft oder Organen einer körperschaftlichen Personenvereinigung, etwa eines Vereins, dar, der im Unterschied zu einem Vertrag nicht aus aufeinander bezogenen, sondern aus gleichgerichteten Willenserklärungen besteht und als **Gesamtakt** bezeichnet wird[30].

193 c) **Weitere Erfordernisse.** Der Begriff des Rechtsgeschäfts umfasst darüber hinaus auch solche Tatbestände, bei denen der rechtliche Erfolg nicht allein durch die Äußerung eines rechtserheblichen Willens herbeigeführt werden kann, sondern es zusätzlicher Erfordernisse bedarf. Diese können in einem **tatsächlichen Element** wie auch in einem **behördlichen Mitwirkungsakt** bestehen.

> **Bsp. (1):** Zur Übertragung des Eigentums an einer beweglichen Sache ist nach § 929 Satz 1 neben der Einigung über den Eigentumsübergang als dinglichem Vertrag erforderlich, dass der Eigentümer dem Erwerber die Sache übergibt. Der beabsichtigte Rechtserfolg der Eigentumsübertragung kann also nur eintreten, wenn zusätzlich zur Einigung das tatsächliche Element der Besitzübergabe[31] vorliegt. Das Rechtsgeschäft umfasst hier mithin mehr als lediglich zwei übereinstimmende Willenserklärungen.

> **Bsp. (2):** Zur Übertragung des Eigentums an einem Grundstück als Rechtserfolg ist nach § 873 Abs. 1 neben der Einigung der Vertragsparteien[32] die Eintragung des Erwerbers in das Grundbuch erforderlich. Hierbei handelt es sich um einen behördlichen Mitwirkungsakt, für den nach der Grundbuchordnung das Grundbuchamt zuständig ist.

---

23 Zur Anfechtung s. Rn. 493 ff., 535 ff.
24 Hierzu gehören außerdem die Übertragungspflicht des Stifters nach § 82, die durch das Stiftungsgeschäft und die Anerkennung der Stiftung begründet wird (s. oben Rn. 135), das Vermächtnis nach §§ 1939, 2147 ff. und die Eigentumsaufgabe nach § 959.
25 S. ausf. zum Vertrag Rn. 256 ff.
26 S. hierzu näher oben Rn. 141.
27 S. oben Rn. 115.
28 Zum Begriff s. Rn. 194.
29 Dazu näher oben Rn. 115.
30 S. BGH NJW 1998, 3713 (3714) und näher oben Rn. 118.
31 Zum Begriff des Besitzes s. § 854.
32 Die sog. Auflassung, § 925.

II. Unterscheidung zwischen Verpflichtungs- und Verfügungsgeschäft – Trennungs- und Abstraktionsprinzip

1. Verpflichtungs- und Verfügungsgeschäfte

Unter dem Gesichtspunkt der mit der Herbeiführung eines rechtlichen Erfolgs **194** erzeugten Wirkungen gibt es **zwei grundlegende Kategorien von Rechtsgeschäften**, und zwar die **Verpflichtungs- und die Verfügungsgeschäfte**. Diese Unterscheidung erfasst zwar den wesentlichen Teil der Rechtsgeschäfte, sie ist jedoch nicht umfassend[33].

Zu den **Verpflichtungsgeschäften** gehören die Rechtsgeschäfte, deren rechtlicher Erfolg darin besteht, dass eine Person gegenüber einer anderen zu einer Leistung verpflichtet wird[34]. Mit der Begründung der Verpflichtung entsteht ein **Schuldverhältnis i. S. d. § 241,** die geschuldete Leistung kann in einem Tun oder einem Unterlassen bestehen, das Gesetz spricht insoweit aus der Sicht des Gläubigers von einem Anspruch (§ 194). Die Entstehung eines Verpflichtungsgeschäfts als eines rechtsgeschäftlich begründeten Schuldverhältnisses erfordert nach § 311 Abs. 1 i. d. R. einen Vertrag und damit ein mehrseitiges Rechtsgeschäft[35]. Soweit das Gesetz ausnahmsweise anderes vorsieht, kann ein Verpflichtungsgeschäft auch durch einseitiges Rechtsgeschäft begründet werden, so etwa in den Fällen der Auslobung (§ 657) und der Stiftung (§ 82)[36].

Die durch mehrseitiges Rechtsgeschäft, also Vertrag begründeten Rechtsgeschäfte werden unterschieden in gegenseitig verpflichtende Verträge, unvollkommen zweiseitig verpflichtende Verträge und einseitig verpflichtende Verträge[37]. Bei den **gegenseitigen Verträgen** verspricht der eine Vertragsteil die Leistung deshalb und nur deshalb, weil auch der andere Vertragsteil sich zu einer Leistung verpflichtet, im Sinne des **„do ut des"** ist jeder bereit zu geben, weil auch der andere gibt. Es handelt sich um sog. **synallagmatische Verträge**, d.h., die jeweiligen Leistungspflichten stehen in einem Austausch- und Abhängigkeitsverhältnis[38].

> **Bsp.:** Der Kaufvertrag ist ein gegenseitiger Vertrag: Der Verkäufer einer Sache verpflichtet sich nur deshalb zur Übergabe und Eigentumsverschaffung (§ 433 Abs. 1), weil sich der Käufer seinerseits zur Zahlung des Kaufpreises verpflichtet (§ 433 Abs. 2). Der Arbeitsvertrag als Unterfall des Dienstvertrages (§ 611) ist gleichfalls ein gegenseitiger Vertrag, aufgrund dessen der Arbeitnehmer zur Erbringung der Arbeitsleistung, der Arbeitgeber seinerseits zur Gewährung der vereinbarten Vergütung verpflichtet ist.

Für die **unvollkommen zweiseitig verpflichtenden Verträge** ist charakteristisch, dass unmittelbar eine Leistungspflicht nur für einen Vertragsteil begründet wird. Für den anderen Vertragsteil können Verpflichtungen entstehen, die jedoch zur vertragstypischen Leistungspflicht nicht in einem Gegenseitigkeitsverhältnis stehen.

---

33 S. hierzu *Larenz/Wolf*, BGB AT, § 23 Rn. 31 ff. und 35 ff.
34 S. nur *Brox/Walker*, BGB AT, Rn. 103.
35 S. oben Rn. 192.
36 S. oben Rn. 191.
37 S. etwa *Larenz/Wolf*, BGB AT, § 23 Rn. 32.
38 Das hat der Gesetzgeber in den §§ 320 ff. über den gegenseitigen Vertrag besonders geregelt.

Bsp.: Musterbeispiel hierfür ist der Auftrag i.S.d. §§ 662 ff.: Die diesen Vertragstyp charakterisierende Verpflichtung besteht darin, dass der Beauftragte ein ihm von dem Auftraggeber übertragenes Geschäft für diesen unentgeltlich zu besorgen hat. Für den Auftraggeber kann nach § 670 eine Verpflichtung zum Aufwendungsersatz entstehen, was allerdings nur der Fall ist, wenn der Beauftragte Aufwendungen gemacht hat, die er den Umständen nach für erforderlich halten durfte.

Die **einseitig verpflichtenden Verträge** sind dadurch gekennzeichnet, dass nur eine der Vertragsparteien zu einer Leistung verpflichtet wird.

Bsp.: Ein bedeutsamer Fall des einseitig verpflichtenden Vertrages ist die Schenkung, §§ 516, 518: Hier wird allein aufgrund des Vertrages der Schenker verpflichtet, aus seinem Vermögen dem Vertragspartner etwas unentgeltlich zuzuwenden.

Alle vorgenannten vertraglich begründeten Schuldverhältnisse wie auch die durch einseitiges Rechtsgeschäft entstehenden Schuldverhältnisse sind Verpflichtungsgeschäfte, sie begründen die **Pflicht zu einem Tun oder Unterlassen.** Insoweit wird auch von obligatorischen Rechtsgeschäften gesprochen. Sie lassen für den oder die Berechtigten Ansprüche entstehen, auf eine bestehende Rechtslage bzw. bestehende Rechte wirken Verpflichtungsgeschäfte nicht ein.

Bsp.: Kauft der A etwa am 1. Juni 2005 bei dem Möbelhändler M einen Schrank, der am 15. Juli 2005 geliefert und bezahlt werden soll, so wird zwar am 1. Juni 2005 ein Verpflichtungsgeschäft in Gestalt des Kaufvertrages mit den daraus resultierenden gegenseitigen Verpflichtungen für A und M abgeschlossen. An den Rechtspositionen von M und A bzgl. des Schranks und des als Kaufpreis zu zahlenden Geldes, jeweils Eigentum, ändert sich durch den Abschluss des Kaufvertrages selbst nichts.

195   Im Unterschied zu den Verpflichtungsgeschäften sind **Verfügungsgeschäfte** solche Rechtsgeschäfte, deren rechtlicher Erfolg in einer **unmittelbaren Einwirkung auf ein Recht** besteht, wobei die Verfügung in der **Übertragung** eines Rechts, der **Belastung** eines Rechts, der **Aufhebung** eines Rechts sowie der **Änderung des Inhalts** eines Rechts bestehen kann[39]. Eine Verfügung in Gestalt der **Übertragung eines Rechts** ist z.B. die **Übertragung des Eigentums** an einer beweglichen Sache nach § 929. Mit der Vornahme des Rechtsgeschäfts wird der Erwerber Eigentümer, es hat eine Rechtsübertragung stattgefunden, Verpflichtungen werden dadurch nicht begründet. Zu den übertragenden Verfügungen gehört auch die Abtretung i.S.d. § 398 Satz 1, wonach eine Forderung[40] von dem Gläubiger durch Vertrag mit einem anderen auf diesen übertragen werden kann. Die Verfügung besteht darin, dass die Inhaberschaft bzgl. der Forderung auf eine andere Person übergeht, das Recht in Gestalt der Forderung also, letztlich nicht anders als das Eigentum als Recht an einer Sache, auf eine andere Person übertragen wird. Darin erschöpft sich die Abtretung als übertragende Verfügung, Verpflichtungen werden dadurch weder für den alten noch den neuen Inhaber der Forderung begründet.

196   Eine **Verfügung in Form der Aufhebung** eines Rechts ist bspw. die in § 959 geregelte Aufgabe des Eigentums an einer beweglichen Sache. Diese wird herrenlos, d.h., der bisherige Eigentümer verliert das Eigentum an der Sache, ohne dass ein anderer Eigentümer wird, indem er mit dem Willen zum Verzicht auf das Eigentum den Besitz der Sache aufgibt.

---

39 S. BGHZ 1, 294 (304); 75, 221 (226); 101, 24 (26).
40 § 241.

Bsp.: Will jemand sein schrottreifes Kfz loswerden, so kann er bürgerlich-rechtlich nach § 959 das Eigentum an dem Kfz aufgeben. Damit verstößt er allerdings gegen öffentlich-rechtliche Verpflichtungen[41]. Zur Frage der Eigentumsaufgabe bei Sperrmüll s. z.B. LG Ravensburg NJW 1987, 3142 f., hier zu dem Fall, dass ein Künstler selbstgemalte Bilder zum Sperrmüll auf die Straße stellt, damit sie von der Sperrmüllabfuhr am nächsten Tag mitgenommen werden. Rechtlich zu prüfen ist hier, ob eine Eigentumsaufgabe i.S.d. § 959 vorliegt oder ein Angebot zur Eigentumsübertragung an das Unternehmen der Sperrmüllabfuhr.

Eine Verfügung durch Aufhebung eines Rechts, und zwar einer Forderung, stellt auch der in § 397 normierte Erlassvertrag dar[42]. Die **Belastung eines Rechts** ist gleichfalls eine Verfügung. Ein Beispiel hierfür ist die Bestellung eines Pfandrechts an einer beweglichen Sache zur Sicherung einer Forderung nach Maßgabe der §§ 1204 f. Mittels des Pfandrechts erhält der Gläubiger das Recht, Befriedigung aus der Sache im Wege des Pfandverkaufs zu suchen, sobald seine Forderung ganz oder zum Teil fällig geworden ist (§§ 1204, 1228). Schließlich kann eine Verfügung auch in der **inhaltlichen Änderung eines Rechts** bestehen. § 1198 regelt eine solche Verfügung, danach kann eine Hypothek in eine Grundschuld und eine Grundschuld in eine Hypothek umgewandelt werden.[43]

Zu den Verfügungsgeschäften gehören nach allerdings zum Teil bestrittener Ansicht auch die **Gestaltungsrechte**, wie z.B. die Anfechtung eines Rechtsgeschäfts oder die Kündigung eines Dauerschuldverhältnisses[44]. Das ist unter dem Gesichtspunkt zutreffend, dass auch durch die Ausübung eines Gestaltungsrechts unmittelbar auf Rechtspositionen eingewirkt wird, so führt etwa die Anfechtung zur ex tunc-Nichtigkeit des Rechtsgeschäfts (§ 142 Abs. 1) und der hieraus resultierenden Verpflichtungen bzw. Ansprüche.

Die vorstehenden Beispiele für Verfügungsgeschäfte machen deutlich, dass **Verfügungen sowohl mehrseitige wie auch einseitige Rechtsgeschäfte** sein können. Des Weiteren gelangt zum Ausdruck, dass Verfügungsgeschäfte wesentlich im Sachenrecht Bedeutung haben, zum Teil aber auch, wie §§ 397, 398 zeigen, im Schuldrecht zu finden sind. Im Unterschied zu den Verpflichtungsgeschäften werden durch Verfügungsgeschäfte keine Leistungspflichten begründet. Vielmehr erschöpfen sich Verfügungen in der unmittelbaren Einwirkung auf ein bestehendes Recht. Anders als bei Verpflichtungsgeschäften, die als Verträge nach dem in § 311 Abs. 1 niedergelegten Grundsatz der Vertragsfreiheit innerhalb der Grenzen insb. der §§ 134 und 138 inhaltlich beliebig ausgestaltet werden können[45], gibt es eine solche inhaltliche Gestaltungsfreiheit bei Verfügungsgeschäften nicht. Diese können nur mit dem gesetzlich festgelegten Inhalt vorgenommen werden[46].

---

41 § 4 Abs. 1 AltfahrzeugV regelt die Pflicht zur ordnungsgemäßen Entsorgung des Kfz.

42 Für den Erlass einer Schuld ist ein Vertrag erforderlich, einen einseitigen Verzicht auf einen Anspruch mit rechtlicher Bindung für den Gläubiger bzw. Schuldner kennt das BGB nicht, s. BGH NJW 1987, 3203 (3203).

43 Zur Unterscheidung zwischen den Grundpfandrechten Hypothek und Grundschuld s. Palandt/*Bassenge*, BGB, Überbl. v. § 1113 Rn. 1.

44 BGHZ 1, 294 (304); Palandt/*Ellenberger*, BGB, Überbl. v. § 104 Rn. 17; a. A. etwa *Larenz/Wolf*, BGB AT, § 23 Rn. 37 m. w. N.

45 Für die einseitig begründeten Verpflichtungsgeschäfte gilt das nicht, s. § 311 Abs. 1, diese kommen nur in den gesetzlich vorgesehenen Fällen in Betracht.

46 S. etwa *Köhler*, BGB AT, § 5 Rn. 13.

2.   Trennungs- und Abstraktionsprinzip

197 Verfügungsgeschäfte, etwa die Übertragung des Eigentums an einer beweglichen Sache nach § 929, werden i. d. R. nicht isoliert getätigt. Vielmehr werden diese Rechtsgeschäfte grds. im Zusammenhang und zum Zwecke der Erfüllung einer Leistungspflicht aufgrund eines Verpflichtungsgeschäfts vorgenommen, worin der **rechtliche Grund für die Vornahme der Verfügung** liegt. Besonders deutlich wird das am Beispiel des Kaufvertrages, der als gegenseitiger Vertrag[47] Verpflichtungen sowohl für Verkäufer wie auch Käufer begründet, die nur durch die jeweilige Vornahme von Verfügungsgeschäften erfüllt werden können.

> **Bsp.:** A schließt mit M einen Kaufvertrag über einen Schrank. – Nach § 433 Abs. 1 Satz 1 wird der M durch den Kaufvertrag verpflichtet, dem A den Schrank zu übergeben und Eigentum an demselben zu verschaffen. A ist gemäß § 433 Abs. 2 verpflichtet, den vereinbarten Kaufpreis an M zu zahlen[48]. Beide Kaufvertragsparteien können ihre aufgrund des Kaufvertrages als Verpflichtungsgeschäft bestehenden Leistungspflichten nur durch die Vornahme von Verfügungsgeschäften erfüllen. Der M hat nach § 929 das Eigentum an dem Schrank auf A zu übertragen, der A hat gleichfalls nach § 929 das Eigentum am Geld zu übertragen.

Trotz des **wirtschaftlichen Zusammenhangs** der verschiedenen Rechtsgeschäfte im obigen Beispiel, e**in** Verpflichtungsgeschäft (Kaufvertrag) und zwei Verfügungsgeschäfte (jeweilige Eigentumsübertragungen), stellen diese rechtlich verschiedene, voneinander unabhängige Rechtsgeschäfte dar. Verpflichtungs- und Verfügungsgeschäft bzw. Verfügungsgeschäfte sind rechtlich voneinander zu unterscheiden, sprich selbständig[49]. Insoweit wird auch vom **Trennungsprinzip** gesprochen[50]. Das **Abstraktionsprinzip** beinhaltet neben dieser rechtlichen Trennung von Verpflichtungs- und Verfügungsgeschäft, dass die **Frage der Wirksamkeit der jeweiligen Rechtsgeschäfte eigenständig zu** beurteilen ist[51]. D.h., dass die Unwirksamkeit des Verpflichtungsgeschäfts nicht auch die Unwirksamkeit des Verfügungsgeschäfts zur Folge haben muss und umgekehrt. Die Wirksamkeit der jeweiligen Rechtsgeschäfte ist mithin losgelöst voneinander – abstrakt – zu beurteilen[52]. Die rechtliche Trennung und gesonderte Beurteilung der Wirksamkeit von Verpflichtungs- und Verfügungsgeschäft kann dazu führen, dass ein Leistungsaustausch stattfindet, bei dem nur das Verpflichtungsgeschäft oder nur das Verfügungsgeschäft unwirksam ist. Darüber hinaus sind auch Konstellationen möglich, in denen beide Rechtsgeschäfte unwirksam sind.

Sofern **lediglich das Verpflichtungsgeschäft unwirksam** ist, berührt dessen Unwirksamkeit nicht das zur Erfüllung des vermeintlich wirksamen Verpflichtungsgeschäfts vorgenommenen Verfügungsgeschäfts.

---

47 S. oben Rn. 194.
48 Und die Sache abzunehmen.
49 S. BGH NJW 1967, 1128 (1130); *Larenz/Wolf*, BGB AT, § 23 Rn. 79 ff.; Palandt/*Ellenberger*, BGB, Überbl. v. § 104 Rn. 22.
50 S. etwa *Larenz/Wolf*, BGB AT, § 23 Rn. 79; *Medicus*, BGB AT, Rn. 220 ff.; Palandt/ *Ellenberger*, BGB, Überbl. v. § 104 Rn. 22.
51 S. BGH NJW 1967, 1128 (1130).
52 BGH NJW 1967, 1128 (1130).

Bsp.: Im obigen Beispiel hat A den mit M geschlossenen Kaufvertrag über den Schrank wegen Irrtums wirksam angefochten, was nach § 142 Abs. 1 zur *ex tunc*-Nichtigkeit des Kaufvertrags führt[53]. Der M hatte den Schrank bereits nach § 929 an A übereignet. Die Wirksamkeit der Übereignung wird wegen des Abstraktionsprinzips durch die Unwirksamkeit des Kaufvertrages nicht in Frage gestellt.

In diesen Fällen einer „nackten", ihres rechtlichen Grundes wegen der Unwirksamkeit des Verpflichtungsgeschäfts entkleideten Verfügung, die mit anderen Worten angesichts der Unwirksamkeit des Kaufvertrages nicht mehr zum Zwecke der Erfüllung einer Leistungspflicht erfolgt, hilft **das Bereicherungsrecht gewissermaßen als Korrektur des Abstraktionsprinzips**[54], indem es denjenigen, der rechtsgrundlos bereichert ist, zur Herausgabe der Bereicherung verpflichtet. Gemäß § 812 Abs. 1 Satz 1 Alt. 1 ist derjenige, der durch die Leistung eines anderen etwas ohne rechtlichen Grund erlangt, diesem zur Herausgabe verpflichtet. Die sog. *condictio indebiti* des § 812 Abs. 1 Satz 1 Alt. 1[55] begründet also einen gesetzlichen Anspruch auf Herausgabe des wegen der Unwirksamkeit des Verpflichtungsgeschäfts ohne Rechtsgrund Geleisteten[56]. Sind **sowohl das Verpflichtungsgeschäft wie auch das Verfügungsgeschäft unwirksam**, etwa weil der Verkäufer im Zeitpunkt des Kaufvertragsschlusses und der Übertragung der Kaufsache geschäftsunfähig war[57], wird ein stattgefundener Leistungsaustausch ebenfalls über § 812 Abs. 1 Satz 1 Alt. 1 rückgängig gemacht. Zwar hat hier der Käufer kein Eigentum erworben, jedoch hat er bei unwirksamer Übereignung den Besitz[58] an der Sache erlangt, den er als Bereicherungsgegenstand herauszugeben hat. Im Falle der Unwirksamkeit nur des Verfügungsgeschäfts besteht kein Bedarf nach einem bereicherungsrechtlichen Ausgleich. Hier hat der Gläubiger auf der Grundlage des wirksamen Verpflichtungsgeschäfts weiterhin Anspruch auf Leistung durch Vornahme einer wirksamen Verfügung, etwa einer Eigentumsübertragung.

Die für eine bürgerliche Rechtsordnung nicht selbstverständliche Trennung von Verpflichtungs- und Verfügungsgeschäft und daran anknüpfende eigenständige Beurteilung der Wirksamkeit der jeweiligen Rechtsgeschäfte soll der **Rechtsklarheit und Rechtssicherheit** dienen[59]. Indem nicht jeder Mangel, insb. von Verpflichtungsgeschäften, auf die damit wirtschaftlich verbundenen Verfügungsgeschäfte durchschlägt, ist die Frage des wirksamen Rechtserwerbs durch Verfügung allein am Maßstab der insoweit einschlägigen Vorschriften zu prüfen. Bezogen auf den Erwerb von Eigentum bedeutet das z.B., dass allein die Voraussetzungen eines Eigentumserwerbstatbestands zu untersuchen sind, die Frage der Wirksamkeit oder Unwirksamkeit des oder im Falle mehrerer Veräußerungen der Verpflichtungsgeschäfte spielt hierfür keine Rolle.

---

53 S. näher Rn. 554 ff.
54 S. BGH NJW 1967, 1128 (1130).
55 Bereicherungsanspruch wegen der Leistung von etwas nicht Geschuldetem.
56 S. ausf. zu diesem Bereicherungsanspruch *Schwarz/Wandt*, Gesetzliche Schuldverhältnisse, § 10 Rn. 1 ff.
57 S. zur Nichtigkeit nach § 105 Rn. 329.
58 § 854.
59 S. näher zum Abstraktionsprinzip etwa *Grigoleit* AcP 199 (1999), 379; zur Fallbearbeitung *Bayerle* JuS 2009, 1079 ff.

Das Abstraktionsprinzip kann grds. nicht über die Anwendung des § 139 ausgeschaltet werden. Danach ist bei **Teilnichtigkeit eines Rechtsgeschäfts** das ganze Rechtsgeschäft nichtig, wenn nicht anzunehmen ist, dass es auch ohne den nichtigen Teil vorgenommen sein würde[60]. Die Anwendbarkeit des § 139 setzt ein einheitliches Rechtsgeschäft voraus[61], das jedoch gerade im Verhältnis Verpflichtungs- und Verfügungsgeschäft trotz des wirtschaftlichen Zusammenhangs wegen der rechtlichen Trennung nicht gegeben ist. Anderes gilt nach der Rspr. des BGH allerdings dann, wenn die Wirksamkeit des Verfügungsgeschäfts durch Vereinbarung der Parteien von der Wirksamkeit des Verpflichtungsgeschäfts im Wege einer Bedingung[62] abhängig gemacht worden ist[63]. Insoweit steht das Abstraktionsprinzip zur Disposition der Vertragsparteien[64].

Mit der Unterscheidung zwischen Verpflichtungs- und Verfügungsgeschäft steht die **Differenzierung zwischen kausalen und abstrakten Rechtsgeschäften**[65] in einem engen Zusammenhang, sie ist jedoch damit nicht identisch. Unter dem **Begriff der kausalen Rechtsgeschäfte** werden solche Geschäfte verstanden, die den rechtlichen Grund, die causa, und damit den Zweck für die Erbringung einer Leistung in sich selbst tragen[66]. Kausal in diesem Sinne sind nahezu alle Verpflichtungsgeschäfte. So trägt der Kaufvertrag den Rechtsgrund bzw. Zweck in sich, dass jeder Vertragspartner eine Leistungspflicht nur im Hinblick darauf übernimmt, weil auch der andere sich zur Leistung verpflichtet. Aus dem Schenkungsvertrag ergibt sich der Rechtsgrund bzw. Zweck, dass eine Leistung unentgeltlich aus dem Vermögen einer Person einer anderen zugewendet werden soll.

Demgegenüber ist bei den sog. **abstrakten Geschäften** aus diesen selbst heraus nicht ersichtlich, aus welchem Grund bzw. mit welchem Zweck sie vorgenommen werden. So kann einer Eigentumsübertragung nach § 929 als solcher nicht entnommen werden, warum sie erfolgt, etwa zur Erfüllung einer kaufvertraglichen Leistungspflicht, eines Schenkungsversprechens oder aufgrund einer gesetzlichen Verpflichtung. Der Rechtsgrund bzw. Zweck ergibt sich hier erst aus außerhalb des Rechtsgeschäfts liegenden Umständen. Deshalb wird bei solchen, den Rechtsgrund für die Leistung nicht beinhaltenden Rechtsgeschäften von abstrakten, d.h. vom Rechtsgrund bzw. Zweck gelösten Rechtsgeschäften gesprochen. Hierzu gehören alle Verfügungsgeschäfte, desweiteren als Verpflichtungsgeschäfte etwa das Schuldversprechen (§ 780) und das Schuldanerkenntnis (§ 781).

---

60 Zu § 139 s. noch Rn. 466 ff.
61 S. Rn. 466.
62 S. dazu Rn. 566 ff.
63 S. BGHZ 31, 321 (323); BGH NJW 1967, 1128 (1130).
64 BGH NJW 1967, 1128 (1130).
65 S. näher dazu *St. Lorenz* JuS 2009, 489
66 S. nur *Brox/Walker*, BGB AT, Rn. 115; *Larenz/Wolf*, BGB AT § 23 Rn. 66 beschreibt die kausalen Geschäfte als zweckbestimmte Geschäfte.

§ 8 Kern der Rechtsgeschäftslehre: Die Willenserklärung

Literatur: *Biehl*, Grundsätze der Vertragsauslegung, JuS 2010, 195; *Brehmer*, Die Annahme nach § 151 BGB, JuS 1994, 386; *Brun*, Die postmortale Willenserklärung – zur Auslegung des § 130 II BGB, JURA 1994, 291; *Coester-Waltjen*, Das Wirksamwerden empfangsbedürftiger verkörperter Willenserklärungen, JURA 1992, 272; *dies.*, Einige Probleme des Wirksamwerdens empfangsbedürftiger Willenserklärungen, JURA 1992, 441; *Flume*, Vom Beruf unserer Zeit für Gesetzgebung – Die Änderungen des BGB durch das Fernabsatzgesetz, ZIP 2000, 1427; *Joussen*, Abgabe und Willenserklärungen unter Einschaltung einer Hilfsperson, JURA 2003, 577; *Kocher*, Anfechtung bei falscher Kaufpreisauszeichnung im Internet, JA 2006, 144; *Kramer*, Schweigen als Annahme eines Antrags, JURA 1984, 235; *Leenen*, Willenserklärung und Rechtsgeschäft – Dogmatik und Methodik der Fallbearbeitung, JURA 2007, 721; *Lettl*, Das kaufmännische Bestätigungsschreiben, JuS 2008, 849; *ders.*, Versteigerung im Internet – BGH, NJW 2002, 363, JuS 2002, 219; *Muscheler/Schewe*, Die invitatio ad offerendum auf dem Prüfstand, JURA 2000, 565; *Neuner*, Was ist eine Willenserklärung?, JuS 2007, 881; *Paal*, Internetrecht – Zivilrechtliche Grundlagen, JuS 2010, 953; *Petersen*, Die Auslegung von Rechtsgeschäften, JURA 2004, 536; *ders.*, Der Tatbestand der Willenserklärung, JURA 2006, 178; *ders.*, Die Wirksamkeit der Willenserklärung, JURA 2006, 426; *Schreiber*, Abgabe und Zugang von Willenserklärungen, JURA 2002, 249; *Stöhr*, Der objektive Empfängerhorizont und sein Anwendungsbereich im Zivilrecht, JuS 2010, 292; *Schwung*, Die Verfälschung von Willenserklärungen durch Boten, JA 1983, 12; *Ulrici*, Geschäftsähnliche Handlungen, NJW 2003, 2053; *ders.*, Verbotsgesetz und zwingendes Gesetz, JuS 2005, 1073.

Übungsfall: *Sonnenschein/Weitemeyer*, Übungsklausur (für Anfänger) Zivilrecht – Probleme mit der Studentenbude, JURA 1993, 30.

Rechtsprechung: BGHZ 137, 205 (Zugang einer empfangsbedürftigen Willenserklärung bei Niederlegung und Nichtabholung eines Einschreibebriefs; §§ 130 Abs. 1 Satz 1, 132, 148, 242); BGHZ 136, 314 (Wirksamkeit einer Empfangsvollmachtklausel in formularmäßigem Wohnraummietvertrag, Mitmieter als Empfangsbote, allgemeiner Rechtsgrundsatz des Zugangs einer Willenserklärung an eine Personenmehrheit durch Abgabe gegenüber einem der Gesamtvertreter; §§ 164 Abs. 1, Abs. 3, 168 Satz 2, 170 BGB, § 9 AGBG = § 307 n. F. BGB, § 10 Nr. 6 AGBG = § 308 Nr. 6 n. F. BGB); BGH NJW 1994, 2613 (Zugang einer empfangsbedürftigen Willenserklärung unter Abwesenden, Ehegatte nicht ohne weiteres Empfangsbote; § 130 Abs. 1 Satz 1); BGHZ 91, 324 (Willenserklärung trotz fehlenden Erklärungsbewusstseins, Rechtsbindungswille, Geschäftswille, sog. Erklärungsfahrlässigkeit, Anfechtbarkeit, Anfechtungserklärung; §§ 118, 119 Abs. 1, 121 Abs. 1, 143); BGH NJW 1984, 721 (Auslegung von Willenserklärungen, Erfüllung; §§ 133, 157, 362 f.); BGH NJW 1983, 929 (Fiktion des Zugangs einer Rücktrittserklärung infolge grundloser Verweigerung der Annahme eines Einschreibebriefs; §§ 130 Abs. 1, 242, 346); BGH NJW 1979, 2032 (Voraussetzungen für das Wirksamwerden empfangsbedürftiger Willenserklärungen: Abgabe und Zugang; § 130); BGHZ 67, 271 (Zugang einer Kündigung, Fiktion des Zugangs durch Zustellung; §§ 130, 132, 242); BGHZ 65, 13 (Abhanden gekommene Willenserklärung, entwendete Vollmachtsurkunde; § 172); BGHZ 11, 1 (Kaufmännisches Bestätigungsschreiben, Widerspruchserfordernis, keine Anfechtungsbefugnis bei Irrtum über die rechtliche Bedeutung des Schweigens; § 119 Abs. 1 BGB, § 346 HGB); BAG NJW 1993, 1093 (Zugang des Kündigungsschreibens, Folgen der Annahmeverweigerung durch Empfangsboten, mutterschutzrechtlicher Sonderkündigungsschutz; §§ 130, 242 BGB, § 9 MuSchG); RGZ 99, 147 – „*Haakjöringsköd-Fall*" (Irrtümliche Falschbezeichnung, Eigenschaftsirrtum nach § 119 Abs. 2, Eigenschaftszusicherung, Sachmangelgewährleistungsrechte nach altem Schuldrecht).

I. Begriff der Willenserklärung

198 Die Willenserklärung ist der Kern des Rechtsgeschäfts und der Rechtsgeschäftslehre. Trotz dieser Bedeutung und obwohl die Willenserklärung im 2. Titel des 3. Abschnitts des 1. Buches in den Vorschriften der §§ 116 ff. wie auch in weiteren Bestimmungen[1] eine ausführliche Regelung gefunden hat, ist sie im Gesetz selbst nicht definiert worden. Unter dem Begriff der Willenserklärung wird nach in Rspr. und Lit. übereinstimmender Auffassung die **Äußerung eines auf die Herbeiführung eines bestimmten Rechtserfolgs auf dem Gebiet des Privatrechts gerichteten Willens** verstanden[2]. Die aus dem Begriff der Willenserklärung deutlich werdende **Anknüpfung der Herbeiführung eines Rechtserfolgs an den Willen der Person** entspricht dem Gedanken der Privatautonomie: Die selbstbestimmte rechtliche Regelung von Angelegenheiten der Bürger untereinander ist nur möglich, wenn für die Herbeiführung rechtlicher Verbindlichkeit auf das **eigenverantwortliche, willensgesteuerte Handeln** des Einzelnen, der Person, abgestellt wird. Diese Anknüpfung ist allerdings nicht so zu verstehen, dass der Wille einer Person für die Herbeiführung eines rechtlichen Erfolgs uneingeschränkt maßgebend ist. Im Interesse des Rechtsverkehrs und des Schutzes der Personen, die als Empfänger auf die Äußerung eines bestimmten rechtserheblichen Willens vertrauen können müssen, ist für die Frage, ob eine und welche Rechtswirkung durch eine Äußerung bzw. ein Verhalten herbeigeführt wird, nicht allein der Wille des Erklärenden an sich entscheidend, sondern auch, **wie der Empfänger der Erklärung diese nach Treu und Glauben unter Berücksichtigung aller Umstände auffassen durfte**[3]. Damit kann der Erklärende trotz Fehlens eines entsprechenden Willens unter bestimmten Voraussetzungen[4] auch an nicht oder jedenfalls so nicht gewollte Rechtswirkungen gebunden werden, wobei das Selbstbestimmungsrecht des Erklärenden durch die Möglichkeit der Beseitigung eines solchen Rechtserfolgs im Wege der Anfechtung mit allerdings u. U. eintretenden Schadensersatzfolgen gewahrt wird[5]. Insoweit werden bei der Anerkennung willensbegründeter Rechtswirkungen die dem Gedanken der Privatautonomie entsprechende **Selbstbestimmung der Person** und

---

1 Z. B. §§ 105, 107.
2 BGH NJW 2001, 289 (290); BGHZ 149, 129 (134); BGH NJW 2005, 53 (54). Aus der Lit. s. etwa *Brox/Walker*, BGB AT, Rn. 82; *Larenz/Wolf*, BGB AT, § 22 Rn. 3; *Köhler*, BGB AT, § 6 Rn. 1.
3 S. BGHZ 91, 324 (329 f.); sehr klar BAG NJW 1971, 1422 (1423): Die Wirkung einer Willenserklärung oder eines bestimmten Verhaltens tritt im Rechtsverkehr nicht deshalb ein, weil der Erklärende einen bestimmten Willen hegt, sondern deshalb, weil dieser seinen auf eine bestimmte Rechtswirkung gerichteten Willen dem Erklärungsempfänger gegenüber äußert. Die entscheidende Frage ist deshalb, wie der Erklärungsgegner die Erklärung oder das Verhalten des anderen nach Treu und Glauben unter Berücksichtigung aller Begleitumstände auffassen muss.
4 S. näher folgend Rn. 205 ff.
5 S. BGHZ 91, 324 (329 f.); zur Anfechtung von Willenserklärungen s. ausf. Rn. 493 ff. Hinter den vorstehenden Ausführungen steht die rechtsdogmatische Grundfrage, ob für die Herbeiführung des rechtlichen Erfolgs einer Willensäußerung allein auf den Willen des Erklärenden oder auf die Bedeutung seiner Willensäußerung aus objektiver Sicht abzustellen ist. Diese Frage ist seit jeher zwischen den Vertretern der sog. Willenstheorie und der Erklärungstheorie umstritten, s. dazu ausf. MünchKomm/*Kramer*, BGB, v. § 116 Rn. 4 ff. m. w. N.

das **Vertrauensschutzinteresse des Rechtsverkehrs** miteinander in Einklang gebracht[6].

II.   Struktur der Willenserklärung

→ *Sch 3 Rn. 751*

Die Willenserklärung als auf die Herbeiführung eines rechtlichen Erfolgs gerichtete Willensäußerung ist als Lebensvorgang ein einheitlicher Akt. Damit dieser rechtserzeugende Wirkung haben kann, müssen bestimmte Einzelelemente gegeben sein, welche die Struktur der Willenserklärung ausmachen und bei Vorliegen in ihrer Gesamtheit den Tatbestand bilden, der auf die Herbeiführung einer Rechtswirkung gerichtet ist. Von Bedeutung ist das Verständnis der Struktur der Willenserklärung und ihrer Elemente wesentlich für die Beurteilung der Frage, ob im Einzelfall eine, wenn auch möglicherweise wegen eines Willensmangels anfechtbare[7], Willenserklärung gegeben ist. **199**

Die Struktur der Willenserklärung erschließt sich im Ausgangspunkt, wenn man das Wort Willenserklärung in seine beiden Bestandteile auflöst: **Wille und Erklärung.** Hiermit werden die beiden Grundelemente zum Ausdruck gebracht, die notwendig für die Herbeiführung eines rechtlichen Erfolgs gegeben sein müssen. Das ist zum einen der sog. **äußere (objektive) Tatbestand** in Gestalt einer Erklärung nach außen, die für Dritte überhaupt erkennbar macht, dass ein auf die Herbeiführung eines Rechtserfolgs gerichteter Wille vorliegt. Zum anderen muss der sog. **innere (subjektive) Tatbestand**, eben der Wille zur Erzielung einer Rechtswirkung, gegeben sein[8].

1.   Äußerer (objektiver) Tatbestand einer Willenserklärung

Mit dem Element des äußeren Tatbestands als notwendiger Bestandteil einer Willenserklärung ist gefordert, dass nach außen für Dritte erkennbar überhaupt eine wahrnehmbare Äußerung (Erklärung) vorliegt, die den Schluss auf einen rechtlich erheblichen Willen[9] zulässt. Es muss also eine irgendwie geartete **Kundgabe des inneren Willens** zur Herbeiführung eines rechtlichen Erfolgs vorliegen. Denn die Frage, ob ein entsprechender rechtlicher Bindungswille einer Person vorhanden ist, kann nicht nach dem nicht in Erscheinung tretenden inneren Willen, sondern allein danach beurteilt werden, ob Dritte unter den gegebenen äußeren Umständen nach Treu und Glauben mit Rücksicht auf die Verkehrssitte auf einen entsprechenden Willen schließen können und müssen.[10] Das kann allein anhand **objektiver Kriterien** aufgrund einer nach außen gelangten Erklärung festgestellt werden.[11] **200**

---

6 S. auch MünchKomm/*Kramer*, BGB, v. § 116 Rn. 18a.
7 S. noch folgend Rn. 205 ff. und zur Anfechtung ausf. Rn. 493 ff.
8 S. zur Unterscheidung zwischen dem äußeren und dem inneren Tatbestand einer Willenserklärung nur *Brox/Walker*, BGB AT, Rn. 83 ff.; *Köhler*, BGB AT, § 6 Rn. 2 ff.; *Leipold*, BGB AT, § 10 Rn. 13 ff.
9 Innerer Tatbestand, s. noch folgend Rn. 201 ff.
10 BGHZ 88, 373 (382); s. auch BGHZ 21, 102 (106 f.).
11 BGHZ 88, 373 (382).

Wer nach außen nichts tut, sich nicht verhält, kann auch keinen Rechtsfolgewillen kundtun, vorbehaltlich der Ausnahmen, in denen einem **Schweigen im Rechtsverkehr** die Wirkung einer Willenserklärung beigemessen wird[12].

Die Willensäußerung, sprich die Kundgabe des Rechtsfolgewillens kann **ausdrücklich** durch mündliche oder schriftliche Erklärung erfolgen.

> **Bsp.** (1): Spielwarenhändler K schreibt dem Puppenfabrikanten P: Hiermit bestelle ich 50 Puppen der Marke Babyborn.

> **Bsp.** (2): S antwortet auf die Frage der Bäckereiverkäuferin nach seinem Wunsch: Ich hätte gern ein Roggenbrot.

In beiden Fällen wird ausdrücklich eine Willenserklärung in Gestalt eines Angebots zum Abschluss eines Kaufvertrages abgegeben[13]. Der äußere Tatbestand, die jeweiligen schriftlichen und mündlichen Erklärungen, lassen für die Empfänger keinen anderen Schluss zu.

Des Weiteren kann der Rechtsfolgewillen **konkludent** durch ein sonstiges, nach den objektiven Umständen den Schluss auf einen rechtlich erheblichen Willen zulassendes Verhalten zum Ausdruck gebracht werden[14].

> **Bsp.** (1): In einem Lokal hebt ein Gast sein leeres Bierglas und signalisiert damit dem Wirt, dass er noch ein Pils möchte. Mit diesem „sprachlosen" Verhalten gibt er aus der Sicht des Wirts eine Willenserklärung mit dem Inhalt eines Angebots zum Kauf eines weiteren Bieres ab.

> **Bsp.** (2): Das Hinlegen der Ware auf das Laufband der Kasse im Supermarkt beinhaltet rechtlich das Angebot zum Kauf der Ware.

> **Bsp.** (3): Eine konkludente Willenserklärung mit dem Inhalt der Annahme eines auf Abschluss eines Beförderungsvertrages (Werkvertrag i.S.d. § 631) gerichteten Angebots liegt in dem Einsteigen in eine Straßenbahn, einen Bus oder eine U-Bahn.

Der äußere Tatbestand einer Willenserklärung, verstanden als Kundgabe eines rechtlich bedeutsamen Willens, ist nicht gegeben bei Erklärungen bzw. Verhaltensweisen, die als **bloße Gefälligkeiten** einzuordnen sind. Hier mangelt es an der Äußerung eines Rechtsbindungswillens, wobei die Frage, ob ein solcher vorliegt oder nicht, objektiv unter Berücksichtigung der Einzelfallumstände zu beurteilen ist[15].

2.   Innerer (subjektiver) Tatbestand einer Willenserklärung

201   Das Vorliegen des äußeren Tatbestands, also einer ausdrücklichen oder konkludenten Erklärung, die auf das Vorhandensein eines Willens zur Herbeiführung eines rechtlichen Erfolgs schließen lässt, reicht für sich allein nicht, um von einer

---

12 Dazu Rn. 250 ff.

13 Zum Vertrag s. näher Rn. 261 ff.

14 S. BGHZ 149, 129 (134). Insoweit wird auch von „stillschweigender" Erklärung gesprochen, was allerdings nicht mit Schweigen im Sinne eines Nichtverhaltens verwechselt werden darf. Zu den Fällen, in denen einem Schweigen im Rechtsverkehr Bedeutung zukommt, s. Rn. 250 ff.

15 Auf diese Problematik ist bereits oben im Zusammenhang mit dem Begriff des Rechtsgeschäfts eingegangen worden, s. oben Rn. 188 ff.

Willenserklärung bzw. mangelfreien Willenserklärung[16] im Rechtssinne sprechen zu können. Vielmehr ist – als Willenselement des Begriffs – zusätzlich der sog. innere, subjektive Tatbestand erforderlich[17]. Das bedeutet, dass das **nach außen gezeigte Verhalten**, das objektiv von außen betrachtet als rechtlich erhebliche Erklärung aufgefasst wird, **von einem entsprechenden inneren Willen getragen** sein muss. Dieser innere Wille wird wiederum in **drei Elemente**, die gleichsam gestuft den inneren Willen zur Herbeiführung einer bestimmten Rechtsfolge konstituieren, unterschieden, und zwar: **den Handlungswillen** (Handlungsbewusstsein), den **Erklärungswillen** (Erklärungsbewusstsein) und **den Geschäftswillen** (Geschäftsbewusstsein)[18]. Die Unterscheidung erlangt rechtliche Bedeutung, wenn wegen des Fehlens eines oder mehrerer Elemente ein sog. Willensmangel vorliegt und damit die Frage aufgeworfen wird, zu welchen rechtlichen Folgen ein Willensmangel führt. Wesentlich geht es dann darum, ob überhaupt eine Willenserklärung vorliegt bzw. je nach dem, welches Element fehlt, die Willenserklärung im Wege der Anfechtung beseitigt werden kann[19].

a) Handlungswille. Der innere Tatbestand setzt zunächst den sog. **Handlungswillen** bzw. das **Handlungsbewusstsein** voraus. Darunter wird der **Wille verstanden, überhaupt eine Handlung vornehmen zu wollen**. Es muss also ein vom Willen gesteuertes, bewusstes Verhalten vorliegen[20]. Alles das, was eine Person bewusst macht, ist mithin von einem entsprechenden Handlungswillen getragen. Umgekehrt fehlt dieser etwa, wenn es zu einer Handlung aufgrund eines Reflexes, der Anwendung von willensbrechender Gewalt (vis absoluta) oder im Zustand der Bewusstlosigkeit kommt. **202**

> **Bsp. (1):** Ein Gast wird in einem Lokal von einem Freund plötzlich so gekitzelt, dass er reflexartig die Arme hoch reißt. Der Wirt denkt, es handele sich um die Bestellung eines weiteren Bieres. – Hier fehlt es am Handlungswillen des Gastes, denn es liegt kein willensgesteuertes Verhalten vor.

> **Bsp. (2):** Daran fehlt es auch in dem Fall, dass einem willenlosen Betrunkenen bei der Unterschrift unter einen Kaufvertrag die Hand geführt wird.

> **Bsp. (3):** Gibt jemand im Schlaf oder in sonstigen unbewussten Zuständen Erklärungen ab, so ist gleichfalls ein Handlungswille nicht gegeben.

b) Erklärungswille. Weiteres, den subjektiven Tatbestand zur rechtlich bedeutsamen Erklärung hin konstituierendes Element ist der sog. Erklärungswille, z. T. wird auch von **Erklärungsbewusstsein**[21] gesprochen. Damit ist der **Wille** gemeint und gefordert, überhaupt rechtlich bedeutsam zu handeln, d.h. das **Bewusstsein, eine irgendwie rechtlich erhebliche Erklärung**[22] abzugeben. **203**

---

16 S. noch folgend Rn. 202 ff.
17 S. nur *Larenz/Wolf*, BGB AT, § 24 Rn. 2 ff.; *Köhler*, BGB AT, § 6 Rn. 3; ablehnend *Leenen*, BGB AT, § 5 Rn. 28 ff.; *ders.* JuS 2008, 577 (579 ff.).
18 S. z.B. *Brox/Walker*, BGB AT, Rn. 84 ff.; *Köhler*, BGB AT, § 6 Rn. 3; *Larenz/Wolf*, BGB AT, § 24 Rn. 3 ff.
19 S. folgend Rn. 205 ff.
20 S. nur *Larenz/Wolf*, BGB AT, § 24 Rn. 3.
21 BGHZ 91, 324 (330); aus der Lit. nur *Larenz/Wolf*, BGB AT, § 24 Rn. 6.
22 S. nur BGHZ 91, 324 (326 f.); BGH NJW 1968, 2102 (2103); *Brox/Walker*, BGB AT, Rn. 85; *Larenz/Wolf*, BGB AT, § 24 Rn. 6.

Bsp.: Der Erklärungswille ist gegeben, wenn jemand z.B. einen Kaufvertrag über eine Waschmaschine unterschreiben, die Kündigung eines Mietvertrages aussprechen oder ein Testament errichten will. – Hier ist das Bewusstsein vorhanden, eine rechtlich erhebliche Erklärung abgeben zu wollen. Daran ändert sich auch dann nichts, wenn etwa statt des Kaufvertrages über eine Waschmaschine aus Versehen ein Kaufvertrag über einen Fernseher unterschrieben wird.[23] Bei dem Erklärungswillen geht es (nur) darum, dass überhaupt das Bewusstsein für eine irgendwie geartete rechtlich erhebliche Erklärung vorhanden ist[24].

An diesem **Erklärungswillen fehlt** es, wenn eine Person zwar durch Erklärung handeln will[25], jedoch ihrer Vorstellung nach allein im außerrechtlichen, gesellschaftlichen Bereich[26].

Bsp. (1): Der abgekämpfte Bundesligaspieler X wird unmittelbar nach dem Spiel von einem „Fan" gebeten, ein Autogramm zu geben, wobei ihm ein Kaufvertrag über 50 Paar Fußballschuhe hingehalten wird. Der X schaut gar nicht hin und unterschreibt mit seinem „Autogramm". – Hier mangelt es am Erklärungswillen, denn der X hatte nicht das Bewusstsein, eine rechtlich bedeutsame Erklärung abgeben zu wollen[27].

Bsp. (2): Ebenso verhält es sich in dem klassischen Lehrbuchfall, dass bei einer Vereinssitzung zwei Listen herumgereicht werden, wobei sich in die erste Liste eintragen soll, wer ein T-Shirt mit dem Vereinslogo bestellen, in die zweite Liste, wer dem Ehrenvorsitzenden zum 90. Geburtstag gratulieren will. Mitglied M, der während der Vereinssitzung geschwätzig und unaufmerksam ist, trägt sich aus Versehen in die Bestellliste ein, obwohl er nur dem Vorsitzenden gratulieren will. – Auch hier fehlt es am Erklärungswillen, bei der Unterschrift in die Bestellliste hat M allein die Vorstellung, einen Glückwunsch auszusprechen und damit lediglich im außerrechtlichen Bereich zu handeln.[28]

204 c) **Geschäftswille.** Drittes Element des inneren Tatbestands der Willenserklärung ist schließlich der sog. Geschäftswille[29] bzw. das **Geschäftsbewusstsein**[30]. Hierunter wird der **Wille bzw. das Bewusstsein des Erklärenden verstanden**, ein bestimmtes **Rechtsgeschäft zu tätigen** und damit einen **ganz bestimmten rechtlichen Erfolg herbeizuführen**[31]. Das Element des Geschäftswillens **verdichtet also das** Erklärungsbewusstsein, überhaupt rechtlich handeln zu wollen, auf den **Willen zur Erreichung einer ganz konkreten Rechtsfolge**.

Bsp.: Spielwarenhändler K will 50 Babypuppen Modell „Erika" bestellen. Schreibt er an den Puppenfabrikanten M: „Hiermit bestelle ich 50 Babypuppen Modell „Erika", so stimmt dieses Angebot zum Abschluss eines Kaufvertrages mit seinem Geschäftswillen überein.

---

23 Das ist ein Problem des fehlenden Geschäftswillens, s. noch folgend Rn. 204.
24 S. auch BGH NJW 1968, 2102 (2103).
25 Der Handlungswille also gegeben ist, s. oben Rn. 202.
26 S. BGH NJW 1968, 2102 (2103). Zu der Frage, wie sich dieser Willensmangel im Rechtsverkehr auswirkt, ob und unter welchen Voraussetzungen gleichwohl eine rechtlich bindende Willenserklärung vorliegen kann, s. Rn. 207.
27 Vgl. BGH NJW 1968, 2102 (2103).
28 S. auch BGH NJW 1968, 2102 (2103).
29 S. BGH NJW 1968, 2102 (2103).
30 S. nur *Brox/Walker*, BGB AT, Rn. 86; *Larenz/Wolf*, BGB AT, § 24 Rn. 9 ff.
31 S. etwa *Larenz/Wolf*, BGB AT, § 24 Rn. 9 ff.

Der **Geschäftswille fehlt**, wenn der Erklärende zwar rechtlich erheblich handeln will und handelt, jedoch konkret etwas anderes erklärt, als es seiner Vorstellung von der herbeizuführenden Rechtsfolge entspricht.

> **Bsp.:** Spielwarenhändler K will bei Puppenfabrikant M 50 Babypuppen Modell „Erika" bestellen und schreibt aus Versehen: „Hiermit bestelle ich 50 Babypuppen Modell „Eva", die es auch gibt. – Hier mangelt es am Geschäftswillen. Denn mit seiner Erklärung will K nicht einen Kaufvertrag über Puppen des Modells „Eva", sondern über das Modell „Erika" herbeiführen. Er hat etwas anderes erklärt, als es seiner Vorstellung von der beabsichtigten Rechtsfolge entspricht. Das Erklärungsbewusstsein als der Wille, überhaupt rechtlich zu handeln, war vorhanden, ebenso der Handlungswille.

d) Folgen von Willensmängeln. Nach den vorstehenden Ausführungen sind für **205** eine Willenserklärung als einer auf die Herbeiführung eines rechtlichen Erfolgs gerichteten Äußerung einer Person auf der inneren Tatbestandsseite der Handlungswille, der Erklärungswille und der Geschäftswille erforderlich, damit die Erklärung als intakte Willenserklärung den gewollten Rechtserfolg bewirken kann. **Fraglich ist, welche Konsequenzen es hat, wenn ein oder mehrere Elemente des inneren Tatbestands fehlen.** Theoretisch stehen als jeweilige Extremlösungen zwei Möglichkeiten zur Verfügung. Auf der einen Seite könnte der Standpunkt eingenommen werden, dass das Fehlen eines subjektiven Elements immer zur Unwirksamkeit der Willenserklärung führt, ein rechtlicher Erfolg also nicht eintreten kann. Diese Position würde **uneingeschränkt den Willen der Person und damit die Selbstbestimmung** als wesentlichen Baustein privatautonomer Gestaltung in den Vordergrund stellen. Der dazu gegenteilige Standpunkt würde das Fehlen eines subjektiven Elements immer für irrelevant ansehen, wenn nur der äußere Tatbestand einer Willenserklärung gegeben ist, also ein Tatbestand, der objektiv aus der Sicht eines Dritten den Schluss auf einen rechtlich erheblichen Willen zulässt[32]. Mit dieser Variante würde **uneingeschränkt dem Schutz des Erklärungsempfängers bzw. des Rechtsverkehrs** Rechnung getragen ohne Rücksicht darauf, ob und was der Erklärende wirklich gewollt hat.

Die den beiden vorgenannten Positionen zugrunde liegende Auseinandersetzung zwischen **Willenstheorie** einerseits und **Erklärungstheorie** andererseits[33] hat das BGB nicht im Sinne einer dieser Auffassungen entschieden. Vielmehr ist durch die gesetzliche Ausgestaltung und der auf dieser Grundlage entwickelten Rspr. für die Bewältigung der Folgen von Willensmängeln ein **Mittelweg** beschritten worden, der einerseits entsprechend dem Prinzip der Privatautonomie die im Willen begründete Selbstbestimmung der Person wahrt, andererseits aber auch den Schutz des Erklärungsempfängers bzw. Rechtsverkehrs, die ja, ohne in den Erklärenden hineinschauen zu können, darauf vertrauen können müssen, dass alle nach außen als Willenserklärung in Erscheinung tretenden Äußerungen auch gewollt sind. Diesen Schutz hat das BGB derart ausgestaltet, dass in bestimmten Fällen trotz Fehlens eines oder mehrerer subjektiver Elemente **gleichwohl eine wirksame Willenserklärung** gegeben ist, die allerdings nach Maßgabe der §§ 119 ff. durch **Anfechtung des Erklärenden** beseitigt werden kann. Damit hat der Erklärende in diesen Fällen die Wahl zwischen Geltenlassen einer mangelhaften Erklärung und

---

32 S. oben Rn. 200.
33 S. hierzu ausf. *Flume*, BGB AT II, 54 ff.; s. auch schon oben Rn. 199 und Fn. 8.

deren Beseitigung im Wege der Anfechtung, womit letztlich die Selbstbestimmung im Sinne der Privatautonomie gewahrt wird. Allerdings hat diese Wahlmöglichkeit ihren Preis: unter Umständen muss der subjektiv mangelhaft Erklärende Schadensersatz leisten[34].

Hiervon ausgehend sind die Folgen eines Mangels auf der subjektiven Tatbestandsseite einer Erklärung je nach betroffenem Element wie folgt zu beurteilen. Dabei geht es im Kern immer um die Frage, wann bei Fehlen eines subjektiven Elements gleichwohl von einer wirksamen, wenn auch anfechtbaren Willenserklärung auszugehen ist, also der Herbeiführung eines rechtlichen Erfolgs.

206 **Fehlt der Handlungswille,** ist mit anderen Worten kein willensgesteuertes Verhalten einer Person gegeben[35], so liegt rechtlich keine Willenserklärung vor[36]. Das Bewusstsein, überhaupt handeln zu wollen, ist unabdingbares subjektives Element und Voraussetzung für die Herbeiführung einer rechtlichen Folge. Hier wird uneingeschränkt dem Schutz des „Erklärenden" ohne Rücksicht auf die Folgen für den Rechtsverkehr der Vorrang eingeräumt, weil an ein nicht willensgesteuertes Verhalten rechtlich keine Folgen geknüpft werden können[37]. Das **Erfordernis der Willenssteuerung des Verhaltens einer Person** als Voraussetzung für die Anknüpfung rechtlicher Folgen gilt im Übrigen nicht nur in der Rechtsgeschäftslehre, sondern ganz allgemein. So kann etwa auch eine deliktische Haftung (§§ 823 ff.) nur in Betracht kommen, wenn ein Verhalten zu einer Schädigung geführt hat, das der Bewusstseinskontrolle und Willenssteuerung unterliegt und insoweit beherrschbar ist[38].

207 **Fehlt der Erklärungswille,** also das Bewusstsein, überhaupt rechtlich handeln zu wollen[39], womit im Übrigen auch kein Geschäftswille vorliegen kann, so ist grds. von einer wirksamen Willenserklärung auszugehen[40]. Insoweit kommt es nicht darauf an, dass der Erklärende nicht das Bewusstsein hatte, eine rechtlich erhebliche Erklärung abzugeben, weil das Recht der Willenserklärung nicht allein auf der Selbstbestimmung des Erklärenden aufbaut, sondern – wie gerade auch die Vorschriften über die Anfechtung der §§ 119 ff. deutlich machen – das Vertrauen des Erklärungsempfängers und des Rechtsverkehrs schützt[41]. Allerdings hat der ohne Erklärungswillen Handelnde die **Möglichkeit der Anfechtung** wie bei einem Erklärungsirrtum nach § 119 Abs. 1[42], womit sein Interesse an privatautonomer

---

34 In Gestalt des sog. Vertrauensschadens, § 121, s. dazu Rn. 560 ff.

35 S. oben Rn. 202.

36 S. nur *Larenz/Wolf*, BGB AT, § 24 Rn. 3 ff.

37 § 105 bestätigt das für den Fall der Geschäftsunfähigkeit nachdrücklich, s. noch Rn. 329.

38 S. BGH NJW 1987, 121 (121). Eine andere Frage ist das Problem des Beweises, ob eine Willenssteuerung vorlag oder nicht. S. hierzu BGH a. a. O., der eine auch für den rechtsgeschäftlichen Bereich überzeugende Abgrenzung danach vornimmt, ob die fehlende Willenssteuerung mit äußeren Zwängen (Reflexhandlungen, Zwangshandlungen) oder inneren Vorgängen (z.B. Bewusstlosigkeit) begründet wird.

39 S. oben Rn. 203.

40 BGHZ 91, 324 (329 f.); offen gelassen noch von BGH NJW 1968, 2102 (2103).

41 BGHZ 91, 324 (330).

42 S. näher Rn. 509 f.

Selbstbestimmung im Sinne einer Wahl zwischen dem Geltenlassen der Erklärung oder ihrer Beseitigung unter Inkaufnahme möglicher Schadensersatzverpflichtungen[43] gewahrt wird.[44] Die Anerkennung einer Willensäußerung ohne Erklärungswillen als wirksame Willenserklärung kommt nach der Rspr. des BGH jedoch nur in Betracht, wenn die Herbeiführung der Rechtsfolge dem Erklärenden zugerechnet werden kann.[45] Das setzt voraus, dass der Erklärende bei Anwendung der im Verkehr erforderlichen Sorgfalt hätte erkennen und vermeiden können, dass seine Erklärung oder sein Verhalten vom Empfänger nach Treu und Glauben und mit Rücksicht auf die Verkehrssitte als Willenserklärung aufgefasst werden durfte.[46] Mit dieser Anforderung der sog. Erklärungsfahrlässigkeit wird die Selbstbestimmung desjenigen geschützt, der unter den gegebenen Umständen gar nicht in der Lage sein konnte, die Rechtserheblichkeit seiner Äußerung bzw. seines Verhaltens zu erkennen.[47]

Nach den vorstehenden Grundsätzen lässt sich auch der berühmte Lehrbuch-Schulfall der Trierer Weinversteigerung interessengerecht lösen.

> **Bsp. (1):** Der A aus Berlin besucht seinen alten Studienfreund F in Trier, wo sich beide zu einem bestimmten Zeitpunkt in einem Weinlokal verabredet haben. Zu dieser Zeit findet in dem Lokal eine Weinversteigerung statt, was an der Eingangstür auch mit einem gut lesbaren Plakat ausgewiesen ist. Als der A zu dem verabredeten Zeitpunkt das Lokal betritt und mit suchendem Blick seinen Freund entdeckt, winkt er diesem mit erhobenem Arm zu. Der Auktionator versteht das als Gebot für das gerade in der Versteigerung befindliche Fass Wein und erteilt dem A den Zuschlag. Dieser trinkt gar keinen Alkohol. – Für die Frage, ob hier durch Zuschlag i. S. v. § 156 ein Vertrag zustande kommen konnte[48], ist entscheidend, ob in dem Heben des Arms durch A eine Willenserklärung, hier ein Angebot zur Ersteigung des Weins, zu sehen ist. Der äußere Tatbestand eines solchen Angebots kann bejaht werden aus der Sicht des Versteigerers. Subjektiv hatte A Handlungswillen, denn er hat den Arm bewusst gehoben, um dem F zuzuwinken. Dem A fehlte jedoch das Erklärungsbewusstsein, er wollte grüßen, nicht aber rechtlich erheblich handeln, schon gar nicht ein Fass Wein ersteigern. Nach den Grundsätzen der Erklärungsfahrlässigkeit kommt es darauf an, ob der A hätte erkennen können, dass er sich in einer Versteigerung befindet, nur dann kann ihm sein Verhalten als Willenserklärung zugerechnet werden. Hierfür sind die Umstände des Einzelfalles entscheidend: Stand an der Eingangstür groß und unübersehbar: „Heute Versteigerung", so wird man sagen können, dass der A trotz seiner Unkundigkeit hinsichtlich Ort und Sitten nicht die im Verkehr erforderliche Sorgfalt beachtet hat und er sich deshalb sein Verhalten als Willenserklärung zurechnen lassen muss. Anderes dürfte jedenfalls dann gelten, wenn ein Hinweis auf die Versteigerung nicht gegeben war und der A beim Betreten des Lokals vor lauter Nikotin- und Rauchschwaden nicht nur seinen Freund kaum sehen, sondern auch die Gesamtsituation einer Versteigerung nicht zu erfassen vermochte.

---

43 § 122.
44 BGHZ 91, 324 (329 f.).
45 BGHZ 91, 324 (330).
46 BGHZ 91, 324 (330 m. w. N.).
47 Zur Fallbearbeitung s. *Fezer*, Klausurenkurs BGB AT, Fall 1, S. 16 ff.
48 S. hierzu auch noch Rn. 291 ff.

Bsp. (2): Erklärungsfahrlässigkeit ist auch in dem Fall zu bejahen, in welchem eine Bank auf Anforderung eines Gläubigers die Übernahme einer Bürgschaft bestätigt, dabei jedoch nur erklären will, dass sie in der Vergangenheit eine Bürgschaft für den Schuldner übernommen hat[49]. Auch wenn die Bank hier keinen Erklärungswillen zur Übernahme einer Bürgschaft hatte, so hätte sie doch erkennen müssen, dass sie unter den gegebenen Umständen mit einer solchen Bestätigung für den Empfänger den Eindruck erweckt, eine Bürgschaft übernehmen zu wollen[50].

208 **Fehlt der Geschäftswille,** also der Wille, die konkrete rechtlich erhebliche Erklärung abgeben zu wollen[51], dann beeinträchtigt das die Wirksamkeit der Willenserklärung nicht, sondern berechtigt den Erklärenden allein zur Anfechtung wegen Irrtums nach Maßgabe der §§ 119 ff.[52]. Nach den gesetzlichen Vorgaben wird hier der Erklärungsempfänger grds. geschützt, dem Erklärenden wird allerdings im Sinne der Wahrung seiner Selbstbestimmung die Möglichkeit zur Beseitigung der nicht erwünschten rechtlichen Folgen seiner Erklärung bzw. seines Verhaltens eingeräumt, jedoch um den Preis des Ersatzes eines unter Umständen eingetretenen Vertrauensschadens beim Erklärungsempfänger.

III. Abgrenzungen

209 Von dem Begriff der Willenserklärung zu unterscheiden sind die sog. (rechts-)geschäftsähnlichen Handlungen und die sog. Realakte.

Unter **geschäftsähnlichen Handlungen bzw. Erklärungen**[53] werden Willensäußerungen verstanden, die auf die Herbeiführung eines tatsächlichen Erfolgs gerichtet sind und bei denen Rechtsfolgen nicht aufgrund des Willens des Erklärenden eintreten, sondern weil sie im **Gesetz** unter Anknüpfung an eine geschäftsähnliche Handlung bestimmt sind[54]. In Übereinstimmung mit dem Begriff der Willenserklärung handelt es sich bei geschäftsähnlichen Handlungen auch um die Äußerung eines Willens. Dieser ist jedoch im Unterschied zur Willenserklärung nicht unmittelbar auf die Herbeiführung einer Rechtsfolge gerichtet. Daran ändert sich auch nichts dadurch, dass der Erklärende die geschäftsähnliche Handlung häufig mit dem Bewusstsein vornimmt, dass das Gesetz an sein Handeln rechtliche Folgen knüpft[55]. Typische Fälle geschäftsähnlicher Handlungen sind die **Mahnung** des Gläubigers gegenüber dem Schuldner zur Erbringung der geschuldeten Leistung (§ 286) wie auch die **Aufforderung** an den gesetzlichen Vertreter eines Minderjäh-

---

49 So der Sachverhalt zu der grundlegenden Entscheidung des BGH über die grundsätzliche Irrelevanz des fehlenden Erklärungswillens für die Frage des Vorliegens einer Willenserklärung, BGHZ 91, 324 ff.
50 S. im einzelnen BGHZ 91, 324 ff.
51 S. oben Rn. 204.
52 S. nur BGH NJW 1968, 2102 (2103).
53 So der Begriff bei *Flume*, BGB AT II, § 9 2b.
54 S. BGHZ 47, 352 (357), hier zur Mahnung; zum Begriff aus der Lit. *Larenz/Wolf*, BGB AT, § 22 Rn. 15; *Flume*, BGB AT II, § 9 2b; *Köhler*, BGB AT, § 5 Rn. 7; *Brox/Walker*, BGB AT, Rn. 95.
55 S. BGHZ 47, 352 (357).

rigen oder den Vertretenen zur Erklärung über die Genehmigung eines schwebend unwirksamen Vertrages (§§ 108 Abs. 2, 177 Abs. 2)[56]. Nach der Rechtsprechung des BGH soll auch eine Gewinnzusage i. S. d. § 661a eine geschäftsähnliche Handlung darstellen.[57]

> **Bsp. (1):** Die Mahnung des Gläubigers nach dem Eintritt der Fälligkeit (§ 286) ist als Willensäußerung auf den tatsächlichen Erfolg gerichtet, dass der Schuldner nunmehr leisten möge. Die bei Nichtleistung eintretenden Rechtsfolgen, insb. kommt der Schuldner durch die Mahnung in Verzug und ist möglicherweise zum Schadensersatz verpflichtet (§ 286 Abs. 1 Satz 1; § 280 Abs. 1, Abs. 2 i. V. m. § 286), sind im Gesetz bestimmt und treten unabhängig vom Willen des Gläubigers ein. Sie sind auch nicht etwa deshalb willensgetragene Rechtsfolgen, weil der Gläubiger die Mahnung mit Blick auf die gesetzlich angeordneten Folgen ausspricht[58].

> **Bsp. (2):** Ebenso verhält es sich bei der Aufforderung z. B. nach § 108 Abs. 2[59], mit welcher der Vertragspartner eines beschränkt geschäftsfähigen Minderjährigen von dessen gesetzlichem Vertreter die Erklärung über die Genehmigung des schwebend unwirksamen Vertrages (§ 108 Abs. 1)[60] verlangt. Die Aufforderung ist zwar Willensäußerung, sie ist jedoch auf den tatsächlichen Erfolg der Abgabe der Erklärung gerichtet. Die an die Aufforderung anknüpfenden Rechtsfolgen sind im Gesetz festgelegt: Nach Aufforderung kann die Genehmigung des Vertrags nur noch dem Auffordernden gegenüber und bis zum Ablauf von zwei Wochen nach dem Empfang der Aufforderung erklärt werden (§ 108 Abs. 2).

Im Hinblick darauf, dass geschäftsähnliche Handlungen auch Willensäußerungen sind und gewöhnlich in dem Bewusstsein der daran anknüpfenden gesetzlich bestimmten Rechtsfolgen vorgenommen werden[61], finden aufgrund dieser Ähnlichkeit zur Willenserklärung die **Vorschriften über Willenserklärungen entsprechende Anwendung**, soweit das mit dem Zweck der jeweiligen Regelungen im Einklang steht[62]. Das gilt etwa für die Bestimmungen über die Geschäftsfähigkeit (§§ 104 ff.)[63], die Abgabe und den Zugang von Willenserklärungen nach §§ 130 ff.[64] wie auch die Auslegung von Willenserklärungen nach §§ 133, 157[65]. Die entsprechende Anwendung der Regelungen über Willenserklärungen findet dort ihre Grenzen, wo diese mit dem Zweck der Norm nicht vereinbar oder durch den Zweck der Norm nicht geboten ist[66]. So sind die Vorschriften der §§ 107 ff.

---

56 Zu weiteren Erscheinungsformen geschäftsähnlicher Handlungen s. *Larenz/Wolf*, BGB AT, § 22 Rn. 15 ff. und Palandt/*Ellenberger*, BGB, Überbl. v. § 104 Rn. 6. Zu den Aufforderungen nach § 108 Abs. 2 und § 177 Abs. 2 s. Rn. 358 ff. und 669 f.
57 S. BGH NJW 2006, 230 (232); a. A. z. B. PWW/*Mörsdorf-Schulte*, BGB, § 661a Rn. 3 m. w. N.: einseitiges Rechtsgeschäft.
58 S. BGHZ 47, 352 (357).
59 Für die Aufforderung des Vertragspartners eines vollmachtlosen Vertreters an den Vertretenen nach § 177 Abs. 2 (dazu Rn. 669 f.) gilt dasselbe.
60 S. dazu näher Rn. 355 ff.
61 S. BGHZ 47, 352 (357).
62 S. *Larenz/Wolf*, BGB AT, § 22 Rn. 17 ff.; s. auch BGHZ 47, 352 (357).
63 S. MünchKomm/*Schmitt*, BGB, v. § 104 Rn. 11.
64 BGHZ 47, 352 (357), hier zur Mahnung.
65 S. BGH NJW 1995, 45 (46); MünchKomm/*Busche*, BGB, § 133 Rn. 45; zur Auslegung von Willenserklärungen s. Rn. 243 ff.
66 Zu letzterem s. BGHZ 29, 33 (36).

zum Schutz des beschränkt geschäftsfähigen Minderjährigen[67] auf die **Einwilligung zu einem Eingriff in die körperliche Integrität** insb. durch ärztliche Heileingriffe, bei der es sich nicht um eine Willenserklärung handelt[68], insoweit nicht anwendbar, als es für die Wirksamkeit der Einwilligung des Minderjährigen allein darauf ankommt, ob er nach seiner geistigen und sittlichen Reife die Bedeutung und Tragweite des Eingriffs und seiner Gestattung zu erkennen vermag[69].

210 Von dem Begriff der Willenserklärung wie auch dem der geschäftsähnlichen Handlung ist der **Realakt** abzugrenzen, bei dem rechtliche Folgen kraft Gesetzes allein an das Vorhandensein einer **tatsächlichen Handlung** geknüpft werden, auf das Vorliegen eines Willens und einer Willensäußerung, gerichtet auf die Herbeiführung eines tatsächlichen oder rechtlichen Erfolgs, kommt es nicht an. Der rechtliche Erfolg tritt ein, weil das Gesetz diesen an eine tatsächliche Handlung anbindet[70]. Gesetzliche Regelungen, in denen unabhängig von dem Vorliegen eines Willens allein an die Vornahme einer tatsächlichen Handlung Rechtsfolgen geknüpft werden, sind z. B. die sachenrechtlichen Vorschriften der §§ 946 ff. betreffend die Verbindung, Vermischung und Verarbeitung von Sachen und § 854 über den Besitz wie auch die schuldrechtlichen Bestimmungen über die Einbringung von Sachen in eine Mietwohnung (§ 562) oder eine Herberge (§ 704), an die das Gesetz die Begründung eines besitzlosen Pfandrechts anknüpft.

> **Bsp.:** Errichtet ein Bauunternehmer auf dem Grundstück des Bauherrn ein Haus, so erstreckt sich das Eigentum am Grundstück nach § 946 i. V. m. § 94 auf das Gebäude als wesentlichen Bestandteil[71]. Die gesetzlich angeordnete Rechtsfolge der Erstreckung des Eigentums tritt allein aufgrund der Verbindung als eines tatsächlichen Handelns ein, etwa das Einfüllen des Betons in die Baugrube. Auf einen Willen zur Eigentumsübertragung kommt es nicht an, eine Willensäußerung ist überhaupt nicht erforderlich.

Der die ursprünglichen Eigentümer nach §§ 946–950 treffende Verlust des Eigentums wird über die **Rechtsgrundverweisung des § 951 Abs. 1** bereicherungsrechtlich in Geld ausgeglichen[72].
Wegen der Bedeutungslosigkeit des Willens im Zusammenhang mit dem gesetzlich bestimmten Eintritt von Rechtsfolgen bei Realakten finden die Vorschriften über Willenserklärungen grds. keine Anwendung[73]. Aber auch insoweit gibt es Ausnahmen. Das gilt bspw. bei der Wohnsitzbegründung, die als solche als Realakt

---

67 Dazu näher Rn. 333 ff.
68 BGHZ 29, 33 (36); BGHZ 105, 45 (47 f.): Nach der Rspr. handelt es sich um „eine Gestattung oder Ermächtigung zur Vornahme tatsächlicher Handlungen, die in den Rechtskreis des Gestattenden eingreifen". Wegen des Vorliegens einer Willensäußerung und des finalen Bezugs auf die Vornahme einer tatsächlichen Handlung (Eingriff) kann die Einwilligung als geschäftsähnliche Handlung eingeordnet werden, s. im Ergebnis ebenso Palandt/*Ellenberger*, BGB, Überbl. v. § 104 Rn. 6 und 8. Rechtliche Bedeutung hat eine solche Einwilligung insofern, als sie die Rechtswidrigkeit der Körperverletzung etwa im Rahmen des § 823 Abs. 1 ausschließt, s. dazu *Schwarz/Wandt*, Gesetzliche Schuldverhältnisse, § 16 Rn. 9 und 162.
69 BGHZ 29, 33 (36).
70 S. zum Begriff *Larenz/Wolf*, BGB AT, § 22 Rn. 20; *Köhler*, BGB AT, § 5 Rn. 7; *Brox/Walker*, BGB AT, Rn. 94.
71 Zu § 94 s. Rn. 174.
72 S. hierzu den berühmten *Jungbullenfall* des BGH in BGHZ 55, 176.
73 S. nur *Larenz/Wolf*, BGB AT, § 22 Rn. 22.

einzuordnen ist[74], nach § 8 Abs. 1 für die Wohnsitzbegründung durch nicht geschäftsfähige Personen[75].

IV. Wirksamwerden der Willenserklärung im Rechtsverkehr

Von der Frage, welche Voraussetzungen für das Vorliegen einer wirksamen Willenserklärung gegeben sein müssen[76], ist die weitere Frage zu unterscheiden, **wann eine Willenserklärung im Rechtsverkehr Wirksamkeit erlangt.** Hier geht es also darum, zu welchem Zeitpunkt eine Willenserklärung rechtliche Wirkung entfaltet, als solche im Rechtsverkehr verbindlich wird.
Der BGB-Gesetzgeber hat die Frage des zeitlichen Wirksamwerdens einer Willenserklärung gesehen und in drei Vorschriften, §§ 130–132, allerdings allein bezogen auf empfangsbedürftige Willenserklärungen unter Abwesenden, geregelt. Aus den einschlägigen Bestimmungen, insb. § 130 Abs. 1 Satz 1, wird deutlich, dass im Zusammenhang mit dem **Wirksamwerden einer empfangsbedürftigen Willenserklärung** zwei Zeitpunkte eine Rolle spielen, und zwar die Zeitpunkte der **Abgabe und des Zugangs.** Für Willenserklärungen, die **nicht empfangsbedürftig** sind[77], findet sich im Gesetz keine Regelung. Hier kann es, da eine solche Willenserklärung nicht empfangen werden, sprich zugehen muss[78], allein auf den Zeitpunkt der **Abgabe** der Willenserklärung ankommen.

211

Die Frage, unter welchen Voraussetzungen zu welchem Zeitpunkt eine Willenserklärung im Rechtsverkehr Wirksamkeit entfaltet, ist in verschiedener Hinsicht von **erheblicher rechtlicher Bedeutung.** So lässt sich der Vorschrift des § 130 Abs. 2 entnehmen, dass dem Wirksamwerden einer Willenserklärung entgegensteht, wenn im Zeitpunkt ihrer Abgabe der Erklärende **geschäftsunfähig** war, nachträglicher Wegfall der Rechtsfähigkeit oder Eintritt von Geschäftsunfähigkeit schaden hingegen nicht. Die **Möglichkeit der Anfechtbarkeit** einer Willenserklärung wegen Irrtums oder Täuschung bzw. Drohung[79] stellt darauf ab, dass der Erklärende bei der Abgabe im Irrtum war oder zur Abgabe durch Täuschung bzw. Drohung bestimmt worden ist. **Fristen** knüpfen an den Zeitpunkt der Abgabe oder des Zugangs an. So ist nach § 121 Abs. 2 die Anfechtung in den Fällen der §§ 119, 120 ausgeschlossen, wenn seit der Abgabe der Willenserklärung zehn Jahre verstrichen sind[80]. Die Erhebung einer **Kündigungsschutzklage** durch den Arbeitnehmer kann nach § 4 Satz 1 KSchG nur innerhalb von drei Wochen nach dem Zugang der schriftlichen Kündigung erfolgen.
Für die Beantwortung der Frage nach dem Zeitpunkt des Wirksamwerdens einer Willenserklärung und den insoweit zu stellenden Anforderungen ist zwischen nicht empfangsbedürftigen und empfangsbedürftigen Willenserklärungen zu unterscheiden.

212

---

74 S. etwa *Larenz/Wolf*, BGB AT, § 22 Rn. 23; Palandt/*Ellenberger*, BGB, Überbl. v. § 104 Rn. 10.
75 Zur Bedeutung des Wohnsitzes s. oben Rn. 99.
76 S. oben Rn. 199 ff.
77 S. folgend Rn. 213.
78 S. noch Rn. 213.
79 S. Rn. 496 ff.
80 S. auch § 124 Abs. 3, dazu noch Rn. 545 ff.

1. Wirksamwerden nicht empfangsbedürftiger Willenserklärungen

213 Nicht empfangsbedürftige Willenserklärungen sind – wie der Regelung des § 130 Abs. 1 Satz 1 im Umkehrschluss entnommen werden kann – solche, die **nicht einer anderen Person gegenüber abzugeben** sind[81]. Hierzu gehören etwa die Auslobung (§ 657), die Aufgabe des Eigentums an einer beweglichen Sache nach § 959[82] oder auch die Errichtung eines Testaments (§ 2247). Im Hinblick darauf, dass eine nicht empfangsbedürftige Willenserklärung dem Begriff nach keiner Person gegenüber abzugeben ist, also von niemandem empfangen werden muss, reicht für das Wirksamwerden im Rechtsverkehr die **Abgabe der Willenserklärung** aus. Unter dem Begriff der Abgabe ist der Zeitpunkt der willentlichen Entäußerung der Erklärung in den Rechtsverkehr zu verstehen, d.h. wenn der Erklärende von seiner Seite alles getan hat, seinen rechtsgeschäftlichen Willen derart kundzutun, dass an der Endgültigkeit dieses Willens kein Zweifel mehr sein kann[83]. Maßgeblich ist mithin die **Vollendung des Erklärungsvorgangs**[84], also das Vorliegen des äußeren Tatbestands der Willenserklärung.

> **Bsp.:** Bei der Auslobung nach § 657 handelt es sich um eine nicht empfangsbedürftige Willenserklärung. Für deren Wirksamwerden im Rechtsverkehr reicht also die Abgabe der Willenserklärung aus. Will etwa der A für das Auffinden seines entlaufenen Hundes einen Finderlohn ausloben, so muss er diesen Willen nach außen kundtun, z.B. durch Anschläge an einer Hauswand, an einem Baum oder in einem Geschäftslokal. Mit der Aushängung der Anschläge ist die Auslobung als Willenserklärung abgegeben, sie entfaltet damit als nicht empfangsbedürftige Willenserklärung rechtliche Wirkung, auch wenn niemand von ihr Kenntnis nimmt. Bringt Tage später der F den Hund, so hat er Anspruch auf die Belohnung.

2. Wirksamwerden empfangsbedürftiger Willenserklärungen

214 Empfangsbedürftige Willenserklärungen sind solche, die – wie aus § 130 Abs. 1 Satz 1 hervorgeht – **einem anderen gegenüber abzugeben** sind, d.h. **von einem anderen empfangen werden müssen**, um Wirksamkeit im Rechtsverkehr zu entfalten. Diese Willenserklärungen bedürfen deshalb **neben der Abgabe zusätzlich des Zugangs** beim Empfänger. Das macht gleichfalls die Regelung des § 130 Abs. 1 Satz 1 deutlich, die den Zugang als Zeitpunkt des Wirksamwerdens für den Fall bestimmt, dass die Willenserklärung in Abwesenheit des Empfängers abgegeben wird[85]. Nicht ausdrücklich im Gesetz geregelt ist das Wirksamwerden empfangsbedürftiger Willenserklärungen bei Abgabe unter Anwesenden[86].

---

81 S. MünchKomm/*Einsele*, BGB, § 130 Rn. 5; *Brox/Walker*, BGB AT, Rn. 93; Hk-BGB/*Dörner*, § 130 Rn. 1.

82 Anders bei der Aufgabe des Eigentums an einem Grundstück: Gem. § 928 Abs. 1 muss der Eigentümer den Verzicht dem Grundbuchamt gegenüber erklären und der Verzicht in das Grundbuch eingetragen werden.

83 S. *Larenz/Wolf*, BGB AT, § 26 Rn. 2; Hk-BGB/*Dörner*, § 130 Rn. 2; *Brox/Walker*, BGB AT, Rn. 142.

84 MünchKomm/*Einsele*, BGB, § 130 Rn. 13; *Brox/Walker*, BGB AT, Rn. 142.

85 Dazu folgend Rn. 215 ff.

86 S. Rn. 240 ff.

a) **Wirksamwerden bei Abgabe in Abwesenheit des Empfängers.** Gemäß § 130   **215**
Abs. 1 Satz 1 wird eine Willenserklärung, die einem anderen gegenüber abzugeben ist, wenn sie in dessen Abwesenheit abgegeben wird, in dem Zeitpunkt wirksam, in welchem sie ihm zugeht. Erforderlich sind mithin Abgabe und Zugang der
Willenserklärung.

(1) **Abgabe der Willenserklärung.** Unter dem Begriff der Abgabe einer Willenser-   **216**
klärung ist im Ausgangspunkt wie bei nicht empfangsbedürftigen Willenserklärungen der Zeitpunkt der willentlichen Entäußerung der Erklärung in den Rechtsverkehr zu verstehen[87]. Hinzu kommen muss allerdings das Merkmal der
Zielgerichtetheit der Erklärung, d.h. der Erklärende konnte damit rechnen und
hat damit gerechnet, dass die Erklärung den Empfänger erreicht[88]. Das Erfordernis der Zielgerichtetheit des Erklärungswillens in Bezug auf eine bestimmte Person, den Empfänger, folgt aus der Empfangsbedürftigkeit der Willenserklärung.
An der Zielgerichtetheit fehlt es, wenn die Willenserklärung irgendwelchen Dritten gegenüber abgegeben wird, ohne dass diese die Stellung eines Empfangsvertreters oder Empfangsboten haben[89], mag die Willenserklärung über den Dritten
auch zufällig zu dem Empfänger gelangen[90].

> **Bsp.:** A und B schließen einen Grundstückskaufvertrag, der von dem Notar N im März
> 2011 notariell beurkundet wird (§ 311 b Abs. 1 Satz 1). Der Kaufvertrag enthält ein
> Rücktrittsrecht zugunsten des B, das dieser bis zum 30.9.2011 ausgeübt haben muss.
> B übersendet die Rücktrittserklärung an den Notar N, die bei diesem am 29.9.2011
> eingeht. – Hier fehlt es an der Zielgerichtetheit der Erklärung des Rücktritts, die nach
> § 349 gegenüber dem anderen Vertragsteil zu erfolgen hat. B konnte, sofern nicht
> Anhaltspunkte für eine Stellung des N als Empfangsvertreter oder Empfangsbote des
> A gegeben waren, nicht damit rechnen, dass die Rücktrittserklärung den A über N
> erreicht. Es lag damit schon keine Abgabe der Rücktrittserklärung vor[91].

An einer willentlichen Entäußerung in den Rechtsverkehr und damit an der Ab-   **217**
gabe einer Willenserklärung fehlt es auch dann, wenn ein Nicht-Bevollmächtigter
oder nicht als Erklärungsbote eingeschalteter Dritter die Willenserklärung absen-
det[92]. Hier wird von einer **abhanden gekommenen Erklärung** gesprochen[93].

> **Bsp.:** Friseurmeister F will sich von seiner angestellten Mitarbeiterin M trennen. Das
> abends angefertigte und unterschriebene Kündigungsschreiben lässt er auf dem
> Schreibtisch liegen, weil er über die Kündigung noch einmal nachdenken will. Morgens
> um 6 Uhr sieht Putzfrau P den Brief und sendet diesen ab. – Von einer willentlichen
> Entäußerung der Kündigung seitens des F in den Rechtsverkehr kann hier nicht ge-
> sprochen werden. Es fehlt damit an einer Abgabe.

---

87 S. oben Rn. 213.
88 So deutlich BGH NJW 1979, 2032 (2033); s. auch Hk-BGB/*Dörner*, § 130 Rn. 2; *Brox/*
     Walker, BGB AT, Rn. 147.
89 S. dazu Rn. 225 f.
90 S. BGH NJW 1979, 2032 (2033).
91 Sachverhalt nach BGH NJW 1979, 2032 f.
92 A. A. für den Fall, dass der Erklärende das In-Verkehr-Bringen zu vertreten hat, z.B.
     Larenz/Wolf, BGB AT, § 26 Rn. 3; MünchKomm/*Einsele*, BGB, § 130 Rn. 14 unter
     Hinweis auf die Ähnlichkeit zur Erklärungsfahrlässigkeit bei fehlendem Erklärungsbe-
     wusstsein, s. dazu oben Rn. 207; wie hier Hk-BGB/*Dörner*, § 130 Rn. 2.
93 S. BGHZ 65, 13 (15).

In solchen Fällen abhanden gekommener Willenserklärungen ist zu berücksichtigen, dass für den Empfänger der Eindruck entsteht, eine Willenserklärung sei wirksam abgegeben worden. Soweit der gutgläubige Empfänger sich darauf verlässt und Entscheidungen trifft, die zu Vermögensnachteilen führen, kommt eine **Haftung des „Erklärenden" auf Ersatz des Vertrauensschadens** in Betracht[94], die analog § 122 begründet ist[95]. Parallel zu dem Gedanken der sog. Erklärungsfahrlässigkeit[96] ist eine Haftung allerdings auf die Fallkonstellationen zu beschränken, in denen dem vermeintlich Erklärenden das In-Verkehr-bringen der Willenserklärung durch einen unbefugten Dritten **zugerechnet** werden kann[97].

> **Bsp.:** Im obigen Beispiel der durch Putzfrau P abgesandten Kündigung beauftragt die M sofort nach Erhalt des Schreibens den Rechtsanwalt R mit der Wahrnehmung ihrer Interessen. Als sich der Sachverhalt des Abhandenkommens der Kündigungserklärung herausstellt und M keine Notwendigkeit mehr für anwaltliche Unterstützung sieht, stellt R ihr für seine Bemühungen eine Kostennote über 200 € aus. – Diesen Vermögensnachteil kann M von F analog § 122 ersetzt verlangen, sofern davon auszugehen ist, dass dem F das In-Verkehr-bringen durch P wegen des Liegenlassens der Kündigung auf dem Schreibtisch zugerechnet werden kann, F also bei Anwendung der im Verkehr erforderlichen Sorgfalt hätte erkennen können, dass die Gefahr einer Absendung durch unbefugte Dritte besteht.

218 Bei der Abgabe einer Willenserklärung können dritte Personen eingeschaltet werden. Insoweit ist zu unterscheiden. Handelt ein **Vertreter i.S.d. § 164**, so gibt dieser eine eigene Willenserklärung im Namen des Vertretenen ab, die unmittelbar für und gegen diesen wirkt[98]. Die Willenserklärung ist abgegeben, wenn sich der Vertreter willentlich und zielgerichtet auf den Empfänger der Erklärung entäußert hat. Bedient sich der Erklärende eines **Erklärungsboten**, d.h. einer anderen Person, die die Willenserklärung lediglich übermittelt, sprich transportiert, im Unterschied zum Vertreter jedoch keine eigene Willenserklärung abgibt[99], so ist die Willenserklärung in dem Zeitpunkt abgegeben, in welchem sie von dem Erklärenden dem Boten gegenüber zwecks Übermittlung geäußert oder, bei einer verkörperten (z.B. schriftlichen) Willenserklärung, übergeben worden ist[100].

> **Bsp. (1):** Der Leiter der Personalabteilung eines Unternehmens ist üblicherweise bevollmächtigt, die Kündigung eines Arbeitsverhältnisses im Namen des Arbeitgebers auszusprechen. Mit Absendung des Kündigungsschreibens durch den Personalleiter ist die Kündigung als Willenserklärung abgegeben.

---

94 S. BGHZ 65, 13 (15).
95 Z. T. wird eine Haftung auch nach §§ 280 Abs. 1, 311 Abs. 2 angenommen, so etwa Hk-BGB/*Dörner*, § 130 Rn. 2. Diese Haftungsgrundlage kann allerdings nur tragen, wenn bereits ein Schuldverhältnis im Sinne des § 311 Abs. 2 bestanden hat.
96 S. oben Rn. 207.
97 So im Ergebnis z.B. auch *Larenz/Wolf*, BGB AT, § 26 Rn. 48; Palandt/*Ellenberger*, BGB, § 130 Rn. 4.
98 S. zum Recht der Stellvertretung Rn. 599 ff.
99 S. BGHZ 12, 327 (334); BGH NJW 2008, 917 (918); zur Abgrenzung zwischen Vertreter in der Erklärung und Erklärungsboten s. Rn. 609.
100 S. Hk-BGB/*Dörner*, § 130 Rn. 2.

Bsp. (2): Arbeitgeber A will dem Arbeitnehmer B kündigen. Er beauftragt seine Sekretärin, das Kündigungsschreiben bei B zuhause in den Briefkasten zu werfen[101]. – Mit Übergabe des Schreibens an die zur Übermittlung eingeschaltete Sekretärin ist die Kündigungserklärung abgegeben.

Ist die Willenserklärung abgegeben, so hat es nach § 130 Abs. 2 auf deren Wirksamkeit keinen Einfluss mehr, wenn der Erklärende nach diesem Zeitpunkt **stirbt oder geschäftsunfähig** wird. Damit beeinträchtigt der Wegfall der Rechtsfähigkeit oder der Eintritt von Geschäftsunfähigkeit nach Abgabe nicht die Wirksamkeit der Erklärung[102]. Eine andere Frage ist die, ob in diesem Fall bei einer auf den **Abschluss eines Vertrages gerichteten Erklärung (Angebot)**[103] noch ein Vertrag zustande kommen kann, der Empfänger der wirksam abgegebenen Erklärung also in der Lage ist, durch deren Annahme noch einen Vertragsschluss herbeizuführen[104]. Diesbezüglich bestimmt die Vorschrift des § 153, dass das Zustandekommen des Vertrages nicht dadurch gehindert wird, dass der Antragende, das ist die Person, die das Angebot abgibt[105], vor der Annahme stirbt oder geschäftsunfähig wird, wenn nicht ein anderer Wille des Antragenden anzunehmen ist[106].

219

(2) Zugang der Willenserklärung. – (a) Begriff und Voraussetzungen des Zugangs. Für das Wirksamwerden einer empfangsbedürftigen Willenserklärung ist unter Abwesenden über deren Abgabe hinaus nach § 130 Abs. 1 Satz 1 der Zugang der Erklärung beim Empfänger erforderlich. Der Zeitpunkt des Zugangs der Willenserklärung ist in verschiedener Hinsicht von erheblicher rechtlicher Bedeutung, so etwa für die Frage der **rechtzeitigen Annahme eines Vertragsangebots** nach §§ 147 ff.[107], die **rechtzeitige Ausübung von vertraglich eingeräumten Rechtspositionen** wie z.B. die Ausübung eines Rücktrittsrechts bis zu einem bestimmten Zeitpunkt[108] oder auch die **Einhaltung gesetzlich vorgesehener Fristen** wie etwa im Falle der Kündigung eines Arbeitsverhältnisses der in § 4 Satz 1 KSchG bestimmten Dreiwochenfrist für die Erhebung einer Kündigungsschutzklage, deren Lauf mit dem Zugang der Kündigung beginnt. Trotz seiner erheblichen Bedeutung ist der Begriff des Zugangs weder in § 130 noch in einer anderen Vorschrift des BGB definiert.

220

---

101 Das empfiehlt sich aus Beweisgründen, wenn der Zugang der Kündigung vom Empfänger bestritten werden sollte, s. noch Rn. 239.
102 Anderes gilt für die Verfügungsbefugnis, sprich die Berechtigung, eine Verfügung (zum Begriff s. oben Rn. 195) wirksam vornehmen zu können, s. BGHZ 27, 360 (366). Insoweit ist der Zeitpunkt des Wirkungseintritts, nicht der der Abgabe der Verfügungserklärung (z.B. Einigungserklärung zur Übertragung des Eigentums an einer beweglichen Sache nach § 929 Satz 1) entscheidend, weshalb die auch als Verfügungsmacht bezeichnete Berechtigung zur Verfügung noch im Zeitpunkt des Zugangs der Willenserklärung und des Eintritts von u. U. weiteren Verfügungsvoraussetzungen (z.B. Übergabe bei § 929 Satz 1) vorliegen muss (BGHZ 27, 360 [366]).
103 S. noch Rn. 262 ff.
104 Zum Zustandekommen von Verträgen s. Rn. 261 ff.
105 S. Rn. 262.
106 S. hierzu noch Rn. 288 ff.
107 Dazu Rn. 274 ff., zur Ausnahme nach § 151 s. Rn. 284.
108 S. z.B. den Sachverhalt BGH NJW 1979, 2032.

221 Nach übereinstimmender Auffassung in Rspr. und Lit. ist eine Willenserklärung zugegangen, sobald sie derart **in den Machtbereich des Empfängers** gelangt, dass bei Annahme gewöhnlicher Verhältnisse damit zu rechnen ist, er **könne von ihr Kenntnis erlangen**[109]. Z. T. wird der Begriff des Zugangs inhaltsgleich erweitert um die Einbeziehung dritter Personen und dahin beschrieben, dass dieser gegeben ist, sobald eine Willenserklärung in verkehrsüblicher Weise in die tatsächliche Verfügungsgewalt des Empfängers bzw. eines empfangsberechtigten Dritten gelangt ist und für den Empfänger unter gewöhnlichen Verhältnissen die Möglichkeit besteht, von dem Inhalt des Schreibens Kenntnis zu nehmen[110]. Kernelemente bzw. Voraussetzungen des Zugangsbegriffs sind demnach das Gelangen der Willenserklärung in den **Machtbereich des Empfängers** und die **Möglichkeit der Kenntnisnahme.** Hiermit soll eine angemessene Verteilung der angesichts der rechtlichen Bedeutung des Zugangs einer Willenserklärung mit diesem verbundenen Risiken bewirkt werden: Der Erklärende hat dafür zu sorgen, dass die Erklärung in bestimmter Weise in den Machtbereich des Empfängers, dessen Verfügungsgewalt, gelangt, er trägt deshalb das Risiko des Transports der Erklärung zum Empfänger[111], dass diesen also die Erklärung überhaupt erreicht. Sodann ist es Sache des Empfängers, von der in seinen Machtbereich gelangten Willenserklärung Kenntnis zu nehmen. Entscheidend ist allein, dass unter gewöhnlichen Verhältnissen die Möglichkeit der Kenntnisnahme besteht. Für die Bejahung des Zugangs ist es deshalb unerheblich, ob und wann der Empfänger die Erklärung tatsächlich zur Kenntnis nimmt, weil er daran etwa durch Krankheit, zeitweilige Abwesenheit oder aus sonstigen Gründen gehindert ist[112]. Der Empfänger trägt mithin bei gegebener Möglichkeit der Kenntnisnahme das Risiko der Kenntnisnahme[113], was auch interessengerecht ist: Es ist allein Sache des Empfängers, von der Möglichkeit der Kenntnisnahme Gebrauch zu machen. Der Erklärende hat darauf keinen Einfluss, weshalb die tatsächliche Kenntnisnahme auch nicht Voraussetzung für den Zugang einer Willenserklärung unter Abwesenden sein kann. Der heute allgemein anerkannte Begriff des Zugangs wird damit im Sinne der sog. **Empfangstheorie** definiert[114], welche im Interesse einer angemessenen Risikoverteilung die Zuleitung der Erklärung durch den Erklärenden in den Machtbereich des Empfängers fordert, jedoch die damit gegebene Möglichkeit der Kenntnisnahme für den Empfänger ausreichen lässt[115].

Nach der vorstehend entfalteten Definition des Zugangs einer Willenserklärung ist zunächst gefordert, dass diese in verkehrsüblicher Weise in den Machtbereich bzw. die tatsächliche Verfügungsgewalt des Empfängers gelangt. Dieser Bereich ist danach abzugrenzen, ob mit der Zuleitung der Erklärung an einen bestimmten

---

109 S. BGHZ 67, 271 (275); BGH NJW 1980, 990 (990); NJW 1983, 929 (930); BAG NJW 1983, 1093 (1093); NJW 1989, 606 (606); *Larenz/Wolf*, BGB AT, § 26 Rn. 27; MünchKomm/*Einsele*, BGB, § 130 Rn. 16; *Flume*, BGB AT II, § 14 3b.
110 BAG NJW 1989, 606 (606); BAG NJW 1993, 1093 (1093).
111 S. BAG NJW 1989, 606 (607).
112 S. BAG NJW 1989, 606 (606).
113 BAG NJW 1989, 606 (606).
114 S. nur BAG NJW 1989, 606 (607).
115 Zu den verschiedenen Theorien, die im Zusammenhang mit dem Begriff des Zugangs vertreten worden sind, s. *Medicus*, BGB AT, Rn. 268 ff.

Ort für den Empfänger die Möglichkeit der Kenntnisnahme besteht[116]. Das soll an dem Beispiel einer Willenserklärung durch Brief deutlich gemacht werden.

> Bsp.: Die in den Briefkasten des Arbeitnehmers durch den Postboten geworfene Kündigungserklärung ist in verkehrsüblicher Weise in den Machtbereich des Arbeitnehmers gelangt. Das ist ebenso bei persönlicher Übergabe des Briefs an den Arbeitnehmer der Fall.
>
> Anderes gilt dann, wenn die Kündigungserklärung von einem Boten unter die Fußmatte an der Haustür geschoben wird. Das ist nicht verkehrsüblich, die Kündigungserklärung ist schon nicht in den Machtbereich des Arbeitnehmers gelangt.
>
> Wird die Kündigung mittels Einschreibebriefes zugesandt und hinterlässt der Postbote, der den Arbeitnehmer zu Hause nicht antrifft, einen Benachrichtigungszettel, so ist die Kündigungserklärung noch nicht in den Machtbereich des Arbeitnehmers gelangt[117]. Hier wird der Arbeitnehmer durch den Benachrichtigungszettel lediglich in die Lage versetzt, das Schreiben in seinen Machtbereich zu bringen[118].
>
> Hat der Arbeitnehmer eine Postfachadresse und wird die Kündigungserklärung an diese Adresse geschickt, so gelangt sie mit dem Einlegen in das Postfach in den Machtbereich des Arbeitnehmers.

Der Zugang erfordert weiter die **Möglichkeit der Kenntnisnahme** unter gewöhnlichen Umständen bzw. nach den Gepflogenheiten des Verkehrs[119], auf die tatsächliche Kenntnisnahme des Empfängers kommt es hingegen nicht an[120]. Besteht bei Annahme gewöhnlicher Verhältnisse die Möglichkeit der Kenntnisnahme für den Empfänger, dann erfolgt der Zugang unbeschadet dessen, ob der Empfänger die Erklärung tatsächlich zur Kenntnis genommen hat oder durch Krankheit, zeitweilige Abwesenheit oder andere Umstände an der Kenntnisnahme zunächst gehindert ist[121]. **222**

> Bsp.: Die in den Briefkasten des Arbeitnehmers durch Postboten eingeworfene Kündigungserklärung ist verkehrsüblich in den Machtbereich des Empfängers gelangt, die Möglichkeit der Kenntnisnahme besteht bei Annahme gewöhnlicher Verhältnisse ab dem Zeitpunkt, zu dem üblicherweise mit der Leerung des Briefkastens gerechnet werden kann[122]. Das ist nicht nur der Vormittag am Tag des Einwurfs, sondern der ganze Tag bis abends etwa gegen 18.00 Uhr[123].
>
> Keine Möglichkeit der Kenntnisnahme unter gewöhnlichen Umständen besteht dann, wenn der Brief zu einer Tageszeit in den Briefkasten eingeworfen wird, zu welcher eine Leerung des Briefkastens unter gewöhnlichen Umständen nicht zu erwarten ist[124]. Wird die Kündigungserklärung durch Boten nachts um 23.00 Uhr in den Briefkasten geworfen, so ist noch kein Zugang erfolgt. Bei Annahme gewöhnlicher Umstände findet eine Leerung erst am nächsten Tag vormittags statt, so dass auch erst dann die Möglichkeit der Kenntnisnahme und damit der Zugang gegeben ist.

---

116 S. nur *Brox/Walker*, BGB AT, Rn. 149.
117 BGHZ 67, 271 (275); 137, 205 (208); BAG NJW 1963, 554 (555).
118 BGHZ 67, 271 (275); 137, 205 (208).
119 S. BayVerfGH NJW 1993, 518 (519); BGH NJW 2008, 843.
120 BAG NJW 1993, 1093 (1093).
121 BAG NJW 1993, 1093 (1093).
122 S. nur Palandt/*Ellenberger*, BGB, § 130 Rn. 6.
123 S. BayVerfGH NJW 1993, 1518 (1519); Palandt/*Ellenberger*, BGB, § 130 Rn. 6, str.
124 BayVerfGH NJW 1993, 518 (519).

Im Geschäftsverkehr erfolgt der Zugang einer Willenserklärung mittels Briefes jedenfalls dann nicht mehr am selben Tag, wenn der Brief nach Schluss der Geschäftszeiten in den Briefkasten eines Betriebs eingeworfen wird[125]. Sofern in einem Betrieb branchenüblich am 31.12. nachmittags nicht mehr gearbeitet wird, geht ein nachmittags in den Briefkasten eingeworfenes Schriftstück erst am nächsten Werktag (2.1.) zu[126].Bei einer Postfachadressierung besteht die Möglichkeit der Kenntnisnahme gewöhnlich ab dem Zeitpunkt, zu dem der Postfachinhaber das Postfach leeren kann. Dieser Zeitpunkt wird mithin bestimmt durch die Öffnungszeiten des Postfach führenden Instituts.

223 Die Anknüpfung an die Möglichkeit der Kenntnisnahme unter normalen Umständen für den Empfänger stellt lediglich den **spätesten Zeitpunkt des Zugangs** dar. Erlangt der Empfänger zu einem früheren als dem nach den gewöhnlichen Umständen maßgebenden Zeitpunkt Kenntnis von einer Willenserklärung, so ist der Zugang im Zeitpunkt der tatsächlichen Kenntnisnahme erfolgt.

> **Bsp.:** Die nachts um 23.00 Uhr in den Briefkasten des Arbeitnehmers eingeworfene Kündigungserklärung wird von diesem um 23.30 Uhr zur Kenntnis genommen. – Auch wenn nach den normalen Gepflogenheiten zu diesem Zeitpunkt nicht mit einer Kenntnisnahme gerechnet werden kann, ist hier der Zugang noch am Tag des Einwurfs gegeben. Bedeutung hat das für die Einhaltung von Kündigungsfristen[127].

224 Die vorstehend dargelegten Grundsätze zum Zugang einer durch **Brief** übermittelten Willenserklärung gelten entsprechend auch bei der Verwendung eines anderen Erklärungsmittels durch den Erklärenden. Eine durch **Telefax** übermittelte Willenserklärung geht am Tag des Ausdrucks bzw. der Speicherung durch das Faxgerät zu, sofern unter gewöhnlichen Verhältnissen die Möglichkeit der Kenntnisnahme besteht. Ein nachts um 23.00 Uhr eingegangenes Fax geht deshalb erst am nächsten Tag zu, wobei im Geschäftsverkehr die Möglichkeit der Kenntnisnahme mit Beginn der Geschäftszeiten besteht. Wird eine Willenserklärung durch **E-Mail** oder **SMS** übermittelt, so erfolgt der Zugang zu dem Zeitpunkt, in welchem die Nachricht beim Empfänger abrufbar ist und nach den üblichen Gepflogenheiten mit einem Abruf gerechnet werden kann. Bei E-Mails im Geschäftsverkehr ist das während der üblichen Geschäftszeiten der Fall[128]. Im privaten Bereich wird man auch nicht davon ausgehen können, dass bei einer am späten Abend oder nachts zugehenden Willenserklärung durch E-Mail nach den normalen Gepflogenheiten mit der Möglichkeit der Kenntnisnahme gerechnet werden kann. Diese gehen deshalb auch erst am nächsten Tag zu[129].

225 Nach der Definition des Zugangs geht eine Willenserklärung unter Abwesenden auch zu, wenn sie in verkehrsüblicher Weise in die tatsächliche Verfügungsgewalt eines **empfangsberechtigten Dritten** gelangt ist und für den Empfänger unter gewöhnlichen Umständen die Möglichkeit der Kenntnisnahme besteht[130]. Insoweit

---

125 BGH NJW 2008, 843 unter Offenlassen der Frage, ob ein während der Geschäftszeiten eingeworfener Brief in jedem Fall zugegangen ist.
126 BGH NJW 2008, 843.
127 S. § 622 bezogen auf die Kündigung eines Arbeitsverhältnisses.
128 Hk-BGB/*Dörner*, § 130 Rn. 4.
129 So auch Palandt/*Ellenberger*, BGB, § 130 Rn. 7a.
130 S. BAG NJW 1993, 1093 (1093).

ist bei der Einschaltung dritter Personen auf der Empfängerseite zwischen Empfangsvertreter und Empfangsbote zu unterscheiden.

Hat der Erklärungsempfänger einen Dritten zum Empfang einer Willenserklärung bevollmächtigt, dann hat dieser die Stellung eines sog. **Passivvertreters i. S. d. § 164 Abs. 3**[131]. Das bedeutet, dass eine diesem zugehende Erklärung unmittelbar für und gegen den Vertretenen wirkt[132], die Erklärung ist zugegangen, wenn die Voraussetzungen des Zugangs bezogen auf die Person des Vertreters gegeben sind[133]. Die Erklärung muss also (nur) in verkehrsüblicher Weise in den Machtbereich des Empfangsvertreters gelangen, so dass dieser bei Annahme gewöhnlicher Verhältnisse die Möglichkeit der Kenntnisnahme hat.

> **Bsp.:** In einem Mietvertrag zwischen dem Vermieter V und den Mitgliedern A, B und C einer Wohngemeinschaft wird vereinbart, dass die Mitmieter untereinander zur Entgegennahme von Willenserklärungen des Vermieters, insb. auch einer Kündigung des Mietvertrages, bevollmächtigt sind. – Geht dem A die Kündigung des Mietvertrages seitens des Vermieters zu, so ist in dem Moment aufgrund der Stellung (u. a.) des A als Empfangsvertreter der Mitmieter B und C auch diesen die Kündigung zugegangen, und zwar auch dann, wenn etwa C ohne Entlassung aus dem Mietvertrag bereits zuvor aus der Wohnung ausgezogen ist[134].

Von dem Empfangsvertreter zu unterscheiden ist der Empfangsbote, der mangels entsprechender Vollmacht nicht die Stellung eines Passivvertreters hat, so dass dem Boten gegenüber abgegebene Willenserklärungen nicht nach § 164 Abs. 3 i. V. m. Abs. 1 unmittelbar für und gegen den Empfänger wirken. Der Empfangsbote ist eine Person, der für den Empfänger eine an diesen gerichtete Willenserklärung weiterleiten soll[135], der also – insoweit nicht anders als der Erklärungsbote[136] – eine Willenserklärung nur übermittelt. Der Empfangsbote hat danach lediglich die Funktion einer **personifizierten Empfangseinrichtung** des Adressaten[137]. Er soll als Übermittlungswerkzeug des Empfängers die Willenserklärung entgegennehmen und an diesen weiterleiten, mithin noch eine Tätigkeit entfalten, um dem Adressaten die Möglichkeit der Kenntnisnahme zu verschaffen[138]. Für die Frage des Zugangs kommt es danach bei der Abgabe einer Willenserklärung gegenüber einem Empfangsboten allein auf die Person des Adressaten an[139] und es ist grds. der Zeitpunkt maßgebend, in dem nach dem regelmäßigen Verlauf der Dinge die Übermittlung der Erklärung an den Empfänger zu erwarten war[140].

226

---

131 Dazu näher Rn. 599.
132 § 164 Abs. 3 i. V. m. Abs. 1.
133 Palandt/*Ellenberger*, BGB, § 130 Rn. 8; Hk-BGB/*Dörner*, § 130 Rn. 5.
134 Bsp. nach BGHZ 136, 314 ff., hier war im Mietvertrag formularmäßig (AGB, s. Rn. 299) eine Empfangsvollmacht der Mitmieter untereinander vereinbart worden.
135 BGH NJW 2008, 917 (918); *Larenz/Wolf*, BGB AT, § 26 Rn. 40.
136 S. oben Rn. 218.
137 So BGH NJW 1994, 2613 (2614).
138 BGH NJW 1994, 2613 (2614).
139 BGH NJW 1994, 2613 (1614).
140 BGHZ 131, 66 (75); BGH NJW 1994, 2613 (2614); BAG, 9.6.2011, 6 AZR 687/09, juris, Rn. 18 f.; a. A. *Larenz/Wolf*, BGB AT, § 26 Rn. 40, hiernach soll der Zugang i. d. R. schon mit der Erklärung gegenüber dem Empfangsboten gegeben sein.

Empfangsbote ist eine Person, die seitens des Empfängers **zur Entgegennahme von Erklärungen bestellt worden oder nach der Verkehrsanschauung als bestellt anzusehen ist,** Erklärungen entgegenzunehmen[141]. Hierzu gehören jenseits einer ausdrücklichen Bestellung nach der Verkehrssitte z. B. Eheleute[142], Angehörige, wenn sie mit dem Empfänger in einer Wohnung leben[143], der Partner einer nichtehelichen Lebensgemeinschaft[144], Mitmieter bis zum Auszug eines Mieters aus der gemeinsamen Wohnung[145] oder auch der im selben Haus wohnende Vermieter, insb. auch der Hauptmieter im Verhältnis zum Untermieter[146].

> **Bsp. (1):** Student S wohnt zur Untermiete bei der Hauptmieterin H. Diese ist nach der Verkehrsanschauung als Empfangsbotin für an S adressierte Willenserklärungen anzusehen. Nimmt die H eine Willenserklärung entgegen, während sich der S an der Universität befindet, so ist der Zugang in dem Zeitpunkt erfolgt, zu dem üblicherweise die Weitergabe der Erklärung an den S zu erwarten war, spätestens am Abend des selben Tages.

> **Bsp. (2):** Der Ehemann M befindet sich aus beruflichen Gründen für längere Zeit auf hoher See. Wird eine an diesen gerichtete Willenserklärung gegenüber seiner Ehefrau abgegeben, so ist diese grds. nach der Verkehrsanschauung als Empfangsbotin anzusehen, zur Bestimmung des Zugangszeitpunkts muss die Zeitspanne berücksichtigt werden, die unter den gegebenen Umständen normalerweise für die Übermittlung der Willenserklärung an den Ehemann tatsächlich erforderlich ist[147]. Die Stellung der Ehefrau als Empfangsbotin wäre allerdings nach der Verkehrsanschauung zu verneinen, wenn die Eheleute während der längeren Abwesenheit des Ehemannes tatsächlich überhaupt nicht in Verbindung stünden[148].

Entscheidend für die Annahme einer Bestellung als Empfangsbote nach der Verkehrsanschauung ist das Bestehen eines **persönlichen und räumlichen Näheverhältnisses**[149]. Nicht als Empfangsboten anzusehen sind deshalb z. B. Nachbarn[150] oder auch Handwerker, die im Haus oder der Wohnung des Erklärungsempfängers tätig sind[151] wie auch sonstige Dritte, die zu dem Empfänger zwar möglicherweise in einer Beziehung stehen, jedoch nicht die vorgenannten Kriterien erfüllen.

> **Bsp.:** Vermieter V hat ein Haus an M vermietet. Nachdem es zu Auseinandersetzungen gekommen ist, entschließt sich V, den Mietvertrag zu kündigen. Als er dem M das Kündigungsschreiben persönlich bringen will, trifft V diesen nicht an. Stattdessen sieht er im Garten den Gärtner G und übergibt diesem das Kündigungsschreiben mit der

---

141 S. BGH NJW 2002, 1565 (1566); NJW 1994, 2613 (2614); BAG NJW 1993, 1093 (1094), das allerdings mit der Formulierung, Empfangsbote sei eine Person, „die nach der Verkehrsanschauung als ermächtigt anzusehen ist, den Empfänger in der Empfangnahme zu vertreten" zu stark an das Vertretungsrecht anknüpft; Palandt/*Ellenberger*, BGB, § 130 Rn. 9; Hk-BGB/*Dörner*, § 130 Rn. 5.
142 BGH NJW 1994, 2613 (2614); BAG, 9.6.2011, 6 AZR 687/09, juris, Rn. 11 f.
143 BAG NJW 1993, 1093 (1094), hiernach auch die im selben Haus lebende Mutter des Empfängers.
144 LAG Bremen NZA 1988, 548.
145 BGHZ 136, 314 (324).
146 Vgl. BAG NJW 1993, 1093 (1094).
147 S. die Entscheidung BGH NJW 1994, 2613 (2614).
148 BGH NJW 1994, 2613 (2614).
149 BGHZ 136, 314 (324 f.), hier zur Begründung der Stellung von Mitmietern als Empfangsboten untereinander.
150 Palandt/*Ellenberger*, BGB § 130 Rn. 9.
151 Palandt/*Ellenberger*, BGB § 130 Rn. 9 mit weiteren Bsp.

Bitte, es an M weiterzuleiten. – Hier ist der G nach der Verkehrsanschauung nicht als Empfangsbote des M anzusehen, es fehlt an den Kriterien eines persönlichen und räumlichen Näheverhältnisses zwischen M und G. G kann deshalb nur Erklärungsbote sein[152]. Gibt er das Kündigungsschreiben nicht weiter, so geht das zulasten des V, ein Zugang ist nicht erfolgt.

Wird einer solchen, nach der Verkehrsanschauung nicht als Empfangsbote einzuordnenden Person gegenüber eine Willenserklärung abgegeben, so hat diese die Stellung eines **Erklärungsboten**. Das hat zur Folge, dass die Willenserklärung erst mit Weiterleitung an den Empfänger in dessen Machtbereich gelangt und bei Möglichkeit der Kenntnisnahme zugeht. Wird sie nicht weitergeleitet, so geht das **zulasten des Erklärenden**. Wird die Willenserklärung von dem Erklärungsboten fehlerhaft übermittelt, so muss der Erklärende das gegen sich gelten lassen, kann jedoch u. U. nach Maßgabe des § 120 anfechten[153]. Anderes gilt bei der Abgabe einer Willenserklärung gegenüber einem **Empfangsboten**: Dieser gehört als vom Empfänger zur Entgegennahme von Willenserklärungen bestellte oder nach der Verkehrsanschauung als bestellt anzusehende Person i. S. einer personifizierten Empfangseinrichtung zum Machtbereich des Empfängers mit der Folge, dass nach Ablauf des für die Übermittlung an den Empfänger i. d. R. erforderlichen Zeitraums die Erklärung zugegangen ist unabhängig davon, ob sie weitergeleitet wurde. Hier trägt also der Empfänger das Risiko einer unterlassenen, verspäteten oder fehlerhaften[154] Weitergabe[155]. **227**

> **Bsp.:** Arbeitgeber A will dem Arbeitnehmer O kündigen und lässt die Kündigung durch seine Sekretärin (Erklärungsbotin) zur Wohnung des O bringen. Dort trifft die Sekretärin nur die gemeinsam mit O in der Wohnung lebende Mutter des O an. Dieser übergibt sie das Kündigungsschreiben. Die Mutter vergisst zunächst die Weiterleitung an den O. Erst nach mehr als drei Wochen erinnert sie sich an das Schreiben und übergibt es dem O. – Hier ist der Zugang des Kündigungsschreibens spätestens zu dem Zeitpunkt erfolgt, als mit der Weiterleitung des Schreibens an O nach seiner Rückkehr am Tag der Übergabe durch die Sekretärin an die Mutter gerechnet werden konnte. Damit begann zu diesem Zeitpunkt die Klagefrist des § 4 Satz 1 KSchG zu laufen, die der O nun nicht mehr einhalten kann.

(b) Verhinderung und Verzögerung des Zugangs. Es ist Sache des Erklärenden, die Willenserklärung derart in den Machtbereich des Empfängers gelangen zu lassen, dass dieser die Möglichkeit zur Kenntnisnahme hat. Erst wenn das der Fall ist, ist es das Risiko des Empfängers, ob er tatsächlich Kenntnis nimmt, der Zugang ist jedenfalls erfolgt. **228**

Hiervon ausgehend besteht grds. für den Empfänger **keine allgemeine Verpflichtung**, Vorkehrungen zu treffen, um den Zugang von Willenserklärungen zu ermöglichen. Er ist auch nicht ohne weiteres gehalten, im Falle der Nachricht über die Niederlegung eines Schriftstücks[156] dieses abzuholen[157]. Es ist allerdings nicht

---

152 S. noch folgend Rn. 227.
153 S. dazu näher Rn. 517 ff.
154 Die Erklärung geht nicht mit dem Inhalt zu, wie sie dem Boten gegenüber abgegeben worden ist.
155 S. Hk-BGB/*Dörner*, § 130 Rn. 5; *Brox/Walker*, BGB AT, Rn. 152.
156 Z. B. Benachrichtigungszettel des Postboten über ein Einschreiben.
157 BGHZ 67, 271 (278).

zu verkennen, dass eine rigorose Durchführung dieses Ausgangspunkts denjenigen, der zur Wahrung seiner Interessen im Rechtsverkehr auf den Zugang von Willenserklärungen angewiesen ist, erheblich benachteiligen würde. So wäre es etwa schwierig bzw. unmöglich, ein Vertragsangebot rechtzeitig anzunehmen[158], ein vertraglich vorbehaltenes Rücktrittsrecht auszuüben[159] oder auch die Kündigung eines Arbeitsverhältnisses fristgemäß[160] zu erklären[161]. Deshalb wird die grds. bestehende Freiheit des Empfängers von Willenserklärungen, deren Zugang zu ermöglichen oder nicht, eingeschränkt, **wenn er aufgrund bestehender oder angebahnter Vertragsbeziehungen mit dem Zugang rechtserheblicher Erklärungen zu rechnen hat.** Hier muss der Empfänger geeignete Vorkehrungen treffen, dass ihn derartige Erklärungen auch erreichen[162]. Verweigert er statt dessen grundlos die Annahme einer an ihn gerichteten Willenserklärung, obwohl er mit dem Eingang rechtserheblicher Mitteilungen seines Vertrags- oder Verhandlungspartners rechnen muss, oder vereitelt er den Zugang arglistig, dann muss sich der Empfänger nach § 242 so behandeln lassen, als sei ihm die Willenserklärung rechtzeitig zugegangen[163], also zu dem Zeitpunkt, zu dem sie ohne die Annahmeverweigerung oder arglistige Vereitelung zugegangen wäre. Das **Verhalten grundloser Annahmeverweigerung** oder **arglistiger Zugangsvereitelung** von innerhalb bestehender oder angebahnter Rechtsbeziehungen abgegebener Willenserklärungen stellt nämlich einen Verstoß gegen Treu und Glauben dar[164]. Die Annahme eines Zugangs in diesen Fällen der Zugangsverhinderung über § 242 entspricht dem in § 162 Abs. 1 und § 815 zum Ausdruck gelangenden Rechtsgedanken, wonach derjenige, der treuwidrig den Eintritt einer bestimmten Rechtsfolge verhindert, sich so behandeln lassen muss, als sei die Rechtsfolge eingetreten.

> **Bsp. (1):** A und B haben einen Grundstückskaufvertrag mit Rücktrittsvorbehalt zugunsten des B abgeschlossen, den dieser bis zu einem bestimmten Termin auszuüben hat. Mehrere Tage vor dem Ablauf der Frist findet der A in seinem Briefkasten einen Benachrichtigungszettel über die Niederlegung eines Schriftstücks auf der Post. A holt das Schreiben, das die Rücktrittserklärung des B von dem Grundstückskaufvertrag enthält, vor Ablauf der Frist nicht bei der Post ab. – Zwar ist hier kein Zugang der Willenserklärung erfolgt, weil lediglich der Benachrichtigungsschein in den Machtbereich des A gelangt ist[165], jedoch muss sich der A nach § 242 so behandeln lassen, als sei die Rücktrittserklärung rechtzeitig zugegangen. Denn aufgrund der Vertragsbeziehung und der Vereinbarung des Rücktrittsvorbehalts musste der A mit dem Zugang einer entsprechenden Willenserklärung rechnen und hätte das Schreiben deshalb zeitnah abholen müssen, um sich nicht treuwidrig zu verhalten[166].

> **Bsp. (2):** Die Arbeitnehmerin F möchte gern für drei Tage Urlaub machen, den ihr der Arbeitgeber aus dringenden betrieblichen Gründen nicht gewähren will[167]. Daraufhin bleibt die F eigenmächtig drei Tage der Arbeit fern. Als ihr ein Bote des Arbeitgebers die Kündigung nach Hause bringt, verweigert die F die Entgegennahme des Schreibens.

---

158 S. den Sachverhalt BGHZ 137, 205.
159 S. den Sachverhalt BGH NJW 1983, 929.
160 § 622.
161 S. den Sachverhalt BAG NJW 1993, 1093.
162 BGHZ 137, 205 (208); 67, 271 (278).
163 BGH NJW 1983, 929 (930); 137, 205 (209 f.); BAG NJW 1993, 1093 (1094).
164 BGH NJW 1983, 929 (930); BGHZ 137, 205 (209 f.).
165 BGHZ 137, 205 (208) und oben Rn. 221.
166 Bsp. nach BGH NJW 1983, 929 f.
167 S. § 7 Abs. 1 Satz 1 BUrlG.

– Auch hier ist nach § 242 vom Zugang der Kündigung im Zeitpunkt der Annahmeverweigerung auszugehen, denn aufgrund ihres Verhaltens (eigenmächtiger Urlaubsantritt) im Rahmen einer bestehenden Vertragsbeziehung (Arbeitsvertrag) musste die F mit einer Kündigung rechnen[168].

Verhindert auf Seiten des Adressaten der Willenserklärung ein Empfangsbote **229** grundlos den Zugang, dann kann dieses Verhalten dem Empfänger nicht zugerechnet werden, wenn er darauf keinen Einfluss hatte[169]. Anderes gilt allerdings dann, wenn der Empfangsbote **im Einvernehmen** mit dem Adressaten gehandelt hat. Hier muss sich dieser nach § 242 so behandeln lassen, als sei die Erklärung zugegangen[170].

> **Bsp.:** Im obigen Beispiel des eigenmächtigen Urlaubsantritts ist die Kündigung vom Postboten der im selben Haus in einer eigenen Wohnung lebenden Mutter der F übergeben worden, die das Schreiben ungeöffnet an die Post zurückgibt. – Eine grundlose Zugangsverhinderung der F liegt hier nur vor, wenn die Mutter als Empfangsbotin[171] der F ihr Verhalten mit dieser abgesprochen hatte[172].

Fehlt es im Rahmen bestehender oder angebahnter rechtlicher Beziehungen an einer grundlosen Verweigerung der Annahme einer Willenserklärung oder arglistigen Vereitelung des Zugangs derselben, dann kann der Erklärende nach der Rspr. des BGH sich nur dann auf der Grundlage von § 242 auf den Zugang einer nicht in den Machtbereich des Empfängers gelangten Willenserklärung berufen, wenn er seinerseits **alles Erforderliche und Zumutbare getan hat**, dass seine Erklärung den Adressaten erreichen konnte[173]. Dazu gehört i. d. R., dass er nach Kenntnis von dem nicht erfolgten Zugang **unverzüglich einen erneuten Versuch** unternimmt, seine Erklärung derart in den Machtbereich des Empfängers zu bringen, dass diesem ohne weiteres eine Kenntnisnahme der Erklärung möglich wird[174].

> **Bsp.:** A gibt B gegenüber auf einem Bestellformular ein Angebot zum Kauf eines Camping-Busses über 13.950 € ab, das der B nach dem Inhalt des Formulars binnen zehn Tagen anzunehmen hat[175]. Nach sechs Tagen findet der A in seinem Briefkasten einen Benachrichtigungszettel über die Niederlegung eines Einschreibens auf der Post vor. A holt das Schriftstück, das die Annahmeerklärung des B enthielt, nicht vor Ablauf der oben genannten Frist ab, B erhält dieses vielmehr von der Post zurück. – In diesem, BGHZ 137, 205 ff. nachgebildeten Fall ist der BGH davon ausgegangen, dass der A nicht mit einer rechtsgeschäftlichen Erklärung des B rechnen musste, weil auf dem Benachrichtigungszettel (wie üblich) kein Absender vermerkt war und nach dem Inhalt des Bestellformulars die Annahme des Kaufangebots auch durch einfachen Brief hätte erfolgen können[176]. Deshalb war nach Ansicht des BGH der Fall einer arglistigen Zugangsvereitelung nicht gegeben, so dass auf der Grundlage von § 242 ein Zugang

---

168 Vgl. den Sachverhalt BAG NJW 1993, 1093 (1094), hier erfolgte die Annahmeverweigerung durch einen Empfangsboten, s. noch folgend Rn. 229.
169 BAG NJW 1993, 1093 (1094).
170 BAG NJW 1993, 1093 (1094).
171 S. oben Rn. 226.
172 S. den Fall BAG NJW 1993, 1093.
173 BGHZ 137, 205 (209).
174 BGHZ 137, 205 (209); kritisch MünchKomm/*Einsele*, BGB, § 130 Rn. 38, der darauf verweist, dass nicht zu begründen ist, weshalb sich der Adressat bei einem zweiten Versuch nicht mehr auf den fehlenden Zugang soll berufen können.
175 S. § 148, dazu Rn. 277 ff.
176 BGHZ 137, 205 (210).

nicht angenommen werden konnte. Ein zweiter Versuch machte wegen Ablaufs der Annahmefrist keinen Sinn mehr, der Kaufvertrag war also nicht zustande gekommen. Zweifel an der Auffassung des BGH, der A habe nicht mit einer rechtsgeschäftlichen Erklärung rechnen können, sind durchaus angebracht: Immerhin wusste der A, dass er ein Kaufvertragsangebot über eine Sache von nicht unerheblichem Wert abgegeben hatte und der Verkäufer dieses Angebot nur innerhalb einer bestimmten Frist annehmen konnte. Schon das war Grund genug, aufgrund angebahnter Vertragsbeziehungen mit einer Willenserklärung zu rechnen, und es lag angesichts der wirtschaftlichen Bedeutung des Geschäfts auch nicht fern, dass der Verkäufer die Annahme per Einschreiben schicken würde, um den rechtzeitigen Zugang eines Schreibens nachweisen zu können. Hiervon ausgehend hätte man auch zu dem Fall einer arglistigen Zugangsvereitelung kommen können und damit zur Annahme eines Zugangs nach § 242.

230 Keine Nachteile für den Empfänger hat eine **berechtigte Annahmeverweigerung,** die immer dann gegeben ist, wenn der Erklärende von seiner Seite nicht alles getan hat, dass die Willenserklärung in den Machtbereich des Empfängers gelangt. So ist der Adressat einer Willenserklärung, die mittels eines unterfrankierten Briefes zugestellt wird, nicht verpflichtet, diesen anzunehmen. Hier geht die Erklärung nicht zu und kann damit keine Rechtswirksamkeit entfalten[177].

231 (c) **Widerruf der Willenserklärung.** Gemäß der Regelung des § 130 Abs. 1 Satz 2 wird die Willenserklärung nicht wirksam, wenn dem anderen vorher oder gleichzeitig ein **Widerruf** zugeht. Das Gesetz gibt damit bei der Abgabe einer Willenserklärung unter Abwesenden (§ 130 Abs. 1 Satz 1) die Möglichkeit, den Eintritt der Rechtswirkungen einer zugegangenen Willenserklärung durch Widerruf zu verhindern. Auch der Widerruf muss zugehen, d.h. derart in den Machtbereich des Empfängers gelangen, dass dieser die Möglichkeit der Kenntnisnahme hat[178]. Entscheidend für die Verhinderung des Wirksamwerdens einer zugegangenen Willenserklärung ist, dass der Widerruf **vorher oder gleichzeitig** entsprechend den allgemeinen Voraussetzungen zugeht, auf die tatsächliche Kenntnisnahme der Erklärungen wie auch die zeitliche Reihenfolge der Kenntnisnahme durch den Empfänger kommt es nicht an.[179] Deshalb wird das Wirksamwerden einer Willenserklärung auch gehindert, wenn der Empfänger trotz vorher oder gleichzeitig zugegangenen Widerrufs zunächst die Willenserklärung zur Kenntnis nimmt[180].

> **Bsp.:** A schickt an den Schreinermeister S mittels Telefax eine Bestellung für zehn Standard-Holztüren. Das Telefax wird auf dem Empfangsgerät des S am Sonntagmorgen gegen 9 Uhr ausgedruckt. Am selben Tag besucht der A eine Hausbaumesse und findet dort einen Schreinereibetrieb, der entsprechende Türen zu einem günstigeren Preis anbietet. Deshalb sendet er am Sonntagabend nach seiner Rückkehr ein zweites Telefax an S, in welchem er um die „Annullierung der Bestellung" bittet. Dieses zweite Fax wird bei S gegen 18:30 Uhr empfangen und ausgedruckt. Am Montagmorgen kommt S gegen 7 Uhr wie gewöhnlich in seinen Betrieb. Er liest zunächst die Bestellung des A und sodann die zweite Erklärung über die „Annullierung", die als Widerruf auszulegen ist[181]. – Vorliegend ist die Bestellung des A zwar schon am Sonntagmorgen

---

177 S. OVG Hamburg NJW 1995, 3137 (3138); Palandt/*Ellenberger*, BGB, § 130 Rn. 16.
178 Zu den Voraussetzungen des Zugangs s. oben Rn. 221.
179 S. MünchKomm/*Einsele*, BGB, § 130 Rn. 40; *Larenz/Wolf*, BGB AT, § 26 Rn. 49.
180 S. BGH NJW 1975, 382 (384); RGZ 91, 60 (63).
181 Zur Auslegung von Willenserklärungen s. Rn. 243 ff.

in den Machtbereich des S gelangt, während diesen der Widerruf erst am Sonntagabend erreichte. Mit einer Kenntnisnahme beider Erklärungen war aber nach dem gewöhnlichen Verlauf der Dinge erst zu Beginn der Geschäftszeit des S am Montagmorgen zu rechnen, weshalb beide Erklärungen erst am Montagmorgen um 7 Uhr zeitgleich zugegangen sind. Damit hat der A hier seine Bestellung wirksam widerrufen.

Geht der Widerruf erst **nach dem Zugang der Willenserklärung** zu, so hindert das nicht das Wirksamwerden der Willenserklärung, mag der Empfänger auch zuerst den Widerruf tatsächlich zur Kenntnis genommen haben[182]. Insoweit hat das Gesetz in § 130 Abs. 1 Satz 2 eine klare Regelung getroffen, wonach die Verspätung des Widerrufs in den Risikobereich des Erklärenden fällt[183]. *Argumentionssache*

> **Bsp.:** Der S befindet sich auf einer Geschäftsreise. B bestellt bei ihm mittels einfachen Briefs 20 Kubikmeter Bauholz. Das Schreiben geht dem S am Montag durch Einwurf in den Briefkasten zu. Am Dienstag erhält der S einen Widerruf der Bestellung durch B, den dieser ebenfalls in den Briefkasten einwirft. Als der S am folgenden Mittwoch von seiner Geschäftsreise zurückkehrt, liest er zunächst den Widerruf des B. Gleichwohl ist die Bestellung des B wirksam, weil der Widerruf dem S verspätet zugegangen ist. Auf die tatsächliche Kenntnisnahme zunächst des Widerrufs durch S kommt es nicht an.

Für den Widerruf kann sich der Erklärende eines **anderen Erklärungsmittels** bedienen, als er es für die Abgabe der Willenserklärung verwendet hat[184]. So kann etwa eine durch einfachen Brief abgegebene Willenserklärung mittels Telefax oder telefonisch widerrufen werden.

(d) Zugang bei Abgabe einer Willenserklärung gegenüber geschäftsunfähigen und beschränkt geschäftsfähigen Personen. Die Bestimmung des § 131 ergänzt den in den §§ 104 ff. normierten Schutz nicht voll geschäftsfähiger Personen bei der Abgabe von Willenserklärungen[185] um Schutzvorschriften bezogen auf die Frage, wann eine einer solchen Person gegenüber abgegebene Willenserklärung Wirksamkeit entfalten kann. Diese Regelungen entsprechen in ihren Anforderungen weitgehend den Bestimmungen über die Abgabe von Willenserklärungen durch nicht voll geschäftsfähige Personen[186]. § 131 findet über Willenserklärungen hinaus auch auf geschäftsähnliche Handlungen wie z.B. die Mahnung[187] Anwendung[188]. Des Weiteren gilt § 131 für empfangsbedürftige Willenserklärungen unter Abwesenden wie auch Anwesenden und zwar unabhängig davon, ob die Erklärung verkörpert erfolgt oder mündlich[189]. **232**

---

182 MünchKomm/*Einsele*, BGB, § 130 Rn. 40; *Larenz/Wolf*, BGB AT, § 26 Rn. 49, *Medicus*, BGB AT, Rn. 300; a. A. *Brox/Walker*, BGB AT, Rn. 154 für den Fall, dass der Empfänger Kenntnis davon hat, dass ein Widerruf unterwegs ist.
183 Zutreffend *Larenz/Wolf*, BGB AT, § 26 Rn. 50.
184 S. MünchKomm/*Einsele*, BGB, § 130 Rn. 40.
185 S. zur Geschäftsfähigkeit Rn. 321 ff.
186 S. auch MünchKomm/*Einsele*, BGB, § 131 Rn. 1.
187 Zum Begriff der geschäftsähnlichen Handlung s. oben Rn. 209.
188 BGHZ 47, 352 (357).
189 S. MünchKomm/*Einsele*, BGB, § 131 Rn. 1; zum Zugang bei empfangsbedürftigen Willenserklärungen unter Anwesenden s. folgend Rn. 240 ff.

Nach § 131 Abs. 1 wird eine gegenüber einer **geschäftsunfähigen Person** abgegebene Willenserklärung in Parallele zu §§ 104, 105 Abs. 1[190] nur wirksam, wenn
sie dem **gesetzlichen Vertreter** zugeht. Im Hinblick darauf, dass § 131 im Kontext
mit § 130 Abs. 1 den Zugang empfangsbedürftiger Willenserklärungen regelt,
müssen die allgemeinen Anforderungen an die Abgabe[191] und den Zugang[192] einer
solchen Willenserklärung bezogen auf den gesetzlichen Vertreter gegeben sein.
Das bedeutet, dass die Erklärung gegenüber dem gesetzlichen Vertreter abgegeben
werden muss, mithin willentlich mit Zielrichtung auf diesen. Eine an die geschäftsunfähige Person gerichtete Erklärung, die dem gesetzlichen Vertreter nur zufällig
zugeht, genügt nicht[193]. Die geschäftsunfähige Person kann die Stellung eines Erklärungsboten oder Empfangsboten haben[194], nicht aber eines Vertreters, weil sie
keine eigene Willenserklärung abgeben und insoweit auch nicht Passivvertreter
sein kann[195]. Die Vorschrift des § 131 Abs. 1 regelt **nicht die in § 105 Abs. 2
normierten Fälle der Geschäftsunfähigkeit**, dass eine Willenserklärung einer Person gegenüber abgegeben wird, die sich im Zustand der Bewusstlosigkeit oder
einer vorübergehenden Störung der Geistestätigkeit befindet. Hier kommt bei
empfangsbedürftigen Willenserklärungen unter Abwesenden § 130 Abs. 1 zur
Anwendung, die Willenserklärung geht solchen Personen also bei Vorliegen der
Voraussetzungen von Abgabe und Zugang zu, was allerdings nur bei verkörperten
Willenserklärungen relevant ist[196].

233   Nach § 131 Abs. 2 Satz 1 findet die in § 131 Abs. 1 bezogen auf geschäftsunfähige Personen getroffene Regelung im Ausgangspunkt gleichermaßen Anwendung, wenn die Willenserklärung einer in der **Geschäftsfähigkeit beschränkten
Person** gegenüber abgegeben wird. Zu den in der Geschäftsfähigkeit beschränkten
Personen gehören Minderjährige i.S.d. § 106[197] sowie betreute Personen nach
vormundschaftsgerichtlicher Anordnung eines sog. Einwilligungsvorbehalts
i.S.d. § 1903 Abs. 1 Satz 1.
In Parallele zu § 107[198] sieht die Regelung des § 131 Abs. 2 Satz 2 von dem grundsätzlichen Zugangserfordernis an den gesetzlichen Vertreter des beschränkt Geschäftsfähigen zwei Ausnahmen vor. Zum einen wird die Willenserklärung dann
mit Zugang bei der beschränkt geschäftsfähigen Person wirksam, wenn sie für
diese rechtlich lediglich vorteilhaft ist[199]. Hierzu gehört bspw. der Zugang eines
Angebots zum Abschluss eines Vertrages, denn damit wird der beschränkt geschäftsfähigen Person als rechtlicher Vorteil die Möglichkeit eröffnet, einen Vertrag zu schließen[200].

---

190 S. dazu Rn. 323 ff.
191 S. oben Rn. 216 ff.
192 Dazu oben Rn. 220 ff.
193 Palandt/*Ellenberger*, BGB, § 131 Rn. 2; MünchKomm/*Einsele*, BGB, § 131 Rn. 3.
194 S. nur MünchKomm/*Einsele*, BGB, § 131 Rn. 3.
195 S. § 164 Abs. 1 und Abs. 3.
196 S. Hk-BGB/*Dörner*, § 131 Rn. 1.
197 S. dazu Rn. 333 ff.
198 S. dazu Rn. 336 ff.
199 Zum Begriff des rechtlichen Vorteils s. näher Rn. 338 ff.
200 S. MünchKomm/*Einsele*, BGB, § 131 Rn. 5; Hk-BGB/*Dörner*, § 131 Rn. 2. Allerdings
     kann die Annahme seitens des Minderjährigen nur nach Maßgabe der §§ 106 ff. wirk-
     sam erklärt werden, s. näher Rn. 341 ff.

Wird der beschränkt geschäftsfähigen Person gegenüber die **Annahme eines Vertrages** erklärt, so kann diese im Zeitpunkt des Zugangs bei dieser nur wirksam werden, wenn der Vertrag seinem Inhalt nach rechtlich lediglich vorteilhaft ist.

> **Bsp.:** Der 16-jährige M gibt ohne Wissen und Einwilligung seiner Eltern ein Angebot zum Kauf eines MP3-Players ab. Der Verkäufer erklärt die Annahme. – Da der Kaufvertrag für M wegen der Verpflichtung zur Zahlung des Kaufpreises rechtlich nicht lediglich vorteilhaft ist[201], kann die Willenserklärung nicht im Zeitpunkt des Zugangs bei M wirksam werden[202].

Die gegenüber einer beschränkt geschäftsfähigen Person abgegebene Willenserklärung kann des Weiteren im Zeitpunkt des Zugangs bei dieser wirksam werden, wenn der gesetzliche Vertreter seine **Einwilligung**, sprich vorherige Zustimmung (§ 183 Satz 1) erteilt hat.

> **Bsp.:** Macht der 16-jährige M mit Einwilligung seiner Eltern ein Angebot zum Kauf eines MP3-Players, so entfaltet die Annahmeerklärung des Verkäufers im Zeitpunkt des Zugangs bei M rechtliche Wirksamkeit, der Vertrag ist geschlossen.

In § 131 Abs. 2 Satz 2 wird nur von der Einwilligung des gesetzlichen Vertreters gesprochen. Deshalb kann eine nachträgliche Zustimmung des gesetzlichen Vertreters, **Genehmigung** i.S.d. § 184 Abs. 1, nicht die Wirksamkeit einer der beschränkt geschäftsfähigen Person zugegangenen Willenserklärung herbeiführen[203].

> **Bsp.:** Wird einem beschränkt geschäftsfähigen Minderjährigen gegenüber eine Mahnung, bei der es sich um eine geschäftsähnliche Handlung handelt, auf welche die Vorschriften über Willenserklärungen entsprechende Anwendung finden[204], erklärt, so kann diese auch nicht durch Genehmigung des gesetzlichen Vertreters bezogen auf den Zeitpunkt des Zugangs bei dem Minderjährigen wirksam werden[205]. Das entspricht der Regelung des § 111, wonach seitens des Minderjährigen ohne Einwilligung des gesetzlichen Vertreters vorgenommene einseitige Rechtsgeschäfte[206] auch nicht durch Genehmigung wirksam werden können.

Eine Ausnahme ist allerdings für den Fall anerkannt, dass die beschränkt geschäftsfähige Person ohne die erforderliche Einwilligung des gesetzlichen Vertreters einen Vertrag schließt, der nach § 108 Abs. 1 **schwebend unwirksam** ist und durch die Genehmigung des gesetzlichen Vertreters Wirksamkeit erlangen kann[207]. Würde man hier die dem Minderjährigen zugegangene Vertragserklärung mangels Vorliegens der Voraussetzungen des § 131 Abs. 2 Satz 2 für unwirksam ansehen, so hätte das die Aushöhlung des § 108 Abs. 1 zur Folge. Aus diesem Grund **hindert die Nichtbeachtung des § 131 Abs. 2 Satz 1 nicht die Genehmigung schwebend unwirksamer Verträge nach § 108 Abs. 1**[208]. Es schadet mithin in diesem Rahmen nicht, dass die Vertragserklärung nicht dem gesetzlichen Vertreter

234

---

201 S. dazu noch Rn. 342.
202 S. aber noch folgend Rn. 234.
203 BGHZ 47, 352 (357).
204 BGHZ 47, 352 (357) und oben Rn. 209.
205 BGHZ 47, 352 (357).
206 Zum Begriff s. oben Rn. 191.
207 S. dazu Rn. 355 ff.
208 BGHZ 47, 352 (358).

zugegangen ist (§ 131 Abs. 2 Satz 1) und eine Ausnahme nach § 131 Abs. 2 Satz 2 nicht gegeben war.

> **Bsp.:** Der 16-jährige M schließt mit V einen Kaufvertrag über einen MP3-Player ohne die erforderliche Einwilligung der Eltern als gesetzliche Vertreter. Als die Eltern davon erfahren, genehmigen sie nach § 108 Abs. 1 den Kaufvertrag. – Dass die Vertragserklärung des Verkäufers gemäß § 131 Abs. 2 Satz 1 mangels Zugangs an die Eltern und im Hinblick auf das Nichtvorliegen eines Ausnahmetatbestands nach § 131 Abs. 2 Satz 2 eigentlich keine Wirksamkeit entfalten konnte, hindert wegen der Überlagerung des § 131 Abs. 2 durch § 108 nicht die Herbeiführung der Wirksamkeit des Kaufvertrages durch die Genehmigung der Eltern.

235 In den Fällen sog. **partieller Geschäftsfähigkeit** Minderjähriger nach § 112 (Ermächtigung des Minderjährigen zum selbständigen Betrieb eines Erwerbsgeschäfts)[209] oder § 113 (Ermächtigung des Minderjährigen, in Dienst oder in Arbeit zu treten)[210] entfalten dem Minderjährigen gegenüber abgegebene Willenserklärungen im Zeitpunkt des Zugangs bei diesem Wirksamkeit. Auf § 131 Abs. 2 kommt es hier nicht an, weil der Minderjährige im Rahmen der vorgenannten Ermächtigungen geschäftsfähig ist[211].

236 (e) **Zugang bei Ersatz des Zugehens durch Zustellung.** Die Vorschrift des § 132 regelt zwei Fälle, in denen die Wirkung des Zugangs durch das **Ersatzmittel der Zustellung**[212] herbeigeführt werden kann. Der Zweck der Zustellung besteht wesentlich darin, den Nachweis der gegenüber einem anderen abgegebenen Willenserklärung führen zu können und grds. zu gewährleisten, dass der Adressat Kenntnis von der zuzustellenden Willenserklärung erhält[213].

237 Nach § 132 Abs. 1 gilt eine Willenserklärung auch dann als zugegangen, wenn sie durch **Vermittlung eines Gerichtsvollziehers** zugestellt worden ist, wobei die Zustellung nach den Vorschriften der ZPO erfolgt. Maßgebend sind insoweit die Regelungen der §§ 191 ff. ZPO. Unter dem Begriff der Zustellung ist nach § 166 Abs. 1 ZPO[214] die Bekanntgabe eines Schriftstücks an eine Person in dem in den folgenden Vorschriften bestimmten förmlichen Verfahren zu verstehen. Dabei ist es auch möglich, dass die Zustellung nicht durch Übergabe an die bestimmte Person, sondern unter den Voraussetzungen des § 181 Abs. 1 ZPO durch Niederlegung des Schriftstücks an einer in dieser Vorschrift bestimmten Stelle erfolgt, dem Adressaten also gar nicht zugeht[215]. Gleichwohl bewirkt die Fiktion des § 132 Abs. 1 den Zugang. **Praktische Bedeutung** erlangt die Möglichkeit der Zustellung nach § 132 Abs. 1, wenn der Erklärende befürchten muss, dass seine Willenserklärung von dem Adressaten nicht entgegengenommen wird bzw. dieser den Zugang verhindert.[216] Dasselbe gilt, wenn es darauf ankommt, den **Zugang rechtssicher nachzuweisen.**

---

209 S. dazu Rn. 367.
210 S. dazu Rn. 368 f.
211 S. auch MünchKomm/*Einsele*, BGB, § 131 Rn. 7; Hk-BGB/*Dörner*, § 131 Rn. 2.
212 So die Formulierung BGHZ 31, 1 (7).
213 S. BGHZ 118, 45 (47).
214 Der über § 191 für die Zustellung durch Gerichtsvollzieher u. a. in Bezug genommen wird.
215 S. auch BGHZ 31, 1 (7).
216 MünchKomm/*Einsele*, BGB, § 132 Rn. 1.

Bsp.: Nach heftigen und wiederholten Auseinandersetzungen will sich Arbeitgeber A von seinem Arbeitnehmer B trennen. Das ist nicht das erste Mal, jedoch war ein früherer Kündigungsversuch des A daran gescheitert, dass B den Zugang der Kündigung abgestritten hatte. Um dieses Mal sicher zu gehen, dass die erneute Kündigung zugeht, wählt der Arbeitgeber die Möglichkeit der Zustellung nach § 132 Abs. 1.

Von § 132 Abs. 1 zu unterscheiden ist die in § 132 Abs. 2 Satz 1 für zwei Kons-   **238**
tellationen vorgesehene Möglichkeit der **Zustellung nach den für die öffentliche Zustellung geltenden Vorschriften der ZPO.** Diese kommt in Betracht, wenn sich der Erklärende über die Person des Empfängers der Willenserklärung in einer nicht auf Fahrlässigkeit beruhenden Unkenntnis befindet oder dem Erklärenden der Aufenthalt dieser Person unbekannt ist[217]. Die öffentliche Zustellung erfolgt nach Maßgabe der §§ 185 ff. ZPO, erforderlich ist eine Bewilligung des nach § 132 Abs. 2 Satz 2 zuständigen Amtsgerichts[218]. Anders als bei der Zustellung durch den Gerichtsvollzieher mit Ausnahme der Niederlegung[219] gelangt bei dem Verfahren der öffentlichen Zustellung[220] die Willenserklärung keinesfalls in den Machtbereich des Empfängers[221].

(f) **Beweislast für den Zugang einer Willenserklärung.** Bei der Frage der Beweislast   **239**
geht es darum, wer im Rahmen eines gerichtlichen Verfahrens das Risiko der Nichterweislichkeit einer behaupteten Tatsache, aus der rechtliche Folgen abgeleitet werden, zu tragen hat[222]. Nach der sog. **Rosenberg'schen Formel,** die als Grundregel der Beweislastverteilung anerkannt ist[223], hat jede Partei, die den Eintritt einer Rechtsfolge geltend macht, die Voraussetzungen des ihr günstigen Rechtssatzes zu beweisen[224].
Bezogen auf den Zugang einer Willenserklärung folgt aus diesen Grundsätzen, dass grds. **der Erklärende nachweisen** muss, dass die Erklärung dem Empfänger zugegangen ist, wobei hierzu auch der Zeitpunkt gehört, in welchem die Erklärung zugegangen ist[225]. Denn der Erklärende will aus dem Zugang i. S. d. § 130 Abs. 1 eine ihm günstige Rechtsfolge herleiten.

Bsp.: A und B haben am 1.3.2011 einen Grundstückskaufvertrag geschlossen, der zugunsten des B einen Rücktrittsvorbehalt enthält. Der Rücktritt muss bis zum 31.5.2011 ausgeübt sein. B sendet am 15.5.2011 die Rücktrittserklärung mittels einfachen Briefes an A ab. Dieser beteuert, keine Rücktrittserklärung erhalten zu haben

---

217 S. hierzu näher Staudinger/*Singer/Benedict*, BGB, § 132 Rn. 6 f.
218 Zu der Frage, ob eine trotz Nichtvorliegens der Voraussetzungen erschlichene Bewilligung der öffentlichen Zustellung wirksam ist, s. BGHZ 64, 5 (8) und 118, 45 (47 f.). In der zuletzt genannten Entscheidung hat der BGH ausgesprochen, dass im Falle einer erschlichenen öffentlichen Zustellung der Erklärende sich jedenfalls nach § 242 nicht auf die durch die Zustellung erlangte Rechtsposition berufen kann (BGHZ 118, 45 ff. [48]).
219 S. oben Rn. 237.
220 S. §§ 185, 186 Abs. 2 und 187 ZPO.
221 S. auch MünchKomm/*Einsele*, BGB, § 132 Rn. 1.
222 Sog. objektive Beweislast, s. hierzu Zöller/*Greger*, ZPO, vor § 284 Rn. 18.
223 S. BGHZ 87, 393 (399 f.); BGH NJW 1991, 1052 (1053); Baumbach/Lauterbach/Albers/Hartmann, ZPO, Anh. § 286 Rn. 3.
224 S. *Rosenberg*, Die Beweislast, 5. Aufl., 98 f.; BGH NJW 1991, 1052 (1053).
225 BGHZ 70, 232 (234); 101, 49 (54 f.); BGH NJW 1995, 665 (666).

und verlangt von B nach dem 31.5.2011 den Kaufpreis. – Hier trägt der B die Beweislast für den Zugang der Rücktrittserklärung bei A. Gelingt ihm dieser Nachweis nicht, so hat er das Risiko der Nichterweislichkeit zu tragen: Der Rücktritt vom Vertrag ist nicht rechtzeitig erklärt worden, A hat Anspruch auf den Kaufpreis.

Der **Zugang bzw. der Zeitpunkt desselben selbst** müssen für den Fall des Bestreitens durch den Empfänger seitens des Erklärenden nachgewiesen werden. Insoweit reicht es nicht aus, dass der Erklärende nachweisen kann, z.B. durch Zeugen, einen Brief mit der entsprechenden Willenserklärung zu einem bestimmten Zeitpunkt zur Post gegeben zu haben[226]. Auch der „Ok-Vermerk" in dem Sendebericht eines Faxgeräts sagt nichts darüber aus, ob das Telefax den Empfänger auch erreicht hat[227]. Der sog. **Anscheinsbeweis** (prima-facie-Beweis), d.h., dass bei Vorliegen eines bestimmten Sachverhalts nach der Lebenserfahrung auch auf das Vorliegen eines daraus resultierenden bestimmten Erfolgs geschlossen werden kann[228], hilft nicht. Nach der Rspr. kann nach der Lebenserfahrung nicht davon ausgegangen werden, dass eine abgegebene Erklärung den Empfänger auch erreicht[229]. Das gilt für abgeschickte **Briefe**[230] und **Einschreibesendungen**[231] wie auch für **Telefaxe**, wenn nur der „Ok-Vermerk" des Sendeberichts nachgewiesen werden kann[232]. Für die Zusendung einer Willenserklärung mittels Einschreibens mit Rückschein kann aus der Regelung des § 175 ZPO entnommen werden, dass für den Nachweis des Zugangs die Vorlage des Rückscheins ausreicht[233]. Damit ist allerdings nichts darüber gesagt, welchen Inhalt das Einschreiben hatte. Hierfür trägt wiederum der Erklärende die Beweislast.

> **Bsp.:** Arbeitgeber A will dem Arbeitnehmer B nach wiederholtem Zuspätkommen und deswegen bereits erfolgter Abmahnung kündigen. Sendet der Arbeitgeber die Kündigung, die nach § 623 schriftlich zu erfolgen hat, durch einfachen Brief ab, so läuft er Gefahr, dass der B den Zugang einer Kündigung bestreitet. Der Zugang der Kündigung und dessen Zeitpunkt sind wichtig zum einen im Hinblick auf die Einhaltung der maßgebenden Kündigungsfrist[234] wie auch für die Frage, ob nach Maßgabe des § 4 Satz 1 KSchG rechtzeitig Kündigungsschutzklage erhoben worden ist. Will der Arbeitgeber A sichergehen, dass er in einem Rechtsstreit den Nachweis des Zugangs der Kündigung führen kann, so empfiehlt es sich, die Kündigung entweder durch Boten, der den Inhalt des Schreibens kennt, an den Arbeitnehmer zu übermitteln und den Empfang seitens des Arbeitnehmers bestätigen zu lassen, oder die Kündigung nach § 132 Abs. 1 durch einen Gerichtsvollzieher zuzustellen. Der Nachweis der Abgabe der Kündigung mittels einfachen Briefes zur Post wie auch durch Einschreiben reicht nicht aus, weil daraus nicht auf den Zugang der Erklärung geschlossen werden kann. Die Zusendung mittels Einschreibens mit Rückschein reicht zwar unter Berücksichtigung des § 175 ZPO für den Nachweis des Zugangs eines Schreibens, sagt aber nichts über den Inhalt des Schreibens aus. Das Problem der Übermittlung durch einen Boten liegt darin, dass sich dieser als Zeuge in einem i.d.R. deutlich späteren Gerichtsverfahren möglicherweise nicht mehr an die Übermittlung erinnert.

---

226 BGH NJW 1995, 665 (666); BGHZ 24, 308 (312).
227 BGH NJW 1995, 665 (666 f.).
228 S. BGHZ 24, 308 (312); Zöller/*Greger*, ZPO, vor § 284 Rn. 29.
229 BGHZ 24, 308 (312); BGH NJW 1995, 665 (666).
230 BGHZ 24, 308 (312).
231 Sehr streitig, BGHZ 24, 308 (312); BGH NJW 1996, 2033 (2035); a. A. etwa Palandt/ *Ellenberger*, BGB, § 130 Rn. 21 m. w. N.
232 BGH NJW 1995, 665 (666).
233 Zutreffend Palandt/*Ellenberger*, BGB, § 130 Rn. 21, str.
234 S. grds. § 622.

b) Wirksamwerden bei Abgabe in Anwesenheit des Empfängers. Den Fall des **240** Wirksamwerdens einer empfangsbedürftigen Willenserklärung bei **Abgabe in Anwesenheit des Empfängers** hat das Gesetz nicht geregelt. § 130 Abs. 1 betrifft unmittelbar nur den Fall, dass eine empfangsbedürftige Willenserklärung in Abwesenheit des Empfängers abgegeben wird. Für das Wirksamwerden einer empfangsbedürftigen Willenserklärung, deren Abgabe in Anwesenheit des Empfängers erfolgt, sind verschiedene Konstellationen zu unterscheiden: Die Willenserklärung wird in verkörperter Form abgegeben, die Willenserklärung erfolgt mündlich oder konkludent, die Willenserklärung wird dem Empfänger fernmündlich mitgeteilt.

Wird die empfangsbedürftige Willenserklärung dem anwesenden Empfänger **in verkörperter Form** übergeben, so findet die Regelung des § 130 Abs. 1 entsprechende Anwendung[235]. Für das Wirksamwerden der Willenserklärung ist mithin neben der Abgabe im Sinne willentlich zielgerichteter Entäußerung[236] der Zugang beim Empfänger erforderlich und ausreichend, d.h., die Willenserklärung muss derart in den Machtbereich des Empfängers gelangen, dass dieser unter normalen Umständen die Möglichkeit der Kenntnisnahme hat[237]. Das ist mit der **Übergabe bzw. Aushändigung** der verkörperten Willenserklärung an den Empfänger der Fall[238]. Auf die tatsächliche Kenntnisnahme kommt es nicht an.

> **Bsp.:** Arbeitgeber A will Arbeitnehmer B kündigen und ruft diesen in sein Büro, um ihm die schriftliche Kündigungserklärung (§ 623) zu übergeben. Nachdem B das Büro betreten hat, händigt der A ihm das Kündigungsschreiben aus. – In diesem Moment ist die Willenserklärung zugegangen und entfaltet Wirksamkeit. Darauf, dass der B die Erklärung noch nicht gelesen hat, kommt es nicht an.

Die Abgabe der verkörperten Willenserklärung durch Übergabe an den anwesenden Empfänger und der damit bewirkte Zugang fallen also zusammen[239].

Erfolgt die Abgabe der Willenserklärung gegenüber dem anwesenden Empfänger mündlich oder konkludent, so geht diese nach der sog. **Vernehmungstheorie**[240] nur zu und wird wirksam, wenn sie der Empfänger vernommen, sprich **wahrgenommen hat**[241]. Das erfordert Kenntniserlangung auf Seiten des Empfängers[242] und setzt damit mehr voraus, als lediglich den Empfang der Erklärung, wie er für verkörperte Willenserklärungen unter Abwesenden und Anwesenden notwendig und ausreichend ist. Der Grund für das strengere Erfordernis der Vernehmung ist einsichtig: Das gesprochene Wort oder gezeigte Verhalten ist wegen der fehlenden Materialisierung flüchtig, ein Zugang kann deshalb nur in Betracht kommen, wenn die Erklärung „angekommen", d.h. verstanden worden ist.

---

235 S. nur BAG NJW 1985, 823 (823 f.); BGH NJW 1998, 3344 (3344); *Larenz/Wolf*, BGB AT, § 26 Rn. 31; Hk-BGB/*Dörner*, § 130 Rn. 12.
236 S. oben Rn. 216.
237 S. oben Rn. 221.
238 BAG NJW 1985, 823 (823 f.); BGH NJW 1998, 3344 (3344).
239 S. *Larenz/Wolf*, BGB AT, § 26 Rn. 33.
240 S. *Larenz/Wolf*, BGB AT, § 26 Rn. 35 f.; *Medicus*, BGB AT, Rn. 271.
241 BGH WM 1989, 650 (652 f.); BAG ZIP 1982, 1466 (1467).
242 S. nur *Köhler*, BGB AT, § 6 Rn. 19.

Bsp. (1): A trinkt in seinem Stammlokal ein Bier an der Theke. Als das Glas leer ist, hebt er dieses hoch und nickt dem Wirt zu, der seinerseits zurücknickt. – Hier ist die Willenserklärung in Form der Bestellung eines weiteren Bieres dem Wirt zugegangen.

Bsp. (2): Arbeitgeber A erteilt dem Arbeitnehmer B wegen ständigen Zuspätkommens zur Arbeit mündlich eine Abmahnung. – Mit der Wahrnehmung der Erklärung des Arbeitgebers durch B ist die Abmahnung zugegangen.

241 Mit dem Erfordernis der **tatsächlichen Kenntniserlangung** im Sinne der Vernehmungstheorie verbindet sich die Konsequenz, dass eine nicht verkörperte Willenserklärung unter Anwesenden nicht zugeht, wenn sie der Empfänger nicht versteht oder aus sonstigen Gründen nicht zur Kenntnis nehmen kann. Dieses Risiko der Nichtwahrnehmung hat der Erklärende zu tragen, wenn für ihn erkennbar ist, dass der Empfänger die Erklärung nicht verstanden hat[243].

Bsp.: Arbeitgeber A ruft den der deutschen Sprache nicht mächtigen ausländischen Arbeiter B in sein Büro, um ihn wegen ständigen Zuspätkommens mündlich abzumahnen. Als A dem B die Abmahnung mitteilt, freut sich dieser darüber, dass er einmal Gelegenheit hat, mit dem Arbeitgeber in dessen Büro zu „sprechen". – Hier ist für A erkennbar, dass der B den Inhalt der Erklärung nicht verstanden hat.

Anderes hat zutreffender Ansicht nach zu gelten, wenn für den Erklärenden **keine Anhaltspunkte** gegeben sind, dass der Empfänger den Inhalt der Erklärung nicht verstanden hat[244]. Hier kann nicht mehr erwartet werden, als dass die Willenserklärung klar und deutlich dem Empfänger gegenüber ausgesprochen wird. Bestehen dann nach außen keine Zweifel an der tatsächlichen Kenntnisnahme durch den Empfänger, so geht es zu dessen Lasten, wenn er die Erklärung bzw. den Inhalt nicht völlig verstanden hat, der Zugang ist erfolgt[245].

Bsp.: Ist für den Erklärenden nicht ersichtlich, dass es sich bei dem Empfänger der Willenserklärung um einen Ausländer handelt, der die deutsche Sprache nur begrenzt beherrscht, so geht die Erklärung im Zeitpunkt der Äußerung zu.

242 **Fernmündlich abgegebene Erklärungen** unterfallen bei der Frage des Zugangs trotz räumlicher Abwesenheit des Empfängers den **Regeln der Vernehmungstheorie**[246]. Hierfür kann zur Begründung auf die Regelung des § 147 Abs. 1 Satz 2 verwiesen werden, die im Zusammenhang mit der Annahme eines Vertragsangebots den mittels Fernsprechers gemachten Antrag dem einem Anwesenden gemachten Antrag gleichstellt[247]. Das Gesetz behandelt hier also den fernmündlichen Empfänger bei der Willenserklärung in Gestalt eines Vertragsangebots wie einen Anwesenden, was allgemein für fernmündlich abgegebene Erklärungen zu berücksichtigen ist. Werden **mündliche Erklärungen** auf einen **Anrufbeantworter** oder eine **Voice Mailbox** gesprochen, so ist für diese verkörperten Willenserklä-

---

243 S. *Larenz/Wolf*, BGB AT, § 26 Rn. 36; Palandt/*Ellenberger*, BGB, § 130 Rn. 14.
244 *Larenz/Wolf*, BGB AT, § 26 Rn. 36, der insoweit von der abgeschwächten Vernehmungstheorie spricht.
245 S. *Larenz/Wolf*, BGB AT, § 26 Rn. 36; *Medicus*, BGB AT, Rn. 289; MünchKomm/ *Einsele*, BGB, § 130 Rn. 28; *Köhler*, BGB AT, § 6 Rn. 19.
246 S. Hk-BGB/*Dörner*, § 130 Rn. 12; MünchKomm/*Einsele*, BGB, § 130 Rn. 28.
247 S. dazu noch Rn. 275.

rungen für den Zugang die Empfangstheorie maßgebend[248]. Der Zugang erfolgt hier erst, wenn unter gewöhnlichen Umständen mit der Möglichkeit der Kenntnisnahme zu rechnen ist.

> **Bsp.:** Geht nachts auf dem Anrufbeantworter eine Willenserklärung ein, so erfolgt der Zugang erst am nächsten Morgen. Wird die Nachricht aus irgendeinem Grund vorher gelöscht, so ist die Willenserklärung nicht zugegangen.

V. Auslegung von Willenserklärungen

1. Bedeutung und Grundfragen der Auslegung

Bei der Willenserklärung handelt es sich um die Äußerung des Willens einer Person, die auf die Herbeiführung einer Rechtsfolge gerichtet ist[249]. Im Hinblick darauf, dass sich eine Person zur Äußerung ihres rechtserheblichen Willens irgendwie nach außen erkennbar verhalten, i. d. R. der Sprache bedienen muss, besteht die Möglichkeit bzw. die **Gefahr**, dass die Äußerung ihrem Inhalt nach unklar oder missverständlich ist oder auch etwas anderes zum Ausdruck bringt, als es dem Willen des Erklärenden entspricht. **243**

> **Bsp. (1):** Futtermittelhersteller F aus der Schweiz bietet dem Landwirt L aus Deutschland per Telefax die Lieferung von fünf Tonnen Futtermittel nach Freiburg an. L erklärt sich einverstanden. Erst danach fällt dem L auf, dass unklar ist, ob Lieferung nach Freiburg i. Br. oder nach Freiburg des gleichnamigen Kantons in der Schweiz gemeint ist.

> **Bsp. (2):** Ein Bayer kommt nach Bonn und sieht dort auf der Speisekarte in einem Lokal: „Halver Hahn... 6,50 €". Freudig bestellt der Bayer, der ein knuspriges halbes Hähnchen vor Augen hat, den „Halven Hahn". Als das Essen gebracht wird, sieht der Bayer, dass es sich um eine dicke Scheibe Käse mit Zwiebel und Brötchen handelt.

> **Bsp. (3):** K will sein Auto verkaufen und schreibt an Gebrauchtwagenhändler H: „Hiermit biete ich Ihnen meinen gebrauchten Pkw, Marke .... für 300 € an". Tatsächlich wollte K 3.000 € für das Auto haben. Der H sagt sofort zu.

Die Beispiele machen deutlich, dass in diesen Fällen unklar ist, welchen Willen der Erklärende hat bzw. dass sich der innere Wille des Erklärenden und die nach außen gelangte Erklärung nicht decken. Damit ist es im Rechtsverkehr notwendig, den **Sinn einer Willenserklärung** zu ermitteln, die diese rechtlich haben soll. Dieser Vorgang wird **Auslegung** genannt[250].

Das Gesetz enthält in **§ 133 eine Regelung zur Auslegung von Willenserklärungen.** **244** Danach ist bei der Auslegung einer Willenserklärung der wirkliche Wille zu erforschen und nicht an dem buchstäblichen Sinne des Ausdrucks zu haften. Diese Bestimmung gilt nicht nur für die Ermittlung des Sinns einer Willenserklärung, sondern in gleicher Weise, wenn zweifelhaft ist, ob es sich bei einer Äußerung

---

248 A. A. *Larenz/Wolf*, BGB AT, § 26 Rn. 37.
249 S. zum Begriff oben Rn. 198.
250 *Larenz/Wolf*, BGB AT, § 28 Rn. 4.

überhaupt um eine Willenserklärung handelt[251]. Auch wenn nach § 133 nicht allein der Wortlaut einer Äußerung für die Ermittlung ihres rechtlichen Sinnge-halts maßgebend sein soll, sondern auch alle Umstände außerhalb der Erklärung zu berücksichtigen sind, die zur Aufhellung oder Aufdeckung des wirklichen Wil-lens des Erklärenden beitragen können[252], so knüpft diese Bestimmung doch an den **inneren Willen des Erklärenden** als Maßstab für den rechtlichen Sinn seiner Äußerung an.

Andererseits macht insb. die Möglichkeit der Anfechtung einer Willenserklärung wegen Irrtums nach § 119 Abs. 1[253] deutlich, dass für den rechtlich relevanten Gehalt einer Willenserklärung **nicht allein der innere Wille des Erklärenden** maß-gebend sein kann. Denn ansonsten könnten Willenserklärungen, bei denen sich der äußere Tatbestand der Erklärung nicht mit dem inneren Willen des Erklären-den deckt, nicht unabhängig von dem wirklichen Willen einen rechtlichen Erfolg herbeiführen, was allerdings gerade die Irrtumsanfechtung voraussetzt. Denn auf einen Irrtum bei der Herbeiführung eines rechtlichen Erfolgs, der nach Maßgabe der §§ 119 ff. zur Anfechtung berechtigt, könnte es gar nicht ankommen, wenn für den im Verkehr maßgebenden Rechtserfolg allein der innere Wille des Erklä-renden entscheidend ist[254]. Das BGB bringt mithin insb. durch die Regeln über die Irrtumsanfechtung zum Ausdruck, dass für die Ermittlung des rechtlichen Sinns von Willensäußerungen nicht allein der innere Wille maßgebend ist, sondern im Interesse des Vertrauensschutzes des Rechtsverkehrs auch der Gesichtspunkt, **wie die Erklärung nach außen verstanden werden konnte**[255]. Diese **objektive Sichtweise** hat das Gesetz in § 157 für die Auslegung von Verträgen zum Maßstab gemacht, wonach diese so auszulegen sind, wie Treu und Glauben mit Rücksicht auf die Verkehrssitte es erfordern.[256] Aber auch für die Auslegung von Willenserklärun-gen ist allgemein anerkannt, dass für die Ermittlung des rechtlichen Sinngehalts einer Äußerung nicht nur der innere Wille maßgebend sein kann, sondern auch das, was als Wille nach außen erkennbar geworden ist, **wie sie also der Erklärungs-empfänger nach Treu und Glauben und nach der Verkehrsanschauung verstehen musste**[257]. Hier fließen die in den Vorschriften der §§ 133 und 157 niedergelegten Auslegungsgrundsätze zusammen, was durch die gemeinsame Heranziehung die-ser Bestimmungen deutlich gemacht wird[258]. Welchem Anknüpfungspunkt Vor-rang zu geben ist, hängt wesentlich von der Art der Willenserklärung ab, insb. im Kern davon, ob es sich um eine empfangsbedürftige oder nicht empfangsbedürf-tige Willenserklärung handelt, wird aber auch durch weitere Umstände be-stimmt[259].

---

251 BGH NJW 1984, 721 (721).
252 BGH NJW 1984, 721 (721).
253 S. dazu noch näher Rn. 497 ff.
254 S. auch *Larenz/Wolf*, BGB AT, § 28 Rn. 14.
255 S. *Larenz/Wolf*, BGB AT, § 28 Rn. 14.
256 S. zur Vertragsauslegung näher *Biehl* JuS 2010, 195 ff.
257 So deutlich BGHZ 47, 75 (78); s. auch BGH NJW 1984, 721 (721).
258 S. z.B. BGHZ 47, 75 (78); BGH NJW 1994, 188 (189).
259 S. Palandt/*Ellenberger*, BGB, § 133 Rn. 7.

Der Vorgehensweise nach ist für die Ermittlung des rechtlichen Sinns einer Willenserklärung von dem **Wortlaut der Erklärung** auszugehen[260], weil dieser den zunächst naheliegendsten Anhaltspunkt für den Willen des Erklärenden darstellt. Maßgebend ist i. d. R., wie eine Formulierung im allgemeinen Sprachgebrauch verstanden wird[261]. Über den Wortlaut der Erklärung hinaus sind alle außerhalb der Erklärung selbst liegenden **Begleitumstände** zu würdigen, die für die Frage, welchen Willen der Erklärende bei seiner Äußerung gehabt hat, von Bedeutung sind[262]. Die Auslegung hat mithin den tatsächlichen und rechtlichen Zusammenhang zu berücksichtigen, innerhalb dessen eine Erklärung abgegeben wird. Schließlich ist bei der Sinnermittlung einer Erklärung einzubeziehen, welches Ziel zur **Verwirklichung welcher Interessen** der Erklärende mit seiner Äußerung verfolgt[263].

Darüber hinaus ist zu berücksichtigen, dass das Gesetz selbst verschiedentlich **Auslegungsgrundsätze in gesetzlichen Vorschriften** enthält. Beispielhaft hinzuweisen ist auf § 113 Abs. 4, § 154 Abs. 2 wie auch § 311c. Wenn diese Regelungen dahin formulieren, dass eine bestimmte rechtliche Folge nur „im Zweifel" gilt, so wird daran deutlich, dass es sich hierbei lediglich um nachrangige Auslegungsgrundsätze handelt[264].

2. Auslegung empfangsbedürftiger Willenserklärungen

Für die Auslegung einer empfangsbedürftigen Willenserklärung ist im Grundsatz **245** maßgebend, wie diese **vom Erklärungsempfänger nach Treu und Glauben und nach der Verkehrsauffassung verstanden werden musste**[265]. Hierbei ist der Empfänger gehalten, in zumutbarer Weise den wirklichen Willen des Erklärenden zu erkennen[266]. Dabei können nur Umstände Berücksichtigung finden, die für den Empfänger im Zeitpunkt des Zugangs erkennbar waren[267].

Für die Sinnermittlung einer empfangsbedürftigen Willenserklärung ist also grds. nicht der innere Wille des Erklärenden maßgebend. Vielmehr knüpft die Auslegung im Interesse des Vertrauens des Rechtsverkehrs, für den der innere Wille als solcher nicht erkennbar ist, an den äußeren Tatbestand der Erklärung an, also an das, was nach außen für den Empfänger erkennbar geworden ist[268]. Entgegen § 133 ist danach zum Schutz des Empfängers der rechtliche Sinn einer Äußerung vom sog. **objektiven Empfängerhorizont**[269] aus zu beurteilen. Im Hinblick darauf, dass insoweit nicht der wirkliche, reale Wille des Erklärenden entscheidend ist, sondern der Sinngehalt der Erklärung aus der Sicht eines objektiven Empfängers

---

260 BGHZ 94, 188 (189); 121, 13 (16); BGH NJW 1984, 721 (721).
261 Palandt/*Ellenberger*, BGB, § 133 Rn. 14.
262 BAG NJW 1971, 639 (640); BGH NJW 1984, 721 (721).
263 BGHZ 109, 19 (22); 137, 69 (72); BGH NJW 1981, 1549 (1550); NJW 1981, 2295 (2296); NJW 2000, 2099 (2099).
264 Zu § 154 s. noch Rn. 295.
265 BGHZ 47, 75 (78); 103, 275 (280); BGH NJW 1990, 3206 (3206 f.); NJW 1988, 2878 (2879).
266 *Larenz/Wolf*, BGB AT, § 28 Rn. 15.
267 BGH NJW 1988, 2878 (2879).
268 BGHZ 47, 75 (78).
269 S. nur *Larenz/Wolf*, BGB AT, § 28 Rn. 6.

wertend unter Heranziehung von Wortlaut, Begleitumständen und Interessenlage[270] ermittelt wird, wird insoweit auch von der sog. **normativen Auslegung**
gesprochen[271]. Demgegenüber steht die **natürliche Auslegung** als die Auslegung,
die auf den wahren Willen des Erklärenden abstellt[272].

> **Bsp.:** Spielwarenhändler K schreibt an Puppenfabrikant M: „Können Sie mir 50 Ba-
> bypuppen Modell „Erika" liefern?". M schreibt zurück: „Ich werde die 50 Puppen des
> gewünschten Modells liefern", denkt dabei allerdings an das Modell „Eva", weil das
> Modell „Erika" ausgelaufen ist. – Für die Frage, ob der K Lieferung von 50 Puppen
> des Modells „Erika" verlangen kann, ist entscheidend, ob darüber ein Kaufvertrag im
> Sinne von § 433 zustande gekommen ist. Dafür müssten zwei übereinstimmende Wil-
> lenserklärungen von K und M zum Abschluss eines Kaufvertrages über 50 Puppen des
> Modells „Erika" gegeben sein. Ein entsprechendes Angebot des K liegt vor. Fraglich
> ist allerdings, ob der M die Annahme über 50 Puppen des Modells „Erika" erklärt hat.
> Stellt man auf den inneren Willen des M ab, so wollte dieser nur 50 Puppen des Modells
> „Eva" liefern, damit stimmte seine Annahmeerklärung nicht mit dem Angebot des K,
> das auf 50 Puppen des Modells „Erika" gerichtet war, überein. Die Annahmeerklärung
> des M ist als empfangsbedürftige Willenserklärung jedoch grds. nach dem objektiven
> Empfängerhorizont auszulegen, also danach, wie sie der K als Empfänger nach Treu
> und Glauben unter Berücksichtigung der Verkehrsauffassung verstehen musste. Inso-
> weit konnte der K den Erklärungsgehalt des Schreibens von M, das aus sich heraus
> zwar kein bestimmtes Modell nennt, jedoch aus der Sicht des K im Zusammenhang
> mit seinem eindeutigen Angebot zum Kauf von 50 Puppen des Modells „Erika" nur
> auf Puppen dieses Modells bezogen sein konnte, allein dahin verstehen, dass der M 50
> Puppen eben dieses Modells liefern will. Damit hat M vom objektiven Empfängerho-
> rizont aus betrachtet die Annahme über 50 Puppen des Modells „Erika" erklärt, ein
> entsprechender Kaufvertrag ist zustande gekommen. Eine andere Frage ist die, ob der
> M seine Willenserklärung wegen Irrtums nach § 119 Abs. 1 anfechten kann[273].

Der Grundsatz der Maßgeblichkeit des objektiven Empfängerhorizonts für die
Auslegung einer empfangsbedürftigen Willenserklärung kommt nicht zur Anwendung, wenn der wirkliche Wille des Erklärenden feststeht und der Empfänger die
Erklärung auch in diesem Sinne verstanden hat[274]. Hier bestimmt der wirkliche
Wille – **natürliche Auslegung**[275] – den Inhalt des Rechtsgeschäfts, wenn die Erklärung als äußerer Tatbestand diesen Willen nicht oder nicht genau wiedergibt[276].
Der Grund hierfür liegt darin, dass die Geltung einer Willenserklärung als rechtlich erheblicher Tatbestand i.S. privatautonomer Selbstbestimmung auf den Willen der Person zurückzuführen ist und es bei Fehlen von Unklarheiten über diesen
Willen bei dem Empfänger nicht zu rechtfertigen ist, eine andere rechtliche Wirkung als die wirklich gewollte etwa durch Auslegung unter Anknüpfung an den
davon abweichenden äußeren Tatbestand aus der Sicht des objektiven Empfängerhorizonts zur Geltung zu bringen[277]. Das ist im Übrigen auch nicht aus Gründen des Schutzes des Empfängers erforderlich, denn dieser kennt den wirklichen

---

270 S. oben Rn. 244.
271 S. nur Palandt/*Ellenberger*, BGB, § 133 Rn. 7.
272 Palandt/*Ellenberger*, BGB, § 133 Rn. 7.
273 Zur Irrtumsanfechtung s. Rn. 497 ff.
274 S. BGH NJW 1984, 721 (721).
275 S. oben im Text.
276 BGH NJW 1984, 721 (721).
277 BGH NJW 1984, 721 (721); BGHZ 87, 150 (153) spricht von dem „…. unproblema-
    tische(n) Vorrang des übereinstimmenden Parteiwillens gegenüber dem objektiv
    erklärten…."

Willen. Es bedarf hier keines Vertrauensschutzes, der allein eine Auslegung vom objektiven Empfängerhorizont her begründen kann.

Danach ist der wirkliche Wille maßgebend, wenn hiervon die Erklärung, sprich der äußere Tatbestand abweicht und **der Empfänger den wirklichen Willen kennt.**

> **Bsp.:** A kommt in den Elektronikmarkt des B und interessiert sich für einen Laptop, Marke X, der 1.500 € kosten soll. In dem mit B geführten Gespräch macht dieser dem A deutlich, dass er bereit ist, den Laptop auch für 1.300 € zu verkaufen. Daraufhin sagt der A, er wolle sich die Sache noch einmal überlegen und bittet den B, ihm ein schriftliches Angebot über diesen Preis zu schicken. Der B sendet daraufhin am nächsten Tag ein Angebot über den in Frage stehenden Laptop, schreibt jedoch statt 1.300 € aus Versehen 130 €. Freudig nimmt der A sofort an und will lediglich 130 € zahlen. – Wenn auch aus der Sicht eines objektiven Empfängers der Laptop abweichend von dem wirklichen Willen des B für 130 € angeboten wurde, so kommt es hier darauf nicht an: Dem A war aus dem Kundengespräch der wirkliche Wille des B bekannt und er konnte unschwer erkennen, dass hier dem B lediglich ein Schreibfehler unterlaufen ist. Damit war dem A hier ein Angebot über 1.300 € zugegangen, das dieser mit seiner Erklärung angenommen hat.

Des Weiteren ist der wirkliche Wille des Erklärenden maßgebend, wenn **Erklärender und Empfänger bewusst oder unbewusst eine fehlerhafte Bezeichnung verwenden,** jedoch in dem, was der Erklärende will und gemeint ist, **übereinstimmen.** Hierbei handelt es sich um die Fälle der sog. *falsa demonstratio*[278] *non nocet*, d.h., eine Falschbezeichnung schadet nicht hinsichtlich der Herbeiführung des rechtlich wirklich Gewollten. **246**

> **Bsp.:** Arzt A betreibt einen schwunghaften Handel mit ihm von Pharmaunternehmen für seine Praxis kostenlos überlassenen Arzneimitteln zur Behandlung von Patienten. Mit seinem Vertragspartner B besteht Übereinstimmung, dass bei dem Abschluss von Kaufverträgen nur von „Schokolade" gesprochen wird. – Hier kommen Verträge über Arzneimittel zustande, jedenfalls die Falschbezeichnung als „Schokolade" schadet nicht.

In diesen Zusammenhang gehört auch der berühmte *Haakjöringsköd*-Fall des RG[279], in welchem die Parteien irrtümlich eine Falschbezeichnung wählten, jedoch beide übereinstimmend dasselbe wollten.

> **Bsp.:** K und V schlossen einen Kaufvertrag über mehrere Fässer Haakjöringsköd, die bereits auf ein Schiff verladen waren. Das norwegische Wort Haakjöringsköd bedeutet Haifischfleisch, das die Fässer auf dem Schiff auch enthielten. Sowohl K wie auch V waren jedoch bei Abschluss des Vertrages der Meinung, mit dem Begriff Haakjöringsköd sei Walfischfleisch[280] gemeint, denn solches wollte der K kaufen und der V verkaufen. Als der K bei Entdeckung des Irrtums das gelieferte Haifischfleisch nicht akzeptierte, kam es zur Auseinandersetzung u.a. über die Frage, ob hier ein Kaufvertrag über Haifischfleisch oder Walfischfleisch abgeschlossen worden ist. – Zutreffend ist das RG davon ausgegangen, dass ein Vertrag über Walfischfleisch abgeschlossen wurde. Die Falschbezeichnung schadete nicht, denn dem wirklichen Willen beider Parteien entsprach der Abschluss eines Kaufvertrages über Walfischfleisch.

---

278 BGHZ 87, 150 (152): Unrichtige Bezeichnung des von den Parteien übereinstimmend Gewollten.

279 RGZ 99, 147.

280 Es wurde die vom RG gewählte Bezeichnung „Walfischfleisch" übernommen. Im Hinblick darauf, dass Wale Säugetiere sind, müsste es eigentlich „Walfleisch" heißen.

Wird bei einem **beurkundungspflichtigen Kaufvertrag der Kaufgegenstand irrtümlich falsch bezeichnet** und weicht damit die Urkunde von dem übereinstimmenden Willen der Parteien ab, dann ist auch in diesem Fall die Falschbezeichnung unschädlich, wenn nur das objektiv Erklärte der gesetzlich vorgeschriebenen Form genügt[281].

> **Bsp.:** Nach § 311b Abs. 1 Satz 1 bedarf ein Vertrag, durch den sich der eine Teil verpflichtet, das Eigentum an einem Grundstück zu übertragen oder zu erwerben, der notariellen Beurkundung[282]. Sind sich A und B einig, dass die Grundstücksparzellen 30, 31 und 32 an B verkauft werden sollen und werden in dem notariell beurkundeten Grundstückskaufvertrag aus Versehen nur die Parzellen 31 und 32 genannt, so ist die Falschbezeichnung unschädlich, der notariell beurkundete Grundstückskaufvertrag erfasst auch die Parzelle Nr. 30. Damit geht der übereinstimmende Parteiwille auch im Bereich beurkundungspflichtiger Rechtsgeschäfte dem davon abweichend objektiv Erklärten vor[283].

247 Besonderheiten gelten für die Auslegung von **Willenserklärungen**, die sich ihrer Zielrichtung nach **an einen unbestimmten Personenkreis** richten. Hierzu gehören z.B. Gesellschaftsverträge bei Publikumsgesellschaften,[284] Vereinssatzungen[285], Beschlüsse von Organen wie etwa der Mitgliederversammlung eines Vereins[286] oder der Mitglieder einer Wohnungseigentümergemeinschaft wie auch die Auslobung[287]. Derartige Willenserklärungen sind aus sich heraus – **objektiv** – auszulegen[288], außerhalb der Erklärung liegende Umstände dürfen nur berücksichtigt werden, sofern sie für jedermann ohne weiteres erkennbar sind[289]. Das hat etwa zur Konsequenz, dass für die Auslegung der Bestimmungen einer Vereinssatzung Willensäußerungen und Interessen der Gründer des Vereins sowie sonstige Vorgänge aus der Entstehungsgeschichte keine Berücksichtigung finden können[290]. Die sog. objektive Auslegung von an einen unbestimmten Personenkreis gerichteten Willenserklärungen hat also mit der Auslegung nach dem objektiven Empfängerhorizont gemeinsam, dass nicht der wirkliche Wille des/der Erklärenden maßgeblich ist, unterscheidet sich von dieser jedoch darin, dass nur für jedermann erkennbare Begleitumstände herangezogen werden dürfen, nicht aber solche, die nur bestimmten Personen erkennbar sind[291].

> **Bsp.:** In die Satzung eines Vereins wird durch die Gründungsmitglieder eine Regelung aufgenommen, wonach der Austritt aus dem Verein nur mit einer sechsmonatigen Kündigungsfrist zum Ende des folgenden Jahres zulässig sein soll. Alle Gründungsmitglieder sind sich darin einig, dass auf Wunsch im Einzelfall auch ein kurzfristigerer Austritt zugelassen wird. Dieser Wille der Gründungsmitglieder kann bei der gebotenen objektiven Auslegung der Satzung mangels Niederlegung und damit Erkennbarkeit für jedermann keine Berücksichtigung finden.

---

281 BGHZ 87, 150 (153 ff.); BGH NJW 2008, 1658 (1659) m.w.N.
282 S. zu diesem Formerfordernis Rn. 387 ff.
283 BGHZ 87, 150 (153 ff.).
284 S. BGH NJW-RR 2007, 832 (833).
285 S. dazu oben Rn. 115.
286 Dazu oben Rn. 118.
287 S. BGHZ 53, 304 (307).
288 BGHZ 47, 172 (179 f.); 106, 67 (71); 113, 237 (240); 139, 288 (292).
289 BGHZ 139, 288 (292); 106, 67 (71).
290 BGHZ 47, 172 (180).
291 S. BGHZ 139, 288 (293).

3. Auslegung nicht empfangsbedürftiger Willenserklärungen

Nicht empfangsbedürftige Willenserklärungen führen einen rechtlichen Erfolg **248** herbei, ohne dass sie einer anderen Person gegenüber abgegeben werden müssen[292]. Von daher ist es nahe liegend für die Auslegung solcher Willenserklärungen, nicht auf den objektiven Empfängerhorizont abzustellen, sondern auf den **wirklichen Willen** des Erklärenden. Denn mangels Empfangsbedürftigkeit kann der Vertrauensschutz des Rechtsverkehrs jedenfalls im Ausgangspunkt kein Grund sein, von dem in § 133 bestimmten Auslegungsgrundsatz der Maßgeblichkeit des wirklichen Willens abzugehen.

Uneingeschränkt gilt das für die Auslegung eines Testaments. Maßgebend für die rechtliche Bedeutung dieser letztwilligen Verfügung ist der wirkliche Wille des Erblassers[293]. Nach § 133 ist bei der Auslegung der wirkliche Wille des Erblassers zu erforschen und nicht an dem buchstäblichen Sinne des Ausdrucks zu haften[294]. Deshalb ist die Auslegung nicht allein auf den Wortlaut des Testaments zu beschränken, vielmehr sind auch alle außerhalb der Testamentsurkunde zugänglichen Umstände zur Erforschung des wirklichen Willens mit heranzuziehen[295].

> **Bsp.:** Der vermögende E stirbt und hinterlässt seine Frau F sowie die Kinder T und S. In einem vor seinem Tod errichteten Testament hat der E bestimmt, dass „Erben sollen sein unsere liebe Mutter sowie T und S zu gleichen Teilen". – War es zwischen F und E üblich, dass sie sich gegenseitig mit Mutter und Vater anredeten, so ergibt die Auslegung, dass die F neben den Kindern erben soll.

Kann der wirkliche Wille des Erblassers nicht festgestellt werden, dann ist der **249** **mutmaßliche Wille** maßgebend[296]. Das ist der Wille, den der Erblasser unter Berücksichtigung des Testaments und der zugänglichen Begleitumstände vernünftigerweise gehabt haben könnte[297].

Weitere Ausnahmefälle, in denen durch Auslegung der wirkliche Wille des Erklärenden zu ermitteln ist, sind die Annahme nach § 151[298] wie auch die Erklärung des Eigentumsverzichts nach § 959.

Anderes gilt jedoch z.B. für die Auslobung nach § 657, bei der es sich zwar um eine nicht empfangsbedürftige Willenserklärung handelt, die jedoch ihrer Funktion nach an eine unbestimmte Vielzahl von Personen gerichtet ist. Das hat zur Folge, dass **der Sinn einer Auslobung objektiv** unter Berücksichtigung allein der für jedermann erkennbaren Umstände **zu ermitteln** ist[299].

---

292 Zum Begriff s. oben Rn. 213.
293 S. BGHZ 80, 246 (249); 86, 41 (45).
294 BGHZ 80, 246 (249); 86, 41 (45).
295 BGHZ 86, 41 (45).
296 BGHZ 86, 41 (45).
297 BGHZ 86, 41 (45 f.); s. näher zur Testamentsauslegung *Larenz/Wolf*, BGB AT, § 28 Rn. 95 ff.
298 S. BGH NJW 1990, 1656 (1657); s. dazu noch Rn. 284 ff.
299 BGHZ 53, 304 (307) und oben Rn. 247.

VI. Besonderheit: Zur rechtlichen Bedeutung des Schweigens

1. Grundsatz: Schweigen als rechtliches Nullum

250 Die Willenserklärung ist die Äußerung eines auf die Herbeiführung eines rechtlichen Erfolgs gerichteten Willens[300]. Neben dem inneren (subjektiven) Tatbestand ist für das Vorliegen einer Willenserklärung der äußere (objektive) Tatbestand erforderlich[301]. Es muss nach außen ein Verhalten gezeigt werden, das den Schluss auf einen rechtlich erheblichen Willen zulässt, sei es durch ausdrückliche Erklärung oder durch konkludentes Verhalten[302]. Zeigt eine Person überhaupt kein Verhalten, tut sie nichts, schweigt sie, so kann von einer Willenserklärung mangels äußerem Tatbestand nicht gesprochen werden. Das bloße **Schweigen ist i. d. R. keine Willenserklärung**[303], sondern ein rechtliches Nullum. Rechtliche Wirkungen können dadurch nicht herbeigeführt werden. § 241a Abs. 1 bringt das deutlich zum Ausdruck: Danach wird durch die Lieferung unbestellter Sachen oder durch die Erbringung unbestellter sonstiger Leistungen durch einen Unternehmer[304] an einen Verbraucher[305] ein Anspruch gegen diesen nicht begründet. Das Nichtstun des Verbrauchers, dessen Schweigen, kann nicht als rechtlich erhebliche Willenserklärung in Gestalt der Annahme[306] des unverlangten Leistungsangebots angesehen werden[307].

> **Bsp.:** A bekommt von einem Verlag ein Buch zugeschickt mit der Mitteilung, dass der Kaufpreis nach Ablauf von zwei Wochen zu zahlen ist, wenn das Buch innerhalb dieser Frist nicht zurückgeschickt wird. A legt das Buch unausgepackt mit dem Schreiben zur Seite. Vier Wochen später kommt die Aufforderung, endlich den Kaupreis zu zahlen. – Hier ist, wie § 241a Abs. 1 in Übereinstimmung mit den allgemeinen Grundsätzen deutlich macht, kein Kaufvertrag zustande gekommen. A hat kein Verhalten gezeigt, aus dem der Schluss auf eine Annahme des Angebots gezogen werden könnte. Rechtlich hat er geschwiegen. Daran ändert sich auch nichts dadurch, dass ihm einseitig vom Verlag aufgedrängt wurde, innerhalb einer bestimmten Frist zu antworten. Hierzu besteht grds.[308] keine Verpflichtung[309].

Von der Regel der rechtlichen Bedeutungslosigkeit des Schweigens gibt es **Ausnahmen**. So finden sich **gesetzliche Regelungen**, die dem Schweigen einer Person einen

---

300 S. oben Rn. 198.
301 Rn. 199.
302 S. oben Rn. 200.
303 BGH NJW 2002, 3629 (3630); s. auch BGHZ 1, 353 (355); BGHZ 18, 212 (216); BGH NJW 1981, 43 (44); *Larenz/Wolf*, BGB AT, § 28 Rn. 67; *Medicus*, BGB AT, Rn. 345; Palandt/*Ellenberger*, BGB, Einf. v. § 116 Rn. 7.
304 Zum Begriff des Unternehmers s. Rn. 317.
305 Zum Begriff des Verbrauchers s. Rn. 316.
306 Zur Vertragsannahme s. Rn. 271 ff.
307 S. Hk-BGB/*Schulze*, § 241a Rn. 5; ausf. zu § 241a *St. Lorenz* JuS 2000, 833; kritisch zu dieser Regelung *Flume* ZIP 2000, 1427; zur Fallbearbeitung s. *Fezer*, Klausurenkurs BGB AT, Fall 2, S. 21 ff.
308 S. noch folgend im Text.
309 S. dazu, dass der Verbraucher die Sache auch grds. nach seinem Belieben nutzen und verbrauchen kann, ohne vertraglichen oder gesetzlichen Ansprüchen ausgesetzt zu sein, Palandt/*Grüneberg*, BGB, § 241a Rn. 6 ff. m. w. N.

rechtlich bedeutsamen Erklärungswert beimessen[310]. Darüber hinaus kann einem Schweigen nach § 242 Rechtserheblichkeit zukommen, wenn der Schweigende nach Treu und Glauben unter Berücksichtigung der Verkehrssitte verpflichtet gewesen wäre, eine Erklärung abzugeben. Praktisch besonders bedeutsam sind hier die Grundsätze zum Schweigen auf ein **kaufmännisches Bestätigungsschreiben**[311]. In den vorgenannten Ausnahmefällen fehlt es jedenfalls schon am äußeren Tatbestand einer Willenserklärung und damit an einer solchen, gleichwohl wird dem Schweigen (Nichtverhalten) im Ergebnis die **rechtliche Wirkung einer Willenserklärung** beigemessen. Hiervon zu unterscheiden ist der Fall des sog. **beredten Schweigens**, in welchem eine Willenserklärung gegeben ist, weil das „Nichtverhalten" aufgrund besonderer Umstände gerade nur als auf die Herbeiführung eines rechtlichen Erfolgs zielendes Verhalten verstanden werden kann[312]. Eine bedeutsame Konstellation des beredten Schweigens ist die Vereinbarung, dass einem Schweigen die Bedeutung einer Willenserklärung zukommen soll[313].

> **Bsp.:** Weinliebhaber W bezieht seinen italienischen Rotwein regelmäßig von dem Importeur I. Beide haben vereinbart, dass I dem W halbjährlich ein Angebot über eine bestimmte Menge Weinflaschen unterbreitet und liefert, wenn der W nicht innerhalb von zwei Wochen nach Erhalt des Angebots etwas von sich hören lässt.

2. Ausnahme: Gesetzliche Vorschriften, die einem Schweigen Erklärungswert beimessen

→ *Sch 5 Rn. 753*

Es gibt eine Reihe gesetzlicher Vorschriften, die dem Schweigen einer Person in **251** bestimmten Situationen im Wege der Fiktion einen rechtlich erheblichen Erklärungswert beimessen. Hier wird von einem sog. **normierten Schweigen** gesprochen[314]. Insoweit ist zu unterscheiden zwischen Regelungen, nach denen einem Schweigen die Bedeutung einer ablehnenden Erklärung zukommt und solchen, die ein Schweigen als zustimmende Erklärung fingieren.

Zu den gesetzlichen Vorschriften, in denen ein **Schweigen als Ablehnung fingiert** **252** **wird**, gehören z.B. die Bestimmungen der §§ 108 Abs. 2 Satz 2, 177 Abs. 2 Satz 2, 415 Abs. 2 Satz 2 und 451 Abs. 1 Satz 2. Allen Vorschriften ist gemeinsam, dass das Schweigen einer Person, die zur Genehmigung eines Rechtsgeschäfts aufgefordert worden ist, im Falle der Nichtäußerung als Erklärung i.S.d. Verweigerung der Genehmigung eingeordnet wird.

> **Bsp.:** Der 16-jährige M schließt mit Verkäufer V ohne Einwilligung seiner Eltern einen Kaufvertrag über ein Moped ab. V fordert die Eltern des M gemäß § 108 Abs. 2 Satz 1 zur Genehmigung des Vertrags auf. Bis zum Ablauf von zwei Wochen nach der Aufforderung haben sich die Eltern gegenüber V nicht geäußert. – Damit gilt die Genehmigung nach § 108 Abs. 2 Satz 2 Halbsatz 2 als verweigert[315].

310 S. folgend Rn. 251 ff.
311 Dazu Rn. 255.
312 S. BGH NJW 2002, 3629 (3630); *Larenz/Wolf*, BGB AT, § 28 Rn. 48.
313 S. *Medicus*, BGB AT, Rn. 346; MünchKomm/*Kramer*, BGB, v. § 116 Rn. 24 und § 151 Rn. 5, hier auch zu weiteren Fällen; Hk-BGB/*Dörner*, v. §§ 116–144 Rn. 2.
314 Hk-BGB/*Dörner*, v. §§ 116–144 Rn. 2.
315 Zu § 108 s. Rn. 355 ff.

253 Darüber hinaus kennt das Gesetz auch Regelungen, in welchen dem Schweigen die **Bedeutung einer zustimmenden Erklärung** beigemessen wird. Hierzu zählen etwa §§ 416 Abs. 1 Satz 2, 455 Satz 2, 516 Abs. 2 Satz 2 oder auch § 1943. Die vorgenannten Bestimmungen sind dadurch gekennzeichnet, dass das Schweigen einer Person bis zum Ablauf einer zur Abgabe einer Erklärung von anderer Seite gesetzten Frist als zustimmende Erklärung fingiert wird.

> **Bsp.:** B bestellt bei dem Versandhaus H nach Katalog einen Herrenring, der ihr auch übersandt wird. Nach den Geschäftsbedingungen des Versandhauses wird durch die Bestellung keine Kaufverpflichtung begründet, wenn die Kunden die Ware bei Nichtgefallen binnen 14 Tagen zurück schicken. Der B gefällt der Ring zwar nicht, sie vergisst jedoch, diesen innerhalb von 14 Tagen an H zurückzusenden. – Hier ist zwischen B und H ein Kauf auf Probe (§ 454) abgeschlossen worden,[316] und zwar unter der aufschiebenden Bedingung der Billigung der Ware durch B.[317] Nach § 455 Satz 1 kann die Billigung nur innerhalb der vereinbarten oder vom Verkäufer gesetzten Frist erklärt werden, wobei gemäß § 455 Satz 2 im Falle der Übergabe der Sache zwecks Probe oder Besichtigung das Schweigen des Käufers als Billigung gilt. Da B es versäumt hat, sich innerhalb der gesetzten Frist zu äußern, wird ihr Schweigen als Billigung fingiert. Ein Kaufvertrag ist zustande gekommen, H hat Anspruch auf Kaufpreiszahlung (§ 433 Abs. 2).

Um eine weitere gesetzliche Ausnahme, allerdings außerhalb des BGB, nach welcher dem Schweigen ein zustimmender Erklärungswert beigelegt wird, handelt es sich bei § 362 HGB. Nach § 362 Abs. 1 Satz 1 HGB ist ein Kaufmann, dessen Gewerbebetrieb die Besorgung von Geschäften für andere mit sich bringt, für den Fall, dass ihm ein Antrag über die Besorgung solcher Geschäfte von jemandem zugeht, mit dem er in Geschäftsverbindung steht, verpflichtet, unverzüglich zu antworten. Anderenfalls gilt sein Schweigen als Annahme des Antrags[318]. Ihrer Funktion nach handelt es sich bei dieser Bestimmung (u.a.) um eine **Regelung des Vertrauensschutzes im kaufmännischen Verkehr,** durch die potentielle Vertragspartner eines Kaufmanns in ihren typisierten Erwartungen an den kaufmännischen Verkehr geschützt werden sollen.[319]

> **Bsp.:** Beauftragt ein Unternehmen einen Warenkommissionär (§ 383 HGB), mit dem es regelmäßig in Geschäftsverbindung steht, mit dem Einkauf von Waren und lehnt dieser nicht unverzüglich (§ 121)[320] den Antrag ab, so wird sein Schweigen als Annahme fingiert, das Kommissionsgeschäft ist wirksam zustande gekommen.

3. Ausnahme: § 242 als Grundlage, einem Schweigen Erklärungswert beizumessen

254 Es ist allgemein anerkannt, dass unter bestimmten Umständen eine Person **nach Treu und Glauben unter Berücksichtigung der Verkehrssitte** gehalten ist, auf eine zugegangene Willenserklärung zu antworten, anderenfalls ihrem Schweigen der

---

316 S. den Fall OLG Bamberg NJW 1987, 1644 (1644).
317 S. auch die Auslegungsregel des § 454 Abs. 1 Satz 2.
318 Nach § 362 Abs. 1 Satz 2 gilt das gleichermaßen, wenn einem Kaufmann ein Antrag über die Besorgung von Geschäften von jemandem zugeht, dem gegenüber er sich zur Besorgung solcher Geschäfte erboten hat.
319 S. Ebenroth/Boujong/Joost/Strohn/*Eckert*, HGB, § 362 Rn. 2. Zur Fallbearbeitung s. *Fezer*, Klausurenkurs BGB AT, Fall 3, S. 32 ff.
320 S. dazu Rn. 546.

Erklärungswert einer Zustimmung beizumessen ist[321]. Allerdings sind solche Konstellationen nur mit Zurückhaltung anzunehmen[322], denn das bloße Schweigen ist regelmäßig keine Willenserklärung[323]. Nach der Rspr. des BGH kann ein Schweigen auf eine zugegangene Willenserklärung dann als Zustimmung gewertet werden, wenn zwischen den Beteiligten (Verhandlungs- oder Vertragspartner) schon Geschäftsbeziehungen bestanden und insb. im Rahmen eines fortbestehenden Vertrages Erklärungen abgegeben werden, auf die der Erklärende für den Empfänger erkennbar berechtigterweise eine baldige Antwort erwartet[324]. Andererseits betont der BGH entsprechend dem Ausgangspunkt, wonach Schweigen i. d. R. ein rechtliches Nullum darstellt, dass der Adressat eines Vertragsangebots auf dieses nicht zu antworten braucht, was insb. auch im Rahmen eines Mietverhältnisses gelte, weil dieses keine besonders enge oder gar personenbezogene Verbindung zwischen den Parteien begründe, aus der sich eine Pflicht zur Beantwortung von Erklärungen herleiten ließe, deren Unterlassen dazu führe, dem Schweigen nach § 242 einen Erklärungswert beizulegen[325]. Letztlich müssen also für den ausnahmsweisen Fall der auf § 242 gegründeten Annahme eines Schweigens mit Erklärungswert Umstände gegeben sein, die auf der Grundlage einer **engen Beziehung zwischen Verhandlungs- bzw. Vertragspartner** eine Nichtreaktion des Erklärungsempfängers als Pflichtenverstoß im Rahmen dieser Beziehung erscheinen lassen.

Für die Praxis von großer Bedeutung und im Unterschied zu dem wenig konturierten allgemeinen Grundsatz, dass einem Schweigen nach § 242 Erklärungswert beigemessen werden kann, konkret rechtlich entfaltet ist die gleichfalls auf § 242 gegründete **Einordnung des Schweigens auf ein sog. kaufmännisches Bestätigungsschreiben als Zustimmung.**[326] In Rspr. und Lit. ist der Rechtsgrundsatz anerkannt, dass ein Kaufmann, der ein Bestätigungsschreiben über vorausgegangene Vertragsverhandlungen widerspruchslos entgegen nimmt, dadurch grds. seine Zustimmung zu dem Inhalt des Schreibens zum Ausdruck bringt mit der Folge, dass damit der Inhalt des Vertrages durch dieses Schreiben bestimmt wird[327]. Dabei ist es unerheblich, ob die voraus gegangenen Verhandlungen bereits zu einem festen Vertragsabschluss geführt haben oder nicht[328]. Denn die Bedeutung des Rechtsgrundsatzes über das kaufmännische Bestätigungsschreiben liegt darin, dass ein widerspruchslos entgegen genommenes Bestätigungsschreiben den Inhalt des Vertrages auch dann bestimmt, wenn es gegenüber dem zuvor mündlich Vereinbarten abändernde oder ergänzende Bestimmungen enthält[329]. Die Rechtswirkungen, die durch das Schweigen auf das Bestätigungsschreiben ausgelöst werden, beruhen

255

---

321 S. BGHZ 1, 353 (355); BGH NJW 1975, 1358 (1359); NJW 1990, 1601 (1601 f.); MünchKomm/*Kramer*, BGB, § 151 Rn. 6; Palandt/*Ellenberger*, BGB, Einf. v. § 116 Rn. 10.
322 BGH NJW 1975, 1358 (1359).
323 BGH NJW 2002, 3629 (3630).
324 BGHZ 1, 353 (355).
325 BGH NJW 1981, 43 (44).
326 Zur Fallbearbeitung s. *Fezer*, Klausurenkurs BGB AT, Fall 4, S. 36 ff.
327 BGHZ 7, 187 (189); 11, 1 (3); 40, 42 (45); s. ausf. zum kaufmännischen Bestätigungsschreiben *Lettl* JuS 2008, 849 ff.
328 BGHZ 7, 187 (189).
329 BGHZ 7, 187 (190).

darauf, dass der Empfänger des Bestätigungsschreibens nach Treu und Glauben mit Rücksicht auf die Anschauungen des kaufmännischen Verkehrs für verpflichtet gehalten wird, dem Inhalt des Bestätigungsschreibens zu widersprechen, wenn es nicht als genehmigt angesehen werden soll[330]. Ein Vertrag kommt auch dann durch Schweigen auf ein kaufmännisches Bestätigungsschreiben zustande, wenn für den Empfänger des Schreibens bei den Vertragsverhandlungen ein vollmachtloser Vertreter aufgetreten ist[331].

Das Schweigen auf ein kaufmännisches Bestätigungsschreiben gilt allerdings dann nicht als Zustimmung, wenn sich das Bestätigungsschreiben inhaltlich so weit von dem zuvor Abgesprochenen entfernt, dass der Bestätigende selbst nicht mehr mit einem Einverständnis des Empfängers rechnen kann[332]. Dem Schweigen auf ein Bestätigungsschreiben kommt auch dann kein zustimmender Erklärungswert zu, wenn der Verfasser des Bestätigungsschreibens absichtlich von den zuvor getroffenen Vereinbarungen abgewichen ist[333].

Ist der Widerspruch gegen ein kaufmännisches Bestätigungsschreiben unterlassen worden, so kommt eine **Anfechtung** nach § 119 Abs. 1 wegen Irrtums über die Bedeutung des Schweigens auf ein kaufmännisches Bestätigungsschreiben nicht in Betracht[334]. Denn das Schweigen beinhaltet keine Willenserklärung[335]. Der sich auf das Bestätigungsschreiben nicht erklärende Empfänger ist vielmehr deswegen gebunden, weil Treu und Glauben mit Rücksicht auf die Anschauungen des kaufmännischen Verkehrs eine Antwort von ihm erfordert hätten[336]. Die Zulassung einer Anfechtung wegen Irrtums über die rechtliche Bedeutung des Schweigens auf ein kaufmännisches Bestätigungsschreiben würde in Widerspruch stehen zu der auf der Verkehrssitte beruhenden rechtlichen Fiktion in Gestalt der Zustimmung[337].

> **Bsp.:** Kaufmann K benötigt für seine beiden Supermarktfilialen in Singen und Radolfzell Paletten für das Aufstellen der Waren. In einem Telefongespräch vereinbart er mit dem Hersteller H „die Lieferung von je 50 Paletten zum Preis von 3.500 €". Am nächsten Tag sendet der H ein Bestätigungsschreiben an K, das wie folgt lautet: „Lieferung von je 50 Paletten für Supermärkte in Singen und Radolfzell zum Gesamtpreis von 7.000 €". K überfliegt das Bestätigungsschreiben, ohne zu realisieren, dass es von seiner Vorstellung nach dem Telefonat, einen Gesamtpreis von 3.500 € vereinbart zu haben, abweicht. – Sein Schweigen hat zur Folge, dass er an den Vertrag mit den von H im Bestätigungsschreiben formulierten Bedingungen gebunden ist.

---

330 BGHZ 40, 42 (47 f.); BGHZ 20, 149 (153 f.).
331 BGH NJW 2007, 987 (988).
332 BGHZ 7, 187 (190); BGHZ 40, 42 (45).
333 Hk-BGB/*Dörner*, § 147 Rn. 13.
334 BGHZ 11, 1 (4); differenzierend *Fezer*, Klausurenkurs BGB AT, 42 f.
335 BGHZ 11, 1 (5).
336 BGHZ 11, 1 (5).
337 BGHZ 11, 1 (5).

§ 9 Der Vertrag: Wesentliches rechtsgeschäftliches Mittel insbesondere zum Leistungs- und Güteraustausch

I. Bedeutung des Vertrages und Vertragsfreiheit

Literatur: *Coester-Waltjen*, Die Grundsätze der Vertragsfreiheit, JURA 2006, 436.

Der 3. Titel des Abschnitts 3 des Allgemeinen Teils des BGB über das Rechtsge- **256** schäft enthält in den §§ 145 ff. die für das bürgerliche Recht wesentlichen Vorschriften über das **Zustandekommen des Vertrages**[1]. Der Vertrag ist der Hauptfall des **mehrseitigen Rechtsgeschäfts**[2], für dessen rechtserhebliche Wirkung im Sinne der Bindung der Vertragsparteien mit bestimmtem Inhalt mindestens **zwei übereinstimmende Willenserklärungen** verschiedener Personen gegeben sein müssen[3]. Das Erfordernis rechtserheblicher Willensübereinstimmung mehrerer Personen als Inhalt dessen, was als Vertrag bezeichnet wird, folgt aus dem – im Gesetz nicht definierten – Begriff selbst, unter dem das „Sichvertragen" im Sinne eines „Miteinandereinigwerdens" bzw. des in einer Angelegenheit „Übereinstimmens" zu verstehen ist[4]. Der Vertrag im Rechtssinne ist also Konsens zwischen zwei oder mehr Personen, durch den unter Anknüpfung an den übereinstimmenden rechtserheblichen Willen der Beteiligten für diese neues, verbindliches Recht geschaffen wird[5]. Der Vertrag als solchermaßen **konsentierter Rechtserfolg** macht nur Sinn, wenn er für die Parteien verbindlich ist, d.h., keine Seite sich einseitig lösen kann und jede Seite zur Einhaltung und Durchführung verpflichtet ist[6]. Das wird durch

---

1 Die Vorschriften gelten über das bürgerliche Recht hinaus für Verträge im gesamten Privatrecht wie auch für den öffentlich-rechtlichen Vertrag (§§ 54 ff. VwVfG), bezogen auf letzteren verweist etwa § 62 Satz 2 VwVfG ergänzend auf die Vorschriften des BGB. S. für öffentlich-rechtliche Verträge im Rahmen der Sozialleistungsverwaltung die Parallelvorschrift des § 61 Satz 2 SGB X; zum öffentlich-rechtlichen Vertrag ausf. *Maurer*, AllgVerwR, § 14.

2 Zum Begriff s. oben Rn. 192.

3 Dazu oben Rn. 192. An der Schließung eines Vertrags können auch mehr als zwei Personen beteiligt sein, z.B. an dem Gesellschaftsvertrag einer Gesellschaft bürgerlichen Rechts, dazu oben Rn. 192 und Rn. 141.

4 Zum Begriff des Vertrages und seiner Herleitung s. näher *Hattenhauer*, Grundbegriffe des Bürgerlichen Rechts, S. 74.

5 S. *Hattenhauer*, Grundbegriffe des Bürgerlichen Rechts, S. 74; MünchKomm/*Kramer*, BGB v. § 145 Rn. 25.

6 S. nur Palandt/*Ellenberger*, BGB, Einf. v. § 145 Rn. 4a. Darin unterscheidet sich der Vertrag als Rechtsgeschäft von Übereinkünften – „Verträgen" – zwischen Personen im außerrechtlichen Bereich, an welche diese sich zwar gebunden fühlen mögen, denen aber keine rechtliche Verbindlichkeit zukommt. Hierzu gehören bspw. wesentlich Gefälligkeiten (s. MünchKomm/*Kramer*, BGB v. § 145 Rn. 25 und oben Rn. 188 ff.) oder Übereinkünfte im politischen Bereich wie Koalitionsverträge als Grundlage einer Regierungsbildung verschiedener Parteien oder auch z.B. der sog. Generationenvertrag als sozialpolitische Beschreibung und Absichtserklärung im Bereich der gesetzlichen Rentenversicherung, wonach die aktive Generation die Renten der aus dem Erwerbsleben ausgeschiedenen Generation erwirtschaftet und dafür wiederum später von der nachwachsenden Generation unterhalten wird, dazu näher *Frerich/Frey*, in: Schulin, Handbuch der Rentenversicherung, § 2 Rn. 155, hier insb. auch zu den damit verbundenen demographischen Problemen.

den Grundsatz „*pacta sunt servanda*"[7] ausgedrückt[7], dessen Verwirklichung dadurch erfolgt, dass die Vertragsparteien zur Einhaltung und Durchführung des Vertrags Erfüllungs- und/oder – bei der Verletzung von Vertragspflichten – Schadensersatzansprüche haben. Der Grundsatz gilt allerdings nicht ausnahmslos, wie z.B. die Regelungen des § 313 über die Möglichkeiten der Vertragsanpassung oder sogar des Rücktritts vom Vertrag bei einer schwerwiegenden Änderung der dem Vertrag zugrunde liegenden Umstände wie auch das für Dauerschuldverhältnisse[8] anerkannte Recht zur Kündigung aus wichtigem Grund (§ 314)[9] zeigen.

> **Bsp.:** Arbeitnehmer N steht in einem unbefristeten Arbeitsverhältnis mit Arbeitgeber A (§ 611 Abs. 1). Wenn der Arbeitgeber für eine nicht unerhebliche Zeit mit der Lohnzahlung in Verzug gerät, kann N den Arbeitsvertrag aus wichtigem Grund nach § 626 Abs. 1 kündigen. Darüber hinaus hat er einen Schadensersatzanspruch nach § 628 Abs. 2, wenn ihm aus dem Verhalten des Arbeitgebers Vermögensnachteile entstanden sind, z.B. die Kosten für die Aufnahme eines Kredits zur Finanzierung des Lebensunterhalts während der Zeit der unterbliebenen Lohnzahlung.

Der Vertrag als Rechtsgeschäft ist das Instrument, mit welchem die Personen im Rahmen der privatautonom gestalteten bürgerlichen Rechtsordnung[10] im Wege der Selbstbestimmung ihre Angelegenheiten regeln, insb. den **Güter- und Leistungsaustausch** bewältigen[11]. Verträge spielen in allen Bereichen des BGB eine Rolle, es gibt schuldrechtliche[12], sachenrechtliche[13], familienrechtliche[14] und erbrechtliche[15] Verträge. Deshalb sind die Vorschriften über das Zustandekommen von Verträgen zutreffend im Allgemeinen Teil des BGB geregelt.

257   Rechtliche Grundlage und Bedingung für die selbstbestimmte Regelung ihrer Angelegenheiten zwischen den Personen ist die durch Art. 2 Abs. 1 GG auch verfassungsrechtliche geschützte[16] **Vertragsfreiheit** als ganz wesentlicher Ausfluss der Privatautonomie[17], was für den Bereich des Schuldrechts in der Vorschrift des § 311 Abs. 1 prinzipiellen Ausdruck gefunden hat. Die Vertragsfreiheit wird unterschieden in die Abschlussfreiheit und die Inhaltsfreiheit[18].

---

7 S. Palandt/*Ellenberger*, BGB, Einf. v. § 145 Rn. 4a. Zu diesem, aus dem römischen Recht stammenden Rechtsgrundsatz s. näher Tilch/Arloth/*Köbler*, Deutsches Rechtslexikon, Bd. 2, S. 3155.

8 Zu diesem Begriff s. näher *Gernhuber*, Das Schuldverhältnis, S. 377 ff.; *Larenz*, Schuldrecht I, § 2 VI.

9 Für Dienstverträge s. § 626.

10 S. oben Rn. 30 ff.

11 S. etwa *Hattenhauer*, Grundbegriffe des Bürgerlichen Rechts, S. 74 f.

12 Z. B. § 433 Kaufvertrag, § 611 Dienstvertrag.

13 Z. B. die Eigentumsübertragung an beweglichen Sachen nach § 929.

14 Z. B. die Eheschließung §§ 1310 ff.

15 Z. B. der Erbvertrag §§ 2274 ff.

16 S. BVerfGE 86, 122 (130); 88, 384 (403); 89, 48 (61); 89, 214 (231); 95, 267 (303); s. schon oben Rn. 30 f.

17 Dazu Rn. 30 f. und 258 f.

18 S. nur *Larenz/Wolf*, BGB AT, § 34 Rn. 24 ff. (Abschlussfreiheit) und Rn. 45 ff. (Inhaltsfreiheit).

Mit der **Abschlussfreiheit** ist die Freiheit gemeint, dass es grds. dem Einzelnen **258** überlassen ist, ob und mit wem er einen Vertrag schließen will[19]. Insofern ist die Abschlussfreiheit Grundbedingung privatautonomen Handelns bei Vertragsschluss. Nur derjenige kann selbstbestimmt tätig werden, dem nicht vorgeschrieben wird, ob er einen Vertrag schließt und mit wem. Damit wird entsprechend dem Gedanken der Privatautonomie der Vertrag auf den Willen des Einzelnen zurückgeführt, worin letztlich der Geltungsgrund für das Rechtsgeschäft und damit auch für den Vertrag liegt[20].

> **Bsp.:** Gebrauchtwagenhändler V kann entscheiden, ob er einen bestimmten Pkw überhaupt verkaufen will und wenn ja, an wen. Interessiert sich der D für ein besonders gut erhaltenes altes Modell, dann ist V, auch wenn er diesen Wagen verkaufen will, in keiner Weise verpflichtet, an den D zu verkaufen.

Die Abschlussfreiheit besteht allerdings nur im Grundsatz. Eine wichtige Ausnahme ist dadurch gekennzeichnet, dass eine Person rechtlich gezwungen wird, mit einer anderen einen Vertrag abzuschließen. Insoweit wird von dem Bestehen eines **Kontrahierungszwangs** gesprochen[21]. Einen entsprechenden Kontrahierungszwang gibt es vor allem für Anbieter von Leistungen in Bereichen der sog. **Daseinsvorsorge**, also dort, wo der Einzelne auf die Möglichkeit der Inanspruchnahme von Gütern und Diensten angewiesen ist und es deshalb nicht dem freien Belieben des Anbieters entsprechender Leistungen überlassen bleiben soll, selbst zu entscheiden, ob und mit wem er einen Vertrag schließt. So ordnet z.B. § 5 Abs. 2 PflVG für im Inland zum Betrieb der Kfz-Haftpflichtversicherung befugte Versicherungsunternehmen einen Kontrahierungszwang an,[22] § 3 PDLV i.V.m. § 1 Abs. 1 PUDLV und §§ 11 ff. PostG bestimmt einen Kontrahierungszwang für Dienstleistungen des Postwesens, die als Monopol- oder Pflichtleistung erbracht werden, nach § 36 EnWG besteht für die Versorgung mit Strom und Gas durch Energieversorgungsunternehmen ein Abschlusszwang[23] und nach § 22 PBfG besteht für Unternehmen, die eine entgeltliche oder geschäftsmäßige Beförderung von Personen mit Straßenbahnen, Oberleitungsomnibussen oder Kraftfahrzeugen durchführen, ein Beförderungszwang.

> **Bsp.:** Geschäftsmann X landet abends um 22 Uhr auf dem Flughafen Tegel in Berlin, um am nächsten Tag in einem drei Kilometer entfernten Tagungshotel an einer Konferenz teilzunehmen. Der Flughafen-Shuttle des Hotels ist um diese Zeit schon eingestellt. Als X mit dem ersten Taxi der unendlich langen Schlange wartender Taxen zum Hotel fahren will und sein Fahrtziel nennt, bedeutet ihm der Fahrer, dass er nicht bereit ist, diese Kurzfahrt zu übernehmen. – Hierin liegt ein Verstoß gegen § 22 PBfG, der u.a. auf die entgeltliche Beförderung mit Kraftfahrzeugen Anwendung findet.[24]

Unabhängig von dem Bestehen eines gesetzlich ausdrücklich normierten Kontrahierungszwangs ist ein solcher auf der Grundlage von § 826 anerkannt, wenn die Verweigerung des Vertragsschlusses nach den Umständen des Einzelfalls zu einer

---

19 S. nur *Larenz/Wolf*, BGB AT, § 34 Rn. 24 und *Brox/Walker*, BGB AT, Rn. 75.
20 Vgl. *Hattenhauer*, Grundbegriffe des Bürgerlichen Rechts, S. 77.
21 S. nur *Larenz/Wolf*, BGB AT, § 34 Rn. 29 ff.
22 Diese sind verpflichtet, Haltern von Kraftfahrzeugen nach den gesetzlichen Vorschriften Versicherung gegen Haftpflicht zu gewähren.
23 S. dazu BGH NJW-RR 2005, 1426.
24 S. zum sachlichen Anwendungsbereich des PBfG § 1 PBfG.

sittenwidrigen Schädigung führt[25]. Die Pflicht zum Vertragsschluss stellt sich dann als Schadensersatz in Form der sog. Naturalrestitution (§ 249 Abs. 1)[26] dar[27].

> Bsp.: Der als eingetragener Verein organisierte einzige Bundesdachverband im Radsport verweigert einem lokalen Radsportverein die Aufnahme, was u. a. zur Folge hat, dass dessen Mitglieder nicht an nationalen und internationalen Wettkämpfen teilnehmen können. – Hier besteht ein Aufnahmezwang für den Dachverband auf der Grundlage von § 826[28].

Die Einschränkung der Abschlussfreiheit kann aber auch aus anderen Gründen gesetzlich angeordnet sein. So wird mit dem in § 566 Abs. 1 geregelten Grundsatz „Kauf bricht nicht Miete" sowie dem in § 613a Abs. 1 Satz 1 normierten Eintritt des Erwerbers eines Betriebs in die im Zeitpunkt der Übernahme des Betriebs bestehenden Arbeitsverhältnisse zum Schutz von Mietern und Arbeitnehmern der Bestand **typischerweise existentiell bedeutsamer Vertragsbeziehungen** gewährleistet.

> Bsp.: Arbeitgeber A hat ein Software-Unternehmen aufgebaut und beschäftigt in seinem Betrieb 40 Arbeitnehmer. Als er ein Übernahmeangebot eines Großkonzerns erhält, veräußert A das Unternehmen samt Betrieb. – Hier tritt der Erwerber nach § 613a Abs. 1 Satz 1 kraft Gesetzes mit der Übernahme des Betriebs in die im Zeitpunkt des Übergangs bestehenden Arbeitsverhältnisse ein, wird also neuer Vertragspartner der Arbeitnehmer. Das ist gesetzlich zwingend vorgegeben, um die Arbeitnehmer eines Betriebs, der veräußert wird, zu schützen. Könnte nämlich der Betrieb veräußert werden, ohne dass der Erwerber in die bestehenden Arbeitsverhältnisse eintreten muss, so bliebe der Veräußerer Vertragspartner und Arbeitgeber der Arbeitnehmer, sofern der Erwerber nicht freiwillig die Arbeitsverträge übernimmt. Der Veräußerer des Betriebs hätte dann nach dem Betriebsübergang keine Möglichkeit mehr, die Arbeitnehmer zu beschäftigen, mit der Folge, dass er diese nach § 1 Abs. 2 KSchG aus dringenden betrieblichen Gründen kündigen könnte. Das soll mit § 613a Abs. 1 Satz 1 (u. a.) verhindert werden.

Nach § 78a Abs. 2 BetrVG wird auf Verlangen eines Auszubildenden, der während der Ausbildung Mitglied eines betriebsverfassungsrechtlichen Gremiums[29] war, nach Beendigung des Ausbildungsverhältnisses zu dessen Schutz vor Benachteiligungen mit dem Arbeitgeber **im Wege der Fiktion ein Arbeitsverhältnis** auf unbestimmte Zeit **begründet**[30].

---

25 BGH NJW 1985, 761 (762); BGHZ 63, 282 (285); s. auch schon RGZ 115, 253 (258) und 148, 326 (334).

26 Das bedeutet, dass der Schädiger den Zustand herzustellen hat, der bestehen würde, wenn der zum Ersatz verpflichtende Umstand, hier also die sittenwidrige Verweigerung des Vertragsschlusses, nicht eingetreten wäre. Der herbeizuführende Zustand ist dann gerade der Vertragsschluss. Zur Naturalrestitution s. nur *Schwarz/Wandt*, Gesetzliche Schuldverhältnisse, § 23 Rn. 6 f.

27 Die rechtlichen Grundlagen eines solchen allgemeinen Kontrahierungszwangs sind allerdings bis heute umstritten, s. nur MünchKomm/*Kramer*, BGB, vor § 145 Rn. 13 ff.

28 Vgl. den Fall BGHZ 63, 282.

29 Z. B. der Auszubildendenvertretung.

30 S. dazu etwa ErfK/*Hanau/Kania*, § 78a BetrVG Rn. 4 ff. Für Auszubildende ist es deshalb schon unter diesem Aspekt sinnvoll, sich in einem betriebsverfassungsrechtlichen Gremium zu betätigen.

Die Abschlussfreiheit kann schließlich auch durch ein **gesetzliches Abschlussverbot** beschränkt sein.[31] Hier wird der Vertragsschluss durch Gesetz untersagt. So verbietet z.B. § 5 JArbSchG grds. die Beschäftigung von Kindern.[32]

> **Bsp.:** Ein Bürobedarfsunternehmen möchte seine Lagerbestände von zwei 12-jährigen Schülern sortieren lassen. – Nach § 5 Abs. 1 JArbSchG ist deren Beschäftigung verboten, der Arbeitsvertrag ist nach § 134[33] unwirksam.

Mit dem Begriff der **Inhaltsfreiheit** ist die Freiheit der Vertragsparteien gemeint, **259** den Vertrag inhaltlich grds. nach ihrem Belieben auszugestalten, insoweit wird auch von **Gestaltungsfreiheit** gesprochen[34]. Hervorragende Bedeutung hat die inhaltliche Gestaltungsfreiheit im Bereich des Schuldrechts, während Verträge auf den Gebieten des Familien- und Erbrechts nur möglich sind, soweit sie gesetzlich zugelassen werden, und im Bereich des Sachenrechts Verträge nur über solche Rechte möglich sind, die das Sachenrecht kennt[35]. Aber auch die Inhaltsfreiheit besteht nicht unbegrenzt, sondern wird nur im Grundsatz gewährleistet und findet ihre **Grenzen** in zwingenden Vorschriften des Gesetzes (*ius cogens*), also solchen Vorschriften, die im Unterschied zum *ius dispositivum* nicht zur Disposition von Vertragsparteien stehen, von denen mithin auch bei einem übereinstimmenden Willen mehrerer Personen nicht abgewichen werden kann[36]. Wesentlich zwingende Grenzen der Inhaltsfreiheit allgemein wie auch im Hauptanwendungsbereich schuldrechtlicher Verträge sind der **Verstoß gegen ein gesetzliches Verbot** (§ 134)[37] wie auch der **Verstoß gegen die guten Sitten** (§ 138)[38], die jeweils zur Nichtigkeit des Rechtsgeschäfts respektive des Vertrags führen.

> **Bsp.:** Der A betreibt in Frankfurt einen vornehmen Nachtclub, dessen Zielgruppe vor allem vergnügungsbereite und finanzkräftige Geschäftsleute sind. Um diese Klientel zu erreichen, beauftragt der A einen Verlag, einschlägige Kontaktanzeigen in Stadtführern und Broschüren für Fluggäste zu schalten, in denen in gängigen europäischen Sprachen unter Angabe einer Telefonnummer zur Kontaktaufnahme für „die schönen Stunden zu zweit" aufgefordert wird, unterlegt mit einer geöffneten weiblichen Hand. – Hier ist der zwischen A und dem Verlag geschlossene Werkvertrag wegen Verstoßes gegen ein gesetzliches Verbot nach § 134 unwirksam[39]. Gesetzliches Verbot ist hier § 120 Abs. 1 Nr. 2 OWiG, wonach ordnungswidrig handelt, wer durch Verbreiten u.a. von Schriften, Abbildungen oder Darstellungen Gelegenheit zu entgeltlichen sexuellen Handlungen anbietet, ankündigt, anpreist oder Erklärungen solchen Inhalts bekannt gibt[40].

---

31 S. etwa *Musielak*, Grundkurs BGB, § 3 Rn. 98.
32 Nach § 2 Abs. 1 JArbSchG ist Kind i.S.d. Gesetzes, wer noch nicht 15 Jahre alt ist.
33 S. dazu Rn. 436 ff.
34 S. etwa *Brox/Walker*, BGB AT, Rn. 76 und MünchKomm/*Kramer*, BGB, v. § 145 Rn. 18 ff.
35 Sog. Typenzwang im Sachenrecht, dazu *Wolf/Wellenhofer*, Sachenrecht, § 2 Rn. 2 ff.
36 S. zur Unterscheidung zwischen *ius cogens* und *ius dispositivum* etwa *Larenz/Wolf*, BGB AT, § 3 Rn. 94 ff. und oben Rn. 10.
37 S. dazu noch Rn. 436 ff.
38 Dazu Rn. 444 ff.
39 Näher zum Begriff des gesetzlichen Verbots Rn. 437.
40 S. hierzu den Fall BGHZ 118, 182 (184 ff.).

Darüber hinaus findet sich die Gestaltungsfreiheit beschränkendes zwingendes Gesetzesrecht vor allem dort, wo aufgrund der tatsächlichen Verhältnisse typischerweise eine sog. **strukturelle Unterlegenheit des einen Vertragsteils** gegeben ist. Hier ist die Privatrechtsordnung sogar von Verfassungs wegen verpflichtet, durch entsprechende gesetzliche Regelungen Sorge zu tragen, dass zwischen den Vertragsparteien ein **Verhandlungsgleichgewicht** besteht, damit nicht jedenfalls für den unterlegenen Teil aus der rein rechtlich betrachtet gegebenen Selbstbestimmung aufgrund der tatsächlichen Verhältnisse **Fremdbestimmung** wird[41]. Denn die Idee der selbstbestimmten Gestaltung des Inhalts von Verträgen impliziert die Fähigkeit zur kompromissweisen Durchsetzung der Interessen einer jeden Vertragspartei, was allerdings schwierig ist, wenn zwischen den Vertragsparteien vor allem wirtschaftlich ein erhebliches Ungleichgewicht besteht[42]. Wichtige Bereiche, in denen der Gesetzgeber aus den vorgenannten Gründen die Gestaltungsfreiheit durch zwingendes Gesetzesrecht beschränkt, sind etwa die Gebiete des Arbeitsrechts wie auch des Verbraucherschutzrechts[43], bezogen auf letzteres insb. auch durch die inhaltliche Kontrolle der Gestaltung rechtsgeschäftlicher Schuldverhältnisse durch Allgemeine Geschäftsbedingungen (§§ 305 ff.)[44].

> **Bsp. (1):** Arbeitgeber A schließt mit Arbeitnehmer N einen Arbeitsvertrag, in welchem u. a. bestimmt wird, dass der N bei Krankheit keinen Anspruch auf Lohn hat und der Jahresurlaub sechs Tage beträgt. – Mit diesen Vertragsklauseln wird zum einen unzulässig von § 3 Abs. 1 EFZG abgewichen, danach hat ein Arbeitnehmer im Krankheitsfall Anspruch auf Entgeltfortzahlung bis zu längstens sechs Wochen. Diese Vorschrift ist nach § 12 EFZG unabdingbar, also zwingendes, nicht zur Disposition der Arbeitsvertragsparteien stehendes Gesetzesrecht. Mit der Urlaubsregelung wird gegen § 3 Abs. 1 BUrlG verstoßen, danach umfasst der Urlaub jährlich mindestens 24 Werktage. Auch diese Vorschrift ist nach § 13 BUrlG zwingend.

> **Bsp. (2):** Der S stellt Holztüren und -fenster her. In seinen allgemeinen Geschäftsbedingungen (Lieferungsbedingungen) findet sich u. a. folgende Regelung: „Ansprüche wegen Mängeln der Sache sind grds. ausgeschlossen. Der Käufer hat allein ein Recht auf Beseitigung des Mangels, bei Fehlschlagen der Beseitigung auf Lieferung einer mangelfreien Sache"[45]. – Eine solche allgemeine Geschäftsbedingung ist nach § 309 Nr. 8 b) bb) unwirksam.

260 Verträge kommen als mehrseitige Rechtsgeschäfte durch mindestens zwei übereinstimmende Willenserklärungen der Vertragsparteien zustande.[46] Hiervon abweichend hat der BGH in seiner frühen Rspr. unter Anknüpfung an Stellungnahmen in der Literatur,[47] im Bereich der durch Massenverkehr gekennzeichneten Daseinsvorsorge (Beförderung, Versorgung mit Wasser, Gas oder Strom) die Begründung schuldrechtlicher Vertragsverhältnisse nicht nur durch Rechtsgeschäft, also Willenseinigung, für möglich erachtet, sondern auch allein durch das tatsächliche Anbieten einer solchen Leistung einerseits und die tatsächliche Inanspruch-

---

41 Hierzu eingehend BVerfGE 89, 214 (232).
42 S. hierzu auch *Hattenhauer*, Grundbegriffe des Bürgerlichen Rechts, S. 75.
43 S. näher MünchKomm/*Kramer*, BGB, v. § 145 Rn. 19 ff.; *Larenz/Wolf*, BGB AT, § 34 Rn. 50 ff.
44 S. dazu näher folgend Rn. 298 ff.
45 Zu den Rechten des Käufers bei Mängeln der Kaufsache s. § 437.
46 S. noch folgend zu Angebot und Annahme Rn. 261 ff.
47 S. grundlegend. *Haupt*, Über faktische Vertragsverhältnisse, in: FS Siber, Bd. II, S. 1 ff.; daran anknüpfend *Larenz*, BGB AT, § 28 II (bis zur 6. Aufl.); *ders*. NJW 1956, 1897.

nahme derselben durch den Kunden andererseits.[48] Die Lehren vom „faktischen Vertragsverhältnis"[49] bzw. daran anknüpfend vom „**Schuldverhältnis aus sozialtypischem Verhalten**"[50], die mit der Anknüpfung allein an tatsächliches Verhalten für die Begründung von Vertragsbeziehungen mit der privatautonomen Konzeption des BGB im Sinne von allein rechtsgeschäftlich und damit willentlich begründeten Vertragsbeziehungen nicht zu vereinbaren waren, haben sich nicht durchgesetzt.[51] Sie waren und sind auch nicht erforderlich, weil auch in dem als Massenverkehr geprägten Bereich der Daseinsvorsorge das Zustandekommen eines Vertrages ohne weiteres rechtsgeschäftlich begründet werden kann im Hinblick darauf, dass derjenige, der die öffentlich angebotene Leistung eines Verkehrs-/Versorgungsunternehmens in Anspruch nimmt, damit konkludent die Annahme des Angebots zum Ausdruck bringt.[52]

Das gilt auch dann, wenn jemand trotz der Inanspruchnahme einer tatsächlich bereitgestellten Leistung der Daseinsvorsorge ausdrücklich erklärt, keinen Vertrag abschließen zu wollen[53]. Kann ein Verhalten nach Treu und Glauben und der Verkehrssitte aus der Sicht des objektiven Empfängerhorizonts nur als Ausdruck eines bestimmten Willens aufgefasst werden, so ist die gleichwohl geäußerte Verwahrung gegen eine entsprechende Deutung des Verhaltens unbeachtlich[54]. Der Erklärende setzt sich damit nämlich in Widerspruch zu seinem eigenen tatsächlichen Verhalten, durch das er die Geltendmachung einer anderweitigen Auslegung als der nach dem objektiven Erklärungswert seines Verhaltens verwirkt[55]. In diesem Fall der sog. *protestatio facto contraria*[56] wird also die tatsächliche Inanspruchnahme einer angebotenen Leistung der Daseinsvorsorge auch dann als Annahme gewertet, wenn der Inanspruchnehmende einen gegenteiligen inneren Willen äußert[57].

> Bsp.: Ein Omnibusunternehmer nutzt einen von der Gemeinde gegen Entgelt eingerichteten Omnibusbahnhof, verweigert jedoch die Entrichtung des Entgelts mit der Begründung, er wolle keinen Nutzungsvertrag schließen, weil er der Meinung ist, dass der Bahnhof jedem zur Verfügung stehen müsse. – Hier ist der zum Ausdruck gebrachte innere Wille, der im Gegensatz zu dem objektiven Erklärungswert des Verhaltens steht, wonach die Benutzung einer tatsächlich bereit gestellten Leistung bzw. Einrichtung nach der Verkehrsauffassung als Ausdruck des Einverständnisses gewertet wird, unbeachtlich. Demzufolge kommt ein Vertrag zustande[58].

---

48 S. BGHZ 21, 319 (333 f.); BGHZ 23, 175 (177 f.).
49 S. *Haupt*, Über faktische Vertragsverhältnisse, in: FS Siber, Bd. II, S. 1 ff.
50 BGHZ 21, 319 (334); BGHZ 23, 175 (177).
51 S. nur MünchKomm/*Kramer*, BGB, § 151 Rn. 9 f.; s. auch die zutreffende Kritik an dieser Lehre von *Flume*, BGB AT II, § 8, 1.
52 So auch BGH NJW 1991, 564; BGHZ 115, 311 (314); BGH NJW-RR 2005, 639 (640); *Flume*, BGB AT II, § 8, 2; MünchKomm/*Kramer*, BGB, § 151 Rn. 10.
53 BGH NJW 1965, 387 (388).
54 BGH NJW 1965, 387 (388).
55 BGH NJW 1965, 387 (388).
56 BGH NJW 1965, 387 (388).
57 BGH NJW 1965, 387 (388).
58 S. den Fall BGH NJW 1965, 387 (388). In dem berühmten Hamburger Parkplatzfall des BGH (BGHZ 21, 319) kam es auf die Frage des Vertragsschlusses nach den Grundsätzen der *protestatio facto contraria* deshalb nicht an, weil der BGH hier die Begründung einer Vertragsbeziehung unabhängig vom Willen nach der Lehre vom sozialtypischen Verhalten angenommen hat (BGHZ 21, 319 [333 ff.]).

Diese Grundsätze gelten allerdings nicht ohne weiteres **außerhalb des Bereichs der tatsächlichen Inanspruchnahme von Leistungen der Daseinsvorsorge**, weil hier ein tatsächliches Verhalten im Sinne der Nutzung fremder Leistungen objektiv auch einen anderen Erklärungswert als den Willen zu einem Vertragsschluss haben kann[59].

> **Bsp.:** Ein Hauseigentümer, dessen Grundstück keine Verbindung mit einem öffentlichen Weg hat, nutzt das Grundstück des Nachbarn, um auf die Straße zu gelangen. – Hier kann in der Nutzung des fremden Grundstücks nicht ohne weiteres der Wille zum Abschluss eines Mietvertrages gesehen werden, weil auch die Möglichkeit besteht, dass sich der Hauseigentümer auf ein Notwegrecht nach § 917 Abs. 1 beruft[60].

II. Zustandekommen von Verträgen

→ *Sch 11 Rn. 759*

Literatur: *Biehl*, Grundsätze der Vertragsauslegung, JuS 2010, 195; *Brauer*, Vertragsschluss und Zugang bei Verträgen mit Minderjährigen, JuS 2004, 472; *Brehmer*, Die Annahme nach § 151 BGB, JuS 1994, 386; *Jung*, Die Einigung über die „essentialia negotii" als Voraussetzung für das Zustandekommen eines Vertrages, JuS 1999, 28; *Kassing*, Der Kaufvertragsschluss im Selbstbedienungsladen, JA 2004, 615; *Leenen*, Abschluss, Zustandekommen und Wirksamkeit des Vertrages, AcP 188 (1988), 381; *Petersen*, Der Dissens beim Vertragsschluss, JURA 2009, 904; *Westermann*, Der Abschluss von Verträgen, JURA 1979, 5.
Rechtsprechung: BGH NJW 2005, 976 (Anfechtbarkeit eines via Internet geschlossenen Kaufvertrages wegen Erklärungsirrtums bei falscher Kaufpreisangabe auf der Angebotsseite infolge eines Fehlers im Datentransfer, Motivirrtum, verdeckter Kalkulationsirrtum; §§ 119, 120, 122, 133, 145, 157); BGHZ 138, 339 (Versteigerung eines Grundstücks, Bestätigung eines nichtigen Rechtsgeschäfts durch schlüssiges Verhalten, Voraussetzungen der ausnahmsweisen Treuwidrigkeit der Berufung auf die Formnichtigkeit; §§ 141, 156, 242, § 313 a. F. = § 311b Abs. 1 n. F.); BGH NJW 1996, 919 (Angebot freibleibend als Aufforderung zur Abgabe eines Angebots zu denselben Bedingungen, Schweigen auf Vertragsangebot als stillschweigende Annahmeerklärung, Annahmefrist; §§ 145, 147 Abs. 2, 151 BGB, § 346 HGB); BGHZ 66, 51 (Vertrag mit Schutzwirkung zugunsten Dritter, culpa in contrahendo; §§ 133, 157, 276, 328, §§ 311 Abs. 2, Abs. 3 i.V.m. 241 Abs. 2 n. F.); BGHZ 41, 271 – *Werkmilchabzug* (Einigung über den Kaufpreis, Auslegungsregel des § 154 Abs. 1 Satz 1, Leistungsbestimmung nach billigem Ermessen gemäß § 315); BGHZ 23, 175 (Lehre vom Schuldverhältnis aus sozialtypischem Verhalten, Elektrizitätslieferung, Vertragsstrafe; §§ 138, 145, 151, 242, 343).

1. Ausgangspunkt

261 Das Gesetz macht in den Vorschriften der §§ 145 ff. deutlich, dass ein Vertrag durch **Angebot** – dieses wird im Gesetz als Antrag bezeichnet[61] – und **Annahme** zustande kommt. Sowohl bei dem Angebot wie auch bei der Annahme handelt es sich jeweils um empfangsbedürftige Willenserklärungen,[62] die ihrem Inhalt nach übereinstimmen müssen, um den Vertrag als rechtlichen Konsens herbeiführen zu kön-

---

59 S. BGH NJW 1991, 564 (564).
60 S. BGH NJW 1991, 564 (564).
61 S. § 145 und die folgenden Regelungen.
62 S. nur MünchKomm/*Kramer*, BGB, § 145 Rn. 3 und § 151 Rn. 2; *Larenz/Wolf*, BGB AT, § 29 Rn. 11; Palandt/*Ellenberger*, BGB, § 145 Rn. 1 und § 148 Rn. 1; OLG Hamm NJW 1982, 2076 (2076), hier bezogen auf das Angebot.

nen[63]. **Weder das Angebot noch die Annahme stellen ein einseitiges Rechtsgeschäft dar**[64], das dadurch gekennzeichnet ist, dass der gewollte rechtliche Erfolg bereits durch die Willenserklärung einer Person herbeigeführt werden kann[65]. Den rechtlichen Erfolg Vertrag können Angebot und Annahme nach dem Vertragskonzept des BGB nur zusammen herbeiführen[66]. Sie sind deshalb wesentliche Bestandteile des **Vertrags als mehrseitiges Rechtsgeschäft**[67] und insoweit selbst rechtsgeschäftliche, weil auf die Herbeiführung dieses Rechtserfolgs zielende Willensäußerungen.

2. Angebot

$\rightarrow$ *Sch 4 Rn. 752*

a) Begriff und Voraussetzungen. Der **Begriff des Angebots** folgt aus § 145. Danach   **262** handelt es sich um eine (ausdrückliche oder konkludente) Willenserklärung, die darauf gerichtet ist – wie § 145 formuliert – einem anderen die **Schließung eines Vertrags** anzutragen. Hiervon ausgehend lassen sich die Anforderungen an das Vorliegen eines rechtswirksamen Angebots entfalten.

Um ein Angebot im Rechtssinne handelt es sich nur bei einer Willensäußerung, die auf die Schließung eines Vertrags mit einem anderen als Rechtserfolg zielt. Das setzt inhaltlich voraus, dass die wesentlichen Bestandteile – die sog. *essentialia negotii* – des beabsichtigten Rechtsgeschäfts so genau bezeichnet werden, dass der Empfänger das Zustandekommen des Vertrages durch ein bloßes „Ja" herbeiführen kann[68]. Das Erfordernis der Bestimmtheit des Angebots im Sinne einer präzisen Bezeichnung des Inhalts des abzuschließenden Vertrags folgt auch aus § 150 Abs. 2, wonach eine Annahme unter Erweiterungen, Einschränkungen oder sonstigen Änderungen als Ablehnung gilt verbunden mit einem neuen Antrag[69]. Richtet sich das Angebot auf den Abschluss eines im BGB geregelten Vertragstyps, dann lässt sich aus der maßgebenden gesetzlichen Bestimmung entnehmen, welche wesentlichen Bestandteile das Angebot umfassen muss. Im Übrigen kommt es bei Verträgen jenseits der im BGB geregelten Vertragstypen, die nach Maßgabe der Inhaltsfreiheit möglich sind, darauf an, ob die Willensäußerung auf eine sinnvolle Vertragsregelung zielt[70].

> **Bsp. (1):** Will K einen Kaufvertrag über eine Sache abschließen (§ 433), so muss er in seinem Angebot den Kaufgegenstand (die Sache) und den Kaufpreis als *essentialia negotii* des Kaufvertrages genau bezeichnen.

> **Bsp. (2):** V will eine Wohnung vermieten (§§ 535, 549). In seinem Angebot muss er mindestens die Mietsache und die für den Gebrauch zu entrichtende Miete nennen, bei einem Mietvertrag über bestimmte Zeit auch die Dauer.

---

63 S. *Larenz/Wolf*, BGB AT, § 29 Rn. 8 und oben Rn. 256.
64 S. MünchKomm/*Kramer*, BGB, § 145 Rn. 2 und § 151 Rn. 2; *Larenz/Wolf*, BGB AT, § 29 Rn. 3; OLG Hamm NJW 1982, 2076 (2076), hier bezogen auf das Angebot.
65 Zum Begriff des einseitigen Rechtsgeschäfts s. oben Rn. 191.
66 MünchKomm/*Kramer*, BGB, § 145 Rn. 3 bezeichnet Angebot und Annahme als „von einander genetisch abhängige Willenserklärungen".
67 S. *Larenz/Wolf*, BGB AT, § 29 Rn. 1; OLG Hamm NJW 1982, 2076 (2076); s. oben Rn. 192.
68 S. BAG NJW 2006, 1832 (1833); Palandt/*Ellenberger*, BGB, § 145 Rn. 1; *Larenz/Wolf*, BGB AT, § 29 Rn. 16; Hk-BGB/*Dörner*, § 145 Rn. 3.
69 S. folgend Rn. 283.
70 S. MünchKomm/*Kramer*, BGB, § 145 Rn. 4; Hk-BGB/*Dörner*, § 145 Rn. 3.

Bsp. (3): Will Arbeitgeber A dem Arbeitnehmer N ein Angebot zum Abschluss eines Arbeitsvertrages (§ 611 Abs. 1) machen, so müssen die zu erbringenden Dienste und grds. auch die zu gewährende Vergütung bezeichnet werden. Wird über die Vergütung nicht gesprochen bzw. ist diese im Angebot nicht enthalten, so liegt gleichwohl ein wirksames Angebot vor, wie aus § 612 Abs. 1 folgt: Danach gilt eine Vergütung als stillschweigend vereinbart, wenn die Dienstleistung den Umständen nach nur gegen eine Vergütung zu erwarten ist[71].

263 Wenn das Gesetz in § 145 den Begriff des Angebots dahin beschreibt, dass „einem anderen" die Schließung eines Vertrags angetragen wird, so wird daraus nicht nur die **Empfangsbedürftigkeit** des Angebots als Willenserklärung deutlich[72], vielmehr ist daraus des Weiteren zu folgern, dass zum wesentlichen Inhalt einer auf die Schließung eines Vertrages gerichteten Willenserklärung auch deren **Gerichtetheit auf einen bestimmten Empfänger** gehört, damit es sich um ein wirksames Vertragsangebot handelt[73]. Die genaue Angabe des Adressaten im Rahmen eines Angebots ist jedoch nur ein grds. Erfordernis insofern, als auch Angebote an einen unbestimmten Personenkreis – *ad incertas personas* – als ausreichende Willenserklärung zum Abschluss eines Vertrages anerkannt sind[74]. Das ist in solchen Fallkonstellationen von Bedeutung, in denen der zum Vertragsschluss bereite Anbieter auf die Person des Annehmenden typischerweise keinen Einfluss nehmen will und kann[75]. Entsprechende Angebote stellen z.B. die Aufstellung eines Automaten oder auch die tatsächliche Zurverfügungstellung einer Beförderungsleistung dar[76], allgemein gesprochen dann, wenn **Dritten die Selbstverschaffung der Leistung** ermöglicht werden soll[77]. In den vorgenannten typischen Fällen eines Angebots *ad incertas personas* liegt das Angebot **konkludent in der tatsächlichen Bereitstellung der Leistung**[78], ohne dass der Adressat durch das Angebot selbst bestimmt würde.

Bsp. (1): In dem Bereitstellen der Zapfsäule an einer Tankstelle liegt ein konkludentes Angebot zum Abschluss eines Kaufvertrages über Benzin zu dem auf der Zapfsäule verzeichneten Preis. Mit der Betätigung der Zapfsäule nimmt der Kunde das Angebot an[79].

Bsp. (2): Das Vorfahren einer Straßenbahn stellt mit der tatsächlichen Bereitstellung zum Zweck der Beförderung ein konkludentes Angebot an einen unbestimmten Personenkreis zum Abschluss eines Beförderungsvertrages (Werkvertrag, § 631) dar[80]. Mit der tatsächlichen Inanspruchnahme der Beförderungsleistung durch den einsteigenden Kunden wird das Angebot konkludent angenommen, kommt der Beförderungsvertrag also zustande.

---

71 Für die Bestimmung der Höhe der Vergütung ist in diesem Fall § 612 Abs. 2 maßgebend.
72 S. oben Rn. 261.
73 S. etwa Palandt/*Ellenberger*, BGB § 145 Rn. 1; *Larenz/Wolf*, BGB AT, § 29 Rn. 22.
74 S. Hk-BGB/*Dörner*, § 145 Rn. 3; *Brox/Walker*, BGB AT, Rn. 167; Palandt/*Ellenberger*, BGB, § 145 Rn. 1.
75 S. auch *Brox/Walker*, BGB AT, Rn. 167.
76 S. MünchKomm/*Kramer*, BGB, § 145 Rn. 10; Hk-BGB/*Dörner*, § 145 Rn. 6 bezogen auf Automaten; *Larenz/Wolf*, BGB AT, § 29 Rn. 21.
77 S. *Borchert/Hellmann* NJW 1983, 2799 (2800).
78 S. auch BGHZ 115, 311 (314), hier bezogen auf eine zur Verfügung gestellt Einrichtung zur Abwasserbeseitigung.
79 Streitig, wie hier Staudinger/*Bork*, BGB, § 145 Rn. 8 m.w.N.; *Borchert/Hellmann* NJW 1983, 2799 (2800).
80 So auch Staudinger/*Bork*, BGB, § 145 Rn. 10; *Borchert/Hellmann* NJW 1983, 2799 (2800); a. A. z.B. Hk-BGB/*Dörner*, § 145 Rn. 6.

Die tatsächliche Bereitstellung von Leistungen mit der Möglichkeit der Selbstverschaffung wird auch als **Realofferte** bezeichnet[81].

Das Angebot ist nach § 145 eine Willensäußerung, die auf die Herbeiführung des **264** Rechtserfolgs des Vertragsschlusses gerichtet ist. Damit ist bei dem Erklärenden der Wille bzw. das Bewusstsein erforderlich, sich durch einen Vertrag mit bestimmtem Inhalt rechtlich zu binden. Ein wirksames Angebot liegt deshalb nur vor, wenn bei dem Erklärenden ein **Rechtsbindungswille, sprich das Erklärungsbewusstsein, eine rechtlich erhebliche Erklärung abgeben zu wollen**, vorliegt[82], was bei dem Angebot als empfangsbedürftiger Willenserklärung grds. vom objektiven Empfängerhorizont aus zu beurteilen ist[83]. Hiernach sind Erklärungen, die dem äußeren Tatbestand nach nicht den Schluss auf einen Rechtsbindungswillen zulassen, keine Angebote im Rechtssinne, so dass durch Annahmeerklärung des Adressaten auch noch kein Vertrag zustande kommen kann. Mangels des erforderlichen Rechtsbindungswillens keine Angebote sind deshalb Aufforderungen – Einladungen – zur Abgabe von Angeboten an einen potentiellen Vertragspartner, sog. *invitationes ad offerendum*[84]. Typischer Fall einer solchen *invitatio ad offerendum* ist das Ausstellen von Schaufensterware unabhängig davon, ob diese ausgepreist ist[85]. Damit will der Verkäufer kein Angebot abgeben, sondern vielmehr den Kunden durch die werbewirksame Ausstellung der Ware erst auffordern, seinerseits ein verbindliches Angebot abzugeben[86]. Der wirtschaftliche und rechtliche Hintergrund dafür, in der werbenden Anpreisung von Waren und Dienstleistungen aus der Sicht eines objektiven Empfängers noch keinen Rechtsbindungswillen zur Abgabe eins Angebots zu sehen, liegt wesentlich darin, dass ansonsten der Anpreisende Gefahr laufen würde, bei einer die Kapazitäten übersteigenden Vielzahl von Annehmenden die dann zustande gekommenen Verträge nicht erfüllen zu können. Deshalb ist vom objektiven Empfängerhorizont aus nur der Schluss möglich, dass sich der Anpreisende noch nicht rechtlich in Gestalt eines Angebots binden will. Neben Schaufensterauslagen sind typische Beispiele einer *invitatio ad offerendum* Kataloge, Zeitungsinserate, Preislisten, Speisekarten[87] wie auch die Warenpräsentation auf einer Internetseite[88].
Demgegenüber stellt das Anbieten eines Gegenstandes im Rahmen einer sog. **Internetauktion**[89] auf der Angebotsseite des Veranstalters ein rechtsverbindliches Angebot dar[90].

---

81 S. nur Palandt/*Ellenberger*, BGB, Einf. v. § 145 Rn. 25; MünchKomm/*Kramer*, BGB, § 145 Rn. 11.

82 S. nur Palandt/*Ellenberger*, BGB, § 145 Rn. 2; Hk-BGB/*Dörner*, § 145 Rn. 4.

83 S. Palandt/*Ellenberger*, BGB, § 145 Rn. 2; Hk-BGB/*Dörner*, § 145 Rn. 4; zur Auslegung empfangsbedürftiger Willenserklärungen s. oben Rn. 245 ff.

84 S. BGHZ 149, 129 (134); BGH NJW 1980, 1388 (1388); *Larenz/Wolf*, BGB AT, § 29 Rn. 19; *Brox/Walker*, BGB AT, Rn. 165a; Palandt/*Ellenberger*, BGB, § 145 Rn. 2; Hk-BGB/*Dörner*, § 145 Rn. 4.

85 S. BGH NJW 1980, 1388 (1388).

86 BGH NJW 1980, 1388 (1388).

87 S. Palandt/*Ellenberger*, BGB, § 145 Rn. 2; Hk-BGB/*Dörner*, § 145 Rn. 5.

88 S. BGH NJW 2005, 976 (976).

89 S. noch im Zusammenhang mit der Versteigerung Rn. 293.

90 BGH NJW 2005, 53 (54); s. auch BGHZ 149, 129 (134 f.), hier allerdings offengelassen, ob es sich um das Angebot oder eine antizipierte Annahmeerklärung bezogen auf das Gebot des Höchstpreisbietenden handelt. S. noch Rn. 293.

Bsp. (1): Der auf einer Reise befindliche A möchte in einem Restaurant zu Abend essen und wählt aus der ihm vom Ober gereichten Speisekarte Sauerbraten mit Knödeln und Rotkraut aus. Als er dem Ober auf Nachfrage seine Wahl mitteilt, antwortet dieser, dass gerade dieses Essen inzwischen ausgegangen sei. – Auch wenn der A jetzt enttäuscht ist, hat er doch keinen Anspruch auf Sauerbraten etc.: Die Speisekarte stellt eine bloße *invitatio ad offerendum* dar, der Vertrag kommt erst durch die Annahme der Bestellung des Gastes zustande.

Bsp. (2): Auf seiner Reise möchte der A sich einen neuen Hut kaufen. Als er in einer Einkaufspassage am Schaufenster eines Hutmachers vorbei geht und einen Borsolino für 300 € sieht, betritt er sofort das Geschäft und erklärt dem Verkäufer, dass er diesen Hut für 300 € kaufen möchte. Daraufhin antwortet der Verkäufer, der Hut sei im Schaufenster falsch ausgepreist, er koste tatsächlich 450 €. – Auch hier hat A keinen Anspruch, den Hut für 300 € zu kaufen. Die Schaufensterauslage ist eine *invitatio ad offerendum*, der Verkäufer hat das Angebot des A, den Hut für 300 € zu kaufen, nicht angenommen, ein Vertrag ist mithin nicht zustande gekommen. Eine andere Frage ist die, ob der Verkäufer aus Kulanzgründen den Hut zu dem niedrigeren Preis wegen der fehlerhaften Auspreisung verkauft.

265   Umstritten ist, ob in einem **Selbstbedienungsgeschäft** bereits in dem Aufstellen der Ware ein Angebot seitens des Verkäufers zu sehen ist oder lediglich eine *invitatio ad offerendum*[91]. Für letzteres spricht, dass die Einordnung des Aufstellens der Ware lediglich als Aufforderung zur Abgabe eines Angebots an die Kunden insoweit der Lebenswirklichkeit näher kommt, als nicht mit jedem Herausnehmen der Ware ein Vertrag geschlossen wird, der dann ein Rückstellen der Ware ausschließen würde[92].

An einem Rechtsbindungswillen mangels Erklärungswillens bzw. -bewusstseins und damit an einem wirksamen Angebot fehlt es dem objektiven Erklärungswert nach auch in den Fällen, in denen der Erklärende bei seiner auf einen Vertragsschluss gerichteten Willensäußerung **ausdrücklich deren rechtliche Unverbindlichkeit** klarstellt. Das ist etwa der Fall, wenn ein „Angebot" als unverbindlich bezeichnet wird oder Formulierungen wie „Angebot ohne obligo" oder „Angebot freibleibend" verwendet werden[93]. Hier kann aus der Sicht des objektiven Empfängerhorizonts nur der Schluss gezogen werden, dass der Erklärende noch keine rechtlich erhebliche Äußerung bezogen auf den Abschluss eines Vertrages, ein Vertragsangebot, abgeben will. Es handelt sich auch hier lediglich um eine Aufforderung zur Abgabe eines Angebots an den Empfänger[94]. Von dem Fehlen eines wirksamen Angebots bei der Verwendung von Formulierungen der vorgenannten Art sind Erklärungen zu unterscheiden, bei denen es sich um ein Angebot im Rechtssinne handelt und der Erklärende lediglich die in § 145 bestimmte Bin-

---

91 Offen gelassen von BGHZ 66, 51 (55 f.).

92 Wie hier *Kassing* JA 2004, 615 (616); a. A. z.B. Hk-BGB/*Dörner*, v. § 145 Rn. 6; MünchKomm/*Kramer*, BGB, § 145 Rn. 10.

93 Zum „Angebot freibleibend" s. BGH NJW 1996, 919 (919 f.).

94 BGH NJW 1996, 919 (919 f.) und beiläufig NJW 1958, 1628 (1628); s. auch schon RGZ 102, 227 (228) und 105, 8 (12). S. dazu, dass in dem Schweigen auf ein dann eingehendes Angebot des Aufgeforderten nicht ohne weiteres eine Annahme gesehen werden kann, BGH NJW 1996, 919 (919 f.); zur rechtlichen Bedeutung des Schweigens s. schon oben Rn. 250 ff.

dungswirkung[95] ausschließen oder begrenzen will. Hierzu gehören vorbehaltlich dessen, dass für eine entsprechende Auslegung immer die Umstände des Einzelfalls maßgebend sind, z.B. Erklärungen wie „Angebot freibleibend entsprechend unserer Verfügbarkeit"[96], „Angebot solange Vorrat reicht"[97] oder auch ein mit einer sog. Preisklausel[98] verbundenes Angebot[99].

b) Bindungswirkung des Angebots. Gemäß § 145 ist derjenige, der einem anderen **266** die Schließung eines Vertrags anträgt, an den Antrag gebunden, wenn er nicht die Gebundenheit ausgeschlossen hat. Damit hat ein rechtswirksames Angebot die Wirkung, **dass es den Erklärenden bindet,** wobei diese Wirkung des Angebots als einer empfangsbedürftigen Willenserklärung[100] erst mit dessen Zugang beim Empfänger[101] eintreten kann. Geht dem Empfänger vorher oder gleichzeitig ein Widerruf zu, so wird nach § 130 Abs. 1 Satz 2 das Angebot nicht wirksam und es tritt auch keine Bindungswirkung ein[102].

Die **Bindungswirkung** nach § 145 hat zum Inhalt, dass sich der Erklärende nicht mehr einseitig von seinem Angebot lossagen kann[103]. Der Sinn liegt darin, dass der Empfänger in Ruhe über die Annahme des Angebots soll entscheiden können[104]. Es liegt nunmehr allein in seiner Hand, den Vertrag durch die Annahme wirksam zustande zu bringen. Insoweit erlangt der Empfänger mit Zugang des Angebots aufgrund der Bindungswirkung eine für ihn **vorteilhafte Rechtsposition**[105], die bei einem längerfristig geltenden Angebot auch als **Optionsrecht** bezeichnet wird[106].

Die Bindungswirkung erschöpft sich allerdings nicht in der Einräumung dieser Rechtsposition. Vielmehr genießt der Empfänger insoweit während des Bestehens der Bindung auch **rechtlichen Schutz** gegen nachteilige Veränderungen dieser Rechtsposition[107]. Spätestens im Zeitpunkt des Zugangs des Angebots entsteht ein rechtsgeschäftliches Schuldverhältnis i.S.d. § 311 Abs. 2 mit Pflichten nach § 241 Abs. 2[108], wenn ein solches nicht schon vorher durch die Aufnahme von Vertragsverhandlungen begründet worden ist, so dass Pflichtverletzungen bei Vor-

---

95 S. folgend Rn. 266 f.
96 Hierbei handelt es sich um ein wirksames Angebot mit Widerrufsvorbehalt, s. BGH NJW 1984, 1885 (1885).
97 Hier steht das Angebot unter der auflösenden Bedingung, dass die Bindungswirkung nur solange gelten soll, wie Ware vorrätig ist, s. Palandt/*Ellenberger,* BGB, § 145 Rn. 4.
98 Zum Begriff s. BGHZ 1, 353 (354).
99 S. hierzu BGHZ 1, 353 (354 f.), hierin kann die Berechtigung des Anbietenden liegen, vom Vertrag im Falle einer Änderung der Preiskalkulation abgehen und ein neues Angebot zum Abschluss eines Vertrages machen zu können. S. zum vorstehenden noch folgend Rn. 267.
100 S. oben Rn. 261.
101 Zum Begriff des Zugangs s. Rn. 221.
102 S. nur MünchKomm/*Kramer,* BGB, § 145 Rn. 16.
103 S. nur *Brox/Walker,* BGB AT, Rn. 169.
104 *Larenz/Wolf,* BGB AT, § 29 Rn. 24.
105 MünchKomm/*Kramer,* BGB, § 145 Rn. 20.
106 S. *Larenz/Wolf,* BGB AT, § 29 Rn. 42; dazu, dass es sich nicht um ein Gestaltungsrecht (s. zu diesem Begriff Rn. 154) handelt, zutreffend *Larenz/Wolf,* BGB AT, § 29 Rn. 43.
107 S. etwa MünchKomm/*Kramer,* BGB, § 145 Rn. 19; Hk-BGB/*Dörner,* § 145 Rn. 9.
108 S. Palandt/*Ellenberger,* BGB, § 145 Rn. 3; Hk-BGB/*Dörner,* § 145 Rn. 9.

liegen der einschlägigen Voraussetzungen einen Schadensersatzanspruch nach § 280 Abs. 1 begründen[109].

> **Bsp.:** V macht dem Unternehmer K ein Angebot zum Kauf einer hochwertigen Maschine für dessen Produktionsbetrieb und räumt eine Frist zur Annahme von vier Wochen ein. Daraufhin wendet sich K an ein Ingenieurbüro, das prüfen soll, ob der Einsatz der Maschine im Rahmen der Produktion sinnvoll ist. Wenn der V hier zwischenzeitlich die Maschine vor Ablauf der Annahmefrist an einen Dritten weiter veräußert hat, kann der K auf der Grundlage der §§ 311 Abs. 2, 280 Abs. 1 als Schaden jedenfalls die Kosten ersetzt verlangen, die ihm durch die Einschaltung des Ingenieurbüros entstanden sind.

267 Die Bindungswirkung tritt nach § 145 **nicht** ein, wenn der Erklärende mit dem Angebot **die Gebundenheit ausgeschlossen hat.** Hiervon zu unterscheiden ist der Fall, dass aufgrund der Verwendung sog. Freiklauseln[110] mangels Rechtsbindungswillens bereits kein wirksames Angebot gegeben ist[111]. Liegt ein bloßer Ausschluss der Gebundenheit vor, so ist zwar ein wirksames Angebot „in der Welt", der Empfänger erlangt jedoch nicht die Rechtsposition, dass es allein von seiner Entscheidung abhängt, ob der Vertrag zustande kommt. Ein Ausschluss der Gebundenheit in Form eines **Widerrufvorbehalts** liegt etwa vor bei einem „Angebot freibleibend entsprechend unserer Verfügbarkeit"[112]. Hier kann das Vertragsangebot unter der Voraussetzung fehlender Verfügbarkeit der Leistung widerrufen werden, wobei der Widerruf auch noch nach Erklärung der Annahme möglich ist, sofern dieser unverzüglich erfolgt[113]. Hierfür spricht, dass auch aus der Sicht eines objektiven Empfängers der in der Klausel bedachte Fall typischerweise erst virulent wird, wenn die Annahme erklärt wird.

> **Bsp.:** Ein Touristikunternehmen will zur Durchführung von Urlaubs-Charterflügen ein Flugzeug mieten. Auf Anfrage bei der Firma M, ob diese im Sommer entsprechende Maschinen bereit stellen könne, übersandte diese ein Schreiben u.a. mit folgendem Inhalt: „Bieten freibleibend entsprechend unserer Verfügbarkeit eine Maschine Typ X zum Tagesflugpreis von 20.000 € an". Das Touristikunternehmen erklärt daraufhin sein Interesse und bittet um Reservierung für die Sommerzeit. Einige Wochen später teilt M mit, dass nach Abschluss der Planungen für die Vermietung von Flugzeugen im Sommer eine Verfügbarkeit nicht mehr gegeben sei. – Aufgrund der hier mit dem Angebot verbundenen Klausel konnte M grds. ihr Angebot widerrufen, und zwar auch noch nach der seitens des Touristikunternehmens erklärten Annahme (Bitte um Reservierung). Allerdings ist hier der Widerruf nicht unverzüglich (§ 121) erfolgt, so dass ein Mietvertrag zustande gekommen ist[114].

---

109 Palandt/*Ellenberger*, BGB, § 145 Rn. 3; Hk-BGB/*Dörner*, § 145 Rn. 9; MünchKomm/ *Kramer*, BGB, § 145 Rn. 19, der sich im Anschluss an *Flume*, BGB AT II, § 35 I 3e jedenfalls bei schuldhafter Zerstörung des Gegenstands des Angebots durch den Erklärenden für einen Schadensersatzanspruch analog § 160 Abs. 1 ausspricht, der seinem Umfang nach anders als grds. die Haftung aus §§ 311 Abs. 2, 280 Abs. 1 nicht auf das negative, sondern auf das positive Interesse gerichtet ist. Zur Unterscheidung zwischen positivem Interesse (Nichterfüllungsschaden) und negativem Interesse (Vertrauensschaden) s. *Larenz*, Schuldrecht AT, § 27 II 4 und Rn. 562 f.
110 So die Bezeichnung bei Palandt/*Ellenberger*, BGB, § 145 Rn. 4.
111 S. oben Rn. 265.
112 S. BGH NJW 1984, 1885 (1886).
113 Offen gelassen von BGH NJW 1984, 1885 (1886).
114 Sachverhalt nach BGH NJW 1984, 1885 f.

Die Gebundenheit wird bspw. auch durch die Abgabe eines „**Angebots solange Vorrat reicht**" ausgeschlossen bzw. beschränkt. Hierbei handelt es sich um ein Angebot mit Bindungswirkung unter der auflösenden Bedingung (§ 158 Abs. 2), dass im Zeitpunkt der Annahme noch angebotene Ware vorrätig ist[115].

c) **Erlöschen des Angebots.** Nach § 146 erlischt das Angebot, wenn es vom Empfänger dem Erklärenden gegenüber **abgelehnt oder nicht rechtzeitig** nach Maßgabe der Vorschriften der §§ 147–149 **angenommen wird.** Das Gesetz nennt damit nicht alle Erlöschensgründe, ein Angebot erlischt darüber hinaus, wenn es mit einem die Gebundenheit ausschließenden Widerrufsvorbehalt oder einer entsprechenden auflösenden Bedingung verbunden war[116] und der Widerruf erklärt wird oder die Bedingung eintritt[117]. Des Weiteren kann ein Angebot nach Maßgabe des § 153 erlöschen, wenn der Erklärende vor der Annahme stirbt oder geschäftsunfähig wird[118]. Schließlich enthält § 156 Satz 2 eine Sonderregelung zum Erlöschen eines Angebots im Rahmen einer Versteigerung[119]. **268**

Bei der **Ablehnung** i.S.d. § 146 handelt es sich um eine empfangsbedürftige Willenserklärung[120], wie das Gesetz selbst deutlich macht, denn die Ablehnung muss „dem Antragenden gegenüber" erklärt werden. Damit ist ein Zugang der Ablehnung erforderlich, bei Abwesenden unter den Voraussetzungen des § 130 Abs. 1 Satz 1[121]. Zugleich stellt die Ablehnung ein **einseitiges Rechtsgeschäft** dar[122], denn der rechtliche Erfolg, Erlöschen des Angebots, wird allein durch die Willenserklärung in Gestalt der Ablehnung herbeigeführt[123]. Deshalb findet auf die Ablehnung eines Vertragsangebots durch einen beschränkt geschäftsfähigen Minderjährigen § 111 Satz 1 Anwendung, wonach die Vornahme eines einseitigen Rechtsgeschäfts durch den Minderjährigen ohne die erforderliche Einwilligung des gesetzlichen Vertreters unwirksam ist[124]. Die Einwilligung ist nicht gemäß § 107 entbehrlich, weil die Ablehnung für den Minderjährigen im Hinblick darauf rechtlich nicht lediglich vorteilhaft ist, dass diese das Erlöschen des Angebots und damit der günstigen Rechtsposition, einen Vertrag schließen zu können, zur Folge hat[125]. In Ergänzung zu § 146 bestimmt § 150 Abs. 2 als **Sonderfall einer konkludenten Ablehnung,** dass eine unter Abweichungen vom Angebot erklärte Annahme als Ablehnung gilt verbunden mit einem neuen Antrag[126]. **269**

---

115 S. Staudinger/*Bork*, BGB, § 145 Rn. 32; Palandt/*Ellenberger*, BGB, § 145 Rn. 4.

116 S. oben Rn. 267.

117 Zum Widerruf s. Palandt/*Ellenberger*, BGB, § 146 Rn. 1 und Hk-BGB/*Dörner*, § 146 Rn. 1.

118 Dazu Rn. 288 ff.

119 Dazu Rn. 291.

120 S. nur MünchKomm/*Kramer*, BGB, § 146 Rn. 4 und Palandt/*Ellenberger*, BGB, § 146 Rn. 1.

121 S. dazu Rn. 221.

122 S. etwa MünchKomm/*Kramer*, BGB, § 146 Rn. 4, Fn. 10; Hk-BGB/*Dörner*, § 146 Rn. 2.

123 Zum Begriff des einseitigen Rechtsgeschäfts s. oben Rn. 191.

124 Zu § 111 s. Rn. 363 ff.

125 Zu § 107 näher Rn. 336 ff.

126 Zu § 150 Abs. 2 s. Rn. 283.

> **Bsp.:** Galerist G schreibt an S, einen Sammler moderner Kunst: „Biete Marini-Skulptur – kleines Pferd – für 80.000 €". S antwortet: „Akzeptiere für 70.000 €". – Im Hinblick darauf, dass der S das Angebot des G nicht vorbehaltlos angenommen hat, ist es durch Ablehnung erloschen (§ 150 Abs. 2). Zugleich ist darin ein Kaufangebot des S über 70.000 € zu sehen.

Die Ablehnung eines Angebots ist unwirksam, wenn der Empfänger desselben einem **Kontrahierungszwang** unterliegt[127]. Die Unwirksamkeit folgt aus § 134 i.V.m. der den Kontrahierungszwang anordnenden Bestimmung.

> **Bsp.:** A hat sich ein Kfz gekauft und will bei dem Versicherungsunternehmen V die nach § 1 PflVG vorgeschriebene Haftpflichtversicherung zur Deckung der durch den Gebrauch des Fahrzeugs verursachten Personenschäden, Sachschäden und sonstigen Vermögensschäden abschließen. Das Unternehmen V lehnt einen entsprechenden Antrag des A ab, ohne dass einer der in § 5 Abs. 4 PflVG genannten Ablehnungsgründe gegeben ist. – Damit verstößt V gegen den in § 5 Abs. 2 PflVG normierten Kontrahierungszwang, die Ablehnung ist nach § 134 unwirksam. Der Vertrag kommt gleichwohl nur zustande, wenn V das Angebot annimmt. Erforderlichenfalls muss der A auf Abgabe der Annahmeerklärung klagen, die mit Rechtskraft eines obsiegenden Urteils nach § 894 ZPO als abgegeben gilt.

270 Neben der Ablehnung führt der **Ablauf** der gesetzlich oder durch den Antragenden bestimmten **Annahmefrist** zum Erlöschen des Angebots. Die **Rechtzeitigkeit der Annahme** bestimmt sich nach §§ 147–149[128]. Des Weiteren enthalten §§ 151 Satz 2 und 152 Satz 2 Regelungen zur Rechtzeitigkeit[129]. Das Erlöschen des Angebots tritt mit dem Ablauf der für die Annahme maßgebenden Frist ein, wenn bis zu diesem Zeitpunkt die Annahme nicht erklärt worden, sprich im Regelfall zugegangen ist[130]. Anderes gilt für den Fall, dass ausnahmsweise dem Schweigen des Angebotsempfängers die Bedeutung einer zustimmenden Erklärung i.S. einer Annahme beizumessen ist[131].

Das Erlöschen des Angebots hat zur Folge, dass dieses rechtlich **nicht mehr existent** ist[132]. Das gelangt auch im Gesetz selbst zum Ausdruck, indem nach § 150 Abs. 1 eine nicht rechtzeitige Annahme als neues Angebot gilt[133], also nicht mehr einen Vertrag durch Bezug auf das ursprüngliche Angebot herbeiführen kann. Das erklärt sich zwanglos aus dem Wegfall der rechtlichen Existenz des Angebots (auch) bei verspäteter Annahme.

3. Annahme

271 a) **Begriff und Bedeutung der Annahme.** Gleichermaßen wie das Angebot ist die Annahme **eine empfangsbedürftige Willenserklärung**[134] und ebenso wenig wie jenes ein einseitiges Rechtsgeschäft[135]. Ihrem Inhalt nach ist die Annahme auf die

---

127 S. Hk-BGB/*Dörner*, § 146 Rn. 2.
128 Dazu folgend Rn. 274 ff.
129 S. Rn. 286 f.
130 S. noch Rn. 274 ff.
131 Dazu oben Rn. 250 ff. und folgend Rn. 272.
132 S. BGH NJW-RR 1994, 1163 (1164); MünchKomm/*Kramer*, BGB, § 146 Rn. 3.
133 S. noch Rn. 282.
134 Jedenfalls grds., s. die Ausnahmen in §§ 151 und 152, dazu Rn. 284 ff.
135 S. schon oben Rn. 261 m. w. N.

Herbeiführung des Rechtserfolgs Vertragsschluss gerichtet, wobei die Erklärung im Hinblick auf den Begriff des Angebots[136] unter Berücksichtigung der in § 150 Abs. 2 bestimmten Fiktion einer Abweichung als Ablehnung verbunden mit einem neuen Angebot nur in einem vollständigen Einverständnis – **vorbehaltlose Zustimmung**[137] – bezogen auf das Angebot bestehen kann[138]. Wegen der Empfangsbedürftigkeit der Annahme kommt der Vertrag grds. im Zeitpunkt des Zugangs der Erklärung zustande[139].

Die Annahme kann sowohl **ausdrücklich wie auch konkludent** erklärt werden. Im Falle der Annahme durch schlüssiges Verhalten ist allerdings auch erforderlich, dass durch das Verhalten eine vorbehaltlose Zustimmung zu dem Angebot zum Ausdruck gebracht wird[140].

> **Bsp.:** In der Lieferung einer zuvor bestellten Ware entsprechend der Bestellung kann die Annahme durch schlüssiges Verhalten gesehen werden[141].

Dem **Schweigen** auf ein Angebot kommt grds. keine rechtserhebliche Bedeutung **272** zu, wenn nicht ausnahmsweise dem Schweigen Erklärungswert im Sinne einer Annahme beizumessen ist, z.B. aufgrund der gesetzlichen Regelung des § 362 HGB[142]. Darüber hinaus wird in einem Schweigen auf ein Angebot, das aufgrund einverständlicher und alle wichtigen Punkte betreffender Vorverhandlungen ergeht, grds. eine stillschweigende Annahme gesehen[143], das Schweigen hier also als Willenserklärung durch schlüssiges Verhalten eingeordnet[144]. Dasselbe gilt, wenn ein Unternehmen, das einem Kontrahierungszwang unterliegt[145], auf ein Angebot zum Abschluss eines Vertrages schweigt[146].

Aufgrund der Bindungswirkung des Angebots ist der Empfänger in der für ihn **273** günstigen Rechtsposition, über das Zustandekommen des Vertrages entscheiden zu können[147]. Das bedeutet für den Antragenden, dass er bis zu einer Entscheidung – Annahme oder Ablehnung – in einer **Schwebesituation** ist, was die Erzielung des erstrebten Rechtserfolgs Vertrag angeht, zugleich aber auch rechtlich insoweit **gebunden ist,** als er bis zum Zeitpunkt der Entscheidung nicht anders disponieren kann, will er sich nicht der Gefahr von Schadensersatzansprüchen aussetzen[148]. Vor diesem Hintergrund sind die Regelungen der §§ 147–149 von erheblicher Bedeutung, nach denen die Annahme nur innerhalb einer bestimmten Frist erfolgen kann, um den Vertragsschluss herbeizuführen, andernfalls nach § 146 das Angebot erlischt[149]. Das **Erfordernis der Rechtzeitigkeit** der Annahme begrenzt mithin den vorerwähnten Schwebezustand und die damit verbundenen Folgen.

---

136 Dazu oben Rn. 262.
137 BGH NJW 1980, 2245 (2246).
138 S. auch Staudinger/*Bork*, BGB, § 146 Rn. 1.
139 In den Fällen der §§ 151, 152 bereits im Zeitpunkt der Annahme, s. dazu Rn. 284 ff.
140 S. BGH NJW 1980, 2245 (2246).
141 S. BGH NJW 1980, 2245 (2246).
142 S. schon oben Rn. 253.
143 S. BGH BB 1955, 1068 (1068); NJW 1996, 919 (920).
144 S. dazu schon allgemein Rn. 250.
145 S. dazu oben Rn. 258.
146 S. OGH BrZ NJW 1950, 24 (24).
147 S. oben Rn. 266.
148 S. oben Rn. 266.
149 S. oben Rn. 268.

274 b) **Rechtzeitigkeit der Annahme.** Hinsichtlich der **Anforderungen an die Rechtzeitigkeit** der Annahme wird im Gesetz danach unterschieden, ob der Antragende das Angebot ohne Bestimmung einer Frist für die Annahme erklärt oder mit einer solchen Frist verbunden hat. Im ersten Fall ist für die Rechtzeitigkeit § 147 maßgebend, im zweiten Fall richten sich die Anforderungen nach § 148. Darüber hinaus fingiert das Gesetz in § 149 unabhängig von dieser Unterscheidung für eine besondere Konstellation der verspätet zugegangenen Annahmeerklärung die Rechtzeitigkeit derselben.

275 (1) **Rechtzeitigkeit bei fehlender Bestimmung einer Annahmefrist.** Insoweit ist die Regelung des § 147 maßgebend. Diese differenziert für die Anforderungen an die Rechtzeitigkeit danach, ob das Angebot einer anwesenden Person (§ 147 Abs. 1) oder einer abwesenden Person (§ 147 Abs. 2) gegenüber erfolgt.
Nach § 147 Abs. 1 Satz 1 kann der einem **Anwesenden** gegenüber gemachte Antrag nur **sofort** angenommen werden. Ergänzend bestimmt Satz 2 von § 147 Abs. 1, dass dies auch für einen mittels Fernsprecher oder einer sonstigen technischen Einrichtung von Person zu Person gemachten Antrag gilt. Für die Frage, ob ein Angebot unter Anwesenden erfolgt, ist entscheidend, dass das Angebot an jemanden gerichtet ist, der es vernehmen und – entsprechend dem Erfordernis des § 147 Abs. 1 – sofort annehmen kann[150]. § 147 Abs. 1 ist mithin immer anzuwenden, wenn der Zugang des Angebots im Sinne der **Vernehmungstheorie** erfolgt[151]. Das ist der Fall bei Erklärungen gegenüber dem anwesenden Adressaten selbst wie auch gegenüber dessen anwesendem Vertreter[152], und zwar unabhängig davon, ob dieser Vertretungsmacht hat oder nicht[153]. Hingegen ist ein gegenüber einem Empfangsboten[154] erklärtes Angebot ein solches unter Abwesenden[155].
Unter dem **Erfordernis der sofortigen Annahme** ist zu verstehen, dass der Empfänger in Abhängigkeit von den jeweiligen Umständen **schnellstmöglich** die Annahme zu erklären hat[156]. Damit ist nicht ausgeschlossen, dass der anwesende Empfänger nicht eine angemessene Zeit zur **Überlegung** hat[157]. Das ist schon deshalb selbstverständlich, weil die Annahme eine Willenserklärung ist und deshalb nur vom Willen des Empfängers getragen sein kann, wenn dieser sich über das Angebot gedankliche Klarheit verschafft hat. Sobald das der Fall ist, hat der Empfänger allerdings die Annahme zu erklären, was bei inhaltlich einfachen Angeboten unmittelbar nach der Vernehmung der Erklärung zu geschehen hat, ansonsten nach Vergegenwärtigung aller Punkte des Angebots.

> **Bsp. (1):** Das vom Käufer erklärte Angebot zum Kauf eines Brots kann seitens des Bäckers nur unmittelbar nach der Vernehmung angenommen werden.

---

150 BGH NJW 1996, 1062 (1064).
151 S. dazu oben Rn. 240.
152 § 164 Abs. 1, Abs. 3.
153 BGH NJW 1996, 1062 (1064). Im Falle eines vollmachtlosen Vertreters ist der Vertrag schwebend unwirksam, jedoch nach § 177 genehmigungsfähig, s. dazu Rn. 668 ff.
154 S. oben Rn. 226 und folgend Rn. 276.
155 Palandt/*Ellenberger*, BGB, § 147 Rn. 5.
156 In diesem Sinne mit jeweils unterschiedlichen Formulierungen etwa Palandt/*Ellenberger*, BGB, § 147 Rn. 5; MünchKomm/*Kramer*, BGB, § 147 Rn. 5; Hk-BGB/*Dörner*, § 147 Rn. 6.
157 MünchKomm/*Kramer*, BGB, § 147 Rn. 5.

Bsp. (2): Ist ein Angebot inhaltlich komplexer, z.B. das Angebot zum Verkauf eines Gebrauchtwagens, das eine Reihe von Einzelheiten enthält wie etwa eine Regelung über Haftungsausschluss, Liefertermin etc., so wird eine angemessene Überlegungsfrist anzuerkennen sein, bis zu der das Angebot noch „sofort" angenommen werden kann.

Wird ein Angebot unter Anwesenden **verkörpert**, z.B. schriftlich erklärt, so ist dieses als Offerte an einen Abwesenden i. S. v. § 147 Abs. 2 zu behandeln, sofern es nicht unmittelbar nach dem Zugang angenommen worden ist[158].
Die Annahme als empfangsbedürftige Willenserklärung wird wirksam mit **Zugang** beim Empfänger. Damit ist der Vertrag unter Anwesenden in dem Zeitpunkt geschlossen, in welchem die sofortige Annahme dem Antragenden zugegangen, d.h. von diesem vernommen worden ist.

Der einem **Abwesenden** gegenüber ohne Bestimmung einer Annahmefrist gemachte Antrag kann nach § 147 Abs. 2 nur bis zu dem Zeitpunkt angenommen werden, in welchem der Antragende den Eingang der Antwort **unter regelmäßigen Umständen** erwarten darf. Hierfür sind kumulativ maßgebend die Zeit für die Übermittlung des Angebots an den Empfänger, die Zeit, die der Empfänger für Bearbeitung und Überlegung benötigt, sowie die Zeit für die Übermittlung der Annahme an den Antragenden[159]. Nur bei Überschreitung der aus diesen Komponenten zusammengesetzten Gesamtzeit ist die Annahme nicht rechtzeitig, wobei für die Bestimmung der Zeitkomponenten wie auch der Gesamtzeit grds. die regelmäßigen Umstände im Sinne einer Berücksichtigung der allgemeinen Verhältnisse maßgebend sind[160]. Anderes gilt dann, wenn dem Antragenden besondere Umstände wie z.B. die Urlaubsabwesenheit des Empfängers bekannt sind, dann ist auch der dadurch bedingte Zeitbedarf zu beachten[161].
Als regelmäßige Umstände sind grds. **die üblichen Beförderungszeiten** zu berücksichtigen[162]. wobei der Empfänger des Angebots sich für seine Antwort **desselben Erklärungsmittels** bedienen darf, das der Antragende verwendet hat[163]. Der Empfänger eines Angebots z.B. durch normale Briefpost ist mithin nicht gezwungen, telefonisch oder mittels Telefax zu reagieren, sondern kann gleichermaßen mit normalem Brief antworten. Nach den regelmäßigen Umständen zu beurteilen ist auch die Zeit, die der Empfänger gewöhnlich benötigt, um über die Annahme eines Angebots der ihm zugesandten Art zu entscheiden. Die Angemessenheit der Überlegungszeit bestimmt sich wesentlich nach der **Komplexität und wirtschaftlichen Bedeutung des Angebots** bzw. des zu schließenden Vertrages[164].
Wird die nach diesen Maßgaben zu bestimmende gesetzliche Annahmefrist eingehalten, d.h., geht **innerhalb dieser Frist** dem Antragenden die Annahme zu, so kommt der Vertrag wirksam zustande. Unsicherheiten über die Dauer der gesetzlichen Annahmefrist entstehen dadurch, dass trotz der objektivierenden Anknüp-

276

---

158 BGH NJW 1985, 196 (197).
159 S. BGH NJW 1996, 919 (921).
160 S. MünchKomm/*Kramer*, BGB, § 147 Rn. 7.
161 S. RGZ 142, 402 (404).
162 MünchKomm/*Kramer*, BGB, § 147 Rn. 7 der im Übrigen darauf hinweist, dass anderes gilt, wenn bekannt ist, dass z.B. bei der Post gestreikt wird.
163 S. nur Palandt/*Ellenberger*, BGB, § 147 Rn. 7.
164 S. auch MünchKomm/*Kramer*, BGB, § 147 Rn. 7.

fung an die regelmäßigen Umstände die Frage der Rechtzeitigkeit gleichwohl maßgeblich durch die Gegebenheiten des Einzelfalles beeinflusst werden.

> Bsp.: Macht der A dem B mittels eines normalen, am 12.8. abgesandten Briefes ein Angebot zum Abschluss eines Kaufvertrages über einen Fernseher für 300 €, so ist für die Bestimmung der Annahmefrist nach § 147 Abs. 2 unter regelmäßigen Umständen davon auszugehen, dass der Brief den B am nächsten Tag (13.8.) erreicht, diesem eine angemessene Frist zur Überlegung von zwei Tagen einzuräumen ist (14./15.8.) und der B am 16.8. mittels normalen Briefs antwortet, der dem A bei üblicher Beförderungsdauer am 17.8. zugeht. Hier dürfte A die Annahme unter regelmäßigen Umständen nicht früher erwarten.
>
> Ist der B am 13.8. für eine Woche im Urlaub, was dem A bekannt ist, und geht es bei dem Angebot nicht um den Kauf eines Fernsehers, sondern um den Abschluss eines Versicherungsvertrags, und streiken die Mitarbeiter der Post für drei Wochen, so ist die Dauer der Annahmefrist i.S.d. § 147 Abs. 2 sehr viel länger zu bestimmen.[165]

277   **(2) Rechtzeitigkeit bei Bestimmung einer Annahmefrist.** Ist seitens desjenigen, der ein Vertragsangebot macht, eine **Frist für die Annahme des Angebots bestimmt worden,** so kann nach § 148 die Annahme nur innerhalb der festgelegten Frist erfolgen. § 148 ist als Ausdruck privatautonomer Selbstbestimmung im Falle der Festlegung einer Annahmefrist **vorrangig** gegenüber den in § 147 geregelten gesetzlichen Annahmefristen und gilt sowohl bei einem Angebot unter Anwesenden wie auch unter Abwesenden.

Wird eine Annahmefrist bestimmt, so ist diese Bestandteil des Angebots und nimmt damit an dessen rechtsgeschäftlichem Charakter teil[166]. Die Bestimmung einer Frist wird i. d. R. durch die ausdrückliche Festlegung eines Endtermins (Annahme bis zum 31.8.) oder eines Zeitraums (Annahme innerhalb von 10 Tagen) vorgenommen. Darüber hinaus kann sich die Fristbestimmung auch aus den Umständen ergeben[167]. Im Hinblick darauf, dass es sich bei der Annahme um eine empfangsbedürftige Willenserklärung handelt und im Fall des § 148 „die Annahme nur innerhalb der Frist erfolgen" kann, kommt es für die Rechtzeitigkeit der Annahme grds. darauf an, dass bis zum Ablauf der Frist der Zugang beim Antragenden erfolgt ist[168]. Anderes gilt allerdings dann, wenn nach dem Angebot mit Fristsetzung die rechtzeitige Abgabe der Annahmeerklärung ausreichend sein soll.

278   Für die **Berechnung der Annahmefrist** sind nach § 186 die Auslegungsvorschriften der §§ 187 ff. maßgebend[169]. Allgemeiner Ansicht nach ist für den Beginn der Annahmefrist auf den Tag des Angebots abzustellen, so dass dieser nach § 187

---

165 S. zur Rechtzeitigkeit der Annahme eines Angebots auf Änderung eines Versicherungsvertrages OLG Frankfurt a.M. NJW-RR 1986, 329 (329 f.): Die nach 27 Tagen zugehende Annahme kann noch rechtzeitig sein.

166 S. auch MünchKomm/*Kramer*, BGB, § 148 Rn. 2, hier u.a. zu den Konsequenzen einer Fristsetzung durch einen Minderjährigen.

167 BAG NZA 2007, 925 (926).

168 S. auch Palandt/*Ellenberger*, BGB, § 148 Rn. 3; Hk-BGB/*Dörner*, § 148 Rn. 2. Das lässt sich im Übrigen auch aus § 149 Satz 1 entnehmen, wo im Zusammenhang mit der Verspätung auf den Zugang abgestellt wird. Zu dieser Regelung s. noch folgend Rn. 281.

169 S. zur Fristberechnung näher Rn. 681 ff.

Abs. 2 Satz 1 mitzurechnen ist[170]. Für den Ablauf der Frist sind dann je nach Bemessungsgrundlage – entweder Tage oder Wochen/Monate – die Regelungen des § 188 Abs. 1 oder § 188 Abs. 2 maßgebend.

> **Bsp. (1):** Mit Brief, datiert vom 15.8., unterbreitet der A dem B ein Angebot zum Kauf seines Kfz für 3.000 € und schreibt weiter: „Annahme innerhalb von 10 Tagen". Der Tag des Angebots, 15.8., ist für den Beginn der Frist nach § 187 Abs. 2 Satz 1 mitzurechnen, so dass die von A bestimmte Annahmefrist gemäß § 188 Abs. 1, der für die Berechnung des Fristendes bei einer nach Tagen festgelegten Frist maßgebend ist, mit dem Ablauf des letzten Tages der Frist endet, also mit Ablauf des 24.8. Bis zu diesem Tag muss die Annahme seitens des B dem A zugegangen sein, damit sie rechtzeitig ist.

> **Bsp. (2):** A hat im obigen Fall bzgl. der Annahmefrist geschrieben: „Annahme binnen zwei Wochen". Auch hier ist für den Beginn der Frist nach § 187 Abs. 2 Satz 1 der Tag des Angebots, 15.8., mitzurechnen. Die Berechnung des Fristablaufs richtet sich angesichts der Bemessung der Frist nach Wochen und im Hinblick darauf, dass für den Fristbeginn § 187 Abs. 2 Satz 1 maßgebend ist, nach § 188 Abs. 2 Halbsatz 2: Danach endigt die Frist mit dem Ablauf desjenigen Tages der letzten Woche, welcher dem Tag vorhergeht, der durch seine Benennung oder seine Zahl dem Anfangstag der Frist entspricht. War der 15.8. ein Montag, so endet die von A gesetzte Zweiwochenfrist am Sonntag, dem 28.8. Hier ist jedoch § 193 zu beachten, wonach bei einem Fristende u. a. an einem Sonntag an dessen Stelle der nächste Werktag tritt, im Fall also Montag, der 29.8. Geht dem A spätestens an diesem Tag die Annahme des B zu, so erfolgt diese rechtzeitig, der Vertrag kommt zustande.

Es steht in der Freiheit des Antragenden, die von ihm gesetzte Annahmefrist zu **279** verlängern[171]. Das ist deshalb einleuchtend, weil der Empfänger dadurch keine Nachteile erleidet, vielmehr den Vorteil einer noch längeren Bindung des Antragenden an sein Angebot. Diese Begründung macht zugleich deutlich, dass eine **nachträgliche Verkürzung der Annahmefrist** einseitig durch den Antragenden ausgeschlossen ist[172].

Wird die Annahme seitens des Empfängers **nicht rechtzeitig** bis zum Ablauf der **280** festgelegten Frist erklärt, so erlischt nach § 146 das Angebot[173]. Hat während des Laufs der Annahmefrist ein **vollmachtloser Vertreter**[174] die Annahme erklärt, so kann eine erst nach Ablauf der Frist erteilte Genehmigung durch den Vertretenen nach § 177 Abs. 1[175] entgegen dem Grundsatz **der Rückwirkung** nach § 184 Abs. 1 nicht mehr die Rechtzeitigkeit der Annahme herbeiführen[176]. § 146 ist insoweit als eine Regelung anzusehen, die abweichend von dem Grundsatz des § 184 Abs. 1 im Sinne dieser Vorschrift „etwas anderes bestimmt". Der eingetre-

---

170 S. nur MünchKomm/*Kramer*, BGB, § 148 Rn. 3; Palandt/*Ellenberger*, BGB, § 148 Rn. 5.

171 S. OLG Hamm NJW 1976, 1212 (1212).

172 S. nur Palandt/*Ellenberger*, BGB § 148 Rn. 2.

173 S. oben Rn. 268. BGH NJW 1973, 1789 (1790) spricht davon, dass als Folge des Fristablaufs der Antragende von der Bindung an den Antrag frei wird. Das ist richtig, jedoch nicht ganz vollständig, denn das Angebot als solches ist rechtlich nicht mehr existent (s. oben Rn. 270), damit kann es auch keine Bindung mehr geben.

174 S. dazu Rn. 666 ff.

175 Dazu Rn. 668.

176 BGH NJW 1973, 1789 (1790).

tene Wegfall des Angebots bzw. die Bindung daran soll nicht mehr nachträglich einseitig durch den Genehmigenden rückgängig gemacht werden können[177].

281 (3) **Fiktion der Rechtzeitigkeit der Annahme.** § 149 Satz 2 fingiert die Rechtzeitigkeit der Annahme für einen bestimmten Fall der **verspäteten Annahme**, dessen Voraussetzungen in Satz 1 von § 149 geregelt sind. Die Vorschrift ist im Zusammenhang mit § 146 zu sehen, wonach die nicht rechtzeitige Annahme zum Erlöschen des Angebots führt[178], der Vertrag jedenfalls durch Annahme dieses ursprünglichen, rechtlich nicht mehr existenten Angebots nicht mehr zustande kommen kann[179]. Seinem Inhalt nach hat § 149 nur Bedeutung, wenn die Rechtzeitigkeit der Annahme an der Nichteinhaltung der nach § 147 Abs. 2 oder § 148 maßgebenden Annahmefristen scheitert[180]. Der **Zweck des § 149** besteht darin, den Empfänger eines Angebots, der von seiner Seite alles getan hat, die Annahme rechtzeitig zu erklären, in seinem Vertrauen auf das Zustandekommen des Vertrags mittels Fiktion der Rechtzeitigkeit der Annahme zu schützen, wenn nicht der Antragende unverzüglich Mitteilung über die Verspätung macht[181].

§ 149 findet nur Anwendung, wenn die Annahmeerklärung dem Antragenden verspätet zugegangen ist, also nach Ablauf der gesetzlich (§ 147 Abs. 2) oder rechtsgeschäftlich (§ 148) bestimmten Annahmefrist. In **objektiver Hinsicht** setzt die Vorschrift voraus, dass die verspätet zugegangene Annahmeerklärung dergestalt abgesandt worden ist, dass sie bei regelmäßiger Beförderung dem Antragenden rechtzeitig zugegangen sein würde (§ 149 Satz 1). § 149 erfasst mithin Fälle, in denen nach Absendung der Annahmeerklärung auf dem Beförderungsweg **eine vom Annehmenden nicht zu vertretende und vor Absendung nicht zu erwartende**[182] **Verzögerung** eintritt, die letztlich zum verspäteten Zugang der Annahme führt. Typische Fälle sind die Ausrufung eines Streiks bei dem Beförderungsunternehmen nach Absendung oder auch eine durch dieses zu verantwortende Fehlleitung der Annahmeerklärung.

> **Bsp.:** Theaterintendant T bereitet eine neue Inszenierung vor und sucht kurzfristig geeignete Schauspieler. Aus diesem Grund telefoniert er u.a. mit dem Schauspieler S und bietet diesem die Hauptrolle an, allerdings müsse S sich innerhalb einer Woche entscheiden. Zwei Tage später schickt S eine Annahmeerklärung mittels Brief ab. Aufgrund eines danach ausgerufenen Streiks wird die normale Briefpost zwei Wochen lang nicht befördert. Davon ist auch der Brief des S betroffen.

Subjektiv fordert § 149 Satz 1, dass der Antragende erkennen musste, dass ihm die Annahmeerklärung bei regelmäßiger Beförderung rechtzeitig zugegangen wäre, er also die rechtzeitige Absendung erkannt hat oder hätte erkennen müssen[183]. Hiervon ist auszugehen, wenn sich aus der verkörperten Annahmeerklärung, vor allem Brief, der Zeitpunkt der Absendung, etwa aus dem Poststempel,

---

177 BGH NJW 1973, 1789 (1790).
178 S. oben Rn. 268.
179 S. aber noch folgend zu § 150, Rn. 282.
180 S. auch *Larenz/Wolf*, BGB AT, § 29 Rn. 52.
181 S. zum Zweck auch *Larenz/Wolf*, BGB AT, § 29 Rn. 51.
182 S. *Larenz/Wolf*, BGB AT § 29 Rn. 52.
183 Letzteres bedeutet nach § 122 Abs. 2, dass er sie infolge von Fahrlässigkeit (§ 276 Abs. 2) nicht kannte.

entnehmen lässt und hieraus auf die Rechtzeitigkeit der Absendung geschlossen werden kann[184].

In diesem Fall trifft den Antragenden die **Obliegenheit**[185], dem Annehmenden die Verspätung unverzüglich (§ 121) nach dem Empfang der Erklärung anzuzeigen. Unterlässt er die unverzügliche Anzeige, so fingiert das Gesetz in § 149 Satz 2 die Rechtzeitigkeit der Annahme. Der Vertrag ist im Zeitpunkt des Zugangs der Annahme wirksam zustande gekommen[186]. Erfolgt die Anzeige des Antragenden unverzüglich, so kann die Fiktion nicht eingreifen, die Annahme bleibt verspätet und der Antrag ist endgültig erloschen.

> **Bsp.:** Hat im obigen Beispielsfall der T in der Zwischenzeit bereits einen anderen Schauspieler für die Hauptrolle verpflichtet, so muss er nach Zugang der verspäteten Annahmerklärung des S zur Vermeidung einer Doppelverpflichtung diesem unverzüglich Anzeige über die Verspätung machen.

c) Verspätete und abweichende Annahme. Nach § 146 erlischt das Angebot (u.a.), **282** wenn es dem Antragenden gegenüber nicht nach den Vorschriften der §§ 147–149 rechtzeitig angenommen worden ist. Die dann ins Leere gehende **verspätete Annahmeerklärung** gilt nach § 150 Abs. 1 als **neuer Antrag**, behält also insoweit rechtliche Bedeutung. Gleichermaßen behält eine von dem Angebot **abweichende Annahme** – modifizierte Annahme[187] – nach § 150 Abs. 2 rechtliche Bedeutung, indem sie als zum Erlöschen des Angebots nach § 146 führende Ablehnung verbunden mit einem neuen Antrag gilt. In diesen Fällen der Umwandlung der Annahme in einen **neuen Antrag**[188] wird also von Gesetzes wegen dafür gesorgt, dass die an sich keinen Rechtserfolg herbeiführende Annahme nicht völlig überflüssig ist[189]. Auf das neue Angebot sowie die zum Vertragsschluss wiederum erforderliche Annahme des ursprünglich Anbietenden finden die §§ 145 ff. Anwendung. Die Regelung des § 150 Abs. 1 hat nur Bedeutung für die **verspätet zugegangene** und – wegen § 149, sofern dessen Voraussetzungen gegeben sind[190] – **nicht rechtzeitig abgesandte Annahmeerklärung**[191]. Der Inhalt des neuen Angebots lässt sich aus der ursprünglichen Annahme i.V.m. dem ursprünglichen Angebot entnehmen[192]. Der nach § 150 Abs. 1 nunmehr Antragende ist an das Angebot gebunden, bis ein Erlöschensgrund insb. nach § 146 eintritt. Grds. anwendbar ist auch § 151[193], soweit dessen Voraussetzungen gegeben sind[194].

---

184 S. z.B. Hk-BGB/*Dörner*, § 149 Rn. 2.
185 Nicht Rechtspflicht, s. hierzu MünchKomm/*Kramer*, BGB, § 149 Rn. 3 i.V.m. Fn. 5.
186 S. MünchKomm/*Kramer*, BGB, § 149 Rn. 4.
187 BGH NJW 1990, 1846.
188 So *Larenz/Wolf*, BGB AT, § 29 Rn. 54.
189 S. auch MünchKomm/*Kramer*, BGB, § 150 Rn. 1 m. w. N.; hier auch zu der streitigen Frage, ob es sich bei § 150 um zwei Fiktionen oder widerlegbare Auslegungsregeln handelt.
190 S. oben Rn. 281.
191 MünchKomm/*Kramer*, BGB, § 150 Rn. 2.
192 S. Hk-BGB/*Dörner*, § 150 Rn. 2.
193 S. dazu Rn. 284 ff.
194 S. hierzu im Zusammenhang mit § 150 Abs. 1 BGH NJW-RR 1994, 1163 (1165) und OLG Köln NJW 1990, 1051, wo allerdings jeweils ein Zugang der Annahmeerklärung des ursprünglich Anbietenden nicht für entbehrlich gehalten wurde.

283   Nach § 150 Abs. 2 gilt eine **Annahme unter Erweiterungen, Einschränkungen oder sonstigen Änderungen** als Ablehnung, verbunden mit einem neuen Antrag. Diese Regelung macht deutlich, dass eine Annahme nur bei völliger Entsprechung mit dem Angebot einen Vertragsschluss herbeiführen kann[195]. § 150 Abs. 2 findet unabhängig davon Anwendung, ob es sich um eine wesentliche oder unwesentliche Abweichung vom Angebot handelt[196]. Ob eine **Modifizierung des Angebots in der Annahme** enthalten ist, beurteilt sich nach allgemeinen Auslegungsregeln aus der Sicht des objektiven Empfängerhorizonts[197]. Die Wirkung des § 150 Abs. 2 tritt nur ein, wenn die Abweichung unzweideutig zum Ausdruck gelangt[198], ansonsten kommt der Vertrag zu den Bedingungen des Erstanbietenden zustande. Praktische Bedeutung hat § 150 Abs. 2 insb. im Zusammenhang mit der Einbeziehung von Allgemeinen Geschäftsbedingungen, so etwa dann, wenn die Annahme unter Bezug auf die eigenen Allgemeinen Geschäftsbedingungen erfolgt, obwohl der Antragende deutlich gemacht hat, dass er dem Vertrag seine Geschäftsbedingungen zugrunde legen will[199].
§ 150 Abs. 2 findet keine Anwendung, wenn trotz Abweichung von Angebot und Annahme nach den Vorschriften über den **Dissens** gemäß §§ 154, 155 unter den jeweils maßgebenden Voraussetzungen gleichwohl ein Vertrag zustande kommt[200].

284   **d) Entbehrlichkeit des Zugangs der Annahme.** Bei der Annahme handelt es sich um eine empfangsbedürftige Willenserklärung[201], die deshalb grds. des Zugangs beim Empfänger bedarf, damit sie im Rechtsverkehr Wirksamkeit entfalten, sprich den Vertrag zustande bringen kann[202]. Davon macht das Gesetz in § 151 und § 152 jeweils Ausnahmen insofern, als es unter den dort bestimmten Voraussetzungen für das Zustandekommen des Vertrags **nicht des Zugangs der Annahmeerklärung** bedarf.
Nach § 151 Satz 1 kommt der Vertrag durch die Annahme des Antrags zustande, ohne dass die Annahme dem Antragenden gegenüber erklärt werden braucht, wenn eine solche Erklärung nach der Verkehrssitte nicht zu erwarten ist oder der Antragende auf sie verzichtet hat. Aus der Formulierung des Gesetzes „...kommt durch die Annahme des Antrags zustande, ohne dass die Annahme dem Antragenden gegenüber erklärt zu werden braucht....“ wird deutlich, dass auch im Fall des § 151 Satz 1 **eine Annahmeerklärung erforderlich und lediglich deren Zugang**

---

195   MünchKomm/*Kramer*, BGB, § 150 Rn. 4.
196   BGH NJW 2001, 221 (222).
197   MünchKomm/*Kramer*, BGB, § 150 Rn. 4.
198   S. BGH WM 1983, 313 (314).
199   S. den Fall BGHZ 61, 282 (287 f.), wobei der BGH hier jedoch eine Berufung auf § 150 Abs. 2 mit der Folge, dass bei fehlender Annahme des neuen Angebots ein Vertrag nicht zustande gekommen ist, mit der Begründung versagt hat, dass die Anwendung dieser Regelung unter dem Grundsatz von Treu und Glauben steht und eine Anwendung danach dann nicht in Betracht kommt, wenn die Parteien den Vertrag bereits ganz oder teilweise durchgeführt haben (a. a. O. 288 f.); s. auch noch Rn. 306.
200   S. MünchKomm/*Kramer*, BGB, § 150 Rn. 5; Hk-BGB/*Dörner*, § 150 Rn. 1; zum Dissens s. noch folgend Rn. 294 ff.
201   S. oben Rn. 261.
202   S. oben Rn. 215 ff.

beim Empfänger entbehrlich ist[203]. Der Vertrag kommt also auch hier nur durch Annahme zustande. Das bedeutet, es muss ein als Willensbetätigung zu wertendes, nach außen hervortretendes Verhalten des Angebotsempfängers gegeben sein, aus dem sich dessen **Annahmewille** unzweideutig entnehmen lässt[204]. Dabei kann die Frage, in welchem Verhalten des Angebotsempfängers eine ausreichende Betätigung des Annahmewillens zu sehen ist, nur unter Berücksichtigung der konkreten Umstände des Einzelfalles beantwortet werden[205]. Insoweit ist für die Beurteilung des Verhaltens mangels Empfangsbedürftigkeit der Annahmeerklärung allerdings nicht auf den objektiven Empfängerhorizont abzustellen[206], vielmehr kommt es darauf an, ob vom Standpunkt eines unbeteiligten objektiven Dritten aus das Verhalten des Angebotsempfängers aufgrund aller äußeren Indizien auf einen wirklichen Annahmewillen schließen lässt[207]. Entsprechende Anhaltspunkte können z.B. die Vornahme von Handlungen sein, die nur Sinn machen, wenn der Angebotsempfänger auch einen Vertrag schließen will, oder auch der Umstand, dass der Vertragsschluss für den Angebotsempfänger objektiv vorteilhaft erscheint[208].

> **Bsp.** (1): A bestellt bei dem Versandhaus V nach Katalog einen Anzug. Vier Tage später wird ihm der Anzug mit Rechnung geliefert. – Aus der Lieferung ist zu schließen, dass V das Angebot angenommen hat und zwar nicht erst konkludent durch Lieferung, sondern bereits mit der Entscheidung, die Bestellung des A an die Versandabteilung weiter zu leiten. Darin ist letztlich die Betätigung des Annahmewillens zu sehen.

> **Bsp.** (2): Die F will ihr kleines Unternehmen für 2 Mio € an Y verkaufen. Es wird ein Kaufvertrag geschlossen mit der Vereinbarung, dass Y 1 Mio € sofort, den Rest in vier vierteljährlichen Raten à 250.000 € zu zahlen hat. Über den Betrag der Ratenzahlung hatte der Y nach dem Vertrag die Bürgschaftserklärung (§ 765) einer Bank beizubringen. Zwei Wochen später erhält die F von der Sparkasse S eine schriftliche (s. § 766) Bürgschaftserklärung zugesandt, in welcher diese gegenüber F erklärt, für die Erfüllung der Kaufpreisschuld des Y in Höhe von 1 Mio € einstehen zu wollen. Als Y nicht zahlt, verlangt die F von der S Zahlung aufgrund der Bürgschaft. Diese weigert sich mit der Begründung, F habe die Bürgschaftserklärung nicht angenommen. – Hier kann aus dem Umstand, dass die Übernahme der Bürgschaft für F rechtlich lediglich vorteilhaft war sowie daraus, dass diese die Bürgschaft nicht durch Rücksendung der Urkunde abgelehnt hat, auf die Annahme durch F geschlossen werden[209].

Der Zugang der Annahme ist nur **entbehrlich**, wenn eine solche Erklärung nach der Verkehrssitte nicht zu erwarten ist oder der Antragende auf sie verzichtet hat. Nach der **Verkehrssitte** ist ein Zugang der Annahme nicht zu erwarten, wenn dies allgemeiner Lebenserfahrung nach den Gepflogenheiten des Rechtsverkehrs entspricht. Hauptanwendungsfälle sind vorbehaltlich der Maßgeblichkeit der Einzelfallumstände die Bestellung von unmittelbar zu liefernder Ware wie vor allem im **285**

---

203 S. nur BGHZ 74, 352 (356); 111, 97 (101); BAG NJW 1993, 2553 (2554); BGH NJW 1999, 2179 (2179).
204 S. BGH NJW 1999, 2179 (2179); BGHZ 74, 352 (356); 111, 97 (101).
205 BGHZ 111, 97 (101); BGH NJW 1999, 2179 (2179).
206 S. zur Auslegung empfangsbedürftiger Willenserklärungen oben Rn. 245 ff.
207 BGH NJW 1999, 2179 (2179); BGHZ 111, 97 (101).
208 S. zu letzterem BGH NJW 1999, 2179 (2179); s. auch BGHZ 111, 97 (101 f.).
209 S. BGH NJW 1997, 2233 (2233) und NJW 1999, 2179 (2179).

Bereich des Versandhandels[210], die Zusendung eines Angebots, das für den Empfänger lediglich vorteilhaft ist[211], wie auch die Übersendung der Ware unmittelbar i. V. m. dem Angebot wie bei der Lieferung unbestellter Waren i. S. d. § 241a.

> **Bsp.:** Computerfreund C bestellt bei dem Elektronikversandhaus E ein Bauelement. Hier bedarf die Annahmeerklärung des E – Weiterleitung der Bestellung an die Versandabteilung – nicht des Zugangs an C, nach der Verkehrssitte wird ein solcher nicht erwartet. Erwartet wird vielmehr und allein, dass die Bestellung möglichst bald ausgeführt wird.

286 Der den Zugang der Annahmeerklärung ebenfalls entbehrlich machende **Verzicht** kann ausdrücklich oder konkludent ausgesprochen werden. In den typischen Fällen eines nach der Verkehrssitte nicht zu erwartenden Zugangs[212] wird i. d. R. zugleich ein konkludenter Verzicht des Antragenden anzunehmen sein[213], hier überschneiden sich also beide Entbehrlichkeitsgründe des § 151 Satz 1. Bei einem ausdrücklich erklärten Verzicht muss nur der Wille des Antragenden zum Ausdruck gelangen, dass er auf eine Antwort (Annahme) keinen Wert legt. Nicht erforderlich ist, dass ausdrücklich der Verzicht auf den Zugang der Annahme erklärt wird.

> **Bsp.:** Zwischen V und K bestehen unterschiedliche Auffassungen darüber, in welchem Umfang dieser dem V aus verschiedenen Kaufverträgen noch Kaufpreiszahlungen schuldet. K richtet deshalb ein Schreiben an V, in welchem er u. a. mitteilt: „Zum Ausgleich der geltend gemachten Ansprüche bin ich bereit, 10.000 € zu zahlen. Einen Scheck über diese Summe füge ich bei. Im Übrigen bitte ich Sie um Verständnis, dass ich mit der ganzen Angelegenheit nichts mehr zu tun haben möchte. Deshalb verzichte ich auch darauf, dass Sie mir gegenüber noch eine Stellungnahme abgeben".[214] – Dem letzten Satz des Schreibens von K ist jedenfalls ein Verzicht auf den Zugang einer Annahme des von K angebotenen Vergleichs (§ 779) zu entnehmen. Ob ein Vergleich zustande kommt, hängt von der Annahme seitens des V ab, die allerdings dann nicht allein darin gesehen werden kann, dass dieser den Scheck einzieht, wenn sich aus dem Gesamtverhalten des V ein gegenteiliger Wille ergibt[215].

Bezogen auf das **Erlöschen** des Angebots im Fall des § 151 Satz 1 ist in § 151 Satz 2 eine von § 147 Abs. 2 abweichende Regelung getroffen worden[216]. Hier-

---

210 S. nur Palandt/*Ellenberger*, BGB, § 151 Rn. 4.

211 BGH NJW 2000, 276 (277); BAG NJW 1993, 2553 (2554); s. auch BGH NJW 1997, 2233 (2233) zum Angebot zur Übernahme einer Bürgschaft; ohne nähere Begründung wird hier davon ausgegangen, dass ein solches Angebot nach der Verkehrssitte keine Erklärung der Annahme gegenüber dem Antragenden erfordert. Dies lässt sich mit der Vorteilhaftigkeit der Bürgschaftserklärung begründen.

212 S. vorstehend Rn. 285.

213 S. BAG NJW 1993, 2553 (2554), was bei einem vom Arbeitgeber dem Arbeitnehmer gegenüber schriftlich erklärten Schuldanerkenntnis (§ 781) wegen dieses für den Arbeitnehmer rechtlich lediglich vorteilhaften Angebots konsequenterweise offen lässt, ob die Entbehrlichkeit des Zugangs auf der Verkehrssitte oder auf einem konkludenten Verzicht des Antragenden beruht; s. auch Palandt/*Ellenberger*, BGB, § 151 Rn. 4.

214 Sachverhalt nach BGHZ 111, 97.

215 S. hierzu BGHZ 111, 97 (101 ff.) und BGH WM 1986, 322 (324).

216 BGH NJW 1999, 2179 (2180).

nach ist für den Zeitpunkt des Erlöschens der aus dem Antrag oder den Umständen zu entnehmende Wille des Antragenden maßgebend. Es kommt also nicht, wie bei § 147 Abs. 2, auf den objektiven Maßstab der regelmäßigen Umstände an[217]. Auch im Rahmen von § 151 Satz 1 erlischt der Antrag durch Ablehnung (§ 146)[218].

Einen **weiteren Fall der Entbehrlichkeit des Zugangs der Annahmeerklärung** für **287** das Zustandekommen eines Vertrags regelt § 152. Hier geht es darum, dass im Falle der notariellen Beurkundung eines Vertrages, bei dem nicht beide Vertragspartner gleichzeitig anwesend sein müssen[219], der Vertrag bereits im Zeitpunkt der Beurkundung der Annahmeerklärung zustande kommt[220], hierfür also nicht noch der Zugang derselben an den Antragenden erforderlich ist. Der Grund für diese Regelung wird darin gesehen, dass es bei einem solchermaßen sukzessiven notariellen Vertragsschluss im Hinblick darauf, dass der Annahme wegen des schon zuvor beurkundeten Angebots nur noch die Bedeutung einer bloßen Einverständniserklärung zukommt, dem Interesse der Parteien entspricht, den Vertragsschluss zu beschleunigen und die Risiken eines Zugangs der Annahme zu vermeiden[221].
Die Regelung des § 152 kann **abbedungen** werden. Ein solcher Fall liegt regelmäßig vor, wenn für die Annahme des Angebots eine Frist seitens des Antragenden bestimmt worden ist[222].

4. Vertragsschluss bei Tod oder Geschäftsunfähigkeit des Antragenden

Nach der Vorschrift des § 153 wird das Zustandekommen des Vertrags nicht **288** dadurch gehindert, dass der **Antragende vor der Annahme stirbt**[223] **oder geschäftsunfähig**[224] wird, es sei denn, dass ein anderer Wille des Antragenden anzunehmen ist. Hintergrund dieser Bestimmung und Auslegungsregel ist die Vorstellung, dass Vertragsangebote aus wirtschaftlichen Gründen und mit entsprechender Zielsetzung gemacht werden, die bei Eintritt eines der genannten Ereignisse grds. nicht an Bedeutung verlieren[225], weshalb die Möglichkeit des Vertragsschlusses durch Annahme weiter bestehen soll. Im Falle des Todes des Antragenden kommt dann der Vertrag **mit dessen Erben**[226] zustande. § 153 steht im Zusammenhang mit der Regelung des § 130 Abs. 2, wonach es auf die Wirksamkeit der Willenserklärung ohne Einfluss ist, wenn der Erklärende nach der Abgabe stirbt oder geschäftsun-

---

217 BGH NJW 1999, 2179 (2180).
218 BGH NJW 1999, 2179 (2180).
219 S. § 128, dazu noch Rn. 391.
220 S. BGHZ 149, 1 (4).
221 S. OLG Karlsruhe NJW 1988, 2050; zum Zweck der Regelung auch MünchKomm/ *Kramer*, BGB, § 152 Rn. 1.
222 BGHZ 149, 1 (4).
223 Zum Tod einer Person s. oben Rn. 86 f.
224 S. § 104, dazu Rn. 323 ff.
225 S. MünchKomm/*Kramer*, BGB, § 153 Rn. 1.
226 §§ 1922 ff.

fähig wird[227]. Lässt § 130 Abs. 2 damit die abgegebene Willenserklärung bei nachfolgendem Eintritt von Tod oder Geschäftsunfähigkeit gleichwohl wirksam sein, und zwar allgemein, nicht nur bezogen auf abgegebene Vertragsangebote, so dehnt § 153 die rechtsgeschäftliche Irrelevanz dieser Ereignisse **bezogen auf das Zustandekommen von Verträgen** dahin aus, dass bei deren Eintritt vor Annahme der Vertragsschluss dennoch möglich bleibt, dieser also durch den Empfänger herbeigeführt werden kann, bei Tod des Antragenden mit dessen Erben.

289 Im Unterschied zu § 130 Abs. 2 gilt das jedoch **nicht uneingeschränkt**. Das Zustandekommen des Vertrags wird gehindert, wenn **ein anderer Wille** des Antragenden anzunehmen ist. In diesem Fall bleibt eine erklärte Annahme ohne Wirkung, weil – was durch Auslegung zu ermitteln ist – das Angebot nur bei Nichteintritt von Tod oder Geschäftsunfähigkeit Geltung haben soll. Das ist aus der Sicht des objektiven Empfängerhorizonts wesentlich nach dem **Inhalt des Angebots** zu beurteilen. Ein entsprechender Wille ist, wenn er – untypischerweise – nicht ausdrücklich erklärt wurde, jedenfalls dann anzunehmen, wenn das Vertragsangebot einen **personenbezogenen Inhalt** hat.[228] Das ist etwa dann der Fall, wenn der Antragende einen Vertrag zur Deckung seines persönlichen Bedarfs oder zum Zwecke einer persönlichen Leistungserbringung oder -entgegennahme schließen wollte.

> **Bsp. (1):** A bestellt nach Katalog einen Anzug bei dem Versandhaus V. Nach Absendung der Bestellung verstirbt A. – Hier kommt kein Kaufvertrag mit den Erben des A nach § 153 zustande, weil der A ersichtlich seinen persönlichen Bedarf decken wollte.

> **Bsp. (2):** Rechtsanwalt R hat dem „Schutzverband der Mieter" ein Angebot zum Abschluss eines Beratervertrages (Dienstvertrag § 611) unterbreitet. Nach Absendung des Angebots verstirbt R. – Auch hier kann ein Vertrag nach § 153 durch Annahme seitens des Verbandes nicht mehr geschlossen werden. Denn bei der Verpflichtung zur Dienstleistung handelt es sich – wie § 613 Satz 1 ausdrücklich bestimmt – im Zweifel um eine persönliche Pflicht.

290 § 153 regelt nur die Folgen von Tod und Geschäftsunfähigkeit des Antragenden vor Annahme für das Zustandekommen des Vertrags. Verstirbt der **Empfänger nach Abgabe der Annahmeerklärung** oder wird er zu diesem Zeitpunkt geschäftsunfähig, so findet § 130 Abs. 2 Anwendung. Stirbt der Empfänger des Angebots **vor Abgabe der Annahmeerklärung**, dann ist durch Auslegung des Angebots zu ermitteln, ob dieses auch für die Erben gelten soll[229]. Hier ist wiederum entscheidend, ob das Angebot seinem Inhalt nach auf die Person des verstorbenen Empfängers bezogen war. Dasselbe gilt bei Geschäftsunfähigkeit des Empfängers vor Abgabe der Annahmeerklärung. Der gesetzliche Vertreter kann nur annehmen, wenn es sich nicht um ein personenbezogenes Angebot handelt[230].

---

227 S. oben Rn. 219.
228 S. auch Palandt/*Ellenberger*, BGB, § 153 Rn. 2; Hk-BGB/*Dörner*, § 153 Rn. 4.
229 Palandt/*Ellenberger*, BGB, § 153 Rn. 3.
230 S. auch Hk-BGB/*Dörner*, § 153 Rn. 7.

5. Vertragsschluss bei Versteigerung

Für das Zustandekommen des Vertrages bei einer Versteigerung, worunter ein **291** besonderes Verfahren zum Abschluss eines Vertrages zur Erzielung des höchstmöglichen Preises zu verstehen ist[231], enthält das Gesetz in § 156 eine besondere Regelung. Gemäß Satz 1 dieser Bestimmung kommt der Vertrag erst durch den Zuschlag zustande. Nach § 156 Satz 2 erlischt ein Gebot, wenn ein Übergebot abgegeben oder die Versteigerung ohne Erteilung des Zuschlags geschlossen wird. Ihrem Anwendungsbereich nach gilt die Regelung des § 156 sowohl für gesetzlich vorgesehene[232] wie auch für freiwillige[233] Versteigerungen.

Aus § 156 ist zu entnehmen, dass die Versteigerung zu einem Vertragsschluss führt. Die erforderlichen übereinstimmenden Willenserklärungen bestehen in dem **Gebot des Bieters bzw. Ersteigerers**, welches das Angebot darstellt, und in dem **Zuschlag durch den Versteigerer**, bei dem es sich um die Annahme – „kommt durch den Zuschlag zustande" – handelt[234]. Damit stellt das Gesetz klar, dass die Ausrufung eines Gegenstandes zur Versteigerung seitens des Auktionators noch kein Angebot ist, sondern die Einladung an die Bieter der Versteigerung zur Abgabe von Geboten (Angeboten), mithin eine **bloße** *invitatio ad offerendum*[235]. Im Hinblick darauf, dass es sich bei Gebot und Zuschlag um Willenserklärungen handelt, gelten die **allgemeinen Regeln über Willenserklärungen** und Verträge[236]. Eine Einschränkung gilt insoweit, als der Zuschlag nicht als empfangsbedürftige Willens-(Annahme-)erklärung ausgestaltet ist[237].

Die in § 156 Satz 2 getroffene Erlöschensregelung bestimmt zwei besondere Erlöschensgründe für das im Rahmen einer Versteigerung abgegebene Gebot, und zwar die Abgabe eines **Übergebots**, worunter das dem vorangegangenen Gebot unmittelbar nachfolgende günstigere Gebot zu verstehen ist[238], sowie die **Schließung der Versteigerung** ohne Erteilung des Zuschlags. Darüber hinaus findet § 146 insoweit Anwendung, als ein Gebot auch seitens des Versteigerers abgelehnt werden kann[239].

Auch wenn der Zuschlag durch den Auktionator die Annahme des Gebots dar- **292** stellt und damit den Vertrag zustande bringt, bedeutet das nicht notwendig, dass der Auktionator auch **Vertragspartner** wird. Das ist nur dann der Fall, wenn der

---

231 S. BGHZ 138, 339 (342); zum Begriff der Versteigerung s. auch *Alpmann/Brockhaus* (Hrsg.), Fachlexikon Recht.
232 Z. B. § 383, Versteigerung hinterlegungsunfähiger Sachen, oder auch § 1219, Versteigerung durch Pfandgläubiger bei drohendem Verderb des Pfands.
233 Z. B. die Durchführung einer Kunstauktion, s. etwa BGH NJW 1983, 1186, oder auch einer freiwilligen Grundstücksversteigerung, BGHZ 138, 339.
234 BGHZ 138, 339 (342); BGH NJW 1983, 1186 (1186); NJW 2005, 53 (54).
235 BGHZ 138, 339 (342); s. oben Rn. 264 f. zur *invitatio ad offerendum*.
236 BGHZ 138, 339 (342): So müssen bei der Versteigerung eines Grundstücks wegen der Formbedürftigkeit des Grundstückskaufvertrages (§ 311b Abs. 1) Gebot und Zuschlag notariell beurkundet werden.
237 BGHZ 138, 339 (342). Das macht mittelbar § 15 BeurkG deutlich, wonach ein Bieter auch dann an sein Gebot gebunden bleiben kann, wenn er sich vor dem Schluss der Versteigerung entfernt.
238 *Soergel/M. Wolf*, BGB, § 156 Rn. 6.
239 *Soergel/M. Wolf*, BGB, § 156 Rn. 8.

Versteigerer den Zuschlag als Annahmeerklärung im eigenen Namen erteilt[240]. Handelt er hingegen in fremdem Namen als **Vertreter des Einlieferers**, so kommt der Vertrag zwischen diesem und dem Bieter, dessen Gebot den Zuschlag erhalten hat, zustande[241].

§ 156 betrifft nur den **schuldrechtlichen Vertrag**, also das Zustandekommen des Verpflichtungsgeschäfts[242].

> **Bsp.:** Wird also im Rahmen einer Versteigerung ein Kaufvertrag über ein Grundstück geschlossen, wobei wegen § 311b Abs. 1 Gebot und Zuschlag der notariellen Beurkundung bedürfen, so ist für die Eigentumsübertragung am Grundstück vom Veräußerer auf den Erwerber noch das Verfügungsgeschäft[243] erforderlich, also nach § 873 Abs. 1 die Einigung über den Eigentumsübergang (Auflassung § 925) und die Eintragung in das Grundbuch[244]. Des Weiteren ist zur Erfüllung der Verpflichtung zur Zahlung des Kaufpreises noch das Verfügungsgeschäft zur Übertragung des Eigentums am Geld notwendig (§ 929).

293   Von einer Versteigerung i.S.d. § 156 zu unterscheiden sind sog. **Internetauktionen**[245], bei denen der Veranstalter eine Plattform im Internet bereitstellt, mittels derer Personen auf einer Angebotsseite für bestimmte Zeit ausgehend von einem Mindestpreis einen Gegenstand zum Kauf anbieten können, den der Bieter mit dem höchsten Gebot erwirbt, und der Veranstalter nach den zugrunde liegenden Teilnahmebedingungen lediglich als Empfangsvertreter[246] von Willenserklärungen der Teilnehmer fungiert[247]. Das Einstellen des Kaufgegenstands auf der Angebotsseite stellt ein verbindliches Angebot zum Verkauf dar, das durch den Bieter mit dem Höchstpreisgebot angenommen wird[248]. Der **Unterschied zur herkömmlichen Versteigerung** i.S.d. § 156 liegt darin, dass bei dieser Art der Internet-Auktion der Vertrag nicht durch Zuschlag als Willenserklärung des Veranstalters der Internet-Auktion zustande kommt[249], sondern durch Annahme des Angebots durch den Höchstpreisbietenden. Die Abgrenzung zur Versteigerung i.S.d. § 156 hat u.a. deshalb Bedeutung, weil das **Widerrufsrecht des Verbrauchers bei Fernabsatzverträgen**[250] nach § 312d Abs. 1 Satz 1 i.V.m. § 355 nicht bei Fernabsatzver-

---

240 BGH NJW 1983, 1186 (1186).
241 S. § 164 Abs. 1, dazu vgl. Rn. 615 ff. Darüber hinaus ist es möglich, dass der Versteigerer auf Grund eines Versteigerungsauftrags als Vertreter eines Bieters ein Gebot abgibt, wobei in dem Auftrag zugleich eine stillschweigende Befreiung von dem Verbot des Insichgeschäfts nach § 181 zu sehen ist, wenn der Auktionator als Vertreter beider Seiten tätig wird, s. BGH NJW 1983, 1186 (1187); zu § 181 s. Rn. 657 ff.
242 S. zum Begriff oben Rn. 194.
243 Zum Begriff s. oben Rn. 195 f.
244 S. BGHZ 138, 339 (347).
245 Z. B. auf der Website der eBay International AG, dazu BGH NJW 2005, 53 ff.
246 § 164 Abs. 3.
247 S. die auszugsweise wiedergegebenen Bedingungen der „r.de" in BGHZ 149, 129 (130).
248 BGH NJW 2005, 53 (54); s. auch BGHZ 149, 129 (133 f.), hier hat der BGH offen gelassen, worin Angebot und Annahme liegen. Rechtlich möglich ist es auch, in dem Einstellen auf der Angebotsseite eine antizipierte Annahme zu sehen, so dass der Höchstpreisbieter das Angebot erklärt, s. BGHZ 149, 129 (133 f.).
249 BGH NJW 2005, 53 (54); BGHZ 149, 129 (133).
250 S. § 312b und Rn. 319.

trägen in der Form von Versteigerungen nach § 156 besteht (§ 312d Abs. 4 Nr. 5).[251]

6. Dissens

Der Vertrag kommt durch zwei übereinstimmende Willenserklärungen zustande **294** und stellt insoweit einen rechtsverbindlichen Konsens zwischen den Parteien dar[252]. Fehlt es an der erforderlichen Übereinstimmung der Willenserklärungen, so besteht kein Konsens zwischen den Beteiligten, sondern ein **Dissens bzw. Einigungsmangel**, der unter Zugrundelegung des vorgenannten Ausgangspunkts dem Zustandekommen eines Vertrages mangels (vollständiger) Übereinstimmung des jeweils rechtlich Gewollten entgegensteht.

Das Gesetz enthält für den Fall eines Einigungsmangels zwischen den Parteien zwei Regelungen, und zwar unterschieden danach, ob es sich um einen **offenen Einigungsmangel** (§ 154) oder einen **versteckten Einigungsmangel** (§ 155) handelt.[253] Beide Bestimmungen machen deutlich, dass abweichend von dem Konsensprinzip das Fehlen einer vollständigen Einigung nicht zwangsläufig dazu führt, dass ein Vertrag nicht zustande kommt.

Gemäß § 154 Abs. 1 Satz 1 ist, solange nicht die Parteien sich über alle Punkte eines Vertrags geeinigt haben, über die nach der Erklärung auch nur einer Partei eine Vereinbarung getroffen werden soll, im Zweifel der Vertrag nicht geschlossen. Diese Bestimmung regelt den sog. **offenen Einigungsmangel bzw. Dissens.** Ihre Anwendung setzt voraus, dass ein Punkt, über den keine Einigung erzielt worden ist, **nach dem zum Ausdruck gelangten Willen** auch nur einer Partei **Vertragsinhalt werden sollte.** Hieran anknüpfend wird von einem offenen Einigungsmangel gesprochen, weil der Wille, einen bestimmten Punkt vertraglich zu regeln, nach außen gelangt und deshalb die Nichteinigung darüber zumindest einer Partei, wenn nicht beiden bewusst ist.

> **Bsp.:** A und B wollen einen Grundstückskaufvertrag schließen, bei dem der volle Kaufpreis von B spätestens ein halbes Jahr nach Vertragsschluss gezahlt werden soll. Im Zuge der Verhandlungen teilt der A dem B mit, dass er nur dann bereit sei, den Vertrag zu schließen, wenn ein Viertel des Kaufpreises sofort nach Vertragsschluss gezahlt werde. Daraufhin teilt der B dem A mit, dass sie sich bzgl. dessen Wunsch nach sofortiger Zahlung einer Teilsumme kurz vor der Beurkundung des Vertrages besprechen sollten, um die Einzelheiten zu klären. Der Grundstückskaufvertrag wird dann notariell beurkundet (§ 311b Abs. 1), ohne dass eine Regelung über die sofortige Teilzahlung erfolgt.[254] – Hier liegt ein offener Einigungsmangel vor, weil beiden Parteien bewusst ist, dass die von A gewünschte Regelung über eine sofortige Teilzahlung nicht aufgenommen wurde. Dem steht nicht entgegen, dass beide Parteien in der Vertragsschlusssituation nicht an die Aufnahme der Regelung gedacht haben. Aufgrund der Erklärung des A zuvor war beiden klar, bewusst, dass eine entsprechende Regelung getroffen werden sollte.

---

251 S. hierzu näher *Paal* JuS 2010, 953 (955 f.).
252 S. schon oben Rn. 256.
253 S. zum Dissens auch *Petersen* JURA 2009, 419.
254 Vgl. den Sachverhalt BGH NJW 1998, 3196.

295   Bei § 154 Satz 1 handelt es sich um eine sog. **Auslegungsregel**[255]. Es wird nämlich bestimmt, dass trotz des Fehlens einer Einigung über alle Punkte, die auch nur aufgrund der Erklärung einer Partei aufgenommen werden sollten, der Vertrag nur „im Zweifel" nicht zustande kommt. Wollen sich die Parteien gleichwohl erkennbar vertraglich binden, dann ist § 154 Satz 1 unanwendbar[256], weil eben kein Zweifel besteht, dass der Vertrag gleichwohl geschlossen werden soll. Damit räumt das Gesetz dem Willen der Parteien zur vertraglichen Bindung trotz fehlender Vereinbarung über alle der von einer Partei oder beiden Parteien gewollten Punkte, wenn er denn zum Ausdruck gelangt, den Vorrang ein vor dem Nichtzustandekommen des Vertrages mangels vollständiger Einigung. Die Frage, ob ein entsprechender Bindungswille der Parteien vorliegt, ist durch Auslegung zu ermitteln, insb. kann sich der Bindungswille konkludent aus den Umständen ergeben[257]. Das ist vor allem der Fall, wenn die Parteien im beiderseitigen Einverständnis mit der **tatsächlichen Durchführung** des unvollständigen Vertrages begonnen oder diese sogar abgeschlossen haben[258]. Der Bindungswille kann je nach den Umständen auch aus einer trotz fehlender vollständiger Einigung vollzogenen **notariellen Beurkundung** des Vertrages entnommen werden[259], oder etwa bei einem **bestehenden Kontrahierungszwang**[260] daraus, dass nach der Lebenswirklichkeit von der Vorstellung der Parteien auszugehen ist, Leistungen nicht in einem vertragslosen Zustand auszutauschen[261].

> **Bsp.:** Die X-KG, die mit Weinen handelt, sucht für einen ausgeschiedenen Vertreter einen Ersatz zur Betreuung des Raumes Norddeutschland. Der H bot seine Mitarbeit als freier Handelsvertreter an. In den Vertragsverhandlungen konnten sich die Parteien nicht über die Höhe einer von H zu zahlenden Abfindung für die Übernahme des Gebiets einigen. Gleichwohl vermittelte der H ab einem bestimmten Zeitpunkt laufend den Abschluss von Lieferverträgen für die X-KG und unterstützte deren Verkauf. Die X-KG vergütete die Tätigkeit des H entsprechend der eines Handelsvertreters. – Trotz fehlender Einigung über die Höhe der Abfindung haben die Parteien hier durch den bewussten Vollzug des unvollständigen Vertrags zu erkennen gegeben, dass dieser wirksam sein soll, sie haben ihren Bindungswillen zum Ausdruck gebracht[262].

Die vorstehenden Grundsätze gelten nicht nur dann, wenn bzgl. eines **Nebenpunktes** des Vertrags ein Dissens vorliegt[263]. Sie können auch zum Tragen kommen, wenn über einen **wesentlichen Vertragsbestandteil** zwischen den Parteien keine vollständige Einigung erzielt worden ist, sofern aus ihrem Verhalten und den Umständen der Wille zur vertraglichen Bindung entnommen werden kann. So findet die Zweifelsregelung des § 154 Satz 1 keine Anwendung in den Fällen, in denen bei einem Kaufvertrag Uneinigkeit über die Höhe des Kaufpreises besteht und aufgrund eines Kontrahierungszwangs oder einer vergleichbaren Situation davon auszugehen ist, dass die Parteien den Leistungsaustausch nicht in einem

---

255   BGHZ 41, 271 (275); BGH NJW 1997, 2671 (2671); NJW 2000, 354 (356).
256   BGH NJW 1983, 1727 (1728); NJW 1997, 2671 (2671); BGHZ 119, 283 (288).
257   BGH NJW 1983, 1727 (1728); s. auch NJW 2000, 354 (356 f.).
258   BGH NJW 1983, 1727 (1728); NJW 2000, 354 (356).
259   So BGH NJW 1997, 2671 (2671); anders aber im Fall NJW 1998, 3196 (3196).
260   Zum Begriff s. oben Rn. 258.
261   So BGHZ 41, 271 (275); s. auch BGH NJW 1983, 1777.
262   BGH NJW 1983, 1727 (1728).
263   So aber etwa Hk-BGB/*Dörner,* § 154 Rn. 3.

vertragslosen Zustand durchführen wollen[264]. Wenn demgegenüber gesagt wird, § 154 sei „nur" unanwendbar, wenn sich die Parteien erkennbar vertraglich binden wollen und der offene Dissens sich nicht auf die *essentialia negotii* bezieht[265], dann trifft das insoweit zu, als eine fehlende Einigung über den wesentlichen Inhalt des Vertrags wie Vertragstyp und die zu erbringenden Leistungen grds.[266] das Zustandekommen des Vertrags hindert[267]. Es bedeutet jedoch nicht, dass bei Feststehen dieses Inhalts in jeder Hinsicht eine vollständige Einigung erzielt worden sein muss[268].

Ist es nicht zu einer vollständigen Einigung zwischen den Parteien gekommen und der Vertrag gleichwohl nach den vorstehenden Grundsätzen geschlossen, so besteht hinsichtlich des nicht geregelten Punktes eine sog. **Lücke**[269]. Diese muss dann im Wege einer **ergänzenden Vertragsauslegung**[270] oder durch die **(analoge) Anwendung gesetzlicher Regeln** geschlossen werden[271].

§ 154 Abs. 1 Satz 2 ergänzt die Zweifelsregelung des Satzes 1 dahingehend, dass eine Verständigung über einzelne Punkte auch dann nicht zu einem Vertragsschluss führt, wenn eine Aufzeichnung stattgefunden hat. Diese sog. **Punktuation**[272] ändert also nichts daran, dass bei Vorliegen eines Einigungsmangels und nicht erkennbarem Bindungswillen der Parteien im Übrigen der Vertrag nicht zustande kommt.

§ 154 Abs. 2 enthält eine weitere Auslegungsregel, wonach für den Fall, dass eine **Beurkundung des beabsichtigten Vertrages** vereinbart worden ist, der Vertrag im Zweifel nicht zustande kommt, bis die Beurkundung erfolgt ist. Nach allg. Ansicht ist unter einer Beurkundung i.S.d. § 154 Abs. 2 nicht nur die notarielle Beurkundung nach § 128, sondern auch die Errichtung einer **privatschriftlichen Urkunde** zu verstehen.[273]

> **Bsp.:** Die Parteien eines Kaufvertrages haben Schriftform nach §§ 126, 127 Abs. 1 verabredet. Aus der Zweifelsregelung des § 154 Abs. 2 folgt, dass der Kaufvertrag erst geschlossen ist, wenn die Anforderungen des § 126 Abs. 1, Abs. 2 erfüllt sind.

Aber auch § 154 Abs. 2 ist nur eine **Zweifelsregelung**. Diese ist unanwendbar, wenn der Bindungswille der Parteien erkennbar geworden ist, den Vertrag trotz Fehlens der verabredeten Form als wirksam anzusehen[274]. So ist aus der Durch-

---

264 BGHZ 41, 271 (274 ff.); BGH NJW 1983, 1777.
265 BGH NJW 1997, 2671 (2671).
266 S. aber §§ 612 Abs. 1, 632 Abs. 1.
267 S. Hk-BGB/*Dörner*, § 154 Rn. 2, der davon spricht, dass § 154 Abs. 1 Satz 1 stillschweigend voraussetzt, dass ein Vertrag nicht geschlossen ist, solange die Parteien über die *essentialia negotii* keine Einigung erzielt haben; s. auch BGHZ 41, 271 (274) bezogen auf den Kaufvertrag: Danach ist wesentliches Erfordernis für das Zustandekommen des Kaufvertrages, dass die Vertragspartner über den Kaufpreis oder doch wenigstens über die Art der Bestimmung des Kaufpreises einig sind, gleichwohl kann auch bei fehlender Einigung über den Kaufpreis ein wirksamer Vertrag zustande kommen.
268 S. zur Kaufpreishöhe BGHZ 41, 271 (275 f.).
269 S. nur BGHZ 41, 271 (275 f.).
270 S. noch folgend Rn. 297.
271 S. nur BGHZ 41, 271 (275 f.); BGH NJW 1983, 1777; NJW 1997, 2671 (2672).
272 S. nur Palandt/*Ellenberger*, BGB, § 154 Rn. 1.
273 S. nur Palandt/*Ellenberger*,BGB, § 154 Rn. 4.
274 BGHZ 119, 287 (291).

führung eines Vertrages ohne die verabredete Beurkundung der Wille zur vertraglichen Bindung zu entnehmen, zugleich ist darin die stillschweigende Aufhebung der verabredeten Form zu sehen, § 154 Abs. 2 kommt nicht zum Tragen[275].

296   Die Vorschrift des § 155 regelt den sog. **versteckten Einigungsmangel bzw. Dissens.** Danach gilt für den Fall, dass sich die Parteien bei einem Vertrag, den sie als geschlossen ansehen, über einen Punkt, über den eine Vereinbarung getroffen werden sollte, in Wirklichkeit nicht geeinigt haben, das Vereinbarte, wenn davon auszugehen ist, dass sie den Vertrag auch ohne Regelung dieses Punktes geschlossen hätten. Diese Bestimmung findet nur Anwendung, wenn die Erklärungen der Parteien sich ihrem Inhalt nach nicht decken. Nicht ausreichend ist es für die Annahme eines versteckten Dissens', dass die Parteien Verschiedenes gewollt haben[276]. Ob sich die Erklärungen der Parteien ihrem Inhalt nach decken, ist **durch Auslegung der jeweiligen Erklärung** nach dem objektiven Empfängerhorizont zu ermitteln[277]. Stimmen hiernach die Erklärungen überein, liegt kein versteckter Einigungsmangel vor. Für den, der in Wirklichkeit etwas anderes gewollt hat, bleibt nach Maßgabe der §§ 119 ff. die Möglichkeit der Anfechtung.

> **Bsp.:** Sportkleidungshändler S bestellt bei Hersteller H 50 Herrenskipullover, Farbe grau. H schreibt zurück, er liefere die gewünschten Pullover. In Wirklichkeit glaubt er, es seien 50 Damenskipullover bestellt worden. – Hier liegen zwei übereinstimmende Willenserklärungen vor, ein Vertrag ist über 50 Herrenskipullover, Farbe grau, zustande gekommen. Die Erklärungen stimmen aus der Sicht des jeweils objektiven Empfängerhorizonts überein. Die Tatsache, dass H in Wirklichkeit etwas anderes wollte, kann ihn höchstens zur Anfechtung berechtigen. Mangels Dissens' auf der Ebene der objektiven Erklärungsbedeutung ist § 155 nicht anwendbar.

§ 155 kommt des Weiteren nicht zur Anwendung, wenn der versteckte Einigungsmangel einen **wesentlichen Vertragsbestandteil** betrifft[278]. Hier kann der Vertrag wegen der fehlenden Einigung von vornherein nicht zustande kommen[279].

> **Bsp.:** T aus Tschechien und S aus der Slowakei schließen in Deutschland einen Kaufvertrag und bezeichnen den Kaufpreis in Kronen. Dabei denkt jeder der Vertragspartner an seine Landeswährung, T meint also tschechische Kronen, während S von slowakischen Kronen ausgeht. – Im Hinblick darauf, dass die Höhe des Kaufpreises wesentlicher Vertragsbestandteil ist und die Parteien hier keine Einigung erzielt haben, ist von vornherein ein Vertrag nicht geschlossen worden. § 155 ist unanwendbar.

Betrifft der versteckte Einigungsmangel einen **Nebenpunkt**, der nicht geregelt worden ist, so kommt der Vertrag mit dem von den Parteien im Übrigen vereinbarten Inhalt zustande, sofern davon auszugehen ist, dass die Parteien den Vertrag auch ohne Regelung über diesen Punkt geschlossen hätten. § 155 enthält danach eine Auslegungsregel, wonach bei verstecktem Dissens grds. kein Vertrag geschlossen ist. Etwas anderes gilt jedoch ausnahmsweise dann, wenn unter **Berücksichtigung des mutmaßlichen Willens** der Vertragsparteien davon auszugehen ist, dass diese den Vertrag auch ohne Regelung dieses Punktes geschlossen hätten. Für die Er-

---

275 S. BGH NJW 2000, 354 (357).
276 S. BGH NJW 1993, 1798 (1798); BGH NJW 2003, 743.
277 S. nur Palandt/*Ellenberger*, BGB, § 155 Rn. 2; zur Auslegung von empfangsbedürftigen Willenserklärungen s. oben Rn. 245 ff.
278 S. *Larenz/Wolf*, BGB AT, § 29 Rn. 81; Palandt/*Ellenberger*, BGB, § 155 Rn. 1.
279 S. auch Hk-BGB/*Dörner*, § 155 Rn. 2.

mittlung des mutmaßlichen Parteiwillens ist auf den Inhalt des zwischen den Parteien Vereinbarten und deren Verhalten abzustellen[280].

> **Bsp.:** Händler A macht dem Hersteller H ein Angebot über den Kauf von Waren und weist dabei auf seine Einkaufsbedingungen hin. H nimmt das Angebot des A an und verweist dabei auf seine zum Teil abweichenden Lieferbedingungen[281]. – Hier fehlt es zwischen den Parteien an einer Einigung, welche Allgemeinen Geschäftsbedingungen Inhalt des Vertrages geworden sind. Ist das den Parteien nicht bewusst geworden, so handelt es sich um einen versteckten Einigungsmangel. Nach der Auslegungsregel des § 155 kommt es für das Zustandekommen des Vertrags darauf an, ob die Parteien ihrem mutmaßlichen Willen nach den Vertrag auch geschlossen hätten, wenn ihnen im Zeitpunkt des Vertragsschlusses bewusst gewesen wäre, dass ihre jeweiligen Geschäftsbedingungen nicht deckungsgleich sind. Rückschlüsse insoweit können etwa aus der wirtschaftlichen Bedeutung des Geschäfts wie auch daraus gezogen werden, ob die Parteien den Vertrag trotz eines späteren Bewusstwerdens des Einigungsmangels durchgeführt haben. Der BGH hat in einem solchen Fall § 150 Abs. 2[282] angewandt, den Parteien jedoch nach Treu und Glauben eine Berufung auf das Nichtzustandekommen des Vertrags versagt, weil die Parteien den Vertrag erfüllt hatten[283]. Näher liegend ist in einem solchen Fall wohl eine Lösung über § 155 unter Anknüpfung an den mutmaßlichen Parteiwillen[284].

Die bei Geltung des Vertrags nach Maßgabe des § 155 bestehende Regelungslücke ist im Wege ergänzender Vertragsauslegung[285] oder durch gesetzliche Regelungen auszufüllen[286].

7. Vertragsauslegung

Gem. § 157 sind Verträge so auszulegen, wie Treu und Glauben mit Rücksicht **297** auf die Verkehrssitte es erfordern. Das Gesetz bestimmt damit für die Auslegung von Verträgen einen **objektiven Maßstab**[287], Treu und Glauben mit Rücksicht auf die Verkehrssitte, der von der in § 133 für Willenserklärungen normierten Auslegungsregel, Erforschung des wirklichen Willens, abweicht. Bereits im Zusammenhang mit der Auslegung empfangsbedürftiger Willenserklärungen ist näher dargelegt worden, dass deren rechtlicher Gehalt im Interesse des Vertrauens des Rechtsverkehrs grds. aus der Sicht des **objektiven Empfängerhorizonts** zu beurteilen ist[288], der rechtlich maßgebende Wille sich also danach bestimmt, wie der im äußeren Tatbestand der Willenserklärung zum Ausdruck gelangte Wille seinem objektiven Erklärungswert nach für den Empfänger zu verstehen ist. Im Hinblick darauf, dass der Vertrag aus zwei übereinstimmenden empfangsbedürftigen Willenserklärungen besteht, ist es deshalb nur konsequent, dass der Inhalt des Vertrags, das, was die Parteien übereinstimmend rechtlich wollen, nach objektiven Kriterien festgestellt werden muss. Insoweit unterscheidet sich die Auslegung von

---

280 S. auch Hk-BGB/*Dörner*, § 155 Rn. 6.
281 S. den Sachverhalt BGHZ 61, 282.
282 S. dazu oben Rn. 283.
283 BGHZ 61, 282 (288 f.).
284 S. auch MünchKomm/*Kramer*, BGB, § 154 Rn. 7 in Stellungnahme zu BGHZ 61, 282, allerdings von dem Vorliegen eines bewussten Einigungsmangels ausgehend.
285 Dazu noch folgend Rn. 297.
286 S. nur *Larenz/Wolf*, BGB AT, § 29 Rn. 87.
287 S. nur BGHZ 9, 273 (278).
288 S. näher oben Rn. 245 ff. sowie *Biehl* JuS 2010, 195.

empfangsbedürftigen Willenserklärungen und von Verträgen nicht, was durch die gemeinsame Heranziehung der §§ 133, 157 deutlich gemacht wird[289]. Praktisch bedeutet das für die Ermittlung des Vertragsinhalts, dass der rechtliche Gehalt der Willenserklärungen der Vertragsparteien aus der Sicht des objektiven Empfängerhorizonts, wie musste der jeweilige Empfänger nach Treu und Glauben und nach der Verkehrsanschauung die ihm zugegangene Erklärung verstehen, zu ermitteln und danach festzustellen ist, ob und mit welchem Inhalt ein Vertrag zustande gekommen ist[290]. Die demgemäß an dem äußeren Tatbestand der jeweiligen Willenserklärungen anknüpfende objektive Sinnermittlung des Vertragsinhalts ist nur dann nicht maßgebend, wenn abweichend von dem nach außen Erklärten **der wirkliche Wille des Erklärenden ein anderer ist und der Empfänger diesen Willen gekannt und die Erklärung auch in diesem Sinne verstanden hat**[291]. Hierzu gehören auch die Fallkonstellationen, in denen die Vertragspartner bewusst oder unbewusst Falschbezeichnungen verwenden, beide jedoch in ihrem wirklichen Willen übereinstimmen.[292] Hier kommt der Vertrag dann unabhängig von dem nach außen Erklärten mit dem Inhalt zustande, der dem wirklichen Willen der Parteien entspricht.

Der Vertrag kann wirksam geschlossen werden und trotzdem unvollständig sein. Das kann z.B. auf einem offenen oder versteckten Einigungsmangel beruhen[293] oder darauf, dass eine von den Parteien getroffene Regelung des Vertrages unwirksam ist[294] oder auch darauf, dass sich nach Vertragsschluss die den Parteien im Zeitpunkt der Vereinbarung bekannten maßgebenden tatsächlichen oder rechtlichen Umstände geändert haben[295]. In solchen Fällen der Unvollständigkeit des Vertrages wird von einer **Vertragslücke** gesprochen[296], die dann vorliegt, wenn der Vertrag innerhalb des durch diesen gesteckten Rahmens oder innerhalb der wirklich gewollten Vereinbarungen ergänzungsbedürftig ist[297]. Eine Vertragslücke ist durch **Regelungen des dispositiven Gesetzesrechts** oder durch die sog. **ergänzende Vertragsauslegung** zu schließen[298]. Insoweit ist für Letztere kein Raum, wenn dispositive Gesetzesregelungen zur Schließung der Lücke bestehen[299].

> **Bsp.:** A und B schließen ein Kaufvertrag, ohne zu bestimmen, an welchem Ort der B die geschuldete Leistung zu erbringen hat, obwohl eine entsprechende Regelung nach dem Willen des A getroffen werden sollte. – Diese Unvollständigkeit des Vertrages wird durch die abdingbare Regelung des § 269 Abs. 1 ausgefüllt: Danach hat für den Fall, dass der Ort der Leistung nicht bestimmt worden und auch nicht aus dem Umständen zu entnehmen ist, die Leistung an dem Ort zu erfolgen, an welchem der Schuldner (hier B) zur Zeit der Entstehung des Schuldverhältnisses seinen Wohnsitz hatte.

---

289 S. z.B. BGHZ 147, 75 (78); BGH NJW 1994, 188 (189) und oben Rn. 244.
290 S. zur Bestimmung des Vertragsinhalts *Larenz/Wolf*, BGB AT, § 33 Rn. 5 f.
291 S. oben Rn. 245 f.
292 *Falsa demonstratio non nocet*, dazu schon oben Rn. 246 mit Bsp. und Nachweisen.
293 Dazu oben Rn. 294 ff.
294 S. z.B. BGHZ 90, 69 zur Unwirksamkeit einer Klausel in Allgemeinen Geschäftsbedingungen.
295 S. z.B. BGHZ 7, 231 zur Einführung unterschiedlicher Währungen nach Vertragsschluss.
296 S. BGHZ 9, 273 (277); 41, 271 (275 f.); 77, 301 (304); 90, 69 (74); BGH NJW 1997, 2671 (2672).
297 So die Beschreibung der Vertragslücke in BGHZ 77, 301 (304).
298 BGHZ 90, 69 (74)und BGH NJW 1997, 2671 (2672).
299 BGHZ 90, 69 (75).

Steht eine dispositive Gesetzesvorschrift nicht zur Verfügung, so hat die Lückenschließung im Wege der **ergänzenden Vertragsauslegung** zu erfolgen. Diese hat ihre rechtliche Grundlage in den Bestimmungen der §§ 157, 133[300] und hat zu klären, wie die Vertragsparteien den Vertrag in dem ungeregelt gebliebenen Punkt gestaltet hätten, wenn ihnen die Unvollständigkeit bewusst gewesen wäre, wobei die Grundsätze von Treu und Glauben zu berücksichtigen sind[301]. Entscheidend für die Schließung einer Vertragslücke ist danach, wie die Parteien versucht haben, ihre jeweiligen Interessen miteinander in Einklang zu bringen, wofür der Inhalt des Vertrags sowie die Umstände, unter denen er abgeschlossen worden ist, maßgebend sind[302].

> **Bsp.:** K kauft in dem Küchenstudio des V eine neue Küche. Im Vertrag wird vereinbart, dass der V die Küche anliefert. Über die Frage, ob auch der Aufbau der Küche zu den Pflichten des V gehört, wird keine Regelung getroffen, hieran haben weder der K noch der V gedacht, obwohl eigentlich auch insoweit eine Vereinbarung geschlossen werden sollte. – Geht man hier davon aus, dass der Kaufvertrag trotz des versteckten Einigungsmangels (§ 155) zustande gekommen ist, so ist der Vertrag unvollständig, was die Frage des Aufbaus der Küche angeht. Hier ist nach dem Vertragsinhalt unter Berücksichtigung von Treu und Glauben zu ermitteln, was die Parteien, wäre ihnen das Fehlen der Regelung bewusst gewesen, vereinbart hätten. Insoweit ist etwa von Bedeutung, ob die Parteien einen Preis vereinbart haben, bei dessen Höhe davon auszugehen ist, dass der Aufbau der Küche inbegriffen sein sollte.

III. Kontrolle von Allgemeinen Geschäftsbedingungen in Verträgen

Literatur: *Borges*, Preisanpassungsklauseln in der AGB-Kontrolle, DB 2006, 1199; *Grünberger*, Der Anwendungsbereich der AGB-Kontrolle, JURA 2009, 249; *Schäfer*, Vertragsschluss unter Einbeziehung von Allgemeinen Geschäftsbedingungen gegenüber Fremdmuttersprachlern, JZ 2003, 879; *Petersen*, Die Einbeziehung Allgemeiner Geschäftsbedingungen, JURA 2010, 667; *Wank/Maties*, Allgemeine Geschäftsbedingungen in der Arbeitsrechtsklausur, JURA 2010, 1;
Rechtsprechung: BGHZ 149, 129 (Abschluss und Wirksamkeit eines Kaufvertrages bei einer Internet-Auktion, Einbeziehung von AGB; §§ 116, 130 Abs. 1 Satz 1, 145 ff., 156, 164 Abs. 3, 762 BGB, §§ 1, 9 ff. AGBG = §§ 305, 307 ff. n. F. BGB); BGHZ 90, 69 – *Tagespreisklausel* (Ausfüllung der durch die Unwirksamkeit einer AGB-Klausel entstandenen Vertragslücke im Wege ergänzender Vertragsauslegung, Verbot der sog. geltungserhaltenden Reduktion unwirksamer AGB-Klauseln; §§ 133, 157, 315 f. BGB, § 6 AGBG = § 306 n. F. BGB, § 9 AGBG = § 307 n. F. BGB); BGHZ 61, 282 (Vereinbarung Allgemeiner Geschäftsbedingungen im Handelsverkehr, Kollision von Einkaufsbedingungen mit Verkaufsbedingungen; §§ 150 Abs. 2, 242 BGB, § 346 HGB).

1. Grund für die Kontrolle von Allgemeinen Geschäftsbedingungen

Nach § 305 Abs. 1 Satz 1 sind **Allgemeine Geschäftsbedingungen** alle für eine **298** Vielzahl von Verträgen vorformulierten Vertragsbedingungen, die eine Vertragspartei (Verwender) der anderen Vertragspartei bei Abschluss eines Vertrages stellt. Die in den Vorschriften der §§ 305 ff. gesetzlich geregelte Kontrolle von Allge-

---

300 BGHZ 90, 69 (75).
301 BGHZ 9, 273 (278 f.); 90, 69 (77).
302 S. *Larenz/Wolf*, BGB AT, § 33 Rn. 8.

meinen Geschäftsbedingungen ist vor dem Hintergrund und im Zusammenhang mit der **Privatautonomie** und ihrer Gewährleistung zu sehen.

Nach dem dem Bürgerlichen Recht zugrunde liegenden Gedanken der Privatautonomie wird davon ausgegangen, dass jede am Rechtsverkehr teilnehmende Person **eigenverantwortlich** unter anderem und insb. durch Verträge ihre Angelegenheiten regeln kann. Dieser Gedanke setzt nicht nur formal die Gleichrangigkeit aller Personen voraus, sondern vor allem auch materiell eine Position, auf deren Grundlage jeder in der Lage ist, im Vertragsschluss mit anderen gleichgewichtig seine Interessen behaupten und durchsetzen zu können, damit der Vertrag letztlich als „**fairer Kompromiss**" zwischen den Vertragsparteien angesehen werden kann. An einem solchen, das Konzept der Privatautonomie gleichsam bedingenden **Machtgleichgewicht** fehlt es dann, wenn eine der Vertragsparteien insb. aus wirtschaftlichen Gründen ein solches Übergewicht hat, dass sie den Vertragsinhalt einseitig nach ihren Vorstellungen bestimmen kann.

Wesentliche Erscheinungsform einer solch **einseitigen Bestimmung des Vertragsinhalts** sind seit jeher die Allgemeinen Geschäftsbedingungen, durch die das mit der Privatautonomie unter anderem verfolgte Ziel der Gewährleistung von Vertragsgerechtigkeit durch selbstverantwortliche Gestaltung etwa gleich starker Personen in Frage gestellt wird. Der Inhalt von Verträgen insb. im Bereich sog. **Massengeschäfte**, beispielhaft genannt seien der Kauf von PKW, der Abschluss von Versicherungsverträgen oder auch von Darlehensverträgen, wird durch Allgemeine Geschäftsbedingungen festgelegt, die von dem Verkäufer, dem Versicherungsunternehmen oder auch dem Kreditgeber vorformuliert werden. Die Gründe hierfür sind einerseits praktischer Natur insofern, als es bei Massengeschäften durchaus Sinn macht, nicht bei jedem Vertragsschluss erneut jede einzelne Vertragsbedingung zeitaufwendig aushandeln zu müssen. Vor allem aber werden Allgemeine Geschäftsbedingungen von dem überlegenen Vertragspartner verwendet, um die eigene Rechtsstellung zu stärken durch Minimierung der mit einem Vertrag verbundenen Risiken, etwa bezüglich der Frage der Haftung und deren Verlagerung auf die andere Vertragsseite. Das ist insofern leicht erreichbar, als die unterlegene Vertragspartei häufig die Allgemeinen Geschäftsbedingungen als das sog. Kleingedruckte gar nicht zur Kenntnis nimmt oder deren Bedeutung nicht erfasst wie auch im Regelfall keine Chance zur Änderung der vorgegebenen Bedingungen im Hinblick darauf hat, dass auf Seiten des Verwenders eine Bereitschaft zu deren Änderung gar nicht gegeben ist und der unterlegenen Vertragspartei deshalb nur die Möglichkeit bleibt, entweder den Vertrag zu den vorgegebenen Bedingungen abzuschließen oder von einem Vertragsschluss abzusehen.

Vor dem Hintergrund dieser alltäglichen einseitigen Bestimmung von Vertragsinhalten durch Allgemeine Geschäftsbedingungen verfolgen die Vorschriften der §§ 305 ff. über die Kontrolle von Allgemeinen Geschäftsbedingungen das **Ziel**, Missbräuche zu Lasten der unterlegenen Vertragspartei zu verhindern und zur Herstellung von Vertragsgerechtigkeit beizutragen. Systematisch sind bei der Kontrolle von Allgemeinen Geschäftsbedingungen gemäß den §§ 305 ff. drei Stufen zu unterscheiden. Zunächst ist zu prüfen, ob überhaupt der **Anwendungsbereich** der §§ 305 ff. eröffnet ist, das heißt, liegen Allgemeine Geschäftsbedingungen vor und ist nicht gleichwohl eine Kontrolle ausgeschlossen[303]. Sofern der Anwendungsbereich eröffnet ist, muss untersucht werden, ob die Allgemeinen Geschäfts-

---

303 S. folgend Rn. 299 ff.

bedingungen in den Vertrag einbezogen, das heißt **Vertragsinhalt** geworden sind[304]. Ist das der Fall, so ist auf einer dritten Stufe die eigentliche **Inhaltskontrolle**, sprich die Prüfung der Wirksamkeit der in Frage stehenden Allgemeinen Geschäftsbedingungen vorzunehmen[305].

Die Vorschriften der §§ 305 ff. sind durch das Gesetz zur Modernisierung des Schuldrechts vom 26.11.2001[306] in das BGB aufgenommen worden. Zuvor war das Gesetz zur Regelung des Rechts der Allgemeinen Geschäftsbedingungen (AGBG) vom 9.12.1976[307] die maßgebende Rechtsgrundlage für die Kontrolle von Allgemeinen Geschäftsbedingungen.

Nach § 3 UKlaG[308] können die dort bezeichneten Stellen Ansprüche auf Unterlassung und Widerruf nach § 1 UKlaG gegen denjenigen geltend machen, der in Allgemeinen Geschäftsbedingungen Bestimmungen, die nach den §§ 307–309 unwirksam sind, verwendet oder für den rechtsgeschäftlichen Verkehr empfiehlt. Damit können **Verbraucher- und Wirtschaftsverbände** unabhängig von einem konkreten Einzelfall gegen die Verwendung unwirksamer Allgemeiner Geschäftsbedingungen vorgehen.

2. Anwendbarkeit der §§ 305 ff.

→ *Sch 9 Rn. 757*

a) Vorliegen von Allgemeinen Geschäftsbedingungen. Die Kontrolle von Vertrags- **299** klauseln nach §§ 305 ff. kommt nur zur Anwendung, wenn es sich bei diesen um Allgemeine Geschäftsbedingungen handelt. Gemäß § 305 Abs. 1 Satz 1 sind Allgemeine Geschäftsbedingungen alle für eine **Vielzahl von Verträgen vorformulierten Vertragsbedingungen, die eine Vertragspartei (Verwender) der anderen Vertragspartei bei Abschluss eines Vertrages stellt.** Unter dem Begriff der Vertragsbedingungen sind alle Regelungen zu verstehen, die den Vertragsinhalt gestalten sollen[309]. Hierbei kann es sich um Regelungen bezogen auf Hauptleistungspflichten[310] und Nebenpflichten handeln. Nach § 305 Abs. 1 Satz 2 ist es für den Charakter Allgemeiner Geschäftsbedingungen irrelevant, ob die Bestimmungen einen äußerlich gesonderten Bestandteil des Vertrags bilden oder in die Vertragsurkunde selbst aufgenommen werden, welchen Umfang sie haben, in welcher Schriftart sie verfasst sind und welche Form der Vertrag hat.

Allgemeine Geschäftsbedingungen sind nur gegeben, wenn es sich um **vorformulierte Vertragsbedingungen** handelt. Das ist sowohl dann der Fall, wenn der Verwender die Vertragsbedingungen in schriftlicher Form vorbereitet und für die Einbeziehung in abzuschließende Verträge bereitstellt als auch dann, wenn sonstige ausgearbeitete Klauseln aus dem Gedächtnis üblicherweise eingefügt werden[311].

---

304 Dazu Rn. 302 ff.
305 Dazu Rn. 309 ff.
306 BGBl. 2001 I, 3138.
307 I. d. F. v. 29.6.2000, BGBl. 2000 I, 946.
308 Gesetz über Unterlassungsklagen bei Verbraucherrechts- und anderen Verstößen (Unterlassungsklagengesetz – UKlaG) i. d. F. der Bekanntmachung vom 27.8.2002, BGBl. 2002 I, 3422.
309 BGHZ 99, 374 (376); 133, 184 (187).
310 S. z.B. BGHZ 115, 391 (394).
311 BGH NJW 1988, 410 (411); NJW 1999, 2180 (2181).

Des Weiteren müssen Vertragsbedingungen für eine **Vielzahl von Verträgen** vorformuliert sein, damit es sich um Allgemeine Geschäftsbedingungen handelt. Insoweit ist nicht erforderlich, dass die Verwendung von Vertragsbedingungen für eine unbestimmte Vielzahl von Verträgen vorgesehen ist[312]. Als untere Grenze für eine Vielzahl von Verwendungsfällen sind mindestens drei beabsichtigte Verwendungen anzusetzen[313]. Liegt diese Absicht vor, so handelt es sich bereits bei der **erstmaligen Verwendung** der Vertragsbedingungen um Allgemeine Geschäftsbedingungen[314]. Bei **Verbraucherverträgen** – also Verträgen zwischen einem Unternehmer (§ 14) und einem Verbraucher (§ 13) – ist zu beachten, dass nach § 310 Abs. 3 Nr. 2 die dort genannten Regelungen der AGB-Kontrolle auf vorformulierte Vertragsbedingungen auch dann Anwendung finden, wenn diese nur zur **einmaligen Verwendung** bestimmt sind und soweit der Verbraucher aufgrund der Vorformulierung auf ihren Inhalt keinen Einfluss nehmen konnte. Die vorformulierten Vertragsbedingungen müssen seitens des Verwenders der anderen Partei bei Abschluss des Vertrages gestellt worden sein. Das **Merkmal des „Stellens"** der Vertragsbedingungen liegt vor, wenn der Verwender die Einbeziehung der vorformulierten Bedingungen in den Vertrag verlangt[315]. Bei Verträgen zwischen einem Unternehmer und einem Verbraucher gelten nach § 310 Abs. 3 Nr. 1 Allgemeine Geschäftsbedingungen als vom Unternehmer gestellt, es sei denn dass sie vom Verbraucher in den Vertrag eingeführt wurden.

Keine Allgemeinen Geschäftsbedingungen liegen nach § 305 Abs. 1 Satz 3 vor, wenn eine Vertragsbedingung zwischen den Vertragsparteien im Einzelnen ausgehandelt worden ist, insoweit wird von einer **Individualvereinbarung** gesprochen[316]. Hierfür ist maßgebend, ob der Verwender einer Vertragsbedingung dem Vertragspartner die ernsthafte Möglichkeit einer inhaltlichen Änderung der Regelung eingeräumt hat[317]. Die formularmäßige Aufforderung an den Vertragspartner, den Inhalt einer Formularerklärung durch Streichung einzelner Teile zu verändern, reicht für die Annahme einer Individualvereinbarung nicht aus[318]. Andererseits kann im Einzelfall eine Individualvereinbarung vorliegen, obwohl vorformulierte Vertragsbedingungen unverändert Vertragsinhalt geworden sind, wenn nur die verwendende Vertragspartei zur Abänderung der Bedingungen bereit war und dies dem Vertragspartner bei Vertragsschluss bewusst gewesen ist[319]. Die vorformulierten Vertragsbedingungen müssen **bei Vertragsschluss** gestellt werden. Nur dann können sie unter den Voraussetzungen des § 305 Abs. 2 Bestandteil des Vertrags werden[320]. Wird nachträglich, sprich nach Vertragsschluss auf die Verwendung von Allgemeinen Geschäftsbedingungen hingewiesen, z.B. auf einer Rechnung, so können die Allgemeinen Geschäftsbedingungen schon mangels Stellens bei Vertragsschluss nicht Inhalt des Vertrages geworden sein[321].

---

312 S. Palandt/*Grüneberg*, BGB, § 305 Rn. 9.
313 BGH NJW 1998, 2286 (2287); NJW 2002, 138 (139).
314 S. BGH NJW 1997, 135 (136).
315 Palandt/*Grüneberg*, BGB, § 305 Rn. 10.
316 S. nur BGHZ 85, 232 (236).
317 BGHZ 85, 232 (236); BGH NJW 1988, 410 (410).
318 BGH NJW 1987, 2011 (2011).
319 S. hierzu ausführlich BGH NJW 1977, 624 (625 ff.).
320 S. noch folgend Rn. 302.
321 S. BGH NJW 1983, 816 (817).

b) Ausschluss der AGB-Kontrolle. Trotz des Vorliegens Allgemeiner Geschäftsbe-   **300** dingungen kommt eine AGB-Kontrolle nicht bzw. nur in beschränktem Umfang in Betracht, wenn die **Anwendbarkeit** der Vorschriften über die AGB-Kontrolle ganz oder teilweise **ausgeschlossen ist.** Insoweit enthält § 310 Regelungen zum sachlichen und persönlichen Anwendungsbereich der §§ 305 ff.

Der **sachliche Anwendungsbereich** der Vorschriften über die AGB-Kontrolle wird zum einen in § 310 Abs. 4 näher bestimmt. Gemäß § 310 Abs. 4 Satz 1 finden die Vorschriften keine Anwendung bei Verträgen auf dem Gebiet des Erb-, Familien- und Gesellschaftsrechts sowie auf Tarifverträge, Betriebs- und Dienstvereinbarungen. Hingegen unterfallen Arbeitsverträge der AGB-Kontrolle, wobei allerdings die im Arbeitsrecht geltenden Besonderheiten angemessen zu berücksichtigen sind (§ 310 Abs. 4 Satz 2). Zum anderen wird der sachliche Anwendungsbereich der §§ 305 ff. nach § 310 Abs. 2 insofern beschränkt, als die §§ 308 und 309 keine Anwendung auf Verträge der Elektrizitäts-, Gas-, Fernwärme- und Wasserversorgungsunternehmen über die Versorgung von Sonderabnehmern mit elektrischer Energie, Gas, Fernwärme und Wasser aus dem Versorgungsnetz, soweit die Versorgungsbedingungen nicht zum Nachteil der Abnehmer von Verordnungen über die Allgemeinen Bedingungen über die Versorgung von Tarifkunden mit elektrischer Energie, Gas, Fernwärme und Wasser abweichen, finden.

Eine Beschränkung des **persönlichen Anwendungsbereichs** enthält § 310 Abs. 1   **301** Satz 1. Danach finden §§ 305 Abs. 2, Abs. 3 und die §§ 308 und 309 keine Anwendung auf Allgemeine Geschäftsbedingungen, die gegenüber einem Unternehmer, einer juristischen Person des öffentlichen Rechts oder einem öffentlich-rechtlichen Sondervermögen verwendet werden. Gemäß § 310 Abs. 2 findet § 307 Abs. 1 und 2 in den Fällen des § 310 Abs. 1 Satz 1 auch insoweit Anwendung, als dies zur Unwirksamkeit von den in den §§ 308 und 309 genannten Vertragsbestimmungen führt, wobei auf die im Handelsverkehr geltenden Gewohnheiten und Gebräuche angemessen Rücksicht zu nehmen ist. Schließlich trifft § 310 Abs. 3 bezogen auf Verbraucherverträge besondere Regelungen, die zugunsten des Verbrauchers von den allgemeinen Vorschriften der AGB-Kontrolle abweichende Bestimmungen enthalten.

3. Einbeziehung von Allgemeinen Geschäftsbedingungen

Der Begriff der Allgemeinen Geschäftsbedingungen impliziert zwar, dass die vor-   **302** formulierten Vertragsbedingungen vom Verwender der anderen Vertragspartei bei Abschluss eines Vertrages gestellt werden (§ 305 Abs. 1 Satz 1). Das bedeutet jedoch nicht, dass die Allgemeinen Geschäftsbedingungen damit auch Inhalt des Vertrages werden. Das ist vielmehr nur dann der Fall, wenn die andere Vertragspartei mit der Zugrundelegung der Allgemeinen Geschäftsbedingungen als Teil ihrer auf den Vertragsschluss gerichteten Willenserklärung einverstanden ist, insoweit wird von einer so genannten **Einbeziehungsvereinbarung** gesprochen[322]. Die Regelung des § 305 Abs. 2 stellt besondere Anforderungen auf, bei deren Vorliegen allein Allgemeine Geschäftsbedingungen wirksam **Bestandteil des Vertrages** werden können: Erstens muss der Verwender grundsätzlich ausdrücklich auf die Allgemeinen Geschäftsbedingungen hinweisen, zweitens muss er der an-

---

322 S. nur Palandt/*Grüneberg*, BGB, § 305 Rn. 24; Hk-BGB/*Schulte-Nölke*, § 305 Rn. 11.

deren Vertragspartei die Möglichkeit der Kenntnisnahme verschaffen, und drittens muss diese mit der Geltung der Allgemeinen Geschäftsbedingungen einverstanden sein.[323]

303 Gemäß § 305 Abs. 2 Nr. 1 muss der Verwender **bei Vertragsschluss** die andere Vertragspartei ausdrücklich oder, wenn ein ausdrücklicher Hinweis wegen der Art des Vertragsschlusses nur unter unverhältnismäßigen Schwierigkeiten möglich ist, durch deutlich sichtbaren Aushang am Ort des Vertragsschlusses auf die Allgemeinen Geschäftsbedingungen **hinweisen**. Der Hinweis auf die Vertragsbedingungen kann ausdrücklich schriftlich oder mündlich erfolgen[324]. Als schriftlicher Hinweis muss er so gestaltet sein, dass er von einem Durchschnittskunden auch bei flüchtiger Betrachtung nicht übersehen werden kann[325]. Dabei muss deutlich werden, welche Bedingungen Inhalt des Vertrages werden sollen[326]. Erforderlich ist weiter, dass der Hinweis bei Vertragsschluss erfolgt. Er muss in Verbindung mit dem konkret geplanten Vertrag gegeben werden, weshalb es nicht ausreicht, wenn der Vertragspartner bei einem bereits zuvor abgeschlossenen Vertrag vom Verwender auf dessen Allgemeine Geschäftsbedingungen hingewiesen wurde[327]. An einem Hinweis bei Vertragsschluss fehlt es auch dann, wenn dieser erst auf Eintritts- oder Fahrkarten erfolgt, die nach Vertragsschluss an den Vertragspartner ausgehändigt werden[328]. Unterlässt der Verwender den Hinweis bei Vertragsschluss, so können die Allgemeinen Geschäftsbedingungen durch **nachträgliche Einbeziehungsvereinbarung**, die den Anforderungen des § 305 Abs. 2 genügt, noch Vertragsbestandteil werden[329]. Dem Verwender ist es allerdings verwehrt, Geschäftsbedingungen nachträglich einseitig zum Vertragsinhalt zu machen[330]. Ist ein ausdrücklicher Hinweis ausnahmsweise wegen der Art des Vertragsschlusses nur unter unverhältnismäßigen Schwierigkeiten möglich, so kann der Verwender durch **deutlich sichtbaren Aushang** am Ort des Vertragsschlusses auf die Allgemeinen Geschäftsbedingungen hinweisen. Relevant ist diese Erleichterung bei den Massengeschäften des täglichen Lebens ohne besonderen wirtschaftlichen Wert im Einzelfall[331], so z.B. im Kaufhaus, bei Kassenautomaten oder auch Beförderungsleistungen[332]. Der Verwender hat dafür Sorge zu tragen, dass der Aushang am Ort des Vertragsschlusses deutlich sichtbar ist, mithin dem Vertragspartner im Kassenbereich, wo der Vertrag geschlossen wird, auffällt[333].

304 Des Weiteren setzt die wirksame Einbeziehung von Allgemeinen Geschäftsbedingungen nach § 305 Abs. 2 Nr. 2 voraus, dass der Verwender bei Vertragsschluss der anderen Vertragspartei die **Möglichkeit verschafft**, in zumutbarer Weise, die auch eine für den Verwender erkennbare körperliche Behinderung der anderen

---

323 S. zur Einbeziehung von AGB näher *Petersen* JURA 2010, 667.
324 Vgl. BGH NJW 1983, 816 (817).
325 BGH NJW-RR 1987, 112 (113).
326 S. Palandt/*Grüneberg*, BGB, § 305 Rn. 27.
327 BGH NJW-RR 1987, 112 (113).
328 Hk-BGB/*Schulte-Nölke*, § 305 Rn. 17.
329 S. BGH NJW 1983, 816 (817).
330 BGH NJW 1983, 816 (817).
331 S. BGH NJW 1985, 850 (850).
332 S. Palandt/*Grüneberg*, BGB, § 305 Rn. 31; Hk-BGB/*Schulte-Nölke*, § 305 Rn. 14.
333 Hk-BGB/*Schulte-Nölke*, § 305 Rn. 14.

Vertragspartei angemessen berücksichtigt, **von ihrem Inhalt Kenntnis zu nehmen.** Hierdurch soll der Vertragspartner Gelegenheit erhalten, sich bei Vertragsschluss mit den Allgemeinen Geschäftsbedingungen vertraut zu machen, damit er die Rechtsfolgen und die Risiken des Vertragsschlusses abschätzen kann[334]. Die Möglichkeit der Kenntnisnahme kann auf verschiedene Art und Weise verschafft werden, so etwa durch Zusendung oder Übergabe eines Klauselexemplars wie auch durch Aushang. Auch bei allgemein bekannten Allgemeinen Geschäftsbedingungen wie z. B. die im Baugewerbe bedeutsamen VOB/B[335] reicht der bloße Hinweis auf die Geltung jedenfalls dann nicht aus, wenn der Vertragspartner mit diesem Bereich nicht vertraut ist[336]. Der Verwender muss den Vertragspartner in die Lage versetzen, sich in geeigneter Weise Kenntnis von den Allgemeinen Geschäftsbedingungen zu verschaffen und seine Informationsmöglichkeiten zu nutzen[337]. Die Beachtung der Anforderungen des § 305 Abs. 2 Nr. 2 ist im Falle von **telefonischen Vertragsschlüssen** schwierig. Insoweit wird zum Teil davon ausgegangen, dass der Vertragspartner durch Individualvereinbarung auf die Erfüllung dieser Voraussetzung **verzichten kann**[338]. Die Möglichkeit der Kenntnisnahme des Inhalts der Allgemeinen Geschäftsbedingungen muss **in zumutbarer Weise** verschafft werden. Zumutbar ist nur eine solche Gestaltung schriftlich niedergelegter Allgemeiner Geschäftsbedingungen, die für den Vertragspartner ohne Schwierigkeiten lesbar ist[339]. Des Weiteren wird die Zumutbarkeit i. S. v. § 305 Abs. 2 Nr. 2 als Transparenzgebot dahingehend verstanden, dass die verwendeten Allgemeinen Geschäftsbedingungen ihrem Inhalt nach für den Vertragspartner verständlich sein müssen[340]. Der Verwender muss für die zumutbare Kenntnisverschaffung auf eine für ihn erkennbare körperliche Behinderung des Vertragspartners angemessen Rücksicht nehmen. Das ist vor allem im Hinblick auf sehbehinderte Menschen von Bedeutung, hier hat der Verwender, wenn er die Allgemeinen Geschäftsbedingungen nicht in Blindenschrift zur Verfügung stellen kann, dem Vertragspartner akustisch die Möglichkeit der Kenntnisnahme zu geben[341].

Schließlich setzt die wirksame Einbeziehung der Allgemeinen Geschäftsbedingungen voraus, dass die andere Vertragspartei **mit ihrer Geltung einverstanden ist** (§ 305 Abs. 2 a. E.). Dieses Einverständnis, das ausdrücklich oder konkludent erklärt werden kann, ist in der Regel bei Vorliegen der Voraussetzungen des § 305 Abs. 2 Nr. 1 und 2 in der auf den Abschluss des Vertrages gerichteten **Willenserklärung des Vertragspartners** zu sehen. § 305 Abs. 3 enthält eine Erleichterung der Einbeziehung von Allgemeinen Geschäftsbedingungen dahingehend, dass Vertragsparteien für eine bestimmte Art von Rechtsgeschäften die Geltung bestimmter Allgemeiner Geschäftsbedingungen unter Beachtung der in § 305 Abs. 2 bezeichneten Erfordernisse im Voraus vereinbaren können. Insoweit wird von so

305

---

334 BGHZ 109, 192 (196).
335 Vergabe- und Vertragsordnung für Bauleistungen – Teil B: Allgemeine Vertragsbedingungen für die Ausführung von Bauleistungen.
336 BGHZ 109, 192 (196 f.).
337 BGHZ 109, 192 (196).
338 S. hierzu Palandt/*Grüneberg*, BGB, § 305 Rn. 35, str.
339 Vgl. BGH NJW 1983, 2772 (2773).
340 S. Palandt/*Grüneberg*, BGB, § 305 Rn. 39.
341 S. Hk-BGB/*Schulte-Nölke*, § 305 Rn. 17.

genannten Rahmenvereinbarungen gesprochen, die für eine wirksame Einbeziehung voraussetzen, dass die Art der Rechtsgeschäfte genau bezeichnet wird[342]. In § 305a sind Fälle geregelt, in denen auch **ohne Einhaltung der Anforderungen** nach § 305 Abs. 2 Nr. 1 und 2 Allgemeine Geschäftsbedingungen einbezogen werden, sofern die andere Vertragspartei mit ihrer Geltung einverstanden ist (z. B. Verkehrstarife, Beförderungsverträge, Verträge über Telekommunikationsdienstleitungen). **Gegenüber Unternehmern, juristischen Personen des öffentlichen Rechts und öffentlichen Sondervermögen** finden die Regelungen des § 305 Abs. 2, Abs. 3 nach § 310 Abs. 1 Satz 1 keine Anwendung. Allerdings werden Allgemeine Geschäftsbedingungen auch hier nur Vertragsinhalt, wenn sie durch auch insoweit übereinstimmende Willenserklärungen der erklärenden Vertragspartner einbezogen werden[343]. Dies kann ausdrücklich oder stillschweigend geschehen, erforderlich ist in jedem Fall, dass der eine Teil zum Ausdruck bringt, neben dem individualvertraglich Vereinbarten sollten auch bestimmte Allgemeine Geschäftsbedingungen Vertragsinhalt werden, und der andere Teil damit einverstanden ist[344].

306 Verweisen Vertragsparteien bei Abschluss eines Vertrages **jeweils auf ihre eigenen Allgemeinen Geschäftsbedingungen**, so liegt ein **Dissens** i. S. d. § 154 Abs. 1 vor. Kommt es hier gleichwohl zur Durchführung des Vertrages, so ist dieser entgegen der Auslegungsregel des § 155 als geschlossen anzusehen[345]. Soweit die Allgemeinen Geschäftsbedingungen einander widersprechen, ist die bestehende Vertragslücke durch dispositives Gesetzesrecht und subsidiär im Wege ergänzender Vertragsauslegung zu schließen[346].

307 Auch wenn die Voraussetzungen des § 305 Abs. 2 betreffend die Einbeziehung der Allgemeinen Geschäftsbedingungen gegeben sind, werden die einzelnen Bestimmungen der Allgemeinen Geschäftsbedingungen gleichwohl nach § 305c Abs. 1 nicht Vertragsbestandteil, wenn es sich um eine so genannte **überraschende Klausel** handelt. Hierunter sind solche Bestimmungen zu verstehen, die nach den Umständen, insb. nach dem äußeren Erscheinungsbild des Vertrages, so ungewöhnlich sind, dass der Vertragspartner des Verwenders mit ihnen nicht zu rechnen braucht. Neben der Ungewöhnlichkeit einer Klausel, die sich z. B. aus einer erheblichen Abweichung von dem typischen Inhalt des geschlossenen Vertrages ergeben kann[347], setzt § 305c Abs. 1 ein **Überraschungsmoment**[348] dahingehend voraus, dass die Klausel von den Erwartungen des Vertragspartners deutlich abweicht und dieser mit der Bestimmung den Umständen nach vernünftigerweise nicht zu rechnen braucht[349]. Maßgebend sind die Verständnismöglichkeiten des

---

342 Palandt/*Grüneberg*, BGB, § 305 Rn. 44.
343 S. BGHZ 117, 190 (194).
344 BGHZ 117, 190 (194 f.).
345 S. schon oben Rn. 296. Zur Fallbearbeitung s. *Fezer*, Klausurenkurs BGB AT, Fall 11, S. 117 ff.
346 Dazu oben Rn. 297.
347 S. BGHZ 121, 107 (113).
348 BGH NJW 1995, 2637 (2638): Überrumpelungseffekt.
349 BGHZ 130, 19 (25).

typischerweise bei Verträgen der geregelten Art zu erwartenden Durchschnittskunden[350].

> **Bsp.:** R mietet bei C eine Computeranlage, die nach dem übereinstimmenden Willen der Parteien einmal im Monat von C gewartet wird. Die der Vereinbarung zu Grunde liegenden Allgemeinen Geschäftsbedingungen des C, auf die er bei Vertragsschluss auch ausdrücklich hingewiesen und sie auch dem R ausgehändigt hat, enthalten unter 4.c die Klausel: „Jede technologische Anpassung der Anlage verlängert die Mietzeit um 12 Monate". – Diese Klausel ist trotz der ansonsten vorliegenden Einbeziehung der Allgemeinen Geschäftsbedingungen des C nicht Vertragsbestandteil geworden, denn es handelt sich um eine ungewöhnliche Klausel, mit der der R vernünftigerweise nicht rechnen musste[351].

Der Überraschungscharakter einer Klausel kann sich auch aus der **räumlichen Anordnung** ergeben. Das ist etwa der Fall, wenn eine Vertragsbedingung an einer Stelle des Klauselwerks eingeordnet wird, mit der sie thematisch in keinem Zusammenhang steht[352].

> **Bsp.:** In umfangreichen, nach bestimmten Überschriften gegliederten Allgemeinen Geschäftsbedingungen befindet sich in dem Abschnitt mit der Überschrift „Lieferzeit" eine Klausel, die einen Haftungsausschluss zugunsten des Verwenders vorsieht. Mit einer solchen, in einem völlig fremden Kontext eingeordneten Regelung muss der Vertragspartner an dieser Stelle nicht rechnen. Die Klausel ist deshalb überraschend und wird nach § 305c Abs. 1 nicht Bestandteil des Vertrages.

Sind Allgemeine Geschäftsbedingungen durch Einbeziehung Vertragsbestandteil **308** geworden, so ist deren Inhalt durch **Auslegung** zu ermitteln. Allerdings sind Allgemeine Geschäftsbedingungen im Hinblick darauf, dass ihre Verwendung für eine Vielzahl von Fällen vorgesehen ist, nicht nach dem allgemeinen Grundsatz vom objektiven Empfängerhorizont des Vertragspartners aus auszulegen, sondern nach objektiven Maßstäben unter Orientierung daran, wie an entsprechenden Geschäften typischerweise beteiligte Verkehrskreise die Klausel verstehen können und müssen[353], wobei auf einen verständigen, rechtlich nicht erfahrenen Durchschnittsvertragspartner abzustellen ist[354].

§ 305 c Abs. 2 enthält eine **Auslegungsregel** des Inhalts, dass Zweifel bei der Auslegung von Allgemeinen Geschäftsbedingungen zu Lasten des Verwenders gehen. Dieser Regelung liegt der Gedanke zu Grunde, dass es in der Verantwortung des Verwenders liegt, sich eindeutig auszudrücken[355]. Auf § 305 c Abs. 2 ist nur zurückzugreifen, wenn die objektive Auslegung einer Klausel zu dem Ergebnis führt, dass sie ihrem Wortlaut nach sowie unter Berücksichtigung ihres Sinns und Zwecks **objektiv mehrdeutig** ist und die Mehrdeutigkeit nicht behoben werden kann[356]. Es müssen nach Ausschöpfung der in Betracht kommenden Auslegungs-

---

350 BGH NJW 1995, 2637 (2638).
351 Vgl. OLG Köln NJW 1994, 1483.
352 S. auch Palandt/*Grüneberg*, BGB, § 305c Rn. 4.
353 BGHZ 79, 117 (118 f.); 112, 65 (68); BGH NJW 1992, 1615 (1618).
354 BGH NJW 2001, 2165 (2166).
355 S. Palandt/*Grüneberg*, BGB, § 305c Rn. 15.
356 BGHZ 112, 65 (68).

methoden mindestens zwei unterschiedliche Auslegungen vertretbar bleiben[357]. In diesem Fall ist zunächst unter Berücksichtigung der in Betracht kommenden Auslegungsmöglichkeiten zu prüfen, ob die Klausel wirksam ist. Dabei ist von der **kundenfeindlichsten Auslegung,** sprich der für den Vertragspartner des Verwenders (scheinbar) ungünstigsten Auslegung auszugehen[358]. Hat diese nach §§ 307 ff. die Unwirksamkeit der Klausel zur Folge, dann kommt § 305 c Abs. 2 erst gar nicht zum Tragen. Findet die Regelung Anwendung, so ist die in Frage stehende Klausel mit dem Inhalt anzuwenden, der für den Vertragspartner am günstigsten ist, sog. **kundenfreundlichste Auslegung**[359].

Eine weitere **Auslegungsregel** enthält § 305 b. Danach haben individuelle Vertragsabreden Vorrang vor Allgemeinen Geschäftsbedingungen. Solche, die Allgemeinen Geschäftsbedingungen **verdrängenden Individualabreden** können ausdrücklich wie auch stillschweigend getroffen werden[360]. Individualabreden sind alle Vereinbarungen, die zwischen den Vertragsparteien **im Einzelnen ausgehandelt** sind. Stehen eine AGB-Klausel und eine Individualabrede in Widerspruch zueinander, so kommt letzterer der Vorrang zu, die AGB-Klausel findet keine Anwendung mangels Wirksamkeit. Schriftformklauseln derart, wonach Änderungen oder Ergänzungen der Schriftform bedürfen, sind jedenfalls dann unwirksam, wenn sie dazu dienen, den Vorrang von Individualabreden zu unterlaufen. Eine formularmäßige Schriftformklausel kann nämlich dadurch außer Kraft gesetzt werden, dass die Vertragsparteien deutlich den Willen zum Ausdruck bringen, eine mündlich getroffene Vereinbarung solle ungeachtet der Schriftformklausel Wirksamkeit haben[361].

4. Inhaltskontrolle von Allgemeinen Geschäftsbedingungen

309   Sind Allgemeine Geschäftsbedingungen wirksam in den Vertrag einbezogen worden, so unterliegen sie der in den Vorschriften der §§ 307–309 geregelten **Inhaltskontrolle.** Hierbei geht es um die Überprüfung der Wirksamkeit von Allgemeinen Geschäftsbedingungen am Maßstab ihrer Angemessenheit unter dem Gesichtspunkt von Treu und Glauben, wie er in der Generalklausel des § 307 Abs. 1 niedergelegt ist und in den §§ 308 und 309 Konkretisierungen erfahren hat.

Die Prüfung der Inhaltskontrolle ist **entgegen der Reihung der §§ 307–309 umgekehrt** vorzunehmen, weil § 309 als strengster Maßstab bestimmte Klauseln ohne Wertungsmöglichkeit verbietet, § 308 Klauselverbote mit Wertungsmöglichkeit enthält und § 307 erst dann, wenn die Verbote der §§ 309 und 308 nicht eingreifen, eine Angemessenheitskontrolle allgemein am Maßstab von Treu und Glauben vorschreibt. Nach § 307 Abs. 3 Satz 1 gilt die Inhaltskontrolle nur für solche Bestimmungen in Allgemeinen Geschäftsbedingungen, durch die **von Rechtsvorschriften abweichende oder diese ergänzende Regelungen vereinbart werden.** Damit unterliegen solche Klauseln nicht der Kontrolle, die allein gesetzliche Re-

---

357 BGHZ 112, 65 (69).
358 BGHZ 91, 55 (61); 133, 184 (189 f.); BGH NJW 2008, 2172 (2173).
359 S. BGH NJW 2008, 2172 (2173).
360 BGH NJW 1986, 1807 (1807); NJW 1995, 1494 (1496).
361 BGH NJW 1995, 1488 (1489); zur Überwindung einer sog. doppelten Schriftformklausel durch mündliche Vereinbarung s. näher Rn. 415.

gelungen wiedergeben, insoweit wird von sogenannten deklaratorischen Klauseln gesprochen[362]. Des Weiteren sind aufgrund § 307 Abs. 2 Satz 1 solche Vereinbarungen der Inhaltskontrolle entzogen, die ihrer Art nach nicht der Regelung durch Gesetz oder andere Rechtsvorschriften unterliegen, sondern von den Vertragspartnern festgelegt werden müssen[363]. Damit können Vereinbarungen nicht überprüft werden, die unmittelbar Art und Umfang der vertraglichen **Hauptleistungspflichten** regeln[364]. Deshalb scheidet insb. eine Kontrolle der Preisbildung aus, die das Gesetz den Vertragspartnern überlässt[365]. Anderes gilt für sog. Preisnebenabreden, die zwar mittelbar Auswirkungen auf Preis und Leistung haben, an deren Stelle jedoch bei Unwirksamkeit dispositives Gesetzesrecht treten kann[366].

Der Kontrolle unterliegende Klauseln sind vorrangig am Maßstab des § 309 zu **310** prüfen. Diese Regelung enthält **Klauselverbote ohne Wertungsmöglichkeit,** das heißt, die hier genannten Klauseln sind auf jeden Fall unwirksam und können nicht über eine Interessenabwägung aufrechterhalten werden[367].
Greift § 309 nicht ein, so ist der Kontrollmaßstab des § 308 heranzuziehen, der so genannte **Klauselverbote mit Wertungsmöglichkeit** enthält. Diese Verbote sind dadurch geprägt, dass hier unbestimmte Rechtsbegriffe verwendet werden, z.B. „unangemessen lange Fristen" in § 308 Nr. 1, die eine Wertung erfordern und deshalb die Frage der (Un)Wirksamkeit der Klausel erst auf der Grundlage einer an Treu und Glauben orientierten Interessenabwägung erfolgen kann[368].

Hält eine Klausel in Allgemeinen Geschäftsbedingungen der Wirksamkeitskon- **311** trolle nach § 309 und 308 stand, so ist sie am **Maßstab der Generalklausel des** § 307 Abs. 1 zu überprüfen. Danach sind Bestimmungen in Allgemeinen Geschäftsbedingungen unwirksam, wenn sie den Vertragspartner des Verwenders entgegen den Geboten von Treu und Glauben unangemessen benachteiligen. Bei der hiernach gebotenen Interessenabwägung sind ein genereller, überindividueller Prüfungsmaßstab und eine typisierende Betrachtungsweise zugrunde zu legen, die besonderen Umstände des Einzelfalles sind nicht maßgebend[369]. Die Frage, ob eine unangemessene Benachteiligung i.S.d. § 307 Abs.1 gegeben ist, wird in § 307 Abs. 2 dadurch konkretisiert, dass bei Vorliegen der in Nr. 1 und Nr. 2 genannten Tatbestände im Zweifel von einer unangemessenen Benachteiligung und damit der Unwirksamkeit einer Klausel auszugehen ist. Nach § 307 Abs. 2 Nr. 1 ist eine unangemessene Benachteiligung im Zweifel anzunehmen, wenn eine Bestimmung mit **wesentlichen Grundgedanken der gesetzlichen Regelung, von der abgewichen wird,** nicht zu vereinbaren ist. Zu den gesetzlichen Regelungen im Sinne dieser Vorschrift zählen nicht nur die Gesetzesbestimmungen selbst, sondern auch die dem Gerechtigkeitsgebot entsprechenden allgemein anerkannten Rechtsgrundsätze, das heißt, auch alle ungeschriebenen Rechtsgrundsätze, die Regeln des

---

362 Hk-BGB/*Schulte-Nölke*, § 307 Rn. 5.
363 BGH NJW 1992, 688 (689).
364 BGH NJW 1992, 688 (689).
365 BGH NJW 1992, 688 (689).
366 BGHZ 106, 42 (46); BGH NJW 1992, 688 (689); NJW 2010, 2789 (2790).
367 Hk-BGB/*Schulte-Nölke*, § 309 Rn. 3.
368 S. Palandt/*Grüneberg*, BGB, § 308 Rn. 1.
369 BGHZ 105, 24 (31); BGH NJW 1996, 2155 (2156).

Richterrechts wie auch die aus der Natur des jeweiligen Schuldverhältnisses zu entnehmenden Rechte und Pflichten[370]. Für die Beurteilung einer unangemessenen Benachteiligung werden also die von § 307 Abs. 2 Nr. 1 erfassten gesetzlichen Regelungen als **Leitbild** herangezogen[371].

Gemäß § 307 Abs. 2 Nr. 2 liegt eine unangemessene Benachteiligung im Zweifel auch dann vor, wenn eine Bestimmung in Allgemeinen Geschäftsbedingungen **wesentliche Rechte und Pflichten, die sich aus der Natur des Vertrages ergeben,** so einschränkt, dass die Erreichung des Vertragszwecks gefährdet ist. Die Bedeutung dieses Konkretisierungmaßstabes liegt darin, dass hier für die Frage der unangemessenen Benachteiligung an die Natur des Vertrages angeknüpft und die Aushöhlung sog. **Kardinalpflichten** durch Allgemeine Geschäftsbedingungen für unzulässig erklärt wird[372]. Relevanz hat Nr. 2 im Unterschied zu § 307 Abs. 2 Nr. 1 vor allem für Verträge, die nicht unter die Vertragstypen des BGB eingeordnet werden können.

Nach § 307 Abs. 1 Satz 2 kann sich eine unangemessene Benachteiligung auch daraus ergeben, dass eine Bestimmung nicht klar und verständlich ist. Diese Regelung normiert das sog. **Transparenzgebot,** das vor Aufnahme in § 307 Abs. 1 Satz 2 von der Rechtsprechung entwickelt worden ist[373] und den Verwender von Allgemeinen Geschäftsbedingungen dazu verpflichtet, die Rechte und Pflichten seines Vertragspartners möglichst klar und durchschaubar darzustellen[374]. Das **Bestimmtheitsgebot** als wesentliche Erscheinungsform des Transparenzgebots erfordert, dass die tatbestandlichen Voraussetzungen und die Rechtsfolgen einer Klausel so genau beschrieben werden, dass zum einen für den Verwender keine ungerechtfertigten Beurteilungsspielräume entstehen und zum anderen der Kunde ohne fremde Hilfe möglichst klar und einfach seine Rechte feststellen kann, damit er nicht von deren Durchsetzung abgehalten wird.[375]

5. Rechtsfolgen bei Nichteinbeziehung und Unwirksamkeit von Allgemeinen Geschäftsbedingungen

312   Sofern Allgemeine Geschäftsbedingungen ganz oder teilweise nicht Vertragsbestandteil geworden oder unwirksam sind, bleibt nach § 306 Abs. 1 **der Vertrag im Übrigen wirksam.** Die Regelung stellt eine **Ausnahme zu § 139** dar, wonach bei Unwirksamkeit eines Teils eines Rechtsgeschäfts grundsätzlich Gesamtnichtigkeit eintritt[376]. Im Hinblick darauf, dass mittels der Vorschriften über die AGB-Kontrolle die Vertragspartei des Verwenders von Allgemeinen Geschäftsbedingungen geschützt werden soll, wäre es unsinnig, wenn die Angemessenheitsprüfung bei Unwirksamkeit einer Klausel zur Nichtigkeit des gesamten Vertrages führen würde. § 306 Abs. 1 schließt eine **geltungserhaltende Reduktion** aus, das bedeutet,

---

370   BGHZ 89, 206 (211); 121, 13 (18).
371   Palandt/*Grüneberg*, BGB, § 307 Rn. 28.
372   Palandt/*Grüneberg*, BGB, § 307 Rn. 33.
373   S. z.B. BGHZ 106, 42 (49).
374   BGHZ 106, 42 (49).
375   Siehe BGH NJW 2004, 1598 ff. (1600).
376   Dazu ausführlich Rn. 466 ff.

dass eine unangemessen benachteiligende Klausel – z.B. eine zu lange Lieferfrist – nicht mit einem angemessenen Inhalt aufrechterhalten werden kann[377]. Ansonsten könnte der Verwender von Allgemeinen Geschäftsbedingungen ohne Risiko auch unangemessen benachteiligende Regelungen aufstellen, die dann im Falle ihrer Unwirksamkeit jedenfalls im gerade noch erlaubten Umfang Bestand haben würden. Das stünde nicht im Einklang mit dem Ziel der AGB-Kontrolle, auf die Verwendung angemessener Klauseln in der Praxis zum Schutz des Vertragspartners des Verwenders hinzuwirken[378].

Nach § 306 Abs. 2 richtet sich der Inhalt des Vertrages nach den **gesetzlichen Vorschriften**, soweit Allgemeine Geschäftsbedingungen nicht Vertragsbestandteil geworden oder unwirksam sind. Fehlt eine geeignete Vorschrift des **dispositiven Gesetzesrechts** und hat das zur Folge, dass der Vertragsinhalt den beiderseitigen Interessen nicht in vertretbarer Weise Rechnung trägt, so ist die durch Nichteinbeziehung oder Unwirksamkeit einer Klausel entstandene Lücke im Wege **ergänzender Vertragsauslegung** zu schließen[379].

Gemäß § 306 Abs. 3 ist ausnahmsweise der gesamte Vertrag nichtig, wenn das Festhalten an ihm auch unter Berücksichtigung der nach § 306 Abs. 2 vorgesehenen Änderung eine **unzumutbare Härte für eine Vertragspartei** darstellen würde. Maßgebender Zeitpunkt für die Frage, ob ein Festhalten an dem Vertrag für eine Partei zumutbar ist oder nicht, ist nicht der Zeitpunkt des Vertragsschlusses, sondern der Geltendmachung von Ansprüchen aus dem Vertrag[380]. Für den Verwender kann ein Festhalten an dem Vertrag unzumutbar sein, wenn der teilweise oder gänzliche Wegfall von Allgemeinen Geschäftsbedingungen zu einer **grundlegenden Störung des Vertragsgleichgewichts führt**[381]. Aus Sicht des Vertragspartners des Verwenders kann ein Festhalten am Vertrag unzumutbar sein, wenn die infolge der Unwirksamkeit von Allgemeinen Geschäftsbedingungen wegfallenden Regelungen und damit erforderlichen Änderungen zu einer **völlig abweichenden Vertragsgestaltung** führen würden[382]. **313**

§ 306a enthält ein **Umgehungsverbot**. Danach finden die Vorschriften über die AGB-Kontrolle auch Anwendung, wenn sie durch anderweitige Gestaltungen umgangen werden. Von einer Umgehung ist dann zu sprechen, wenn eine gesetzlich verbotene Regelung durch eine andere rechtliche Gestaltung erreicht werden soll, die objektiv zum gleichen verbotenen Erfolg führt[383]. Der praktische Anwendungsbereich dieser Regelung ist im Hinblick auf den Umfang der AGB-Kontrolle nach §§ 307 ff. gering[384]. **314**

---

377 BGHZ 84, 109 (115 ff.).
378 BGHZ 84, 109 (116).
379 BGHZ 90, 69 (74 ff.); 137, 153 (157); zur ergänzenden Vertragsauslegung s. oben Rn. 297.
380 BGHZ 130, 115 (122).
381 BGH NJW-RR 1996, 1009 (1010); Palandt/*Grüneberg*, BGB, § 306 Rn. 17.
382 BGH NJW 1983, 159 (162).
383 Hk-BGB/*Schulte-Nölke*, § 306a Rn. 1.
384 S. Palandt/*Grüneberg*, BGB, § 306a Rn. 2.

IV. Regelungen zum Schutz des Verbrauchers bei Vertragsschluss

Literatur. *Duve*, Verbraucherschutzrecht und Kodifikationsgedanke, JURA 2002, 793; *St. Lorenz*, Im BGB viel Neues – Die Umsetzung der Fernabsatzrichtlinie, JuS 2000, 833; *E. Schmidt*, Verbraucherschützende Verbandsklagen, NJW 2002, 25; *K. Schmidt*, Verbraucherbegriff und Verbrauchervertrag - Grundlagen des § 13 BGB, JuS 2006, 1; *Struck*, Zivilrechtlicher Verbraucherschutz als Regelungstypus, JA 2004, 68.
Rechtsprechung: BGH NJW 2005, 53 (Fernabsatzvertrag, kein Ausschluss des Widerrufsrechts bei Kaufverträgen im Rahmen einer Internet-Auktion, Fernabsatz-Richtlinie; §§ 145 ff., 156, 312d Abs. 4 Nr. 5); BGH NJW 2010, 610 (Widerrufsrecht nach § 312d bei einem wegen Sittenwidrigkeit nichtigen Fernabsatzvertrag).

315   Das BGB enthält eine Reihe von **Vorschriften zum Schutz des Verbrauchers** im Zusammenhang mit **Verbraucherverträgen**. Hierunter sind nach § 310 Abs. 3 Verträge zwischen einem Unternehmer (§ 14) und einem Verbraucher (§ 13) zu verstehen. Die Schutzregelungen bestehen zum Teil in der **verbraucherschutzorientierten Ausgestaltung bestimmter Vertragstypen**, hierzu gehören etwa die Bestimmungen über den Verbrauchsgüterkauf (§§ 474 ff.), über Teilzeit-Wohnrechteverträge (§§ 481 ff.), über Verbraucherdarlehensverträge (§§ 491 ff.) wie auch über Finanzierungshilfen (§§ 499 ff.) und Ratenlieferungsverträge (§§ 505 ff.). Darüber hinaus sind **bezogen auf den Abschluss von Verträgen** zwischen einem Unternehmer und einem Verbraucher in §§ 312 ff. besondere Vorschriften zum Schutz des Verbrauchers bei **besonderen Vertriebsformen** (s. die Überschrift vor § 312) aufgenommen worden. Diese Regelungen dienen der Umsetzung verschiedener EG-Richtlinien[385]. Im Einzelnen handelt es sich um Schutzbestimmungen bei Haustürgeschäften (§§ 312 f.), Fernabsatzverträgen (§§ 312b–312d) und bei Verträgen im elektronischen Geschäftsverkehr (§ 312e). Der Schutz besteht wesentlich in der Einräumung von Widerrufsrechten für den Verbraucher und der Auferlegung von Informationspflichten, die der Unternehmer zu beachten hat. Der Schutz des Verbrauchers nach §§ 312 ff. knüpft an einen **Vertragsschluss** zwischen einem Unternehmer und einem Verbraucher an und setzt damit einen **Verbrauchervertrag** (§ 310 Abs. 3) voraus. Weitergehend bestehen die in § 312e normierten Pflichten im elektronischen Geschäftsverkehr für den Unternehmer **unabhängig davon**, ob der Vertragspartner ein Verbraucher ist oder nicht.

316   Der **Begriff des Verbrauchers** ist in § 13 bestimmt. Danach ist Verbraucher jede natürliche Person, die ein Rechtsgeschäft zu einem Zweck abschließt, der weder ihrer gewerblichen noch ihrer selbstständigen beruflichen Tätigkeit zugerechnet werden kann. Verbraucher können mithin **nur natürliche Personen** sein, nicht juristische Personen[386]. Im Hinblick darauf, dass eine Gesellschaft bürgerlichen Rechts ein Zusammenschluss mehrerer natürlicher Personen ist und es sich nicht um eine juristische Person handelt, kann auch eine Gesellschaft bürgerlichen Rechts Verbraucher sein[387]. Die Regelung des § 13 macht deutlich, dass es für die **Eigenschaft als Verbraucher** auf den **Zweck des Rechtsgeschäfts** ankommt. Das

---

385 S. den amtl. Hinweis zur Überschrift vor § 312 und die dort genannten EG-Richtlinien.
386 S. BGHZ 149, 80 (83 f.).
387 BGHZ 149, 80 (83 f.); s. näher *K. Schmidt* JuS 2006, 1 (4 f.).

Rechtsgeschäft muss auf eine rein private Zweckverfolgung gerichtet sein[388], wobei das nach § 13 dann der Fall ist, wenn das Rechtsgeschäft weder der gewerblichen noch der selbständigen beruflichen Tätigkeit zugerechnet werden kann. Hiermit wird die Verbrauchereigenschaft für solche Rechtsgeschäfte ausgeschlossen, die zum **Zwecke einer selbständigen Tätigkeit**, das kann eine gewerbliche, freiberufliche, landwirtschaftliche oder auch handwerkliche Tätigkeit sein, geschlossen werden. Angesichts des Ausschlusses nur von Rechtsgeschäften, die ihrem Zweck nach einer selbständigen Tätigkeit zuzurechnen sind, können auch **Arbeitnehmer** bei Verträgen mit Arbeitgebern Verbraucher sein[389]. Die Zuordnung eines Rechtsgeschäfts zum privaten oder selbständigen Bereich ist durch Auslegung unter Anknüpfung an den damit verfolgten Zweck zu ermitteln[390].

Der **Begriff des Unternehmers** ist in § 14 geregelt. Gemäß § 14 Abs. 1 ist Unternehmer eine natürliche oder juristische Person oder eine rechtsfähige Personengesellschaft, die bei Abschluss eines Geschäfts in Ausübung ihrer gewerblichen oder selbständigen beruflichen Tätigkeit handelt. Von einer unternehmerischen Tätigkeit wird dann gesprochen, wenn Leistungen planmäßig und dauerhaft gegen Entgelt auf einem Markt angeboten werden[391]. Die unternehmerische Tätigkeit muss nicht hauptberuflich betrieben werden, sondern kann auch eine nebenberufliche Tätigkeit sein[392]. In § 14 Abs. 2 wird der Begriff der rechtsfähigen Personengesellschaft dahin bestimmt, dass es sich um eine Personengesellschaft handelt, die mit der Fähigkeit ausgestattet ist, Rechte zu erwerben und Verbindlichkeiten einzugehen. Hierzu gehören die handelsrechtlichen Personengesellschaften OHG und KG ebenso wie die Partnerschaft nach dem PartGG[393], darüber hinaus wird etwa auch die Gesellschaft bürgerlichen Rechts als Außengesellschaft erfasst[394]. Schließen ein Unternehmer und ein Verbraucher einen Vertrag, so greifen bei **Vorliegen der besonderen Vertriebsformen** der §§ 312 ff. die hier niedergelegten Schutzinstrumente ein. **317**

§ 312 Abs. 1 Satz 1 räumt dem Verbraucher bei so genannten **Haustürgeschäften** ein **Widerrufsrecht** nach § 355 ein, das unter bestimmten Voraussetzungen durch ein **Rückgaberecht** (§ 312 Abs. 1 Satz 2) gem. § 356 ersetzt werden kann. Haustürgeschäfte sind nach der Legaldefinition des § 312 Abs. 1 Satz 1 solche Verträge zwischen einem Unternehmer und einem Verbraucher, die eine entgeltliche Leistung zum Gegenstand haben und zu deren Abschluss der Verbraucher entweder durch mündliche Verhandlungen an seinem Arbeitsplatz oder im Bereich einer Privatwohnung, anlässlich einer vom Unternehmer oder einer von einem Dritten zumindest auch im Interesse des Unternehmers durchgeführten Freizeitveranstaltung oder im Anschluss an ein überraschendes Ansprechen in Verkehrsmitteln **318**

---

388 S. BGH NJW 2009, 3780 (3780 f.); Palandt/*Ellenberger*, BGB, § 13 Rn. 3.
389 S. BAGE 115, 19 (28 ff.); 126, 187 (192); hierzu *K. Schmidt* JuS 2006, 1 (5 f.) .
390 Palandt/*Ellenberger*, BGB, § 13 Rn. 4.
391 S. BGH NJW 2006, 2250 (2251); Palandt/*Ellenberger*, BGB, § 14 Rn. 2; Hk-BGB/
Dörner, §§ 13,14 Rn. 3.
392 Palandt/*Ellenberger*, BGB, § 14 Rn. 2.
393 Dazu schon oben Rn. 138.
394 Dazu oben Rn. 139 f.

oder im Bereich öffentlich zugänglicher Verkehrsflächen bestimmt worden ist. § 312 Abs. 2 verpflichtet den Unternehmer, den Verbraucher gem. § 360 über sein Widerrufs- oder Rückgaberecht zu belehren, wobei die Belehrung auf die Rechtsfolgen des § 357 Abs. 1 und Abs. 3 hinweisen muss. **Die Ausübung und Rechtsfolgen des bei einem Haustürgeschäft bestehenden Widerrufsrechts bzw. Rückgaberechts** richten sich nach Maßgabe der §§ 355ff., die insoweit allgemeine Regelungen bei Verbraucherverträgen enthalten. Hervorzuheben ist, dass der Verbraucher nach § 355 Abs. 1 Satz 1 seine auf den Abschluss des Vertrages gerichtete Willenserklärung fristgerecht widerrufen muss. Gemäß § 355 Abs. 1 Satz 2 muss der Widerruf keine Begründung enthalten und ist in Textform oder durch Rücksendung der Sache **innerhalb der Widerrufsfrist** gegenüber dem Unternehmer zu erklären, wobei zur Fristwahrung die rechtzeitige Absendung genügt. Nach § 355 Abs. 2 Satz 1 beträgt die Widerrufsfrist grundsätzlich 14 Tage, sofern dem Verbraucher spätestens bei Vertragsschluss eine den Anforderungen des § 360 Abs. 1 entsprechende Widerrufsbelehrung in Textform[395] mitgeteilt wird. Gem. § 355 Abs. 3 Satz 1 beginnt der Lauf der Widerrufsfrist grundsätzlich in diesem Zeitpunkt.

319   Für **Fernabsatzverträge** enthält das Gesetz in den Vorschriften der §§ 312b-312d besondere Schutzregelungen zugunsten des Verbrauchers. Nach § 312b Abs. 1 Satz 1 sind Fernabsatzverträge Verträge über die Lieferung von Waren oder über die Erbringung von Dienstleistungen, einschließlich Finanzdienstleistungen, die zwischen einem Unternehmer und einem Verbraucher unter ausschließlicher Verwendung von Fernkommunikationsmitteln abgeschlossen werden, es sei denn, dass der Vertragsschluss nicht im Rahmen eines für den Fernabsatz organisierten Vertriebs- oder Dienstleistungssystems erfolgt. In § 312b Abs. 2 werden **Fernkommunikationsmittel** als solche Kommunikationsmittel definiert, die zur Anbahnung oder zum Abschluss eines Vertrages zwischen dem Verbraucher und einem Unternehmer ohne gleichzeitige körperliche Anwesenheit der Vertragsparteien eingesetzt werden können. Hierzu gehören insb. Briefe, Kataloge, Telefonanrufe, Telekopien, E-Mails sowie Rundfunk-, Tele- und Mediendienste. § 312b Abs. 3 schließt die Anwendbarkeit der Vorschriften über Fernabsatzverträge für bestimmte Verträge aus.

Die Verpflichtung des Unternehmers zur **Unterrichtung des Verbrauchers** bei Fernabsatzverträgen ist in § 312c geregelt. Nach § 312c Abs. 1 hat der Unternehmer den Verbraucher bei Fernabsatzverträgen nach Maßgabe des Art. 246 §§ 1 und 2 EGBGB zu unterrichten. Gemäß § 312d Abs. 1 Satz 1 steht dem Verbraucher bei einem Fernabsatzvertrag ein Widerrufsrecht nach § 355 zu. Das Widerrufsrecht besteht auch dann, wenn der Fernabsatzvertrag nichtig ist[396]. Anstelle des Widerrufsrechts kann nach § 321d Abs. 1 Satz 2 dem Verbraucher bei Verträgen über die Lieferung von Waren ein Rückgaberecht nach § 356 eingeräumt werden. Bezogen auf den Beginn der Widerrufsfrist enthält § 312d Abs. 2 eine im Verhältnis zu § 355 Abs. 3 Satz 1 besondere Regelung.

---

395 § 126b.
396 S. BGH NJW 2010, 610 (611 f.).

Bei einem **Vertragsschluss im elektronischen Geschäftsverkehr**, der nach § 312e **320** Abs. 1 Satz 1 vorliegt, wenn sich ein Unternehmer zum Zwecke des Abschlusses eines Vertrages über die Lieferung von Waren oder über die Erbringung von Dienstleistungen eines Tele- oder Mediendienstes bedient, hat der Unternehmer **die in § 312e Abs. 1 bestimmten Pflichten zu beachten.** Nach § 312e Abs. 1 Nr. 1 muss der Unternehmer angemessene, wirksame und zugängliche Mittel bereitstellen, damit Eingabefehler vom Kunden erkannt und berichtigt werden können. Gemäß § 312e Abs. 1 Satz 1 Nr. 2 sind die in der Rechtsverordnung nach Art. 246 § 3 EGBGB bestimmten Informationen dem Kunden rechtzeitig vor Abgabe seiner Bestellung klar und verständlich mitzuteilen. § 312e Abs. 1 Satz 1 Nr. 3 erlegt dem Unternehmer die Pflicht auf, den Zugang der Bestellung des Kunden unverzüglich auf elektronischem Wege zu bestätigen. Schließlich muss nach § 312e Abs. 1 Satz 1 Nr. 4 dem Kunden die Möglichkeit verschafft werden, die Vertragsbestimmungen einschließlich der Allgemeinen Geschäftsbedingungen bei Vertragsschluss abzurufen und in wiedergabefähiger Form zu speichern. Steht dem Kunden ein Widerrufsrecht gem. § 355 zu, so beginnt gem. § 312e Abs. 3 Satz 2 die Widerrufsfrist abweichend von § 355 Abs. 3 Satz 1 nicht vor Erfüllung der in § 312e Abs. 1 Satz 1 geregelten Pflichten. § 312e ist keine Verbraucherschutzvorschrift im eigentlichen Sinne. Denn die Regelung findet auf alle Verträge zwischen einem Unternehmer und der anderen Vertragspartei Anwendung, sofern es sich um einen Vertrag im elektronischen Geschäftsverkehr handelt.

Nach § 312f kann von den Vorschriften der §§ 312 ff. grundsätzlich nicht zum Nachteil des Verbrauchers oder des Kunden abgewichen werden. Es handelt sich damit um **halbseitig zwingendes Recht**, das heißt, zugunsten des Verbrauchers oder Kunden können abweichende Bestimmungen rechtsgeschäftlich getroffen werden.

§ 10 Weitere Wirksamkeitsvoraussetzungen des Rechtsgeschäfts

Über das Vorliegen einer Willenserklärung[1] bzw. bei einem Vertrag mehrerer übereinstimmender Willenserklärungen[2] sowie deren Abgabe[3] und – soweit empfangsbedürftig – Zugang[4] hinaus bedarf es für die Vornahme eines wirksamen Rechtsgeschäfts weiterer Voraussetzungen[5]. Hierzu gehört zum einen die **Geschäftsfähigkeit** der rechtsgeschäftlich handelnden Person[6]. Des Weiteren ist, sofern gesetzlich oder durch Rechtsgeschäft vorgeschrieben, die für die Vornahme eines Rechtsgeschäfts **bestimmte Form** einzuhalten, damit dieses Wirksamkeit entfalten kann[7].

---

1 S. oben Rn. 198 ff.
2 S. oben Rn. 192, 261.
3 Dazu Rn. 213, 216 ff.
4 S. oben Rn. 220 ff.
5 Zum Teil wird auch von Wirksamkeitserfordernissen als besonderen Voraussetzungen für die Wirksamkeit von Rechtsgeschäften gesprochen, s. z.B. *Leenen* JURA 2007, 721 ff. (722), hier in Abgrenzung zu Wirksamkeitshindernissen. Hierunter werden Vorschriften verstanden, die bei Vorliegen bestimmter Umstände die Nichtigkeit von Rechtsgeschäften anordnen, *Leenen* a. a. O. (722).
6 Dazu folgend Rn. 321 ff.
7 Dazu Rn. 370 ff.

I. Geschäftsfähigkeit

Literatur: *Brauer,* Vertragsschluss und Zugang bei Verträgen mit Minderjährigen, JuS 2004, 472; *Braun,* Gutgläubiger Erwerb vom Minderjährigen gemäß §§ 107, 932 BGB, JURA 1993, 459; *Casper,* Geschäfte des täglichen Lebens – kritische Anmerkungen zum neuen § 105a BGB, NJW 2002, 3425; *Coester,* No risk, no fun – zum Überschuldungsschutz für junge Volljährige, § 1629a BGB, JURA 2002, 88; *Coester-Waltjen,* Nicht zustimmungsbedürftige Rechtsgeschäfte beschränkt geschäftsfähiger Minderjähriger, JURA 1994, 668; *Hähnchen,* Schwebende Unwirksamkeit im Minderjährigenrecht – ein Aufbauproblem aus historischer Sicht, JURA 2001, 668; *Leenen,* Willenserklärung und Rechtsgeschäft – Dogmatik und Methodik der Fallbearbeitung, JURA 2007, 721; *St. Lorenz,* Grundwissen – Zivilrecht: Rechts- und Geschäftsfähigkeit, JuS 2010, 11; *Löhnig/Schärtl,* Zur Dogmatik des § 105a BGB, AcP 204 (2004), 25; *Menzel/Führ,* Die Grundstücksschenkung an Minderjährige – Eine Problemdarstellung an Hand von Fällen, JA 2005, 859; *Paal/Leyendecker,* Weiterführende Probleme aus dem Minderjährigenrecht, JuS 2006, 25; *Pawlowski,* Willenserklärungen und Einwilligungen in personenbezogene Eingriffe, JZ 2003, 66 *Petersen,* Die Geschäftsfähigkeit, JURA 2003, 97; *Preuß,* Das für den Minderjährigen lediglich rechtlich vorteilhafte Geschäft, JuS 2006, 305; *Röthel/Krackhardt,* Lediglich rechtlicher Vorteil und Grunderwerb, JURA 2006, 161; *Wedemann,* Die Geschäftsunfähigkeit, JURA 2010, 587; *Weth,* Zivilrechtliche Probleme des Schwarzfahrens in öffentlichen Verkehrsmitteln, JuS 1998, 795;
Übungsfälle: *Annuß,* Übungsblätter Klausur Zivilrecht „Schwierige Kaufverträge", JA 1996, 849; *Bellardita/Di Gregorio,* Übungsklausur – Bürgerliches Recht: Minderjährigenrecht – Ein schlechter Finanzierungsplan, JuS 2007, 444; *Hamm/T. Müller,* Biete Motorrad für Auto und Indienreise, JA 2005, 102; *Muscheler,* Übungshausarbeit Zivilrecht, Irrtum bei der Genehmigung eines Rechtsgeschäfts, JURA 1995, 30; *Sutter/Bensching,* Der praktische Fall – Bürgerliches Recht – Im Antiquariat, JuS 1998, 142; *Thümmler/Zech/Blumert,* Anfängerklausur – Zivilrecht: Minderjährigenrecht und allgemeines Leistungsstörungsrecht – Fahrradkauf mit Hindernissen, JuS 2010, 514.
Rechtsprechung: BGHZ 126, 105 (Unanwendbarkeit der sog. Saldotheorie bei der bereicherungsrechtlichen Rückabwicklung gegenseitiger Verträge zu Lasten nicht voll geschäftsfähiger Personen; §§ 105, 818 Abs. 3); **BGHZ 110, 363** (Genehmigungsfähigkeit der von einem Minderjährigen erteilten Vollmacht, einseitiges Rechtsgeschäft, einheitliches Rechtsgeschäft; §§ 106, 108, 109, 111, 117, 139, 141, 182, 184); **BGHZ 78, 28** (Rechtliche Nachteile bei Schenkung von Wohnungseigentum an Minderjährigen aufgrund nicht unerheblicher Verschärfung der den einzelnen Wohnungseigentümer kraft Gesetzes treffenden Verpflichtungen durch die zwischen den Wohnungseigentümern vereinbarte Gemeinschaftsordnung, Gesamtbetrachtung des schuldrechtlichen Verpflichtungs- und des dinglichen Verfügungsgeschäfts; §§ 107, 181 BGB, §§ 10 ff., 20 ff. WEG); **BGH NJW 1977, 622** (Unwirksame Bevollmächtigung eines im Unfallhelferring tätigen Anwalts durch einen Minderjährigen, begrenzter Generalkonsens; §§ 108, 139); **BGHZ 65, 123** (Rechtsgrundlosigkeit einer auf Grund eines schwebend unwirksamen Rechtsgeschäfts in Unkenntnis des Schwebezustandes vorgenommenen Leistung, Genehmigung eines unzulässigen Insichgeschäfts analog § 177, Umdeutung; §§ 140, 177, 181, 812); **BGHZ 57, 137** (Rückabwicklung eines angefochtenen Kaufvertrags nach Zerstörung der Kaufsache durch den Käufer, Unanwendbarkeit der Saldotheorie zu Lasten des arglistig Getäuschten; §§ 123, 142, 166 Abs. 1, 242, 249, 254, 278, 812, 818 Abs. 3, Abs. 4, 819, 823, 826, 831); **BGH LM Nr. 7 zu § 107 BGB** (Nießbrauchsbestellung für einen Minderjährigen, Irrelevanz wirtschaftlicher Folgen für die Frage , ob ein Geschäft rechtlich lediglich vorteilhaft ist, Rückwirkung der Genehmigung; §§ 107, 184, 873, 1030 ff.); **BGHZ 47, 352** (Mahnung als rechtsgeschäftsähnliche Willensäußerung, Zustimmung, Genehmigung eines ohne Einwilligung des gesetzlichen Vertreters geschlossenen Vertrages §§ 106 ff., 111 ff., 121 Abs. 1 Satz 1, 131 Abs. 2, 184 Abs. 1 BGB, §§ 38 f. VVG); **BGHZ 15, 168** (Schenkung eines Grundstücks an einen Minderjährigen, rechtlich lediglicher Vorteil durch Abschluss des schuldrechtlichen Vertrages, Auflassung; §§ 107, 181, 1643); **BGHZ 161,** 170 (Grundstücksschenkung an Minderjährige; Berücksichtigung öffentlicher Lasten bei der Frage ob der Eigentumserwerb für den

Minderjährigen rechtlich lediglich vorteilhaft ist); **RGZ 74, 234** – *Lotteriegewinn-Fall* (Reichweite der Überlassung von Mitteln zur freien Verfügung an einen Minderjährigen, Einwilligung des gesetzlichen Vertreters; §§ 107, 110); **BayObLG NJW 2003, 1129** (Schenkung eines mit einem Nießbrauch belasteten und vom Nießbraucher vermieteten Grundstücks an einen Minderjährigen rechtlich nicht lediglich vorteilhaft, familiengerichtliche Genehmigung, Ergänzungspflegschaft; §§ 181, 1056, 1629, 1795).

1. Begriff der Geschäftsfähigkeit und Bedeutung der §§ 104 ff.

Die Erlangung der **Rechtsfähigkeit** mit der Vollendung der Geburt[8] bedeutet nicht, **321** dass der Mensch ab diesem Zeitpunkt auch rechtlich wirksam handeln kann. Insoweit ist über die Rechtsfähigkeit hinaus die sog. **Handlungsfähigkeit** erforderlich, sprich die Fähigkeit, rechtlich wirksam handeln zu können[9]. Neben der Deliktsfähigkeit[10] gehört zur rechtlichen Handlungsfähigkeit insb. die **Geschäftsfähigkeit**. Unter diesem Begriff ist die Fähigkeit einer Person zu verstehen, im Rechtsverkehr selbständig auftreten und rechtsverbindliche Erklärungen abgeben und empfangen zu können, d.h. durch eigenes Handeln und damit ohne Beteiligung anderer Personen wirksam Rechtsgeschäfte vornehmen zu können[11].
In den Vorschriften der §§ 104 ff. regelt das Gesetz unter der Überschrift Geschäftsfähigkeit[12] nicht den – vorausgesetzten – Begriff der Geschäftsfähigkeit als solchen, sondern **Ausnahmetatbestände**, bei deren Vorliegen die Geschäftsfähigkeit nicht oder nur in beschränktem Umfang gegeben ist, und knüpft daran Folgen für die Wirksamkeit von Willenserklärungen und Rechtsgeschäften. Nach der gesetzlichen Konzeption ist zu unterscheiden zwischen **Geschäftsunfähigkeit** (§§ 104–105a)[13] und **beschränkter Geschäftsfähigkeit** (§§ 106–113)[14]. Zugleich folgt aus den Vorschriften der §§ 104 ff. i.V.m. § 2, dass Personen nach der Vollendung des 18. Lebensjahres im Regelfall – wenn nicht Geschäftsunfähigkeit wegen einer Störung der Geistestätigkeit vorliegt – uneingeschränkt geschäftsfähig sind[15].

Der **Zweck** der in den §§ 104 ff. geregelten Ausnahmen von der vollen Geschäfts- **322** fähigkeit besteht wesentlich darin, die hiervon erfassten Personen – also Minderjährige und Personen, die sich in einem Zustand krankhafter Störung der Geistestätigkeit befinden – vor den Folgen rechtlich und wirtschaftlich belastender Rechtsgeschäfte zu schützen[16]. Das bürgerliche Recht wird von dem Gedanken

---

8 S. oben Rn. 84 f.
9 S. schon oben Rn. 93 ff.
10 Dazu Rn. 95.
11 *Leenen* JURA 2007, 721 ff. (723); S. zum Begriff der Geschäftsfähigkeit schon oben Rn. 94.
12 S. Titel 1 des 3. Abschnitts des Allgemeinen Teils.
13 S. dazu Rn. 323 ff.
14 S. Rn. 333 ff.
15 S. § 2 i.V.m. §§ 104 Nr. 2, 106.
16 Vgl. BGHZ 29, 33 (36) und BGHZ 78, 28 (35) zum Minderjährigenschutz. Darüber hinaus wird den §§ 104 ff. bezogen auf Minderjährige der Zweck beigemessen, die erzieherische Einflussnahme der gesetzlichen Vertreter zu sichern, s. Hk-BGB/*Dörner*, Vorb. zu §§ 104–113, Rn. 1; MünchKomm/*Schmitt*, v. § 104 Rn. 4; AG Freiburg NJW-RR 1999, 637 (638).

der Privatautonomie geprägt, wonach der Einzelne innerhalb der durch die Rechtsordnung gesetzten Grenzen seine Angelegenheiten eigenverantwortlich regeln kann, wobei für die Herbeiführung rechtlicher Folgen mittels rechtsgeschäftlicher Erklärungen an die Person und deren frei gebildeten Willen angeknüpft wird[17]. Das setzt allerdings voraus, dass die rechtsgeschäftlich handelnde Person die geistige Fähigkeit und Reife hat, bei der Willensbildung den Inhalt und die Folgen ihres rechtsgeschäftlichen Tuns zu verstehen[18]. Bezogen auf Minderjährige und Personen, die sich in einem Zustand krankhafter Störung der Geistestätigkeit befinden, geht das Gesetz davon aus, dass eine solchermaßen vernünftige Willensbildung nicht gewährleistet ist. Zum Schutze dieser Personen im Rechtsverkehr wird deshalb die Geschäftsfähigkeit ausgeschlossen oder jedenfalls beschränkt. Die §§ 104 ff. stellen damit eine notwendige Einschränkung einer auf Selbstbestimmung durch Willensanknüpfung basierenden Privatrechtsordnung dar, indem die Herbeiführung rechtsgeschäftlicher Folgen durch Personen verhindert wird, die mangels Fähigkeit zur vernünftigen Willensbildung die damit verbundenen Konsequenzen nicht überblicken bzw. einschätzen können. Letztlich wird dadurch aber auch wiederum die Selbstbestimmung dieser Personen gewährleistet, wenn man davon ausgeht, dass die zu rechtsgeschäftlichem Handeln für diese Personen (mit)berufenen gesetzlichen Vertreter[19] aufgrund vernünftiger Willensbildung in deren Interesse handeln.

Die Vorschriften der §§ 104 ff. greifen unabhängig davon ein, ob ein Dritter – etwa ein Vertragspartner – von der Geschäftsunfähigkeit oder beschränkten Geschäftsfähigkeit gewusst hat oder diese hätte erkennen müssen. Einen Schutz des guten Glaubens Dritter an die unbeschränkte Geschäftsfähigkeit einer Person gibt es nicht[20]. Der gesetzlich zwingende[21] Schutz nicht voll geschäftsfähiger Personen ist damit vorrangig gegenüber dem Schutzbedürfnis des Rechtsverkehrs[22], obwohl etwa der Vertragspartner eines Minderjährigen oder einer sich in einem Zustand krankhafter Störung der Geistestätigkeit befindlichen Person nicht immer ohne weiteres die Minderjährigkeit oder den krankhaften Geisteszustand zu erkennen vermag und deshalb nicht weiß, dass er mit einer nicht voll geschäftsfähigen Person einen Vertrag schließt.

> **Bsp. (1):** A verkauft an B ein Sonnenstudio nebst Inventar und Warenvorräten für 33.000 €. B ist im Zeitpunkt des Vertragsschlusses wegen einer krankhaften Störung der Geistestätigkeit geschäftsunfähig (§ 104 Nr. 2)[23]. – Für die Anwendbarkeit der §§ 104 ff. und hier die Unwirksamkeit der Willenserklärung des B nach § 105 Abs. 1[24] kommt es nicht darauf an, ob der A bei den Vertragsverhandlungen die Geisteskrankheit des B erkennen konnte oder erkannt hat. Die Folgen der §§ 104 ff. treten auch ein, wenn das nicht der Fall war.

---

17 Dazu oben Rn. 185.
18 Vgl. BGHZ 29, 33 (36) zum Minderjährigenschutz.
19 S. folgend Rn. 332, 335.
20 BGH NJW 1977, 622 (623).
21 Palandt/*Ellenberger*, BGB, Einf. v. § 104 Rn. 3.
22 S. BGH NJW 1977, 622 (623).
23 S. den Fall BGHZ 126, 105 ff.; zu § 104 Nr. 2 noch Rn. 325 ff.
24 S. dazu Rn. 329.

Bsp. (2): Dasselbe gilt, wenn ein beschränkt geschäftsfähiger Minderjähriger (§ 106) einen Kaufvertrag abschließt, ohne dass der Vertragspartner die Minderjährigkeit, etwa wegen des reifen Äußeren und Auftretens, erkannt hat. Liegen die Voraussetzungen der §§ 107 ff., unter denen ein Minderjähriger wirksam einen Vertrag abschließen kann[25], nicht vor, dann ist der Kaufvertrag unwirksam.

Hinsichtlich der rechtlichen Folgen der Abgabe von Willenserklärungen durch geschäftsunfähige und beschränkt geschäftsfähige Personen ist zu unterscheiden. Bezogen auf geschäftsunfähige Personen im Sinne des § 104 bestimmt § 105 Abs. 1, dass die **Willenserklärung eines Geschäftsunfähigen nichtig** ist[26]. Das bedeutet, dass mangels Vorliegens einer wirksamen Willenserklärung das geplante Rechtsgeschäft, z.B. ein Vertrag, bereits überhaupt nicht zustande kommt[27]. Die Frage der Wirksamkeit des Rechtsgeschäfts selbst stellt sich dann gar nicht[28]. Denn mit der gesetzlichen Anordnung der Nichtigkeit der Willenserklärung eines Geschäftsunfähigen wird sichergestellt, dass dieser Rechtsgeschäfte überhaupt nicht vornehmen kann[29].

Anders verhält es sich bei der Abgabe von Willenserklärungen durch Minderjährige nach Vollendung des siebenten Lebensjahres, die gemäß § 106 nach Maßgabe der §§ 107 ff. in der Geschäftsfähigkeit beschränkt sind. Insoweit geht aus § 107 allein hervor, dass der Minderjährige zu einer Willenserklärung, durch die er nicht lediglich einen rechtlichen Vorteil erlangt[30], der Einwilligung seines gesetzlichen Vertreters bedarf[31]. Im Unterschied zu § 105 bestimmt das Gesetz für den Fall der fehlenden Einwilligung **nicht die Unwirksamkeit einer gleichwohl abgegebenen Willenserklärung**[32]. Stattdessen regelt § 108 Abs. 1 als rechtliche Folge eines seitens des Minderjährigen ohne Einwilligung des gesetzlichen Vertreters geschlossenen Vertrages, dass die Wirksamkeit des Vertrages von der Genehmigung des Vertreters abhängt[33]. Hieraus ist zu folgern, dass die Minderjährigkeit eines Vertragsschließenden keine Auswirkungen auf das Zustandekommen des Vertrages hat[34]. Das bedeutet, die auf den Abschluss eines Vertrages gerichtete Willenserklärung eines Minderjährigen in Gestalt von Angebot oder Annahme ist **auch dann wirksam**, wenn es an der nach § 107 erforderlichen Einwilligung fehlt[35].

---

25 S. näher Rn. 336 ff.

26 Das gilt nach § 105 Abs. 2 auch für eine Willenserklärung, die im Zustand der Bewusstlosigkeit oder vorübergehender Störung der Geistestätigkeit abgegeben wird, s. noch Rn. 330.

27 S. *Leenen*, BGB AT, § 2 Rn. 10; *ders.*, FS Canaris, 2007, 699 ff. (701); *ders.* JURA 2007, 721 ff. (723) .

28 *Leenen*, FS Canaris, 2007, 699 ff. (701); *ders.* JURA 2007, 721 ff. (723).

29 *Leenen*, FS Canaris, 2007, 699 ff. (707). Der Grund für die Anordnung der Nichtigkeit der Willenserklärung liegt darin, dass bei Geschäftsunfähigen bereits von dem Fehlen der Fähigkeit zu verantwortlicher Willensbildung ausgegangen wird, siehe *Leenen*, FS Canaris, 2007, 699 ff. (707); zur Sonderregelung des § 105a s. Rn. 331.

30 Dazu näher Rn. 338 ff.

31 Zur Einwilligung s. näher Rn. 351 ff.

32 S. *Leenen*, BGB AT, § 2 Rn. 16; *ders.*, FS Canaris 2007, 699 ff. (708); *ders.* JURA 2007, 721 ff. (724).

33 Zu § 108 s. näher Rn. 355 ff.

34 *Leenen*, BGB AT, § 6 Rn. 124; *ders.*, FS Canaris, 2007, 699 ff. (708); *ders.* JURA 2007, 721 ff. (724); s. deutlich auch Motive bei *Mugdan*, I, 426.

35 *Leenen*, FS Canaris, 2007, 699 ff. (708); *ders.* JURA 2007, 721 ff. (724).

Denn die in § 108 Abs. 1 vorgesehene Genehmigungsfähigkeit des Vertrages setzt voraus, dass ein Vertrag zustande gekommen sein muss, was wiederum nur dann der Fall sein kann, wenn die Willenserklärung des Minderjährigen **auch bei fehlender Einwilligung wirksam ist**[36]. Nach der Konzeption des Gesetzes beeinträchtigt eine fehlende Einwilligung des gesetzlichen Vertreters mithin nicht die Wirksamkeit der auf einen Vertragsschluss gerichteten Willenserklärung des beschränkt geschäftsfähigen Minderjährigen, sondern steht als (weiteres) Wirksamkeitserfordernis der **Wirksamkeit des zustande gekommenen Vertrages,** sprich des Rechtsgeschäfts entgegen, das im Hinblick auf die Genehmigungsfähigkeit nach § 108 Abs. 1 zunächst schwebend unwirksam ist[37]. Nichts anderes gilt bei der Vornahme **einseitiger Rechtsgeschäfte** durch den Minderjährigen, z.B. in den Fällen einer Kündigung oder einer Anfechtung[38]. Auch hier ist bei fehlender Einwilligung des gesetzlichen Vertreters nicht die auf die Herbeiführung des jeweiligen rechtlichen Erfolgs gerichtete Willenserklärung des Minderjährigen, also etwa die Kündigungserklärung oder die Anfechtungserklärung, unwirksam[39]. Vielmehr bestimmt das Gesetz in **§ 111 S. 1** die Unwirksamkeit des ohne erforderliche Einwilligung getätigten einseitigen Rechtsgeschäfts, das dogmatisch von der auf die Herbeiführung des jeweiligen rechtlichen Erfolgs gerichteten Willenserklärung zu unterscheiden ist[40].

Die nach der vorbeschriebenen Konzeption des Gesetzes auch bei fehlender Einwilligung des gesetzlichen Vertreters anzunehmende Wirksamkeit der Willenserklärung eines beschränkt geschäftsfähigen Minderjährigen hat Auswirkungen auf die **Fallprüfung** des Vorliegens eines wirksamen rechtsgeschäftlichen Handelns des Minderjährigen[41]. Soweit es um die Frage des Zustandekommens des Rechtsgeschäfts, z.B. eines Vertrages, geht, ist die Minderjährigkeit eines der Vertragsschließenden bedeutungslos, denn die Willenserklärung des Minderjährigen ist trotz fehlender Einwilligung des gesetzlichen Vertreters wirksam[42]. Erst im Anschluss an die Prüfung und Feststellung, ob ein Rechtsgeschäft zustande gekommen ist, also etwa, ob die für einen Vertragsschluss erforderlichen übereinstimmenden Willenserklärungen vorliegen, ist im Rahmen der Frage, ob das Rechtsgeschäft wirksam ist, unter dem Gesichtspunkt der Geschäftsfähigkeit als (weiterer) Wirksamkeitsvoraussetzung auf die Minderjährigkeit einzugehen[43].

Ihrem **Anwendungsbereich** nach sind die Schutzvorschriften der §§ 104 ff. auf die Abgabe von Willenserklärungen durch nicht voll geschäftsfähige Personen beschränkt. In Ergänzung hierzu regelt § 131 das Wirksamwerden empfangsbedürftiger Willenserklärungen, die gegenüber einem nicht voll Geschäftsfähigen abgegeben werden[44]. Ebenso wie diese Bestimmung finden die §§ 104 ff. auch auf die

---

36 *Leenen*, BGB AT, § 6 Rn. 124; *ders.* FS Canaris, 2007, 699 ff. (708); *ders.* JURA 2007, 721 ff. (724).

37 *Leenen*, FS Canaris, 2007, 699 ff. (708); *ders.* JURA 2007, 721 ff. (724); zu § 108 s. Rn. 355 ff.

38 Zum Begriff des einseitigen Rechtsgeschäfts s. Rn. 191.

39 S. *Leenen*, FS Canaris, 2007, 699 ff. (710); *ders.* JURA 2007, 721 ff. (725).

40 *Leenen*, BGB AT, § 6 Rn. 125; *ders.* FS Canaris, 2007, 699 ff. (710); *ders.* JURA 2007, 721 ff. (725).

41 S. dazu auch *Leenen* JURA 2007, 721 ff. (725).

42 *Leenen* JURA 2007, 721 ff. (724).

43 S. *Leenen* JURA 2007, 721 ff. (724).

44 S. hierzu oben Rn. 232 ff.

Vornahme **geschäftsähnlicher Handlungen**[45] – etwa die Mahnung des Schuldners[46] – durch nicht voll geschäftsfähige Personen Anwendung[47].

Sonderregelungen über die Geschäftsfähigkeit bei der Vornahme bestimmter Rechtsgeschäfte enthalten z.B. § 1303 über die Ehemündigkeit, d.h. die Fähigkeit zur Eingehung einer Ehe[48], und § 2229 betr. die Testierfähigkeit, sprich die Fähigkeit zur Errichtung eines Testaments[49].

Die §§ 104 ff. regeln die Frage der Geschäftsfähigkeit bzw. Geschäftsunfähigkeit und beschränkten Geschäftsfähigkeit einer Person für das bürgerliche Recht. Die Vorschriften gelten nicht unmittelbar für das Zivilprozessrecht, das die Regelungen zur gerichtlichen Durchsetzung bürgerlich-rechtlicher Ansprüche[50] enthält. Bezogen auf die im Prozessrecht der Geschäftsfähigkeit entsprechende sogenannte **Prozessfähigkeit**, damit ist die Fähigkeit gemeint, Prozesshandlungen[51] selbst wirksam vornehmen und entgegennehmen zu können[52], regelt § 52 ZPO, dass eine Person insoweit prozessfähig ist, als sie sich durch Verträge verpflichten kann. Damit wird im Grundsatz für die Prozessfähigkeit an die bürgerlich-rechtlichen Vorschriften über die Geschäftsfähigkeit angeknüpft, denn nur auf deren Grundlage kann entschieden werden, ob sich eine Person durch Vertrag verpflichten kann[53].

2. Geschäftsunfähigkeit

a) Begriff und Voraussetzungen. Geschäftsunfähigkeit bedeutet als **Gegenstück zu dem Begriff der Geschäftsfähigkeit**[54], dass eine Person im Rechtsverkehr nicht selbständig auftreten und rechtsverbindliche Erklärungen abgeben und empfangen kann. Welche Personen geschäftsunfähig sind, regelt § 104. **323**

Gemäß § 104 Nr. 1 ist geschäftsunfähig, wer nicht das **siebente Lebensjahr** vollendet hat. Mit dieser Altersgrenze geht das Gesetz typisierend ohne Rücksicht auf die individuelle Entwicklung von Kindern davon aus, dass diese nicht die geistige Reife zur eigenständigen Teilnahme am Rechtsverkehr haben. Diese Typisierung sorgt in gewissem Maße für Rechtssicherheit[55]. Die Geschäftsunfähigkeit eines Kindes endet nach §§ 187 Abs. 2 Satz 2, 188 Abs. 2 mit dem Ablauf des Tages, der dem Tag, an welchem das Kind sieben Jahre alt wird, vorausgeht. **324**

---

45 Zum Begriff s. oben Rn. 209.
46 § 286.
47 S. MünchKomm/*Schmitt*, BGB, v. § 104 Rn. 11; Palandt/*Ellenberger*, BGB, Einf. v. § 104 Rn. 6; BGHZ 47, 352 (357) zur Anwendbarkeit des § 131 auf eine gegenüber einem Minderjährigen erfolgte Mahnung.
48 Die Ehe kommt durch Vertrag zustande (s. nur Palandt/*Brudermüller*, Einf. v. § 1353 Rn. 1) und damit durch Rechtsgeschäft.
49 Hierbei handelt es sich um ein einseitiges, nicht empfangsbedürftiges Rechtsgeschäft, s. oben Rn. 191.
50 Zum Begriff des Anspruchs s. oben Rn. 155.
51 Zum Begriff s. Zöller/*Greger*, ZPO, v. § 128 Rn. 14.
52 S. Zöller/*Vollkommer*, ZPO, § 52 Rn. 1.
53 S. näher zur Prozessfähigkeit *Huber*, JuS 2010, 201.
54 S. hierzu oben Rn. 321.
55 Für Dritte bleibt das Risiko, dass nicht unbedingt erkennbar ist, ob ein Kind das siebente Lebensjahr vollendet hat.

325 Nach § 104 Nr. 2 ist geschäftsunfähig, wer sich in einem die **freie Willensbestimmung** ausschließenden Zustand krankhafter Störung der Geistestätigkeit befindet, sofern nicht der Zustand seiner Natur nach ein vorübergehender ist. Das Gesetz schützt damit unabhängig vom Alter auch Personen vor den Folgen rechtsgeschäftlicher Erklärungen, die aufgrund ihres Geisteszustandes nicht in der Lage sind, diese vernünftig zu beurteilen.

Unter einer **krankhaften Störung der Geistestätigkeit**, die individuell medizinisch festzustellen ist, ist das Vorliegen einer geistigen Anomalie zu verstehen, bei der es sich um eine Geisteskrankheit oder eine Geistesschwäche handeln kann[56]. Die krankhafte Störung der Geistestätigkeit muss den Ausschluss der freien Willensbestimmung zur Folge haben. Das ist der Fall, wenn eine Person aufgrund der Krankheit nicht in der Lage ist, ihren Willen frei und unbeeinflusst von der Geistesstörung zu bilden und nach zutreffend gewonnen Einsichten zu handeln[57].

> **Bsp.:** Der Abschluss eines Kaufvertrages über zwei teure Lexika durch einen erheblich Minderbegabten, der zugleich Analphabet ist, spricht für ein völlig unvernünftiges Verhalten[58].

Dabei ist darauf abzustellen, ob eine freie Entscheidung nach Abwägung des Für und Wider bei sachlicher Prüfung der in Betracht kommenden Gesichtspunkte möglich ist oder ob umgekehrt von einer freien Willensbildung nicht mehr gesprochen werden kann, etwa weil infolge der Geistesstörung Einflüsse dritter Personen den Willen übermäßig beherrschen oder die Willensbildung durch unkontrollierte Triebe und Vorstellungen ausgelöst wird[59].

Geschäftsunfähigkeit nach § 104 Nr. 2 ist allerdings nur gegeben, wenn der Zustand der krankhaften Störung der Geistestätigkeit seiner Natur nach nicht nur ein vorübergehender ist, d.h. es muss ein **Dauerzustand** sein[60]. Daran fehlt es, wenn lediglich aufgrund einer temporären Geistesstörung (z.B. Rauschzustand infolge Missbrauchs von Alkohol, Medikamenten, Drogen) die freie Willensbildung ausgeschlossen ist[61]. In diesen Fällen greift allerdings § 105 Abs. 2 ein, wenn in einem solchen Zustand eine Willenserklärung abgegeben wird[62].

Das Gesetz spricht in § 104 Nr. 2 davon, dass sich eine Person in einem Zustand krankhafter Störung der Geistestätigkeit „befindet". Daraus wird gefolgert, dass Geschäftsunfähigkeit nur gegeben ist, wenn der Zustand tatsächlich im Zeitpunkt der Abgabe einer Willenserklärung besteht. Hat die normalerweise von einer dauernden krankhaften Störung der Geistestätigkeit betroffene Person lichte Zwi-

---

56 S. BGH WM 1965, 895 (896); MünchKomm/*Schmitt*, BGB, § 104 Rn. 11; Palandt/ *Ellenberger*, BGB, § 104 Rn. 3; s. z.B. BGH NJW 1996, 918 f.: Erhebliche Minderbegabung als krankhafte Geistesstörung.
57 BGH NJW 1996, 918 (919).
58 S. BGH NJW 1996, 918 (919).
59 BGH NJW 1970, 1680 (1681); NJW 1996, 918 (919): Hier z.B. der maßgebende Einfluss des Bruders eines erheblich Minderbegabten beim Abschluss eines Kreditvertrages zur Finanzierung einer Eigentumswohnung; s. auch BayObLG NJW 1989, 1678 (1678).
60 S. nur Palandt/*Ellenberger*, BGB, § 104 Rn. 4.
61 S. nur Hk-BGB/*Dörner*, § 104 Rn. 5.
62 S. noch Rn. 330.

schenräume – *lucida intervalla*[63] – so ist sie während dieser Zeiten geschäftsfähig mit der Folge, dass Willenserklärungen wirksam abgegeben werden können[64].

§ 104 Nr. 2 geht davon aus, dass Geschäftsunfähigkeit entweder vorliegt oder **326** nicht, sprich, die an einer krankhaften Störung der Geistestätigkeit mit der Folge eines Ausschlusses der freien Willensbestimmung leidende Person in ihrer Gesamtpersönlichkeit betroffen ist[65] und demzufolge überhaupt keine wirksamen rechtsgeschäftlichen Handlungen vornehmen kann. Gleichwohl ist allgemein anerkannt, dass die Geschäftsunfähigkeit auch nur **partiell** gegeben sein kann, d.h., bezogen auf einen bestimmten Kreis von Angelegenheiten[66]. Das ist der Fall, wenn es einer Person infolge einer krankhaften Störung der Geistestätigkeit nicht möglich ist, bezogen auf einen **bestimmten Lebensbereich** ihren Willen frei und unbeeinflusst von der vorliegenden Störung zu bilden, während das für andere Bereiche nicht zutrifft[67]. Hier beschränkt sich die Geschäftsunfähigkeit auf den Lebensbereich, innerhalb dessen eine freie Willensbestimmung aufgrund krankhafter Geistesstörung nicht möglich ist. Praktische Relevanz hat diese Frage in der Rspr. des BGH im Zusammenhang mit der Prozessfähigkeit von Ehegatten in Ehescheidungsverfahren[68] und von Rechtsanwälten bei der Vertretung in eigenen und fremden Angelegenheiten[69] erlangt, die wegen Geschäftsunfähigkeit bezogen auf die jeweiligen Prozessgegenstände (Lebensbereiche) über § 52 ZPO[70] nicht gegeben war.

> **Bsp.:** Ein ehemaliger Rechtsanwalt stand in bereits vorgerücktem Alter mit einer Frau in näherer Beziehung, die der Prostitution nachging. Er behauptete, der Frau 100.000 DM geschenkt zu haben, damit sie sich aus dem Milieu lösen könne. Als sie das nicht tat, verlangte der Rechtsanwalt von ihr das Geld zurück. Im Zusammenhang mit dem Gerichtsverfahren warf der Rechtsanwalt beteiligten Beamten und Richtern Amtspflichtverletzungen vor und überzog das Land als Dienstherrn mit Schadensersatzprozessen. – Bei dem Rechtsanwalt wurde eine bezogen auf diese Angelegenheit bestehende isolierte themenbezogene Wahnerkrankung durch ärztlichen Sachverständigen festgestellt, die insoweit zur Geschäftsunfähigkeit führte und damit im Hinblick auf die angestrengten Gerichtsverfahren über § 52 ZPO die Prozessunfähigkeit zur Folge hatte[71].

Von der auf bestimmte gegenständliche Bereiche bezogenen anerkannten partiel- **327** len Geschäftsunfähigkeit zu unterscheiden ist die Frage, ob es im Rahmen von § 104 Nr. 2 auch eine nach dem Schwierigkeitsgrad von Rechtsgeschäften abgrenzbare Geschäftsunfähigkeit derart gibt, dass eine krankhafte Störung der

---

63 BGHZ 30, 112 (117).
64 MünchKomm/*Schmitt*, BGB, § 104 Rn. 13; Palandt/*Ellenberger*, BGB, § 104 Rn. 4; Hk-BGB/*Dörner*, § 104 Rn. 5.
65 S. BGH NJW 1970, 1680 (1681).
66 BGHZ 18, 184 (187); 30, 112 (117 f.); 143, 122 (125); BGH NJW 1970, 1680 (1681); MünchKomm/*Schmitt*, BGB, § 104 Rn. 15 ff.; Palandt/*Ellenberger*, BGB, § 104 Rn. 6.
67 BGH NJW 1970, 1680 (1681).
68 S. BGHZ 18, 184 ff.
69 S. BGHZ 30, 112 ff.; 143, 122 ff.
70 S. oben zu § 52 ZPO als prozessrechtlichem Pendant der Geschäftsfähigkeit Rn. 322.
71 S. den Fall BGHZ 143, 122 ff.

Geistestätigkeit zwar zum Ausschluss der freien Willensbestimmung bei rechtlich und wirtschaftlich komplexen Rechtsgeschäften führt mit der Konsequenz insoweit bestehender Geschäftsunfähigkeit, die betreffende Person jedoch hinsichtlich einfacher Rechtsgeschäfte (z. B. Zeitungskauf) geschäftsfähig bleibt. Eine solchermaßen nur **abgestufte – relative – Geschäftsunfähigkeit**[72] wird ganz überwiegend abgelehnt[73]. Hierfür ist maßgebend, dass § 104 Nr. 2 für die Frage der Geschäftsunfähigkeit wesentlich auf die (Un)Fähigkeit zur freien Willensbestimmung abstellt, nicht aber auf die intellektuellen Fähigkeiten einer Person, die rechtliche und wirtschaftliche Tragweite rechtsgeschäftlichen Handelns auch bei komplexen Vorgängen verstandesmäßig zu erfassen[74]. Hinzu kommt, dass die Anerkennung einer relativen Geschäftsunfähigkeit für den Rechtsverkehr zu einer schwer erträglichen Rechtsunsicherheit führen würde, weil eine trennscharfe Abgrenzung zwischen Geschäftsfähigkeit und Geschäftsunfähigkeit nach Maßgabe der intellektuellen Fähigkeiten einer Person unter dem Gesichtspunkt des Schwierigkeitsgrades von Rechtsgeschäften nicht möglich ist[75].

> **Bsp.:** Ein Ehemann, der wegen angeborenen Schwachsinns leichten bis mittleren Grades verstandesmäßig nicht in der Lage ist, einen schwierigen Ehescheidungsprozess zu führen, jedoch die einfachen Geschäfte des täglichen Lebens zu besorgen vermag, ist nicht geschäftsunfähig[76].

328   Kommt es im Rahmen eines Prozesses zum Streit über das Vorliegen von Geschäftsunfähigkeit nach § 104 Nr. 2, so hat derjenige die insoweit maßgebenden Tatsachen darzulegen und zu beweisen (durch Vorlage eines ärztlichen Gutachtens), der sich auf die Geschäftsunfähigkeit beruft. Gelingt ihm das nicht, so trägt er die sog. **objektive Beweislast**[77], d. h., ihn trifft der Nachteil des Prozessverlusts wegen der Nichterweislichkeit der für die Geschäftsunfähigkeit maßgebenden Tatsachen[78].

> **Bsp.:** Schließen A und B einen Kaufvertrag über ein Sonnenstudio und verweigert B die Kaufpreiszahlung mit der Begründung, er sei im Zeitpunkt des Vertragsschlusses wegen krankhafter Störung der Geistestätigkeit geschäftsunfähig gewesen, so muss er bei einer Klage des A auf Kaufpreiszahlung im Prozess für den Fall des Bestreitens der Geschäftsunfähigkeit durch A das Vorliegen der die Geschäftsunfähigkeit begründenden Tatsachen beweisen. Gelingt ihm das nicht, ist von dem Abschluss eines wirksamen Kaufvertrages auszugehen mit der Folge, dass der B gemäß § 433 Abs. 2 zur Kaufpreiszahlung verpflichtet ist.

329   **b) Folgen der Geschäftsunfähigkeit.** Nach § 105 Abs. 1 ist die Willenserklärung eines Geschäftsunfähigen nichtig[79]. Das bedeutet, dass mangels Wirksamkeit der Willenserklärung das geplante Rechtsgeschäft nicht zustande kommen kann[80].

---

72 S. BayObLG NJW 1989, 1678 (1678).
73 BGH NJW 1970, 1680 (1680); BayObLG NJW 1989, 1678 (1679); a.A. *Flume*, BGB AT II, § 13, 5.
74 BGH NJW 1970, 1680 (1681); BayObLG NJW 1989, 1678 (1679).
75 Zutreffend BGH NJW 1970, 1680 (1681); dagegen *Flume*, BGB AT II, § 13, 5.
76 S. den Fall BGH NJW 1970, 1680 f.
77 S. BGHZ 18, 184 (190).
78 Zum Begriff der objektiven Beweislast s. Zöller/*Greger*, ZPO, v. § 284 Rn. 18.
79 S. aber § 105a, folgend Rn. 331.
80 *Leenen* JURA 2007, 721 ff. (723).

Die Unwirksamkeit von Willenserklärungen eines Geschäftsunfähigen gilt **absolut**, d.h. es gibt davon keine Ausnahmen. Hat die geschäftsunfähige Person einen Vertrag geschlossen, so ist dieser wegen der Nichtigkeit der Willenserklärung des Geschäftsunfähigen nicht zustande gekommen. Sind zur Erfüllung dieses Vertrages bereits Leistungen ausgetauscht worden, so kommt es zu einer sog. bereicherungsrechtlichen Rückabwicklung.

> **Bsp. (1):** A verkauft an B ein Sonnenstudio nebst Inventar und Warenvorräten zum Preis von 33.000 €. Der A hat die Kaufsache geliefert, der B hat bezahlt. B ist im Zeitpunkt des Abschlusses des Kaufvertrages wegen eines hirnorganischen Defektsyndroms geschäftsunfähig. Nachdem er aufgrund seines Leidens einige Monate nach dem Erwerb des Sonnenstudios den Betrieb einstellt, fordert B von A den Kaufpreis zurück[81]. – Hier ist die auf Abschluss des Kaufvertrages gerichtete Willenserklärung des B wegen dessen Geschäftsunfähigkeit nach § 105 Abs. 1 nichtig gewesen, deshalb konnte ein Kaufvertrag zwischen A und B nicht zustande kommen. Darüber hinaus konnten hinsichtlich Kaufgegenstand und Kaufpreis auch keine wirksamen Übereignungen nach § 929 Satz 1 erfolgen, denn auch insoweit wirkte sich die Geschäftsunfähigkeit des B dahin aus, dass sowohl die Einigungserklärung auf Erwerb des Eigentums an den das Sonnenstudio ausmachenden Sachen unwirksam war, wie auch die Einigungserklärung zur Übertragung des Eigentums am Geld auf A. Der ohne kaufvertragliche Grundlage erfolgte Leistungsaustausch wird bereicherungsrechtlich korrigiert. Nach § 812 Abs. 1 Satz 1 Alt. 1 – sog. *condictio indebiti*[82] – ist derjenige, der etwas erlangt hat durch die Leistung eines anderen ohne rechtlichen Grund, diesem zur Herausgabe des Erlangten verpflichtet. Hiernach kann B, vertreten durch seinen Betreuer[83], von A den Kaufpreis herausverlangen: Dieser ist erstens von A erlangt (Besitz i.S.d. § 854, mangels Einigung nach § 929 Satz 1 kein Eigentum), zweitens durch Leistung des B, worunter eine bewusste und zweckgerichtete (hier Zweck der Erfüllung der vermeintlich bestehenden Verpflichtung zur Zahlung des Kaufpreises) Vermögensmehrung verstanden wird, und drittens ohne rechtlichen Grund, weil der Kaufvertrag als Rechtsgrund – *causa* – der Vermögensverschiebungen zwischen A und B wegen der Geschäftsunfähigkeit des B nicht zustande gekommen war. Umgekehrt kann der B von A das Sonnenstudio grds. ebenfalls nach § 812 Abs. 1 Satz 1 Alt. 1 heraus verlangen[84].

> **Bsp. (2):** Arbeitgeber U und Arbeitnehmer N schließen einen Arbeitsvertrag (Dienstvertrag i.S.d. § 611). Nachdem der N sieben Monate gearbeitet hat, stellt sich heraus, dass er schon bei Abschluss des Arbeitsvertrages wegen einer krankhaften Störung der Geistestätigkeit geschäftsunfähig war. U, der sowieso mit der Arbeitsleistung des N nicht ganz zufrieden war, beruft sich nach Kenntnis von der Geschäftsunfähigkeit auf die Nichtigkeit der Willenserklärung und will N nicht weiter beschäftigen, außerdem möchte U den gezahlten Lohn zurück. – Hier ist ein Arbeitsvertrag nicht zustande

---

81 S. den Sachverhalt BGHZ 126, 105 ff.
82 Bereicherungsanspruch wegen etwas nicht Geschuldetem, s. näher *Schwarz/Wandt*, Gesetzliche Schuldverhältnisse, § 10 Rn. 1 ff.
83 S. noch folgend Rn. 332.
84 Zu den rechtlichen Folgen, wenn B das Sonnenstudio nicht mehr hat, z.B. wegen zwischenzeitlicher Weggabe, und der dann insb. interessanten Frage, ob B gleichwohl noch den Kaufpreis herausverlangen kann, s. BGHZ 126, 105 ff., wonach der Schutz des Geschäftsunfähigen Vorrang hat vor der im Falle der Nichtigkeit gegenseitiger Verträge (s. hierzu oben Rn. 194) grds. anwendbaren sog. Saldotheorie, wenn einer der „Vertragspartner" bzw. Bereicherungsschuldner den Bereicherungsgegenstand nicht mehr herausgeben kann. S. hierzu ausf. *Schwarz/Wandt*, Gesetzliche Schuldverhältnisse, § 12 Rn. 29 ff.

gekommen, weil die Willenserklärung des N gemäß § 105 Abs. 1 nichtig war. Damit ist es zwischen U und N zum Austausch von Leistungen (Arbeitsleistung des N, Vergütungszahlung des U) gekommen, ohne dass hierfür eine rechtliche Grundlage gegeben war. Der deshalb auch hier an sich eingreifende bereicherungsrechtliche Ausgleich nach § 812 Abs. 1 Satz 1 Alt. 1 findet jedoch insb. wegen der Schwierigkeit, wenn nicht Unmöglichkeit einer bereicherungsrechtlichen Rückabwicklung der erbrachten Leistungen bei einem in Vollzug gesetzten Arbeitsverhältnis, sprich, wenn bereits ein Leistungsaustausch stattgefunden hat, keine Anwendung.[85] Die jeweils erbrachten Leistungen können nicht zurückgefordert werden. Bei dem hier vorliegenden sog. fehlerhaften Arbeitsverhältnis können sich die Beteiligten deshalb nur mit *ex nunc*-Wirkung, also nicht von Anfang an (*ex tunc*), darauf berufen, dass der Arbeitsvertrag wegen der Nichtigkeit der Willenserklärung des N nicht zustande gekommen ist. U muss deshalb in dem Moment, in welchem er von der Geschäftsunfähigkeit des N erfährt, diesen mangels zustande gekommenen Arbeitsvertrages nicht mehr weiterbeschäftigen, insoweit hat er auch weder Kündigungsfristen (§ 622) noch das Kündigungsschutzgesetz zu beachten. Allerdings kann er die in der Vergangenheit erbrachten Lohnzahlungen nicht bereicherungsrechtlich heraus verlangen[86].

330   Nach § 105 Abs. 2 ist auch eine Willenserklärung nichtig, die eine Person im Zustand der Bewusstlosigkeit oder vorübergehenden Störung der Geistestätigkeit abgibt. Die Vorschrift erweitert also die Unwirksamkeit der Willenserklärungen auf Situationen, die **nur temporär** die Fähigkeit zur freien Willensbestimmung ausschließen. Die in einem solchen Zustand befindlichen Personen sind allerdings **nicht geschäftsunfähig**, was gerade auch die besondere Regelung des § 105 Abs. 2 im Verhältnis zu § 105 Abs. 1 deutlich macht. Rechtlich hat die fehlende Geschäftsunfähigkeit u.a zur Folge, dass auf diese Personen § 131[87] keine Anwendung findet, diesen also eine empfangsbedürftige Willenserklärung zugehen kann[88].

Von § 105 Abs. 2 werden vor allem **Rauschzustände** aufgrund Alkohol-, Medikamenten- oder Drogenkonsums erfasst. Wird während eines solchen Zustands eine Willenserklärung abgegeben, so kann diese von Anfang an keine Wirksamkeit entfalten.

> **Bsp.:**[89] Der dem Trunke ergebene A begibt sich nach einer durchzechten Nacht mit einem Blutalkoholgehalt von 3,4 Promille und unter dem Einfluss von psychotropen Medikamenten in das Lohnbüro seines Arbeitgebers U. Der dort anwesenden Sekretärin S erklärt er, dass er sein Arbeitsverhältnis kündigen wolle. S erstellt daraufhin für den A folgendes Schreiben: „Hiermit kündige ich mein Arbeitsverhältnis zum nächstmöglichen Termin." A unterzeichnet die Kündigungserklärung und geht zufrieden nach Hause, um seinen Rausch auszuschlafen. Am nächsten Tag bereut A seine Entscheidung sehr und teilt dem U sofort mit, dass er bei der Unterzeichnung des Kündigungsschreibens nicht „zurechnungsfähig" gewesen sei. U, der den A schon seit längerer Zeit „loswerden" wollte, zeigt sich davon unbeeindruckt und verweigert die Weiterbeschäftigung des A unter Berufung auf dessen Kündigung. Fraglich ist, ob A wirksam gekündigt hat. Das war nicht der Fall, weil die Kündigungserklärung des A im Hinblick auf seinen Rauschzustand nach § 105 Abs. 2 nichtig war. Damit ist das Arbeitsverhältnis nicht durch die Eigenkündigung des A beendet worden. U ist mithin verpflichtet, den A weiterzubeschäftigen.

---

85 S. BAG NZA 1999, 584 (586).
86 S. näher zum fehlerhaften Arbeitsverhältnis *Dütz/Thüsing*, Arbeitsrecht, Rn. 118 ff.
87 S. zu dieser Vorschrift oben Rn. 232 ff.
88 S. auch *Brox/Walker*, BGB AT, Rn. 269.
89 Angelehnt an LAG Berlin, 5.8.1988 – 6 Sa 69/87 – juris.

Nach der Vorschrift des § 105a wird unter den dort genannten Voraussetzungen **331** die Wirksamkeit eines von einer volljährigen geschäftsunfähigen Person getätigten Vertrages in Ansehung von Leistung und Gegenleistung fingiert[90]. Dem Vertragsgegenstand nach muss es sich um ein **Geschäft des täglichen Lebens** handeln, das mit geringwertigen Mitteln bewirkt werden kann (z.B. Brötchenkauf oder Zeitungskauf). Die Fiktionswirkung greift nur ein, wenn Leistung und Gegenleistung bewirkt, d.h. von beiden Vertragspartnern erbracht worden sind. Sie greift auch nur „in Ansehung" von Leistung und Gegenleistung ein, schafft also eine rechtliche Grundlage dafür, dass der Leistungsaustausch nicht bereicherungsrechtlich über § 812 Abs. 1 Satz 1 Alt. 1 rückgängig gemacht werden kann[91].

Geschäftsunfähige Personen sind **rechtsfähig**, sie können damit Träger von Rechten **332** und Pflichten sein[92]. Um im Rechtsverkehr Rechte erwerben oder Verpflichtungen eingehen zu können, muss für Geschäftsunfähige, weil diese selbst nicht rechtsgeschäftlich wirksam handeln können, ein **gesetzlicher Vertreter** handeln, dessen Willenserklärungen nach § 164 Abs. 1 Satz 1 unmittelbar für und gegen den vertretenen Geschäftsunfähigen wirken, soweit diese innerhalb der dem Vertreter zustehenden Vertretungsmacht im Namen des Vertretenen abgegeben werden[93]. Gesetzliche Vertreter geschäftsunfähiger minderjähriger Personen sind nach § 1629 Abs. 1 Satz 1 die Eltern, die Vertretungsmacht ist Teil der elterlichen Sorge (§ 1626). Eine volljährige geschäftsunfähige Person wird nach § 1902 durch einen aufgrund §§ 1896 ff. betreuungsgerichtlich bestellten Betreuer[94] vertreten.
Die Nichtigkeitsanordnung des § 105 Abs. 1 bezieht sich nur auf Willenserklärungen, die seitens des Geschäftsunfähigen **abgegeben** werden. Das Wirksamwerden einer gegenüber einem Geschäftsunfähigen abgegebenen Willenserklärung richtet sich nach § 131 Abs. 1[95].

3. Beschränkte Geschäftsfähigkeit

→ *Sch 8 Rn. 756*

a) Begriff und erfasster Personenkreis. Gemäß der Regelung des § 106 ist ein Min- **333** derjähriger, der das siebente Lebensjahr vollendet hat, nach Maßgabe der §§ 107–113 in der Geschäftsfähigkeit beschränkt. Ebensowenig wie die Begriffe der Geschäftsfähigkeit[96] und der Geschäftsunfähigkeit[97] wird der **Begriff der beschränkten Geschäftsfähigkeit** als solcher definiert. Das Gesetz macht jedoch in § 106 deutlich,

---

90 S. zu dieser Regelung etwa *Casper* NJW 2002, 3425 ff.; *Braun* JuS 2002, 424 ff.; *Hein* JuS 2003, 141 ff.
91 S. Hk-BGB/*Dörner*, § 105a Rn. 5; a. A. z.B. Palandt/*Ellenberger*, BGB, § 105a Rn. 6, wonach der Vertrag insgesamt als wirksam fingiert wird. Zu der Frage, ob der Geschäftsunfähige bei Abschluss eines Kaufvertrages und mangelhafter Leistung kaufvertragliche Gewährleistungsansprüche (§ 437) hat und ob die dinglichen Erfüllungsgeschäfte wirksam sind, s. *Casper* NJW 2002, 3425 (3427 f.).
92 S. zur Rechtsfähigkeit oben Rn. 83.
93 S. § 164 Abs. 1 Satz 1, hierzu Rn. 605 ff.
94 Das Verfahren ist in §§ 271 ff. FamFG geregelt.
95 S. oben Rn. 232 ff.
96 S. oben Rn. 321.
97 S. oben Rn. 323.

dass Minderjährige nach Vollendung des siebenten Lebensjahres nach den in
§§ 107 ff. geregelten Maßgaben und innerhalb der hier bestimmten Grenzen als
insoweit beschränkt geschäftsfähige Personen rechtsgeschäftlich am Rechtsverkehr
teilnehmen können. Darin liegt der Unterschied zu geschäftsunfähigen Personen,
die überhaupt nicht rechtsgeschäftlich wirksam tätig werden können[98]. Auf der
anderen Seite ist die beschränkte Geschäftsfähigkeit ein Minus gegenüber der Geschäftsfähigkeit, weil das rechtsgeschäftliche Handeln der in § 106 bezeichneten
Personen des Vorliegens zusätzlicher, in den §§ 107 ff. bestimmter Erfordernisse
bedarf, um im Rechtsverkehr Wirksamkeit entfalten zu können.

334   Beschränkt geschäftsfähig sind nach § 106 **Minderjährige nach Vollendung des
siebenten Lebensjahres**[99], der Status der beschränkten Geschäftsfähigkeit endet
mit Eintritt der **Volljährigkeit**, gemäß § 2 die Vollendung des 18. Lebensjahres[100].
Der Zweck des § 106 i.V.m. den Vorschriften der §§ 107 ff. besteht wesentlich
in dem Schutz der Minderjährigen vor der Vornahme von Rechtsgeschäften, die
sich für diese rechtlich nachteilig und wirtschaftlich belastend auswirken können[101]. Der in §§ 106 ff. auf die Abgabe von Willenserklärungen durch Minderjährige gerichtete Schutz wird ergänzt durch die Regelung des § 131 Abs. 2, nach
der sich das Wirksamwerden einer gegenüber einem beschränkt geschäftsfähigen
Minderjährigen abgegebenen Willenserklärung bestimmt[102].
Das Rechtsinstitut der beschränkten Geschäftsfähigkeit und die insoweit einschlägigen Regelungen der §§ 106 ff. sind, anders als die Geschäftsunfähigkeit nach
§ 104, allein auf die in § 106 bezeichneten Minderjährigen bezogen. Insoweit
handelt es sich im eigentlichen Sinne um **Minderjährigenschutz.** Im Rahmen einer
rechtlichen Betreuung (§§ 1896 ff.) kann aber auch eine volljährige Person nur
beschränkt geschäftsfähig sein, wenn das Betreuungsgericht unter den in § 1903
Abs. 1 bestimmten Voraussetzungen einen sog. Einwilligungsvorbehalt angeordnet hat, d.h., dass der Betreute zu einer Willenserklärung, die den Aufgabenkreis
des Betreuers betrifft, dessen Einwilligung bedarf. Konsequent werden in § 1903
Abs. 1 Satz 2 die Vorschriften der §§ 108–113 für entsprechend anwendbar erklärt, der Inhalt des § 107 ist vergleichbar in § 1903 Abs. 1 und Abs. 3 normiert.

335   Nach dem gesetzlichen Konzept der Regelungen über die beschränkte Geschäftsfähigkeit bedarf der Minderjährige zu einer Willenserklärung grds. der **Einwilligung** seines gesetzlichen Vertreters (§ 107)[103]. Mangelt es an einer solchen Einwilligung, so unterscheidet das Gesetz für die sich daraus ergebenden Folgen
zwischen **Verträgen**, die der Minderjährige geschlossen hat (§§ 108 f.)[104], und von
diesem vorgenommenen **einseitigen Rechtsgeschäften** (§ 111)[105]. Schließlich nor-

---

98 S. oben Rn. 323 ff.
99 Zu diesem Zeitpunkt s. oben Rn. 324.
100 Nach §§ 187 Abs. 2 Satz 2, 188 Abs. 2 beginnt die Volljährigkeit und damit die unbe-
    schränkte Geschäftsfähigkeit mit dem Ablauf desjenigen Tages, welcher dem Tag vor-
    hergeht, an dem der Minderjährige 18 Jahre alt wird.
101 S. BGHZ 161, 170 (178); danach bezweckt § 107 in erster Linie, den Minderjährigen
    vor einer Gefährdung seines Vermögens zu schützen, vgl. auch BGHZ 29, 33 (36); 78,
    28 (35).
102 S. dazu oben Rn. 232 f.
103 Dazu folgend Rn. 336 ff.
104 S. oben Rn. 322 und noch Rn. 355 ff.
105 S. oben Rn. 322 und noch Rn. 363 ff.

miert das Gesetz in den §§ 112 und 113 unter den dort bestimmten Voraussetzungen und begrenzt auf die dort genannten Bereiche eine **Teilgeschäftsfähigkeit** der in § 106 bezeichneten Minderjährigen[106]. Liegt eine solche Teilgeschäftsfähigkeit vor, dann ruht insoweit die gesetzliche Vertretungsmacht der Eltern[107]. Jenseits der Teilgeschäftsfähigkeit kann der gesetzliche Vertreter unbeschadet der Vorschriften der §§ 107 ff. im Namen des Minderjährigen innerhalb der Grenzen seiner Vertretungsmacht Rechtsgeschäfte vornehmen. Die **Vertretungsmacht des gesetzlichen Vertreters** wird also nicht durch die Möglichkeit eines nach §§ 107 ff. wirksamen rechtsgeschäftlichen Handelns des Minderjährigen ausgeschlossen.

b) Grundsatz der Einwilligungsbedürftigkeit von Willenserklärungen des Minderjährigen. – (1) Ausgangspunkt. Gemäß § 107 bedarf der Minderjährige zu einer Willenserklärung, durch die er nicht lediglich einen rechtlichen Vorteil erlangt, der Einwilligung seines gesetzlichen Vertreters. Die Regelung normiert ein **Regel-Ausnahme-Verhältnis**: Grds. ist für ein wirksames rechtsgeschäftliches Handeln des Minderjährigen die **Einwilligung** des gesetzlichen Vertreters, das sind i. d. R. die Eltern (§§ 1629 Abs. 1, 1626 Abs. 1), erforderlich. Bei der Einwilligung handelt es sich nach der Legaldefinition des § 183 Satz 1 um die vorherige, d. h., vor der Vornahme eines Rechtsgeschäfts erfolgende Zustimmung eines Dritten, hier des gesetzlichen Vertreters, zu dem Rechtsgeschäft[108]. Die Einwilligung ist jedoch nur erforderlich, wenn der Minderjährige durch die Willenserklärung rechtlich nicht lediglich einen Vorteil erlangt. Positiv gewendet heißt das, der Minderjährige kann ausnahmsweise selbständig – ohne Einwilligung des gesetzlichen Vertreters – rechtsgeschäftlich handeln, wenn das Rechtsgeschäft für ihn rechtlich lediglich vorteilhaft ist[109]. Der Grund für diese Ausnahme besteht darin, dass hier das Rechtsgeschäft für den Minderjährigen keine nachteiligen belastenden Wirkungen entfalten kann. Damit entfällt der Schutzzweck der §§ 106 ff., dem Minderjähri-

336

---

106 S. dazu Rn. 366 ff.

107 S. Hk-BGB/*Dörner*, § 112 Rn. 1 und noch folgend Rn. 366.

108 S. noch Rn. 586 ff.; zur Genehmigung als weiterer und nachträglicher Form der Zustimmung s. Rn. 595 ff.

109 Die übliche Formulierung, dass der Minderjährige ein Rechtsgeschäft ohne Einwilligung des gesetzlichen Vertreters vornehmen kann, wenn dieses für ihn "lediglich rechtlich vorteilhaft" ist (s. z.B. Hk-BGB/*Dörner*, § 107 Rn. 1 ff.; PWW/*Völzmann-Stickelbrock*, BGB, § 107 Rn. 6 und 12 f.; *Musielak*, Grundkurs BGB, Rn. 296, 299 und 321), wird hier nicht verwendet. Denn sprachlich lässt diese Formulierung allein das Verständnis zu, das Rechtsgeschäft müsse ausschließlich rechtlich vorteilhaft sein, dürfe also weder rechtlich nachteilig noch ökonomisch, sozial, oder in sonstiger Hinsicht vorteilhaft oder nachteilig sein. Diese – nicht gemeinte – Interpretation wird vermieden, wenn davon gesprochen wird, dass das Rechtsgeschäft "rechtlich lediglich vorteilhaft" sein muss. Damit wird sprachlich eindeutig zum Ausdruck gebracht, worum es sich handelt: Für die Entbehrlichkeit der Einwilligung kommt es nur darauf an, dass das Rechtsgeschäft in rechtlicher Hinsicht ausschließlich einen Vorteil bringt. Ökonomische, soziale oder sonstige Aspekte des Rechtsgeschäfts, mögen diese vorteilhaft oder nachteilig sein, bleiben für die Frage der Entbehrlichkeit einer Einwilligung außer Betracht. S. zu der hier verwendeten "Sprachregelung" mit näherer Begründung schon *Leenen*, BGB AT, § 9 Rn. 24 und *Faust*, BGB AT, § 18 Rn. 15; wie hier in der Formulierung etwa auch *St. Lorenz* JuS 2010, 11 (12).

gen nur unter Beteiligung seines gesetzlichen Vertreters rechtsgeschäftliche Handlungsmacht einzuräumen[110].

337 Das Regel-Ausnahme-Verhältnis des § 107 ist bei der **Prüfung der Wirksamkeit des durch einen Minderjährigen vorgenommenen Rechtsgeschäfts** zu beachten. Im Hinblick darauf, dass der Minderjährige zu einer Willenserklärung, durch die er rechtlich lediglich einen Vorteil erlangt, nicht der Einwilligung des gesetzlichen Vertreters bedarf, ist zunächst zu prüfen, ob ein seitens des Minderjährigen vorgenommenes Rechtsgeschäft für diesen rechtlich lediglich vorteilhaft war. Ist das der Fall, so bedarf es nicht einer Einwilligung des gesetzlichen Vertreters, deren (Nicht)Vorliegen braucht also nicht untersucht zu werden. Erst wenn sich herausstellt, dass der Minderjährige rechtlich nicht lediglich einen Vorteil erlangt, ist zu erörtern, ob das Rechtsgeschäft des Minderjährigen gleichwohl Wirksamkeit entfaltet, weil der gesetzliche Vertreter in die Vornahme des Rechtsgeschäfts eingewilligt, sprich vorher zugestimmt hat.

> **Bsp.:** Der 15-jährige M sucht sich im Elektronik-Fachgeschäft des V einen MP3-Player für 200 € aus und erklärt dem V, dass er das Gerät kaufen möchte. Als V den Kaufpreis kassieren will, stellt sich heraus, dass der M sein Geld vergessen hat. Er verspricht, das Geld am nächsten Tag zu bringen. Daraufhin darf er den MP3-Player unter Hinterlassung seiner Anschrift schon mitnehmen. Am nächsten Tag und an den folgenden Tagen kommt der M nicht. Nunmehr verlangt der V von M Zahlung der 200 €. – Prüfung: V könnte gegen M einen Anspruch auf Zahlung des Kaufpreises gemäß § 433 Abs. 2 haben. Das setzt nach § 433 Abs. 1 Satz 1 den Abschluss eines wirksamen Kaufvertrages über eine Sache zwischen M und V voraus. Ein Kaufvertrag kommt durch zwei übereinstimmende Willenserklärungen, Angebot und Annahme, zustande. Indem der M dem V erklärt, dass er den MP3-Player haben möchte, hat er ein Angebot zum Abschluss eines Kaufvertrages über eine Sache (§ 90) abgegeben. Dieses Angebot müsste seitens des V angenommen worden sein. Nach dem Sachverhalt wollte der V den Kaufpreis kassieren. Spätestens darin ist die Annahme des Angebots des M zu sehen. Damit haben M und V einen Kaufvertrag über den MP3-Player geschlossen. Fraglich ist allerdings im Hinblick darauf, dass der M erst 15 Jahre alt ist, die Wirksamkeit des Kaufvertrages. Denn aufgrund von § 106 ist M nach Maßgabe der §§ 107 ff. in der Geschäftsfähigkeit beschränkt. Gemäß § 107 bedarf der Minderjährige zu einer Willenserklärung, durch die er nicht lediglich einen rechtlichen Vorteil erlangt, der Einwilligung seines gesetzlichen Vertreters. Zu prüfen ist danach zunächst, ob der M durch den Kaufvertrag rechtlich lediglich einen Vorteil erlangt. Das ist nicht der Fall, weil der M bei Wirksamkeit des Vertrages zur Kaufpreiszahlung nach § 433 Abs. 2 verpflichtet wird. Dabei handelt es sich um einen rechtlichen Nachteil[111]. Zu prüfen ist deshalb nach § 107 weiter, ob das Rechtsgeschäft deshalb wirksam war, weil der M bei Abschluss des Kaufvertrages mit Einwilligung seines gesetzlichen Vertreters, seiner Eltern, gehandelt hat.

Im Hinblick auf das vorbeschriebene Regel-Ausnahme-Verhältnis wird folgend zunächst auf die Frage eingegangen, was unter einem Rechtsgeschäft, durch das

---

110 S. nur *Larenz/Wolf*, BGB AT, § 25 Rn. 18; Hk-BGB/*Dörner*, § 107 Rn. 1; Palandt/ *Ellenberger*, BGB, § 107 Rn. 1.

111 S. näher zum Begriff der rechtlich (nicht) lediglich vorteilhaften Rechtsgeschäfts folgend Rn. 338 ff.

der Minderjährige rechtlich (nicht) lediglich einen Vorteil erlangt, zu verstehen ist[112]. Im Anschluss daran wird die Einwilligung des gesetzlichen Vertreters behandelt[113].

(2) Rechtlich (nicht) lediglich vorteilhafte Rechtsgeschäfte. – (a) Allgemeine Grundsätze. Für die Beantwortung der Frage, ob der Minderjährige durch eine Willenserklärung rechtlich lediglich einen Vorteil erlangt, ist **an das Rechtsgeschäft anzuknüpfen**, auf dessen Herbeiführung die Willenserklärung gerichtet ist. § 107 erfasst alle Willenserklärungen des Minderjährigen unabhängig davon, ob diese auf die Herbeiführung eines einseitigen Rechtsgeschäfts[114] oder auf den Abschluss eines Vertrages zielen. Ein Rechtsgeschäft ist rechtlich nicht lediglich vorteilhaft, wenn damit für den Minderjährigen **rechtliche Nachteile** verbunden sind, insbesondere **Verpflichtungen begründet oder Rechte aufgegeben** werden. Dabei genügt jeder rechtliche Nachteil, um die von § 107 geforderte „ausschließliche Lukrativität"[115] auszuschließen, eine Abwägung der mit einem Rechtsgeschäft verbundenen rechtlichen Vorteile und Nachteile lässt die Regelung nicht zu[116].

> **Bsp.:** Der schenkweise Erwerb eines Grundstücks ist für den Minderjährigen grds. rechtlich vorteilhaft, weil ihm unentgeltlich etwas zugewendet und er Eigentümer eines Grundstücks wird[117]. Ist das Grundstück mit einem Haus bebaut, das an einen Dritten vermietet ist (§§ 535, 549 ff.), so tritt der Minderjährige mit dem Erwerb des Grundstücks in die Stellung des Vermieters und damit in die sich während der Dauer seines Eigentums aus dem Mietverhältnis ergebenden Rechte und Pflichten ein (§§ 566 ff.). Die hieraus begründeten Verpflichtungen sind rechtliche Nachteile, weshalb der Eigentumserwerb am Grundstück in diesem Fall rechtlich nicht lediglich vorteilhaft ist.

Die eine Vorteilhaftigkeit im Sinne des § 107 ausschließenden rechtlichen Nachteile können durch das Rechtsgeschäft selbst begründet sein. Das ist der Fall, wenn der Eintritt eines Rechtsnachteils von den Parteien des Rechtsgeschäfts gewollt ist[118].

> **Bsp.:** Schließt der Minderjährige ohne Einwilligung seiner Eltern einen Kaufvertrag (§ 433), so begründet hier das Rechtsgeschäft selbst eine nachteilige rechtliche Wirkung für den Minderjährigen, indem dieser je nachdem, ob er als Verkäufer oder als Käufer auftritt, entweder nach § 433 Abs. 1 Satz 1 zur Übergabe der Sache und Eigentumsverschaffung oder gem. § 433 Abs. 2 zur Kaufpreiszahlung verpflichtet wird.

Rechtliche Nachteile können für den Minderjährigen, der ein Rechtsgeschäft tätigt, jedoch auch daraus entstehen, dass diese zwar von den Parteien des Rechtsgeschäfts nicht gewollt sind, jedoch vom Gesetz als dessen Folge angeordnet werden[119]. So begründen im Falle der Schenkung eines mit einem vermieteten Haus

338

339

---

112 S. Rn. 338 ff.
113 Dazu Rn. 351 ff.
114 Zum Begriff siehe oben Rn. 191.
115 S. BGHZ 78, 28 (35).
116 S. auch *Larenz/Wolf*, BGB AT, § 25 Rn. 18.
117 S. noch Rn. 342.
118 Vgl. BGHZ 161, 170 (178).
119 BGHZ 161, 170 (178).

bebauten Grundstücks[120] zwar weder der Schenkungsvertrag noch der Eigentumserwerb am Grundstück[121] als solche eine rechtlich nachteilige Wirkung. Jedoch ergeben sich für den Minderjährigen rechtliche Nachteile aus dem im Gesetz in § 566 angeordneten Eintritt des Erwerbers in die Vermieterstellung mit der Folge, dass den Minderjährigen auch die Pflichten aus dem Mietverhältnis[122] treffen[123]. Würden auch solche mittelbaren, weil nicht durch das Rechtsgeschäft selbst, sondern kraft Gesetzes begründeten rechtlichen Nachteile uneingeschränkt dem Maßstab des § 107 und der hiernach vorausgesetzten ausschließlichen Vorteilhaftigkeit unterworfen, wäre kaum ein Rechtsgeschäft denkbar, mit dem nicht irgendwelche rechtlichen Belastungen für den Minderjährigen verbunden sind[124]. Deshalb besteht im Ausgangspunkt Einigkeit darüber, dass bestimmte rechtliche Nachteile bei der Beurteilung der Frage, ob ein Rechtsgeschäft rechtlich lediglich vorteilhaft ist, außer Betracht bleiben. Insoweit ist allerdings umstritten, anhand welcher Kriterien eine Differenzierung zwischen für § 107 erheblichen und irrelevanten rechtlichen Nachteilen vorzunehmen ist. Einer Ansicht nach ist zwischen unmittelbaren und lediglich mittelbaren rechtlichen Nachteilen zu unterscheiden, letztere sollen der Einordnung eines Rechtsgeschäfts als rechtlich lediglich vorteilhaft nicht entgegenstehen[125]. Demgegenüber befürwortet insbesondere der BGH eine am Schutzzweck des § 107 orientierte einschränkende Auslegung dieser Regelung[126]. Danach kann die rechtliche Nachteiligkeit eines Rechtsgeschäfts grundsätzlich auch in dem Vorhandensein von nur mittelbaren Nachteilen begründet sein, also solchen, die zwar von den Parteien des Rechtsgeschäfts nicht gewollt, jedoch vom Gesetz als dessen Folge angeordnet werden[127]. Allerdings hindern solche rechtlichen Nachteile die Einordnung eines Rechtsgeschäfts als rechtlich lediglich vorteilhaft dann nicht, wenn es sich um Rechtsnachteile handelt, die ihrer abstrakten Natur nach typischerweise keine Gefährdung des Vermögens des Minderjährigen mit sich bringen[128].

> **Bsp.: (1):** Erwirbt ein Minderjähriger durch den Vollzug einer Schenkung ein Grundstück mit einem vermieteten Haus, so knüpfen an den Eigentumserwerb unmittelbar kraft Gesetzes die rechtlich nachteiligen Folgen der sich aus den §§ 566 ff. ergebenden Verpflichtungen an. Hierbei handelt es sich nach der Rechtsprechung des BGH angesichts der von diesen Verpflichtungen ausgehenden Gefahren für das Vermögen des Minderjährigen nicht um typischerweise ungefährliche Rechtsnachteile, die bei der Anwendung des § 107 außer Betracht bleiben könnten[129].

---

120 S. oben Rn. 338.

121 Zur Trennung zwischen Verpflichtungs- und Verfügungsgeschäft bei der Anwendung des § 107 s. noch folgend Rn. 340.

122 Z. B. die Erhaltungspflicht gem. § 535 Abs. 1 Satz 2. Nach Maßgabe der §§ 536a, 539 Abs. 1 kann der Vermieter auf Schadens- bzw. Aufwendungsersatz in Anspruch genommen werden.

123 S. BGHZ 162, 137 (140); BayObLG NJW 2003, 1129 (1129).

124 Vgl. Palandt/*Ellenberger*, BGB, § 107 Rn. 3; BayObLG NJW 1968, 941 (941).

125 S. Hk-BGB/*Dörner*, § 107 Rn. 3; OLG Celle MDR 2001, 931 (932); BayObLG NJW 1967, 1912 (1913).

126 S. BGHZ 161, 170 (178 f.); aus der Literatur etwa *Köhler*, BGB AT, § 10 Rn. 16; *Medicus*, BGB AT Rn. 563.

127 S. BGHZ 161, 170 (178).

128 BGHZ 161, 170 (178 f.); Palandt/*Ellenberger*, BGB, § 107 Rn. 3; *Köhler*, BGB AT, § 10 Rn. 16.

129 S. BGHZ 162, 137 (140); a.A. etwa *Stürner* AcP 173 (1973), 402 (431 u. 448).

Bsp.: (2): Die mit dem Eigentumserwerb an einem Grundstück verbundenen sog. laufenden öffentlichen Lasten wie z. Bsp. die Grundsteuerpflicht[130] werden demgegenüber von der Rechtsprechung des BGH nicht als Rechtsnachteile angesehen, die ihrer abstrakten Natur nach typischerweise eine Gefährdung des Vermögens des Minderjährigen beinhalten[131]. Solche Lasten seien ihrem Umfang nach begrenzt und könnten i.d.R. aus den laufenden Erträgen des Grundstücks gedeckt werden, weshalb sie typischerweise zu keiner Vermögensgefährdung führen würden[132].

Bsp. (3): Wird einem 17-Jährigen ein Tier geschenkt[133], so handelt es sich bei dem Schenkungsvertrag (§ 516) um ein rechtlich lediglich vorteilhaftes Rechtsgeschäft[134]. Die in Vollzug des Schenkungsvertrages vorgenommene Übertragung des Eigentums am Tier (§§ 929 Satz 1, 90a Satz 3) führt dazu, dass der Minderjährige als Tierhalter der Haftung des § 833 unterliegt und ihn darüber hinaus die Pflichten des Tierschutzgesetzes u.a. und insbesondere die in § 2 TierSchG bestimmten Anforderungen an die Tierhaltung treffen. Unter Zugrundelegung der Rechtsprechung des BGH zur ausschließlichen Lukrativität eines Rechtsgeschäfts im Falle gesetzlich begründeter rechtlicher Nachteile wird der Eigentumserwerb des Minderjährigen an einem Tier zum Zwecke der Tierhaltung insbesondere im Hinblick auf die damit verbundenen Unterhaltungskosten (Unterbringung, Futter, Tierarzt) nicht ohne weiteres als rechtlich lediglich vorteilhaft eingeordnet werden können[135].

Für die Frage, ob ein Rechtsgeschäft rechtlich lediglich vorteilhaft ist oder nicht, kommt es nach ganz h.M. allein auf die rechtlichen Folgen des zustande gekommenen Rechtsgeschäfts an. Die wirtschaftlichen Wirkungen des Rechtsgeschäfts haben außer Betracht zu bleiben[136].

Bsp.: Kauft der Minderjährige einen MP3-Player, der einen Wert von 200 € hat, für 100 €, dann tätigt er damit wirtschaftlich betrachtet ein günstiges, vorteilhaftes Rechtsgeschäft. Gleichwohl bedarf er der Einwilligung seiner Eltern, denn mit dem Kaufvertrag verbindet sich der rechtliche Nachteil der Verpflichtung zur Kaufpreiszahlung (§ 433 Abs. 2). Allein das ist im Rahmen von § 107 entscheidend.

---

130 §§ 1 ff. Grundsteuergesetz (GrStG).
131 BGHZ 161, 179 (179); offengelassen hat der BGH, ob das auch für außerordentliche Grundstückslasten wie die Verpflichtung zur Entrichtung von Erschließungs- oder Anliegerbeiträgen gilt, BGHZ 161, 170 (180).
132 BGHZ 161, 170 (179).
133 Nach § 11c TierSchG dürfen Wirbeltiere an Kinder oder Jugendliche bis zum vollendeten 16. Lebensjahr nicht ohne Einwilligung der Erziehungsberechtigten abgegeben werden. Ein Verstoß hiergegen stellt eine Ordnungswidrigkeit nach § 18 Abs. 1 Nr. 23 TierSchG dar.
134 S. noch folgend zur Schenkung Rn. 342.
135 Zur Tierschenkung an Minderjährige s. näher *Scholl/Claeßens* JA 2010, 765 ff.; ferner *Timme* JA 2010, 174 ff.; *ders.* JA 2010, 848 ff., der jedoch wenig überzeugend von einer Überlagerung des § 107 durch die elterliche Sorge und § 90a ausgeht.
136 S. BGH LM Nr. 7 zu § 107 BGB; BGHZ 78, 28 (35); BFH NJW 1981, 141 (142); *Larenz/Wolf,* BGB AT, § 25 Rn. 18; *Brox/Walker,* BGB AT, Rn. 272; Hk-BGB/*Dörner,* § 107 Rn. 2 ; a. A. *Stürner* AcP 173 (1973), 403 ff. Die Ausblendung der wirtschaftlichen Wirkungen wird allerdings nicht konsequent durchgehalten, wenn im Falle von nicht durch das Rechtsgeschäft selbst begründeten rechtlichen Nachteilen nach Ansicht des BGH für die Frage der Vorteilhaftigkeit i.S.d. § 107 darauf abzustellen ist, ob die Rechtsnachteile zu einer Gefährdung des Vermögens des Minderjährigen führen, s. oben Rn. 339.

340 Bei der Anwendung des § 107 und der Beurteilung der Frage einer ausschließlichen Lukrativität des von einem Minderjährigen getätigten Rechtsgeschäfts ist das **Trennungsprinzip,** d.h., die rechtliche Trennung zwischen Verpflichtungs- und Verfügungsgeschäft[137], zu beachten[138]. Das kann bei der Beurteilung, ob es sich um ein rechtlich lediglich vorteilhaftes Geschäft handelt, zu unterschiedlichen Ergebnissen führen.

> **Bsp.:** Der 15-jährige M kauft bei V einen MP3-Player für 200 € ohne Einwilligung seiner Eltern. Das Gerät wird von V sofort an M übergeben, dieser zahlt den Kaufpreis. – Für den Abschluss des Kaufvertrages, das Verpflichtungsgeschäft, benötigt M, um rechtsgeschäftlich wirksam handeln zu können, die Einwilligung seiner Eltern. Denn wegen der Verpflichtung zur Zahlung des Kaufpreises (§ 433 Abs. 2) ist dieses Rechtsgeschäft rechtlich nicht lediglich vorteilhaft. Rechtlich nachteilig ist auch das Verfügungsgeschäft in Gestalt der Eigentumsübertragung am Geld nach § 929 Satz 1. Denn damit verliert der M Eigentum am Geld. Anders verhält es sich mit der Übertragung des Eigentums an dem MP3-Player von V auf M nach § 929 Satz 1, womit V seiner vermeintlich bestehenden Verpflichtung aus § 433 Abs. 1 Satz 1 nachkommen will: Die Eigentumsübertragung i.S.d. § 929 Satz 1 ist für M rechtlich lediglich vorteilhaft und deshalb mit der Folge wirksam, dass der M Eigentum an dem Gerät erwirbt.
> Im Ergebnis liegen hier also ein (schwebend) unwirksamer Kaufvertrag und eine (schwebend) unwirksame Eigentumsübertragung[139] bzgl. des Geldes, hingegen eine wirksame Eigentumsübertragung von V auf M hinsichtlich des MP3-Players vor. Werden die schwebend unwirksamen Rechtsgeschäfte nicht durch Genehmigung des gesetzlichen Vertreters wirksam[140], so wird dieses Ergebnis bereicherungsrechtlich korrigiert[141]. Der M kann von V nach § 812 Abs. 1 Satz 1 Alt. 1 das Geld herausverlangen, hieran hat V mangels Wirksamkeit des Kaufvertrages durch Leistung des M ohne rechtlichen Grund Besitz erlangt. V kann von M, der Eigentum und Besitz am MP3-Player erlangt hat, das Gerät wegen des fehlenden Rechtsgrundes ebenfalls nach § 812 Abs. 1 Satz 1 Alt. 1 herausverlangen. Ist der MP3-Player bei M in der Zwischenzeit untergegangen, z.B. abhanden gekommen, so trägt der V das Risiko der Entreicherung des M nach § 818 Abs. 3[142]. Allerdings kann sich der V gegenüber M nicht auf die sog. Saldotheorie berufen, wonach im Hinblick darauf, dass auch bei nichtigen gegenseitigen Verträgen die erbrachten Leistungen als durch den Austauschzweck wirtschaftlich verbunden anzusehen sind, die erbrachte Gegenleistung (hier der untergegangene MP3-Player) bei der Ermittlung der Vermögensmehrung des Bereicherten (hier des V bzgl. des Geldes) als Abzugsposten zu berücksichtigen ist (was hier bei Gleichwertigkeit von Kaufsache und Kaufpreis zur Entreicherung auch des an sich bereicherten V führen würde)[143]. Denn im Verhältnis zu Minderjährigen bzw. nicht voll geschäftsfähigen Personen findet die Saldotheorie keine Anwendung, weil ansonsten der Minderjährige über das Bereicherungsrecht wirtschaftlich an dem Leistungsaustausch festgehalten, mithin gerade das Ergebnis erreicht würde, das aus Gründen des Minderjährigenschutzes durch die Unwirksamkeit des Vertrages vermieden werden soll[144].

---

137 S. oben Rn. 194 ff.
138 BGHZ 161, 170 (173).
139 S. dazu, dass ein seitens des Minderjährigen ohne die erforderliche Einwilligung geschlossener Vertrag zunächst nur schwebend unwirksam ist, folgend Rn. 355 ff.
140 S. Rn. 355.
141 S. auch schon oben Rn. 329.
142 S. zum Wegfall der Bereicherung nach § 818 Abs. 3 ausf. *Schwarz/Wandt*, Gesetzliche Schuldverhältnisse, § 12 Rn. 14 ff.
143 S. BGHZ 53, 144 (145 f.); 57, 137 (147 f.); 78, 216 (222).
144 S. BGHZ 126, 105 (107 ff.).

(b) Beurteilung im Einzelnen. Nach den vorstehend allgemein dargelegten Grund- **341** sätzen, unter welchen Voraussetzungen ein Rechtsgeschäft für den Minderjährigen rechtlich lediglich vorteilhaft ist, ist zwischen unterschiedlichen Arten von Rechtsgeschäften zu unterscheiden.

(aa) Verpflichtungsgeschäfte. Verpflichtungsgeschäfte, also solche Rechtsge- **342** schäfte, deren rechtlicher Erfolg darin besteht, dass eine Person gegenüber einer anderen zu einer Leistung verpflichtet wird[145], sind für den Minderjährigen **grds. rechtlich nachteilig.** Anderes gilt nur in dem Fall, dass aufgrund eines Verpflichtungsgeschäfts eine Person gegenüber einem Minderjährigen verpflichtet wird, ohne dass dadurch auch für diesen Verpflichtungen begründet werden. **Einseitige Rechtsgeschäfte,** durch die der Minderjährige zu einer Leistung **verpflichtet wird, kann dieser nicht ohne Einwilligung des gesetzlichen** Vertreters **vornehmen,** weil die Verpflichtung einen rechtlichen Nachteil darstellt. Hierzu gehören etwa die Auslobung (§ 657) oder auch das Stiftungsgeschäft (§§ 80, 81 i.V. m. § 82)[146].

> **Bsp.:** Ist der Hund des 16-jährigen M entlaufen, so kann dieser nicht ohne Einwilligung der Eltern durch Aushang in der Öffentlichkeit 1.000 € für die Wiederbeschaffung des Tieres wirksam ausloben. Die Auslobung begründet nämlich eine schuldrechtliche Verpflichtung zur Entrichtung der Belohnung an denjenigen, der den erstrebten Erfolg herbeiführt (§ 657) und ist damit für den Minderjährigen rechtlich nachteilig.

Bei Verträgen als mehrseitigen Rechtsgeschäften[147] ist zu unterscheiden. Schließt der Minderjährige einen **gegenseitig verpflichtenden Vertrag**[148], so ist dieses Rechtsgeschäft rechtlich nicht lediglich vorteilhaft. Denn auch der Minderjährige wird zu einer im Gegenseitigkeitsverhältnis mit der Leistungspflicht des Vertragspartners stehenden Leistung verpflichtet.

> **Bsp. (1):** Kauft der Minderjährige ein Fahrrad, so besteht der rechtliche Nachteil in der Verpflichtung zur Kaufpreiszahlung (§ 433 Abs. 2). Der Minderjährige bedarf der Einwilligung des gesetzlichen Vertreters.

> **Bsp. (2):** Steigt der Minderjährige in eine Straßenbahn ein, um zu einem bestimmten Ziel zu fahren, so nimmt er mit dem Einsteigen konkludent das in der Bereitstellung der Straßenbahn liegende Angebot (Realofferte)[149] des Verkehrsunternehmens auf Abschluss eines Beförderungsvertrages (Werkvertrag § 631) an. Wegen der Verpflichtung zur Entrichtung der vereinbarten Vergütung (§ 631 Abs. 1), die rechtlich nachteilig ist, kann der Minderjährige den Beförderungsvertrag nicht wirksam ohne Einwilligung des gesetzlichen Vertreters schließen.

---

145 S. oben Rn. 194.
146 S. oben Rn. 191; zur Stiftung s. Rn. 132 ff.
147 Zum Beschluss etwa von Mitgliedern eines Vereins als weiterer Art eines mehrseitigen Rechtsgeschäfts (Gesamtakt) s. oben Rn. 192. Der Minderjährige, der durch Stimmabgabe an einem solchen Beschluss mitwirkt, gibt eine Willenserklärung ab, auf welche die §§ 104 ff. Anwendung finden, s. Palandt/*Ellenberger*, BGB, § 32 Rn. 8.
148 Zum Begriff s. oben Rn. 194.
149 S. dazu oben Rn. 263.

Rechtlich nachteilig für den Minderjährigen ist weiterhin der Abschluss eines unvollkommen zweiseitig verpflichtenden Vertrages[150]. Das gilt auch dann, wenn der Minderjährige nicht zur Erbringung der vertragstypischen Leistung verpflichtet ist, weil für diesen jedenfalls auch Leistungspflichten entstehen (können)[151].

> Bsp.: Der Minderjährige M und der B schließen einen Auftrag, wonach sich dieser verpflichtet, für M unentgeltlich ein geerbtes Bild zu versteigern (§ 662). – Hier trifft zwar den B die für den Auftrag vertragstypische Pflicht der unentgeltlichen Besorgung des übertragenen Geschäfts. Gleichwohl ist das Rechtsgeschäft für M rechtlich nicht lediglich vorteilhaft, weil er etwa nach § 670 zum Ersatz erforderlicher Aufwendungen des Beauftragten verpflichtet ist.

Einseitig verpflichtende Verträge sind dadurch gekennzeichnet, dass nur eine der Vertragsparteien zu einer Leistung verpflichtet wird[152]. Im Hinblick darauf kann ein Minderjähriger grds. ohne Einwilligung des gesetzlichen Vertreters z.B. einen Schenkungsvertrag (§§ 516 ff.) schließen, sofern er der Beschenkte ist[153].

> Bsp.: Die Eltern E schließen mit ihrem 15-jährigen Sohn S einen Vertrag über die unentgeltliche Zuwendung eines Grundstücks an diesen (Schenkung i.S.d. § 516 Abs. 1)[154]. – Der Schenkungsvertrag als Verpflichtungsgeschäft ist für den S rechtlich lediglich vorteilhaft, weil ausschließlich die Eltern verpflichtet werden.
> Anderes gilt dann, wenn die Schenkung an den Minderjährigen unter einer Auflage i.S.d. § 525 Abs. 1 erfolgt. Hierunter ist die mit einer Schenkung verbundene Bestimmung zu verstehen, dass der Empfänger der Zuwendung zu einer Leistung verpflichtet sein soll, die aus dem zugewendeten Gegenstand zu entnehmen ist[155]. Damit begründet eine Auflagenschenkung für den Minderjährigen eine schuldrechtliche Verpflichtung und ist deshalb rechtlich nicht lediglich vorteilhaft[156]. Das ist z.B. der Fall, wenn einem Minderjährigen schenkweise ein Grundstück versprochen wird mit der Auflage, dem Schenker oder einem Dritten ein lebenslängliches unentgeltliches Wohnrecht[157] einzuräumen[158].

---

150 Zum Begriff s. oben Rn. 194.
151 S. nur Hk-BGB/*Dörner*, § 107 Rn. 4. Diese stehen jedoch, anders als beim gegenseitigen Vertrag, nicht im Synallagma mit der vertragstypischen Pflicht, s. oben Rn. 194.
152 Zum Begriff s. oben Rn. 194.
153 Weitere einseitig verpflichtende Verträge sind etwa die Bürgschaft (§§ 765 ff.) sowie das Schuldversprechen und Schuldanerkenntnis (§§ 780 f.), deren Abschluss für den Minderjährigen rechtlich lediglich vorteilhaft ist, wenn er nicht zur Leistung verpflichtet wird.
154 Der Schenkungsvertrag über ein Grundstück bedarf der notariellen Beurkundung nach § 311b Abs. 1 Satz 1 als Ganzes, also bezogen auf die Willenserklärungen beider Vertragsparteien, während zur Gültigkeit einer Schenkung nach § 518 Abs. 1 Satz 1 grds. die notarielle Beurkundung allein des Schenkungsversprechens, also der Willenserklärung des Schenkers, erforderlich und genügend ist.
155 S. BGH NJW 1982, 818 (819); Palandt/*Weidenkaff*, BGB, § 525 Rn. 1.
156 S. BFH NJW 1977, 456.
157 Hierbei handelt es sich dann um die Verpflichtung zur Begründung einer Leihe über die Wohnräume. Möglich ist auch die Auflage in Form der Verpflichtung zur Bestellung eines Wohnungsrechts als beschränkte persönliche Dienstbarkeit am Grundstück nach § 1093.
158 Vgl. den Sachverhalt BGH NJW 1982, 818 ff., hier erfolgte die schenkweise Zuwendung eines Grundstücks an eine Ehefrau mit der Auflage, ihrer Schwiegermutter (!) ein lebenslängliches Wohnrecht einzuräumen.

(bb) Verfügungsgeschäfte. Bei Verfügungen, also Rechtsgeschäften, die in der **343** Übertragung, Belastung, Aufhebung oder Änderung des Inhalts eines Rechts bestehen[159], ist für die Frage, ob der Minderjährige rechtlich lediglich einen Vorteil erlangt oder nicht, gleichfalls zu unterscheiden. **Verfügt der Minderjährige über ein ihm zustehendes Recht, so ist dieses Rechtsgeschäft rechtlich nicht lediglich vorteilhaft.** Insoweit bedarf er nach § 107 der Einwilligung seines gesetzlichen Vertreters.

> **Bsp.:** Die Übertragung des Eigentums an einer beweglichen Sache auf einen anderen nach § 929 Satz 1 kann der Minderjährige selbst nicht wirksam vornehmen, weil damit für ihn der rechtliche Nachteil des Verlusts des Eigentums an der Sache verbunden ist.

Grds. rechtlich lediglich vorteilhaft sind Verfügungen, die zugunsten des Minder- **344** jährigen ein Recht übertragen, belasten, aufheben oder inhaltlich ändern. Diese Rechtsgeschäfte kann der Minderjährige ohne Einwilligung seines gesetzlichen Vertreters vornehmen.

> **Bsp. (1):** Großvater G hat gegenüber seinem Sohn eine Darlehensforderung in Höhe von 50.000 €[160]. Diese Forderung tritt G durch Vertrag mit seinem minderjährigen Enkelkind E nach § 398 Satz 1 an dieses ab. – Mit der Abtretung als Verfügung in Gestalt einer Forderungs(Rechts)übertragung[161] wird der E Inhaber der Forderung (§ 398 Satz 2), was für diesen rechtlich lediglich vorteilhaft ist[162].

> **Bsp. (2):** Die Übereignung einer beweglichen Sache an den Minderjährigen nach § 929 Satz 1 ist für diesen rechtlich lediglich vorteilhaft, denn er erwirbt das Eigentum an der Sache[163]. Dasselbe gilt grds.[164] für die Übereignung eines Grundstücks an den Minderjährigen gemäß §§ 873, 925.

Zu beachten ist allerdings, dass entsprechende Verfügungsgeschäfte zugunsten des Minderjährigen nur rechtlichen, genauer bereicherungsrechtlichen Bestand haben, wenn diesen ein **wirksames Verpflichtungsgeschäft** zugrunde liegt, das der Minderjährige ebenfalls nur dann ohne Einwilligung der gesetzlichen Vertreter abschließen kann, wenn es rechtlich lediglich vorteilhaft ist[165]. Ist das Verpflichtungsgeschäft unwirksam, etwa ein ohne Einwilligung des gesetzlichen Vertreters seitens des Minderjährigen geschlossener Kaufvertrag[166], so ist der Minderjährige grds. bereicherungsrechtlich nach § 812 Abs. 1 Satz 1 Alt. 1 zur Herausgabe des Erlangten (Forderung, Eigentum an der Sache) verpflichtet[167].

Besondere Relevanz in Praxis und Rspr. haben Konstellationen der **schenkweisen** **345** **Übertragung insb. des Eigentums** wie auch der Begründung und Übertragung anderer dinglicher Rechte[168] **an Grundstücken** auf Minderjährige, die häufig im fa-

---

159 Zum Begriff der Verfügung s. mit Bsp. oben Rn. 195.
160 Zum Darlehensvertrag über Geld s. § 488.
161 S. schon oben Rn. 195.
162 S. auch BFH NJW 1989, 1631 (1632).
163 S. schon oben das Bsp. Rn. 340.
164 S. aber noch folgend Rn. 345.
165 Z. B. einen Schenkungsvertrag, § 516.
166 Zur zunächst schwebenden und erst bei Verweigerung der Genehmigung eintretenden endgültigen Unwirksamkeit s. noch Rn. 355 ff.
167 S. schon oben das Bsp. Rn. 340.
168 Zum Begriff des dinglichen Rechts s. *Wolf/Wellenhofer*, Sachenrecht, § 1 Rn. 6.

miliären Bereich etwa aus steuer- oder erbrechtlichen Gründen getätigt werden. Ob der Minderjährige hier aufgrund der Verfügung rechtlich lediglich einen Vorteil erlangt und deshalb nach § 107 selbständig rechtsgeschäftlich handeln kann, ist davon abhängig, inwieweit mit der Rechtsübertragung die Begründung einer **persönlichen Verpflichtung** und damit eines rechtlichen Nachteils für den Minderjährigen verbunden ist[169].

Rechtlich lediglich vorteilhaft ist der Erwerb des **Eigentums** an einem Grundstück. Die gesetzliche Verpflichtung des Minderjährigen, die laufenden öffentlichen Grundstückslasten[170] zu tragen, beseitigt nach Ansicht des BGH auf der Grundlage einer einschränkenden Auslegung des § 107 nicht die von dieser Norm geforderte ausschließliche Lukrativität des Rechtsgeschäfts[171]. Eine Einwilligung des gesetzlichen Vertreters ist nach § 107 gleichfalls nicht erforderlich, wenn das zu übertragende Grundstück mit einem **beschränkt dinglichen Recht**[172] zugunsten eines Dritten belastet ist, ohne dass dadurch eine persönliche Verpflichtung des Minderjährigen begründet wird[173]. Das gilt etwa für die Übertragung eines mit einer Hypothek (§§ 1113 ff.) belasteten Grundstücks[174]. Die Hypothek begründet keine persönliche schuldrechtliche Verpflichtung des Minderjährigen[175], sondern führt allein dazu, dass der Minderjährige nach § 1147 die Zwangsvollstreckung in das Grundstück zur Befriedigung des Gläubigers zu dulden hat, wenn die durch die Hypothek gesicherte Geldforderung (§ 1113) nicht an den Gläubiger zurückgezahlt wird[176].

> **Bsp.:** Vater V hat ein Haus gebaut und zur Finanzierung bei der Bank B einen Kredit in Höhe von 100.000 € aufgenommen. Zur Sicherung der Darlehensforderung wurde für B an dem Grundstück des V eine Hypothek (§ 1113) bestellt[177]. Die schenkweise Zuwendung des Grundstücks von V an seine 16-jährige Tochter T ist rechtlich lediglich vorteilhaft, weil die T Eigentümerin des Grundstücks wird und die Hypothek als beschränkt dingliches Recht eines Dritten nur den Wert des Grundstücks schmälert, nicht aber eine persönliche Verpflichtung der T begründet. Letzteres wäre etwa der Fall, wenn die T auch die Darlehensverpflichtung des V der B gegenüber übernehmen wollte. Zahlt der V das Darlehen nicht rechtzeitig an B zurück, kann diese nach § 1147 aus der Hypothek die Zwangsvollstreckung in das Grundstück betreiben, um sich zu befriedigen.

Rechtlich lediglich vorteilhaft ist auch die Übertragung eines mit einer **Grundschuld** (§ 1191) belasteten Grundstücks jedenfalls dann, wenn der jeweilige Grundstückseigentümer der sofortigen Zwangsvollstreckung[178] unterworfen ist[179]. Die Übereignung eines Grundstücks, das mit einem **Wohnungsrecht** nach

---

169 BGHZ 161, 170 (174); 162, 137 (140); s. BFH NJW 1977, 456.
170 Z. B. die Grundsteuer.
171 S. BGHZ 161, 170 (178 f.) und schon oben Rn. 339; der BGH hat offengelassen, ob das auch für außerordentliche Grundstückslasten wie z. Bsp. die Verpflichtung zur Entrichtung von Erschließungs- oder Anliegerbeiträgen gilt, s. BGHZ 161, 170 (180).
172 Zum Begriff s. *Wolf/Wellenhofer*, Sachenrecht, § 1 Rn. 6 ff.
173 S. BFH NJW 1977, 456.
174 BayObLG NJW 1967, 1912 (1913); zur Grundschuld s. BGHZ 161, 170 (174).
175 BayObLG NJW 1967, 1912 (1913).
176 S. auch Hk-BGB/*Dörner*, § 107 Rn. 5; *Brox/Walker*, BGB AT, Rn. 276.
177 Durch Einigung und Eintragung in das Grundbuch, s. § 873 Abs. 1.
178 §§ 794 Abs. 1 Nr. 5, 800 Abs. 1 ZPO.
179 S. hierzu BGHZ 161, 170 (176 f.).

§ 1093 belastet ist, ist ebenfalls rechtlich lediglich vorteilhaft[180]. Auch der Erwerb eines mit einem **Nießbrauch** (1030)[181] belasteten Grundstücks ist zumindest dann rechtlich lediglich vorteilhaft, wenn der Nießbraucher die außergewöhnlichen Ausbesserungen und Erneuerungen[182] sowie die außergewöhnlichen Grundstückslasten[183] übernimmt[184]. Hingegen ist der Erwerb des Eigentums an einem mit einem **vermieteten Haus** belasteten Grundstück rechtlich nicht lediglich vorteilhaft. Mit Erlangung des Eigentums tritt der Minderjährige nach § 566 Satz 1 in die **Vermieterstellung** ein und wird dadurch schuldrechtlich verpflichtet[185]. Des Weiteren ist die **Übertragung von Wohneigentum**[186] für den Minderjährigen rechtlich nicht lediglich vorteilhaft. Denn mit dem Erwerb tritt er in die Gemeinschaft der Wohnungseigentümer und die von Gesetzes wegen damit verknüpften Verpflichtungen (§§ 10 ff. WEG) ein und wird den gesetzlichen Bestimmungen über die Verwaltung des gemeinschaftlichen Eigentums (§§ 20 ff. WEG) unterworfen[187]. Gleichermaßen bedarf die **Übertragung des Erbbaurechts** an einem Grundstück[188] der Einwilligung des gesetzlichen Vertreters, weil der Erwerber nach § 9 Abs. 1 ErbbauRG i.V.m. § 1108 für den während der Dauer seiner Erbbauberechtigung fällig werdenden Erbbauzins[189] auch persönlich haftet[190]. Rechtlich nachteilig und deshalb einwilligungsbedürftig ist auch die **Bestellung eines Nießbrauchs** (§ 1030) an einem Grundstück. Denn hierdurch wird kraft Gesetzes ein Schuldverhältnis zwischen Eigentümer und Nießbraucher begründet, aufgrund dessen dieser dem Eigentümer gegenüber u.a. zur Erhaltung der Sache (§ 1041), zur Versicherung derselben (§ 1045) wie auch zur Tragung der öffentlichen Lasten (§ 1047) verpflichtet wird[191].

Bei Rechtsgeschäften **zwischen einem Minderjährigen und seinem gesetzlichen Vertreter** darf im Falle eines für den Minderjährigen rechtlich nachteiligen Verfügungsgeschäfts der durch § 107 bezweckte Schutz nicht mit der Begründung aus-   **346**

---

180 S. BayObLG NJW 1967, 1912 (1913) und schon oben Rn. 342.
181 Hiernach kann eine Sache in der Weise belastet werden, dass derjenige, zu dessen Gunsten die Belastung erfolgt, berechtigt ist, die Nutzungen der Sache zu ziehen.
182 §§ 1041 S. 2, 1049 Abs. 1 i.V.m. § 677 ff.
183 §§ 1047, 1049 Abs. 1 i.V.m. § 677 ff.
184 S. BGHZ 161, 170 (177) und schon RGZ 148, 321 (323 f.), hier zu dem Fall, dass die Eltern ihrer 10-jährigen Tochter Waltraud aufgrund Schenkung die gesamte Wohnungseinrichtung belastet mit einem unentgeltlichen Nießbrauch zugunsten der Eltern unter Übernahme der Versicherungsbeiträge übereignet haben.
185 S. BayObLG NJW 2003, 1129 (1129) und schon oben Rn. 338 f.
186 Hierunter ist nach § 1 Abs. 2 WEG das Sondereigentum an einer Wohnung zu verstehen. Dieses Recht stellt eine Ausnahme von den allgemeinen Vorschriften der §§ 93, 94 Abs. 1 dar, wonach wesentliche Bestandteile eines Grundstücks nicht Gegenstand besonderer Rechte sein können. Grds. erstreckt sich das Eigentum am Grundstück auch auf das mit diesem fest verbundene Gebäude.
187 S. BGH NJW 2010, 3643 (3643 f.); BGHZ 78, 28 (31 ff.).
188 Unter dem Erbbaurecht ist nach der Legaldefinition des § 1 Abs. 1 ErbbauRG die Belastung eines Grundstücks in der Weise zu verstehen, dass demjenigen, zu dessen Gunsten die Belastung erfolgt, das veräußerliche und vererbliche Recht zusteht, auf oder unter der Oberfläche des Grundstücks ein Bauwerk zu haben.
189 Das ist das Entgelt für die Bestellung des Erbbaurechts.
190 BGH NJW 1979, 102 (103).
191 S. BFH NJW 1981, 141 (142); Palandt/*Ellenberger*, BGB, § 107 Rn. 4.,

geschaltet werden, dass der als Verpflichtungsgeschäft zugrunde liegende Schenkungsvertrag rechtlich lediglich vorteilhaft ist und deshalb der gesetzliche Vertreter das Verfügungsgeschäft mit sich im Namen des Minderjährigen nach § 181 letzter Halbsatz vornehmen kann, weil dieses ausschließlich in der **Erfüllung einer Verbindlichkeit** – der Verpflichtung des gesetzlichen Vertreters aus dem schuldrechtlichen Schenkungsvertrag – besteht[192]. Der dogmatische Weg zu diesem Ergebnis ist umstritten. Der BGH ging in seiner früheren Rechtsprechung zur Gewährleistung des Minderjährigenschutzes auch in solchen Fällen davon aus, dass die Frage des rechtlichen Vorteils oder Nachteils einer Schenkung abweichend von dem grds. zu beachtenden Trennungsprinzip[193] aus einer **Gesamtbetrachtung** des Verpflichtungsgeschäfts (Schenkungsvertrag) und des Verfügungsgeschäfts (Übereignung) heraus zu beurteilen ist[194]. Das hatte zur Folge, dass bei rechtlich nachteiligem Verfügungsgeschäft auch der Schenkungsvertrag als rechtlich nicht lediglich vorteilhaft angesehen wurde, der gesetzliche Vertreter mithin an der Vornahme des Verfügungsgeschäfts mit sich im Namen des Minderjährigen nach § 181 gehindert war. Zutreffender Ansicht nach ist in den hier angesprochenen Fallkonstellationen das Trennungsprinzip zu beachten und eine teleologische Reduktion des § 181 letzter Halbsatz dahingehend vorzunehmen, dass diese Ausnahmeregelung auf solche Rechtsgeschäfte keine Anwendung findet, die zwar in der Erfüllung einer Verbindlichkeit bestehen, jedoch für den Minderjährigen rechtlich nicht lediglich vorteilhaft sind[195]. Das hat zur Konsequenz, dass der gesetzliche Vertreter bei einem rechtlich nachteiligen Verfügungsgeschäft nicht von dem Verbot des Selbstkontrahierens nach § 181 letzter Halbsatz befreit ist. Aus diesem Grund ist bei einem Erwerb vom gesetzlichen Vertreter in einem solchen Fall nach § 1909 ein Ergänzungspfleger zu bestellen[196].

Dieses Ergebnis kann auch nicht dadurch vermieden werden, dass der gesetzliche Vertreter zu einer von dem Minderjährigen selbst abgegebenen Willenserklärung seine Zustimmung[197] erteilt[198].

347 (cc) **Gestaltungsrechte.** Die Ausübung von Gestaltungsrechten, also solchen Rechten, mit deren Wahrnehmung einseitig auf eine bestehende Rechtslage eingewirkt werden kann[199] wie etwa mit der Anfechtung, der Kündigung oder dem Widerruf

---

192 Zu § 181 s. noch Rn. 657 ff.
193 S. oben Rn. 197.
194 So noch BGHZ 78, 28 (35); offengelassen von BGHZ 161, 170 (173 f.); aufgegeben von BGH NJW 2010, 3643 (3643).
195 S. *Jauernig* JuS 1982, 576 (576 f.); *Feller* DNotZ 1989, 66 (75 ff.); Soergel/*Hefermehl*, BGB, § 107 Rn. 5 sowie noch folgend Rn. 663.
196 S. BGHZ 78, 25 (34 f.).
197 Einwilligung, s. dazu Rn. 592 ff. oder Genehmigung, dazu Rn. 595 ff.
198 So im Ergebnis zutreffend auch BGHZ 162, 137 (142 f.). Der BGH wendet die Vertretungsbeschränkungen der §§ 1629 Abs. 2, 1795 an, ohne zu problematisieren, woraus sich die Anwendbarkeit dieser Regelungen auch im Falle der bloßen Erteilung einer Zustimmung durch den gesetzlichen Vertreter ergibt. Der Grund hierfür ist darin zu sehen, dass der mit den Vertretungsbeschränkungen intendierte Schutz des Minderjährigen auch in den Fällen zum Tragen kommen muss, in denen der Minderjährige pro forma eine eigene Willenserklärung abgibt.
199 S. zum Begriff *Brox/Walker*, BGB AT, Rn. 629 und *Larenz/Wolf*, BGB AT, § 15 Rn. 65 ff. sowie schon oben Rn. 154.

eines Vertrages, ist für den Minderjährigen **i. d. R. rechtlich nicht lediglich vorteil-haft**[200]. Der rechtliche Nachteil besteht darin, dass der Minderjährige mit der Ausübung des Gestaltungsrechts Rechte aus dem Vertrag verliert und sich möglicherweise Rückabwicklungspflichten aussetzt[201].

> **Bsp. (1):** Mit Einwilligung ihrer Eltern hat die 16-jährige M eine Wohnung gemietet (§§ 535, 549 ff.). – Die Kündigung des Mietvertrages[202] kann die M nicht wirksam ohne Einwilligung ihrer Eltern erklären, weil sie mit der dadurch herbeigeführten Beendigung des Mietvertrages den Anspruch auf Gebrauch der Mietsache (§§ 549 Abs. 1, 535) verliert und zur Rückgabe derselben verpflichtet wird (§ 549 Abs. 1, 546).

> **Bsp. (2):** Anderes gilt bei der Kündigung eines zinslosen Gelddarlehens, das der Minderjährige einem anderen gewährt hat[203]. Bei einem solchen Darlehensvertrag (§ 488) handelt es sich mangels Entgeltlichkeit in Form der Vereinbarung einer Zinszahlung um einen unvollkommen zweiseitig verpflichtenden Vertrag[204], dessen Beendigung durch Kündigung (§ 488 Abs. 3) dem Minderjährigen den rechtlichen Vorteil des Anspruchs auf Rückerstattung nach Ablauf der Kündigungsfrist bringt.

(dd) Geschäftsähnliche Handlungen. § 107 findet analoge Anwendung auf geschäftsähnliche Handlungen[205], analog deshalb, weil es sich bei diesen nicht um Willenserklärungen handelt[206]. So kann der Minderjährige ohne Einwilligung seines gesetzlichen Vertreters etwa eine **Mahnung** (§ 286) aussprechen, weil diese rechtlich lediglich vorteilhaft ist. Denn dadurch gerät der Schuldner in Verzug. **348**

(ee) Annahme einer geschuldeten Leistung. Nimmt der Minderjährige eine ihm gegenüber geschuldete Leistung – z.B. den aufgrund eines Kaufvertrages zu zahlenden Kaufpreis (§ 433 Abs. 2) – an, so ist fraglich, ob das Schuldverhältnis nach § 362 Abs. 1 durch Erfüllung erlischt. Nach der im Schuldrecht herrschenden sog. **Theorie der realen Leistungsbewirkung** ist die Erfüllung einer Schuld kein Rechtsgeschäft, bei dem sich Gläubiger und Schuldner über die Annahme einer Leistung als Erfüllung einigen müssten, sondern ein realer Tilgungsakt, durch den der Schuldner von seiner Verpflichtung befreit wird[207]. Gleichwohl wird nach überwiegender Ansicht **§ 107 entsprechend angewandt** mit der Folge, dass wegen des rechtlichen Nachteils des Erlöschens der Forderung der Minderjährige nicht selbständig eine geschuldete Leistung als Erfüllung entgegennehmen kann, sondern der Einwilligung[208] seines gesetzlichen Vertreters bedarf, um empfangszuständig zu sein, sprich die Befugnis zur Entgegennahme der Leistung zu haben[209]. Das hat **349**

---

200 S. nur *Köhler*, BGB AT, § 10 Rn. 19; Hk-BGB/*Dörner*, § 107 Rn. 7; Palandt/*Ellenberger*, BGB, § 107 Rn. 2.
201 S. *Köhler*, BGB AT, § 10 Rn. 19.
202 §§ 568, 573c.
203 S. auch *Köhler*, BGB AT, § 10 Rn. 19; *Larenz/Wolf*, BGB AT, § 25 Rn. 20.
204 S. Palandt/*Weidenkaff*, BGB, Vorb. v. § 488 Rn. 2.
205 S. nur *Larenz/Wolf*, BGB AT, § 25 Rn. 20; Hk-BGB/*Dörner*, § 107 Rn. 8.
206 S. zum Begriff der geschäftsähnlichen Handlung oben Rn. 209.
207 S. näher *Larenz*, Schuldrecht AT, § 18 I 5.
208 Oder Genehmigung, s. dazu noch Rn. 586 ff.
209 *Medicus*, BGB AT, Rn. 566; *Larenz*, Schuldrecht AT, § 18 I 5; Hk-BGB/*Dörner*, § 107 Rn. 6.

bei einer Leistung an den Minderjährigen ohne Beteiligung seines gesetzlichen Vertreters die Konsequenz, dass trotz Erbringung der geschuldeten Leistung Erfüllung nach § 362 Abs. 1 nicht eintreten kann, mithin die Forderung bestehen bleibt und der Schuldner erneut leisten muss. Hinsichtlich des bereits geleisteten Gegenstandes hat dieser einen Anspruch auf Herausgabe nach § 812 Abs. 1 Satz 1 Alt. 1, läuft allerdings Gefahr, dass sich der Minderjährige bei Vorliegen der Voraussetzungen auf Entreicherung nach § 818 Abs. 3 berufen kann.

> **Bsp.:** Großvater G hat seinem 17-jährigen Enkel E schenkweise eine Darlehensforderung gegen D (§ 488 Abs. 1) in Höhe von 2.000 € abgetreten[210]. Nach Fälligkeit des Darlehens zahlt der D den Geldbetrag bar unmittelbar an E. Dieser freut sich und „verprasst" das Geld mit Freunden auf dem Münchner Oktoberfest. – Wegen der entsprechenden Anwendung von § 107 ist durch die Leistung an E keine Erfüllung der Darlehensschuld nach § 362 Abs. 1 eingetreten. D muss deshalb wegen Fortbestehens der Forderung noch einmal zahlen, entweder an die empfangszuständigen Eltern des E oder mit deren Einwilligung an diesen. Bzgl. der bereits geleisteten 2.000 € hat der D nach § 812 Abs. 1 Satz 1 Alt. 1 Anspruch auf Herausgabe, insoweit hat der E Eigentum und Besitz am Geld durch Leistung des D ohne Rechtsgrund erlangt[211]. Dieses Geld hat E ausgegeben, damit kann er den ursprünglichen Bereicherungsgegenstand nicht nach § 812 Abs. 1 Satz 1 Alt. 1 herausgeben. Stattdessen hat er deshalb grds. nach § 818 Abs. 2 Wertersatz zu leisten, aber auch diese Verpflichtung ist ausgeschlossen nach § 818 Abs. 3, sofern der E nicht mehr bereichert ist. Das hängt davon ab, ob der E sowieso vorhatte, auf dem Münchner Oktoberfest 2.000 € auszugeben, dann hat er durch die Verwendung des von D erhaltenen Geldes Aufwendungen erspart und ist in diesem Umfang noch in seinem Vermögen bereichert. Anders liegt der Fall dann, wenn sich der E den Luxus des Oktoberfestes nur deshalb geleistet hat, weil er das Geld von D erhalten hat[212].

350 **(ff) Neutrale Rechtsgeschäfte.** Nach § 107 ist die Einwilligung des gesetzlichen Vertreters zu jedem Rechtsgeschäft erforderlich, durch das der Minderjährige nicht lediglich einen rechtlichen Vorteil erlangt. Unter Zugrundelegung des Wortlauts werden von der Vorschrift auch Rechtsgeschäfte erfasst, die dem Minderjährigen zwar keinen rechtlichen Vorteil, aber auch keinen rechtlichen Nachteil bringen, also **rechtlich neutral** sind, weil sie für den Minderjährigen keine Rechtsfolgen zeitigen. Bzgl. solcher Rechtsgeschäfte bedarf der Minderjährige nicht des Schutzes nach § 107, der seinem wesentlichen Zweck nach darauf gerichtet ist, den Minderjährigen vor den Folgen rechtlich belastender Rechtsgeschäfte zu bewahren[213]. Unter Berücksichtigung dieser Zwecksetzung wird der Anwendungsbereich der Vorschrift dahingehend teleologisch reduziert[214], dass der Minderjährige auch neutrale Rechtsgeschäfte ohne Einwilligung des gesetzlichen Vertreters

---

210 S. dazu, dass der Schenkungsvertrag (§ 516) und die Abtretung (§ 398) rechtlich lediglich vorteilhaft sind, oben Rn. 342 und Rn. 344.

211 Ohne Rechtsgrund deshalb, weil D mangels Empfangszuständigkeit des E das Geld nicht zum Zwecke der Erfüllung der Darlehensschuld leisten konnte.

212 S. näher zur Ersparnis von Aufwendungen im Zusammenhang mit der Frage der Entreicherung nach § 818 Abs. 3 *Schwarz/Wandt*, Gesetzliche Schuldverhältnisse, § 12 Rn. 17 f.

213 S. oben Rn. 336.

214 S. zur teleologischen Reduktion schon oben Rn. 82.

vornehmen kann[215]. Im Gesetz selbst gelangt das auch in der Regelung des § 165 zum Ausdruck, wonach die Wirksamkeit einer von oder gegenüber einem Vertreter abgegebenen Willenserklärung nicht dadurch beeinträchtigt wird, dass der **Vertreter in der Geschäftsfähigkeit beschränkt** ist. Handelt der Minderjährige als Vertreter, gibt er also eine eigene Willenserklärung im Namen des Vertretenen ab, so wirkt die Willenserklärung nach § 164 Abs. 1 Satz 1 unmittelbar für und gegen den Vertretenen. Der minderjährige Vertreter selbst wird hierdurch rechtlich nicht berührt, das vorgenommene Rechtsgeschäft ist für ihn neutral[216].

> **Bsp.:** Freund F des Vaters V beauftragt dessen 16-jährigen Sohn M mit Einwilligung des V, für ihn ein Handy zu kaufen, weil er von diesen Dingen keine Ahnung hat. In dem Handy-Shop des H sucht M ein geeignetes Gerät (einfache Bedienung!) aus und erklärt dem H, dass er das Gerät für F kaufen möchte. H nimmt an und kassiert. – Hier handelt M als Vertreter des F, der Kaufvertrag kommt zwischen F und H zustande (§ 164 Abs. 1 Satz 1). Dasselbe gilt für die Einigungen bzgl. der jeweiligen Verfügungsgeschäfte nach § 929 Satz 1, auch hier gibt M die Einigungserklärungen im Namen des F mit der Folge des § 164 Abs. 1 Satz 1 ab. Mit Übergabe des Handys an M wird der F auch Eigentümer, weil insoweit für § 929 Satz 1 genügt, dass die Sache an einen sog. Besitzmittler i.S.d. § 868 übergeben wird, der dem Erwerber mittelbaren Besitz vermittelt[217]. Als Beauftragter vermittelte M dem F an dem erlangten Handy mittelbaren Besitz[218].

Für den Minderjährigen rechtlich neutral ist auch die **Eigentumsübertragung an einer fremden Sache** nach § 929 Satz 1, die mit Einwilligung des Berechtigten (§ 185 Abs. 1) erfolgt[219]. Umstritten ist, ob der Minderjährige auch **zugunsten eines gutgläubigen Erwerbers** nach §§ 929 Satz 1, 932 das Eigentum an einer fremden Sache wirksam übertragen kann[220]. Im Hinblick darauf, dass nach § 932 der gute Glaube des Erwerbers an die Eigentümerstellung des Veräußerers geschützt wird, spricht viel dafür, den an die Eigentümerstellung des Minderjährigen glaubenden Erwerber nicht besser zu stellen, als wenn der Minderjährige tatsächlich Eigentümer wäre[221]. Dann wäre ein Erwerb nach § 929 Satz 1 ausgeschlossen, weil die Verfügung dem Minderjährigen einen rechtlichen Nachteil (Eigentumsverlust) bringt[222]. Deshalb kann der gutgläubige Erwerber nur so gestellt werden, wie er stünde, wenn seine Vorstellung – Eigentümerstellung des Minderjährigen – zuträfe. Dann aber ist ein gutgläubiger Erwerb vom nicht berechtigt verfügenden Minderjährigen ausgeschlossen[223].

---

215 S. nur *Medicus*, BGB AT, Rn. 567; *Larenz/Wolf*, BGB AT, § 25 Rn. 27; Hk-BGB/*Dörner*, § 107 Rn. 9.

216 S. zum Stellvertretungsrecht, insb. auch §§ 164, 165 noch Rn. 605 ff.

217 Vgl. Palandt/*Bassenge*, BGB, § 929 Rn. 12; s. *Wolf/Wellenhofer*, Sachenrecht, § 7 Rn. 10.

218 Vgl. Palandt/*Bassenge*, BGB, § 868 Rn. 9.

219 S. nur *Larenz/Wolf*, BGB AT, § 25 Rn. 27.

220 So die überwiegende Ansicht, etwa *Larenz/Wolf*, BGB AT, § 25 Rn. 27; *Köhler*, BGB AT, § 10 Rn. 20; Hk-BGB/*Dörner*, § 107 Rn. 9, a. A. z.B. *Medicus*, BGB AT, Rn. 568; *Braun* JURA 1993, 459 (460).

221 S. *Medicus*, BGB AT, Rn. 568.

222 S. oben Rn. 343.

223 So *Medicus*, BGB AT, Rn. 568.

351 (3) **Einwilligung des gesetzlichen Vertreters.** Erlangt der beschränkt geschäftsfähige Minderjährige durch das vorgenommene Rechtsgeschäft rechtlich nicht lediglich einen Vorteil[224], so bedarf er nach § 107 der Einwilligung seines gesetzlichen Vertreters, damit das Rechtsgeschäft Wirksamkeit entfalten kann[225]. Die Einwilligung des gesetzlichen Vertreters ist nach der Legaldefinition des § 183 Satz 1 die **vorherige Zustimmung zu dem Rechtsgeschäft**, das der Minderjährige vornehmen will[226]. Ihrer Rechtsnatur nach handelt es sich bei der Einwilligung um eine Willenserklärung[227], die – wie aus § 182 Abs. 1 deutlich wird – empfangsbedürftig ist[228] und insoweit sowohl dem Minderjährigen wie auch dem Empfänger der Willenserklärung des Minderjährigen gegenüber ausdrücklich oder konkludent[229] erklärt werden kann.

> **Bsp.:** Vater V kann seinem 15-jährigen Sohn M gegenüber in den Kauf eines Fahrrades einwilligen. Er kann aber auch bei Verkäufer V anrufen und diesem erklären, dass er mit dem Kauf einverstanden ist.

Bis zur Abgabe der Willenserklärung durch den Minderjährigen kann die Einwilligung nach § 183 Satz 1 **widerrufen** werden. Die Einwilligung bedarf **keiner bestimmten Form**, und zwar auch dann nicht, wenn die Einhaltung einer solchen für das seitens des Minderjährigen geplante Rechtsgeschäft vorgeschrieben ist (§ 182 Abs. 2).

> **Bsp.:** Der 16-jährige M will von D ein Grundstück kaufen. Nach § 311b Abs. 1 Satz 1 bedarf der Grundstückskaufvertrag der notariellen Beurkundung[230]. Die Einwilligung der Eltern des M ist nach § 182 Abs. 2 formfrei möglich, kann also auch mündlich gegenüber M oder D erklärt werden.

352 Die Einwilligung kann ihrem Inhalt nach einen **unterschiedlichen Umfang** haben, der durch Auslegung zu ermitteln ist[231]. Unzulässig ist allerdings die Erteilung einer **unbegrenzten Generaleinwilligung** mit der Folge, dass der Minderjährige aufgrund dieser einmal erteilten Einwilligung für die Zukunft jedes Rechtsgeschäft ohne Beteiligung des gesetzlichen Vertreters vornehmen kann[232]. Hierfür spricht schon der Wortlaut des § 107, der von einem Bezug zwischen dem konkreten Rechtsgeschäft und der Einwilligung des gesetzlichen Vertreters ausgeht. Wesentlicher Grund für die Unzulässigkeit einer solchen Generaleinwilligung ist der Gesichtspunkt, dass damit die aus Gründen des Minderjährigenschutzes zwingenden Vorschriften der §§ 106 ff.[233] ausgehöhlt würden – im Zeitpunkt der Generaleinwilligung ist nicht abzusehen, welche möglicherweise belastenden Rechtsgeschäfte der Minderjährige in Zukunft abschließt – und im Übrigen der gesetzliche Vertreter sich dadurch seiner familienrechtlich begründeten Pflichten

---

224 S. dazu oben Rn. 338 ff.
225 Das Wirksamwerden von Willenserklärungen, die gegenüber einem beschränkt geschäftsfähigen Minderjährigen abgegeben werden, regelt § 131 Abs. 2, s. dazu oben Rn. 233 f.
226 Zur Genehmigung als nachträglicher Zustimmung s. noch Rn. 595 ff.
227 S. BGHZ 47, 352 (359), hier allgemein zur Zustimmung.
228 Zum Begriff der empfangsbedürftigen Willenserklärung s. oben Rn. 214.
229 S. nur Palandt/*Ellenberger*, BGB, § 107 Rn. 8.
230 S. § 128, dazu noch Rn. 387 ff.
231 S. BGHZ 47, 352 (359).
232 S. nur MünchKomm/*Schmitt*, BGB, § 107 Rn. 14; Hk-BGB/*Dörner*, § 107 Rn. 11.
233 S. schon oben Rn. 322.

zur elterlichen Sorge, wovon auch die Vertretung des Kindes umfasst wird (§§ 1626 Abs. 1, 1629 Abs. 1 Satz 1), insoweit entledigen würde[234].

Die Einwilligung kann zunächst auf ein ganz bestimmtes Rechtsgeschäft bezogen sein, das der Minderjährige vornehmen will[235]. Hier erschöpft sich die rechtliche Wirkung der Einwilligung in der Ermöglichung der wirksamen Vornahme dieses konkreten Rechtsgeschäfts durch den Minderjährigen, andere Rechtsgeschäfte werden von einer solchermaßen **speziellen Einwilligung** nicht gedeckt.

Darüber hinausgehend ist anerkannt, dass der gesetzliche Vertreter dem Minder-**353** jährigen einen sog. **begrenzten Generalkonsens** erteilen kann[236]. Darunter wird die Einwilligung zu einer Reihe von im Zeitpunkt der Erteilung noch nicht individualisierten Rechtsgeschäften bezogen auf einen bestimmten, sachlich abgegrenzten Bereich verstanden, die allerdings nur zulässig ist, soweit dafür ein Bedürfnis besteht[237].

> **Bsp. (1):** Wird der 16-jährige M von seinen Eltern auf ein Internat geschickt, um dort das Abitur zu machen, so ist darin auch die Einwilligung zu solchen Rechtsgeschäften zu sehen, die der Minderjährige während seines Aufenthalts im Internat gewöhnlich tätigen muss. Hierzu gehören etwa der Kauf von Büchern und Schreibwaren, Lebensmitteln und – je nach Dauer der Abwesenheit – auch Kleidungsstücken.

> **Bsp. (2):** Macht der Minderjährige mit Einwilligung seiner Eltern eine Reise, so liegt darin auch das Einverständnis u. a. zum Abschluss von Beförderungs- und Übernachtungsverträgen.

Die Einwilligung in Gestalt eines begrenzten Generalkonsens' muss nicht ausdrücklich erklärt werden, sondern kann sich auch daraus ergeben, dass der gesetzliche Vertreter die Einwilligung zu einem sog. **Hauptgeschäft** erteilt, dessen Vornahme nur Sinn macht, wenn der Minderjährige dann auch damit notwendig verbundene Folgegeschäfte tätigen kann[238]. Hier ergibt die Auslegung der auf ein bestimmtes Rechtsgeschäft bezogenen Einwilligung, dass von dieser auch entsprechende **Folgegeschäfte** gedeckt sein sollen.

> **Bsp.:** Erlauben die Eltern ihrer 16-jährigen Tochter T, einen Motorroller zu kaufen, so erstreckt sich diese Einwilligung i. d. R. auf die mit der Benutzung und Erhaltung des Fahrzeugs notwendig verbundenen Rechtsgeschäfte, also vor allem dem Kauf von Kraftstoff etc. sowie den Abschluss von Werkverträgen zwecks Durchführung von Reparaturen[239].

---

234 S. MünchKomm/*Schmitt*, BGB, § 107 Rn. 14.
235 Sog. Spezialeinwilligung, s. MünchKomm/*Schmitt*, BGB, § 107 Rn. 13.
236 S. BGHZ 47, 352 (359); BGH NJW 1977, 622 (622); Hk-BGB/*Dörner*, § 107 Rn. 11; MünchKomm/*Schmitt*, BGB, § 107 Rn. 13 ff.; *Larenz/Wolf*, BGB AT, § 25 Rn. 34 f.
237 S. BGHZ 47, 352 (359); MünchKomm/*Schmitt*, BGB, § 107 Rn. 13 ff.; Palandt/*Ellenberger*, BGB, § 107 Rn. 9.
238 S. BGH NJW 1977, 622 (623); Palandt/*Ellenberger*, BGB, § 107 Rn. 9; Hk-BGB/*Dörner*, § 107 Rn. 11.
239 Vgl. BGH NJW 1977, 622 (622 f.) bezogen auf das Einverständnis der Eltern zur Anschaffung eines Pkw durch einen 20-jährigen, als das Volljährigkeitsalter noch bei Vollendung des 21. Lebensjahres lag, die Fahrerlaubnis jedoch schon mit Vollendung des 18. Lebensjahres erworben werden konnte. Durch das Gesetz zur Neuregelung des Volljährigkeitsalters vom 31.7.1974 (BGBl. 1974 I, 1713) ist das Volljährigkeitsalter mit Wirkung zum 1.1.1975 auf die Vollendung des 18. Lebensjahres bestimmt worden (§ 2).

Bei der Auslegung eines begrenzten Generalkonsens' ist zu beachten, dass diese Form der Einwilligung nicht zu einer über die Ausnahmetatbestände der §§ 112, 113 und die hiervon erfassten Bereiche hinausgehenden, partiell erweiterten Geschäftsfähigkeit des Minderjährigen führen darf[240]. Diese Beschränkung folgt schon ohne weiteres daraus, dass das Gesetz eine partielle Geschäftsfähigkeit des beschränkt geschäftsfähigen Minderjährigen nur in den Fällen der §§ 112 und 113 anerkennt. Sie bedeutet, dass der Minderjährige bei Erteilung eines begrenzten Generalkonsens' nicht jedes Rechtsgeschäft, das mit dem Kreis von Angelegenheiten, für den diese Einwilligung erteilt worden ist, tätigen kann, sondern nur solche, die in dem abgegrenzten Bereich **normalerweise (gewöhnlich) erforderlich** werden[241].

> **Bsp. (1):** Erklären sich die Eltern einverstanden, dass ihre 13-jährige Tochter einen Stallhasen (Paul) kauft, damit das vorhandene Meerschwein (Pünktchen) seine Depressionen verliert, so erstreckt sich diese Einwilligung auch auf Rechtsgeschäfte zur Haltung (Käfig) und Unterhaltung (Futter) des Tieres. Wohl ebenfalls gedeckt sind Verträge zur tierärztlichen Behandlung.

> **Bsp. (2):** Sind die Eltern damit einverstanden, dass ihre 17-jährige Tochter den Führerschein macht, so ist von dieser Einwilligung etwa auch der Erwerb eines Buches zur Vorbereitung auf die theoretische Fahrprüfung gedeckt. In der Erlaubnis kann jedoch nicht auch die Einwilligung zum Kauf eines Pkw gesehen werden[242].

354   Einen **besonderen Fall der Einwilligung** regelt nach ganz einhelliger Auffassung die Vorschrift des § 110[243]. Danach gilt ein von dem Minderjährigen ohne Zustimmung des gesetzlichen Vertreters geschlossener Vertrag als von Anfang an wirksam, wenn der Minderjährige die vertragsmäßige Leistung mit Mitteln bewirkt, die ihm zu diesem Zweck oder zu freier Verfügung von dem Vertreter oder mit dessen Zustimmung von einem Dritten überlassen worden sind[244]. Die Einwilligung i.S.d. § 107 liegt in der **Überlassung der (Geld-)Mittel**[245] entweder zu einem bestimmten Zweck oder zur freien Verfügung. Zu einem bestimmten Zweck sind Mittel überlassen, die von dem Minderjährigen zweckgebunden verwendet werden sollen.

> **Bsp.:** Die Eltern des M sind beide tagsüber berufstätig. Sie stellen ihm einen bestimmten Geldbetrag zur Verfügung, damit er davon mittags essen gehen kann.

Die Überlassung von Mitteln zur freien Verfügung räumt dem Minderjährigen zwar ein „Mehr oder Minder von Freiheit"[246] bzgl. der Verwendung der Mittel ein, gleichwohl bedeutet das nicht, dass der Minderjährige mit solchen Mitteln jedes Rechtsgeschäft tätigen kann[247]. Von der darin liegenden Einwilligung wer-

---

240 So BGHZ 47, 352 (359); zu §§ 112 und 113 s. noch Rn. 366 ff.
241 S. MünchKomm/*Schmitt*, BGB, § 107 Rn. 14.
242 S. auch BGH NJW 1973, 1790 (1791), hier dazu, dass die Erlaubnis zum Erwerb des Führerscheins nicht die Einwilligung zur Anmietung eines Pkw beinhaltet.
243 S. nur RGZ 74, 234 (235); *Larenz/Wolf*, BGB AT, § 25 Rn. 36 ff.; *Brox/Walker*, BGB AT, Rn. 280; MünchKomm/*Schmitt*, BGB, § 110 Rn. 5.
244 Sog. Taschengeldparagraph, s. nur *Brox/Walker*, BGB AT Rn. 280.
245 S. RGZ 74, 234 (235); *Brox/Walker*, BGB AT, Rn. 280; Palandt/*Ellenberger*, BGB, § 110 Rn. 1.
246 S. RGZ 74, 234 (236).
247 S. RGZ 74, 234 (236); Palandt/*Ellenberger*, BGB, § 110 Rn. 2.

den nur solche Rechtsgeschäfte gedeckt, die sich im Rahmen dessen halten, womit die Eltern **normalerweise einverstanden** sind und die sie dementsprechend gutheißen[248]. Entscheidend für den Umfang der Einwilligung durch Mittelüberlassung zur freien Verfügung ist also der unter den gegebenen Umständen durch Auslegung zu ermittelnde Wille des gesetzlichen Vertreters.

> **Bsp. (1):** Der berühmte *Lotteriegewinn-Fall* des RG[249]: Ein 17-jähriger Schüler hatte sich von seinem zur freien Verfügung überlassenen Taschengeld in Höhe von drei Reichsmark wöchentlich ein Lotterielos gekauft und damit 4.000 RM gewonnen. Hiervon kaufte er sich ohne Einwilligung des Vaters ein Kraftfahrzeug nebst Zubehör für 3.200 RM. – Das RG hat hier die Wirksamkeit des Kfz-Erwerbs auf der Grundlage von § 110 mit der Begründung verneint, unter den gegebenen Umständen (einfache Lebensverhältnisse) könne davon ausgegangen werden, in der Überlassung des Taschengeldes durch den Vater auch die Einwilligung zum Erwerb eines Kfz aus Mitteln, die der Minderjährige durch Verwendung des Taschengeldes gewinnt, zu sehen[250].

> **Bsp. (2):** Von der Einwilligung in Gestalt der Überlassung von Geldmitteln zur freien Verfügung ist der Kauf einer Spielzeugpistole von relativ hohem Wert jedenfalls dann nicht gedeckt, wenn dem Minderjährigen bewusst ist, dass die Eltern mit dem Kauf eines solchen Spielzeugs nicht einverstanden sind[251]. Darauf, dass der Vertragspartner des Minderjährigen davon nichts weiß, kommt es nicht an, weil es im Minderjährigenrecht keinen Schutz des guten Glaubens daran gibt, dass der Minderjährige mit Einwilligung des gesetzlichen Vertreters handelt[252].

Für die Bedeutung und das Verständnis von § 110 ist im Ausgangspunkt zu beachten, dass der gesetzliche Vertreter mit der Überlassung von Mitteln an den Minderjährigen zu Eigentum davon ausgeht, dass dieser die Mittel verwendet. Deshalb ist die in der Überlassung liegende Einwilligung auf die mit diesen Mitteln getätigten **Verfügungsgeschäfte**, durch die der Minderjährige das Eigentum etwa an dem Geld nach § 929 Satz 1 auf einen anderen überträgt, bezogen[253]. Hieran anknüpfend fingiert § 110 die Wirksamkeit des **zugrunde liegenden Verpflichtungsgeschäfts**, etwa eines Kaufvertrages, allerdings nur unter der Voraussetzung, dass der Minderjährige mit den Mitteln die vertragsmäßige Leistung, z.B. die Kaufpreiszahlung, „bewirkt", d.h., tatsächlich und vollständig erbracht hat[254].

> **Bsp. (1):** Schließt der 13-jährige M mit ihm zur freien Verfügung überlassenen Mitteln einen Kaufvertrag über das Buch „Harry Potter und der Halbblutprinz" von Joan K. Rowling und bezahlt sofort den Kaufpreis, dann hat er das Verfügungsgeschäft, Übertragung des Eigentums am Geld, mit Einwilligung des gesetzlichen Vertreters vorgenommen. Über die Fiktion des § 110 wird der zugrunde liegende Kaufvertrag mit vollständiger Leistung des Kaufpreises wirksam. Gefällt dem M das Buch nicht, hat er wegen der Wirksamkeit des Kaufvertrages keinen Anspruch aus § 812 Abs. 1 Satz 1 Alt. 1 auf Herausgabe des Geldes.

---

248 S. RGZ 74, 234 (236); MünchKomm/*Schmitt*, BGB, § 110 Rn. 27.
249 RGZ 74, 234 ff.
250 RGZ 74, 234 (236).
251 S. AG Freiburg NJW-RR 1999, 637 f.
252 S. oben Rn. 322.
253 S. etwa Hk-BGB/*Dörner*, § 110 Rn. 4.
254 S. *Medicus*, BGB AT, Rn. 579.

Bsp. (2): Kauft der 14-jährige M einen MP3-Player für 100 €, den er von seinem Taschengeld in Höhe von 30 € monatlich über fünf Monate à 20 €-Raten abzahlen will, so ist die vertragsmäßige Leistung der Kaufpreiszahlung erst mit Erbringung der fünften und letzten Rate bewirkt. Bis dahin kann die Fiktion des § 110 nicht eingreifen, ist also der Kaufvertrag unwirksam. Solange hat der Minderjährige die Möglichkeit, das bereits geleistete Geld nach § 812 Abs. 1 Satz 1 Alt. 1 herauszuverlangen gegen Rückgabe des MP3-Players.

Bsp. (3): Mietet sich der 14-jährige M für fünf Tage ein Surfbrett und hat er den Mietzins für die ersten beiden Tage bezahlt, so wird wegen der Teilbarkeit der Leistung des Vermieters – tageweise Überlassung der Mietsache – der Mietvertrag nach § 110 für die ersten beiden Tage wirksam. Hat der M nach zwei Tagen keine Lust mehr zu surfen, so ist er mangels wirksamen Mietvertrages über das Surfbrett für die folgenden Tage nicht verpflichtet, den Mietzins zu zahlen.

Damit wird verhindert, dass der Minderjährige sich durch Abschluss von Verpflichtungsgeschäften bindet, ohne die erforderlichen Mittel dafür zu haben[255], denn das Verpflichtungsgeschäft wird nur wirksam, wenn der Minderjährige vollständig erfüllt hat (§ 362 Abs. 1). Zugleich macht § 110 deutlich, dass in der Überlassung von Mitteln zu einem bestimmten Zweck oder zur freien Verfügung zwar die Einwilligung in Verfügungsgeschäfte über diese Mittel zu sehen ist, jedoch nicht ohne Weiteres auch in den Abschluss der zugrunde liegenden Verpflichtungsgeschäfte[256]. Das macht Sinn unter dem vorstehend genannten Gesichtspunkt, dass ansonsten der Minderjährige Verpflichtungen eingehen könnte, ohne dass feststeht, ob er auch die zu deren Erfüllung erforderlichen Mittel hat. Kraft der (erst) an die Bewirkung der vollständigen Vertragsleistung anknüpfenden **Fiktion der Wirksamkeit** wird sichergestellt, dass eine Verfügung des Minderjährigen über die überlassenen Mittel nicht ohne rechtlichen Grund i.S.d. § 812 Abs. 1 Satz 1 Alt. 1 erfolgt, so dass Bereicherungsansprüche ausgeschlossen sind.

Hat ein Dritter dem Minderjährigen Mittel überlassen, so kann die Fiktion des § 110 nur eingreifen, wenn die Mittel **mit Zustimmung** des gesetzlichen Vertreters überlassen worden sind. Der Grund hierfür liegt darin, dass letztlich dem gesetzlichen Vertreter aufgrund der elterlichen Sorge die Entscheidung vorbehalten bleiben soll, ob dem Minderjährigen mit den Folgen des § 110 Mittel überlassen werden[257].

Schenkungen werden von § 110 nicht erfasst mit Ausnahme sog. Anstandsschenkungen. Der Grund liegt darin, dass die Eltern selbst nach § 1641 gehindert sind, in Vertretung des Kindes Schenkungen zu machen[258].

Auf die Fiktion des § 110 kommt es allerdings nicht an, wenn der gesetzliche Vertreter bereits in die **Vornahme des Verpflichtungsgeschäfts** eingewilligt hat, sei es durch ein bezogen auf das konkrete Rechtsgeschäft geäußertes Einverständnis oder durch Erteilung eines begrenzten Generalkonsens'. Für die Prüfung der Frage, ob der Minderjährige bei Vornahme eines Verpflichtungsgeschäfts mit Einwilligung des gesetzlichen Vertreters gehandelt hat, ist deshalb zunächst zu untersuchen, ob der gesetzliche Vertreter insoweit sein Einverständnis erklärt hat. Erst

---

255 S. nur *Medicus*, BGB AT, Rn. 579.
256 S. nur *Medicus*, BGB AT, Rn. 579.
257 S. auch *Medicus*, BGB AT, Rn. 582.
258 S. Palandt/*Ellenberger*, BGB, § 110 Rn. 4.

wenn das zu verneinen ist, ist auf § 110 einzugehen. Diese Vorgehensweise ist sachlich auch deshalb gefordert, weil bei Vorliegen einer Einwilligung zu dem Verpflichtungsgeschäft dieses anders als im Fall des § 110 unabhängig davon Wirksamkeit entfaltet, ob der Minderjährige seine Verpflichtung erfüllt hat. Auf das Bewirken der vertragsmäßigen Leistung, wie von § 110 gefordert, kommt es dann also nicht an.

c) **Folgen fehlender Einwilligung bei Abschluss von Verträgen. – (1) Schwebende** **355** **Unwirksamkeit des Vertrages – Genehmigungsfähigkeit.** Sofern der beschränkt geschäftsfähige Minderjährige einen Vertrag ohne die wegen dessen rechtlicher Nachteiligkeit erforderliche Einwilligung des gesetzlichen Vertreters schließt, hängt nach § 108 Abs. 1 die Wirksamkeit des Vertrages von der Genehmigung des Vertreters ab. Aus dieser Regelung wird deutlich, dass ein ohne die erforderliche Einwilligung geschlossener Vertrag zwar zunächst keine Wirksamkeit entfaltet, jedoch durch Genehmigung die Wirksamkeit herbeigeführt werden kann. Der von dem Minderjährigen geschlossene Vertrag ist deshalb nicht endgültig, sondern nur **schwebend unwirksam**[259]. Von der schwebenden Unwirksamkeit eines Rechtsgeschäfts wird dann gesprochen, wenn dessen Unwirksamkeit durch Nachholung einer Wirksamkeitsvoraussetzung behoben werden kann[260].
Der Zustand der schwebenden Unwirksamkeit des seitens des Minderjährigen geschlossenen Vertrages **dauert** grds. bis zu dem Zeitpunkt der Genehmigung oder deren Verweigerung durch den gesetzlichen Vertreter. Während dieses Zeitraums bestehen mangels Wirksamkeit des Vertrages für die Parteien keine Leistungspflichten, gleichwohl erbrachte Leistungen sind deshalb ohne rechtlichen Grund i.S.d. § 812 Abs. 1 Satz 1 Alt. 1 erfolgt und können zurückgefordert werden[261]. Die infolge der schwebenden Unwirksamkeit bestehende Ungewissheit darüber, ob der Vertrag Wirksamkeit erlangt oder nicht, kann der Vertragspartner des Minderjährigen dadurch zeitlich begrenzen, dass er den gesetzlichen Vertreter **zur Erklärung über die Genehmigung auffordert** (§ 108 Abs. 2)[262], oder beseitigen, indem er von seinem **Widerrufsrecht** nach Maßgabe des § 109 Gebrauch macht[263]. Die Einräumung eines solchen Widerrufsrechts an den Vertragspartner macht zugleich deutlich, dass dieser trotz der schwebenden Unwirksamkeit des mit dem Minderjährigen geschlossenen Vertrages insoweit grds. gebunden ist, als es ohne Widerruf allein von der Genehmigung oder Verweigerung derselben durch den gesetzlichen Vertreter abhängt, ob der Vertrag Wirksamkeit entfaltet oder nicht.

Bei der **Genehmigung** des gesetzlichen Vertreters handelt es sich nach der Legal- **356** definition des § 184 Abs. 1 um die nachträgliche Zustimmung zu dem von dem Minderjährigen abgeschlossenen Vertrag. Ihrer Rechtsnatur nach ist die Geneh-

259 S. etwa *Larenz/Wolf*, BGB AT, § 25 Rn. 49 und § 44 Rn. 49 ff.; MünchKomm/ *Schmitt*, BGB, § 108 Rn. 4.
260 S. Palandt/*Ellenberger*, BGB, Überbl. v. § 104 Rn. 31; *Larenz/Wolf*, BGB AT, § 44 Rn. 49.
261 BGHZ 65, 123 (126).
262 S. folgend Rn. 358 ff.
263 Dazu Rn. 362.

migung ebenso wie die Einwilligung [264] eine empfangsbedürftige Willenserklärung[265], die rechtsgestaltend auf das schwebend unwirksame Rechtsgeschäft derart einwirkt, dass sie dessen Wirksamkeit herbeiführt[266]. Damit ist die Genehmigung auch ein einseitiges Rechtsgeschäft[267]. Als nachträgliche Form der Zustimmung kann die Genehmigung nach § 182 Abs. 1 sowohl dem Minderjährigen wie auch dessen Vertragspartner gegenüber erklärt werden.

> **Bsp.:** Kauft sich der 16-jährige M ein Fahrrad für 400 €, so können die Eltern den schwebend unwirksamen Kaufvertrag durch Erklärung gegenüber ihrem Sohn genehmigen. Sie können die Genehmigung aber auch durch Anruf bei dem Verkäufer erteilen.

In jedem Fall liegt eine Genehmigung jedoch nur vor, wenn der Erklärende **die Kenntnis und den Willen** hat, die Wirksamkeit eines schwebend unwirksamen Rechtsgeschäfts herbeizuführen, oder zumindest mit einer solchen Möglichkeit rechnet[268].

Für die Erteilung der Genehmigung ist **keine bestimmte Form** vorgeschrieben, auch dann nicht, wenn das schwebend unwirksame Rechtsgeschäft einer bestimmten Form bedarf (§ 182 Abs. 2). Des Weiteren ist weder in den §§ 182, 184 noch in § 108 Abs. 1 eine **Frist** vorgesehen, innerhalb welcher der gesetzliche Vertreter die Genehmigung (oder deren Verweigerung) zu erklären hätte. Allerdings kann der Vertragspartner des Minderjährigen nach § 108 Abs. 2 vorgehen[269].

Gemäß § 184 Abs. 1 wirkt die Genehmigung des gesetzlichen Vertreters auf den Zeitpunkt der Vornahme des Rechtsgeschäfts zurück. Insoweit wird von der *ex-tunc*-Wirkung der Genehmigung gesprochen[270], das Rechtsgeschäft wird von Anfang an wirksam. Allerdings schränkt § 184 Abs. 2 die *ex-tunc*-Wirkung der Genehmigung u.a. dahin ein, dass durch die Rückwirkung Verfügungen nicht unwirksam werden, die vor der Genehmigung über den Gegenstand des Rechtsgeschäfts von dem Genehmigenden getroffen worden sind.

> **Bsp.:** Der 16-jährige M soll nach dem Abschluss der Realschule in einem Internat das Abitur machen. Deshalb braucht er den Motorroller, mit dem er bislang von zu Hause zur Schule gefahren ist, nicht mehr. M schließt mit K einen Kaufvertrag über den Motorroller zum Preis von 800 €. K zahlt den Kaufpreis und belässt M den Motorroller leihweise bis zu dessen Abreise in das Internat. Vater V weiß davon nichts und veräußert den Motorroller für 500 € an D, der das Fahrzeug abholt und bezahlt. Jetzt erfährt V von dem Kaufvertrag des M mit K. – Zwar kann V diesen wegen der fehlenden Einwilligung schwebend unwirksamen Vertrag ebenso wie die schwebend unwirksame Eigentumsübertragung des Motorrollers an K nach §§ 929 Satz 1, 930[271] genehmigen, wozu er wegen des höheren Kaufpreises wohl auch tendieren mag. Genehmigt er, so bleibt gleichwohl nach § 184 Abs. 2 die von V als gesetzlicher Vertreter im Namen des

---

264 S. oben Rn. 351.
265 S. BGHZ 47, 352 (359), hier allgemein zur Zustimmung.
266 Vgl. BGHZ 13, 179 (186), hier zur Verweigerung der Genehmigung, dazu noch folgend Rn. 357.
267 Zum Begriff des einseitigen Rechtsgeschäfts s. oben Rn. 191.
268 S. BGHZ 2, 150 (153); BGH LM Nr. 3 zu § 1829 BGB.
269 S. noch Rn. 358 ff.
270 S. nur *Larenz/Wolf*, BGB AT, § 44 Rn. 52; Hk-BGB/*Dörner*, § 108 Rn. 3.
271 Hier wurde als Ersatz der Übergabe zwischen M und K ein Besitzmittlungsverhältnis i.S.d. § 930 in Gestalt der Leihe vereinbart.

M vorgenommene Eigentumsübertragung am Motorroller auf D wirksam. Das hat zur Folge, dass der M bei Genehmigung des Kaufvertrages mit K seiner Verpflichtung nach § 433 Abs. 1 Satz 1 nicht nachkommen kann[272] und wegen Unmöglichkeit nach § 275 Abs. 1 unter Umständen schadensersatzpflichtig wird.

Eine einmal erteilte Genehmigung ist **unwiderruflich**[273]. Der Grund hierfür liegt darin, dass mit Erteilung der Genehmigung deren rechtsgestaltende Wirkung – Herbeiführung der Wirksamkeit des Vertrages – eintritt, die nicht einseitig wieder beseitigt werden kann (der Vertrag ist jetzt wirksam!), was im Übrigen auch in Widerspruch zur Sicherheit des Rechtsverkehrs stünde[274].

> **Bsp.:** Der 15-jährige M verkauft seine Briefmarkensammlung an K für 400 €, weil er sich für Briefmarken nicht mehr interessiert. Die Eltern des M haben Verständnis und genehmigen das Geschäft. Als die Eltern kurze Zeit später erfahren, dass der Wert der Sammlung 800 € beträgt, widerrufen sie ihre Genehmigung. – Der Widerruf kann die Wirksamkeit des Kaufvertrages und, soweit schon erfolgt, der Übertragung des Eigentums an der Briefmarkensammlung von M auf K nach § 929 Satz 1 nicht mehr beseitigen.

Der gesetzliche Vertreter kann die Genehmigung verweigern und damit gleichfalls die schwebende Unwirksamkeit des Vertrages beenden. Wie bei der Genehmigung handelt es sich auch bei deren **Verweigerung** um eine empfangsbedürftige Willenserklärung, die nach § 182 Abs. 1 sowohl dem Minderjährigen wie auch dessen Vertragspartner gegenüber erklärt werden kann. Im Hinblick auf ihre rechtsgestaltende Wirkung derart, dass sie den schwebend unwirksamen Vertrag endgültig unwirksam macht[275], ist die Verweigerung ein einseitiges Rechtsgeschäft und kann ebenso wenig wie die Genehmigung widerrufen werden[276]. Sind während der Schwebezeit im Vorfeld der Verweigerung zwischen dem Minderjährigen und dessen Vertragspartner Leistungen ausgetauscht worden, so erfolgte der Leistungsaustausch ohne rechtlichen Grund, die erbrachten Leistungen können jeweils bereicherungsrechtlich nach § 812 Abs. 1 Satz 1 Alt. 1 herausverlangt werden. **357**

(2) **Aufforderung zur Genehmigung.** Nach § 108 Abs. 2 kann der Vertragspartner des Minderjährigen den gesetzlichen Vertreter mit den in dieser Regelung bestimmten Rechtsfolgen **zur Erklärung über die Genehmigung auffordern.** Damit erhält der Vertragspartner die Möglichkeit, sich selbst Gewissheit über den Bestand des Vertrages zu verschaffen[277], was im Hinblick darauf sinnvoll ist, dass das Gesetz im Ausgangspunkt (§ 108 Abs. 1) für die Erteilung der Genehmigung wie auch deren Verweigerung keine Frist vorsieht und der Vertragspartner vorbehaltlich der Ausübung seines Widerrufsrechts nach § 109[278] insoweit gebunden ist, als es in der Hand des gesetzlichen Vertreters liegt, dem schwebend unwirksamen Vertrag Wirksamkeit zu verleihen oder nicht. **358**

---

272 Es sei denn, der D ist bereit, den Motorroller auf M zurückzuübertragen.
273 BGHZ 13, 179 (186).
274 S. BGHZ 13, 179 (186), hier zur Frage des Widerrufs der Verweigerung der Genehmigung.
275 BGHZ 13, 179 (187).
276 S. BGHZ 13, 179 (187).
277 BGH NJW 1989, 1728 (1728).
278 S. Rn. 362.

Ihrer Rechtsnatur nach handelt es sich bei der Aufforderung i.S.d. § 108 Abs. 2 um eine **geschäftsähnliche Handlung**[279]. Sie ist eine Willensäußerung, die darauf gerichtet ist, dass sich der gesetzliche Vertreter erklärt. Die Aufforderung führt selbst keine Rechtsfolgen herbei, vielmehr knüpft das Gesetz in § 108 Abs. 2 rechtliche Folgen an die Aufforderung des Vertragspartners. Adressat der Aufforderung ist der gesetzliche Vertreter, wie § 108 Abs. 2 Satz 1 deutlich macht[280].

359 An die Aufforderung knüpft das Gesetz in § 108 Abs. 2 **verschiedene Rechtsfolgen**. Zum einen kann der gesetzliche Vertreter nach § 108 Abs. 2 Satz 1, Halbsatz 1 in Abweichung von § 182 Abs. 1 die **Genehmigung** oder die **Verweigerung** derselben nur noch dem Vertragspartner gegenüber erklären. Eine vor der Aufforderung dem Minderjährigen gegenüber erklärte Genehmigung oder Verweigerung wird gemäß § 108 Abs. 2 Satz 1, Halbsatz 2 unwirksam. Das bedeutet, dass im Falle einer Aufforderung kraft Gesetzes die schwebende Unwirksamkeit des Vertrages wieder hergestellt wird. Das gilt nicht im Falle einer vor der Aufforderung gegenüber dem Vertragspartner erklärten Genehmigung oder Verweigerung. Mit dem Empfang der jeweiligen Erklärung hat der Vertragspartner nämlich Gewissheit über den Bestand des Vertrages[281].

> **Bsp.:** Der fußballbegeisterte 14-jährige M kauft bei V ohne Einwilligung seiner Eltern das neue Videospiel FIFA 11 für seine PlayStation 3. Als die Eltern davon erfahren, sind sie empört über den hohen Preis und erklären dem M, dass er das Spiel zurück bringen soll. Als M zu V kommt und diesem den Sachverhalt erklärt, fordert V die Eltern zur Genehmigung auf – Mit dieser Aufforderung wird die bereits dem M gegenüber erklärte Verweigerung hinfällig, der Kaufvertrag und die Einigung über die Eigentumsübertragung am Geld nach § 929 Satz 1 sind wieder schwebend unwirksam. Die Eltern können erneut überlegen, ob sie genehmigen oder verweigern wollen.

360 Des Weiteren knüpft das Gesetz in § 108 Abs. 2 Satz 2 an die Aufforderung die Folge, dass die Genehmigung nur bis zum **Ablauf von zwei Wochen** nach der Aufforderung erklärt werden kann. Die gemäß §§ 187 Abs. 1, 188 Abs. 2 zu berechnende Frist beginnt mit dem Zugang der Aufforderung, die Genehmigung muss dem Vertragspartner innerhalb der Zweiwochenfrist zugehen. Wird die Genehmigung nicht oder nicht rechtzeitig erklärt, so gilt sie nach § 108 Abs. 2 Satz 2, Halbsatz 2 als verweigert. Insoweit handelt es sich um einen gesetzlich geregelten Fall, in welchem dem **Schweigen** rechtlich durch Fiktion der Erklärungswert einer Ablehnung beigemessen wird[282].

> **Bsp.:** Im obigen Beispiel geht die Aufforderung des V den Eltern am Dienstag, dem 4.10. zu. – Nach § 187 Abs. 1 beginnt die Zweiwochenfrist am Mittwoch, dem 5.10. Sie endet gemäß § 188 Abs. 2 Halbsatz 1 am Dienstag, dem 18.10. Bis zum Ablauf dieses Tages (Ende der Geschäftszeit) muss dem V die Genehmigungserklärung der Eltern, falls diese es sich in der Zwischenzeit anders überlegt haben, zugegangen sein. Erklären sie nichts oder erreicht den V die Genehmigung erst nach Ablauf der Frist, gilt sie als verweigert. Der Kaufvertrag und die Eigentumsübertragung am Geld sind dann endgültig unwirksam.

---

279 Zum Begriff der geschäftsähnlichen Handlung s. oben Rn. 209.
280 Anders aber dann, wenn der Minderjährige volljährig geworden ist, s. zu § 108 Abs. 3 noch Rn. 361.
281 S. BGH NJW 1989, 1728 (1728).
282 S. zur rechtlichen Bedeutung des Schweigens oben Rn. 250 ff.

Die Aufforderung nach § 108 Abs. 2 hat nicht die Wirkung eines **Ausschlusses des Widerrufsrechts** nach § 109[283]. Dagegen spricht schon, dass das Widerrufsrecht des Vertragspartners nach § 109 Abs. 1 Satz 1 bis zur Genehmigung besteht, nicht nur bis zum Zeitpunkt der Aufforderung, die im Übrigen auf eine Erklärung über die Genehmigung, nicht auf die Genehmigung selbst gerichtet ist, weshalb ein Widerruf trotz zuvor erklärter Aufforderung auch kein widersprüchliches Verhalten darstellt[284].

(3) Genehmigung durch den volljährig gewordenen Minderjährigen. Nach § 108 **361** Abs. 3 tritt, nachdem der Minderjährige unbeschränkt geschäftsfähig geworden ist, dessen Genehmigung an die Stelle des vormaligen gesetzlichen Vertreters. Damit macht das Gesetz deutlich, dass noch während der Minderjährigkeit abgeschlossene schwebend unwirksame Verträge nicht von selbst – *ipso iure* – mit Eintritt der Volljährigkeit wirksam werden, sondern weiterhin der Genehmigung bedürfen, für deren Erteilung nunmehr jedoch **allein der volljährig Gewordene zuständig ist.** Eine Genehmigung oder Verweigerung durch den Volljährigen kann allerdings nur noch in Betracht kommen, wenn nicht der gesetzliche Vertreter noch während des Zeitraums der Minderjährigkeit die schwebende Unwirksamkeit des abgeschlossenen Vertrages durch eine Genehmigung oder Verweigerung derselben beendet hat[285]. Anderes gilt dann, wenn der gesetzliche Vertreter vor Eintritt der Volljährigkeit nur dem Minderjährigen gegenüber genehmigt oder verweigert hat und der Vertragspartner danach die Aufforderung i.S.d. § 108 Abs. 2, die nach Eintritt der Volljährigkeit an den Volljährigen zu richten ist[286], erklärt. Hier wird die durch den gesetzlichen Vertreter erklärte Genehmigung oder Verweigerung derselben unwirksam (§ 108 Abs. 2 Satz 1 Halbsatz 1), der Volljährige kann selbst entscheiden, ob er dem schwebend unwirksamen Rechtsgeschäft Wirksamkeit verleihen will oder nicht.

Die Genehmigung kann **ausdrücklich oder konkludent** erfolgen, letzteres z.B. dadurch, dass der Volljährige die vertragsmäßige Leistung erbringt oder entgegennimmt. Voraussetzung für die Annahme einer Genehmigung ist allerdings in jedem Fall, dass sich der Volljährige der schwebenden Unwirksamkeit des Vertrages bewusst ist oder zumindest mit einer solchen Möglichkeit rechnet[287]. Hat der Volljährige genehmigt und behauptet er anschließend, dass vor Eintritt der Volljährigkeit bereits der gesetzliche Vertreter die Genehmigung verweigert habe, so trägt der Volljährige hierfür die objektive Beweislast[288].

> **Bsp.:** Die 17-jährige T heiratet am 5.10.1985 den 24-jährigen Glasermeister G, der gerade einen eigenen Betrieb aufbaut. Am 10.10.1985 vereinbaren die Eheleute in einem notariell beurkundeten Vertrag Gütertrennung. Nach Eintritt der Volljährigkeit genehmigte die T den Ehevertrag mündlich gegenüber ihrem Ehemann G. Im Zusammenhang mit dem seit 2004 rechtshängigen Scheidungsverfahren begehrt die T von G Zugewinnausgleich mit der Begründung, ihre Mutter habe kurz nach Vereinbarung der Gütertrennung bei einem gemeinsamen Mittagessen in der Familie ihrem Mann

---

283 Überzeugend *Wilhelm* NJW 1992, 1666 f. m. w. N. zu den insoweit unterschiedlichen Auffassungen in Fn. 3 und 4; zu § 109 s. noch Rn. 362.
284 S. *Wilhelm* NJW 1992, 1666 f.
285 S. BGH NJW 1989, 1728 (1728).
286 S. BGH NJW 1989, 1728 (1728).
287 S. RGZ 95, 70 (71); BGH LM Nr. 3 zu § 1829 BGB.
288 S. BGH NJW 1989, 1728 (1729).

gegenüber ausdrücklich die Genehmigung des Ehevertrages verweigert, was allerdings der G bestreitet. – Nach § 1363 leben die Ehegatten grds. im Güterstand der Zugewinngemeinschaft, wenn sie nicht durch Ehevertrag etwas anderes vereinbaren. Die Zugewinngemeinschaft ist der sog. gesetzliche Güterstand. Im Falle der Scheidung erfolgt zwischen den Ehegatten nach §§ 1372 ff. ein Zugewinnausgleich, wobei der Ehegatte mit dem geringeren Zugewinn (zum Begriff § 1373) nach § 1378 eine Ausgleichsforderung gegen den anderen in Höhe der Hälfte des Überschusses hat. Hier haben T, die nach § 1303 mit 17 ehemündig war, und G durch Ehevertrag (§ 1408) in der in § 1410 bestimmten Form (notarielle Beurkundung) Gütertrennung vereinbart, indem sie den gesetzlichen Güterstand mit der Folge ausgeschlossen haben, dass bei Scheidung kein Zugewinnausgleich stattfindet. Nach § 1411 Abs. 1 konnte T aufgrund ihrer damals nur beschränkten Geschäftsfähigkeit den Ehevertrag wirksam nur mit Zustimmung ihres gesetzlichen Vertreters, ihrer Mutter, schließen. Mit Eintritt der Volljährigkeit war die T allerdings nach § 108 Abs. 3 in der Lage, den Ehevertrag selbst zu genehmigen, was sie auch getan hat. Gemäß § 182 Abs. 2 bedurfte diese Genehmigung nicht der Form des Ehevertrages. Durch diese Genehmigung konnte der Ehevertrag allerdings nur wirksam werden, wenn er zu diesem Zeitpunkt noch schwebend unwirksam war. Das wäre nicht der Fall gewesen, wenn die Behauptung der T zutraf, ihre Mutter habe dem G gegenüber die Genehmigung des Vertrages ausdrücklich verweigert. Denn dann wäre der zunächst schwebend unwirksame Ehevertrag in diesem Zeitpunkt endgültig unwirksam geworden. Im Hinblick darauf, dass der G die Verweigerung der Genehmigung durch die Mutter bestreitet, muss die T, weil sie aus der Verweigerung eine für sie günstige Rechtsfolge herleitet (Unwirksamkeit des Ehevertrages mit der Folge der Durchführung eines Zugewinnausgleichs) die die Verweigerung begründenden Tatsachen darlegen und beweisen. Gelingt ihr das nicht, trägt sie die objektive Beweislast[289], d.h. die Nichterweislichkeit der die Verweigerung durch die Mutter begründenden Tatsachen geht zu ihren Lasten, die T verliert den Prozess über den Anspruch auf Zugewinnausgleich[290].

362 (4) **Widerrufsrecht des Vertragsgegners.** Die schwebende Unwirksamkeit des mit einem Minderjährigen geschlossenen Vertrages hat (auch) für den Vertragspartner des Minderjährigen zur Folge, dass Ungewissheit darüber besteht, ob der Vertrag durch Genehmigung des gesetzlichen Vertreters wirksam wird oder nicht. Abgesehen von der Möglichkeit, diese Ungewissheit durch eine Aufforderung nach § 108 Abs. 2 zu beenden, räumt das Gesetz dem Vertragspartner in § 109 Abs. 1 Satz 1 die Möglichkeit ein, bis zur Genehmigung des Vertrages **seine Willenserklärung zu widerrufen.** Damit kann der Vertragspartner die aufgrund des schwebend unwirksamen Vertrages bestehende Abhängigkeit von der Entscheidung des gesetzlichen Vertreters beseitigen, allerdings um den Preis, dass mit Ausübung des Widerrufsrechts der Vertrag **endgültig unwirksam** wird. Interessant kann das dann sein, wenn der Vertragspartner die Möglichkeit hat, mit einem Dritten über den Vertragsgegenstand ein günstigeres Rechtsgeschäft abzuschließen.

Bei dem Widerruf handelt es sich seiner Rechtsnatur nach um eine **empfangsbedürftige Willenserklärung**[291], die in Abweichung von § 131 Abs. 2 Satz 1 nach § 109 Abs. 1 Satz 2 auch dem Minderjährigen gegenüber erklärt werden kann. Das Widerrufsrecht besteht nur bis zum Zeitpunkt der Genehmigung des Vertra-

---

289 Zum Begriff s. schon oben Rn. 239.
290 S. den Fall BGH NJW 1989, 1728 f.
291 S. nur Palandt/*Ellenberger*, BGB, § 109 Rn. 2.

ges durch den gesetzlichen Vertreter, eine Aufforderung nach § 108 Abs. 2 schließt die Ausübung des Widerrufsrechts nicht aus[292]. Hat der gesetzliche Vertreter die Genehmigung nur gegenüber dem Minderjährigen erklärt, dann kann der Vertragspartner, der nicht an den Vertrag gebunden sein will, durch Aufforderung nach § 108 Abs. 2 die schwebende Unwirksamkeit wieder herstellen (§ 108 Abs. 2 Satz 1)[293] und anschließend sein Widerrufsrecht ausüben[294].

Nach § 109 Abs. 2 Halbsatz 1 besteht das Widerrufsrecht bei Kenntnis des Vertragspartners von der Minderjährigkeit nur dann, wenn der Minderjährige **wahrheitswidrig** die Einwilligung des gesetzlichen Vertreters behauptet hat. Aber auch in diesem Fall ist der Widerruf ausgeschlossen, wenn der Vertragspartner bei Vertragsschluss um das Fehlen der Einwilligung wusste (§ 109 Abs. 2 Halbsatz 2).

d) Folgen fehlender Einwilligung bei einseitigen Rechtsgeschäften. Die Folgen einer fehlenden erforderlichen Einwilligung des gesetzlichen Vertreters zu der Vornahme eines einseitigen Rechtsgeschäfts[295] durch den beschränkt geschäftsfähigen Minderjährigen sind besonders in § 111 geregelt. Die Vorschrift kommt nicht zum Tragen, wenn ein einseitiges Rechtsgeschäft für den Minderjährigen rechtlich lediglich vorteilhaft ist[296], dann bedarf der Minderjährige nach § 107 keiner Einwilligung. Ist das einseitige Rechtsgeschäft rechtlich nachteilig, so ist gemäß § 107 die Einwilligung des gesetzlichen Vertreters erforderlich[297]. **363**

Abweichend von einem durch den Minderjährigen abgeschlossenen Vertrag, der schwebend unwirksam und unter den Voraussetzungen der §§ 108 f. genehmigungsfähig ist, ist ein ohne die erforderliche Einwilligung des gesetzlichen Vertreters seitens des Minderjährigen getätigtes einseitiges Rechtsgeschäft nach § 111 Satz 1 grds.[298] **endgültig unwirksam**, mangels schwebender Unwirksamkeit kann es nicht durch Genehmigung des gesetzlichen Vertreters wirksam werden. Der Grund für die irreparable Unwirksamkeit einseitiger Rechtsgeschäfte liegt darin, dass der Geschäftsgegner des ohne Einwilligung handelnden Minderjährigen nicht der **Ungewissheit** über das Wirksamwerden eines Rechtsgeschäfts, auf dessen Entstehen er anders als beim Vertrag keinen Einfluss hatte, ausgesetzt sein soll[299]. Hier ist es ihm nicht zuzumuten, einen Zustand schwebender Unwirksamkeit bis zu einer Entscheidung des gesetzlichen Vertreters des Minderjährigen über die Genehmigung hinnehmen zu müssen[300].

Nach § 111 Satz 1 endgültig unwirksam sind sowohl **nicht empfangsbedürftige** einseitige Rechtsgeschäfte (z.B. Auslobung § 657, Eigentumsaufgabe § 959) wie auch **empfangsbedürftige** einseitige Rechtsgeschäfte (z.B. Anfechtung, Kündigung, Vollmachterteilung), die ohne die erforderliche Einwilligung vorgenommen werden.

---

292 S. oben Rn. 360.
293 S. oben Rn. 359.
294 S. *Wilhelm* NJW 1992, 1666 f.
295 Zum Begriff des einseitigen Rechtsgeschäfts s. oben Rn. 191.
296 S. dazu oben Rn. 338 ff.
297 S. auch schon oben Rn. 351 ff.
298 S. noch folgend Rn. 364.
299 S. BGHZ 110, 363 (369).
300 S. BGHZ 110, 363 (369); s. auch MünchKomm/*Schmitt*, BGB, § 111 Rn. 1.

Bsp.: Will der beschränkt geschäftsfähige Vermieter einen Mietvertrag kündigen, so bedarf er der Einwilligung des gesetzlichen Vertreters nach § 107, weil er durch die Kündigung rechtlich nicht lediglich einen Vorteil erlangt. Denn mit Beendigung des Mietvertrages verliert er auch Ansprüche aus dem Mietverhältnis, insb. auf Zahlung des Mietzinses. Erklärt der Minderjährige die Kündigung ohne Einwilligung, so ist diese nach § 111 Satz 1 unwirksam.

364 Von der Unwirksamkeit nach § 111 Satz 1 werden **Ausnahmen** gemacht. So ist nach h. M. § 108 auf ein ohne die erforderliche Einwilligung des gesetzlichen Vertreters vorgenommenes einseitiges Rechtsgeschäft entsprechend anzuwenden, wenn der Geschäftsgegner mit dem Minderjährigen vereinbart hat, die Wirksamkeit des einseitigen Rechtsgeschäfts von der Genehmigung des gesetzlichen Vertreters abhängig zu machen[301]. Hier setzt sich der Geschäftsgegner des Minderjährigen bewusst der Ungewissheit aus und bedarf deshalb nicht des Schutzes nach § 111. Eine weitere Ausnahme ist für den Fall anerkannt, dass das einseitige Rechtsgeschäft des Minderjährigen Bestandteil eines umfassenden zweiseitigen Rechtsgeschäfts ist, das schwebend unwirksam ist. Hier nimmt das einseitige Rechtsgeschäft an der Genehmigungsfähigkeit des Vertrages teil[302].

365 Die Unwirksamkeit des durch einen Minderjährigen vorgenommenen empfangsbedürftigen einseitigen Rechtsgeschäfts tritt nach Maßgabe der **Regelungen des § 111 Sätze 2 und 3** sogar dann ein, wenn der Minderjährige mit Einwilligung des gesetzlichen Vertreters gehandelt hat. Hat der gesetzliche Vertreter den Geschäftsgegner über die Einwilligung nicht in Kenntnis gesetzt (§ 111 Satz 3), dann ist das empfangsbedürftige einseitige Rechtsgeschäft trotz Einwilligung unwirksam, wenn der Minderjährige die Einwilligung nicht in schriftlicher Form (§ 126 Abs. 1) vorlegt und der Geschäftsgegner aus diesem Grunde das Rechtsgeschäft unverzüglich (§ 121) zurückweist. Der Geschäftsgegner genießt also auch hier Schutz vor der Ungewissheit darüber, ob die behauptete Einwilligung erteilt worden ist oder nicht.

4. Teilgeschäftsfähigkeit

366 Nach den Vorschriften der §§ 112 und 113 wird dem Minderjährigen bezogen auf den selbständigen Betrieb eines Erwerbsgeschäfts (§ 112) und den Eintritt in ein Dienst- oder Arbeitsverhältnis (§ 113) eine unbeschränkte Geschäftsfähigkeit – **partiell erweiterte Geschäftsfähigkeit**[303], **Teilgeschäftsfähigkeit**[304] – eingeräumt. Damit wird dem Bedürfnis Rechnung getragen, dem beschränkt geschäftsfähigen Minderjährigen in den genannten Lebensbereichen eine größere rechtsgeschäftliche Handlungsfreiheit zu ermöglichen[305]. Wesentliche Voraussetzung für das Be-

---

301 S. RGZ 76, 89 (91); BGHZ 110, 363 (370); MünchKomm/*Schmitt*, BGB, § 111 Rn. 8.

302 S. BGHZ 110, 363 (369 f.), hier zu dem Fall einer im Zusammenhang mit einem schwebend unwirksamen Grundstückserwerb durch den Minderjährigen erteilten Vollmacht an den Verkäufer.

303 BGHZ 47, 352 (359).

304 BAG NZA 2000, 34 (36).

305 S. *Larenz/Wolf*, BGB AT, § 25 Rn. 62; MünchKomm/*Schmitt*, BGB, § 112 Rn. 1 und § 113 Rn. 1.

stehen partieller Geschäftsfähigkeit ist jeweils eine entsprechende **Ermächtigung des gesetzlichen Vertreters**, bei der es sich ihrer Rechtsnatur nach um eine empfangsbedürftige Willenserklärung handelt, die dem Minderjährigen gegenüber abzugeben ist[306]. Anders als bei § 113 kann nach § 112 Abs. 1 Satz 1 die Ermächtigung zum selbständigen Betrieb eines Erwerbsgeschäfts nur mit Genehmigung des Familiengerichts erfolgen. Soweit der Minderjährige in den Bereichen des § 112 und § 113 unbeschränkt geschäftsfähig ist, hat der gesetzliche Vertreter keine Vertretungsmacht[307].

Ermächtigt der gesetzliche Vertreter mit Genehmigung des Familiengerichts den **367** Minderjährigen zum **selbständigen Betrieb eines Erwerbsgeschäfts**, dann ist der Minderjährige für solche Rechtsgeschäfte unbeschränkt geschäftsfähig, welche der Geschäftsbetrieb mit sich bringt. Unter dem Betrieb eines Erwerbsgeschäfts wird jede erlaubte, selbständig und berufsmäßig ausgeübte sowie auf Gewinn gerichtete Tätigkeit verstanden[308]. Hierbei kann es sich z. B. um eine gewerbliche Tätigkeit, ein Handelsgeschäft, eine handwerkliche oder auch landwirtschaftliche Tätigkeit handeln[309]. Liegt eine entsprechende Ermächtigung vor, so ist der Minderjährige für alle Rechtsgeschäfte unbeschränkt geschäftsfähig, die der Geschäftsbetrieb mit sich bringt. Ob das der Fall ist, kann nicht nach abstrakten Kriterien beurteilt werden, sondern ist unter Anknüpfung an das konkrete Geschäft unter Berücksichtigung der Verkehrsauffassung zu beurteilen[310].

> **Bsp.:** Der 16-jährige M entwickelt mit Begeisterung Computerspiele. Angesichts seines Talents ermächtigen ihn die Eltern, ein entsprechendes Software-Unternehmen zu betreiben. – Damit ist der M für alle Rechtsgeschäfte, die dieses Unternehmen mit sich bringt, unbeschränkt geschäftsfähig. So kann er beispielsweise die für die Entwicklung der Software benötigte Hardware kaufen, einen Mietvertrag über die für seinen Betrieb erforderlichen Räumlichkeiten abschließen und, wenn sein Geschäft expandiert, Arbeitnehmer einstellen. Bei dem Kauf eines Fahrrades ist zu unterscheiden: Benötigt der M dieses als ein „Geschäftsfahrrad", so ist der Kauf von der partiellen Geschäftsfähigkeit umfasst. Anderes gilt dann, wenn der M das Fahrrad kauft, um auch mal zu entspannen.
> Öffentlich-rechtlich handelt es sich bei dem Software-Unternehmen des M um den Betrieb eines Gewerbes i. S. v. § 1 GewO. Nach § 14 Abs. 1 Satz 1 GewO trifft den M eine Anzeigepflicht bei der zuständigen Behörde. Diese Anzeige kann M selbst vornehmen, seine öffentlich-rechtliche Handlungsfähigkeit folgt aus § 12 Abs. 1 Nr. 1 VwVfG. Danach sind nach bürgerlichem Recht geschäftsfähige Personen zur Vornahme von Verfahrenshandlungen fähig.

Von der unbeschränkten Geschäftsfähigkeit ausgenommen sind nach § 112 Abs. 1 Satz 2 die Rechtsgeschäfte, zu denen der gesetzliche Vertreter der **Genehmigung des Familiengerichts** bedarf. Welche Rechtsgeschäfte das sind, bestimmt sich nach § 1643 Abs. 1 i. V. m. §§ 1821, 1822 Nr. 1, 3, 5 und 8–11. Mangels Geschäftsfähigkeit insoweit können die betroffenen Rechtsgeschäfte nur mit Zu-

---

306 S. nur Palandt/*Ellenberger*, BGB, § 112 Rn. 2 und MünchKomm/*Schmitt*, BGB, § 112 Rn. 9. § 131 Abs. 2 findet insoweit keine Anwendung.

307 S. BAG NZA 2000, 34 (36); *Larenz/Wolf*, BGB AT, § 25 Rn. 70.

308 *Larenz/Wolf*, BGB AT, § 25 Rn. 64; Palandt/*Ellenberger*, BGB, § 112 Rn. 3; MünchKomm/*Schmitt*, BGB, § 112 Rn. 6.

309 S. nur MünchKomm/*Schmitt*, BGB, § 112 Rn. 6.

310 S. BGHZ 83, 76 (80), hier zu § 1456.

stimmung des gesetzlichen Vertreters gemäß §§ 107 ff. getätigt werden[311]. Gemäß § 112 Abs. 2 kann die Ermächtigung von dem gesetzlichen Vertreter nur mit Genehmigung des Familiengerichts zurückgenommen werden. Auch bei der Rücknahme der Ermächtigung handelt es sich um eine empfangsbedürftige Willenserklärung, die dem Minderjährigen gegenüber abzugeben ist[312].

368 Die Teilgeschäftsfähigkeit des Minderjährigen nach § 113 setzt eine Ermächtigung des gesetzlichen Vertreters voraus, **in Dienst oder in Arbeit zu treten.** Hierbei kann es sich um die Ermächtigung zum Eintritt in ein Arbeitsverhältnis, innerhalb dessen der Minderjährige als Arbeitnehmer weisungsabhängig zur Dienstleistung verpflichtet ist, wie auch zur Erbringung selbständiger Dienste, sei es auf dienstvertraglicher (§ 611) oder auf werkvertraglicher (§ 631) Grundlage handeln[313]. Von § 113 nicht erfasst werden Berufsausbildungsverhältnisse nach §§ 1 Abs. 3, 10 ff. BBiG sowie andere der Ausbildung dienende Vertragsverhältnisse i. S. v. § 26 BBiG, weil hier nicht die Erbringung von Diensten bzw. die Leistung von Arbeit, sondern der **Ausbildungszweck** im Vordergrund steht[314].
Erteilt der gesetzliche Vertreter die Ermächtigung, in Dienst oder in Arbeit zu treten, so ist nach § 113 Abs. 1 Satz 1 der Minderjährige für solche Rechtsgeschäfte unbeschränkt geschäftsfähig, welche die Eingehung oder Aufhebung eines Dienst- oder Arbeitsverhältnisses der gestatteten Art oder die Erfüllung der sich aus einem solchen Verhältnis ergebenden Verpflichtungen betreffen. Von der Ermächtigung nicht umfasst werden allerdings **außergewöhnliche Rechtsgeschäfte,** die für den Minderjährigen nachteilig sein können[315]. Der Grund hierfür liegt darin, dass davon auszugehen ist, dass der gesetzliche Vertreter die Ermächtigung i. S. d. § 113 Abs. 1 Satz 1 nur für Rechtsgeschäfte erteilt, die üblicherweise mit dem Eintritt in Dienst oder in Arbeit verbunden sind[316].
Hiernach kann der Minderjährige selbständig, ohne dass er einer Einwilligung oder Genehmigung des gesetzlichen Vertreters bedarf, etwa einen **Arbeitsvertrag** abschließen, wovon auch die Vereinbarung der Arbeitsbedingungen im Einzelnen umfasst wird[317]. Des Weiteren gehören hierzu die Rechtsgeschäfte, welche die Beendigung des Arbeitsvertrages betreffen, der Minderjährige kann also selbständig **kündigen** oder einen **Aufhebungsvertrag** schließen. Die Geschäftsfähigkeit erfasst auch die Durchführung des Arbeitsvertrages, insb. kann der Minderjährige die **Vergütungszahlung** für seine geleisteten Dienste als Erfüllung entgegennehmen[318].

---

311 S. *Larenz/Wolf,* BGB AT, § 25 Rn. 65.
312 MünchKomm/*Schmitt,* BGB, § 112 Rn. 23 und 26.
313 MünchKomm/*Schmitt,* BGB, § 113 Rn. 6; Palandt/*Ellenberger,* BGB, § 113 Rn. 2; s. auch BAG NJW 1964, 1641 (1642) hier zur Ermächtigung eines beschränkt geschäftsfähigen Minderjährigen, als selbständiger Handelsvertreter tätig zu werden.
314 S. nur MünchKomm/*Schmitt,* BGB, § 113 Rn. 14; *Larenz/Wolf,* BGB AT, § 25 Rn. 67.
315 S. BAG NZA 2000, 34 (36).
316 S. BAG NZA 2000, 34 (36).
317 S. BAG NZA 2000, 34 (36), hier auch dazu, dass die Inbezugnahme tarifvertraglicher Regelungen im Arbeitsvertrag keine außergewöhnliche, von der Ermächtigung nicht gedeckte Vereinbarung darstellt.
318 MünchKomm/*Schmitt,* BGB, § 113 Rn. 23; s. dazu, dass der Minderjährige grds. keine Empfangszuständigkeit für die Entgegennahme einer ihm gegenüber geschuldeten Leistung hat, oben Rn. 349.

Zu den von § 113 Abs. 1 Satz 1 erfassten Rechtsgeschäften, für die der Minderjährige unbeschränkt geschäftsfähig ist, zählen auch solche, die gewissermaßen als **begleitende Rechtsgeschäfte** sachlich mit der Eingehung eines Dienst- oder Arbeitsverhältnisses zusammenhängen. Darunter fallen etwa der Gewerkschaftsbeitritt[319], der Abschluss von Beförderungsverträgen und Mietverträgen, letztere jedoch nur, wenn der Minderjährige die Dienst- oder Arbeitsleistung an einem anderen Ort als dem, an welchem die Eltern leben, aufnimmt[320], wie auch der Abschluss eines Zahlungsdienstevertrages (§§ 675f ff.) zur Ermöglichung der Überweisung der Vergütung. Die Empfangszuständigkeit für die Lohnzahlung bedeutet jedoch nicht, dass der Minderjährige über das Geld auch frei verfügen kann. Allgemeiner Ansicht nach ist das nur der Fall, wenn die Eltern dem Minderjährigen den erhaltenen Arbeitslohn i. S. v. § 110 zur freien Verfügung überlassen[321].

> **Bsp.:** Der 16-jährige M hat die Schule verlassen und lebt in den Tag hinein. Nach einiger Zeit nimmt er mit Ermächtigung der Eltern eine Tätigkeit als Hilfsarbeiter bei einem Bauunternehmen auf. Zugleich fordern ihn die Eltern auf, ordentliche Arbeit zu leisten und nicht zu kündigen. Den am Monatsende gezahlten Lohn soll M, der weiter zuhause lebt, bei den Eltern abliefern. Nachdem der M einen Monat gearbeitet hat, weiß er, was Arbeit bedeutet, und kündigt. Von dem Lohn für den ersten Monat kauft er sich bei V einen Motorroller.
> – Mit der Ermächtigung seiner Eltern zur Aufnahme der Hilfsarbeitertätigkeit war der M nach Maßgabe des § 113 Abs. 1 Satz 1 partiell geschäftsfähig geworden. Allerdings hatten die Eltern die Ermächtigung nach § 113 Abs. 2 dahin eingeschränkt, dass hiervon nicht eine Kündigung des Arbeitsverhältnisses gedeckt sein sollte. Insoweit war der M deshalb nur beschränkt geschäftsfähig, konnte mithin die Kündigung nach § 107 wegen deren rechtlicher Nachteiligkeit[322] nur mit Einwilligung der Eltern aussprechen. Im Hinblick darauf, dass diese fehlte, ist die Kündigung nach § 111 Satz 1 unwirksam, das Arbeitsverhältnis besteht also weiter. Für den Bauunternehmer macht es allerdings wenig Sinn, von M die Erbringung der nach § 611 Abs. 1 geschuldeten Dienste zu verlangen, wenn der M nicht will. Zwar kann der Bauunternehmer sogar auf Erfüllung der arbeitsvertraglichen Verpflichtung klagen, zuständig wäre das Arbeitsgericht nach § 2 Abs. 1 Nr. 3a ArbGG, jedoch wäre ein obsiegendes Urteil nach § 888 Abs. 3 ZPO nicht vollstreckbar. Deshalb kündigt der Bauunternehmer besser das Arbeitsverhältnis mit M. Geht man insoweit von der partiellen Geschäftsfähigkeit des M aufgrund der Ermächtigung der Eltern aus, so kann die Kündigung (die gemäß § 623 schriftlich erfolgen muss) dem M gegenüber wirksam ausgesprochen werden. Ansonsten findet § 131 Abs. 2 Anwendung.
> Den Kaufvertrag mit V über den Motorroller konnte M nicht selbständig abschließen. Von der Ermächtigung nach § 113 Abs. 1 Satz 1 ist zwar die Entgegennahme des Lohns gedeckt, nicht aber dessen Verwendung. § 110 findet hier ebenfalls keine Anwendung, weil die Eltern dem M den Lohn gerade nicht zur freien Verfügung überlas-

---

319 LG Essen NJW 1965, 2302 f.; die Gewährung eines Darlehens seitens der Gewerkschaft an eine minderjährige Streikteilnehmerin als Vorschuss für das zu erstreikende Urlaubsgeld, das die Minderjährige bei Erfolg des Streiks zurückzuzahlen hat, ist von § 113 Abs. 1 Satz 1 nicht gedeckt, mit einem solchen Rechtsgeschäft muss der ermächtigende Vertreter nicht rechnen, s. LG Münster MDR 1968, 146 (146).
320 S. dazu, dass der Abschluss eines Mietvertrages am Wohnort der Eltern von der Ermächtigung nicht gedeckt ist, LG Mannheim NJW 1969, 239 f.
321 S. nur MünchKomm/*Schmitt*, BGB, § 113 Rn. 23.
322 S. oben Rn. 347.

sen haben[323]. Damit ist der Kaufvertrag zwischen M und V schwebend unwirksam, genehmigen die Eltern nicht nach § 108 Abs. 1, tritt endgültig Unwirksamkeit ein. Dasselbe gilt für die Eigentumsübertragung am Geld von M auf V nach § 929 Satz 1. Die Übertragung des Eigentums am Motorroller von V auf M nach § 929 Satz 1 ist hingegen wegen des Eigentumserwerbs rechtlich lediglich vorteilhaft und deshalb wirksam gewesen. Die zwischen M und V ausgetauschten Leistungen sind jeweils nach § 812 Abs. 1 Satz 1 Alt. 1 herauszugeben.

369 Gemäß § 113 Abs. 1 Satz 2 erstreckt sich die Ermächtigung nicht auf Verträge, zu denen der gesetzliche Vertreter der **Genehmigung des Familiengerichts** bedarf. Insoweit sind die Regelungen des § 1643 i.V.m. §§ 1821, 1822 Nr. 1, 3, 5 und 8– 11 maßgebend. Nach § 113 Abs. 2 kann die Ermächtigung von dem gesetzlichen Vertreter zurückgenommen oder eingeschränkt werden. Entsprechende Willenserklärungen des gesetzlichen Vertreters haben gegenüber dem Minderjährigen zu erfolgen, den Erklärungen kommt keine Rückwirkung zu[324]. Hat der gesetzliche Vertreter eine Ermächtigung i. S. v. § 113 Abs. 1 Satz 1 erteilt, so gilt diese gemäß § 113 Abs. 4 im Zweifel, wenn der Vertreter nichts anderes bestimmt, als allgemeine Ermächtigung zur Eingehung von Verhältnissen derselben Art. Das bedeutet z.B., dass der Minderjährige ein Arbeitsverhältnis beenden und ein neues eingehen kann, soweit es sich um gleichartige Tätigkeiten handelt[325].

II. Formbedürftigkeit

Literatur: *Benedict*, Wi(e)der die Formwirksamkeit der Blankobürgschaft, JURA 1999, 78; *Ebnet*, Rechtsprobleme bei der Verwendung von Telefax, NJW 1992, 2985; *Mankowski*, Zum Nachweis des Zugangs bei elektronischen Erklärungen, NJW 2004, 1901; *Mertens*, Die Reichweite gesetzlicher Formvorschriften im BGB, JZ 2004, 431; *Petersen*, Die Form des Rechtsgeschäfts, JURA 2005, 168; *Roßnagel/Pfitzmann*, Der Beweiswert von E-Mail, NJW 2003, 1209.
Rechtsprechung: BGHZ 152, 255 (Anforderungen an die Unterschrift der Urkundsbeteiligten unter eine notarielle Urkunde, Vorname, Familienname; §§ 126, 128, § 313 a. F. = § 311b Abs. 1 n. F., §§ 1355, 1616 ff., 1626, 1628 BGB, § 13 BeurkG, § 21 PStG); **BGHZ 136, 357** (Grds. der Formfreiheit, Begriff der zusammenhängenden Urkunde, Grds. der Einheit der Urkunde, Privaturkunde; § 126, § 566 a. F. = § 550 n. F. BGB, § 416 ZPO); **BGHZ 132, 119** (Anforderungen an die Schriftform der Bürgschaftsurkunde, Warnfunktion der Formvorschriften, Unwirksamkeit einer Blankounterschrift, Gutglaubensschutz des Gläubigers, verfassungsrechtliche Schranken der Rückwirkung einer Änderung höchstrichterlicher Rechtsprechung; Art. 2 Abs. 1, 20 Abs. 3 GG, §§ 126 Abs. 1, 167 Abs. 2, 172 Abs. 2, 181, 185 Abs. 2, 242, § 313 a. F. = § 311b Abs. 1 n. F., §§ 765, 766 BGB); **BGHZ 125, 218** (Formfreiheit der Genehmigung eines von vollmachtlosem Vertreter geschlossenen formbedürftigen Rechtsgeschäft, Sittenwidrigkeit; §§ 138 Abs. 1, 177 Abs. 1, 182 Abs. 2, § 313 a. F. = § 311b Abs. 1 n. F.); **BGHZ 116, 251** (Bereicherungsausgleich bei Rückabwicklung eines formnichtigen Grundstückskaufs, Saldotheorie, Verteilung des Entreicherungsrisikos, Eintragungs- und Finanzierungskosten; §§ 125, 139, § 313 a. F. = § 311b Abs. 1 n. F., §§ 812 Abs. 1 Satz 1 Alt. 1, 818 Abs. 1, Abs. 3); **BGHZ 107, 268** (GbR nicht tauglicher Verwalter einer Wohnungseigentümergemeinschaft, Eigentümerbeschluss, Begriff

---

323 S. zu § 110 oben Rn. 354.
324 S. BAG NZA 2000, 34 (36), hier zur Einschränkung der Ermächtigung.
325 S. MünchKomm/*Schmitt*, BGB, § 113 Rn. 45.

der Nichtigkeit; §§ 23, 26, 43 WEG); **BGHZ 87, 150** (Rechtliche Behandlung einer irrtümlichen Falschbezeichnung des Kaufgegenstandes – sog. falsa demonstratio – bei einem beurkundungspflichtigen Rechtsgeschäft; § 313 Satz 1 a. F. = § 311b Abs. 1 Satz 1 n. F.); **BGHZ 83, 395** (Normzweck der Formvorschriften, Warn- und Schutzfunktion, Beweis- und Gewährsfunktion, Formbedürftigkeit eines Grundstückskaufvertrag-Aufhebungsvertrages, Eigentumserwerb an Grundstücken durch Auflassung und Eintragung, Anwartschaftsrecht des Grundstückskäufers; §§ 125, 242, § 313 a. F. = § 311b Abs. 1 n. F., §§ 398, 413, 812, 873 Abs. 2, 883 Abs. 2, 888, 925); **BGH NJW 1980, 451** (Bereicherungsanspruch auf Rückzahlung des Kaufpreises bei einem wegen Schwarzkaufs formnichtigen Grundstückskaufvertrags, arglistige Täuschung; §§ 117, 123, 125, 242, § 313 a. F. = § 311b Abs. 1 n. F., §§ 812 Abs. 1 Satz 2 Alt. 2, 815); **BGHZ 66, 378** (Schriftformvereinbarung unter Kaufleuten, Berufung auf Formmangel als unzulässige Rechtsausübung; §§ 125, 242); **BGHZ 23, 249** (Formlose Hoferbenbestimmung, ausnahmsweise Unbeachtlichkeit der Formnichtigkeit nach Treu und Glauben; §§ 125, 242, § 313 a. F. = § 311b Abs. 1 n. F., § 2276); **BAGE 106, 345** (Ausschluss betrieblicher Übung durch doppelte Schriftformklausel, Bruttolohnabrede, Vorrang der Individualabrede, Betriebsübergang; §§ 125 Satz 2, 133, 151, 157, 242, 611 Abs. 1, 613a BGB, § 4 AGBG = § 305b n. F. BGB, § 23 Abs. 1 AGBG = § 310 Abs. 4 n. F. BGB); **RGZ 117, 121** – *Edelmannswort-Fall* – (Gegeneinwand der Arglist gegenüber dem Einwand der Formnichtigkeit eines formbedürftigen Vertrags; § 242, § 313 a. F. = § 311b Abs. 1 n. F.).

1. Grundsatz der Formfreiheit und Ausnahme der Formbedürftigkeit

Im Rahmen der von dem Gedanken der Privatautonomie getragenen bürgerlichen **370** Rechtsordnung, die von der Selbstbestimmung des Einzelnen bei der Regelung seiner Angelegenheiten ausgeht[326], ist der auf die Herbeiführung eines rechtlichen Erfolgs gerichtete Wille des Einzelnen Geltungsgrund für die Anerkennung rechtsgeschäftlich bedeutsamen Verhaltens[327]. Mit der Maßgeblichkeit des Willens der Person als erforderlicher und ausreichender Legitimationsgrundlage für die Herbeiführung eines rechtlichen Erfolgs ist als korrelierender Teil selbstbestimmten Handelns auch die Freiheit verbunden, darüber zu entscheiden, wie der rechtsgeschäftlich erhebliche Wille geäußert wird, sprich in welcher Form – mündlich, schriftlich oder auf sonstige Weise[328]. Insoweit wird von dem **Grundsatz der Formfreiheit** gesprochen[329]. Es ist den rechtsgeschäftlich handelnden Personen überlassen, ob sie ihre Willenserklärungen auf irgendeine Weise materialisieren (z.B. schriftlich niederlegen) oder es bei dem „flüchtigen Wort" belassen[330].

---

326 S. oben Rn. 185.
327 S. oben Rn. 185 und 198; s. auch BGHZ 136, 357 (367).
328 Nach *Larenz/Wolf*, BGB AT, § 27 Rn. 3 ist die Formfreiheit eine natürlich Folge der Privatautonomie, die den Grund für die rechtliche Bindung im Parteiwillen sieht.
329 BGHZ 136, 357 (362); *Larenz/Wolf*, BGB AT, § 27 Rn. 3; MünchKomm/*Einsele*, BGB, § 125 Rn. 1; Palandt/*Ellenberger*, BGB, § 125 Rn. 1; *Flume*, BGB AT II, § 15 I 2.
330 S. dazu, dass die Anerkennung grundsätzlicher Formfreiheit auch für eine bürgerliche Rechtsordnung keine Selbstverständlichkeit darstellt, *Larenz/Wolf*, BGB AT, § 27 Rn. 1 ff. und *Flume*, BGB AT II, § 15 I 1, 2 zur Entwicklung vom Formzwang zur Formfreiheit.

Der Grundsatz der Formfreiheit beinhaltet nicht nur **negativ** die Freiheit von gesetzlichen Formvorgaben, sondern auch **positiv** die Freiheit – wie insb. die Vorschrift des § 127 deutlich macht – zur Festlegung einer bestimmten Form für die Vornahme eines Rechtsgeschäfts. Für welche Form sich die Parteien eines Rechtsgeschäfts entscheiden, hängt von unterschiedlichen Faktoren ab, wird aber vor allem auch davon bestimmt, in welchem Maße das Bedürfnis nach schneller, nicht durch Einhaltung einer aufwendigen Form erschwerter rechtsgeschäftlicher Abwicklung oder das Interesse an einer (z. B. schriftlichen) Niederlegung des Rechtsgeschäftsinhalts aus Gründen der Klarstellung und des Beweises, etwa bei wirtschaftlich bedeutsamen Verträgen, überwiegen.

> **Bsp. (1):** Der Vertrag über den Kauf einer Zeitung bedarf keiner bestimmten Form. Angesichts der relativen Bedeutungslosigkeit eines solchen Rechtsgeschäfts wird niemand darauf bestehen, einen schriftlichen Kaufvertrag abzuschließen.

> **Bsp. (2):** Anders ist das etwa bei dem Kauf eines Pkw. Auch hier bedarf es nicht der Einhaltung einer bestimmten Form. Gleichwohl wird im Hinblick auf die wirtschaftliche Bedeutung eines solchen Rechtsgeschäfts von den Parteien i. d. R. die Form eines schriftlichen Vertrages gewählt.

> **Bsp. (3):** Der Abschluss eines Arbeitsvertrages (§ 611 Abs. 1) kann grds. ohne Einhaltung einer bestimmten Form, also auch mündlich erfolgen[331], was in der Praxis auch durchaus vorkommt. In der Regel schließen Arbeitgeber und Arbeitnehmer jedoch einen schriftlichen Arbeitsvertrag im Hinblick darauf, dass dieses Rechtsgeschäft für beide Seiten persönlich und wirtschaftlich von erheblicher Tragweite ist.

371 Der Grundsatz der Formfreiheit im bürgerlichen Recht ist allerdings nur ein Grundsatz. Abweichend davon und in Ausnahme dazu schreibt das Gesetz für bestimmte Willenserklärungen und Vertragstypen die Einhaltung einer festgelegten Form – einen **Formzwang** – vor, ohne dessen Beachtung das Rechtsgeschäft keine Wirksamkeit entfalten kann. So bedarf etwa nach § 311b Abs. 1 Satz 1[332] ein Vertrag, durch den sich eine Person verpflichtet, das Eigentum an einem Grundstück zu übertragen oder zu erwerben, der notariellen Beurkundung[333]. Ebenfalls der notariellen Beurkundung bedarf bei einem Schenkungsvertrag (§ 516) gemäß § 518 Abs. 1 Satz 1 das Schenkungsversprechen. Nach § 766 Satz 1 ist zur Gültigkeit des Bürgschaftsvertrages (§ 765) die schriftliche Erteilung der Bürgschaftserklärung erforderlich[334]. Soll ein Arbeitsverhältnis durch Kündigung oder Auflösungsvertrag beendet werden, so bedürfen diese Rechtsgeschäfte zu ihrer Wirksamkeit nach § 623 der Schriftform. Dasselbe gilt nach § 14 Abs. 4 TzBfG für die Abrede über die Befristung eines Arbeitsvertrages. Anmeldungen

---

331 Davon zu unterscheiden ist die in § 2 Nachweisgesetz geregelte Verpflichtung des Arbeitgebers, spätestens einen Monat nach dem vereinbarten Beginn des Arbeitsverhältnisses die wesentlichen Vertragsbedingungen schriftlich niederzulegen, die Niederschrift zu unterzeichnen und dem Arbeitnehmer auszuhändigen. Die Einhaltung dieser Nachweispflicht durch den Arbeitgeber ist nicht Voraussetzung für den wirksamen Abschluss des Arbeitsvertrages.

332 Früher § 313 Satz 1.

333 S. zu dieser Form Rn. 387 ff.

334 Zur Schriftform s. folgend Rn. 375 ff.

zur Eintragung in das Handelsregister[335] sind gemäß § 12 Abs. 1 HGB in öffentlich beglaubigter Form einzureichen. Nach §§ 1310 Abs. 1 Satz 1, 1311 Satz 1 kann eine Ehe nur dadurch geschlossen werden, dass die Eheschließenden persönlich und bei gleichzeitiger Anwesenheit vor dem Standesbeamten erklären, die Ehe miteinander eingehen zu wollen.

Die vorstehend genannten Beispiele formbedürftiger Rechtsgeschäfte machen deutlich, dass ein ausnahmsweise angeordneter gesetzlicher Formzwang **rechtsgeschäftliches Handeln erschwert**. Für die Herbeiführung eines rechtlichen Erfolgs genügt nicht allein die Äußerung eines entsprechenden Willens einer oder mehrerer Personen, sondern es muss das fremdbestimmte Moment der Beachtung einer bestimmten Form hinzukommen, damit das rechtsgeschäftliche Handeln Wirksamkeit entfalten kann[336].

Mit der gesetzlichen Anordnung der Formbedürftigkeit bestimmter Rechtsgeschäfte werden je nach Art der vorgeschriebenen Form[337] verschiedene sog. **Formzwecke** verfolgt, die auch zusammentreffen können[338]. Für eine Reihe von Rechtsgeschäften wird ein Formzwang angeordnet, um den Einzelnen wegen der Wichtigkeit und/oder der besonderen Risiken des Rechtsgeschäfts vor einem unüberlegten und übereilten Abschluss zu schützen. Insoweit wird von der **Warnfunktion** des Formzwangs gesprochen, die etwa bei der Formbedürftigkeit von Grundstücksverträgen, durch die mindestens für einen der Vertragspartner eine Verpflichtung zur Übertragung oder zum Erwerb eines Grundstücks begründet wird, Schenkungsversprechen oder auch Bürgschaftserklärungen zum Tragen kommt[339]. Wird gesetzlich die notarielle Beurkundung eines Rechtsgeschäfts vorgeschrieben, so zielt der Formzwang (auch) auf eine sachgemäße Beratung der rechtsgeschäftlich handelnden Personen und eine rechtssichere Vornahme des Rechtsgeschäfts[340]. Hier kommt dem Formzwang in Ergänzung zu der erwähnten Warnfunktion eine **Beratungsfunktion** zu[341]. Des Weiteren wird durch die Anordnung eines Formzwangs häufig sichergestellt, dass Klarheit darüber besteht, ob und mit welchem Inhalt ein Rechtsgeschäft vorgenommen worden ist, um insb. im Falle von rechtlichen Auseinandersetzungen einen verlässlichen Beweis zu haben. Dem Formzwang wird insoweit eine **Klarstellungs- und Beweisfunktion** bei-

372

---

335 Z. B. nach § 29 HGB die Firma des Kaufmanns.

336 S. auch BGHZ 139, 357 (367).

337 Zu den verschiedenen Formarten s. folgend Rn. 374 ff.

338 S. zu den verschiedenen Formzwecken nur *Larenz/Wolf*, BGB AT, § 27 Rn. 4 ff., MünchKomm/*Einsele*, BGB, § 125 Rn. 6 ff., Palandt/*Ellenberger*, BGB, § 125 Rn. 2 ff.

339 S. zur Warnfunktion des Formzwangs bei schuldrechtlichen Grundstücksverträgen (§ 311b, früher § 313) aus der Rspr. des BGH nur BGHZ 83, 395 (400); 85, 245 (250); 125, 218 (224 f.); zur Warnfunktion des Schriftformerfordernisses für die Bürgschaftserklärung nach § 766 s. BGHZ 132, 119 (122 f.) und BGH NJW 1989, 1484 (1484) sowie allgemein BGHZ 136, 357 (368); s. aus der Lit. zur Warnfunktion als Formzweck nur *Larenz/Wolf*, BGB AT, § 27 Rn. 8 f., MünchKomm/*Einsele*, BGB, § 125 Rn. 6.

340 S. etwa BGHZ 53, 189 (194 f.) und 83, 395 (397), jeweils zum Formzwang der notariellen Beurkundung bei Grundstücksverträgen nach § 311b (früher § 313).

341 S. nur *Larenz/Wolf*, BGB AT, § 27 Rn. 10 f.; *Brox/Walker*, BGB AT, Rn. 299; Palandt/*Ellenberger*, BGB, § 125 Rn. 5.

gemessen[342]. Schließlich kann ein Formzwang für bestimmte Rechtsgeschäfte auch im Interesse Dritter angeordnet sein, wie dies etwa bei dem in § 550 geregelten Schriftformgebot für bestimmte Mietverträge der Fall ist, damit sich der Käufer eines Grundstücks über bestehende Mietverträge informieren kann[343]. Hier hat der Formzwang (auch) **Informationsfunktion**[344].

Die für bestimmte Rechtsgeschäfte gesetzlich vorgeschriebene Form ist auch dann zu beachten, wenn der mit der Formvorschrift verfolgte Zweck im Einzelfall nicht zum Tragen kommt, etwa weil es des mit dem Formzwang beabsichtigten Schutzes der rechtsgeschäftlich handelnden Person mangels Schutzbedürfnisses nicht bedarf. Die Formzwecke sind **lediglich gesetzgeberisches Motiv** für die Regelung der Formbedürftigkeit bestimmter Rechtsgeschäfte, sie sind nicht tatbestandliche Voraussetzung der jeweiligen Formvorschrift für deren Anwendung im Einzelfall[345].

> **Bsp.:** Erwirbt ein Notar, der beruflich täglich mit Grundstücksverträgen befasst ist und deshalb die Bedeutung und Risiken solcher Geschäfte genau kennt, ein Grundstück, so wird in diesem Fall der Warn- und Übereilungsfunktion der notariellen Beurkundung nach § 311b keine Bedeutung zukommen. Gleichwohl bedarf auch der von einem Notar abgeschlossene Grundstückskaufvertrag dieser Form, weil es für die Anwendung der Formvorschrift nicht darauf ankommt, ob der damit verfolgte Formzweck im Einzelfall Bedeutung erlangt.

373 Hängt die Wirksamkeit eines formbedürftigen Rechtsgeschäfts – Vertrag oder einseitiges Rechtsgeschäft, das einem anderen gegenüber vorzunehmen ist – von der **Zustimmung eines Dritten** ab (§ 182 Abs. 1), so bedarf die Zustimmung selbst nach § 182 Abs. 2 nicht der für das Rechtsgeschäft bestimmten Form. Sowohl die Einwilligung als vorherige Zustimmung (§ 183 Satz 1) wie auch die Genehmigung als nachträgliche Zustimmung (§ 184 Abs. 1) können deshalb auch dann **formfrei** erklärt werden, wenn das zustimmungsbedürftige Rechtsgeschäft die Einhaltung einer gesetzlich vorgeschriebenen Form erfordert[346].

> **Bsp.:** Der ohne Vollmacht handelnde V schließt im Namen des B einen Grundstückskaufvertrag mit C unter Beachtung der in § 311b Abs. 1 Satz 1 bestimmten Form. – Mangels Vertretungsmacht des V[347] ist der notariell beurkundete Grundstückskaufvertrag gemäß § 177 Abs. 1 schwebend unwirksam[348]. Der vertretene B kann dem

---

342 S. allgemein zur Schriftform BGHZ 136, 357 (368), zur notariellen Beurkundung BGHZ 63, 359 (362); *Larenz/Wolf*, BGB AT, § 27 Rn. 4 f.; Palandt/*Ellenberger*, BGB, § 125 Rn. 3, hier auch zu weiteren Zwecken des Schriftformgebots, s. auch noch folgend Rn. 375.

343 BGHZ 40, 255 (261) und 136, 357 (370), hier zu der inhaltlich übereinstimmenden Vorgängerregelung des früheren § 566. Das Informationsbedürfnis des Grundstückskäufers besteht vor allem im Hinblick darauf, dass er nach § 566 Abs. 1 n. F. mit dem Erwerb des Grundstückseigentums kraft Gesetzes in die Vermieterstellung einrückt und damit entsprechende Verpflichtungen und Rechte hat.

344 S. BGHZ 136, 357 (370).

345 BGHZ 16, 334 (335); 53, 189 (195).

346 S. zur Formfreiheit der Genehmigung eines schwebend unwirksamen Vertrages BGHZ 125, 218 (222 ff.), zur Einwilligung in die Verfügung eines Nichtberechtigten BGH NJW 1998, 1482 (1484). S. auch noch Rn. 588.

347 S. zur Vollmacht als eines Erfordernisses wirksamer Stellvertretung Rn. 623 ff.

348 Zur schwebenden Unwirksamkeit bei von einem beschränkt geschäftsfähigen Minderjährigen ohne Einwilligung abgeschlossenen Vertrag s. schon oben Rn. 355 ff.; zu den Folgen fehlender Vertretungsmacht s. noch Rn. 667 ff.

Vertrag nachträglich zustimmen und dadurch dessen Wirksamkeit herbeiführen[349], die Genehmigung bedarf nach § 182 Abs. 2 anders als der Grundstückskaufvertrag nicht der notariellen Beurkundung[350].

Für die Einwilligung zu der Vornahme eines formbedürftigen Rechtsgeschäfts gilt das jedoch nur, soweit diese nach § 183 Satz 1 bis zur Vornahme des Rechtsgeschäfts frei widerruflich ist. Anderenfalls, bei Erteilung einer **unwiderruflichen Einwilligung,** wird für den Zustimmenden das formbedürftige Rechtsgeschäft vorweggenommen, weshalb die Einwilligung selbst bereits unter dem für das formbedürftige Rechtsgeschäft maßgebenden Formgebot steht[351].

> **Bsp.:** Die Eheleute M und F sind gemeinsam je zur Hälfte Eigentümer eines Grundstücks[352]. Über dieses Grundstück schließen sie mit D formwirksam einen Grundstückskaufvertrag (§§ 433, 311b). Aufgrund dieses Vertrages (Verpflichtungsgeschäft) sind sie als Verkäufer verpflichtet, dem D das Grundstück zu übergeben und das Eigentum daran zu verschaffen (§ 433 Abs. 1 Satz 1). – Gemäß § 873 Abs. 1 sind zur Übertragung des Eigentums an einem Grundstück (Verfügungsgeschäft) die Einigung zwischen Veräußerer und Erwerber sowie die Eintragung des Eigentumsübergangs in das Grundbuch erforderlich. Die Einigung über die Eigentumsübertragung am Grundstück wird in § 925 Satz 1 als Auflassung bezeichnet und ist in der in dieser Vorschrift bestimmten Form vorzunehmen: Sie muss bei gleichzeitiger (nicht persönlicher) Anwesenheit beider Teile (Veräußerer und Erwerber) vor einer zuständigen Stelle, bei der es sich auch um einen Notar handeln kann (§ 925 Satz 2), erklärt werden. Im Hinblick darauf, dass M und F je zur Hälfte Miteigentümer des Grundstücks sind, müssen sie grds. jeder eine Einigungserklärung i.S.d. §§ 873 Abs. 1, 925 Satz 1 vor der zuständigen Stelle abgeben. Darüber hinaus besteht die Möglichkeit, dass ein Ehegatte mit Einwilligung des anderen Ehegatten über das gesamte Grundstück verfügt. Denn nach § 185 Abs. 1 kann ein Nichtberechtigter wirksam über einen Gegenstand verfügen, wenn die Verfügung mit Einwilligung des Berechtigten erfolgt. Der hinsichtlich des Miteigentumsanteils des anderen Ehegatten nicht berechtigte Ehegatte kann also mit dessen Einwilligung über das Eigentum am Grundstück als Ganzes unter Beachtung der Form des § 925 Satz 1 verfügen. Die Einwilligung selbst bedarf nicht dieser Form (§ 182 Abs. 2), es sei denn, sie sollte unwiderruflich erteilt werden. In diesem Fall kommt die Einwilligung ihrer Wirkung nach der Vornahme des formbedürftigen Rechtsgeschäfts gleich (der Einwilligende hat keine Möglichkeit der Einflussnahme mehr), weshalb sie auch dem für dieses maßgebenden Formgebot zu unterstellen ist[353].

2. Gesetzlich geregelte Formarten

Von den Vorschriften, die für bestimmte Willenserklärungen oder Vertragstypen die Beachtung einer besonderen Form vorschreiben, sind die Bestimmungen zu unterscheiden, welche die jeweils einzuhaltende Form selbst regeln. Insoweit normiert das Gesetz in den §§ 126–126b, 127a–129 eine Reihe wichtiger **Arten von Formen** und die diesbezüglich maßgeblichen Anforderungen, die – wie die Stellung dieser Regelungen im Allgemeinen Teil des BGB deutlich macht – für den gesamten **374**

---

349 S. Rn. 668.
350 Ausf. dazu BGHZ 125, 218 (222 ff.).
351 S. BGH NJW 1998, 1482 (1484) unter Verweis auf die Parallele zur Formbedürftigkeit einer unwiderruflich erteilten Vollmacht, wenn das Vertretergeschäft einer bestimmten Form bedarf, s. dazu Rn. 631.
352 Miteigentum nach §§ 903, 1008 ff.
353 S. den Fall BGH NJW 1998, 1482 ff.

Bereich des bürgerlichen Rechts und des Privatrechts Bedeutung haben[354]. Über die im Allgemeinen Teil des BGB geregelten Arten von Formen hinaus gibt es weitere Arten gesetzlich vorgeschriebener Formen, die nur für einzelne Rechtsgeschäfte von Bedeutung und deshalb im Zusammenhang mit dem jeweiligen Rechtsgeschäft geregelt sind. Beispiele hierfür sind die für die Einigung (Auflassung) bei der Eigentumsübertragung an Grundstücken (§ 925)[355] oder die Eheschließung (§§ 1310 f.) zu beachtenden Formen.

375   a) **Schriftform.** Sofern durch eine gesetzliche Regelung die Einhaltung der **schriftlichen Form (Schriftform)** vorgeschrieben ist, muss nach § 126 Abs. 1 die Urkunde von dem Aussteller eigenhändig durch Namensunterschrift oder mittels notariell beglaubigten Handzeichens unterzeichnet werden. Die mit dieser Formart verfolgten Zwecke bestehen wesentlich in der Warnfunktion, Klarstellungs- und Beweisfunktion[356] sowie der Identifizierbarkeit des Ausstellers der Urkunde[357]. **Gesetzlich vorgeschrieben** ist die Schriftform in einer Vielzahl von Vorschriften des BGB und des Privatrechts allgemein, z.B. § 32 Abs. 2 (Beschlussfassung der Mitglieder eines Vereins ohne Versammlung), § 81 Abs. 1 (Stiftungsgeschäft unter Lebenden), § 550 (befristeter Mietvertrag für längere Zeit als ein Jahr), § 623 (Kündigung und Auflösungsvertrag eines Arbeitsvertrages), § 766 (Bürgschaftserklärung), §§ 780, 781 (Schuldversprechen und Schuldanerkenntnis), § 1 Abs. 2 TVG (Tarifverträge) oder auch § 14 Abs. 4 TzBfG (Befristungsabrede eines Arbeitsvertrages). Seinem unmittelbaren Anwendungsbereich nach gilt § 126 für Rechtsgeschäfte[358]. Eine analoge Anwendung auf rechtsgeschäftsähnliche Erklärungen kommt dann in Betracht, wenn Normzweck und Interessenlage dies gebieten[359].

376   Der **Begriff der Urkunde** wird in § 126 nicht definiert, sondern vorausgesetzt. Hierunter ist eine schriftlich verkörperte und vom Aussteller unterzeichnete Gedankenerklärung zu verstehen[360]. Wesensmerkmal der Schriftform ist das Erfordernis der **Einheit der Urkunde**[361]. Das bedeutet, dass alle Regelungen bzw. Vereinbarungen, die nach dem Willen der rechtsgeschäftlich handelnden Person(en) zum Inhalt des Rechtsgeschäfts gehören sollen, Teil der dem Schriftformgebot genügenden Urkunde sein müssen[362]. Besteht die Urkunde aus mehreren Blättern, wie das etwa bei einem Vertrag häufig der Fall ist, so kann die notwendige **äußerliche Erkennbarkeit als einheitliche Urkunde** neben einer körperlichen Verbindung der Blätter (z.B. durch Heften, Anleimen, Fadenbindung) auch auf sonstige geeignete Art und Weise hergestellt werden, z.B. durch Paginierung der einzelnen Blätter oder fortlaufende Nummerierung der einzelnen Bestimmungen des Rechtsgeschäfts[363].

---

354   S. auch BGHZ 136, 357 (362), hier zur Schriftform nach § 126.
355   S. schon oben Rn. 373.
356   S. BGHZ 136, 357 (368).
357   BGHZ 152, 255 (257); BAG NZA 2009, 627 (629).
358   BAG NZA 2009, 627 (628).
359   BAG NZA 2009, 627 (629 f.), hier abgelehnt bezogen auf das Schriftlichkeitserfordernis des § 99 Abs. 3 Satz 1 BetrVG.
360   BGHZ 136, 357 (362); 65, 300 (301), hier zu § 580 Nr. 7b ZPO.
361   BGHZ 40, 255 (263); s. auch BGHZ 136, 357 (364 f.); näher dazu MünchKomm/ *Einsele*, BGB, § 126 Rn. 7 ff.
362   S. BGHZ 136, 357 (359); 40, 255 (262).
363   S. BGHZ 136, 357 (359 und 364 f.).

Bsp.: Besteht eine Bürgschaftserklärung aus vier Seiten, so ist die nach § 766 geforderte Schriftform i.S.d. § 126 beachtet, wenn die Seiten des Schriftstücks von 1 bis 4 durchpaginiert sind. Auf eine körperliche Verbindung der Blätter kommt es nicht an.

Werden in einem der Schriftform unterstellten Rechtsgeschäft **mehrere für sich selbständige Schriftstücke** zusammengefasst, so bedurfte es zur Wahrung der Einheitlichkeit der Urkunde nach der früheren Rspr. des BGH außer einer inhaltlichen Bezugnahme in dem Hauptschriftstück auf die dieses ergänzenden Schriftstücke noch einer **körperlichen Verbindung** der Schriftstücke derart, dass eine Auflösung der hergestellten Einheit nur durch teilweise Substanzzerstörung möglich ist[364]. Von dieser strengen Anforderung hat die Rspr. inzwischen Abstand genommen. Dem Erfordernis der Einheit der Urkunde ist auch Rechnung getragen, wenn in dem Hauptschriftstück auf die ergänzenden Schriftstücke **Bezug genommen** wird und die Zusammengehörigkeit als einheitliche Urkunde aus den Umständen zweifelsfrei hervorgeht[365].

Bsp.: M und V schließen einen Mietvertrag über ein von V noch zu errichtendes Gebäude ab dem Zeitpunkt der Fertigstellung über eine Mietdauer von fünf Jahren. In dem schriftlich abgeschlossenen und von den Parteien unterzeichneten Mietvertrag wird zur näheren Kennzeichnung des Mietobjekts auf die als Anlage I beigefügten Bauantragspläne verwiesen, die ebenfalls von M und V unterzeichnet wurden. Als M nach Fertigstellung des Gebäudes eingezogen ist, gefallen ihm die Räumlichkeiten nicht. Er kündigt den Mietvertrag zum Ablauf des ersten Jahres. V hält die Kündigung wegen der Befristung des Mietvertrages für unwirksam. – Nach § 550 Satz 1 bedarf ein Mietvertrag, der für eine längere Zeit als ein Jahr abgeschlossen wird, der Schriftform. Wird diese nicht beachtet, so gilt der Mietvertrag als auf unbestimmte Zeit geschlossen und kann nach § 550 Satz 2 frühestens zum Ablauf eines Jahres nach Überlassung des Wohnraums gekündigt werden. Wurde der Mietvertrag wirksam befristet, so kann er nach § 542 von keiner Vertragspartei ordentlich gekündigt werden[366]. Entscheidend für die Wirksamkeit der Befristung des Mietvertrages zwischen M und V ist die Beachtung der nach § 550 Satz 1 vorgegebenen Schriftform i.S.d. § 126. Neben dem Mietvertrag als solchem gehörten hier nach dem Willen der Parteien zu dem Rechtsgeschäft auch die im Vertragstext des Mietvertrages als Anlage I in Bezug genommenen Bauantragspläne. Dem Schriftformgebot ist unter dem Gesichtspunkt der erforderlichen Einheit der Urkunde Genüge geleistet, weil in dem Mietvertrag ausdrücklich auf das ergänzende Schriftstück der Anlage I Bezug genommen wird und die Parteien die Zusammengehörigkeit der verschiedenen Schriftstücke darüber hinaus durch Unterzeichnung auch der Anlage I deutlich gemacht haben[367]. Damit war der Mietvertrag wirksam befristet, M konnte deshalb vor Ablauf der Befristungsdauer

---

364 S. BGHZ 40, 255 (260 ff.).

365 S. BGH NJW 1999, 1104 (1105); NJW 2003, 1248 (1248); Palandt/*Ellenberger*, BGB, § 126 Rn. 4.

366 Bei der Kündigung von Dauerschuldverhältnissen, z.B. Mietverhältnis oder Arbeitsverhältnis, ist zwischen ordentlicher Kündigung, die unter Einhaltung einer gesetzlich oder rechtsgeschäftlich bestimmten Frist erfolgt, und der außerordentlichen Kündigung aus wichtigem Grund, fristlose Kündigung (s. allgemein § 314; zum Mietvertrag § 543, zum Dienstvertrag § 626), zu unterscheiden. Während letztere vertraglich nicht ausgeschlossen werden kann, ist dies bei der ordentlichen Kündigung möglich. Wird eine Befristung vereinbart, so ist die ordentliche Kündigung i.d.R. für die Dauer der Befristung ausgeschlossen (s. zum Arbeitsvertrag § 15 Abs. 1 TzBfG, anderes gilt hier jedoch dann, wenn ausdrücklich die Möglichkeit der ordentlichen Kündigung vereinbart ist, § 15 Abs. 3 TzBfG).

367 S. den Fall BGH NJW 1999, 1104 f.

nicht ordentlich kündigen. Würde man mit der früheren Rspr. des BGH[368] über die inhaltliche Bezugnahme hinaus eine körperliche Verbindung der verschiedenen Schriftstücke für erforderlich halten, so wäre das Schriftformgebot mangels Einheit der Urkunde nicht erfüllt. Dann hätte der Mietvertrag zwischen M und V nach § 550 Satz 1 als auf unbestimmte Zeit abgeschlossen gegolten mit der Folge, dass der M gemäß § 550 Satz 2 zum Ablauf des ersten Jahres nach Überlassung des Wohnraums hätte kündigen können.

377   Die Urkunde i.S.d. § 126 Abs. 1 muss vom Aussteller **eigenhändig durch Namens-unterschrift** unterzeichnet werden. Hiermit ist zunächst gefordert, dass die eigenhändige Namensunterschrift die in der Urkunde verkörperte Gedankenerklärung **räumlich abschließt**, also unterhalb des niedergelegten Textes steht[369]. Nur so kann die Funktion der das Schriftformgebot kennzeichnenden „Unterschrift" zum Tragen kommen, hierdurch für den darüber stehenden Text die Verantwortung zu übernehmen und diesen räumlich abzuschließen[370]. Dem Schriftformgebot genügen deshalb z.B. weder eine sog. Oberschrift, bei welcher der eigenhändig geschriebene Namenszug räumlich oberhalb der Erklärung steht[371], noch eine sog. Nebenschrift, bei welcher der Namenszug neben dem Text steht[372]. In beiden Fällen kann durch die deplazierte Niederlegung des Namenszuges nicht die Übernahme der Verantwortung für den niedergelegten Text dokumentiert werden[373]. Für die Einhaltung der Schriftform ist grds. die Unterzeichnung mit dem **Familiennamen** als Namensunterschrift erforderlich[374]. Nur so kann dem mit dem Schriftformgebot auch verfolgten Zweck Rechnung getragen werden, die eindeutige Identifizierbarkeit des Ausstellers einer privatrechtlichen Urkunde sicherzustellen[375]. Unzureichend ist deshalb die Unterzeichnung lediglich mit dem Vornamen[376] oder einem sonstigen Namen, anhand dessen der Aussteller nicht identifizierbar ist.

> **Bsp.:** Wird eine nach § 766 Satz 1 der Schriftform bedürftige Bürgschaftserklärung lediglich mit dem Vornamen „Mustafa" unterzeichnet, so genügt diese Namensunterschrift nicht dem Schriftformgebot i.S.d. § 126 Abs. 1[377].

Auf die Lesbarkeit des Namens kommt es für die Wahrung des Erfordernisses einer eigenhändigen Unterzeichnung nicht an[378]. Vielmehr reicht es aus, dass sich

---

368 BGHZ 40, 255 (262 ff.).
369 BGHZ 136, 357 (365); 113, 48 (54); BGH NJW 1992, 829 (830), hier zu § 440 Abs. 2 ZPO, der an die Echtheit der Namensunterschrift die Vermutung der Echtheit des darüber stehenden Textes knüpft.
370 BGHZ 113, 48 (51 und 53 f.).
371 BGHZ 113, 48 (51 ff.).
372 BGH NJW 1992, 829 (830).
373 BGH NJW 1992, 829 (830), hier zur Nebenschrift.
374 BGHZ 152, 255 (259 f.) zur Bedeutung des Familiennamens s. oben Rn. 101.
375 S. BGHZ 152, 255 (257).
376 BGHZ 152, 255 (257).
377 S. den Fall BGHZ 152, 255 ff., hier bezogen auf die notarielle Beurkundung eines Grundstückskaufvertrages, der von der einen Partei nur mit „Mustafa" unterschrieben war. Zur notariellen Beurkundung und den diesbezüglichen Anforderungen s. folgend Rn. 387 ff.
378 BAG NJW 2008, 2521 (2521).

der Schriftzug als Wiedergabe eines Namens darstellt und die Absicht einer vollen Unterschriftsleistung erkennen lässt[379].

Gibt ein **Vertreter** eine der Schriftform bedürftige Willenserklärung im Namen des **378** Vertretenen ab, so ist jener Aussteller der Urkunde und hat diese grds. mit seinem Namen eigenhändig zu unterzeichnen. Zur Wahrung der Schriftform ist dann jedoch erforderlich, dass die Urkunde – im Text oder durch einen Zusatz bei der Unterschrift – erkennen lässt, dass die Erklärung im Namen einer anderen Person erfolgt[380], die aus dem Rechtsgeschäft nach § 164 Abs. 1 berechtigt und verpflichtet wird[381]. Anerkannt ist jedoch auch, dass der Vertreter mit dem Namen des Vertretenen unterzeichnen kann[382].

> **Bsp.:** Die Unterzeichnung eines Kündigungsschreibens mit dem Zusatz „i.V." (in Vertretung) deutet darauf hin, dass der Erklärende selbst für den Vertretenen handelt. Demgegenüber spricht der Zusatz „i. A." (im Auftrag) eher dafür, dass der Erklärende als Bote gehandelt hat[383]. In jedem Fall kommt es für die Frage, ob jemand als Vertreter oder lediglich als Bote gehandelt hat, nach Maßgabe der §§ 133, 157 auf den objektiven Erklärungswert der Erklärung an, wofür neben dem Wortlaut alle Umstände zu berücksichtigen sind, die einen Schluss auf den Inhalt der Erklärung zulassen[384].

Die Unterzeichnung durch Namensunterschrift muss **eigenhändig** erfolgen, d.h., der Name muss mit der Hand vom Aussteller selbst unter den Text auf die Urkunde gesetzt werden, also handschriftlich[385]. Ausgeschlossen ist deshalb die Verwendung von Stempeln, auch von Faksimile-Stempeln[386]. Ebenso wenig dem Schriftformgebot genügen bei empfangsbedürftigen Willenserklärungen Kopien eigenhändig unterschriebener Urkunden wie auch Telefaxkopien[387], weil in diesen Fällen die Unterschrift nur vom Original übernommen wird, das beim Absender verbleibt[388].

> **Bsp. (1):** Die nach § 766 Satz 1 für die Erteilung einer Bürgschaftserklärung zu beachtende Schriftform ist nicht gewahrt, wenn der Bürge dem Gläubiger lediglich eine Kopie der eigenhändig unterzeichneten Bürgschaftserklärung übersendet. Der Gläubiger muss das Original mit der eigenhändigen Namensunterschrift des Bürgen erhalten.

> **Bsp. (2):** Übermittelt der Arbeitgeber dem Arbeitnehmer die handschriftlich unterzeichnete Kündigung des Arbeitsverhältnisses durch Telefax, so ist die nach § 623 vorgeschriebene Schriftform nicht gewahrt. Die Kündigung ist unwirksam.

Darüber hinaus fehlt es an einer eigenhändigen Namensunterschrift auch dann, **379** wenn lediglich mit dem **Firmennamen einer juristischen Person** unterzeichnet wird.

---

379 BAG NJW 2008, 2521 (2521).
380 BGHZ 125, 175 (178); BGH NJW 2003, 3053 (3054); BAG NZA 2008, 403 (403 f.).
381 S. zur Stellvertretung Rn. 600 ff.
382 RGZ 74, 69 (72); *Larenz/Wolf*, BGB AT, § 27 Rn. 39; Hk-BGB/*Dörner*, § 126 Rn. 8; MünchKomm/*Einsele*, BGB, § 126 Rn. 13.
383 Siehe BAG NZA 2008, 403 (404).
384 BAG NZA 2008, 403 (404).
385 S. BAG NJW 2000, 1060 (1062); RGZ 74, 69 (72 f.).
386 S. BAG NJW 2000, 1060 (1062).
387 BGHZ 121, 224 (228 ff.); OLG Frankfurt a.M. NJW 1991, 2154 (2154).
388 BGHZ 121, 224 (229).

Muss sich der Aussteller einer Urkunde einer **Schreibhilfe** bedienen, so liegt eine eigenhändige Unterschrift nicht vor, wenn der Aussteller bei der Vollziehung der Unterschrift überhaupt nicht aktiv mitwirken kann[389]. Die Namensunterschrift wird nicht dadurch zur eigenhändigen Unterschrift, dass ein Dritter den Schriftzug mit der „Feder in der Hand" des „Erklärenden" hergestellt hat[390]. Das Erfordernis der Eigenhändigkeit ist nur auf die **Unterzeichnung mit der Namensunterschrift** bezogen[391]. Deshalb kann der **Text der Urkunde** selbst gedruckt oder maschinenschriftlich geschrieben sein, darüber hinaus genügt die Herstellung eines Blanketts, also allein die Zeichnung eines Papiers mit der eigenhändigen Namensunterschrift[392]. In diesem Fall wird die Schriftform mit der nachträglichen Vervollständigung der Urkunde durch Einfügung des Textes oberhalb der Unterschrift gewahrt[393], sofern die Ergänzung mit Willen des Unterzeichneten erfolgt[394]. Anstelle der eigenhändigen Namensunterschrift kann dem Schriftformgebot auch dadurch genügt werden, dass die Unterzeichnung mittels **notariell beglaubigten Handzeichens** erfolgt. Diese Möglichkeit ist für Personen von Bedeutung, die nicht des Schreibens und Lesens mächtig sind, kann aber auch von unterschriftsfähigen Personen genutzt werden[395]. Das Handzeichen – Kreuze, Striche, Abkürzungen – bedarf allerdings zur Erfüllung des Schriftformgebots der notariellen Beglaubigung nach Maßgabe der §§ 39, 40 BeurkG.

380 Gemäß § 126 Abs. 2 Satz 1 muss bei einem **schriftformbedürftigen Vertrag** die Unterzeichnung der Parteien auf derselben Urkunde erfolgen. Die Schriftform ist auch gewahrt, wenn die Parteien nur eines von mehreren Vertragsexemplaren unterzeichnet haben[396]. Eine Erleichterung sieht § 126 Abs. 2 Satz 2 vor, wonach es bei der Aufnahme mehrerer gleich lautender Vertragsurkunden zur Erfüllung des Schriftformgebots genügt, wenn jede Partei die für die andere Partei bestimmte Urkunde unterzeichnet. Unzureichend ist es hingegen, wenn die Vertragsparteien nur jeweils ihre Willenserklärungen – Angebot oder Annahme – eigenhändig unterschrieben haben[397].

> **Bsp.:** V sendet dem M ein eigenhändig unterzeichnetes Angebot zum Abschluss eines Mietvertrages für die Dauer von drei Jahren. Mit gleichfalls eigenhändig unterzeichnetem Antwortschreiben erklärt der M die Annahme. – Hier genügt der Mietvertrag nicht dem in § 550 Satz 1 vorgeschriebenen Schriftformerfordernis mit der Folge, dass der Vertrag für unbestimmte Zeit abgeschlossen gilt. Anders ist es dann, wenn V und M inhaltlich übereinstimmende Vertragsurkunden austauschen und jeder das für den anderen bestimmte Vertragsexemplar eigenhändig unterzeichnet hat. Darüber hinaus ist in der Rspr. anerkannt, dass es zur Wahrung der gesetzlich vorgeschriebenen Schriftform bei bestimmten Verträgen genügt, wenn der Empfänger eines schriftlichen An-

---

389 BGH NJW 1981, 1900 (1901), hier bezogen auf die Unterzeichnung eines Testaments.
390 BGH NJW 1981, 1900 (1901).
391 BGHZ 132, 119 (123).
392 BGHZ 132, 119 (123).
393 BGHZ 132, 119 (123).
394 BGHZ 22, 128 (132).
395 S. Palandt/*Ellenberger*, BGB, § 126 Rn. 11.
396 BGHZ 142, 158 (160).
397 BGHZ 40, 255 (261).

trags das Angebot annimmt, indem er dieses Schriftstück (das Angebot) ebenfalls unterzeichnet[398].

Gemäß § 126 Abs. 4 wird die schriftliche Form durch die **notarielle Beurkundung** **381** (§ 128)[399] ersetzt. Das bedeutet, dass bei gesetzlich vorgeschriebener Schriftform für eine Willenserklärung oder einen Vertrag das Formerfordernis auch durch Wahl der notariellen Beurkundung als gegenüber der Schriftform strengere Formart eingehalten wird.

Nach § 126 Abs. 3 kann die Schriftform auch durch die **elektronische Form** **382** (§ 126a)[400] substituiert werden. Im Unterschied zur ersatzweisen Wahl der notariellen Beurkundung ist das jedoch nur dann möglich, wenn sich nicht aus dem Gesetz ein anderes ergibt. Ob das der Fall ist, ist der gesetzlichen Regelung zu entnehmen, die für ein bestimmtes Rechtsgeschäft Schriftform anordnet.

> **Bsp.:** Nach § 623 bedarf die Kündigung eines Arbeitsverhältnisses zu ihrer Wirksamkeit der Schriftform. Die elektronische Form ist nach dieser Regelung ausdrücklich ausgeschlossen. Dasselbe gilt nach § 766 Satz 2 für die Erteilung einer Bürgschaftserklärung, auch hier ist die elektronische Form ausgeschlossen. Für die Bürgschaftserklärung ist gemäß § 766 Satz 1 die Einhaltung der Schriftform erforderlich, die allerdings nach § 126 Abs. 4 durch notarielle Beurkundung ersetzt werden kann.

b) Elektronische Form. Nach § 126 Abs. 3 kann die Schriftform durch die elekt- **383** ronische Form ersetzt werden, wenn sich nicht aus dem Gesetz ein anderes ergibt[401]. Die elektronische Form ist mit dem Ziel eingeführt worden, den Möglichkeiten der technischen Kommunikationsentwicklung und dem damit u.a. verbundenen elektronischen Austausch von (Willens)Erklärungen Rechnung zu tragen. Wird die elektronische Form als Ersatz für die Schriftform gewählt, so muss nach § 126a der Aussteller der Erklärung dieser seinen Namen hinzufügen und das elektronische Dokument mit einer qualifizierten elektronischen Signatur nach dem Signaturgesetz versehen.
Danach setzt die Einhaltung der elektronischen Form zunächst voraus, dass der Aussteller einer in einem **elektronischen Dokument** – z.B. E-Mail – enthaltenen Willenserklärung seinen **Namen** hinzufügt. Im Hinblick darauf, dass mit § 126a derselbe Zweck verfolgt wird wie mit § 126 – u.a. auch die Gewährleistung der eindeutigen Identifizierbarkeit des Ausstellers[402] – muss wie bei der Unterschriftsleistung nach § 126 mindestens der Familienname hinzugefügt werden[403]. Im Unterschied zu § 126 fordert die elektronische Form jedoch nicht eine Zeichnung unterhalb des Textes, entscheidend ist allein, dass der Aussteller aus dem elektronischen Dokument durch Nennung des Familiennamens hervorgeht[404].

---

398 Siehe zum Schriftformerfordernis eines langfristigen Mietvertrages nach § 550 (§ 566 a.F.) BGHZ 160, 97 (102 ff.); zum Schriftformgebot bei der Befristung von Arbeitsverträgen nach § 14 Abs. 4 TzBfG siehe BAG NZA 2006, 1402 (1403 f.).
399 S. folgend Rn. 387 ff.
400 Dazu folgend Rn. 383 ff.
401 S. oben Rn. 382.
402 BGHZ 152, 255 (257).
403 S. BGHZ 152, 255 (257).
404 S. Palandt/*Ellenberger*, BGB, § 126a Rn. 8.

384 Des Weiteren muss das elektronische Dokument mit einer **qualifizierten elektro-**
nischen Signatur nach dem Signaturgesetz versehen sein. Das Gesetz über Rahmenbedingungen für elektronische Signaturen hat nach § 1 Abs. 1 SigG den
Zweck, Rahmenbedingungen für elektronische Signaturen zu schaffen. Der Begriff der qualifizierten elektronischen Signatur ist in § 2 Nr. 3 SigG bestimmt und
erfordert eine sog. fortgeschrittene elektronische Signatur i.S.d. § 2 Nr. 2 SigG[405],
die auf einem zum Zeitpunkt ihrer Erzeugung gültigen qualifizierten Zertifikat
beruhen und mit einer sicheren Signaturerstellungseinheit erzeugt werden. Der
Begriff des qualifizierten Zertifikats wird in § 2 Nr. 7 SigG näher bestimmt. Hierbei handelt es sich um elektronische Bescheinigungen i. S. v. § 2 Nr. 6 SigG[406] für
natürliche Personen, die die Voraussetzungen des § 7 SigG[407] und von Zertifizie-
rungsdiensteanbietern ausgestellt werden[408]. Sind die Anforderungen für eine qualifizierte elektronische Signatur eingehalten, so gewährleistet die elektronische
Form gleichermaßen wie die Schriftform die Identifizierbarkeit des Ausstellers
sowie einen Schutz vor Übereilung[409].

385 Für den Fall, dass auf elektronischem Weg ein Vertrag geschlossen werden soll,
bestimmt § 126a Abs. 2 für die Einhaltung der elektronischen Form, dass die
Vertragsparteien jeweils ein gleich lautendes Dokument – also Vertragsexemplar
– mit einer qualifizierten elektronischen Signatur versehen müssen. Erforderlich
ist mithin, dass **jede Partei ein elektronisches Vertragsdokument** entsprechend den
nach § 126a Abs. 1 bestimmten Anforderungen zeichnet. Die Form wird nicht
gewahrt, wenn jede Partei lediglich ihre eigene Willenserklärung – Angebot oder
Annahme – qualifiziert elektronisch signiert. Insofern stellt § 126a dieselben Anforderungen wie § 126 Abs. 2[410].

386 c) **Textform.** Bei der Textform i.S.d. § 126b handelt es sich um eine **unterschrifts-**
lose Erklärung. Mit diesen Anforderungen stellt § 126b auch ohne das Erfordernis
einer eigenhändigen Unterzeichnung sicher, dass über die Dokumentationsfunk-
tion hinaus die Identitäts- und Vollständigkeitsfunktionen einer schriftlichen Erklärung gewahrt werden[411].Gesetzlich vorgeschrieben ist die Textform in einer
Vielzahl von Vorschriften innerhalb und außerhalb des BGB[412], beispielhaft er-

---

405 Hierbei handelt es sich um elektronische Signaturen, die ausschließlich dem Signaturschlüssel-Inhaber zugeordnet sind, die Identifizierung des Signaturschlüssel-Inhabers
ermöglichen, mit Mitteln erzeugt werden, die der Signaturschlüssel-Inhaber unter seiner alleinigen Kontrolle halten kann und mit den Daten, auf die sie sich beziehen, so
verknüpft sind, dass eine nachträgliche Veränderung der Daten erkannt werden kann.
406 Hiernach sind Zertifikate elektronische Bescheinigungen, mit denen Signaturprüf-
schlüssel einer Person zugeordnet werden und die Identität dieser Person bestätigt
wird.
407 Hier ist geregelt, welchen Inhalt ein qualifiziertes Zertifikat haben muss.
408 S. ausf. zur qualifizierten elektronischen Signatur *Roßnagel* NJW 2001, 1817 (1820)
und *Hähnchen* NJW 2001, 2831 (2831 ff.).
409 S. zur Verwirklichung der Formzwecke bei der elektronischen Form Palandt/*Ellenber-*
ger, BGB, § 126a Rn. 5.
410 S. dazu oben Rn. 380.
411 BAG NZA 2009, 627 (630).
412 S. nur den Überblick bei Palandt/*Ellenberger*, BGB, § 126b Rn. 2 und Hk-BGB/*Dör-*
ner, BGB, § 126b Rn. 2.

wähnt sei § 355 Abs. 1 Satz 2, wonach der Widerruf der Willenserklärung bei einem Verbrauchervertrag, sofern er nicht durch Rücksendung der Sache erfolgt, durch den Verbraucher gegenüber dem Unternehmer in Textform zu erklären ist. Der Textform ist unter folgenden Voraussetzungen Genüge geleistet. Die Erklärung muss **in einer Urkunde**, d.h. in Papierform, oder auf andere, zur dauerhaften Wiedergabe von Schriftzeichen geeignete Weise abgegeben werden. Zu letzterem gehören Verkörperungen der Erklärung etwa auf CD-Rom oder auch in Form einer E-Mail[413]. Des Weiteren muss die **Person des Erklärenden** genannt werden. Es muss also aus der verkörperten Erklärung hervorgehen, wer diese abgibt. Wie die Nennung erfolgt, ist dem Erklärenden überlassen, wesentlich ist allein, dass die für die Erklärung verantwortliche Person für den Adressaten deutlich wird. Schließlich fordert § 126b, dass der **Abschluss der Erklärung durch Nachbildung der Namensunterschrift** oder anders erkennbar gemacht wird. Damit soll sichergestellt werden, dass bei Verwendung der Textform eine in sich geschlossene Erklärung vorliegt. Üblicherweise wird dieser Abschluss durch die Setzung des Namens erfolgen, es genügt jedoch auch jede andere Art der Beendigung einer Erklärung (z. B. Grußformel oder Hinweis, dass die Erklärung maschinell erstellt und ohne Unterschrift wirksam ist)[414], sofern dadurch nur der Abschluss der Erklärung erkennbar wird.

d) Notarielle Beurkundung. Die Formart der notariellen Beurkundung und die 387 insoweit maßgebenden Anforderungen werden in § 128 und in den Vorschriften des Beurkundungsgesetzes (BeurkG) geregelt. Dabei sind die grundlegenden Anforderungen für die Einhaltung dieses Formerfordernisses in den Vorschriften der §§ 8 ff. BeurkG niedergelegt, während die Regelung des § 128 sich darin erschöpft, für den Fall der gesetzlich vorgeschriebenen notariellen Beurkundung eines Vertrages das Verfahren durch die Möglichkeit der sog. **sukzessiven Beurkundung** von Angebot und Annahme zu erleichtern[415]. **Gesetzlich vorgeschrieben** ist die notarielle Beurkundung eines Vertrages z.B. in § 311b Abs. 1 für schuldrechtliche Verträge, welche eine Verpflichtung zur Übertragung oder zum Erwerb eines Grundstücks begründen, in § 311b Abs. 3 für Verträge, in welchen sich der eine Teil zur Übertragung seines gegenwärtigen Vermögens verpflichtet, oder auch in § 2348 für den Erbverzichtsvertrag[416]. In den vorgenannten Fällen ist für die Frage der Einhaltung der Form der notariellen Beurkundung neben den Vorschriften des Beurkundungsgesetzes auch § 128 maßgebend. Diese Vorschrift kommt hingegen nicht zur Anwendung, wenn **lediglich die Willenserklärung einer Vertragspartei** oder ein **einseitiges Rechtsgeschäft** der notariellen Beurkundung bedarf, wie dies z.B. nach § 518 Abs. 1 Satz 1 für das Leistungsversprechen des Schenkers bei einer Schenkung[417] oder auch die Erklärung über die Anfechtung

---

413 S. Palandt/*Ellenberger*, BGB, § 126b Rn. 3.
414 S. Hk-BGB/*Dörner*, § 126b Rn. 6; s. auch Palandt/*Ellenberger*, BGB, § 126b Rn. 5.
415 S. MünchKomm/*Einsele*, BGB, § 128 Rn. 2; Hk-BGB/*Dörner*, § 128 Rn. 1; s. auch noch folgend Rn. 391.
416 Zu weiteren Bsp. gesetzlich vorgeschriebener notarieller Beurkundung von Verträgen s. Palandt/*Ellenberger*, BGB, § 128 Rn. 2.
417 § 516; das Schenkungsversprechen ist zwar eine Willenserklärung, Angebot zur schenkweisen Leistung, jedoch kein einseitiges Rechtsgeschäft, weil der rechtliche Erfolg Schenkungsvertrag nur mit der Annahme des Empfängers zusammen herbeigeführt werden kann, s. schon näher oben Rn. 261.

eines Erbvertrages nach § 2282 Abs. 3[418] der Fall ist[419]. Hier bestimmen sich die Anforderungen an die Einhaltung der notariellen Beurkundung allein nach dem Beurkundungsgesetz. § 128 kommt des Weiteren nicht zur Anwendung, wenn die eine notarielle Beurkundung vorschreibende Formvorschrift die **gleichzeitige Anwesenheit** beider Vertragsparteien bei dem Beurkundungsvorgang anordnet. Das ist etwa bei der Auflassung nach § 925[420] wie auch bei dem Abschluss eines Ehevertrages zur Regelung der güterrechtlichen Verhältnisse zwischen den Ehegatten (§ 1408) nach § 1410 der Fall[421].

388 Das **Verfahren der notariellen Beurkundung** von Willenserklärungen ist in den Vorschriften der §§ 6 ff. BeurkG geregelt. Nach § 8 BeurkG erfolgt die Beurkundung im Rahmen einer **Verhandlung** vor dem Notar, über die eine **Niederschrift** aufgenommen werden muss. Die Niederschrift hat gemäß § 9 Abs. 1 Satz 1 BeurkG die Bezeichnung des Notars und der Beteiligten[422] sowie die Erklärungen der Beteiligten zu enthalten, Ort und Tag sollen aufgenommen werden (§ 9 Abs. 2 BeurkG). Nach § 17 Abs. 1 Satz 1 BeurkG soll der Notar den Willen der Beteiligten erforschen, den Sachverhalt klären, die Beteiligten über die rechtliche Tragweite des Geschäfts belehren und ihre Erklärungen klar und unzweideutig in der Niederschrift wiedergeben. Die Niederschrift über die Verhandlung muss gemäß § 13 Abs. 1 Satz 1 BeurkG in Gegenwart des Notars den Beteiligten vorgelesen, von ihnen genehmigt und eigenhändig unterschrieben werden, darüber hinaus muss die Niederschrift von dem Notar eigenhändig unterschrieben werden (§ 13 Abs. 3 Satz 1)[423].

Mit den vorgenannten Verfahrensanforderungen an die notarielle Beurkundung wird nicht nur gewährleistet, dass diesem Formerfordernis seiner Zwecksetzung nach bezogen auf entsprechend formbedürftige Rechtsgeschäfte ein **Schutz vor Übereilung (Warnfunktion)** sowie eine **Beratungs- und Belehrungsfunktion** zukommt[424]. Darüber hinaus wird mit der vorgeschriebenen eigenhändigen Unterschrift der Beteiligten in Gegenwart des Notars dokumentiert, dass diese sich ihre Erklärungen zurechnen lassen und die Urkunde in ihrer körperlichen Form genehmigen[425]. In der Unterschrift gelangt damit die **Verantwortungsübernahme** für die Geltung und Gültigkeit des beurkundeten Rechtsgeschäfts und für die Echtheit des beurkundeten Willens der Beteiligten zum Ausdruck[426]. Die eigenhändig unterschriebene notarielle Urkunde hat deshalb auch **Beweisfunktion**, und zwar dahingehend, dass der erklärende Unterzeichnete die in der Urkunde enthaltene

---

418 Die Anfechtungserklärung ist Willenserklärung und einseitiges Rechtsgeschäft, weil durch die Anfechtung allein ein rechtlicher Erfolg, ex tunc-Nichtigkeit des angefochtenen Rechtsgeschäfts, bewirkt wird, s. näher Rn. 535 ff.

419 Weitere Bsp. für eine gesetzlich vorgeschriebene notarielle Beurkundung der Willenserklärung nur einer Vertragspartei oder einseitiger Rechtsgeschäfte bei Palandt/*Ellenberger*, BGB, § 128 Rn. 2.

420 S. zur Auflassung schon oben Rn. 373.

421 Weitere Bsp. bei Palandt/*Ellenberger*, BGB, § 128 Rn. 2.

422 Und zwar nach § 10 Abs. 1 BeurkG so genau, dass Zweifel und Verwechslungen ausgeschlossen sind.

423 Sog. Gebot der doppelten Unterschriftsleistung, BGHZ 152, 255 (261).

424 BGHZ 53, 189 (194 f.); 83, 395 (397); 125, 218 (224 f.).

425 BGHZ 152, 255 (258).

Erklärung vor dem Notar abgegeben hat[427]. Dieser Funktion kann jedoch nur dann ausreichend Rechnung getragen werden, wenn die nach § 13 Abs. 1 Satz 1 BeurkG erforderliche Unterzeichnung der notariellen Urkunde mindestens mit dem **Familiennamen**[428] erfolgt, weil allein dieser Name Unterscheidungskraft besitzt und die Zurechnung einer Erklärung an den Beteiligten als einer individuell bestimmten Person ermöglicht[429]. Deshalb genügt etwa die Unterzeichnung nur mit dem Vornamen nicht dem Formerfordernis der notariellen Beurkundung mit der Folge der Unwirksamkeit des formbedürftigen Rechtsgeschäfts[430].

> **Bsp.:** Der Verein X, vertreten durch seinen 1. Vorsitzenden Mustafa Y., verpflichtet sich durch notariell beurkundeten Kaufvertrag zum Erwerb eines Grundstücks (formbedürftig nach § 311b Abs. 1 Satz 1). Die notarielle Kaufvertragsurkunde wird von dem Vereinsvorsitzenden lediglich mit seinem Vornamen „Mustafa" unterschrieben. – Damit wird dem Formerfordernis der notariellen Beurkundung gemäß § 311b Abs. 1 Satz 1 unter dem Gesichtspunkt der nach § 13 Abs. 1 Satz 1 BeurkG notwendigen eigenhändigen Unterschrift nicht ausreichend Rechnung getragen, weil dem Vornamen allein im Verhältnis zu anderen Personen keine Unterscheidungskraft zukommt und deshalb die Zuordnung der Erklärung an eine bestimmte Person nicht möglich ist. Der Grundstückskaufvertrag ist deshalb mangels Einhaltung der nach § 311b Abs. 1 Satz 1 gebotenen Form der notariellen Beurkundung nicht wirksam zustande gekommen[431].

Sofern gesetzlich die notarielle Beurkundung eines Rechtsgeschäfts vorgeschrieben ist wie etwa nach § 311b Abs. 1 Satz 1 bei einem Grundstückskaufvertrag, sind **alle Vereinbarungen bzw. Abreden,** aus denen sich nach dem **Willen der Beteiligten das Rechtsgeschäft zusammensetzen soll,** beurkundungsbedürftig, d.h., müssen in die Niederschrift nach § 9 BeurkG aufgenommen und von dem Notar beurkundet werden[432]. Fehlt es an der Beurkundung von Abreden, die entsprechend dem Willen der Parteien Gegenstand des gesetzlich formbedürftigen Rechtsgeschäfts sein sollten, so ist mangels Einhaltung der vorgeschriebenen Form bzgl. des nicht beurkundeten Teils des Rechtsgeschäfts nicht nur dieser Teil nach § 125 Abs. 1 Satz 1 unwirksam[433], sondern das gesamte Rechtsgeschäft, es sei denn, dass die Parteien das Rechtsgeschäft auch ohne den nichtigen Teil vorgenommen hätten (§ 139)[434].

389

---

426 BGHZ 152, 255 (258). Das Erfordernis der eigenhändigen Unterschrift nach § 13 Abs. 1 Satz 1 BeurkG zielt anders als bei der Schriftform i.S.d. § 126 (s. oben Rn. 375) nicht darauf ab, die eindeutige Identifizierbarkeit des Ausstellers sicherzustellen, s. BGHZ 152, 255 (257 f.). Das soll durch die Feststellung des Notars nach § 10 BeurkG gewährleistet werden.

427 S. auch *Brox/Walker*, BGB AT, Rn. 306.

428 Dazu oben Rn. 377.

429 S. BGHZ 152, 255 (258).

430 BGHZ 152, 255 (258 ff.); zur Rechtsfolge der Nichtigkeit bei Formverstößen s. noch folgend Rn. 400 ff.

431 S. den Fall BGHZ 152, 255 ff.

432 S. BGHZ 85, 315 (317); 116, 251 (254); BGH NJW 1980, 451 (451); NJW 1981, 222; NJW 1989, 898 (898).

433 S. noch folgend Rn. 401.

434 S. nur BGH NJW 1981, 222; zur Teilnichtigkeit von Rechtsgeschäften s. noch folgend Rn. 401 und 466 ff.

Bsp. (1): Durch notariell beurkundeten Vertrag verkauft V dem K ein mit einer Werkhalle bebautes Grundstück (§§ 433, 311b Abs. 1 Satz 1). Als Kaufpreis wird ein Betrag von 40.000 € beurkundet. Kurz vor der Beurkundung übergab der K dem V einen Barbetrag in Höhe von 25.000 €, ohne darüber eine Quittung (§ 368) zu erhalten. Diese Zahlung wurde bei der Verhandlung vor dem Notar nicht erwähnt und nicht in die Urkunde aufgenommen. Nach Abschluss des notariell beurkundeten Kaufvertrages verlangt V von K Zahlung von 40.000 € mit der Begründung, es sei ein Gesamtkaufpreis von 65.000 € vereinbart worden. K will hingegen nur noch 15.000 € zahlen und führt aus, nach einer zwischen den Parteien getroffenen Abrede sollte die Barvorauszahlung auf den Kaufpreis angerechnet werden. – Unabhängig davon, wessen Behauptung zutrifft, fehlt es in jedem Fall an der notariellen Beurkundung aller Abreden, die nach dem Willen der Parteien Gegenstand des Rechtsgeschäfts sein sollten. Trifft die Behauptung des V zu, dann ließen V und K einen um 25.000 € geringeren als den in Wahrheit vereinbarten Kaufpreis beurkunden. Damit ist der notarielle Grundstückskaufvertrag als Scheingeschäft gemäß § 117 Abs. 1 nichtig[435]. In diesem Fall finden nach § 117 Abs. 2 die für das verdeckte Rechtsgeschäft geltenden Vorschriften Anwendung. Die unter Zugrundelegung der Behauptung des V wirklich getroffene Vereinbarung war mangels Beurkundung des vollen Kaufpreises gemäß §§ 125 Satz 1, 311b Abs. 1 Satz 1 nichtig[436], eine Teilnichtigkeit nach § 139 kommt hier nicht in Betracht[437]. Legt man die Behauptung des K als zutreffend zugrunde, dann fehlte es an der erforderlichen notariellen Beurkundung auch der Abrede über die Anrechnung der Vorauszahlung, die nach dem Willen der Parteien Gegenstand des Grundstückskaufvertrages sein sollte. Auch hier ist von der Gesamtnichtigkeit des Vertrages nach § 125 Satz 1 auszugehen, da nicht angenommen werden kann, dass V und K das Rechtsgeschäft auch ohne Anrechnungsabrede vorgenommen hätten[438].

Bsp. (2): Durch notariell beurkundeten Vertrag verpflichtet sich der alt gewordene Gastwirt G, sein Grundstück mit Gastwirtschaft auf das Ehepaar E zu Eigentum zu übertragen (§§ 433, 311b Abs. 1 Satz 1) unter Einräumung eines lebenslänglichen Wohnungsrechts in einem Teil des Gebäudes (§ 1093). Darüber hinaus wurde vereinbart, jedoch nicht beurkundet, dass das Ehepaar den G wie einen Familienangehörigen betreuen und versorgen sollte. – Wegen der Formbedürftigkeit des Grundstückskaufvertrages hätte die Abrede über die Pflege des G als nach dem Parteiwillen Teil des Rechtsgeschäfts mitbeurkundet werden müssen. Für die Frage, ob deshalb der Gesamtvertrag nach § 125 Satz 1 nichtig ist, kommt es auf die Voraussetzungen des § 139 an[439].

Allerdings müssen sich nicht alle Einzelheiten, welche die Parteien vereinbart haben, unmittelbar aus dem notariell beurkundeten Rechtsgeschäft ergeben. Im Hinblick darauf, dass Urkunden über formbedürftige Rechtsgeschäfte und damit auch notariell beurkundete Willenserklärungen nach allgemeinen Grundsätzen auszulegen sind[440], ist die Form der notariellen Beurkundung auch dann gewahrt, wenn der einschlägige rechtsgeschäftliche Wille der Parteien in der notariellen Urkunde einen, wenn auch nur unvollkommenen Ausdruck gefunden hat, sich also unter

---

435 S. BGH NJW 1980, 451 (451), sog. Schwarzkauf, der u. a. mit dem Ziel getätigt wird, die sich nach dem Gegenstandswert des Rechtsgeschäfts bemessenden Notargebühren (§§ 18, 20 i.V.m. 141 KostO) zu senken. Zu § 117 s. noch Rn. 426 ff.

436 S. auch BGH NJW 1980, 451 (451).

437 Zu § 139 s. noch Rn. 466 ff.

438 S. zu dem vorstehenden Bsp. den Fall BGHZ 85, 315 ff.

439 S. den Fall BGH NJW 1981, 222; zu § 139 noch Rn. 466 ff.

440 Zur Auslegung von Willenserklärungen s. oben Rn. 243 ff.

Heranziehung der Erklärung(en) selbst wie auch von außerhalb der Urkunde liegenden Umständen **durch Auslegung des formgerecht Beurkundeten** ermitteln lässt[441]. Deshalb stellt sich die Frage der Einhaltung der gesetzlich vorgeschriebenen notariellen Beurkundung wie auch anderer Formarten immer erst dann, wenn der Inhalt der Erklärung durch Auslegung ermittelt ist[442]. Nur auf dieser Grundlage kann entschieden werden, ob der ermittelte Wille eine hinreichende Stütze in der notariellen Urkunde findet[443].

Schließen Vertragsparteien mehrere selbständige Verträge, die eine rechtliche Einheit bilden sollen, so muss, wenn auch nur für eines dieser Rechtsgeschäfte gesetzlich notarielle Beurkundung vorgeschrieben ist, **jedes der verbundenen Rechtsgeschäfte** dieser Form genügen[444]. Zwar besteht bei getrennten Verträgen eine tatsächliche Vermutung für deren rechtliche Selbständigkeit[445] mit der Folge, dass die jeweiligen Verträge auch unter dem Gesichtspunkt der Formbedürftigkeit grds. getrennt zu beurteilen sind. Diese Vermutung ist jedoch widerlegt, wenn nach dem Willen beider Parteien **die Rechtsgeschäfte miteinander stehen und fallen sollen**[446]. Im Falle einer solchermaßen begründeten rechtlichen Einheit sind alle miteinander verbundenen Verträge formbedürftig. **390**

> **Bsp.:** In einem schriftlich abgeschlossenen Bauvertrag beauftragt A das Unternehmen B mit dem Bau einer Doppelhaushälfte zu einem Festpreis auf einem bestimmten, schon ausgewählten Grundstück. Für den Erwerb des Grundstücks durch A von B war der Abschluss eines besonderen Vertrages vorgesehen, was in dem Bauvertrag auch festgehalten wurde. Später weigerte sich A, den nach § 311b Abs. 1 Satz 1 notariell zu beurkundenden Grundstückskaufvertrag abzuschließen. Daraufhin verlangte B Zahlung der Vergütung für die Errichtung der Doppelhaushälfte. – Hier bildete der an sich nicht der Form der notariellen Beurkundung bedürftige Bauvertrag mit dem nach § 311b Abs. 1 Satz 1 notariell zu beurkundenden Grundstückskaufvertrag eine rechtliche Einheit. In dem Bauvertrag selbst wurde bereits auf das Grundstück, auf welchem die Doppelhaushälfte errichtet werden sollte, sowie den noch abzuschließenden Grundstückskaufvertrag Bezug genommen. Deshalb hätte bereits der Bauvertrag notariell beurkundet werden müssen. Mangels Einhaltung dieser Form konnte B aus dem Bauvertrag keine Ansprüche gegen A herleiten[447].

In Ergänzung zu den Vorschriften des Beurkundungsgesetzes schafft § 128 bei der gesetzlich vorgeschriebenen notariellen Beurkundung von Verträgen insoweit eine Erleichterung, als es genügt, dass zunächst der Antrag und sodann die Annahme des Antrags von einem Notar beurkundet wird. Damit erlaubt die Regelung des § 128 eine sog. **sukzessive Beurkundung**[448] der für das Zustandekommen eines **391**

---

441 S. BGHZ 63, 359 (362); 80, 242 (246), hier zur gesetzlich vorgeschriebenen Form des Testaments nach § 2247 Abs. 1 (eigenhändig geschriebene und unterschriebene Erklärung), wonach der Wille des Erblassers in dem Testament wenigstens angedeutet sein muss. Zu dieser sog. Andeutungstheorie s. Palandt/*Ellenberger*, BGB, § 133 Rn. 19.

442 BGHZ 86, 41 (47), hier zum Testament.

443 BGHZ 86, 41 (47).

444 BGHZ 78, 346 (349); BGH NJW 1989, 898 (898).

445 BGHZ 78, 346 (349).

446 BGHZ 78, 346 (349); BGH NJW 1989, 898 (898).

447 S. den Fall BGHZ 78, 346 ff.

448 S. nur Palandt/*Ellenberger*, BGB, § 128 Rn. 3.

Vertrages erforderlichen Willenserklärungen, die auch von verschiedenen Notaren vorgenommen werden kann[449]. Die Möglichkeit der sukzessiven Beurkundung ist allerdings ausgeschlossen, wenn das Gesetz bei bestimmten Verträgen die gleichzeitige Anwesenheit beider Parteien vor dem Notar vorschreibt[450]. Bei zulässiger sukzessiver Beurkundung ist zu beachten, dass nach § 152 der Vertrag bereits mit der nach § 128 erfolgten Beurkundung der Annahme, also **nicht erst mit dem Zugang** der beurkundeten Annahmeerklärung bei dem Antragenden zustande kommt[451].

392   Die notarielle Beurkundung wird nach § 127a durch einen **gerichtlichen Vergleich** ersetzt, in dem die Erklärungen der Parteien in ein nach den Vorschriften der ZPO errichtetes Protokoll aufgenommen werden[452]. Andererseits ersetzt die notarielle Beurkundung gemäß § 126 Abs. 4 die Schriftform[453] und nach § 129 Abs. 2 die öffentliche Beglaubigung[454].

393   e) **Öffentliche Beglaubigung.** Die Formart der öffentlichen Beglaubigung ist in einer Vielzahl von Regelungen innerhalb und außerhalb des BGB für die Vornahme rechtlich bedeutsamer Erklärungen gesetzlich vorgeschrieben[455]. So bestimmt beispielsweise § 77 S. 1 für Anmeldungen zum Vereinregister[456], dass diese von den Mitgliedern des Vorstands sowie von den Liquidatoren mittels öffentlich beglaubigter Erklärung zu bewirken sind. Nach § 1355 Abs. 3 Satz 2 muss die Erklärung der Ehegatten über die Bestimmung des Ehenamens öffentlich beglaubigt werden, wenn sie erst nach der Eheschließung erfolgt[457]. Gemäß § 12 Abs. 1 S. 1 HGB sind Anmeldungen zur Eintragung in das Handelsregister in öffentlich beglaubigter Form einzureichen[458]. Neben Regelungen, welche die öffentliche Beglaubigung bei der Vornahme von Erklärungen **zwingend vorschreiben**[459], kennt das Gesetz auch Vorschriften, nach denen die Form der öffentlichen Beglaubigung nur auf **Verlangen einer Person** zu beachten ist. So bestimmt etwa § 403 Satz 1 für

---

449 Palandt/*Ellenberger*, BGB, § 128 Rn. 3; Hk-BGB/*Dörner*, § 128 Rn. 3. Das ist besonders praktisch, wenn etwa die Parteien eines Grundstückskaufvertrages an verschiedenen Orten wohnen.

450 S. schon oben Rn. 387.

451 S. hierzu schon oben Rn. 287.

452 S. hierzu Hk-BGB/*Dörner*, § 127a Rn. 2.

453 Dazu oben Rn. 375 ff.

454 S. dazu Rn. 393 ff.

455 S. den Überblick etwa bei MünchKomm/*Einsele*, BGB, § 129 Rn. 2; Palandt/*Ellenberger*, BGB, § 129 Rn. 1.

456 Anmelden sind z.B. nach § 59 der Verein zur Eintragung oder auch nach § 67 Abs. 1 Satz 1 jede Änderung des Vorstands des Vereins. Zum Vereinsrecht s. oben Rn. 110 ff.

457 Gemäß § 1355 Abs. 1 Satz 1 sollen die Ehegatten einen gemeinsamen Familiennamen als Ehenamen bestimmen. Bei fehlender Bestimmung führen die Ehegatten ihren zur Zeit der Eheschließung geführten Namen auch nach der Eheschließung weiter (§ 1355 Abs. 1 Satz 3).

458 Zur Eintragung anzumelden hat z.B. nach § 29 HGB jeder Kaufmann seine Firma und den Ort seiner Handelsniederlassung.

459 S. vorstehende Bsp. im Text.

den Fall der Abtretung einer Forderung (§ 398)[460], dass der bisherige Gläubiger dem neuen Gläubiger auf Verlangen eine öffentlich beglaubigte Urkunde über die Abtretung auszustellen hat[461].

Die **Anforderungen** an die Formart der öffentlichen Beglaubigung sowie das inso-   **394** weit einzuhaltende Verfahren sind in § 129 und den Bestimmungen der §§ 39 ff. BeurkG geregelt. Nach § 129 Abs. 1 Satz 1 muss im Falle einer gesetzlich vorgeschriebenen öffentlichen Beglaubigung einer Erklärung dieselbe **schriftlich** abgefasst und die **Unterschrift** des Erklärenden **von einem Notar beglaubigt** werden. Erfolgt eine Unterzeichnung der Erklärung mittels Handzeichens[462], so ist gemäß § 129 Abs. 1 Satz 2 die in § 126 Abs. 1 vorgeschriebene Beglaubigung des Handzeichens erforderlich und genügend[463]. Nach § 39 BeurkG genügt bei der Beglaubigung einer Unterschrift oder eines Handzeichens anstelle einer Niederschrift[464] ein **Vermerk**, d.h. eine Urkunde, welche das Zeugnis, die Unterschrift und das Siegel des Notars enthalten muss sowie den Ort und den Tag der Ausstellung angeben soll. § 39a BeurkG lässt auch die elektronische Errichtung von Beglaubigungen durch den Notar zu und stellt insoweit besondere Anforderungen auf. Nach § 40 Abs. 1 soll eine Unterschrift nur beglaubigt werden, wenn sie in **Gegenwart des Notars** vollzogen oder anerkannt wird. Die Urkunde mit der schriftlichen Erklärung selbst braucht der Notar nur daraufhin zu prüfen, ob sich daraus Gründe ergeben, die seiner Amtstätigkeit entgegenstehen (§ 40 Abs. 2 BeurkG). Der Beglaubigungsvermerk des Notars muss auch die **Person** bezeichnen, welche die Unterschrift vollzogen oder anerkannt hat (§ 40 Abs. 3 Satz 1 BeurkG). Nach § 40 Abs. 5 Satz 1 BeurkG sollen Unterschriften ohne zugehörigen Text – **Blankounterschriften** – nur beglaubigt werden, wenn dargelegt wird, dass die Beglaubigung vor der Festlegung des Urkundeninhalts benötigt wird. Die vorgenannten Regelungen gelten gemäß § 40 Abs. 6 BeurkG für die Beglaubigung von Handzeichen entsprechend.

Die Vorschriften des § 129 und der §§ 39 ff. BeurkG machen deutlich, dass es   **395** sich bei der öffentlichen Beglaubigung um ein Zeugnis der Urkundsperson (des Notars) darüber handelt, dass **die Unterschrift** oder **das Handzeichen** unter einer Erklärung von der Person vollzogen und anerkannt worden ist, die sich gegenüber dem Notar als Träger dieses Namens ausgewiesen hat[465]. Die öffentliche Beglaubigung bezeugt deshalb nur die **Richtigkeit (Echtheit) der Unterschrift**[466] sowie die **Identität** zwischen der im Beglaubigungsvermerk genannten Person und dem Unterzeichneten[467]. Dementsprechend ist die öffentliche Beglaubigung als Form für

---

460 Die Forderungsabtretung ist ein Verfügungsgeschäft: Das Recht (die Forderung) wird durch Vertrag von dem Gläubiger (Zedent) auf einen anderen (Zessionar) übertragen. S. zum Begriff des Verfügungsgeschäfts und zur Abtretung schon oben Rn. 195 f.
461 Weitere Bsp. bei Hk-BGB/*Dörner*, § 129 Rn. 2.
462 S. schon oben Rn. 379.
463 S. schon oben Rn. 379.
464 Wie bei der notariellen Beurkundung, s. §§ 8 ff. BeurkG und oben Rn. 388.
465 S. MünchKomm/*Einsele*, BGB, § 129 Rn. 1; Palandt/*Ellenberger*, BGB, § 129 Rn. 1; Hk-BGB/*Dörner*, § 129 Rn. 1.
466 BGHZ 37, 79 (86); MünchKomm/*Einsele*, BGB, § 129 Rn. 1.
467 S. *Larenz/Wolf*, BGB AT, § 27 Rn. 54; Palandt/*Ellenberger*, BGB, § 129 Rn. 1, Hk-BGB/*Dörner*, § 129 Rn. 1.

die Vornahme einer Erklärung vor allem dann gesetzlich vorgesehen, wenn es auf die Identität des Erklärenden ankommt, wie dies insb. bei Erklärungen gegenüber Behörden der Fall ist[468]. Die öffentliche Beglaubigung ist nicht auf die schriftlich abzufassende (§ 129 Abs. 1 Satz 1) Erklärung und deren Inhalt bezogen[469], gerade darin unterscheidet sich diese Formart von der notariellen Beurkundung[470]. Deshalb hat die öffentliche Beglaubigung ihrem Formzweck nach Beweisfunktion hinsichtlich der Echtheit der Unterschrift und bzgl. der Identität des Unterzeichneten, nicht jedoch bezogen auf die darüber stehende Erklärung und deren Inhalt[471].

396   Zivilprozessual stellt der Vermerk über die öffentliche Beglaubigung eine **öffentliche Urkunde** i. S. d. § 418 ZPO dar mit der Folge, dass sie in einem gerichtlichen Verfahren den vollen Beweis für die Echtheit der Unterschrift und die Identität des Unterzeichneten begründet. Hieran wird nach § 440 Abs. 2 ZPO die **Vermutung** geknüpft, dass auch die Erklärung selbst, bei der es sich nicht um eine öffentliche Urkunde, sondern um eine Privaturkunde i. S. d. § 416 ZPO handelt[472], echt und damit richtig ist. Diese Vermutung ist jedoch widerlegbar, z. B. dadurch, dass eine nachträgliche Änderung des Textes der Urkunde nachgewiesen wird[473].

397   Ist eine der öffentlichen Beglaubigung bedürftige **Willenserklärung empfangsbedürftig**[474], so kann die Erklärung im Rechtsverkehr nur Wirksamkeit entfalten, wenn sie dem Adressaten in der Form des § 129 zugeht[475]. Deshalb reicht z. B. die Übersendung der Kopie einer öffentlich beglaubigten Urkunde ebenso wenig aus wie deren Übermittlung durch Telefax[476].

> **Bsp.:** Nach der erbrechtlichen Vorschrift des § 1942 Abs. 1 kann der Erbe die Erbschaft ausschlagen mit der in § 1953 Abs. 1, Abs. 2 bestimmten Wirkung, dass der Anfall der Erbschaft an den Ausschlagenden als nicht erfolgt gilt und die Erbschaft demjenigen anfällt, der zum Erben berufen sein würde, wenn der Ausschlagende zur Zeit des Erbfalls nicht gelebt hätte. Schlägt beispielsweise ein Vater die an ihn als gesetzlichen Erben nach § 1924 Abs. 1 angefallene Erbschaft aus, so werden gemäß §§ 1924 Abs. 3, 1953 Abs. 1, Abs. 2 dessen Kinder gesetzliche Erben. Die Ausschlagung einer angefallenen Erbschaft kann z. B. zur Vermeidung bzw. Verringerung von Erbschaftssteuer[477] sinnvoll sein[478]. Gemäß § 1945 Abs. 1 erfolgt die Ausschlagung der Erbschaft durch Erklärung gegenüber dem Nachlassgericht, wobei die Erklärung zur Niederschrift des Nachlassgerichts[479] oder in öffentlich beglaubigter Form abzu-

---

468 S. *Larenz/Wolf*, BGB AT, § 27 Rn. 55; MünchKomm/*Einsele*, BGB, § 129 Rn. 1.
469 BGHZ 37, 79 (86); *Larenz/Wolf*, BGB AT, § 27 Rn. 54; MünchKomm/*Einsele*, BGB, § 129 Rn. 1.
470 BGHZ 37, 79 (86); zur notariellen Beurkundung s. oben Rn. 387 ff.
471 S. MünchKomm/*Einsele*, BGB, § 129 Rn. 5.
472 S. BGHZ 37, 79 (86).
473 S. hierzu MünchKomm/*Einsele*, BGB, § 129 Rn. 5.
474 Zur empfangsbedürftigen Willenserklärung s. oben Rn. 214.
475 S. Palandt/*Ellenberger*, BGB, § 129 Rn. 1.
476 S. auch BayObLG DtZ 1992, 284 (285).
477 S. § 1 ff. ErbStG.
478 S. z. B. den Sachverhalt und die Entscheidung des LG Köln NJW 1981, 351 f.
479 Diese wird nach § 1945 Abs. 2 nach den Vorschriften des Beurkundungsgesetzes errichtet, §§ 8–16, 22–26 BeurkG, zuständig ist nach § 3 Nr. 1 lit. f und Nr. 2 lit. c RPflG der Rechtspfleger.

geben ist. Bei der Ausschlagung handelt es sich um eine amtsempfangsbedürftige Willenserklärung (§§ 1945 Abs. 1, 130 Abs. 1, Abs. 3)[480]. Deshalb kann die Ausschlagung in öffentlich beglaubigter Form nur wirksam erklärt werden, wenn sie in dieser Form dem Nachlassgericht zugeht. Die Übersendung z.B. der Kopie einer öffentlich beglaubigten Ausschlagungserklärung an das Nachlassgericht genügt nicht der Form des § 129.

398 Nach § 129 Abs. 2 wird die öffentliche Beglaubigung durch die **notarielle Beurkundung** ersetzt. Im Hinblick darauf, dass die notarielle Beurkundung durch einen gerichtlichen Vergleich nach Maßgabe des § 127 a ersetzt werden kann[481], kann die öffentliche Beglaubigung auch durch einen **gerichtlichen Vergleich** substituiert werden.

399 **f) Weitere gesetzlich bestimmte Formarten.** Für bestimmte **Rechtsgeschäfte** ordnet das Gesetz im Einzelfall abweichend von den vorstehenden allgemeinen Formarten die **Einhaltung einer besonderen Form** an. Das gilt z.B. für die **Eheschließung** nach §§ 1310 Abs. 1 Satz 1, 1311 Satz 1. Danach wird die Ehe nur dadurch geschlossen, dass die Eheschließenden persönlich und bei gleichzeitiger Anwesenheit vor dem Standesbeamten erklären, die Ehe miteinander eingehen zu wollen. Die Errichtung eines privatschriftlichen **Testaments**[482] setzt nach § 2247 eine von dem Erblasser eigenhändig geschriebene und unterschriebene Erklärung voraus. Im Unterschied zur Schriftform[483] muss also auch der Text handschriftlich niedergelegt sein. Die **Auflassung** als Einigung zwischen Veräußerer und Erwerber über die Übertragung des Eigentums an einem Grundstück nach § 873 muss gemäß § 925 abweichend von § 128 bei gleichzeitiger Anwesenheit vor dem Notar erklärt werden.

3. Rechtsfolgen bei Formverstößen

400 **a) Grundsätzliche Nichtigkeit des Rechtsgeschäfts.** Nach § 125 Satz 1 ist ein Rechtsgeschäft, welches der durch Gesetz vorgeschriebenen Form ermangelt, **nichtig**. Das bedeutet, dass das beabsichtigte Rechtsgeschäft bei Nichtbeachtung der gesetzlich angeordneten Form **unwirksam** ist und die gewollten Rechtswirkungen von Anfang an nicht eintreten[484]. Die Vorschrift des § 125 Satz 1 „sanktioniert" mithin Verstöße gegen gesetzliche Formvorschriften mit der Unwirksamkeit des der erforderlichen Form ermangelnden Rechtsgeschäfts und dient so der Einhaltung einer gesetzlich vorgeschriebenen Form und der Verwirklichung der damit verfolgten Zwecke[485]. Ist ein Rechtsgeschäft wegen Formmangels nach

---

480 S. Damrau/*Masloff*, Erbrecht, § 1945 Rn. 1; Hk-BGB/*Hoeren*, § 1945 Rn. 1; Palandt/*Weidlich*, BGB, § 1945 Rn. 1.
481 S. oben Rn. 392.
482 Daneben gibt es auch das öffentliche Testament nach § 2232, das zur Niederschrift eines Notars errichtet wird, indem der Erblasser dem Notar seinen letzten Willen erklärt oder ihm eine Schrift mit der Erklärung übergibt, dass die Schrift seinen letzten Willen enthalte.
483 S. dazu oben Rn. 375 ff.
484 S. BGHZ 107, 268 (270) zum Begriff der Nichtigkeit.
485 S. auch BGHZ 23, 249 (254 f.). Zu den verschiedenen Formzwecken s. oben Rn. 372.

§ 125 Satz 1 i. V. m. der die Einhaltung einer bestimmten Form anordnenden Bestimmung nichtig, so sind auf der Grundlage des unwirksamen Rechtsgeschäfts erbrachte Leistungen nach Maßgabe der bereicherungsrechtlichen Vorschriften (§§ 812 ff.) herauszugeben[486].

> **Bsp.:** V und K schließen einen Grundstückskaufvertrag, K zahlt sofort den Kaufpreis in Höhe von 100.000 €. Später weigert sich V unter Hinweis auf die fehlende notarielle Beurkundung des Kaufvertrages, das Eigentum an dem Grundstück nach §§ 873 Abs. 1, 925 auf K zu übertragen. – Hier ist der zwischen V und K geschlossene Grundstückskaufvertrag nach § 125 Satz 1 nichtig, weil er entgegen § 311b Abs. 1 Satz 1 nicht notariell beurkundet worden ist. Gemäß § 812 Abs. 1 Satz 1 Alt. 1 hat K gegen V einen Anspruch auf Herausgabe des gezahlten Kaufpreises. Die Voraussetzungen dieses Bereicherungsanspruchs liegen vor: Erstens hat V etwas erlangt, nämlich Besitz und Eigentum am Geld[487], zweitens durch Leistung des K, weil dieser bewusst und zum Zwecke der Erfüllung einer vermeintlich bestehenden Kaufpreisschuld das Vermögen des V gemehrt hat, und drittens hat V im Hinblick auf die Nichtigkeit des Grundstückskaufvertrages nach §§ 125 Satz 1, 311b Abs. 1 Satz 1 den Kaufpreis ohne Rechtsgrund erlangt. Der Rückforderungsanspruch des K kann u. U. nach § 814 Alt. 1 ausgeschlossen sein, und zwar dann, wenn der K gewusst hat, dass er zur Leistung nicht verpflichtet war. Die Anforderungen an das Eingreifen dieser sog. Kondiktionssperre (Ausschluss des Bereicherungsanspruchs) werden allerdings von der Rspr. sehr hoch angesetzt. Verlangt wird neben der Kenntnis der tatsächlichen Umstände auch die Kenntnis des Leistenden davon, dass er aus rechtlichen Gründen nicht zur Leistung verpflichtet war[488].

401   Die Nichtbeachtung der durch Gesetz für ein bestimmtes Rechtsgeschäft vorgeschriebenen Form führt nicht notwendig zur Unwirksamkeit des Rechtsgeschäfts nach § 125 Satz 1, wenn der **Formmangel lediglich einen Teil des formbedürftigen Rechtsgeschäfts** betrifft. Im Ausgangspunkt ist zu beachten, dass im Falle eines gesetzlichen Formzwangs alle Vereinbarungen, aus denen sich nach dem Willen der Partei(en) das Rechtsgeschäft zusammensetzt, der vorgeschriebenen Form bedürfen[489]. Wird für einen Teil des vorgenommenen Rechtsgeschäfts die vorgeschriebene Form nicht eingehalten, so ist dieser Teil des Rechtsgeschäfts auf jeden Fall nach § 125 Satz 1 nichtig. Die dann aufgeworfene weitergehende Frage, ob auch der Teil des Rechtsgeschäfts, bzgl. dessen die Form beachtet wurde, gemäß § 125 Satz 1 unwirksam ist, richtet sich nach der allgemeinen Regelung des § 139 über die Teilnichtigkeit von Rechtsgeschäften[490]. Danach ist im Falle der Teilnichtigkeit eines Rechtsgeschäfts das ganze Rechtsgeschäft nichtig, wenn nicht anzunehmen ist, dass es auch ohne den nichtigen Teil vorgenommen sein würde. Bei dieser Bestimmung handelt es sich um eine Auslegungsregel, wonach **bei Teilnichtigkeit im Zweifel das gesamte Rechtsgeschäft nichtig** ist, wobei allerdings anderes

---

486 S. nur BGHZ 116, 251 (254); BGH NJW 1980, 451 (451).
487 Bei Überweisung des Kaufpreises durch K auf ein Girokonto des V hat dieser gegen seine Bank im Rahmen des Zahlungsdienstevertrages eine Forderung in Höhe des überwiesenen Geldbetrages erlangt, s. §§ 675f ff.
488 S. BGH NJW 1969, 1165 (1167); BGHZ 113, 62 (70); näher zu § 814 *Schwarz/Wandt*, Gesetzliche Schuldverhältnisse, § 10 Rn. 28 ff.
489 S. schon näher zur Schriftform oben Rn. 376 und zur notariellen Beurkundung Rn. 389.
490 S. dazu noch näher Rn. 466 ff.

dann gilt, wenn der mutmaßliche Parteiwille ergibt, dass die Parteien das Rechtsgeschäft auch ohne den nichtigen Teil getätigt hätten[491].

Bsp. (1): Durch notariell beurkundeten Vertrag verpflichtet sich der alt gewordene Gastwirt G, sein Grundstück mit Gastwirtschaft auf das Ehepaar E zu Eigentum zu übertragen (§§ 433, 311b Abs. 1 Satz 1) unter Einräumung eines lebenslänglichen Wohnungsrechts in einem Teil des Gebäudes (§ 1093). Darüber hinaus wurde vereinbart, jedoch nicht beurkundet, dass das Ehepaar den G wie einen Familienangehörigen betreuen und versorgen sollte. – Wegen der Formbedürftigkeit des Grundstückskaufvertrages hätte die Abrede über die Pflege des G als nach dem Parteiwillen Teil des Rechtsgeschäfts mit beurkundet werden müssen. Für die Frage, ob deshalb der Gesamtvertrag nach § 125 Satz 1 nichtig ist, kommt es auf die Voraussetzungen des § 139 an, d.h., ob die Parteien den beurkundeten Teil des Vertrages nach ihrem mutmaßlichen Willen auch ohne die mangels Beurkundung nichtige Versorgungsabrede geschlossen hätten[492]. Dieser Wille ist nach den allgemeinen Auslegungsregeln für Willenserklärungen zu ermitteln, insb. ist auf die Erklärungen der Parteien und die sonstigen Umstände bei der Vornahme des Rechtsgeschäfts abzustellen[493].

Bsp. (2): V und K schließen einen Kaufvertrag über eine Eigentumswohnung, die der K aus steuerlichen Gründen erwerben will. Der Kaufvertrag wird gemäß § 4 Abs. 3 WEG i.V.m. § 311b Abs. 1 Satz 1 über einen Preis von 150.000 € notariell beurkundet. Nicht beurkundet wird die zwischen V und K bei den Vertragsverhandlungen getroffene Rückflussabrede, wonach dieser von V nach Abschluss des Kaufvertrages und Beantragung der steuerlichen Förderung auf der Grundlage des beurkundeten Preises 30.000 € zurück erhalten sollte[494]. – Hier ist der Kaufvertrag über die Eigentumswohnung zwar entsprechend der gesetzlich vorgeschriebenen Form (§ 4 Abs. 3 WEG i.V.m. § 311b Abs. 1 Satz 1) notariell beurkundet worden. Die Abrede über den verdeckten Preisnachlass wurde trotz ihrer Formbedürftigkeit – nach dem Willen der Parteien war sie Bestandteil des Rechtsgeschäfts – nicht beurkundet. Deshalb ist diese Abrede nach § 125 Satz 1 wegen Verstoßes gegen § 4 Abs. 3 WEG i.V.m. § 311b Abs. 1 Satz 1 nichtig. Die unter Heranziehung von § 139 zu beantwortende Frage nach der Gesamtnichtigkeit des Kaufvertrages ist zu bejahen: Es ist nicht davon auszugehen, dass der K den Kaufvertrag über die Eigentumswohnung auch ohne die nichtige Rückflussabrede abgeschlossen hätte[495].

Die Nichtigkeit nach § 125 hat zur Folge, dass das der gesetzlich vorgeschriebenen **402** Form ermangelnde Rechtsgeschäft die beabsichtigten Rechtswirkungen **von Anfang an** nicht entfalten kann[496]. Ein gleichwohl erfolgter Leistungsaustausch ist bereicherungsrechtlich rückabzuwickeln[497]. Hiervon werden insb. für die sog. feh-

---

491 S. Hk-BGB/*Dörner*, § 139 Rn. 1 und 2.
492 S. den Fall BGH NJW 1981, 222.
493 S. BGH NJW 1981, 222 als Bsp. für die Annahme eines die Gesamtnichtigkeit ausschließenden Parteiwillens.
494 Strafrechtlich erfüllt diese Vorgehensweise von V und K zur Erlangung ungerechtfertigter steuerlicher Vorteile den Tatbestand des Betruges nach § 263 StGB gegenüber dem Finanzamt.
495 S. den Fall BGHZ 116, 251 ff. S. auch BGH NJW 1982, 434 f., hier zur Nichtigkeit eines Grundstückskaufvertrages wegen Nichtbeurkundung eines nachträglichen Teilerlasses (Vertrag nach § 397, der ein Verfügungsgeschäft darstellt, weil durch den Erlass ein Recht aufgehoben wird) der Kaufpreisschuld.
496 S. oben Rn. 400.
497 S. oben Rn. 400.

lerhafte Gesellschaft und das sog. fehlerhafte Arbeitsverhältnis Ausnahmen gemacht[498]. Nach Invollzugsetzung einer Gesellschaft oder eines Arbeitsvertrages trotz formnichtiger vertraglicher Grundlage wird zur Vermeidung von Rückabwicklungsschwierigkeiten ein bereicherungsrechtlicher Ausgleich erbrachter Leistungen ausgeschlossen mit der Folge, dass die Geltendmachung der Nichtigkeit nur für die Zukunft Wirkung entfalten kann[499].

> **Bsp.:** Arbeitgeber X und Arbeitnehmer Y schließen einen Arbeitsvertrag (Dienstvertrag i.S.d. § 611), Y nimmt am 1.10.2011 die Arbeit auf. – Der Abschluss des Arbeitsvertrages unterliegt grds. keinem Formzwang. Anderes gilt aber z.B. dann, wenn ein zwischen einem Arbeitgeberverband und einer Gewerkschaft geschlossener Tarifvertrag (§§ 1 Abs. 1, 2 Abs. 1 TVG) eine Regelung enthält, wonach Arbeitsverträge der Schriftform (§ 126) bedürfen, anderenfalls der Vertrag unwirksam sein soll. Nach § 1 Abs. 1 TVG kann im Tarifvertrag eine solche Regelung getroffen werden, es handelt sich um eine Rechtsnorm i.S. dieser Vorschrift, die den Abschluss von Arbeitsverhältnissen ordnet. Sind X und Y an den Tarifvertrag gebunden, weil sie Mitglieder der tarifvertragsschließenden Parteien sind (§ 3 Abs. 1 TVG), so gelten die Rechtsnormen des Tarifvertrages und damit auch das Schriftformgebot nach § 4 Abs. 1 TVG unmittelbar[500] und zwingend[501]. X und Y mussten also bei Vertragsschluss das Schriftformgebot beachten. Haben sie den Arbeitsvertrag nur mündlich geschlossen, dann ist der Vertrag nach § 125 Satz 1 wegen Verstoßes gegen das tarifvertragliche Schriftformgebot nichtig, wenn dieses eine sog. konstitutive Wirkung hat, sprich von den Tarifvertragsparteien als Wirksamkeitsvoraussetzung vereinbart wurde[502]. § 125 Satz 1 ist anzuwenden, weil die Rechtsnormen eines Tarifvertrages nach Art. 2 EGBGB Gesetz i.S.d. BGB sind. Berufen sich nach Beginn des Arbeitsverhältnisses X oder Y auf die Formnichtigkeit des Arbeitsvertrages, so werden die in der Vergangenheit ausgetauschten Leistungen nicht bereicherungsrechtlich rückabgewickelt, d.h., weder muss X die erbrachte Arbeitsleistung des Y nach §§ 812 Abs. 1 Satz 1 Alt. 1, 818 Abs. 2 in Form von Wertersatz herausgeben, noch hat Y den erhaltenen Lohn nach Maßgabe dieser Vorschriften zurückzuzahlen. Mit der Berufung auf die Nichtigkeit ist allerdings für die Zukunft eine weitere Durchführung des Arbeitsverhältnisses ausgeschlossen, mangels wirksamen Arbeitsvertrages sind für die Beendigung der Durchführung des Arbeitsverhältnisses auch keine Kündigungsgründe (für X nach § 1 Abs. 2 KSchG) oder Kündigungsfristen (§ 622) zu beachten.

403 In bestimmten gesetzlich geregelten Fällen tritt abweichend von der Nichtigkeitsfolge des § 125 Satz 1 bei Nichteinhaltung einer gesetzlich vorgeschriebenen Form **nicht die Folge der Unwirksamkeit des Rechtsgeschäfts** ein. Hierzu gehört bei-

---

498 Zur fehlerhaften Gesellschaft s. Palandt/*Sprau*, BGB, § 705 Rn. 17; zum fehlerhaften Arbeitsverhältnis MünchArbR/*Richardi/Buchner*, Bd. 1, § 34.
499 Die Grundsätze zur fehlerhaften Gesellschaft und zum fehlerhaften Arbeitsverhältnis gelten für alle Unwirksamkeitsgründe, die zur Nichtigkeit des Gesellschaftsvertrages oder des Arbeitsvertrages führen. S. zur Nichtigkeit von Rechtsgeschäften noch näher Rn. 419 ff.
500 D.h., ohne dass es darüber zwischen X und Y einer vertraglichen Vereinbarung bedarf.
501 D.h., X und Y können von dem Schriftformgebot des Tarifvertrages nicht abweichen.
502 Davon zu unterscheiden ist ein nur deklaratorisches Schriftformgebot, mit welchem die Tarifvertragsparteien dem Arbeitnehmer einen Anspruch auf schriftlichen Abschluss des Arbeitsvertrages (aus Beweisgründen) einräumen, jedoch von dessen Einhaltung nicht die Wirksamkeit des Vertrages abhängig machen wollen. S. dazu näher ErfK/*Preis*, ArbR, §§ 125–127 BGB Rn. 32 ff.

spielsweise die Bestimmung des § 550 Satz 1. Danach bedarf ein Mietvertrag über Wohnraum, der für längere Zeit als ein Jahr geschlossen wird, der Schriftform (§ 126)[503]. Wird diese Form nicht beachtet, so fingiert die Regelung einen auf unbestimmte Zeit geschlossenen Mietvertrag[504]. Im Verhältnis zu § 125 Satz 1 ist § 550 Satz 1 *lex specialis*[505]. Außerhalb des BGB sei auf die Vorschriften der §§ 14 Abs. 4, 16 Satz 1 TzBfG hingewiesen. Gemäß § 14 Abs. 4 TzBfG bedarf die Abrede über die Befristung eines Arbeitsvertrages zu ihrer Wirksamkeit der Schriftform (§ 126)[506]. Die Nichteinhaltung der Schriftform führt nicht zur Nichtigkeit des befristeten Arbeitsvertrages als Ganzes, wie dies bei Anwendung der §§ 125 Satz 1, 139 im Zweifel der Fall wäre. Vielmehr gilt nach der insoweit speziellen Regelung des § 16 Satz 1 TzBfG der befristete Arbeitsvertrag als auf unbestimmte Zeit geschlossen. Diese Fiktion dient dem Schutz des Arbeitnehmers, der ansonsten einen unwirksamen Arbeitsvertrag abgeschlossen hätte. Zugleich wirkt die Fiktion des § 16 Satz 1 im Hinblick auf die Rechtsfolge eines unbefristeten Arbeitsvertrages präventiv auf die Einhaltung der Schriftform durch den Arbeitgeber hin.

b) Heilung formnichtiger Rechtsgeschäfte. In bestimmten Fällen sieht das Gesetz **404** die Möglichkeit vor, dass ein wegen Verstoßes gegen eine gesetzlich vorgeschriebene Form nichtiges Rechtsgeschäft **durch Erfüllung geheilt, d.h. wirksam werden kann.** So bestimmt z.B. § 311b Abs. 1 Satz 2 für Grundstücksverträge, die nach § 311b Abs. 1 Satz 1 der Form der notariellen Beurkundung bedürfen, dass ein ohne Beachtung dieser Form geschlossener Vertrag seinem ganzen Inhalt nach gültig wird, wenn die Auflassung und die Eintragung in das Grundbuch[507] erfolgen. Gemäß § 494 Abs. 2 Satz 1 wird ein Verbraucherdarlehensvertrag (§§ 488, 491), der nach § 492 Abs. 1 Satz 1 schriftlich abzuschließen ist, trotz Nichtigkeit wegen Nichteinhaltung der Schriftform gültig, soweit der Darlehensnehmer das Darlehen empfängt[508] oder in Anspruch nimmt[509]. Ist bei einer Schenkung (§ 516 Abs. 1) die nach § 518 Abs. 1 Satz 1 für die Gültigkeit des Vertrages erforderliche notarielle Beurkundung des Schenkungsversprechens unterblieben, so wird die Formnichtigkeit des Schenkungsvertrages nach § 518 Abs. 2 durch die Bewirkung der versprochenen Leistung geheilt. Ebenso bestimmt § 766 Satz 3 im Falle eines mangels schriftlicher Erteilung der Bürgschaftserklärung unwirksamen Bürgschaftsvertrages die Heilung der Nichtigkeit, soweit der Bürge die Hauptverbindlichkeit erfüllt. Weitere Beispiele für Heilungsvorschriften finden sich in § 2301 Abs. 2 für das Schenkungsversprechen von Todes wegen oder in § 15 Abs. 4 GmbHG bezüglich der Übertragung von Gesellschaftsanteilen. Die an die Erfüllung anknüpfende Möglichkeit der Heilung formnichtiger Rechtsgeschäfte ist im bürgerlichen Recht bzw. Privatrecht nur **punktuell** mit im Einzelfall unterschied-

---

503 S. schon oben Rn. 376.
504 Zu den Folgen s. oben das Bsp. Rn. 376.
505 Palandt/*Weidenkaff*, BGB, § 550 Rn. 13.
506 Nicht aber der Arbeitsvertrag als solcher, § 14 Abs. 4 TzBfG unterwirft nur die Vereinbarung über die Befristung dem Formzwang.
507 S. §§ 873 Abs. 1, 925.
508 Durch Auszahlung des Darlehensgebers.
509 Durch das Verlangen der Auszahlung gegenüber dem Darlehensgeber, der dem entspricht.

licher Zielsetzung geregelt[510]. Sie bewirkt allerdings in jedem Fall, dass aufgrund der durch Heilung eingetretenen Wirksamkeit des Rechtsgeschäfts Bereicherungsansprüche nach §§ 812 ff. ausgeschlossen sind, weil mit der Gültigkeit des Vertrages ein Rechtsgrund für die erbrachten Leistungen gegeben ist[511]. Im Hinblick auf die gesetzlich nur im Einzelfall vorgesehene Möglichkeit der Heilung formnichtiger Rechtsgeschäfte durch Erfüllung kann diese **nicht als ein allgemeiner Grundsatz des Privatrechts** angesehen werden. Deshalb ist eine analoge Anwendung von Heilungsvorschriften auf formnichtige Rechtsgeschäfte, bezüglich derer das Gesetz die Heilung nicht ausdrücklich regelt, ausgeschlossen[512].

405 Soweit die Heilung eines formnichtigen Rechtsgeschäfts **ausdrücklich angeordnet** wird, tritt die Heilungswirkung sowohl dann ein, wenn das Rechtsgeschäft gänzlich ohne Beachtung der vorgeschriebenen Form vorgenommen worden ist, wie auch in den Fällen, in denen lediglich einzelne Vereinbarungen, die nach dem Willen der Parteien zum Inhalt des Rechtsgeschäfts gehörten, der gesetzlich angeordneten Form ermangelten[513]. Die Heilung erstreckt sich auf das **gesamte Rechtsgeschäft**, sprich auf die Gesamtheit der vertraglichen Vereinbarungen und damit auch auf Abreden, die bei im Übrigen formgerechter Vornahme der vorgeschriebenen Form ermangelten und deshalb[514] zur Gesamtnichtigkeit des Rechtsgeschäfts führten[515].

> **Bsp.:** Die 75-jährige F schließt mit K einen notariell beurkundeten Kaufvertrag über ihr Hausgrundstück (§§ 433, 311b Abs. 1 Satz 1). In dem Vertrag wird u. a. ein lebenslängliches Wohnungsrecht (§ 1093) zugunsten der F bezogen auf einen Teil des Gebäudes beurkundet. Nicht beurkundet wird die gleichfalls als Gegenleistung des K vereinbarte Verpflichtung, der F monatlich 300 € zu zahlen (Leibrentenversprechen i. S. d. § 759). Nach Abschluss des Kaufvertrages wird das Eigentum am Hausgrundstück nach §§ 873 Abs. 1, 925 durch Einigung zwischen F und K und Eintragung des K in das Grundbuch übertragen. – Im Hinblick darauf, dass bei einem formbedürftigen Rechtsgeschäft alle Vereinbarungen, die nach dem Willen der Parteien Teil des Rechtsgeschäfts sein sollen, der gesetzlich vorgeschriebenen Form bedürfen[516], war hier der Kaufvertrag über das Hausgrundstück nach §§ 125, 311b Abs. 1 Satz 1, 139 nichtig, weil die Abrede über das Leibrentenversprechen nicht beurkundet wurde. Mit der Auflassung und Eintragung der Übertragung des Eigentums am Hausgrundstück auf K in das Grundbuch ist die Nichtigkeit des Grundstückskaufvertrages nach § 311b Abs. 1 Satz 2 geheilt, dieser ist in vollem Umfang einschließlich der Abrede über das Leibrentenversprechen wirksam geworden[517]. Der Heilungswirkung auch bezogen auf

---

510 S. auch BGH NJW 1967, 1128 (1131).
511 S. BGH NJW 1978, 1577 (1577) zu § 311b Abs. 1 Satz 2 (früher § 313 Satz 2); NJW 1997, 654 f. zu § 494 Abs. 2 (früher § 6 Abs. 2 VerbrKrG).
512 So BGH NJW 1967, 1128 (1131), hier zum Erbschaftskauf, der nach § 2371 der notariellen Beurkundung bedarf, deren Nichtbeachtung nicht durch die analoge Anwendung etwa des § 311b Abs. 1 Satz 2 geheilt werden kann. Differenzierend zu der Frage einer analogen Anwendung von Heilungsvorschriften *Larenz/Wolf*, BGB AT, § 27 Rn. 19 f. m. w. N. zu den insoweit unterschiedlichen Auffassungen in der Lit.
513 S. BGH NJW 1978, 1577 (1577).
514 Unter Beachtung des § 139, s. oben Rn. 401.
515 S. BGH NJW 1974, 136; NJW 1978, 1577 (1577).
516 S. oben Rn. 401.
517 S. die Entscheidung BGH NJW 1978, 1577 f.

das Leibrentenversprechen steht im Übrigen nicht entgegen, dass ein solches Versprechen nach § 761 Satz 1 der Schriftform bedarf und diese Regelung eine Heilung durch Erfüllung nicht vorsieht. Von der Heilung des § 311b Abs. 1 Satz 2 werden auch Abreden umfasst, die als solche einer anderen Formvorschrift unterliegen, sofern deren Schutzzweck von dem Formzweck des § 311b Abs. 1 Satz 2 gedeckt wird[518]. Das ist hier der Fall, denn die Schriftform des Leibrentenversprechens soll ebenso wie die notarielle Beurkundung gemäß § 311b Abs. 1 Satz 1 vor Übereilung bei der Vornahme des Rechtsgeschäfts schützen[519], wird also, wenn das Leibrentenversprechen Bestandteil eines Grundstückskaufvertrages ist, von dem Zweck des § 311b Abs. 1 Satz 1 mit umfasst. In Konsequenz dessen ist dann auch die Heilungswirkung des § 311b Abs. 1 Satz 2 auf das Leibrentenversprechen als Teil des Grundstückskaufvertrages zu erstrecken[520].

Die Heilungswirkung tritt *ex nunc*, d. h., im Zeitpunkt der Erfüllung ein. Sie wirkt **406** nicht auf den Zeitpunkt der Vornahme des Rechtsgeschäfts, also den des Vertragsschlusses zurück[521]. Das geheilte Rechtsgeschäft entfaltet deshalb erst ab dem Zeitpunkt der heilenden Erfüllung seine Rechtswirkungen.

> **Bsp.:** Zur Sicherung des z. B. kaufvertraglich begründeten Anspruchs auf Übertragung des Eigentums an einem Grundstück kann im Grundbuch nach § 883 Abs. 1 eine sog. Auflassungsvormerkung eingetragen werden. Die Eintragung der Vormerkung hat gemäß § 883 Abs. 2 zur Folge, dass anschließend getroffene Verfügungen des bisherigen Eigentümers über das Grundstück dem Vormerkungsberechtigten gegenüber unwirksam sind, soweit sie den Anspruch auf Übertragung vereiteln oder beeinträchtigen würden. So wird der Erwerber eines Grundstücks durch die Vormerkung z. B. davor geschützt, dass der bisherige Eigentümer zugunsten eines Dritten an dem Grundstück etwa eine Grunddienstbarkeit in Form einer Nutzungs- und Bebauungsbeschränkung bestellt (§ 1018). Ist der Grundstückskaufvertrag formnichtig, so wirkt die später nach § 311b Abs. 1 Satz 2 eintretende Heilung nicht auf den Zeitpunkt des Vertragsschlusses zurück. Eine vor der Heilung eingetragene Auflassungsvormerkung konnte mangels Bestehens eines Anspruchs auf Übertragung des Grundstücks (der Kaufvertrag war bis zur Heilung formnichtig) nach § 883 Abs. 1 nicht wirksam bestellt werden. Damit kann der Schutz des § 883 Abs. 2 nicht greifen, eine zwischenzeitlich getroffene Verfügung des bisherigen Eigentümers zugunsten eines Dritten ist dem neuen Eigentümer gegenüber wirksam[522].

Nach der Rspr. ist unter Berücksichtigung des in § 141 Abs. 2 niedergelegten Rechtsgedankens von der tatsächlichen Vermutung auszugehen, dass die Parteien im Falle der Heilung eines formnichtigen Rechtsgeschäfts einander das gewähren wollen, was sie im Zeitpunkt des Vertragsschlusses einander zu gewähren beabsichtigten[523].

---

518 S. BGH NJW 1978, 1577 (1577).
519 BGH NJW 1978, 1577 (1577).
520 BGH NJW 1978, 1577 (1577).
521 S. BGHZ 54, 56 (63); Palandt/*Ellenberger*, BGB, § 125 Rn. 13. S. auch z. B. die Formulierungen in § 311b Abs. 1 Satz 2: „Ein ohne Beachtung dieser Form geschlossener Vertrag wird seinem ganzen Inhalt nach gültig, wenn ....“ und in § 494 Abs. 2 Satz 1: „Ungeachtet eines Mangels nach Absatz 1 wird der Verbrauchervertrag gültig, ...“.
522 S. den Fall BGHZ 54, 56 ff.
523 BGHZ 32, 11 (12 f.).

407 **c) Unbeachtlichkeit der Formnichtigkeit nach § 242.** Unabhängig von den Formzwecken im Einzelnen, die mit gesetzlichen Formvorschriften verfolgt werden[524],
dienen diese vor allem auch der **Rechtssicherheit**, indem mit ihrer Einhaltung der
Abschluss und der Inhalt eines Rechtsgeschäfts klargestellt und dokumentiert
wird[525]. Die Verwirklichung dieses Ziels wird durch die in § 125 Satz 1 bestimmte
Anordnung der Formnichtigkeit eines Rechtsgeschäfts, das der gesetzlich vorgeschriebenen Form ermangelt, erreicht[526].

Im Hinblick auf die Gewährleistung des Ziels der Rechtssicherheit ist bei Nicht-
einhaltung der gesetzlich vorgeschriebenen Form die Nichtigkeitsfolge des § 125
Satz 1 **grds. zu respektieren**, diese kann nicht aus **bloßen Billigkeitserwägungen** im
Interesse eines oder der Beteiligten, die das formunwirksame Rechtsgeschäft vorgenommen haben, für unbeachtlich erklärt werden[527]. Vielmehr müssen sich die
Personen, die ein formnichtiges Rechtsgeschäft getätigt haben, mit der Folge der
Unwirksamkeit des Rechtsgeschäfts nach § 125 Satz 1 abfinden und sind, wenn
etwa bei einem Vertrag gleichwohl Leistungen ausgetauscht wurden, auf die gesetzlich vorgesehene Rückabwicklung nach den bereicherungsrechtlichen Vorschriften der §§ 812 ff. verwiesen[528]. Aus dem formnichtigen Rechtsgeschäft können hingegen Rechte bzw. Ansprüche nicht hergeleitet werden.

Von diesem Grundsatz der Beachtlichkeit der Formnichtigkeit nach § 125 Satz 1
wird unter Berufung auf § 242 eine Ausnahme gemacht, wenn es nach den gesamten Umständen des Einzelfalles mit dem die Privatrechtsordnung durchdringen-
den Gedanken von Treu und Glauben unvereinbar wäre, ein der gesetzlich vorgeschriebenen Form ermangelndes Rechtsgeschäft an dem Formmangel scheitern zu
lassen[529]. Hier ist der **Verwirklichung materieller Gerechtigkeit** im Einzelfall über
§ 242 gegenüber dem mit den gesetzlichen Formvorschriften und der Nichtigkeitsfolge bei deren Nichteinhaltung verfolgten Ziel der Rechtssicherheit der Vorrang einzuräumen[530]. Nach der st. Rspr. des BGH kommt eine Überspielung der
Formnichtigkeit auf der Grundlage von § 242 wegen materieller Gerechtigkeits-
erwägungen zur Vermeidung einer Aushöhlung der Formvorschriften nur in Betracht, wenn die Formnichtigkeit des Rechtsgeschäfts eine der beteiligten Parteien
nicht bloß hart trifft, sondern für diese zu **schlechthin untragbaren Ergebnissen**
führt[531]. Diese für die praktische Rechtsanwendung kaum zu handhabende Leer-
formel wird ansatzweise dahingehend konkretisiert, als insb. in folgenden beiden
Fallkonstellationen von der Unbeachtlichkeit der Nichtigkeit eines Rechtsgeschäfts wegen Formmangels auszugehen ist: zum einen dann, wenn die Berufung
auf die Formnichtigkeit durch einen Vertragsteil für den anderen Vertragsteil zu
einer **Existenzgefährdung bzw. –vernichtung** führen würde, zum anderen in sol-

---

524 Zu den verschiedenen Formzwecken s. oben Rn. 372.
525 S. BGHZ 23, 249 (254).
526 BGHZ 23, 249 (254).
527 BGHZ 45, 179 (182); 92, 164 (172); 138, 339 (348).
528 S. BGHZ 23, 249 (254); BGH NJW 1980, 451 (451).
529 S. BGHZ 138, 339 (348).
530 BGHZ 23, 249 (256); der BGH stellt in dieser Entscheidung sehr klar das im Einzelfall
     auftretende Spannungsverhältnis zwischen dem Gebot der Rechtssicherheit einerseits
     und den Anforderungen materieller Gerechtigkeit andererseits dar, s. BGHZ 23, 249
     (254 ff.).
531 BGHZ 48, 396 (398); 85, 315 (318); 92, 164 (171 f.); 138, 339 (348); BGH NJW
     1996, 2503 (2504).

chen Fällen, in denen dem die Formnichtigkeit geltend machenden Vertragsteil eine **besonders schwere Treuepflichtverletzung** gegenüber dem anderen Vertragsteil vorzuwerfen ist[532].

Die Fallgruppe der **Existenzgefährdung** ist insb. dadurch gekennzeichnet, dass mit **408** der Berufung der einen Vertragspartei auf die Formnichtigkeit des Rechtsgeschäfts die andere Vertragspartei, die auf den Bestand des Rechtsgeschäfts vertraut hat, ihre auf dem unwirksamen Vertrag aufgebaute **wirtschaftliche Grundlage** verlieren würde. Denn bei Beachtung der Nichtigkeit müssten gleichwohl erbrachte Leistungen nach den bereicherungsrechtlichen Vorschriften der §§ 812 ff. herausgegeben werden. Hätte dies ein schlechthin untragbares Ergebnis für die andere Vertragspartei zur Folge, so ist die Berufung auf den Formmangel nach § 242 ausgeschlossen.

> **Bsp.:** Eine Siedlungsgesellschaft, deren gesetzlich bestimmte Aufgabe in der Veräußerung von landwirtschaftlichen Grundstücken an Siedler besteht, schließt die Grundstücksübertragungsverträge nur schriftlich, statt in der gesetzlich vorgesehenen Form der notariellen Beurkundung (§ 311b Abs. 1 Satz 1)[533]. Der in dem Vertrag mit dem Siedler E geregelten Verpflichtung zur Übereignung des Grundstücks nach Ablauf einer Probezeit, während der ein Pachtverhältnis bestand, kam die Siedlungsgesellschaft unter Berufung auf die Formnichtigkeit des Grundstücksübertragungsvertrages nicht nach. Sie verlangte vielmehr von E das Grundstück heraus[534]. – Hier hätte die Beachtlichkeit der Formnichtigkeit zu einem schlechthin untragbaren Ergebnis für den betroffenen Siedler geführt, weil diesem mit der bereicherungsrechtlichen Herausgabepflicht seine auf der Bewirtschaftung des Grundstücks aufbauende Lebensgrundlage entzogen worden wäre. Deshalb war die Formnichtigkeit des Grundstücksübertragungsvertrages nach § 242 unbeachtlich[535].

Die zur Unbeachtlichkeit des Formmangels führende Fallgruppe der **besonders** **409** **schweren Treuepflichtverletzung** des sich auf die Unwirksamkeit des Rechtsgeschäfts berufenden Vertragsteils ist abstrakt nicht näher zu beschreiben[536]. Die Treuepflichtverletzung kann auf ganz unterschiedlichen Verhaltensweisen des einen Vertragsteils beruhen, die unter Berücksichtigung der gesamten Einzelfallumstände das Festhalten an der Formnichtigkeit für den anderen Teil als ein schlechthin untragbares Ergebnis erscheinen lässt. In Betracht kommen etwa die schuldhafte Herbeiführung eines Irrtums über die Formbedürftigkeit des Rechtsgeschäfts bei dem Geschäftsgegner, ein widersprüchliches Verhalten des sich auf die Formnichtigkeit berufenden Vertragsteils, z. B. weil er längere Zeit Vorteile aus dem nichtigen Rechtsgeschäft gezogen hat, oder auch ein Verhalten, durch das der andere Vertragsteil von der Einhaltung der erforderlichen Form abgehalten

---

532 S. BGHZ 85, 315 (319); 92, 164 (171 f.); 138, 339 (348); BGH NJW 1996, 2503 (2504).
533 Früher § 313 Satz 1.
534 Vgl. den Fall BGHZ 16, 334 ff.
535 S. BGHZ 16, 334 (336 ff.), wobei der BGH hier die Unbeachtlichkeit des Formmangels wesentlich mit der Betreuungspflicht der Siedlungsgesellschaft gegenüber den Siedlern begründete (a. a. O., 337 f.). Dass es jedoch im Kern vor allem um die bei Anerkennung der Nichtigkeit drohende Existenzgefährdung der Siedler ging, geht aus BGHZ 45, 179 (185) hervor.
536 S. auch die Kritik bei Hk-BGB/*Dörner*, § 125 Rn. 10 f.

wird[537]. Entgegen dem von der Rspr. formulierten Ausgangspunkt eines für den anderen Vertragsteil schlechthin untragbaren Ergebnisses[538] ist hier für die Anwendung des § 242 das besondere Maß der Treuepflichtverletzung des einen Vertragsteils entscheidend.

Bsp. (1): Ein bedeutendes wirtschaftliches Unternehmen schloss, vertreten durch seinen geschäftsführenden Gesellschafter, mit dem früheren Angestellten A in schriftlicher Form einen Grundstückskaufvertrag. Als der A die Einhaltung der gesetzlich vorgeschriebenen Form der notariellen Beurkundung anregte, verwies der geschäftsführende Gesellschafter unter Bezugnahme auf seine Unterschrift und das hohe Ansehen des Unternehmens auf die Gleichwertigkeit des nur schriftlichen Vertrages. Das Unternehmen halte seine Verpflichtungen ohne Rücksicht darauf ein, ob diese mündlich, schriftlich oder in notarieller Form übernommen worden seien. Hinzu kam, dass der Gesellschafter gegenüber A seine Autorität als früherer Arbeitgeber einsetzte. – In diesem Fall hat der BGH der Berufung des Unternehmens auf die Formnichtigkeit des Grundstückskaufvertrages, als der A die Übertragung des Eigentums am Grundstück (§§ 873 Abs. 1, 925) verlangte, § 242 mit der Begründung entgegengehalten, dass die Geltendmachung der Unwirksamkeit im Hinblick auf das frühere Verhalten – Einsatz des wirtschaftlichen Ansehens und der Autorität, um die erforderliche notarielle Beurkundung überflüssig erscheinen zu lassen – als unzulässige Rechtsausübung mit Treu und Glauben unvereinbar war[539].

Bsp. (2): Anders entschied das RG in dem vergleichbaren berühmten *Edelmannswort-Fall*: Zwischen dem als Betriebsleiter in einem Unternehmen angestellten A und dem Unternehmen, vertreten durch den Generaldirektor von Z, wurde im Jahre 1922 schriftlich ein Vorkaufsrecht bezogen auf das dem A als Dienstwohnung zur Verfügung gestellte Hausgrundstück vereinbart. Als der A nach seinem Ausscheiden aus dem Unternehmen die Übertragung des Eigentums am Grundstück verlangte, verwies das Unternehmen auf die Formnichtigkeit des Vertrages. Nach Darstellung des A hatte der Generaldirektor von Z mehrfach versichert, A brauche sich bzgl. der Übereignung des Hausgrundstücks keine Sorgen zu machen, und u.a. darauf verwiesen, er sei „von Adel" und „sein Edelmannswort sei … so gut wie ein Vertrag"[540]. – Das RG, davon ausgehend, das Unternehmen habe nicht von vornherein die Absicht gehabt, den Vertrag nicht zu erfüllen, verneinte eine Unbeachtlichkeit des Formmangels mit der Begründung, weder habe bei dem A ein Irrtum über die rechtliche Notwendigkeit der Form vorgelegen, noch sei ein solcher Irrtum schuldhaft herbeigeführt worden[541]. Sodann führte es zu den „unter Edelmannswort" gemachten Zusagen aus: „Es liegt im Wesen einer gesetzlichen Formvorschrift begründet, dass, wenn die Form nicht gewahrt ist, die Erklärung des rechtsgeschäftlichen Willens nicht verpflichtet. Und dies auch dann nicht, wenn der Wille in besonders nachdrücklichen Worten verlautbart, in feierlicher Form bekräftigt wird. Das Erfordernis der gesetzlichen Form kann nicht durch eine von den Beteiligten gewählte sonstige Feierlichkeit des Ausdrucks ersetzt werden"[542].

---

537 S. die Bsp. bei BGHZ 48, 396 (398 f.); s. auch den Überblick über besonders schwere Treuepflichtverletzungen bei MünchKomm/*Einsele*, BGB, § 125 Rn. 55 f.
538 S. oben Rn. 407.
539 S. BGHZ 48, 396 (399 f.).
540 S. zum Sachverhalt RGZ 117, 121 ff.
541 RGZ 117, 121 (124).
542 RGZ 117, 121 (126).

Bsp. (3): Eine besonders schwere Treuepflichtverletzung mit der Folge der Unbeachtlichkeit der Formnichtigkeit hat der BGH in der bereits oben Rn. 389 wiedergegebenen
Entscheidung[543] darin gesehen, dass der Verkäufer des aufgrund formunwirksamen
Vertrages veräußerten Grundstücks zunächst den Erhalt der (nicht notariell beurkundeten) Vorauszahlung bestritten und, als er das Bestreiten im Prozess nicht mehr aufrecht erhalten konnte, mit der Behauptung der Unterbriefung des Kaufpreises in der
notariellen Urkunde[544] wegen Formnichtigkeit des Vertrages das schon übergebene,
aber noch nicht übereignete Grundstück heraus verlangte. In diesem Vorgehen, „dem
Beklagten das Grundstück wieder abzujagen"[545], sah der BGH ein in besonders hohem
Maße widersprüchliches und arglistiges Verhalten, weshalb die Berufung auf die Formnichtigkeit nach § 242 verwehrt sei[546].

Bsp. (4): Der Abschluss eines „Grundstücksschwarzkaufs", bei dem die Vertragsparteien nur einen geringeren als den wirklich vereinbarten Kaufpreis notariell beurkunden lassen[547], stellt als solcher keinen Grund dar, dass sich nicht jede Vertragspartei
auf die Formnichtigkeit des Vertrages berufen kann. Das gilt auch dann, wenn die eine
Vertragspartei der anderen die Zusicherung gegeben hat, ihr würden aus dem Schwarzkauf keine Nachteile entstehen. Darin liegt keine, die Anwendung des § 242 begründende, besonders schwere Treupflichtverletzung[548].

Die Unbeachtlichkeit der Formnichtigkeit eines Vertrages mit Rücksicht auf Treu
und Glauben hat zur Folge, dass **der Vertrag als wirksam zu behandeln ist** und
deshalb die Vertragsteile daraus Ansprüche auf Erfüllung herleiten können[549].
Damit wird den Parteien über § 242 die Rechtsstellung eingeräumt, die derjenigen
entspricht, die bei Formgültigkeit des Rechtsgeschäfts bestehen würde. Das hat
dann bei bereits erbrachten Leistungen zur Folge, dass bereicherungsrechtliche
Herausgabeansprüche nach §§ 812 ff. ausscheiden.

4. Rechtsgeschäftlich vereinbarte Form

Der Grundsatz der Formfreiheit beinhaltet nicht nur negativ die Freiheit rechts-   **410**
geschäftlichen Handelns von gesetzlichen Formvorgaben, soweit nicht das Gesetz
für bestimmte Willenserklärungen und Vertragstypen einen Formzwang vorschreibt[550]. **Positiv** verbindet sich mit diesem Grundsatz als Ausdruck selbstbestimmten Handelns die Freiheit der Parteien eines Rechtsgeschäfts, die für ihre
rechtsgeschäftlichen Beziehungen **maßgebende Form durch Vereinbarung** festzulegen. Von dieser Möglichkeit privatautonomer Gestaltung geht das Gesetz ohne
weiteres aus, wie insb. die Vorschrift des § 125 Satz 2 betreffend die Folgen der
Nichtbeachtung einer rechtsgeschäftlich bestimmten Form, wie auch die Regelung

---

543 BGHZ 85, 315 ff.
544 D.h., es sollte ein geringerer als der wirklich beurkundete Kaufpreis vereinbart worden
   sein.
545 So BGHZ 85, 315 (319).
546 BGHZ 85, 315 (318 f.).
547 S. schon oben Rn. 389.
548 S. BGH NJW 1980, 451 (451).
549 BGHZ 23, 249 (258).
550 S. dazu ausf. oben Rn. 370.

des § 127 über die zu beachtenden Anforderungen im Falle vereinbarter Schriftform[551] deutlich machen[552].

411 Die Parteien eines Rechtsgeschäfts können die Einhaltung einer **gesetzlich vorgesehenen Formart**[553] bestimmen, sie können sich aber auch für die Beachtung **einer
anderen Formart** entscheiden. Praktisch relevant ist vor allem die Vereinbarung
sog. **Schriftformklauseln**, mit denen Vertragspartner ihre rechtsgeschäftlichen Beziehungen der schriftlichen Form unterwerfen, für deren Beachtung nach § 127
Abs. 1 im Zweifel die in § 126 für den Fall gesetzlich vorgeschriebener Schriftform
bestimmten Anforderungen maßgebend sind unter Berücksichtigung der in § 127
Abs. 2 geregelten Erleichterungen.

> **Bsp.:** In den Bestimmungen eines zwischen A und B schriftlich geschlossenen Bierlie-
> ferungsvertrages heißt es unter Nr. 4: „Nebenabreden, Änderungen oder Ergänzungen
> dieses Vertrages bedürfen der Schriftform.“[554]

412 Es liegt weiter in der Gestaltungsfreiheit der Parteien, den **Umfang** des rechtsgeschäftlich vereinbarten Formzwangs festzulegen. Dieser kann sich auf alle Abreden, die zum Inhalt des Rechtsgeschäfts gehören sollen, wie auch einseitige
Rechtsgeschäfte (z. B. Kündigung) erstrecken, der **gewillkürte Formzwang** kann
jedoch auch auf bestimmte rechtsgeschäftliche Erklärungen beschränkt sein. Der
Umfang des vereinbarten Formerfordernisses ist durch Auslegung der einschlägigen Vertragsbestimmungen nach §§ 133, 157[555] zu ermitteln[556].

> **Bsp.:** In einem Vertrag ist folgende Schriftformklausel niedergelegt: „Änderungen oder
> Ergänzungen dieses Vertrages bedürfen der Schriftform. Mündliche Nebenabreden
> bestehen nicht“. – Die Frage, ob von einer solchen Klausel auch die Aufhebung des
> Vertrages erfasst wird oder ob diese formlos (mündlich) möglich ist, ist durch Ausle-
> gung der Schriftformklausel zu klären. Die Beschränkung des Formzwangs auf „Än-
> derungen oder Ergänzungen“ spricht dagegen, dass sich dieser auch auf vertragsbeen-
> dende Vereinbarungen der Parteien erstreckt. Zwar mag die Klarstellungs- und
> Warnfunktion einer Schriftformklausel auch für den Fall der Vertragsaufhebung sinn-
> voll sein, jedoch steht es den Parteien frei, das Schriftformerfordernis auf Änderungen
> oder Ergänzungen eines Vertrages zu beschränken. Hiervon wird jedenfalls dem allge-
> meinen Sprachgebrauch nach nicht die Vertragsbeendigung erfasst[557].

---

551 Bzw. elektronischer Form oder Textform.
552 Zu § 125 Satz 2 und § 127 s. noch folgend.
553 Zu den gesetzlich geregelten Formarten s. oben Rn. 374 ff.
554 S. das Bsp. BGHZ 119, 283 (284) und BAGE 94, 325.
555 Zur Vertragsauslegung s. oben Rn. 297.
556 S. hierzu ein schönes Bsp. in BAG NJW 2000, 3155.
557 S. BAG NJW 2000, 3155 bezogen auf die Auflösung eines Arbeitsvertrages, auf die
     sich ein auf Änderungen oder Ergänzungen des Arbeitsvertrages begrenztes Schriftfor-
     merfordernis nicht erstreckt. Für das Arbeitsvertragsrecht hat die im Zusammenhang
     mit der vorgenannten Klausel aufgeworfene Frage deshalb keine Bedeutung mehr, weil
     seit dem 1.5.2000 die Beendigung von Arbeitsverhältnissen durch Kündigung und
     Auflösungsvertrag nach § 623 der Schriftform bedarf, der Gesetzgeber insoweit also
     einen gesetzlichen Formzwang eingeführt hat.

Die Parteien eines Rechtsgeschäfts entscheiden des Weiteren über die **Bedeutung** **413** **der vereinbarten Form für die Wirksamkeit** ihres rechtsgeschäftlichen Handelns. Diese kann darin bestehen, dass der Beachtung der Form die Bedeutung einer Wirksamkeitsvoraussetzung für zu treffende rechtsgeschäftliche Abreden oder Willenserklärungen beigelegt wird. In diesem Fall soll die Einhaltung der gewillkürten Form Gültigkeitsvoraussetzung für ein wirksames rechtsgeschäftliches Handeln zwischen den Parteien sein, insoweit wird von der **konstitutiven Bedeutung** der gewillkürten Form gesprochen[558].

Auf der anderen Seite kann es den Parteien bei der Vereinbarung einer Form allein darum gehen, den Inhalt des Rechtsgeschäfts aus Gründen der Klarstellung und des Beweises auf irgendeine Art zu materialisieren, ohne dass die Wirksamkeit des rechtsgeschäftlichen Handelns als solche von der Einhaltung der verabredeten Form abhängen soll. Hier hat die gewillkürte Form lediglich eine sog. **deklaratorische Bedeutung**[559]. Den Parteien steht zwar ein Anspruch auf Einhaltung der verabredeten Form zu[560], nicht aber führt deren fehlende Beachtung zur Unwirksamkeit des nicht der Form genügenden rechtsgeschäftlichen Handelns.

Die Unterscheidung zwischen konstitutiver und lediglich deklaratorischer Bedeutung einer gewillkürten Form kommt im Rahmen des § 125 Satz 2 zum Tragen. Danach hat der Mangel der durch Rechtsgeschäft bestimmten Form im Zweifel die Nichtigkeit des Rechtsgeschäfts zur Folge. Anders als bei Verstoß gegen einen gesetzlichen Formzwang[561] führt die Nichtbeachtung einer gewillkürten Form aufgrund des Charakters des § 125 Satz 2 als einer **Auslegungsregel**[562] nur „im Zweifel" zur Nichtigkeit. Diese Zweifel sind ausgeschlossen, wenn sich aus dem Willen der Parteien etwas anderes ergibt, was dann der Fall ist, wenn der vereinbarten Form lediglich deklaratorisch Bedeutung zukommen soll. Das ist **durch Auslegung der Formabrede** nach §§ 133, 157 zu ermitteln. Ergeben sich hiernach keine Anhaltspunkte für eine rein deklaratorische Bedeutung der vereinbarten Form, dann ist von ihrer konstitutiven Bedeutung auszugehen und es greift die Zweifelsregelung des § 125 Satz 2 mit der Folge der Nichtigkeit des die gewillkürte Form nicht beachtenden rechtsgeschäftlichen Handelns ein. Hiernach führt insb. der **Verstoß gegen die in der Vertragspraxis übliche Schriftformklausel**[563] grds.[564] zur Nichtigkeit von der vereinbarten Form nicht genügenden Abreden und Willenserklärungen, weil einer solchen Klausel von den Parteien i. d. R. konstitutive Bedeutung beigelegt wird, um übereilte und schleichende Vertragsänderungen zu vermeiden sowie durchgeführte Vertragsänderungen beweiskräftig festhalten zu können[565].

---

558 S. nur Hk-BGB/*Dörner*, § 125 Rn. 18; Palandt/*Ellenberger*, BGB, § 125 Rn. 17, MünchKomm/*Einsele*, BGB, § 125 Rn. 65.

559 S. MünchKomm/*Einsele*, BGB, § 125 Rn. 65; Hk-BGB/*Dörner*, § 125 Rn. 18; Palandt/*Ellenberger*, BGB, § 125 Rn. 17; vergleiche auch BGHZ 49, 364 (367): Klarstellungsfunktion.

560 S. Palandt/*Ellenberger*, BGB, § 125 Rn. 17; Hk-BGB/*Dörner*, § 125 Rn. 18.

561 Oben Rn. 400 ff.

562 S. nur BGHZ 49, 364 (365).

563 S. das Bsp. oben Rn. 411.

564 S. noch folgend Rn. 414 f.

565 S. BAG NJW 1989, 2149 (2149).

Bsp.: A und B schließen einen Dauerlieferungsvertrag (§ 433) über Getreide. In den Vertragsbedingungen wird u. a. vereinbart: „Nebenabreden, Änderungen oder Ergänzungen dieses Vertrages bedürfen der Schriftform. Eine Kündigung des Vertrages hat durch eingeschriebenen Brief zu erfolgen." – Erklärt der A die Kündigung nur mündlich, so führt der Mangel der durch Satz 2 der Schriftformklausel auch für die Kündigungserklärung bestimmten Schriftform wegen der konstitutiven Bedeutung der Klausel zur Unwirksamkeit der Kündigung. Übersendet der A unter Beachtung des Schriftformgebots die Kündigung durch einfachen Brief an B, so ist der gewillkürten Form Genüge geleistet und es kommt insoweit eine Unwirksamkeit nach § 125 Satz 2 nicht in Betracht. Die Nichtberücksichtigung der für die Kündigungserklärung zugleich verabredeten besonderen Übersendungsart (eingeschriebener Brief) ist unschädlich, wenn die Kündigung dem B auch auf andere Weise zugeht. Die Vereinbarung einer besonderen Form der Übermittlung soll ihrem Zweck nach allein den Zugang sichern, nicht aber konstitutive Bedeutung für die Wirksamkeit der Kündigung haben. Geht diese auch auf andere Weise zu, so ist der von den Parteien verfolgte Zweck erfüllt[566].

414 Die Parteien eines Rechtsgeschäfts können einen vereinbarten Formzwang kraft ihrer Vertragsfreiheit **jederzeit wieder aufheben**[567]. Die Bindung an eine gewillkürte Form besteht nur solange und insoweit, wie die Vertragsparteien keinen anderen Willen zum Ausdruck bringen, den rechtsgeschäftlich begründeten Formzwang wie z. B. eine Schriftformklausel nicht durch eine neue Vereinbarung außer Kraft zu setzen[568]. Die Außerkraftsetzung bedarf nicht der zuvor vereinbarten Form, kann also auch **formlos** durch mündliche Erklärung erfolgen[569]. Insoweit ist des Weiteren anerkannt, dass die Aufhebung des gewillkürten Formzwangs auch **stillschweigend** dadurch erfolgen kann, dass die Parteien unter Nichtbeachtung der vereinbarten Form eine mündliche Abrede (z. B. Vertragsänderung) treffen, sofern darin zum Ausdruck gelangt, dass sie übereinstimmend das mündlich Vereinbarte als für ihre rechtsgeschäftlichen Beziehungen maßgebend wollen[570]. Ein solch schlüssiger Aufhebungswille ist etwa dann anzunehmen, wenn die Parteien eines Vertrages unter Außerachtlassung der vereinbarten Form eine mündliche Abrede treffen und ihr Verhalten z. B. bei der Leistungserbringung nunmehr entsprechend der formlosen Abrede ausrichten[571]. Dabei ist es für die Wirksamkeit der mündlichen Vereinbarung nicht erforderlich, dass die Parteien das Bewusstsein und den Willen haben, dadurch zugleich stillschweigend die gewillkürte Form aufzuheben[572].

---

566 S. BAG NJW 1980, 1304 (nur Ls.); RGZ 77, 70 (70 f.).
567 S. nur Palandt/*Ellenberger*, BGB, § 125 Rn. 19; *Larenz/Wolf*, BGB AT § 27 Rn. 84; Hk-BGB/*Dörner*, § 127 Rn. 4.
568 BGHZ 66, 378 (381); BGH NJW 1965, 293; BAG NJW 1989, 2149 (2150).
569 S. BGHZ 66, 378 (380); 71, 162 (164); 119, 283 (291); BGH NJW 1965, 293; NJW 1968, 32 (33); NJW 1982, 902 (902); BAG NJW 1989, 2149 (2150); Hk-BGB/*Dörner*, § 127 Rn. 4; *Larenz/Wolf*, BGB AT, § 27 Rn. 84; a. A. MünchKomm/*Einsele*, BGB, § 125 Rn. 66.
570 RGZ 95, 175 (175 f.); BGHZ 66, 378 (380); BGHZ 119, 283 (291); BGH NJW 1962, 1908 (1908); BGH 1965, 293; NJW 1982, 902 (902); BAG NJW 1989, 2149 (2150).
571 S. BGH NJW 1965, 293; NJW 1982, 902 (902).
572 BGHZ 71, 162 (164); BGH NJW 1965, 293; NJW 1982, 902 (902); BAG NJW 1989, 2149 (2150); a. A. BFH NJW 1997, 1327 (1328), danach ist auch ein sich zumindest konkludent manifestierender Aufhebungswille erforderlich.

Bsp.: Die Parteien eines Dauerlieferungsvertrages über Getreide vereinbaren u.a. eine typische Schriftformklausel[573]. Später einigen sie sich mündlich, die ursprünglich festgelegte Liefermenge zu kürzen unter entsprechender Verringerung des Preises. Gemäß dieser Abrede wird der Vertrag weiter durchgeführt. – Hier haben die Parteien formlos eine Vertragsänderung vorgenommen, die insoweit zugleich stillschweigend die Aufhebung der vereinbarten Form beinhaltet. Aus der Vertragsdurchführung lässt sich auf den Willen der verbindlichen Geltung der mündlichen Abrede schließen. Auf die Frage, ob die Parteien bei der formlosen Vereinbarung auch den Willen zur Aufhebung der Schriftform hatten, kommt es nicht an.

Haben die Parteien eines Rechtsgeschäfts eine sog. **qualifizierte Formvereinbarung** **415** bzw. doppelte Schriftformklausel derart getroffen, dass auch die Aufhebung der gewillkürten Form selbst der festgelegten Form bedarf, so finden zutreffender Auffassung nach die vorstehend dargestellten Grundsätze gleichermaßen Anwendung[574]. Auch im Falle einer solchen Vereinbarung besteht die Vertragsfreiheit der Parteien fort, einvernehmlich den Formzwang für die Aufhebung des Formzwangs durch formlose Abrede zu beseitigen[575]. Bei einer Vereinbarung der Schriftformklausel durch AGB sind der Vorrang der (formlosen) Individualabrede nach § 305b sowie die Regelung des § 307 Abs. 1 zu berücksichtigen.[576]

Bsp.: Die Vertragsparteien treffen u.a. folgende Regelung: „Änderungen oder Ergänzungen diese Vertrages oder eine Vereinbarung über dessen Aufhebung bedürfen zu ihrer Wirksamkeit der Schriftform. Auf das Formerfordernis kann nur durch schriftliche Erklärung verzichtet werden."[577] – Hier haben die Parteien eine sog. qualifizierte Schriftformklausel oder auch doppelte Schriftformklausel vereinbart. Kraft ihrer Vertragsfreiheit können sie diese Klausel stillschweigend durch eine mündliche Neuregelung aufheben.

Ebenso wie bei gesetzlich vorgeschriebenem Formzwang kann die Berufung auf **416** die Nichtbeachtung einer gewillkürten Form gemäß § 242 unter dem Gesichtspunkt des **Arglisteinwands** unbeachtlich sein[578]. Dieser Einwand kann jedoch grds. nur zum Tragen kommen, wenn die Wahrung der vereinbarten Form von der sich auf den Formmangel berufenden Partei **bewusst vereitelt** worden ist[579]. Für den Fall, dass rechtsgeschäftlich Schriftform, elektronische Form oder Textform vereinbart worden ist, enthält die Bestimmung des § 127 **Auslegungsregeln**. Gemäß § 127 Abs. 1 finden die Vorschriften der §§ 126[580], 126a[581] oder 126b[582]

---

573 S. Bsp. oben Rn. 413.
574 Hk-BGB/*Dörner*, § 127 Rn. 4; a. A. BGHZ 66, 378 (381 f.); BAGE 106, 345 (350 ff.); Palandt/*Ellenberger*, BGB § 125 Rn. 14; *Larenz/Wolf*, BGB AT, § 27 Rn. 84 f.; *Medicus*, BGB AT, Rn. 643.
575 S. auch Hk-BGB/*Dörner*, § 127 Rn. 4; *Larenz/Wolf*, BGB AT, § 27 Rn. 84.
576 S. hierzu BAGE 126, 364 (369 ff.).
577 Vgl. die Klausel in BGHZ 66, 378 (378).
578 Zur Unbeachtlichkeit der Formnichtigkeit nach § 242 bei gesetzlich vorgeschriebener Form s. ausf. oben Rn. 407 ff.
579 S. BGHZ 66, 378 (382 f.).
580 S. zur Schriftform oben Rn. 375 ff.
581 Zur elektronischen Form s. oben Rn. 383 ff.
582 Zur Textform oben Rn. 386.

nur im Zweifel Anwendung. Die Beteiligten eines Rechtsgeschäfts können also hinsichtlich der einzuhaltenden Formanforderungen etwas anderes bestimmen. Bestehen für einen solchen Willen keine Anhaltspunkte, dann gelten etwa bei **Vereinbarung einer Schriftformklausel** über die Zweifelsregelung des § 127 Abs. 1 die Anforderungen des § 126. In § 127 Abs. 2 werden für den Fall gewillkürter Schriftform wiederum als Auslegungsregel – „soweit nicht ein anderer Wille anzunehmen ist" – in Abweichung von § 126 Erleichterungen bestimmt. Zum einen genügt zur Wahrung der rechtsgeschäftlich bestimmten Schriftform die telekommunikative Übermittlung der Willenserklärung. Damit wird von dem in § 126 Abs. 1 für die Schriftform aufgestellten Erfordernis der eigenhändigen Namensunterschrift dispensiert mit der Folge, dass etwa auch die Übermittlung durch Telefax[583] oder E-Mail dem gewillkürten Schriftformzwang genügt[584]. Zum anderen reicht nach § 127 Abs. 2 Satz 1 bei einem Vertrag der Briefwechsel aus. Das bedeutet, dass abweichend von § 126 Abs. 2 die eigenhändige Unterzeichnung jeweils allein des Angebots durch die eine und der Annahme durch die andere Partei eines Vertrages das Schriftformerfordernis erfüllt[585]. Gemäß § 127 Abs. 2 Satz 2 kann bei Wahrnehmung einer der vorgenannten Erleichterungen jede Partei nachträglich eine dem § 126 entsprechende Beurkundung verlangen.

417 Wird als **gewillkürte Form die elektronische Form** gewählt, so bestimmt § 127 Abs. 3 als weitere Auslegungsregel in Abweichung von § 126a ebenfalls Erleichterungen. Zum einen genügt zur Wahrung der rechtsgeschäftlich festgelegten elektronischen Form auch eine andere als die in § 126a bestimmte elektronische Signatur, weshalb etwa auch eine einfache oder fortgeschrittene elektronische Signatur i. S. v. § 2 Nr. 1 und 2 SigG ausreichend sind[586]. Zum anderen genügt bei einem Vertrag abweichend von § 126a Abs. 2 der Austausch von Angebots- und Annahmeerklärung, sofern diese jeweils mit einer elektronischen Signatur versehen sind, wobei auch hier jede Form der elektronischen Signatur ausreicht. Sofern von den Erleichterungen Gebrauch gemacht wird, kann nach § 127 Abs. 3 Satz 2 von den Parteien des Rechtsgeschäfts nachträglich eine dem § 126a entsprechende elektronische Signierung oder, wenn das nicht möglich ist, eine dem § 126 entsprechende Beurkundung verlangt werden.

---

583 S. BGH NJW-RR 1996, 866 (867).
584 S. Palandt/*Ellenberger*, BGB, § 127 Rn. 2.
585 S. Hk-BGB/*Dörner*, § 127 Rn. 6.
586 S. Palandt/*Ellenberger*, BGB, § 127 Rn. 5.

§ 11 Mangelhafte Rechtsgeschäfte

Das Vorliegen einer Willenserklärung[1] bzw. bei einem Vertrag mehrerer überein- **418**
stimmender Willenserklärungen[2], die Abgabe und – bei empfangsbedürftigen Wil-
lenerklärungen – der Zugang[3] sowie das Vorhandensein der weiteren Wirksamkeitsvoraussetzungen der Geschäftsfähigkeit[4] und der Beachtung einer gesetzlich
oder rechtsgeschäftlich vorgeschriebenen Form[5] sind zwar notwendige, jedoch
nicht ausreichende Bedingungen für die Wirksamkeit rechtsgeschäftlichen Handelns. Hierfür ist darüber hinaus erforderlich, dass das rechtsgeschäftliche Handeln, sei es als einseitiges oder als mehrseitiges Rechtsgeschäft, **nicht mit einem
Mangel bzw. Fehler** behaftet ist, der dessen Wirksamkeit überhaupt oder jedenfalls
dessen uneingeschränkten Bestand in Frage stellt.

Das Gesetz regelt im Allgemeinen Teil des BGB eine Reihe von Erfordernissen und
Beschränkungen bei der Vornahme von Rechtsgeschäften, deren Nichtbeachtung
zur Mangelhaftigkeit des rechtsgeschäftlichen Handelns führt. Insoweit wird
dann von einem **mangelhaften** oder auch **fehlerhaften Rechtsgeschäft** gesprochen[6].
In Abhängigkeit von dem Grund der Mangelhaftigkeit werden hinsichtlich der
Folgen für die Wirksamkeit bzw. den Bestand des Rechtsgeschäfts von Gesetzes
wegen unterschiedliche Konsequenzen gezogen. Hiernach lassen sich nach der
Intensität der gesetzlich angeordneten Sanktion systematisch **vier Kategorien** mangelhafter bzw. fehlerhafter Rechtsgeschäfte unterscheiden: nichtige Rechtsgeschäfte[7], schwebend unwirksame Rechtsgeschäfte[8], relativ unwirksame Rechtsgeschäfte[9] und vernichtbare (anfechtbare) Rechtsgeschäfte[10].

I. Nichtige Rechtsgeschäfte

Literatur: *Cahn*, Zum Begriff der Nichtigkeit im Bürgerlichen Recht, JZ 1997, 8; *Coester-Waltjen*, Die fehlerhafte Willenserklärung, JURA 1990, 362; *Köhler*, Einschränkungen der Nichtigkeit von Rechtsgeschäften, JuS 2010, 665; *Mayer-Maly*, Die guten Sitten als Maßstab des Rechts, JuS 1986, 596; *ders.*, Was leisten die guten Sitten?, AcP 1994, 105; *Petersen*, Die Wirksamkeit der Willenserklärung, JURA 2006, 426; *ders.*, Die Teilnichtigkeit, JURA 2010, 419; *Schreiber*, Die Nichtigkeit von Verträgen, JURA 2007, 25; *Tscherwinka*, Die Scherzerklärung gemäß § 118 BGB, NJW 1995, 308.
Rechtsprechung: BGHZ 176, 198 (Zur Frage der Nichtigkeit einer sog. "Ohne-Rechnung-Abrede" nach § 134 und § 138; Anwendung von § 139); **BGHZ 158, 81** (Vertragsfreiheit, Inhaltskontrolle von Eheverträgen, Wirksamkeitskontrolle und Ausübungskontrolle, Sittenwidrigkeit; Art. 6 Abs. 1 GG, §§ 138, 242, 1353, 1408, 1410, 1585c BGB); **BGH NJW**

---

1 S. dazu oben Rn. 198 ff.
2 S. zum Zustandekommen eines Vertrages oben Rn. 261 ff.
3 Dazu oben Rn. 214 ff.
4 Dazu oben Rn. 321 ff.
5 S. oben Rn. 370 ff.
6 Zumeist wird die Bezeichnung fehlerhafte Rechtsgeschäfte verwendet, die Terminologie
   ist jedoch uneinheitlich, s. z.B. *Köhler*, BGB AT, § 15 Rn. 1; *Larenz/Wolf*, BGB AT,
   Überschrift zu § 34: Fehlerhafte und unwirksame Rechtsgeschäfte; *Medicus*, BGB AT,
   Überschrift zu § 33: Wirksamkeitserfordernisse und -hindernisse bei Rechtsgeschäften.
7 Dazu folgend Rn. 419 ff.
8 S. Rn. 484 ff.
9 S. Rn. 488 ff.
10 S. Rn. 493 ff.

2003, 347 (Teilnichtigkeit von Rechtsgeschäften, Bedeutung der standardmäßig verwendeten Erhaltensklausel, salvatorische Klausel als Regelung der Darlegungs- und Beweislast; § 139 BGB, § 286 ZPO); **BGHZ 146, 298** (Wucherähnliches Grundstücksgeschäft, Kenntnis vom objektiven Wertverhältnis als Voraussetzung der Vermutung verwerflicher Gesinnung, Beweiserleichterung, Nichtanwendung der Saldotheorie zu Lasten der durch ein wucherähnliches und sittenwidriges Geschäft benachteiligten Partei bei der bereicherungsrechtlichen Rückabwicklung; §§ 138 Abs. 1, Abs. 2, 292, 812 Abs. 1 Satz 1 Alt. 1, 818 Abs. 1, Abs. 3, Abs. 4, 819 Abs. 1, 987 ff. BGB, § 286 ZPO); **BGH NJW 2001, 1062** (Scheingeschäft, Wissenszurechnung des Verhandlungsbevollmächtigten bei beurkundungsbedürftigen Verträgen; §§ 117, 118, 138 Abs. 1, 166 Abs. 1, § 313 a. F. = § 311b Abs. 1 n. F.); **BGHZ 144, 331** (Nichtigkeit des misslungenen notariellen Scheingeschäfts, Scheingeschäftswille nur des Verhandlungsbevollmächtigten, Wissenszurechnung; §§ 117, 118, 166, § 313 a. F. = § 311b Abs. 1 n. F.); **BGHZ 118, 182** (Nichtigkeit des Vertrags über die Schaltung einer Kontaktanzeige wegen Verstoßes gegen das Prostitutionswerbeverbot; §§ 134, 242, 631, 817 Satz 2); **BGHZ 116, 268** (Nichtigkeit der Verpflichtung im Rahmen eines Arztpraxis-Veräußerungsvertrages zur Übergabe von Patientendaten auch ohne deren Einwilligung wegen Verstoßes gegen das Grundrecht auf informationelle Selbstbestimmung sowie die ärztliche Schweigepflicht; Art. 2 Abs. 1 GG, § 134 BGB, § 203 StGB); **BGHZ 110, 336** (Sittenwidriger Ratenkreditvertrag, zusätzliche Richtwertfunktion des absoluten Zinsunterschieds von 12 % in Hochzinsphasen; § 138 Abs. 1, § 607 a. F. = § 488 n. F.); **BGHZ 107, 92** (Privatautonomie, Vertragsfreiheit, Abschluss risikoreicher Geschäfte, sittenwidriger Vertrag, wirtschaftliche Leistungsfähigkeit, Erfüllungsrisiko, unbeschränkte Haftung für Geldschuld mit künftigem Lohn; Art. 1, 2 Abs. 1 GG, § 138 Abs. 1, § 279 a. F. = Beschaffungsrisiko i. S. v. § 276 Abs. 1 Satz 1 a. E., § 310 a. F. = § 311b Abs. 2 n. F. BGB); **BGHZ 85, 39** (Nichtigkeit von gegen das SchwarzArbG verstoßenden Verträgen, Verbot unzulässiger Rechtsausübung; §§ 134, 242); **BGHZ 80, 153** (Sittenwidrigkeit, Zinswucher, Nichtigkeit eines Teilzahlungs- oder Ratenkreditvertrages nicht schon allein aufgrund des Überschreitens des von der Bank verlangten effektiven Jahreszinses gegenüber dem marktüblichen Zins um 100 %, Gesamtbelastung des Kreditnehmers; § 138 Abs. 1, Abs. 2); **BGHZ 69, 295** (Rechtswirksamkeit entgeltlicher Fluchthelferverträge, Einklagbarkeit des Vergütungsanspruchs des Fluchthelfers, sog. Anstandsformel des RG; Art. 11 GG, §§ 134, 138 Abs. 1 BGB); **BGHZ 68, 204** (Sittenwidrige Übervorteilung, keine Umdeutung eines sittenwidrigen Rechtsgeschäfts; §§ 138, 140); **BGHZ 53, 369** (Sittenwidrigkeit eines Geliebten-Testaments nur bei Entlohnung für geschlechtliche Hingabe oder deren Fortsetzung bzw. Festigung, Testamentsanfechtung; § 138); **BGHZ 21, 378** (Gründung einer GmbH durch Strohmänner, Abgrenzung der sog. Strohmann-Gründung zur Scheingründung; §§ 117, 134); **BGHZ 10, 228** (Sittenwidrige Sicherungsübereignung bei Gläubigergefährdung, sog. Anstandsformel des RG; §§ 138, 930).

1. Begriff der Nichtigkeit

419   Der Begriff der Nichtigkeit bzw. des nichtigen Rechtsgeschäfts bedeutet, dass das geplante Rechtsgeschäft **unwirksam** ist und die beabsichtigten Rechtswirkungen **von Anfang an** nicht eintreten[11]. Die Nichtigkeit wirkt grds. für und gegen jedermann[12], d. h. **absolut** in dem Sinne, dass niemand rechtliche Wirkungen aus dem nichtigen Rechtgeschäft ableiten kann. Etwas anderes gilt für den Sonderfall der **relativ unwirksamen Rechtsgeschäfte**[13]. Die Frage der Nichtigkeit eines Rechtsgeschäfts ist in einem gerichtlichen Verfahren durch das Gericht **von Amts wegen** zu

---

11 S. BGHZ 107, 268 (270); *Larenz/Wolf*, BGB AT, § 44 Rn. 4; Palandt/*Ellenberger*, BGB, Überbl. v. § 104 Rn. 27; s. auch schon oben Rn. 400.
12 BGHZ 107, 268 (270).
13 Dazu folgend unter Rn. 488 ff.

prüfen und zu berücksichtigen, ohne dass sich eine der an einem nichtigen Rechtsgeschäft beteiligten Personen darauf berufen muss[14].

> **Bsp.:** Gemäß § 138 Abs. 1 ist ein Rechtsgeschäft, das gegen die guten Sitten verstößt, nichtig[15]. Schließen der Arbeitgeber A und die Arbeitnehmerin B einen Arbeitsvertrag unter der auflösenden Bedingung (§ 158 Abs. 2), dass das Arbeitsverhältnis mit Eintritt einer Schwangerschaft bei B enden soll, so hat in einem gerichtlichen Verfahren, etwa über die Frage, ob das Arbeitsverhältnis im Falle der Schwangerschaft der B aufgrund der Bedingung wirksam beendet worden ist, das Gericht[16] von Amts wegen zu prüfen, ob eine solche Klausel mit den guten Sitten im Einklang steht[17].

Das Gesetz regelt im Allgemeinen Teil des BGB **unterschiedliche Gründe**, die zur **420** Nichtigkeit eines Rechtsgeschäfts führen. Hierzu gehören zunächst die in den Vorschriften der §§ 116–118 geregelten Fälle des **bewussten, willentlichen Auseinanderfallens von Wille und Erklärung**[18]. Des Weiteren kennt das Gesetz Nichtigkeitsgründe, die an den **Inhalt des Rechtsgeschäfts** anknüpfen. Trotz grds. bestehender Vertragsfreiheit auch bezüglich der inhaltlichen Ausgestaltung von Rechtsgeschäften stellt das Gesetz äußerste Grenzen auf, die auch im Rahmen einer privatautonom gestalteten bürgerlichen Rechtsordnung zu beachten sind. Bei diesen inhaltlichen Grenzen handelt es sich zum einen um den in § 134 niedergelegten Nichtigkeitsgrund des Verstoßes gegen ein gesetzliches Verbot[19], zum anderen ist die Gestaltungsfreiheit der rechtsgeschäftlich Handelnden durch den Nichtigkeitsgrund der Sittenwidrigkeit beschränkt[20].

Schließlich bestimmt das Gesetz im Allgemeinen Teil des BGB die Folge der Nich- **421** tigkeit für die Willenserklärung einer **geschäftsunfähigen Person** (§ 105 Abs. 1)[21] und einer Willenserklärung, die im **Zustand der Bewusstlosigkeit oder vorübergehenden Störung der Geistestätigkeit** abgegeben wird (§ 105 Abs. 2)[22], sowie für rechtsgeschäftliches Handeln, das einer **gesetzlich oder rechtsgeschäftlich vorgeschriebenen Form** ermangelt (§ 125)[23]. Diese Nichtigkeitsgründe sind bereits im Zusammenhang mit der Darstellung der Geschäftsfähigkeit und eines ausnahms-

---

14 BGHZ 107, 268 (270).
15 S. noch näher Rn. 444 ff.
16 Und zwar in diesem Fall das ArbG, denn nach § 2 Abs. 1 Nr. 3b ArbGG sind die Gerichte für Arbeitssachen ausschließlich zuständig u.a. für bürgerliche Rechtsstreitigkeiten zwischen Arbeitnehmer und Arbeitgeber über das Bestehen oder Nichtbestehen eines Arbeitsverhältnisses.
17 Was zu verneinen ist, s. nur BAGE 4, 274 (275 ff.), wo der Senat allerdings nicht über § 138, sondern über § 134 i.V.m. Art. 6 Abs. 2 GG zur Nichtigkeit der Klausel kommt. Diese Rspr. ist aufgrund der lediglich mittelbaren Drittwirkung von Grundrechten abzulehnen.
18 Zur Unterscheidung zwischen innerem und äußerem Tatbestand einer Willenserklärung und ihrer Auslegung grds. vom objektiven Empfängerhorizont aus s. oben Rn. 199 ff., 243 ff. Von den Nichtigkeitsgründen der §§ 116–118 zu unterscheiden sind die Konstellationen eines nicht willentlichen Auseinanderfallens von Wille und Erklärung, die nach Maßgabe der §§ 119 ff. unter den dort geregelten Voraussetzungen zur Anfechtung berechtigen, s. dazu noch folgend Rn. 496 ff.
19 Dazu Rn. 436 ff.
20 Dazu Rn. 444 ff.
21 Dazu oben Rn. 329.
22 S. oben Rn. 330.
23 S. dazu oben Rn. 400 ff.

weise bestehenden Formzwangs als sog. weitere Voraussetzungen wirksamen rechtsgeschäftlichen Handelns erörtert worden[24]. Fehlt es an der Geschäftsfähigkeit oder der Einhaltung einer vorgeschriebenen Form, so liegt auch in diesen Fällen ein Mangel bzw. Fehler des rechtsgeschäftlichen Handelns vor, sprich ein mangelhaftes Rechtsgeschäft. Systematisch werden deshalb der Mangel der Geschäftsfähigkeit wie auch der Mangel der Form und die hieran anknüpfende rechtliche Folge der Nichtigkeit vielfach im Zusammenhang mit der Thematik mangelhafter Rechtsgeschäfte behandelt[25]. Auf der anderen Seite stellen die Geschäftsfähigkeit und die Beachtung einer vorgeschriebenen Form elementare Voraussetzungen wirksamen rechtsgeschäftlichen Handelns dar, weshalb unter diesem Blickwinkel ihre Einordnung und Darstellung als (weitere) Wirksamkeitserfordernisse[26] gleichermaßen gerechtfertigt ist.

2. Nichtigkeitsgründe

422 Bereits in anderem Zusammenhang sind die Nichtigkeitsgründe der Geschäftsfähigkeit und des Formmangels behandelt worden. Folgend bleibt deshalb auf die Nichtigkeitsgründe eines bewussten Auseinanderfallens von Wille und Erklärung[27] sowie auf die an den Inhalt eines Rechtsgeschäfts anknüpfenden Nichtigkeitsgründe[28] einzugehen.

423 **a) Nichtigkeit bei bewusstem Auseinanderfallen von Wille und Erklärung.** Anknüpfend an die Unterscheidung zwischen dem inneren und dem äußeren Tatbestand einer Willenserklärung[29] regeln die Vorschriften der §§ 116–118 drei Fälle, in denen das **bewusste, willentliche Auseinanderfallen von Wille (innerer Tatbestand)** und **Erklärung (äußerer Tatbestand)** zur Nichtigkeit der Willenserklärung bzw. des Rechtsgeschäfts führt. Hierzu gehören die Abgabe einer Willenserklärung unter einem geheimen Vorbehalt nach Maßgabe des § 116 Satz 2[30], das Scheingeschäft i.S.d. § 117[31] sowie der Mangel der Ernstlichkeit einer Willenserklärung gemäß § 118[32].

424 **(1) Geheimer Vorbehalt (§ 116).** Nach der Regelung des § 116 Satz 1 ist eine Willenserklärung nicht deshalb nichtig, weil sich der Erklärende insgeheim vorbehält, das Erklärte nicht zu wollen (sog. **Mentalreservation**)[33]. Die unter einem geheimen Vorbehalt i.S.d. § 116 Satz 1 abgegebene Willenerklärung ist allerdings gemäß § 116 Satz 2 nichtig, wenn diese einem anderen gegenüber abzugeben ist und dieser den Vorbehalt kennt.

---

24 S. oben Rn. 321 ff., 370 ff.
25 S. z.B. nur *Medicus*, BGB AT, §§ 33 ff.
26 S. oben Rn. 321 ff., 370 ff.
27 S. Rn. 423 ff.
28 S. Rn. 435 ff.
29 S. oben Rn. 199 ff.
30 S. folgend Rn. 424 ff.
31 Dazu Rn. 426 ff.
32 S. Rn. 433 f.
33 S. nur MünchKomm/*Kramer*, BGB, § 116 Rn. 1.

Die Regelung des § 116 Satz 1 ist Ausdruck dessen, dass das Recht der Willenserklärung nicht allein auf der Selbstbestimmung des Erklärenden aufbaut und dieser unbedingten Vorrang einräumt, sondern auch das Vertrauen des Erklärungsempfängers und des Rechtsverkehrs schützt[34]. Letzterem trägt § 116 Satz 1 dadurch Rechnung, dass der **geheime Vorbehalt** des Erklärenden, das Erklärte nicht zu wollen, nicht zur Nichtigkeit der Willenserklärung führt. Würde man allein auf den Willen des Erklärenden als für das Vorliegen einer rechtlich erheblichen Erklärung maßgebendes Kriterium abstellen, so könnten an eine Erklärung unter Mentalreservation, bei der es auf der Seite des inneren Tatbestands u. U. bereits am Erklärungsbewusstsein[35], mindestens aber am Geschäftsbewusstsein[36] fehlt[37], keine rechtlichen Folgen geknüpft werden. Diese Konsequenz im Sinne der historischen sog. Willenstheorie hat der BGB-Gesetzgeber nicht gezogen, sondern stattdessen unter Anknüpfung an das Vorliegen des äußeren Tatbestands einer Willenserklärung dem Vertrauen des Rechtsverkehrs auf die Wirksamkeit der unter einem geheimen Vorbehalt abgegebenen Erklärung den Vorrang eingeräumt[38].

Der Vorbehalt, das Erklärte nicht zu wollen, ist dann insgeheim i.S.d. § 116 Satz 1, wenn dieser Wille vor demjenigen, für den die Erklärung bestimmt ist, **verheimlicht wird**[39]. Dabei ist zu beachten, dass die Person, für die eine Erklärung bestimmt ist, im Falle einer empfangsbedürftigen Willenserklärung nicht notwendig nur der Erklärungsgegner ist. Bedeutung erlangt das insb. bei der Erteilung einer Innenvollmacht[40] unter geheimem Vorbehalt, den zwar der Bevollmächtigte kennt, nicht aber der Geschäftsgegner[41]

> **Bsp.:** Ehefrau F erteilt ihrem Ehemann M Vollmacht zum Abschluss von Kaufverträgen. Insgeheim will sie von M nicht vertreten werden, wovon dieser auch Kenntnis hat. – Gleichwohl ist die Vollmacht wirksam, wenn dem Geschäftsgegner, dem gegenüber der Bevollmächtigte M seine Erklärungen abgeben soll, der Vorbehalt verheimlicht wird, weil auch für diesen die Vollmachterklärung bestimmt ist[42].

Die **Gründe**, aus denen der Erklärende sich insgeheim vorbehält, das Erklärte nicht zu wollen, sind für die Rechtsfolge des § 116 Satz 1 – Wirksamkeit der Willenserklärung – unerheblich. Die Mentalreservation kann z.B. aus Mitleid, Schädigungsabsicht, Angeberei oder auch zum Scherz[43] erfolgen. Erforderlich ist,

---

34 S. schon oben Rn. 198.
35 S. dazu oben Rn. 203.
36 S. oben Rn. 204.
37 Nach Hk-BGB/*Dörner*, § 116 Rn. 1 fehlt lediglich der Geschäftswille, was nur dann zutreffend ist, wenn der Erklärende zwar rechtlich bedeutsam handeln, nicht jedoch das dem äußeren Tatbestand nach beabsichtige Rechtsgeschäft tätigen will.
38 Zur Bedeutung des § 116 Satz 1 vor dem Hintergrund der historischen Auseinandersetzung zwischen Willenstheorie und Erklärungstheorie s. m. w. N. MünchKomm/*Kramer*, BGB, § 116 Rn. 1 ff.
39 BGH NJW 1966, 1915 (1916).
40 S. dazu Rn. 625.
41 S. BGH NJW 1966, 1915 (916).
42 Vgl. den Fall BGH NJW 1966, 1915 (1916).
43 In Abgrenzung zum Nichtigkeitsgrund des § 118 (s. Rn. 433 f.) muss es sich allerdings um einen sog. „bösen Scherz" handeln, bei dem der Empfänger nach dem Willen des Erklärenden die fehlende Ernstlichkeit der Erklärung nicht erkennt, s. etwa MünchKomm/*Kramer*, BGB, § 116 Rn. 8.

dass sich der geheime Vorbehalt auf die mit der Erklärung ihrem äußeren Tatbestand nach **beabsichtigte Rechtsfolge** bezieht[44]. Deshalb erfasst § 116 Satz 1 von vornherein nicht den Fall, dass sich jemand rechtsgeschäftlich bindet und von Anfang an die Absicht hat, den damit begründeten Verpflichtungen nicht nachzukommen[45].

Dem **Anwendungsbereich** des § 116 Satz 1 unterfallen sowohl empfangsbedürftige Willenserklärungen, wie z. B. ein Vertragsangebot oder eine Kündigung, wie auch nicht empfangsbedürftige Willenserklärungen wie etwa die Auslobung (§ 657) oder das Testament (§§ 2064 ff.). Darüber hinaus findet die Regelung auch auf **geschäftsähnliche Handlungen**[46] Anwendung[47].

425   Gemäß § 116 Satz 2 ist eine mit einem geheimen Vorbehalt i. S. d. § 116 Satz 1 abgegebene Erklärung nichtig, sofern sie einem anderen gegenüber abzugeben ist und dieser den Vorbehalt kennt. Dieser Nichtigkeitsgrund hat neben dem **Vorliegen einer Mentalreservation** zur Voraussetzung, dass es sich bei der abgegebenen Erklärung um eine **empfangsbedürftige Willenserklärung** handelt und der **Empfänger positive Kenntnis**[48] von der Mentalreservation hat. In Abgrenzung zu § 117 Abs. 1[49] ist der Anwendungsbereich des § 116 Satz 2 darauf beschränkt, dass der Erklärungsempfänger den geheimen Vorbehalt durchschaut[50], der Erklärende das jedoch nicht weiß, mithin zwischen beiden über das Vorliegen der Mentalreservation anders als bei § 117 Abs. 1 **kein Konsens** besteht[51].

Die Anordnung der Nichtigkeit der Willenserklärung im Falle des § 116 Satz 2 ist im Hinblick darauf im Vergleich mit § 116 Satz 1 **nicht konsequent**, als bei Satz 2 im Ergebnis dem wahren Willen des Erklärenden gegenüber dem Schutz des Empfängers der Vorrang eingeräumt wird, obwohl der Erklärende versucht, den Empfänger über seinen eigentlichen Willen im Unklaren zu lassen. Deshalb läge es trotz der Kenntnis des Empfängers nahe, den Erklärenden an seinem nach außen zum Ausdruck gebrachten Rechtsfolgewillen festzuhalten[52].

426   **(2) Scheingeschäft (§ 117).** Gemäß § 117 Abs. 1 ist eine einem anderen gegenüber abzugebende Willenserklärung, die mit dessen Einverständnis nur zum Schein abgegeben wird, nichtig. Sodann bestimmt § 117 Abs. 2 für den Fall, dass durch ein Scheingeschäft ein anderes Rechtsgeschäft verdeckt wird, dass die für das verdeckte Rechtsgeschäft geltenden Vorschriften Anwendung finden.

Die Regelung des § 117 Abs. 1 steht mit der **Anordnung der Nichtigkeit des Scheingeschäfts** im Einklang mit den allgemeinen Grundsätzen zur Auslegung empfangsbedürftiger Willenserklärungen, wonach das objektiv Erklärte nicht

---

44 *Larenz/Wolf*, BGB AT § 35 Rn. 10.
45 S. *Larenz/Wolf*, BGB AT, § 35 Rn. 10.
46 Zum Begriff s. oben Rn. 209.
47 MünchKomm/*Kramer*, BGB, § 116 Rn. 4.
48 Kennenmüssen reicht nicht, s. nur Hk-BGB/*Dörner*, § 116 Rn. 4.
49 S. folgend Rn. 426 ff.
50 Hk-BGB/*Dörner*, § 116 Rn. 4.
51 S. MünchKomm/*Kramer*, BGB, § 116 Rn. 13.
52 S. zur rechtspolitischen Fragwürdigkeit der Nichtigkeitsregelung des § 116 Satz 2 MünchKomm/*Kramer*, BGB, § 116 Rn. 2, wonach diese Bestimmung historisch als Folge der Willenstheorie zu erklären ist.

maßgeblich ist, wenn der wirkliche Wille des Erklärenden feststeht und der Empfänger die Erklärung auch in diesem Sinne versteht[53]. Folgerichtig zieht das Gesetz in § 117 Abs. 1 die Konsequenz der Nichtigkeit und trägt damit dem wirklichen Willen Rechnung, wenn eine Erklärung mit Einverständnis des Empfängers abweichend von dem äußeren Tatbestand nur zum Schein als rechtlich erhebliche Erklärung abgegeben wird. In einem solchen Fall fehlt dem Erklärenden bereits das **Erklärungsbewusstsein**, weil er nur scheinbar, nicht aber seinem wirklichen Willen nach eine rechtlich erhebliche Erklärung abgeben will[54].

Die Regelung des § 117 Abs. 1 findet nur Anwendung auf eine Willenserklärung, die einem anderen gegenüber abzugeben ist, mithin allein auf **empfangsbedürftige Willenserklärungen**[55]. Nicht erfasst wird deshalb etwa ein lediglich zum Schein errichtetes Testament, weil es sich hierbei nicht um eine Willenserklärung handelt, die einem anderen gegenüber abzugeben ist[56].

Der Eintritt der Nichtigkeitsfolge des § 117 Abs. 1 setzt des Weiteren voraus, dass **427** die empfangsbedürftige Willenserklärung mit **Einverständnis des Empfängers** nur zum Schein abgegeben wird. Damit ist im Unterschied zum Nichtigkeitsgrund nach § 116 Satz 2 mehr gefordert als die bloße Kenntnis des Empfängers davon, dass der Erklärende das Erklärte nicht wirklich will[57]. Zwischen den Beteiligten muss vielmehr ein **tatsächlicher Konsens** über die Hervorrufung nur des äußeren Scheins eines Rechtsgeschäfts bestehen, wobei diese Willensübereinstimmung nicht rechtsgeschäftlicher Natur, sondern selbst notwendiges Tatbestandselement des Scheingeschäfts ist[58]. Deshalb liegt ein Scheingeschäft mangels des erforderlichen Einverständnisses i.S.d. § 117 Abs. 1 z.B. nicht vor, wenn bei einem Vertrag der Wille zum Abschluss eines Scheingeschäfts nicht bei beiden Vertragspartnern vorhanden ist[59].

> **Bsp.:** K kauft von V ein Grundstück zum notariell beurkundeten Preis in Höhe von 150.000 € (§§ 433, 311b Abs. 1 Satz 1). Mit der Mutter von V hatte K ohne dessen Wissen vereinbart, weitere 30.000 € als seinerseits zu erbringende Gegenleistung für die Übertragung des Grundstücks zu zahlen. – Im Hinblick darauf, dass der V als Vertragspartner von der zwischen seiner Mutter und dem K getroffenen Abrede nichts wusste, kann der V nicht den Willen gehabt haben, dass die zusätzlich an die Mutter

---

53 S. auch *Larenz/Wolf*, BGB AT, § 35 Rn. 21; Hk-BGB/*Dörner*, § 117 Rn. 1; zur Auslegung empfangsbedürftiger Willenserklärungen oben Rn. 245 f.
54 Zutreffend Palandt/*Ellenberger*, BGB, § 117 Rn. 1, wonach schon tatbestandlich keine Willenserklärung vorliegt; MünchKomm/*Kramer*, BGB, § 117 Rn. 1; ebenso OLG Hamm NJW-RR 1996, 1233 (1233); anders BGHZ 21, 378 (381); BGHZ 36, 84 (88), wonach der Geschäftswille fehlt; ebenso Hk-BGB/*Dörner*, § 117 Rn. 1. Wird durch das Scheingeschäft ein anderes Rechtsgeschäft verdeckt, dessen rechtliche Verbindlichkeit die Parteien wollen (Fall des § 117 Abs. 2, s. noch Rn. 431), dann ist bezogen auf dieses Rechtsgeschäft Rechtsbindungswille bzw. Erklärungsbewusstsein gegeben.
55 S. zum Begriff der empfangsbedürftigen Willenserklärung näher oben Rn. 214.
56 RGZ 104, 320 (322); BayObLG FamRZ 1977, 347 (348); zu nicht empfangsbedürftigen Willenserklärungen s. oben Rn. 213.
57 S. auch Hk-BGB/*Dörner*, § 117 Rn. 5; MünchKomm/*Kramer*, BGB, § 117 Rn. 8; zu § 116 Satz 2 s. oben Rn. 425.
58 S. BGHZ 144, 331 (333).
59 RGZ 168, 204 (205); BGH NJW-RR 1993, 1168 (1169); BGHZ 144, 331 (332); BGH WM 2001, 734 (735).

zu zahlenden 30.000 € Teil des Grundstückskaufpreises sein sollten. Damit fehlt es mangels Einverständnisses des V bezüglich des beurkundeten Grundstückskaufvertrages an einem Scheingeschäft i.S.d. § 117 Abs. 1[60].

Eine empfangsbedürftige Willenserklärung wird dann mit Einverständnis des Empfängers zum Schein abgegeben, wenn beide Beteiligten nur den äußeren Schein eines Rechtsgeschäfts hervorrufen, mithin die mit dem betroffenen Rechtsgeschäft verbundenen Rechtswirkungen nicht eintreten lassen wollen[61]. Deshalb ist z.B. ein Vertrag nur zum Schein abgeschlossen, wenn nach dem übereinstimmenden Willen der Parteien **das Vereinbarte keine Geltung haben soll**[62], sprich, die Parteien die damit verbundenen Rechtsfolgen, insb. Ansprüche und Verpflichtungen, nicht begründen wollen.

Bsp. (1): Der H führte einen Handwerksbetrieb in der Rechtsform der GmbH, deren Gesellschafter er zusammen mit seinem Sohn war. Die Bank B hatte der GmbH in größerem Umfang Kredite gewährt. Kurze Zeit vor seinem Ausscheiden als Gesellschafter aus der GmbH unterschrieb der H als Vertragspartei bei der B einen Darlehensvertrag (§ 488) über 250.000 €. Der Kreditvertrag sollte dazu dienen, den Schuldsaldo der GmbH bei der B zu vermindern. Bei der Unterzeichnung des Darlehensvertrages waren sich die Parteien einig, dass dieser nur pro forma aus bankinternen Gründen zur Rechtfertigung des Kreditengagements der B bei der GmbH geschlossen werden sollte. Für den H sollte keine Rückzahlungsverpflichtung entstehen, diese sollte vielmehr allein die GmbH treffen. Als kurze Zeit später die GmbH insolvent wurde, verlangte die B von H Rückzahlung des Darlehens. – Einem Rückzahlungsanspruch der B gegen H aufgrund des Darlehensvertrags aus § 488 Abs. 1 Satz 2 stand hier entgegen, dass der Vertrag als Scheingeschäft nach § 117 Abs. 1 nichtig war. Denn die Parteien waren sich bei Abschluss des Vertrages einig, dass dieser zwischen H und B nur pro forma geschlossen werden und für H keine Verpflichtungen entstehen sollten. Damit wollten sie die mit einem Darlehensvertrag verbundenen Rechtsfolgen nicht eintreten lassen[63].

Bsp. (2): Die Eheleute F und M ließen sich scheiden. Im Zuge des Scheidungsverfahrens trafen die Eheleute eine Vereinbarung, nach welcher die F auf Unterhalt verzichtete und der M als Gesellschafter-Geschäftsführer einer GmbH mit ihr einen Arbeitsvertrag (§ 611 Abs. 1) schloss, aufgrund dessen die F monatlich 2.000 € erhalten sollte. Dabei gingen F und M davon aus, dass die F im Hinblick auf die Betreuung der beiden minderjährigen Kinder keine Verpflichtung zur Erbringung einer Arbeitsleistung für die GmbH treffen sollte. Hintergrund der Vereinbarung des Arbeitsvertrages war das Ziel, der F anstelle von Unterhalt ein monatliches Einkommen zu verschaffen und zugleich deren Absicherung in der Sozialversicherung zu erreichen. Als die monatlichen Zahlungen der GmbH ausblieben, klagte die F auf Zahlung. – Ein Anspruch auf Vergütung nach § 611 Abs. 1 konnte nicht in Betracht kommen, weil es sich bei dem Arbeitsvertrag um ein Scheingeschäft i.S.d. § 117 Abs. 1 handelte. Bei Abschluss des Vertrages gingen sowohl F wie auch M davon aus, dass die F keine Verpflichtung zur Erbringung einer Arbeitsleistung treffen sollte. Damit wollten beide nicht die Rechtsfolgen der von ihnen abgegebenen Erklärungen.[64]

---

60 S. den Fall BGH WM 2001, 734 ff., zum Grundstücks-Schwarzkauf als Scheingeschäft noch folgend.
61 BGHZ 36, 84 (87); 67, 334 (339); BGH NJW 1980, 1573 (1573); BAG NJW 1993, 2767 (2767); BGH NJW 1999, 351; BGHZ 144, 331 (333).
62 BGH DNotZ 2003, 123 (124).
63 S. den Fall BGH NJW 1993, 2435 f.
64 S. den Fall BGH NJW 1984, 2350 f., hier auch zu der weiteren Frage, ob durch das Scheingeschäft eine Verpflichtung zur Rentenzahlung an die F verdeckt wurde.

Bsp. (3): V und K schließen einen Grundstückskaufvertrag in notariell beurkundeter Form (§§ 433 Abs. 1, 311b Abs. 1 Satz 1). In dem notariellen Vertrag lassen sie bewusst statt des tatsächlich verabredeten Kaufpreises in Höhe von 200.000 € nur einen Kaufpreis in Höhe von 120.000 € beurkunden, um insb. Grunderwerbssteuer und Notargebühren zu sparen[65]. Hier ist der notarielle Grundstückskaufvertrag als Scheingeschäft nach § 117 Abs. 1 nichtig, weil nach dem Willen beider Parteien das Vereinbarte keine Geltung haben soll, sprich diese die Rechtsfolge des Verkaufs des Grundstücks zu dem angegebenen Preis nicht wollen[66].

An einem Scheingeschäft **fehlt** es, wenn das zwischen den Parteien Vereinbarte **428** **Geltung haben soll,** d.h. der Vertrag die von den Parteien gewollten Verpflichtungen zutreffend wiedergibt[67]. Daran ändert sich auch dadurch nichts, dass eine Vereinbarung weitere Abreden enthält, die von den Parteien in Wirklichkeit nicht gewollt sind[68].

Bsp.: V verkauft an K ein mit einem Altbau bebautes Grundstück in notariell beurkundeter Form (§§ 433 Abs. 1, 311b Abs. 1 Satz 1). Bezüglich des Kaufpreises enthält der Vertrag folgende Regelung: „Der Kaufpreis beträgt 900.000 € und setzt sich zusammen aus: Grund und Boden 200.000 €; Gebäude 550.000 €; Sanierungsauftrag 150.000 €." Nach dem Willen beider Parteien sollte ein Sanierungsauftrag nicht erteilt werden. Dieser Bestandteil des Kaufpreises zielte allein auf die Erlangung steuerlicher Vorteile. – Hier fehlt es an den Voraussetzungen eines Scheingeschäfts im Hinblick darauf, dass die Parteien den Grundstückskaufvertrag mit den hierdurch begründeten Verpflichtungen zur Verschaffung des Eigentums und zur Zahlung des vereinbarten Kaufpreises wollten. Die zur Erlangung steuerlicher Vorteile vorgenommene Bezeichnung eines Teils des Kaufpreises als Gegenleistung für eine Sanierung, die nach dem Willen der Parteien gar nicht durchgeführt werden sollte, ändert an dem ein Scheingeschäft ausschließenden Willen zur Geltung des Grundstückskaufvertrages mit den daraus folgenden Verpflichtungen nichts[69].

An einem Scheingeschäft i.S.d. § 117 Abs. 1 fehlt es auch im Fall eines sog. **Treu-** **429** **handgeschäfts**[70]. Unter letzterem wird ein Rechtsgeschäft verstanden, bei dem ein Beteiligter Partei wird, der nach außen die aus dem Geschäft resultierende volle Rechtsposition erhält, jedoch diese als Treuhänder z.B. auf der Grundlage eines entgeltlichen Geschäftsbesorgungsvertrages (§ 675) etwa zur Vermögensbetreuung für einen sog. Treugeber wahrnimmt und insoweit im Rahmen des Treuhandverhältnisses bei der Ausübung seiner Rechtsstellung Beschränkungen unterworfen ist[71]. Bei einem Vertrag zwischen einem Dritten und einem Treuhänder haben beide Seiten im Unterschied zu einem Scheingeschäft den Willen, dass die rechtli-

---

65 Typischer Fall des sog. Grundstücks-Schwarzkaufs durch eine sog. Unterbriefungsabrede, s. z.B. BGH NJW 1980, 451 f. und BGHZ 89, 41 ff. S. auch schon oben Rn. 389.
66 S. nur BGHZ 89, 41 (43); zur Anwendung des § 117 Abs. 2 auf das verdeckte Geschäft s. noch folgend Rn. 431.
67 BGH DNotZ 2003, 123 (124).
68 BGH DNotZ 2003, 123 (124).
69 S. den Fall BGH DNotZ 2003, 123 ff.
70 S. BGH NJW-RR 1993, 367 (367); BAG NJW 1993, 2767; MünchKomm/*Kramer*, BGB, § 117 Rn. 13.
71 S. zum Begriff der Treuhand und ihren verschiedenen Formen Palandt/*Ellenberger*, BGB, Überbl. v. § 104 Rn. 25.

chen Folgen des Geschäfts Geltung haben sollen[72] mit der Folge, dass der Treuhänder aus dem Geschäft berechtigt und/oder verpflichtet wird[73].

> **Bsp.:** Ehemann M kauft bei der Sparkasse S zwei Sparkassenbriefe im Wert von 200.000 €, wobei die Briefe aus steuerlichen Gründen auf den Namen seiner Schwiegermutter (!) ausgestellt werden (echter Kaufvertrag zugunsten Dritter, §§ 433 Abs. 1, 328 Abs. 1). Nach der Scheidung des M von seiner Ehefrau F weigert sich die Ex-Schwiegermutter, die Briefe an M herauszugeben. – Hier handelt es sich nicht um ein Scheingeschäft, weil die Rechtsfolgen des Kaufvertrages zugunsten der Schwiegermutter und der hierzu gehörigen Erfüllungsgeschäfte, diese sollte Rechtsinhaberin der verbrieften Sparforderungen und Eigentümerin der Urkunden werden, von M aus steuerlichen Gründen gewollt waren. Denn der wirtschaftliche Zweck der treuhänderischen Verwaltung des Vermögens des M durch die Schwiegermutter (Steuervorteile) konnte nur mit dem Willen der Geltung des Kaufvertrages zugunsten Dritter erreicht werden. Geht man im Innenverhältnis zwischen M und der Schwiegermutter von der Vereinbarung eines Auftrags (§ 662) als rechtlicher Grundlage der Treuhand aus, so hat der M gemäß § 667 Anspruch auf Herausgabe der Briefe[74].

430 Von einem Scheingeschäft abzugrenzen ist darüber hinaus das sog. **Strohmanngeschäft.** Ein solches Rechtsgeschäft ist dadurch gekennzeichnet, dass bei Vertragsschluss auf der einen Seite eine Person als Vertragspartner – der sog. Strohmann – vorgeschoben wird[75]. In Abgrenzung zu einem Scheingeschäft sind hier die von den Parteien mit dem Rechtsgeschäft beabsichtigten Rechtsfolgen normalerweise ernstlich gewollt, weil anderenfalls der erstrebte wirtschaftliche Zweck nicht oder nicht in rechtsbeständiger Weise erreicht werden kann[76]. Deshalb wird nach dem Willen der Parteien bei einem Strohmanngeschäft der Strohmann selbst aus dem Rechtsgeschäft berechtigt und verpflichtet.[77]

> **Bsp.:** Der öffentlichkeitsscheue Industriellenerbe X hat Interesse an einem wertvollen Gemälde, das im Rahmen einer Kunstauktion versteigert werden soll. Da er selbst nicht als Ersteigerer auftreten will, beauftragt er den Y, an der Auktion teilzunehmen und das Bild um jeden Preis zu ersteigern. Auf der Versteigerung erhält Y der Zuschlag. – Hier ist zwischen dem Einlieferer des Gemäldes, vertreten durch den Auktionator, und dem Y nach Maßgabe des § 156 ein Kaufvertrag über das Bild zustande gekommen.[78] Der Y ist als Strohmann Vertragspartei des Kaufvertrages geworden. Es handelt sich nicht um ein Scheingeschäft, weil nach dem Willen beider Vertragsparteien die rechtlichen Folgen des Geschäfts (§ 433 Abs. 1, Abs. 2) gewollt sind. Im Innenverhältnis zwischen X und Y ist dieser aufgrund des Auftrags (§ 662) nach § 667 zur Herausgabe

---

72 S. BAG NJW 1993, 2767.
73 S. BGHZ 134, 212 (215).
74 S. den Fall BGH NJW-RR 1993, 367 (367).
75 S. BGH NJW 1980, 1573 (1573); NJW 1995, 727 (727); s. zum Begriff des Strohmanngeschäfts näher MünchKomm/*Kramer*, BGB, § 117 Rn. 14 f., der das Strohmanngeschäft als Unterfall des Treuhandgeschäfts bezeichnet.
76 BGHZ 21, 378 (381); BGH NJW 1980, 1573 (1573); NJW 1995, 727 (727).
77 S. BGH NJW 1993, 2767; NJW 1995, 727 (727). Davon zu unterscheiden sind die rechtsgeschäftlichen Vereinbarungen zwischen dem nach außen auftretenden Strohmann und dem sog. Hintermann, aufgrund dessen diesem die Vorteile des Strohmanngeschäfts zugute kommen sollen und gleichzeitig der Strohmann von den übernommenen Verpflichtungen freigestellt werden bzw. dafür einen Ausgleich bekommen soll. Vertraglich kann dieses Rechtsverhältnis z.B. in Form eines Auftrags (§§ 662 ff.) abgewickelt werden.
78 S. zum Vertragsschluss nach § 156 oben Rn. 291.

des Gemäldes verpflichtet. Auf der anderen Seite kann Y von X gemäß § 670 Ersatz der Aufwendungen verlangen, die er den Umständen nach für erforderlich halten durfte.

Besteht in einem gerichtlichen Verfahren Streit über das Vorliegen eines Scheinge- **431** schäfts i. S. v. § 117 Abs. 1, so hat derjenige, der den bloßen Scheincharakter des Geschäfts behauptet, die hierfür maßgebenden **Tatsachen darzulegen** und zu beweisen[79]. Das folgt daraus, dass grds. von der Ernstlichkeit rechtsgeschäftlicher Erklärungen auszugehen ist[80]. Für den Fall, dass durch ein Scheingeschäft ein **anderes Rechtsgeschäft verdeckt werden sollte**, finden nach § 117 Abs. 2 die für das verdeckte Rechtsgeschäft geltenden Vorschriften Anwendung. Diese Bestimmung ist auf die nicht notwendig bestehende Konstellation zugeschnitten, dass Beteiligte eines Rechtsgeschäfts einvernehmlich ein Scheingeschäft tätigen, um dadurch ein tatsächlich gewolltes anderes Rechtsgeschäft zu tarnen. Insoweit bestimmt § 117 Abs. 2, dass die Wirksamkeit des tatsächlich gewollten Rechtsgeschäfts am Maßstab der hierfür geltenden Vorschriften zu beurteilen ist. Das bedeutet, dass nach „Entdeckung" des Scheingeschäfts und damit verbundener „Enttarnung" eines tatsächlich gewollten anderen Rechtsgeschäfts geprüft werden muss, ob dieses Wirksamkeit entfaltet oder aber z.B. wegen Formmangels (§ 125)[81], Gesetzesverstoß (§ 134)[82] oder Sittenwidrigkeit (§ 138)[83] nichtig ist[84].

Bsp. (1): V ist Mitgesellschafter der X-GmbH. Durch notariell beurkundeten Vertrag vom 15.12.2010 verkauft er seinen Geschäftsanteil für 100.000 € an den Mitgesellschafter K und erklärt in derselben Urkunde die Abtretung des Geschäftsanteils (Verfügungsgeschäft) zur Erfüllung des Kaufvertrages. Bereits zwei Monate zuvor hatten die Parteien mit Blick auf die bevorstehende Veräußerung des Geschäftsanteils einen schriftlichen Beratungsvertrag geschlossen, demzufolge der V von Januar bis Dezember 2011 gegen ein monatliches Honorar von 4.000 € als freier Mitarbeiter beratend für die X-GmbH tätig sein sollte (Dienstvertrag i.S.d. § 611 Abs. 1). Das vereinbarte Honorar wurde von der X-GmbH nicht gezahlt, diese kündigte vielmehr den Beratungsvertrag. V klagt gegen K auf Zahlung von 48.000 € unter Verweis darauf, bei dem Beratungsvertrag habe es sich um ein Scheingeschäft gehandelt. In Wirklichkeit sei das Beratungshonorar ein Teil des Kaufpreises für den Geschäftsanteil gewesen, der auf ausdrücklichen Wunsch des K aus Gründen der Steuerersparnis als Beratungshonorar bezeichnet wurde. Es habe Einigkeit darüber bestanden, dass eine Beratung der X-GmbH nicht erfolgen sollte. – Trifft die Behauptung des V zu, dann stellte der Beratungsvertrag zwischen V und der X-GmbH ein Scheingeschäft i.S.d. § 117 Abs. 1 dar. Denn die Parteien wollten die mit dem Beratungsvertrag verbundenen Rechtsfolgen, insb. eine Verpflichtung des V zur Beratung der X-GmbH, nicht eintreten lassen. Durch dieses Scheingeschäft sollte ein von V und K tatsächlich gewolltes Geschäft, nämlich das Versprechen eines zusätzlichen Kaufpreises, verdeckt werden. Gemäß § 117 Abs. 2 richtet sich die rechtliche Wirksamkeit dieses Geschäfts nach den hierfür einschlägigen Normen. Das Versprechen eines zusätzlichen Entgelts für die Übertragung des Geschäftsanteils ist als untrennbarer Bestandteil des zwischen V und K geschlossenen Kaufvertrages über den Geschäftsanteil anzusehen. Deshalb bedurfte auch

---

79 BGH NJW 1980, 1573 (1573); NJW 1988, 2597 (2599); BAG NJW 1996, 1299 (1300); NJW 2003, 2930 (2930); s. auch MünchKomm/*Kramer*, BGB, § 117 Rn. 18.
80 So BGH NJW 1988, 2597 (2599).
81 S. dazu oben Rn. 400 ff.
82 Dazu folgen Rn. 436 ff.
83 S. Rn. 444 ff.
84 S. BGH NJW 1983, 1843 (1844).

dieses Versprechen nach § 15 Abs. 4 Satz 1 GmbHG der notariellen Beurkundung. Die Nichtbeachtung des Formzwangs führte zur Nichtigkeit des gesamten Kaufvertrages.[85] Jedoch wurde der Formmangel gemäß § 15 Abs. 4 Satz 2 GmbHG durch die in der notariellen Urkunde zugleich enthaltene Abtretung des Geschäftsanteils geheilt. Damit hatte der Kaufvertrag seinem gesamten Inhalt nach einschließlich des nicht beurkundeten Teils über das zusätzliche Entgelt Wirksamkeit erlangt mit der Folge, dass V erfolgreich seinen Anspruch auf den zusätzlichen Teil des Kaufpreises geltend machen kann[86].

Bsp. (2): Im Fall eines Grundstücks-Schwarzkaufs ist der mit einem niedrigeren als dem tatsächlich vereinbarten Kaufpreis beurkundete Kaufvertrag als Scheingeschäft nach § 117 Abs. 1 nichtig.[87] Für den tatsächlich gewollten Kaufvertrag zu dem höheren Preis als verdecktes Rechtsgeschäft sind gemäß § 117 Abs. 2 die hierfür geltenden Vorschriften maßgebend. Damit ist dieser Grundstückskaufvertrag mangels Einhaltung der in § 311b Abs. 1 Satz 1 vorgeschriebenen Form der notariellen Beurkundung nach § 125 Satz 1 nichtig.[88] Sofern gleichwohl die Auflassung (§ 925) und die Eintragung des Erwerbers in das Grundbuch erfolgt sind, ist der formunwirksame Vertrag nach § 311b Abs. 1 Satz 2 geheilt worden.[89]

432   Auf die Nichtigkeit eines Scheingeschäfts nach § 117 Abs. 1 kann sich **jeder Beteiligte und jeder Dritte berufen**.[90] Ist ein Scheingeschäft zum Zwecke der Täuschung eines Dritten abgeschlossen worden, so können diesem bei Vorliegen der Voraussetzungen **Schadensersatzansprüche** aus § 823 Abs. 2 i.V.m. § 263 StGB oder auch nach § 826 zustehen[91].

433   **(3) Mangel der Ernstlichkeit (§ 118).** Gemäß der Regelung des § 118 ist eine nicht ernstlich gemeinte Willenserklärung, die in der Erwartung abgegeben wird, der Mangel der Ernstlichkeit werde nicht verkannt, nichtig. Anders als die Nichtigkeitsgründe des § 116 Satz 2[92] und des § 117 Abs. 1[93] erfasst § 118 alle Willenserklärungen, also neben empfangsbedürftigen auch nicht empfangsbedürftige Willenserklärungen[94].

Voraussetzung für die Nichtigkeit nach § 118 ist zunächst die Abgabe einer **nicht ernstlich gemeinten Willenserklärung**. Das sind solche Willensäußerungen, bei denen der Erklärende **ohne Erklärungsbewusstsein**, sprich ohne Rechtsbindungswillen handelt.[95] Hierzu gehören „die Fälle des Scherzes, der höflichen Redensart, der theatralischen Darstellung, des zum Zwecke der Belehrung gegebenen Bei-

---

85 S. dazu oben Rn. 400 f.
86 S. den instruktiven Fall BGH NJW 1983, 1843 f.
87 S. oben Rn. 427.
88 S. BGH NJW 1980, 451 (451); BGHZ 89, 41 (43).
89 So im Fall BGHZ 89, 41 ff.; zur Heilung formnichtiger Rechtsgeschäfte s. oben Rn. 404 ff.
90 S. *Larenz/Wolf*, BGB AT, § 35 Rn. 29.
91 *Larenz/Wolf*, BGB AT, § 35 Rn. 33; ausf. zum Schutz Dritter MünchKomm/*Kramer*, BGB, § 117 Rn. 19 ff.
92 S. oben Rn. 424 ff.
93 Dazu Rn. 426 ff.
94 S. zum Testament RGZ 104, 320 (322); Hk-BGB/*Dörner*, § 118 Rn. 2; MünchKomm/*Kramer*, BGB, § 118 Rn. 2.
95 S. auch Hk-BGB/*Dörner*, § 118 Rn. 1.

spiels."[96] Von praktischer Bedeutung ist die auch unter § 118 fallende Konstellation, dass eine Willenserklärung lediglich zum Schein abgegeben werden soll und der Erklärende die Vorstellung hat, dass der Empfänger das erkennt, was jedoch nicht der Fall ist. Hier bleibt das Scheingeschäft einseitig und wird als sog. **misslungenes Scheingeschäft** unter § 118 eingeordnet[97].

Die nicht ernstlich gemeinte Willenserklärung muss in der Erwartung abgegeben werden, der Mangel der Ernstlichkeit werde nicht verkannt werden. Mit diesem **subjektiven Erfordernis** des Nichtigkeitsgrundes, das positiv gewendet bedeutet, der Erklärende muss davon ausgehen, dass der Empfänger die mangelnde Ernstlichkeit seiner Erklärung erkennt, wird der Tatbestand des § 118 zum einen von dem Nichtigkeitsgrund des § 116 Satz 2 abgegrenzt. Denn bei einem **geheimen Vorbehalt** i.S.d. § 116 Satz 2 i.V.m. Satz 1 geht die Vorstellung des Erklärenden gerade dahin, dass seine nicht gewollte Erklärung von der anderen Seite ernst genommen wird.[98] Zugleich erfolgt über das subjektive Erfordernis des § 118 die **Abgrenzung zum Scheingeschäft** i.S.d. § 117 Abs. 1, das nur bei einem Einverständnis zwischen Erklärendem und Empfänger über die mangelnde Ernstlichkeit der Erklärung gegeben ist.[99] Liegt dieses nicht vor und schlägt damit die Erwartung des Erklärenden fehl, weil der Empfänger die mangelnde Ernstlichkeit der Scheinerklärung nicht (er)kennt, so kommt der Nichtigkeitsgrund des § 117 Abs. 1 nicht in Betracht, sondern allein eine Unwirksamkeit der Erklärung nach § 118[100].

Für das Vorliegen des subjektiven Tatbestandselements des § 118 ist allein entscheidend, dass **der Erklärende davon ausgeht**, die mangelnde Ernstlichkeit seiner Erklärung werde erkannt[101]. Hingegen ist nicht gefordert, dass die mangelnde Ernstlichkeit dem Empfänger oder einem betroffenen Dritten[102] hätte auffallen müssen[103]. Für das Eingreifen des Nichtigkeitsgrundes ist es deshalb irrelevant, ob unter Anknüpfung an den äußeren Tatbestand der Erklärung deren mangelnde Ernstlichkeit überhaupt erkennbar war[104]. Damit spielt der objektive Erklärungswert der nicht ernstlich gemeinten Erklärung für die Anwendbarkeit des § 118 keine Rolle[105]. Das hat zur Konsequenz, dass der Empfänger bzw. Rechtsverkehr nicht auf die Wirksamkeit einer ihrem äußeren Tatbestand nach ernst gemeint erscheinenden Willenserklärung vertrauen kann, sofern diese nach dem Willen des Erklärenden nicht ernst gemeint war und dieser subjektiv die Vorstellung hatte,

---

96 S. *Planck*, BGB, Bd. I, 1898, Erläuterung zu § 118.
97 S. RGZ 168, 204 (205); BGHZ 144, 331 (334 f.); BGH WM 2001, 734 (735); s. noch folgend Rn. 434.
98 S. zu § 116 oben Rn. 424. Deshalb erfasst § 118 auch nur den sog. „guten Scherz", während der sog. „böse Scherz", mit dem der Empfänger der Erklärung ernstlich in die Irre geführt werden soll, unter § 116 Satz 1 oder Satz 2 fällt, s. nur MünchKomm/*Kramer*, BGB, § 116 Rn. 8.
99 S. zum Scheingeschäft oben Rn. 427.
100 Zum misslungenen Scheingeschäft noch Rn. 434.
101 S. BGHZ 144, 331 (335); Palandt/*Ellenberger*, BGB, § 118 Rn. 2.
102 Bei nicht empfangsbedürftiger Erklärung.
103 S. BGHZ 144, 331 (335); MünchKomm/*Kramer*, BGB, § 118 Rn. 5.
104 S. OLG München NJW-RR 1993, 1168 (1169); Palandt/*Ellenberger*, BGB, § 118 Rn. 2.
105 S. nur Hk-BGB/*Dörner*, § 118 Rn. 3.

der Mangel der Ernstlichkeit werde nicht verkannt. Damit räumt § 118 bei Vorliegen der Voraussetzungen dem Willen des Erklärenden uneingeschränkt den **Vorrang** gegenüber den Schutzbedürfnissen des Rechtsverkehrs ein, und zwar auch dann, wenn dessen Vertrauen wegen des äußeren Tatbestands einer ernst gemeinten Erklärung an sich berechtigt war[106]. Allerdings wird der Rechtsverkehr für sein enttäuschtes Vertrauen von Gesetzes wegen durch einen **Anspruch auf Schadensersatz** nach Maßgabe des § 122 „entschädigt", d.h., der i.S.d. § 118 Erklärende hat als Preis für sein Verhalten demjenigen Ersatz zu leisten, der im Vertrauen auf die Gültigkeit der Erklärung einen Schaden erlitten hat[107].

434 Bereits vorstehend ist darauf hingewiesen worden, dass § 118 vor allem praktische Bedeutung bei der Konstellation des **misslungenen oder einseitigen Scheingeschäfts** hat[108]. In diesem Fall wird eine rechtsgeschäftliche Erklärung nur zum Schein und damit nicht ernstlich gemeint abgegeben, wobei der Erklärende subjektiv davon ausgeht, dass der Empfänger um die fehlende Ernstlichkeit weiß, dieser jedoch entgegen der Vorstellung des Erklärenden den Scheincharakter nicht erkennt[109]. Hier fehlt es für § 117 Abs. 1 an der Voraussetzung der **einverständlichen Scheinerklärung**, es greift allerdings der Nichtigkeitsgrund des § 118 ein. Das gilt nach der Rspr. des BGH auch im Falle der Beurkundung (Schriftform, notarielle Beurkundung) der Erklärung jedenfalls dann, wenn das einseitige Scheingeschäft nicht zum Zwecke der Täuschung des Vertragspartners vorgenommen wird[110]. Demgegenüber hat insb. das Reichsgericht im Falle eines beurkundeten misslungenen Scheingeschäfts unter Verweis auf die Funktion der Beurkundung und den Schutz des redlichen Geschäftsverkehrs die Anwendung des § 118 und damit die Berufung auf die Nichtigkeit des misslungenen Scheingeschäfts über § 242 ausgeschlossen[111].

> **Bsp.:** Der K erwirbt mit notariellem Vertrag vom 17.3.1994 von V ein Grundstück zum Preis von 43.000 DM (§§ 433 Abs. 1, 311b Abs. 1 Satz 1) und tritt die Rechte aus diesem Gründstückskaufvertrag ebenfalls mit notariellem Vertrag vom 4.3.1995 an die D ab (§§ 433 Abs. 1, 398, 311b Abs. 1 Satz1), wobei in diesem Vertrag ein Kaufpreis von gleichfalls 43.000 DM beurkundet wird. Die D hatte sich bei der Vertragsanbahnung ihres nicht als Vertreter eingeschalteten Ehemanns M als Verhandlungsführer bedient. Mit diesem hatte der K tatsächlich einen Kaufpreis in Höhe von 380.000 DM vereinbart, ohne dass die D, die den Vertrag selbst schloss, davon etwas wusste. Auf Anraten des Verhandlungsführers M wurde jedoch nur ein Preis in Höhe von 43.000 DM beurkundet, um die bei einer Weiterveräußerung des Grundstücks vor

---

106 S. hierzu die rechtspolitische Kritik bei Palandt/*Ellenberger*, BGB. § 118 Rn. 2; MünchKomm/*Kramer*, BGB, § 118 Rn. 1 spricht von „einer gewissen willenstheoretischen Befangenheit der Redaktoren des BGB".
107 Ersetzt wird jedoch nur der sog. Vertrauensschaden bzw. das sog. negative Interesse, s. dazu Rn. 560 ff.
108 S. oben Rn. 433.
109 S. BGH WM 2001, 734 (735).
110 S. BGHZ 144, 331 (334 f.).
111 S. RGZ 168, 204 (205 f.); so auch OLG München NJW-RR 1993, 1168 (1169).

Ablauf von zwei Jahren seit dem Erwerb anfallende Steuer auf den Gewinn[112] zu vermeiden. Als die D nicht mehr als die beurkundeten 43.000 DM zahlen will, verlangt der K unter Berufung auf die Nichtigkeit des Vertrages dessen Rückabwicklung, sprich die Eigentumsübertragung am Grundstück gegen Rückzahlung des bereits entrichteten Kaufpreises[113]. – Vorliegend kommt eine Nichtigkeit nach § 117 Abs. 1 nicht in Betracht, weil die D als Vertragspartner des K von der Scheinvereinbarung bezüglich des Preises zwischen ihrem Verhandlungsführer und K nichts wusste[114] und es damit am Einverständnis i.S.d. § 117 Abs. 1 fehlt[115]. Der Nichtigkeitsgrund des § 118 ist gegeben, weil K die Erklärung, das Grundstück zu einem Preis von 43.000 DM zu verkaufen, nicht ernstlich wollte und die Vorstellung hatte, dass die D den Mangel der Ernstlichkeit (er)kannte, was jedoch nicht der Fall war. Die Anwendung des § 118 scheitert – teilt man die Auffassung des BGH – auch nicht daran, dass hier die Erklärungen der Parteien notariell beurkundet wurden. Denn der K verfolgte mit seiner nicht ernstlich gemeinten Erklärung nicht den Zweck, die D zu täuschen.[116] Damit steht einer Berufung des K auf § 118 nicht § 242 entgegen, dieser kann Übertragung des Eigentums am Grundstück nach § 812 Abs. 1 Satz 1 Alt. 1 verlangen. Einen eventuellen Vertrauensschaden der D hat der K nach § 122 zu ersetzen. Folgt man hingegen der Ansicht des Reichsgerichts, dass in einem Fall des beurkundeten misslungenen Scheingeschäfts § 242 der Geltendmachung der Nichtigkeit entgegensteht, so findet § 118 keine Anwendung[117], K hat demzufolge keinen Anspruch auf Übertragung des Eigentums am Grundstück nach § 812 Abs. 1 Satz 1 Alt 1.

b) Nichtigkeit aus inhaltlichen Gründen. Die Privatautonomie unterliegt inhaltlichen Grenzen, deren Überschreitung zur Nichtigkeit des Rechtsgeschäfts führt. Hierzu gehören der Verstoß gegen ein gesetzliches Verbot i.S.d. § 134[118] und der in § 138 bestimmte Nichtigkeitsgrund der Sittenwidrigkeit[119].   **435**

→ *Sch 13 Rn. 761*

(1) Verstoß gegen ein gesetzliches Verbot (§ 134). Gemäß der Regelung des § 134   **436** ist ein Rechtsgeschäft, das gegen ein gesetzliches Verbot verstößt, nichtig, wenn sich nicht aus dem Gesetz ein anderes ergibt. Hintergrund dieser Nichtigkeitsanordnung ist der Gedanke, dass die Rechtsordnung nicht einerseits privatrechtlich oder öffentlich-rechtlich gesetzliche Verbote rechtsgeschäftlichen Handelns festlegen kann, es dann jedoch andererseits zulässt, dass diese aufgrund der grds. anerkannten Privatautonomie wiederum zur Disposition der rechtsgeschäftlich handelnden Personen gestellt werden[120]. § 134 zieht hieraus die Konsequenz und

---

112 Sonstige Einkünfte i. S. v. § 22 Nr. 2 EStG i. V.m. § 23 Abs. 1 Satz 1 Nr. 1 EStG, wobei heute die Veräußerungsgeschäfte bei Grundstücken steuerpflichtig sind, bei denen der Zeitraum zwischen Anschaffung und Veräußerung nicht mehr als 10 Jahre beträgt.
113 S. den Fall BGHZ 144, 331 ff.
114 S. BGHZ 144, 331 (332). Eine Zurechnung des Wissens des M an die D nach § 166 Abs. 1 scheitert daran, dass die Abrede über das Scheingeschäft und damit auch die diesbezügliche Erklärung des M keinen rechtsgeschäftlichen Charakter hat, sondern Teil des Scheingeschäfts ist, s. BGHZ 144, 331 (333). Zu § 166 s. noch Rn. 611 f.
115 S. dazu schon oben Rn. 427.
116 S. BGHZ 144, 331 (334 f.).
117 S. RGZ 168, 204 (205 f.); so auch OLG München NJW-RR 1993, 1168 (1169).
118 Dazu folgend Rn. 436 ff.
119 S. Rn. 444 ff.
120 S. auch Palandt/*Ellenberger*, BGB, § 134 Rn. 1; Hk-BGB/*Dörner*, § 134 Rn. 1; *Larenz/Wolf*, BGB AT, § 40 Rn. 1 f.

beschränkt die Privatautonomie derart, dass ein Verstoß gegen ein gesetzliches Verbot zur Unwirksamkeit des rechtsgeschäftlichen Handelns führt. Allerdings gilt das nach § 134 Halbsatz 2 nur, sofern sich nicht aus dem Gesetz – gemeint ist das Verbotsgesetz, gegen das durch Rechtsgeschäft verstoßen wird – ein anderes ergibt. § 134 stellt damit nur eine **Auslegungsregel** auf[121], der Eintritt der Rechtsfolge der Nichtigkeit bestimmt sich nach dem Inhalt, insb. Sinn und Zweck des Verbotsgesetzes[122]. Nur wenn dessen Auslegung nichts anderes ergibt, knüpft § 134 an den Gesetzesverstoß die Nichtigkeitsfolge[123].

437 Seinen Voraussetzungen nach fordert § 134, dass ein Rechtsgeschäft gegen ein gesetzliches Verbot verstößt. Unter dem **Begriff des Rechtsgeschäfts** ist jedes auf die Herbeiführung eines rechtlichen Erfolgs zielende Handeln zu verstehen, also sowohl mehrseitige Rechtsgeschäfte, insb. Verträge, wie auch einseitige Rechtsgeschäfte[124]. Ein **gesetzliches Verbot** ist eine Regelung, die eine im Rahmen der Rechtsordnung grds. mögliche rechtsgeschäftliche Gestaltung im Hinblick auf ihren Inhalt oder wegen der Umstände ihres Zustandekommens untersagt[125]. Das Verbot kann ausdrücklich formuliert sein, ausreichend ist es aber auch, dass sich durch Auslegung gesetzlicher Vorschriften die Unzulässigkeit einer rechtsgeschäftlichen Gestaltung ergibt[126].

> **Bsp. (1):** Die Regelung des § 9 Abs. 1 Satz 1 MuSchG verbietet ausdrücklich die an sich mögliche Kündigung eines Arbeitsverhältnisses gegenüber einer Frau während ihrer Schwangerschaft und bis zum Ablauf von vier Monaten nach der Entbindung.

> **Bsp. (2):** Vertragsparteien können eine Schiedsvereinbarung treffen, wonach zwischen ihnen entstehende Streitigkeiten der Entscheidung durch ein Schiedsgericht unterworfen werden (§ 1029 Abs. 1 ZPO). Enthält eine solche Vereinbarung eine Bestimmung, wonach ein nur aus Mitgliedern eines Vereins zu bildendes Schiedsgericht über Streitigkeiten (auch) zwischen Vereinsmitgliedern und Nichtmitgliedern zu entscheiden hat, so ist diese Vereinbarung nach § 134 unwirksam. Zwar findet sich in den Bestimmungen der §§ 1025 ff. ZPO über das schiedsrichterliche Verfahren keine Regelung, die eine entsprechende Vereinbarung ausdrücklich verbietet. Für die Annahme eines gesetzlichen Verbots ist es jedoch ausreichend, dass eine solche Vereinbarung eindeutig gegen das auch für Schiedsgerichte geltende und im Gesetz zum Ausdruck gelangende Gebot überparteilicher Rechtspflege verstößt[127].

Ausgehend von dem vorstehend wiedergegebenen Begriff des Verbotsgesetzes beschränkt ein solches aus bestimmten Gründen eine an sich mögliche rechtsgeschäftliche Gestaltung und bezieht sich damit auf das **rechtliche Dürfen**[128]. Davon zu unterscheiden sind gesetzliche Schranken der Privatautonomie, die von vorn-

---

121 S. BGHZ 45, 322 (326).
122 BGHZ 45, 322 (326); *Larenz/Wolf*, BGB AT, § 40 Rn. 5. S. noch folgend Rn. 440.
123 BGHZ 45, 322 (326); Hk-BGB/*Dörner*, § 134 Rn. 1.
124 S. dazu oben Rn. 191 f.
125 S. OLG Hamburg NJW 1993, 1335 (1335); Palandt/*Ellenberger*, BGB, § 134 Rn. 5; Hk-BGB/*Dörner*, § 134 Rn. 4; *Larenz/Wolf*, BGB AT, § 40 Rn. 8.
126 S. BGHZ 51, 255 (262).
127 S. BGHZ 51, 255 (262).
128 S. Palandt/*Ellenberger*, BGB, § 134 Rn. 5.

herein das **rechtliche Können**, sprich überhaupt die Möglichkeit zur Vornahme eines bestimmten Rechtsgeschäfts ausschließen. Hierzu gehören z.B. die zwingenden Vorgaben des Sachenrechts, wonach nur ein gesetzlich festgelegter Kreis von dinglichen Rechten anerkannt ist und andere als die im Gesetz vorgesehenen dinglichen Rechte nicht begründet oder die vorgesehenen dinglichen Rechte nicht mit einem vom Gesetz abweichenden Inhalt vereinbart werden können[129].

> **Bsp.:** In § 1204 Abs. 1 ist der Begriff des Pfandrechts an einer beweglichen Sache dahin definiert, dass eine bewegliche Sache zur Sicherung einer Forderung in der Weise belastet werden kann, dass der Gläubiger berechtigt ist, Befriedigung aus der Sache zu suchen. Wegen des *numerus clausus der Sachenrechte* kann ein Pfandrecht an einer beweglichen Sache rechtsgeschäftlich nicht mit dem Inhalt bestellt werden, dass der Gläubiger allein berechtigt ist, aus dem Pfand Befriedigung für seine Forderung zu suchen, der persönliche Schuldner aber nicht befugt ist, das Pfandrecht durch Tilgung der Schuld zum Erlöschen zu bringen[130]. Hier schließt das Gesetz von vornherein die Möglichkeit der Bestellung eines Pfandrechts mit einem anderen als dem gesetzlich vorgesehenen Inhalt aus, beschränkt damit also das rechtliche Können. Die Unwirksamkeit einer entsprechenden „Pfandrechtsbestellung" folgt daraus, dass das Gesetz eine solche rechtsgeschäftliche Gestaltungsmöglichkeit nicht zulässt.

Das Verbot i.S.d. § 134 muss **gesetzlich** begründet sein. Der im BGB verwendete **438** Begriff des Gesetzes ist in Art. 2 EGBGB bestimmt: Danach ist Gesetz im Sinne des Bürgerlichen Gesetzbuches jede Rechtsnorm. Unter dem **Begriff der Rechtsnorm** sind generell-abstrakte Regelungen zu verstehen, die Rechte und Pflichten für den Einzelnen begründen[131]. Neben dem heute nahezu bedeutungslosen ungeschriebenen Gewohnheitsrecht entstehen Rechtsnormen durch geschriebenes Recht, das auf unterschiedlichen Rechtsquellen beruht. Hierzu gehören die **Gesetze im formellen und materiellen Sinne**[132], **Rechtsverordnungen**[133] und **Satzungen** juristischer Personen des öffentlichen Rechts, die von diesen zur Regelung ihrer Angelegenheiten erlassen werden[134]. Des Weiteren haben Rechtsnormcharakter i.S.v. Art. 2 EGBGB **tarifvertragliche Regelungen**, die den Inhalt, den Abschluss und die Beendigung von Arbeitsverhältnissen ordnen[135], wie auch Bestimmungen in **Betriebsvereinbarungen** zwischen Arbeitgeber und Betriebsrat, soweit sie formelle und materielle Arbeitsbedingungen und die allgemeine Ordnung des Betriebs regeln[136]. Statuiert eine der vorgenannten Rechtsquellen ein Verbot, so

---

129 S. BGHZ 23, 293 (299); sog. *numerus clausus der Sachenrechte*, s. dazu näher *Wolf/ Wellenhofer*, Sachenrecht, § 2 Rn. 2 ff. Zu weiteren gesetzlichen Einschränkungen des rechtsgeschäftlichen Handelns, die bereits das rechtliche Können betreffen und deshalb per definitionem keine Verbotsgesetze darstellen, s. den Überblick bei Palandt/*Ellenberger*, BGB, § 134 Rn. 5 und MünchKomm/*Armbrüster*, BGB, § 134 Rn. 5 f.
130 S. BGHZ 23, 293 (298 ff.).
131 S. nur *Maurer*, AllgVerwR, § 4 Rn. 4 zum Begriff der Rechtsnorm.
132 S. *Maurer*, AllgVerwR, § 4 Rn. 16 ff. i.V.m. Rn. 4. S. oben Rn. 8 f.
133 Dazu *Maurer*, AllgVerwR, § 4 Rn. 20 ff.
134 S. *Maurer*, AllgVerwR, § 4 Rn. 24 ff.
135 S. §§ 1 Abs. 1 und 4 Abs. 1 Satz 1 TVG, die von Rechtsnormen des Tarifvertrages sprechen; a. A. MünchKomm/ *Armbrüster*, BGB, § 134 Rn. 31.
136 Zur Wirkung von Betriebsvereinbarungen s. § 77 Abs. 4 BetrVG.

handelt es sich um ein gesetzliches Verbot i. S. d. § 134[137]. Nicht zu den Verbotsgesetzen i. S. d. § 134 zählen die **Grundrechte**, die nach der Theorie der mittelbaren Drittwirkung als Werteordnung auf das Privatrecht nur über die Generalklauseln[138] einwirken[139]. Eine Einordnung der Grundrechte als Verbotsgesetze würde hingegen deren unmittelbare Geltung auch im Privatrecht zur Folge haben mit der Konsequenz, dass dann über Art. 3 GG die rechtsgeschäftliche Gestaltungsfreiheit weitestgehend beseitigt würde[140]. Ebenfalls nicht von § 134 erfasst werden **ausländische Verbotsgesetze**, weil diesen im Rahmen der deutschen Rechtsordnung keine Verbindlichkeit zukommt[141].

439 § 134 fordert schließlich einen **Verstoß** gegen ein gesetzliches Verbot. Insoweit genügt es grds., dass die **objektiven Tatbestandsvoraussetzungen** des Verbotsgesetzes erfüllt sind[142], auf das Vorliegen eines schuldhaften Gesetzesverstoßes kommt es nicht an. Anderes gilt grds. bei strafrechtlichen Vorschriften, hier muss der Straftatbestand objektiv und subjektiv verwirklicht sein, um einen Verstoß gegen ein Verbotsgesetz zu bejahen[143]. Aber auch bei Strafnormen kann sich aus dem Schutzzweck der Regelung ergeben, dass die Erfüllung der objektiven Tatbestandsseite für die Bejahung eines Verstoßes ausreicht[144].

---

137 Verbote aufgrund eines Gesetzes im formellen und materiellen Sinne sind z. B. i. d. R. die Straftatbestände des StGB, s. BGHZ 115, 123 (125); zu einem durch Rechtsverordnung statuierten Verbot i. S. d. § 134 s. BGHZ 146, 250 ff., hier zu § 12 der Makler- und Bauträgerverordnung vom 7.11.1990, BGBl. 1990 I, 2479. In BGH NJW 1986, 2360 ff. ging es um ein gesetzliches Verbot, das in einer ärztlichen Berufsordnung als Satzung der Ärztekammer geregelt war. Zu einem tarifvertraglich normierten gesetzlichen Verbot s. BGH NJW 2000, 1186 ff., hier zu § 10 Abs. 1 BAT (Bundesangestelltentarifvertrag), der die Annahme von Belohnungen und Geschenken durch Beschäftigte des öffentlichen Dienstes in Bezug auf ihre Tätigkeit verbietet (heute geregelt in § 3 Abs. 2 Tarifvertrag für den öffentlichen Dienst (TVöD) vom 13.9.2005 für Arbeitnehmer des Bundes und Arbeitnehmer bei Arbeitgebern der Vereinigung kommunaler Arbeitgeberverbände). Zur Qualifizierung von Verboten in Betriebsvereinbarungen als gesetzliche Verbote i. S. d. § 134 s. LAG Saarbrücken NJW 1966, 2136 (2137).
138 Z. B. § 138, s. noch Rn. 446.
139 S. BVerfGE 7, 198 (206); BVerfG NJW 1990, 1469 (1470) und NJW 1994, 36 (38); Staudinger/*Sack*, BGB, § 134 Rn. 41.
140 Ausnahmsweise anerkannt ist die Einordnung des Art. 3 Abs. 1 GG als Verbotsgesetz i. S. d. § 134 im Bereich der sog. Daseinsvorsorge, soweit diese staatlicherseits in den Formen des Privatrechts durchgeführt wird. Hier bleibt es trotz privatrechtlichen Handelns bei der unmittelbaren Grundrechtsbindung des Staates. Die Verpflichtung zur Beachtung des Gleichheitssatzes wird über § 134 i. V. m. Art. 3 Abs. 1 GG sichergestellt, s. BGHZ 65, 284 (287) zu Wasserlieferungsverträgen und BGHZ 154, 146 (149 f.) zum Girokontenvertrag mit einer Sparkasse; s. hierzu auch MünchKomm/ *Armbürster*, BGB, § 134 Rn. 33.
141 S. BGHZ 59, 82 (85). Allerdings kann ein ausländisches Verbotsgesetz Bedeutung im Rahmen von § 138 bei der Frage sittenwidrigen Handelns erlangen, s. BGH a. a. O., 85. Zur Einordnung von Verboten nach dem Unionsrecht s. MünchKomm/*Armbrüster*, BGB, § 134 Rn. 37 f. und Palandt/*Ellenberger*, BGB, § 134 Rn. 3.
142 S. BGHZ 37, 363 (366); 51, 255 (262); Hk-BGB/*Dörner*, § 134 Rn. 6.
143 S. BGHZ 132, 313 (318).
144 S. BGHZ 115, 123 (129 f.); 116, 268 (276); 122, 115 (121 f.), jeweils zu § 203 Abs. 1 Nr. 1 bzw. Nr. 3 StGB.

Bsp.: Arzt A verkauft seine Honorarforderungen, die er gegen Privatpatienten hat (§ 611 Abs. 1), an das Inkassobüro I (§§ 433 Abs. 1, 453 Abs. 1) und tritt die Forderungen zur Erfüllung seiner kaufvertraglichen Verpflichtung unter gleichzeitiger Übergabe der Abrechnungsunterlagen an I ab (§§ 398, 402). Eine Zustimmung seiner Patienten zur Weitergabe der Abrechnungsunterlagen mit den Patientendaten hat A zuvor nicht eingeholt. – Mit der Abtretung der Forderungen unter Auslieferung der Abrechnungsunterlagen ohne Zustimmung seiner Patienten erfüllt A den objektiven Straftatbestand des § 203 Abs. 1 Nr. 1 StGB, weil er unbefugt ein fremdes Geheimnis, die Daten über den Gesundheitszustand seiner Patienten, offenbart hat, die ihm als Arzt anvertraut worden sind. Auf den für eine Strafbarkeit nach § 203 Abs. 1 Nr. 1 StGB zusätzlich subjektiv erforderlichen Vorsatz (§ 15 StGB) kommt es für die Frage des Vorliegens eines Verstoßes gegen ein Verbotsgesetz i.S.d. § 134 nicht an. Ein hinreichender Schutz gegen die Freigabe persönlicher Geheimnisse der Patienten aufgrund von Rechtsgeschäften kann nur gewährleistet werden, wenn bereits die Erfüllung der objektiven Tatbestandsvoraussetzungen für die Bejahung eines Verstoßes ausreicht[145].

In jedem Fall ist der Tatbestand des § 134 nur erfüllt, wenn das Rechtsgeschäft als solches gegen ein gesetzliches Verbot verstößt. Wird etwa bei dem Abschluss eines Vertrages eine Ausgestaltung gewählt, die einer Vertragspartei eine **Steuerhinterziehung (§ 370 AO)** ermöglichen soll, so beinhaltet die Vornahme des Rechtsgeschäfts selbst noch keinen Verstoß gegen das gesetzliche Verbot des § 370 AO[146] und stellt auch noch keinen strafbaren Versuch im Sinne des § 370 AO i.V.m. §§ 22, 23 StGB dar, weil es sich um eine bloße Vorbereitungshandlung handelt[147].

Bsp.: So erfüllt die sog. „Ohne-Rechnung-Abrede", die nicht selten im Zusammenhang mit dem Abschluss eines Werkvertrages etwa zur Erbringung von Bauleistungen getroffen wird[148], um die nach § 1 Abs. 1 Nr. 1 UStG anfallende Umsatzsteuer zu vermeiden, als solche weder den Tatbestand der (versuchten) Steuerhinterziehung nach § 370 AO noch wird bereits durch eine solche Abrede gegen die umsatzsteuerrechtliche Verpflichtung des Unternehmers nach § 14 Abs. 2 Satz 1 Nr. 1 UStG zur Ausstellung einer Rechnung innerhalb von sechs Monaten nach Erbringung der Leistung verstoßen. Des Weiteren liegt in der Abrede selbst auch noch kein Verstoß gegen § 1 Abs. 2 Nr. 1 SchwarzArbG, wonach Schwarzarbeit leistet, wer Dienst- oder Werkleistungen erbringt oder ausführen lässt und dabei als Steuerpflichtiger seine sich aufgrund der Dienst- oder Werkleistungen ergebenden steuerlichen Pflichten nicht erfüllt.

Liegen die Voraussetzungen des § 134 vor, so führt das nicht zwingend zur Nichtigkeit des gegen ein Verbotsgesetz verstoßenden Rechtsgeschäfts. Das ist vielmehr nur dann der Fall, so die **Auslegungsregel** des § 134, wenn sich nicht aus dem Gesetz (gemeint ist das Verbotsgesetz) ein anderes ergibt. Mithin ist die Frage, ob **440**

---

145 S. BGHZ 115, 123 (129 f.); 116, 268 (276); 122, 115 (121 f.), hier zur unbefugten Offenbarung eines fremden Geheimnisses durch Abtretung einer anwaltlichen Honorarforderung (§ 203 Abs. 1 Nr. 3 StGB).

146 Zum Verbotscharakter dieser Norm s. BGH NJW 2003, 2742 (2742).

147 A.A. BGHZ 176, 198 (201) bezogen auf die sog. „Ohne-Rechnung-Abrede", ohne allerdings überhaupt das in Betracht kommende Verbotsgesetz zu nennen; ebenso BGH NJW-RR 2008, 1051 f.; MünchKomm/*Armbrüster*, BGB, § 134 Rn. 57; Zur Frage der Sittenwidrigkeit von Rechtsgeschäften, die eine Steuerhinterziehung ermöglichen bzw. vorbereiten sollen, s. Rn 454.

148 S. BGHZ 176, 198 ff.

und in welchem Umfang die Rechtsfolge der Nichtigkeit eintritt, durch Rückgriff auf das Verbotsgesetz zu ermitteln und insoweit insb. nach **Sinn und Zweck** der jeweiligen Verbotsvorschrift zu beantworten[149]. Darauf kommt es nur dann nicht an, wenn das Verbotsgesetz bereits selbst ausdrücklich die Nichtigkeitsfolge anordnet[150]. Dann ergibt sich schon hieraus und nicht erst aus § 134 die Unwirksamkeit des Rechtsgeschäfts[151].

> **Bsp.:** Gemäß § 1 Abs. 1 Satz 1 AÜG bedarf ein Arbeitgeber, der als Verleiher Dritten (Entleiher) Arbeitnehmer (Leiharbeitnehmer) gewerbsmäßig zur Arbeitsleistung überlassen will, der Erlaubnis. Hiernach ist es verboten, ohne die Erlaubnis der zuständigen Agentur für Arbeit Arbeitnehmer gewerbsmäßig zu verleihen. Werden gleichwohl ohne die erforderliche Erlaubnis Arbeitnehmer-Überlassungsverträge zwischen Verleiher und Entleiher oder Arbeitsverträge zwischen Verleiher und Leiharbeitnehmer geschlossen, so ordnet § 9 Nr. 1 AÜG deren Unwirksamkeit an. Hier ergibt sich die Rechtsfolge der Nichtigkeit aus dem Verbotsgesetz (§ 1 Abs. 1 Satz 1 i. V. m. § 9 Nr. 1 AÜG) selbst, auf § 134 kommt es nicht an[152].

Fehlt es an einer ausdrücklichen Regelung der Rechtsfolge im Verbotsgesetz, so ist im Rahmen der Auslegung nach Sinn und Zweck zur Ermittlung der Rechtsfolge entscheidend, ob das Verbotsgesetz sich nicht nur gegen den Abschluss des Rechtsgeschäfts richtet, sondern auch gegen dessen privatrechtliche Wirksamkeit und damit den wirtschaftlichen Erfolg[153]. Anders gewendet: Es kommt darauf an, ob die Verbotsvorschrift **lediglich bestimmte Umstände** verhindern will, unter denen ein inhaltlich an sich nicht zu beanstandendes Rechtsgeschäft vorgenommen wird, oder ob sich das Verbot **gerade gegen den Inhalt des Rechtsgeschäfts** wendet[154]. Nur im zweiten Fall tritt grds.[155] Nichtigkeit nach § 134 ein, weil sich eben aus der Zwecksetzung des Verbotsgesetzes nichts anderes ergibt.

Lediglich gegen den Abschluss eines Rechtsgeschäfts gerichtet sind Verbotsgesetze, die als **bloße Ordnungsvorschriften** ein inhaltlich unbedenkliches Rechtsgeschäft aus gewerbepolizeilichen oder ordnungspolitischen Gründen untersagen. Hier bleibt bei einem Verstoß die privatrechtliche Wirksamkeit des Rechtsgeschäfts unberührt[156].

> **Bsp.:** Die Eheleute E und M suchen ein kleines Reihenhaus und bitten den S, ihnen Nachricht zu geben, falls er von einem geeigneten Hausgrundstück wisse. S betätigt sich immer wieder als Makler, obwohl er keine Erlaubnis zur Ausübung dieses Gewerbes hat. Einige Wochen später informiert er die Eheleute über ein geeignetes Hausgrundstück. Zusammen mit E und M besichtigt er das Kaufobjekt. Einige Tage später erwerben die Eheleute das Haus durch notariell beurkundeten Vertrag von dem Verkäufer zu einem Preis von 250.000 €. S verlangt von E und M eine Makler-

---

149 S. BGHZ 45, 322 (326); 89, 369 (372); 108, 364 (368); 118, 142 (144); 118, 182 (188); 131, 385 (389); 146, 250 (257); *Larenz/Wolf*, BGB AT, § 40 Rn. 10.
150 BGHZ 118, 142 (144); BGH NJW 2000, 1186 (1187).
151 S. BGH NJW 2000, 1186 (1187); Hk-BGB/*Dörner*, § 134 Rn. 7; MünchKomm/*Armbrüster*, BGB, § 134 Rn. 3.
152 In dem vorbeschriebenen Fall wird der Leiharbeitnehmer dadurch geschützt, dass § 10 Abs. 1 Satz 1 AÜG ein Arbeitsverhältnis mit dem Entleiher fingiert.
153 BGHZ 89, 369 (372); 108, 364 (368); 118, 142 (144); 146, 250 (257).
154 BGHZ 37, 363 (365); *Larenz/Wolf*, BGB AT, § 40 Rn. 11.
155 S. noch folgend Rn. 441 f.
156 BGHZ 78, 269 (271); 108, 364 (368); 147, 39 (44).

provision in Höhe von 5 % des Kaufpreises (12.500 €). – Zwischen den Eheleuten E und M sowie S ist ein Maklervertrag geschlossen worden (§ 652). Der Kaufvertrag über das Hausgrundstück ist infolge des Nachweises durch S zustande gekommen. Damit sind E und M nach § 652 Abs. 1 Satz 1 zur Entrichtung des Maklerlohns verpflichtet. Der Maklervertrag ist nicht nach § 134 nichtig. Zwar arbeitet der S ohne Maklererlaubnis, deren er nach § 34c Abs. 1 Nr. 1 GewO für die gewerbsmäßige Vermittlungs- und Nachweistätigkeit zum Abschluss von Verträgen u. a. über Grundstücke bedarf. Hierbei handelt es sich auch um ein gesetzliches Verbot i. S. d. § 134. Jedoch richtet sich dieses Verbot seinem Sinn und Zweck nach nicht gegen den Inhalt des Maklervertrages und damit dessen privatrechtliche Wirksamkeit. Vielmehr handelt es sich um eine gewerberechtliche Ordnungsvorschrift, mit welcher der Zugang zum Gewerbe insb. unter dem Aspekt der Zuverlässigkeit des Gewerbetreibenden geregelt werden soll[157].

Für die Abgrenzung, ob sich ein Verbot gegen den Inhalt des Rechtsgeschäfts als solchen mit der Folge der Unwirksamkeit wendet oder nur als eine den Abschluss des Rechtsgeschäfts untersagende Verbotsnorm darstellt, wird von der Rspr. wesentlich darauf abgestellt, ob das Verbot **nur gegen eine Partei eines Rechtsgeschäfts oder gegen alle Beteiligten gerichtet ist.** Sofern letzteres der Fall ist, wird darin ein gewichtiger Hinweis dafür gesehen, dass die Rechtsordnung verbotswidrigen Verträgen die Wirksamkeit versagen will[158].

Bsp.: Prostituierte P beauftragt den Verlag V mit der Veröffentlichung einer Kontaktanzeige über mehrere Wochen in einem Magazin, in der Gelegenheiten zu entgeltlichen sexuellen Handlungen angeboten werden. Nach Abschluss der Anzeigenkampagne verlangt V von P 2.500 €. P weigert sich unter Hinweis auf die Nichtigkeit des Vertrages. – V könnte einen Anspruch auf Zahlung aus Werkvertrag gemäß § 631 Abs. 1 haben, sofern der Vertrag wirksam ist. Das ist jedoch gemäß § 134 i. V. m. § 120 Abs. 1 Nr. 2 OWiG nicht der Fall. Nach dieser Vorschrift handelt ordnungswidrig, wer u. a. durch Verbreiten von Schriften Gelegenheiten zu entgeltlichen sexuellen Handlungen anbietet. Dieses Werbeverbot für entgeltliche sexuelle Handlungen stellt ein Verbotsgesetz i. S. d. § 134 dar und richtet sich gegen den Inhalt entsprechender Rechtsgeschäfte, wofür insb. spricht, dass von § 120 Abs. 1 Nr. 2 OWiG und der damit verbundenen Bußgeldandrohung (§ 120 Abs. 2 OWiG) sowohl die Auftrag gebende Prostituierte wie auch der die Anzeige veröffentlichende Verlag erfasst werden[159].

Richtet sich hingegen ein gesetzliches Verbot nur **gegen eine der an einem Rechtsgeschäft beteiligten Personen,** dann ist das Rechtsgeschäft bzw. der Vertrag i. d. R. gültig[160]. Aber auch in einem solchen Fall kann ausnahmsweise Nichtigkeit eintreten, weil es auch hier entscheidend auf Sinn und Zweck der Verbotsnorm und damit darauf ankommt, ob sich diese gegen den Inhalt und deshalb das Rechtsgeschäft als solches richtet[161]. Das ist insb. dann anzunehmen, wenn der mit dem Verbotsgesetz **verfolgte Schutzzweck** unbeschadet öffentlich-rechtlicher Bewehrung mittels Straf- oder Bußgeldandrohungen nur über die privatrechtliche Unwirksamkeit des Rechtsgeschäfts verwirklicht werden kann.

---

157 S. den Fall BGHZ 78, 269 (271 f.).
158 BGHZ 37, 363 (365); 85, 39 (44); 118, 182 (188).
159 S. den Fall BGHZ 118, 182 (188 f.).
160 BGHZ 132, 313 (318).
161 BGHZ 110, 235 (240); 116, 268 (272); 122, 115 (122); 146, 250 (258).

Bsp. (1): Nach der Regelung des § 14 Abs. 5 HeimG ist es Heimpersonal untersagt, sich für zu erbringende Leistungen Vermögensvorteile versprechen oder gewähren zu lassen, soweit es sich nicht um geringfügige Aufmerksamkeiten handelt. Diese Vorschrift stellt ein Verbotsgesetz i. S. d. § 134 dar, das sich einseitig nur gegen das Heimpersonal richtet. Aus Sinn und Zweck der Bestimmung, Heimbewohner vor wirtschaftlicher Ausbeutung durch das betreuende Personal zu schützen, wird deutlich, dass es sich nicht nur um eine bloße Ordnungsvorschrift handelt. Vielmehr soll Rechtsgeschäften, durch die Heimbewohner ihr Vermögen oder Teile davon auf Heimpersonal übertragen, z. B. durch Schenkung oder durch Austauschverträge, bei denen Leistung und Gegenleistung in einem Missverhältnis stehen, die privatrechtliche Wirksamkeit versagt werden. Ansonsten könnte der intendierte Schutz der Heimbewohner nicht gewährleistet werden[162].

Bsp. (2): Weitere Beispiele für einseitige Verbotsgesetze, bei denen aus Sinn und Zweck folgt, dass ein Verstoß zur Nichtigkeit des Rechtsgeschäfts nach § 134 führt, sind § 3 RDG (Erfordernis der behördlichen Erlaubnis zur Besorgung fremder Rechtsangelegenheiten für Personen, die nicht Rechtsanwälte sind)[163] und § 203 Abs. 1 StGB (Verletzung von Privatgeheimnissen z. B. durch einen Arzt oder Rechtsanwalt)[164]. Hervorgehoben sei auch § 11c TierSchG, wonach ohne Einwilligung der Erziehungsberechtigten Wirbeltiere an Kinder oder Jugendliche bis zur Vollendung des 16. Lebensjahres nicht abgegeben werden dürfen. Trotz des nur einseitigen Charakters dieser Verbotsnorm[165] folgt aus Sinn und Zweck der Regelung, den Schutz der Wirbeltiere zu gewährleisten, die Notwendigkeit der privatrechtlichen Unwirksamkeit hiergegen verstoßender Rechtsgeschäfte[166].

441   Der Verstoß gegen ein Verbotsgesetz, das sich gegen den Inhalt eines Rechtsgeschäfts richtet, hat grds. die **Nichtigkeit des gesamten Rechtsgeschäfts** nach § 134 zur Folge[167]. Aber auch bezüglich des Umfangs der Unwirksamkeit des Rechtsgeschäfts steht die Nichtigkeitsanordnung des § 134 unter dem Vorbehalt, dass sich nicht aus Sinn und Zweck des Verbotsgesetzes etwas anderes ergibt. Das ist dann der Fall, wenn nach dem Schutzzweck des Verbotsgesetzes die Nichtigkeitsfolge **auf eine gegen die Verbotsnorm verstoßende Regelung des Rechtsgeschäfts** beschränkt ist, das Rechtsgeschäft im Übrigen jedoch zum Schutze eines der Beteiligten Wirksamkeit entfalten soll[168]. Abgesehen von ausdrücklichen gesetzlichen Bestimmungen einer insoweit nur auf die verstoßende Vertragsklausel beschränkten Nichtigkeitsanordnung wie z. B. § 306 Abs. 1[169] führt typischerweise der **Verstoß gegen arbeitsrechtliche Schutz- bzw. Verbotsnormen** in einem Arbeitsvertrag nicht zur Nichtigkeit des Vertrages im Ganzen, sondern allein zur Unwirksamkeit der gegen das Verbotsgesetz verstoßenden Bestimmung des Arbeitsvertrages[170].

---

162 S. BGHZ 110, 235 (240).
163 S. nur BGHZ 37, 258 (261 f.); 47, 364 (369), st. Rspr. jeweils zu § 1 RBerG a.F.
164 S. nur BGHZ 115, 123 (125); 116, 268 (272 ff.); 122, 115 (121 f.).
165 Das folgt aus § 18 Abs. 1 Nr. 23 TierSchG, s. *Scholl/Claeßens* JA 2010, 765 (766)
166 So zutreffend *Scholl/Claeßens* JA 2010, 765 (766).
167 BGHZ 1, 128 (131 f.); 37, 363 (366).
168 S. BGHZ 146, 250 (258); BAG NJW 1979, 2119 (2120).
169 Ist eine Klausel in Allgemeinen Geschäftsbedingungen unwirksam, so bleibt der Vertrag im Übrigen wirksam. § 134 kommt hier gar nicht zur Anwendung, s. schon oben Rn. 312.
170 S. BAG NJW 1979, 2119 (2120).

Bsp.: Arbeitgeber X und Arbeitnehmer Y schließen einen Arbeitsvertrag. Dieser enthält u.a. die Vereinbarung, dass der Y im Falle einer krankheitsbedingten Arbeitsunfähigkeit während der Zeit der Erkrankung keinen Anspruch auf Lohn hat. – Diese Abrede verstößt gegen § 3 Abs. 1 Satz 1 EFZG i.V.m. § 12 EFZG. Gemäß § 3 Abs. 1 Satz 1 EFZG hat ein Arbeitnehmer, der durch Arbeitsunfähigkeit infolge Krankheit an seiner Arbeitsleistung verhindert ist, ohne dass ihn ein Verschulden trifft, Anspruch auf Entgeltfortzahlung im Krankheitsfall durch den Arbeitgeber für die Zeit der Arbeitsunfähigkeit bis zur Dauer von sechs Wochen. Nach § 12 EFZG kann von den Vorschriften des Entgeltfortzahlungsgesetzes nicht zuungunsten des Arbeitnehmers abgewichen werden. Hierbei handelt es sich um ein Verbotsgesetz i. S. v. § 134. Ein Verstoß führt allerdings nach Sinn und Zweck des § 12 EFZG als Schutznorm zugunsten der Arbeitnehmer lediglich zur Unwirksamkeit der Abrede über den Ausschluss des Anspruchs auf Entgeltfortzahlung nach § 134, nicht hingegen zur Nichtigkeit des gesamten Arbeitsvertrages. Denn die Unabdingbarkeit des Anspruchs auf Entgeltfortzahlung soll den Arbeitnehmer vor nachteiligen rechtsgeschäftlichen Vereinbarungen schützen, nicht aber dazu führen, dass der Arbeitnehmer bei einem Verstoß infolge der Nichtigkeit des gesamten Rechtsgeschäfts keinen Arbeitsvertrag hat. Aus Sinn und Zweck der Arbeitnehmerschutzvorschrift folgt also, dass ein Verstoß zur Nichtigkeit allein der betreffenden Vertragsklausel gemäß § 134 i.V.m. §§ 12, 3 Abs. 1 EFZG führt, der Arbeitsvertrag im Übrigen jedoch wirksam bleibt[171]. Wichtig: Diese nur beschränkte Nichtigkeitswirkung wird abschließend durch Sinn und Zweck des Verbotsgesetzes i.V.m. § 134 festgelegt. Deshalb kommt eine Prüfung der Gesamtnichtigkeit des Arbeitsvertrages am Maßstab des § 139 nicht in Betracht. Die Anwendbarkeit dieser Regelung ist insoweit ausgeschlossen[172].

Aufgrund des **Abstraktionsprinzips**[173] lässt die Nichtigkeit des **Verpflichtungsge-** **442** **schäfts** die Wirksamkeit des **Erfüllungs(Verfügungs)geschäfts** grds. unberührt[174]. Anderes gilt jedoch dann, wenn die Umstände, die zur Nichtigkeit des Verpflichtungsgeschäfts führen, gleichermaßen und unmittelbar auch das Verfügungsgeschäft betreffen[175]. Das ist etwa dann der Fall, wenn das Verbotsgesetz gerade auch die durch das Verfügungsgeschäft eintretenden Folgen unterbinden will[176]. Wendet sich ein Verbotsgesetz gegen den Inhalt eines Verfügungsgeschäfts, so ist auch das auf die Vornahme einer solchen Verfügung gerichtete Verpflichtungsgeschäft nichtig, und zwar unabhängig davon, ob das Verfügungsgeschäft überhaupt durchgeführt wurde[177].

Besteht Streit über die Frage der Nichtigkeit eines Rechtsgeschäfts nach § 134 **443** i.V.m. einem Verbotsgesetz, so muss **derjenige, der sich auf die Nichtigkeit beruft,** die Tatsachen darlegen und beweisen, aus denen sich der Verstoß gegen ein gesetzliches Verbot ergibt[178].

---

171 S. nur BAG NJW 1979, 2119 (2120).
172 S. BAG NJW 1979, 2119 (2120); s. auch Rn. 474.
173 S. dazu oben Rn. 197.
174 S. BGHZ 115, 123 (130).
175 BGHZ 115, 123 (130); 122, 115 (122).
176 S. BGHZ 11, 59 (61).
177 S. BGH NJW 1995, 2026 (2027), hier zu einem Verstoß gegen § 203 Abs. 1 StGB.
178 S. BGH NJW 1983, 2018 (2019).

→ *Sch 13 Rn. 761*

444   (2) **Sittenwidrigkeit** (§ 138). – (a) **Bedeutung des** § 138. Gemäß § 138 Abs. 1 ist ein Rechtsgeschäft, das gegen die guten Sitten verstößt, nichtig. In § 138 Abs. 2 findet sich eine Präzisierung der Nichtigkeitsanordnung bei Sittenwidrigkeit für den Fall des Wuchers[179].

Ihrer Funktion nach handelt es sich bei der Bestimmung des § 138 nicht anders als bei § 134[180] um eine **inhaltliche Beschränkung der rechtsgeschäftlichen Handlungsfreiheit**, indem die Wirksamkeit privatautonomen Handelns unter den Vorbehalt der Beachtung der guten Sitten gestellt wird[181]. Im Unterschied zu § 134 knüpft diese Grenze nicht an durch die Rechtsordnung gesetzlich festgelegte Verbote bestimmten rechtsgeschäftlichen Tuns an, sondern macht mit dem Kriterium der guten Sitten die in der Gesellschaft vorherrschenden und diese prägenden **Grundprinzipien und Wertvorstellungen** zum Maßstab rechtsgeschäftlich wirksamen Handelns[182]. § 138 ist insofern eine notwendige Ergänzung der Nichtigkeitsanordnung des § 134, als es ausgeschlossen ist, dass der Gesetzgeber alle möglichen, rechtlich zu missbilligenden Gestaltungen durch ausdrückliche Verbotsnormen untersagt. Mit der **Generalklausel** des § 138 wird dieses in der Natur der Sache liegende legislatorische Defizit aufgefangen, indem über den mit Ausnahme des § 138 Abs. 2 gesetzlich nicht weiter konkretisierten Maßstab der guten Sitten jenseits ausdrücklicher gesetzlicher Verbote die grundlegenden Wertvorstellungen der Gesellschaft als Schranke rechtsgeschäftlicher Handlungsfreiheit normiert werden. Zugleich wird insb. auch für den Rechtsanwender das Problem aufgeworfen, die Generalklausel der guten Sitten zu konkretisieren und damit die Grenzen rechtsgeschäftlichen Handelns zu ermitteln. Im Hinblick darauf, dass eine präzise abstrakte Grenzziehung ausgeschlossen ist, orientiert sich die Praxis an **Fallgruppen sittenwidrigen Handelns**, die im Laufe der Rechtsentwicklung herausgebildet worden sind[183]. Dabei ist allerdings zu beachten, dass der Maßstab der guten Sitten als rechtliche Schranke rechtsgeschäftlichen Handelns aufgrund seiner Anbindung an die grundlegenden gesellschaftlichen Wertvorstellungen mit dem Wandel derselben gleichermaßen der Veränderung unterliegt[184].

445   (b) **Voraussetzungen des** § 138 Abs. 1. Der **Anwendungsbereich** des § 138 Abs. 1 erstreckt sich auf **alle** Rechtsgeschäfte[185], wobei mehrseitige Rechtsgeschäfte in Gestalt von Verträgen im Vordergrund der praktischen Relevanz von § 138 stehen[186]. Aber auch einseitige Rechtsgeschäfte[187] werden von § 138 erfasst und

---

179 S. dazu folgend Rn. 457.
180 S. oben Rn. 436 ff.
181 S. auch BGHZ 80, 153 (156); näher MünchKomm/*Armbrüster*, BGB, § 138 Rn. 1 ff.
182 S. *Larenz/Wolf*, BGB AT, § 41 Rn. 1; MünchKomm /*Armbrüster*, BGB, § 138 Rn. 1.
183 S. noch folgend den Überblick Rn. 450 ff.
184 S. hierzu mit Bsp. aus der Rspr. Palandt/*Ellenberger*, BGB, § 138 Rn. 10.
185 S. näher MünchKomm/ *Armbrüster*, BGB, § 138 Rn. 9 f.
186 Das wird ohne weiteres aus der zu § 138 ergangenen Rspr. deutlich, s. nur den fallgruppenbezogenen Überblick bei Palandt/*Ellenberger*, BGB, § 138 Rn. 24 ff.
187 S. zum Begriff oben Rn. 191.

unterliegen damit der Schranke der Beachtung der guten Sitten, z.B. Testamente[188] oder Kündigungen[189].

Die Nichtigkeitsfolge des § 138 tritt nur ein, wenn ein Rechtsgeschäft gegen die **446** **guten Sitten** verstößt. Die Generalklausel der guten Sitten wird von der Rspr. gleichermaßen generalklauselartig und letztlich ohne Präzisierungsgewinn umschrieben als das **Anstandsgefühl aller billig und gerecht Denkenden**[190]. Wenn auch begrifflich eine befriedigende abstrakte Konkretisierung des Maßstabs der guten Sitten, anhand derer ohne weiteres die Frage der Sittenwidrigkeit von Rechtsgeschäften beantwortet werden könnte, ausgeschlossen ist, so besteht doch Einigkeit darüber, wie dieser Maßstab inhaltlich auszufüllen ist, um eine Beurteilungsgrundlage dafür zu haben, ob ein Rechtsgeschäft mit dem Anstandsgefühl aller billig und gerecht Denkenden übereinstimmt oder nicht. Insoweit werden mit den guten Sitten zunächst die **grundlegenden Anschauungen der Gemeinschaft bzw. – je nach rechtsgeschäftlichem Bereich – der beteiligten Kreise**[191] über die moralisch-sittlich unabdingbaren Mindestanforderungen** rechtsgeschäftlichen Handelns zum Maßstab der Wirksamkeit von Rechtsgeschäften erhoben[192]. Hierbei geht es um die Beachtung von im Ausgangspunkt außerrechtlichen sog. **sozialethischen Prinzipien**[193] oder der sog. **Sittenordnung**[194] bzw. **Sozialmoral**[195], wobei diesbezüglich keine übersteigerten Anforderungen gestellt werden dürfen, sondern – wie die Formel von dem Anstandsgefühl aller billig und gerecht Denkenden immerhin deutlich macht – das Empfinden des durchschnittlichen Rechtsgenossen maßgebend zu sein hat[196]. Auf der anderen Seite werden die maßgebenden sozialethischen Prinzipien auch nicht dadurch in Frage gestellt, dass sich in bestimmten Kreisen Missbräuche gebildet haben[197].

---

188 S. etwa die Rspr. zum sog. Geliebtentestament, die bezüglich der Frage der Sittenwidrigkeit einen grundlegenden Wandel vollzogen hat, hierzu einerseits BGH NJW 1964, 764 f. m. w. N. aus der Rspr. des RG, andererseits BGHZ 53, 369 (375 ff.).

189 S. zur Frage der Sittenwidrigkeit der Kündigung eines Arbeitsverhältnisses etwa BAG NJW 1990, 141 ff., wo im Ergebnis die Kündigung eines Arbeitnehmers wegen einer Aids-Erkrankung aufgrund der konkreten Umstände nicht als sittenwidrig angesehen wurde.

190 S. nur BGHZ 10, 228 (232); 69, 295 (297); 141, 357 (361); BGH NJW 1990, 703 (704); ausf. zur sog. Anstandsformel *Sack* NJW 1985, 761 ff., mit dem Versuch des Nachweises, dass diese Formel nicht völlig inhaltslos ist.

191 Z. B. im kaufmännischen Bereich der sog. ehrbaren Kaufmannschaft, s. BGHZ 10, 228 (232); BGHZ 19, 12 (17), oder die in den Standesrichtlinien zum Ausdruck gelangenden Wertvorstellungen eines Berufsstands, s. etwa OLG Hamm NJW 1985, 679 (680). S. auch MünchKomm/*Armbrüster*, BGB, § 138 Rn. 14.

192 S. BGHZ 10, 228 (232); Palandt/*Ellenberger*, BGB, § 138 Rn. 2; *Larenz/Wolf*, BGB AT, § 41 Rn. 12 und 15.

193 So etwa *Larenz/Wolf*, BGB AT, § 41 Rn. 15.

194 S. Palandt/*Ellenberger*, BGB, § 138 Rn. 2.

195 So Hk-BGB/*Dörner*, § 138 Rn. 3.

196 S. BGHZ 10, 228 (232), danach ist das Durchschnittsmaß von Redlichkeit und Anstand zugrunde zu legen, Hk-BGB/*Dörner*, § 138 Rn. 3: Sozialmoral des Durchschnittsbürgers.

197 S. BGHZ 10, 228 (232); BGH NJW 1994, 187 (188); MünchKomm/*Armbrüster*, BGB, § 138 Rn. 14.

Bsp.: An der Sittenwidrigkeit eines Vertrages über die entgeltliche Verschaffung des Titels und Amtes eines Honorargeneralkonsuls eines afrikanischen Staates in Ungarn ändert sich nicht deshalb etwas, weil der betreffende afrikanische Staat solche Ämter gegen Entgelt vergibt und sich der Titelhandel zu einem eigenen Wirtschaftsbereich mit erheblichen Umsätzen entwickelt hat[198].

Darüber hinaus und in der konkreten Handhabbarkeit sehr viel präziser werden die Anforderungen der guten Sitten bzw. des Anstandsgefühls aller billig und gerecht Denkenden durch die **grundlegenden Prinzipien der Rechtsordnung,** sprich durch Wertungsmaßstäbe, die als tragende Grundsätze der Rechtsordnung verbindlich vorgegeben sind, bestimmt[199]. Insoweit kommt dem **Wertesystem des Grundgesetzes** und den hier insb. im Grundrechtsabschnitt getroffenen, für alle Bereiche der Rechtsordnung geltenden Grundentscheidungen besondere Bedeutung zu[200]. Diese verfassungsrechtlichen Grundentscheidungen erlangen über die Generalklausel des § 138 im Wege mittelbarer Drittwirkung[201] Einfluss auf das Privatrecht bzw. speziell die rechtsgeschäftliche Gestaltungsfreiheit und sind gewissermaßen als Richtlinien bei der Auslegung und Anwendung des Maßstabs der guten Sitten zu beachten[202].

---

198 S. BGH NJW 1994, 187 (188); zur Sittenwidrigkeit der entgeltlichen Verschaffung von Titeln und Ämtern s. noch folgend Rn. 453.

199 S. BGHZ 68, 1 (4); BGHZ 80, 153 (158); BGHZ 106, 336 (338); *Larenz/Wolf,* BGB AT, § 41 Rn. 12 und 13 f., spricht von der Bestimmung der guten Sitten durch rechtsethische Prinzipien; s. auch Palandt/*Ellenberger,* BGB, § 138 Rn. 3 ff.

200 S. nur BVerfGE 7, 198 (206); 89, 214 (229); BGHZ 70, 313 (324); 106, 336 (338); BGH NJW 1999, 566 (568); s. näher MünchKomm/*Armbrüster,* BGB, § 138 Rn. 20 ff.; *Medicus,* BGB AT, Rn. 693 ff.; *Larenz/Wolf,* BGB AT, § 41 Rn. 13.

201 S. nur *Larenz/Wolf,* BGB AT, § 41 Rn. 13.

202 S. BVerfGE 89, 214 (229); BGHZ 106, 336 (338). Diese Wirkung der Grundrechte steht nicht im Widerspruch zu der oben zu § 134 getroffenen Feststellung, dass Grundrechte keine Verbotsgesetze i.S. dieser Norm sind. Über § 138 haben die Grundrechte als wenn auch vorrangig zu beachtende Wertungsmaßstäbe nur mittelbaren Einfluss auf die rechtsgeschäftliche Gestaltungsfreiheit. Als Verbotsgesetze würden sie mittels § 134 unmittelbare Geltung im Privatrecht erlangen und bei Verstößen nach Maßgabe des § 134 zur Nichtigkeit des Rechtsgeschäfts führen. § 138 koppelt die Nichtigkeit hingegen an einen Verstoß gegen die guten Sitten, deren Inhalt auch durch die grundrechtlichen Wertentscheidungen mitbestimmt wird. Der Weg über § 138 mag häufig zu denselben Ergebnissen führen wie dies bei einer Einordnung der Grundrechte als Verbotsgesetze der Fall wäre, er ist jedoch wegen der nur mittelbaren Heranziehung der grundrechtlichen Wertungsmaßstäbe im Rahmen der guten Sitten wertungsoffener. S. hierzu beispielhaft BGH NJW 1999, 566 (569): die letztwillige Verfügung eines Adeligen, die nach den Anschauungen des Adels Abkömmlinge aus einer nicht „hausverfassungsmäßigen Ehe" von der Erbfolge ausschließt, ist am Maßstab des § 138 unter Berücksichtigung der grundrechtlichen Wertentscheidungen sowohl des Art. 3 Abs. 3 GG (Verbot der Benachteiligung u.a. wegen der Abstammung) als auch des Art. 14 Abs. 1 GG (Schutz der Testierfreiheit) zu überprüfen. Würde Art. 3 Abs. 3 GG als gesetzliches Verbot i.S.d. § 134 eingeordnet (s. dazu oben Rn. 438), so wäre eine nach der Abstammung differenzierende letztwillige Verfügung ohne weiteres nichtig. Dem steht jedoch entgegen, dass Art. 3 GG für die Frage der zivilrechtlichen Wirksamkeit von Rechtsgeschäften keine unmittelbare Anwendung findet (BGH NJW 1999, 566 [569], hier bezogen auf letztwillige Verfügungen).

Bsp.: Bestimmt die Satzung eines Fußballverbandes, dass im Falle der Verpflichtung eines Amateurs durch einen Profi-Fußballverein dem abgebenden Verein eine Ausbildungs- und Förderungsentschädigung zu zahlen ist, so ist bei der Beurteilung der Frage der Sittenwidrigkeit der Satzungsregelung im Hinblick auf die Auswirkung der Zahlungsverpflichtung auf die beruflichen Möglichkeiten der betroffenen Amateure das Grundrecht der Berufsfreiheit (Art. 12 Abs. 1 GG) zu berücksichtigen[203].

(c) Begründung der Sittenwidrigkeit. Die Sittenwidrigkeit eines Rechtsgeschäfts **447** kann auf zweifache Art und Weise begründet sein. Zum einen kann sie sich ohne weiteres aus dem – durch Auslegung zu ermittelnden – **objektiven Inhalt des Rechtsgeschäfts** ergeben[204]. Hier kommt es für die Einordnung des Rechtsgeschäfts als sittenwidrig nicht auf die Vorstellungen und Beweggründe der das Geschäft vornehmenden Beteiligten an[205]. Vielmehr steht der Inhalt des Rechtsgeschäfts „für sich selbst", sprich für die Sittenwidrigkeit. Ein solcher Fall der sog. **Inhaltssittenwidrigkeit** ist anzunehmen, wenn der Inhalt des Rechtsgeschäfts mit grundlegenden sittlich-rechtlichen Prinzipien nicht im Einklang steht[206].

Bsp. (1): Die Eheleute F und M schließen im Jahre 1982 einen Vertrag zur „vorläufigen Regelung ihrer ehelichen Beziehungen", der u. a. folgende Vereinbarung enthält: „Die Eheleute sind sich darüber einig, vor dem 1.11.1987 kein Scheidungsverfahren gegeneinander einzuleiten." – Der mit dieser Regelung verabredete (zeitweise) generelle Ausschluss der Scheidung ist unvereinbar mit der familienrechtlich normierten Möglichkeit der Scheidung[207], die verfassungsrechtlich durch Art. 6 Abs. 1 GG gewährleistet ist, um bei Vorliegen der eine Scheidung rechtfertigenden Voraussetzungen die Eheschließungsfreiheit wieder erlangen zu können[208]. Diese Möglichkeit ausschließende Vereinbarungen stehen im Widerspruch zu Grundprinzipien der Familienrechtsordnung und sind deshalb sittenwidrig[209], ohne dass es auf die Vorstellungen und Gründe der Eheleute ankommt, die sie zum Abschluss der Vereinbarung bewogen haben.

Bsp. (2): Arbeitnehmer Y ist als Fernfahrer bei Arbeitgeber X beschäftigt. Der X hat dem Y zugesagt, etwaige Geldbußen aufgrund von Verstößen gegen die Vorschriften über Lenkzeiten im Güterfernverkehr[210] zu erstatten. – Eine solche rechtsgeschäftliche Zusage ist nach § 138 sittenwidrig, weil sie dem Zweck von Straf- und Bußgeldvorschriften zuwider läuft und geeignet ist, die Hemmschwelle zur Begehung von Straftaten und Ordnungswidrigkeiten herabzusetzen[211]. Hier steht bereits der objektive Inhalt

---

203 S. BGH NZA-RR 2000, 10 ff., hier wurde die Nichtigkeit der Satzungsregelung wegen Verstoßes gegen § 138 i.V.m. Art. 12 Abs. 1 GG bejaht.
204 S. BGHZ 94, 268 (272); *Larenz/Wolf*, § 41 Rn. 18 f.; Palandt/*Ellenberger*, BGB, § 138 Rn. 7; Hk-BGB/*Dörner*, § 138 Rn. 4.
205 BGHZ 94, 268 (272).
206 BGHZ 94, 268 (272).
207 S. §§ 1564 ff.
208 S. BGHZ 97, 304 (306 f.).
209 S. BGHZ 97, 304 (307).
210 Die Verpflichtung eines Fahrers von Güterfahrzeugen zur Einhaltung bestimmter Lenk- und Ruhezeiten ergibt sich aus Art. 6–8 der Verordnung (EWG) Nr. 561/2006 vom 15.3.2006 (ABl. EG Nr. L 102 vom 11.4.2006) i.V.m. § 2 Nr. 1 des Gesetzes über das Fahrpersonal von Kraftfahrzeugen und Straßenbahnen (Fahrpersonalgesetz) i.V.m. § 1 der Verordnung zur Durchführung des Fahrpersonalgesetzes (Fahrpersonalverordnung). Verstöße der Fahrer werden gemäß § 8a Abs. 2 Nr. 1 Fahrpersonalgesetz i.V.m. Art. 6 und Art. 8 Verordnung (EWG) Nr. 561/2006 als Ordnungswidrigkeiten mit Geldbuße geahndet.
211 S. BAG NJW 2001, 1962 (1963).

der Zusage in einem diametralen Widerspruch zu dem Zweck von Straf- und Bußgeldvorschriften, denen im Rahmen der Rechtsordnung eine grundlegende Funktion zur Verhinderung von strafbarem und ordnungswidrigem Verhalten zukommt, sodass die Frage der Sittenwidrigkeit der Erstattungszusage des X unabhängig von den Beweggründen zu bejahen ist[212].

448 Folgt die Sittenwidrigkeit nicht ohne weiteres aus dem objektiven Inhalt des Rechtsgeschäfts, so kann sie sich aus dem **Gesamtcharakter des Geschäfts** unter Berücksichtigung des Zusammenhangs von Inhalt, Beweggrund und Zweck desselben ergeben[213]. Hier sind also in einer Zusammenschau über den als solchen noch nicht zum Sittenverstoß führenden Inhalt hinaus auch die Motive und Ziele der Beteiligten für die Beurteilung der Sittenwidrigkeit des Rechtsgeschäfts heranzuziehen (sog. **Umstandssittenwidrigkeit**)[214].

> **Bsp.:** Die Eheleute F und M lassen sich scheiden. Das gemeinsame minderjährige und behinderte Kind bleibt bei der F. Im Zuge des Scheidungsverfahrens treffen die Eheleute eine scheidungsvorbereitende Vereinbarung, in welcher die F u.a. auf nachehelichen Unterhalt verzichtet. M leistet nach der Scheidung Unterhalt allein für das Kind. Die F erhält als erwerbsfähige Hilfebedürftige nach der Scheidung Leistungen zur Sicherung des Lebensunterhalts nach §§ 19 ff. SGB II[215]. Der Leistungsträger hält den Unterhaltsverzicht der F für sittenwidrig und leitet gemäß § 33 Abs. 1 SGB II durch schriftliche Anzeige[216] gegenüber M die ihrer Ansicht nach bestehenden Ansprüche der F auf nachehelichen Unterhalt im Umfang der erbrachten Leistungen über. – Die wirksame Überleitung eines Unterhaltsanspruchs setzt voraus, dass ein solcher besteht. Das ist vorliegend nur dann der Fall, wenn die Vereinbarung zwischen F und M unwirksam ist. Hier könnte deren Nichtigkeit nach § 138 Abs. 1 in Betracht kommen. Für die Beurteilung der Sittenwidrigkeit des Verzichts ist entscheidend auf den aus dem Zusammenhang von Inhalt, Beweggrund und Zweck zu entnehmenden Gesamtcharakter des Rechtsgeschäfts abzustellen[217]. Aus dem objektiven Inhalt eines Unterhaltsverzichts kann nicht ohne weiteres auf dessen Sittenwidrigkeit geschlossen werden, auch wenn die dadurch eintretende Bedürftigkeit des Verzichtenden die Belastung eines Sozialleistungsträgers zur Folge hat. Denn der Verzicht kann auf sittlich billigenswerten Motiven beruhen[218]. Liegen solche allerdings nicht vor und sind sich die Eheleute im Zeitpunkt der Vereinbarung bewusst, dass die Vereinbarung notwendig zur Bedürftigkeit des verzichtenden Ehegatten und damit dessen Angewiesensein auf öffentliche Leistungen führt, weil dieser wegen der Kinderbetreuung seine Arbeitskraft nicht verwerten kann und im Übrigen nicht über sonstige Einkünfte oder Vermögen zur Sicher-

---

212 Das BAG hat sich denn auch in dem diesem Bsp. zugrunde liegenden Fall nicht mit den Motiven des Arbeitgebers befasst, s. NJW 2001, 1962 ff.

213 BGHZ 86, 82 (88); BGHZ 107, 92 (97); BGHZ 146, 298 (301); BGH NJW 1990, 703 (704); *Larenz/Wolf*, BGB AT, § 41 Rn. 20 ff.; Palandt/*Ellenberger*, BGB, § 138 Rn. 8.

214 S. Palandt/*Ellenberger*, BGB, § 138 Rn. 8; *Larenz/Wolf*, BGB AT, § 41 Rn. 20.

215 Sozialgesetzbuch Zweites Buch – Grundsicherung für Arbeitsuchende („Hartz IV"), hiernach wird u.a. das Arbeitslosengeld II (§§ 19 ff. SGB II) gewährt, bei dem es sich um eine Bedürftigkeitsleistung handelt, die nur an Personen erbracht wird, die ihren Lebensunterhalt nicht durch Aufnahme einer zumutbaren Arbeit oder aus eigenem Einkommen oder Vermögen sichern können (§ 9 SGB II).

216 Hierbei handelt es sich um einen Verwaltungsakt.

217 S. BGHZ 86, 82 (88), hier bezogen auf einen Unterhaltsverzicht zulasten eines Sozialhilfeträgers, der für die Leistung von Sozialhilfe zuständig ist (heute geregelt in SGB XII), die im Unterschied zum Arbeitslosengeld II nach SGB II an nichterwerbsfähige Hilfebedürftige erbracht wird.

218 BGHZ 86, 82 (86).

stellung des Lebensunterhalts verfügt, so ist das Rechtsgeschäft im Hinblick auf diese subjektive Seite i.V.m. dem objektiven Inhalt einer damit einhergehenden Belastung öffentlicher Leistungsträger sittenwidrig. Insoweit kommt es nicht darauf an, ob die Eheleute auch die Absicht hatten, den Sozialleistungsträger zu schädigen[219].

Für die Bejahung der sog. Umstandssittenwidrigkeit ist es **subjektiv** erforderlich und ausreichend, dass die Beteiligten die tatsächlichen Umstände, welche die Sittenwidrigkeit begründen (Inhalt, Beweggrund, Zweck), kennen[220]. Dabei kommt es auf die Kenntnis aller Beteiligten an, wenn ein Rechtsgeschäft die Interessen der Allgemeinheit oder Dritter verletzt[221]. Ist die Sittenwidrigkeit in dem Verhalten eines Vertragspartners gegenüber dem anderen begründet, dann genügt subjektiv die Kenntnis des sittenwidrig Handelnden von den Umständen[222]. Der Kenntnis steht es gleich, wenn sich ein Beteiligter bewusst oder grob fahrlässig der Kenntnis der für die Sittenwidrigkeit erheblichen Tatsachen verschließt[223]. Für die Annahme sittenwidrigen Handelns ist es hingegen nicht erforderlich, dass die Beteiligten das Rechtsgeschäft in der Absicht, Dritte zu schädigen, vorgenommen haben, oder sich der Sittenwidrigkeit des Rechtsgeschäfts, also der rechtlichen Wertung ihres Tuns, bewusst waren[224].

In zeitlicher Hinsicht ist für die Frage der Sittenwidrigkeit grds. allein auf die **449** Umstände und Wertvorstellungen **im Zeitpunkt der Vornahme des Rechtsgeschäfts** abzustellen[225]. Der Zeitpunkt der Vornahme des Rechtsgeschäfts ist auch dann maßgebend, wenn die in diesem Zeitpunkt bestehenden Anschauungen über die guten Sitten erst in einem späteren höchstrichterlichen Urteil erstmals festgestellt werden[226].

Bsp.: Mit der Ende 1978 beginnenden Rspr. des BGH zur Sittenwidrigkeit von Ratenkreditverträgen[227] hat das Gericht nicht entsprechende Wertanschauungen geschaffen, sondern nur deren Bestehen festgestellt. Im Hinblick darauf konnten auch vor diesem Zeitpunkt geschlossene und bereits abgewickelte Ratenkreditverträge bei Vorliegen der maßgebenden Voraussetzungen sittenwidrig und damit nichtig gewesen sein, was wiederum zur Folge hatte, dass betroffene Kreditnehmer bereicherungsrechtliche Rückabwicklungsansprüche geltend machen konnten[228].

---

219 S. BGHZ 86, 82 (86 ff.); s. auch noch folgend Rn. 454.
220 S. BGH NJW 1993, 1587 (1588); *Larenz/Wolf*, BGB AT, § 41 Rn. 23 ff.
221 BGH NJW 1990, 567 (568); *Larenz/Wolf*, BGB AT, § 41 Rn. 23.
222 BGHZ 50, 63 (70); *Larenz/Wolf*, BGB AT, § 41 Rn. 25.
223 BGHZ 10, 228 (233); 20, 43 (52); 146, 298 (301); BGH NJW 1990, 567 (568).
224 BGHZ 94, 268 (273); 146, 298 (301); BGH NJW 1993, 1587 (1588).
225 BGH NJW 1983, 2692 (2692); 1989, 1276 (1277); BGHZ 72, 308 (314); 100, 353 (359); *Larenz/Wolf*, BGB AT, § 41 Rn. 28; Palandt/*Ellenberger*, BGB, § 138 Rn. 9. Das gilt nach der Rspr. auch für die Beurteilung der Sittenwidrigkeit von Testamenten, s. BGHZ 20, 71 (74), offen gelassen von BGHZ 140, 118 (128); a. A. *Larenz/Wolf*, BGB AT, § 41 Rn. 30 und MünchKomm/*Armbrüster*, § 138 Rn. 134 f. m. w. N.
226 S. BGH NJW 1983, 2692 (2693).
227 S. BGH NJW 1979, 805 ff.; s. auch noch folgend Rn. 458.
228 S. BGH NJW 1983, 2692 (2693 f.); hierzu BVerfG NJW 1984, 2345, das eine Verfassungsbeschwerde gegen dieses Urteil des BGH mangels Erfolgsaussicht nicht zur Entscheidung angenommen hat.

Mit der Anknüpfung an den Zeitpunkt der Vornahme des Rechtsgeschäfts kommt es auf die nachfolgende Entwicklung der sittlichen Anschauungen für die Gültigkeit des Rechtsgeschäfts nicht an[229]. Deshalb kann ein im Zeitpunkt seiner Vornahme wirksames Rechtsgeschäft bei einem **Wandel der guten Sitten** nicht rückwirkend sittenwidrig werden[230], umgekehrt erlangt ein wegen Sittenwidrigkeit nichtiges Rechtsgeschäft nicht im Nachhinein Wirksamkeit, wenn sich die Anschauungen über die guten Sitten ändern[231]. Hat ein im Zeitpunkt seiner Vornahme wirksames Rechtsgeschäft aufgrund einer Veränderung der Verhältnisse sittenwidrige Auswirkungen, so kann zu deren Vermeidung eine Korrektur des Inhalts durch ergänzende Vertragsauslegung nach § 242 in Betracht kommen[232].

> **Bsp.:** A ist Kommanditist einer KG[233]. Im Gesellschaftsvertrag ist festgelegt, dass die Gesellschaft u.a. auch im Falle der Kündigung eines Gesellschafters fortbesteht. Der durch Kündigung ausscheidende Gesellschafter erhält eine der Höhe nach im Gesellschaftsvertrag festgelegte Abfindung. – Tritt im Laufe der Zeit ein grobes Missverhältnis zwischen der im Gesellschaftsvertrag bestimmten Abfindung und dem tatsächlichen Wert des Gesellschaftsanteils im Zeitpunkt des Ausscheidens des Gesellschafters ein, so wird die vertragliche Vereinbarung deshalb nicht sittenwidrig[234]. Jedoch ist der Inhalt der Abfindungsregelung durch ergänzende Vertragsauslegung nach den Grundsätzen von Treu und Glauben unter Berücksichtigung der jeweiligen Interessen entsprechend den veränderten Umständen neu zu ermitteln[235].

§ 242 ist auch heranzuziehen, und zwar unter dem Gesichtspunkt der unzulässigen Rechtsausübung, wenn die Erfüllung eines wirksamen Rechtsgeschäfts aufgrund einer Änderung der maßgebenden Umstände sittenwidrig wäre[236].

450 (d) **Bedeutsame Fallgruppen.** Angesichts der Schwierigkeit, den Begriff der guten Sitten so konkret zu beschreiben, dass für den Rechtsanwender mittels einer präzisen Definition abstrakt eine trennscharfe Grenzlinie zwischen sittenwidrigem und den guten Sitten entsprechendem rechtsgeschäftlichem Handeln gezogen werden könnte, **orientiert sich die Praxis für die Beurteilung der Sittenwidrigkeit an Fallgruppen.** Im Folgenden sollen einige bedeutsame Bereiche hervorgehoben werden, in denen die Frage der Sittenwidrigkeit eines Rechtsgeschäfts vor allem eine Rolle spielt und für die deshalb bei der Beurteilung von Sachverhalten eine gewisse Sensibilität vorhanden sein sollte.

451 (aa) **Bereich von Ehe und Familie.** Rechtsgeschäfte, die gegen grundlegende **sittliche und rechtliche Wertmaßstäbe von Ehe und Familie** verstoßen, sind sittenwidrig, wobei § 138 Abs. 1 auf gravierende Verletzungen der guten Sitten beschränkt ist[237]. Zu dem grundlegenden normativen Gehalt des bürgerlichen Eherechts gehört z.B. die **Möglichkeit der Scheidung**, um die durch Art. 6 Abs. 1 GG gewähr-

---

229 BGH NJW 1989, 1276 (1277).
230 BGHZ 7, 111 (114); 123, 281 (284); BGH NJW 1983, 2692 (2692).
231 S. Palandt/*Ellenberger*, BGB, § 138 Rn. 10. Hier bedarf es einer Bestätigung i.S.d. § 141, dazu noch Rn. 481 ff.
232 S. BGHZ 123, 281 (284 f.); 126, 226 (240 ff.).
233 S. §§ 161 Abs. 1, 171 Abs. 1 HGB.
234 S. BGHZ 123, 281 (284).
235 BGHZ 123, 281 (284 ff.); 126, 226 (240 ff.).
236 BGHZ 20, 71 (75); BGH NJW 1983, 2692 (2692).
237 S. BGHZ 158, 81 (102); s. den Überblick bei Palandt/*Ellenberger*, BGB, § 138 Rn. 46 ff.; MünchKomm/*Armbrüster*, BGB, § 138 Rn. 63 ff.

leistete Eheschließungsfreiheit wieder zu erlangen[238]. Deshalb sind Vereinbarungen zwischen Ehegatten, welche die Scheidung ausschließen oder durch hohe Abfindungszahlungen erheblich erschweren, sittenwidrig[239]. Im Widerspruch zu dem durch Art. 6 Abs. 1 GG gewährleisteten und in den Vorschriften der §§ 1353 ff. ausgeprägten Inhalt der Ehe stehen Rechtsgeschäfte, die eine **Scheinehe** ermöglichen sollen[240]. Unvereinbar mit dem grundgesetzlichen Bild der Familie bzw. des Eltern-Kind-Verhältnisses und deshalb sittenwidrig sind auch Verträge über **Leihmutterschaften**, weil dadurch das auszutragende Kind zum Gegenstand eines Geschäfts und gewissermaßen zur käuflichen Handelsware degradiert wird[241]. Die Vereinbarung einer auflösenden Bedingung in einem Arbeitsvertrag mit einer Arbeitnehmerin, wonach dieser im Falle des Eintritts einer Schwangerschaft endet (sog. **Zölibatsklausel**), ist im Hinblick auf den Schutz der Familie und der Mütter in Art. 6 Abs. 1 und Abs. 4 GG nach § 138 nichtig[242]. Auch wenn das Familienrecht den Ehegatten die Möglichkeit gibt, durch Vereinbarungen für den Fall einer späteren Scheidung den nachehelichen Unterhalt oder sonstige versorgungs- und güterrechtliche Angelegenheiten zu regeln[243], so ist bei Eheverträgen auch die Wertentscheidung des Art. 6 Abs. 1 GG zu beachten, die von einer Ehe ausgeht, in der Mann und Frau in gleichberechtigter Partnerschaft zueinander stehen. Deshalb können **Eheverträge über Scheidungsfolgen** sittenwidrig sein, wenn dadurch Regelungen aus dem Kernbereich des gesetzlichen Scheidungsfolgenrechts ganz oder jedenfalls zu erheblichen Teilen abbedungen werden und der dadurch benachteiligte Ehegatte nicht aufgrund anderweitiger Vorteile dafür einen gewissen Ausgleich erhält[244]. Die Zurücksetzung von Familienangehörigen durch einen Erblasser, der testamentarisch seine Geliebte bedenkt (sog. **Geliebtentestament**), wird heute nur noch für sittenwidrig erachtet, wenn dadurch die Geliebte allein für die geschlechtliche Hingabe entlohnt oder zur Fortsetzung der sexuellen Beziehung bestimmt werden soll[245].

(bb) Kommerzialisierung höchstpersönlicher Güter, insb. der Sexualität und sonstiger nicht handelbarer Positionen. Trotz einer in den vergangenen Jahrzehnten erheblichen Liberalisierung der Vorstellungen über die sittlichen Standards der Sexualmoral[246] steht der **Bereich der Sexualität** auch heute (noch) nicht in vollem Umfang zur Disposition rechtsgeschäftlichen Handelns. Die Grenzziehung zur Sittenwidrigkeit hat dort zu erfolgen, wo durch rechtsgeschäftliches Handeln die **452**

---

238 BGHZ 97, 304 (306 f.).
239 BGH NJW 1990, 703 (704); BGHZ 97, 304 (306 f.); OLG Hamm FamRZ 1991, 443 (444).
240 S. OLG Düsseldorf FamRZ 1983, 1023 (1023), hier bezogen auf die Zuwendung von Geld, um den Empfänger zur Eingehung einer Scheinehe zu bewegen.
241 So OLG Hamm NJW 1986, 781 (782).
242 Vgl. BAGE 4, 274 (275 f.), das allerdings die Nichtigkeit über § 134 i.V.m. Art. 6 GG begründet; s. zur nur mittelbaren Drittwirkung der Grundrechte Rn. 438 und Rn. 446.
243 S. insb. § 1408 Abs. 1, Abs. 2 i.V.m. §§ 6 und 8 VersAusglG und § 1585c.
244 Dazu eingehend BGHZ 158, 81 (94 ff.); BGH NJW 2009, 2124 (2125); grundlegend zur Sittenwidrigkeit von Eheerträgen unter Anknüpfung vor allem an die durch Art. 2 Abs. 1 GG gewährleistete Privatautonomie BVerfGE, 103, 89 ff. und BVerfG NJW 2001, 2248.
245 BGHZ 53, 369 (376). Hier hat sich ein Wandel in der Rspr. vollzogen, s. zu der früher weitaus strengeren Auffassung etwa BGHZ 20, 71 (72 ff.).
246 S. auch BGH NJW 2002, 361 (361).

sexuelle Triebhaftigkeit in verwerflicher Weise ausgenutzt und/oder der Erbringer sexueller Dienstleistungen zur bloßen Ware herabgewürdigt werden[247]. Hiervon ausgehend sind nach wie vor Verträge über die **entgeltliche Erbringung des Geschlechtsverkehrs** oder sonstiger sexueller Handlungen nichtig[248]. Das gilt auch für die Begründung eines Arbeitsverhältnisses, dessen wesentlicher Inhalt in der arbeitgeberseits vergüteten Zurschaustellung des Geschlechtsverkehrs auf der Bühne besteht[249]. Daran hat sich durch das Gesetz zur Regelung der Rechtsverhältnisse der Prostituierten (ProstG) vom 20.12.2001[250] nichts geändert. Nach § 1 Satz 1 ProstG wird für den Fall, dass sexuelle Handlungen gegen ein vorher vereinbartes Entgelt vorgenommen worden sind, durch diese Vereinbarung eine **rechtswirksame Forderung** begründet. Mit dieser Regelung wird keine Aussage dahin getroffen, dass entsprechende Vereinbarungen nicht mehr sittenwidrig sind. Vielmehr wird allein bestimmt, dass nach der Abwicklung einer solchen Dienstleistungsvereinbarung die Entgeltabrede zu einem wirksamen Anspruch erwächst. Diese Regelung wäre überflüssig, wenn entsprechende Vereinbarungen über die entgeltliche Erbringung sexueller Dienstleistungen von vornherein wirksam wären. Allerdings sieht der BGH inzwischen unter Hinweis auf die § 1 ProstG zugrunde liegenden Wertungen und den Wandel der Anschauungen in der Bevölkerung jedenfalls Verträge über die Erbringung, Vermittlung und Vermarktung von sog. Telefonsexdienstleistungen nicht mehr als sittenwidrig an[251]. Ebenso wenig sittenwidrig sind nach der Rspr. Mietverträge mit Prostituierten und Bordellpachtverträge[252].

453 Über den Bereich der Sexualität hinaus kann auch die **Kommerzialisierung sonstiger Güter, die nicht handelbar sind,** sittenwidrig sein[253]. So ist bei der Vereinbarung über die **Rücknahme einer Strafanzeige** durch das Opfer gegen die Zahlung eines Geldbetrages seitens des Täters die Grenze zur Anstößigkeit überschritten, wenn die Rücknahme der Strafanzeige nicht von dem Streben nach Wiedergutmachung getragen ist, sondern auf eine gewinnsüchtige Ausnutzung der Situation

---

247 Vgl. die Begründung des BGH im Zusammenhang mit der Sittenwidrigkeit von Rechtsgeschäften über Telefonsexkarten, BGH NJW 1998, 2895 (2895 f.); zur Sittenwidrigkeit von Rechtsgeschäften im Bereich der Sexualsphäre s. ausf. Palandt/*Ellenberger*, BGB, § 138 Rn. 51 ff.
248 So auch Palandt/*Ellenberger*, BGB, § 138 Rn. 52; anders Hk-BGB/*Dörner*, § 138 Rn. 9.
249 S. BAG NJW 1976, 1958 (1958).
250 BGBl. 2001 I, 3983; s. dazu aus der Lit. *Armbrüster* NJW 2002, 2764 ff.; *Kurz* GewArch 2002, 142 ff.; *Rautenberg* NJW 2002, 650 ff.
251 BGH NJW 2008, 140 (140 f.); anders BGH NJW 1998, 2895 (2895 f.).
252 BGH NJW 1970, 1179 f.; BGHZ 63, 365 ff. (Bordellpachtvertrag). Bemerkenswert und einschränkend ist die jeweilige Begründung des BGH: Solche Rechtsgeschäfte tragen in staatlich kontrollierten Bordellen dazu bei, dass die Prostitution überwacht erfolgt und eine bessere gesundheitspolizeiliche Kontrolle ermöglicht, was wiederum „im Interesse der Allgemeinheit eine gewisse wünschenswerte Ordnung der Prostitution festigt." (BGHZ 63, 365 [366 f.]). Bleibt die Frage, wie Miet- und Pachtverträge außerhalb staatlich kontrollierter Prostitution zu beurteilen sind.
253 S. näher Palandt/*Ellenberger*, BGB, § 138 Rn. 56; MünchKomm/*Armbrüster*, BGB, § 138 Rn. 39.

hinausläuft oder auf anderen sachfremden Motiven beruht[254]. Sittenwidrig sind auch entgeltliche Geschäfte über die **Verschaffung öffentlicher Ämter und Titel**, weil die Käuflichkeit zur Sinnentleerung von Titeln und zu einer wesentlichen Beeinträchtigung der Funktionsfähigkeit öffentlicher Ämter führen würde[255]. Ebenfalls nach § 138 nichtig sind Abreden über die **Vermittlung einer Adoption** zur Erlangung eines Adelstitels wie auch entsprechende Vereinbarungen zwischen dem Annehmenden und dem Anzunehmenden. Nach dem Gesetz[256] muss die Annahme eines Volljährigen als Kind sittlich gerechtfertigt sein, was insb. die Entstehung eines Eltern-Kind-Verhältnisses voraussetzt[257]. Sittenwidrig sind auch Rechtsgeschäfte über den **Handel mit menschlichen Organen** sowie über die Entnahme und die Übertragung gehandelter Organe[258]. Allerdings gibt es insoweit mit § 17 Transplantationsgesetz[259] ein Verbotsgesetz, weshalb entsprechende Rechtsgeschäfte bereits nach § 134 nichtig sind.

(cc) **Schädigung Dritter und der Allgemeinheit.** Mit § 138 Abs. 1 unvereinbar kön- **454** nen des Weiteren Rechtsgeschäfte sein, die zur **Schädigung eines Dritten oder der Allgemeinheit** führen[260]. So sind Vereinbarungen sittenwidrig, die bewusst darauf gerichtet sind, jemandem zum **Vertragsbruch** gegenüber einem Dritten anzuhalten[261]. Sittlich anstößig und deshalb nichtig sind **Schmiergeld- bzw. Bestechungsabreden**, sofern sie zu einer für den Geschäftsherrn nachteiligen Vertragsgestaltung führen[262]. Hierunter fallen Abreden über Zuwendungen z.B. an Vertreter, Arbeitnehmer oder Sachwalter der anderen Vertragspartei, die mit dem Ziel erfolgen, von diesen Personen bei der Vergabe von Aufträgen ihres Unternehmens oder der Beratung zum Abschluss von Rechtsgeschäften bevorzugt berücksichtigt zu werden[263]. Darauf, ob die an der Schmiergeldabrede Beteiligten den Dritten benachteiligen wollen, kommt es nicht an[264]. Gleichermaßen sittenwidrig können Rechtsgeschäfte sein, die auf die **Täuschung eines Dritten** angelegt sind, etwa in dem Fall, dass ein Grundstückskaufvertrag in zwei Teile aufgespalten wird, um gegenüber einem in Abhängigkeit von der Höhe des Kaufpreises wiederkaufsberechtigten Dritten den wirklichen Kaufpreis zu verschleiern[265]. Sittenwidrig kann auch eine Vereinbarung über die Abtretung sämtlicher, auch künftiger Kundenforderungen (sog. **Globalzession**) sein, wenn ein Schuldner dadurch sein letztes zur Gläubigerbefriedigung taugliches Vermögen überträgt und deshalb gegenwär-

---

254 S. BGH NJW 1991, 1046 (1047), hier ging es um die Rücknahme einer Strafanzeige wegen Vergewaltigung gegen Zahlung von 80.000 DM, wobei zusätzlich den Eltern des Opfers Schulden, die diese bei dem Täter hatten, in Höhe von 70.000 DM erlassen werden sollten.
255 BGH NJW 1994, 187 (188). S. auch OLG Koblenz NJW 1999, 2904 f. und OLG Stuttgart NJW 1996, 665 (666).
256 § 1767 Abs. 1.
257 S. BGH NJW 1997, 47 (48).
258 BSG NJW 1997, 3114 (3115 f.).
259 Vom 5.11.1997, BGBl. 1997 I, 2631.
260 S. auch *Larenz/Wolf*, BGB AT, § 41 Rn. 24.
261 BGHZ 103, 235 (241).
262 BGHZ 141, 357 (361).
263 BGH NJW 1973, 363; NJW 1991, 1819 (1820); BGHZ 78, 263 (268).
264 BGH NJW 1973, 363.
265 BGH NJW 1985, 2953 (2954).

tige und künftige Gläubiger (z. B. Lieferanten) über die Kreditwürdigkeit des Schuldners getäuscht werden[266].

Unter dem Gesichtspunkt der **Schädigung der Allgemeinheit** kann eine **scheidungsvorbereitende Vereinbarung zwischen Ehegatten über den nachehelichen Unterhalt** sittenwidrig sein, wenn dadurch unter Missachtung des sog. Nachrangs der Sozialhilfe[267] bewusst oder in grob fahrlässiger Unkenntnis die Unterstützungsbedürftigkeit eines geschiedenen Ehegatten zulasten der Sozialhilfe herbeigeführt wird[268]. Das gilt nicht, wenn Eltern eines behinderten Kindes ihr Vermögen im Interesse des Kindes durch Verfügung von Todes wegen derart vererben, dass ein Sozialhilfeträger keine Möglichkeit hat, die etwa für Heimunterbringung und Pflege des Kindes erbrachten Aufwendungen durch Rückgriff auf das vererbte Vermögen zu decken[269]. Insoweit kann es nach der Rspr. des BGH nicht als sittlich anstößig angesehen werden, wenn Eltern ihren behinderten Kindern nach ihrem Tod durch erbrechtliche Gestaltung zulasten von Sozialleistungsträgern mehr als die Absicherung durch Sozialleistungen zukommen lassen wollen[270].

Wegen Verletzung der Interessen der Allgemeinheit sind auch solche Rechtsgeschäfte sittenwidrig, die der **Vorbereitung einer Straftat** dienen, sofern die Beteiligten davon Kenntnis haben oder darüber fahrlässig in Unkenntnis sind[271]. Bei Verträgen, die eine Steuerhinterziehung (§ 370 AO) vorbereiten bzw. ermöglichen sollen, ergreift das Verdikt der Sittenwidrigkeit nach der Rechtsprechung den Vertrag insgesamt allerdings nur dann, wenn die Vorbereitung bzw. Ermöglichung der Steuerhinterziehung der **alleinige oder jedenfalls hauptsächliche Zweck des Vertrages** ist[272]. Anderenfalls wird lediglich der Teil des Vertrages von der Sittenwidrigkeit erfasst, der die Verabredung zur Vorbereitung bzw. Ermöglichung der Steuerhinterziehung enthält[273].

455   **(dd) Verstöße gegen berufsständische Werte.** Ein weiterer Bereich, in dem die Sittenwidrigkeit von Rechtsgeschäften eine Rolle spielt, ist die **Verletzung berufsständischer Pflichten**, wobei hier die freien Berufe im Vordergrund stehen[274] und insoweit der Verstoß gegen **ärztliche und anwaltliche Berufsausübungsanforderungen** praktisch eine besondere Relevanz erlangt. Allerdings reicht die Verletzung

---

266 BGHZ 30, 149 (152 f.); BGH NJW 1995, 1668 (1668 f.).
267 S. § 2 Abs. 1 SGB XII: Danach erhält Sozialhilfe nicht, wer sich vor allem durch Einsatz seiner Arbeitskraft, seines Einkommens und seines Vermögens selbst helfen kann oder wer die erforderliche Leistung von anderen, insb. von Angehörigen oder von Trägern anderer Sozialleistungen erhält. Gemäß § 2 Abs. 2 Satz 1 SGB XII bleiben Verpflichtungen anderer, insb. Unterhaltpflichtiger unberührt. Für erwerbsfähige Hilfebedürftige gilt nach § 9 SGB II Entsprechendes.
268 BGHZ 178, 322 (336 ff.); BGHZ 86, 82 (87 f.).
269 BGHZ 111, 36 (41 f.); 123, 368 (373 ff.).
270 S. BGHZ 111, 36 (41).
271 S. BGH DB 1971, 39; BGH NJW-RR 1990, 1521 (1522); MünchKomm/*Armbrüster*, BGB, § 138 Rn. 42.
272 S. BGHZ 176, 198 (200 f.), hier zu einer im Rahmen eines Werkvertrages getroffenen sog. „Ohne-Rechnung-Abrede", s. dazu schon oben bei § 134, Rn. 439; s. im übrigen BGHZ 14, 25 (30); BGH NJW 1966, 588 (589); BGH NJW-RR 2002, 1527 (1527).
273 S. BGHZ 176, 198 (200 f.); zur Nichtigkeitsfolge s. Rn. 469.
274 S. den Überblick bei Palandt/*Ellenberger*, BGB, § 138 Rn. 57 ff.; zum Begriff des freien Berufs s. nur *Boecken*, in: FS Maurer, S. 1091 (1093 ff.).

einer Standespflicht als solche nicht aus, um ein Rechtsgeschäft als sittenwidrig zu bezeichnen[275]. Eine Nichtigkeit nach § 138 kommt nur in Betracht, wenn das rechtsgeschäftliche Handeln neben dem Verstoß gegen Berufspflichten zugleich mit grundlegenden Wertungen der Rechts- und Sittenordnung unvereinbar ist[276]. Die **entgeltliche Übernahme einer Arztpraxis oder einer Rechtsanwaltskanzlei** ist angesichts der veränderten Sichtweise der Ausübung dieser Berufe heute grds. nicht mehr sittenwidrig[277]. Die Grenze der Sittenwidrigkeit wird jedoch dann überschritten, wenn die Übernahmebedingungen für den Erwerber so drückend sind, dass er bei der Ausübung seines Berufs nicht mehr den jeweiligen standesrechtlichen und -ethischen Anforderungen genügen kann, weil die Notwendigkeit der Gewinnerzielung völlig in den Vordergrund tritt[278], oder weil die Voraussetzungen des Wuchers nach § 138 Abs. 2 gegeben sind[279]. Sittenwidrig sind des Weiteren sonstige Rechtsgeschäfte, durch die der Arzt oder Rechtsanwalt in die Gefahr gerät, die Berufsausübung weniger von den Interessen des Patienten oder Mandanten als vielmehr von anderen und vor allem finanziellen Aspekten abhängig zu machen, so dass eine gewissenhafte Ausübung der Tätigkeit nicht gewährleistet ist. Das ist etwa der Fall bei Vereinbarungen zwischen einem Rechtsanwalt und einem Nichtanwalt über die **Zahlung von Provisionen für die Vermittlung von Mandanten**[280] oder bei Abreden eines Arztes mit einer Apotheke, für diese einen jährlichen Kassenrezeptumsatz in bestimmter Höhe sicherzustellen[281].

(ee) **Fremdbestimmung statt Selbstbestimmung.** Sittenwidrig können auch Rechtsgeschäfte sein, bei denen sich die verfassungsrechtlich durch Art. 2 Abs. 1 GG gewährleistete Privatautonomie i. S. v. **Selbstbestimmung** aufgrund des Übergewichts des einen Vertragsteils für den unterlegenen Vertragsteil tatsächlich in **Fremdbestimmung** wandelt[282]. Hiervon ausgehend verstoßen Rechtsgeschäfte gegen § 138, bei denen etwa eine **Monopolstellung** zur Durchsetzung überhöhter Preise ausgenutzt wird[283] oder eine zur Entscheidung nach pflichtgemäßem Ermessen verpflichtete Behörde im Wege eines „**Koppelungsgeschäfts**" ihre Entscheidung unzulässig von der Erbringung wirtschaftlicher Gegenleistungen des Antragstellers abhängig macht[284]. Des Weiteren sind Verträge sittenwidrig, aufgrund derer der dem anderen Vertragsteil unterlegene Partner seine **wirtschaftliche Be-**

456

275 S. BGH NJW 1967, 873.
276 Vgl. KG NJW 1989, 2893 (2894); s. auch Palandt/*Ellenberger*, BGB, § 138 Rn. 57.
277 S. BGHZ 16, 71 (80); 43, 46 (48); BGH NJW 1989, 763 (763).
278 BGHZ 43, 46 (49 f.); BGH NJW 1973, 98 (100); NJW 1989, 763 (763).
279 BGHZ 43, 46 (50).
280 KG NJW 1989, 2893 (2894); dasselbe gilt für Provisionsversprechen zur Vermittlung von Patienten an einen Arzt, dazu OLG Hamm NJW 1985, 679 (679 f.).
281 OLG Frankfurt a.M. NJW 2000, 1797 f.
282 Zur Berücksichtigung der verfassungsrechtlichen Grundentscheidung für Selbstbestimmung im Rahmen von § 138 als Beschränkung der Privatautonomie s. die grundlegende Bürgschafts-Entscheidung des Bundesverfassungsgerichts in BVerfGE 89, 214 (231 ff.).
283 S. BGH NJW 1976, 710 (711); BB 1971, 1177 (1177).
284 BGH NJW 1972, 1657 (1657), hier das Verlangen nach Übertragung eines Grundstücks für die Erteilung einer baurechtlichen Befreiung.

wegungs- und Entscheidungsfreiheit verliert. Dieser Verlust kann z.B. darauf beruhen, dass sich ein Gläubiger aufgrund seiner wirtschaftlichen Machtstellung für die Gewährung eines Kredits von dem Schuldner im Übermaß Sicherheiten einräumen lässt, so dass dieser aus eigener Entscheidung nicht mehr in der Lage ist, andere Gläubiger zu befriedigen[285]. Der Verlust von wirtschaftlicher Bewegungsfreiheit und Selbständigkeit kann sich auch aus der Vereinbarung einer übermäßig langfristigen Vertragsbindung ergeben, wobei die Rspr. eine Bindungsfrist von mehr als 20 Jahren grds. für sittenwidrig erachtet[286].

Der Gesichtspunkt der Umkehrung von Selbstbestimmung in Fremdbestimmung und die daran anknüpfende Sittenwidrigkeit von Verträgen ist in der jüngeren Vergangenheit insb. in Konstellationen zum Tragen gekommen, in denen nahe Angehörige (Ehegatten, Kinder) eines Kreditnehmers gegenüber dem Kreditinstitut mitverpflichtet werden oder zur Absicherung des Kredits eine Bürgschaft übernehmen, obwohl sie (nahezu) einkommens- und vermögenslos sind[287]. In diesen Fällen ist von einer **Sittenwidrigkeit der Mitverpflichtung oder Bürgschaftsübernahme durch Ehegatten oder Kinder** auszugehen, wenn zusätzlich zu einem groben Missverhältnis zwischen Verpflichtungsumfang und Leistungsfähigkeit weitere, dem Gläubiger zurechenbare Umstände hinzukommen wie z.B. die Verharmlosung von Umfang und Tragweite der Haftung, des Verschweigens ungewöhnlicher und schwerwiegender Haftungsrisiken oder auch der Ausnutzung der emotionalen Verbundenheit des Angehörigen mit dem Kreditnehmer[288].

Nicht notwendig wegen fehlender Selbstbestimmung, sondern wesentlich unter dem Gesichtspunkt der Beschränkung der über § 138 zu beachtenden verfassungsrechtlichen Gewährleistung der Berufsfreiheit (Art. 12 Abs. 1 GG) können **nachvertragliche Wettbewerbsverbote** gegen die guten Sitten verstoßen. Zwar sind solche Wettbewerbsverbote, die etwa für den Fall des Ausscheidens eines Gesellschafters aus einer Gesellschaft oder im Zusammenhang mit dem Kauf eines Unternehmens oder einer freiberuflichen Praxis unter dem Aspekt des § 138 Bedeutung erlangen[289], zulässig, soweit sie im Hinblick auf den Schutz der Ver-

---

285 BGHZ 19, 12 (16 ff.).

286 S. die Rspr. zu Bierbezugsverpflichtungen von Gastwirten, etwa BGHZ 74, 293 (298); BGH NJW 1979, 865 (865). Besonderheiten gelten bei Tankstellenpachtverträgen mit ausschließlicher Bezugsverpflichtung, die zum Zwecke der Amortisation der Errichtungskosten eine Bindung bis zu 25 Jahren vorsehen können, s. BGHZ 83, 313 (316 ff.).

287 S. die grundlegende Entscheidung BVerfGE 89, 214 (231 f.), mit der eine sehr viel großzügigere Rspr. des BGH i.S.d. Anerkennung formaler Vertragsparität korrigiert wurde.

288 S. BGHZ 132, 328 (329 f.) zur Bürgschaft; 120, 272 (274 f.) zur Mitverpflichtung des leistungsunfähigen Ehegatten bei einem Bankkredit.

289 S. BGH NJW 2004, 66 f. zur Vereinbarung einer Mandantenschutzklausel bei Ausscheiden eines Gesellschafters aus einer Steuerberatungsgesellschaft; BGH NJW 1997, 3089 f. zum nachvertraglichen Wettbewerbsverbot in einem Gesellschaftsvertrag von Tierärzten; BGH NJW-RR 1989, 800 ff. betrifft ein Wettbewerbsverbot bei Kauf eines Reinigungsunternehmens; in BGHZ 16, 71 ff. ging es um ein Rückkehrverbot aus Anlass eines Praxistauschs zwischen Ärzten. Für Arbeitnehmer richtet sich die Zulässigkeit nachvertraglicher Wettbewerbsverbote gemäß § 110 Satz 2 GewO nach den Vorschriften der §§ 74–75f HGB.

tragspartner gerechtfertigt sind[290]. Das ist allerdings nur der Fall, soweit Wettbewerbsverbote räumlich, zeitlich und gegenständlich das notwendige Maß nicht überschreiten[291]. Deshalb ist z.B. ein Wettbewerbsverbot sittenwidrig, das über einen längeren Zeitraum als zwei Jahre hinausgeht[292].

(ff) Wucher. Gem. der Regelung des § 138 Abs. 2, die einen **gesetzlich präzisierten** **457** **Unterfall der Sittenwidrigkeit in Form des Wuchers** darstellt[293], ist insb. ein Rechtsgeschäft nichtig, durch das jemand unter Ausbeutung der Zwangslage, der Unerfahrenheit, des Mangels an Urteilsvermögen oder der erheblichen Willensschwäche eines anderen sich oder einem Dritten für eine Leistung Vermögensvorteile versprechen oder gewähren lässt, die in einem auffälligen Missverhältnis zu der Leistung stehen[294]. Liegen die **drei Voraussetzungen** des § 138 Abs. 2 – auffälliges Missverhältnis zwischen Leistung und Gegenleistung, Vorliegen einer bestimmten Situation auf Seiten des Bewucherten und Ausbeutung dieser Situation durch den Wucherer – vor, so ist das Rechtsgeschäft nichtig. Auf besondere weitere Umstände kommt es hier nicht an[295].

§ 138 Abs. 2 fordert zunächst, dass sich jemand für eine Leistung Vermögensvorteile versprechen oder gewähren lässt, die in einem **auffälligen Missverhältnis zu der Leistung** stehen. Hieraus wird deutlich, dass der Wuchertatbestand ein Austauschverhältnis zweier sich gegenüberstehender Leistungen von wirtschaftlichem Wert voraussetzt[296], wobei insoweit Austauschverhältnisse jeglicher Art (z.B. Kaufvertrag, Mietvertrag, Darlehensvertrag, Arbeitsvertrag) in Betracht kommen[297]. Keine Anwendung findet § 138 Abs. 2 danach auf Rechtsgeschäfte, bei denen es an einem Austausch von Leistungen fehlt, wie z.B. bei der Bürgschaft[298], oder bei denen die Leistung des Wucherers keinen wirtschaftlichen Wert hat[299]. Die Frage, wann ein auffälliges Missverhältnis zwischen Leistung und Gegenleistung gegeben ist, kann nur unter Berücksichtigung aller Umstände des Einzelfalles beantwortet werden[300]. Allerdings hat die Rspr. eine Faustregel dahingehend entwickelt, dass ein auffälliges Missverhältnis, und zwar ein besonders grobes[301], i. d. R. jedenfalls dann vorliegt, wenn der Wert der Leistung des Bewucherten etwa **doppelt so hoch oder höher ist** wie der Wert der Gegenleistung, die der

---

290 BGH NJW 2004, 66 (66).
291 BGH NJW 1997, 3089 (3089); NJW 2000, 2584 (2584); NJW 2004, 66 (66).
292 BGH NJW 2004, 66 (66). Diese zeitliche Grenze stimmt überein mit der nach § 110 GewO, § 74a Abs. 1 Satz 3 HGB für nachvertragliche Wettbewerbsverbote mit Arbeitnehmern festgelegte Zeitgrenze, wonach ein Verbot nicht auf einen Zeitraum von mehr als zwei Jahren von der Beendigung des Dienstverhältnisses an erstreckt werden kann.
293 S. BGH NJW 1991, 1046 (1046); NJW 1994, 1475 (1476).
294 Ausf. zum Wuchertatbestand Palandt/*Ellenberger*, BGB, § 138 Rn. 65 ff.; *Larenz/Wolf*, BGB AT, § 41 Rn. 55 ff.
295 BGH NJW 2003, 1860 (1860 f.).
296 BGH NJW 2003, 1860 (1861).
297 BGH NJW 1982, 2767 (2767).
298 BGH NJW 2003, 1860 (1861).
299 Z. B. die Zustimmung zur Scheidung, s. BGH NJW 2003, 1860 (1861).
300 S. Hk-BGB/*Dörner*, § 138 Rn. 15; *Larenz/Wolf*, BGB AT, § 41 Rn. 56 ff.
301 Diese zusätzliche Wertung hat Bedeutung für den subjektiven Tatbestand, s. folgend.

Wucherer erbringt[302]. Bei einem Arbeitsverhältnis wird von einem auffälligen Missverhältnis ausgegangen, wenn die Arbeitsvergütung mehr als ein Drittel den in der betreffenden Branche und Wirtschaftsregion üblicherweise gezahlten Tariflohn unterschreitet[303].

Weitere Voraussetzung des Wuchertatbestands ist das **Vorhandensein einer bestimmten Situation der Schwäche** bei dem unterlegenen Vertragsteil. Das Gesetz spricht von einer Zwangslage, der Unerfahrenheit, des Mangels an Urteilsvermögen oder der erheblichen Willensschwäche. Die in der Praxis vor allem bedeutsame Situation der Zwangslage des Bewucherten muss nicht auf wirtschaftlichen Gründen beruhen, sondern kann auch andere, etwa psychische Ursachen haben[304]. Erforderlich ist in jedem Fall, dass die Zwangslage eine **gegenwärtige** ist, eine sich erst in der Zukunft entwickelnde Bedrängnis des Bewucherten reicht nicht aus[305].

Schließlich setzt § 138 Abs. 2 subjektiv voraus, dass der Wucherer die Zwangslage oder eine der genannten anderen Situationen des Bewucherten **ausbeutet, d.h. die gegebene Situation bewusst ausnutzt**[306]. Insoweit ist keine besondere Ausbeutungsabsicht erforderlich. Vielmehr reicht es aus, wenn der Wucherer Kenntnis hat sowohl von dem auffälligen Leistungsmissverhältnis wie auch der Ausbeutungssituation, also den Beweggründen des Bewucherten, und sich diese Situation vorsätzlich zunutze macht[307]. Lediglich grobe Fahrlässigkeit reicht nicht aus, etwa wenn der Wucherer verkennt, dass sich der Bewucherte nur aufgrund einer tiefgreifenden Depression auf den ungünstigen Vertrag eingelassen hat[308]. Liegt ein **besonders grobes Missverhältnis** zwischen Leistung und Gegenleistung vor, so kann eine **tatsächliche – vom Wucherer widerlegbare – Vermutung** für die Erfüllung des subjektiven Tatbestands sprechen[309].

458   (gg) **Wucherähnliche Geschäfte.** Scheitert der Wuchertatbestand des § 138 Abs. 2 am **Fehlen oder der Nichterweislichkeit der subjektiven Voraussetzung**[310], so kann bei Vorliegen eines auffälligen Missverhältnisses zwischen Leistung und Gegenleistung Sittenwidrigkeit und damit Nichtigkeit nach § 138 Abs. 1 unter dem

---

302 S. z.B. BGH NJW 1992, 899 (900), hier zum Verkauf einer Eigentumswohnung; NJW 1994, 1475 (1476), Maklervertrag; NJW 2003, 1860 (1861), Grundstück; BGHZ 104, 102 (105), Ratenkredit; 110, 336 (338), Ratenkredit; 125, 218 (227), Wohnungs-Time-Sharing.

303 BAG NZA 2009, 837 (838 f.).

304 BGH NJW 2003, 1860 (1861); s. auch NJW 1994, 1275 (1275).

305 BGH NJW 2003, 1860 (1861), hier bezogen auf die zukünftig drohende Ausweisung des Kindsvaters und damit des Scheiterns einer Lebensgemeinschaft, die als mögliche Zwangslage im Zeitpunkt der Übertragung eines Grundstücks erheblich unter Wert an den bisherigen Ehegatten, um die Zustimmung zur Scheidung zu erreichen, noch nicht vorlag. Hier ging es vielmehr um das Scheitern von Zukunftsplänen. S. auch BGH NJW 1994, 1275 (1276).

306 BGH NJW 1985, 3006 (3007); *Larenz/Wolf*, BGB AT, § 41 Rn. 64.

307 BGH NJW 1982, 2767 (2768); NJW 1985, 3006 (3007).

308 S. BGH NJW 1985, 3006 (3007).

309 BGH NJW 1994, 1275 (1275).

310 S. oben Rn. 457.

Gesichtspunkt des sog. **wucherähnlichen Geschäfts**[311] in Betracht kommen[312]. Hierfür reicht allerdings das auffällige Leistungsmissverhältnis als solches nicht aus, vielmehr müssen zur Bejahung der Sittenwidrigkeit **weitere anstößige Umstände** hinzukommen, insb. eine verwerfliche Gesinnung des Begünstigten[313], die etwa darin zum Ausdruck gelangen kann, dass dieser die wirtschaftlich schwächere Lage des anderen Teils, dessen Unterlegenheit bei der Festlegung der Vertragsbedingungen, zu seinem Vorteil ausnutzt oder sich zumindest leichtfertig der Erkenntnis verschließt, dass sich der andere nur aufgrund seiner schwächeren Lage eingelassen hat[314]. Damit erlangt § 138 Abs. 1 eine **Auffangfunktion**, die allerdings nur zum Tragen kommt, wenn neben dem **objektiven Merkmal** des auffälligen Missverhältnisses **subjektiv eine bestimmte Einstellung** des Begünstigten gegeben ist, wobei diese Anforderung weniger streng ist als im Rahmen von § 138 Abs. 2, weil etwa die Kenntnis einer Ausbeutungssituation bei der benachteiligten Vertragspartei nicht erforderlich ist. Hinzu kommt, dass die Rspr. die Anwendbarkeit des § 138 Abs. 1 auch und gerade dadurch erleichtert, dass bei einem **besonders groben Missverhältnis** zwischen Leistung und Gegenleistung **der – widerlegbare – Schluss** auf eine verwerfliche Gesinnung des Begünstigten gerechtfertigt sein kann[315]. Von einem besonders groben Missverhältnis kann, nicht anders als bei § 138 Abs. 2[316], nach der Rspr. dann ausgegangen werden, wenn der Wert der Leistung des Benachteiligten etwa **doppelt so hoch oder höher** ist wie der Wert der vom Begünstigten erbrachten Gegenleistung[317]. Relevanz hat diese Rspr. insb. bei der Beurteilung der Sittenwidrigkeit von Verbraucher-/Ratenkreditverträgen erlangt, wenn der Vertragszins den üblichen Marktzins um mindestens etwa das Doppelte übersteigt[318]. Bedeutung hat die Rspr. zur Sittenwidrigkeit bei besonders grobem Missverhältnis und daran anknüpfender Vermutung der verwerflichen Gesinnung des Begünstigten auch bei anderen Rechtsgeschäften, so etwa bei der Veräußerung von Grundstücken[319], Eigentumswohnungen[320] oder auch Time-sharing-Verträgen über Wohnungen[321].

(e) **Rechtsfolgen der Sittenwidrigkeit.** § 138 Abs. 1 ordnet als Rechtsfolge die **459** Nichtigkeit[322] des sittenwidrigen Rechtsgeschäfts an, und zwar des Rechtsgeschäfts, so dass dieses grds. in seiner **Gesamtheit** unwirksam ist[323]. Anderes kann

---

311 S. z.B. BGH NJW 1994, 1475 (1476); BGHZ 128, 255 (257).
312 BGH NJW 1992, 899 (900); NJW 1994, 1475 (1476); NJW 2003, 1860 (1861); BGHZ 128, 255 (257); s. auch Hk-BGB/*Dörner*, § 138 Rn. 14.
313 BGH NJW 1994, 1475 (1476); NJW 2003, 1860 (1861); BGHZ 128, 255 (257).
314 S. BGHZ 128, 255 (257).
315 BGH NJW 1992, 899 (900); NJW 1994, 1475 (1476); NJW 2003, 1860 (1861); BGHZ 125, 218 (227); 128, 255 (257 f.).
316 S. oben Rn. 457.
317 BGHZ 146, 298 (305); 160, 8 (14); BGH NJW 2007, 2841 (2841 f.).
318 BGHZ 104, 102 (105); 110, 336 (338). Darüber hinaus geht die Rspr. bei Ratenkreditverträgen auch dann von einem besonders groben Missverhältnis aus, wenn der Vertragszins den üblichen Marktzins absolut um mindestens etwa 12 % überschreitet, s. BGHZ 110, 336 (338).
319 BGH NJW 2003, 1860 ff.
320 BGH NJW 1992, 899 (900).
321 BGHZ 125, 218 (227).
322 Zum Begriff s. oben Rn. 419.
323 Vgl. BGH NJW 1989, 26 (27).

sich aus § 139 ergeben, wenn bei einem teilbaren Rechtsgeschäft die Sittenwidrigkeit nur einen Teil des Rechtsgeschäfts betrifft und anzunehmen ist, dass die Parteien das Geschäft auch ohne den nichtigen Teil vorgenommen hätten[324]. Bei Verträgen, die eine **Steuerhinterziehung** (§ 370 AO) vorbereiten bzw. ermöglichen sollen, ist in dem Fall, dass das Ziel der Steuerhinterziehung **nicht den alleinigen oder jedenfalls hauptsächlichen Zweck** des Vertrages darstellt, nach der Rechtsprechung des BGH nur der der Steuerhinterziehung dienende Teil des Vertrages sittenwidrig und damit nach § 138 Abs. 1 nichtig[325]. Die Frage der Gesamtnichtigkeit eines solchen Vertrages ist nach § 139 zu beurteilen[326].

Die Nichtigkeit des **Verpflichtungs(Grund)geschäfts** – z.B. Kaufvertrag, Darlehensvertrag oder auch Maklervertrag – führt wegen des **Abstraktionsprinzips**[327] grds. nicht auch zur Nichtigkeit der zur Erfüllung des Grundgeschäfts vorgenommenen **Verfügungsgeschäfte**[328]. Diese sind an sich **sittlich neutral**, wie z.B. die Übereignung von Grundstück und Kaufpreis aufgrund eines sittenwidrigen Kaufvertrages, die als Vollzugsgeschäfte nur jeweils die Übertragung des Eigentums zum Inhalt haben. Anderes gilt jedoch dann, wenn sich die Sittenwidrigkeit des rechtsgeschäftlichen Handelns gerade auch in dem Erfüllungsgeschäft verwirklicht[329], d.h., wenn mit dem **dinglichen Rechtsvorgang selbst sittenwidrige Zwecke** verfolgt werden[330]. Das ist z.B. der Fall bei einer zur Sicherung von Bankkrediten erfolgenden Abtretung aller gegenwärtigen und zukünftigen Forderungen des Schuldners (**Globalzession**), die dazu führt, dass spätere Gläubiger des Zedenten (z.B. Lieferanten) benachteiligt bzw. geschädigt werden, weil Forderungen des Schuldners als Haftungsmasse nicht mehr zur Verfügung stehen[331].

460 Bezogen auf § 138 Abs. 2 ist im Unterschied zu § 138 Abs. 1 zu beachten, dass hier die an den Wucher anknüpfende Nichtigkeitsanordnung über das Verpflichtungsgeschäft hinaus auch das **Erfüllungsgeschäft des Bewucherten** erfasst[332]. Das folgt unmittelbar aus der Regelung des § 138 Abs. 2, die davon spricht, dass ein Rechtsgeschäft nichtig ist, durch das sich jemand wucherisch für eine Leistung Vermögensvorteile versprechen (Verpflichtungsgeschäft) oder gewähren (Erfüllungsgeschäft des Bewucherten) lässt.

> **Bsp.:** Ist ein Darlehensvertrag wegen Wuchers nach § 138 Abs. 2 nichtig, so gilt das auch für die dem Darlehensgeber zur Sicherheit erfolgte Bestellung der Hypothek[333].

---

324 S. BGH NJW 1972, 1459 f.; NJW 1979, 1605 (1606); NJW 1997, 3089 (3089); NJW-RR 1989, 800 (801 f.); zu § 139 s. noch folgend Rn. 466 ff.
325 S. BGHZ 176, 198 (200 f.), hier zur sog. „Ohne-Rechnung-Abrede", s. schon oben Rn. 439 und Rn. 454.
326 BGHZ 176, 198 (201).
327 Dazu oben Rn. 197.
328 S. BGH NJW 1973, 613 (615); NJW 1985, 3006 (3007); NJW 1990, 384 (385); ausf. hierzu *Larenz/Wolf*, BGB AT, § 41 Rn. 67 ff.
329 S. BGH NJW 1973, 613 (615); NJW 1985, 3006 (3007).
330 BGH NJW 1985, 3006 (3007).
331 S. z.B. BGHZ 19, 12 (18); 30, 149 (152 f.).
332 BGH NJW 1982, 2767 f.; NJW 1994, 1275 (1275); NJW 1994, 1470 (1470).
333 S. BGH NJW 1982, 2767 f.

Die Nichtigkeit auch des Erfüllungsgeschäfts des **Bewucherten** im Rahmen von § 138 Abs. 2 hat zur Folge, dass dieser **Rechtsinhaber** bleibt und bei der Rückabwicklung nicht auf das Bereicherungsrecht angewiesen ist, sondern etwa ein an den **Wucherer** unwirksam übertragenes Grundstück nach § 985 herausverlangen kann. Demgegenüber ist der Wucherer wegen der Wirksamkeit seines Erfüllungsgeschäfts auf die **bereicherungsrechtliche Rückabwicklung nach §§ 812 ff.** verwiesen. Bei Nichtigkeit nach § 138 Abs. 1 gilt das wegen der i. d. R. wirksamen Erfüllungsgeschäfte[334] für beide Seiten, die einander erbrachten Leistungen können nur nach Maßgabe der §§ 812 ff. herausverlangt werden.

Auf die Nichtigkeit nach § 138, die **von Amts wegen** zu beachten ist[335], können **461** sich jede Vertragspartei und jeder betroffene Dritte berufen. Das gilt bei sittenwidrigem Verhalten gegenüber einem Vertragspartner auch für den, der anstößig gehandelt hat[336]. Hiervon wird dann eine Ausnahme gemacht, wenn sich die Berufung auf die Nichtigkeit als **unzulässige Rechtsausübung** i.S.d. § 242 darstellt[337]. Das kann etwa dann der Fall sein, wenn eine Vertragspartei des sittenwidrigen Geschäfts zunächst dessen Vorteile in Anspruch nimmt, sich jedoch im Falle der eigenen Inanspruchnahme auf die Sittenwidrigkeit beruft, um die Gegenleistung nicht erbringen zu müssen[338].

Handelt eine Partei des nichtigen Rechtsgeschäfts **schuldhaft** sittenwidrig, so kann für die andere Vertragspartei unabhängig von einem deliktischen Schadensersatzanspruch aus § 826 auch ein Anspruch auf Ersatz des Vertrauensschadens nach §§ 280 Abs. 1, 311 Abs. 2 wegen Verletzung vorvertraglicher Pflichten in Betracht kommen[339].

3. Folgen der Nichtigkeit

a) Ausgangspunkt: Unwirksamkeit des Rechtsgeschäfts. Das Vorliegen eines Nich- **462** tigkeitsgrundes hat die **Unwirksamkeit des Rechtsgeschäfts** zur Folge, d.h., die beabsichtigten Rechtswirkungen können von Anfang an nicht eintreten[340]. Die Nichtigkeit wirkt grds. für und gegen alle[341] und ist in einem gerichtlichen Verfahren von Amts wegen zu beachten, muss mithin als solche nicht geltend gemacht werden[342]. Das gilt für alle Nichtigkeitsgründe.

---

334 S. oben Rn. 459.
335 BGH NJW 1981, 1439 (1439).
336 BGHZ 27, 172 (180); 60, 102 (105).
337 BGH NJW 1981, 1439 (1440); BAG NJW 1968, 1647 (1648).
338 BGH NJW 1981, 1439 (1440).
339 BGHZ 99, 101 (107); BGH NJW 1996, 1204.
340 BGHZ 107, 268 (270).
341 Anderes gilt in den Fällen relativer Unwirksamkeit, s. noch Rn. 488 ff.
342 BGHZ 107, 268 (270). Das bedeutet, dass die Prozessparteien zwar gemäß dem im Zivilprozess geltenden Beibringungsgrundsatz (s. dazu *Meller-Hannich*, Zivilprozessrecht, Rn. 64 ff.) das Tatsachenmaterial für eine gerichtliche Entscheidung vorzutragen haben, der Richter jedoch zu prüfen hat, ob sich daraus möglicherweise Anhaltspunkte für eine Nichtigkeit des Rechtsgeschäfts ergeben.

463 Sind auf der Grundlage eines nichtigen Verpflichtungsgeschäfts wirksam Leistungen erbracht worden, die Verfügungs- bzw. Erfüllungsgeschäfte werden aufgrund des **Abstraktionsprinzips**[343] grds. nicht von der Nichtigkeit des Verpflichtungsgeschäfts erfasst[344], so sind die Beteiligten auf eine bereicherungsrechtliche Rückabwicklung gemäß §§ 812 ff. verwiesen. Ist auch das Erfüllungsgeschäft nichtig, so ist der Leistende Rechtsinhaber geblieben, kann also z.B. eine (unwirksam) zu Eigentum übertragene Sache nach § 985 herausverlangen.

464 Ausnahmsweise ist in bestimmten Fällen der Formnichtigkeit gesetzlich vorgesehen, dass ein wegen Verstoßes gegen eine gesetzlich vorgeschriebene Form nichtiges Rechtsgeschäft durch Erfüllung **geheilt**, d.h., wirksam werden kann[345]. Darüber hinaus ist bezogen auf jeden Nichtigkeitsgrund anerkannt, dass eine Berufung auf die Unwirksamkeit des Rechtsgeschäfts nach Treu und Glauben gemäß § 242 ausgeschlossen sein kann[346].

465 Für den Fall der **Nichtigkeit eines Teils eines Rechtsgeschäfts** enthält § 139 eine besondere Regelung hinsichtlich der daran anknüpfenden Rechtsfolgen[347]. Beinhaltet ein nichtiges Rechtsgeschäft die **Voraussetzungen eines anderen Rechtsgeschäfts**, das nicht an einem Nichtigkeitsgrund leidet, so ist dieses Rechtsgeschäft nach Maßgabe des § 140 wirksam[348]. Schließlich kann unter den Voraussetzungen des § 141 ein ursprünglich nichtiges Rechtsgeschäft durch **Bestätigung** Wirksamkeit erlangen[349].

466 b) **Teilnichtigkeit eines Rechtsgeschäfts.** Ist ein Teil eines Rechtsgeschäfts nichtig, so ordnet § 139 die Nichtigkeit des ganzen Rechtsgeschäfts an, sofern nicht anzunehmen ist, dass es auch ohne den nichtigen Teil vorgenommen sein würde. Damit führt die **Teilnichtigkeit grds. zur Gesamtnichtigkeit** des Rechtsgeschäfts, womit letztlich die Selbstbestimmung der an einem Rechtsgeschäft beteiligten Personen gewahrt wird, die nicht an einem so nicht gewollten „Rumpfgeschäft" festgehalten werden sollen[350]. Dieses Schutzes der Beteiligten bedarf es allerdings nicht, und insoweit ist § 139 lediglich eine **Auslegungsregel**[351], wenn nach dem zur Zeit des Vertragsschlusses vorhandenen Willen der Beteiligten das Rechtsgeschäft auch ohne den nichtigen Teil aufrecht erhalten bleiben soll[352].

---

343 S. oben Rn. 197.
344 S. zu § 138 Rn. 459.
345 Dazu näher oben Rn. 404 ff.
346 S. zur Unbeachtlichkeit der Formnichtigkeit nach § 242 oben Rn. 407 ff.; zur Versagung der Berufung auf die Nichtigkeit wegen Sittenwidrigkeit s. Rn. 461.
347 S. folgend Rn. 466 ff.
348 Dazu Rn. 475 ff.
349 S. Rn. 481 ff.
350 S. Palandt/*Ellenberger*, BGB, § 139 Rn. 1. Mit § 139 hat sich der BGB-Gesetzgeber gegen die Übernahme der Behandlung der Teilnichtigkeit im Gemeinen Recht entschieden, wonach die Unwirksamkeit nur eines Teils des Rechtsgeschäfts dasselbe im Übrigen unberührt ließ, s. BGH NJW 2003, 347 (347).
351 S. Hk-BGB/*Dörner*, § 139 Rn. 2.
352 S. BGH LM Nr. 4 zu § 139 BGB.

Die Regelung des § 139 kommt nur zur Anwendung, wenn ein Teil eines Rechtsgeschäfts nichtig ist. Von dem **Begriff des Rechtsgeschäfts** werden sowohl einseitige wie auch mehrseitige Rechtsgeschäfte erfasst[353]. Bei dem unter § 139 fallenden Rechtsgeschäft muss es sich weiterhin um ein **einheitliches, d. h. ein einziges Rechtsgeschäft** handeln[354]. Das ist bei mehrseitigen Rechtsgeschäften unproblematisch der Fall, wenn von den Beteiligten nur ein Vertrag eines bestimmten Geschäftstyps abgeschlossen wird[355]. Darüber hinaus ist anerkannt, dass auch mehrere, an sich rechtlich selbständige Rechtsgeschäfte zu einem einheitlichen Rechtsgeschäft i. S. d. § 139 verbunden werden können[356]. Hiervon ist auszugehen, wenn nach den Vorstellungen der Vertragsschließenden die jeweiligen Vereinbarungen bzw. Rechtsgeschäfte nicht für sich allein gelten, sondern **gemeinsam miteinander „stehen und fallen"** und insoweit aufgrund rechtlicher, nicht nur wirtschaftlicher Verbindung Teile eines Gesamtgeschäfts bilden sollen[357]. Entscheidend ist mithin ein entsprechender **rechtlicher Einheitlichkeitswille** der Beteiligten, wobei es für die Annahme eines einzigen Rechtsgeschäfts bei Abschluss mehrerer Vereinbarungen ausreicht, wenn nur eine der Vertragsparteien einen solchen Einheitswillen erkennen lässt und der Vertragspartner diesen anerkennt oder zumindest hinnimmt[358].

> **Bsp.:** Ein Mietvertrag über Wohnraum und ein Kaufvertrag über die in dem Wohnraum befindlichen Gegenstände können nach dem Willen der Parteien derart miteinander verknüpft werden, dass beide Verträge zusammen rechtlich eine Einheit, ein einziges Rechtsgeschäft bilden. Bedeutsame Anhaltspunkte für einen entsprechenden Einheitlichkeitswillen können etwa die Zusammenfassung der an sich verschiedenen Rechtsgeschäfte zu einem äußerlich einzigen Vertragswerk und die Verrechnung des Kaufpreises mit der Höhe der Miete sein[359].

Eine rechtsgeschäftliche Einheit i. S. d. § 139 kann auch zwischen **Verpflichtungsgeschäft** und **Erfüllungs(Verfügungs)geschäft** bestehen[360]. Zwar ist insoweit grds. das **Abstraktionsprinzip** zu beachten, wonach schuldrechtliches und dingliches Rechtsgeschäft in ihrem Bestand unabhängig voneinander sind[361]. Jedoch können die Vertragsparteien kraft ihres Willens, dem insoweit Vorrang gegenüber dem Abstraktionsprinzip zukommt[362], jenseits der ebenfalls grds. möglichen Gestal-

---

353 S. nur Palandt/*Ellenberger*, BGB, § 139 Rn. 3; Hk-BGB/*Dörner*, § 139 Rn. 4.
354 S. z. B. BGHZ 50, 8 (13).
355 S. auch *Larenz/Wolf*, BGB AT, § 45 Rn. 6.
356 S. BGHZ 76, 43 (48 f.); 101, 393 (396); 102, 60 (62); aus der Lit. Hk-BGB/*Dörner*, § 139 Rn. 6; *Larenz/Wolf*, BGB AT, § 45 Rn. 6 ff.; *Medicus*, BGB AT, Rn. 501 ff.; Palandt/*Ellenberger*, BGB, § 139 Rn. 5.
357 S. BGHZ 76, 43 (48 f.); 101, 393 (396); 102, 60 (62); BGH NJW 1987, 2004 (2007); NJW 1992, 3237 (3238).
358 BGHZ 76, 43 (49); BGH NJW 1987, 2004 (2007); NJW 1992, 3237 (3238).
359 S. hierzu BGH NJW 1983, 2027 (2028).
360 S. BGHZ 31, 321 (322 f.); BGH NJW 1967, 1128 (1130); NJW 1992, 3237 (3238); NJW-RR 1992, 593 (594 f.); NJW-RR 2003, 733 (735); Palandt/*Ellenberger*, BGB, § 139 Rn. 7 ff.; ablehnend *Larenz/Wolf*, BGB AT, § 45 Rn. 9 f.; *Medicus*, BGB AT, Rn. 504; Hk-BGB/*Dörner*, § 139 Rn. 7.
361 S. nur BGH NJW 1967, 1128 (1130); zum Abstraktionsprinzip oben Rn. 197.
362 S. BGH NJW 1967, 1128 (1130); anders z. B. *Larenz/Wolf*, BGB AT, § 45 Rn. 9 f., danach zieht das Trennungsprinzip der Privatautonomie von Gesetzes wegen eine Schranke.

tungsform der Bedingung (§ 158)[363] schuldrechtliches und dingliches Rechtsgeschäft zu einer rechtlichen Einheit und damit einem einzigen Rechtsgeschäft verbinden[364]. Von einer solchen Geschäftseinheit kann jedoch im Hinblick auf das grundlegende Strukturprinzip der Trennung zwischen schuldrechtlichem und dinglichem Rechtsgeschäft nur in seltenen Fällen ausgegangen werden[365].

467 Von der Nichtigkeit eines Teils eines Rechtsgeschäfts kann nicht gesprochen werden, wenn sich die **Parteien** eines Vertrages bei dessen Abschluss **bewusst** waren, dass ein Teil des Rechtsgeschäfts, z.B. wegen Nichtbeachtung der gesetzlich vorgeschriebenen Form, unwirksam ist. In diesem Fall wollten die Parteien insoweit von vornherein keine Rechtswirkungen erzeugen, was wiederum zur Folge hat, dass das Rechtsgeschäft lediglich von den übrigen wirksamen Bestimmungen gebildet wird und ein die Anwendung des § 139 eröffnender nichtiger Teil gar nicht gegeben ist[366].

468 Damit ein Teil eines Rechtsgeschäfts nichtig sein kann, **muss das Rechtsgeschäft teilbar sein**. Die Frage der Teilbarkeit ist nach praktisch-wirtschaftlichen Gesichtspunkten zu bestimmen[367]. Von der Teilbarkeit eines Rechtsgeschäfts ist auszugehen, wenn nach Abtrennung des von einem Nichtigkeitsgrund betroffenen Teils ein restlicher Vertragsinhalt zurückbleibt, der für sich betrachtet **als selbständiges Rechtsgeschäft Bestand haben kann**[368]. Insoweit ist erforderlich, dass sich der Inhalt des Rechtsgeschäfts in eindeutig abgrenzbarer Weise in einen nichtigen Teil und einen von der Nichtigkeit nicht unmittelbar betroffenen Teil trennen lässt[369].

> **Bsp. (1):** Sind an einem Vertrag auf einer Seite mehrere Personen beteiligt und ist eine dieser Personen minderjährig, die den Vertrag ohne die erforderliche Einwilligung des gesetzlichen Vertreters abgeschlossen hat, so ist der Vertrag insoweit schwebend unwirksam[370]. Hier liegt im Hinblick auf die Mehrpersonenzahl eine Teilbarkeit des Rechtsgeschäfts vor[371].

> **Bsp. (2):** Teilbarkeit ist auch in dem Fall gegeben, dass bei einem aus mehreren Rechtsgeschäften zusammengesetzten Rechtsgeschäft (z.B. Mietvertrag und Kaufvertrag)[372] eines der zusammengesetzten Geschäfte nichtig ist.

---

363 S. nur *Larenz/Wolf*, BGB AT, § 45 Rn. 11; s. dazu Rn. 566 ff.
364 BGH NJW 1967, 1128 (1130); NJW-RR 1992, 593 (594 f.); NJW-RR 2003, 733 (735).
365 BGH NJW-RR 1992, 593 (594), hier wurde eine solche Geschäftseinheit bezogen auf eine beschränkte persönliche Dienstbarkeit (§§ 1090 ff.) in Gestalt eines Getränkebetriebsverbots im Verhältnis zu dem schuldrechtlichen Belieferungsvertrag verneint; BGH NJW-RR 2003, 733 (735).
366 S. BGHZ 45, 376 (379).
367 BGH NJW 1962, 912 (913); s. näher zur Teilbarkeit *Larenz/Wolf*, BGB AT, § 45 Rn. 12 ff.
368 BGH NJW 1962, 912 (913); BGHZ 107, 351 (355); 146, 37 (47); *Larenz/Wolf*, BGB AT, § 45 Rn. 13 ff.; *Medicus*, BGB AT, Rn. 506.
369 BGHZ 107, 351 (356); 146, 37 (47).
370 S. dazu zum Minderjährigenrecht oben Rn. 355 ff.
371 S. BGHZ 53, 174 (179); s. auch *Medicus*, BGB AT, Rn. 506.
372 S. oben Rn. 466.

Bsp. (3): Verpflichtet ein Austauschvertrag die eine Seite zur Erbringung von teilbaren Leistungen, so ist das Rechtsgeschäft teilbar, wenn sich die Nichtigkeit nur auf eine Teilleistung bezieht und die Gegenleistung entsprechend aufgeteilt werden kann[373].

Bsp. (4): Teilbarkeit liegt auch im Fall der Nichtigkeit einzelner Vertragsbestimmungen vor, wenn diese von dem übrigen Vertragsinhalt abgegrenzt werden können. Das ist z.B. anerkannt bezogen auf eine übermäßige und deshalb sittenwidrige Dauer der Bezugsbindung bei Bierlieferungsverträgen[374]. Anderes gilt jedoch dann, wenn die einzelnen Regelungspunkte eines Rechtsgeschäfts in einem inneren sachlichen Zusammenhang stehen und die nichtige Vertragsbestimmung nicht herausgelöst werden kann, ohne dass dies den restlichen Vertragsinhalt in seiner Ausgewogenheit verändert[375].

Bei **sittenwidrigen und vor allem wucherischen Rechtsgeschäften** ist eine Teilbarkeit grds. **ausgeschlossen,** diese sind vielmehr i. d. R. als Einheit zu werten und damit ohne weiteres in ihrer Gesamtheit von dem Nichtigkeitsgrund erfasst[376]. Der Grund hiefür liegt darin, dass sich der Vorwurf der Sittenwidrigkeit regelmäßig gegen das Rechtsgeschäft als Ganzes richtet, sei es aufgrund seines Inhalts und/oder wegen der Art und Weise seines Zustandekommens[377], und durch eine Teilaufrechterhaltung nicht das Risiko des Eingreifens der Nichtigkeitssanktion gemindert werden soll[378]. Anderes gilt aber dann, wenn sich ausnahmsweise der sittenwidrige Teil eines Rechtsgeschäfts präzise bestimmen lässt und als solcher mit der Folge ausgegrenzt werden kann, dass der verbleibende Vertragsinhalt **nicht mit dem Makel der Sittenwidrigkeit** behaftet ist[379]. Das ist in der Rspr. des BGH bezogen auf **Bierlieferungsverträge** mit sittenwidrig langer Bezugsdauer[380] anerkannt, indem hier die sittenwidrige Regelung über die Vertragsbindung von dem im Übrigen nicht zu beanstandenden Vertragsinhalt abgegrenzt und so von einem teilbaren Rechtsgeschäft ausgegangen wird[381]. Des Weiteren geht die Rechtsprechung bei Verträgen, die auch, jedoch nicht als Hauptzweck eine Steuerhinterziehung vorbereiten bzw. ermöglichen sollen, von einer Teilbarkeit des Rechtsgeschäfts dahingehend aus, dass nur der der Steuerhinterziehung dienende Teil sittenwidrig und damit nichtig ist[382].

Die nach § 139 erforderliche Nichtigkeit des Teils eines Rechtsgeschäfts **umfasst alle Gründe,** aus denen sich die Unwirksamkeit eines Rechtsgeschäfts ergeben kann[383]. Deshalb findet § 139 nicht nur Anwendung, wenn der abgrenzbare Teil eines Rechtsgeschäfts aufgrund eines von Beginn an eingreifenden Nichtigkeitsgrundes **endgültig unwirksam** ist (z.B. nach §§ 125, 134, 138), sondern auch in

---

373 S. Hk-BGB/*Dörner*, § 139 Rn. 5.
374 S. BGHZ 68, 1 (5); BGH WM 1984, 88 (90); s. auch noch folgend Rn. 469.
375 S. etwa zu einer umfassenden Trennungsvereinbarung zwischen nicht verheirateten Lebenspartnern, die ein gemeinschaftliches Kind hatten, und bei der die Regelung über den Kindesunterhalt unwirksam war, BGH NJW-RR 1993, 1478 f.
376 BGHZ 68, 204 (207); 146, 37 (48); *Larenz/Wolf*, BGB AT, § 45 Rn. 19 f.
377 BGHZ 68, 204 (207).
378 BGHZ 146, 37 (47).
379 BGHZ 146, 37 (48); s. auch BGHZ 107, 351 (356).
380 S. schon oben Rn. 456.
381 S. z.B. BGHZ 68, 1 (5); BGH WM 1984, 88 (89 f.); zu den Konsequenzen der Teilbarkeit in einem solchen Fall s. folgend Rn. 472.
382 BGHZ 176, 198 (201), hier zur sog. „Ohne-Rechnung-Abrede", s. schon oben Rn. 439, Rn. 454 und Rn. 459.
383 BGHZ 54, 71 (72); BGH NJW-RR 1993, 1478 (1479).

Fällen der sog. **schwebenden Unwirksamkeit**[384] wie auch dann, wenn die Nichtigkeit des Teils erst durch **Anfechtung** mit der *ex tunc*-Wirkung des § 142 Abs. 1 herbeigeführt wird[385].

470   Liegen die Voraussetzungen des § 139 vor, dann ist das gesamte Rechtsgeschäft nichtig, sofern nicht anzunehmen ist, dass das Rechtsgeschäft auch ohne den nichtigen Teil vorgenommen sein würde. Nach der Auslegungsregel des § 139 tritt die Rechtsfolge der Gesamtnichtigkeit mithin nur im Zweifel ein. Vorrangig zu beachten ist der im Zeitpunkt des Vertragsschlusses vorhandene **hypothetische bzw. mutmaßliche Wille der Parteien,** der über den Bestand des Rechtsgeschäfts entscheidet[386]. Hier wird deutlich, dass die Regelung des § 139 auf dem Gedanken der Privatautonomie beruht und den Zweck hat, dem Parteiwillen zur Durchsetzung zu verhelfen[387]. Deshalb ist bei Teilnichtigkeit im Wege ergänzender Vertragsauslegung zu ermitteln, ob die Parteien an dem Rechtsgeschäft auch dann festgehalten hätten, wenn ihnen im Zeitpunkt des Vertragsschlusses die teilweise Nichtigkeit bekannt gewesen wäre[388]. Insoweit ist auf den mutmaßlichen Parteiwillen abzustellen und herauszufinden, welche Entscheidung die Parteien im Zeitpunkt des Geschäftsabschlusses bei Kenntnis der Sachlage nach Treu und Glauben bei vernünftiger Abwägung der beiderseitigen Interessen getroffen hätten[389]. Anhaltspunkte für einen mutmaßlichen Aufrechterhaltungswillen bezüglich des nicht von der Nichtigkeit unmittelbar betroffenen Teils des Rechtsgeschäfts können etwa die nur relativ geringe Bedeutung des unwirksamen Teils im Verhältnis zum übrigen Rechtsgeschäft[390] oder auch das Interesse der Parteien an der Aufrechterhaltung vertraglicher (Schadensersatz-)Ansprüche anstelle eines lediglich bereicherungsrechtlichen Ausgleichs (§§ 812 ff.) sein.

471   Haben die Parteien eine sog. **salvatorische Klausel** in den Vertrag aufgenommen, wonach für den Fall der Unwirksamkeit einer oder mehrerer Bestimmungen der Bestand des Vertrages im Übrigen nicht berührt wird[391], so entbindet deren Vereinbarung nicht von der Prüfung dahingehend, ob die Parteien das teilnichtige Rechtsgeschäft als Ganzes verworfen oder aber den Rest hätten gelten lassen[392]. Die Aufnahme einer solchen Klausel in den Vertrag führt allein dazu, dass sich die **Darlegungs- und Beweislast** umkehrt[393].

---

384 BGHZ 53, 174 (179); 54, 71 (72); BGH NJW 1970, 240 (241); NJW 1974, 2233 (2234 f.); zur schwebenden Unwirksamkeit s. noch folgend Rn. 484 ff.
385 S. BGH NJW 1969, 1759 (1760); zur Anfechtung s. Rn. 493 ff.
386 BGH LM Nr. 4 zu § 139 BGB; BGHZ 107, 351 (355); *Larenz/Wolf*, BGB AT, § 45 Rn. 21 f.; *Medicus*, BGB AT, Rn. 508.
387 S. BGH NJW 1986, 2576 (2577).
388 BGH NJW 1996, 2087 (2088).
389 BGH NJW 1986, 2576 (2577); NJW 1996, 2087 (2088).
390 Vgl. BGH NJW 1986, 2576 (2577).
391 S. z.B. den Sachverhalt in BGH NJW 2003, 347 (347).
392 S. BGH NJW 2003, 347 (347).
393 BGH NJW 2003, 347 (347); s. noch folgend Rn. 473; s. auch *Medicus*, BGB AT, Rn. 510; anders die frühere Rspr. des BGH, wonach die Vereinbarung einer salvatorischen Klausel eine Abbedingung des § 139 i.S. der Aufrechterhaltung des restlichen Rechtsgeschäfts bedeutete mit der Folge, dass es auf die Ermittlung des mutmaßlichen Parteiwillens nicht mehr ankommen konnte, so z.B. BGH NJW 1994, 1651 (1653); s. auch *Larenz/Wolf*, BGB AT, § 45 Rn. 23.

Abweichend von dem eigentlichen Anwendungsbereich des § 139, der darauf **472** zugeschnitten ist, dass bei einem entsprechenden mutmaßlichen Parteiwillen das von dem nichtigen Teil abtrennbare übrige Rechtsgeschäft aufrecht erhalten und damit wirksam bleibt, wird die Vorschrift darüber hinaus auf die Fallkonstellation entsprechend angewandt, **dass der wegen Verstoßes gegen einen Nichtigkeitsgrund unwirksame Teil selbst bei Vorliegen eines entsprechenden mutmaßlichen Parteiwillens mit einem zulässigen Inhalt aufrecht erhalten** wird. Hierbei handelt es sich methodisch um eine sog. **geltungserhaltende Reduktion**, die in der Rspr. z.B. für Fälle der Vereinbarung einer sittenwidrigen Bindungsdauer bei Bierlieferungsverträgen anerkannt ist[394]. Bei ansonsten nicht zu beanstandendem Inhalt können solche Verträge vorbehaltlich eines entsprechenden mutmaßlichen Parteiwillens mit einer angemessenen kürzeren Laufzeit aufrecht erhalten werden[395].

Ist ein Teil eines einheitlichen Rechtsgeschäfts nichtig, so trägt derjenige, der sich **473** auf die Gültigkeit des restlichen Rechtsgeschäfts beruft, die **Darlegungs- und Beweislast** für die Tatsachen, aus denen sich ergibt, dass das Rechtsgeschäft auch ohne den nichtigen Teil vorgenommen worden wäre[396]. Haben die Parteien in den Vertrag eine salvatorische Klausel[397] aufgenommen, so kehrt sich die Darlegungs- und Beweislast dahin um, dass diejenige Vertragspartei, die entgegen dieser Klausel von der Nichtigkeit des gesamten Rechtsgeschäfts ausgeht, die Darlegungs- und Beweislast für die Tatsachen trifft, aus denen zu entnehmen ist, dass der Vertrag nach dem Willen der Parteien bei Teilnichtigkeit auch im Übrigen keinen Bestand haben sollte[398]. Die salvatorische Klausel hat also nicht zur Folge, dass die Zweifelsregelung des § 139 nicht mehr anzuwenden ist[399].

Zu beachten ist, dass § 139 **überhaupt nicht zur Anwendung gelangt**, wenn sich **474** bereits aus dem Schutzzweck des Nichtigkeitsgrundes ergibt, dass im Interesse einer Vertragspartei das Rechtsgeschäft ohne den nichtigen Teil aufrecht zu erhalten ist. Zum Teil finden sich insoweit ausdrückliche gesetzliche Regelungen wie z.B. § 306 Abs. 1, welche die Anwendbarkeit von § 139 ausschließen, im Übrigen kann sich das aus Sinn und Zweck der zur Nichtigkeit eines Teils des Rechtsgeschäfts führenden Regelung ergeben[400].

c) Umdeutung eines nichtigen Rechtsgeschäfts. Sofern ein nichtiges Rechtsgeschäft **475** den Erfordernissen eines anderen Rechtsgeschäfts entspricht, gilt gemäß § 140 das letztere, wenn anzunehmen ist, dass dessen Geltung bei Kenntnis der Nichtigkeit gewollt sein würde. **Sinn und Zweck der in § 140 geregelten Umdeutung (Konversion)** gehen dahin, den von den Beteiligten eines Rechtsgeschäfts erstrebten wirt-

---

394 S. z.B. BGHZ 68, 1 (5); BGH WM 1984, 88 (90). S. auch BGHZ 107, 351 (355 ff.), hier zur Rückführung einer unwirksamen gesellschaftsvertraglichen Regelung über die sachgrundlose Ausschließung von Gesellschaftern auf die zulässige Möglichkeit der Ausschließung aus wichtigem Grund.
395 BGHZ 68, 1 (5).
396 BGH WM 1986, 209 (211); BGHZ 128, 156 (165 f.).
397 S. oben Rn. 471.
398 S. BGH NJW 2003, 347 (347).
399 S. schon oben Rn. 471.
400 S. nur *Larenz/Wolf*, BGB AT, § 45 Rn. 29 ff.; dazu schon näher bezogen auf § 134 oben Rn. 441.

schaftlichen Erfolg auch dann zu verwirklichen, wenn das gewählte rechtliche Mittel unzulässig ist, jedoch ein anderer rechtlich gangbarer Weg zur Verfügung steht, der wirtschaftlich zu einem annähernd gleichen Ergebnis führt[401]. Damit hat das Rechtsinstitut der Umdeutung wesentlich die Wahrung **privatautonomer Selbstbestimmung** zum Ziel, indem dem Willen der an einem Rechtsgeschäft Beteiligten soweit wie möglich zum Erfolg verholfen werden soll[402]. Insoweit wird von Gesetzes wegen unterstellt, dass es den rechtsgeschäftlich handelnden Personen weniger auf die Rechtsform ihres Geschäfts als auf dessen wirtschaftlichen Erfolg ankommt und dass ihnen im Zweifel jedes rechtliche Mittel gleich sein wird, das diesen Erfolg wenigstens annähernd gewährleistet[403].

476 Die Umdeutung setzt zunächst das **Vorliegen eines nichtigen Rechtsgeschäfts** voraus. Der **Begriff des Rechtsgeschäfts** ist umfassend[404], hierunter fallen sowohl einseitige Rechtsgeschäfte wie z.B. die Kündigung[405], wie auch mehrseitige Rechtsgeschäfte, insb. Verträge. § 140 kommt nicht zur Anwendung, wenn **überhaupt kein Rechtsgeschäft** zustande gekommen ist, etwa weil ein Vertragsschluss an einem Dissens zwischen den Parteien scheitert[406]. Die Nichtigkeit des Rechtsgeschäfts kann grds. auf **jedem Unwirksamkeitsgrund** beruhen[407], so z.B. auf Formnichtigkeit nach § 125[408] oder auch auf einem Verstoß gegen ein Verbotsgesetz gemäß § 134[409]. Nichtigkeit i.S.d. § 140 ist des Weiteren gegeben, wenn ein Rechtsgeschäft nur bei Vorliegen besonderer Voraussetzungen vorgenommen werden kann, die jedoch im Einzelfall nicht gegeben sind.

> **Bsp.:** Gemäß § 626 Abs. 1 kann ein Dienstverhältnis nur aus wichtigem Grund ohne Einhaltung einer Kündigungsfrist gekündigt werden. Fehlt es an einem wichtigen Grund etwa zur fristlosen Beendigung eines Arbeitsverhältnisses, so ist eine gleichwohl ausgesprochene außerordentliche (fristlose) Kündigung unwirksam[410].

Ausreichend ist auch die **schwebende Unwirksamkeit**[411] eines Rechtsgeschäfts jedenfalls dann, wenn dieses durch Verweigerung der Genehmigung **endgültig unwirksam** geworden ist[412]. Ausgeschlossen ist die Umdeutung grds. im Falle der Nichtigkeit eines Rechtsgeschäfts nach § 138[413], weil von der Sittenwidrigkeit der

---

401 BGHZ 19, 269 (273); 68, 204 (206); s. auch BAG NJW 2002, 2972 (2973); *Larenz/ Wolf*, BGB AT, § 44 Rn. 74; Palandt/*Ellenberger*, BGB, § 140 Rn. 1; MünchKomm/ *Busche*, BGB, § 140 Rn. 1.
402 BGH NJW 1974, 43 (44); MünchKomm/*Busche*, BGB, § 140 Rn. 1.
403 S. BGH NJW 1963, 339 (340).
404 BGH NJW 1963, 339 (340); Hk-BGB/*Dörner*, § 140 Rn. 3; Palandt/*Ellenberger*, BGB, § 140 Rn. 2; MünchKomm/*Mayer-Maly/Busche*, BGB, § 140 Rn. 7.
405 S. etwa BGH NJW 1981, 976 (977); BAG NJW 2002, 2972 (2973).
406 S. das Bsp. RGZ 93, 297 (300).
407 S. Hk-BGB/*Dörner*, § 140 Rn. 4; Palandt/*Ellenberger*, BGB, § 140 Rn. 3; *Larenz/ Wolf*, BGB AT, § 44 Rn. 82; MünchKomm/*Busche*, BGB, § 140 Rn. 13.
408 S. BGH NJW 1980, 2517 (2517).
409 BGHZ 26, 320 (328).
410 Zur Umdeutung in eine ordentliche Kündigung s. z.B. BAG NJW 2002, 2972 ff. und noch folgend Rn. 477.
411 Dazu Rn. 484 ff.
412 BGHZ 40, 218 (222); s. auch BGH NJW 1971, 420; *Larenz/Wolf*, BGB AT, § 44 Rn. 83; Hk-BGB/*Dörner*, § 140 Rn. 4.
413 S. zur Sittenwidrigkeit oben Rn. 444 ff.

Inhalt des gesamten Geschäfts erfasst wird und eine Umdeutung nur durch Änderung des Inhalts zu einem rechtlich zulässigen Inhalt führen könnte. Das stünde allerdings insofern im Widerspruch zur Rechtsordnung, als hierdurch dem bzw. den sittenwidrig Handelnden das Risiko der Nichtigkeit ihres rechtsgeschäftlichen Tuns abgenommen würde[414].

Die Umdeutung hat weiter zur Voraussetzung, dass das nichtige Rechtsgeschäft **477** **den Erfordernissen eines anderen Rechtsgeschäfts** entspricht. Das bedeutet, dass das ursprünglich vorgenommene unwirksame Rechtsgeschäft die **Bestandteile** des anderen Geschäfts, in das die Umdeutung erfolgt, in sich schließt[415]. Hierbei kann es sich um jedes denkbare Rechtsgeschäft handeln, wenn damit nur der von den Beteiligten mit dem nichtigen Rechtsgeschäft intendierte wirtschaftliche Erfolg annähernd gleichermaßen erreicht wird. Die Umdeutung ist deshalb nicht davon abhängig, dass das ursprüngliche Rechtsgeschäft und das Ersatzgeschäft ihrer rechtlichen Natur nach gleichartige Rechtsgeschäfte darstellen[416].

> **Bsp. (1):** Die unwirksame Übertragung von Grundstückseigentum unter Lebenden (§§ 873, 925) zum Zwecke der „verfrühten Erbfolge" kann bei Vorliegen der Voraussetzungen des § 140 im Übrigen in einen Erbvertrag (§§ 1941, 2274 ff.) umgedeutet werden[417].

> **Bsp. (2):** Um ihrer Natur nach gleichartige Rechtsgeschäfte handelt es sich z. B. dann, wenn ein unwirksamer Gesellschaftsvertrag über die Gründung einer offenen Handelsgesellschaft (§§ 105 ff. HGB) in einen Vertrag zur Gründung einer Gesellschaft bürgerlichen Rechts (§§ 705 ff.) umgedeutet wird[418].

Eine **Grenze der Umdeutung** ist allerdings dort zu ziehen, wo das Ersatzgeschäft seinem Inhalt nach über den mit dem ursprünglichen nichtigen Rechtsgeschäft erstrebten wirtschaftlichen Erfolg hinausgehen würde[419]. Diese Schranke der Umdeutung folgt ohne weiteres daraus, dass ein in seinen **Wirkungen weiterreichendes Ersatzgeschäft** nicht von dem Willen des oder der Beteiligten getragen sein kann, dem ja nach Sinn und Zweck der Umdeutung gerade zur Durchsetzung verholfen werden soll[420].

> **Bsp.:** Die unwirksame ordentliche (fristgebundene) Kündigung eines Arbeitsverhältnisses (§ 622) kann nicht in eine außerordentliche (fristlose) Kündigung aus wichtigem Grund (§ 626) umgedeutet werden[421]. Der wirtschaftliche Erfolg wäre weitergehend als der einer ordentlichen Kündigung, weil das Arbeitsverhältnis mit Zugang der außerordentlichen Kündigung sofort ohne Einhaltung einer Kündigungsfrist enden würde.

---

414 S. BGHZ 68, 204 (207); Palandt/*Ellenberger*, BGB, § 140 Rn. 7; *Larenz/Wolf*, BGB AT, § 44 Rn. 80.
415 BGHZ 19, 269 (275); 26, 320 (329); *Flume*, BGB AT II, § 32 9 c); kritisch MünchKomm/*Busche*, BGB, § 140 Rn. 16, der auf eine Kongruenz von nichtigem und Ersatzgeschäft abstellt.
416 S. BGHZ 40, 218 (224); Palandt/*Ellenberger*, BGB, § 140 Rn. 6.
417 S. BGHZ 40, 218 ff.
418 S. hierzu das Bsp. in BGHZ 19, 269 ff.
419 BGHZ 19, 269 (275); 20, 363 (370); 40, 218 (225); BGH NJW 1963, 339 (340); BAG NJW 1976, 592; Hk-BGB/*Dörner*, § 140 Rn. 5; MünchKomm/*Busche*, BGB, § 140 Rn. 17.
420 S. auch *Larenz/Wolf*, BGB AT, § 44 Rn. 86.
421 BAG NJW 1976, 592.

478 Des Weiteren ist die Umdeutung ausgeschlossen, wenn das **Ersatzgeschäft selbst wiederum unwirksam sein würde**[422], etwa weil auch dieses Geschäft einer gesetzlich vorgeschriebenen Form ermangelt, die bereits bei dem ursprünglich getätigten Rechtsgeschäft nicht beachtet wurde[423]. Ebenso verbietet sich eine Umdeutung dann, wenn die rechtlichen und wirtschaftlichen Folgen der jeweiligen Geschäfte **völlig unterschiedlich** sind. Deshalb kann z.B. eine Rücktrittserklärung im Rahmen eines Schuldverhältnisses nicht in eine Anfechtungserklärung[424] mit der Folge umgedeutet werden, dass anstelle der Vorschriften über den Rücktritt (§§ 346 ff.) die davon ganz verschiedenen bereicherungsrechtlichen Rückabwicklungsbestimmungen (§§ 812 ff.) zur Anwendung gelangen[425].

479 Die Umdeutung kann schließlich nur vorgenommen werden, wenn anzunehmen ist, dass die Geltung des Ersatzgeschäfts von dem oder den Beteiligten bei Kenntnis der Nichtigkeit des ursprünglichen Rechtsgeschäfts gewollt sein würde. Im Unterschied zur Auslegung von Willenserklärungen, bei der es nach Maßgabe der §§ 133, 157 um die Feststellung des wirklich vorhandenen Willens der Beteiligten geht und die der Umdeutung gegenüber vorrangig ist[426], ist im Rahmen von § 140 nicht anders als bei § 139[427] der **mutmaßliche – hypothetische – Wille** zu ermitteln[428]. Insoweit kann nicht allein auf objektive Gesichtspunkte abgestellt werden[429], vielmehr sind für die Beurteilung des mutmaßlichen Willens die von dem Beteiligten verfolgten Zwecke unter Berücksichtigung ihrer jeweiligen Interessen maßgebend[430], und zwar bezogen auf den Zeitpunkt der Vornahme des nichtigen Rechtsgeschäfts[431].

> **Bsp. (1):** Gründen mehrere Personen zum Zwecke der gemeinschaftlichen Nutzung und des Weiteren Ausbaus eines Geschäftshauses eine offene Handelsgesellschaft (OHG) (§§ 105 ff. HGB), die jedoch deshalb nicht vorliegt, weil es an dem Betrieb eines Handelsgewerbes fehlt (§ 105 Abs. 1 i.V.m. § 1 Abs. 2 HGB) und die Gesellschaft auch nicht in das Handelsregister eingetragen ist (§ 105 Abs. 2), so ist unter Abstellen auf den hypothetischen Willen und damit auf den Zweck der Gesellschaftsgründung sowie die jeweiligen Interessen zu ermitteln, ob die Personen bei Kenntnis von der Unzulässigkeit der Rechtsform der OHG im Zeitpunkt des Abschlusses des Gesellschaftsvertrages die mögliche Rechtsform einer Gesellschaft des bürgerlichen Rechts (§§ 705 ff.)[432] gewählt hätten. Einer solchen Annahme steht nicht entgegen, dass die Beteiligten im Zeitpunkt des Vertragsschlusses tatsächlich die Rechtsform einer OHG wollten. Denn für die Ermittlung des hypothetischen Willens ist unter Berücksichtigung der verfolgten Zwecke und involvierten Interessen maßgebend, welche Rechtsform bei Kenntnis von der Unzulässigkeit gewählt worden wäre[433].

---

422 BGHZ 26, 320 (329).
423 S. auch *Larenz/Wolf*, BGB AT, § 44 Rn. 84.
424 S. hierzu noch Rn. 535 ff.
425 S. BGH BB 1965, 1083.
426 S. *Larenz/Wolf*, BGB AT, § 44 Rn. 88.
427 S. oben Rn. 470.
428 BGHZ 19, 269 (272 f.); 20, 363 (371); BGH NJW 1963, 339 (339); NJW 1971, 420; NJW 1974, 43 (45); NJW 1980, 2517 (2517); BAG NJW 1988, 581 (581); *Larenz/Wolf*, BGB AT, § 44 Rn. 75; MünchKomm/*Busche*, BGB, § 140 Rn. 19.
429 S. BGHZ 20, 363 (371).
430 BGH NJW 1980, 2517 (2517 f.); *Larenz/Wolf*, BGB AT, § 44 Rn. 76.
431 S. BGHZ 40, 218 (223); MünchKomm/*Busche*, BGB, § 140 Rn. 22.
432 S. dazu oben Rn. 139 ff.
433 S. dazu eingehend BGHZ 19, 269 (272 ff.).

Bsp. (2): Spricht ein Arbeitgeber eine nach § 626 Abs. 1 unwirksame außerordentliche (fristlose) Kündigung aus, so kann diese grds. in eine mögliche und wirksame ordentliche (fristgebundene) Kündigung (§ 622) umgedeutet werden[434]. Voraussetzung hierfür ist, dass eine ordentliche Kündigung dem mutmaßlichen Willen des Kündigenden entspricht und dass dieser Wille dem Kündigungsempfänger im Zeitpunkt des Zugangs der Kündigung erkennbar geworden ist[435]. Von einem entsprechenden Willen des Kündigenden kann dann ausgegangen werden, wenn sich aus dessen Erklärung als wirtschaftlich gewollte Folge ergibt, dass das Arbeitsverhältnis auf jeden Fall beendet werden soll[436].

Die Ermittlung eines hypothetischen Willens ist ausgeschlossen, wenn aufgrund der Erklärungen der Beteiligten des Rechtsgeschäfts feststeht, dass nur das ursprüngliche (nichtige) Rechtsgeschäft gewollt war. Eine Umdeutung kann also **nicht gegen den erklärten Willen der Beteiligten,** der durch Auslegung nach §§ 133, 157 zu ermitteln ist, vorgenommen werden[437].

Im Rahmen eines gerichtlichen Verfahrens ist die Umdeutung bei seitens der Parteien entsprechend vorgebrachten Tatsachen durch den Richter **von Amts wegen** zu beachten[438], es muss also nicht von den Prozessbeteiligten ausdrücklich auf die Möglichkeit der Umdeutung hingewiesen oder etwa ein entsprechender Antrag gestellt werden. Bei Vorliegen der Voraussetzungen tritt die Umdeutung kraft Gesetzes ein[439]. Es handelt sich um richterliche Rechtsfindung einer nach Maßgabe des § 140 vorgegebenen Rechtslage, nicht aber um einen Akt richterlicher Gestaltung, kraft derer erst die Entscheidung des Richters als solche die Umdeutung bewirken würde[440]. **480**

d) Bestätigung des nichtigen Rechtsgeschäfts. Die Nichtigkeit führt zur Unwirksamkeit des Rechtsgeschäfts[441], die auch dann bestehen bleibt, wenn der Unwirksamkeitsgrund später wegfällt[442]. Es besteht allerdings die Möglichkeit, dass derjenige, der das nichtige Rechtsgeschäft vorgenommen hat, dieses bestätigt. Nach der Regelung des § 141 Abs. 1 ist eine solche **Bestätigung** als erneute Vornahme zu beurteilen. § 141 Abs. 2 enthält eine Zweifelsregelung für den Fall, dass ein nichtiger Vertrag von den Parteien bestätigt wird. **481**
Die Bestätigung i.S.d. § 141 Abs. 1 setzt zunächst das **Vorliegen eines nichtigen Rechtsgeschäfts** voraus. Der **Begriff des Rechtsgeschäfts** ist umfassend, hierunter fallen sowohl einseitige wie auch mehrseitige Rechtsgeschäfte. Die Nichtigkeit des

---

434 S. BAG NJW 1976, 592; NJW 2002, 2972 (2973); s. auch BGH NJW 1981, 976 (977), hier bezogen auf die Kündigung eines Pachtverhältnisses.
435 BGH NJW 2002, 2972 (2973).
436 S. BAG NJW 1988, 581 (582).
437 S. hierzu das Bsp. in BGH NJW 1971, 420.
438 S. BGH NJW 1963, 339 (340); BAG NJW 2002, 2972 (2973); MünchKomm/*Busche*, BGB, § 140 Rn. 34: von Rechts wegen.
439 S. nur Hk-BGB/*Dörner*, § 140 Rn. 6; Palandt/*Ellenberger*, BGB, § 140 Rn. 1.
440 S. BAG NJW 2002, 2972 (2973); anders BGHZ 19, 269 (274); für das Ergebnis der Umdeutung, Geltung des Ersatzgeschäfts, macht diese dogmatische Streitfrage freilich keinen Unterschied.
441 S. oben Rn. 462.
442 S. nur *Larenz/Wolf*, BGB AT, § 44 Rn. 15; Palandt/*Ellenberger*, BGB, § 141 Rn. 1.

Rechtsgeschäfts kann sich aus **jedem Unwirksamkeitsgrund** ergeben[443], so z.B. aufgrund Formnichtigkeit nach § 125 oder aus einem Verstoß gegen ein gesetzliches Verbot i.S.d. § 134. Erfasst wird auch die durch **Anfechtung** herbeigeführte Nichtigkeit nach § 142 Abs. 1[444], wobei hier zu beachten ist, dass das Anfechtungsrecht in § 144 zusätzlich eine Bestätigung des anfechtbaren, also noch nicht durch Anfechtung nichtig gewordenen Rechtsgeschäfts regelt[445]. § 141 findet nach der Rspr. analoge Anwendung auf Rechtsgeschäfte, die zunächst lediglich **schwebend unwirksam** waren[446], jedoch durch Verweigerung der möglichen und erforderlichen Genehmigung **endgültig unwirksam** geworden sind[447]. Ebenfalls über den eigentlichen Anwendungsbereich nichtiger Rechtsgeschäfte hinaus kommt § 141 auch bei sog. **unvollkommenen Rechtsgeschäften** zur Anwendung[448], das sind solche, die keine durchsetzbaren Ansprüche begründen, jedoch für den Fall der Erfüllung einen Erwerbsgrund darstellen[449].

Bei der Bestätigung handelt es sich um eine Willenserklärung, im Falle der Bestätigung von Verträgen um zwei übereinstimmende Willenserklärungen, sprich eine Einigung. Ihrem **Inhalt** nach ist die Bestätigung darauf gerichtet, das bislang nichtige Rechtsgeschäft als wirksam anzuerkennen[450]. Aus diesem Inhalt der Bestätigung als eigenständiges Rechtsgeschäft[451] folgt, dass nicht erneut eine Willensübereinstimmung über alle Einzelheiten des ursprünglichen und nichtigen Rechtsgeschäfts hergestellt werden muss. Vielmehr ist es ausreichend, wenn sich der oder die Beteiligten in Kenntnis des unwirksamen Rechtsgeschäfts mit der Bestätigung „auf den Boden" desselben stellen[452]. Das gelangt auch im Gesetz zum Ausdruck, wonach die Bestätigung „als erneute Vornahme zu beurteilen" ist, mithin als solche nicht die erneute Vornahme des Rechtsgeschäfts fordert[453].

Die Bestätigung kann wie bei jedem anderen Rechtsgeschäft auch **ausdrücklich oder schlüssig** erfolgen[454]. Eine schlüssige Bestätigung kann etwa darin zum Ausdruck gelangen, dass nach einem erfolgten Leistungsaustausch z.B. aufgrund eines nichtigen Kaufvertrages die Kaufsache weiter benutzt wird[455]. Allerdings kommt die Deutung eines solchen Verhaltens als Bestätigungswille nur in Betracht, wenn hierfür keine anderen Gründe maßgebend sein können[456].

---

443 MünchKomm/*Busche*, BGB, § 141 Rn. 2; Palandt/*Ellenberger*, BGB, § 141 Rn. 3; Hk-BGB/*Dörner*, § 141 Rn. 3.
444 S. nur Palandt/*Ellenberger*, BGB, § 141 Rn. 3.
445 S. zur Abgrenzung von §§ 141 und 144 BGH NJW 1971, 1795 (1800); zur Bestätigung bei Anfechtbarkeit s. Rn. 552 f.
446 Zur schwebenden Unwirksamkeit noch folgend Rn. 484 ff.
447 S. BGH NJW 1999, 3704 (3705); MünchKomm/*Busche*, BGB, § 141 Rn. 3.
448 S. BGH NJW 1998, 2528 (2529).
449 S. näher Palandt/*Grüneberg*, BGB, Einl. v. § 241 Rn. 12.
450 BGH NJW 1999, 3704 (3705).
451 S. MünchKomm/*Busche*, BGB, § 141 Rn. 11.
452 BGH NJW 1982, 1981 (1981); NJW 1999, 3704 (3705); MünchKomm/*Busche*, BGB, § 141 Rn. 1 und 12.
453 S. BGH NJW 1999, 3704 (3705).
454 BGH NJW 1971, 1795 (1800); BGH WM 1983, 231 (232); BGH NJW 1985, 2579 (2580); BGHZ 138, 339 (348); MünchKomm/*Busche*, BGB, § 141 Rn. 12; Hk-BGB/*Dörner*, § 141 Rn. 4.
455 BGH NJW 1971, 1795 (1800); NJW 1985, 2579 (2580).
456 BGH NJW 1971, 1795 (1800).

Der auf die Herbeiführung der Gültigkeit eines ursprünglich unwirksamen Rechtsgeschäfts gerichtete **Bestätigungswille** setzt voraus, dass der oder die Beteiligten den Grund der Unwirksamkeit kennen oder zumindest Zweifel an der Rechtsbeständigkeit des Geschäfts haben[457]. An diesem Willen fehlt es, wenn die Beteiligten von der Wirksamkeit des Rechtsgeschäfts ausgehen[458], mithin bei nach der Vornahme des nichtigen Rechtsgeschäfts abgegebenen Erklärungen gar nicht das Bewusstsein haben können, ein Rechtsgeschäft zur Herbeiführung der Wirksamkeit eines nichtigen Rechtsgeschäfts zu tätigen.

Im Hinblick darauf, dass die Bestätigung selbst Rechtsgeschäft mit dem oben beschriebenen Inhalt ist, muss diese **allen Wirksamkeitsvoraussetzungen** des ursprünglichen Geschäfts genügen, d.h. insb. auch eine dafür gesetzlich vorgeschriebene Form beachten[459]. Das gilt sogar dann, wenn die Unwirksamkeit des ursprünglichen Rechtsgeschäfts nicht auf einem Formmangel, sondern auf einem anderen Nichtigkeitsgrund beruht[460]. **482**

> **Bsp.:** Die Übertragung von Geschäftsanteilen einer GmbH bedarf der notariellen Beurkundung, und zwar sowohl das Verpflichtungs- wie auch das Verfügungsgeschäft (§ 15 Abs. 3, Abs. 4 GmbHG). Wird das Verpflichtungsgeschäft wegen arglistiger Täuschung nach § 123 wirksam angefochten, so bedarf die dann allein nach § 141 Abs. 1 (nicht § 144, der nur bei einem anfechtbaren, jedoch noch nicht angefochtenen Rechtsgeschäft zur Anwendung kommt), mögliche Bestätigung ebenfalls der notariellen Beurkundung, auch wenn bei Vornahme des nach § 142 Abs. 1 nichtigen Rechtsgeschäfts die gesetzlich vorgeschriebene Form eingehalten wurde[461].

Aus dem Erfordernis des Vorliegens aller Wirksamkeitsvoraussetzungen folgt des Weiteren, dass eine Bestätigung nicht wirksam vorgenommen werden kann, wenn der **Nichtigkeitsgrund fortbesteht**[462]. Denn für die Neuvornahme gelten dieselben rechtlichen Grenzen wie für das nichtige Rechtsgeschäft. Deshalb kann etwa im Falle der Nichtigkeit wegen Verstoßes gegen ein Verbotsgesetz eine wirksame Neuvornahme nur erfolgen, wenn das **Verbotsgesetz zwischenzeitlich weggefallen** ist[463]. Ein wegen Sittenwidrigkeit gemäß § 138 unwirksames Rechtsgeschäft kann durch Bestätigung Gültigkeit erlangen, wenn die Gründe für die Sittenwidrigkeit nicht mehr fortbestehen[464]. Hier ist allerdings genau zu prüfen, ob bei Wegfall bestimmter, die Sittenwidrigkeit begründender Umstände nicht gleichwohl auch die verbliebenen Umstände die Sittenwidrigkeit des neu vorgenommenen Rechtsgeschäfts begründen[465].

---

457 BGHZ 11, 59 (60); 129, 371 (377); 138, 339 (347 f.); *Larenz/Wolf*, BGB, § 44 Rn. 16; Hk-BGB/*Dörner*, § 141 Rn. 4; MünchKomm/*Busche*, BGB, § 141 Rn. 14.
458 BGHZ 129, 371 (377); 138, 339 (347 f.).
459 BGH NJW 1985, 2579 (2580); *Larenz/Wolf*, BGB AT, § 44 Rn. 16; Palandt/*Ellenberger*, BGB, § 141 Rn. 4; MünchKomm/*Busche*, BGB, § 141 Rn. 15.
460 BGH NJW 1985, 2579 (2580); MünchKomm/*Busche*, BGB, § 141 Rn. 15; anderes gilt für die Bestätigung eines anfechtbaren Rechtsgeschäfts, s. § 144 Abs. 2, dazu noch Rn. 552 f.
461 S. den Fall BGH NJW 1985, 2579 (2580).
462 BGHZ 11, 59 (60); BGHZ 104, 18 (24 f.); MünchKomm/*Busche*, BGB, § 141 Rn. 10.
463 S. hierzu BGHZ 11, 59 (60).
464 BGH NJW 1982, 1981 (1981 f.).
465 BGH NJW 1982, 1981 (1982).

483   Liegen die Voraussetzungen des § 141 Abs. 1 vor, so gilt die Bestätigung als **Neu-vornahme** des ursprünglich nichtigen Rechtsgeschäfts. Dieses erlangt **im Zeit-punkt der Bestätigung Wirksamkeit**, eine Rückwirkung auf den Zeitpunkt der Vornahme des nichtigen Rechtsgeschäfts kommt nicht in Betracht[466]. Das gelangt auch in der Regelung des § 141 Abs. 2 zum Ausdruck, wonach im Falle der Be-stätigung eines nichtigen Vertrages die Parteien im Zweifel verpflichtet sind, ein-ander das zu gewähren, was sie haben würden, wenn der Vertrag von Anfang an gültig gewesen wäre[467]. Dieser Zweifelsregelung bedürfte es nicht, wenn der Be-stätigung *ex tunc*-Wirkung zukäme. Auch wenn die Beteiligten durch die Bestäti-gung keine rückwirkende Gültigkeit des ursprünglich nichtigen Rechtsgeschäfts herbeiführen können, steht es ihnen frei, sich im Zusammenhang mit der Bestäti-gung zu verpflichten, den Vertrag so durchzuführen, als sei dieser schon von Anfang an wirksam gewesen[468]. Wird eine solche **schuldrechtliche Rückwirkungs-vereinbarung** nicht getroffen, so findet die Zweifelsregelung des § 141 Abs. 2 nur Anwendung, wenn die Parteien nicht einen entgegenstehenden Willen zum Aus-druck gebracht haben[469].
Von der willentlichen Herbeiführung der Gültigkeit eines nichtigen Rechtsge-schäfts durch Bestätigung zu unterscheiden ist die **Heilung formnichtiger Rechts-geschäfte**[470]. Diese beruht auf gesetzlicher Anordnung und tritt, sofern die maß-gebenden Tatbestandsvoraussetzungen vorliegen, unabhängig vom Willen der Beteiligten ein[471].

II.   Schwebend unwirksame Rechtsgeschäfte

484   Unter schwebend unwirksamen Rechtsgeschäften werden solche Rechtsgeschäfte verstanden, die wegen des Nichtvorliegens einer erforderlichen Wirksamkeitsvo-raussetzung im Zeitpunkt ihrer Vornahme zunächst nicht den beabsichtigten Rechtserfolg herbeiführen, jedoch durch Nachholung des fehlenden Erfordernis-ses in Wirksamkeit erstarken können[472]. **Hauptanwendungsbereich** schwebend unwirksamer Rechtsgeschäfte sind Konstellationen, in denen die wirksame Vor-nahme eines Rechtsgeschäfts von der **Beteiligung eines Dritten** abhängt, die – sofern sie nicht vorliegt – auch noch nach dem Zeitpunkt der Vornahme des Rechtsgeschäfts erfolgen kann[473]. Hierzu gehört etwa der Fall, dass ein beschränkt geschäftsfähiger Minderjähriger einen Vertrag ohne die wegen dessen rechtlicher

---

466   BGH NJW 1999, 3704 (3705); *Larenz/Wolf*, BGB AT, § 44 Rn. 15; Palandt/*Ellenber-ger*, BGB, § 141 Rn. 8; Hk-BGB/*Dörner*, § 141 Rn. 6; MünchKomm/*Busche*, BGB, § 141 Rn. 16.
467   Zur Bedeutung dieser Regelung etwa bei der Bestätigung eines nichtigen Kaufvertrages für die Frage der Verzinsung des gezahlten Kaufpreises und die Nutzungen hinsichtlich der überlassenen Kaufsache s. *Petersen* JURA 2008, 666 (667).
468   S. nur *Larenz/Wolf*, BGB AT; § 44 Rn. 18.
469   MünchKomm/*Busche*, BGB, § 141 Rn. 17; Hk-BGB/*Dörner*, § 141 Rn. 6.
470   S. MünchKomm/*Busche*, BGB, § 141 Rn. 7; zur Heilung s. näher oben Rn. 404 ff.
471   S. Hk-BGB/*Dörner*, § 141 Rn. 2; Palandt/*Ellenberger*, BGB, § 141 Rn. 2.
472   Vgl. BGHZ 40, 218 (221); s. zum Begriff auch *Larenz/Wolf*, BGB AT, § 44 Rn. 49; Palandt/*Ellenberger*, BGB, Überbl. v. § 104 Rn. 31.
473   S. *Larenz/Wolf*, BGB AT, § 44 Rn. 50.

Nachteiligkeit nach § 107 erforderliche Einwilligung des gesetzlichen Vertreters schließt. Gemäß § 108 Abs. 1 hängt die Wirksamkeit des Vertrages von der Genehmigung des gesetzlichen Vertreters ab[474]. Handelt ein Vertreter ohne die nach § 164 Abs. 1 Satz 1 erforderliche Vertretungsmacht, so hängt nach § 177 Abs. 1 die Wirksamkeit des Vertrages für und gegen den Vertretenen von dessen Genehmigung ab[475]. Dasselbe gilt, wenn ein Vertreter ein nach § 181 unzulässiges Insichgeschäft tätigt, auch hier kann der Vertrag durch Genehmigung des Vertretenen im Wege analoger Anwendung des § 177 Abs. 1 nachträglich wirksam werden[476]. Weitere Beispiele finden sich im Eherecht. So kann sich nach § 1365 Abs. 1 Satz 1 ein Ehegatte nur mit Einwilligung des anderen Ehegatten verpflichten, über sein Vermögen im Ganzen zu verfügen. Wird ein solcher Vertrag ohne die erforderliche Einwilligung des anderen Ehegatten geschlossen, so wird er gemäß § 1366 Abs. 1 mit dessen Genehmigung wirksam[477]. Die für die Wirksamkeit eines Rechtsgeschäfts erforderliche Beteiligung eines Dritten kann auch in dem gesetzlich vorgegebenen Erfordernis der Genehmigung durch eine staatliche Stelle bestehen. So bedürfen z. B. nach § 2 Abs. 1 des Gesetzes über Maßnahmen zur Verbesserung der Agrarstruktur und zur Sicherung land- und forstwirtschaftlicher Betriebe (GrdstVG) die rechtsgeschäftliche Veräußerung eines landwirtschaftlichen und forstwirtschaftlichen Grundstücks (§ 1 GrdstVG) und der schuldrechtliche Vertrag hierüber der Genehmigung durch die zuständige Behörde[478]. Nach § 1829 Abs. 1 hängt die Wirksamkeit eines Vertrages, den der Vormund ohne die nach §§ 1821 ff. erforderliche Genehmigung des Familiengerichts schließt, von der nachträglichen Genehmigung des Familiengerichts ab.

Das ohne die erforderliche Beteiligung eines Dritten vorgenommene Rechtsgeschäft ist **bis zu dem Zeitpunkt, zu dem die Genehmigung erteilt oder verweigert wird,** schwebend unwirksam[479]. Wird die Genehmigung erteilt, so erstarkt das Rechtsgeschäft in Wirksamkeit. Die Genehmigung wirkt nach § 184 Abs. 1 grds. auf den Zeitpunkt der Vornahme zurück, d. h., das zunächst schwebend unwirksame Rechtsgeschäft erlangt mit *ex tunc*-Wirkung Gültigkeit[480]. Das gilt auch bei einer erforderlichen staatlichen Genehmigung, wenn diese nach der Vornahme des Rechtsgeschäfts erteilt wird[481]. Für den Fall, dass die Genehmigung verweigert wird[482], tritt endgültige Unwirksamkeit des Rechtsgeschäfts ein. Gleichermaßen wie die Genehmigung ist deren Verweigerung unwiderruflich[483]. **485**

---

474 S. dazu ausf. oben Rn. 355 ff.
475 S. dazu Rn. 668 ff.
476 BGHZ 65, 123 (125 f.).
477 S. auch §§ 1423, 1427 betr. Verfügungen eines Ehegatten über das Gesamtgut ohne die erforderliche Einwilligung des anderen Ehegatten bei eheverträglich vereinbarter Gütergemeinschaft (§§ 1415 ff.).
478 S. hierzu BGH NJW 1993, 648 (650 f.).
479 S. hierzu bezogen auf das Minderjährigenrecht ausf. oben Rn. 355 ff.; zur schwebenden Unwirksamkeit bei fehlender behördlicher Genehmigung s. BGH NJW 1993, 648 (650 f.).
480 S. BGHZ 65, 123 (125 f.); 137, 267 (280); *Larenz/Wolf*, BGB AT, § 44 Rn. 52; Palandt/*Ellenberger*, Überbl. v. § 104 Rn. 31. S. noch Rn. 596.
481 BGHZ 32, 383 (389); Palandt/*Ellenberger*, BGB, § 275 Rn. 37.
482 S. zur Verweigerung der Genehmigung schon näher im Minderjährigenrecht, Rn. 357.
483 S. schon oben Rn. 356.

Während der **Schwebezeit**, also des Zeitraums bis zur Erteilung oder Verweigerung der Genehmigung, werden durch das schwebend unwirksame Rechtsgeschäft nicht anders als bei einem nichtigen Rechtsgeschäft mangels Wirksamkeit für die Vertragsparteien **keine Leistungspflichten** begründet[484]. Kommt es gleichwohl während dieses Zeitraums zu einem Leistungsaustausch, so werden die Leistungen ohne rechtlichen Grund erbracht und können bereicherungsrechtlich nach §§ 812 ff. herausverlangt werden[485]. Das gilt nicht, wenn nach dem Leistungsaustausch die Genehmigung erteilt worden und damit der Vertrag wirksam geworden ist.

486   Wenn auch ein schwebend unwirksamer Vertrag keine Leistungspflichten begründen kann, so ist der Abschluss eines solchen Rechtsgeschäfts dennoch nicht immer ohne jede Rechtswirkung. Im Minderjährigenrecht wie auch im Recht der Stellvertretung hat die Vornahme eines solchen Rechtsgeschäfts zur Folge, dass der **Vertragspartner** des Minderjährigen bzw. des Vertretenen **insoweit gebunden** wird, als es in der Hand des gesetzlichen Vertreters bzw. des Vertretenen liegt, dem schwebend unwirksamen Vertrag Wirksamkeit zu verleihen oder nicht. Von der daraus resultierenden Ungewissheit über das Wirksamwerden des Rechtsgeschäfts kann sich der Vertragspartner nur dadurch befreien, dass er entweder den gesetzlichen Vertreter bzw. den Vertretenen **zur Genehmigung auffordert** mit den in § 108 Abs. 2 bzw. § 177 Abs. 2 bestimmten Folgen[486], oder von seinem in § 109 bzw. § 178 geregelten **Widerrufsrecht** Gebrauch macht[487]. In den Fällen einer staatlicherseits erforderlichen Genehmigung kann sich während der Schwebezeit kein Vertragteil einseitig von dem schwebend unwirksamen Rechtsgeschäft lösen[488].

487   Von einem schwebend unwirksamen Rechtsgeschäft abzugrenzen ist ein Rechtsgeschäft, das von den Parteien unter einer **aufschiebenden Bedingung** vereinbart wird mit der Folge, dass das Rechtsgeschäft nach § 158 Abs. 1 erst mit Eintritt der Bedingung seine Wirkungen entfaltet. Der Unterschied zur schwebenden Unwirksamkeit liegt darin, dass im Falle des § 158 Abs. 1 alle Wirksamkeitsvoraussetzungen im Zeitpunkt der Vornahme des Rechtsgeschäfts gegeben sind und dieses wirksam zustande kommt, die Parteien jedoch rechtsgeschäftlich vereinbaren, die Wirkungen von dem Eintritt eines zukünftigen ungewissen Ereignisses abhängig zu machen. Dasselbe gilt, wenn die Wirkungen des Rechtsgeschäfts auf den Zeitpunkt eines nach dessen Vornahme gewiss eintretenden Ereignisses hinausgeschoben, das Rechtsgeschäft mithin derart befristet wird, dass ein bestimmter Anfangstermin für den Beginn seiner Wirkungen maßgebend sein soll[489].

---

484 S. BGHZ 65, 123 (126).
485 BGHZ 65, 123 (126).
486 S. ausf. oben Rn. 358 ff. und auch folgend Rn. 669 f.
487 S. oben Rn. 362 und folgend Rn. 671 ff.
488 S. BGH NJW 1993, 648 (651).
489 S. § 163 Alt. 1, auf diesen Fall der Befristung finden die für die aufschiebende Bedingung geltenden Vorschriften Anwendung; zur vorstehenden Abgrenzung s. auch *Larenz/Wolf*, BGB AT, § 44 Rn. 49. Zu Bedingung und Befristung s. Rn. 566 ff.

III. Relativ unwirksame Rechtsgeschäfte

Rechtsprechung: BGHZ 134, 182 (Vormerkbarkeit eines mehrfach aufschiebend bedingten Rückauflassungsanspruchs, Zulässigkeit einer sog. Potestativbedingung; §§ 137, 138, 158, 883, 884, 885, 886, 888, 925, 1967); BGHZ 111, 364 (Eigentumsverfügung trotz gerichtlichen – relativen – Veräußerungsverbots, Herausgabeanspruch für den geschützten Gläubiger; §§ 135, 136, 929 Satz 1, 930, 931, 932, 985).

Von einem relativ unwirksamen Rechtsgeschäft wird dann gesprochen, wenn ein **488** Rechtsgeschäft nur im Verhältnis zu einer bestimmten Person unwirksam ist, doch im Übrigen, d.h. gegenüber allen anderen Personen, Wirksamkeit entfaltet[490]. Das BGB enthält in seinem Allgemeinen Teil zwei Regelungen, in denen die relative Unwirksamkeit eines Rechtsgeschäfts angeordnet wird. Gemäß § 135 Abs. 1 Satz 1 ist eine Verfügung über einen Gegenstand, die gegen ein nur den Schutz bestimmter Personen bezweckendes gesetzliches Veräußerungsverbot verstößt, **nur diesen Personen gegenüber unwirksam.** Ergänzend bestimmt § 136, dass ein von einem Gericht oder einer anderen Behörde innerhalb ihrer Zuständigkeit erlassenes Veräußerungsverbot einem gesetzlichen Veräußerungsverbot der in § 135 bezeichneten Art gleichsteht. Im Unterschied zu § 134[491] wird durch die Vorschriften der §§ 135, 136 bei einem Verstoß gegen ein Veräußerungsverbot, das lediglich den Schutz bestimmter Personen bezweckt, **die Unwirksamkeit der Verfügung allein im Verhältnis zu der durch das Verbot geschützten Person bestimmt.** Im Übrigen, d.h. allen anderen Personen gegenüber, ist die Verfügung wirksam. Der Grund für die Begrenzung auf eine solchermaßen nur **relative Unwirksamkeit** liegt darin, dass das Gesetz die Verfügungsmacht eines Rechtsinhabers nur soweit wie erforderlich beschränken will. Besteht ein Veräußerungsverbot allein zum Schutz bestimmter Personen, so werden deren Interessen ausreichend gewahrt, wenn der diesen Personen gegenüber verpflichtete Rechtsinhaber gehindert ist, eine Verfügung mit Wirksamkeit auch diesen Personen gegenüber vorzunehmen[492].
Im Hinblick darauf, dass das BGB mit Ausnahme des § 473 kein gesetzliches Veräußerungsverbot kennt[493], haben im Zusammenhang mit der in den §§ 135, 136 bestimmten relativen Unwirksamkeit **wesentlich gerichtliche und behördliche Veräußerungsverbote i.S.d. § 136 praktische Bedeutung**[494]. Hierzu gehört z.B. ein im Wege einer einstweiligen Verfügung nach § 935 ZPO einem Rechtsinhaber gegenüber ausgesprochenes gerichtliches Verbot, über einen Gegenstand, z.B. eine bewegliche Sache, zu verfügen[495].

> **Bsp.:** A schließt mit B einen Kaufvertrag über den Erwerb des von B betriebenen Lebensmittelgeschäfts, das A einige Monate später mit Einrichtung übernehmen soll. Noch vor dem Übergabetermin erlangt der A Kenntnis davon, dass der B auch mit D einen Kaufvertrag über das Geschäft abgeschlossen hat. Um zu verhindern, dass das Geschäft und insb. die Einrichtungsgegenstände von B auf D übertragen werden, beantragt A bei Gericht eine einstweilige Verfügung (§ 935 ZPO), mittels derer dem B

---

490 S. nur *Larenz/Wolf*, BGB AT, § 44 Rn. 58; *Schreiber* JURA 2007, 25 (25).
491 S. oben Rn. 436 ff.
492 S. auch *Larenz/Wolf*, BGB AT, § 44 Rn. 61.
493 S. Palandt/*Ellenberger*, BGB, §§ 135, 136 Rn. 3.
494 S. Palandt/*Ellenberger*, BGB, §§ 135, 136 Rn. 4.
495 S. BGHZ 111, 364 (367).

die Übertragung u. a. des Eigentums an den Einrichtungsgegenständen auf D untersagt werden soll. – Erlässt das Gericht ein entsprechendes Verbot[496], so handelt es sich hierbei um ein gerichtliches Veräußerungsverbot i. S. d. § 136, das (nur) den Schutz des A zur Wahrung und Durchsetzung seiner kaufvertraglichen Ansprüche gegenüber B bezweckt.

Von praktischer Relevanz als gerichtliches Veräußerungsverbot ist des Weiteren die wegen einer Geldforderung im Wege der Zwangsvollstreckung erfolgende **Pfändung einer Geldforderung** nach § 829 ZPO[497]. In diesem Fall hat das Gericht durch Beschluss zum einen dem Drittschuldner zu verbieten, an den Schuldner zu zahlen, zum anderen an den Schuldner das Gebot zu erlassen, sich jeder Verfügung über die Forderung, insb. ihrer Einziehung, zu enthalten (§ 829 Abs. 1 Sätze 1 und 2 ZPO). Aufgrund der Pfändung erlangt der Gläubiger des Schuldners ein Pfandrecht an dessen Forderung gegenüber dem Drittschuldner, die Verwertung des Pfandrechts erfolgt durch Überweisungsbeschluss des Gerichts nach § 835 ZPO nach Wahl des Gläubigers zur Überweisung der Forderung entweder zur Einziehung durch den Gläubiger oder an Zahlungs Statt.

> **Bsp.:** Werkunternehmer U hat gegen den Bauherrn B einen Anspruch auf Werklohn gemäß § 631 Abs. 1 in Höhe von 20.000 €. Als der B den fälligen Werklohn nicht leistet, erhebt der U Klage auf Zahlung, in deren Folge der B zur Zahlung verurteilt wird. Nachdem dieser auch jetzt nicht seiner Verpflichtung nachkommt, betreibt der U aus dem Urteil die Zwangsvollstreckung (§ 704 ZPO) und beantragt bei dem zuständigen Gericht nach § 829 ZPO die Pfändung einer Geldforderung, die der B wiederum gegen den D (Drittschuldner) hat. Mit dem Erlass des Pfändungsbeschlusses ist es dem B untersagt, über seine Forderung gegen D zu verfügen, diese etwa einzuziehen oder an eine weitere Person abzutreten (§ 398).

489 Wird gegen ein Veräußerungsverbot verstoßen, indem der Rechtsinhaber gleichwohl über den Gegenstand verfügt, so ist die Verfügung nach §§ 135, 136 **lediglich gegenüber der geschützten Person unwirksam**, der Verfügende bleibt insoweit Rechtsinhaber. Im Verhältnis zu allen anderen Personen ist die Verfügung wirksam mit der Folge, dass der Erwerber diesen gegenüber Rechtsinhaber wird.

> **Bsp. (1):** Überträgt in dem obigen Fall des Verkaufs des Lebensmittelgeschäfts[498] der B trotz des durch einstweilige Verfügung angeordneten Veräußerungsverbots die Einrichtungsgegenstände nach § 929 Satz 1 zu Eigentum auf D, so ist diese Eigentumsübertragung dem A gegenüber unwirksam. D.h., im Verhältnis zwischen A und B bleibt dieser Eigentümer der Einrichtungsgegenstände, A kann also seinen Anspruch auf Eigentumsübertragung aus dem Kaufvertrag noch durchsetzen. Gegenüber allen anderen Personen ist der D aufgrund der Verfügung des B Eigentümer geworden.
>
> **Bsp. (2):** Tritt in dem Beispiel der Forderungspfändung[499] nach § 829 ZPO der B nach Erlass des gerichtlichen Pfändungsbeschlusses die gegenüber D bestehende Forderung an F ab (§ 398), so bleibt D im Verhältnis zu U wegen der relativen Unwirksamkeit

---

496 Zu den Voraussetzungen für den Erlass einer einstweiligen Verfügung, Glaubhaftmachung von Verfügungsanspruch und Verfügungsgrund, s. näher Zöller/*Vollkommer*, ZPO, § 935 Rn. 6 ff.
497 S. aus der Rspr. des BGH z.B. BGHZ 58, 25 (26 f.); 100, 36 (45); NJW 1998, 746 (748).
498 Rn. 488.
499 S. Rn. 488.

der Abtretung gleichwohl Inhaber der Forderung, während F im Übrigen gegenüber allen anderen Personen die Forderung wirksam erworben hat.

Aufgrund der relativen Unwirksamkeit der gegen ein den Schutz nur einer bestimmten Person bezweckendes Veräußerungsverbot verstoßenden Verfügung kann die geschützte Person **gegenüber dem Verfügenden** ihre Ansprüche z.B. auf Eigentumsübertragung oder auf Erfüllung einer Forderung durchsetzen. Während im Fall der Pfändung einer Forderung nach § 829 ZPO der Gläubiger aufgrund eines Überweisungsbeschlusses nach § 835 ZPO auch bei zwischenzeitlicher Verfügung die Forderung einziehen kann, bestehen im Fall einer verbotswidrigen Verfügung über bewegliche Sachen unterschiedliche Auffassungen darüber, wie der Verfügende trotz der Übertragung des Eigentums auf einen Dritten im Hinblick auf die relative Unwirksamkeit der Verfügung gegenüber der geschützten Person dieser in Erfüllung z.B. einer kaufvertraglichen Verpflichtung das Eigentum übertragen kann[500]. Nach der Ansicht des BGH muss derjenige, der entgegen einem relativen Veräußerungsverbot verfügt hat, dem geschützten Gläubiger in Erfüllung der ihm obliegenden Pflicht die ihm **verbliebene Rechtsmacht** zuwenden[501]. Was unter der „verbliebenen Rechtsmacht" zu verstehen ist, bleibt unklar. Dogmatisch spricht einiges dafür, dass aufgrund der relativen Unwirksamkeit der Verfügung gegenüber der geschützten Person und der deshalb insoweit bestehen gebliebenen Rechtsinhaberschaft der Schuldner, der bereits verfügt hat, das Eigentum nach wie vor auf die geschützte Person übertragen kann, eben weil nach dem Gesetz (§§ 135, 136) die erste Verfügung als relativ unwirksam anzusehen ist. Das hat zur Konsequenz, dass der Verpflichtete das Eigentum durch Einigung i.S.d. § 929 Satz 1 übertragen kann, wobei die nach § 929 Satz 1 zusätzlich erforderliche Übergabe wegen der bereits zuvor erfolgten Übergabe an den Erwerber nicht stattfinden kann und deshalb – so ein Teil der Lit. – an deren Stelle die Abtretung eines Herausgabeanspruchs gemäß § 931 fingiert werden muss[502].

Nach § 135 Abs. 2, der über § 136 auch bei gerichtlichen und behördlichen Veräußerungsverboten zur Geltung kommt, finden die Vorschriften zugunsten derjenigen, welche Rechte von einem Nichtberechtigten herleiten, entsprechende Anwendung. Das bedeutet, dass auch im Fall eines Veräußerungsverbots bei einer unter Verstoß hiergegen z.B. vorgenommenen Eigentumsübertragung einer beweglichen Sache der Erwerber in entsprechender Anwendung von § 932 das Eigentum mit Wirksamkeit auch im Verhältnis zu der durch das Veräußerungsverbot geschützten Person erlangen kann. Voraussetzung hierfür ist, dass der Erwerber, bezogen auf das Nichtbestehen eines Veräußerungsverbots i.S.d. § 932, **gutgläubig** ist, ihm also im Zeitpunkt der verbotswidrigen Verfügung das Veräußerungsverbot weder bekannt noch infolge grober Fahrlässigkeit unbekannt ist (§ 932 Abs. 2).

490

---

500   S. hierzu BGHZ 111, 364 (367 ff. m. w. N.).
501   BGHZ 111, 364 (369).
502   So z.B. Hk-BGB/*Dörner*, §§ 135, 136 Rn. 7; hiergegen BGHZ 111, 364 (369) unter Hinweis darauf, dass der Verfügende gegen den Ersterwerber keinen abtretbaren Herausgabeanspruch hat. MünchKomm/*Armbrüster*, BGB, § 135 Rn. 39 geht von einem Herausgabeanspruch des Geschützten gegen den Erwerber aus.

Bsp.: Wusste im obigen Beispielsfall des Verkaufs des Lebensmittelgeschäfts[503] der D nichts von dem durch einstweilige Verfügung angeordneten Veräußerungsverbot und hätte er dieses auch nicht kennen müssen, so erwirbt er durch die verbotswidrige Verfügung des B das Eigentum an den Einrichtungsgegenständen nach §§ 929, 136, 135 II, 932 auch mit Wirksamkeit gegenüber A.

491 Anders als bei gesetzlichen und gerichtlichen bzw. behördlichen Veräußerungsverboten, die nach Maßgabe der §§ 135, 136 zur relativen Unwirksamkeit von Verfügungen führen, ist für **rechtsgeschäftliche Verfügungsverbote** in § 137 Satz 1 bestimmt, dass die Befugnis zur Verfügung über ein veräußerliches Recht nicht durch Rechtsgeschäft ausgeschlossen oder beschränkt werden kann. Ergänzend regelt § 137 Satz 2, dass die Wirksamkeit einer Verpflichtung, über ein veräußerliches Recht nicht zu verfügen, durch Satz 1 von § 137 nicht berührt wird.

Mit der Regelung des § 137 Satz 1 wird sichergestellt, dass sich ein Rechtsinhaber (z. B. Eigentümer, Forderungsinhaber) **seiner Verfügungsmacht nicht durch rechtsgeschäftliche Vereinbarung ganz oder teilweise begeben kann.** Werden entsprechende Vereinbarungen getroffen, so haben diese aufgrund des § 137 Satz 1 keine sog. dingliche Wirkung[504], d. h., sie beeinträchtigen die Wirksamkeit einer gleichwohl vorgenommenen Verfügung nicht[505].

Bsp.: Ein Grundstückseigentümer verpflichtet sich gegenüber einer anderen Person, über das Grundstück nicht zu verfügen. Überträgt er gleichwohl das Eigentum am Grundstück auf einen Dritten, so ist die Verfügung wirksam. Die schuldrechtliche Vereinbarung hat nach § 137 Satz 1 keine die Verfügungsmacht des Eigentümers beschränkende Wirkung.

492 Der **Zweck** von § 137 Satz 1 liegt wesentlich darin, zu verhindern, dass veräußerliche Rechte dem Rechtsverkehr entzogen werden, diese mithin kraft privatautonomer Vereinbarung zu Gegenständen *„extra commercium"* werden können[506]. Zugleich sichert damit das Verbot eines rechtsgeschäftlichen Verfügungsausschlusses bzw. einer Verfügungsbeschränkung wesentlich den *numerus clausus* der Sachenrechte[507], indem die danach gesetzlich vorgesehenen Verfügungsmöglichkeiten im Interesse der Rechtssicherheit nicht zur rechtsgeschäftlichen Disposition gestellt werden.

Wenn auch die Verfügungsbefugnis rechtsgeschäftlich nicht ausgeschlossen oder beschränkt werden kann, so ist es dennoch nach § 137 Satz 2 möglich, sich **schuldrechtlich wirksam zu verpflichten**, über ein veräußerliches Recht nicht zu verfügen. Zwar ist eine gleichwohl vorgenommene Verfügung im Hinblick auf das Verbot des § 137 Satz 1 wirksam[508]. Jedoch macht sich der Verfügende wegen der Wirksamkeit der schuldrechtlichen Verpflichtung i. S. d. § 137 Satz 2 bei Vorliegen der entsprechenden Voraussetzungen schadensersatzpflichtig (§ 280 Abs. 1)[509], wobei der Schadensersatzanspruch inhaltlich nach § 249 Abs. 1 (Naturalrestitu-

---

503 S. Rn. 489, Bsp. (1).
504 BGHZ 19, 355 (359); 40, 115 (117).
505 BGHZ 40, 115 (117).
506 S. BGHZ 56, 275 (278 f.).
507 BGHZ 134, 182 (186).
508 BGHZ 40, 115 (117).
509 S. nur Hk-BGB/*Dörner*, § 137 Rn. 5; Palandt/*Ellenberger*, BGB, § 137 Rn. 6.

tion) grds. auf Rückgängigmachung der Verfügung gerichtet ist[510]. Der aufgrund schuldrechtlicher Verpflichtung i.S.d. § 137 Satz 2 bestehende Anspruch auf Unterlassung einer bestimmten Verfügung kann bei Vorliegen der maßgebenden Voraussetzungen durch eine einstweilige Verfügung nach § 935 ZPO gesichert werden[511] mit der Folge, dass eine gleichwohl vorgenommene Verfügung gegen ein gerichtliches Veräußerungsverbot nach § 136 verstößt und deshalb relativ unwirksam ist[512].

IV. Vernichtbare Rechtsgeschäfte – Anfechtung

Literatur: *Brox*, Die Anfechtung bei der Stellvertretung, JA 1980, 449; *Büchler*, Die Anfechtungsgründe des § 123 BGB, JuS 2010, 195; *Coester-Waltjen*, Die Anfechtung von Willenserklärungen, JURA 2006, 348; *Cziupka*, Die Irrtumsgründe des § 119 BGB, JuS 2009, 887; *Grigoleit*, Abstraktion und Willensmängel – Die Anfechtbarkeit des Verfügungsgeschäfts, AcP 199, (1999), 379; *Grundmann*, Zur Anfechtbarkeit des Verfügungsgeschäfts, JA 1985, 80; *Haferkamp*, „Fehleridentität" – zur Frage der Anfechtung von Grund- und Erfüllungsgeschäft, JURA 1998, 511; *Kellermann*, Problemfelder des Anfechtungsrechts, JA 2004, 405; *Kocher*, Anfechtung bei falscher Kaufpreisauszeichnung im Internet, JA 2006, 144; *Leenen*, Die Anfechtung von Verträgen – Zur Abstimmung zwischen § 142 Abs. 1 und §§ 119 ff. BGB, JURA 1991, 393; *ders.*, Willenserklärung und Rechtsgeschäft – Dogmatik und Methodik der Fallbearbeitung, JURA 2007, 721; *Peters*, Die Rechtsfolgen der widerrechtlichen Drohung, JR 2006, 133; *Petersen*, Der Dritte in der Rechtsgeschäftslehre, JURA 2004, 306; *Preiß*, Die Berechtigung zur Anfechtung in Mehrpersonenverhältnissen, JA 2010, 6; *Schäfer*, Zum Rechtsinstitut der schwebenden Wirksamkeit, JURA 2004, 793; *Wieling*, Der Motivirrtum ist unbeachtlich! Entwicklung und Dogmatik des Irrtums im Beweggrund, JURA 2001, 577.
Übungsfälle: *Annuß*, Übungsblätter Klausur Zivilrecht – „Schwierige Kaufverträge", JA 1996, 849; *Edenfeld*, Übungsklausur Bürgerliches Recht: Anfechtung, Stellvertretung und Abstraktionsprinzip, JuS 2005, 42; *Muscheler*, Übungshausarbeit Zivilrecht, Irrtum bei der Genehmigung eines Rechtsgeschäfts, JURA 1995, 30; *Sutter/Bensching*, Der praktische Fall – Bürgerliches Recht – Im Antiquariat, JuS 1998, 142; *U. Wolf*, Zwischenprüfungsklausur Zivilrecht – Stürmisches Wetter, JURA 1992, 99.
Rechtsprechung: **BGHZ 139, 177** (Kalkulationsirrtum als Anfechtungsgrund, Verschulden bei Vertragsverhandlungen, unzulässige Rechtsausübung, vorvertragliche Prüf- und Hinweispflicht des öffentlichen Auftraggebers im Ausschreibungsverfahren bei sich geradezu aufdrängender Unrichtigkeit der Kalkulation; §§ 119, 242); **BGH NJW 1988, 2597** (Anfechtungsrecht des Verkäufers wegen Eigenschaftsirrtums, Urheberschaft eines Gemäldes als verkehrswesentliche Eigenschaft, Verhältnis des Gewährleistungsrechts zur Anfechtung, Beweislastverteilung bei Behauptung der Scheinveräußerung des ohne Rechtsgrund Erlangten; §§ 117, 119 Abs. 2, 122, 242, 812 Abs. 1, 818 Abs. 2, 985 BGB, § 282 ZPO); **BGHZ 78, 216** (Herausgabe des vollen Kaufpreises als ungerechtfertigte Bereicherung trotz Entwertung der Kaufsache durch Sachmangel, Verhältnis von Anfechtung wegen Irrtums über eine verkehrswesentliche Eigenschaft der Kaufsache zu Sachmängelgewährleistungsrecht; §§ 119 Abs. 2, 121, 122, §§ 459 ff. a. F. = §§ 434 ff. n. F., §§ 818 Abs. 3, 818 Abs. 4, 819 Abs. 1); **BGH NJW 1971, 1795** (Gewährleistungsansprüche wegen Konstruktionsfehlern beim Verkauf von Kfz, Anfechtung des Vertrages, Arglist, Verwirkung des Anfechtungsrechts, Bestätigung; §§ 123, 124, 141, 144, 433); **BGHZ 34, 32** (Anfechtung eines Grund-

---

510 Palandt/*Ellenberger*, BGB, § 137 Rn. 6.
511 BGHZ 134, 182 (187).
512 S. oben Rn. 488 f.

stückskaufvertrages wegen Irrtums vor Gefahrübergang, Verhältnis von Anfechtung zu Sachmängelgewährleistungsrecht, Eigentum an einer Sache keine verkehrswesentliche Eigenschaft, Auslegung einer Anfechtungserklärung wegen arglistiger Täuschung auch als eine solche wegen Eigenschaftsirrtums; §§ 119 Abs. 2, 123, 446, §§ 459 ff. a. F. = §§ 434 ff. n. F.); **BAG NJW 1999, 2059** (Anfechtung eines Schuldanerkenntnisses wegen Drohung des Arbeitgebers mit Strafanzeige, Widerrechtlichkeit der Drohung; §§ 123 Abs. 1, 138, 781, 823, 826); **BAG NJW 1991, 2723** (Anfechtung des Arbeitsvertrages wegen arglistiger Täuschung, Irrtum über eine verkehrswesentliche Eigenschaft der Person bei Transsexualität; §§ 119 Abs. 2, 123, 133, 144, 611a BGB, §§ 1, 5, 8, 10 TSG).

1. Begriff der Vernichtbarkeit (Anfechtbarkeit)

493 Unter vernichtbaren Rechtsgeschäften werden solche Rechtsgeschäfte verstanden, die zunächst Wirksamkeit entfalten, bei denen jedoch aufgrund eines Mangels die Wirksamkeit von dem oder den Beteiligten beseitigt werden kann[513]. Zu den vernichtbaren Rechtsgeschäften gehören insb. die hier im Mittelpunkt stehenden, nach Maßgabe der **§§ 119 ff. anfechtbaren Rechtsgeschäfte**. Trotz eines Mangels beim Zustandekommen des Rechtsgeschäfts – Irrtum nach §§ 119, 120, arglistige Täuschung oder widerrechtliche Drohung i.S.d. § 123 – ist das Rechtsgeschäft zunächst wirksam, jedoch anfechtbar und damit vernichtbar. § 142 Abs. 1 bestimmt, dass ein anfechtbares Rechtsgeschäft im Falle der Anfechtung als von Anfang an nichtig anzusehen ist[514]. Die Anfechtbarkeit eines Rechtsgeschäfts nach §§ 119, 120 wegen Irrtums[515] stellt sich dar als **gesetzlicher Kompromiss** zwischen der Wahrung der Selbstbestimmung einer rechtsgeschäftlich handelnden Person, wenn der äußere (objektive) Tatbestand einer Willenserklärung nicht von dem inneren (subjektiven) Tatbestand gedeckt ist, und dem Schutzbedürfnis des Erklärungsempfängers bzw. Rechtsverkehrs, die grds. darauf vertrauen können müssen, dass eine nach außen als Willenserklärung in Erscheinung tretende Äußerung auch gewollt ist[516]. Die Anfechtbarkeit gibt dem Erklärenden in diesen Fällen die Wahl zwischen Geltenlassen seiner Erklärung und ihrer Beseitigung durch Anfechtung. Damit wird letztlich für den Erklärenden die Selbstbestimmung als Grundlage und Legitimation für die Anknüpfung rechtlicher Folgen an den Willen[517] gewahrt, jedoch im Falle der Anfechtung um den Preis, dass er dem auf seine anfechtbare Willenserklärung Vertrauenden nach Maßgabe des § 122 Schadensersatz zu leisten hat[518]. Bei der Anfechtbarkeit nach § 123 geht es nur um die Wahrung der Selbstbestimmung der durch arglistige Täuschung oder widerrechtliche Drohung zur Abgabe einer Willenserklärung bestimmten Person[519]. Deshalb kommt hier auch anders als bei der Irrtumsanfechtung für den von der Anfechtung betroffenen Erklärungsempfänger kein Anspruch auf Schadensersatz in Betracht, denn dieser ist in keiner Weise schutzwürdig.

---

513 Vgl. *Köhler*, BGB AT, § 7 Rn. 68; *Medicus*, BGB AT, Rn. 487 und 714.
514 S. noch folgend Rn. 554 ff.
515 S. näher Rn. 497 ff.
516 S. schon oben im Zusammenhang mit der Willenserklärung und den Folgen von Willensmängeln, insb. Rn. 198, 205 ff.
517 S. dazu oben Rn. 198.
518 Dazu Rn. 560 ff.
519 Zu § 123 s. Rn. 521 ff.

Neben der Anfechtbarkeit gibt es **weitere Fälle der Vernichtbarkeit** von Rechtsgeschäften. Hierzu gehört etwa die nach den Vorschriften der §§ 1313 ff. unter den dort bestimmten Voraussetzungen mögliche Aufhebung der Ehe.

2. Voraussetzungen wirksamer Anfechtung

→ *Sch 10 Rn. 758*

Ein Rechtsgeschäft kann unter **folgenden vier Voraussetzungen** wirksam angefochten werden. Zunächst muss die Anfechtung überhaupt zulässig sein[520], weiterhin bedarf es eines Anfechtungsgrundes[521], die Anfechtung muss von dem Berechtigten erklärt[522] und es muss die Anfechtungsfrist eingehalten[523] werden. **494**

a) **Zulässigkeit der Anfechtung.** Das Rechtsinstitut der Anfechtung ist zulässig zur Beseitigung der rechtlichen Wirksamkeit einer Willenserklärung, es setzt das **Vorliegen einer Willenserklärung** voraus[524]. Hierbei kann es sich um jede Art von Willenserklärungen handeln, seien es empfangsbedürftige[525] oder nicht empfangsbedürftige[526] wie auch ausdrücklich oder stillschweigend abgegebene Erklärungen[527]. Die Anfechtung ist weiter zulässig bei einem sog. **beredten Schweigen**[528], denn auch hier liegt eine Willenserklärung vor. In den Fällen des sog. **normierten Schweigens**, wenn also dem Schweigen in einer bestimmten Situation aufgrund gesetzlicher Vorschrift im Wege der Fiktion ein rechtlich erheblicher Erklärungswert beigemessen wird[529], fehlt es an einer Willenserklärung. Es wird vielmehr unter Anknüpfung an das Schweigen von Gesetzes wegen ein bestimmter Erklärungswert fingiert[530]. Im Hinblick darauf kommt eine Anfechtung nicht in Betracht[531]. Soweit einem Schweigen auf der Grundlage von § 242 ein rechtlich bedeutsamer Erklärungswert beigemessen wird, wie insb. bei einem **Schweigen auf ein kaufmännisches Bestätigungsschreiben**[532], wird zwar die Möglichkeit einer Anfechtung nicht prinzipiell für ausgeschlossen erachtet, etwa dann, wenn ein Irrtum über den Inhalt des Bestätigungsschreibens vorliegt[533]. Einigkeit besteht jedoch darüber, dass ein Irrtum über die Bedeutung des Schweigens, also darüber, **495**

---

520 S. Rn. 495.
521 Dazu Rn. 496 ff.
522 S. Rn. 535 ff.
523 Dazu Rn. 545 ff.
524 BGHZ 11, 1 (5).
525 S. oben Rn. 214.
526 Dazu oben Rn. 213.
527 S. Palandt/*Ellenberger*, BGB, § 119 Rn. 4; Hk-BGB/*Dörner*, § 119 Rn. 3; zur Anfechtbarkeit stillschweigender Willenserklärungen BGHZ 11, 1 (5).
528 S. dazu oben Rn. 250.
529 S. dazu näher oben Rn. 251 ff.
530 S. *Larenz*/*Wolf*, BGB AT, § 28 Rn. 77.
531 S. *Larenz*/*Wolf*, BGB AT, § 28 Rn. 77, 80; anders z.B. Hk-BGB/*Dörner*, § 119 Rn. 3 und Palandt/*Ellenberger*, BGB, § 119 Rn. 4 und Einf. v. § 116 Rn. 12, wonach in Fällen der Fiktion des Schweigens als Zustimmung (s. zu Bsp. oben Rn. 253) eine Anfechtung möglich sein soll.
532 S. näher oben Rn. 255.
533 S. BGH NJW 1969, 1711 (1711).

dass ein ohne Widerspruch hingenommenes Bestätigungsschreiben für den Inhalt des Vertrags maßgebend ist, nicht in Betracht kommt[534].

Auf **geschäftsähnliche Handlungen**[535] findet das Anfechtungsrecht grds. entsprechende Anwendung[536]. Demgegenüber können **Realakte**[537] nicht angefochten werden[538].

Nach ganz h. M. soll auch die **Anfechtung eines nichtigen Rechtsgeschäfts** zulässig sein[539]. Diese Auffassung beruht auf der von Kipp entwickelten **Lehre von den sog. Doppelwirkungen im Recht**, auf deren Grundlage Kipp insbesondere auch die Zulässigkeit der Anfechtung von bereits im Zeitpunkt der Anfechtung nichtigen Rechtsgeschäften[540] begründet hat[541]. Die Anerkennung der Anfechtbarkeit eines nichtigen Rechtsgeschäfts steht im Widerspruch zum Begriff der Anfechtbarkeit bzw. Vernichtbarkeit von Rechtsgeschäften, der ein zunächst wirksames, wenn auch mangelhaftes Rechtsgeschäft voraussetzt[542]. Zur Begründung für die gleichwohl für zulässig erachtete Anfechtbarkeit nichtiger Rechtsgeschäfte wird darauf verwiesen, dass unter Umständen die Voraussetzungen der Anfechtung leichter darzulegen und zu beweisen sind als die für das Vorliegen eines Nichtigkeitsgrundes maßgebenden Tatsachen[543]. Des Weiteren wird hervorgehoben, dass der Anfechtende dadurch für ihn ungünstigere Rechtsfolgen eines bereits nichtigen Rechtsgeschäfts vermeiden könne[544] wie etwa in dem Fall einer Anfechtung wegen Täuschung nach § 123 Abs. 1[545], um die Verpflichtung zum Ersatz des Vertrauensschadens gem. § 122 Abs. 1[546] aufgrund einer zuvor bereits z. B. wegen Eigenschaftsirrtums erfolgten Anfechtung zu beseitigen[547] oder auch im Falle der Betei-

---

534   S. BGHZ 11, 1 (5); BGH NJW 1969, 1711 (1711); hier liegt ein anfechtungsrechtlich unbeachtlicher Rechtsfolgenirrtum vor, s. auch noch folgend Rn. 505.

535   Zum Begriff oben Rn. 209.

536   S. nur Palandt/*Ellenberger*, BGB, § 119 Rn. 4.

537   S. oben Rn. 210.

538   Hk-BGB/*Dörner*, § 119 Rn. 3.

539   Grundlegend. *Kipp*, FS von Martitz, 1911, 211 (224 ff.); s. im übrigen *Flume*, Rechtsakt und Rechtsverhältnis, 12 ff.; *Enneccerus/Nipperdey*, AT, 2. Hbd., § 203 III 7; Staudinger/*Roth*, BGB, § 142 Rn. 27 ff.; *Köhler*, BGB AT, § 7 Rn. 72; Palandt/*Ellenberger*, BGB, Überbl. v. § 104 Rn. 35; Hk-BGB/*Dörner*, § 119 Rn. 3 und § 142 Rn. 2; aus der Rspr. s. BGH NJW 2009, 3655 (3658) und NJW 2010, 610 (611); vgl. auch BGH WM 1955, 1290 (1290 f.); a.A. etwa *Oellers*, AcP 169 (1969), 67 ff.; *von Tuhr*, BGB AT Bd. II 1, 299 f.

540   Z.B. wegen Minderjährigkeit eines Vertragspartners bei Fehlen der erforderlichen Zustimmung des gesetzlichen Vertreters oder wegen Formmangels (§ 125), Sittenwidrigkeit (§ 138) oder auch nach § 142 Abs. 1 wegen einer bereits zuvor aus einem anderen Grund erfolgten Anfechtung, sog. Doppelanfechtung, s. MünchKomm/*Busche*, BGB, § 142 Rn. 12; *Fezer*, Klausurenkurs zum BGB AT, 177; Staudinger/*Roth*, BGB, § 142 Rn. 28.

541   *Kipp*, FS von Martitz, 1911, 211 (224 ff.); zur Kritik an der Lehre von den Doppelwirkungen im Recht s. z.B. *Oellers*, AcP 169 (1969), 67 ff.

542   S. *von Tuhr*, BGB AT Bd. II 1, 299; *Oellers*, AcP 169 (1969), 67 (69 u. 71); s. im Übrigen schon oben Rn. 493.

543   S. etwa *Enneccerus/Nipperdey*, AT, 2. Hbd., § 203 III 7; Hk-BGB/*Dörner*, § 119 Rn. 3.

544   S. Staudinger/*Roth*, BGB, § 142 Rn. 30; *Flume*, Rechtsakt und Rechtsverhältnis, 13.

545   S. Rn. 521 ff.

546   S. Rn. 560 ff.

547   S. zu diesem Bsp. *Fezer*, Klausurenkurs zum BGB AT, 177.

ligung Dritter die Regelung des § 142 Abs. 2 zur Anwendung bringen zu können. Insoweit wird im Zusammenhang mit der Diskussion der hier aufgeworfenen Frage i.d.R. auf folgende, bereits von Kipp[548] für die Sinnhaftigkeit der Anfechtbarkeit nichtiger Rechtsgeschäfte angeführte Fallkonstellation eingegangen:

> **Bsp.:** Der beschränkt geschäftsfähige M veräußert ohne Einwilligung bzw. Genehmigung seiner Eltern aufgrund einer Täuschung eine bewegliche Sache an T. Dieser veräußert die Sache weiter an den Dritten D, der zwar von der Täuschung seitens des T, nicht jedoch von der Minderjährigkeit des M Kenntnis hat. – Bei dieser Konstellation überträgt T, der wegen der Minderjährigkeit des M nicht Eigentümer werden konnte[549], das Eigentum an der Sache nach §§ 929 Satz 1, 932 wirksam auf D, denn diesem war die Minderjährigkeit des M und damit die Unwirksamkeit der Verfügung im Verhältnis M/T nicht bekannt. Wird nun dem M trotz der Unwirksamkeit der Eigentumsübertragung auf T wegen der Täuschung zusätzlich die Möglichkeit der Anfechtung (§ 123) eingeräumt, so kommt § 142 Abs. 2 zur Anwendung. Danach wird derjenige, der die Anfechtbarkeit kannte oder kennen musste, nach erfolgter Anfechtung so behandelt, als hätte er die Nichtigkeit des Rechtsgeschäfts gekannt oder kennen müssen[550]. Das hat zur Folge, dass sich D so behandeln lassen muss, als habe er im Zeitpunkt der Eigentumsübertragung auf ihn die aus der Anfechtung nach §§ 123, 142 Abs. 1 resultierende Nichtigkeit der Eigentumsübertragung von M auf T gekannt mit der Folge, dass ein gutgläubiger Erwerb von T nach § 932 nicht in Betracht kommen konnte. Wird die Möglichkeit der Anfechtung für M wegen der Unwirksamkeit der Eigentumsübertragung verneint, so bleibt es bei dem gutgläubigen Eigentumserwerb des D.

Es kann nicht von der Hand gewiesen werden, dass in dem vorstehend beschriebenen Fall die Anerkennung einer Anfechtungsmöglichkeit des nichtigen Rechtsgeschäfts im Hinblick auf die Anwendbarkeit des § 142 Abs. 2 für den Minderjährigen günstig ist. Dasselbe gilt für die Konstellation, dass bei Zulassung einer Anfechtung nach § 123 Abs. 1 trotz bereits zuvor erfolgter Anfechtung nach § 119 Abs. 2 der Anspruch des Anfechtungsgegners aus § 122 Abs. 1 beseitigt werden kann. Abgesehen davon, dass jedenfalls die beschriebenen Fallkonstellationen methodisch-dogmatisch auch auf anderem Weg zufriedenstellend gelöst werden können[551], erscheint es allerdings fraglich, ob allein das Ziel der Vermeidung ungünstiger Rechtsfolgen eines nichtigen Rechtsgeschäfts[552] als Rechtfertigung dafür herangezogen werden kann, auf der Grundlage der Lehre von den Doppelwirkungen im Recht[553] von der Dogmatik der Vernichtbarkeit von Rechtsgeschäften, mit der bis zur Anfechtung die vorläufige Gültigkeit vorausgesetzt und verbunden ist[554], abzuweichen[555].

---

548 S. *Kipp*, FS von Martitz, 1911, 211 (226 ff.).
549 S. §§ 107, 108, dazu ausf. oben Rn. 343.
550 S. noch zu § 142 Abs. 2 Rn. 558.
551 S. *Oellers*, AcP 169 (1969), 67 (69 ff.) zur Anwendbarkeit des § 142 Abs. 2; zur Doppelanfechtung s. Staudinger/*Roth*, BGB, § 142 Rn. 28; *Petersen* JURA 2007, 673 (674).
552 S. Staudinger/*Roth*, BGB, § 142, Rn. 30; *Flume*, Rechtsakt und Rechtsverhältnis, 13.
553 Zur Kritik s. ausf. *Oellers*, AcP 169 (1969), 67 ff.
554 S. *Oellers*, AcP 169 (1969), 67 (69).
555 S. auch *Medicus*, BGB AT, Rn. 728 ff., der die Erforderlichkeit der Anfechtbarkeit nichtiger Rechtsgeschäfte bezweifelt, m. w. N.

496 b) **Anfechtungsgründe.** Das Gesetz kennt zum einen die **Anfechtbarkeit** wegen **Irrtums bei der Abgabe einer Willenserklärung** nach § 119, und zwar im Einzelnen wegen **Inhaltsirrtums** (§ 119 Abs. 1 Alt. 1)[556], **Erklärungsirrtums** (§ 119 Abs. 1 Alt. 2)[557] sowie **Eigenschaftsirrtums** (§ 119 Abs. 2)[558]. Zusätzlich ist in § 120 die Anfechtbarkeit einer Willenserklärung wegen **falscher Übermittlung** geregelt, die unter den gleichen Voraussetzungen wie eine nach § 119 irrtümlich abgegebene Willenserklärung angefochten werden kann[559]. Zum anderen lässt das Gesetz in § 123 die Anfechtung einer Willenserklärung zu, zu deren Abgabe der Erklärende durch **arglistige Täuschung** oder **widerrechtliche Drohung** bestimmt worden ist. Vor dem Hintergrund des **Abstraktionsprinzips**, wonach als Konsequenz der rechtlichen Trennung von Verpflichtungs- und Verfügungsgeschäft die Frage der Wirksamkeit der jeweiligen Rechtsgeschäfte eigenständig – losgelöst voneinander – zu beurteilen ist[560], muss auch die **Frage der Anfechtbarkeit für jedes Rechtsgeschäft selbstständig** untersucht werden[561]. Die Anfechtbarkeit des Verpflichtungsgeschäfts hat grds. nicht die Anfechtbarkeit auch des Verfügungsgeschäfts zur Folge[562]. Das hängt damit zusammen, dass die jeweiligen rechtsgeschäftlichen Erklärungen unterschiedliche Inhalte haben und diese Unterschiedlichkeit wegen des Abstraktionsprinzips auch zu beachten ist.

> **Bsp.:** Sporthändler H will für die Wintersaison bei Lieferant L 100 Skipullover bestellen und schreibt aus Versehen 200. Die 200 Pullover werden geliefert, erst später bei der Bezahlung fällt dem H auf, dass er aus Versehen die doppelte Menge bestellt hat. – Hier ist die Willenserklärung zum Abschluss des Kaufvertrages wegen Erklärungsirrtums nach § 119 Abs. 1 Alt. 2 anfechtbar, weil der H eine Erklärung dieses Inhalt überhaupt nicht abgeben wollte[563]. Die Einigungserklärung zum Erwerb des Eigentums an den Pullovern nach § 929 Satz 1 ist hingegen nicht anfechtbar. Inhalt dieser Erklärung war, dass der H Eigentümer der gelieferten Pullover werden sollte. Das hat der H durch Entgegennahme der Lieferung auch erklärt, einem Irrtum ist er insoweit nicht unterlegen. Erklärt H die Anfechtung des Kaufvertrages mit der Folge der *ex-tunc*-Nichtigkeit nach § 142 Abs. 1[564], so kann der L das Eigentum und den Besitz an den Pullovern nach § 812 Abs. 1 Satz 1 Alt. 1 herausverlangen.

Ausnahmsweise kann die Anfechtbarkeit bezogen sowohl auf das Verpflichtungsgeschäft wie auch auf das Verfügungsgeschäft gegeben sein. Das ist der Fall, wenn der Anfechtungsgrund beide Rechtsgeschäfte erfasst, insoweit wird dann von einer sog. **Fehleridentität** gesprochen[565]. Eine solche Fehleridentität ist regelmäßig anzunehmen, wenn Verpflichtungs- und Verfügungsgeschäft aufgrund einer arglistigen Täuschung oder widerrechtlichen Drohung zustande gekommen sind und damit die Anfechtbarkeit nach § 123 Abs. 1 gegeben ist[566].

---

556 S. folgend Rn. 500 ff.
557 Dazu Rn. 509 f.
558 S. Rn. 511 ff.
559 Dazu Rn. 517 ff.
560 S. näher oben Rn. 197.
561 S. Hk-BGB/*Dörner*, Vor §§ 104–185 Rn. 10; Palandt/*Ellenberger*, BGB, Überbl. v. § 104 Rn. 22 f.; *Köhler*, BGB AT, § 7 Rn. 73.
562 Hk-BGB/*Dörner*, Vor §§ 104–185 Rn. 10.
563 Zum Erklärungsirrtum s. noch Rn. 509 f.
564 S. Rn. 554 ff.
565 S. Hk-BGB/*Dörner*, Vor §§ 104–185 Rn. 10; Palandt/*Ellenberger*, BGB, Überbl. v. § 104 Rn. 23.
566 S. BGHZ 58, 257 (258).

Bsp.: Kfz-Händler H täuscht den Kunden K über den Zustand seines Pkw, indem er diesem einen in Wirklichkeit nicht vorhandenen, irreparablen Motorschaden vorspiegelt. Daraufhin entschließt sich K, den Wagen an H weit unter Wert zu veräußern. In diesem Fall sind sowohl das Verpflichtungsgeschäft (Kaufvertrag) wie auch die Eigentumsübertragung des Pkw durch K wegen arglistiger Täuschung nach § 123 Abs. 1 anfechtbar. Die jeweiligen Willenserklärungen hat der K nur im Hinblick auf die Täuschung seitens des H abgegeben. Es liegt mithin Fehleridentität vor.

(1) Anfechtung wegen Irrtums nach § 119 und wegen falscher Übermittlung nach § 120. § 119 Abs. 1 regelt zwei Varianten eines anfechtungsrechtlich relevanten Irrtums und zwar den sog. Inhaltsirrtum (§ 119 Abs. 1 Alt. 1) und den sog. Erklärungsirrtum (§ 119 Abs. 1 Alt. 2) In beiden Fällen beruht der Irrtum darauf, dass der **innere (subjektive) Tatbestand** und der **äußere (objektive) Tatbestand** einer Willenserklärung **unbewusst auseinander fallen**, d.h. der nach allgemeinen Auslegungsgrundsätzen vom objektiven Empfängerhorizont aus zu beurteilende Inhalt der Erklärung[567] weicht von dem wirklichen Willen der rechtsgeschäftlich handelnden Person ab.

497

Bsp.: Bestellt H aus Versehen 200 Skipullover bei L statt, wie es seine Absicht ist, 100 Pullover, so liegt vom objektiven Empfängerhorizont aus betrachtet ein Angebot über den Kauf von 200 Skipullovern vor. Davon weicht der Wille des H, genauer der Geschäftswille[568], ab. Denn H will nur 100 Skipullover bestellen.

In der Anknüpfung an ein unbewusstes Auseinanderfallen von innerem und äußerem Tatbestand der Willenserklärung, sprich Wille und Erklärung, unterscheiden sich die Irrtumsfälle des § 119 Abs. 1 von den Nichtigkeitstatbeständen der §§ 116, 117[569].
Die Frage, ob ein **unbewusstes Auseinanderfallen von innerem und äußerem Tatbestand** einer Willenserklärung vorliegt, ist durch **Auslegung** zu klären. Erst wenn diese ergibt, dass der aus der Sicht vom objektiven Empfängerhorizont aus zu ermittelnde Sinngehalt der Erklärung mit dem vom Erklärenden wirklich Gewollten nicht übereinstimmt, liegt ein Irrtum vor, der nach Maßgabe des § 119 Abs. 1 zur Anfechtung berechtigt. Die Auslegung ist also notwendiges Instrument zur Feststellung eines Auseinanderfallens von Wille und Erklärung[570]. Für den Fall eines festgestellten Auseinanderfallens ist allerdings dann ein Irrtum zu verneinen, wenn der **Empfänger der Erklärung den wirklichen Willen des Erklärenden** kennt. Hier ist für die Ermittlung des Sinngehalts der Erklärung nicht der objektive Empfängerhorizont maßgebend, vielmehr ist der Inhalt der Erklärung nach dem wirklichen Willen zu bestimmen[571] mit der Folge, dass das Rechtsgeschäft mit diesem Inhalt zustande kommt. Damit kann ein i. S. v. § 119 Abs. 1 relevanter Irrtum nicht vorliegen, weil hier die Erklärung nach außen so zu verstehen ist, wie es dem wirklichen Willen des Erklärenden entspricht[572]. Dasselbe gilt in den Fällen der unbewussten oder bewussten Falschbezeichnung, wenn Erklärender und Empfänger in dem, was wirklich gewollt ist, übereinstimmen[573].

---

567 Zur Auslegung empfangsbedürftiger Willenserklärungen s. oben Rn. 245 ff.
568 S. dazu oben Rn. 204.
569 S. dazu oben Rn. 424 f. und Rn. 426 ff.
570 S. auch Hk-BGB/*Dörner*, § 119 Rn. 4.
571 S. oben Rn. 245.
572 S. das Bsp. oben Rn. 245.
573 *Falsa demonstratio non nocet*, s. hierzu Rn. 246 mit Bsp.

An einem unbewussten Auseinanderfallen von innerem und äußerem Tatbestand einer Willenserklärung und damit einem i.S. v. § 119 Abs. 1 anfechtungsrelevanten Irrtum fehlt es auch dann, wenn der Erklärende zwar weiß, dass er eine rechtsgeschäftlich erhebliche Erklärung abgibt, **sich jedoch von dem Inhalt seiner Erklärung keine Kenntnis verschafft hat**[574].

> **Bsp.:** Unternehmer X unterschreibt Bestellungen über Materiallieferungen, ohne die Schreiben gelesen zu haben.

Hier kann der Erklärende mangels Vorstellung über den Inhalt seiner Erklärung keine Fehlvorstellung über das bilden, was er nach außen erklärt[575], ein unbewusstes Auseinanderfallen von Wille und Erklärung liegt deshalb nicht vor.

498   Neben dem Irrtum wegen eines unbewussten Auseinanderfallens von innerem und äußerem Tatbestand einer Willenserklärung berechtigt nach § 119 Abs. 2 auch der **Irrtum über solche Eigenschaften der Person oder Sache, die im Verkehr als wesentlich angesehen** werden, zur Anfechtung[576]. Dieser Irrtum gilt als Inhaltsirrtum. Im Unterschied zu § 119 Abs. 1 geht es hier allerdings nicht um ein unbewusstes Auseinanderfallen von Wille und Erklärung, diese stimmen überein. Der Irrtum liegt vielmehr darin, dass sich der Erklärende über eine **außerhalb der Erklärung liegende Tatsache eine falsche Vorstellung macht**[577], und zwar über das Vorliegen oder Nichtvorliegen bestimmter Eigenschaften einer Person oder Sache, die Beteiligte beziehungsweise Gegenstand des Rechtsgeschäfts sind. Die auf einer solchen Fehlvorstellung beruhende Willenserklärung ist unter den Voraussetzungen des § 119 Abs. 2, Abs. 1 anfechtbar.

499   Schließlich wird in § 120 zum Schutz des Erklärenden, sprich dessen rechtsgeschäftlicher Selbstbestimmung, der Fall der **unrichtigen Übermittlung einer Willenserklärung** durch eine dritte Person dem Fall der irrtümlich abgegebenen Willenserklärung i.S.d. § 119 Abs. 1 Alt. 2 (Erklärungsirrtum) gleichgestellt. Nach Maßgabe der in § 120 bestimmten Voraussetzungen ist der Erklärende auch hier zur Anfechtung berechtigt.[578]

500   **(a) Inhaltsirrtum (§ 119 Abs. 1 Alt. 1).** Gemäß § 119 Abs. 1 Alt. 1 ist zur Anfechtung berechtigt, wer bei der Abgabe einer Willenserklärung über deren Inhalt im Irrtum war, sofern anzunehmen ist, dass er sie bei Kenntnis der Sachlage und bei verständiger Würdigung des Falles nicht abgegeben haben würde. Bei diesem Anfechtungsgrund handelt es sich um den sog. **Inhaltsirrtum.** Von einem solchen wird dann gesprochen, wenn der äußere Tatbestand der Willenserklärung dem Willen des Erklärenden entspricht, dieser aber über die **Bedeutung und Tragweite der Erklärung** irrt[579]. Das bedeutet, der Erklärende will genau die nach außen gelangende Erklärung abgeben, er ist jedoch über das, was seine Erklärung nach außen zum Ausdruck bringt, im Irrtum. Anders gewendet: **Im Falle des Inhaltsirrtums**

---

574 S. BGH NJW 1968, 2102 (2103).
575 S. Hk-BGB/*Dörner*, § 119 Rn. 5.
576 S. noch Rn. 511 ff.
577 S. auch Hk-BGB/*Dörner*, § 119 Rn. 1.
578 S. näher Rn. 517 ff.
579 S. BGH NJW 1999, 2664 (2665); *Larenz/Wolf*, BGB AT, § 36 Rn. 20; Palandt/*Ellenberger*, BGB, § 119 Rn. 11.

weiß der Erklärende, was er sagt, und will das auch sagen, er weiß jedoch nicht, was er damit sagt[580].

Der Inhaltsirrtum kann sich auf **jeden rechtlich bedeutsamen Inhalt der Willenserklärung** beziehen[581]. Je nach Bezugspunkt werden folgende wesentliche Arten des Inhaltsirrtums unterschieden:

Bezieht sich der Irrtum auf den Sinn bzw. die Bedeutung eines von dem Erklärenden verwendeten Begriffs, mit dem der Gegenstand des Rechtsgeschäfts bezeichnet werden soll, so wird von einem sog. **Verlautbarungsirrtum** gesprochen[582]. Der Erklärende verwendet einen Begriff zur Bezeichnung des Geschäftsgegenstands, mit dem er etwas anderes verbindet, als dies aus der Sicht des objektiven Empfängerhorizonts der Fall ist. **501**

> **Bsp. (1):** Die Konrektorin einer Mädchenrealschule bestellte als deren Vertreterin „25 Gros Rollen" Toilettenpapier bei V. Dabei ging die Konrektorin davon aus, mit der Bezeichnung „25 Gros Rollen" seien 25 große Rollen Toilettenpapier gemeint. In Wirklichkeit handelt es sich bei einem Gros um eine veraltete und unüblich gewordene Maßangabe, die eine Größeneinheit von 12 x 12 bedeutet. – Hiernach hatte die Konrektorin 25 x 12 x 12 = 3600 Rollen Toilettenpapier bestellt. Sie, bzw. die zur Anfechtung berechtigte Schule (§ 166 Abs. 1) ist einem Inhaltsirrtum unterlegen, denn die Konrektorin wusste zwar, was sie sagte und wollte das auch sagen, sie wusste jedoch nicht, was sie mit der Bezeichnung „25 Gros Rollen" nach außen zum Ausdruck brachte[583].

> **Bsp. (2):** Ein Bayer kommt im Rheinland nach Bonn und hat Hunger. Er geht in eine Kneipe und bestellt nach der Speisekarte einen „Halven Hahn". Dabei glaubt er, es handele sich um ein halbes Hähnchen. Sein Erstaunen ist groß, als der Kellner den „Halven Hahn" bringt: Es handelt sich um eine große Scheibe mittelalten holländischen Goudas mit Zwiebeln, Senf und einem Röggelchen. – Auch hier liegt ein Inhaltsirrtum in Gestalt des Verlautbarungsirrtums vor. Der Bayer wollte einen „Halven Hahn" bestellen und wusste, was er sagte, er wusste jedoch nicht, was er damit sagte.

Zum Inhalt einer Willenserklärung gehört auch der **beabsichtigte Geschäfts- bzw. Vertragstyp**[584], so dass auch insoweit ein Inhaltsirrtum in Betracht kommen kann. Der Irrtum liegt hier darin, dass der Erklärende mit dem von ihm nach dem Inhalt der Erklärung nach außen zum Ausdruck gebrachten Geschäftstyp etwas anderes verbindet, als dies vom objektiven Empfängerhorizont aus der Fall ist (sog. *error in negotio*)[585]. **502**

> **Bsp.:** B will gegenüber dem Gläubiger eines Freundes eine Bürgschaft übernehmen, mit der er sich nach § 756 Abs. 1 verpflichtet, für die Erfüllung der Verbindlichkeit des Freundes einzustehen. Stattdessen vereinbart er mit dem Gläubiger einen Schuldbeitritt, auf Grund dessen eine eigene Schuld des B gegenüber dem Gläubiger begründet wird, die anders als eine Bürgschaft bzgl. ihres Bestehens und ihres Umfangs nicht von der Schuld des Freundes abhängig ist[586].

---

580 S. *Lessmann* JuS 1969, 478 (480).
581 S. *Larenz/Wolf*, BGB AT, § 36 Rn. 20.
582 S. Palandt/*Ellenberger*, BGB, § 119 Rn. 11; Hk-BGB/*Dörner*, § 119 Rn. 9.
583 S. den Fall LG Hanau NJW 1979, 721.
584 S. nur Palandt/*Ellenberger*, BGB, § 119 Rn. 12.
585 S. Hk-BGB/*Dörner*, § 119 Rn. 8.
586 Bsp. nach Palandt/*Ellenberger*, BGB, § 119 Rn. 12.

503 Ein Inhaltsirrtum kann des Weiteren in Gestalt eines Irrtums über die **Identität des Geschäftspartners** gegeben sein, hier wird von einem *error in persona* gesprochen[587]. Zum Inhalt der Willenserklärung gehört auch die Identität der Person, an welche die Willenserklärung gerichtet ist. Gibt der Erklärende die Willenserklärung gegenüber einer Person ab, von der er meint, diese sei der gewollte Vertragspartner, handelt es sich jedoch in Wirklichkeit um eine andere Person, so hat die Erklärung einen anderen Inhalt als den, den ihr der Erklärende zuschreibt[588].

> **Bsp.:** A will mit dem ihm nur namentlich bekannten E.W., der einen sehr guten Ruf als Holzbildhauer von Fastnachtsmasken hat, einen Werkvertrag schließen. Im Telefonbuch findet er nur einen Holzbildhauer gleichen Namens, dem A den Auftrag erteilt. – Hier liegt ein Inhaltsirrtum in Gestalt eines Irrtums über die Identität des Vertragspartners vor, denn A verbindet mit der Person des Beauftragten jemand anderen.

504 Um einen Inhaltsirrtum handelt es sich auch dann, wenn dem Erklärenden zwar das Bewusstsein fehlt, rechtlich erheblich zu handeln[589], ihm seine Erklärung aber aufgrund bestimmter Umstände dennoch als wirksame Willenserklärung zugerechnet wird (sog. **Erklärungsfahrlässigkeit**)[590]. Auch hier gibt der Erklärende genau die Erklärung ab, die er sich vorgestellt hat, irrt aber über deren tatsächliche rechtliche Bedeutung als Willenserklärung.

505 Grds. unbeachtlich ist hingegen ein **Irrtum über die rechtlichen Folgen** einer Willenserklärung[591]. Diese stellen eine außerhalb des Inhalts der Willenserklärung liegende Tatsache dar, weshalb eine falsche Vorstellung über die durch eine Willenserklärung **ausgelösten Rechtsfolgen** nicht die Anfechtbarkeit nach § 119 Abs. 1 Alt. 1 begründen kann.

> **Bsp.:** Arbeitgeber A stellt eine Frau ein, von der er weiß, dass sie schwanger ist. Als sich nach wenigen Wochen herausstellt, dass die Frau nur ungenügende Arbeitsleistungen erbringt, will der A kündigen. Allerdings ist die Kündigung gegenüber einer Frau während der Schwangerschaft unzulässig nach § 9 Abs. 1 Satz 1 MuSchG. Nunmehr will A den Arbeitsvertrag mit der Begründung anfechten, er habe nicht gewusst, dass während der Schwangerschaft nicht gekündigt werden kann. – Dieser auf die rechtliche Folge der Einstellung einer Schwangeren bezogene Irrtum ist kein Inhaltsirrtum, weil die Rechtsfolge des mutterschutzgesetzlichen Kündigungsverbots nicht zum Inhalt der auf den Abschluss des Arbeitsvertrages gerichteten Erklärung des A gehörte.

Ausnahmsweise kann ein Irrtum über die Rechtsfolge einer Willenserklärung allerdings dann zur Anfechtung berechtigen, wenn **die Rechtsfolge selbst Inhalt der Willenserklärung** geworden ist und dem Erklärenden über diesen Inhalt ein Irrtum unterläuft[592]. Hier liegt wegen der Einbeziehung der Rechtsfolge in den Inhalt der Erklärung ein Inhaltsirrtum vor.

---

587 S. Hk-BGB/*Dörner*, § 119 Rn. 8.
588 S. auch *Larenz/Wolf*, BGB AT, § 36 Rn. 23.
589 Zum sog. Erklärungsbewusstsein s. oben Rn. 203.
590 Zu den Voraussetzungen einer solchen Zurechnung bei fehlendem Erklärungsbewusstsein s. oben Rn. 207.
591 S. Palandt/*Ellenberger*, BGB, § 119 Rn. 15 f.; Hk-BGB/*Dörner*, § 119 Rn. 12.
592 S. BAG NJW 1983, 2958 (2958).

Bsp.: In einem Vertrag mit Arbeitgeber X erklärt Arbeitnehmer Y auf dessen Drängen hin seinen Verzicht auf die seit Beginn des Arbeitsverhältnisses erworbenen unverfallbaren Anwartschaften auf betriebliche Altersversorgung[593]. Dabei geht Y davon aus, dass ein solcher Verzicht im Hinblick auf die grundsätzliche Unabdingbarkeit der Vorschriften des BetrAVG (s. § 17 Abs. 3 Satz 3 BetrAVG) unwirksam ist. Das ist allerdings nicht der Fall, denn § 3 Abs. 1 BetrAVG schließt einen Verzicht auf unverfallbare Anwartschaften nur im Falle der Beendigung des Arbeitsverhältnisses aus. – Hier ist die rechtliche Folge, Wegfall der erworbenen unverfallbaren Anwartschaften, Inhalt der Verzichtserklärung des Y. Insoweit unterläuft ihm ein Inhaltsirrtum, als er von der rechtlichen Bedeutung seiner Erklärung eine falsche Vorstellung hat.

Nicht zur Anfechtung unter dem Gesichtspunkt des Inhaltsirrtums berechtigt der **506** sog. **verdeckte oder interne Kalkulationsirrtum**[594]. Hierbei handelt es sich um einen Irrtum über die Berechnungsgrundlage für die Festsetzung eines Preises oder einer Vergütung, wobei – deshalb interner Kalkulationsirrtum – dem Vertragspartner im Rahmen der Willenserklärung lediglich der Preis bzw. die Vergütung, nicht jedoch die zugrunde liegende Kalkulation mitgeteilt wird[595]. Insoweit fehlt es schon deshalb an einem Irrtum über den Inhalt der Willenserklärung i. S. v. § 119 Abs. 1 Alt. 1, weil die fehlerhafte Kalkulation nicht zum Inhalt der Willenserklärung geworden ist, sondern dem Erklärenden im **vorbereitenden Stadium der Willensbildung** unterläuft[596]. Die Willenserklärung selbst ist nicht irrtumsbehaftet, der Erklärende hat keine Fehlvorstellung über die Bedeutung der von ihm so gewollten und nach außen gelangten Erklärung. Im Übrigen soll derjenige, der aufgrund einer für richtig gehaltenen, in Wirklichkeit aber unzutreffenden Berechnungsgrundlage einen bestimmten Preis ermittelt und diesen seinem Angebot zugrunde legt, auch das Risiko tragen, dass seine Kalkulation zutrifft[597]. Das hat auch dann zu gelten, wenn der Erklärungsempfänger den Kalkulationsirrtum erkannt hat oder hätte erkennen müssen[598]. Denn auch dann wird die interne Kalkulation nicht zum Inhalt der Erklärung.

Bsp.: Das staatliche Bauamt B hatte für einen Neubau öffentlich die Vergabe von Tischlerarbeiten mit einem geschätzten Volumen von 175.000 € ausgeschrieben. X reichte innerhalb der Angebotsfrist ein Angebot ein, das mit einer Endsumme von 152.000 € abschloss. Nach dem Ablauf der Angebotsfrist und der Eröffnung der Angebote teilte X dem staatlichen Bauamt B mit: „Wir müssen Ihnen zu unserem Bedauern mitteilen, dass uns bei der Kalkulation des Angebots zum oben angegebenen Bauvorhaben ein Fehler unterlaufen ist. Die Transport- und Montagekosten wurden irrtümlich nicht einberechnet infolge einer momentanen Umstellung unserer EDV-Anlage. Wir bitten Sie deshalb, unser Angebot aus der Wertung zu nehmen und den Auftrag anderweitig zu vergeben." Das Bauamt erteilte dem X gleichwohl den Auftrag mit der Begründung, der von seiner Seite geltend gemachte Fehler in der Kalkulation sei unbeachtlich[599]. – Hier ist dem X ein interner Kalkulationsirrtum unterlaufen, der

---

593 S. §§ 1, 1b BetrAVG.
594 BGH NJW 2005, 976 (977); BGHZ 164, 276 (281); 139, 177 (180 ff.); Palandt/ *Ellenberger*, BGB, § 119 Rn. 18; Hk-BGB/*Dörner*, § 119 Rn. 14.
595 S. BGHZ 154, 276 (281); 139, 177 (180 f.).
596 BGHZ 154, 276 (281); BGH NJW 2005, 976 (977).
597 S. BGHZ 139, 177 (181).
598 BGHZ 139, 177 (181).
599 S. den Fall BGHZ 139, 177 ff.

die Willenserklärung selbst – das Angebot zu einem bestimmten Preis – unberührt lässt. X wollte das Angebot so abgeben und hat sich auch nicht über die Bedeutung der Erklärung, die diese nach außen erlangt, geirrt. Damit scheidet ein Inhaltsirrtum aus. Die noch vor der Auftragsvergabe an X erfolgte Kenntniserlangung des Bauamts von dem Kalkulationsirrtum ändert nichts an der Irrtumsfreiheit der Erklärung, der Kalkulationsirrtum bleibt als Teil der die Willenserklärung vorbereitenden Willensbildung unbeachtlicher Motivirrtum[600].

507 Bei einem sog. **offenen Kalkulationsirrtum** teilt der Erklärende nicht nur den Preis als Ergebnis seiner Berechnung mit, sondern legt auch die fehlerhafte Berechnung selbst als Teil seiner Erklärung offen[601]. Die Offenlegung der Berechnungsgrundlage ändert allerdings nichts daran, dass die Kalkulation selbst Teil der Willensbildung bleibt und deshalb ein Irrtum bezogen auf die Willenserklärung als solche nicht vorliegt[602]. Eine Einordnung als Inhaltsirrtum würde im Übrigen kaum damit im Einklang zu bringen sein, dass der BGH bezogen auf den internen Kalkulationsirrtum einen Inhaltsirrtum auch dann verneint, wenn dem Vertragspartner die fehlerhafte Berechnungsgrundlage vor Vertragsschluss bekannt geworden ist[603]. Anstelle eines Rechts zur Anfechtung ist die Frage einer Korrektur des offenen Kalkulationsirrtums je nach Einzelfall über Auslegung, Dissens, § 242 oder Wegfall der Geschäftsgrundlage zu lösen[604].

508 Auch wenn ein Inhaltsirrtum vorliegt, so ist die Anfechtung der Willenserklärung doch nur unter der weiteren Voraussetzung möglich, dass die Annahme gerechtfertigt ist, der Erklärende würde die Willenserklärung bei Kenntnis der Sachlage und bei verständiger Würdigung des Falles nicht abgegeben haben. Damit erfordert die Anfechtbarkeit die **Ursächlichkeit des Irrtums für die Abgabe der Willenserklärung**[605], nur dann liegt anfechtungsrechtlich ein beachtlicher Irrtum vor[606]. Für die Prüfung der Kausalität ist auf die persönlichen Verhältnisse und Umstände des Erklärenden abzustellen, wobei allerdings – wie das Gesetz mit der Formulierung „bei verständiger Würdigung des Falles" deutlich macht – **objektivierend aus der Sicht des Erklärenden zu beurteilen ist**, ob der Irrtum für die Abgabe der Willenserklärung erheblich war[607]. Willkür, Eigensinn oder auch Unverstand des Erklärenden schließen deshalb die Ursächlichkeit aus[608]. Hiervon ausgehend wird angenommen, dass es an der Kausalität regelmäßig dann fehlt, wenn der Erklärende durch die irrtümlich abgegebene Erklärung **wirtschaftlich keinen Nachteil** erlitten hat[609]. Dabei ist allerdings zu berücksichtigen, dass gleichwohl andere

---

600 S. BGHZ 139, 177 (180 ff.).
601 S. Palandt/*Ellenberger*, BGB, § 119 Rn. 19; Hk-BGB/*Dörner*, § 119 Rn. 14.
602 S. auch Palandt/*Ellenberger*, BGB, § 119 Rn. 19.
603 S. BGHZ 139, 177 (180 ff.) und das Bsp. oben Rn. 506.
604 S. hierzu Palandt/*Ellenberger*, BGB, § 119 Rn. 20 ff.; Hk-BGB/*Dörner*, § 119 Rn. 14.
605 S. BAG NJW 1991, 2723 (2726); MünchKomm/*Kramer*, BGB, § 119 Rn. 138; Palandt/*Ellenberger*, BGB, § 119 Rn. 31.
606 BGH NJW 1988, 2597 (2599).
607 BAG NJW 1991, 2723 (2726); MünchKomm/*Kramer*, BGB, § 119 Rn. 138.
608 BAG NJW 1991, 2723 (2726).
609 S. BGH NJW 1988, 2597 (2599).

anerkennenswerte Gründe aus der objektivierten Sicht des Erklärenden die Ursächlichkeit begründen können[610].

> **Bsp.:** In dem obigen Beispielsfall des *error in persona* (Rn. 503) wird man dem Erklärenden A auch dann ein Anfechtungsrecht einräumen müssen, wenn die Beauftragung des „falschen" Holzbildhauers wirtschaftlich (Qualität, Preis) gleichwertig ist. Dem A kam es auf die Beauftragung einer ganz bestimmten Person an, weshalb bei verständiger Würdigung anzunehmen ist, dass A bei Kenntnis der Sachlage den Auftrag nicht an den „falschen" Holzbildhauer erteilt hätte. Damit war der Inhaltsirrtum auch objektiv erheblich.

(b) Erklärungsirrtum (§ 119 Abs. 1 Alt. 2). Nach § 119 Abs. 1 Alt. 2 kann auch **509** derjenige, der eine Willenserklärung dieses Inhalts überhaupt nicht abgeben wollte, die Erklärung anfechten, wenn anzunehmen ist, dass er sie bei Kenntnis der Sachlage und bei verständiger Würdigung des Falles nicht abgegeben haben würde. Bei diesem Anfechtungsgrund handelt es sich um den sog. Fall des **Erklärungsirrtums** bzw. **Irrtums in der Erklärungshandlung**[611]. Dieser ist dadurch gekennzeichnet, dass bereits die Erklärung als solche nicht abgegeben werden sollte, d.h., der Erklärende irrt sich über den Inhalt des äußeren Erklärungstatbestands, der nicht seinem Willen entspricht[612]. Im Unterschied zum Inhaltsirrtum (§ 119 Abs. 1 Alt. 1), bei dem der Erklärende weiß, was er sagt und das auch nach außen sagen will, jedoch nicht weiß, was er damit sagt[613], **weiß der Erklärende beim Erklärungsirrtum nicht, was er sagt, er will die Erklärung als solche nicht abgeben.** Hauptfälle des Erklärungsirrtums sind das **Versprechen, Verschreiben oder Vergreifen**[614].

> **Bsp.:** Sporthändler H will bei L für die Wintersaison 100 Paar Skistiefel bestellen, schreibt aber aus Versehen 1.000 Paar Skistiefel. – Hier will der H die Erklärung – 1.000 Paar Skistiefel – bereits als solche nicht abgeben, er ist im Irrtum über den Inhalt der nach außen gelangenden Erklärung.

Ein Erklärungsirrtum liegt auch vor, wenn bei Abgabe einer elektronischen Willenserklärung versehentlich eine **fehlerhafte Eingabe von Daten in die EDV-Anlage** erfolgt[615]. Dasselbe gilt, wenn eine Erklärung zwar richtig in die Datenbank des Erklärenden eingegeben wird, aufgrund einer **Störung des Datensystems** jedoch nach außen, etwa auf einer Internetseite, eine andere Erklärung gelangt[616]. Unterläuft eine solche, datensystembedingte Verfälschung bei der Abgabe einer *invitatio ad offerendum*[617] und wird ein daraufhin abgegebenes Angebot automatisch von dem Datensystem auf der Basis der *invitatio ad offerendum* angenommen, so liegt bezüglich der Annahmeerklärung ein Erklärungsirrtum vor, weil der bereits

---

610 S. BGH NJW 1988, 2597 (2599), hier im Zusammenhang mit einem Eigenschaftsirrtum nach § 119 Abs. 2, dazu noch Rn. 511 ff.
611 S. nur BGH NJW 2005, 976 (977).
612 Palandt/*Ellenberger*, BGB, § 119 Rn. 10; Hk-BGB/*Dörner*, § 119 Rn. 6.
613 S. oben Rn. 500.
614 S. nur *Larenz/Wolf*, BGB AT, § 36 Rn. 12; Palandt/*Ellenberger*, BGB, § 119 Rn. 10.
615 S. OLG Hamm NJW 1993, 2321 (2321); s. auch BGHZ 149, 129 (138).
616 BGH NJW 2005, 976 (977); zur Abgrenzung zu § 120 s. Rn. 518.
617 S. dazu oben Rn. 264 f.

bei der *invitatio ad offerendum* gegebene Erklärungsirrtum **im Zeitpunkt der auf den Vertragsschluss gerichteten Annahmeerklärung fortwirkt**[618].

> Bsp.: A veräußert Computer über eine Website im Internet. Im Januar 2003 legte der zuständige Mitarbeiter von A für ein Notebook Typ X einen Verkaufspreis von 2.650 € fest und gab diesen Preis in das EDV-gestützte Wirtschaftssystem ein. Die Daten wurden mittels einer von A verwendeten Software automatisch in die Produktdatenbank seiner Internetseite übertragen. Statt des eingegebenen Preises von 2.650 € erschien jedoch auf der Internetseite ein Verkaufspreis von 245 €. Daraufhin gab B eine Bestellung zum Kauf eines Notebooks Typ X zum Preis von 245 € ab, die auf Seiten des A mittels einer automatisch verfassten E-Mail vom gleichen Tag zu diesem Preis bestätigt wurde, verbunden mit dem Hinweis auf die Bearbeitung des Auftrags in der Versandabteilung. – Hier ist die systembedingte Verfälschung des ursprünglich richtig Erklärten, der Eingabe des zutreffenden Preises durch den zuständigen Mitarbeiter, als Erklärungsirrtum anzusehen. Zwar bezog sich der Irrtum ursprünglich auf eine *invitatio ad offerendum*, jedoch wirkte dieser im Zeitpunkt der automatischen Annahmeerklärung fort. Damit konnte A seine Annahmeerklärung über den Verkauf eines Notebooks Typ X zum Preis von 245 € wegen Erklärungsirrtums anfechten[619].

510   Wird ein **Blankett** zum Zwecke der Abgabe einer Willenserklärung unterschrieben, das Blankett jedoch abredewidrig von einem Dritten mit einem anderen Inhalt ausgefüllt, so liegt aus der Sicht des Erklärenden ein Erklärungsirrtum vor. Denn diese Erklärung sollte bereits als solche nicht abgegeben werden[620]. Allgemeiner Ansicht nach ist aber gleichwohl **eine Anfechtung in entsprechender Anwendung von § 172 Abs. 2 ausgeschlossen**, weil der Empfänger eines in Verkehr gelangten Blanketts, der von der Art des Zustandekommens der Willenserklärung nichts weiß, gleichermaßen schutzwürdig ist wie derjenige, der angesichts einer schriftlichen Vollmachtsurkunde auf den Fortbestand der Vollmacht vertraut[621]. Auch der Anfechtungsgrund des Erklärungsirrtums setzt die **Ursächlichkeit des Irrtums für die Abgabe der Erklärung** voraus. Insoweit gelten dieselben Grundsätze wie beim Inhaltsirrtum[622].

511   (c) **Eigenschaftsirrtum (§ 119 Abs. 2).** Gemäß § 119 Abs. 2 gilt als Irrtum über den Inhalt der Erklärung auch der Irrtum über solche Eigenschaften der Person oder der Sache, die im Verkehr als wesentlich angesehen werden. Damit berechtigt der Irrtum über eine **verkehrswesentliche Eigenschaft** wie ein Inhaltsirrtum (§ 119 Abs. 1 Alt. 1) zur Anfechtung. Anders als beim Inhaltsirrtum geht es hier jedoch nicht um ein Auseinanderfallen von Wille und Erklärung. Vielmehr macht sich der Erklärende über eine **außerhalb der Erklärung liegende Tatsache** – die Eigenschaft einer Person oder einer Sache – eine falsche Vorstellung[623]. Mit der Anerkennung des Eigenschaftsirrtums als Anfechtungsgrund berechtigt **ausnahmsweise ein sog. Motivirrtum** zur Anfechtung insofern, als nämlich die fehlerhafte Vorstellung über die Eigenschaft einer Person oder einer Sache als Beweggrund

---

618   S. BGH NJW 2005, 976 (977).
619   S. den Fall BGH NJW 2005, 976 f.
620   S. noch Palandt/*Ellenberger*, BGB, § 119 Rn. 10.
621   S. BGHZ 40, 65 (68); Palandt/*Ellenberger*, BGB, § 119 Rn. 10; Hk-BGB/*Dörner*, § 119 Rn. 6.
622   S. oben Rn. 508.
623   S. schon oben Rn. 498.

die Willensbildung und Abgabe der Willenserklärung, die als solche nicht irrtumsbehaftet ist, beeinflusst hat. Ansonsten ist der **Motivirrtum als ein Irrtum über**
außerhalb der Willenserklärung liegende Tatsachen, waren diese auch (mit) ursächlich für das rechtsgeschäftliche Handeln, anfechtungsrechtlich unbeachtlich.
Das Risiko entsprechender Fehlvorstellungen, z.B. über wirtschaftliche, politische, rechtliche oder auch gesellschaftliche Bedingungen[624], und daraus resultie-
render Nachteile infolge der Vornahme von Rechtsgeschäften ist dem Erklärenden
zugewiesen[625].

Unter den **Begriff der Eigenschaften** einer Person oder einer Sache i.S.d. § 119   **512**
Abs. 2 fallen sowohl die natürlichen Persönlichkeitsmerkmale bzw. natürliche
Beschaffenheit wie auch solche **tatsächlichen und rechtlichen Verhältnisse,** die infolge ihrer Beschaffenheit und Dauer nach den Anschauungen des Verkehrs Einfluss auf die Wertschätzung oder Verwendbarkeit haben[626]. Die tatsächlichen und
rechtlichen Verhältnisse als Beziehungen einer Person oder Sache zur Umwelt
müssen in der Person oder Sache selbst ihren Grund haben, d.h., von dieser ausgehen und sie kennzeichnen oder näher beschreiben[627]. Handelt es sich um außerhalb der Person oder der Sache liegende Verhältnisse, liegt keine Eigenschaft i.S.d.
§ 119 Abs. 2 vor[628].

> **Bsp. (1):** K kauft von V ein Mietgrundstück. Als sich herausstellt, dass die Mieter nicht
> zahlungsfähig sind, will K den Grundstückskaufvertrag mit der Begründung anfechten,
> dem Grundstück fehle eine verkehrswesentliche Eigenschaft. – Bei der Zahlungsfähig-
> keit der Mieter handelt es sich nicht um eine tatsächliche oder rechtliche Beziehung,
> die im Grundstück selbst begründet ist. Eine Anfechtung nach § 119 Abs. 2 kommt
> deshalb nicht in Betracht.

> **Bsp. (2):** Anderes gilt für die Frage der Bebaubarkeit eines Grundstücks[629]. Hierbei
> handelt es sich um eine rechtliche Beziehung des Grundstücks zur Umwelt, die in Lage
> und Art des Grundstücks begründet ist.

Die Merkmale sowie tatsächlichen und rechtlichen Verhältnisse müssen die Person
oder Sache **auf Dauer** kennzeichnen. Nur vorübergehende Zustände und Umwelt-
beziehungen sind keine Eigenschaften i.S.d. § 119 Abs. 2.

> **Bsp.:** Arbeitgeber A schließt einen Arbeitsvertrag mit F, die sich im Zeitpunkt des
> Vertragsschlusses in anderen Umständen befindet. Als der A später von der Schwan-
> gerschaft erfährt, will er seine auf Abschluss des Arbeitsvertrages gerichtete Willens-
> erklärung anfechten. Ein Anfechtungsgrund nach § 119 Abs. 2 ist nicht gegeben, weil
> es sich bei der Schwangerschaft wegen ihres nur vorübergehenden Zustands nicht um
> eine Eigenschaft handelt.

Zu den **Eigenschaften einer Person** gehören z.B. Alter, Geschlecht, Gesundheits-   **513**
zustand, Charaktermerkmale wie Zuverlässigkeit und Vertrauenswürdigkeit, berufliche Fähigkeiten wie auch Kreditwürdigkeit. **Eigenschaften einer Sache** sind

---

624 Zum grds. unbeachtlichen Rechtsfolgenirrtum s. schon oben Rn. 505.
625 S. *Larenz/Wolf,* BGB AT, § 36 Rn. 2 ff. und 37.
626 S. BGHZ 16, 54 (57); 34, 32 (41); 88, 240 (245); BAG NJW 1991, 2723 (2726);
     Larenz/Wolf, BGB AT, § 36 Rn. 38; Hk-BGB/*Dörner,* § 119 Rn. 16.
627 BGHZ 70, 47 (48).
628 BGHZ 70, 47 (49).
629 S. BGHZ 34, 32 (41).

u. a. deren Alter, stoffliche Beschaffenheit, Größe, als tatsächliche und rechtliche Beziehung etwa auch die Urheberschaft eines Kunstwerks oder die gewerbliche Verwendbarkeit oder Bebaubarkeit eines Grundstücks[630]. Für die Beurteilung der Frage, ob es sich bei der Eigenschaft einer Person oder einer Sache um eine **verkehrswesentliche Eigenschaft** handelt, ist von dem Inhalt des konkreten Rechtsgeschäfts auszugehen und zu berücksichtigen, welche Eigenschaften in irgendeiner Weise erkennbar zugrunde gelegt worden sind[631]. Soweit sich aus dem Rechtsgeschäft keine Anhaltspunkte ergeben, ist für die Beurteilung der Verkehrswesentlichkeit auf die **Verkehrsanschauung** abzustellen[632].

> **Bsp. (1):** Ein niedergelassener Arzt stellt eine Arzthelferin ein, bei der es sich um eine transsexuelle Person handelt, die als Mann eine Geschlechtsumwandlung zu einer Frau vornehmen lassen will. Bei der Einstellung gibt die nach außen bereits als Frau erscheinende Person ihr wahres Geschlecht nicht an. – Bei der weiblichen Identität handelt es sich um eine Eigenschaft, die im Zusammenhang mit dem konkreten Rechtsgeschäft, Abschluss eines Arbeitsvertrages als Arzthelferin, unabhängig von einer ausdrücklichen oder stillschweigenden Vereinbarung der Vertragsparteien nach der Verkehrsanschauung als verkehrswesentlich anzusehen ist. Denn es ist für das Arzt-Patienten-Verhältnis von erheblicher Bedeutung, ob sich Patienten in Gegenwart weiblicher oder männlicher Arzthelfer von dem Arzt behandeln lassen müssen[633].

> **Bsp. (2):** Wegen der Beurteilung der Verkehrswesentlichkeit der Eigenschaft im Hinblick auf das konkret getätigte Rechtsgeschäft kann das Vorliegen bzw. Fehlen einer Eigenschaft je nach der Art des Rechtsgeschäfts wesentlich sein oder nicht. So ist die Farbenblindheit eines als Porzellanmalers tätigen Arbeitnehmers verkehrswesentlich, nicht jedoch bei einem Buchhalter. Wird ein Arbeitnehmer als Kraftfahrer eingestellt, so ist das Vorhandensein von Vorstrafen wegen Fahrens mit Alkohol im Verkehr wesentlich, nicht aber dann, wenn eine Einstellung als Sekretärin erfolgen soll.

514　Auch der Anfechtungsgrund des Irrtums über eine verkehrswesentliche Eigenschaft ist nur gegeben, wenn der **Irrtum für die Abgabe der Willenserklärung ursächlich** geworden ist. Es ist also auch hier zu prüfen, ob der Erklärende bei Kenntnis der Sachlage und bei verständiger Würdigung des Falles die Willenserklärung nicht abgegeben haben würde[634].

> **Bsp.:** Der Irrtum eines Verkäufers über die Urheberschaft eines Gemäldes stellt einen Irrtum über eine verkehrswesentliche Eigenschaft dar[635]. Die Frage der Ursächlichkeit des Irrtums für die Abgabe der Willenserklärung kann nicht mit der Begründung verneint werden, dass das verkaufte Gemälde wirtschaftlich nicht weniger wert ist als wenn es unter Zurechnung an den wirklichen Urheber verkauft worden wäre. Zwar ist der Gesichtspunkt der wirtschaftlichen Nachteiligkeit ein gewichtiger Anhaltspunkt für die Frage der objektiven Erheblichkeit eines Irrtums, jedoch sind darüber hinaus auch andere Aspekte wie z. B. die Wertschätzung des von einem bestimmten Maler

---

630　S. zu Eigenschaften der Person und der Sache den ausführlichen Überblick zur Rspr. bei Palandt/*Ellenberger*, BGB, § 119 Rn. 26 f.
631　BGHZ 88, 240 (246); BAG NJW 1991, 2723 (2726); NJW 1992, 2173 (2174).
632　S. BAG NJW 1991, 2723 (2726); Palandt/*Ellenberger*, BGB, § 119 Rn. 25.
633　S. den Fall BAG NJW 1991, 2723 (2726).
634　BGH NJW 1988, 2597 (2599); BAG NJW 1991, 2723 (2726); zur Kausalität s. schon oben Rn. 508.
635　S. BGH NJW 1988, 2597 (2599).

stammenden Bildes zu berücksichtigen, die trotz wirtschaftlicher Indifferenz die Ursächlichkeit des Irrtums begründen können, hier also, dass der Verkäufer bei Kenntnis der Urheberschaft das Bild nicht verkauft hätte[636].

Der Anfechtungsgrund des § 119 Abs. 2 kann mit dem Anfechtungsgrund der **515** arglistigen Täuschung nach § 123 Abs. 1[637] **zusammentreffen**. Das ist dann der Fall, wenn bei einer Vertragspartei von der anderen über das Vorliegen einer verkehrswesentlichen Eigenschaft eine falsche Vorstellung erweckt wird.

> **Bsp.:** Landwirt B verkauft an den Landwirt L einen gebrauchten Mähdrescher. Bei Abschluss des Kaufvertrages gab B dessen Alter mit 3 Jahren an. In Wirklichkeit war der Mähdrescher bereits 9 Jahre alt. – Hier liegen sowohl eine arglistige Täuschung durch B i.S.d. § 123 Abs. 1 wie auch auf Seiten des L ein Irrtum über eine verkehrswesentliche Eigenschaft, das Alter des Mähdreschers, vor[638].

Bedeutung hat das mögliche Nebeneinander beider Anfechtungsgründe dann, wenn die für eine arglistige Täuschung maßgebenden Tatsachen nicht dargelegt oder bewiesen werden können, der Irrtum über eine verkehrswesentliche Eigenschaft jedoch feststeht. In einem solchen Fall ist durch Auslegung zu ermitteln, ob eine wegen arglistiger Täuschung erfolgte Anfechtungserklärung[639] auch die Anfechtung wegen Eigenschaftsirrtums in sich schließt[640].

Soweit die **kaufrechtliche Gewährleistungshaftung** nach §§ 437 ff. wegen Fehlens **516** einer Eigenschaft der Kaufsache eingreift, ist eine **Anfechtung nach § 119 Abs. 2 ausgeschlossen**[641]. Der Grund hierfür liegt bezogen auf den Verkäufer darin, dass sich dieser nicht seinen gesetzlichen Gewährleistungspflichten soll entziehen können[642]. Auf der anderen Seite würde eine Anfechtungsberechtigung des Käufers dazu führen, dass sich dieser entgegen § 439 Abs. 1 – hiernach kann der Käufer zunächst nur Beseitigung des Mangels oder die Lieferung einer mangelfreien Sache verlangen – durch Anfechtung sofort von dem Kaufvertrag lösen könnte[643].

(d) Falsche Übermittlung (§ 120). Nach der Bestimmung des § 120 kann eine **517** Willenserklärung, welche durch die zur Übermittlung verwendete Person oder Einrichtung unrichtig übermittelt worden ist, unter den gleichen Voraussetzungen angefochten werden wie nach § 119 eine irrtümlich abgegebene Willenserklärung. Bei der **unrichtigen Übermittlung einer Willenserklärung** durch eine dritte Person bzw. Einrichtung handelt es sich um einen **Fall des Erklärungsirrtums (§ 119 Abs. 1 Alt. 2)**[644], der in § 120 eine besondere gesetzliche Regelung gefunden hat[645]. Der Erklärende, der die Willenserklärung gegenüber einem Übermittler abgegeben hat, will die zum Adressaten gelangende verfälschte Erklärung **bereits**

---

636 S. BGH NJW 1988, 2597 (2599).
637 S. noch folgend Rn. 521 ff.
638 S. den Fall BGHZ 78, 216 ff.
639 Dazu noch Rn. 535 ff.
640 S. BGHZ 34, 32 (38 f.); 78, 216 (221). S. auch Rn. 539.
641 S. BGH NJW 1988, 2597 (2598).
642 BGH NJW 1988, 2597 (2598).
643 S. Palandt/*Ellenberger*, BGB, § 119 Rn. 28.
644 S. dazu oben Rn. 509 f.
645 BGH NJW 2005, 976 (977); MünchKomm/*Kramer*, BGB, § 120 Rn. 1.

als solche nicht abgeben[646]. Die Regelung des § 120 macht deutlich, dass auch eine unrichtig übermittelte Erklärung rechtlich als Willenserklärung anzusehen ist, die den Erklärenden bindet. Dieser trägt also im Ausgangspunkt das Risiko der Falschübermittlung[647]. Er kann jedoch durch Anfechtung die Wirkung der Willenserklärung bzw. des Rechtsgeschäfts beseitigen, wobei er für diesen Fall nach § 122 zum Schadensersatz verpflichtet ist[648].

518 Die Anfechtung wegen falscher Übermittlung setzt zunächst voraus, dass sich derjenige, der eine Willenserklärung abgibt, zur Übermittlung derselben an den Empfänger einer Person oder Einrichtung bedient. **Übermittlungsperson i.S.d. § 120** ist vor allem der **Erklärungsbote**, der gerade dadurch gekennzeichnet ist, dass er für den Erklärenden eine Willenserklärung lediglich übermittelt, d.h. transportiert[649]. Hierdurch unterscheidet sich der Erklärungsbote vom **Vertreter**, der eine eigene Willenserklärung abgibt[650] und deshalb keine Person i.S.d. § 120 darstellt, wie auch aus § 166 Abs. 1 deutlich wird[651]. Nicht unter § 120 fällt auch der **Empfangsbote**, der auf Empfängerseite eine an diesen gerichtete Willenserklärung weiterleiten soll[652]. Wird eine Willenserklärung durch den Empfangsboten verfälscht, so geht das zulasten des Empfängers[653]. Das bedeutet, die Erklärung ist mit dem Inhalt zugegangen, wie sie den Empfangsboten erreicht hat[654], ein Grund zur Anfechtung ist für den Erklärenden deshalb nicht gegeben. Zu den **Einrichtungen** i.S.d. § 120, derer sich der Erklärende zur Übermittlung einer Willenserklärung bedient, gehören insb. **Anbieter von Telekommunikationsdienstleistungen**. Nicht unter den Anwendungsbereich von § 120 fällt allerdings die **fernmündliche Abgabe einer Willenserklärung**, weil hier die Erklärung „von Person zu Person" erfolgt[655] und keine Übermittlung durch Dritte stattfindet[656]. Hieran fehlt es auch, wenn die Willenserklärung durch ein **eigenes Datentransportsystem** des Erklärenden nach richtiger Eingabe verfälscht wird. In diesem Fall kommt eine Anfechtung nach § 119 Abs. 1 Alt. 2 in Betracht[657].

519 Die Anfechtung nach § 120 setzt weiter voraus, dass die Willenserklärung **unrichtig übermittelt** wird. Das ist dann der Fall, wenn die vom Erklärenden gegenüber der übermittelnden Person oder Einrichtung richtig abgegebene Erklärung **auf dem Weg zum Empfänger** verfälscht wird, sei es durch Weiterleitung einer abweichenden oder einer völlig anderen Erklärung wie auch an einen falschen Empfänger[658]. In jedem Fall muss die fehlerhafte Übermittlung **unbewusst** durch die Per-

---

646 Zum Erklärungsirrtum s. oben Rn. 509.
647 S. nur Palandt/*Ellenberger*, BGB, § 120 Rn. 1.
648 S. MünchKomm/*Kramer*, BGB, § 120 Rn. 1; zu § 122 noch Rn. 560 ff.
649 S. oben Rn. 227.
650 S. Rn. 608 ff.
651 S. *Larenz/Wolf*, BGB AT, § 36 Rn. 15; MünchKomm/*Kramer*, BGB, § 120 Rn. 2; zu § 166 s. Rn. 612.
652 S. zum Empfangsboten oben Rn. 226.
653 S. Palandt/*Ellenberger*, BGB, § 130 Rn. 9.
654 *Larenz/Wolf*, BGB AT, § 36 Rn. 16.
655 S. § 147 Abs. 1 Satz 2, dazu oben Rn. 242.
656 S. auch Hk-BGB/*Dörner*, § 120 Rn. 2; *Larenz/Wolf*, BGB AT, § 36 Rn. 15.
657 S. BGH NJW 2005, 976 (977); dazu schon oben Rn. 509.
658 MünchKomm/*Kramer*, BGB, § 120 Rn. 4 f.; Palandt/*Ellenberger*, BGB, § 120 Rn. 3.

son oder Einrichtung erfolgen[659], nur dann ist die Gleichstellung mit einer nach § 119 irrtümlich abgegebenen Erklärung gerechtfertigt. Wird die Willenserklärung bewusst verfälscht, so finden nach überwiegender Auffassung die Vorschriften über den vollmachtlos handelnden Vertreter entsprechende Anwendung[660]. Der Erklärende wird nicht gebunden, er kann das Rechtsgeschäft jedoch analog § 177 Abs. 1 genehmigen. Geschieht das nicht, haftet die bewusst verfälschende Person oder Einrichtung gegenüber dem anderen Vertragsteil nach Maßgabe des § 179 analog.

Indem nach § 120 eine unrichtig übermittelte Willenserklärung unter den gleichen Voraussetzungen wie eine nach § 119 irrtümlich abgegebene Willenserklärung angefochten werden kann, wird nicht anders als in den Irrtumsfällen des § 119 zusätzlich zur unrichtigen Übermittlung auch die **Ursächlichkeit derselben für die Abgabe der fehlerhaften Willenserklärung** gefordert[661].

Die unrichtig übermittelnde Person oder Einrichtung **haftet** bei schuldhafter Verfälschung für den dem Erklärenden entstehenden **Schaden** – z.B. bei Anfechtung aufgrund der Verpflichtung zum Ersatz des Vertrauensschadens nach § 122[662] – aus § 280 Abs. 1 oder aus unerlaubter Handlung[663].   **520**

(2) Anfechtung wegen Täuschung oder Drohung (§ 123). Gemäß § 123 Abs. 1   **521** kann derjenige, der zur Abgabe einer Willenserklärung durch **arglistige Täuschung** oder **widerrechtliche Drohung** bestimmt worden ist, die Erklärung anfechten. § 123 Abs. 2 beschränkt die Anfechtung für den Fall, dass ein Dritter die Täuschung verübt hat (§ 123 Abs. 2 Satz 1) und erweitert die Anfechtungsmöglichkeit gegenüber einem Dritten, der aufgrund der Willenserklärung unmittelbar ein Recht erworben hat (§ 123 Abs. 2 Satz 2). Der Anfechtungsgrund des § 123 schützt die Entschließungsfreiheit bzw. freie Willensbildung des bei der Abgabe einer Willenserklärung Getäuschten oder Bedrohten[664] und trägt insoweit zur Verwirklichung der im Rahmen einer privatautonom gestalteten bürgerlichen Rechtsordnung unabdingbar notwendigen Möglichkeit der Selbstbestimmung rechtsgeschäftlichen Handelns bei[665]. Zugleich macht die gesetzliche Anerkennung dieses Anfechtungsgrundes deutlich, dass ein aufgrund Täuschung oder Drohung zustande gekommenes Rechtsgeschäft nicht zwangsläufig nach § 138 wegen Sittenwidrigkeit nichtig ist. Betrifft die Täuschung oder Drohung bei einem zweiseitigen Rechtsgeschäft ausschließlich den Vertragspartner, so kommt für diesen allein eine Anfechtung nach § 123 in Betracht[666].

---

659 S. nur MünchKomm/*Kramer*, BGB, § 120 Rn. 4.
660 S. nur Palandt/*Ellenberger*, BGB, § 120 Rn. 4; Hk-BGB/*Dörner*, § 120 Rn. 4; a. A. MünchKomm/*Kramer*, BGB, § 120 Rn. 4. S. auch Rn. 679 ff.
661 S. zur Kausalität oben Rn. 508.
662 S. folgend Rn. 560 ff.
663 S. auch Hk-BGB/*Dörner*, § 120 Rn. 6; Palandt/*Ellenberger*, BGB, § 120 Rn. 5.
664 BGHZ 51, 141 (147); BGH NJW 1988, 2599 (2601).
665 Deshalb wird ein im Voraus vereinbarter vertraglicher Ausschluss der Anfechtung wegen arglistiger Täuschung als unwirksam angesehen, s. BGH NJW 2007, 1058 (1058 f.) m.w.N.
666 S. BGH NJW 1988, 902 (903).

522 Nach der ersten Alternative von § 123 Abs. 1 ist derjenige zur Anfechtung berechtigt, der durch arglistige Täuschung zur Abgabe einer Willenserklärung bestimmt
worden ist. Neben dem **Vorliegen einer arglistigen Täuschung** muss als weitere
Voraussetzung die Ursächlichkeit derselben für die Abgabe der Willenserklärung
gegeben sein[667]. Unter dem **Begriff der Täuschung** ist das bewusste Hervorrufen
oder Aufrechterhalten eines Irrtums bei dem Erklärenden durch Vorspiegeln falscher Tatsachen oder durch das Unterlassen einer notwendigen Aufklärung über
Tatsachen zu verstehen[668]. Die danach durch **positives Tun** – ausdrücklich oder
stillschweigend – wie auch **Unterlassen** mögliche Täuschung muss sich auf **Tatsachen**, d.h., objektiv nachprüfbare Umstände beziehen. Hierbei kann es sich um
äußere oder innere Tatsachen handeln[669].

> **Bsp. (1):** Der Verkäufer einer Maschine täuscht über eine äußere Tatsache, wenn er
> gegenüber dem Käufer das Alter der Maschine falsch angibt[670].

> **Bsp. (2):** Weiß der Käufer, der eine Sache auf Kredit erwirbt, bereits im Zeitpunkt des
> Vertragsschlusses, dass er bei Fälligkeit den Kaufpreis nicht zahlen kann oder will, so
> täuscht er den Verkäufer über eine innere Tatsache, nämlich die für diesen mit dem
> Kreditkauf schlüssig erklärte Absicht, bei Fälligkeit zahlen zu wollen[671].

> **Bsp. (3):** Kein Gegenstand der Täuschung i.S.d. § 123 können bloße Werturteile oder
> anpreisende Werbung sein, z.B. „unser Produkt ist besser als das Produkt der Firma X"
> oder „die beste Schokocreme, die es gibt".

523 Das bewusste Verschweigen von Tatsachen durch wissentliches Dulden eines Irrtums des Vertragspartners stellt dann eine Täuschung in Form des Unterlassens
dar, wenn eine **rechtliche Pflicht zur Offenbarung** besteht[672]. Zwar gibt es keine
allgemeine Rechtspflicht, den Vertragspartner über alle Umstände aufzuklären,
die auf seine Entscheidung zur Abgabe einer Willenserklärung Einfluss haben
könnten. Vielmehr muss eine Aufklärungspflicht aufgrund besonderer Umstände
des Einzelfalles begründet sein[673]. Insoweit ist in der Rspr. eine Aufklärungspflicht
insb. im Rahmen von Vertragsverhandlungen dann anerkannt, wenn das Verschweigen von Tatsachen vor allem im Hinblick auf eine mögliche Vereitelung des
Vertragszwecks gegen Treu und Glauben verstoßen würde und der Erklärungsgegner die Mitteilung der verschwiegenen Tatsache nach der Verkehrsauffassung
erwarten durfte[674].

> **Bsp. (1):** Verkauft jemand ein Haus, in welchem Umbauarbeiten ohne die erforderliche
> bauaufsichtsbehördliche Genehmigung durchgeführt worden sind, so trifft den Ver-
> käufer die Pflicht, den Käufer über die fehlende Genehmigung aufzuklären. Denn deren
> Fehlen ist für den Kaufentschluss von wesentlicher Bedeutung, weil der Käufer mög-
> licherweise mit einer behördlichen Untersagung der Nutzung rechnen muss[675].

---

667 S. nur BGH NJW 1964, 811 und noch Rn. 525.
668 Hk-BGB/*Dörner*, § 123 Rn. 2; Palandt/*Ellenberger*, BGB, § 123 Rn. 2.
669 S. Hk-BGB/*Dörner*, § 123 Rn. 3.
670 S. BGH NJW 1995, 955 (956) zur unrichtigen Altersangabe als Täuschung.
671 S. OLG Köln NJW 1967, 740 (741).
672 BGH NJW 1983, 2493 (2493 f.).
673 BGH NJW 1983, 2493 (2494).
674 S. BGH NJW 1971, 1795 (1799); NJW 1979, 2243 (2243); NJW 1983, 2493 (2494);
     NJW 1989, 763 (764).
675 S. BGH NJW 1979, 2243 (2243).

Bsp. (2): Ein Gebrauchtwagenhändler hat die Pflicht, den Käufer darüber aufzuklären, dass es sich bei dem Fahrzeug um einen Unfallwagen handelt[676].

Darüber hinaus kann eine **Aufklärungspflicht auch aus anderen Gründen** bestehen. So müssen alle Tatsachen richtig und vollständig offenbart werden, nach denen von einem Vertragsteil ausdrücklich gefragt wird[677]. Des Weiteren kann ein zwischen den Vertragspartnern bestehendes persönliches Vertrauensverhältnis eine Aufklärungspflicht begründen, z.B. dann, wenn der Vertragsgegner erkennbar einen Mangel an Lebens- und Geschäftserfahrung aufweist[678].

Die Anfechtungsberechtigung nach § 123 Abs. 1 setzt eine arglistige Täuschung **524** voraus. **Arglistiges Handeln** im Sinne der Vorschrift ist gegeben, wenn der Täuschende erstens die Unrichtigkeit der falschen Angabe bzw. des Verschweigens einer Tatsache kennt, zweitens das Bewusstsein und den Willen hat, durch die irreführende Angabe bzw. das Unterlassen der Aufklärung über die wahre Sachlage einen Irrtum zu erregen oder aufrecht zu erhalten, und drittens den Getäuschten dadurch zu einer Willenserklärung bewegen will, die dieser sonst nicht oder mit einem anderen Inhalt abgegeben hätte[679]. Auf die Absicht einer Schadenszufügung oder einen entsprechenden Vorsatz kommt es nicht an[680]. Für die Bejahung von Arglist genügt **bedingter Vorsatz**, also das Fürmöglichhalten einer Täuschung und deren billigende Inkaufnahme (*dolus eventualis*)[681]. Deshalb liegt eine arglistige Täuschung auch dann vor, wenn vertragswesentliche Erklärungen ohne hinreichende Erkenntnisgrundlage gewissermaßen „ins Blaue hinein" abgegeben werden[682].

Bsp.: V verkauft einen Gebrauchtwagen. Auf die Frage des Käufers, ob der Wagen unfallfrei ist, antwortet der V mit „ja", ohne dass er den Wagen zuvor untersucht hat. – Hier weiß V nicht, ob der Wagen einen Unfall hatte, er nimmt jedoch billigend in Kauf, dass er den Käufer über die Unfallfreiheit des Fahrzeugs täuscht.

Auch wenn § 123 nur von einer arglistigen Täuschung spricht, so muss es sich – nicht anders als bei der vom Gesetz ausdrücklich genannten Widerrechtlichkeit der Drohung[683] – um eine **rechtswidrige arglistige Täuschung** handeln[684]. Praktische Bedeutung erlangt das Erfordernis der Rechtswidrigkeit der arglistigen Täuschung insb. im Zusammenhang mit dem Abschluss von Arbeitsverträgen, wenn der Bewerber eine Frage des Arbeitgebers falsch beantwortet und diesen damit arglistig täuscht. Ist die Frage des Arbeitgebers unzulässig, so fehlt es an der Rechtswidrigkeit der arglistigen Täuschung, weil den Arbeitnehmer keine rechtliche Pflicht trifft, auf eine rechtlich nicht erlaubte Frage wahrheitsgemäß zu antworten.

---

676 S. BGHZ 63, 382 (386 f.).
677 BGHZ 74, 383 (392).
678 S. BGH NJW 1992, 300 (302).
679 BGH NJW 1999, 2804 (2806); s. auch NJW 1974, 1505 (1506).
680 BGH NJW 1974, 1505 (1506).
681 BGH NJW 1998, 2360 (2361); NJW 1999, 2804 (2806):
682 S. BGH NJW 1980, 2460 (2461); NJW 1995, 955 (956); NJW 1998, 2360 (2361).
683 S. noch Rn. 532.
684 S. BAG NJW 1993, 1154 (1156); Hk-BGB/*Dörner*, § 123 Rn. 4.

> **Bsp.:** Die in anderen Umständen befindliche Bewerberin B antwortet im Einstellungs-
> gespräch auf die Frage des Arbeitgebers nach dem Bestehen einer Schwangerschaft mit
> „nein". Nach Abschluss des Arbeitsvertrages eröffnet sie dem Arbeitgeber ihren Zu-
> stand. Im Hinblick darauf, dass eine Kündigung nach § 9 Abs. 1 MuSchG ausgeschlos-
> sen ist, erklärt der Arbeitgeber die Anfechtung wegen arglistiger Täuschung nach § 123
> Abs. 1. – Zwar liegt eine arglistige Täuschung vor, allerdings ist die arbeitgeberseitige
> Frage nach dem Bestehen einer Schwangerschaft wegen der damit verbundenen und
> nach §§ 7, 1 AGG untersagten Benachteiligung wegen des Geschlechts unzulässig.
> Deshalb ist die in der Falschbeantwortung liegende arglistige Täuschung durch B nicht
> rechtswidrig, eine Anfechtung nach § 123 scheidet aus[685].

525 Der Erklärende muss durch die arglistige Täuschung zur Abgabe der Willenserklärung „**bestimmt worden sein**". Damit setzt die Anfechtung nach § 123 Abs. 1
Alt. 1 die **Ursächlichkeit** der arglistigen Täuschung für die Abgabe der Willenserklärung voraus[686]. Diese ist gegeben, wenn die Willenserklärung ohne die arglistige Täuschung nicht, nicht zu der Zeit oder mit anderem Inhalt abgegeben worden wäre[687]. An der Kausalität fehlt es nur dann, wenn der Anfechtende den
Gegenstand der Täuschung, sprich das Fehlen der vorgespiegelten oder das Vorhandensein der verschwiegenen Tatsachen kannte[688]. Eine nur fahrlässige Unkenntnis des Anfechtenden über diese Umstände schadet nicht, beseitigt also nicht
die Kausalität der Täuschung für die Abgabe der Willenserklärung[689].

> **Bsp.:** K kauft einen Tanklastzug, um damit handelsübliche chemische Flüssigkeiten zu
> transportieren. Verkäufer V weist trotz Kenntnis dieser Zwecksetzung des K in den
> Vertragsverhandlungen nicht darauf hin, dass ein verkehrssicherer Einsatz des ausge-
> wählten Tanklastzuges nur möglich ist, wenn die Tanks mit Flüssigkeiten von geringem
> spezifischem Gewicht gefüllt werden. – Hier liegt eine arglistige Täuschung durch
> Verschweigen einer vertragswesentlichen Tatsache vor, der V hätte die nur einge-
> schränkte Geeignetheit des Tanklastzuges offenbaren müssen. Die Ursächlichkeit des
> Verschweigens für die Kaufvertragserklärung des K ist auch dann zu bejahen, wenn
> dieser bei Beachtung der im Verkehr erforderlichen Sorgfalt, sprich einer ordnungs-
> gemäßen Prüfung des Kaufgegenstandes, hätte erkennen können, dass dem Tanklastzug
> die Geeignetheit zum Transport aller handelsüblichen chemischen Flüssigkeiten
> fehlt[690].

526 Wird die arglistige Täuschung nicht von dem Vertragspartner begangen, **sondern
von einem Dritten verübt**, so ist nach § 123 Abs. 2 Satz 1 eine empfangsbedürftige
Willenserklärung nur anfechtbar, wenn der Erklärungsempfänger die Täuschung
kannte oder kennen musste. Diese Einschränkung betrifft **nur empfangsbedürftige
Willenserklärungen.** Nicht empfangsbedürftige Willenserklärungen wie z.B. die
Auslobung (§ 657) sind immer nach § 123 Abs. 1 Alt. 1 anfechtbar, weil es mangels Empfangsbedürftigkeit nicht darauf ankommen kann, wer die arglistige Täuschung verübt hat. Die Einschränkung des § 123 Abs. 2 Satz 1 greift nur ein, wenn
ein Dritter die Täuschung begangen hat. Ist die täuschende Person zwar nicht der

---

685 S. BAG NJW 1993, 1154 (1156).
686 S. nur BGH NJW 1971, 1795 (1798); NJW 1964, 811.
687 BGH NJW 1964, 811; BGHZ 2, 287 (299), hier zur Kausalität der widerrechtlichen
     Drohung.
688 BGH NJW 1971, 1795 (1798).
689 BGH NJW 1971, 1795 (1798).
690 S. BGH NJW 1971, 1795 (1798).

Erklärungsempfänger, aber auch nicht Dritter i.S.d. § 123 Abs. 2 Satz 1, so kann eine aufgrund Täuschung abgegebene Erklärung uneingeschränkt nach § 123 Abs. 1 Alt. 1 angefochten werden, die arglistige Täuschung wird also dem Erklärungsempfänger selbst zugerechnet. Nach der Rspr. ist letzteres der Fall, wenn am Zustandekommen eines Vertrages eine **vom Erklärungsempfänger verschiedene Person** beteiligt ist, deren Stellung jedoch der des Erklärungsempfängers und Anfechtungsgegners gleichzusetzen ist[691]. Hierzu gehören **Vertreter** des Erklärungsempfängers[692] ebenso wie, wenn auch ohne Vertretungsmacht, vom Erklärungsempfänger eingeschaltete **Verhandlungsführer und -gehilfen**[693], darüber hinaus Personen, die aufgrund einer engen Beziehung zum Erklärungsempfänger als dessen **Vertrauensperson** erscheinen[694]. In den vorgenannten Fällen wird die arglistige Täuschung der eingeschalteten Person dem Erklärungsempfänger selbst zugerechnet, § 123 Abs. 2 Satz 1 mit seinen erschwerenden Anfechtungsvoraussetzungen findet keine Anwendung. Dritte i.S.d. Vorschrift sind letztlich nur solche Personen, die am Zustandekommen des Vertrages **selbst unbeteiligt**, weil vom Erklärungsempfänger nicht auf irgendeine Art und Weise eingeschaltet worden sind[695].

> **Bsp. (1):** K will bei dem Autohaus H einen Gebrauchtwagen kaufen. Beratung und Verkauf übernimmt der dazu bevollmächtigte Angestellte A. Auf die Frage des K nach der Unfallfreiheit des Gebrauchtwagens antwortet der A wider besseren Wissens mit „ja". H weiß davon nichts. – Kommt der Kaufvertrag zustande, so kann K nach § 123 Abs. 1 wegen arglistiger Täuschung anfechten. Der A ist als Vertreter nicht Dritter i.S.d. § 123 Abs. 2 Satz 1.

> **Bsp. (2):** Anderes gilt dann, wenn der K den ihm bekannten Voreigentümer des Gebrauchtwagens nach der Unfallfreiheit gefragt und von diesem eine falsche Auskunft erhalten hat. Hier kommt eine Anfechtung nur unter den Voraussetzungen des § 123 Abs. 2 Satz 1 in Betracht, weil der Voreigentümer Dritter ist. Kannte der H die arglistige Täuschung des Voreigentümers nicht und war sie ihm auch nicht fahrlässig unbekannt, dann ist die Anfechtung für K ausgeschlossen.

Hat eine andere Person als der Erklärungsempfänger aus der aufgrund arglistiger **527** Täuschung eines Dritten abgegebenen Willenserklärung **unmittelbar ein Recht** erworben, so ist die Erklärung nach § 123 Abs. 2 Satz 2 auch dieser Person gegenüber anfechtbar, wenn sie die Täuschung kannte oder kennen musste. Wesentlicher Anwendungsbereich dieser Regelung ist der **Vertrag zugunsten Dritter** nach §§ 328 ff.

> **Bsp.:** K will bei Gebrauchtwagenverkäufer H ein Kfz aus Anlass des 18. Geburtstags seines Neffen N kaufen. Er vereinbart mit H, dass der Vertrag derart zugunsten des N geschlossen wird, dass dieser selbst einen Anspruch auf Lieferung des Gebrauchtwagens gegen H haben soll. Hierbei handelt es sich um einen Kaufvertrag zugunsten Dritter i.S.v. § 328 Abs. 1. – Hat der K sich vor Abschluss des Kaufvertrages bei dem Voreigentümer über die Unfallfreiheit des Gebrauchtwagens informiert und von die-

---

691 S. BGH NJW 1990, 1661 (1662).

692 BGHZ 20, 36 (39).

693 S. BGHZ 33, 302 (310) und 47, 224 (227 f.), jeweils im Zusammenhang mit finanzierten Abzahlungskäufen, bei denen der täuschende Verkäufer die Ausfüllung des Darlehensantrags mit dem Käufer für die das Darlehen gewährende Bank übernommen hat.

694 BGH NJW 1990, 1661 (1662).

695 S. auch Palandt/*Ellenberger*, BGB, § 123 Rn. 13; Hk-BGB/*Dörner*, § 123 Rn. 7.

sem eine falsche Auskunft erhalten, so kann er seine Kaufvertragserklärung nach § 123 Abs. 2 Satz 2 auch gegenüber N, der aufgrund des Vertrages zugunsten Dritter unmittelbar einen Anspruch auf Lieferung des Wagens gegen H (ein Recht) erlangt hat, anfechten, sofern der N die Täuschung des Voreigentümers kannte oder kennen musste.

Hat der H den K arglistig über die Unfallfreiheit des Gebrauchtwagens getäuscht, dann kann K nach § 123 Abs. 1 seine Willenserklärung dem H gegenüber anfechten mit der Folge, dass dieser über § 334 die Nichtigkeit des Kaufvertrages (§ 142 Abs. 1)[696] auch dem N entgegenhalten kann.

Würde die arglistige Täuschung über die Unfallfreiheit des Gebrauchtwagens von dem nach § 328 Abs. 1 begünstigten N begangen worden sein, was praktisch mangels eines Interesses von N kaum denkbar ist, so könnte der K seine Willenserklärung nach § 123 Abs. 2 Satz 2 erst recht gegenüber N anfechten[697].

528 Gemäß § 123 Abs. 1 Alt. 2 kann auch derjenige seine Willenserklärung anfechten, der durch **widerrechtliche Drohung** zu deren Abgabe bestimmt worden ist. Ebenso wie der Anfechtungsgrund der arglistigen Täuschung schützt § 123 Abs. 1 Alt. 2 die Freiheit der Willensbildung und -bestimmung[698], und zwar vor der Ausübung psychischen Zwangs mittels einer Drohung, durch die die Abgabe einer Willenserklärung erreicht werden soll.

529 Unter einer **Drohung** i.S.d. § 123 Abs. 1 Alt. 2 wird die Ankündigung bzw. das Inaussichtstellen eines künftigen Übels verstanden, auf dessen Eintritt oder Nichteintritt der Drohende einwirken zu können behauptet und das verwirklicht werden soll, wenn der Bedrohte nicht die von dem Drohenden gewünschte Willenserklärung abgibt[699]. Die Drohung kann ausdrücklich oder schlüssig erfolgen[700]. Bei dem in Aussicht gestellten künftigen Übel kann es sich um **jeden Nachteil** handeln, der geeignet ist, aufgrund seiner Drohwirkung gegenüber dem Erklärenden oder auch einer anderen Person (z.B. Angehörige) den Erklärenden zur Abgabe der gewünschten Willenserklärung zu veranlassen[701]. Der Drohende muss auf den Eintritt bzw. Nichteintritt des künftigen Übels **Einfluss haben oder zumindest vorgeben, dass er Einfluss hat**[702]. Die Ernsthaftigkeit der Drohung ist nicht erforderlich, notwendig ist lediglich, dass der Bedrohte die Ankündigung eines künftigen Übels **ernst nimmt**[703], denn das reicht für die Beeinträchtigung der freien Willensbildung, vor der § 123 Abs. 1 Alt. 2 schützen will, aus. Ein praktisch häufig vorkommender Fall der Drohung ist die **Ankündigung der Erstattung einer Strafanzeige**, wenn nicht von dem Bedrohten eine bestimmte Willenserklärung abgegeben wird[704].

---

696 S. noch Rn. 554 ff.
697 S. Hk-BGB/*Dörner*, § 123 Rn. 8.
698 Vgl. BGHZ 6, 348 (351); Palandt/*Ellenberger*, BGB, § 123 Rn. 1.
699 S. BGHZ 2, 287 (295); BGH NJW 1988, 2599 (2600 f.); BAG NJW 1999, 2059 (2060); *Larenz/Wolf*, BGB AT, § 37 Rn. 26; Palandt/*Ellenberger*, BGB, § 123 Rn. 15 ff.
700 BGH NJW 1988, 2599 (2601).
701 Palandt/*Ellenberger*, BGB, § 123 Rn. 15.
702 S. BGHZ 2, 287 (295).
703 S. BAG NJW 1999, 2059 (2060); *Larenz/Wolf*, BGB AT, § 37 Rn. 26.
704 S. z.B. BGHZ 25, 217 (218); BGH NJW 1988, 2599 (2601); BAG NJW 1999, 2059 (2060).

Bsp.: Ehefrau E ist als Verkäuferin und Kassiererin in einem Lebensmittelsupermarkt beschäftigt. Nach einer im Arbeitsvertrag enthaltenen Kassendienstanweisung dürfen Einkäufe von Angehörigen nicht abgerechnet werden. Gleichwohl kassiert E immer wieder bei Einkäufen ihres Ehemannes ab, wobei sie einen Teil der Ware nicht berechnet. Als dem Arbeitgeber das Verhalten der E auffiel, bat er diese in sein Büro. Hier forderte er die E auf, ein Schuldanerkenntnis (§ 781) zu unterschreiben, anderenfalls werde er Strafanzeige erstatten. Daraufhin unterzeichnete die E ein Schuldanerkenntnis, in welchem sie ihr Verhalten einräumte und sich zur Zahlung eines Geldbetrages in Höhe von 3.000 € als Schadensersatz verpflichtete. – Hier liegt in der Ankündigung der Erstattung einer Strafanzeige eine Drohung i.S.d. § 123 Abs. 1 Alt. 2, die zur Unterzeichnung des Schuldanerkenntnisses durch die E führte[705].

Von einer Drohung zu unterscheiden ist das **bloße Ausnutzen einer vorhandenen** **530** **Zwangslage** des Erklärenden[706], die auf wirtschaftlichen, seelischen oder sonstigen Gründen beruhen kann. Hier wird nicht ein künftiges Übel in Aussicht gestellt, vielmehr macht sich der Erklärungsempfänger lediglich eine besondere Situation des Erklärenden zunutze, um die Abgabe einer bestimmten Willenserklärung zu erreichen. Statt einer Anfechtung nach § 123 Abs. 1 Alt. 2 kann in solchen Fällen das Rechtsgeschäft möglicherweise wegen Sittenwidrigkeit nach § 138 nichtig sein.

Bsp.: S erhält aufgrund seiner hohen Verschuldung keinen Kredit mehr bei einer normalen Bank. G weiß das und gewährt dem S einen Kredit zu erheblich über den marktüblichen Bedingungen liegenden Konditionen. Auch wenn G, um die Unterschrift des S unter den Darlehensvertrag zu erhalten, auf die Aussichtslosigkeit der Erlangung eines Darlehens auf dem allgemeinen Kreditmarkt hingewiesen hat, so liegt darin nicht die Ankündigung eines künftigen Übels. G nutzt lediglich die vorhandene finanzielle Zwangslage des S aus[707].

Die Drohung muss nicht von dem Erklärungsempfänger ausgehen, sie kann auch **531** von einem **Dritten** mit dem Ziel der Willensbeeinflussung geäußert werden[708]. Anders als bei der arglistigen Täuschung mit § 123 Abs. 2 Satz 1 enthält das Gesetz bezüglich des Anfechtungsgrundes der widerrechtlichen Drohung keine Einschränkung der Anfechtung, wenn die Drohung von einer dritten Person verübt wird.

Die Anfechtung nach § 123 Abs. 1 Alt. 2 setzt weiterhin die **Widerrechtlichkeit** **532** **der Drohung** voraus. Dieses Erfordernis ist zu bejahen, wenn entweder das Mittel, sprich das angedrohte Verhalten, oder der mit der Drohung erstrebte Zweck, d.h., die abverlangte Willenserklärung, oder aber die Verknüpfung von Mittel und Zweck rechtswidrig sind[709]. Letzteres – die sog. Mittel-Zweck-Relation[710] – bedeutet, dass eine Drohung trotz an sich erlaubten Mittels wie auch erlaubten Zwecks gleichwohl rechtswidrig sein kann, wenn die Drohung nach Auffassung

---

705 S. den Fall BAG NJW 1999, 2059 ff.; zur Frage der Widerrechtlichkeit der Drohung des Arbeitgebers s. noch Rn. 532.
706 S. BGHZ 6, 348 (351); BGH NJW 1988, 2599 (2601).
707 Zur Frage der Sittenwidrigkeit bei wucherischen Darlehen s. oben Rn. 458.
708 S. BGH NJW 1966, 2399 (2401).
709 S. BAG NJW 1999, 2059 (2061); ausf. dazu *Larenz/Wolf*, BGB AT, § 37 Rn. 34 ff.
710 S. *Larenz/Wolf*, BGB AT, § 37 Rn. 39 ff.

aller billig und gerecht Denkenden ein unangemessenes Mittel zur Erreichung des erstrebten Zwecks darstellt[711].

> **Bsp. (1):** Arbeitnehmerin A ist schwanger. Nach Mitteilung ihrer anderen Umstände an den Arbeitgeber verlangt dieser von A, einen Aufhebungsvertrag zur Beendigung des Arbeitsverhältnisses zu schließen. Als sich die A weigert, droht der Arbeitgeber mit einer Strafanzeige wegen der Unterschlagung eines kleineren Geldbetrages, die A einige Monate zuvor begangen hatte, ohne dass sie der Arbeitgeber deshalb kündigte. Daraufhin unterschreibt die A einen Aufhebungsvertrag. – Hier sind sowohl das Mittel, Drohung mit einer Strafanzeige wegen Unterschlagung, wie auch der Zweck, Abgabe einer Willenserklärung zum Abschluss eines Aufhebungsvertrages, als solche rechtlich erlaubt. Allerdings ist die Drohung gleichwohl widerrechtlich, weil die Strafanzeige wegen Unterschlagung in keinem inneren Zusammenhang mit dem Zweck des Abschlusses eines Aufhebungsvertrages wegen der Schwangerschaft der A steht und sich deshalb das gewählte Mittel zur Erreichung des erstrebten Erfolgs als unangemessen darstellt.

> **Bsp. (2):** Anderes gilt für die Beurteilung der Widerrechtlichkeit in dem obigen Beispiel Rn. 529. – Die Drohung mit der Erstattung einer Strafanzeige bei ausreichenden Verdachtsmomenten, die bezüglich des Verhaltens der Arbeitnehmerin gegeben waren, ist als solche nicht rechtswidrig. Ebenso wenig rechtswidrig ist der erstrebte Zweck der Abgabe eines Schuldanerkenntnisses, jedenfalls dann, wenn der Erklärungsempfänger von dem Bestehen einer Schuld des Bedrohten ausgehen darf. Das war hier aufgrund der Verpflichtung der Arbeitnehmerin zur Leistung von Schadensersatz für die durchgeführten Manipulationen beim Kassieren der Waren des Ehemannes der Fall. Schließlich erweist sich die Drohung des Arbeitgebers auch nicht unter dem Gesichtspunkt der Mittel-Zweck-Relation als widerrechtlich. Die Drohung mit der Strafanzeige zwecks Erlangung eines Schuldanerkenntnisses diente allein dazu, die Arbeitnehmerin zur Wiedergutmachung des angerichteten Schadens zu veranlassen. Zwischen dem Grund der angedrohten Strafanzeige und dem erstrebten Zweck des Schuldanerkenntnisses zum Ausgleich des durch das strafbare Verhalten angerichteten Schadens bestand ein innerer Zusammenhang, weshalb sich hier die Strafanzeige nicht als ein unangemessenes Mittel zur Erreichung des erstrebten Zwecks darstellte[712].

533   **Subjektiv** setzt die Bejahung der Widerrechtlichkeit der Drohung voraus, dass der Drohende die Tatsachen kennt, aus denen die Widerrechtlichkeit von Mittel und/ oder Zweck oder der Verknüpfung von Mittel und Zweck folgt. Dabei steht die schuldhafte Unkenntnis der Kenntnis gleich[713].

534   Wie bei der arglistigen Täuschung setzt auch die Anfechtung wegen widerrechtlicher Drohung voraus, dass diese den Bedrohten zur Abgabe der Willenserklärung bestimmt hat, **die Drohung also für die Erklärung ursächlich gewesen ist**[714]. Das ist der Fall, wenn der Erklärende die Willenserklärung ohne die Drohung überhaupt nicht, nicht zu dem Zeitpunkt oder anders abgegeben hätte. Die Drohung muss dabei nicht der alleinige Grund für die Abgabe der Willenserklärung gewesen sein, für die Bejahung der Kausalität reicht es aus, wenn die Drohung neben anderen Motiven mit ursächlich war[715].

---

711   BGHZ 25, 217 (220 f.); BAG NJW 1999, 2059 (2060 f.); *Larenz/Wolf*, BGB AT, § 37 Rn. 39.
712   S. den instruktiven Fall BAG NJW 1999, 2059 (2060 ff.).
713   BGHZ 25, 217 (225).
714   BGHZ 2, 287 (299).
715   BGHZ 2, 287 (299).

c) **Anfechtungserklärung.** Über die Zulässigkeit der Anfechtung[716] und das Vor- **535**
liegen eines Anfechtungsgrundes[717] hinaus bedarf es für eine wirksame Anfechtung als weiterer Voraussetzung einer Anfechtungserklärung. Gemäß § 143
Abs. 1 erfolgt die Anfechtung durch Erklärung gegenüber dem Anfechtungsgegner.

(1) **Rechtsnatur und Inhalt der Anfechtungserklärung.** Ihrer Rechtsnatur nach **536**
handelt es sich bei der Anfechtungserklärung um eine **empfangsbedürftige Willenserklärung**[718], wie § 143 Abs. 1 deutlich macht. Denn die Erklärung ist gegenüber dem Anfechtungsgegner[719] abzugeben. Die Anfechtungserklärung bedarf
mangels entsprechender gesetzlicher Vorgabe keiner bestimmten Form, sie kann
deshalb auch bei der Anfechtung formbedürftiger Rechtsgeschäfte formfrei erfolgen[720]. Im Hinblick darauf, dass die Anfechtung ein **Gestaltungsrecht** darstellt,
d.h., der Anfechtende kann einseitig auf ein bestehendes Rechtsverhältnis einwirken und dieses verändern[721], wie die an die Anfechtung anknüpfende Nichtigkeitswirkung des § 142 Abs. 1[722] deutlich macht, kann die Anfechtung nicht unter
einer Bedingung (§ 158) erfolgen[723]. Diese Einschränkung dient dem Schutz des
Anfechtungsgegners, der mit Zugang der Anfechtungserklärung Klarheit über die
Rechtsfolge haben soll. Von einer unzulässigen bedingten Anfechtung zu unterscheiden ist die uneingeschränkt zulässige sog. **Eventualanfechtung** (vorsorgliche
Anfechtung)[724]. Hierunter wird die Erklärung der Anfechtung für den Fall verstanden, dass das Rechtsgeschäft nicht den vom Anfechtenden in erster Linie
behaupteten Inhalt hat oder nicht ohnehin nichtig ist[725]. Die Wirkung der Anfechtung wird hier nicht von dem Eintritt eines zukünftigen ungewissen Ereignisses (s.
§ 158) abhängig gemacht, vielmehr wird **vorsorglich eine unbedingte Anfechtung**
für den Fall erklärt, dass die Beurteilung eines streitigen Rechtsverhältnisses durch
den Richter in einem der Auffassung des Anfechtenden widersprechenden Sinne
erfolgt[726].

> **Bsp.:** A hat mit B einen Kaufvertrag geschlossen, aus dem B auf Kaufpreiszahlung
> klagt. A hält den Kaufvertrag für sittenwidrig und will deshalb nicht zahlen. Vorsorg-
> lich erklärt er für den Fall, dass das Gericht den Kaufvertrag als wirksam ansehen
> sollte, die Anfechtung wegen arglistiger Täuschung. – Die Anfechtung wird hier unbe-
> dingt erklärt, ihre Wirkung kommt allerdings nur zum Tragen, wenn der Vertrag
> entgegen der Ansicht des A vom Gericht als wirksam zustande gekommen angesehen
> wird.

---

716 S. oben Rn. 495.
717 Dazu oben Rn. 496 ff.
718 S. dazu Rn. 214.
719 Dazu folgend Rn. 540 ff.
720 S. nur Palandt/*Ellenberger*, BGB, § 143 Rn. 2.
721 S. zum Begriff des Gestaltungsrechts oben Rn. 154.
722 Dazu Rn. 554.
723 BGH NJW 1968, 2099; Hk-BGB/*Dörner*, § 143 Rn. 3. S. auch Rn. 574.
724 BGH NJW 1968, 2099.
725 S. BGH NJW 1968, 2099.
726 BGH NJW 1968, 2099.

537   Ihrem Inhalt nach ist für eine ordnungsgemäße Anfechtungserklärung nicht erforderlich, dass sich der Erklärende **bestimmter Begrifflichkeiten** bedient, insb. bedarf es nicht des ausdrücklichen Gebrauchs des Wortes „anfechten"[727]. Allerdings muss aus der Erklärung für den Anfechtungsgegner unzweideutig hervorgehen, dass der Erklärende das Rechtsgeschäft gerade wegen des Willensmangels **rückwirkend beseitigen** will[728]. Insoweit genügt es, dass der Erklärende ausdrücklich oder schlüssig deutlich macht, er fühle sich gerade wegen eines Willensmangels nicht an das Rechtsgeschäft gebunden[729]. Ob das der Fall ist, muss durch **Auslegung** vom objektiven Empfängerhorizont aus ermittelt werden[730]. Keine Anfechtungserklärung kann etwa in der Erklärung des Rücktritts vom Vertrag gesehen werden[731], ebenso wenig ist die Ablehnung einer Nachbesserung durch den Käufer als unzumutbar inhaltlich als Anfechtungserklärung anzusehen[732].

538   Wird die Anfechtung mit einer bestimmten Begründung, z.B. wegen arglistiger Täuschung, erklärt, so erschöpft sie sich in der Geltendmachung der rückwirkenden Beseitigung des Rechtsgeschäfts aufgrund dieses Willensmangels. Werden zu einem späteren Zeitpunkt noch andere Anfechtungsgründe als die in der ursprünglichen Erklärung erwähnten geltend gemacht, dann handelt es sich um eine **neue Anfechtungserklärung**[733]. Das hat vor dem Hintergrund der zu beachtenden **Anfechtungsfristen**[734] Relevanz für die Rechtzeitigkeit der Anfechtungserklärung, denn bezogen auf den später geltend gemachten Anfechtungsgrund ist wegen der darin zu sehenden neuen Anfechtungserklärung deren Abgabe der maßgebende Zeitpunkt für die Beurteilung der Fristwahrung[735]. Mit der Einordnung als neuer Anfechtungserklärung ist ein sog. **Nachschieben von Anfechtungsgründen** zur Begründung der ursprünglichen Anfechtungserklärung ausgeschlossen. Der Grund hierfür liegt darin, dass sich der Anfechtungsgegner darauf verlassen können soll, dass die Wirksamkeit der Willenserklärung bzw. des Rechtsgeschäfts lediglich aus den seitens des Anfechtenden genannten Gründen in Zweifel gezogen wird[736].

539   Davon zu unterscheiden ist die grds. bestehende Möglichkeit, dass bei Vorliegen der Anfechtungsgründe sowohl des § 119 Abs. 2 als auch des § 123 Abs. 1 Alt. 1 eine auf arglistiger Täuschung gestützte Anfechtung zugleich die Behauptung eines Irrtums über die Tatsache, über die der Anfechtende getäuscht sein will, enthalten und deshalb **die Anfechtungserklärung wegen arglistiger Täuschung auch eine solche wegen Irrtums nach § 119 Abs. 2 umfassen kann**[737]. Ob das der Fall ist, ist durch Auslegung der Anfechtungserklärung zu ermitteln[738]. Ein Anhaltspunkt dafür, dass die Anfechtung wegen arglistiger Täuschung auch die Irr-

---

727   S. RGZ 105, 206 (207); BGH NJW 1968, 2099; BGHZ 88, 240 (245); 91, 324 (331).
728   S. BGH NJW 1968, 2099; BGHZ 88, 240 (245); 91, 324 (331).
729   S. RGZ 105, 206 (207); BGHZ 91, 324 (331 f.).
730   BGHZ 91, 324 (331 f.).
731   RGZ 105, 206 (208).
732   S. BGHZ 88, 240 (245).
733   BGH NJW 1966, 39.
734   S. folgend Rn. 545 ff.
735   BGH NJW 1966, 39.
736   BGH NJW 1966, 39.
737   BGHZ 34, 32 (38 ff.); 78, 216 (221); BGH NJW 1979, 160 (161). S. auch schon oben Rn. 515.
738   BGHZ 34, 32 (38 ff.); 78, 216 (221); BGH NJW 1979, 160 (161).

tumsanfechtung nach § 119 Abs. 2 umfasst, kann z. B. darin liegen, dass der Anfechtende in seiner Erklärung deutlich macht, er wolle jenseits des Grundes der arglistigen Täuschung den Bestand des Rechtsgeschäfts auf jede nur mögliche Weise in Frage stellen, dieses also auf jeden Fall rückgängig machen[739].

(2) Anfechtungsgegner. Gemäß § 143 Abs. 1 hat die Anfechtung durch Erklärung   **540** gegenüber dem Anfechtungsgegner zu erfolgen. **Wer Anfechtungsgegner ist,** wird in den Regelungen des § 143 Abs. 2 näher bestimmt, und zwar unter Differenzierung nach der Art des Rechtsgeschäfts.

Bei einem **Vertrag** ist nach § 143 Abs. 2 Anfechtungsgegner der andere Teil, also   **541** der **Vertragspartner.** Stehen dem Anfechtenden mehrere Vertragspartner gegenüber, so muss die Anfechtung allen Vertragspartnern gegenüber erklärt werden, zumindest dann, wenn es sich um ein Schuldverhältnis mit einer unteilbaren Leistung handelt[740]. Der Grund hierfür liegt darin, dass die Zulassung der Anfechtung nur einem Vertragspartner gegenüber zwangsläufig eine Umgestaltung des Schuldverhältnisses auch zulasten der anderen zur Folge haben würde[741].

> **Bsp.:** Vermieter V hat eine Wohnung an drei Studenten vermietet. Bei Abschluss des Mietvertrages ist er von einem der Studenten über dessen Einkommensverhältnisse arglistig getäuscht worden. – Will V deshalb nach § 123 Abs. 1 wirksam anfechten, so muss er allen drei Studenten gegenüber die Anfechtung erklären.

Für den Fall des § 123 Abs. 2 Satz 2[742] bestimmt § 143 Abs. 2, dass derjenige, der   **542** aus dem Vertrag **unmittelbar ein Recht** erworben hat, Anfechtungsgegner ist. Bezogen auf die hier vor allem relevante Konstellation des Vertrages zugunsten Dritter i. S. d. §§ 328 ff. bedeutet das, dass bei Vorliegen der Voraussetzungen des § 123 Abs. 2 Satz 2[743] die Anfechtung gegenüber dem i. S. d. § 328 Abs. 1 leistungsberechtigten Dritten als Anfechtungsgegner zu erklären ist.

Soll ein **einseitiges empfangsbedürftiges Rechtsgeschäft** angefochten werden, so ist   **543** gemäß § 143 Abs. 3 Satz 1 der andere der Anfechtungsgegner. Hierunter ist der **Empfänger** des einseitigen Rechtsgeschäfts zu verstehen. Zu den einseitigen empfangsbedürftigen Rechtsgeschäften gehören z. B. die Kündigung – etwa eines Arbeits- oder Mietvertrages – oder auch die Bevollmächtigung nach § 167[744]. Bezogen auf den Fall, dass ein einseitiges empfangsbedürftiges Rechtsgeschäft **entweder dem Empfänger oder einer Behörde** gegenüber vorgenommen werden konnte, bestimmt § 143 Abs. 3 Satz 2 als Anfechtungsgegner auch dann den Erklärungsempfänger, wenn das Rechtsgeschäft der Behörde gegenüber vorgenommen wurde. Hierunter fällt z. B. die Erklärung des Berechtigten nach § 875 Abs. 1 Satz 1 zur Aufhebung eines Rechts an einem Grundstück (z. B. Nießbrauch, §§ 1030 ff.). Nach § 875 Abs. 1 Satz 2 ist die Erklärung dem Grundbuchamt[745] oder demjenigen gegenüber abzugeben, zu dessen Gunsten sie erfolgt. Ist die Auf-

---

739 S. BGHZ 34, 32 (40); 78, 216 (221).
740 BGHZ 96, 302 (309); BGH NJW 1998, 531 (532).
741 BGHZ 96, 302 (310).
742 S. hierzu oben Rn. 527.
743 S. das Bsp. oben Rn. 527.
744 S. zu einseitigen Rechtsgeschäften oben Rn. 191. Zur Vollmacht s. Rn. 624 ff.
745 S. § 1 GBO, Amtsgericht als Grundbuchamt.

hebungserklärung gegenüber dem Grundbuchamt abgegeben worden, so ist nach § 143 Abs. 3 Satz 2 Anfechtungsgegner gleichwohl der durch die Anfechtung Begünstigte[746].

544 Soll ein **einseitiges nicht empfangsbedürftiges Rechtsgeschäft** angefochten werden, so ist nach § 143 Abs. 4 Satz 1 Anfechtungsgegner jeder, der aufgrund des Rechtsgeschäfts **unmittelbar einen rechtlichen Vorteil** erlangt hat. Zu den einseitigen nicht empfangsbedürftigen Rechtsgeschäften gehören z. B. die Auslobung (§ 657) oder auch die Eigentumsaufgabe (§ 959)[747]. Sind Willenserklärungen gegenüber einer Behörde abzugeben, so kann nach § 143 Abs. 4 Satz 2 die Anfechtung durch Erklärung gegenüber der Behörde erfolgen. Diese soll die Anfechtung demjenigen mitteilen, der durch das Rechtsgeschäft unmittelbar betroffen ist. § 143 Abs. 4 Satz 2 betrifft sog. amtsempfangsbedürftige Willenserklärungen, hierzu gehören z. B. Erklärungen nach § 376 Abs. 2 Nr. 1 und 2 gegenüber der Hinterlegungsstelle oder auch der Widerruf des Stiftungsgeschäfts nach § 81 Abs. 2 Satz 2.

545 **d) Anfechtungsfrist.** Der Anfechtungsberechtigte ist in seiner Entscheidung frei, ob er die Anfechtung erklärt und damit die Rechtsfolge des § 142 Abs. 1[748] auslöst oder ob er trotz Vorliegens eines Anfechtungsgrundes an dem Rechtsgeschäft festhalten will. Diese Freiheit wird allerdings im Interesse der Rechtssicherheit und damit auch des Anfechtungsgegners durch die **gesetzliche Regelung von Anfechtungsfristen – § 121 für die Anfechtung wegen Irrtums und falscher** Übermittlung[749], § 124 für die Anfechtung wegen arglistiger Täuschung oder widerrechtlicher Drohung[750] – beschränkt. Es soll nicht unbegrenzt offen bleiben, ob das anfechtbare Rechtsgeschäft Bestand haben wird oder nicht. Insoweit handelt es sich bei der Einhaltung der jeweils maßgebenden Anfechtungsfrist um eine weitere Voraussetzung für eine wirksame Anfechtung neben der Zulässigkeit der Anfechtung, dem Vorliegen eines Anfechtungsgrundes und der Abgabe der Anfechtungserklärung.

546 **(1) Anfechtungsfrist bei Irrtum und falscher Übermittlung.** Gemäß § 121 Abs. 1 Satz 1 muss die Anfechtung in den Fällen der §§ 119 und 120 **ohne schuldhaftes Zögern (unverzüglich)** erfolgen, nachdem der Anfechtungsberechtigte von dem Anfechtungsgrund Kenntnis erlangt hat. Die danach einzuhaltende Frist der Unverzüglichkeit der Anfechtung beginnt mit der Kenntniserlangung vom Anfechtungsgrund. Erforderlich ist **positive Kenntnis** des Anfechtungsberechtigten, ein bloßes Kennenmüssen oder auch nur Zweifel hinsichtlich des Vorliegens eines Anfechtungsgrundes nach § 119 oder § 120 reichen nicht aus, um die Frist des § 121 Abs. 1 Satz 1 in Lauf zu setzen[751]. Sind mehrere Anfechtungsgründe gegeben und werden diese zu unterschiedlichen Zeitpunkten geltend gemacht, so liegt

---

746 Weitere Bsp. für den Anwendungsbereich von § 143 Abs. 3 Satz 2 sind etwa § 876 Satz 3 (Zustimmung zur Aufhebung eines belasteten Rechts an einem Grundstück) oder § 1183 Satz 2 (Zustimmung zur Aufhebung der Hypothek).
747 S. oben Rn. 191 und 196.
748 S. noch Rn. 554.
749 S. folgend Rn. 546 ff.
750 Dazu Rn. 549 ff.
751 S. nur Palandt/*Ellenberger*, BGB, § 121 Rn. 2; BAG NJW 1984, 446 (447), hier zu § 124.

jeweils eine **neue Anfechtungserklärung** vor, **deren Rechtzeitigkeit** nach dem Zeitpunkt ihrer Abgabe zu beurteilen ist[752]. Hat ein Vertreter gehandelt, so kommt es für die Rechtzeitigkeit der Anfechtungserklärung nach § 166 Abs. 1 auf dessen Kenntnis vom Vorliegen des Anfechtungsgrundes an.

Die nach Kenntnis des Anfechtungsgrundes ohne schuldhaftes Zögern – legaldefiniert als unverzüglich – zu erklärende Anfechtung bedeutet nicht, dass die Anfechtung sofort erfolgen muss[753]. Der **Begriff der Unverzüglichkeit** beinhaltet sowohl ein subjektives wie auch ein objektives Moment[754]. Der Anfechtungsberechtigte darf die Anfechtung nach Kenntnis vom Anfechtungsgrund nicht schuldhaft hinauszögern, zugleich wird ihm aber auch ein angemessener Überlegungszeitraum gewährt, um seine Entscheidung über Bestand oder Beseitigung des Rechtsgeschäfts treffen zu können. Insoweit bestimmt sich die Frage der Unverzüglichkeit maßgebend nach den **Umständen des Einzelfalles**, die Festsetzung einer starren Höchstfrist hat das Gesetz gerade vermieden. Allerdings ist bei der **Anfechtung von Arbeitsverträgen** für den Fall, dass der Anfechtungsgrund im bestehenden Arbeitsverhältnis als Grund zur fristlosen Kündigung nach § 626 Abs. 1 fortwirkt, nach der Rspr. des BAG der Begriff der Unverzüglichkeit in Übereinstimmung mit § 626 Abs. 2 dahin zu konkretisieren, dass auch für die Anfechtung eine **Höchstfrist von zwei Wochen** ab Kenntnis vom Anfechtungsgrund maßgebend ist[755]. Damit soll eine Umgehung der in § 626 Abs. 2 für die außerordentliche Kündigung bestimmten Zweiwochenfrist verhindert werden[756]. Zu beachten ist, dass § 121 Abs. 1 Satz 1 von der Konkretisierung durch § 626 Abs. 2 insofern unberührt bleibt, als ein Fristablauf wegen Verzögerung der Anfechtung auch schon vor Ablauf der Zweiwochenfrist eintreten kann[757].

Nach der Regelung des § 121 Abs. 1 Satz 2 gilt die einem Abwesenden gegenüber **547** erfolgte Anfechtung als rechtzeitig erfolgt, wenn die Anfechtungserklärung unverzüglich abgesandt worden ist. Damit wird das **Risiko der Verzögerung** auf dem Weg zum Empfänger diesem zugewiesen, sofern nur die Anfechtungserklärung ohne schuldhaftes Zögern abgesandt wurde. Die Anfechtungsfrist wird also bereits durch die **rechtzeitige Absendung** gewahrt[758], Wirksamkeit entfaltet die Erklärung wegen ihrer Empfangsbedürftigkeit aber erst mit Zugang.

Gemäß § 121 Abs. 2 ist die Anfechtung ausgeschlossen, wenn seit der Abgabe der **548** Willenserklärung **zehn Jahre** verstrichen sind. Der Fristablauf tritt unabhängig davon ein, ob der Anfechtungsberechtigte Kenntnis von dem Anfechtungsgrund hat.

Bei den Fristen des § 121 handelt es sich um sog. **Ausschlussfristen**. Das bedeutet, dass bei Nichteinhaltung der maßgebenden Frist das Recht zur Anfechtung erlischt, dieses ist damit zeitlich begrenzt[759].

---

752 BGH NJW 1966, 39, s. schon oben Rn. 538.
753 S. nur Palandt/*Ellenberger*, BGB, § 121 Rn. 3.
754 BAG NJW 1980, 1302 (1303).
755 S. BAG NJW 1980, 1302 (1303); NJW 1991, 2723 (2725).
756 BAG NJW 1980, 1302 (1303).
757 BAG NJW 1991, 2723 (2726).
758 S. BAG NJW 1981, 1332 (1334).
759 S. BGH NJW 1969, 604 (604).

549 (2) **Anfechtungsfrist bei arglistiger Täuschung und widerrechtlicher Drohung.**
Nach § 124 Abs. 1 kann die Anfechtung einer gemäß § 123 anfechtbaren Willenserklärung nur **binnen Jahresfrist** erfolgen. Im Falle der **arglistigen Täuschung**
beginnt die Frist nach § 124 Abs. 2 Satz 1 mit dem Zeitpunkt, in welchem der
Anfechtungsberechtigte die **Täuschung entdeckt.** Damit ist **Kenntnis der Täu-**
schung gemeint, ein bloßes Kennenmüssen oder die Vermutung der Täuschung
reichen nicht aus, um die Frist des § 124 Abs. 1 in Lauf zu setzen[760]. Liegt der
Anfechtungsgrund in einer **widerrechtlichen Drohung,** so **beginnt die Frist** nach
§ 124 Abs. 2 Satz 1 mit dem Zeitpunkt, in welchem die **Zwangslage aufhört.** Das
ist der Fall, wenn das angedrohte Übel eingetreten ist oder aber aus der Sicht des
Bedrohten mit dem Eintritt des Übels nicht mehr ernsthaft gerechnet werden
kann[761]. Für die Fristberechnung sind die Vorschriften der §§ 186 ff. maßgebend,
darüber hinaus finden nach § 124 Abs. 2 Satz 2 die für die Verjährung geltenden
Bestimmungen der §§ 206 (Hemmung der Verjährung bei höherer Gewalt), 210
(Ablaufhemmung bei nicht voll Geschäftsfähigen) und 211 (Ablaufhemmung in
Nachlassfällen) entsprechende Anwendung.

550 Auch bei der Anfechtungsfrist des § 124 Abs. 1 handelt es sich um eine **Aus-**
schlussfrist[762]. Die Anfechtungserklärung muss dem Empfänger **vor Ablauf der**
Frist zugegangen sein. Ist die Frist abgelaufen, so kann der Geltendmachung von
Ansprüchen durch den Vertragspartner, der die Täuschung oder Drohung begangen hat, grds. nicht die Einrede der Arglist (§ 242) entgegengehalten werden[763].
Davon zu unterscheiden ist die Möglichkeit des Getäuschten oder Bedrohten,
aufgrund eines infolge der arglistigen Täuschung oder widerrechtlichen Drohung
bestehenden **Schadensersatzanspruchs** wegen Verschuldens bei Vertragsverhandlungen aus §§ 280 Abs. 1, 311 Abs. 2 oder aus deliktischer Haftung (insb. §§ 823
Abs. 2, 826) **Befreiung von der Verbindlichkeit als Naturalrestitution** i. S. v. § 249
Abs. 1 zu verlangen[764]. Diese Ansprüche unterliegen nicht der Anfechtungsfrist
des § 124 Abs. 1, sondern verjähren nach Maßgabe der §§ 195 ff.[765]. Mit einem
Schadensersatzanspruch auf Befreiung von der Verbindlichkeit erreicht der Ge-
täuschte oder Bedrohte wirtschaftlich dasselbe Ergebnis wie mit der wegen Fristablaufs nicht mehr möglichen Anfechtung[766].

551 Unter Umständen kann trotz fehlenden Ablaufs der Anfechtungsfrist des § 124
Abs. 1 eine Anfechtung **nach § 242 ausgeschlossen** sein. So hat das BAG in der
Geltendmachung des Anfechtungsgrundes der arglistigen Täuschung dann einen
Verstoß gegen Treu und Glauben erblickt, wenn nach einem jahrelang ordnungs-
gemäß durchgeführten Arbeitsverhältnis der Arbeitgeber entdeckt, dass er seine
Willenserklärung zum Abschluss des Arbeitsvertrages aufgrund einer arglistigen
Täuschung abgegeben hat und nunmehr die Anfechtung erklärt, obwohl der den

---

760 BGH NJW 1984, 446 f.
761 S. Palandt/*Ellenberger*, BGB, § 124 Rn. 2.
762 BGH NJW 1969, 604 (605). S. oben Rn. 548.
763 BGH NJW 1969, 604 (605).
764 BGH NJW 1997, 254.
765 BGH NJW 1997, 254. S. dazu Rn. 696 ff.
766 BGH NJW 1997, 254.

Anfechtungsgrund begründende Umstand zwischenzeitlich völlig bedeutungslos geworden ist[767].

Nach § 124 Abs. 3 ist die Anfechtung ausgeschlossen, wenn seit der Abgabe der Willenserklärung **zehn Jahre** verstrichen sind. Das gilt unabhängig davon, ob die Täuschung entdeckt wurde oder die Zwangslage des Bedrohten aufgehört hat.

e) Kein Ausschluss der Anfechtung durch Bestätigung. Nach § 144 Abs. 1 ist die **552** Anfechtung ausgeschlossen, wenn das anfechtbare Rechtsgeschäft von dem Anfechtungsberechtigten bestätigt wird. Die **Bestätigung** bedarf gemäß § 144 Abs. 2 nicht der für das Rechtsgeschäft bestimmten Form.

Bei der Bestätigung i.S.d. § 144 handelt es sich vorherrschender Ansicht nach um eine **nicht empfangsbedürftige Willenserklärung**[768], die ausdrücklich oder – wegen ihrer Formfreiheit – schlüssig vorgenommen werden kann[769]. Für das Vorliegen einer Bestätigung genügt ein Verhalten, das den Willen des Anfechtungsberechtigten offenbart, trotz Kenntnis der Anfechtbarkeit **an dem Rechtsgeschäft festzuhalten**, d.h., das Rechtsgeschäft ungeachtet des Anfechtungsgrundes gelten zu lassen[770]. Hat der Anfechtungsberechtigte keine Kenntnis vom Anfechtungsgrund oder nicht wenigstens Zweifel an der Rechtsbeständigkeit des Rechtsgeschäfts, so kann begrifflich keine Bestätigung gegeben sein[771]. Ein schlüssiges Verhalten kann nur dann als Bestätigungswille gewertet werden, wenn jede andere den Umständen nach einigermaßen verständliche Deutung dieses Verhaltens ausscheidet[772]. Eine stillschweigende Bestätigung kann z.B. in der Weiterbenutzung der Kaufsache liegen, sofern diese nicht durch sonstige, etwa wirtschaftliche Gründe geboten ist[773]. Auch die Erfüllung der Vertragspflichten durch den Anfechtungsberechtigten oder dessen Entgegennahme der Gegenleistung können eine Bestätigung durch schlüssiges Verhalten darstellen[774].

Rechtliche Folge der Bestätigung ist der Ausschluss des Anfechtungsrechts. Inhalt- **553** lich handelt es sich um einen einseitigen Verzicht[775]. Im Unterschied zur **Bestätigung nach § 141**, bei der es sich um die Neuvornahme eines nichtigen Rechtsgeschäfts handelt[776], bezieht sich die **Bestätigung nach § 144** auf ein zwar anfechtbares, aber wirksames Rechtsgeschäft. Ist die Anfechtung erfolgt, dann kann das gemäß § 142 Abs. 1 nichtige Rechtsgeschäft[777] nach Maßgabe des § 141 bestätigt werden[778].

---

767 S. BAG NJW 1970, 1565 (1566), hier auf Frage des Arbeitgebers bei der Einstellung verschwiegene Gefängnishaft.
768 S. nur Hk-BGB/*Dörner*, § 144 Rn. 2; Palandt/*Ellenberger*, BGB, § 144 Rn. 2; a. A. Larenz/Wolf, BGB AT, § 44 Rn. 28; *Petersen* JURA 2008, 666 (667).
769 S. BGHZ 110, 220 (222).
770 BGHZ 110, 220 (222); BGH NJW 1971, 1795 (1800).
771 S. BGHZ 129, 371 (377); BGH NJW 1971, 1795 (1800).
772 S., BGHZ 110, 220 (222 f.).
773 BGH NJW 1971, 1795 (1800).
774 Palandt/*Ellenberger*, BGB, § 144 Rn. 2; zurückhaltend hinsichtlich des Anfechtungsgrundes der arglistigen Täuschung *Petersen* JURA 2008, 666 (667).
775 S. BAG NJW 1991, 2723 (2725).
776 S. ausf. oben Rn. 481 ff.
777 S. noch folgend Rn. 554 ff.
778 Dazu schon oben Rn. 481 f.

3. Folgen wirksamer Anfechtung

554 **a) Nichtigkeit ex tunc.** Liegen die Voraussetzungen einer wirksamen Anfechtung – Zulässigkeit der Anfechtung, Vorliegen eines Anfechtungsgrundes, Anfechtungserklärung und Einhaltung der maßgebenden Anfechtungsfrist – vor, so hat die Anfechtung nach § 142 Abs. 1 zur Folge, dass das Rechtsgeschäft als von Anfang an nichtig anzusehen ist. Die Anfechtung hat mithin rückwirkende Kraft, es wird von der *ex tunc*-Wirkung der Anfechtung gesprochen[779], die das bis zum Zeitpunkt der Anfechtung wirksame Rechtsgeschäft rückbezogen auf den Zeitpunkt der Vornahme vernichtet.

555 Wird ein **Verpflichtungsgeschäft** angefochten, so bleibt das zur Erfüllung vorgenommene Verfügungsgeschäft vor dem Hintergrund des Trennungs- und Abstraktionsprinzips[780] grds. wirksam. Allerdings ist die Verfügung nunmehr ohne rechtlichen Grund vorgenommen worden, die erforderliche Rückabwicklung findet nach den Vorschriften des Bereicherungsrechts statt, das sich insoweit als Korrektur des Abstraktionsprinzips darstellt.

> **Bsp.:** Die aufgrund eines angefochtenen und damit nach § 142 Abs. 1 von Anfang an nichtigen Kaufvertrages übereignete Kaufsache kann von dem Verkäufer nach § 812 Abs. 1 Satz 1 Alt. 1 vom Käufer herausverlangt werden. Dieser hat etwas erlangt (das Eigentum an der Kaufsache), durch Leistung des Verkäufers (bewusste und zweckgerichtete Vermögensmehrung) und ohne Rechtsgrund (der Kaufvertrag ist nach Anfechtung *ex tunc* nichtig). Die Leistungskondiktion nach § 812 Abs. 1 Satz 2 Alt. 1 – späterer Wegfall des Rechtsgrundes – passt deshalb nicht, weil die *ex tunc*-Wirkung der Anfechtung dazu führt, dass rechtlich die Verfügung von Anfang an ohne Rechtsgrund erfolgt ist.

556 In Ausnahmefällen erfasst die Anfechtung **sowohl das Verpflichtungs- wie auch das Verfügungsgeschäft.** Das ist i. d. R. bei Vorliegen eines Anfechtungsgrundes nach § 123 Abs. 1 wegen der hier vorliegenden Fehleridentität bezogen auf Verpflichtungs- und Verfügungsgeschäfte der Fall[781]. Kommt es zur wirksamen Anfechtung auch des Verfügungsgeschäfts, so hat die *ex tunc*-Wirkung der Anfechtung zur Folge, dass der Verfügende Rechtsinhaber geblieben ist und als solcher sein Recht geltend machen kann, deshalb also nicht auf einen bereicherungsrechtlichen Ausgleich angewiesen ist.

> **Bsp. (1):** Käufer V ist bei Abschluss des Kaufvertrages durch den Käufer K arglistig getäuscht worden. Nach Entdeckung der Täuschung erklärt V die Anfechtung des Kaufvertrages und der Eigentumsübertragung bezüglich der Kaufsache. – Aufgrund der *ex tunc*-Wirkung der Anfechtung nach § 142 Abs. 1 ist V Eigentümer der Kaufsache geblieben. Er kann diese von K nach § 985 herausverlangen.
>
> **Bsp. (2):** Hat Z eine Forderung aufgrund arglistiger Täuschung an T verkauft und abgetreten (§ 398), so ist er nach Anfechtung von Kaufvertrag und Verfügungsgeschäft (Abtretung) wegen der Nichtigkeit der Abtretung von Anfang an Inhaber der Forderung geblieben.

---

779 S. nur BAG NJW 1984, 446 (447).
780 S. dazu oben Rn. 197.
781 S. schon oben Rn. 496.

Die *ex tunc*-Wirkung der Anfechtung wird eingeschränkt bei der **Anfechtung von** **557** **Arbeitsverträgen.** Zwar gelten insoweit grds. auch die Regelungen des BGB über die Anfechtung. Jedoch besteht allgemein Einigkeit darüber, dass die Anfechtung eines in Vollzug gesetzten Arbeitsvertrages, wenn es also bereits zum Leistungsaustausch zwischen den Parteien gekommen ist, allein dahin wirkt, dass das Arbeitsverhältnis für die Zukunft sofort aufgelöst wird. Begründet wird die Beschränkung des § 142 Abs. 1 mit der Vermeidung von Rückabwicklungsschwierigkeiten, die sich aus der Anwendung des Bereicherungsrechts ergeben würden[782]. Ist der Arbeitsvertrag noch nicht aktualisiert worden, kommt eine Beschränkung der Nichtigkeitswirkung des § 142 Abs. 1 mangels Rückabwicklungsschwierigkeiten nicht in Betracht. Für die Anfechtung eines **mangelbehafteten Gesellschaftsvertrages** – fehlerhafte Gesellschaft – werden die Unwirksamkeitsfolgen bei in Vollzug gesetzter Gesellschaft ebenfalls dahin beschränkt, dass die Anfechtung lediglich *ex nunc* wirkt[783].

Nach § 142 Abs. 2 wird derjenige, der die Anfechtbarkeit kannte oder kennen **558** musste, für den Fall der Anfechtung so behandelt, wie wenn er die Nichtigkeit des Rechtsgeschäfts gekannt hätte oder hätte kennen müssen. Diese Regelung ist vor allem von Bedeutung, wenn eine **Verfügung wirksam angefochten** wird und bis zum Zeitpunkt der Anfechtung von demjenigen, zu dessen Gunsten verfügt wurde, über den Gegenstand **ein weiteres Mal verfügt worden ist.**

> **Bsp.:** Verkäufer V wird aufgrund arglistiger Täuschung des K zum Abschluss des Kaufvertrages und zur Übereignung der Kaufsache veranlasst. Bevor V sowohl das Verpflichtungs- wie auch das Verfügungsgeschäft nach § 123 Abs. 1 anficht, überträgt der K das Eigentum an der Kaufsache auf D. – Aufgrund der Eigentumsübertragung des V auf K hat dieser zunächst wirksam nach § 929 Satz 1 das Eigentum an der Kaufsache von V erworben. Deshalb konnte K das Eigentum als Berechtigter nach § 929 Satz 1 auch auf D übertragen. Mit der Anfechtung auch des Verfügungsgeschäfts V/K durch V nach § 123 Abs. 1 ist die Eigentumsübertragung auf K gemäß § 142 Abs. 1 rückwirkend nichtig geworden. Infolgedessen übertrug der K das Eigentum an der Kaufsache auf D als Nichtberechtigter. Das würde dem D nicht schaden, weil er auch vom Nichtberechtigten nach §§ 929 Satz 1, 932 bei Gutgläubigkeit wirksam Eigentum erwerben kann. § 142 Abs. 2 führt nun dazu, dass für den Fall der Anfechtung derjenige, der die Anfechtbarkeit kannte oder kennen musste, sich so behandeln lassen muss, als habe er die Nichtigkeit des Rechtsgeschäfts gekannt oder kennen müssen. Das bedeutet, dass D bei Kenntnis von der arglistigen Täuschung so behandelt wird, als habe er von der unwirksamen Eigentumsübertragung des V auf K gewusst mit der Folge wiederum, dass dann ein gutgläubiger Erwerb von K nach §§ 929 Satz 1, 932 nicht in Betracht kommen kann. § 142 Abs. 2 greift ein, wenn der Dritterwerber hinsichtlich der Tatsachen, die die Anfechtbarkeit begründen, bösgläubig ist, wobei sich die Anforderungen an die Bösgläubigkeit nach der jeweils einschlägigen Gutglaubensvorschrift richten[784].

§ 142 Abs. 2 ist darüber hinaus im Zusammenhang mit der Anfechtung von Ver- **559** pflichtungsgeschäften insofern von Bedeutung, als bei Vorliegen der Voraussetzungen im Rahmen der bereicherungsrechtlichen Rückabwicklung die **verschärfte Haftung** nach §§ 819 Abs. 1, 818 Abs. 4 eingreifen kann.

---

782 S. BAG NJW 1984, 446 (447).
783 S. hierzu m. w. N. Palandt/*Sprau*, BGB, § 705 Rn. 18.
784 S. BGH NJW-RR 1987, 1456 (1457).

Bsp.: V verkauft ein Gemälde an K weit unter Wert, weil er sich über die Herkunft des Bildes irrt. Nach der Übereignung des Gemäldes an K wird dieses durch Fahrlässigkeit des K zerstört. Nunmehr erfährt der V von der wirklichen Urheberschaft des Bildes und erklärt noch vor Zahlung des Kaufpreises durch K die Anfechtung des Kaufvertrages wegen Eigenschaftsirrtums (§ 119 Abs. 2). – Damit ist der Kaufvertrag nach § 142 Abs. 1 von Anfang an nichtig. V hat gegen K einen bereicherungsrechtlichen Anspruch auf Herausgabe des Gemäldes nach § 812 Abs. 1 Satz 1 Alt. 1. Allerdings kann K das Bild wegen der Zerstörung nicht mehr herausgeben, insoweit ist nach § 818 Abs. 3 Entreicherung eingetreten. Kannte der K bei Abschluss des Kaufvertrages die wirkliche Herkunft des Bildes und wusste er auch von dem Irrtum des V darüber, so kannte er nach § 142 Abs. 2 die Anfechtbarkeit des Kaufvertrages und muss sich so behandeln lassen, als habe er von Anfang an dessen Nichtigkeit gekannt. Das führt bereicherungsrechtlich wiederum dazu, dass § 819 Abs. 1 eingreift. Danach ist der Bereicherungsschuldner, der beim Empfang des Bereicherungsgegenstandes den Mangel des rechtlichen Grundes kennt (hier Nichtigkeit des Kaufvertrages), vom Empfang des Gegenstandes an so zur Herausgabe verpflichtet, als wenn der Anspruch auf Herausgabe zu dieser Zeit rechtshängig geworden wäre. Damit verweist § 819 Abs. 1 auf § 818 Abs. 4, wonach von dem Zeitpunkt der Rechtshängigkeit (Klageerhebung) an der Empfänger nach den allgemeinen Vorschriften haftet. Hiermit wird wiederum § 292 Abs. 1 in Bezug genommen, wonach sich im Falle der Pflicht zur Herausgabe eines Gegenstandes die Verpflichtung zum Schadensersatz nach den Vorschriften über das Eigentümer-Besitzer-Verhältnis richtet. Die Haftung des K auf Schadensersatz bestimmt sich deshalb nach §§ 989, 990.

→ *Sch 11 Rn. 759*

560 **b) Ersatz des Vertrauensschadens.** Mit dem Rechtsinstitut der Anfechtung soll die **Selbstbestimmung** der rechtsgeschäftlich handelnden Person geschützt werden[785]. In den Fällen der Irrtumsanfechtung nach §§ 119, 120 hat die Wahrung der freien Willensbestimmung **allerdings ihren Preis** dergestalt, dass der Anfechtende nach Maßgabe des § 122 gegenüber Personen, die auf die Gültigkeit seiner Willenserklärung vertraut haben, zum **Schadensersatz** verpflichtet wird. Keine Schadensersatzpflicht tritt im Falle der Anfechtung wegen arglistiger Täuschung oder widerrechtlicher Drohung nach § 123 ein, weil der Täuschende oder Drohende nicht schutzwürdig ist. Bei Nichtigkeit einer Willenserklärung nach § 118 ist derjenige, der die nicht ernstlich gemeinte Willenserklärung abgegeben hat, gleichfalls nach § 122 schadensersatzpflichtig[786].

561 **Schadensersatzberechtigter** ist bei einer empfangsbedürftigen Willenserklärung der Erklärungsempfänger, also etwa im Falle der Anfechtung einer Willenserklärung zum Abschluss eines Kaufvertrages der Vertragspartner und Anfechtungsgegner. Wird eine nicht empfangsbedürftige Willenserklärung wegen Irrtums angefochten (z.B. Auslobung, § 657), so kommt als Schadensersatzberechtigter nach § 122 Abs. 1 jeder Dritte in Betracht, sofern er einen Schaden im Sinne dieser Vorschrift erleidet.

562 Gemäß § 122 Abs. 1 ist der Schaden zu ersetzen, den der Erklärungsempfänger oder Dritte dadurch erleidet, dass er auf die Gültigkeit der Erklärung vertraut. Es muss also eine Kausalität gegeben sein zwischen dem Vertrauen auf den Bestand

---

785 S. oben Rn. 493.
786 Zu § 118 s. oben Rn. 433 ff.

der Willenserklärung und den Nachteilen, die der Schadensersatzberechtigte erlitten hat. Insoweit wird bei der Haftung nach § 122 von der **Haftung auf Ersatz des Vertrauensschadens** gesprochen[787], der auch als das **negative Interesse** bezeichnet wird[788]. Seinem Umfang nach umfasst der zu ersetzende Schaden alle Vermögensnachteile, die dem Geschädigten im Vertrauen auf die Gültigkeit der Willenserklärung entstanden sind. Hierzu gehört neben nutzlos getätigten Aufwendungen wie z. B. Kosten aus Anlass eines Vertragsschlusses vor allem auch der Gewinn, der dem Geschädigten dadurch entgangen ist, dass er im Vertrauen auf den Bestand der Willenserklärung den Abschluss eines anderen Rechtsgeschäfts unterlassen hat[789].

> **Bsp.:** V vermietet im Dezember 2010 zum 1. April 2011 eine Wohnung an M, die Miete beträgt 1.300 € im Monat. Im Februar kommt der D auf V zu und möchte die Wohnung ebenfalls für 1.300 € mieten. V verweist auf seinen Mietvertrag mit M. Kurz vor Beginn der Mietzeit erklärt der M wirksam die Anfechtung des Mietvertrages wegen Eigenschaftsirrtums. Nunmehr fragt V bei D nach, ob dieser noch Interesse an der Wohnung hat, was jedoch nicht der Fall ist. Erst ab August 2011 gelingt es dem V, die Wohnung für 1.300 € zu vermieten. – Hier besteht der von M nach § 122 Abs. 1 zu ersetzende Vertrauensschaden in den von April bis Juli entgangenen Mieteinnahmen in Höhe von 5.200 €. Denn der V hätte die Wohnung, würde er nicht auf den Bestand der Willenserklärung des M vertraut haben, während dieser Zeit vermieten können.

Der Vertrauensschaden ist **der Höhe nach begrenzt** auf den Betrag des Interesses, **563** welches der Erklärungsempfänger oder Dritte an der Gültigkeit der Willenserklärung hat (§ 122 Abs. 1 a. E.). Der Vertrauensschaden kann mithin nicht höher sein als das, was der Geschädigte ohne Anfechtung, sprich bei Bestand des Rechtsgeschäfts, bekommen hätte. Insoweit wird von der **Begrenzung des Vertrauensschadens durch das sog. Erfüllungsinteresse (positive Interesse)** gesprochen, das ist das, was der Geschädigte bei Erfüllung des angefochtenen Rechtsgeschäft haben würde, also wie er stehen würde, wenn ordnungsgemäß erfüllt worden wäre[790].

> **Bsp.:** Hätte V im obigen Mietvertragsfall die Wohnung im Februar 2010 an D für 1.500 € vermieten können, so bleibt es gleichwohl bei einem Vertrauensschaden in Höhe von 5.200 €. Zwar sind dem V durch das Vertrauen auf die Gültigkeit der Erklärung des M für die Monate April bis Juli 6.000 € entgangen. Jedoch hätte er bei Bestand des Mietvertrages mit M pro Monat nur 1.300 € erhalten, das ist das Erfüllungsinteresse, das den Vertrauensschaden des V nach oben begrenzt.

Für die Haftung nach § 122 Abs. 1 kommt es auf ein Verschulden des Anfechten- **564** den nicht an. Es handelt sich um eine Haftung nach dem sog. **Veranlassungsprinzip**[791]. Die Haftung des Anfechtenden ist nach § 122 Abs. 2 ausgeschlossen, wenn der Geschädigte den Grund der Anfechtbarkeit[792] kannte oder infolge von Fahrlässigkeit nicht kannte. Ist das nicht der Fall, hat jedoch der Geschädigte den Irrtum des Anfechtenden schuldlos mitverursacht, so ist das bei der Höhe des Vertrauensschadens über § 254 analog zu berücksichtigen[793].

---

787 S. nur BGH NJW 1984, 1950 (1951).
788 In Abgrenzung zum sog. positiven Interesse bei einem Anspruch auf Schadensersatz, s. noch folgend im Text.
789 S. BGH NJW 1984, 1950 (1951).
790 S. Palandt/*Grüneberg*, BGB, Vorb. v. § 249 Rn. 16.
791 BGH NJW 1969, 1380.
792 Im Falle des § 118 den Grund der Nichtigkeit.
793 BGH NJW 1969, 1380.

§ 12 Bedingung und Befristung; Zustimmung

Literatur: *Martens*, Grundfälle zu Bedingung und Befristung, JuS 2010, 481 und JuS 2010, 578.

Rechtsprechung: BGH NJW 2000, 2272 (Wissenszurechnung des vollmachtlosen Abschlussvertreters bei Auslegung eines nachträglich genehmigten beurkundungsbedürftigen Rechtsgeschäfts, Vergütungsanspruch des Kaufmanns für Fremdgeschäftsführung, Lagergeld; §§ 134, 166 Abs. 1, 184, 242, 683, § 354 HGB); **BGHZ 108, 380** (Klage aus Vorvertrag auf Genehmigung des mit einem vollmachtlosen Vertreter abgeschlossenen Hauptvertrags, rechtsmissbräuchliche Verweigerung der Genehmigung, keine Rückwirkung der Verurteilung zur Genehmigung; §§ 184 Abs. 1, 242, § 305 a. F. = § 311 Abs. 1 n. F.); **BGHZ 97, 264** (Bedingte Rücktrittserklärung, Grds. der Bedingungsfeindlichkeit von Gestaltungsrechten, Ausnahme bei Rechtsbedingungen und sog. Potestativbedingungen; §§ 346, 349).

I. Bedeutung von Bedingung und Befristung

565 In den Vorschriften der §§ 158–163 werden die Bedingung und Zeitbestimmung (Befristung) geregelt. Mit der rechtsgeschäftlichen Vereinbarung einer Bedingung oder Befristung nehmen die Parteien eines wirksam zustande gekommenen Rechtsgeschäfts Einfluss auf dessen Wirkungen, indem diese bei Vornahme des Rechtsgeschäfts von dem **Eintritt eines zukünftigen ungewissen Ereignisses (Bedingung)** oder von einem **zukünftig gewiss eintretenden Ereignis (Befristung)** abhängig gemacht werden. Die praktische Bedeutung entsprechender Vereinbarungen liegt vor allem darin, das Rechtsgeschäft im Hinblick auf die mögliche oder feststehende Änderung von Umständen flexibel zu gestalten.[1]

> **Bsp. (1):** Weiß der Vermieter einer Wohnung, dass er diese nach Ablauf von zwei Jahren selbst benötigt, so wird er mit dem Mieter nur einen auf diesen Zeitraum befristeten Mietvertrag abschließen.

> **Bsp. (2):** Ist es ungewiss, ob für ein Bauvorhaben die erforderliche behördliche Genehmigung erteilt wird, so bietet es sich an, die mit Bauunternehmen abzuschließenden Werkverträge unter die Bedingung der Erteilung der behördlichen Genehmigung zu stellen.

II. Bedingung

1. Begriff und Arten der Bedingung

566 Bei der Aufstellung bzw. Vereinbarung einer Bedingung i.S.d. § 158 werden die Wirkungen des Rechtsgeschäfts, nicht dessen Wirksamkeit, von dem Eintritt eines zukünftigen ungewissen Ereignisses abhängig gemacht. In der **Ungewissheit des Eintritts des Ereignisses** liegt die maßgebende Abgrenzung zur Befristung, bei der die Wirkungen des Rechtsgeschäfts von einem zukünftigen Ereignis abhängig gemacht werden, dessen Eintritt gewiss ist.

---

1 S. näher MünchKomm/*H.P.Westermann*, BGB, § 158 Rn. 2.

Bsp. (1): A und B schließen einen Kaufvertrag über ein Grundstück. Der Kaufvertrag soll seine Wirkungen nur dann entfalten, wenn B einen Nutzer für das auf dem Grundstück geplante Bürogebäude findet. – Hier vereinbaren die Parteien eine Bedingung, denn das Finden eines Nutzers ist ein zukünftiges Ereignis, dessen Eintritt für die Parteien ungewiss ist.

Bsp. (2): X und Y schließen einen Arbeitsvertrag, der u.a. die Regelung enthält, dass das Arbeitsverhältnis mit Vollendung des 65. Lebensjahres des Y endet. – Hier werden die Wirkungen des Arbeitsvertrages unter eine Befristung gestellt, denn bei der Vollendung des 65. Lebensjahres handelt es sich um ein zukünftiges Ereignis, dessen Eintritt gewiss ist. Dass das Arbeitsverhältnis vorher schon etwa durch Kündigung oder Tod des Arbeitnehmers enden kann, ändert nichts an dem Charakter der Befristung. Denn aus der Sicht der Parteien im Zeitpunkt des Vertragsschlusses ist es gewiss, dass der Arbeitnehmer das 65. Lebensjahr vollendet.

Keine Bedingungen i.S.d. § 158 sind sog. **Rechtsbedingungen.** Hierunter werden **567** Bedingungen verstanden, die das Gesetz für die Wirksamkeit eines Rechtsgeschäfts aufstellt[2]. So stellt etwa die nach § 177 Abs. 1 im Falle eines vollmachtlosen Vertreterhandelns für die Wirksamkeit des Vertrages erforderliche Genehmigung (§ 184)[3] eine Rechtsbedingung dar[4]. Eine Rechtsbedingung wird auch nicht dadurch zur Bedingung i.S.d. § 158, dass die Vertragsparteien das gesetzliche Wirksamkeitserfordernis in den Vertrag aufnehmen[5].

An einer Bedingung i.S.d. § 158 fehlt es auch, wenn die Wirkungen des Rechtsgeschäfts von dem Eintritt eines gegenwärtigen oder vergangenen Ereignisses abhängig gemacht werden, von dem die Parteien nicht wissen, dass es eingetreten ist[6]. Hier fehlt es sowohl an der **Zukünftigkeit** wie auch an der **objektiven Ungewissheit** des Ereignisses.

Schließlich handelt es sich auch bei **Fälligkeitsvereinbarungen** nicht um eine Bedingung i.S.d. § 158. Insoweit ist durch Auslegung zu ermitteln, ob eine Bedingung oder Fälligkeitsvereinbarung getroffen worden ist.

Bsp.: E errichtet auf seinem Grundstück Gewerberäume. Noch vor der Fertigstellung schließen E und M einen Vertrag über die Miete der Räume. In dem Vertrag heißt es: „Das Mietverhältnis beginnt mit der Bezugsfertigstellung. Der Vermieter wird das Mietobjekt bis zum 31.12. bezugsfertig zur Verfügung stellen, spätestens jedoch zum 31.3.". Darüber hinaus vereinbaren sie, dass E bei den Bauarbeiten mögliche Änderungswünsche des M zu berücksichtigen hat. Nach verspäteter Fertigstellung (im April) streiten E und M u.a. darüber, ob ein Mietvertrag besteht. – Der BGH hat in diesem Fall im Rahmen der Auslegung der Vereinbarung maßgebend auf die Interessen der Parteien abgestellt, wonach es nicht dem Willen der Parteien entsprach, eine aufschiebende Bedingung zu vereinbaren, die dann mit Ablauf des 31.3. nicht eingetreten war. Gegen die Annahme einer die Wirkung des Rechtsgeschäfts aufschiebenden Bedingung spreche auch, dass die Vertragsparteien schon für die Zeit bis zum 31.3. wechselseitige Rechte und/oder Pflichten (hier das Eingehen auf Änderungswünsche des Mieters) begründet hatten[7].

---

2 S. BGH NJW 2000, 2272 (2273); *Mertens* JuS 2010, 481 (486).

3 S. noch folgend Rn. 595 ff.

4 BGH NJW 2000, 2272 (2273).

5 BGH NJW 2000, 2272 (2273).

6 Sog. Scheinbedingung, s. Hk-BGB/*Dörner*, § 158 Rn. 2.

7 S. BGH NJW-RR 1998, 801.

568 Das Gesetz unterscheidet in § 158 **zwei Arten** von Bedingungen, und zwar die aufschiebende und die auflösende Bedingung. Wird ein Rechtsgeschäft unter einer **aufschiebenden Bedingung** vorgenommen, so tritt nach § 158 Abs. 1 die von der Bedingung abhängig gemachte Wirkung mit dem Eintritt der Bedingung ein. Das bedeutet, dass im Falle einer aufschiebenden Bedingung das Rechtsgeschäft erst mit Eintritt der Bedingung seine Wirkungen entfaltet, diese werden also bis zum Zeitpunkt des Bedingungseintritts hinausgeschoben. Die Rechtslage ändert sich trotz Vornahme des Rechtsgeschäfts erst mit dem Eintritt der Bedingung, und zwar *ipso iure*, d.h., ohne dass es noch auf einen bis dahin fortbestehenden Willen der Parteien ankäme[8].

> **Bsp.:** V verkauft und übergibt an K eine neue Produktionsmaschine. Dabei wird vereinbart, dass das Eigentum an der Produktionsmaschine erst bei vollständiger Bezahlung des Kaufpreises an K übergehen soll (sog. Eigentumsvorbehalt, § 449). – Das dingliche Rechtsgeschäft (die Eigentumsübertragung an der Produktionsmaschine) entfaltet seine Wirkung erst mit Eintritt der Bedingung, d.h., im Zeitpunkt der vollständigen Zahlung des Kaufpreises durch K. In diesem Zeitpunkt entfaltet die Eigentumsübertragung nach § 929 Satz 1 an der Maschine auf K ihre Wirkung.

569 Im Falle der Vereinbarung einer **auflösenden Bedingung** endigt nach § 158 Abs. 2 mit dem Eintritt der Bedingung die Wirkung des Rechtsgeschäfts, in diesem Zeitpunkt tritt der frühere Rechtszustand wieder ein. Das bedeutet, das Rechtsgeschäft entfaltet im Zeitpunkt seiner Vornahme sofort seine Wirkungen, tritt die auflösende Bedingung ein, so enden die Wirkungen des Rechtsgeschäfts.

> **Bsp.:** A und B schließen einen Arbeitsvertrag unter Vereinbarung der Bedingung, dass der Vertrag für den Fall der Nichtverlängerung der Aufenthalts- und Arbeitserlaubnis des B endet. – Hier entfaltet der Arbeitsvertrag sofort seine Wirkungen, die Parteien tauschen ihre Leistungen (Arbeitsleistung, Vergütung) aus. Wird die Aufenthalts- und Arbeitserlaubnis des B nicht verlängert, endet aufgrund des Eintritts dieser von den Parteien vereinbarten auflösenden Bedingung der Arbeitsvertrag. Der alte Rechtszustand – keine arbeitsvertraglichen Pflichten zwischen den Parteien – ist wieder hergestellt.

Die Frage, ob ein Rechtsgeschäft unter eine aufschiebende oder eine auflösende Bedingung gestellt ist, ist durch **Auslegung** zu ermitteln.

2. Gegenstand der Bedingung

570 Als Bedingung für die Wirksamkeit eines Rechtsgeschäfts kann ein **zukünftiges Ereignis jeder Art** vereinbart werden[9]. Zu unterscheiden sind **Zufallsbedingungen** und **Potestativbedingungen**. Auf den Eintritt von **Zufallsbedingungen** haben die Parteien bzw. Beteiligten eines Rechtsgeschäfts **keinen Einfluss**, er ist also von ihrem Willen unabhängig. Hierzu gehören neben behördlichen und rechtlichen Vorgängen außerhalb ihres Einflussbereichs auch Entscheidungen bzw. Handlungen Dritter, die unabhängig vom Willen der die Bedingung aufstellenden Beteiligten getroffen werden[10].

---

8 BGHZ 127, 129 (134).
9 S. nur Palandt/*Ellenberger*, BGB, Einf. v. § 158 Rn. 10.
10 S. Hk-BGB/*Dörner*, § 158 Rn. 5.

Bsp. (1): A und B schließen einen Kaufvertrag über ein Kfz unter der auflösenden Bedingung, dass die Ehefrau des B, der B den Wagen schenken will, mit dem Autotyp einverstanden ist.

Bsp. (2): X bucht eine Urlaubsreise in ein Krisengebiet unter der auflösenden Bedingung, dass bis zum Zeitpunkt des Reiseantritts keine ausdrückliche Warnung des Auswärtigen Amtes für Reisen in dieses Gebiet erfolgt.

Bei der **Potestativbedingung** hängt der Eintritt des Ereignisses von dem **Willen**   **571** einer der am Rechtsgeschäft beteiligten Parteien ab. Das bedeutet, dass diese Partei zwar in ihrem künftigen Verhalten frei ist und insofern über den Eintritt der Bedingung entscheidet. Verhält sie sich jedoch i.S.d. Bedingung, so tritt diese aufgrund der Vereinbarung bei der Vornahme des Rechtsgeschäfts unabhängig davon ein, ob sie von der Partei noch gewollt ist. Solche Potestativbedingungen werden für zulässig erachtet[11].

Bsp.: Arbeitgeber X schließt mit dem Auszubildenden A einen Arbeitsvertrag für die Zeit nach der Ausbildung unter der aufschiebenden Bedingung, dass dieser seine Ausbildung mit einer bestimmten Note abschließt. Hier steht es in der Macht des Auszubildenden, den Eintritt der Bedingung herbeizuführen.

Von der Potestativbedingung zu unterscheiden ist die sog. **Wollensbedingung**, bei   **572** der das Zustandekommen des Rechtsgeschäfts in das Belieben einer Partei gestellt wird[12]. Hier fehlt es **mangels Rechtsbindungswillens** einer Vertragspartei noch an einem Rechtsgeschäft, dieses muss erst noch durch eine, von irgendwelchen Umständen abhängig gemachte, entsprechende Willenserklärung der sich den Vertragsschluss vorbehaltenden Partei zustande kommen[13].

Bsp.: Künstler A macht dem Galeristen B ein bindendes Angebot zum Ankauf eines Gemäldes. B erklärt, dass er sich die Annahme für den Fall vorbehält, einen Käufer für das Gemälde zu finden.

3.   Zulässigkeit von Bedingungen

Grds. kann jedes Rechtsgeschäft unter einer aufschiebenden oder auflösenden   **573** Bedingung vorgenommen werden[14]. Anderes gilt nur dann, wenn die Vereinbarung einer Bedingung durch besondere gesetzliche Regelung oder durch die Natur der Willenserklärung ausgeschlossen ist[15]. Insoweit wird von **bedingungsfeindlichen Rechtsgeschäften** gesprochen[16]. Der Grund für die Bedingungsfeindlichkeit bestimmter Rechtsgeschäfte liegt in dem Schutz der Allgemeinheit und/oder des Geschäftsgegners vor der mit der Anknüpfung der Wirksamkeit des Rechtsgeschäfts an eine Bedingung eintretenden Unsicherheit der Rechtslage, ob das Rechtsgeschäft Wirksamkeit entfaltet bzw. wirksam bleibt.

---

11 S. BGHZ 134, 182 (187 f.).
12 Hk-BGB/*Dörner*, § 158 Rn. 5.
13 A. A. etwa *Mertens* JuS 2010, 481 (485 f.)
14 BAG NJW 1968, 2078; Hk-BGB/*Dörner*, § 158 Rn. 3; Palandt/*Ellenberger*, BGB, Einf. v. § 158 Rn. 12.
15 BAG NJW 1968, 2078.
16 Palandt/*Ellenberger*, BGB, Einf. v. § 158 Rn. 12.

574 Von Gesetzes wegen **bedingungsfeindlich** sind z. B. die Auflassung (§ 925 Abs. 2),
die Eheschließung (§ 1311 Satz 2) oder auch die Anerkennung der Vaterschaft
(§ 1594 Abs. 3).

Darüber hinaus ist allgemein anerkannt, dass **Gestaltungsrechte** grds. keine Bedingung vertragen, weil sie die Rechtslage eindeutig klären müssen[17]. Der Empfänger der Erklärung soll über den durch die Gestaltungserklärung neu zu schaffenden Rechtszustand nicht in Ungewissheit sein[18]. Bedingungsfeindlich sind
danach grds. etwa die Anfechtung, der Rücktritt, der Widerruf oder auch die
Kündigung. Aus dem Zweck der grundsätzlichen Bedingungsfeindlichkeit von
Gestaltungsrechten folgt wiederum, dass diese dann mangels Schutzbedürftigkeit
des Empfängers unter eine Bedingung gestellt werden können, wenn dadurch kein
ungewisser Rechtszustand herbeigeführt wird, was der Fall ist, wenn der Eintritt
der Bedingung allein vom Willen des Empfängers abhängt (Potestativbedingung)[19].

> **Bsp. (1):** Der Arbeitgeber kündigt dem Arbeitnehmer, der einen Schaden angerichtet
> hat, unter der Bedingung, dass er den Schaden nicht innerhalb einer bestimmten Zeit
> wieder gutmacht. – Hier ist die bedingte Kündigung zulässig, weil der Arbeitnehmer
> entscheiden kann, ob er die Bedingung erfüllen will oder nicht. Insoweit entsteht für
> den Arbeitnehmer als Erklärungsempfänger keine Ungewissheit über die Rechtslage[20].

> **Bsp. (2):** Anderes gilt dann, wenn der Arbeitgeber eine Kündigung unter der Bedingung
> ausspricht, dass der Arbeitnehmer nicht innerhalb eines bestimmten Zeitraums seine
> Arbeitsleistung verbessert. Hier ist die Bedingung unzulässig, weil es wegen der Bewer-
> tung der Arbeitsleistung durch den Arbeitgeber nicht allein in der Macht des Arbeit-
> nehmers liegt, den Eintritt der aufschiebenden Bedingung zu vermeiden[21].

4. Rechtsfolgen bei Bedingungseintritt und Bedingungsausfall

575 Ist das Rechtsgeschäft unter einer aufschiebenden Bedingung vorgenommen wor-
den, so **entfaltet dieses mit Eintritt der Bedingung die beabsichtigten Rechtswirkungen.** Für den Fall der Vornahme des Rechtsgeschäfts unter einer auflösenden
Bedingung **endet mit deren Eintritt die Wirkung des Rechtsgeschäfts.** In beiden
Konstellationen ändert sich die Rechtslage bei Bedingungseintritt nur mit *ex nunc*-
Wirkung, wie der Wortlaut des Gesetzes in § 158 Abs. 1 für die aufschiebende
Bedingung („… tritt die … Wirkung mit dem Eintritt der Bedingung ein.") und
die auflösende Bedingung („… endigt mit dem Eintritt der Bedingung die Wirkung
des Rechtsgeschäfts.") deutlich macht. Der Bedingungseintritt wirkt also nicht auf
den Zeitpunkt der Vornahme des Rechtsgeschäfts zurück mit der Folge, dass
dieses bei Eintritt der aufschiebenden Bedingung bereits ab dem Zeitpunkt der
Vornahme seine Wirkungen entfalten würde, bei Eintritt einer auflösenden Bedingung hingegen die Wirkungen des Rechtsgeschäfts rückwirkend entfielen. Allerdings steht es den Parteien eines Rechtsgeschäfts frei, in dem bedingten Rechts-

---

17 BGHZ 32, 375 (383); 97, 264 (267); BAG NJW 1968, 2078; BGH NJW 1995, 1981
    (1982); s. hierzu mit Bsp. *Mertens* JuS 2010, 578 (579 f.). S. schon Rn. 154.
18 BGHZ 97, 264 (267).
19 BGHZ 97, 264 (267); BAG NJW 1968, 2078.
20 S. BAG NJW 1968, 2078.
21 S. auch BAG NJW 1968, 2078.

geschäft eine **Rückwirkung** der durch den Bedingungseintritt ausgelösten Wirkungen **zu vereinbaren,** wie § 159 deutlich macht. Für diesen Fall sind die an dem Rechtsgeschäft Beteiligten nach § 159 verpflichtet, einander das zu gewähren, was sie haben würden, wenn die Folgen in dem früheren Zeitpunkt eingetreten wären. Hiernach hat die Vereinbarung einer Rückwirkung lediglich schuldrechtliche Bedeutung[22].

> **Bsp.:** A und B schließen einen Dauerlieferungsvertrag über eine Sache unter der Bedingung, dass eine bestimmte steuerliche Regelung in Kraft tritt, nach der der Erwerb entsprechender Gegenstände steuerlich begünstigt wird. Zugleich vereinbaren sie für den Fall des Eintritts der Bedingung, sich die gegenseitig zu erbringenden Leistungen bereits ab dem Zeitpunkt des Abschlusses des Dauerlieferungsvertrages zu gewähren.

Kann die Bedingung nicht mehr eintreten, fällt sie aus, so wird dadurch ebenso wie im Fall des Bedingungseintritts der Schwebezustand beendet. Von einem **Bedingungsausfall** wird dann gesprochen, wenn feststeht, dass die Bedingung nicht mehr eintreten kann. Im Falle eines aufschiebend bedingten Rechtsgeschäfts führt der Bedingungsausfall dazu, dass das Rechtsgeschäft keine Wirkungen entfalten kann. Ist das Rechtsgeschäft unter einer auflösenden Bedingung vorgenommen worden, so bleiben die Wirkungen dieses Rechtsgeschäfts mit dem Ausfall der Bedingung endgültig bestehen. **576**

> **Bsp.:** A hat mit B einen Arbeitsvertrag unter der auflösenden Bedingung geschlossen, dass dem B nicht die Aufenthalts- und Arbeitserlaubnis entzogen wird. Steht fest, dass das nicht der Fall sein wird, kann der Arbeitsvertrag nicht mehr durch Bedingungseintritt aufgelöst werden.

Auch das bedingte Rechtsgeschäft wird durch den **Grundsatz von Treu und Glauben,** § 242, geprägt. In Konkretisierung dieses Grundsatzes enthält § 162 Regelungen für die Fälle der **treuwidrigen Verhinderung oder Herbeiführung des Bedingungseintritts.** Nach § 162 Abs. 1 wird der **Eintritt der Bedingung** fingiert, wenn die Partei, zu deren Nachteil der Eintritt der Bedingung gereichen würde, diese wider Treu und Glauben verhindert.[23] **577**

> **Bsp.:** K kauft bei V eine neue Landmaschine auf Raten, wobei die Übereignung gemäß §§ 929 Satz 1, 158 Abs. 1 unter der aufschiebenden Bedingung der vollständigen Kaufpreiszahlung erfolgt (Kauf unter Eigentumsvorbehalt, § 449). Als K die letzte Kaufpreisrate zahlen will, verweigert der V grundlos die Annahme des Geldes, um den Eintritt der Bedingung und damit den Eigentumsübergang zu verhindern. Hier hilft § 162 Abs. 1, der den durch V treuwidrig verhinderten Eintritt der Bedingung fingiert[24].

Umgekehrt **fingiert § 162 Abs. 2 den Eintritt einer Bedingung als nicht erfolgt,** wenn der Eintritt der Bedingung von der Partei, zu deren Vorteil er gereicht, wider Treu und Glauben herbeigeführt worden ist.

---

22 S. Hk-BGB/*Dörner,* § 159 Rn. 1; MünchKomm/*H.P. Westermann,* BGB, § 159 Rn. 3.
23 S. näher zu § 162 MünchKomm/*H.P. Westermann,* BGB § 162 Rn. 1 ff.
24 Palandt/*Ellenberger,* BGB, § 162 Rn. 5.

> **Bsp.:** Die geschiedenen Eheleute F und M haben eine Unterhaltsvereinbarung getroffen, wonach der M an die F Unterhalt zahlt, solange er ein Einkommen in bestimmter Höhe hat. Wenn M nunmehr absichtlich weniger arbeitet und damit sein Einkommen verringert, um der Unterhaltsverpflichtung zu entgehen, handelt er treuwidrig i.S.d. § 162 Abs. 2, die Bedingung gilt als nicht eingetreten.

Für die **Beurteilung der Treuwidrigkeit** i.S.d. § 162 ist darauf abzustellen, ob das Verhalten desjenigen, der den Eintritt der Bedingung verhindert oder herbeiführt, nach Anlass, Zweck und Beweggrund mit Treu und Glauben nicht im Einklang steht[25].

5. Schutz des bedingt Berechtigten

578   Die Zeit zwischen der Vornahme des Rechtsgeschäfts und dem Eintritt der aufschiebenden oder auflösenden Bedingung bzw. deren endgültigem Nichteintritt ist für die Beteiligten des Rechtsgeschäfts eine **Schwebezeit** (s. §§ 160, 161): Mit dem Abschluss des Rechtsgeschäfts sind sie einerseits gebunden, andererseits besteht Ungewissheit darüber, ob die Bedingung eintreten wird. Derjenige Vertragspartner, der mit Eintritt der Bedingung eine Rechtsposition erhält, hat insoweit bereits während der Schwebezeit ein **Anwartschaftsrecht**[26].

579   Bereits während der Schwebezeit besteht für die Vertragspartei, die durch den Eintritt der Bedingung begünstigt wird, ein **Schutz gegen Beeinträchtigungen** durch die andere Vertragspartei nach Maßgabe des § 160. Gemäß der Regelung des § 160 Abs. 1 kann **derjenige, der unter einer aufschiebenden Bedingung berechtigt ist,** im Falle des Eintritts der Bedingung **Schadensersatz** von dem anderen Teil verlangen, wenn dieser während der Schwebezeit das von der Bedingung abhängige Recht durch sein Verschulden vereitelt oder beeinträchtigt[27]. Durch diese Regelung wird ein **gesetzliches Schuldverhältnis** mit Schutz- und Erhaltungspflichten begründet[28].

> **Bsp.:** V überträgt das Eigentum an einem Pkw aufschiebend bedingt durch die vollständige Zahlung des Kaufpreises auf K (§ 449, §§ 929 Satz 1, 158 Abs. 1). Wird vor vollständiger Zahlung des Kaufpreises das Kfz durch ein Verschulden des V zerstört mit der Folge, dass er das Eigentum an dem Pkw – das Recht, das von der vereinbarten Bedingung der vollständigen Zahlung des Kaufpreises abhängig ist – bei Eintritt der Bedingung nicht mehr auf K übertragen kann, so ist der V wegen der Vereitelung des Rechts nach § 160 Abs. 1 zum Schadensersatz verpflichtet, wenn K den Kaufpreis vollständig zahlt und damit die Bedingung eintritt. Konkurrierend besteht auch ein Schadensersatzanspruch gem. §§ 280 Abs. 1, 241 Abs. 2. Ist der Kaufvertrag nichtig, kommt ein Schadenersatzanspruch allein nach § 160 Abs. 1 in Betracht.

---

25 Palandt/*Ellenberger*, BGB, § 162 Rn. 3.
26 S. hierzu Palandt/*Ellenberger*, BGB, Einf. v. § 158 Rn. 9.
27 S. näher MünchKomm/*H.P.Westermann*, BGB, § 160 Rn. 5 f.
28 Hk-BGB/*Dörner*, § 160 Rn. 1. Im Anwendungsbereich von § 280 Abs. 1 besteht Anspruchskonkurrenz zu § 160, s. Hk-BGB/*Dörner*, § 160 Rn. 1. Bei Nichtigkeit eines Verpflichtungsgeschäfts hat § 160 eigenständige Bedeutung und ist in diesem Sinne konstitutiv für den Schadenersatzanspruch, wenn die Bedingung eintritt und die übrigen Voraussetzungen von § 160 vorliegen, s. PWW/*Brinkmann*, BGB, § 160 Rn. 2; Palandt/*Ellenberger*, § 160 Rn. 1.

Nach § 160 Abs. 2 hat unter den Voraussetzungen des § 160 Abs. 1 im Falle eines **580**
unter einer auflösenden Bedingung vorgenommenen Rechtsgeschäfts derjenige
**Vertragspartner einen Schadensersatzanspruch, zu dessen Gunsten der frühere
Rechtszustand wieder eintritt.** Der zum Schadensersatz Verpflichtete muss trotz
Wirksamkeit des Rechtsgeschäfts im Hinblick auf die vereinbarte auflösende Bedingung damit rechnen, dass diese eintritt und der alte Rechtszustand wieder
hergestellt wird.

> **Bsp.:** N überträgt sein Motorboot auflösend bedingt durch die vollständige Rückzah-
> lung eines Darlehens zur Sicherheit auf D (§§ 929 Satz 1, 158 Abs. 2). Vor Rückzah-
> lung des Darlehens wird das Boot aufgrund fahrlässigen Verhaltens des D zerstört.
> Damit kann bei Eintritt der auflösenden Bedingung, vollständige Rückzahlung des
> Darlehens, der alte Rechtszustand, Eigentum des N am Motorboot, nicht wieder ein-
> treten. D ist dem N nach § 160 Abs. 2, Abs. 1 zum Schadensersatz verpflichtet.

Die Regelung des § 160 gibt lediglich einen Schadensersatzanspruch gegen den **581**
Vertragspartner, der das von der Bedingung abhängige Recht vereitelt oder beeinträchtigt. Kein Schutz wird hingegen bei **Verfügungen des Vertragspartners während der Schwebezeit** über das von dem Eintritt der Bedingung abhängige Recht
gewährt. Insoweit ist die Bestimmung des § 161 über die **Unwirksamkeit sog.
Zwischenverfügungen** während der Schwebezeit von Bedeutung. Gemäß § 161
Abs. 1 ist für den Fall, dass jemand unter einer aufschiebenden Bedingung über
einen Gegenstand verfügt, jede weitere während der Schwebezeit getroffene Verfügung im Falle des Bedingungseintritts insoweit unwirksam, als dadurch die von
der Bedingung abhängige Wirkung vereitelt oder beeinträchtigt würde[29]. Damit
beschränkt § 161 Abs. 1 Satz 1 die Verfügungsmacht des Berechtigten zugunsten
des bedingt Berechtigten[30].

> **Bsp.:** V veräußert ein Kfz an K unter Eigentumsvorbehalt bis zur vollständigen Kauf-
> preiszahlung (§ 449, §§ 929 Satz 1, 158 Abs. 1). Der Wagen verbleibt zunächst bei V.
> Dieser ist, solange der Kaufpreis nicht vollständig gezahlt ist, nach wie vor Eigentümer.
> Übereignet V das Eigentum vor Eintritt der Bedingung an D nach § 929 Satz 1, so
> erwirbt dieser vom Berechtigten und wird Eigentümer (Zwischenverfügung). Mit Ein-
> tritt der Bedingung, vollständige Kaufpreiszahlung durch K, wird die Übereignung an
> D nach § 161 Abs. 1 Satz 1 unwirksam, weil ansonsten der von der Bedingung abhän-
> gig gemachte Eigentumserwerb des K vereitelt würde.

Nach § 161 Abs. 3 finden die Vorschriften zugunsten derjenigen, welche Rechte **582**
von einem Nichtberechtigten herleiten, entsprechende Anwendung. Das bedeutet,
dass die Unwirksamkeit einer Zwischenverfügung nach § 161 Abs. 1 Satz 1 dann
nicht in Betracht kommt, wenn der aufgrund der Zwischenverfügung Erwerbende
**in Ansehung der aufgrund der bedingten Verfügung nur beschränkten Verfügungs-
macht des Verfügenden gutgläubig** war, d.h. davon nichts wusste und auch nichts
wissen musste[31].

---

29 Nach § 161 Abs. 1 Satz 2 steht einer solchen Verfügung eine Verfügung gleich, die
    während der Schwebezeit im Wege der Zwangsvollstreckung oder der Arrestvollziehung
    oder durch den Insolvenzverwalter erfolgt.
30 Näher zur Verfügungsbeschränkung MünchKomm/*H.P.Westermann*, BGB, § 161
    Rn. 7 ff.
31 Zum Schutz des gutgläubigen Zwischenerwerbers s. näher MünchKomm/*H.P.Wester-
    mann*, BGB, § 1561 Rn. 19 ff.

> Bsp.: Wusste im obigen Beispiel (Rn. 581) D nichts davon, dass der V das Eigentum am Kfz aufschiebend bedingt auf K übereignet hatte, so erwirbt er das Eigentum nach § 929 Satz 1, weil er in entsprechender Anwendung des § 932 im Hinblick auf die bedingte Übereignung an K gutgläubig war. Die Zwischenverfügung ist nicht nach § 161 Abs. 1 Satz 1 unwirksam, der K ist deshalb auf einen Schadensersatzanspruch gegen den V nach § 160 Abs. 1 verwiesen.

583 Nach § 161 Abs. 2 gilt die Unwirksamkeit von Zwischenverfügungen im Falle der **Vereinbarung einer auflösenden Bedingung** von den Verfügungen desjenigen, dessen Recht mit dem Eintritt der Bedingung endigt.

> Bsp.: Veräußert in dem obigen Beispiel (Rn. 580) der auflösend bedingten Sicherungsübereignung der D während der Schwebezeit das Motorboot an E, so ist diese Verfügung bei Eintritt der Bedingung, vollständige Rückzahlung des Darlehens, nach § 161 Abs. 2, Abs. 1 Satz 1 dem N gegenüber unwirksam, das Eigentum am Motorboot fällt mit Bedingungseintritt an N zurück.

II. Befristung

584 Aus § 163 ergibt sich der **Begriff** der Befristung (Zeitbestimmung) eines Rechtsgeschäfts. Eine solche liegt vor, wenn für die Wirkung eines Rechtsgeschäfts bei dessen Vornahme ein **Anfangs- oder ein Endtermin bestimmt** worden ist. Im Falle eines durch einen Anfangstermin befristeten Rechtsgeschäfts werden dessen **Wirkungen** an den Eintritt eines **zukünftigen**, im Unterschied zur Bedingung jedoch **gewissen Ereignisses** geknüpft. Wird bei der Vornahme eines Rechtsgeschäfts ein Endtermin vereinbart, so wird gleichfalls an ein **zukünftiges gewisses Ereignis** angeknüpft, bei dessen Eintritt die **Wirkungen des Rechtsgeschäfts entfallen**. Für das Vorliegen einer Befristung muss der Eintritt des künftigen Ereignisses gewiss sein. Nicht erforderlich ist, dass auch Gewissheit über den Zeitpunkt des Eintritts des Ereignisses besteht.

> Bsp. (1): V vermietet im Juli 2005 an M eine Wohnung ab 1. Januar 2006. Hier ist für das Wirksamwerden des Mietvertrages ein Anfangstermin gesetzt, dessen Eintritt gewiss ist.

> Bsp. (2): Arbeitgeber X und Arbeitnehmer Y schließen im Juli 2006 einen Arbeitsvertrag, der auf den 31. Dezember 2006 befristet ist. Hier haben die Parteien einen Endtermin gesetzt, dessen Eintritt gewiss ist und mit dessen Ablauf die Wirkungen des Arbeitsvertrages enden.

> Bsp. (3): V vermietet an M eine Wohnung auf Lebenszeit. Auch hier handelt es sich um eine Befristung, weil der Eintritt des Endtermins, der Tod, gewiss ist. Dass der Zeitpunkt des Todes ungewiss ist, ändert nichts an der Einordnung als Befristung[32].

In § 163 werden die Vorschriften über die Bedingung für **entsprechend anwendbar** erklärt[33]. Danach gelten für die durch einen Anfangstermin befristeten Rechtsgeschäfte die Bestimmungen über aufschiebende Bedingungen, auf durch einen End-

---

32 S. näher MünchKomm/*H.P. Westermann*, BGB, § 163 Rn. 1 ff.
33 Zur entsprechenden Anwendung des Bedingungsrechts s. näher MünchKomm/*H.P. Westermann*, BGB, § 163 Rn. 4 ff.

termin befristete Rechtsgeschäfte sind die Regeln über auflösende Bedingungen entsprechend anzuwenden[34].

Bei Forderungen ist zwischen einer **befristeten und einer betagten Forderung** zu unterscheiden. Die durch einen Anfangstermin befristete Forderung besteht noch nicht, demgegenüber besteht die betagte Forderung schon, ist jedoch **noch nicht fällig.** **585**

> Bsp.: Ist in einem Mietvertrag geregelt, dass der monatliche Mietzins zum 1. des Monats entsteht, so handelt es sich um eine durch einen Anfangstermin bestimmte Befristung. Vereinbaren die Parteien für die Oktobermiete eine Stundung von zwei Wochen, so entsteht zwar die Mietforderung für Oktober am 1. des Monats, die Fälligkeit der Mietforderung ist jedoch auf den 15. Oktober hinausgeschoben.

Die Frage, ob eine Forderung befristet oder betagt ist, wird im Rahmen der **bereicherungsrechtlichen Vorschrift des** § 813 Abs. 2 praktisch relevant. Leistet der Schuldner vorzeitig auf eine durch einen Anfangstermin bestimmte Forderung, wird etwa die Oktobermiete bereits im September bezahlt, so besteht ein bereicherungsrechtlicher Herausgabeanspruch nach § 812 Abs. 1 Satz 1 Alt. 1. Wird hingegen auf eine betagte Forderung vorzeitig geleistet, so steht einer Rückforderung § 813 Abs. 2 entgegen, danach ist bei vorzeitiger Erfüllung einer betagten Verbindlichkeit die Rückforderung ausgeschlossen[35].

III. Zustimmung

1. Begriff und Bedeutung

In bestimmten Fällen macht das Gesetz die Wirksamkeit eines Rechtsgeschäfts von der **Zustimmung einer dritten Person** abhängig. Der Grund hierfür liegt entweder darin, dass an dem Rechtsgeschäft selbst beteiligte Personen geschützt werden sollen (z.B. beschränkt geschäftsfähige Minderjährige nach §§ 107 ff.)[36], oder aber die dritte Person, deren Zustimmung für die Wirksamkeit des Rechtsgeschäfts erforderlich ist, für schutzbedürftig erachtet wird (z.B. der Vertretene nach § 177 Abs. 1[37], der Verfügungsberechtigte nach § 185). **586**

Unter dem Begriff der in den Vorschriften der §§ 182 ff. allgemein geregelten Zustimmung ist die **Erklärung des Einverständnisses eines Dritten** mit einem von anderen Personen vorgenommenen Rechtsgeschäft zu verstehen[38]. Das Gesetz unterscheidet zwischen der **vorherigen Zustimmung,** die nach der Legaldefinition des § 183 Satz 1 als **Einwilligung** bezeichnet wird, und der **nachträglichen Zustimmung,** die das Gesetz in § 184 Abs. 1 als **Genehmigung** definiert.

---

34 S. MünchKomm/*H.P.Westermann*, BGB, § 163 Rn. 4 ff.
35 S. hierzu MünchKomm/*Lieb*, BGB, § 813 Rn. 13 ff.; Palandt/*Sprau*, BGB, § 813 Rn. 7.
36 S. dazu ausf. oben Rn. 333 ff.
37 S. dazu Rn. 667 ff.
38 S. Palandt/*Ellenberger*, BGB, Einf. v. § 182 Rn. 1.

587   Ihrer **Rechtsnatur** nach handelt es sich bei der Zustimmung des Dritten um eine empfangsbedürftige Willenserklärung[39] und ein einseitiges Rechtsgeschäft[40], denn die Zustimmung ist auf den rechtlichen Erfolg der Herbeiführung der Wirksamkeit des zustimmungsbedürftigen Rechtsgeschäfts gerichtet. Als einseitiges Rechtsgeschäft unterliegt sie den Vorschriften der §§ 104 ff. über Rechtsgeschäfte, muss damit insb. den Anforderungen an die Wirksamkeit einer empfangsbedürftigen Willenserklärung genügen und darf nicht unter einem Willensmangel leiden[41]. Wie jede andere formlose Willenserklärung auch kann die Zustimmung **ausdrücklich oder stillschweigend** erklärt werden. Nach § 182 Abs. 1 kann die Erteilung oder Verweigerung der Zustimmung bei einem Vertrag oder einem empfangsbedürftigen einseitigen Rechtsgeschäft, die zu ihrer Wirksamkeit der Zustimmung bedürfen, **sowohl dem einen als auch dem anderen Teil gegenüber erklärt** werden. Das bedeutet bei einem zustimmungsbedürftigen Vertrag, dass die Erteilung oder Verweigerung der Zustimmung sowohl gegenüber demjenigen, dessen rechtsgeschäftliches Handeln zustimmungsbedürftig ist, wie auch gegenüber dem Vertragspartner abgegeben werden kann[42]. Bei einem empfangsbedürftigen einseitigen Rechtsgeschäft kann die Erteilung oder Verweigerung der Zustimmung sowohl gegenüber dem Erklärenden als auch gegenüber dem Erklärungsempfänger erfolgen[43].

> **Bsp. (1):** Bei einem Vertragsschluss durch einen vollmachtlosen Vertreter kann der Vertretene die Genehmigung nach § 177 Abs. 1 gegenüber dem Vertreter oder dem Vertragspartner erklären. Wird er allerdings von dem Vertragspartner zur Erklärung über die Genehmigung aufgefordert, so kann die Erklärung gemäß § 177 Abs. 2 Satz 1 nur diesem gegenüber erfolgen.

> **Bsp. (2):** Nach § 107 bedarf der beschränkt geschäftsfähige Minderjährige zur Kündigung eines Mietvertrages der Einwilligung seines gesetzlichen Vertreters (s. § 111). Die Einwilligung zu diesem empfangsbedürftigen einseitigen Rechtsgeschäft kann nach § 182 Abs. 1 dem Minderjährigen oder dem Empfänger der Kündigung gegenüber erklärt werden.

588   Gemäß § 182 Abs. 2 bedarf die Zustimmung nicht der für das Rechtsgeschäft bestimmten Form. Auch wenn also das zustimmungsbedürftige Rechtsgeschäft einem gesetzlich oder rechtsgeschäftlich vorgeschriebenen Formerfordernis unterliegt, kann die erforderliche Zustimmung, sofern nicht gesetzlich etwas Besonderes geregelt ist[44], **formfrei erklärt werden.** Daran ist auch dann festzuhalten, wenn der mit dem Formzwang für das zustimmungsbedürftige Rechtsgeschäft verfolgte Zweck gleichermaßen für die Zustimmungserklärung relevant ist[45].

> **Bsp.:** Der vollmachtlose Vertreter V schließt mit K einen notariell beurkundeten Grundstückskaufvertrag (§§ 433, 311b Abs. 1 Satz 1). Die Genehmigung des Vertretenen nach § 177 Abs. 1 bedarf nicht der Form des § 311b Abs. 1 Satz 1, obwohl auch insoweit die mit diesem Formerfordernis u. a. bezweckte Warnfunktion Sinn machen würde.

---

39 S. dazu oben Rn. 214.
40 Dazu oben Rn. 191.
41 Vgl. BGHZ 111, 339 (347).
42 Hk-BGB/*Dörner*, § 182 Rn. 3.
43 S. Hk-BGB/*Dörner*, § 182 Rn. 3.
44 Z. B. §§ 1516 Abs. 2 Satz 3, 1517 Abs. 1 Satz 2.
45 S. ausf. BGHZ 125, 218 (222 ff.).

Einseitige Rechtsgeschäfte können, wie z.B. § 111 Satz 1[46] deutlich macht, im **589**
Falle ihrer Zustimmungsbedürftigkeit nur mit **vorheriger Zustimmung (Einwilligung)** wirksam vorgenommen werden[47]. Fehlt die Einwilligung, ist das einseitige
Rechtsgeschäft unwirksam. Bei der Vornahme eines zustimmungsbedürftigen einseitigen Rechtsgeschäfts mit der erforderlichen Einwilligung des Dritten finden
nach § 182 Abs. 3 die Vorschriften des § 111 Satz 2, Satz 3 entsprechende Anwendung[48].

Wird die Zustimmung erteilt, so kann das Rechtsgeschäft wirksam vorgenommen **590**
werden bzw. – im Falle der Genehmigung – wirksam werden[49]. Das Rechtsgeschäft wird mit dem Inhalt wirksam, den die Beteiligten festgelegt haben, die
Zustimmung ändert daran nichts.

Im Falle der **Verweigerung der Zustimmung**, bei der es sich ebenfalls um eine **591**
empfangsbedürftige Willenserklärung handelt[50], kann das zustimmungsbedürftige Rechtsgeschäft keine Wirkungen entfalten.

2. Vorherige Zustimmung – Einwilligung

Nach § 183 Satz 1 ist die **Einwilligung als vorherige Zustimmung** bis zur Vor- **592**
nahme des Rechtsgeschäfts widerruflich, es sei denn, dass sich aus dem ihrer
Erteilung zugrunde liegenden Rechtsverhältnis etwas anderes ergibt. Gemäß
Satz 2 von § 183 kann der **Widerruf** sowohl dem einen wie auch dem anderen Teil
gegenüber erklärt werden, sprich gegenüber der Person, die der Einwilligung für
ihr rechtsgeschäftliches Handeln bedarf, oder gegenüber dem Vertragspartner
bzw. Erklärungsempfänger[51].

Die Einwilligung muss im **Zeitpunkt der Vornahme des Rechtsgeschäfts** vorliegen, **593**
die Gleichzeitigkeit von Einwilligung und Vornahme des Rechtsgeschäfts ist ausreichend[52]. Ist die Einwilligung gegeben, so ist das Rechtsgeschäft von Anfang an
wirksam.

Bis zur Vornahme des Rechtsgeschäfts ist die Einwilligung **grds. frei widerruflich.** **594**
Bei dem Widerruf handelt es sich, wie auch § 183 Satz 2 deutlich macht, um eine
empfangsbedürftige Willenserklärung und ein einseitiges Rechtsgeschäft, weil der
Widerruf auf den rechtlichen Erfolg der Beseitigung der Einwilligung gerichtet ist.
Abgesehen von gesetzlichen Regelungen, nach denen eine einmal erteilte Einwilligung unwiderruflich ist (z.B. §§ 876 Satz 3, 1071 Abs. 1 Satz 2), kann die Widerruflichkeit auch durch rechtsgeschäftliche Vereinbarung ausgeschlossen werden.

---

46 S. dazu schon oben Rn. 363 ff.
47 Palandt/*Ellenberger*, BGB, § 182 Rn. 5.
48 S. dazu schon oben Rn. 365.
49 S. zur Genehmigung noch folgend Rn. 595 ff.
50 S. schon oben Rn. 357.
51 S. Palandt/*Ellenberger*, BGB, § 183 Rn. 1.
52 Hk-BGB/*Dörner*, § 183 Rn. 2.

Bsp.: Künstler K erklärt sich damit einverstanden, dass Galerist G ein in der Galerie ausgestelltes Bild an Kunden weiter veräußern darf (§ 185 Abs. 1). In der zugrunde liegenden Vereinbarung schließen K und G einen Widerruf der Einwilligung aus.

Neben dem Widerruf kann die Einwilligung aus **weiteren Gründen** erlöschen. Das ist etwa der Fall, wenn die Einwilligung unter einer auflösenden Bedingung[53] oder lediglich befristet erteilt worden ist[54].

3. Nachträgliche Zustimmung – Genehmigung

595 Nach § 184 Abs. 1 wirkt die **Genehmigung als nachträgliche Zustimmung** auf den Zeitpunkt der Vornahme des Rechtsgeschäfts zurück, soweit nicht ein anderes bestimmt ist. Bis zur Erteilung der Genehmigung ist der ohne die erforderliche Einwilligung geschlossene Vertrag **schwebend unwirksam**[55]. Die Genehmigung muss grds. nicht innerhalb einer bestimmten Frist erteilt oder verweigert werden. Wegen der mit der schwebenden Unwirksamkeit verbundenen Ungewissheit, ob das Rechtsgeschäft Wirksamkeit erlangt oder nicht, sieht das Gesetz in bestimmten Fällen für den Vertragspartner dessen, der für sein rechtsgeschäftliches Handeln der Zustimmung eines Dritten bedarf, die Möglichkeit vor, den Dritten **zur Erklärung über die Genehmigung aufzufordern** und dadurch eine Frist für die Erteilung der Genehmigung auszulösen, so z.B. nach § 108 Abs. 2 im Minderjährigenrecht[56] und nach § 177 Abs. 2 im Vertretungsrecht[57]. Darüber hinaus wird dem Vertragspartner in verschiedenen gesetzlichen Regelungen auch die Möglichkeit eingeräumt, sich von der grds. eingetretenen Bindung an das schwebend unwirksame Rechtsgeschäft bis zur Erteilung der Genehmigung durch Widerruf seiner Willenserklärung zu lösen und auch damit die Ungewissheit zu beenden, so etwa nach § 109 im Minderjährigenrecht[58] und § 178 im Vertretungsrecht[59].

596 Die Erteilung der Genehmigung wirkt grds. auf den Zeitpunkt der Vornahme des Rechtsgeschäfts zurück. Das bedeutet, dass das Rechtsgeschäft von Anfang an Wirksamkeit entfaltet, die Genehmigung also *ex tunc*-Wirkung hat. Die Rückwirkung kann allerdings von den Vertragsparteien ausgeschlossen werden, wie aus § 184 Abs. 1 a. E. hervorgeht („…, soweit nicht ein anderes bestimmt ist.")[60]. Wird die Genehmigung verweigert, dann ist das bis dahin schwebend unwirksame Rechtsgeschäft endgültig unwirksam.
Als einseitiges empfangsbedürftiges Rechtsgeschäft hat die Genehmigung **Gestaltungswirkung**, indem sie die Wirksamkeit des schwebend unwirksamen Vertrages herbeiführt. Im Hinblick auf ihren Charakter als Gestaltungserklärung ist die

---

53 S. oben Rn. 569.
54 S. Palandt/*Ellenberger*, BGB, § 183 Rn. 3.
55 S. zur schwebenden Unwirksamkeit Rn. 484 ff.
56 Dazu oben Rn. 358 ff.
57 S. Rn. 669 f.
58 S. oben Rn. 362.
59 Dazu Rn. 671 ff.
60 S. auch BGHZ 108, 380 (384).

Genehmigung **bedingungsfeindlich**[61]. Darüber hinaus ist sie, anders als die Einwilligung, bis zur Vornahme des Rechtsgeschäfts (§ 183) **unwiderruflich**[62]. Denn auch insoweit soll aus Gründen der Rechtssicherheit keine Ungewissheit über die Wirksamkeit des genehmigten Rechtsgeschäfts bestehen. Bei Vorliegen eines Anfechtungsgrundes kann die Genehmigung nach §§ 119 ff. angefochten werden. Wird ein einseitiges Rechtsgeschäft ohne erforderliche Einwilligung vorgenommen, so ist das Rechtsgeschäft **endgültig unwirksam**, eine Genehmigung nach § 184 Abs. 1 ist ausgeschlossen[63]. Das ergibt sich z. T. ausdrücklich aus gesetzlichen Regelungen wie z.B. § 111 Satz 1[64], gilt darüber hinaus jedoch auch als **allgemeiner Rechtsgrundsatz** für alle zustimmungsbedürftigen einseitigen Rechtsgeschäfte[65]. Ausnahmsweise ist auch ein einseitiges Rechtsgeschäft bei Fehlen der erforderlichen Einwilligung schwebend unwirksam und genehmigungsfähig, wenn der Erklärungsempfänger von der fehlenden Einwilligung weiß und gleichwohl mit der Vornahme des Rechtsgeschäfts einverstanden ist. Hier ist der Empfänger nicht schutzbedürftig, weil er die dadurch entstehende Ungewissheit bewusst hinnimmt[66].

Nach § 184 Abs. 2 werden durch die Rückwirkung der Genehmigung **Verfügungen** nicht unwirksam, die vor der Genehmigung über den Gegenstand des Rechtsgeschäfts von dem Genehmigenden getroffen worden sind[67]. Mit dieser Regelung werden die Rechte Dritter geschützt, die diese vor dem Zeitpunkt der Genehmigung während der Schwebezeit durch Verfügung des Genehmigenden erworben haben. **597**

> **Bsp.:** B hat ein Buch des E gestohlen und veräußert das Buch an K. – Wegen § 935 kann der K nicht nach §§ 929, 932 gutgläubig Eigentum an dem Buch erwerben. Der E kann allerdings nach § 185 Abs. 2 Satz 1 die Verfügung des B genehmigen. Hat der E vor der Genehmigung das Buch an D übereignet (§§ 929, 931), so wird durch die Genehmigung des E trotz deren Rückwirkung die Eigentumsübertragung auf D im Hinblick auf § 184 Abs. 2 nicht unwirksam.

4. Verfügung eines Nichtberechtigten

§ 185 regelt das **Wirksamwerden der Verfügung**[68] eines Nichtberechtigten. Grds. kann nur der Rechtsinhaber wirksam über einen Gegenstand verfügen, etwa das Eigentum an einer beweglichen Sache nach § 929 Satz 1 übertragen oder eine Forderung gemäß § 398 abtreten. **598**

---

61 S. oben Rn. 154 und 574.
62 BGHZ 40, 156 (164).
63 S. Palandt/*Ellenberger*, BGB, § 182 Rn. 5; Hk-BGB/*Dörner*, § 184 Rn. 2.
64 S. dazu oben Rn. 363.
65 Palandt/*Ellenberger*, BGB, § 182 Rn. 5.
66 MünchKomm/*Schramm*, BGB, § 182 Rn. 28.
67 Das gilt auch für Verfügungen im Wege der Zwangsvollstreckung oder der Arrestvollziehung oder durch den Insolvenzverwalter.
68 Zum Begriff der Verfügung s. oben Rn. 195.

Verfügt ein Nichtberechtigter über einen Gegenstand, so ist die Verfügung nach
§ 185 Abs. 1 wirksam, wenn sie **mit Einwilligung des Berechtigten** erfolgt.[69]

> **Bsp.:** L hat dem H Waren unter Eigentumsvorbehalt bis zur vollständigen Bezahlung
> des Kaufpreises geliefert (§ 449, §§ 929, 158 Abs. 1). – Bis zu diesem Zeitpunkt bleibt
> der L Eigentümer der Ware. Will der H bereits vorher die Waren weiter veräußern, so
> kann er als Nichtberechtigter mit Einwilligung des L wirksam das Eigentum auf Dritte
> übertragen. Holt er die Einwilligung nicht ein, dann können Dritte an den Waren nach
> §§ 929, 932 gutgläubig Eigentum erwerben.

Verfügt ein Nichtberechtigter ohne Einwilligung des Berechtigten, so wird die
Verfügung nach § 185 Abs. 2 Satz 1 Alt. 1 wirksam, wenn **der Berechtigte die
Verfügung genehmigt.**

> **Bsp.:** A veräußert das bei E gestohlene Buch im Wert von 20 € für 25 € an B. Im
> Hinblick auf § 935 konnte der B an dem Buch nicht gutgläubig gemäß §§ 929, 932
> Eigentum erwerben. E kann allerdings die Verfügung des A nach § 185 Abs. 2 Satz 1
> Alt. 1 genehmigen. Das wird der E dann tun, wenn er gegen A gemäß § 816 Abs. 1
> Satz 1 vorgehen will, um den von B gezahlten Kaufpreis zu bekommen. Danach ist für
> den Fall, dass ein Nichtberechtigter (hier A) über einen Gegenstand (das Buch) eine
> Verfügung (die Eigentumsübertragung auf D) trifft, die dem Berechtigten (E) gegen-
> über wirksam ist (durch Genehmigung nach § 185 Abs. 2 Satz 1 Alt. 1), der Nichtbe-
> rechtigte zur Herausgabe des durch die Verfügung Erlangten (nach h. M. der Kauf-
> preis) verpflichtet.

Unabhängig von einer Zustimmung des Berechtigten wird die Verfügung des
Nichtberechtigten **durch Heilung (Konvaleszens)** wirksam, wenn dieser den Gegenstand erwirbt (§ 185 Abs. 2 Satz 1 Alt. 2) oder wenn er von dem Berechtigten
beerbt wird und dieser für die Nachlassverbindlichkeiten unbeschränkt haftet
(§ 185 Abs. 2 Satz 1 Alt. 3).[70]

> **Bsp. (1):** B veräußert ein bei E gestohlenes Buch an C. – Im Hinblick auf § 935 kann
> C nicht nach §§ 929, 932 gutgläubig Eigentum an dem Buch erwerben. Erwirbt der B
> das Buch von E gemäß §§ 929, 931, so wird die Verfügung des B an C nach § 185
> Abs. 2 Satz 1 Alt. 2 wirksam. Dasselbe gilt, wenn der B den E beerbt (§ 185 Abs. 2
> Satz 1 Alt. 3).

> **Bsp. (2):** Überträgt der Nichtberechtigte B die gestohlene Sache nach §§ 929, 930
> unwirksam (§ 935) auf C, so bleibt B Besitzer der Sache. Überträgt er das Eigentum
> an der Sache ein weiteres Mal nach §§ 929, 932, 935 unwirksam auf D und tritt
> nunmehr einer der Fälle des § 185 Abs. 2 Satz 1 Alt. 2 oder 3 ein, so wird gemäß § 185
> Abs. 2 Satz 2 nur die frühere Verfügung an C wirksam (Prioritätsprinzip).

---

69 S. ausf. MünchKomm/*Schramm*, BGB, § 185 Rn. 1 ff.
70 Zur Erbenhaftung für Nachlassverbindlichkeiten s. §§ 1967 ff., zur Beschränkung der
    Haftung §§ 1975 ff.

§ 13 Rechtsgeschäftliches Handeln für Dritte: Die Stellvertretung

Literatur: *Beuthien*, Gibt es eine organschaftliche Stellvertretung?, NJW 1999, 1142; *ders.*, Zur Wissenszurechnung nach § 166 BGB – § 166 II BGB ausweiten – § 166 I BGB klarer ordnen, NJW 1999, 3595; *Brox*, Die Anfechtung bei der Stellvertretung, JA 1980, 449; *Chiusi*, Geschäftsfähigkeit im Recht der Stellvertretung, JURA 2005, 532; *Drexl/Mentzel*, Handelsrechtliche Besonderheiten der Stellvertretung, JURA 2002, 289 und 375; *Elling*, BGB – Allgemeiner Teil – Zur Haftung des Vertreters ohne Vertretungsmacht bei (noch) nicht existierender Person des Vertretenen, JA 1989, 198; *Förster*, Stellvertretung – Grundstruktur und neuere Entwicklungen, JURA 2010, 351; *Kern*, Wesen und Anwendungsbereich des § 181 BGB, JA 1990, 281; *St. Lorenz*, Grundwissen – Zivilrecht: Stellvertretung, JuS 2010, 382; *ders.*, Grundwissen – Zivilrecht: Die Vollmacht, JuS 2010, 771; *Merkt*, Die dogmatische Zuordnung der Duldungsvollmacht zwischen Rechtsgeschäft und Rechtsscheintatbestand, AcP 2004, 638; *K. Müller*, Das Geschäft für den, den es angeht, JZ 1982, 777; *Pawlowski*, Die gewillkürte Stellvertretung, JZ 1996, 125; *Petersen*, Die Haftung bei der Untervollmacht, JURA 1999, 401; *ders.*, Bestand und Umfang der Vertretungsmacht, JURA 2003, 310, *ders.*, Unmittelbare und mittelbare Stellvertretung, JURA 2003, 744; *ders.*, Die Abstraktheit der Vollmacht, JURA 2004, 829; *ders.*, Stellvertretung und Botenschaft, JURA 2009, 904; *ders.*, Das Offenkundigkeitsprinzip bei der Stellvertretung, JURA 2010, 187; *ders.*,Vertretung ohne Vertretungsmacht, JURA 2010, 904; *Schreiber*, Rechtsschein im Vertretungsrecht, JURA 1997, 104; *Schwark*, Rechtsprobleme bei der mittelbaren Stellvertretung, JuS 1980, 777; *Schwarze,* Die Anfechtung der ausgeübten (Innen-)Vollmacht, JZ 2004, 588; *Tebben*, Das schwebend unwirksame Insichgeschäft und seine Genehmigung, DNotZ 2005, 173; *Waas*, Scheingeschäft des Vertreters gemäß § 117 und Missbrauch der Vertretungsmacht, JURA 2000, 292; *ders.*, Ausschluss der Wissenszurechnung gemäß § 166 Abs. 1 bei Bevollmächtigung einer Person aus dem „Lager" des Vertragspartners, JA 2002, 511; *H.P. Westermann*, Missbrauch der Vertretungsmacht, JA 1981, 521.

Übungsfälle: *Edenfeld*, Übungsklausur Bürgerliches Recht: Anfechtung, Stellvertretung und Abstraktionsprinzip, JuS 2005, 42; *Lipp*, Der praktische Fall – Die beschränkt geschäftsfähige Stellvertreterin, JuS 2000, 267; *Schlip*, **Bürgerliches Recht – Schwierigkeiten beim Bilderkauf**, JuS 1988, 880; *Sonnenschein/Weitemeyer*, Übungsklausur (für Anfänger) Zivilrecht – Probleme mit der Studentenbude, JURA 1993, 30.

Rechtsprechung: BGH NJW 2003, 2092 (Nichtigkeit eines umfassenden Geschäftsbesorgungsvertrages wegen Verstoßes gegen das Rechtsberatungsgesetz, Schutzzweck des Verbotsgesetzes, Ausstrahlung der Nichtigkeit auf die erteilte Abschlussvollmacht, Rechtsscheinhaftung des Auftraggebers, allgemeine Grundsätze über die Duldungs- und Anscheinsvollmacht; Art. 1 § 1 RBerG, §§ 134, 139, 171 Abs. 1, 172 Abs. 1 BGB); BGH NJW 2002, 2325 (Unwirksamkeit von Geschäftsbesorgungsvertrag und Ausführungsvollmacht wegen Verstoßes gegen das Rechtsberatungsverbot, Rechtsscheinhaftung des Vollmachtgebers nur bei Vorlage des Originals bzw. einer Ausfertigung der notariellen Vollmachtsurkunde, Duldungsvollmacht; Art. 1 § 1 Abs. 1 RBerG, §§ 134, 139, 171 Abs. 1, 172 Abs. 1, 177 Abs. 1, 184 Abs. 1 BGB); BGHZ 147, 381 (Verpflichtungserklärung namens der Gemeinde im Privatrechtsverkehr, persönliche Haftung des Bürgermeisters wegen eines kommunalrechtlichen Formmangel, Haftungsumfang, zu vertretende Unkenntnis des Vertragsgegners vom Vertretungsmangel; Art. 34 Satz 1 GG, §§ 31, 89, 122 Abs. 2, 125, 177 Abs. 1, 179 Abs. 1, Abs. 3 Satz 1, 839 BGB, §§ 42 Abs. 1 Satz 2, 54 Abs. 1 GemO BW); BGHZ 138, 239 (Grds. der Formfreiheit der Vollmacht, Formbedürftigkeit der Vollmacht zum Abschluss eines Ehevertrages, Schutzfunktion und Warnfunktion von Formvorschriften; §§ 128, 167 Abs. 2, 168, 182 Abs. 2, § 313 a. F. = § 311b Abs. 1 n. F., 671 Abs. 1, 766, 1410); BGHZ 114, 74 (Miteigentumserwerb des nicht handelnden Ehegatten bei Geschäften zur angemessenen Deckung des Lebensbedarfs, gesetzlicher Güterstand, Hausratsverordnung; §§ 742, 929 Satz 1, 1008, 1357 Abs. 1 Satz 2, 1370 ff. BGB, § 8 Abs. 2 HausratsVO); BGHZ 102, 60 (Rechtsscheinhaftung aus Vollmachtsurkunde, notarielle Beurkundung; §§ 125 Satz 1, 139, 151, 167, 171, 172 Abs. 1, 173, § 313 a. F. = § 311b Abs. 1 n. F., § 781 BGB, §§ 36, 47 BeurkG); BGHZ 86, 273 (Ausschluss der Haftung des

Vertreters ohne Vertretungsmacht bei Inanspruchnahme des Vertretenen aufgrund Anscheinsvollmacht; § 179 Abs. 1); **BGHZ 68, 391** (Mehrstufige Vertretung, Haftung des Haupt- und/oder des Unterbevollmächtigten für vollmachtloses Handeln des Unterbevollmächtigten; § 179); **BGHZ 64, 72** (Gesamtvertretung, Alleinvertretung, Vertragsschluss eines von zwei gesamtvertretungsberechtigten Geschäftsführern mit der Gesellschaft; § 181 BGB, § 125 Abs. 2 HGB); **BGHZ 62, 166** (Erteilung der Prokura in einer GmbH durch den Geschäftsführer, Gesamtprokura, sog. gemischte Gesamtvertretung, sog. halbseitige Gesamtvertretung; §§ 179, 278 BGB, §§ 48 Abs. 2, 50, 53 Abs. 2, 125 Abs. 3, 126 Abs. 2 HGB, § 78 Abs. 3 AktG, §§ 35, 46 Nr. 7, 48 GmbHG); **BGHZ 59, 236** (Zur Anwendbarkeit des § 181 im Falle eines rechtlich lediglich vorteilhaften Geschäfts für den Vertretenen) ; **BGHZ 56, 97** (Erlaubtes Selbstkontrahieren des Einmanngesellschafters einer GmbH mit sich selbst; §§ 181, 818 BGB, §§ 13, 35 GmbHG); **BGHZ 45, 193** (Handeln unter fremdem Namen, Identitätstäuschung, Generalvollmacht; §§ 164 ff. analog, 177, 179); **BGHZ 36, 30** (Stellvertretung bei nicht für den Vertragspartner erkennbarem innerem Eigengeschäfts-Willen des Vertreters, Haftung des Vertreters ohne Vertretungsmacht, Bereicherungsanspruch des Dritten gegen den Vertretenen; §§ 164, 179, 812); **BGH LM Nr. 10 zu § 167 BGB** (Schlüssig oder stillschweigend erteilte Vollmacht, Duldungsvollmacht, Anscheinsvollmacht; §§ 164, 167); **BGHZ 32, 250** (Wirksamkeit der Untervollmacht, keine Haftung des Unterbevollmächtigten als vollmachtloser Vertreter bei Mangel lediglich an der Vollmacht des Hauptbevollmächtigten; §§ 164, 179).

I. Begriff, Bedeutung und Prüfungsaufbau

1. Begriff des Rechtsinstituts der Stellvertretung

599 In den Vorschriften der §§ 164 ff. sind unter der Überschrift „Vertretung und Vollmacht" im Fünften Titel des Dritten Abschnitts über Rechtsgeschäfte die Voraussetzungen eines wirksamen rechtsgeschäftlichen Handelns durch Stellvertretung geregelt. Die Bestimmung des § 164 Abs. 1 Satz 1 macht deutlich, was unter dem Rechtsinstitut der Stellvertretung zu verstehen ist: Derjenige, der ein Rechtsgeschäft tätigen will, gibt die insoweit erforderliche Willenserklärung nicht selbst ab, sondern bedient sich dafür einer anderen Person, des sog. Vertreters, der eine **eigene Willenserklärung im Namen des sog. Vertretenen abgibt**. Geschieht dies mit der in § 164 Abs. 1 Satz 1 weiter erwähnten Vertretungsmacht, so handelt es sich um ein wirksames Rechtsgeschäft des Vertretenen. In diesem Sinne wirkt, wie es in § 164 Abs. 1 Satz 1 heißt, die Willenserklärung des Vertreters unmittelbar für und gegen den Vertretenen.
Bei der Stellvertretung ist zu unterscheiden zwischen **aktiver und passiver Stellvertretung**. Im Falle der in § 164 Abs. 1 Satz 1 geregelten aktiven Stellvertretung gibt der Vertreter im Namen des Vertretenen eine Willenserklärung ab. Bei der passiven Stellvertretung empfängt der Vertreter eine gegenüber dem Vertretenen abzugebende Willenserklärung. Nach § 164 Abs. 3 finden die Vorschriften des § 164 Abs. 1 auf die passive Stellvertretung entsprechende Anwendung.

> **Bsp.:** Vater V gibt als Vertreter seiner Tochter T (§§ 1626 Abs. 1 Satz 1, 1629 Abs. 1 Satz 1) ein Angebot zum Abschluss eines Vertrages über Reitunterricht mit der Reitschule R ab (Fall der aktiven Stellvertretung). R erklärt die Annahme des Angebots gegenüber V (Fall der passiven Stellvertretung, § 164 Abs. 3), mit Zugang der Annahmeerklärung bei V wird der Unterrichtsvertrag zwischen T und R wirksam.

2. Bedeutung der Stellvertretung

Das Rechtsinstitut der Stellvertretung ist aus **verschiedenen rechtlichen und praktischen Gründen erforderlich**. Die Notwendigkeit eines rechtsgeschäftlichen Handelns für Dritte besteht zum einen dann, wenn **natürliche Personen nicht selbst wirksam rechtsgeschäftlich handeln können**, wie dies bei geschäftsunfähigen Personen (§ 104 Nr. 2)[1] und grds. auch bei Minderjährigen (§ 104 Nr. 1, §§ 106 ff.)[2] der Fall ist. Diese Personen müssen im Rechtsverkehr durch Dritte vertreten werden können, das Gesetz enthält entsprechende Regelungen wie z.B. die Vertretung des Kindes durch die Eltern, die nach §§ 1626 Abs. 1 Satz 1, 1629 Abs. 1 Satz 1 von der elterlichen Sorge umfasst wird. Hier wird von einer **gesetzlichen Stellvertretung bzw. Vertretungsmacht** gesprochen, weil die Vertretungsmacht bestimmter Personen gesetzlich begründet ist[3]. **600**

Einer Vertretung bedürfen auch **juristische Personen**[4], die als rechtliche Konstrukte zwar wie natürliche Personen Rechtsfähigkeit haben und demzufolge Träger von Rechten und Pflichten sein können[5], die jedoch als solche nicht selbst, sondern nur durch ihre **Organe** rechtsgeschäftlich handeln können[6]. Erst durch die zur Vertretung berechtigten Organe wird die juristische Person handlungsfähig, wie z.B. der rechtsfähige Verein, der nach § 26 Abs. 1 Satz 2 durch den Vorstand gerichtlich und außergerichtlich vertreten wird[7], oder die GmbH, für die gemäß § 35 GmbHG die Geschäftsführer gerichtlich und außergerichtlich vertretungsberechtigt sind. Insoweit handelt es sich um eine sog. **organschaftliche Stellvertretung bzw. Vertretungsmacht**, die der gesetzlichen Stellvertretung nahe kommt, jedoch von dieser zu unterscheiden ist[8]. **601**

Schließlich bedarf es des Rechtsinstituts der Stellvertretung im Hinblick darauf, dass am Rechtsverkehr teilnehmende Personen häufig **nicht in der Lage sind, alle in ihrem Rechtskreis anfallenden Rechtsgeschäfte selbst zu tätigen**. Hier erweist sich die Möglichkeit der Stellvertretung aus **praktisch-wirtschaftlichen Gründen** als ein Bedürfnis des täglichen Lebens, so etwa im kaufmännischen Bereich, wenn sich der Kaufmann sog. Hilfspersonen (Arbeitnehmer) bedient, um Waren zu verkaufen oder anzukaufen. Am Rechtsverkehr teilnehmende Personen sollen deshalb Dritte auf rechtsgeschäftlicher Grundlage nach Maßgabe des § 164 Abs. 1 Satz 1 mit Vertretungsmacht (sog. Vollmacht, s. § 167 Abs. 1)[9] ausstatten können, um durch Einschaltung dieser Personen ihren rechtsgeschäftlichen Wirkungskreis zu erweitern. Insoweit wird von einer **rechtsgeschäftlichen Stellvertretung bzw. Vertretungsmacht** gesprochen[10]. **602**

---

1 S. dazu oben Rn. 323 ff.
2 S. dazu oben Rn. 323 ff. und 333 ff.
3 S. noch Rn. 621.
4 S. dazu oben Rn. 104 ff.
5 S. oben Rn. 104.
6 Dazu im Zusammenhang mit dem rechtsfähigen Verein oben Rn. 117 ff.
7 Dazu oben Rn. 119.
8 S. Rn. 622.
9 Dazu noch Rn. 623 ff.
10 Dazu Rn. 623.

3. Aufbau der Prüfung eines wirksamen rechtsgeschäftlichen Handels durch Stellvertretung

603 Für den Aufbau der Prüfung, ob ein wirksames rechtsgeschäftliches Handeln durch Stellvertretung vorliegt, ist im Ausgangspunkt zu beachten, dass ein Handeln des Vertreters ohne Vertretungsmacht[11] nicht die Unwirksamkeit der in fremdem Namen (des Vertretenen) abgegebenen Willenserklärung zur Folge hat[12]. Das ergibt sich für den Fall eines Vertragsschlusses durch den Vertreter aus § 177 Abs. 1, wonach die Wirksamkeit eines ohne Vertretungsmacht im Namen eines anderen geschlossenen Vertrages für und gegen den Vertretenen von dessen Genehmigung abhängt. Nicht anders als bei § 108 Abs. 1 im Minderjährigenrecht[13] ist aus dieser Regelung zu folgern, dass eine **fehlende Vertretungsmacht keine Auswirkungen auf das Zustandekommen des durch einen Vertreter abgeschlossenen Vertrages hat**[14]. Denn die in § 177 Abs. 1 geregelte Möglichkeit der Genehmigung des ohne Vertretungsmacht geschlossenen Vertrages setzt voraus, dass ein Vertrag zustande gekommen sein muss. Das kann nur dann der Fall sein, wenn die Willenserklärung des Vertreters auch bei fehlender Vertretungsmacht wirksam ist[15]. Nach der Konzeption des Gesetzes steht eine fehlende Vertretungsmacht mithin allein der **Wirksamkeit des zustande gekommenen Vertrages**, sprich des Rechtsgeschäfts, entgegen, das im Hinblick auf die in § 177 Abs. 1 vorgesehene Genehmigungsfähigkeit zunächst nur schwebend unwirksam ist[16]. Nichts anderes gilt bei der Vornahme einseitiger Rechtsgeschäfte durch den Vertreter, z.B. in den Fällen einer Kündigung oder eine Anfechtung[17]. Auch hier ist bei fehlender Vertretungsmacht nicht die auf die Herbeiführung des jeweiligen rechtlichen Erfolgs gerichtete Willenserklärung des Vertreters, etwa die Kündigungserklärung, unwirksam[18]. Vielmehr bestimmt das Gesetz in § 180 Satz 1, dass bei einem einseitigen Rechtsgeschäft eine Vertretung ohne Vertretungsmacht unzulässig ist, sprich zur Unwirksamkeit des Rechtsgeschäfts führt[19]. Nicht hingegen ist von der Wirksamkeit der von dem Rechtsgeschäft zu unterscheidenden Willenserklärung die Rede[20].

604 Die nach der beschriebenen Konzeption des Gesetzes auch bei fehlender Vertretungsmacht anzunehmende Wirksamkeit der Willenserklärung des Vertreters hat Auswirkungen auf die **Prüfung** des Vorliegens eines wirksamen Rechtsgeschäfts bei Stellvertretung[21]. Insoweit ist im Falle etwa eines in fremdem Namen geschlos-

---

11 S. dazu noch Rn. 666 ff.
12 S. *Leenen*, BGB AT, § 6 Rn. 130 und § 27 Rn. 11; *ders.*, FS Canaris, 699 (711 f.); *ders.* JURA 2007, 721 (725 f.); *Häublein* JURA 2007, 728 (729).
13 S. Rn. 355.
14 *Leenen*, BGB AT, § 6 Rn. 130 und § 27 Rn. 11; *ders.* FS Canaris, 699 (711 f.); *ders.* JURA 2007, 721 (725 f.); *Häublein* JURA 2007, 728 (729).
15 S. *Leenen*, BGB AT, § 6 Rn. 130 und § 27 Rn. 11; *ders.* FS Canaris, 699 (711 f.); *ders.* JURA 2007, 721 (725 f.).
16 S. dazu Rn. 668.
17 Zum Begriff des einseitigen Rechtsgeschäfts s. Rn. 191.
18 *Leenen*, BGB AT, § 6 Rn. 131; *ders.* JURA 2007, 721 (726 f.).
19 S. dazu näher Rn. 680.
20 *Leenen*, BGB AT, § 6 Rn. 131; *ders.* JURA 2007, 721 (726 f.).
21 S. *Leenen* JURA 2007, 721 (726); *Häublein* JURA 2007, 728 (730).

senen Vertrages bei der Frage der Zulässigkeit der Stellvertretung [22] zunächst zu prüfen, ob überhaupt ein Vertrag zwischen dem Vertretenen und dem Dritten (Geschäftspartner) zustande gekommen ist. Das setzt zwei übereinstimmende Willenserklärungen[23], und zwar des Vertreters und des Dritten, voraus. Des Weiteren muss der Vertreter seine Willenserklärung in fremdem Namen abgegeben haben. Ist das der Fall, dann ist der Vertrag zwischen dem Vertretenen und dem Dritten, wie § 177 Abs. 1 deutlich macht, zustande gekommen. Im Anschluss daran ist zu prüfen, ob der Vertrag wirksam zustande gekommen ist. Hierfür ist, wie die Regelungen der §§ 164 Abs. 1 Satz 1, 177 Abs. 1 deutlich machen, Voraussetzung, dass der Vertreter mit Vertretungsmacht gehandelt hat.

II. Voraussetzungen und Folgen eines wirksamen rechtsgeschäftlichen Handelns durch Stellvertretung

→ *Sch 6 Rn. 754*

1. Voraussetzungen

Die Vornahme eines wirksamen Rechtsgeschäfts durch Stellvertretung erfordert **605** das Vorliegen folgender Voraussetzungen, die sich wesentlich aus der Regelung des § 164 Abs. 1 Satz 1 ergeben: Erstens muss die Stellvertretung überhaupt zulässig sein[24], zweitens muss der Vertreter eine eigene Willenserklärung abgeben[25], drittens muss er dabei in fremdem Namen handeln[26] und viertens muss der Vertreter Vertretungsmacht haben[27].

a) Zulässigkeit der Stellvertretung. Erste Voraussetzung für ein wirksames rechts- **606** geschäftliches Handeln durch Stellvertretung ist deren Zulässigkeit bezogen auf das konkret beabsichtigte Rechtsgeschäft, d.h., dass dieses überhaupt durch einen Vertreter vorgenommen werden kann. Das ist grds. der Fall. Ausnahmsweise ist die Möglichkeit der Stellvertretung jedoch **ausgeschlossen**, und zwar bei sog. **höchstpersönlichen Rechtsgeschäften**, das sind solche, die eine Person aufgrund des Inhalts selbst (persönlich) vornehmen muss[28]. Hierzu gehören etwa die **Eheschließung**, nach § 1311 Satz 1 kann die Erklärung, die Ehe miteinander eingehen zu wollen (§ 1310 Abs. 1 Satz 1), nur persönlich und bei gleichzeitiger Anwesenheit vor dem Standesbeamten abgegeben werden. Weitere Beispiele sind die **Testamentserrichtung** und der Abschluss eines **Erbvertrages,** die gleichfalls jeweils nur persönlich vorgenommen werden können (§§ 2064, 2274).

Neben den von Gesetzes wegen höchstpersönlichen Rechtsgeschäften kann die **607** Möglichkeit der Stellvertretung auch **durch Rechtsgeschäft** ausgeschlossen wer-

---

22 S. dazu 606 f.
23 Antrag und Annahme, §§ 145 ff.
24 S. folgend Rn. 606 f.
25 Dazu Rn. 608 ff.
26 S. Rn. 615 ff.
27 Dazu Rn. 620 ff.
28 S. Hk-BGB/*Dörner*, § 164 Rn. 3; Palandt/*Ellenberger*, BGB, Einf. v. § 164 Rn. 4.

den[29]. Insoweit wird dann von einer sog. gewillkürten Höchstpersönlichkeit des Rechtsgeschäfts gesprochen[30].

> **Bsp.:** In der Gemeinschaftsordnung von Wohnungseigentümern kann die Möglichkeit der Vertretung von Wohnungseigentümern in der Eigentümerversammlung (§ 23 WEG) beschränkt werden[31].

608 **b) Eigene Willenserklärung des Vertreters.** Die Vornahme eines wirksamen Rechtsgeschäfts durch Stellvertretung setzt, wie § 164 Abs. 1 Satz 1 deutlich macht, weiter voraus, dass der Vertreter eine eigene Willenserklärung abgibt. Der Vertreter ist derjenige, der rechtsgeschäftlich handelt[32]. Überbringt jemand lediglich die Willenserklärung einer anderen Person, dann wird er nicht als Vertreter, sondern als Bote[33] tätig[34]. Die Vorschriften der §§ 164 ff. über das Stellvertretungsrecht finden dann grds. keine Anwendung[35].

609 Die Frage, ob jemand als **Vertreter** eine eigene Willenserklärung abgibt oder als **Bote** lediglich die Willenserklärung eines anderen übermittelt, ist allein danach zu beurteilen, wie die Person nach außen aufgetreten ist[36]. Auf den inneren Willen der Person oder auf das, was ihr seitens dessen, für den sie tätig wird, aufgetragen worden ist, kommt es für die Unterscheidung zwischen Vertreter und Bote nicht an[37].

> **Bsp.:** A sagt zu B: „Ich soll Ihnen von C sagen, dass er Ihr Angebot zum Kauf des Wagens für 3.000 € annimmt." Hier wird A als Bote tätig.
> Formuliert A wie folgt: „Ich nehme Ihr Angebot zum Kauf des Wagens für 3.000 € im Namen des C an", so handelt der A als Stellvertreter.

Die Unterscheidung zwischen Botenschaft und Stellvertretung ist vor allem aus folgenden Gründen wichtig.

610 Im Hinblick darauf, dass der Bote keine eigene Willenserklärung abgibt, sondern nur eine fremde Willenserklärung überbringt, kommt es nicht auf dessen rechtliche Handlungsfähigkeit an. Der **Bote** kann also auch als **Geschäftsunfähiger** Bote sein.

> **Bsp.:** Der 5-jährige Sohn kann als Bote der Mutter deren Willenserklärung zum Kauf von vier Brötchen in der Bäckerei überbringen.

Anderes gilt für den **Vertreter.** Dieser gibt eine eigene Willenserklärung ab, müsste also deshalb grds. voll geschäftsfähig sein. Allerdings folgt aus § 165, dass es für die Vornahme eines wirksamen Rechtsgeschäfts durch Stellvertretung ausreicht, wenn der Vertreter **mindestens beschränkt geschäftsfähig** ist. Der Grund hierfür liegt darin, dass die Abgabe einer Willenserklärung als Vertreter dem Minderjäh-

---

29 S. BGHZ 99, 90 (94).
30 S. Palandt/*Ellenberger*, BGB, Einf. v. § 164 Rn. 4.
31 S. BGHZ 99, 90 ff.
32 S. nur Hk-BGB/*Dörner*, § 164 Rn. 4.
33 S. zum Begriff des Boten schon oben Rn. 226 f.
34 BGH NJW 2008, 917 (918).
35 S. aber noch Rn. 679.
36 BGHZ 12, 327 (334).
37 S. Palandt/*Ellenberger*, BGB, Einf. v. § 164 Rn. 11.

rigen rechtlich weder einen Vorteil noch einen Nachteil bringt, denn die Willenserklärung des Vertreters wirkt nach § 164 Abs. 1 Satz 1 unmittelbar für und gegen den Vertretenen[38]. Des Weiteren ist die **Haftung des minderjährigen Vertreters**, der ohne Vertretungsmacht handelt, nach § 179 Abs. 3 Satz 2 ausgeschlossen[39].

Darüber hinaus folgt daraus, dass der Bote lediglich den Transport einer bereits abgegebenen Erklärung seines Auftraggebers übernimmt, dass das Institut der Botenschaft im Unterschied zur Stellvertretung auch für höchstpersönliche Erklärungen zur Verfügung steht[40]. Das gilt jedoch etwa dann nicht, wenn zusätzlich zur Höchstpersönlichkeit der Erklärung die persönliche Anwesenheit erforderlich ist[41].

Übermittelt der **Bote** eine ihm gegenüber von dem Erklärenden richtig abgegebene Willenserklärung **falsch**, so kann der Erklärende die Willenserklärung nach Maßgabe des § 120 **anfechten**[42]. Kommt es auf das Kennen oder Kennenmüssen bestimmter Umstände an, so ist bei der Botenschaft auf die **Person des rechtsgeschäftlich Handelnden**, nicht auf die Person des Boten abzustellen.

Im Falle der **Stellvertretung** kommt nach § 166 Abs. 1, soweit die rechtlichen Folgen einer Willenserklärung durch Willensmängel oder durch die Kenntnis oder das Kennenmüssen gewisser Umstände beeinflusst werden, nicht die Person des Vertretenen, sondern die des Vertreters in Betracht. Der Grund hierfür liegt darin, dass der Vertreter eine eigene Willenserklärung abgibt. So ist für die Frage, ob ein **Anfechtungsgrund** nach § 119 oder § 123[43] gegeben ist, auf die **Person des Vertreters** abzustellen, d.h., diesem muss ein Inhalts-, Erklärungs- oder Eigenschaftsirrtum unterlaufen oder dieser muss durch arglistige Täuschung oder widerrechtliche Drohung zur Abgabe einer Willenserklärung bestimmt worden sein. Davon zu unterscheiden ist die **Frage der Anfechtungsberechtigung**. Diese liegt bei dem Vertretenen, weil bei Vorliegen der Voraussetzungen der Stellvertretung ein wirksames Rechtsgeschäft des Vertretenen gegeben ist.

> Bsp.: Der M ist Manager und Berater des Fußballprofis F. Im Namen des F verhandelt er mit dem Fußballclub G, vertreten durch P, über einen Zweijahresvertrag. Als M ein Angebot mit einer Gehaltsforderung von 5,6 Mio. € pro Jahr abgibt, nimmt der P sofort an. Später stellt sich heraus, dass M eigentlich 6,5 Mio. € hatte fordern wollen, sich aber versprochen hatte. Muss der F jetzt für lediglich 5,6, Mio. € spielen? – Der M hat als Vertreter des F ein Angebot für den Abschluss eines Spielervertrages (Dienstvertrag, § 611) mit einem Jahresgehalt von 5,6 Mio. € (objektiver Empfängerhorizont) abgegeben. Dieses Angebot hat G, vertreten durch P, angenommen. Damit ist ein entsprechender Vertrag zwischen G und F zustande gekommen. Im Hinblick darauf, dass dem M hier bei Abgabe seiner Erklärung ein Erklärungsirrtum nach § 119 Abs. 1 Alt. 2[44] unterlaufen ist, kann der F den Vertrag anfechten. Für die Frage des Vorliegens eines Willensmangels ist nämlich nach § 166 Abs. 1 die Person des Vertreters maßgebend.

---

38 S. dazu oben Rn. 350.
39 S. noch zur Vertretung ohne Vertretungsmacht Rn. 666 ff.
40 BGH NJW 2008, 917, 918).
41 BGH NJW 2008, 917 (918); s. z.B. § 1311 Satz 1 bezogen auf die Eheschließung.
42 S. dazu oben Rn. 517 ff.
43 S. zu den Anfechtungsgründen oben Rn. 496 ff.
44 Dazu oben Rn. 509.

612 Gemäß § 166 Abs. 1 kommt es grds. ebenfalls auf die Person des Vertreters an, soweit die rechtlichen Folgen einer Willenserklärung durch die **Kenntnis oder das Kennenmüssen gewisser Umstände** beeinflusst werden. Das bedeutet, dass die Kenntnis oder fahrlässige Unkenntnis des Vertreters dem Vertretenen zugerechnet wird. Besondere Bedeutung hat diese Zurechnung im Zusammenhang mit dem **gutgläubigen Eigentumserwerb** nach § 892 bei Grundstücken und nach § 932 bei beweglichen Sachen.

> **Bsp.:** Der D kauft als Vertreter des K bei V einen Oldtimer. V behauptet wider besseres Wissen, das Auto sei generalüberholt, außerdem gibt er sich fälschlich als Eigentümer des Autos aus. Obwohl D weiß, dass beides nicht zutrifft, schließt er den Kaufvertrag gleichwohl ab. – Hier ist der D zum einen nicht über den Zustand des Oldtimers getäuscht worden bzw. ist auch nicht einem diesbezüglichen Irrtum unterlegen, aus diesem Grunde kommt ein Anfechtungsrecht weder nach § 123 Abs. 1[45] noch nach § 119 Abs. 2[46] in Betracht. Des Weiteren sind Mängelgewährleistungsansprüche nach § 442 Abs. 1 Satz 1 ausgeschlossen, denn der Käufer hatte bei Vertragsschluss Kenntnis von dem Mangel. Auch insofern wird dem vertretenen K nach § 166 Abs. 1 die Kenntnis des Vertreters D zugerechnet. Schließlich konnte K nicht gutgläubig Eigentum an dem Wagen nach §§ 929 Satz 1, 932 Abs. 1, Abs. 2 erwerben, da der Vertreter D von dem fehlenden Eigentum des V wusste und deshalb nicht gutgläubig war.

Die Kenntnis bzw. das Kennenmüssen des Vertretenen sind dann nach § 166 Abs. 2 ausnahmsweise zu berücksichtigen, wenn der Vertreter **nach bestimmten Weisungen des Vertretenen** gehandelt hat. Hier kann sich der Vertretene nicht darauf berufen, dass der Vertreter die maßgeblichen Umstände nicht kannte oder kennen musste. Mit der Vorschrift des § 166 Abs. 2 sollen **Missbräuche verhindert** werden, die auf der Grundlage allein des § 166 Abs. 1 entstehen könnten, wenn z.B. der bösgläubige Vertretene einen gutgläubigen Vertreter für sich handeln lässt, um auf diese Art und Weise den bei Bösgläubigkeit eintretenden Rechtsfolgen zu entgehen. Für das Vorliegen des Tatbestandsmerkmals „Weisung" i.S.d. § 166 Abs. 2 Satz 1 genügt es bereits, dass der Vertretene den Vertreter zu dem Geschäft veranlasst hat[47] oder der Vertreter das Geschäft in Anwesenheit des Vertretenen abschließt und dieser nicht eingreift[48].

613 Die Unterscheidung zwischen Botenschaft und Stellvertretung spielt weiterhin bei **formbedürftigen Rechtsgeschäften** eine Rolle. Soll eine formbedürftige Willenserklärung durch Boten übermittelt werden, so muss der Erklärende die Willenserklärung dem Boten gegenüber bereits in der vorgeschriebenen Form abgeben[49]. Im Falle der Stellvertretung muss die Willenserklärung des Vertreters der vorgeschriebenen Form genügen.

614 Des Weiteren ist die Unterscheidung zwischen Botenschaft und Stellvertretung im Zusammenhang mit dem **Zugang von Willenserklärungen** von Bedeutung[50]. Wäh-

---

45 S. dazu oben Rn. 521 ff.
46 Dazu Rn. 511 ff.
47 S. BGHZ 38, 65 (68).
48 MünchKomm/*Schramm*, BGB, § 166 Rn. 58 m. w. N.
49 Vgl. zur Auskunftserteilung nach § 260 Abs. 1 als schriftlich zu verkörpernder Wissenserklärung BGH NJW 2008, 917 (917 f.).
50 S. hierzu den Überblick bei *Joussen* JURA 2003, 577 (579); *Petersen* JURA 2009, 904 (904 f.).

rend nämlich die gegenüber einem (Empfangs-)Vertreter abgegebene Willenserklärung im Zeitpunkt des Zugangs bei dem Vertreter nach §§ 130 Abs. 1, 164
Abs. 3 wirksam wird[51], wird die von einem Empfangsboten entgegen genommene
Willenserklärung erst in dem Zeitpunkt wirksam, zu dem mit ihrer Weiterleitung
zu rechnen ist[52]. Für ein wirksames Rechtsgeschäft durch Stellvertretung ist erforderlich, dass der Vertreter eine eigene Willenserklärung abgibt. Darüber hinaus
ist allgemein anerkannt, dass das Recht der Stellvertretung auch bei der Vornahme
geschäftsähnlicher Handlungen[53] des Vertreters Anwendung findet, also z.B. bei
einer Mahnung oder Fristsetzung durch den Vertreter[54].

c) Handeln in fremdem Namen. Die Vornahme eines wirksamen Rechtsgeschäfts **615**
durch Stellvertretung setzt nach § 164 Abs. 1 Satz 1 weiter voraus, dass der
Vertreter seine Willenserklärung „im Namen des Vertretenen" abgibt. Damit ist
für die Stellvertretung das sog. **Offenkundigkeitsprinzip** kennzeichnend[55], d.h. der
Vertreter muss gegenüber dem am Rechtsgeschäft beteiligten Dritten grds.[56] deutlich machen, dass die Rechtsfolgen des Geschäfts nicht ihn, sondern den Vertretenen treffen sollen. Nur dann wirkt die Willenserklärung des Vertreters i.S.d.
§ 164 Abs. 1 Satz 1 unmittelbar für und gegen den Vertretenen. Hintergrund des
Offenkundigkeitsprinzips ist der **Schutz des Erklärungsgegners** des Vertreters, der
wissen soll, bei welcher Person die Rechtsfolgen der Erklärung des Vertreters
eintreten[57].
Der Wille, in fremdem Namen zu handeln, muss **nach außen erkennbar hervortre-
ten**, wie die Auslegungsregel des § 164 Abs. 2 deutlich macht. Ist das nicht der
Fall, so kommt der Mangel, im eigenen Namen zu handeln, nicht in Betracht, d.h.,
die rechtlichen Folgen der Willenserklärung treffen den Vertreter selbst[58], dieser
tätigt ein **Eigengeschäft**. Die Regelung des § 164 Abs. 2 macht zugleich deutlich,
dass der Mangel des Willens, im eigenen Namen zu handeln, den Vertreter nicht
zur Anfechtung berechtigt[59].

> **Bsp.:** F soll in einer Internetauktion für H ein Paar Skier ersteigern, die der S zum
> Verkauf anbietet. F bietet 100 € und bleibt bis zum Ende der Auktion Höchstbietender.
> Als der S von F Zahlung verlangt, weigert sich dieser mit der Begründung, der S solle
> sich an H wenden, weil er selbst nur als Vertreter tätig geworden sei. – Im Hinblick
> darauf, dass der F gegenüber dem S nicht deutlich gemacht hat, für H als Vertreter zu
> handeln und sich das auch nicht aus den Umständen ergab, ist hier der Kaufvertrag
> zwischen H und F zustande gekommen, dieser ist aus dem Vertrag selbst berechtigt
> und verpflichtet. Eine Anfechtung des Kaufvertrages durch F kommt im Hinblick auf
> § 164 Abs. 2 nicht in Betracht.

---

51 Zu den Anforderungen an den wirksamen Zugang einer empfangsbedürftigen Willens-
    erklärung s. oben Rn. 214 ff.
52 S. dazu oben Rn. 226.
53 Zum Begriff s. oben Rn. 209.
54 S. Palandt/*Ellenberger*, BGB, Einf. v. § 164 Rn. 3.
55 S. nur Hk-BGB/*Dörner*, § 164 Rn. 5; s. näher *Petersen* JURA 2010, 187 ff..
56 S. noch folgend Rn. 617.
57 S. *Larenz/Wolf*, BGB AT, § 46, Rn. 19.
58 S. Hk-BGB/*Dörner*, § 164 Rn. 5.
59 S. *Larenz/Wolf*, BGB AT, § 46 Rn. 21; *Petersen* JURA 2010, 187 (188).

Nach § 164 Abs. 1 Satz 2 macht es keinen Unterschied, ob die Erklärung des Vertreters ausdrücklich im Namen des Vertretenen erfolgt oder ob sich aus den Umständen ergibt, dass sie in dessen Namen erfolgt. Für die Frage, ob jemand eine Erklärung in fremdem Namen abgibt, ist deren **objektiver Erklärungswert** maßgebend, d.h., wie sich die Erklärung nach Treu und Glauben unter Berücksichtigung der Verkehrssitte für den Empfänger darstellt[60]. Bei sog. **unternehmensbezogenen Rechtsgeschäften** hat die Rechtsprechung die Auslegungsregel entwickelt, dass der Wille der Beteiligten im Zweifel dahin geht, dass der Betriebsinhaber Vertragspartner werden soll, sofern der Handelnde sein Auftreten für ein Unternehmen hinreichend deutlich macht[61]. Der Inhalt des Rechtsgeschäfts muss die eindeutige Auslegung zulassen, dass ein bestimmtes Unternehmen berechtigt oder verpflichtet sein soll[62].

> **Bsp.:** A bringt sein reparaturbedürftiges Auto in die Werkstatt des W. Dort empfängt ihn ein Mechaniker, der mit ihm die Formalitäten erledigt und einen Kostenvoranschlag macht. Hier ist für den A aus den Umständen erkennbar, dass nicht der Mechaniker sein Vertragspartner werden soll, sondern der Inhaber der Werkstatt, also W.

616 Das Offenkundigkeitsprinzip verlangt nur, dass der Vertreter deutlich macht, im Namen eines anderen zu handeln. Deshalb ist es grds. nicht erforderlich, dass der Vertreter erkennbar macht, **wer der Vertretene ist**, also dessen Identität preisgibt[63]. Anderes gilt allerdings dann, wenn der Geschäftsgegner im Zusammenhang mit der Durchführung des Rechtsgeschäfts ein Interesse daran hat, zu wissen, wer sein Vertragspartner ist. Weigert sich hier der Vertreter, den Namen des Vertretenen mitzuteilen, so haftet der Vertreter nach § 179 analog wie ein Vertreter ohne Vertretungsmacht[64].

617 Im Hinblick darauf, dass das Offenkundigkeitsprinzip den Geschäftsgegner des Vertretenen schützen soll, ist die Offenlegung des Handelns in fremdem Namen dann nicht erforderlich, wenn es dem **Geschäftsgegner** aufgrund der Art des Rechtsgeschäfts **gleichgültig ist, wer sein Vertragspartner wird.** Das ist bei den Bargeschäften des täglichen Lebens der Fall, die als Rechtsgeschäfte **an den, den es angeht,** bezeichnet werden[65] und in Ausnahme zum Offenkundigkeitsprinzip trotz fehlender Offenlegung des Handelns als Vertreter zu einem wirksamen Rechtsgeschäft des Vertretenen führen[66]. Nach der Rechtsprechung des BGH soll das vor allem für den dinglichen Rechtserwerb (z.B. Eigentumserwerb) gelten, während auf die zugrunde liegenden schuldrechtlichen Verpflichtungsgeschäfte die Grundsätze des Geschäfts für den, den es angeht, nur in Ausnahmefällen Anwendung finden sollen[67]. Demgegenüber wird bei den Bargeschäften des täglichen Lebens auch für das Verpflichtungsgeschäft mangels Schutzbedürftigkeit

---

60 BGHZ 36, 30 (33); BGH NJW 1994, 1649 (1650); BGH TranspR 2006, 315 (316).
61 S. BGH NJW 1995, 43 (44); NJW 1996, 1053 (1054).
62 BGH NJW 1995, 43 (44).
63 S. Palandt/*Ellenberger*, BGB, § 164 Rn. 1.
64 S. BGHZ 129, 136 (149); zu § 179 s. noch Rn. 679.
65 S. *Larenz/Wolf*, BGB AT, § 46 Rn. 22; *Petersen* JURA 2010, 187 (188).
66 S. BGHZ 114, 74 (80); 154, 276 (279).
67 BGHZ 154, 276 (279).

des Vertragspartners davon auszugehen sein, dass diese bei fehlender Offenlegung der Vertretung gleichwohl in der Person des Vertretenen zustande kommen[68].

> **Bsp.:** P leistet freiwillig soziale Dienste und geht u.a. für den Rentner R einkaufen. Im Ladengeschäft des L kauft er regelmäßig Brot und Gemüse für R und bezahlt die Sachen mit dem Geld, das er von R erhalten hat. – Auch wenn der P hier nicht offenbart, dass er für R einkauft, so ist hinsichtlich der getätigten Bargeschäfte des täglichen Lebens davon auszugehen, dass bei einem Einkauf für R sowohl der Kaufvertrag wie auch die Übereignung der erworbenen Sachen unmittelbar zwischen L und P zustande kommen, denn dem L ist hier gleichgültig, wer sein Vertragspartner wird.

Von dem Handeln in fremdem Namen ist das **Handeln unter fremdem Namen** zu unterscheiden. Im letzteren Fall verwendet der Erklärende einen fremden Namen als seinen eigenen bzw. bedient sich einer fremden Identität[69]. Die Frage, wer bei einem Handeln unter fremdem Namen Vertragspartner wird, ist durch Auslegung zu ermitteln, d.h., es kommt darauf an, wie der Erklärungsempfänger die Erklärung des unter fremdem Namen Handelnden verstehen musste[70]. Ist dem Empfänger der Erklärung **die Identität des Erklärenden gleichgültig**, weil es jenem nur darauf ankommt, mit dem Handelnden den Vertrag abzuschließen, insoweit wird von einem Fall der **bloßen Namenstäuschung** gesprochen[71], so kommt das Rechtsgeschäft mit dem Handelnden zustande. Dieser tätigt ein Eigengeschäft, weshalb die Vorschriften über die Stellvertretung keine Anwendung finden[72]. **618**

> **Bsp.:** Die jeweils, aber nicht miteinander verheirateten F und M mieten ein Hotelzimmer unter falschem Namen, um keine Spuren zu hinterlassen. Hier dürfte es dem Hotel gleichgültig sein, welche Identität F und M wirklich haben, jenem kommt es allein darauf an, das Hotelzimmer an die beiden zu vermieten. In diesem Fall der bloßen Namenstäuschung nehmen F und M ein Eigengeschäft vor, der Vertrag kommt zwischen diesen beiden und dem Hotel zustande.

Anderes gilt dann, wenn es dem Erklärungsempfänger **wichtig ist, gerade mit der Person**, deren Name der Handelnde verwendet, das Rechtsgeschäft abzuschließen. Hier liegt eine sog. **Identitätstäuschung**[73] vor, bei der aus der Sicht des Erklärungsempfängers der Anschein eines Eigengeschäfts des Namensträgers gegeben ist und bei jenem eine falsche Vorstellung über die Identität des Vertragspartners hervorgerufen wird[74]. In diesem Fall sind zum Schutz sowohl des Erklärungsempfängers wie auch der Person des Namensträgers **die Vorschriften der §§ 164 ff. entsprechend anzuwenden**[75]. Das hat zur Folge, dass bei Vorliegen von Vertretungsmacht der Namensträger aus dem Geschäft berechtigt und verpflichtet wird[76]. Fehlt es an einer Vertretungsmacht des Handelnden, so kann der Namensträger das **619**

---

68 So auch Palandt/*Ellenberger*, BGB, § 164 Rn. 8; MünchKomm/*Schramm*, BGB, § 164 Rn. 52 m. w. N. zum Streitstand.

69 S. nur Hk-BGB/*Dörner*, § 164 Rn. 9; *Petersen* JURA 2010, 187 (189).

70 S. OLG Düsseldorf NJW 1989, 906 (906).

71 S. Hk-BGB/*Dörner*, § 164 Rn. 9.

72 *Larenz/Wolf*, BGB, § 46 Rn. 54; Palandt/*Ellenberger*, BGB, § 164 Rn. 12.

73 S. Hk-BGB/*Dörner*, § 164 Rn. 9.

74 BGHZ 45, 193 (195).

75 BGHZ 45, 193 (195); 111, 334 (338).

76 BGHZ 45, 193 (196).

schwebend unwirksame Rechtsgeschäft entsprechend § 177 Abs. 1 genehmigen[77], macht er das nicht, dann haftet der Handelnde entsprechend § 179[78].

> **Bsp.:** Schneidermeister S hat gehört, dass die Prominente P demnächst zu einer Preisverleihung nach B.-B. eingeladen ist. Er meldet sich daraufhin telefonisch bei P und bietet ihr unter dem Namen des bekannten deutschen Designers Q an, ein Kleid zu schneidern. P ist erfreut und nimmt das Angebot an. – In diesem Fall kommt es der P darauf an, dass das Kleid von Q geschneidert wird. An einer Leistung seitens des S hat sie kein Interesse. Aus diesem Grunde kommt hier kein (Werklieferungs-)Vertrag (§§ 631, 651) mit S zustande. Vielmehr gelten die Vorschriften des Stellvertretungsrechts entsprechend. Im Hinblick darauf, dass zunächst auch kein wirksamer Vertrag zwischen P und Q zustande gekommen ist, da der Q mangels Vertretungsmacht von S nicht wirksam vertreten werden konnte, hat Q nach § 177 Abs. 1 analog die Möglichkeit, das schwebend unwirksame Rechtsgeschäft zu genehmigen und damit an sich zu ziehen. Macht er das nicht, so findet § 179 Abs. 1 entsprechende Anwendung, der S haftet wie ein Vertreter ohne Vertretungsmacht.

620 d) **Vertretungsmacht.** § 164 Abs. 1 Satz 1 spricht von einer Willenserklärung, die jemand „innerhalb der ihm zustehenden Vertretungsmacht" im Namen des Vertretenen abgibt. Damit setzt die Vornahme eines wirksamen Rechtsgeschäfts durch Stellvertretung weiter voraus, dass der Vertreter mit **Vertretungsmacht** handelt. Insoweit ist zu unterscheiden zwischen gesetzlicher, organschaftlicher und rechtsgeschäftlicher Vertretungsmacht.

621 (1) **Gesetzliche Vertretungsmacht.** Von gesetzlicher Vertretungsmacht wird dann gesprochen, wenn die Vertretungsmacht **unmittelbar im Gesetz** begründet ist. Entsprechende gesetzliche Regelungen sind vor allem für solche Fälle vorgesehen, in denen eine natürliche Person mangels Geschäftsfähigkeit nicht selbst rechtsgeschäftlich handeln kann. So umfasst die elterliche Sorge nach §§ 1626 Abs. 1 Satz 1, 1629 Abs. 1 auch die Vertretung des minderjährigen Kindes. Nach § 1793 vertritt der Vormund, der unter den Voraussetzungen der §§ 1793 ff. durch das Familiengericht bestellt wird (§ 1789), den Mündel. Gemäß §§ 1896 ff. betreute Personen werden nach § 1902 durch den Betreuer, der nach § 1897 durch das Betreuungsgericht bestellt wird, gerichtlich und außergerichtlich vertreten.

622 (2) **Organschaftliche Vertretungsmacht.** Die organschaftliche Vertretungsmacht steht der gesetzlichen Vertretungsmacht insofern nahe, als gesetzlich geregelt ist, **welches Organ einer juristischen Person** für diese nach außen rechtsgeschäftlich handeln kann. So bestimmt § 26 Abs. 1 Satz 2, dass der Vorstand den rechtsfähigen Verein gerichtlich und außergerichtlich vertritt. Im Unterschied zur gesetzlichen Vertretungsmacht, bei der im Gesetz selbst oder auf gesetzlicher Grundlage durch gerichtliche Bestellung festgelegt wird, welche natürliche Person Vertretungsmacht hat, erfolgt die **Bestellung einer natürlichen Person zum Mitglied des Vertretungsorgans** der juristischen Person durch das hierzu gesetzlich berufene Organ der juristischen Person. Nach § 27 Abs. 1 etwa hat die Mitgliederversammlung des Vereins durch Beschluss den Vorstand zu bestellen. Darüber hinaus ist die organschaftliche Vertretungsmacht insofern von der gesetzlichen und rechts-

---

77 S. zu § 177 noch Rn. 668 ff.
78 S. BGHZ 45, 193 (195); 111, 334 (338); zu § 179 s. noch Rn. 674 ff.

geschäftlichen[79] Vertretungsmacht zu unterscheiden, als das Handeln des Vertretungsorgans nach der **Organtheorie rechtsgeschäftliches Handeln der juristischen Person selbst darstellt**[80]. Im Gesetz wird das bezogen auf den rechtsfähigen Verein in § 26 Abs. 1 Satz 2 daran deutlich, dass hiernach der Vorstand des Vereins „die Stellung eines gesetzlichen Vertreters" hat. Die Regelung wäre überflüssig, wenn der Vorstand gesetzlicher Vertreter wäre[81].

(3) Rechtsgeschäftliche Vertretungsmacht. Die Vertretungsmacht i.S.d. § 164 **623** Abs. 1 Satz 1 kann schließlich **rechtsgeschäftlich begründet** sein. Den rechtsgeschäftlichen Akt, durch den der Vertretene den Vertreter mit Vertretungsmacht ausstattet, bezeichnet das Gesetz als **Vollmacht**, wie §§ 167 ff. deutlich machen. Aufgrund der Vollmacht ist der Vertreter berechtigt, Rechtsgeschäfte gegenüber Dritten mit Wirkung für und gegen den Vertretenen zu tätigen (§ 164 Abs. 1 Satz 1).

(a) Erteilung der Vollmacht. Bei der Vollmacht handelt es sich um eine **empfangs-** **624** **bedürftige Willenserklärung**[82], sie ist zugleich **einseitiges Rechtsgeschäft**[83].

Nach § 167 Abs. 1 kann die Vollmacht als Innenvollmacht oder als Außenvoll- **625** macht erteilt werden. Von einer **Innenvollmacht** wird gesprochen, wenn die Vollmachterteilung durch Erklärung gegenüber dem zu Bevollmächtigenden erfolgt (§ 167 Abs. 1 Alt. 1). Die **Außenvollmacht** wird durch Erklärung des Vertretenen gegenüber dem Dritten erteilt (§ 167 Abs. 1 Alt. 2). Je nachdem, ob es sich um eine Innen- oder Außenvollmacht handelt, wird die Vollmacht gemäß § 130 Abs. 1 Satz 1 mit Zugang bei dem Vertreter oder dem Dritten, dem gegenüber die Vertretung stattfinden soll, wirksam. Von der Außenvollmacht zu unterscheiden ist die an einen **Dritten oder die Öffentlichkeit gerichtete Mitteilung der Bevollmächtigung**, hierbei handelt es sich um eine **nach außen kundgegebene Innenvollmacht**, wie § 171 Abs. 1 deutlich macht. Dasselbe gilt in dem in § 172 Abs. 1 geregelten Fall, dass der Vertretene dem Vertreter eine **Vollmachtsurkunde** ausgehändigt hat und der Vertreter diese dem Dritten (Geschäftspartner) vorlegt.

Auf die Vollmacht als empfangsbedürftiger Willenserklärung finden die **allgemei-** **626** **nen Regeln über Willenserklärungen** Anwendung. Die Vollmacht muss deshalb den **Voraussetzungen der §§ 104 ff. genügen**. Der Vertretene muss mithin im Zeitpunkt der Vollmachterteilung grds. geschäftsfähig sein. Ist er lediglich beschränkt geschäftsfähig, so ist die Erteilung der Vollmacht nach § 107 ohne Einwilligung des gesetzlichen Vertreters nur dann wirksam, wenn sie für den beschränkt Geschäftsfähigen rechtlich lediglich vorteilhaft ist[84].

---

79 S. folgend Rn. 623 ff.
80 S. schon oben Rn. 119.
81 S. schon Rn. 119.
82 S. nur Palandt/*Ellenberger*, BGB, § 167 Rn. 1.
83 S. nur *St. Lorenz*, JuS 2010, 771 (771). S. zum Begriff des einseitigen Rechtsgeschäfts oben Rn. 191.
84 Zu § 107 s. ausführlich oben Rn. 336 ff.

627 Des Weiteren finden die **allgemeinen Vorschriften der §§ 116 ff. über Willensmängel** Anwendung. Wie bei jeder anderen Willenserklärung auch können dem Vertretenen bei der Vollmachtserteilung Fehler unterlaufen. Der Vertretene kann sich etwa über die Person des Vertreters irren oder auch einem Irrtum hinsichtlich des Umfangs der Vollmacht[85] unterliegen. In solchen Fällen kann der Vertretene die Vollmacht widerrufen, wie aus § 168 Satz 2 hervorgeht[86]. Der Widerruf der Vollmacht ist jedoch dann nicht ausreichend, wenn der Vertreter aufgrund der Vollmacht bereits ein Rechtsgeschäft vorgenommen hat. Der Widerruf der Vollmacht wirkt nämlich nur ab dem Zeitpunkt des Widerrufs, er hat keine Rückwirkung. In diesem Fall kann der Vertretene bei Vorliegen der maßgebenden Voraussetzungen durch **Anfechtung** nach §§ 119 ff. die Vollmacht aufgrund der *ex tunc*-Wirkung der Anfechtung (§ 142 Abs. 1)[87] beseitigen. Die Anfechtung der Vollmacht ist allerdings auch zulässig, wenn der Vertreter von der Vollmacht keinen Gebrauch gemacht, das sog. Vertretergeschäft noch nicht getätigt hat.

628 Wird eine Vollmacht angefochten, von der der Vertreter **noch keinen Gebrauch gemacht hat,** so ergeben sich bei der Anwendung des Anfechtungsrechts keine Besonderheiten. Nach § 143 Abs. 3 Satz 1 muss die Anfechtung gegenüber der Person erklärt werden, der gegenüber das Rechtsgeschäft – hier die Vollmachterteilung – vorzunehmen war. Bei einer erteilten Innenvollmacht ist das der Bevollmächtigte, im Falle einer Außenvollmacht ist die Anfechtung gegenüber dem Dritten zu erklären.

629 Ist die Vollmacht **bereits ausgeübt worden,** so stellt sich im Falle der Anfechtung der Vollmacht zum einen die Frage, **wem gegenüber die Anfechtung zu erklären ist.** Für die Beantwortung dieser Frage ist es sinnvoll, sich die Konsequenzen der Anfechtung einer ausgeübten Vollmacht zu vergegenwärtigen. Die Anfechtung der Vollmacht führt wegen der *ex tunc*-Wirkung (§ 142 Abs. 1)[88] dazu, dass dem Vertreter für die Vornahme des Rechtsgeschäfts die Vertretungsmacht fehlte, er handelte als Vertreter ohne Vertretungsmacht. Der vom Vertreter geschlossene Vertrag ist schwebend unwirksam[89]. Die Anfechtung der ausgeübten Vollmacht hat deshalb auch Auswirkungen auf das Vertretergeschäft. Vor diesem Hintergrund muss richtiger Ansicht nach der Geschäftspartner ebenfalls von der Anfechtung erfahren, und zwar auch dann, wenn die Vollmacht als Innenvollmacht erteilt worden ist. Aus diesem Grunde ist richtiger Anfechtungsgegner in jedem Fall der Geschäftspartner[90].
Zum anderen stellt sich bei der Anfechtung einer bereits ausgeübten Vollmacht die Frage, ob der Geschäftspartner des Vertreters gegen den Vertretenen unmittel-

---

85 S. dazu noch folgend Rn. 634 f.
86 S. zum Widerruf noch Rn. 642 ff.
87 S. dazu oben Rn. 554.
88 S. dazu oben Rn. 554.
89 S. dazu Rn. 668.
90 So *Medicus*, BGB AT, Rn. 944; *Lipp* JuS 2000, 267 (271); *Flume*, BGB AT II, § 52 5c; a. A. Palandt/*Ellenberger*, BGB, § 167 Rn. 3; MünchKomm/*Schramm*, BGB, § 167 Rn. 111. Zur Fallbearbeitung s. *Fezer*, Klausurenkurs BGB AT, Fall 26, S. 255 ff.

bar einen Anspruch auf Ersatz des Vertrauensschadens nach § 122[91] hat. Das ist im Hinblick darauf zu bejahen, dass letztlich der Vertretene als Vertragspartner das Vertrauen auf die Wirksamkeit der Vollmacht und des Vertretergeschäfts hervorgerufen hat[92]. Bejaht man daneben einen Anspruch des Geschäftspartners auch gegen den Vertreter nach § 179 Abs. 2[93], so steht dem Vertreter gleichfalls ein Anspruch auf Ersatz des Vertrauensschadens nach § 122 Abs. 1 zu.

Gemäß § 167 Abs. 2 bedarf die Vollmachtserklärung nicht der Form, welche für **630** das Rechtsgeschäft bestimmt ist, auf das sich die Vollmacht bezieht. Der Grundsatz der sog. **Formfreiheit** der Vollmacht[94] gilt selbst dann, wenn das Rechtsgeschäft, auf das sich die Vollmacht bezieht, formbedürftig ist.

> **Bsp.:** Arbeitgeber A bevollmächtigt seinen Arbeitnehmer P mündlich, die Sekretärin S zu kündigen. Daraufhin erklärt P der S schriftlich die Kündigung. – Nach § 623 bedarf die Beendigung eines Arbeitsverhältnisses durch Kündigung der Schriftform[95]. Gleichwohl war die lediglich mündliche Bevollmächtigung des P wirksam, weil die Vollmachterteilung nach § 167 Abs. 2 keiner Form bedarf.

Ausnahmsweise schreibt das Gesetz für die Erteilung der Vollmacht die **Einhaltung** **631** **einer bestimmten Form** vor. So ist nach § 1945 Abs. 3 Satz 1 für die Bevollmächtigung zur Ausschlagung einer Erbschaft die öffentliche Beglaubigung der Vollmacht erforderlich[96]. Außerhalb des BGB finden sich Formvorschriften für die Erteilung einer Vollmacht etwa in § 2 Abs. 2 GmbHG oder § 134 Abs. 3 Satz 2 AktG. Für die Erteilung einer Prokura ist nach § 48 Abs. 1 HGB eine ausdrückliche Erklärung erforderlich.

Des Weiteren ist anerkannt, dass die Vollmacht dann der Form des Vertretergeschäfts bedarf, wenn der Vertretene durch die Erteilung der Vollmacht rechtlich gleichermaßen **gebunden wird**, wie dies bei der Vornahme des formbedürftigen Rechtsgeschäfts der Fall wäre[97]. Ansonsten würde der mit einer Formvorschrift verfolgte Zweck, insb. deren Warnfunktion[98], untergraben. Formbedürftig sind deshalb etwa die **unwiderrufliche Erteilung** einer Vollmacht zur Übertragung oder zum Erwerb eines Grundstücks nach § 311b Abs. 1 Satz 1, weil sich der Vertretene durch die Unwiderruflichkeit der Vollmacht bereits endgültig an das beabsichtigte Grundstücksgeschäft bindet. Deshalb muss eine entsprechende Vollmacht trotz der Vorschrift des § 167 Abs. 2 notariell beurkundet sein, wenn die Vertretungsmacht unwiderruflich sein soll[99]. Des Weiteren bedarf nach der Rechtsprechung die Vollmacht zur Abgabe einer formbedürftigen Bürgschaftserklärung bereits der Form des § 766 Satz 1[100].

---

91 S. dazu oben Rn. 560 ff.
92 Im Ergebnis ebenso *Medicus*, BGB AT, Rn. 945; Hk-BGB/*Dörner*, § 167 Rn. 4.
93 Hierfür z.B. MünchKomm/*Schramm*, BGB, § 167 Rn. 111; zur Haftung des Vertreters ohne Vertretungsmacht s. noch Rn. 674 ff.
94 S. BGHZ 138, 239 (242 ff.).
95 S. zum Schriftformerfordernis oben Rn. 375 ff.
96 Zur öffentlichen Beglaubigung s. oben Rn. 393 ff.
97 S. Palandt/*Ellenberger*, BGB, § 167 Rn. 2.
98 S. zu den Formzwecken oben Rn. 372.
99 BGHZ 132, 119 (124) m. w. N.
100 S. BGHZ 132, 119 (124 f.).

632 Mit der Erteilung einer Vollmacht wird einer anderen Person, dem Vertreter, Vertretungsmacht eingeräumt. Aus der Vollmacht selbst lässt sich nichts darüber entnehmen, warum sie erteilt wird. Im Regelfall liegt der Grund für die Vollmachtserteilung außerhalb derselben in einem sog. **Grundgeschäft**[101]. Hierbei kann es sich z. B. um ein Arbeitsverhältnis, (§ 611), einen Auftrag (§ 662) oder auch einen Geschäftsbesorgungsvertrag (§ 675) handeln. Aus dem Grundgeschäft ergibt sich, in welchem Umfang der Vertreter von der Vollmacht Gebrauch machen darf[102].

> **Bsp. (1):** Arbeitgeber A erteilt der bei ihm angestellten Verkäuferin V Vollmacht zum Verkauf der im Laden befindlichen Waren. Von der Vollmachtserteilung ist das Grundgeschäft zu trennen, bei dem es sich hier um das zwischen A und V bestehende Arbeitsverhältnis handelt.

> **Bsp. (2):** Y soll auf der Grundlage eines Auftrags (§ 662) für X einen Pkw von München nach Hamburg überführen. Muss der Y bei Durchführung des Auftrags zusätzlich für X rechtsgeschäftlich tätig werden, z. B. unterwegs tanken, so kann er diese Rechtsgeschäfte nur im Namen des X abschließen, wenn dieser zusätzlich zu dem vereinbarten Auftrag dem Y eine Vollmacht erteilt.

Rechtlich sind Vollmacht und Grundgeschäft zu trennen, es handelt sich **jeweils um selbständige Rechtsgeschäfte**. Insofern wird von der **Abstraktheit (Losgelöstheit) der Vollmacht** von dem **Grundgeschäft** gesprochen[103]. Aus dieser rechtlichen Trennung folgt, dass die Vollmacht von Mängeln des Grundgeschäfts grds. unberührt bleibt[104]. So hat die Nichtigkeit des Grundgeschäfts, z. B. des Auftrags, grds. nicht auch die Nichtigkeit einer zur Durchführung des Auftrags zusätzlich erteilten Vollmacht zur Folge. Anderes gilt jedoch dann, wenn die Vollmacht und das Grundgeschäft ein **einheitliches Rechtsgeschäft** i. S. d. § 139 darstellen[105]. Darüber hinaus können Vollmacht und Grundgeschäft auf demselben Mangel beruhen, z. B. dann, wenn der **Vertretene durch arglistige Täuschung (§ 123)** zur Vornahme sowohl des Grundgeschäfts wie auch der Erteilung der Vollmacht bestimmt worden ist.

Die rechtlich zu beachtende Trennung zwischen Vollmacht und Grundgeschäft bedeutet nicht, dass beide Rechtsgeschäfte völlig losgelöst nebeneinander stehen. Aus dem Gesetz wird das insb. in § 168 Satz 1 deutlich, wonach sich das Erlöschen der Vollmacht nach dem ihrer Erteilung zugrunde liegenden Rechtsverhältnis bestimmt[106].

633 Bezogen auf den Umfang der Vollmacht wird unterschieden zwischen der Spezialvollmacht, der Gattungsvollmacht und der Generalvollmacht.[107] Von einer **Spezialvollmacht** wird gesprochen, wenn die Vollmacht nur zur Vornahme eines bestimmten Rechtsgeschäfts erteilt wird.

---

101 S. nur Hk-BGB/*Dörner*, § 167 Rn. 7.
102 S. Hk-BGB/*Dörner*, § 167 Rn. 7.
103 S. Palandt/*Ellenberger*, BGB, § 167 Rn. 4; Hk-BGB/*Dörner*, § 167 Rn. 8.
104 S. Palandt/*Ellenberger*, BGB, § 167 Rn. 4.
105 S. dazu oben Rn. 466.
106 S. noch folgend Rn. 638 ff.
107 S. hierzu *St. Lorenz* JuS 2010, 771 (772).

Bsp.: X bevollmächtigt den Kfz-Mechaniker Y, seinen Gebrauchtwagen zu verkaufen. – Hier ist die Vollmachtserteilung allein auf die Vornahme dieses Rechtsgeschäfts bezogen.

Eine **Gattungsvollmacht** ist gegeben, wenn der Vertretene den Vertreter zur Vornahme einer bestimmten Gattung oder Art von Rechtsgeschäften bevollmächtigt. Andere Rechtsgeschäfte werden von der Vollmacht nicht erfasst, diese kann der Vertreter deshalb nicht wirksam im Namen des Vertretenen tätigen.

Bsp.: Arbeitgeber X bevollmächtigt die angestellte Verkäuferin V zum Verkauf der Waren seines Lebensmittelladens. – Hier bezieht sich die Vollmacht ihrem Umfang nach als Gattungsvollmacht auf alle Rechtsgeschäfte, die im Zusammenhang mit dem Verkauf von Waren stehen.

Unter dem Begriff der **Generalvollmacht** wird eine Vollmacht verstanden, die dem Vertreter die Befugnis zur Vornahme aller Rechtsgeschäfte gibt, die im Rahmen einer Stellvertretung vorgenommen werden können[108]. Allerdings können sich trotz Erteilung einer Generalvollmacht Einschränkungen bei der Vertretungsberechtigung insoweit ergeben, als hiervon auch solche Rechtsgeschäfte nicht gedeckt werden, die völlig ungewöhnlich sind oder eindeutig den Vertretenen schädigen[109].

Mit welchem **Umfang** die Vollmacht erteilt wird, ist durch **Auslegung** nach den **634** allgemeinen Grundsätzen (§§ 133, 157) zu ermitteln[110]. Insoweit ist maßgebend, wie der Erklärungsempfänger das Verhalten des Vollmachtgebers verstehen durfte. In dem Fall der Erteilung einer Innenvollmacht kommt es dabei auf die Verständnismöglichkeiten des Bevollmächtigten, bei einer nach außen kundgegebenen oder in einer Urkunde verlautbarten Vollmacht auf die Verständnismöglichkeiten des Geschäftsgegners an[111]. In diesem Zusammenhang können Inhalt und Zweck des zugrunde liegenden Geschäfts (Grundgeschäft) mitberücksichtigt werden, wobei allerdings nur solche Umstände herangezogen werden dürfen, die demjenigen, dem gegenüber von der Vollmacht Gebrauch gemacht wird, bekannt sind[112].

Ausnahmsweise ist der Umfang einer Vollmacht **gesetzlich zwingend festgelegt**, **635** kann also, sobald es das rechtliche Können des Vertreters im Außenverhältnis zu Dritten betrifft, nicht durch den Vertretenen abweichend bestimmt werden. Relevanz hat das insb. bei den sog. **handelsrechtlichen Vollmachten**. So ermächtigt die **Prokura** nach § 49 Abs. 1 HGB zur Vornahme aller Arten von gerichtlichen und außergerichtlichen Geschäften und Rechtshandlungen, die der Betrieb eines Handelsgewerbes mit sich bringt. Gemäß § 49 Abs. 2 HGB ist der Prokurist zur Veräußerung und Belastung von Grundstücken nur ermächtigt, wenn ihm diese Befugnis besonders erteilt ist. Nach § 50 Abs. 1 HGB ist eine Beschränkung der Prokura Dritten gegenüber unwirksam. Der Grund hierfür liegt darin, dass sich der Rechtsverkehr darauf verlassen können soll, dass die Vollmacht in dem ge-

---

108 S. Hk-BGB/*Dörner*, § 168 Rn. 11.
109 S. Palandt/*Ellenberger*, BGB, § 167 Rn. 7.
110 S. oben Rn. 245 ff.
111 S. BGH NJW 1991, 3141 (3141).
112 BGH NJW 1991, 3141 (3141).

setzlich festgelegten Umfang besteht. Ebenfalls gesetzlich zwingend bestimmt ist der Umfang der **Handlungsvollmacht** nach § 54 HGB[113]. Die gesetzliche Festlegung des Umfangs der vorgenannten Vollmachten nach außen bedeutet nicht, dass der Vertretene diese im Innenverhältnis gegenüber dem Vertreter nicht beschränken kann. Überschreitet der Vertreter die ihm insoweit gesetzten Grenzen im Außenverhältnis, so wird der Vertretene trotz der Beschränkung im Innenverhältnis aufgrund des gesetzlich zwingend festgelegten Umfangs der Vollmacht nach außen gleichwohl aus dem Vertretergeschäft berechtigt und verpflichtet. Insoweit hat der Vertretene grds. das Risiko eines Missbrauchs der Vertretungsmacht zu tragen[114].

> **Bsp.:** Kaufmann K erteilt Arbeitnehmer P Prokura und beschränkt die Vollmacht auf die Vornahme von Geschäften bis zu einem Wert von 100.000 €. Trotzdem schließt P mit dem Lieferanten L einen Vertrag über die Lieferung von Waren im Wert von 150.000 € ab. – Hier kommt der Vertrag wirksam zwischen K und L zustande, denn die Beschränkung der Prokura ist nach § 50 Abs. 1 Dritten gegenüber unwirksam. Erleidet der K durch das Handeln des P einen Schaden, z.B., weil er zur Finanzierung des Kaufpreises teilweise einen Kredit aufnehmen muss, so kann er diesen wegen der im Innenverhältnis erfolgten Pflichtverletzung durch Überschreiten der bei Erteilung der Prokura gesetzten Grenze auf Schadensersatz in Anspruch nehmen (§§ 280 Abs. 1, 241 Abs. 2).

Anderes gilt allerdings dann, wenn der **Vertragspartner des Vertretenen weiß oder jedenfalls wissen müsste**, dass der Vertreter bei der Vornahme des Rechtsgeschäfts die ihm seitens des Vertretenen im Innenverhältnis auferlegten Beschränkungen überschreitet. In diesem Fall eines erkannten oder erkennbaren Missbrauchs, bezüglich der zuletzt genannten Variante wird eine objektive Evidenz des Missbrauchs gefordert[115], der Vertretungsmacht ist der Vertretene geschützt. Das vom Vertreter vorgenommene Rechtsgeschäft wirkt nicht für und gegen den Vertretenen[116]. Darüber hinaus wird der Vertretene durch solche Rechtsgeschäfte des Vertreters nicht gebunden, die dieser in **kollusivem Zusammenwirken** mit einem Dritten zum Nachteil des Vertretenen tätigt. Entsprechende Rechtsgeschäfte sind nach § 138 Abs. 1 nichtig und können deshalb für den Vertretenen keine Rechtswirkungen entfalten[117].

636 Die Vollmacht kann einer **einzelnen Person** erteilt werden. Es können aber auch **mehrere Personen** bevollmächtigt werden. Soll jede dieser Personen alleinvertretungsberechtigt sein, wird von einer **Einzelvollmacht bzw. Einzelvertretung** gesprochen. Wird die Vollmacht mehreren Personen derart erteilt, dass sie nur gemeinsam vertretungsberechtigt sind, handelt es sich um eine sog. **Gesamtvollmacht bzw. Gesamtvertretung**[118]. Gesetzlich geregelt ist ein Fall der Gesamtvertretung z.B. in § 48 Abs. 2 HGB. Welche Form der Vertretung bei Erteilung einer Vollmacht gewollt ist, ist durch Auslegung zu ermitteln. Liegt ein Fall der Gesamtvertretung vor, müssen grds. alle Gesamtvertreter zusammen rechtsgeschäftlich

---

113 Zu den Besonderheiten der handelsrechtlichen Vollmachten s. *Drexl/Mentzel* JURA 2002, 289 und 375.
114 BGH NJW 1994, 2082 (2083); NJW 1999, 2883 (2883).
115 BGH NJW 1994, 2082 (2083); NJW 1999, 2883 (2883).
116 BGH NJW 1994, 2082 (2083); NJW 1999, 2883 (2883).
117 BGH NJW 1989, 26 (27); Hk-BGB/*Dörner*, § 167 Rn. 9.
118 S. nur Palandt/*Ellenberger*, BGB, § 167 Rn. 13.

tätig werden, d.h. die Willenserklärung im Namen des Vertretenen abgeben. Es ist allerdings auch ausreichend, wenn ein Gesamtvertreter nach außen handelt, sei es mit Einwilligung der anderen oder deren nachträglicher Zustimmung (Genehmigung)[119]. Zur Entgegennahme von Willenserklärungen (§ 164 Abs. 3, Passivvertretung) ist jeder Gesamtvertreter allein berechtigt[120].

Der Vertreter kann bevollmächtigt sein, einer weiteren Person eine **Untervoll-** **637** **macht** zu erteilen[121]. Ob diese Berechtigung aufgrund der dann als **Hauptvollmacht** bezeichneten Vertretungsmacht besteht, ist durch Auslegung der seitens des Vertretenen erteilten Vollmacht zu ermitteln[122]. Wird hiernach deutlich, dass der Vertretene ein Interesse an der persönlichen Wahrnehmung der Vollmacht durch den Vertreter hat, so ist die Erteilung einer Untervollmacht ausgeschlossen[123]. Ist das nicht der Fall und wird durch den Vertreter eine Untervollmacht erteilt, so handelt der Unterbevollmächtigte, wenn er ein Vertretergeschäft tätigt, im Namen des Vertretenen, die abgegebene Willenserklärung wirkt also unmittelbar für und gegen diesen[124]. Der Unterbevollmächtigte ist also Vertreter des Vertretenen, nicht des Hauptbevollmächtigten[125]. Der Umfang der Untervollmacht kann nicht über den der Hauptvollmacht hinausgehen[126].

> **Bsp.:** A erteilt dem Händler H eine Vollmacht zum Erwerb eines Oldtimers. H seinerseits erteilt dem auf Oldtimer spezialisierten Mitarbeiter M eine Untervollmacht im Namen des A. Auf einer Oldtimer-Auktion erwirbt M im Namen des A von Verkäufer V einen Oldtimer. – Hier kommt der Kaufvertrag zwischen A und V zustande, die von dem Unterbevollmächtigten M abgegebene Willenserklärung wirkt nach § 164 Abs. 1 Satz 1 unmittelbar für und gegen A.

(b) Erlöschen der Vollmacht. Die Vorschrift des § 168 enthält Regelungen über **638** das **Erlöschen der Vollmacht.** Gemäß § 168 Satz 1 bestimmt sich das Erlöschen der Vollmacht nach dem ihrer Erteilung zugrunde liegenden Rechtsverhältnis. Insoweit ist zu beachten, dass entgegen dieser Regelung **vorrangig der Inhalt der Vollmacht** selbst maßgebend ist[127]. So kann eine Vollmacht **befristet** erteilt werden[128]. Ist das der Fall, erlischt die Vollmacht mit Zeitablauf (§§ 163, 158 Abs. 2). Ist die Vollmacht unter einer **auflösenden Bedingung** erteilt worden[129], endigt die Vollmacht mit dem Eintritt der Bedingung. Eine für die Vornahme eines ganz bestimmten Rechtsgeschäfts erteilte Vollmacht

---

119 S. BGH NJW 1982, 1036 (1037); MünchKomm/*Schramm*, BGB, § 164 Rn. 87.
120 BGHZ 62, 166 (172 f.).
121 S. hierzu *Larenz/Wolf*, BGB AT, § 47 Rn. 38 ff.
122 S. *Larenz/Wolf*, BGB AT, § 47 Rn. 40; Palandt/*Ellenberger*, BGB, § 167 Rn. 12.
123 Palandt/*Ellenberger*, BGB, § 167 Rn. 12.
124 S. *Larenz/Wolf*, BGB AT, § 47 Rn. 43; Hk-BGB/*Dörner*, § 167 Rn. 6; nach BGHZ 32, 250 (253) soll der Hauptbevollmächtigte den Unterbevollmächtigten auch zu seinem eigenen Vertreter bestellen können, hierzu kritisch *Larenz/Wolf*, BGB AT, § 47 Rn. 44; MünchKomm/*Schramm*, BGB, § 167 Rn. 96.
125 S. Palandt/*Ellenberger*, BGB, § 167 Rn. 12.
126 Hk-BGB/*Dörner*, § 167 Rn. 6.
127 S. Palandt/*Ellenberger*, BGB, § 168 Rn. 1; Hk-BGB/*Dörner*, § 168 Rn. 2.
128 Zur Befristung s. oben Rn. 584 f.
129 Zur auflösenden Bedingung oben Rn. 569.

(**Spezialvollmacht**) erlischt mit der Vornahme des Rechtsgeschäfts, weil sie sich ihrem Inhalt nach in der Einräumung diesbezüglicher Vertretungsmacht erschöpft. Darüber hinaus kann die Vollmacht durch **Verzicht** des Bevollmächtigten gegenüber dem Vollmachtgeber erlöschen[130]. Die Zulässigkeit eines solchen Verzichts folgt daraus, dass niemandem eine Rechtsposition aufgedrängt werden kann, die er nicht innehaben möchte[131].

639 Sofern sich aus dem Inhalt der Vollmacht selbst kein Erlöschensgrund ergibt, ist § 168 Satz 1 maßgebend, wonach sich das Erlöschen der Vollmacht nach dem ihrer Erteilung zugrunde liegenden Rechtsverhältnis bestimmt. Das Gesetz bindet hier also trotz der rechtlichen Selbständigkeit von Vollmacht und Grundgeschäft[132] **den Bestand der Vollmacht grds. an den Bestand des Grundgeschäfts**, in dessen Rahmen und zu dessen Durchführung die Vollmacht i. d. R. erteilt worden ist. Bei dem Grundgeschäft kann es sich z.B. um einen Auftrag (§ 662), einen Geschäftsbesorgungsvertrag (§ 675) oder auch ein Arbeitsverhältnis (§ 611) handeln. Endet das Grundgeschäft, z.B. durch Erfüllung, Zeitablauf, Rücktritt oder auch Kündigung, so erlischt mit dessen Beendigung grds. auch die Vollmacht[133].

> **Bsp.:** Die Arbeitnehmerin A ist bei dem Lebensmittelhändler H als Verkäuferin tätig (§ 611). Dieser hat die A zum Verkauf der Waren bevollmächtigt. – Endet der Arbeitsvertrag durch Zeitablauf, weil er befristet war, oder im Falle eines unbefristeten Arbeitsverhältnisses aufgrund Kündigung, so erlischt mit der Beendigung des Arbeitsverhältnisses auch die der A erteilte Vollmacht zum Verkauf der Waren. Denn die Vollmacht ist nur im Zusammenhang mit der Durchführung des Arbeitsverhältnisses erteilt worden.

640 Handelt es sich bei dem Grundgeschäft um einen **Auftrag**, so sind im Rahmen des § 168 Satz 1 bei **Tod des Auftraggebers oder des Beauftragten** für die Frage des Erlöschens einer erteilten Vollmacht die Regelungen der §§ 672 und 673 zu beachten, die über § 675 Abs. 1 auf einen entgeltlichen Geschäftsbesorgungsvertrag als Grundgeschäft entsprechende Anwendung finden. Gemäß § 672 Satz 1 erlischt der Auftrag im Zweifel **nicht durch den Tod des Auftraggebers**. Sofern also in dem Auftrag nichts Gegenteiliges bestimmt worden ist, bleibt nach dieser Auslegungsregel[134] bei Tod des Auftraggebers der Auftrag bestehen, was wiederum nach § 168 Satz 1 bedeutet, dass auch eine zur Durchführung des Auftrags erteilte Vollmacht nicht erlischt[135]. Die Vollmacht wird zur postmortalen Vollmacht, mittels derer der Beauftragte und Vertreter zur Vertretung der Erben berechtigt ist, bis diese die Vollmacht widerrufen[136]. Führt der Tod des Auftraggebers entgegen der Auslegungsregel des § 672 zur Beendigung des Auftrags, so wird der Bevollmächtigte nach § 674 davor geschützt, in Unkenntnis der Beendigung des Grund-

---

130 S. MünchKomm/*Schramm*, BGB, § 168 Rn. 8.
131 S. MünchKomm/*Schramm*, BGB, § 168 Rn. 8.
132 S. oben Rn. 632.
133 S. nur Hk-BGB/*Dörner*, § 168 Rn. 3; Palandt/*Ellenberger*, BGB, § 168 Rn. 2.
134 S. Palandt/*Sprau*, BGB, § 672 Rn. 1.
135 Palandt/*Ellenberger*, BGB, § 168 Rn. 4; Hk-BGB/*Dörner*, § 168 Rn. 4.
136 S. Hk-BGB/*Dörner*, § 168 Rn. 4; zum Widerruf der Vollmacht s. noch folgend Rn. 642 ff.

verhältnisses und damit auch über § 168 Satz 1 des Erlöschens der Vollmacht als Vertreter ohne Vertretungsmacht zu handeln. Gemäß § 674 gilt der Auftrag zugunsten des Beauftragten trotz der Beendigung gleichwohl als fortbestehend, bis der Beauftragte von dem Erlöschen Kenntnis erlangt oder das Erlöschen kennen muss. Über § 168 Satz 1 wirkt sich die Fiktion des Fortbestehens des Auftrags auch i. S. eines Fortbestehens der Vollmacht aus. Neben dem Tod lässt auch der Eintritt der Geschäftsunfähigkeit des Auftraggebers nach der Auslegungsregel des § 672 Satz 1 den Auftrag im Zweifel unberührt, was wiederum nach § 168 Satz 1 auch den Fortbestand der Vollmacht zur Folge hat.

Stirbt der Beauftragte, so erlischt nach § 673 Satz 1 im Zweifel der Auftrag. Über § 168 Satz 1 führt der Tod des Beauftragten grds. auch zum Erlöschen einer im Zusammenhang mit dem Auftrag erteilten Vollmacht. Anderes gilt dann, wenn die Vollmacht gerade im Interesse des Bevollmächtigten erteilt worden ist. In diesem Fall bleibt die Vollmacht bei Tod des Beauftragten und Bevollmächtigten bestehen und kann bis zu einem Widerruf von den Erben wahrgenommen werden[137]. **641**

Gemäß § 168 Satz 2 ist die Vollmacht auch bei dem Fortbestehen des Rechtsverhältnisses (also des Grundgeschäfts) **widerruflich**, sofern sich nicht aus diesem ein anderes ergibt. Nach Satz 3 von § 168 findet auf die Erklärung des Widerrufs die Vorschrift des § 167 Abs. 1 entsprechende Anwendung. Seiner Rechtsnatur nach handelt es sich bei dem Widerruf um eine empfangsbedürftige Willenserklärung[138], wie aus dem Verweis in § 168 Satz 3 auf § 167 Abs. 1 deutlich wird. Danach kann die Erklärung des Widerrufs sowohl gegenüber dem Bevollmächtigten wie auch gegenüber dem Dritten, dem gegenüber die Vertretung stattfinden soll, erfolgen. Das gilt unabhängig davon, ob der Empfänger der Widerrufserklärung auch der Empfänger der Vollmachtserklärung gewesen ist, d.h. eine Innenvollmacht[139] kann auch gegenüber dem Dritten, eine Außenvollmacht gegenüber dem Vertreter widerrufen werden[140]. Im Falle der öffentlichen Bekanntmachung der Bevollmächtigung i.S.d. § 171 Abs. 1 muss der Widerruf nach § 171 Abs. 2 ebenfalls durch öffentliche Bekanntmachung erfolgen, anderenfalls bleibt die Vertretungsmacht bestehen. **642**

Aus § 168 Satz 2 geht hervor, dass die Vollmacht grds. **jederzeit und unabhängig von dem Fortbestand des Grundgeschäfts** widerrufen werden kann. Der Grund hierfür liegt letztlich in der Wahrung der Selbstbestimmung des Vollmachtgebers, der durch Erteilung der Vollmacht einem Dritten die Möglichkeit einräumt, für ihn rechtsgeschäftlich zu handeln[141].

Der Widerruf der Vollmacht kann ausgeschlossen sein, dann handelt es sich um eine **unwiderrufliche Vollmacht**. Die Unwiderruflichkeit kann sich aus dem Inhalt der Vollmacht selbst ergeben, nämlich dann, wenn diese von dem Vollmachtgeber **643**

---

137 S. MünchKomm/*Schramm*, BGB, § 168 Rn. 6; Palandt/*Ellenberger*, BGB, § 168 Rn. 3.
138 S. Palandt/*Ellenberger*, BGB, § 168 Rn. 5. S. oben Rn. 214.
139 S. oben Rn. 625.
140 S. Hk-BGB/*Dörner*, § 168 Rn. 6.
141 S. auch *Larenz/Wolf*, BGB AT, § 47 Rn. 66.

unwiderruflich erteilt wird[142]. Darüber hinaus macht § 168 Satz 2 deutlich, dass sich die Unwiderruflichkeit auch aus dem der Vollmachtserteilung zugrunde liegenden Rechtsgeschäft ergeben kann. Insoweit ist i. d. R. dann von einer unwiderruflichen Vollmacht auszugehen, wenn sie gerade im Interesse des Bevollmächtigten erteilt worden ist, etwa weil dieser aus dem Grundgeschäft gegen den Vertretenen einen Anspruch auf Erfüllung hat und der Vertreter ein insoweit erforderliches Rechtsgeschäft selbst vornehmen soll[143].

> **Bsp.:** V schließt mit K einen Kaufvertrag über einen Pkw und bevollmächtigt K, die für die Übereignung des Pkw nach § 929 Satz 1 u. a. erforderliche Einigungserklärung des V in dessen Namen als Vertreter abzugeben und sich insoweit im Namen des V mit sich selbst zu einigen. – Hier hat K aus § 433 Abs. 1 Satz 1 einen Anspruch auf Übergabe der Kaufsache und Eigentumsverschaffung. Die Bevollmächtigung ist hier im Interesse des K erfolgt, denn dieser hat aus dem Kaufvertrag einen Anspruch auf Eigentumsübertragung. Die Vollmacht ist deshalb unwiderruflich. § 181 steht dem Insichgeschäft nicht entgegen, weil das Vertretergeschäft ausschließlich in der Erfüllung einer Verbindlichkeit besteht[144].

644 Eine unwiderruflich erteilte Vollmacht kann ausnahmsweise widerrufen werden, wenn sich der Bevollmächtigte gegenüber dem Vollmachtgeber einer groben Pflichtverletzung schuldig macht, insb. **die Vollmacht missbraucht**[145]. In diesem Fall hat der Vollmachtgeber die Möglichkeit, die Vollmacht aus wichtigem Grund zu widerrufen[146]. Insoweit finden die Grundsätze über die Kündigung von Dauerschuldverhältnissen aus wichtigem Grund (z. B. §§ 314, 626) entsprechende Anwendung[147].

645 In bestimmten Fällen kann eine Vollmacht **nur als widerrufliche Vollmacht** erteilt werden, was letztlich darin begründet ist, dass der Vollmachtgeber geschützt werden soll. So ist anerkannt, dass eine sog. **isolierte Vollmacht**, die also ohne Vorhandensein eines Grundgeschäfts besteht, frei widerruflich ist, und zwar auch dann, wenn die Vollmacht als unwiderrufliche erteilt worden ist[148]. Der Grund hierfür liegt darin, dass es ohne ein der Vollmacht zugrunde liegendes Rechtsverhältnis keinen rechtfertigenden Grund gibt, den Vollmachtgeber an einen erklärten Ausschluss der Widerruflichkeit zu binden[149]. Ebenso wenig kann eine **Generalvollmacht**[150] als unwiderrufliche Vollmacht erteilt werden[151]. Hier begründet der umfassende Umfang der Vollmacht die Schutzbedürftigkeit des Vollmachtge-

---

142 S. *Larenz/Wolf*, BGB AT, § 47 Rn. 51, danach ist für die Frage der (Un)Widerruflichkeit der Wille des Vollmachtgebers maßgebend; a. A. nach soll für den Ausschluss der Widerruflichkeit ein Vertrag erforderlich sein, s. z. B. Hk-BGB/*Dörner*, § 168 Rn. 5 und Palandt/*Ellenberger*, BGB, § 168 Rn. 6; z. T. wird ein einseitiger Verzicht des Vollmachtgebers auf das Widerrufsrecht für ausreichend erachtet, s. z. B. Münch-Komm/*Schramm*, BGB, § 168 Rn. 20.
143 S. *Larenz/Wolf*, BGB AT, § 47 Rn. 52; Palandt/*Ellenberger*, BGB, § 168 Rn. 6.
144 Zu § 181 s. noch Rn. 657 ff.
145 BGH WM 1985, 646 (647); *Larenz/Wolf*, BGB AT, § 47 Rn. 53.
146 BGH WM 1985, 646 (647); *Larenz/Wolf*, BGB AT, § 47 Rn. 53.
147 *Larenz/Wolf*, BGB AT, § 47 Rn. 53.
148 BGHZ 110, 363 (367); BGH NJW 1988, 2603 (2603).
149 BGH NJW 1988, 2603 (2604).
150 S. dazu oben Rn. 633.
151 Hk-BGB/*Dörner*, § 168 Rn. 5; Palandt/*Ellenberger*, BGB, § 168 Rn. 6.

bers. Schließlich ist der Ausschluss der Widerruflichkeit auch bei einer Vollmacht unwirksam, die **ausschließlich im Interesse des Vollmachtgebers** erteilt worden ist[152].

(c) Rechtsscheinhaftung. In Fällen der Erteilung einer Außenvollmacht (§ 167 **646** Abs. 1 Alt. 2) oder der besonderen Kundgabe einer erteilten Innenvollmacht bzw. dem insoweit gleichgestellten Fall der Vorlage einer Vollmachtsurkunde enthalten die Vorschriften der §§ 170–173 zum Schutz des auf das Bestehen einer tatsächlich nicht bestehenden Vollmacht vertrauenden Dritten Regelungen über die Wirkungsdauer der Vollmacht. Der Dritte soll auf den **seitens des Vertretenen gesetzten Rechtsschein** einer noch fortbestehenden Vollmacht vertrauen können. Insoweit wird bezüglich der §§ 170–173 von einer **gesetzlichen Rechtsscheinhaftung** des Vertretenen gesprochen[153]. Die Regelungen über die Rechtsscheinhaftung greifen nicht nur ein, wenn eine **ursprünglich wirksam erteilte** Vollmacht erloschen ist, sondern finden auch dann Anwendung, wenn eine Vollmacht **überhaupt nicht** oder **unwirksam erteilt worden ist**[154]. Auf die Rechtsscheinhaftung kann sich nach § 173 derjenige nicht berufen, der das Erlöschen der Vertretungsmacht bei der Vornahme des Rechtsgeschäfts kennt oder kennen muss. Der bösgläubige Dritte ist nicht schutzwürdig. § 173 findet auch Anwendung, wenn die Vollmacht nicht oder nicht wirksam erteilt worden ist.
Über die gesetzlich geregelte Rechtsscheinhaftung des Vertretenen hinaus hat die Rechtsprechung weitere Tatbestände einer Rechtsscheinhaftung entwickelt. Hierbei handelt es sich um die Grundsätze über die **Duldungsvollmacht** und die **Anscheinsvollmacht**[155].

Ist die Vollmacht als **Außenvollmacht durch Erklärung gegenüber dem Geschäfts-** **647** **gegner** erteilt worden, so bleibt sie nach **§ 170** diesem gegenüber in Kraft, bis ihm das Erlöschen von dem Vollmachtgeber angezeigt wird. Hat also etwa der Vollmachtgeber die Außenvollmacht (nur) gegenüber dem Vertreter widerrufen, so kann dieser gleichwohl weiterhin wirksam rechtsgeschäftlich für den Vollmachtgeber handeln. Der Rechtsscheintatbestand des § 170 kann nur dadurch vermieden werden, dass der Vollmachtgeber den Widerruf oder einen sonstigen Erlöschensgrund dem Geschäftsgegner mitteilt bzw., was der Anzeige gleichsteht, den Widerruf gegenüber dem Geschäftsgegner erklärt[156]. Die Fortwirkung der Außenvollmacht nach § 170 kommt im Falle der Bösgläubigkeit des Geschäftsgegners i.S.d. § 173 nicht in Betracht.

Nach der Regelung des § 171 Abs. 1 ist für den Fall, dass der Vollmachtgeber eine **648** **Innenvollmacht** erteilt und dies **einem Dritten besonders mitgeteilt** oder durch **öffentliche Bekanntmachung** (z.B. Zeitungsanzeige) **allgemein kundgegeben hat**, der Vertreter bei besonderer Mitteilung an einen Dritten diesem gegenüber, bei öffentlicher Bekanntmachung jedem Dritten gegenüber zur Vertretung befugt. Die

---

152 S. etwa für den Fall eines Auftrags zur Wahrnehmung von Erbschaftsangelegenheiten BGH DNotZ 1972, 229 (229).
153 S. BGH NJW 1985, 730 (730); BGHZ 102, 60 (64); *St. Lorenz* JuS 2010, 771 (774).
154 BGH NJW 1985, 730 (730); Palandt/*Ellenberger*, BGB, § 170 Rn. 1.
155 S. folgend Rn. 651 f.
156 S. Palandt/*Ellenberger*, BGB, § 170 Rn. 2.

Vollmacht besteht unter den vorgenannten Voraussetzungen auch dann, wenn sie erloschen oder nicht, bzw. nicht wirksam erteilt worden ist und ist dann als solche **Rechtsscheinvollmacht**[157]. Das schützenswerte Vertrauen des oder jedes Dritten knüpft an den durch die besondere Mitteilung bzw. öffentliche Bekanntmachung geschaffenen Rechtsschein einer bestehenden Vollmacht an. Allerdings kann sich der Dritte bzw. Adressat der Kundgabe auf die Rechtsscheinhaftung nach § 171 nur berufen, wenn ihm bereits im Zeitpunkt des Abschlusses des Vertretergeschäfts die Mitteilung kundgemacht war[158]. Gemäß § 171 Abs. 2 bleibt die Vertretungsmacht bestehen, bis der Vollmachtgeber die Kundgebung in derselben Weise, wie sie erfolgt ist, widerruft. Der Vollmachtgeber kann die Rechtsscheinhaftung also nur durch Vornahme des *actus contrarius* entweder einer besonderen Mitteilung an den Dritten oder einer öffentlichen Bekanntmachung gegenüber jedem Dritten vermeiden. § 171 kommt nicht zur Anwendung, wenn der Dritte i.S.d. § 173 bösgläubig ist.

649 Gemäß § 172 Abs. 1 steht es der besonderen Mitteilung einer Bevollmächtigung durch den Vollmachtgeber i.S.d. § 171 Abs. 1 gleich, wenn dieser dem Vertreter **eine Vollmachtsurkunde ausgehändigt hat und der Vertreter sie dem Dritten vorlegt**. In diesem Fall knüpft der Rechtsscheintatbestand daran an, dass der Dritte, dem die Vollmachtsurkunde vorgelegt wird, auf das Bestehen der Vollmacht vertrauen darf, auch wenn diese erloschen oder nicht bzw. nicht wirksam erteilt worden ist[159]. Insoweit ersetzt die Vollmachtsurkunde für den Gutgläubigen die Bevollmächtigung des Vertreters[160]. Unter einer **Vollmachtsurkunde** ist ein unterschriebenes oder mit notariell beglaubigtem Handzeichen versehenes Schriftstück, welches die Person des Bevollmächtigten sowie den Inhalt der Vollmacht bezeichnet, zu verstehen[161]. Der Vollmachtgeber muss dem Vertreter die Vollmachtsurkunde **ausgehändigt**, d.h. der Vollmachtgeber muss sich von sich aus der Vollmachtsurkunde entäußert haben[162]. Ist die Urkunde **abhanden gekommen**, findet § 172 Abs. 1 keine Anwendung, an die Vorlegung einer solchen Urkunde kann der Rechtsschein einer wirksamen Bevollmächtigung nicht geknüpft werden[163]. Die das Vertrauen auf eine bestehende Vollmacht schützende **Vorlegung** verlangt, dass die Vollmachtsurkunde der sinnlichen Wahrnehmung des Dritten unmittelbar zugänglich gemacht wird[164]. Der Dritte muss in die Lage versetzt werden, sich von der Urkunde unmittelbar Kenntnis zu verschaffen, eine tatsächliche Einsichtnahme ist nicht erforderlich[165]. Die Vorlegung der Vollmachtsurkunde muss spätestens bei Abschluss des Vertretergeschäfts erfolgen[166]. Denn für das Vertrauen auf die Vertretungsbefugnis kommt es auf den Zeitpunkt an, in dem von der Vertretungsmacht Gebrauch gemacht wird. Das ist der Zeitpunkt des Vertreter-

---

157 *Larenz/Wolf*, BGB AT, § 48 Rn. 6; Palandt/*Ellenberger*, BGB, § 171 Rn. 1.
158 BGH NJW 2008, 3355 (3355 f.).
159 S. BGHZ 102, 60 (62 f.); *Larenz/Wolf*, BGB AT, § 48 Rn. 10.
160 BGHZ 102, 60 (62).
161 S. Palandt/*Ellenberger*, BGB, § 172 Rn. 2.
162 BGHZ 65, 13 (14 f.).
163 BGHZ 65, 13 (15).
164 BGHZ 102, 60 (67); 76, 76 (78).
165 BGHZ 102, 60 (63).
166 BGH NJW 2008, 3355 (3355 f.).

geschäfts[167]. Die Urkunde muss in Urschrift oder im Falle einer notariell beurkundeten Vollmacht in einer Ausfertigung (§ 47 BeurkG) vorgelegt werden, Abschriften genügen nicht, weil diese in unbeschränkter Zahl gefertigt werden können und nichts über den Verbleib der Vollmachtsurkunde und den Fortbestand der Vollmacht besagen[168].

Gemäß § 172 Abs. 2 bleibt die Vertretungsmacht bestehen, bis die Vollmachtsurkunde dem Vollmachtgeber zurückgegeben oder für kraftlos erklärt wird. § 175 gibt dem Vollmachtgeber nach dem Erlöschen der Vollmacht einen Anspruch auf Rückgabe der Vollmachtsurkunde. In § 176 ist das Verfahren zur Kraftloserklärung der Vollmachtsurkunde geregelt. **650**

Bezogen auf die Rechtsscheintatbestände der §§ 171 und 172 ist umstritten, ob die Kundgabe bzw. die dieser gleichgestellte Aushändigung der Vollmachtsurkunde **angefochten** werden kann[169]. Von der wohl überwiegenden Ansicht wird die Möglichkeit der Anfechtung unter Hinweis darauf bejaht, dass auch eine Außenvollmacht anfechtbar sei und deshalb der mit einer Kundgabe geschaffene Rechtsschein keine stärkere Wirkung haben könne als eine tatsächlich bestehende Vollmacht[170].

Über die gesetzlich geregelte Rechtsscheinhaftung hinaus sind als weitere Tatbestände einer Vollmacht kraft Rechtsscheins die Duldungsvollmacht und die Anscheinsvollmacht anerkannt.

Von einer **Duldungsvollmacht** wird dann gesprochen, wenn der Vertretene es **wissentlich zulässt**, dass ein anderer für ihn wie ein Vertreter auftritt und der Geschäftsgegner dieses Dulden nach Treu und Glauben dahin verstehen darf, dass der Handelnde aufgrund einer wirksamen Vollmacht tätig wird[171]. Der Geschäftsherr muss das Verhalten des Vertreters kennen und schreitet nicht dagegen ein, obwohl ihm das möglich wäre. Eine Willenserklärung des Vertretenen ist nicht erforderlich[172]. Hierin liegt der **Unterschied zur stillschweigend erteilten Vollmacht**, die gerade einen konkludent geäußerten Willen zur Bevollmächtigung voraussetzt, an welchem es bei der Duldungsvollmacht dem Begriff nach fehlt[173]. Das für die Begründung des Rechtsscheins einer bestehenden Vollmacht maßgebende duldende Verhalten des Vertretenen muss vor oder im Zeitpunkt der Abgabe der Willenserklärung durch den (vermeintlichen) Vertreter gegeben sein[174] und der Geschäftsgegner muss dieses Verhalten gekannt haben[175]. Liegen diese Voraussetzungen vor, dann wird der duldende Geschäftsherr bzw. Vertretene so behandelt, als habe er eine Vollmacht erteilt. Aus dem Vertretergeschäft wird der Vertretene deshalb berechtigt und verpflichtet. Allgemeiner Ansicht nach finden **651**

---

167 BGH NJW 2008, 3355 (3356).
168 BGHZ 102, 60 (63).
169 S. etwa *Medicus*, BGB AT, Rn. 947; *Larenz/Wolf*, BGB AT, § 48 Rn. 11; *Flume*, BGB AT II, § 49 2 c.
170 S. *Larenz/Wolf*, BGB AT, § 48 Rn. 11; *Medicus*, BGB AT, Rn. 947.
171 S. BGH NJW 2007, 987 (988); NJW 2004, 2745 (2746); NJW 2002, 2325 (2327); ; Hk-BGB/*Dörner*, §§ 170–173 Rn. 8; *St. Lorenz* JuS 2010, 771 (774).
172 BGH NJW 1997, 312 (314).
173 S. BGH LM Nr. 10 zu § 167 BGB.
174 BGH NJW 2002, 2325 (2327).
175 BGH NJW 2007, 987 (988); BGH NJW 1956, 460 (460).

die Grundsätze über die Duldungsvollmacht auf nicht voll geschäftsfähige Personen keine Anwendung[176]. Zutreffender Ansicht nach ist eine Anfechtung wegen Irrtums über die Bedeutung des Duldens ausgeschlossen[177]. Es handelt sich abgesehen von der fehlenden Willenserklärung nur um einen unbeachtlichen Rechtsfolgenirrtum[178].

> **Bsp.:** Studentin S arbeitet neben ihrem Studium bei dem Rechtsanwalt R. Im Hinblick darauf, dass sie sich gut mit Computern auskennt, kümmert sie sich um die Bestellung von neuen Druckerpatronen, den Kauf neuer Software usw. Die Kaufverträge schließt sie mit M im Namen des R ab. Zwar ist dem R das eigenmächtige Handeln der S nicht recht, er lässt sie jedoch gewähren, weil er ansonsten nicht wüsste, wer diese Aufgaben wahrnehmen sollte. Als die S jedoch, davon ausgehend, auch ein Anwalt müsse die Zeit auf seinen Reisen sinnvoll nutzen, im Namen des R bei M einen Laptop kauft, lehnt R gegenüber M die Bezahlung des Laptops ab. – Im Hinblick darauf, dass der R es wissentlich hingenommen hat, dass die S als seine Vertreterin aufgetreten ist, und der M das Verhalten des R nach Treu und Glauben dahin verstehen durfte, die S sei tatsächlich bevollmächtigt, ist auch über den Laptop ein Kaufvertrag zwischen R und M wirksam zustande gekommen, der M hat einen Anspruch auf Kaufpreiszahlung nach § 433 Abs. 2.

652 Eine **Anscheinsvollmacht** ist dann gegeben, wenn der Vertretene zwar das Verhalten des angeblichen Vertreters **nicht kennt**, es jedoch bei pflichtgemäßer Sorgfalt hätte kennen und verhindern können, und wenn der Geschäftsgegner das Verhalten des Vertreters nach Treu und Glauben und mit Rücksicht auf die Verkehrssitte dahin auffassen darf, dass es dem Vertretenen bei verkehrsmäßiger Sorgfalt nicht habe verborgen bleiben können[179]. Nicht anders als die Duldungsvollmacht setzt die Anscheinsvollmacht voraus, dass der Geschäftsgegner die Tatsachen kennt, aus denen sich der Rechtsschein der Bevollmächtigung ergibt[180]. Die Grundsätze über die Anscheinsvollmacht greifen jedoch nur ein, wenn das Verhalten des einen Teils, aus dem der Geschäftsgegner auf das Vorliegen einer Vollmacht zu schließen können glaubt, von einer **gewissen Häufigkeit und Dauer** ist[181]. Bei Vorliegen einer Anscheinsvollmacht muss sich der Vertretene so behandeln lassen, als habe er eine Vollmacht erteilt[182]. Deshalb wird er durch das Geschäft des angeblichen Vertreters gebunden[183]. Anderer Ansicht nach handelt es sich bei der fahrlässigen Setzung des Rechtsscheins einer Vollmacht um ein **vorvertragliches Verschulden**, das allein einen Anspruch auf Schadensersatz nach §§ 280 Abs. 1, 311 Abs. 2 auslösen kann[184].

> **Bsp.:** Die S ist Sekretärin bei B. Seit einiger Zeit hat sie einen japanischen Freund und lernt deswegen japanisch. Die erforderlichen Bücher bestellt sie im Namen des B bei H, dieser stellt die Rechnungen auf B aus. Der B bezahlt die Rechnungen, ohne zu prüfen, worauf die Rechnungen bezogen sind. Als das Verhalten der S im Zuge einer

---

176 Hk-BGB/*Dörner*, §§ 170.173 Rn. 8; Palandt/*Ellenberger*, BGB, § 173 Rn. 9.
177 S. Palandt/*Ellenberger*, BGB, § 172 Rn. 8; a. A. z.B. *Medicus*, BGB AT, Rn. 948.
178 S. dazu oben Rn. 505.
179 BGH NJW 2007, 987 (989); NJW 1998, 1854 (1855).
180 BGH NJW 2007, 987 (989).
181 BGH NJW 1998, 1854 (1855).
182 BGHZ 86, 273 (275).
183 BGHZ 86, 273 (275).
184 S. *Medicus*, BGB AT, Rn. 970 f.; *Flume*, BGB AT II, § 49 4.

Buchprüfung auffällt, verweigert der B die Bezahlung noch weiterer bestellter Bücher. – Hier sind die Voraussetzungen einer Anscheinsvollmacht gegeben, denn der B hätte bei Einhaltung der im Verkehr erforderlichen Sorgfalt erkennen können, dass die S nach außen als Vertreterin auftritt. Des Weiteren durfte der H das Verhalten des B, der die gestellten Rechnungen bezahlte, dahin verstehen, dass diesem bei Beachtung der im Verkehr erforderlichen Sorgfalt hätte auffallen müssen, dass die S nach außen als seine Vertreterin auftritt.

2. Folgen

Sind die Voraussetzungen der Stellvertretung[185] gegeben, so liegt ein **wirksames** **653** **Rechtsgeschäft des Vertretenen** vor. Dieser, nicht der Vertreter, wird aus einem von dem Vertreter getätigten Rechtsgeschäft berechtigt und verpflichtet, im Falle eines Vertragsschlusses durch den Vertreter also Vertragspartei. Im rechtlichen Ergebnis steht der Vertretene mithin so da, als habe er in seiner Person selbst rechtsgeschäftlich gehandelt.

> **Bsp.:** V, der von A zur Vertretung bevollmächtigt wurde, kauft im Namen des A einen Computer bei B. Hier kommt der Kaufvertrag zwischen A und B zustande. A hat mithin nach § 433 Abs. 1 Satz 1 einen Anspruch auf Übergabe und Übereignung des Computers, B hat gemäß § 433 Abs. 2 gegen A einen Anspruch auf Kaufpreiszahlung.

Im Fall der **Passivvertretung**[186] finden nach § 164 Abs. 3 die Vorschriften des **654** § 164 Abs. 1 entsprechende Anwendung. Das bedeutet für das Wirksamwerden einer an den Vertretenen gerichteten empfangsbedürftigen Willenserklärung, dass auf den Zugang beim Vertreter abzustellen ist, in diesem Zeitpunkt entfaltet das Rechtsgeschäft seine Wirkung.

> **Bsp.:** Mieter M schickt ein Schreiben mit der Kündigung seines Mietvertrages zum 30. September an den Hausverwalter H, der den Vermieter V vertritt. Das Schreiben wird von der Post am Freitag, dem 30. Juni in den Briefkasten des H geworfen. Der H leitet die Kündigung erst eine Woche später, am 7. Juli, an den V weiter. V verlangt von M Zahlung des Mietzinses auch für den Monat Oktober mit der Begründung, die Kündigung sei nicht bis zum 3. Werktag des Monats Juli erfolgt. – Hier ist darauf abzustellen, dass die Kündigung dem Vertreter H am 30. Juni zugegangen ist, damit nach § 130 Abs. 1 Satz 1 zu diesem Zeitpunkt wirksam wurde, was sich der V nach § 164 Abs. 3 i. V. m. § 164 Abs. 1 Satz 1 zurechnen lassen muss. Die nach § 573c Abs. 1 Satz 1 maßgebende Kündigungsfrist ist danach zu Ende September eingehalten. Auf die Weiterleitung der Kündigungserklärung durch H kommt es für den Zugang nicht an, der V hat das Risiko der verspäteten Weiterleitung zu tragen.

Der Vertreter wird von den rechtlichen Folgen eines im Namen des Vertretenen **655** getätigten Rechtsgeschäfts **grds. nicht berührt**. Anderes gilt dann, wenn der Vertreter eine Willenserklärung nicht nur im Namen des Vertretenen, sondern **auch im eigenen Namen** abgibt. In diesem Fall treffen die rechtlichen Folgen des Rechtsgeschäfts nicht nur den Vertretenen, sondern auch den Vertreter[187].

---

185 S. dazu oben Rn. 605 ff.
186 S. oben Rn. 599.
187 S. BGH NZM 2009, 779 (779); BGHZ 104, 95 (100).

Bsp.: Die Eheleute F und M möchten sich ein neues Auto anschaffen. M, der sich mit Autos besser auskennt, soll ein Auto aussuchen und den Kaufvertrag im Namen beider Eheleute abschließen. Nachdem M sich bei Gebrauchtwagenhändler G umgesehen hat, entschließt er sich zum Kauf eines Autos. Auf Hinweis des M trägt der G in den Kaufvertrag als Käufer die „Eheleute F und M" ein. – Hier hat der M eine Willenserklärung sowohl im Namen der F wie auch eine eigene Willenserklärung zum Kauf des Autos abgegeben. Damit ist der Kaufvertrag zwischen F und M auf der einen Seite und G auf der anderen Seite zustande gekommen. Beide Eheleute trifft die Pflicht zur Kaufpreiszahlung aus § 433 Abs. 2.

656 Darüber hinaus ist zu beachten, dass nach § 311 Abs. 3 Satz 1 ein Schuldverhältnis mit Pflichten nach § 241 Abs. 2 auch zu **Personen entstehen kann, die nicht selbst Vertragspartei werden sollen.** Das ist nach Satz 2 von § 311 Abs. 3 insb. der Fall, wenn der Dritte in besonderem Maße Vertrauen für sich in Anspruch nimmt und dadurch die Vertragsverhandlungen oder den Vertragsschluss erheblich beeinflusst. Hiernach kann einen Vertreter, der bei den Vertragsverhandlungen gegen die in § 241 Abs. 2 statuierten Pflichten verstößt, bei Vorliegen der Voraussetzungen des § 311 Abs. 3 eine Schadensersatzverpflichtung gemäß §§ 280 Abs. 1, 311 Abs. 3 **wegen vorvertraglicher schuldhafter Pflichtverletzung treffen**[188]. Unabhängig davon haftet ein Vertreter im Falle einer unerlaubten Handlung gegenüber dem Geschäftspartner aus §§ 823 ff.

III. Verbot des Insichgeschäfts

657 Gemäß § 181 kann ein Vertreter, soweit nicht ein anderes ihm gestattet ist, im Namen des Vertretenen mit sich im eigenen Namen oder als Vertreter eines Dritten ein Rechtsgeschäft nicht vornehmen, es sei denn, dass das Rechtsgeschäft ausschließlich in der Erfüllung einer Verbindlichkeit besteht. Der **Zweck des § 181** geht dahin, Interessenkollisionen zu vermeiden, die dadurch entstehen könnten, dass ein Vertreter auf beiden Seiten des Rechtsgeschäfts beteiligt ist und so eine **Personenidentität** besteht[189]. Das in § 181 normierte **Verbot des Insichgeschäfts** findet nicht nur bei rechtsgeschäftlicher Vertretung, sondern auch in den Fällen gesetzlicher und organschaftlicher Stellvertretung bzw. Vertretungsmacht Anwendung[190]. Von dem Begriff des Rechtsgeschäfts werden sowohl einseitige Rechtsgeschäfte, soweit diese empfangsbedürftig sind, wie auch mehrseitige Rechtsgeschäfte erfasst[191].

658 § 181 regelt zwei Fallkonstellationen, die als Insichgeschäft grds.[192] verboten sind. Zum einen kann ein Vertreter nicht im Namen des Vertretenen mit sich im eigenen Namen ein Rechtsgeschäft vornehmen. Das ist der Fall des sog. **Selbstkontrahierens**[193].

---

188 S. hierzu näher Hk-BGB/*Schulze*, § 311 Rn. 19.
189 S. BGHZ 51, 209 (215); 56, 97 (101).
190 Palandt/*Ellenberger*, BGB, § 181 Rn. 3.
191 S. Hk-BGB/*Dörner*, § 181 Rn. 4. Zu den Begriffen mehrseitiges Rechtsgeschäft und einseitiges Rechtsgeschäft s. oben Rn. 192 und Rn. 191.
192 S. noch folgend Rn. 661 ff.
193 S. BGHZ 56, 97 (101); Hk-BGB/*Dörner*, § 181 Rn. 5.

Bsp.: Der vertretene A bevollmächtigt den V, das Auto des A zu verkaufen. V schließt im Namen des A mit sich selbst einen Kaufvertrag über das Auto. Hier wird V auf beiden Seiten des Vertrages tätig, einmal als Vertreter des A, indem er im Namen des A an sich ein Angebot zum Verkauf des Pkw abgibt, zum anderen erklärt er im eigenen Namen als Käufer die Annahme des Angebots.

Zum anderen kann ein Vertreter nach § 181 nicht auch als Vertreter eines Dritten **659** ein Rechtsgeschäft vornehmen. Hierbei handelt es sich um ein Insichgeschäft in Gestalt der sog. **Mehrfachvertretung**[194].

Bsp.: V ist von A bevollmächtigt, dessen Pkw zu verkaufen. Zugleich ist V Vertreter des B, der einen Pkw sucht. Schließt V im Namen des A und im Namen des B einen Kaufvertrag über den Pkw des A, so liegt ein Fall der nach § 181 grds. unzulässigen Mehrfachvertretung vor.

Wird entgegen dem Verbot des § 181 von dem Vertreter ein Insichgeschäft getä- **660** tigt, so ist **bezüglich der daraus resultierenden Folgen zwischen Verträgen und einseitigen Rechtsgeschäften zu unterscheiden.** Ausgehend davon, dass § 181 kein gesetzliches Verbot i.S.d. § 134 darstellt[195], sondern dem Vertreter **lediglich die Vertretungsmacht** zur Vornahme entsprechender Insichgeschäfte fehlt[196], ist ein unter Verstoß gegen § 181 von dem Vertreter geschlossener Vertrag nicht schlecht-hin nichtig[197]. Vielmehr ist der **Vertrag schwebend unwirksam**[198] mit der Folge, dass im Falle des Selbstkontrahierens der Vertretene, im Falle der Mehrfachver-tretung beide Vertretene den Vertrag nach § 177 Abs. 1 analog genehmigen kön-nen[199], so dass dieser gemäß § 184 Abs. 1 rückwirkend bezogen auf den Zeit-punkt des Vertragsschlusses voll wirksam wird[200]. Hat der Vertreter unter Verstoß gegen § 181 ein **einseitiges Rechtsgeschäft** getätigt, so ist dieses in entsprechender Anwendung des § 180 Satz 1 grds. **unwirksam**, also nicht genehmigungsfähig[201].

§ 181 regelt zwei **Ausnahmen**, bei deren Vorliegen ein Insichgeschäft seitens des **661** Vertreters vorgenommen werden kann. Zum einen ist das dann der Fall, wenn dem Vertreter ein Insichgeschäft gestattet ist, wobei die **Gestattung** auf gesetzli-cher[202] oder auf rechtsgeschäftlicher Grundlage beruhen kann. Die rechtsgeschäft-liche Gestattung kann mit der Vollmacht verbunden (Vollmachtserteilung „unter Befreiung von den Beschränkungen des § 181“)[203] oder gesondert als Einwilligung in die Vornahme von Insichgeschäften erteilt werden[204], im Falle der Mehrfach-vertretung müssen beide Vertretene gestatten[205]. Ebenso wenig wie die Vollmacht

---

194 S. Hk-BGB/*Dörner*, § 181 Rn. 5.
195 Zu § 134 s. oben Rn. 436 ff.
196 S. BGHZ 65, 123 (125 f.); Hk-BGB/*Dörner*, § 181 Rn. 6; Palandt/*Ellenberger*, BGB, § 181 Rn. 15.
197 BGHZ 65, 123 (125).
198 S. hierzu schon oben Rn. 484 und folgend Rn. 668.
199 S. zur Genehmigung Rn. 668.
200 BGHZ 65, 123 (126); Palandt/*Ellenberger*, BGB, § 181 Rn. 15.
201 Palandt/*Ellenberger*, BGB, § 181 Rn. 15; zu § 180 s. noch Rn. 680.
202 S. Bsp. hierzu bei Palandt/*Ellenberger*, BGB, § 181 Rn. 16.
203 S. z.B. BGH NJW 1979, 2306 f.
204 Palandt/*Ellenberger*, BGB, § 181 Rn. 17.
205 S. Hk-BGB/*Dörner*, § 181 Rn. 7; Palandt/*Ellenberger*, BGB, § 181 Rn. 18.

nach § 167 Abs. 2 bedarf auch die Gestattung i.S.d. § 181 nicht der Form, die für das Insichgeschäft bestimmt ist, etwa der notariellen Beurkundung eines Grundstückskaufvertrages nach § 311b Abs. 1 Satz 1, den der Vertreter im Namen des Vertretenen mit sich im eigenen Namen schließt[206].

662 Des Weiteren ist dem Vertreter die Vornahme eines Insichgeschäfts erlaubt, wenn – so § 181 a. E. – das Rechtsgeschäft **ausschließlich in der Erfüllung einer Verbindlichkeit** besteht. Insoweit wird davon ausgegangen, dass eine Interessenkollision nicht eintreten kann, weil das Insichgeschäft lediglich der Erfüllung einer Verpflichtung dient[207]. Der Ausnahmetatbestand der Erfüllung einer Verbindlichkeit greift nur ein, wenn diese wirksam besteht, einredefrei und fällig ist[208].

> **Bsp.:** Der im Autohaus des H angestellte A ist zum Verkauf von Gebrauchtwagen bevollmächtigt. A schließt selbst mit H einen Kaufvertrag über einen Gebrauchtwagen, aus dem jener nach § 433 Abs. 1 Satz 1 einen Anspruch auf Übergabe und Eigentumsverschaffung hat. Die erforderliche Eigentumsübertragung nimmt A im Wege des Selbstkontrahierens vor. – Hieran ist er deshalb nicht nach § 181 gehindert, weil das Insichgeschäft in Gestalt der Übereignung gemäß § 929 Satz 1 allein zur Erfüllung der kaufvertraglichen Verpflichtung des H gegenüber A erfolgt.

663 Der Ausnahmetatbestand der Erfüllung einer Verbindlichkeit kommt nicht zum Tragen, wenn der **gesetzliche Vertreter eines Minderjährigen** in Erfüllung eines für den Minderjährigen **rechtlich lediglich vorteilhaften Schenkungsvertrages** im Wege des **Selbstkontrahierens** ein für den Minderjährigen **rechtlich nachteiliges Verfügungsgeschäft** vornehmen will. Hier steht einer Anwendung des Ausnahmetatbestands der Schutzzweck des § 107 entgegen.[209] Zutreffender Ansicht nach ist unter Beachtung des Trennungsprinzips eine **teleologische Reduktion des § 181 letzter Halbsatz** für solche Rechtsgeschäfte vorzunehmen, die zwar in der Erfüllung einer Verbindlichkeit bestehen, jedoch für den Minderjährigen rechtlich nicht lediglich vorteilhaft sind[210].

664 § 181 verbietet seinem Wortlaut nach jedes Insichgeschäft, und zwar unabhängig davon, ob es dem Schutzzweck dieser Norm entsprechend bei der Vornahme des Insichgeschäfts überhaupt zu einer den Vertretenen benachteiligenden Interessenkollision kommen kann. Die in § 181 dem Wortlaut nach angelegte **formale Betrachtungsweise** wird dann nicht für gerechtfertigt erachtet, wenn das Selbstkontrahieren des Vertreters dem Vertretenen **rechtlich lediglich einen Vorteil**[211] bringt[212]. Für diese Fälle wird der nach dem Wortlaut weite Anwendungsbereich des § 181 teleologisch, also unter Anknüpfung an Sinn und Zweck der Norm

---

206 BGH NJW 1979, 2306 f.
207 *Larenz/Wolf*, BGB AT, § 46 Rn. 124.
208 Hk-BGB/*Dörner*, § 181 Rn. 10.
209 BGHZ 78, 28 (34).
210 S. *Jauernig* JuS 1982, 576 (576 f.); *Feller* DNotZ 1989, 66 (75 ff.); Soergel/*Hefermehl*, BGB, § 107 Rn. 5 sowie schon oben Rn. 346; anders z. B. BGHZ 78, 28 (35), der eine Gesamtbetrachtung von schuldrechtlichem und dinglichem Rechtsgeschäft vornehmen will. Inzwischen aufgegeben durch BGH NJW 2010, 3643 (3643).
211 Zum Begriff s. ausf. Rn. 338 ff.
212 BGHZ 59, 236 (240); BGHZ 94, 232 (235).

reduziert[213]. Das hat zur Folge, dass § 181 solchen Vertretergeschäften nicht entgegensteht, in denen das Selbstkontrahieren für den Vertretenen rechtlich lediglich vorteilhaft ist[214].

> **Bsp.:** Vater V schenkt seinem 10-jährigen Sohn S eine Eisenbahn. Den Schenkungsvertrag schließt er als gesetzlicher Vertreter des S (§§ 1626 Abs. 1 Satz 1, 1629 Abs. 1 Satz 1) mit sich im eigenen Namen ab. Die Eigentumsübertragung an der Eisenbahn nach § 929 Satz 1 erfolgt ebenfalls im Wege des Selbstkontrahierens. § 181, der seinem Wortlaut nach entgegenstehen würde, findet mangels Schutzbedürftigkeit des S keine Anwendung. Denn die Rechtsgeschäfte sind für diesen rechtlich lediglich vorteilhaft. Der mangels Beachtung der nach § 518 Abs. 1 Satz 1 erforderlichen Form an sich nach § 125 unwirksame Schenkungsvertrag wird durch Bewirkung der versprochenen Leistung (Eigentumsübertragung an der Eisenbahn auf S) gemäß § 518 Abs. 2 geheilt[215].

Die Regelung des § 181 ist trotz Fehlens der für das Insichgeschäft kennzeichnenden Beteiligung des Vertreters auf beiden Seiten eines Rechtsgeschäfts **analog anzuwenden**, wenn der Vertreter einen **Untervertreter** bestellt[216] und mit diesem das Rechtsgeschäft vornimmt. Gleichermaßen findet § 181 entsprechende Anwendung, wenn der Vertreter im Namen des Vertretenen handelt und **für sich eine andere Person bevollmächtigt**, mit der er dann mit Wirkung für den Vertretenen und über seinen Vertreter für sich das Rechtsgeschäft tätigt[217]. In den vorgenannten Konstellationen ist die analoge Anwendung des § 181 deshalb gerechtfertigt, weil **trotz fehlender Personenidentität** der rechtsgeschäftlich Handelnden der Zweck der Regelung, den Vertretenen vor Benachteiligungen aufgrund von Interessenkollisionen in der Person des Vertreters zu schützen, zum Tragen kommt. Diese werden nämlich nicht dadurch verhindert, dass der Vertreter in Umgehung des § 181 weitere Personen einschaltet. Denn die Wirkungen des Rechtsgeschäfts treten in den genannten Fällen gleichermaßen für und gegen den Vertretenen wie auch den Vertreter ein[218]. **665**

IV. Vertretung ohne Vertretungsmacht

→ *Sch 7 Rn. 755*

Handelt der Vertreter ohne Vertretungsmacht, so fehlt es an einer Wirksamkeitsvoraussetzung der Stellvertretung[219], das vom Vertreter vorgenommene Rechtsgeschäft kann nicht unmittelbar für und gegen den Vertretenen wirken. Die **rechtlichen Folgen der Vertretung ohne Vertretungsmacht** sind in den Vorschriften der §§ 177–180 geregelt. Insoweit ist zwischen Verträgen und einseitigen Rechtsgeschäften zu unterscheiden. **666**

---

213 S. Palandt/*Ellenberger*, BGB, § 181 Rn. 9.
214 BGHZ 59, 236 (240); 94, 232 (235).
215 S. zur Heilung formnichtiger Rechtsgeschäfte oben Rn. 404 ff.
216 S. oben Rn. 637.
217 S. *Larenz/Wolf*, BGB AT, § 46 Rn. 133; Hk-BGB/*Dörner*, § 181 Rn. 15; Palandt/*Ellenberger*, BGB, § 181 Rn. 12.
218 S. OLG Hamm NJW 1982, 1105 (1105).
219 S. dazu oben Rn. 620 ff.

1. Folgen fehlender Vertretungsmacht bei Abschluss von Verträgen

667 Handelt der Vertreter ohne Vertretungsmacht (*falsus procurator*), so kommt zwar das Rechtsgeschäft, wie die Regelungen der §§ 177 Abs. 1, 180 Satz 1 zeigen, zustande, es fehlt jedoch an der **Wirksamkeit des Rechtsgeschäfts**[220]. In § 178 wird dem anderen Vertragsteil ein **Widerrufsrecht** eingeräumt[221]. Genehmigt der Vertretene den Vertrag nicht, so bestimmt sich die **Haftung** des Vertreters ohne Vertretungsmacht nach § 179[222].

668 a) **Schwebende Unwirksamkeit des Vertrages – Genehmigungsfähigkeit.** Hat der Vertreter ohne Vertretungsmacht im Namen eines anderen einen Vertrag geschlossen, so hängt nach § 177 Abs. 1 die Wirksamkeit des Vertrages für und gegen den Vertretenen von dessen Genehmigung ab. Hieraus wird deutlich, dass der ohne Vertretungsmacht geschlossene Vertrag zwar zustande kommt, jedoch keine Wirksamkeit entfaltet[223]. Im Hinblick auf die in § 177 Abs. 1 vorgesehene Genehmigungsfähigkeit ist der Vertrag nicht endgültig, sondern **lediglich schwebend unwirksam** ist[224]. Durch Genehmigung[225], die ausdrücklich oder konkludent erklärt werden kann[226], kann der Vertretene die Wirksamkeit des Vertrags herbeiführen mit der Folge, dass er aus dem Rechtsgeschäft berechtigt und verpflichtet wird. Die Genehmigung hat *ex tunc*-Wirkung (§ 184 Abs. 1), d.h., sie wirkt auf den Zeitpunkt der Vornahme des Rechtsgeschäfts zurück[227]. Die erteilte Genehmigung ist **unwiderruflich**[228]. Nach § 182 Abs. 2 bedarf die Genehmigung **nicht** der für das Rechtsgeschäft bestimmten **Form**[229]. **Verweigert** der Vertretene die Genehmigung, so wird der von dem vollmachtlosen Vertreter abgeschlossene Vertrag endgültig unwirksam[230]. Wie die Genehmigung kann auch deren Verweigerung nach § 182 Abs. 1 sowohl dem Vertreter wie auch dem anderen Vertragsteil gegenüber erklärt werden. Auch die Verweigerung ist als einseitiges Rechtsgeschäft unwiderruflich[231].

669 Gemäß § 177 Abs. 2 kann der andere Vertragsteil den Vertretenen zur Erklärung über die Genehmigung **auffordern**. Damit erhält der Vertragspartner die Möglichkeit, sich selbst Gewissheit über den Bestand des Vertrages zu verschaffen. Das ist im Hinblick darauf sinnvoll, dass das Gesetz für die Erteilung der Genehmigung oder ihre Verweigerung grds. keine Frist vorsieht und der Vertragspartner vorbehaltlich der Ausübung seines Widerrufsrechts nach § 178 insoweit gebunden ist, als es in der Hand des Vertretenen liegt, dem schwebend unwirksamen Vertrag Wirksamkeit zu verleihen oder nicht.

---

220 S. schon oben Rn. 603 f.
221 Dazu Rn. 671 ff.
222 S. Rn. 674 ff.
223 S. schon oben Rn. 603 f.
224 S. dazu schon näher oben Rn. 484 ff.
225 S. dazu oben Rn. 595 ff.
226 S. Hk-BGB/*Dörner*, § 177 Rn. 4.
227 S. dazu oben Rn. 596.
228 S. oben Rn. 596.
229 S. dazu BGHZ 125, 218 (230 ff.) und schon oben Rn. 588.
230 S. auch schon oben Rn. 485.
231 S. dazu schon oben Rn. 485 und 357.

Adressat der Aufforderung, die eine geschäftsähnliche Handlung darstellt[232], ist **670** nach § 177 Abs. 2 Satz 1 der Vertretene. Das Gesetz knüpft an die Aufforderung **verschiedene rechtliche Folgen.** Zum einen kann gemäß § 177 Abs. 2 Satz 1 die **Genehmigung oder deren Verweigerung** nur noch dem Vertragspartner gegenüber erfolgen. Eine vor der Aufforderung dem Vertreter gegenüber erklärte Genehmigung oder Verweigerung wird nach § 177 Abs. 2 Satz 1 unwirksam. Das hat zur Folge, dass im Falle einer Aufforderung kraft Gesetzes die **schwebende Unwirksamkeit des Vertrages wieder hergestellt** wird. Des Weiteren knüpft das Gesetz in § 177 Abs. 2 Satz 2 an die Aufforderung die Folge, dass die Genehmigung nur bis zum **Ablauf von zwei Wochen nach der Aufforderung** erklärt werden kann. Die gemäß §§ 187 Abs. 1, 188 Abs. 2 zu berechnende Frist beginnt mit dem Zugang der Aufforderung, die Genehmigung muss dem Vertragspartner innerhalb der Zweiwochenfrist zugehen. Wird die Genehmigung nicht oder nicht rechtzeitig erklärt, so gilt sie nach § 177 Abs. 2 Satz 2, Halbsatz 2 als verweigert. Insoweit handelt es sich um einen gesetzlich geregelten Fall, in welchem dem **Schweigen** rechtlich durch Fiktion der Erklärungswert einer Ablehnung beigemessen wird[233]. Die Aufforderung nach § 177 Abs. 2 hat nicht die Wirkung eines Ausschlusses des Widerrufsrechts nach § 178[234]. Dagegen spricht schon, dass das Widerrufsrecht des Vertragspartners nach § 178 bis zur Genehmigung besteht und nicht nur bis zu dem Zeitpunkt der Aufforderung.

b) Widerrufsrecht des anderen Teils. Die schwebende Unwirksamkeit des durch **671** einen vollmachtlosen Vertreter geschlossenen Vertrages hat (auch) für den Vertragspartner des Vertretenen zur Folge, dass Ungewissheit darüber besteht, ob der Vertrag durch Genehmigung des Vertretenen wirksam wird oder nicht. Abgesehen von der Möglichkeit, diese Ungewissheit durch eine Aufforderung nach § 177 Abs. 2 zu beenden, räumt das Gesetz dem anderen Vertragsteil in § 178 die Möglichkeit ein, bis zur Genehmigung des Vertrages seitens des Vertretenen **seine Willenserklärung zu widerrufen.** Damit kann der Vertragspartner die aufgrund des schwebend unwirksamen Vertrages bestehende Abhängigkeit von der Entscheidung des Vertretenen beseitigen, allerdings um den Preis, dass **mit Ausübung des Widerrufsrechts der Vertrag endgültig unwirksam wird.** Interessant kann das für den Fall sein, dass der Vertragspartner die Möglichkeit hat, mit einem Dritten über den Vertragsgegenstand ein günstigeres Rechtsgeschäft zu tätigen.

Bei dem Widerruf handelt es sich seiner Rechtsnatur nach um eine **empfangsbe- 672 dürftige Willenserklärung**[235]. Der Widerruf kann sowohl dem Vertretenen wie auch nach § 178 Satz 2 dem Vertreter gegenüber erklärt werden. Das Widerrufsrecht besteht nur bis zum Zeitpunkt der Genehmigung des Vertrages, wie § 178 Satz 1 deutlich macht. Es wird durch eine Aufforderung nach § 177 Abs. 2 nicht ausgeschlossen[236].

---

232 S. dazu oben Rn. 209.
233 S. dazu oben Rn. 252.
234 S. dazu folgend Rn. 672.
235 S. schon oben Rn. 362.
236 S. schon vorstehend Rn. 670.

673 Das Widerrufsrecht ist ausgeschlossen, wenn der Vertragspartner den Mangel der Vertretungsmacht bei dem Abschluss des Vertrages gekannt hat (§ 178 Satz 1, Halbsatz 2).

674 **c) Haftung des Vertreters ohne Vertretungsmacht.** Verweigert der Vertretene die Genehmigung des schwebend unwirksamen Vertrages, so bestimmt sich die Haftung des Vertreters ohne Vertretungsmacht nach § 179. Der Haftung des vollmachtlos handelnden Vertreters liegt der Gedanke zugrunde, dass dieser bei dem anderen Vertragsteil ein Vertrauen in die Wirksamkeit des Rechtsgeschäfts veranlasst und enttäuscht hat[237]. Auf ein Verschulden des Vertreters kommt es nicht an. Insoweit wird davon gesprochen, dass § 179 eine **verschuldensunabhängige gesetzliche Garantiehaftung** begründet[238].

Die Vorschrift des § 179 Abs. 1 findet entsprechende Anwendung, wenn jemand im Namen eines **nicht vorhandenen Rechtsträgers** vertragliche Vereinbarungen trifft, der angeblich **Vertretene also nicht existiert**, so dass Vertretungsmacht von vorneherein nicht bestehen kann[239]. Die analoge Anwendung auf diesen Fall ist deshalb gerechtfertigt, weil der Vertreter eines in Wirklichkeit nicht bestehenden Vertretenen bei dem Vertragspartner nicht anders als in der vom Gesetz zugrunde gelegten Konstellation, dass der mangels Vollmacht nicht wirksam Vertretene existiert, ein Vertrauen darauf in Anspruch nimmt, das Rechtsgeschäft komme mit dem angeblich existierenden Vertretenen zustande. Dieses Vertrauen wird enttäuscht[240].

Der **Inhalt der Vertreterhaftung** ist danach differenziert, ob der Vertreter den Mangel der Vertretungsmacht kannte, dann § 179 Abs. 1, oder nicht kannte, in diesem Fall § 179 Abs. 2. Unter bestimmten Voraussetzungen ist nach § 179 Abs. 3 eine Haftung des Vertreters ausgeschlossen.

675 Gemäß § 179 Abs. 1 haftet der vollmachtlos einen Vertrag schließende Vertreter dem anderen Teil nach dessen Wahl auf **Erfüllung** oder auf **Schadensersatz**, wenn der Vertretene die Genehmigung verweigert. Der Anspruch des Vertragspartners auf Erfüllung oder Schadensersatz gegen den Vertreter kommt also erst in Betracht, wenn der Schwebezustand durch Verweigerung der Genehmigung seitens des Vertretenen beseitigt ist mit der Folge der endgültigen Unwirksamkeit des Vertrages. Bis zu diesem Zeitpunkt kann der Vertragspartner noch auf Genehmigung hoffen, so dass er bis dahin nicht des Schutzes nach § 179 bedarf[241]. **Im Falle eines Widerrufs** nach § 178 kommt eine Haftung des Vertreters nicht in Betracht, weil sich hier der andere Vertragsteil selbst gegen die Wirksamkeit des Vertrages unabhängig von der Möglichkeit einer Genehmigung entscheidet[242].

Der nach § 179 Abs. 1 für den Vertragspartner bestehende **Anspruch auf Erfüllung ist kein vertraglicher Anspruch,** denn der seitens des Vertreters vollmachtlos geschlossene Vertrag ist nach Verweigerung der Genehmigung unwirksam. Es handelt sich vielmehr um einen **kraft Gesetzes eingeräumten Anspruch auf Erfül-**

---

237 S. BGHZ 73, 266 (269).
238 S. BGHZ 68, 356 (360); Palandt/*Ellenberger*, BGB, § 179 Rn. 1.
239 BGHZ 178, 307 (311); 105, 283 (285); 63, 45 (48 f.).
240 BGHZ 73, 266 (269); 39, 45 (51).
241 S. auch Hk-BGB/*Dörner*, § 179 Rn. 4.
242 Hk-BGB/*Dörner*, § 179 Rn. 4.

lung mit dem Inhalt des Erfüllungsanspruchs, der gegen den Vertretenen bestanden hätte[243]. Auch wenn danach der Vertreter bei der Wahl des Erfüllungsanspruchs nicht zur Vertragspartei wird, stehen ihm trotz Fehlens eines eigenen Erfüllungsanspruchs ggf. die Rechte etwa aus §§ 320 ff. oder auch Gewährleistungsansprüche (§ 437) zu[244].

Macht der andere Vertragsteil gegen den Vertreter einen **Anspruch auf Schadensersatz** geltend, so kann dieser nur auf **Geldersatz** gerichtet sein[245], weil Naturalrestitution nach § 249 Abs. 1 in Gestalt der Herbeiführung eines wirksamen Vertrages nicht in Betracht kommen kann. Der Schadensersatzanspruch ist auf das sog. **Erfüllungsinteresse** gerichtet, d. h. der andere Vertragsteil ist so zu stellen, wie er bei ordnungsgemäßer Erfüllung stehen würde[246].

Hat der **Vertreter den Mangel der Vertretungsmacht nicht gekannt**, so ist er nach **676** § 179 Abs. 2 nur zum Ersatz desjenigen Schadens verpflichtet, welchen der andere Teil dadurch erleidet, dass er auf die Vertretungsmacht vertraut, jedoch nicht über den Betrag des Interesses hinaus, welches der andere Teil an der Wirksamkeit des Vertrages hat. Hiernach hat der Vertreter nur den sog. **Vertrauensschaden** zu ersetzen[247], der andere Vertragsteil ist also nicht anders als im Falle des § 122[248] so zu stellen, als hätte er nicht auf den Bestand der Vertretungsmacht vertraut[249].

§ 179 Abs. 3 **schließt die Haftung** des vollmachtlos handelnden Vertreters in zwei **677** Fällen **aus**. Zum einen haftet der Vertreter nach § 179 Abs. 3 Satz 1 dann **nicht, wenn der andere Vertragsteil den Mangel der Vertretungsmacht kannte oder kennen musste**. Hier ist der Vertragspartner nicht schutzwürdig. Für das Kennenmüssen i. S. d. § 179 Abs. 3 Satz 1 kommt es darauf an, ob die Unkenntnis auf Fahrlässigkeit beruht[250]. Im Rahmen von § 179 Abs. 3 Satz 1 führt jede Fahrlässigkeit zum Ausschluss der Haftung. Eine Außerachtlassung der im Verkehr erforderlichen Sorgfalt liegt jedoch nur vor, wenn die Umstände des Falles den Vertragspartner veranlassen müssen, sich danach zu erkundigen, ob der Vertreter die zumindest stillschweigend behauptete Vertretungsmacht tatsächlich hat[251].

Des Weiteren haftet der vollmachtlos handelnde Vertreter nach § 179 Abs. 3 Satz 2 auch dann nicht, wenn er in der **Geschäftsfähigkeit beschränkt war**, es sei denn, dass er mit Zustimmung seines gesetzlichen Vertreters gehandelt hat. Hier liegt der Grund für den Ausschluss der Vertreterhaftung in dem Schutz des Minderjährigen.

---

243 BGHZ 68, 356 (360 f.); BGH NJW 1970, 240 (241).
244 S. Palandt/*Ellenberger*, BGB, § 179 Rn. 5 m. w. N.
245 S. nur Palandt/*Ellenberger*, BGB, § 179 Rn. 6.
246 Hk-BGB/*Dörner*, § 179 Rn. 7.
247 S. Palandt/*Ellenberger*, BGB, § 179 Rn. 7.
248 S. dazu oben Rn. 560 ff.
249 S. Hk-BGB/*Dörner*, § 179 Rn. 8.
250 BGHZ 147, 381 (385).
251 BGHZ 147, 381 (385).

678 Hat ein **Untervertreter**[252] **ohne wirksame Untervollmacht** gehandelt, so haftet er nach Maßgabe des § 179. Für den Fall, dass zwar eine **wirksame Untervollmacht** vorlag, es jedoch an der **Vertretungsmacht des Hauptvertreters fehlte**, ist zu unterscheiden. Hat der Unterbevollmächtigte **offengelegt**, dass er mit Untervollmacht handelt, haftet er bei fehlender Vertretungsmacht des Hauptvertreters nicht[253]. Der Grund hierfür liegt darin, dass bei einer solchen Fallgestaltung der Unterbevollmächtigte die Vertretungsmacht des Hauptbevollmächtigten nicht oder jedenfalls nicht leichter als der Vertragspartner feststellen kann[254]. Hat der Untervertreter bei seinem Handeln die mehrstufige Vertretung **nicht aufgedeckt**, so haftet er bei fehlender Hauptvertretungsmacht nach § 179[255].

Die Frage, ob neben der Haftung nach § 179 eine Schadensersatzhaftung des ohne Vertretungsmacht handelnden Vertreters aus §§ 280 Abs. 1, 311 Abs. 3, 241 Abs. 2 in Betracht kommt, ist umstritten. Wohl überwiegender Ansicht nach wird die Anwendbarkeit der Verschuldenshaftung des Vertreters aus *culpa in contrahendo* verneint[256]. Nach a. A. soll neben der Haftung aus § 179 auch die Verschuldenshaftung gem. §§ 280 Abs. 1, 311 Abs. 3, 241 Abs. 2 zur Anwendung kommen[257]. Im Hinblick darauf, dass sowohl die verschuldensabhängige Haftung aus *culpa in contrahendo* wie auch die in § 179 verschuldensunabhängig geregelte Haftung des ohne Vertretungsmacht handelnden Vertreters Tatbestände der Vertrauenshaftung darstellen, erscheint die Ansicht vorzugswürdig, welche die Haftung nach § 179 unter dem Gesichtspunkt der Vertrauenshaftung für abschließend erachtet[258].

679 Die Vorschriften der §§ 177 ff. und insb. § 179 finden in Konstellationen, die dem Handeln eines Vertreters ohne Vertretungsmacht vergleichbar sind, **entsprechende Anwendung**. Das gilt z. B. bei einem **Handeln unter fremdem Namen**, wenn es dem Vertragspartner gerade auf die Person ankommt, unter deren Namen jemand auftritt[259]. Des Weiteren kommen die §§ 177 ff. analog zur Anwendung, wenn ein **Bote ohne Botenmacht handelt** oder die zu überbringende Willenserklärung **bewusst falsch übermittelt**[260].

---

252 S. oben Rn. 637.

253 BGHZ 68, 391 (394); 32, 250 (254).

254 BGHZ 68, 391 (394).

255 BGHZ 68, 391 (395).

256 So uneingeschränkt MünchKomm/*Schramm*, § 177 Rn. 56; mit Einschränkungen etwa Soergel/*Leptien*, BGB, § 179 Rn. 22 ff.; RGRK/*Steffen*, BGB, § 179 Rn. 18; Erman/*Palm*, BGB, § 179 Rn. 22.

257 So z. B. Staudinger/*Schilken*, BGB, § 179 Rn. 20; BaRo/*Habermeier*, BGB, § 179 Rn. 31.

258 So ausdr. Soergel/*Leptien*, BGB, § 179 Rn. 22 ff.; OLG-Hamm, 11.11.1992 – 26 W 15/92 – juris Rn. 10. Das gilt jedenfalls für die Schäden, die durch den Nichteintritt der Vertretungswirkungen infolge des Vertretungsmangels verursacht worden sind. Insoweit wird die Haftung aus § 280 Abs. 1, 311 Abs. 3, 241 Abs. 2 durch § 179 verdrängt, s. Soergel/*Leptien*, § 179 Rn. 23.

259 S. BGHZ 45, 193 (195) und schon oben Rn. 618.

260 S. OLG Oldenburg NJW 1978, 951.; s. auch schon oben zu § 120 Rn. 519.

2. Folgen fehlender Vertretungsmacht bei einseitigen Rechtsgeschäften

Nach § 180 Satz 1 ist bei einem einseitigen Rechtsgeschäft[261] Vertretung ohne **680** Vertretungsmacht unzulässig. Das bedeutet, dass das von einem vollmachtlosen Vertreter vorgenommene einseitige Rechtsgeschäft **grds. nichtig ist**[262]. Der Grund hierfür liegt darin, dass der Empfänger oder ein sonstiger Dritter vor einem Schwebezustand und daraus folgender Ungewissheit über die Rechtslage geschützt werden soll, weil er an der Vornahme des Rechtsgeschäfts nicht beteiligt ist[263].

Die Nichtigkeit eines von einem vollmachtlosen Vertreter vorgenommenen einseitigen Rechtsgeschäfts gilt **ohne Einschränkung für nicht empfangsbedürftige einseitige Rechtsgeschäfte**, z.B. die Auslobung (§ 657). Bei **empfangsbedürftigen einseitigen Rechtsgeschäften**, z.B. Kündigung oder Anfechtung, die von einem vollmachtlosen Vertreter vorgenommen werden, sind die Regelungen des § 180 Satz 2 und Satz 3 zu beachten. Gemäß § 180 Satz 2 finden die Vorschriften über Verträge entsprechende Anwendung, wenn derjenige, welchem gegenüber ein einseitiges Rechtsgeschäft vorzunehmen war, die von dem Vertreter behauptete Vertretungsmacht bei der Vornahme des Rechtsgeschäfts nicht beanstandet hat oder er damit einverstanden gewesen ist, dass der Vertreter ohne Vertretungsmacht handelt. Mit Beanstandung i.S.d. § 180 Satz 2 ist die unverzügliche Zurückweisung nach § 174 Satz 1 gemeint[264]. Nach § 174 Satz 1 ist ein einseitiges Rechtsgeschäft, das ein Bevollmächtigter einem anderen gegenüber vornimmt, unwirksam, wenn der Bevollmächtigte eine Vollmachtsurkunde nicht vorlegt und der andere das Rechtsgeschäft aus diesem Grunde unverzüglich zurückweist. Diese Regelung gilt ihrem Anwendungsbereich nach nur für rechtsgeschäftlich bevollmächtigte Vertreter, hingegen nicht für eine gesetzlich oder organschaftlich begründete Vertretungsmacht[265]. Mit § 174 Satz 1 soll es dem Erklärungsempfänger ermöglicht werden, die Ungewissheit darüber, ob das einseitige Rechtsgeschäft nach § 180 Satz 1 unzulässig ist, zu beseitigen und klare Verhältnisse zu schaffen[266]. Die Zurückweisung ist nach § 174 Satz 2 allerdings ausgeschlossen, wenn der Vollmachtgeber den anderen von der Bevollmächtigung in Kenntnis gesetzt hatte. § 180 Satz 3 ordnet die entsprechende Geltung der §§ 177 ff. auch für den Fall an, dass ein einseitiges Rechtsgeschäft gegenüber einem Vertreter ohne Vertretungsmacht mit dessen Einverständnis vorgenommen wird.

---

261 S. zum Begriff oben Rn. 191.
262 S. *Larenz/Wolf*, BGB AT, § 49 Rn. 10; Palandt/*Ellenberger*, BGB, § 180 Rn. 1.
263 S. auch *Larenz/Wolf*, BGB AT, § 49 Rn. 14.
264 S. Palandt/*Ellenberger*, BGB, § 180 Rn. 1.
265 BAG NZA 2007, 377 (379).
266 BAG NZA 2007, 377 (379).

4. Teil: Fristen, Verjährung, Rechtsausübung, Sicherheitsleistung

§ 14 Fristen und Termine

Literatur: *H. Müller*, Gelten so allgemein gehaltene Vorschriften wie § 186 BGB ohne weiteres für die gesamte Rechtsordnung?, NJW 1964, 1116; *Schulze*, Iudex non calculat?, JR 1996, 51; *ders.*, Gerechtigkeit bei der Fristberechnung?, JuS 1997, 480; *Ziegltrum*, Grundfälle zur Berechnung von Fristen und Terminen gemäß §§ 187 ff. BGB, JuS 1986, 705 und 784.

Rechtsprechung: BGHZ 59, 396 (Beschluss des Gemeinsamen Senats der obersten Gerichtshöfe des Bundes, Vereinheitlichung der Rechtsprechung zur Fristberechnung im Verwaltungsrecht, erster Tag der Auslegung bei der Berechnung der einmonatigen Dauer der öffentlichen Auslegung von Bauleitplänen mitzuzählen; §§ 187 ff. BGB, § 2 Abs. 6 Satz 1 BauGB a. F. = § 3 Abs. 2 Satz 1 BauGB n. F.).; **BGHZ 171, 33** (Fälligkeitsfristen und Verzugseintritt begründende Fristen)

I. Begriffe und Bedeutung

681 Nach der Bestimmung des § 186 gelten für die in Gesetzen, gerichtlichen Verfügungen und Rechtsgeschäften enthaltenen Frist- und Terminsbestimmungen die **Auslegungsvorschriften der §§ 187–193**[1]. Als Auslegungsregeln kommen diese Vorschriften nur zur Anwendung, wenn sich aus speziellen gesetzlichen Bestimmungen, einer richterlichen Verfügung oder dem rechtsgeschäftlichen Willen einer Person bzw. mehrerer Personen nichts anderes ergibt. Ihrem **Anwendungsbereich** nach gelten die §§187–193 für den gesamten Bereich des Privatrechts[2], darüber hinaus sind sie grundsätzlich auch für die Berechnung von Fristen und Terminen im Rahmen des öffentlichen Rechts heranzuziehen[3]. Der **Zweck** der §§ 187–193 geht dahin, dem Rechtsverkehr aus Gründen der Rechtssicherheit klare Regeln für die Berechnung von Fristen und die Bestimmung von Terminen an die Hand zu geben[4].

682 Unter dem **Begriff der Frist** ist eine abgegrenzte, bestimmte oder zumindest bestimmbare Zeitspanne zu verstehen, innerhalb derer Leistungen erbracht oder

---

1 Erfasst werden sämtliche in Gesetzen, gerichtlichen Verfügungen und Rechtsgeschäften bestimmten Fristen, s. BGHZ, 171, 33 (37), hier zu Fälligkeitsfristen und Verzugseintritt begründenden Fristen.
2 *Larenz/Wolf*, BGB AT, § 52 Rn. 3.
3 BGHZ 59, 396 (397).
4 BGHZ 171, 33 (37); s. auch Palandt/*Ellenberger*, BGB, § 186 Rn. 1; MünchKomm/*Grothe*, BGB, § 186 Rn. 1.

Handlungen vorgenommen werden sollen bzw. können[5]. Mit deren Ablauf können Rechtspositionen begründet werden und erlöschen[6].

> **Bsp.** (1): Ein Arbeitsvertrag enthält die Klausel, dass Lohnansprüche nach Fälligkeit innerhalb von drei Monaten schriftlich geltend zu machen sind, anderenfalls die Ansprüche erlöschen. – Hierbei handelt es sich um eine sog. Ausschlussfrist, deren Ablauf bei nicht rechtzeitiger Geltendmachung zum Verlust der Ansprüche führt.

> **Bsp.** (2): Der Ablauf der Verjährungsfrist[7] (§§ 194 ff.) hat für den Schuldner zur Folge, dass er berechtigt ist, die Leistung zu verweigern (§ 214 Abs. 1). Anders als im Falle einer Ausschlussfrist erlischt hier der Anspruch nicht, dem Schuldner steht nur die Einrede der Verjährung zu[8].

Eine **Terminsbestimmung** ist ein rechtlich bedeutsames Datum, an dem eine Handlung vorgenommen werden soll oder eine Rechtswirkung eintritt[9]. **683**

> **Bsp.:** Unternehmer U und Besteller B vereinbaren, dass die Abnahme (§ 640 Abs. 1) des von B bestellten und von U gefertigten Werkes am 31.12. erfolgen soll.

II. Fristbeginn

§ 187 enthält Regelungen über den **Fristbeginn**. Insoweit sind **zwei Fallgruppen** **684** zu unterscheiden.
Ist für den Anfang einer Frist ein Ereignis oder ein in den Lauf eines Tages fallender Zeitpunkt maßgebend, so wird nach § 187 Abs. 1 bei der Berechnung der Frist der Tag nicht mitgerechnet, in welchen das Ereignis oder der Zeitpunkt fällt. Die Frist beginnt dann mit dem **folgenden Tag** um 0.00 Uhr zu laufen. Der Zweck der Regelung besteht darin, bei der Zeitberechnung Bruchteile von Tagen zu vermeiden[10]. Insoweit wird von dem Grundsatz der sog. **Zivilkomputation** gesprochen, d.h., es wird nur nach vollen Tagen gerechnet[11]. Davon zu unterscheiden ist die sog. **Naturalkomputation**, auf deren Grundlage Fristen in ihrer natürlichen Länge berechnet werden. Dieser Grundsatz findet nur bei Stunden- und Minutenfristen Anwendung[12], da nach §§ 187 ff. der Tag die kürzeste Einheit ist, die bei der Berechnung einer Frist Berücksichtigung findet[13]. Ein Ereignis i.S.d. § 187 Abs. 1 kann z.B. der Zugang einer Willenserklärung, etwa eines Angebots zum Abschluss eines Vertrages unter Bestimmung einer Annahmefrist sein. Eine an einen in den Lauf eines Tages fallenden Zeitpunkt anknüpfende Frist liegt z.B. vor, wenn für den Fristbeginn an eine Uhrzeit angeknüpft wird.

---

5 S. VGH München NJW 1991, 1250 (1251).
6 S. Palandt/*Ellenberger*, BGB, § 186 Rn. 3.
7 S. zur Verjährung folgend Rn. 692 ff.
8 Dazu noch folgend Rn. 710.
9 VGH München NJW 1991, 1250 (1251); MünchKomm/*Grothe*, BGB, § 186 Rn. 5.
10 *Larenz/Wolf*, BGB AT, § 52 Rn. 4.
11 Palandt/*Ellenberger*, BGB, § 187 Rn. 1.
12 Hk-BGB/*Dörner*, §§ 186–193 Rn. 5; Palandt/*Ellenberger*, BGB, § 187 Rn. 1.
13 S. *Planck*, BGB, Bd. I, 1898, § 187 Nr. 1.

> **Bsp.:** B setzt dem S am 31.10. um zehn Uhr eine Zahlungsfrist von zehn Tagen. – Im Hinblick darauf, dass der 31.10. nach § 187 Abs. 1 bei der Fristberechnung nicht mitgerechnet wird, beginnt die Frist erst am 1. November um 0.00 Uhr.

Soll, was durch Auslegung zu ermitteln ist, der Beginn eines Tages der für den Anfang einer Frist maßgebende Zeitpunkt sein, so wird nach § 187 Abs. 2 Satz 1 dieser Tag bei der Berechnung der Frist mitgerechnet. Gemäß § 187 Abs. 2 Satz 2 gilt das Gleiche von dem Tage der Geburt bei der Berechnung des Lebensalters. Auch bei dieser zweiten Fallgruppe wird im Sinne der Zivilkomputation die Berücksichtigung von Bruchteilen von Tagen bei der Fristberechnung vermieden.

> **Bsp. (1):** M mietet für seinen Urlaub ab 1.7. für 14 Tage ein Wohnmobil. – Unabhängig davon, wann der M am 1.7. das Wohnmobil zur Verfügung hat, wird hier der 1.7. für die Berechnung der Frist mitgerechnet, diese beginnt am 1.7. um 0.00 Uhr.

> **Bsp. (2):** B ist am 13.12.2010 um sechs Uhr morgens geboren. – Hier wird der 13.12. für die Berechnung des Lebensalters mitgerechnet (§ 187 Abs. 2 Satz 2).

III. Fristende

685 § 188 enthält Regelungen über das Ende einer Frist und differenziert insoweit nach der für die Frist maßgebenden Zeiteinheit.

Gemäß § 188 Abs. 1 endet **eine nach Tagen bestimmte Frist** mit dem Ablauf des letzten Tages der Frist. Diese Regelung gilt sowohl für einen nach § 187 Abs. 1 wie auch einen nach § 187 Abs. 2 bestimmten Fristbeginn.

> **Bsp. (1):** V macht dem K am 25.7. ein Angebot zum Verkauf eines Gebrauchtwagens und bestimmt eine Annahmefrist von drei Tagen. – Die Frist beginnt nach § 187 Abs. 1 am 26.7. und endet nach § 188 Abs. 1 am 28.7. an sich um 24 Uhr, wobei nach den Gepflogenheiten auf den Geschäftsschluss abzustellen ist[14].

> **Bsp. (2):** A mietet ab dem 25.7. ein Wohnmobil für drei Tage. – Hier beginnt die Frist nach § 187 Abs. 2 am 25.7. und endet gemäß § 188 Abs. 1 am 27.7., wobei der Wagen bis zum Geschäftsschluss zurückzugeben ist.

686 Bezogen auf **Wochen-, Monats- und Jahresfristen** ist für die Bestimmung des Fristendes § 188 Abs. 2 maßgebend, der insoweit in Anknüpfung an die Fallgruppen des § 187 unterscheidet. Gemäß **§ 188 Abs. 2 Alt. 1** endet eine Frist im Falle des **§ 187 Abs. 1** mit dem Ablauf desjenigen Tages, der letzten Woche oder des letzten Monats, welcher durch seine Benennung oder seine Zahl dem Tag entspricht, in den das Ereignis oder der Zeitpunkt fällt.

> **Bsp.:** Arzt A macht dem B ein Verkaufsangebot zur Übernahme seiner Arztpraxis am 25.7. und bestimmt eine Annahmefrist von zwei Monaten. – Hier richtet sich der Fristbeginn nach § 187 Abs. 1, die Zweimonatsfrist beginnt also am 26.7. zu laufen. Nach § 188 Abs. 2 Alt. 1 endet die Frist am 25.9. um 24 Uhr[15], das ist der Tag des letzten – zweiten – Monats, der durch seine Zahl dem Tag entspricht, in den das Ereignis – das Angebot des A – gefallen ist.

---

14 S. BGHZ 23, 307 (310).
15 S. BGH NJW 2000, 1328 (1328).

Nach § **188 Abs. 2 Alt. 2** endet eine Wochen-, Monats- oder Jahresfrist im Falle des § **187 Abs. 2** mit dem Ablauf des desjenigen Tages der letzten Woche oder des letzten Monats, welcher dem Tage vorhergeht, der durch seine Benennung oder seine Zahl dem Anfangstag der Frist entspricht. Im Unterschied zu § 188 Abs. 2 Alt. 1 endet die Frist also einen Tag früher, was damit zusammenhängt, dass nach § 187 Abs. 2 der Tag, in den ein Ereignis oder ein Zeitpunkt fällt, bei der Berechnung der Frist mitgerechnet wird.

> Bsp.: A mietet bei B ab 25.7. für einen Monat ein Auto. – Gemäß § 188 Abs. 2 Alt. 2 endet die unter Einrechnung des 25.7. beginnende Frist mit Ablauf des 24.8. (Geschäftsschluss), das ist der Tag des letzten Monats, welcher dem Tag vorhergeht, der durch seine Zahl dem Anfangstag der Frist (25.7.) entspricht.

§ **188 Abs. 3** berücksichtigt den Fall, dass bei einer nach Monaten bestimmten Frist in dem **letzten Monat** der für ihren Ablauf maßgebende Tag fehlt. Dann endet die Frist mit dem Ablauf des letzten Tages dieses Monats.

> Bsp.: Macht V dem K am 31.1. ein Angebot zum Kauf eines Grundstücks unter Bestimmung einer einmonatigen Annahmefrist, so endet die Frist zur Annahme des Angebots gemäß § 188 Abs. 2 Alt. 1, § 188 Abs. 3 statt am 31.2. mit Ablauf des 28.2. um 24 Uhr, in einem Schaltjahr am 29.2. um 24 Uhr.

Im Zusammenhang mit dem Fristende ist § 193 zu beachten. Hiernach tritt für den **687** Fall, dass an einem bestimmten Tage oder innerhalb einer Frist eine Willenserklärung abzugeben oder eine Leistung zu bewirken ist und der bestimmte Tag oder der letzte Tag der Frist auf einen Sonntag, einen am Erklärungsort oder Leistungsort staatlich anerkannten allgemeinen Feiertag oder einen Sonnabend fällt, an die Stelle dieses Tages dann der nächste Werktag. Der gesetzgeberische Grund für § 193 sind der Schutz der Sonn- und Feiertage sowie die Rücksichtnahme auf die Wochenend- und Feiertagsruhe der Bevölkerung und auf das allgemeine Ruhen der bürgerlichen Geschäfte an diesen Tagen[16]. Die Regelung gilt gem. § 186 für sämtliche in Gesetzen, gerichtlichen Verfügungen und Rechtsgeschäften bestimmten Fristen[17].

Auf **gesetzliche Kündigungsfristen** findet § 193 zum Schutz des Kündigungsempfängers keine Anwendung, diese soll dem Kündigungsempfänger als Mindestfrist ungeschmälert erhalten bleiben[18].

> Bsp. (1): Nach § 622 Abs. 1 kann das Arbeitsverhältnis eines Arbeiters oder eines Angestellten mit einer Frist von vier Wochen zum 15. oder zum Ende eines Kalendermonats gekündigt werden. Will der Arbeitgeber zum 31.1. kündigen, so muss die Kündigung dem Arbeitnehmer bis zum 3.1. zugegangen sein. Ist dieser Tag ein Sonntag, so findet § 193 zum Schutz des Arbeitnehmers keine Anwendung, d.h. für die Einhaltung der Kündigungsfrist ist es nicht ausreichend, wenn die Kündigung dem Arbeitnehmer erst am nächsten Werktag, dem 4.1. zugeht.

> Bsp. (2): Fällt das Ende einer Monatsfrist zur Annahme eines Kaufangebots auf einen Sonntag, so kann die Annahme nach § 193 auch noch am folgenden Montag erklärt werden.

---

16 BGHZ 171, 33 (36).
17 BGHZ 171, 33 (37), hier zu Fälligkeitsfristen und Verzugseintritt begründenden Fristen.
18 BGHZ 59, 265 (268).

IV. Regelungen zur Länge von Fristen

688   § 189 enthält eine Auslegungsregel zur **Bestimmung von Jahres- und Monats-bruchteilen** sowie zur **Zählung von halben Monaten**, auf die eine mehr als einmo-natige Frist gestellt ist. Nach § 189 Abs. 1 wird unter einem halben Jahr eine Frist von sechs Monaten und unter einem Vierteljahr eine Frist von drei Monaten, unter einem halben Monat eine Frist von 15 Tagen verstanden. Gemäß § 189 Abs. 2 sind bei einer Frist, die auf einen oder mehrere ganze Monate und einen halben Monat gestellt ist, die 15 Tage zuletzt zu zählen. Diese Regelung ist im Hinblick auf die unterschiedliche Dauer der Monate erforderlich[19].

> **Bsp.:** V macht K am 15.1. ein Angebot zum Kauf eines Grundstücks unter Bestimmung einer Annahmefrist von 1,5 Monaten. – Nach §§ 187 Abs. 1, 188 Abs. 2 Alt. 1 i.V.m. § 189 Abs. 2 endet die Frist außerhalb eines Schaltjahres am 1.3. um 24 Uhr, würde der halbe Monat mit 15 Tagen zunächst gerechnet, so endete die Frist bereits am 28.2.

689   Für den Fall einer **Fristverlängerung** bestimmt § 190, dass die neue Frist von dem Ablauf der vorigen Frist an berechnet wird. Die Regelung kommt sowohl dann zur Anwendung, wenn die Frist noch während ihres Laufs verlängert wird, wie auch dann, wenn die Verlängerung erst nach Ablauf der Frist erfolgt[20]. Eine Frist-verlängerung hat nach § 190 zur Folge, dass die alte und die neue Frist eine Einheit bilden im Sinne einer neu gebildeten Gesamtfrist[21]. Für den Beginn der Verlänge-rung ist § 187 Abs. 2 maßgebend[22].

690   § 191 enthält eine Regel zur Berechnung von Zeiträumen für den Fall, dass ein Zeitraum nach Monaten oder nach Jahren derart bestimmt ist, dass er **nicht zu-sammenhängend** zu verlaufen braucht. Dann wird der Monat zu 30, das Jahr zu 365 Tagen gerechnet.

> **Bsp.:** Ein Wissenschaftler kann nach seinem Arbeitsvertrag im Jahr bis zu drei Monate zu Forschungszwecken ins Ausland gehen. Nach der Auslegungsregel des § 191 um-fasst das einen Zeitraum von 90 Tagen.

691   Schließlich bestimmt § 192, dass unter **Anfang des Monats** der erste, unter **Mitte des Monats** der 15., unter **Ende des Monats** der letzte Tag des Monats zu verstehen ist. Soweit für die Beendigung einer Frist auf den Anfang oder das Ende einer Woche abgestellt wird, ist damit der Montag bzw. Sonnabend gemeint[23].

---

19 S. MünchKomm/*Grothe*, BGB, § 189 Rn. 2.
20 Vgl. BGHZ 21, 43 (46).
21 MünchKomm/*Grothe*, BGB, § 190 Rn. 3.
22 S. *Planck*, BGB, Bd. I, 1898, § 190.
23 MünchKomm/*Grothe*, BGB, § 192 Rn. 1.

§ 15 Verjährung

Literatur: *Amend*, Auswirkungen des neuen Verjährungsrechts auf das Erbrecht, Aufsatz aus JuS 2002, 743; *Auktor*, Die Verjährung der Gewährleistungsrechte bei mangelhafter Nacherfüllung nach § 439 BGB, NJW 2003, 120; *Löhnig*, Hemmung der Verjährung durch Teilklage, JA 2003, 1; *Mansel*, Die Neuregelung des Verjährungsrechts, NJW 2002, 89; *ders./Budzikiewicz*, Einführung in das neue Verjährungsrecht, JURA 2003, 1; *Schimmel*, Verjährungsrecht nach der Schuldrechtsmodernisierung, JA 2002, 977; *Schnauder*, Unterbrechung der Verjährung durch Zustellung eines Mahnbescheids, JuS 2001, 1054; *Schulte-Nölke/Hawxwell*, Zur Verjährung von vor der Schuldrechtsmodernisierung entstandenen Ansprüchen, NJW 2005, 2117; *Wernecke*, Die Einrede der Verjährung – Schnittpunkt zwischen materiellem Recht und Zivilprozessrecht, JA 2004, 331; *Witt*, Schuldrechtsmodernisierung 2001/2002 – Das neue Verjährungsrecht, JuS 2002, 105.

Rechtsprechung: BGH NJW 2001, 1723 (Hemmung der Verjährung durch Verhandlungen, Begriff des Verhandelns; § 852 Abs. 2 a. F. = § 203 n. F.); **BGHZ 128, 74** (Ersatz des Mietausfallschadens nach Instandhaltungsverzug, Nebenleistung, Verjährung des Nebenanspruchs, Verjährungsunterbrechung durch selbständiges Beweisverfahren; § 209 a. F. = § 204 n. F., § 224 a. F. = § 217 n. F., § 286 Abs. 1 a. F. = §§ 280 Abs. 1, Abs. 2, 286 n. F., §§ 477 Abs. 2, 639 Abs. 1 a. F. = § 204 Abs.1 Nr. 7 n. F.); **BGHZ 113, 188** (Verjährungsbeginn für Heizkostennachforderung, Entstehung von Ansprüchen mit Fälligkeit; § 198 a. F. = §§ 199 ff. n. F., § 535 Abs. 2); **BGHZ 109, 220** (Zusammentreffen von Verjährungshemmung und Verjährungsunterbrechung, Verjährungsneubeginn; § 205 a. F. = § 209 n. F., § 217 a. F. = § 212 n. F., § 651g Abs. 2).

I. Begriff und Bedeutung

Gemäß § 194 Abs. 1 unterliegt das Recht, von einem anderen ein Tun oder Unterlassen zu verlangen (Anspruch)[1], der Verjährung. Unter dem **Begriff der Verjährung** ist der Zeitablauf zu verstehen, der den Schuldner berechtigt, die Leistung zu verweigern[2]. Die Verjährung lässt den Anspruch nicht entfallen, sondern begründet ein **Leistungsverweigerungsrecht**[3], das der Schuldner im Wege der **Einrede** geltend machen muss, damit die Verjährung des Anspruchs vom Gericht beachtet wird, wenn der Gläubiger den Schuldner auf Leistung verklagt[4]. **Gegenstand der Verjährung** sind nach § 194 Ansprüche. Andere subjektive Rechte[5] unterliegen nicht der Verjährung, also etwa Persönlichkeitsrechte, Herrschaftsrechte oder auch Gestaltungsrechte[6]. Zu beachten ist jedoch, dass aus einer Beeinträchtigung z.B. von Herrschaftsrechten resultierende Ansprüche wie etwa der Eigentumsherausgabeanspruch nach § 985 oder der Anspruch des Eigentümers auf Beseitigung einer Störung nach § 1004 Abs. 1 der Verjährung unterliegen.

Ihrem **Sinn und Zweck** nach beruht die Verjährung auf dem Gedanken des Schuldnerschutzes und des Rechtsfriedens[7]. Sie soll den Schuldner davor bewahren, auch

692

---

1 S. zum Anspruch als subjektives Recht oben Rn. 155.
2 Palandt/*Ellenberger*, BGB, Überbl. v. § 194 Rn. 5; s. § 214 Abs. 1 Satz 1, dazu noch Rn. 710.
3 BGH NJW 1983, 392 (392).
4 S. *Larenz/Wolf*, BGB AT, § 17 Rn. 1.
5 Zum Begriff der subjektiven Rechte s.o. Rn. 147.
6 *Larenz/Wolf*, BGB AT, § 16 Rn. 45.
7 BAG DB 2008, 301 (302); BGHZ 128, 74 (82); s. auch BGHZ 59, 72 (74).

noch längere Zeit nach der Fälligkeit eines Anspruchs mit dessen Geltendmachung überzogen zu werden.[8] Darüber hinaus soll die Verjährung den Gläubiger veranlassen, rechtzeitig gegen den Schuldner vorzugehen[9].

693 Von der Verjährung zu unterscheiden ist die **Ausschlussfrist**, mit deren Ablauf ein Recht, z. B. ein Anspruch oder ein Gestaltungsrecht[10], erlischt[11]. Anders als die Verjährung ist eine Ausschlussfrist im Prozess von Amts wegen zu beachten, also auch dann, wenn sich der Schuldner nicht auf den Ablauf der Ausschlussfrist und den damit eingetretenen Untergang des Rechts beruft[12].

> **Bsp.:** Ein Arbeitsvertrag enthält die Klausel, dass fällige Lohnansprüche innerhalb von drei Monaten schriftlich geltend zu machen sind, anderenfalls die Ansprüche erlöschen. Hat der Arbeitnehmer die Ausschlussfrist versäumt und klagt er vor dem Arbeitsgericht auf Zahlung des Lohns, so hat der Richter das Erlöschen der Lohnansprüche wegen deren nicht rechtzeitiger Geltendmachung innerhalb der Ausschlussfrist auch dann zu beachten, wenn sich der Arbeitgeber darauf nicht beruft.

694 Ebenfalls zu unterscheiden von der Verjährung ist das Rechtsinstitut der **Verwirkung eines Rechts**. Von der Verwirkung eines Rechts als Unterfall der unzulässigen Rechtsausübung i. S. d. § 242 wird gesprochen, wenn ein Recht illoyal verspätet geltend gemacht wird[13]. Das ist dann der Fall, wenn zusätzlich zum Zeitablauf (Zeitmoment) besondere, auf dem Verhalten des Berechtigten beruhende Umstände hinzutreten, die das Vertrauen des Verpflichteten rechtfertigen, der Berechtigte werde sein Recht (seinen Anspruch) nicht mehr geltend machen (Umstandsmoment)[14]. Zwar kann bei Vorliegen solcher besonderen Umstände ein Anspruch auch schon vor Ablauf der Verjährungsfrist verwirkt und damit erloschen sein. Allerdings ist zu beachten, dass bei der heute grds. kurzen Verjährungsfrist des § 195[15] i. d. R. kein Raum für das Eingreifen einer Verwirkung ist[16].

695 Durch das Gesetz zur Modernisierung des Schuldrechts vom 26.11.2001[17] ist **das Verjährungsrecht neu geregelt worden**, wobei eine ganz wesentliche Neuerung in der Einführung einer regelmäßigen Verjährungsfrist von drei Jahren (§ 195)[18] und der grundsätzlichen Anknüpfung des Beginns dieser Verjährungsfrist neben der Entstehung eines Anspruchs an bestimmte subjektive Voraussetzungen in der Person des Gläubigers (§ 199 Abs. 1) besteht. Dieses Konzept war bereits in der früheren Regelung des § 852 a. F. betreffend die Verjährung von Ansprüchen aus unerlaubter Handlung grundsätzlich angelegt, die mit dem Inkrafttreten des neuen Verjährungsrechts weggefallen ist.

---

8 S. Motive bei *Mugdan*, Bd. I, 512: verdunkelnde Macht der Zeit.
9 BGHZ 128, 74 (82).
10 S. § 121 für die Anfechtungserklärung.
11 BGHZ 33, 360 (363).
12 S. Palandt/*Ellenberger*, BGB, Überbl. v. § 194 Rn. 13.
13 BGHZ 105, 290 (298).
14 BGH NJW 2011, 2012 (2013); BGHZ 105, 290 (298).
15 S. folgend Rn. 696.
16 Vgl. BGH NJW 1992, 1755 (1756), hier zu § 852 a. F.
17 BGBl. 2001 I, 3138.
18 Früher 30 Jahre.

II. Verjährungsfristen

Nach § 195 beträgt die **regelmäßige Verjährungsfrist** drei Jahre. Diese Frist gilt **696** gleichermaßen für rechtsgeschäftlich und gesetzlich begründete Ansprüche, etwa für einen Anspruch des Käufers auf Lieferung der Kaufsache (§ 433 Abs. 1 Satz 1) oder des Arbeitnehmers auf Zahlung der Vergütung (§ 611 Abs. 1) ebenso wie für einen Anspruch auf Schadensersatz wegen Eigentumsverletzung nach § 823 Abs. 1.

Die regelmäßige Verjährungsfrist kommt allerdings nur zum Tragen, sofern nicht **697** entweder **gesetzlich** im Verjährungsrecht selbst oder außerhalb des Verjährungsrechts oder **rechtsgeschäftlich** (§ 202)[19] **andere Verjährungsfristen** bestimmt sind. Im Verjährungsrecht sind abweichend von § 195 in den Vorschriften der §§ 196 und 197 längere Verjährungsfristen geregelt. Nach § 196 verjähren Ansprüche auf Übertragung des Eigentums an einem Grundstück sowie auf Begründung, Übertragung oder Aufhebung eines Rechts an einem Grundstück oder auf Änderung des Inhalts eines solchen Rechts sowie die Ansprüche auf die Gegenleistung **in zehn Jahren**. Der Grund für die Verlängerung der Verjährungsfrist auf zehn Jahre besteht darin, dass bei der Durchführung von Verträgen über Rechte an Grundstücken von den Parteien nicht zu vertretende Verzögerungen, etwa aufgrund notwendiger Vermessungen, auftreten können[20]. Deshalb soll der Gläubiger nicht gezwungen werden, gegen einen Schuldner vorgehen zu müssen, der an sich leisten will[21]. § 196 ist auch auf gesetzliche Ansprüche anwendbar. Hierzu gehören etwa bereicherungsrechtliche Ansprüche auf Rückabwicklung eines nichtigen Vertrages über ein Recht an einem Grundstück[22].

Nach § 197 Abs. 1 verjähren die hier bezeichneten Ansprüche vorbehaltlich des **698** § 197 Abs. 2 sowie anderweitiger Sonderregelungen in **30 Jahren**. Hierzu gehören etwa Herausgabeansprüche aus Eigentum und anderen dinglichen Rechten, erbrechtliche Herausgabe- und Auskunftsansprüche[23] sowie solche Ansprüche, die der Geltendmachung der Herausgabeansprüche dienen (§ 197 Abs. 1 Nr. 1), wie auch rechtskräftig festgestellte Ansprüche (§ 197 Abs. 1 Nr. 3).

> **Bsp.:** S verursacht einen Unfall, bei dem der G geschädigt wird. G verlangt Schadensersatz. Nachdem S die Zahlung verweigert, wird er von G verklagt, dieser erlangt ein obsiegendes Urteil. Auch nach Rechtskraft des Urteils zahlt der S weiterhin nicht. Gleichwohl führt der G die Zwangsvollstreckung nicht durch. Als der S nach 15 Jahren verstirbt, verlangt G nunmehr Zahlung von den Erben des S. – Diese sind als Gesamtrechtsnachfolger mit dem Tod in die Rechtsstellung des S eingetreten (§§ 1922, 1967) und insoweit auch verpflichtet. Die Erben können sich nicht auf Verjährung berufen, weil der Schadensersatzanspruch des G rechtskräftig durch Urteil festgestellt worden ist (§ 197 Abs. 1 Nr. 3). Hieran anknüpfend verjährt der Anspruch erst nach 30 Jahren. Diese Frist ist seit dem Urteil noch nicht verstrichen.

---

19 S. dazu noch Rn. 713 ff.
20 BGH NJW-RR 2008, 824 (826); Palandt/*Ellenberger*, BGB, § 196 Rn. 1; Hk-BGB/*Dörner*, § 196 Rn. 1.
21 Hk-BGB/*Dörner*, § 196 Rn. 1.
22 BGH NJW-RR 2008, 824 (825 f.).
23 §§ 2018, 2130 u. 2362.

699 Außerhalb des **Verjährungsrechts** finden sich auch im BGB Vorschriften, die eine von der Regelverjährungsfrist des § 195 abweichende Frist bestimmen. So verjähren Ansprüche wegen des Mangels einer beweglichen Kaufsache nach § 438 Abs. 1 Nr. 3 in zwei Jahren. Ersatzansprüche des Vermieters wegen Veränderungen oder Verschlechterungen der Mietsache verjähren gemäß § 548 Abs. 1 Satz 1 in sechs Monaten.

700 Für den Fall des **abgeleiteten Besitzerwerbs** an einer Sache, bezüglich derer ein dinglicher Anspruch besteht, bestimmt § 198, dass die während des Besitzes des Rechtsvorgängers verstrichene Verjährungszeit dem Rechtsnachfolger zugute kommt. Damit soll der Rechtsnachfolger im Besitz davor geschützt werden, dass mit dem aufgrund der Besitzübertragung gegen diesen neu entstehenden dinglichen Anspruch auch die Verjährungsfrist neu beginnt.

> **Bsp.:** Eigentümer E hat gegen B einen Anspruch auf Herausgabe der Sache nach § 985, der nach § 197 Abs. 1 Nr. 1 in 30 Jahren verjährt. Veräußert der B nach 15 Jahren die Sache an den D, ohne dass dieser Eigentümer wird (§ 935), so hat E nunmehr gegen D einen Anspruch aus § 985. Hierbei handelt es sich um einen neuen Anspruch, der nach Maßgabe des § 197 Abs. 1 Nr. 1 verjährt. § 198 führt dazu, dass die gegenüber B verstrichene Verjährungszeit dem D zugute kommt.

III. Beginn der Verjährung

1. Beginn der regelmäßigen Verjährungsfristen und Höchstfristen

701 § 199 Abs. 1 regelt den **Beginn der regelmäßigen Verjährungsfrist** (§ 195). Danach beginnt die Verjährungsfrist, soweit nicht ein anderer Verjährungsbeginn bestimmt ist, mit dem Schluss des Jahres, in dem der Anspruch entstanden ist (§ 199 Abs. 1 Nr. 1) und der Gläubiger von den den Anspruch begründenden Umständen und der Person des Schuldners Kenntnis erlangt oder ohne grobe Fahrlässigkeit erlangen müsste (§ 199 Abs. 1 Nr. 2). Im Hinblick darauf, dass für den Beginn der Verjährungsfrist sowohl die Entstehung des Anspruchs, wie auch als subjektives Element die Kenntnis bzw. das Kennenmüssen bestimmter Tatsachen auf Seiten des Gläubigers erforderlich sind, regelt das Gesetz in § 199 Abs. 2–4 Höchstfristen, deren Beginn abweichend von den in § 199 Abs. 1 genannten Voraussetzungen bestimmt wird, um auch in den hier geregelten Fällen eine Verjährung eintreten zu lassen.

Die regelmäßige Verjährungsfrist beginnt nach § 199 Abs. 1 mit dem **Schluss des Jahres**, in welchem die in § 199 Abs. 1 Nr. 1 und Nr. 2 bezeichneten Voraussetzungen vorliegen. Das Gesetz stellt hier auf die sog. **Ultimo-Regel** ab, d.h., Verjährungsbeginn ist unabhängig davon, wann die Voraussetzungen des § 199 Abs. 1 Nr. 1 und Nr. 2 im Laufe eines Jahres gegeben sind, der 31.12. um 24 Uhr. Damit soll ein einheitlicher Beginn von Verjährungsfristen gewährleistet und so der Kontrollaufwand bezüglich der Verjährung reduziert werden[24].

---

24 Palandt/*Ellenberger*, BGB, § 199 Rn. 41.

Ein **Anspruch** ist i. S. v. § 199 Abs. 1 Nr. 1 **entstanden**, sobald er im Wege der **702** Klage geltend gemacht werden kann[25]. Das ist grundsätzlich der Zeitpunkt der **Fälligkeit** des Anspruchs[26]. Solange einem Anspruch der Einwand zumindest vorübergehender Unmöglichkeit entgegensteht[27], kann der Anspruch nicht im Sinne des § 199 Abs. 1 Nr. 1 entstanden sein. Ansonsten würde die Verjährung des Anspruchs drohen, bevor dieser klageweise durchgesetzt werden könnte[28]. Sofern der Anspruch auf ein Unterlassen gerichtet ist, tritt nach § 199 Abs. 5 an die Stelle der Entstehung des Anspruchs die Zuwiderhandlung.

Nach § 199 Abs. 1 Nr. 2 ist für den Beginn der Verjährungsfrist mit dem Schluss **703** des Jahres weiter erforderlich, dass der Gläubiger von den den Anspruch begründenden Umständen und der Person des Schuldners **Kenntnis erlangt oder ohne grobe Fahrlässigkeit erlangen müsste**. Der Gläubiger muss hiernach die Tatsachen kennen, die den Anspruch begründen. Nicht erforderlich ist eine zutreffende rechtliche Würdigung des Sachverhalts[29]. Kenntnis von der Person des Schuldners hat der Gläubiger dann, wenn ihm dessen Name und Anschrift bekannt sind[30]. Der Kenntnis gleichgestellt ist die grob fahrlässige Unkenntnis von den anspruchsbegründenden Umständen und der Person des Schuldners. Grob fahrlässige Unkenntnis liegt dann vor, wenn dem Gläubiger die Kenntnis über Tatsachen, die Merkmale der Anspruchsgrundlage und bei der Verschuldenshaftung das Vertretenmüssen des Schuldners fehlt, weil er die im Verkehr erforderliche Sorgfalt in ungewöhnlich grobem Maße verletzt und auch ganz naheliegende Überlegungen nicht angestellt oder das nicht beachtet hat, was jedem hätte einleuchten müssen.[31]

In § 199 Abs. 2–4 regelt das Gesetz **Höchstfristen für die Verjährung** von Ansprü- **704** chen. Nach der insoweit **allgemeinen Bestimmung des § 199 Abs. 4** verjähren andere als die in den Absätzen 2–3a genannten Ansprüche ohne Rücksicht auf die Kenntnis oder grob fahrlässige Unkenntnis i. S. d. § 199 Abs. 1 Nr. 2 in zehn Jahren von ihrer Entstehung an. Maßgebend für den Beginn der Verjährungsfrist ist hier nicht der Schluss des Jahres, sondern der Zeitpunkt der Entstehung. Gemäß der Regelung des § 199 Abs. 2 verjähren auf der **Verletzung des Lebens, des Körpers, der Gesundheit und der Freiheit beruhende Schadensersatzansprüche** ohne Rücksicht auf ihre Entstehung oder die Kenntnis oder grob fahrlässige Unkenntnis

---

25 BGH NZG 2010, 1436 (1439); BGHZ 55, 340 (341); 73, 363 (365); 79, 176 (177 f.).

26 S. BGHZ 55, 340 (341); *Boecken/Jacobsen* ZTR 2011, 267 (273) m. w. N.; damit unterscheidet sich der verjährungsrechtliche Begriff der Anspruchsentstehung von dem allgemeinen Begriff der Entstehung eines Anspruchs, der an die Begründung des Anspruchs durch Rechtsgeschäft oder Gesetz anknüpft, s. *Boecken*, Unternehmensumwandlungen und Arbeitsrecht, Rn. 240.

27 In diesem Fall müsste nach h. M. eine Leistungsklage als „zur Zeit unbegründet" abgewiesen werden, s. BGH NZG 2010, 1436 (1439); weitere Nachweise bei *Boecken/Jacobsen* ZTR 2011, 267 (274) Fn. 87.

28 BGH NZG 2010, 1436 (1439); s. zur Verjährung des Anspruchs auf den gesetzlichen Mindesturlaub (§§ 1, 3 Abs. 1 BUrlG) bei zeitweiliger Unmöglichkeit der Gewährung des Urlaubs wegen krankheitsbedingter Arbeitsunfähigkeit des Arbeitnehmers *Boecken/Jacobsen* ZTR 2011, 267 (272 ff.).

29 BGH NJW 1996, 117 (118).

30 BGH NJW 1998, 988 (989).

31 BGH NJW-RR 2010, 681 (683); s. auch Hk-BGB/*Dörner*, § 199 Rn. 5.

in 30 Jahren von der Begehung der Handlung, der Pflichtverletzung, oder dem sonstigen, den Schaden auslösenden Ereignis an. Erfasst werden materielle und immaterielle Schadensersatzansprüche auf vertraglicher und gesetzlicher Grundlage[32], soweit es um die Verletzung eines der genannten Rechtsgüter geht. An der Entstehung des Schadensersatzanspruches kann es z.B. fehlen, wenn zwar eine Pflichtverletzung begangen wurde, jedoch während der Verjährungsfrist (noch) kein Schaden eingetreten ist. **Sonstige**, also andere als die in § 199 Abs. 2 geregelten **Schadensersatzansprüche**, verjähren nach Maßgabe des § 199 Abs. 3. Gemäß § 199 Abs. 3 Satz 1 Nr. 1 verjähren sonstige Schadensersatzansprüche ohne Rücksicht auf die Kenntnis oder grob fahrlässige Unkenntnis in zehn Jahren von ihrer Entstehung an. Nach § 199 Abs. 3 Satz 1 Nr. 2 verjähren sonstige Schadensersatzansprüche ohne Rücksicht auf ihre Entstehung und die Kenntnis oder grob fahrlässige Unkenntnis in 30 Jahren von der Begehung der Handlung, der Pflichtverletzung, oder dem sonstigen, den Schaden auslösenden Ereignis an. **Für die Verjährung sonstiger Schadensersatzansprüche ist also zu unterscheiden.** Sind diese entstanden, ist § 199 Abs. 3 Satz 1 Nr. 1 maßgebend, der Beginn der zehnjährigen Verjährungsfrist knüpft an den Zeitpunkt der Entstehung des Anspruchs an. Unabhängig von ihrer Entstehung und der Kenntnis oder grob fahrlässigen Unkenntnis i.S.d. § 199 Abs. 1 Nr. 2 verjähren die sonstigen Schadensersatzansprüche auf jeden Fall in 30 Jahren. Dabei beginnt die Verjährungsfrist im Zeitpunkt der Handlung, der Pflichtverletzung, oder dem sonstigen, den Schaden auslösenden Ereignis. Nach § 199 Abs. 3 Satz 2 ist die früher endende Frist maßgeblich, was etwa dann relevant wird, wenn der sonstige Schadensersatzanspruch 22 Jahre nach dem Zeitpunkt der Pflichtverletzung entsteht, weil erst dann der Schaden eintritt. Hier endet die Verjährungsfrist nach Maßgabe des § 199 Abs. 3 Satz 1 Nr. 2. Schließlich verjähren nach § 199 Abs. 3a Ansprüche, die auf einem Erbfall beruhen oder deren Geltendmachung die Kenntnis einer Verfügung von Todes wegen voraussetzt, ohne Rücksicht auf die Kenntnis oder grob fahrlässige Unkenntnis in 30 Jahren von der Entstehung des Anspruchs an.

2. Beginn anderer Verjährungsfristen

705   Nach § 200 Satz 1 **beginnt die Verjährung** von Ansprüchen, die nicht der regelmäßigen Verjährungsfrist unterliegen, **mit der Entstehung des Anspruchs**, soweit nicht ein anderer Verjährungsbeginn bestimmt ist. Hiervon werden die Ansprüche nach § 196 und § 197 Abs. 1 Nr. 1 und Nr. 2 erfasst. Für den Beginn der Verjährung wird an den Zeitpunkt der Entstehung des Anspruchs angeknüpft, der Schluss des Entstehungsjahres ist nicht maßgebend, auf die Kenntnis oder das Kennenmüssen des Gläubigers kommt es nicht an. § 200 Satz 1 ist aber nur maßgebend, **soweit nicht ein anderer Verjährungsbeginn bestimmt ist.** Abgesehen von § 199 ist das für Ansprüche i.S.d. § 197 Abs. 1 Nr. 3–6 in § 200 Satz 1 der Fall, darüber hinaus finden sich außerhalb des Verjährungsrecht weitere besondere gesetzliche Regelungen für den Beginn von Verjährungsfristen. So bestimmt z.B. § 438 Abs. 2, dass die Verjährung von kaufrechtlichen Mängelansprüchen bei Grundstücken mit der Übergabe, im Übrigen mit der Ablieferung der Sache beginnt.

---

32 Palandt/*Ellenberger*, BGB, § 199 Rn. 44.

IV. Hemmung, Ablaufhemmung und Neubeginn der Verjährung

In den Vorschriften der §§ 203 ff. sind Rechtsinstitute geregelt, die als sog. **Ver-** **706** **jährungshindernisse** bezeichnet werden. Im Einzelnen handelt es sich um die Hemmung, die Ablaufhemmung und den Neubeginn der Verjährung[33].

Die **Hemmung der Verjährung** hat nach § 209 die Wirkung, dass der Zeitraum, **707** währenddessen die Verjährung gehemmt ist, in die Verjährungsfrist nicht eingerechnet wird. Die Verjährungsfrist verlängert sich also um den Zeitraum der Hemmung. Die §§ 203–208 enthalten Tatbestände, die zur Hemmung der Verjährung führen. Hierzu gehört etwa die in § 203 geregelte **Hemmung der Verjährung bei Verhandlungen**, die zwischen dem Schuldner und dem Gläubiger über den Anspruch oder die den Anspruch begründenden Umstände schweben. In diesem Fall ist die Verjährung gehemmt, bis der eine oder andere Teil die Fortsetzung der Verhandlungen verweigert. Unter Verhandlungen ist jeder Meinungsaustausch über den Anspruch oder die diesen begründenden Umstände zwischen Gläubiger und Schuldner zu verstehen[34]. Hervorzuheben ist auch die praktisch besonders bedeutsame **Hemmung der Verjährung durch Rechtsverfolgung** nach § 204. Hiernach wird z.B. gemäß § 204 Abs. 1 Nr. 1 die Verjährung durch die Erhebung der Klage auf Leistung (§ 253 ZPO) oder auf Feststellung des Anspruchs (§ 256 ZPO), auf Erteilung der Vollstreckungsklausel (§ 731 ZPO) oder auf Erlass des Vollstreckungsurteils (§ 722 ZPO) gehemmt. Gemäß § 204 Abs. 2 Satz 1 endet die Hemmung in diesem Fall sechs Monate nach der rechtskräftigen Entscheidung oder anderweitigen Beendigung des eingeleiteten Verfahrens.

Die Vorschriften der §§ 210 und 211 normieren Tatbestände der **Ablaufhem-** **708** **mung**, die ihrer Wirkung nach dazu führen, dass das Ende der Verjährung hinausgeschoben wird. Nach § 210 Abs. 1 Satz 1 tritt für den Fall, dass eine **nicht voll geschäftsfähige Person ohne gesetzlichen Vertreter ist,** eine für oder gegen sie laufende Verjährung nicht mit dem Ablauf von sechs Monaten nach dem Zeitpunkt ein, in dem die Person unbeschränkt geschäftsfähig oder der Mangel der Vertretung behoben wird. Mit dieser Regelung soll sowohl die nicht voll geschäftsfähige Person, die nicht vertreten ist, vor dem Ablauf der Verjährung geschützt werden, wie auch der Gläubiger einer solchen Person, gegen die er bei Fehlen eines gesetzlichen Vertreters mangels Prozessfähigkeit keine Klage erheben kann (§§ 51, 52 ZPO), was wiederum dazu führt, dass er den Tatbestand der Hemmung nach § 204 Abs. 1 Nr. 1 nicht herbeiführen kann. Gemäß § 210 Abs. 2 kommt die Ablaufhemmung nicht in Betracht, soweit eine in der Geschäftsfähigkeit beschränkte Person prozessfähig ist. Das ist bei Vorliegen einer Teilgeschäftsfähigkeit nach § 112 oder § 113 der Fall[35]. Einen weiteren Fall der Ablaufhemmung regelt § 211 bezogen auf die **Verjährung von Ansprüchen, die zu einem Nachlass (Erbschaft) gehören oder sich gegen einen Nachlass richten.** Hier tritt die Verjährung nicht vor dem Ablauf von sechs Monaten nach dem Zeitpunkt ein, in dem

---

33 S. die Überschrift vor § 203.
34 BGHZ 93, 64 (66 ff.).
35 S. dazu Rn. 366 ff.

die Erbschaft von dem Erben angenommen oder das Insolvenzverfahren über den Nachlass eröffnet wird oder von dem an der Anspruch von einem oder gegen einen Vertreter geltend gemacht werden kann.

709 Schließlich regelt § 212 als weiteres Verjährungshindernis den **Neubeginn der Verjährung**. Dieses Verjährungshindernis hat die Wirkung, dass die bis zum Eintritt der Voraussetzungen des Neubeginns der Verjährung abgelaufene Zeit der Verjährungsfrist nicht berücksichtigt wird, sondern die Verjährungsfrist neu zu laufen beginnt[36]. Nach § 212 Abs. 1 Nr. 1 beginnt die Verjährung erneut, wenn der Schuldner dem Gläubiger gegenüber **den Anspruch anerkennt**, etwa durch Abschlagszahlungen, Zinszahlungen, Sicherheitsleistung oder auf andere Weise. Von einem Anerkenntnis des Schuldners im Sinne dieser Regelung kann nur gesprochen werden, wenn sich aus dem rechtsgeschäftlichen oder tatsächlichen Verhalten des Schuldners gegenüber dem Gläubiger eindeutig dessen Bewusstsein vom Bestehen der Forderung ergibt[37]. Neben den in § 212 Abs. 1 genannten Beispielen kann etwa auch die Bitte des Schuldners um Stundung der Forderung ein den Neubeginn der Verjährung auslösendes Anerkenntnis sein[38]. Gemäß § 212 Abs. 1 Nr. 2 erfolgt ein Neubeginn der Verjährung, wenn eine gerichtliche oder behördliche Vollstreckungshandlung vorgenommen oder beantragt wird. Der Neubeginn der Verjährung knüpft sowohl an die Vornahme einer Vollstreckungshandlung (z.B. Pfändungs- und Überweisungsbeschluss hinsichtlich einer Geldforderung nach § 829 ZPO), wie auch den Antrag des Gläubigers an mit der Folge, dass bei Antrag und Vornahme ein mehrfacher Neubeginn erfolgt[39]. Nach § 212 Abs. 2 gilt der Neubeginn der Verjährung infolge einer Vollstreckungshandlung als nicht eingetreten, wenn die Vollstreckungshandlung auf Antrag des Gläubigers oder aufgrund eines Mangels der gesetzlichen Voraussetzungen aufgehoben wird. § 212 Abs. 2 fingiert den Neubeginn der Verjährung durch den Antrag auf die Vornahme einer Vollstreckungshandlung als nicht eingetreten, wenn dem Antrag nicht stattgegeben oder der Antrag vor der Vollstreckungshandlung zurückgenommen oder die erwirkte Vollstreckungshandlung nach § 212 Abs. 2 aufgehoben wird.

V. Rechtsfolgen der Verjährung

710 Die wichtigste Rechtsfolge der Verjährung ist in § 214 geregelt. Gemäß § 214 Abs. 1 ist der Schuldner nach dem Eintritt der Verjährung berechtigt, die Leistung zu verweigern. Die Verjährung führt nicht zum Erlöschen des Anspruchs, sondern gibt dem Schuldner gegenüber dem Gläubiger ein dauerndes – peremptorisches – Leistungsverweigerungsrecht[40]. In einem gerichtlichen Verfahren muss sich der Schuldner auf Verjährung berufen, diese ist nicht von Amts wegen zu beachten.

---

36 Hk-BGB/*Dörner*, § 212 Rn. 1.
37 BGHZ 58, 103 (104); BGH NJW 1978, 1914 (1914); NJW 1997, 516 (517).
38 BGH NJW 1978, 1914 (1914).
39 BGHZ 93, 287 (295).
40 BGH NJW 1983, 392 (392).

Es handelt sich bei dem Leistungsverweigerungsrecht des § 214 Abs. 1 also um eine Einrede[41]. Ausnahmsweise kann die Erhebung der Verjährungseinrede unter dem Gesichtspunkt der **unzulässigen Rechtsausübung** gegen § 242 verstoßen, wenn der Schuldner den Gläubiger durch sein Verhalten von der Erhebung der Klage abgehalten oder ihn nach objektiven Maßstäben zu der Annahme veranlasst hat, er werde auch ohne Rechtsstreit eine vollständige Befriedigung seines Anspruchs erreichen[42]. Hat der Schuldner auf einen verjährten Anspruch geleistet, so hat er auf einen bestehenden Anspruch geleistet und kann nach § 214 Abs. 2 Satz 1 das Geleistete nicht zurückfordern, und zwar auch dann nicht, wenn er in Unkenntnis der Verjährung geleistet hat. Bereicherungsrechtlich ist eine Rückforderung nach § 812 Abs. 1 Satz 1 Alt. 1 ausgeschlossen, weil der Anspruch trotz Verjährung bestehen bleibt und deshalb bei Erfüllung mit Rechtsgrund geleistet wird. Der Bereicherungsanspruch nach § 813 Abs. 1 Satz 1, wonach das zum Zwecke der Erfüllung einer Verbindlichkeit auch dann zurückgefordert werden kann, wenn dem Anspruch eine Einrede entgegenstand, durch welche die Geltendmachung des Anspruchs dauernd ausgeschlossen wurde, kommt nicht in Betracht, weil gemäß § 813 Abs. 1 Satz 2 die Vorschrift des § 214 Abs. 2 unberührt bleibt und dadurch sichergestellt wird, dass der verjährungsrechtliche Ausschluss der Rückforderung nicht bereicherungsrechtlich hinfällig wird.

§ 215 bestimmt in Konsequenz des Bestehenbleibens eines verjährten Anspruchs, **711** dass mit einem solchen Anspruch **aufgerechnet** werden (§§ 387 ff.) und ein solcher Anspruch auch die Geltendmachung eines **Zurückbehaltungsrechts** (z.B. aus § 273 Abs. 1 oder § 1000) begründen kann. Voraussetzung ist allerdings, dass der Anspruch in dem Zeitpunkt noch nicht verjährt war, in dem zum ersten Mal aufgerechnet oder die Leistung verweigert werden konnte.

In § 216 wird die **Wirkung der Verjährung bei gesicherten Ansprüchen** geregelt. Gemäß § 216 Abs. 1 hindert die Verjährung eines Anspruchs, für den eine Hypothek, eine Schiffshypothek oder ein Pfandrecht besteht, den Gläubiger nicht, seine Befriedigung aus dem belasteten Gegenstand zu suchen. Das bedeutet, dass sich der Gläubiger eines verjährten Anspruchs gleichwohl aus dem zur Sicherung des Anspruchs bestellten Recht befriedigen, etwa nach § 1147 aus einer zur Sicherung eines Darlehens bestellten Hypothek Befriedigung im Wege der Zwangsvollstreckung suchen kann. Hat der Schuldner zur Sicherung eines Anspruchs ein **Recht übertragen**, z.B. das Eigentum an einem Pkw auf den Kreditgeber zur Sicherung einer Darlehensforderung, so begründet nach § 216 Abs. 2 Satz 1 die Verjährung des Anspruchs (hier der Darlehensforderung) für den Schuldner keinen Anspruch auf Rückübertragung (hier des Eigentums am Pkw). § 216 Abs. 2 Satz 2 bestimmt, dass bei **Vereinbarung eines Eigentumsvorbehalts** der Rücktritt vom Vertrag auch dann erfolgen kann, wenn der gesicherte Anspruch verjährt ist. Hierbei handelt es sich um eine Ausnahme zu § 218 Abs. 1 Satz 1, die nach § 218 Abs. 1 Satz 3 ausdrücklich unberührt bleibt.

Bsp.: V verkauft an K eine Sache unter Eigentumsvorbehalt (§§ 433, 449; §§ 929 Satz 1, 158). – Ist die Kaufpreisforderung des V verjährt, kann dieser bei Vorliegen eines Rücktrittsrechts nach § 216 Abs. 2 Satz 2 gleichwohl vom Vertrag zurücktreten und die Sache nach § 985 und § 349 Abs. 1 herausverlangen.

---

41 Palandt/*Ellenberger*, BGB, § 214 Rn. 2.
42 BAG DB 2008, 301 (302); Palandt/*Ellenberger*, BGB, Überbl. v. § 194, Rn. 16 ff.

712   Nach § 217 verjährt **mit dem Hauptanspruch** der Anspruch auf die von ihm **abhängenden Nebenleistungen**, und zwar auch dann, wenn die für diesen Anspruch besonders geregelte Verjährung noch nicht eingetreten ist. Nebenleistungen sind insb. Nutzungen (§ 100) und Zinsen, das gilt auch für Verzugszinsen[43]. § 217 findet keine Anwendung, wenn der Anspruch auf Nebenleistungen vor der Verjährung des Hauptanspruchs gerichtlich geltend gemacht worden ist[44].

VI. Dispositivität des Verjährungsrechts

713   In Übereinstimmung mit dem Grundsatz der Privatautonomie sind die Regelungen des Verjährungsrechts grds. **dispositiv**. Einschränkungen für die Zulässigkeit von Vereinbarungen über die Verjährung enthält § 202. Darüber hinaus finden sich außerhalb des Verjährungsrechts Beschränkungen, z.B. § 475 Abs. 2 bezogen auf die Verjährung von Mangelgewährleistungsansprüchen beim Verbrauchsgüterkauf.

714   Nach § 202 Abs. 1 kann die Verjährung bei Haftung wegen Vorsatzes nicht im Voraus durch Rechtsgeschäft erleichtert werden. **Erleichterung der Verjährung** meint, dass von den Bestimmungen des Verjährungsrechts zu Ungunsten des Gläubigers abgewichen wird, z.B. durch Verkürzung der gesetzlich maßgebenden Verjährungsfrist. § 202 Abs. 1 schließt entsprechende Vereinbarungen nur bezogen auf solche Ansprüche aus, die eine **Haftung wegen Vorsatzes** beinhalten, sofern die Vereinbarungen im Voraus getroffen werden, also vor Entstehung des Anspruchs. Dabei kann es sich um **Schadensersatzansprüche** auf vertraglicher oder gesetzlicher Grundlage handeln[45]. Im Übrigen können Erleichterungen der Verjährung zugunsten des Schuldners ohne Einschränkung getroffen werden.

715   Gemäß § 202 Abs. 2 kann die Verjährung durch Rechtsgeschäft nicht über eine Verjährungsfrist von 30 Jahren ab dem gesetzlichen Verjährungsbeginn hinaus erschwert werden. Eine **Erschwerung der Verjährung** gerät zum Nachteil des Schuldners, indem zu dessen Lasten von den gesetzlichen Regelungen des Verjährungsrechts abgewichen wird, etwa durch Hinausschieben des Beginns der Verjährung oder die Verlängerung von Verjährungsfristen. § 202 Abs. 2 macht deutlich, dass abgesehen von der in dieser Norm enthaltenen Einschränkung Vereinbarungen über Erschwerungen zulässig sind.

Werden in Allgemeinen Geschäftsbedingungen Verjährungsregelungen getroffen, so unterliegen diese der Inhaltskontrolle nach § 307[46].

---

43 BGHZ 128, 74 (77 ff.).
44 BGHZ 128, 74 (81 ff.).
45 S. Palandt/*Ellenberger*, BGB, § 202 Rn. 8.
46 S. oben Rn. 311.

§ 16 Schranken und Schutz der Rechtsausübung

Literatur: *Braun*, Subjektive Rechtfertigungselemente im Zivilrecht?, NJW 1998, 941; *Christensen*, Taschenkontrolle im Supermarkt und Hausverbot – BGHZ 124, 39, JuS 1996, 873; *Laubenthal*, Zu den Grenzen des Selbsthilferechts, JR 1991, 519; *Schauer/Wittig*, Rechtfertigung des Fahrausweisprüfers nach § 127 I 1 StPO oder § 229 BGB?, JuS 2004, 107; *Schreiber*, Die Rechtfertigungsgründe des BGB, JURA 1997, 29.

Rechtsprechung: BGH NJW 2001, 3200 (Fahrlässige Herbeiführung eines vom Abwehrenden nicht gewollten deliktischen Erfolges, Grenzen der Notwehr, Notwehrüberschreitung bei Einsatz einer Schusswaffe; §§ 32, 33 StGB); **BGHZ 124, 39** (Hausverbot bei Verweigerung einer Taschenkontrolle ohne konkreten Diebstahlsverdacht, Empfehlung oder Bitte auf Hinweisschild als ausgestaltetes Hausrecht oder Allgemeine Geschäftsbedingung; §§ 229, 903 BGB, § 1 AGBG = § 305 n. F. BGB); **BayObLG NJW 1991, 934 –** *Gänsebrust-Fall* (Voraussetzungen des Selbsthilferechts gegenüber einem zahlungsunwilligen das Lokal verlassenden Gast, Notwehr, Quantitätsmangel als Sachmangel; § 229, § 434 Abs. 3 Alt. 2 n. F., § 651 Abs. 1 Satz 1, Satz 2 Halbsatz 1 a. F. = § 651 Satz 1 n. F. BGB, § 32 StGB).

I. Freiheit der Rechtsausübung

Es liegt in der Freiheit des Inhabers eines subjektiven Rechts[1], über die Ausübung **716** des Rechts zu entscheiden, d.h., ob und wie er das subjektive Rechts entsprechend seinem Inhalt nutzt[2]. Diese sog. **Rechtsausübungsfreiheit oder auch Rechtsmacht** ist Teil der rechtlichen Handlungsfreiheit und umfasst auch die Freiheit, über die Geltendmachung subjektiver Rechte zu entscheiden[3].

Die **dem Inhalt des Rechts entsprechende Ausübung subjektiver Rechte**, die gesetzlich oder durch Rechte Dritter beschränkt sein kann, wie § 903 bezüglich der Befugnis des Eigentümers besonders deutlich macht, ist grds. **zulässig.** In Ausnahmefällen kann jedoch auch eine durch den Inhalt des Rechts **an sich gedeckte Rechtsausübung verboten bzw. unzulässig sein.** Über das im Gesetz in § 226 geregelte Schikaneverbot hinaus sind weitere Tatbestände unzulässiger Rechtsausübung anerkannt[4].

Auf der anderen Seite ist der Inhaber eines subjektiven Rechts vor Eingriffen in seine Rechtsposition zu schützen, darüber hinaus ist ihm zur Ausübung seiner Rechte zu verhelfen. Hierfür ist grds. der Staat mittels der Gerichte zuständig, der hierfür ein prozessrechtlich geregeltes gerichtliches Verfahren und Vollstreckungsverfahren zur Verfügung stellt[5]. Nur für den Fall, dass die staatlichen Mittel zur Rechtswahrung und Rechtsdurchsetzung nicht genügen bzw. nicht rechtzeitig zur Verfügung stehen, sieht das BGB in gesetzlich geregelten Fällen **ausnahmsweise die Möglichkeit vor, dass der Rechtsinhaber selbst Maßnahmen zum Schutz bzw. zur Durchsetzung seiner Rechte ergreifen kann.** Insoweit unterscheidet das Gesetz zwischen der Selbstverteidigung (§§ 227, 228 und 904) und der Selbsthilfe (§§ 229–231)[6].

---

1 Zum subjektiven Recht s. oben Rn. 147 ff.
2 S. *Larenz/Wolf*, BGB AT, § 2 Rn. 19.
3 *Larenz/Wolf*, BGB AT, § 2 Rn. 19.
4 S. folgend Rn. 717 ff.
5 S. Palandt/*Ellenberger*, BGB, Überbl. v. § 226 Rn. 1.
6 S. dazu unter Rn. 725 ff.

II.   Unzulässige Rechtsausübung

1.   Schikaneverbot

717   Nach § 226 ist die Ausübung eines Rechts unzulässig, wenn sie **nur den Zweck haben kann, einem anderen Schaden zuzufügen**. Wie aus dem Wortlaut der Regelung – „nur den Zweck haben kann" – deutlich wird, reicht für das **Schikaneverbot** nicht schon eine irgendwie zu missbilligende Rechtsausübung, vielmehr muss sich die Rechtsausübung derart darstellen, dass sie dem Berechtigten keinerlei Vorteil bringt, sondern gerade und allein die Zufügung eines Schadens für eine andere Person **bezweckt**[7]. Das bedeutet, dass der Tatbestand des § 226 nur erfüllt ist, wenn nach der gesamten Sachlage bei verständiger Würdigung jeder sonstige Zweck als die Schadenszufügung ausgeschlossen ist[8]. Sofern neben der Schadenszufügung für die Rechtsausübung auch ein berechtigtes Interesse des Rechtsinhabers gegeben sein kann, ist die Rechtsausübung nicht unzulässig[9]. Im Hinblick auf diese hohen Anforderungen für das Eingreifen des Schikaneverbots ist der praktische Anwendungsbereich von § 226 relativ gering[10].

718   Liegen die Voraussetzungen des Schikaneverbots vor, wobei neben dem objektiven Merkmal des alleinigen Zwecks der Schadenszufügung noch subjektiv Vorsatz des Rechtsausübenden erforderlich ist, so ist die Rechtsausübung unzulässig. Der Rechtsinhaber handelt **rechtswidrig**, der Betroffene hat nach § 226 einen Unterlassungsanspruch[11]. Schließlich können Schadensersatzansprüche aus § 823 Abs. 2 i. V. m. § 226 und § 826 in Betracht kommen[12].

2.   Unzulässige Rechtsausübung nach § 242

719   Jenseits des praktisch bedeutungslosen Schikaneverbots nach § 226 stellt der in § 242 niedergelegte Grundsatz von Treu und Glauben eine wesentlich relevantere Grenze der Rechtsausübung dar. Nach der Rechtsprechung ist jede Rechtsausübung dem für die gesamte Rechtsordnung maßgebenden Grundsatz von Treu und Glauben unterworfen[13]. Verstößt eine Rechtsausübung im Einzelfall gegen diesen Grundsatz, so ist sie rechtsmissbräuchlich und unzulässig[14]. Eine **nach § 242 unzulässige Rechtsausübung** setzt voraus, dass eine Sonderverbindung gegeben ist und ein Verstoß gegen Treu und Glauben vorliegt[15]. Nicht erforderlich ist hingegen ein Verschulden des Rechtsausübenden[16].

---

7   LG Frankfurt a.M. NJW 1979, 1613 (1613); MünchKomm/*Grothe*, BGB, § 226 Rn. 3.
8   Vgl. BGH NJW 1975, 1313 (1314).
9   Palandt/*Ellenberger*, BGB, § 226 Rn. 3.
10 S. Hk-BGB/*Dörner*, § 226 Rn. 2; zu Bsp. aus der Rspr., in denen Schikane bejaht wurde, s. MünchKomm/*Grothe*, BGB, § 226 Rn. 4 ff.
11 MünchKomm/*Grothe*, BGB, § 226 Rn. 7.
12 MünchKomm/*Grothe*, BGB, § 226 Rn. 7.
13 BGHZ 12, 154 (157).
14 BGHZ 12, 154 (157).
15 BGHZ 64, 5 (9); Hk-BGB/*Schulze*, § 242 Rn. 23.
16 BGHZ 64, 5 (9).

Die Anwendung des § 242 unter dem Gesichtspunkt der unzulässigen Rechtsausübung ist durch **Fallgruppen** konkretisiert worden, von denen folgend einige wichtige hervorgehoben werden[17].

Eine Rechtsausübung kann nach § 242 unzulässig sein, wenn sich der Berechtigte **720** dadurch zu seinem eigenen früheren Verhalten in Widerspruch setzt[18]. Dieser **Grundsatz des *venire contra factum proprium* bzw.** des widersprüchlichen Verhaltens kommt zur Anwendung, wenn ein Vertragspartner einen Vertrauenstatbestand geschaffen hat, an dem er sich nachfolgend nicht festhalten lassen will[19]. Hinzukommen muss, dass der andere Vertragsteil auf die Beibehaltung des einmal gezeigten Verhaltens vertrauen durfte und sich derart darauf eingerichtet hat, dass ihm eine Anpassung an die Änderung des Verhaltens nach Treu und Glauben nicht zugemutet werden kann[20]. Zur Fallgruppe der unzulässigen Rechtsausübung wegen widersprüchlichen Verhaltens gehört auch die Verwirkung eines Rechts[21].

Als weitere Fallgruppe der unzulässigen Rechtsausübung nach § 242 anerkannt **721** ist die **Ausnutzung einer rechtsmissbräuchlich erworbenen Rechtsposition**[22]. Diese muss auf rechtswidrige Weise erlangt sein[23]. Das ist etwa dann der Fall, wenn der Berechtigte seine Rechtsposition erschlichen hat[24].

Eine mit Treu und Glauben unvereinbare Rechtsausübung ist des Weiteren darin **722** zu sehen, wenn kraft eines Rechts eine Leistung gefordert wird, die alsbald wieder aus anderen Rechtsgründen zurückgewährt werden müsste[25]. Dieser **Grundsatz des *dolo agit, qui petit, quod statim redditurus est*** kommt etwa dann zum Tragen, wenn der Eigentümer von einem Eigentumsvorbehaltskäufer die Sache herausverlangt, die er nach vollständiger Kaufpreiszahlung wiederum an den Käufer zurückgeben müsste[26]. Dasselbe gilt, wenn z.B. aufgrund eines Erfüllungsanspruchs eine Leistung gefordert würde, die wiederum sofort nach bereicherungsrechtlichen Grundsätzen herauszugeben wäre[27].

Unzulässige Rechtsausübung unter dem Gesichtspunkt eines Verstoßes gegen Treu **723** und Glauben kann auch vorliegen, **wenn eine Vertragspartei trotz eigener Pflichtverletzung Rechte geltend macht**[28]. Relevanz hat diese Fallgruppe z.B., wenn Arbeitnehmer nach dem Ausscheiden in den Ruhestand ihre Ansprüche auf Betriebsrente geltend machen, obwohl sie sich gegenüber ihrem Arbeitgeber einer schwerwiegenden Treuepflichtverletzung schuldig gemacht haben[29].

---

17 S. den Überblick bei Palandt/*Ellenberger*, BGB, § 242 Rn. 42 ff. und Hk-BGB/*Schulze*, § 242 Rn. 26 ff.
18 BGHZ 32, 273 (279); 94, 344 (351).
19 BGHZ 94, 344 (351 f., 354).
20 BGH NJW 1986, 2104 (2107).
21 S. dazu oben Rn. 694.
22 BGHZ 57, 108 (111); 94, 132 (138).
23 Hk-BGB/*Schulze*, § 242 Rn. 27.
24 BGHZ 57, 108 (111).
25 BGHZ 10, 69 (75); 66, 302 (305); 74, 293 (300); 115, 132 (137); 116, 200 (203).
26 S. BGHZ 10, 69 (75).
27 BGHZ 74, 293 (300).
28 BGH NJW 1971, 1747 (1747).
29 S. etwa BAG NJW 1980, 1127; NJW 1981, 188.

3. Unzulässige Rechtsausübung nach § 826

724 Gemäß § 826 ist zum Schadensersatz verpflichtet, wer in einer gegen die guten Sitten verstoßenden Weise einem anderen vorsätzlich Schaden zufügt. Aus diesem Haftungstatbestand wird ein Verbot der unzulässigen Rechtsausübung abgeleitet, **wenn es sich bei dem sittenwidrigen schädigenden Verhalten um die Ausübung eines Rechts handelt**[30]. Im Hinblick darauf, dass die sittenwidrig schädigende Rechtsausübung in der Regel eine unzulässige Rechtsausübung auch nach § 242 darstellt, hat das Verbot der Rechtsausübung nach § 826 nicht wirklich einen eigenständigen Anwendungsbereich[31].

III. Schutz der Rechtsausübung

725 In bestimmten Ausnahmesituationen erlaubt das Gesetz dem Rechtsinhaber, **selbst Maßnahmen zum Schutz und zur Durchsetzung seiner Rechte zu ergreifen.** Das Gesetz unterscheidet zwischen der **Selbstverteidigung**, die die in § 227 geregelte Notwehr und den in § 228 niedergelegten Notstand erfasst, wobei der Notstand nach § 904 hinzukommt, und der in §§ 229–231 normierten **Selbsthilfe**.

1. Selbstverteidigung

726 **a) Notwehr.** Gemäß § 227 Abs. 1 ist eine durch Notwehr gebotene Handlung nicht widerrechtlich. Nach § 227 Abs. 2 ist Notwehr diejenige Verteidigung, welche erforderlich ist, um einen gegenwärtigen rechtswidrigen Angriff von sich oder einem anderen abzuwenden. § 227 stimmt inhaltlich mit der strafrechtlichen Notwehr nach § 32 StGB überein.

Notwehr ist danach zunächst nur zulässig, wenn ein **gegenwärtiger rechtswidriger Angriff**, eine sog. **Notwehrlage**, vorliegt. Unter einem **Angriff** ist eine, von einem Menschen ausgehende, drohende Verletzung von Rechtsgütern oder Rechten einer Person zu verstehen[32]. **Geschützt** sind **Rechtspositionen aller Art,** vor allem Leben, Körper, Gesundheit, Freiheit und Eigentum. Ein Angriff ist schon dann **gegenwärtig,** wenn zwar noch keine Verletzung eines Rechtsguts oder Rechts vorliegt, jedoch ein Verhalten unmittelbar in eine Verletzung umschlagen kann, so dass durch ein Hinausschieben der Notwehr deren Erfolg gefährdet würde[33]. Die **Rechtswidrigkeit** des Angriffs ist im Sinne der Erfolgsunrechtslehre[34] zu bejahen, wenn für die (drohende) Verletzung eines Rechtsguts oder Rechts kein Rechtfertigungsgrund gegeben ist.

---

30 *Larenz/Wolf*, BGB AT, § 16 Rn. 15.
31 S. auch *Larenz/Wolf*, BGB AT, § 16 Rn. 15.
32 Palandt/*Ellenberger*, BGB, § 227 Rn. 2.
33 BGH NJW 1973, 255.
34 S. dazu *Boecken*, Deliktsrechtlicher Eigentumsschutz gegen reine Nutzungsbeeinträchtigungen, S. 287.

Liegt ein gegenwärtiger rechtswidriger Angriff vor, so muss die Verteidigung des **727** Betroffenen, um als Notwehr anerkannt zu werden, **erforderlich sein**. Welche Verteidigung erforderlich ist, ist nach **objektiven Kriterien** zu beurteilen. Die Intensität des Angriffs ist maßgebend für das zu dessen Abwehr erforderliche Mittel, dabei hat der Angegriffene das am wenigsten gefährliche Mittel einzusetzen, muss jedoch nicht das Risiko einer ungenügenden Abwehr tragen[35]. Die Erforderlichkeit ist **nicht von der Verhältnismäßigkeit** zwischen bedrohtem Rechtsgut und Verteidigungshandlung abhängig[36]. Die Abwehrhandlung des Angegriffenen muss, um erforderlich zu sein, in jedem Fall von einem entsprechenden **Verteidigungswillen** getragen sein[37]. Das bedeutet, dass der Angegriffene Kenntnis von der Notwehrlage haben muss.

Das Notwehrrecht ist unter dem Gesichtspunkt der **unzulässigen Rechtsausübung** **728** eingeschränkt gegenüber Angriffen von Kindern, geisteskranken Personen und schuldlos handelnden Personen[38]. Im Falle einer sog. **Absichtsprovokation**, die vorliegt, wenn jemand zielstrebig einen Angriff herausfordert, um den Gegner unter dem Deckmantel einer äußerlich gegeben Notwehrlage an seinen Rechtsgütern zu verletzen[39], besteht grds. kein Notwehrrecht[40].

Liegen die Voraussetzungen der Notwehr vor, so handelt der Angegriffene **nicht** **729** **rechtswidrig**. Die Notwehr ist Rechtfertigungsgrund im Rahmen von § 823 Abs. 1 und schließt die Widerrechtlichkeit der Verletzungshandlung aus.

b) Notstand. Als weiterer Fall der Selbstverteidigung ist in § 228 der sog. **Vertei-** **730** **digungsnotstand**[41] bzw. **Defensivnotstand** geregelt. Hiervon zu unterscheiden ist der in § 904 zulasten des Eigentümers normierte sog. **Aggressivnotstand**. Nach § 228 Satz 1 handelt nicht widerrechtlich, wer eine fremde Sache beschädigt oder zerstört, um eine durch sie drohende Gefahr von sich oder einem anderen abzuwenden, sofern die Beschädigung oder die Zerstörung zur Abwendung der Gefahr erforderlich ist und der Schaden nicht außer Verhältnis zu der Gefahr steht. Hat der Handelnde die Gefahr verschuldet, so ist er gemäß § 228 Satz 2 zum Schadensersatz verpflichtet. Die nach § 228 Satz 1 **erforderliche Notstandslage** setzt voraus, dass von einer fremden Sache eine Gefahr für ein Rechtsgut oder Recht ausgeht. Über § 90a Satz 3 wird auch die durch ein Tier drohende Gefahr erfasst. Im Unterschied zur Notwehr erlaubt der Notstand also die Abwehr von Gefahren, die nicht durch Menschen, sondern **durch fremde Sachen oder Tiere drohen**. Eine **drohende Gefahr** ist gegeben, wenn eine auf tatsächliche Umstände gegründete Wahrscheinlichkeit des Eintritts eines Schadens besteht[42].

---

35 Palandt/*Ellenberger*, BGB, § 227 Rn. 7.
36 S. BGH NJW 1976, 42.
37 BGHZ 92, 357 (359).
38 Palandt/*Ellenberger*, BGB, § 227 Rn. 8.
39 S. BGH NJW 1983, 2267.
40 BGH NJW 1983, 2267.
41 S. BGHZ 92, 357 (359).
42 Palandt/*Ellenberger*, BGB, § 228 Rn. 4.

731   Liegt eine Notstandslage vor, so erlaubt § 228 Satz 1 die **Beschädigung oder Zerstörung der fremden Sache**, sofern dies zur Abwendung der Gefahr **erforderlich** ist und der Schaden **nicht außer Verhältnis** zu der Gefahr steht. Die Frage der **Erforderlichkeit** der Abwehr ist nach objektiven Kriterien zu bestimmen. In jedem Fall muss die Abwehr von einem **Abwehrwillen** getragen sein[43]. Der durch die Abwehr eintretende Schaden muss in Bezug zu der durch die fremde Sache drohenden Gefahr **verhältnismäßig sein**, d. h., hier ist eine Güterabwägung zwischen der dem Rechtsgut bzw. Recht drohenden Gefahr und dem durch die Abwehr herbeigeführten Schaden vorzunehmen[44]. Während persönliche Rechtsgüter in der Regel als höherwertig anzusehen sind, ist bei einer für Sachen drohenden Gefahr für die Frage der Verhältnismäßigkeit auf die Wertrelation der jeweiligen Sachen abzustellen[45].

732   Sind die Voraussetzungen des Notstands nach § 228 Satz 1 gegeben, so ist die Beschädigung oder Zerstörung der fremden Sache nicht rechtswidrig. § 228 Satz 1 schließt als **Rechtfertigungsgrund** die Widerrechtlichkeit i. S. d. § 823 Abs. 1 aus. Ist die Notstandslage selbstverschuldet herbeigeführt – z. B. die Provokation eines Tieres, das dann angreift – so bleibt die Abwehr zwar rechtmäßig, jedoch begründet das Selbstverschulden eine **Schadensersatzpflicht** nach § 228 Satz 2.

733   Von dem Verteidigungsnotstand des § 228 zu unterscheiden ist der in § 904 geregelte sog. **Aggressivnotstand**. Gemäß § 904 Satz 1 ist der Eigentümer einer Sache nicht berechtigt, die Einwirkung eines anderen auf die Sache zu verbieten, wenn die Einwirkung zur Abwendung einer gegenwärtigen Gefahr notwendig und der drohende Schaden gegenüber dem aus der Einwirkung dem Eigentümer entstehende Schaden unverhältnismäßig groß ist. Nach § 904 Satz 2 kann der Eigentümer Ersatz des ihm entstehenden Schadens verlangen.

§ 904 Satz 1 erlegt dem Eigentümer also die **Pflicht zur Duldung einer Einwirkung** auf seine Sache auf, obwohl weder von der Person des Eigentümers (Abgrenzung zu § 227) noch von seiner Sache (Abgrenzung zu § 228) eine Gefahr für Rechtsgüter oder Rechte anderer Personen ausgeht. Der Aggressivnotstand erlaubt vielmehr **die Inanspruchnahme einer fremden Sache**, wenn dies zur Abwendung einer anderweitig verursachten gegenwärtigen Gefahr notwendig ist und der drohende Schaden gegenüber dem aus der Einwirkung dem Eigentümer entstehenden Schaden unverhältnismäßig groß ist.

734   § 904 Satz 1 setzt voraus, dass bewusst und gewollt auf eine fremde Sache eingewirkt wird, der Handelnde muss einen entsprechenden **Einwirkungswillen** haben[46]. Ohne eine entsprechende Zielrichtung erfolgende Einwirkungen wie z. B. das zufällige Beschädigen einer Sache bei einer Rettungshandlung werden nicht erfasst[47]. Die Einwirkung auf die Sache, die z. B. in einer Benutzung oder Beschä-

---

43   BGHZ 92, 357 (359).
44   S. Hk-BGB/*Dörner*, § 228 Rn. 3.
45   Palandt/*Ellenberger*, BGB, § 228 Rn. 8.
46   BGHZ 92, 357 (359).
47   BGHZ 92, 357 (359).

digung bestehen kann, muss **zur Abwehr einer gegenwärtigen Gefahr notwendig sein.** Die Frage der Notwendigkeit ist nach objektiven Kriterien zu bestimmen[48], nicht maßgebend ist die subjektive Sicht des Einwirkenden. Des Weiteren muss der drohende Schaden im Vergleich mit dem aus der Einwirkung dem Eigentümer entstehenden Schaden **unverhältnismäßig groß** sein. Insoweit ist eine Güterabwägung vorzunehmen, wobei ein drohender Schaden für persönliche Rechtsgüter in der Regel gegenüber dem durch die Einwirkung entstehenden Schaden an der Sache als unverhältnismäßig groß anzusehen ist[49]. Im Falle von Schäden, die Vermögensgütern drohen, ist deren Wert dem Wert des dem Eigentümer entstehenden Schadens für die Verhältnismäßigkeitsprüfung gegenüber zu stellen.

Liegen die Voraussetzungen des § 904 Satz 1 vor, so ist die Einwirkung auf die **735** Sache des Eigentümers **rechtmäßig.** Dieser hat **keinen Abwehranspruch** aus § 1004 Abs. 1 im Hinblick auf die Duldungspflicht nach § 1004 Abs. 2 i.V.m. § 904 Satz 1, des Weiteren scheidet mangels Widerrechtlichkeit auch ein **Schadensersatzanspruch** nach § 823 Abs. 1 aus. § 904 Satz 2 gibt dem Eigentümer allerdings einen Anspruch auf Ersatz des ihm entstehenden Schadens. Dieser Schadensersatzanspruch setzt kein Verschulden voraus. **Schuldner des Anspruchs** ist grds. der auf das Eigentum Einwirkende[50].

> **Bsp.:** R sieht, wie ein Kind von einem Hund angegriffen wird. Zur Rettung des Kindes reißt R eine Holzlatte aus dem Gartenzaun des E und vertreibt den Hund damit. Hier trifft die Schadensersatzpflicht nach § 904 Satz 2 den R, nicht das Kind, zu dessen Rettung der R auf das Eigentum des E eingewirkt hat.

2. Selbsthilfe

In den Vorschriften der §§ 229–231 sind die **Voraussetzungen und Grenzen der** **736** **Selbsthilfe** geregelt, die im Unterschied zu den Tatbeständen der Selbstverteidigung nicht auf den Schutz subjektiver Rechtspositionen gegen Angriffe und sonstige drohende Gefahren gerichtet ist, sondern erlaubt, die Vereitelung oder wesentliche Erschwerung der Verwirklichung von Ansprüchen zu vermeiden, mithin **die Durchsetzbarkeit von Ansprüchen** sicherzustellen. Während § 229 die Voraussetzungen der Selbsthilfe regelt, bestimmt § 230 deren Grenzen. § 231 normiert einen Schadensersatzanspruch im Falle irrtümlicher Selbsthilfe.

Nach § 229 handelt nicht widerrechtlich, wer zum Zwecke der Selbsthilfe eine **737** Sache wegnimmt, zerstört oder beschädigt oder wer zum Zwecke der Selbsthilfe einen Verpflichteten, welcher der Flucht verdächtig ist, festnimmt oder den Widerstand des Verpflichteten gegen eine Handlung, die dieser zu dulden verpflichtet ist, beseitigt, sofern obrigkeitliche Hilfe nicht rechtzeitig zu erlangen ist und ohne sofortiges Eingreifen die Gefahr besteht, dass die Verwirklichung des Anspruchs vereitelt oder wesentlich erschwert werde. **Die Selbsthilfe kann also auf Sachen und Personen bezogen sein.** Sie ist zum einen nur erlaubt, wenn obrigkeitliche Hilfe nicht rechtzeitig zu erlangen ist. Der Ausdruck **obrigkeitliche Hilfe** meint die

---

48 Palandt/*Bassenge*, BGB, § 904 Rn. 3.
49 Hk-BGB/*Schulte-Nölke*, § 904 Rn. 2.
50 BGHZ 6, 102 (105); a. A. z.B. MünchKomm/*Säcker*, BGB, § 904 Rn. 16 ff.

Inanspruchnahme zuständiger staatlicher Stellen, vor allem der Gerichte etwa durch die Beantragung eines Arrests (§§ 916 ff. ZPO) oder einer einstweiligen Verfügung (§§ 935 ff. ZPO). Eine nicht rechtzeitig zu erlangende obrigkeitliche Hilfe ist auch dann gegeben, wenn rechtzeitige Maßnahmen der Polizei nicht möglich sind. Vorausgesetzt ist weiter, dass ohne sofortiges Eingreifen die Gefahr besteht, dass die Verwirklichung des Anspruchs vereitelt oder wesentlich erschwert werde. Die Selbsthilfe erfordert danach das **Bestehen eines Anspruchs,** z.B. auf Herausgabe einer Sache. Die **Gefahr einer Vereitelung oder wesentlichen Erschwerung der Verwirklichung** des Anspruchs kann darin bestehen, dass ohne sofortiges Eingreifen die Sache, die der Gläubiger heraus verlangen kann, beiseite geschafft wird. Als Selbsthilfehandlungen gestattet das Gesetz die Wegnahme, Zerstörung oder Beschädigung einer Sache wie auch bezogen auf Personen die Festnahme eines Fluchtverdächtigen und die Beseitigung des Widerstands des Verpflichteten gegen eine Handlung, die dieser zu dulden verpflichtet ist.

Liegen die Voraussetzungen des § 229 vor, so ist die Selbsthilfehandlung **rechtmäßig.** Der Verpflichtete hat kein Recht zur Notwehr, im Falle der Beschädigung oder Zerstörung einer Sache scheidet ein Schadensersatzanspruch nach § 823 Abs. 1 mangels Rechtswidrigkeit aus.

738 § 230 bestimmt die **Grenzen der Selbsthilfe.** Nach § 230 Abs. 1 darf diese nicht weiter gehen, als zur Abwendung der Gefahr erforderlich. Die Frage der Erforderlichkeit ist objektiv zu beurteilen. Im Hinblick darauf, dass die Selbsthilfe **nur eine vorläufige Sicherungsmaßnahme** darstellt, muss der Gläubiger nach § 230 Abs. 2 im Falle der Wegnahme einer Sache vorbehaltlich der Erwirkung der Zwangsvollstreckung den dinglichen Arrest (§§ 917, 920 ZPO) beantragen. Für den Fall der Festnahme einer Person ist nach § 230 Abs. 3 der persönliche Sicherheitsarrest bei dem Amtsgericht zu beantragen, in dessen Bezirk die Festnahme erfolgt (§§ 918, 920 ZPO). Sofern der Arrestantrag verzögert oder abgelehnt wird, hat nach § 230 Abs. 4 die Rückgabe der weggenommenen Sachen und die Freilassung des Festgenommenen unverzüglich zu erfolgen.

739 § 231 regelt einen **verschuldensunabhängigen Schadensersatzanspruch** für den Fall, dass Selbsthilfe in der **irrigen Annahme** vorgenommen wird, dass die für den Ausschluss der Widerrechtlichkeit erforderlichen Voraussetzungen vorhanden sind. Der Zweck der Bestimmung ist darin zu sehen, dass derjenige, der Selbsthilfe übt, dies auf eigene Gefahr tut[51]. § 231 bezieht sich sowohl auf Fälle **des tatsächlichen wie auch des rechtlichen Irrtums**[52]. Hiernach wird auch ein Irrtum darüber erfasst, dass ein Selbsthilferecht aus Gründen angenommen wird, die nicht in § 229 aufgeführt sind[53].

---

51 BGH NJW 1977, 1818 (1818).
52 BGH NJW 1977, 1818 (1818).
53 BGH NJW 1977, 1818 (1818).

§ 17 Sicherheitsleistung

Literatur: *Kohler*, Die Fälle der Sicherheitsleistung im Bürgerlichen Gesetzbuch – Normgründe, Erfüllungszwang und einstweiliger Rechtsschutz, ZZP 1989, 58.

Der 7. Abschnitt des Allgemeinen Teils des BGB enthält in den §§ 232–240 Vor-   **740**
schriften zur Sicherheitsleistung. Die Sicherheitsleistung ist darauf ausgerichtet,
den Sicherungsnehmer vor drohenden Rechtsnachteilen zu bewahren[1]. In den
§§ 232 ff. wird nur die Art und Weise der Sicherheitsleistung sowie deren Durchführung geregelt. Ob Sicherheit geleistet werden muss oder verlangt werden kann,
ergibt sich aus anderen gesetzlichen Vorschriften oder aus rechtsgeschäftlichen
Vereinbarungen. Die §§ 232 ff. finden nicht nur Anwendung, soweit ein Schuldner nach gesetzlichen Vorschriften verpflichtet oder befugt ist, Sicherheit zu leisten, sondern auch dann, wenn ein Gläubiger als Sicherungsnehmer und sein
Schuldner als Sicherungsgeber die Pflicht oder auch das Recht zur Sicherheitsleistung begründen[2].

> **Bsp.:** Im Zusammenhang mit einer von einer Sparkasse übernommenen Bürgschaft
> (§§ 765 ff.) heißt es in dem Bürgschaftsformular u.a.: „Wir verpflichten uns, jeden
> Betrag bis zu dieser Gesamthöhe an den Auftraggeber zu zahlen, sofern der Auftrag-
> nehmer seinen Verpflichtungen nicht oder nicht vollständig nachgekommen ist. Auf
> die Einreden der Anfechtung und der Aufrechnung sowie der Vorausklage (§§ 770,
> 771 BGB) wird verzichtet. Wir behalten uns vor, uns jederzeit von dieser Bürgschaft
> dadurch zu befreien, dass wir den Betrag von 52.000 DM in bar bei der zuständigen
> Hinterlegungsstelle als Sicherheit anstelle dieser Bürgschaft hinterlegen.“[3]

Eine **gesetzliche Verpflichtung zur Sicherheitsleistung** enthält z.B. § 843 Abs. 2   **741**
Satz 2 für den Schuldner einer Schadensersatzverpflichtung zur Entrichtung einer
Geldrente, deren Festsetzung, Art und Höhe im Ermessen des Gerichts steht[4]. Ein
gesetzliches Recht zur Sicherheitsleistung regelt z.B. § 273 Abs. 3 Satz 1. Danach
kann der Gläubiger die Ausübung des Zurückbehaltungsrechts durch Sicherheitsleistung abwenden[5].

§ 232 regelt die **Arten der Sicherheitsleistung**. So kann nach § 232 Abs. 1 Sicher-   **742**
heitsleistung etwa durch die Hinterlegung von Geld und Wertpapieren wie auch
durch die Verpfändung beweglicher Sachen oder durch die Bestellung von Hypotheken an inländischen Grundstücken erfolgen. Der Sicherungsgeber kann frei
entscheiden, welche Art der nach § 232 Abs. 1 möglichen Sicherungsmittel er
wählt. Nur wenn Sicherheit nicht durch eine in § 232 Abs. 1 genannte Art geleistet
werden kann, ist gemäß § 232 Abs. 2 die Stellung eines tauglichen Bürgen zulässig.

---

1 MünchKomm/*Grothe*, BGB, § 232 Rn. 1; Palandt/*Ellenberger*, BGB, Überbl. v. § 232
   Rn. 1.
2 BGH NJW 1986, 1038 (1038).
3 Zum Sachverhalt siehe BGH NJW 1986, 1038 (1038 ff.).
4 Weitere Bsp. für gesetzlich angeordnete Verpflichtungen zur Sicherheitsleistung bei Hk-
   BGB/*Dörner*, §§ 232–240 Rn. 1.
5 Zu weiteren Bsp. für ein gesetzliches Recht auf Sicherheitsleistung s. Hk-BGB/*Dörner*,
   §§ 232–240 Rn. 1. Die Befugnis des Gläubigers zur Abwendung des Zurückbehaltungsrechts durch Sicherheitsleistung nach § 273 Abs. 3 ist die Schwäche des Zurückbehaltungsrechts, demgegenüber kann die Einrede des nicht erfüllten Vertrags nach § 320
   Abs. 1 Satz 1 nicht durch Sicherheitsleistung abgewendet werden, s. § 320 Abs. 1 Satz 3.

743 Die **Hinterlegung von Geld oder Wertpapieren** erfolgt nach Maßgabe der Hinterlegungsgesetze der Länder[6]. Zuständig sind die Hinterlegungsstellen, deren Aufgaben von den Amtsgerichten wahrgenommen werden[7]. Die §§ 233–235 enthalten weitere Regelungen zur Sicherheitsleistung durch Hinterlegung von Geld und Wertpapieren. Nach § 233 hat die Hinterlegung die Wirkung, dass der Berechtigte ein **Pfandrecht** an dem hinterlegten Geld oder den hinterlegten Wertpapieren erwirbt. Auf dieses gesetzlich begründete Pfandrecht finden gemäß § 1257 die Vorschriften über das rechtsgeschäftlich bestellte Pfandrecht entsprechende Anwendung, so dass insb. der Pfandverkauf nach den Regelungen der §§ 1234 ff. zu bewirken ist. § 234 bestimmt insb., **welche Arten von Wertpapieren** überhaupt nur zur Sicherheitsleistung geeignet sind und dass mit Wertpapieren Sicherheit nur in Höhe von drei Viertel des Kurswertes geleistet werden kann. Die Regelung des § 235 gibt dem Sicherungsgeber, der Sicherheit durch Hinterlegung von Geld oder Wertpapieren geleistet hat, ein **Umtauschrecht**. Hinterlegtes Geld kann gegen geeignete Wertpapiere, hinterlegte Wertpapiere gegen andere geeignete Wertpapiere oder gegen Geld umgetauscht werden.

744 Mit einer **Schuldbuchforderung gegen den Bund oder das Land** kann nach § 236 Sicherheit nur in Höhe von drei Viertel des Kurswertes der Wertpapiere (Bundes- oder Landesschuldverschreibungen) geleistet werden. Der Grund hierfür liegt darin, dass der Wert der Buchforderung von dem Wert der Wertpapiere abhängt[8]. Wird die **Verpfändung einer beweglichen Sache** als Sicherungsart gewählt, so kann damit nach § 237 Satz 1 Sicherheit nur in Höhe von zwei Drittel des Schätzungswertes geleistet werden. Diese Regelung ist darin begründet, dass im Falle des Pfandverkaufs (§ 1257 i.V.m. § 1237) bewegliche Sachen häufig nur unter Wert veräußert werden können[9]. § 238 Abs. 1 begrenzt die Sicherheitsleistung durch **Verpfändung einer Hypothekenforderung, einer Grundschuld oder einer Rentenschuld** dahin, dass diese nur geeignet sind, wenn sie den Voraussetzungen entsprechen, unter denen am Orte der Sicherheitsleistung Mündelgeld in Hypothekenforderungen, Grundschulden oder Rentenschulden angelegt werden dürfen. Ob das der Fall ist, bestimmt sich nach § 1807 Abs. 1 Nr. 1, Abs. 2 i.V.m. dem am Ort der Sicherheitsleistung maßgebenden Landesrecht[10]. Gemäß § 239 Abs. 1 ist **ein Bürge als Sicherungsmittel tauglich**, wenn er ein der Höhe der zu leistenden Sicherheit angemessenes Vermögen besitzt und seinen allgemeinen Gerichtsstand im Inland (§§ 12 ff. ZPO) hat. Das Vermögen ist angemessen, wenn die Summe der geldwerten Güter unter Abzug der Schulden einschließlich der unpfändbaren Gegenstände die Höhe der zu leistenden Sicherheit übersteigt[11]. Gemäß § 239 Abs. 2 muss die Bürgschaftserklärung einen Verzicht auf die Einrede der Vorausklage enthalten. Die in § 771 geregelte Einrede der Vorausklage, wonach der Bürge die Befriedigung des Gläubigers verweigern kann, solange nicht der Gläubiger eine Zwangsvollstreckung gegen den Hauptschuldner ohne Erfolg versucht hat, ist nach § 773 Abs. 1 Nr. 1 ausgeschlossen, sofern der Bürge auf die Einrede verzichtet.

---

6 S. z.B. in Baden Württemberg das HintG-BW oder in Bayern das BayHintG.
7 S. z.B. § 1 Abs. 1, Abs. 2 HintG-BW, Art. 2 Abs. 1, Abs. 2 BayHintG
8 MünchKomm/*Grothe*, BGB, § 236 Rn. 1.
9 MünchKomm/*Grothe*, BGB, § 237 Rn. 1.
10 MünchKomm/*Grothe*, BGB, § 238 Rn. 1.
11 MünchKomm/*Grothe*, BGB, § 239 Rn. 1.

Nach § 240 ist die geleistete Sicherheit **zu ergänzen oder es ist anderweitig Sicher-**   **745**
heit zu leisten, wenn sie ohne Verschulden des Berechtigten unzureichend wird.
Die Sicherheitsleistung kann unzureichend werden entweder durch eine Entwertung des Sicherungsmittels (z.B. Sinken des Kurswertes bei Wertpapieren, Vermö-
genslosigkeit des Bürgen) oder durch Erhöhung der zu sichernden Forderung[12].

---

12 Palandt/*Ellenberger*, BGB, § 240 Rn. 1.

A. Wichtige Entscheidungen

BGH NJW 1974, 1705 (Lottospielgemeinschaft, Abgrenzung Rechtsgeschäft zu Gefälligkeit)

BGHZ 64, 72 (Gesamtvertretung, Alleinvertretung)

BGHZ 65, 13 (Abhanden gekommene Willenserklärung, entwendete Vollmachtsurkunde)

BGHZ 67, 271 (Zugang einer Kündigung, Fiktion des Zugangs durch Zustellung)

BGHZ 78, 28 (Rechtliche Nachteile bei Schenkung von Wohnungseigentum an Minderjährigen, Gesamtbetrachtung des schuldrechtlichen Verpflichtungs- und des dinglichen Verfügungsgeschäfts)

BGHZ 80, 153 (Sittenwidrigkeit, „Zinswucher")

BGHZ 83, 395 (Warn-, Schutz-, Beweis- und Gewährsfunktion von Formvorschriften)

BGHZ 85, 39 (Schwarzarbeit, Verbot unzulässiger Rechtsausübung)

BGHZ 87, 150 (Falsa demonstratio bei beurkundungspflichtigem Rechtsgeschäft)

BGHZ 91, 324 (Erklärungsbewusstsein, Rechtsbindungswille, Geschäftswille, sog. Erklärungsfahrlässigkeit, Anfechtung)

BGHZ 97, 264 (Bedingungsfeindlichkeit von Gestaltungsrechten, Rechtsbedingungen, sog. Potestativbedingungen)

BGHZ 97, 372 (Empfängnisverhütungsabrede ist rechtsgeschäftlicher Regelung nicht zugänglich)

BGHZ 102, 60 (Rechtsscheinhaftung aus Vollmachtsurkunde, notarielle Beurkundung)

BGHZ 107, 92 (Privatautonomie, Vertragsfreiheit, Sittenwidrigkeit)

BGHZ 124, 52 (Körperverletzung und Schmerzensgeldanspruch infolge Vernichtung einer Kryokonserve mit Sperma, Abgrenzung zum Begriff der Sache)

BGHZ 126, 105 (Unanwendbarkeit der Saldotheorie zu Lasten nicht voll Geschäftsfähiger)

BGHZ 132, 119 (Schriftform der Bürgschaftsurkunde, Warnfunktion der Formvorschriften, Unwirksamkeit einer Blankounterschrift)

BGHZ 136, 357 (Formfreiheit, zusammenhängende Urkunde, Einheit der Urkunde)

BGHZ 139, 177 (Kalkulationsirrtum, Verschulden bei Vertragsverhandlungen, unzulässige Rechtsausübung)

BGHZ 140, 74 (Aufnahmezwang in Verbände mit überragender Machtstellung im wirtschaftlichen oder sozialen Bereich, Vereinigungsfreiheit)

BGHZ 143, 214 – *Marlene Dietrich* (Schadensersatzanspruch bei Verletzung der vermögenswerten Bestandteile des postmortalen Persönlichkeitsrechts)

BGHZ 146, 298 (Wucherähnliches Grundstücksgeschäft, Nichtanwendung der Saldotheorie zu Lasten der bewucherten Partei)

BGHZ 146, 341 – *ARGE Weißes Ross I* (Rechtsfähigkeit der Außen-GbR, Parteifähigkeit im Zivilprozess, akzessorische Haftung der Gesellschafter)

BGHZ 149, 129 (Abschluss und Wirksamkeit eines Kaufvertrages bei einer Internet-Auktion, Einbeziehung von AGB)

BGHZ 149, 191 – *shell.de* (Ansprüche bei Verwendung einer berühmten Marke als Internet-Domain durch einen gleichnamigen Nichtberechtigten)

BGH NJW 2003, 2092 (Nichtigkeit eines Geschäftsbesorgungsvertrages wegen Verstoßes gegen das Rechtsberatungsgesetz, Rechtsscheinhaftung, Duldungs- und Anscheinsvollmacht)

BGHZ 158, 81 (Vertragsfreiheit, Inhaltskontrolle von Eheverträgen, Sittenwidrigkeit)

BGH NJW 2005, 976 (Anfechtbarkeit eines via Internet geschlossenen Kaufvertrages wegen Erklärungsirrtums bei falscher Kaufpreisangabe auf der Angebotsseite infolge eines Fehlers beim Datentransfer, Motivirrtum, verdeckter Kalkulationsirrtum).

BGHZ 161, 170 (Grundstücksschenkung an Minderjährige; Berücksichtigung öffentlicher Lasten bei der Frage, ob der Eigentumserwerb für den Minderjährigen rechtlich lediglich vorteilhaft ist)

BGHZ 169, 193 (Vererblichkeit der vermögensrechtlichen Bestandteile des Namensrechts und des allgemeinen Persönlichkeitsrechts)

BGHZ 176, 198 (zur Frage der Nichtigkeit einer sog. „Ohne-Rechnung-Abrede" nach § 134 und 138; Anwendung von § 139)

BGHZ 179, 27 (richtlinienkonforme Auslegung, Verbrauchsgüterkauf, Nutzungsersatz)

BGH NJW 2010, 610 (Widerrufsrecht nach § 312d bei einem wegen Sittenwidrigkeit nichtigen Fernabsatzvertrag)

3. Reichsgericht   748

RGZ 69, 117 (Maschinen als wesentliche Bestandteile einer Fabrik, Begriff der Sache, natürliche Einheit, zusammengesetzte Sache, Bestandteile, Zubehör)

RGZ 74, 234 – *Lotterie-Fall* (Reichweite der Überlassung von Mitteln zur freien Verfügung an einen Minderjährigen, Einwilligung des gesetzlichen Vertreters)

RGZ 99, 147 – *Haakjöringsköd-Fall* (Irrtümliche Falschbezeichnung, Eigenschaftsirrtum, Eigenschaftszusicherung, Sachmangelgewährleistungsrechte nach altem Schuldrecht)

RGZ 117, 121 – *Edelmannswort-Fall* (Gegeneinwand der Arglist gegenüber dem Einwand der Formnichtigkeit eines formbedürftigen Vertrags)

RGZ 158, 388 – *Bienen-Fall* (Gesetzesauslegung anhand des Begriffs „Haustier" i. S. v. § 833 Satz 2).

B. Schemata

749   Schema 1: **Prüfungsaufbau zivilrechtlicher Ansprüche**

→ *Rn. 61 ff.*

I.   Vertragliche Ansprüche *(z. B. § 433 Abs. 1 Satz 1, 631 Abs. 1)*
II.   Vertragsähnliche Ansprüche *(z. B. cic – § 311 Abs. 2)*
III. Allgemeine gesetzliche Ansprüche *(z. B. § 426)*
IV. Ansprüche aus GoA *(z. B. §§ 683 Satz 1, 670)*
V.   Dingliche Ansprüche *(z. B. §§ 861, 894, 985, 1004, 1007)*
VI. Ansprüche aus unerlaubter Handlung *(z. B. §§ 823 Abs. 1, 831 Satz 1, § 7 StVG)*
VII. Ansprüche aus ungerechtfertigter Bereicherung *(z. B. § 812 Abs. 1 Satz 1 Alt. 1)*

750   Schema 2: **Aufbau der Prüfung eines Erfüllungsanspruchs aus Vertrag**

→ *Rn. 261 ff.*

I.   **Anspruch wirksam entstanden**

    1. Einigung zwischen Anspruchsteller und Anspruchsgegner
       Zwei übereinstimmende Willenserklärungen der Parteien (bzw. bei Stellvertretung des/der Vertreter) über die zu begründenden Rechte und Pflichten (§§ 145 ff.).
    2. Wirksamkeit des Vertrages
       Keine Unwirksamkeit des Vertrages, z. B. nach §§ 125, 134, 138

II.   **Anspruch nicht untergegangen (Prüfung rechtsvernichtender Einwendungen)**

    1. Vereinbarung zwischen den Parteien (Aufhebungsvertrag, Erlassvertrag)
    2. Erfüllung (§ 362 Abs. 1) und Erfüllungssurrogate (z. B. §§ 364 Abs. 1, 378)
    3. Ausgeübte Gestaltungsrechte, z. B.
       a) Anfechtung (§§ 119 ff., 142 Abs. 1)
       b) Widerruf (z. B. §§ 355, 357 Abs. 1 Satz 1)
       c) Kündigung (z. B. §§ 569, 573 ff., 626, 651e)
       d) Rücktritt (§§ 346 ff.).
    4. Auflösende Bedingung (§ 158 Abs. 2), Befristung (§§ 163, 158 Abs. 2)

5. Leistungsstörungen (insb. Unmöglichkeit)
6. Personenwechsel (z. B. § 398)
7. § 242 (z. B. Verwirkung)

III. **Anspruch nicht einredebehaftet (Prüfung rechtshemmender Einreden)**

1. Dauernde (peremptorische) Einreden
   a) Verjährung (§§ 214, 195 ff., 438, 634a)
   b) Einrede der Bereicherung (§ 821)
   c) Arglisteinrede (§ 843)
   d) § 9 AnfG
2. Aufschiebende (dilatorische) Einreden, z. B.
   a) Stundung, Stillhalteabkommen (vgl. § 205)
   b) Nichterfüllung des Vertrages (§ 320)
   c) Unsicherheitseinrede (§ 321)
   d) Zurückbehaltungsrechte (z. B. § 273)
3. Verbot treuwidriger Rechtsausübung, z. B. dolo-agit-Einrede, venire contra factum proprium (§ 242); Schikaneverbot (§ 226)
4. Verbot sittenwidriger Rechtsausübung (§ 826)

IV. **Rechtsfolge**

Ist der Anspruch wirksam entstanden und weder untergegangen noch einredebehaftet, hat der Schuldner die versprochene Leistung zu erbringen.

Schema 3: Prüfung des Vorliegens einer wirksamen Willenserklärung und des Wirksamwerdens der Erklärung im Rechtsverkehr 751

→ *Rn. 199 ff.*

I. **Vorliegen einer wirksamen Willenserklärung**

1. **Äußerer (objektiver) Tatbestand der Willenserklärung**
   Ausdrückliche oder konkludente Kundgabe des inneren Willens zur Herbeiführung eines rechtlichen Erfolgs.

2. **Innerer (subjektiver) Tatbestand der Willenserklärung**
   a) Handlungswille (Handlungsbewusstsein)
      Unter dem Handlungswillen wird der Wille verstanden, überhaupt eine Handlung vornehmen zu wollen. Es muss ein vom Willen gesteuertes, bewusstes Verhalten vorliegen.
   b) Erklärungswille (Erklärungsbewusstsein)
      Erklärungswille meint den Willen, überhaupt rechtlich bedeutsam zu handeln. Der Erklärungswille fehlt, wenn eine Person ihrer Vorstellung nach allein im außerrechtlichen, gesellschaftlichen Bereich handeln will. Bei Vorliegen sog. Erklärungsfahrlässigkeit ist gleichwohl von

einer wirksamen Willenserklärung auszugehen. Der Erklärende kann jedoch wegen Inhaltsirrtums nach § 119 Abs. 1, 1. Alt. anfechten.

c) Geschäftswille (Geschäftsbewusstsein)
   Unter dem Geschäftswillen wird der Wille des Erklärenden verstanden, ein bestimmtes Rechtsgeschäft zu tätigen und damit einen ganz bestimmten rechtlichen Erfolg herbeizuführen. Der Geschäftswille fehlt, wenn der Erklärende zwar rechtlich erheblich handelt, jedoch konkret etwas anderes erklärt, als es seiner Vorstellung von der herbeizuführenden Rechtsfolge entspricht. Die Wirksamkeit der Willenserklärung wird dadurch nicht beeinträchtigt. Der Erklärende ist zur Anfechtung nach §§ 119 ff. berechtigt.

II. Wirksamwerden der Willenserklärung im Rechtsverkehr

1. Abgabe
Abgabe bedeutet die willentliche Entäußerung der Erklärung in den Rechtsverkehr. Daran fehlt es im Fall der sog. abhanden gekommenen Willenserklärung. Bei empfangsbedürftigen Willenserklärungen ist für die Abgabe zusätzlich die Zielgerichtetheit der Erklärung mit Bezug auf den Empfänger erforderlich.

2. Erfordernis des Zugangs bei empfangsbedürftigen Willenserklärungen
a) Abgabe der Willenserklärung in Abwesenheit des Empfängers (§ 130 Abs. 1 Satz 1)
   Eine Willenserklärung ist zugegangen, sobald sie derart in den Machtbereich des Empfängers gelangt, dass bei Annahme gewöhnlicher Verhältnisse damit zu rechnen ist, er könne von ihr Kenntnis erlangen. Auf die tatsächliche Kenntnisnahme des Empfängers kommt es nicht an (sog. Empfangstheorie). Die Willenserklärung wird nicht wirksam, wenn dem Empfänger vorher oder gleichzeitig ein Widerruf zugeht (§ 130 Abs. 1 Satz 2). Bei Einschaltung eines Passivvertreters (§ 164 Abs. 3) wird die Willenserklärung mit Zugang beim Vertreter wirksam. Im Falle der Übermittlung an einen Empfangsboten ist die Willenserklärung zwar in den Machtbereich des Empfängers gelangt. Der Zugang erfolgt jedoch erst in dem Zeitpunkt, in welchem der Empfänger die Möglichkeit der Kenntnisnahme hat.

b) Abgabe der Willenserklärung in Anwesenheit des Empfängers (gesetzlich nicht geregelt)
   Wird die Willenserklärung in verkörperter Form abgegeben, so findet § 130 Abs. 1 analog Anwendung. Im Falle einer mündlich oder stillschweigend erfolgten Willenserklärung geht diese nach der sog. Vernehmungstheorie zu, wenn der Empfänger die Willenserklärung wahrgenommen hat. Dasselbe gilt für fernmündlich übermittelte Willenserklärungen (vgl. § 147 Abs. 1 Satz 2).

c) Besonderheiten beim Zugang
   Das Wirksamwerden einer gegenüber einer nicht voll geschäftsfähigen Person abgegebenen Willenserklärung richtet sich nach § 131. Gem. § 132 kann der Zugang einer Willenserklärung mittels Zustellung nach den Vorschriften der ZPO durch Vermittlung eines Gerichtsvollziehers ersetzt werden.

Schema 4: **Vertragsschluss durch Antrag und Annahme**   **752**

I.   Antrag (Angebot)

→ *Rn. 262 ff.*

Bei dem Antrag (Angebot) i. S. d. § 145 handelt es sich um eine empfangsbedürftige Willenserklärung. Das Vorliegen des u. a. erforderlichen Erklärungsbewusstseins (Rechtsbindungswillens) ist grundsätzlich vom objektiven
Empfängerhorizont aus zu beurteilen. Der Rechtsbindungswille fehlt bei der
sog. invitatio ad offerendum. Inhaltlich muss der Antrag die sog. essentialia
negotii des beabsichtigten Rechtsgeschäfts genau bezeichnen. Der Vertrag
muss durch ein bloßes „Ja" des Empfängers herbeigeführt werden können.
Mit Zugang des Antrags ist der Erklärende an den Antrag gebunden. Anderes
gilt dann, wenn der Antragende die Bindungswirkung ausgeschlossen hat
(§ 145) oder dem Empfänger vorher oder gleichzeitig ein Widerruf zugeht
(§ 130 Abs. 1 Satz 2). Der Antrag erlischt nach § 146, wenn er vom Empfänger dem Antragenden gegenüber abgelehnt oder nicht rechtzeitig nach den
§§ 147–149 angenommen wird. Weitere Erlöschensgründe sind ein die Gebundenheit ausschließender Widerrufsvorbehalt oder eine entsprechende
auflösende Bedingung. Darüber hinaus kann ein Antrag nach Maßgabe des
§ 153 und des § 156 Satz 2 erlöschen.

II.   Annahme:

Wie der Antrag stellt auch die Annahme eine empfangsbedürftige Willenserklärung dar. Im Hinblick auf § 150 Abs. 2 kann die Annahme nur in einer
vorbehaltlosen Zustimmung bezogen auf den Antrag bestehen. Eine Annahme unter Erweiterungen, Einschränkungen oder sonstigen Änderungen
gilt als Ablehnung verbunden mit einem neuen Antrag. Nach § 153 wird das
Zustandekommen des Vertrages grundsätzlich nicht dadurch gehindert, dass
der Antragende vor der Annahme stirbt oder geschäftsunfähig wird.
Die Annahme kann ausdrücklich oder konkludent erfolgen. Einem Schweigen kommt grundsätzlich keine rechtserhebliche Bedeutung zu. Anderes gilt
dann, wenn dem Schweigen ausnahmsweise Erklärungswert im Sinne einer
Annahme beizumessen ist, z. B. nach § 362 HGB.
Wegen der Empfangsbedürftigkeit der Annahme kommt der Vertrag grundsätzlich erst im Zeitpunkt des Zugangs der Annahmeerklärung bei dem Antragenden zustande. Unter den Voraussetzungen des § 151 Satz 1 und des
§ 152 Satz 1 ist der Zugang der Annahmeerklärung (nicht die Annahme als
solche!) entbehrlich.
Die Annahme des Antrags muss rechtzeitig erfolgen, ansonsten erlischt nach
§ 146 der Antrag. Die Frage der Rechtzeitigkeit der Annahme ist nach Maßgabe der §§ 147–149 zu beurteilen. § 147 regelt die Rechtzeitigkeit der Annahme bei fehlender Bestimmung einer Annahmefrist sowohl für den Fall
eines unter Anwesenden gemachten Antrags (§ 147 Abs. 1) wie auch für den
Fall eines unter Abwesenden gemachten Antrags (§ 147 Abs. 2). Bei Bestimmung einer Annahmefrist durch den Antragenden ist § 148 für die Frage der
Rechtzeitigkeit maßgebend. § 149 fingiert für einen bestimmten Fall der ver-

späteten Annahme die Rechtzeitigkeit der Annahme. Im Übrigen gilt eine verspätete Annahme nach § 150 Abs. 1 als neuer Antrag.

Fehlt es an der erforderlichen Übereinstimmung von Antrag und Annahme, so besteht zwischen den Beteiligten ein Dissens bzw. Einigungsmangel. In § 154 regelt das Gesetz den sog. offenen Einigungsmangel. Hier ist über einen Punkt, der nach dem zum Ausdruck gelangten Willen auch nur einer Vertragspartei Vertragsinhalt werden sollte, keine Einigung erzielt worden. In diesem Fall ist der Vertrag im Zweifel nicht geschlossen (§ 154 Abs. 1 Satz 1). Bei einem sog. versteckten Einigungsmangel i.S.d. § 155 haben sich die Parteien bei einem Vertrag, den sie als geschlossen ansehen, über einen Punkt, über den eine Vereinbarung getroffen werden sollte, in Wirklichkeit nicht geeinigt. In diesem Fall gilt das Vereinbarte, wenn anzunehmen ist, dass die Parteien den Vertrag auch ohne eine Regelung dieses Punktes geschlossen hätten.

753 Schema 5: **Schweigen auf ein kaufmännisches Bestätigungs-schreiben als Zustimmung zu einem Vertrag**

→ *Rn. 251 ff.*

I. Unter folgenden Voraussetzungen wird dem Schweigen eines Kaufmanns auf ein kaufmännisches Bestätigungsschreiben nach § 242 der Erklärungswert einer Zustimmung zu einem Vertrag mit dem Inhalt des Bestätigungsschreibens beigemessen:

1. Beide Parteien nehmen am Rechtsverkehr als Kaufleute (§§ 1 ff. HGB) teil.
2. Mit dem kaufmännischen Bestätigungsschreiben nimmt eine Vertragspartei Bezug auf zuvor stattgefundene Vertragsverhandlungen.
3. Das kaufmännische Bestätigungsschreiben gibt den Inhalt eines nach Ansicht des Absenders geschlossenen Vertrages wieder. Darauf, ob tatsächlich bereits ein Vertrag zustande gekommen ist, kommt es nicht an.
4. Die Übermittlung des kaufmännischen Bestätigungsschreibens erfolgt unmittelbar im Anschluss an Vertragsverhandlungen.
5. Der Empfänger widerspricht nicht unverzüglich (§ 121) dem kaufmännischen Bestätigungsschreiben.

II. In bestimmten Ausnahmefällen gilt das Schweigen auf ein kaufmännisches Bestätigungsschreiben nicht als Zustimmung:

1. Das Bestätigungsschreiben weicht inhaltlich so stark von dem zuvor Abgesprochenen ab, dass der Bestätigende selbst nicht mit einem Einverständnis des Empfängers rechnen konnte.
2. Der Verfasser des kaufmännischen Bestätigungsschreibens ist absichtlich von den zuvor getroffenen Vereinbarungen abgewichen (arglistige Verfälschung).
3. Die Parteien haben sich jeweils kreuzende, inhaltlich unterschiedliche Bestätigungsschreiben zugesandt.

III. Liegt keiner der unter II. genannten Ausnahmefälle vor, so kommt im Falle des Schweigens auf ein kaufmännisches Bestätigungsschreiben der Vertrag mit dem Inhalt desselben zustande. Eine Anfechtung nach § 119 Abs. 1 wegen Irrtums über die Bedeutung des Schweigens auf ein kaufmännisches Bestätigungsschreiben ist ausgeschlossen.

Schema 6: **Vornahme eines wirksamen Rechtsgeschäfts durch**   **754** **Stellvertretung (am Beispiel eines Vertragsschlusses)**

→ *Rn. 605 ff.*

I. Zulässigkeit eines wirksamen rechtsgeschäftlichen Handelns durch Stellvertretung

Die Vornahme eines wirksamen Rechtsgeschäfts durch die Stellvertretung muss überhaupt zulässig sein. Das ist z. B. bei der Eheschließung nach § 1311 nicht der Fall.

II. Zustandekommen des Vertrages zwischen Vertretenem und Drittem

Einigung zwischen Vertreter und Drittem (Vertragspartner) durch zwei übereinstimmende Willenserklärungen, Antrag und Annahme (§§ 145 ff.). Insoweit bedarf es einer Willenserklärung des Vertreters (§ 164 Abs. 1 Satz 1; Abgrenzung zur Botenschaft) und einer Willenserklärung des Dritten.
Der Vertreter muss die Willenserklärung gemäß dem Offenkundigkeitsprinzip (§ 164 Abs. 1 Sätze 1 und 2) im Namen des Vertretenen (in fremdem Namen) abgeben, damit der Vertrag zwischen dem Vertretenen und dem Dritten zustande kommt. Tritt der Wille, in fremdem Namen zu handeln, nicht erkennbar hervor, so wird der Vertreter selbst Vertragspartei und kann auch nicht wegen Irrtums anfechten (§ 164 Abs. 2).

III. Wirksamkeit des zwischen Vertretenem und Drittem zustande gekommenen Vertrages

Der zwischen dem Vertretenen und dem Dritten zustande gekommene Vertrag ist nur wirksam, wenn der Vertreter mit Vertretungsmacht gehandelt hat (§ 164 Abs. 1 Satz 1). Die Vertretungsmacht kann gesetzlich, organschaftlich oder rechtsgeschäftlich begründet sein. Darüber hinaus kommt eine Vertretungsmacht kraft Rechtsscheins in Betracht (§§ 170 bis 173; Duldungsvollmacht; Anscheinsvollmacht). Des Weiteren darf die Vertretungsmacht nicht nach § 181 ausgeschlossen sein.
Hat der Vertreter ohne Vertretungsmacht gehandelt, so ist der Vertrag nach § 177 Abs. 1 schwebend unwirksam. Durch Genehmigung des Vertretenen kann der Vertrag Wirksamkeit erlangen.
Verweigert der Vertretene dem Vertreter oder dem Dritten gegenüber die Genehmigung, dann wird der Vertrag endgültig unwirksam.

Dasselbe gilt nach § 177 Abs. 2, wenn der Vertretene nach Aufforderung durch den Vertragspartner nicht innerhalb von zwei Wochen nach dem Empfang der Aufforderung die Genehmigung erklärt.

Der Vertrag wird auch dann endgültig unwirksam, wenn der Vertragspartner des Vertretenen bis zu dessen Genehmigung nach Maßgabe des § 178 seine Willenserklärung widerruft.

755 Schema 7: **Haftung des Vertreters ohne Vertretungsmacht nach § 179**

→ *Rn. 666 ff.*

I.   Voraussetzungen der Haftung

1. Vertragsschluss als Vertreter ohne Vertretungsmacht (§ 179 Abs. 1)

a) Der als Vertreter Handelnde muss eine eigene Willenserklärung zum Abschluss eines Vertrages in fremdem Namen (des Vertretenen) abgegeben haben.

b) Des Weiteren setzt die Haftung nach § 179 Abs. 1 voraus, dass der als Vertreter Handelnde den Vertrag ohne Vertretungsmacht geschlossen hat. Insoweit darf weder eine gesetzlich, organschaftlich oder rechtsgeschäftlich begründete Vertretungsmacht vorliegen noch eine Rechtsscheinsvollmacht nach §§ 170-173 oder aufgrund Duldungsvollmacht oder Anscheinsvollmacht in Betracht kommen.

Ohne Vertretungsmacht handelt auch derjenige, der als Vertreter im Namen einer nicht existierenden Person bzw. eines nicht vorhandenen Rechtsträgers einen Vertrag schließt. Insoweit findet § 179 Abs. 1 analoge Anwendung.

c) Der ohne Vertretungsmacht geschlossene Vertrag darf von dem Vertretenen nicht genehmigt worden sein (s. § 177 Abs. 1). Bei einem Vertragsschluss im Namen eines nicht existierenden Vertretenen hat diese Voraussetzung keine Bedeutung.

2. Kein Ausschluss der Haftung nach § 179 Abs. 3

Die Haftung des Vertreters darf nicht nach § 179 Abs. 3 ausgeschlossen sein. Hiernach haftet der Vertreter nicht, wenn der andere Teil den Mangel der Vertretungsmacht kannte oder kennen musste (§ 179 Abs. 3 Satz 1). Für das Kennenmüssen i.S.d. § 179 Abs. 3 Satz 1 ist maßgebend, ob die Unkenntnis des anderen Teils auf Fahrlässigkeit beruht. Des Weiteren ist die Haftung gem. § 179 Abs. 3 Satz 2 ausgeschlossen, wenn der Vertreter in der Geschäftsfähigkeit beschränkt war. Anderes gilt dann, wenn er mit Zustimmung seines gesetzlichen Vertreters gehandelt hat.

II.   Rechtsfolgen

1. Gemäß § 179 Abs. 1 ist der Vertreter dem anderen Teil (Vertragspartner) nach dessen Wahl zur Erfüllung oder zum Schadensersatz verpflichtet. Bei dem Anspruch auf Erfüllung handelt es sich um einen kraft Gesetzes ein-

geräumten Anspruch auf Erfüllung mit dem Inhalt des Erfüllungsanspruchs, der gegen den Vertretenen bei wirksamem Vertragsschluss
bestanden hätte. Der Schadensersatzanspruch ist auf das sog. Erfüllungsinteresse gerichtet, d. h., der andere Vertragsteil ist so zu stellen, wie er bei
ordnungsgemäßer Erfüllung stehen würde.

2. Hat der Vertreter den Mangel der Vertretungsmacht nicht gekannt, so hat
er nach § 179 Abs. 2 nur den sog. Vertrauensschaden (das negative Interesse) zu ersetzen. Die Höhe des Vertrauensschadens ist durch das Erfüllungsinteresse begrenzt.

III. Analoge Anwendung des § 179 in Fällen fehlenden Vertreterhandelns

§ 179 findet analoge Anwendung in den Fällen eines Handelns unter fremdem Namen wie auch dann, wenn ein Bote ohne Botenmacht handelt oder
die zu überbringende Willenserklärung bewusst falsch übermittelt.

Schema 8: **Wirksamkeit von Verträgen mit beschränkt**   756
               geschäftsfähigen Personen (§§ 106 ff.)

→ *Rn. 333*

I. Zustandekommen des Vertrages

Einigung zwischen Minderjährigem und Vertragspartner durch zwei übereinstimmende Willenserklärungen, Antrag und Annahme (§§ 145 ff.). Insoweit
bedarf es einer Willenserklärung des Minderjährigen sowie einer Willenserklärung des Vertragspartners.

II. Wirksamkeit des Vertrages

Die Wirksamkeit des Vertrages richtet sich gemäß § 106 nach den Vorschriften der §§ 107 ff.
Nach § 107 ist der Vertrag wirksam, wenn der Minderjährige mit Einwilligung des gesetzlichen Vertreters gehandelt hat. Der Einwilligung bedarf es
nicht, wenn der Vertrag für den Minderjährigen rechtlich lediglich vorteilhaft
ist. Fehlt es an dieser Vorteilhaftigkeit, so kann die dann für die Wirksamkeit
des Vertrages erforderliche Einwilligung in Gestalt einer Einwilligung bezogen auf das konkrete Rechtsgeschäft, eines sog. beschränkten Generalkonsens' oder nach § 110 gegeben sein.
Liegt eine Einwilligung des gesetzlichen Vertreters nicht vor, so ist der Vertrag
nach § 108 Abs. 1 schwebend unwirksam. Durch Genehmigung des gesetzlichen Vertreters kann der Vertrag Wirksamkeit erlangen. Ist der im Zeitpunkt des Vertragsschlusses Minderjährige inzwischen unbeschränkt geschäftsfähig geworden, so kann nach § 108 Abs. 3 nur dieser die
Genehmigung erteilen, um die Wirksamkeit des Vertrages herbeizuführen.
Verweigert der gesetzliche Vertreter dem Minderjährigen oder dem Vertragspartner gegenüber die Erteilung der Genehmigung, so wird der Vertrag endgültig unwirksam.

Dasselbe gilt gemäß § 108 Abs. 2, wenn der gesetzliche Vertreter nach Aufforderung durch den Vertragspartner des Minderjährigen nicht innerhalb von zwei Wochen nach dem Empfang der Aufforderung die Genehmigung erklärt.

Der Vertrag wird auch dann endgültig unwirksam, wenn der Vertragspartner bis zur Genehmigung nach Maßgabe des § 109 seine Willenserklärung widerruft.

757 Schema 9: **Kontrolle von Allgemeinen Geschäftsbedingungen (AGB)**

→ *Rn. 299 ff.*

I. **Anwendbarkeit der §§ 305 ff.**

    1. **Vorliegen von AGB i. S. d. § 305 Abs. 1**
       a) Vorformulierte Vertragsbedingungen
       b) Für eine Vielzahl von Verträgen bestimmt (grds. mindestens drei beabsichtigte Verwendungen).
       Sonderregelung: Bei Verbraucherverträgen (§ 310 Abs. 3) finden u. a. § 305c Abs. 2 und die §§ 306 und 307-309 auch dann Anwendung, wenn die AGB nur zur einmaligen Verwendung bestimmt sind und der Verbraucher (§ 13) auf Grund der Vorformulierung auf ihren Inhalt keinen Einfluss nehmen konnte (§ 310 Abs. 3 Nr. 2).
       c) Vom Verwender einseitig gestellt, d. h., dass der Verwender der AGB die Einbeziehung der vorformulierten Vertragsbedingungen verlangt, ohne dass eine Änderungsmöglichkeit des Vertragspartners für die einzelnen Klauseln besteht. Die Vertragsbestimmungen dürfen also nicht i. S. d. § 305 Abs. 1 S. 3 ausgehandelt sein. Der Vorrang der Individualabrede i.S.d. § 305b ist zu berücksichtigen. Nicht erforderlich ist, dass der Verwender die AGB selbst "erstellt" hat.
       Sonderregelung: Bei Verbraucherverträgen (§ 310 Abs. 3) gelten AGB als vom Unternehmer gestellt, es sei denn, dass sie durch den Verbraucher in den Vertrag eingeführt wurden (§ 310 Abs. 3 Nr. 1).

    2. **Ausschluss bzw. Einschränkung des Anwendungsbereiches der AGB-Kontrolle**
       a) Sachlicher Anwendungsbereich
       Nach § 310 Abs. 4 sind die §§ 305 ff. weder bei Verträgen auf dem Gebiet des Erb-, Familien oder Gesellschaftsrechts noch auf Tarifverträge, Betriebs- und Dienstvereinbarungen anwendbar. Auch § 310 Abs. 2 enthält Einschränkungen des sachlichen Anwendungsbereichs der §§ 305 ff. für bestimmte Verträge.
       b) Persönlicher Anwendungsbereich
       § 310 Abs. 1 S. 1 schränkt den persönlichen Anwendungsbereich der Vorschriften über die AGB-Kontrolle insoweit ein, als die Einbeziehungsregelungen des § 305 Abs. 2 und 3 sowie die Klauselverbote der §§ 308 und 309 u. a. nicht auf Unternehmer (§ 14) und juristische Personen des öffentlichen Rechts anwendbar sind.

II.   Einbeziehung in den Vertrag

1. § 305 Abs. 2 regelt den Grundfall der Einbeziehung von AGB.
   Erforderlich ist danach:
   a) Grundsätzlich ein ausdrücklicher Hinweis auf die AGB bei Vertrags-
      schluss. Ausnahmsweise genügt ein deutlich sichtbarer Aushang am
      Orte des Vertragsschlusses, sofern ein ausdrücklicher Hinweis wegen
      der Art des Vertragsschlusses nur unter unverhältnismäßigen Schwie-
      rigkeiten möglich ist, z. B. bei einem Parkscheinautomaten (§ 305
      Abs. 2 Nr. 1).
   b) Die Möglichkeit der zumutbaren Kenntnisnahme unter angemessener
      Berücksichtigung einer erkennbaren körperlichen Behinderung der an-
      deren Vertragspartei (§ 305 Abs. 2 Nr. 2).
   c) Das ausdrückliche oder konkludente Einverständnis des Vertragspart-
      ners mit der Geltung der AGB (§ 305 Abs. 2 a. E.).
   d) Schließlich darf es sich um keine überraschende Klausel i.S.d. § 305c
      Abs. 1 handeln.

2. Sonderformen der Einbeziehung:
   a) Nach § 305 Abs. 3 können die Parteien für eine bestimmte Art von
      Rechtsgeschäften die Geltung bestimmter AGB durch eine sog. Rah-
      menvereinbarung unter Beachtung von § 305 Abs. 2 im Voraus verein-
      baren.
   b) § 305a erleichtert für bestimmte Fälle die Einbeziehung von AGB. Aus-
      reichend für die Einbeziehung im Fall des § 305a ist abweichend von
      § 305 Abs. 2 Nr. 1 und 2 allein das ausdrückliche oder konkludente
      Einverständnis der anderen Vertragspartei mit der Geltung der AGB.
   c) Gegenüber Unternehmern (§ 14), juristischen Personen des öffentli-
      chen Rechts und öffentlich-rechtlichen Sondervermögen finden gem.
      § 310 Abs. 1 Satz 1 die Einbeziehungsvorschriften des § 305 Abs. 2, 3
      keine Anwendung. Dasselbe gilt nach § 310 Abs. 4 Satz 2 Hs. 2 für
      Arbeitsverträge. In diesen Fällen erfolgt die Einbeziehung von AGB
      nach den allgemeinen Grundsätzen der Rechtsgeschäftslehre. Insbeson-
      dere ist anders als bei § 305 Abs. 2 Nr. 1 kein ausdrücklicher Hinweis
      auf die AGB erforderlich.

3. Fehlende Einbeziehung: Die Klausel wird nicht Vertragsbestandteil.

III.   Inhalt der AGB durch Auslegung zu ermitteln

Zweifel bei der Auslegung von AGB gehen zu Lasten des Verwenders (§ 305c
Abs. 2).

VI.   Inhaltskontrolle

1. Auslegung der AGB nach objektiven Maßstäben, sog. objektive Auslegung. Nicht maßgeblich ist der Empfängerhorizont des Erklärungsempfängers. Für die Inhaltskontrolle ist bei mehreren Auslegungsmöglichkeiten die kundenfeindlichste Auslegungsmöglichkeit zu Grunde zu legen.

2. Zunächst ist zu prüfen, ob die Klausel nach § 307 Abs. 3 Satz 1 kontrollfähig ist. Andernfalls nur Prüfung des Transparenzgebots, § 307 Abs. 1 Satz 2 i. V. m. Abs. 1 Satz 1.

3. Verstoß gegen Klauselverbote ohne Wertungsmöglichkeit (absolute Klauselverbote), § 309.

4. Verstoß gegen Klauselverbote mit Wertungsmöglichkeit (relative Klauselverbote), § 308.

5. Anwendung der Generalklausel, § 307 Abs. 1
   a) Unangemessene Benachteiligung durch eine unklare und unverständliche Bestimmung (Verstoß gegen das Transparenzgebot), § 307 Absatz 1 Satz 2 i. V. m. Abs. 1 Satz 1.
   b) Unvereinbarkeit mit wesentlichen Grundgedanken der gesetzlichen Regelung, von der abgewichen wird (§ 307 Abs. 2 Nr. 1).
   c) Einschränkungen von wesentlichen Rechten oder Pflichten, die sich aus der Natur des Vertrages ergeben, mit der Folge einer Gefährdung des Vertragszwecks (§ 307 Abs. 2 Nr. 2).
   d) Sonstige unangemessene Benachteiligung (§ 307 Abs. 1 Satz 1).

V. Rechtsfolgen der AGB-Kontrolle

1. Ist die Klausel wirksam, kommt sie wie vereinbart zwischen den Parteien zur Anwendung. Für den Fall der Mehrdeutigkeit einer Klausel, sprich dem Vorhandensein von zumindest zwei vertretbaren Auslegungsmöglichkeiten, die alle der Inhaltskontrolle standhalten, ist nach § 305c Abs. 2 von der kundenfreundlichsten Auslegung auszugehen.

2. Hält eine AGB-Vertragsbestimmung der Inhaltskontrolle nicht stand, führt dies zur Unwirksamkeit der Klausel (nicht des Vertrages oder der gesamten AGB), der Vertrag bleibt im Übrigen grds. wirksam, § 306 Abs.1. An die Stelle der unwirksamen Klausel tritt die Anwendung des dispositiven Gesetzesrechts (§ 306 Abs. 2) bzw. eine ergänzende Vertragsauslegung, um die entstehende Lücke zu schließen. Ausnahmsweise ist der gesamte Vertrag nichtig, wenn das Festhalten an dem Vertrag auch unter Berücksichtigung der nach § 306 Abs. 2 vorgesehenen Änderung eine unzumutbare Härte für eine Vertragspartei darstellen würde, § 306 Abs. 3.

758 Schema 10: **Nichtigkeit eines Rechtsgeschäfts wegen Anfechtung nach § 142 Abs. 1**

→ *Rn. 494 ff.*

I. Voraussetzungen:

1. Zulässigkeit der Anfechtung
Zulässig ist die Anfechtung einer Willenserklärung, unzulässig die Anfechtung von Realakten. Auf geschäftsähnliche Handlungen findet das Anfechtungsrecht grds. entsprechende Anwendung. Die Zulässigkeit einer Anfechtung nichtiger Rechtsgeschäfte wird von der h. M. bejaht.

Anfechtung nach § 119 Abs. 2 durch Gewährleistungsrechte (z. B. §§ 437, 633) ausgeschlossen.

2. Anfechtungsgrund

a) Inhaltsirrtum (§ 119 Abs. 1 Alt. 1)

Irrtum über die Bedeutung und Tragweite der Erklärung

Typische Fälle: Verlautbarungsirrtum, Irrtum über Geschäfts- bzw. Vertragstyp oder die Identität des Vertragspartners (error in persona) sowie fehlendes Erklärungsbewusstsein im Falle von sog. Erklärungsfahrlässigkeit

Nicht: Irrtum über Rechtsfolgen (außer, wenn die Rechtsfolge selbst Inhalt der Willenserklärung geworden ist), Kalkulationsirrtum

Weitere Voraussetzung: Kausalität des Irrtums für die Abgabe der Willenserklärung

b) Erklärungsirrtum/Irrtum über die Erklärungshandlung (§ 119 Abs. 1 Alt. 2)

Irrtum über den Inhalt des äußeren Erklärungstatbestands, der nicht dem Willen des Erklärenden entspricht.

Typische Fälle: Versprechen, Verschreiben, Vergreifen

Unterfall: Falsche Übermittlung (§ 120)

Übermittlungsfehler des Erklärungsboten oder von Anbietern für Telekommunikationsdienstleistungen

Keine Personen i. S. d. § 120 sind Vertreter, Empfangsboten (gilt nur bei unbewusster Falschübermittlung durch den Erklärungsboten)

Weitere Voraussetzung: Kausalität des Irrtums für die Abgabe der Willenserklärung

c) Eigenschaftsirrtum (§ 119 Abs. 2)

Irrtum über verkehrswesentliche Eigenschaften einer Person oder Sache

Eigenschaften einer Person oder Sache sind sowohl die natürlichen Persönlichkeitsmerkmale bzw. natürliche Beschaffenheit wie auch solche tatsächlichen und rechtlichen Verhältnisse, die infolge ihrer Beschaffenheit und Dauer nach den Anschauungen des Verkehrs Einfluss auf die Wertschätzung oder Verwendbarkeit haben.

Typische Fälle:

Alter, Geschlecht, Gesundheitszustand, Charaktermerkmale, berufliche Fähigkeiten und Kreditwürdigkeit einer Person; Alter, stoffliche Beschaffenheit, Größe einer Sache sowie auch Urheberschaft eines Kunstwerks oder die Verwendbarkeit oder Bebaubarkeit eines Grundstücks

Weitere Voraussetzung: Kausalität des Irrtums für die Abgabe der Willenserklärung

d) Arglistige Täuschung/widerrechtliche Drohung (§ 123)

aa) (Rechtswidrige) Arglistige Täuschung (§ 123 Abs. 1 Alt. 1)

Täuschung ist das bewusste Hervorrufen oder Aufrechterhalten eines Irrtums bei dem Erklärenden durch Vorspiegeln falscher Tatsachen oder Unterlassen notwendiger Aufklärung.

Arglistiges Handeln liegt vor, wenn der Täuschende die Unrichtigkeit der falschen Angabe bzw. des Verschweigens einer Tatsache kennt, das Bewusstsein und den Willen hat, durch die irreführende

Angabe bzw. das Unterlassen der Aufklärung über die wahre Sachlage einen Irrtum zu erregen oder aufrecht zu erhalten, und den
Getäuschten dadurch zu einer Willenserklärung bewegen will, die
dieser sonst nicht oder mit einem anderen Inhalt abgegeben hätte
(nicht erforderlich ist eine Absicht der Schadenszufügung oder ein
entsprechender Vorsatz).
Weitere Voraussetzung: Kausalität der Täuschung für die Abgabe
der Willenserklärung
bb) Widerrechtliche Drohung (§ 123 Abs. 1 Alt. 2)
Weitere Voraussetzung: Kausalität der Drohung für die Abgabe der
Willenserklärung

3. Anfechtungserklärung, § 143
– Anfechtungserklärung ist eine empfangsbedürftige Willenserklärung, die
formfrei (auch bei Anfechtung formbedürftiger Rechtsgeschäfte) möglich
ist. Die Anfechtung ist ein Gestaltungsrecht und deswegen bedingungsfeindlich.
– Anfechtung ist gegenüber Anfechtungsgegner zu erklären (§ 143 Abs. 1).
– *Anfechtungsberechtigt* ist grds. der Erklärende (bei wirksamer Stellvertretung ist nicht der erklärende Vertreter, sondern der Vertretene gemäß
§ 164 Abs. 1 Satz 1 anfechtungsberechtigt).
– *Anfechtungsgegner:* Vertragspartner bzw. im Fall des § 123 Abs. 2 Satz 2
der leistungsberechtigte Dritte (§ 143 Abs. 2), Empfänger des einseitigen
Rechtsgeschäfts (Abs. 3). Bei einem einseitigen nicht empfangsbedürftigen
Rechtsgeschäft ist Anfechtungsgegner jeder, der aufgrund des Rechtsgeschäfts unmittelbar einen rechtlichen Vorteil erlangt hat (§ 143 Abs. 4
Satz 1) bzw., wenn die Willenserklärung gegenüber einer Behörde abzugeben ist, die Behörde (§ 143 Abs. 4 Satz 2).

4. Anfechtungsfrist
– Bei §§ 119, 120: § 121 Abs. 1 Satz 1 – unverzüglich
– Bei § 123: § 124 – ein Jahr
– Frist beginnt mit Kenntniserlangung vom Anfechtungsgrund (§§ 121
Abs. 1 Satz 1, 124 Abs. 2 Satz 1) positive Kenntnis erforderlich; im Fall
der widerrechtlichen Drohung beginnt Frist mit dem Ende der Zwangslage
(§ 124 Abs. 2 Satz 1)
– Hat ein Vertreter gehandelt, so kommt es für die Rechtzeitigkeit der Anfechtungserklärung nach § 166 Abs. 1 auf dessen Kenntnis vom Vorliegen
des Anfechtungsgrundes an.
– Fristwahrung mit Absendung (Erklärungsgegner trägt das Verzögerungs-
risiko, § 121 Abs. 1 Satz 2)
– Unabhängig von der Kenntnis des Anfechtungsgrundes ist die Anfechtung
ausgeschlossen, wenn seit Abgabe der Willenserklärung 10 Jahre vergan-
gen sind (§§ 121 Abs. 2, 124 Abs. 3).

5. Kein Ausschluss der Anfechtung durch Bestätigung nach § 144
Nach § 144 Abs. 1 ist die Anfechtung ausgeschlossen, wenn das anfechtbare Rechtsgeschäft von dem Anfechtungsberechtigten bestätigt wird. Bei
der Bestätigung handelt es sich um eine nicht empfangsbedürftige Willenserklärung (streitig). Die Erklärung bedarf nach § 144 Abs. 2 nicht der für
das Rechtsgeschäft bestimmten Form. Sie kann ausdrücklich oder still-

schweigend erfolgen. Erforderlich ist ein Bestätigungswille, d. h., die Anfechtbarkeit muss zumindest für möglich gehalten werden.

II. Rechtsfolgen

1. Nichtigkeit ex tunc, § 142 Abs. 1
Abstraktionsprinzip! Voraussetzungen einer Nichtigkeit wegen Anfechtung sind für Verpflichtungs- und Verfügungsgeschäft getrennt zu prüfen! Ist nur das Verpflichtungsgeschäft nichtig, kann eine Rückabwicklung des Verfügungsgeschäfts nach §§ 812 ff. erfolgen.
Bei in Vollzug gesetzten Arbeits- und Gesellschaftsverträgen zur Vermeidung von Rückabwicklungsschwierigkeiten Berufung auf die Nichtigkeit nur ex nunc (Lehre vom fehlerhaften Arbeits- bzw. Gesellschaftsverhältnis)
2. In Fällen der §§ 119, 120: **Ersatz des Vertrauensschadens** nach § 122

Schema 11: **Anspruch auf Ersatz des Vertrauensschadens nach § 122 bei Anfechtung**   759

→ *Rn. 560*

I. Voraussetzungen

1. Nichtigkeit eines Rechtsgeschäfts nach § 142 Abs. 1 aufgrund Anfechtung gem. §§ 119, 120
2. Schaden des Empfängers bei empfangsbedürftiger Willenserklärung, ansonsten eines jeden Dritten
3. Kausalität zwischen dem Vertrauen des Empfängers/Dritten auf die Gültigkeit der Erklärung und dem Schaden
4. Kein Ausschluss des Anspruchs auf Schadensersatz nach § 122 Abs. 2: Der Geschädigte kannte den Grund der Anfechtbarkeit oder musste ihn kennen.

II. Rechtsfolge

Nach § 122 Abs. 1 ist der sog. Vertrauensschaden (das negative Interesse) zu ersetzen. Hiervon werden alle Vermögensnachteile erfasst, die der Geschädigte im Vertrauen auf die Gültigkeit der Erklärung erlitten hat. Die Höhe des Vertrauensschadens wird begrenzt durch das sog. Erfüllungsinteresse (positives Interesse). Der ersatzfähige Vertrauensschaden kann deshalb nicht höher sein als der Betrag dessen, was der Geschädigte ohne Anfechtung, sprich bei Bestand des Rechtsgeschäfts, bekommen hätte.

760 Schema 12: **Nichtigkeit eines Rechtsgeschäfts nach § 134**

→ *Rn. 436 ff.*

I.   Voraussetzungen

1. Rechtsgeschäft
Nach § 134 muss ein Rechtsgeschäft gegen ein gesetzliches Verbot verstoßen. Hierbei kann es sich um mehrseitige wie auch einseitige Rechtsgeschäfte handeln.

2. Vorliegen eines gesetzlichen Verbots
a) **Verbot:** Hierbei handelt es sich um eine Regelung, die eine im Rahmen der Rechtsordnung grundsätzlich mögliche rechtsgeschäftliche Gestaltung im Hinblick auf ihren Inhalt oder wegen der Umstände ihres Zustandekommens untersagt. Das Verbot kann ausdrücklich formuliert sein. Darüber hinaus kann sich die Unzulässigkeit einer rechtsgeschäftlichen Gestaltung durch Auslegung gesetzlicher Vorschriften ergeben.

b) **Gesetzliches Verbot:** Gesetz im Sinne des BGB ist gem. Art. 2 EGBGB jede Rechtsnorm, d.h., jede generell-abstrakte Regelung, die Rechte und Pflichten für den Einzelnen begründet (z. B. Gesetze im formellen und materiellen Sinne, Rechtsverordnungen, Satzungen juristischer Personen des öffentlichen Rechts, tarifvertragliche Regelungen, Bestimmungen in Betriebsvereinbarungen). Nicht zu den Verbotsgesetzen i. S. d. § 134 zählen die Grundrechte (keine unmittelbare Drittwirkung im Privatrecht). Ebenso wenig gehören dazu ausländische Verbotsgesetze mangels Verbindlichkeit im Rahmen der deutschen Rechtsordnung.

3. Verstoß des Rechtsgeschäfts gegen das gesetzliche Verbot
Durch das Rechtsgeschäft als solches muss gegen das gesetzliche Verbot verstoßen werden. Grundsätzlich genügt es, dass die objektiven Tatbestandsvoraussetzungen des Verbotsgesetzes erfüllt sind. Auf das Vorliegen eines schuldhaften Gesetzesverstoßes kommt es nicht an. Anderes gilt grundsätzlich bei einem Verstoß gegen strafrechtliche Vorschriften. Hier muss der Straftatbestand objektiv und subjektiv verwirklicht sein, sofern sich nicht aus dem Schutzzweck der Strafregelung etwas anderes ergibt.

III.   Rechtsfolge

Liegen die Voraussetzungen des § 134 vor, so hat das nur dann die Nichtigkeit des Rechtsgeschäfts zur Folge, wenn sich nicht, so die Auslegungsregel des § 134, aus dem Verbotsgesetz ein anderes ergibt. Etwas anderes ergibt sich aus dem Verbotsgesetz etwa dann, wenn dieses sich nicht gegen den Inhalt des Rechtsgeschäfts als solches richtet, sondern nur gegen bestimmte Umstände, unter denen das Rechtsgeschäft zustande kommt. Des Weiteren tritt i. d. R. keine Nichtigkeit des Rechtsgeschäfts ein, wenn sich das gesetzliche Verbot nur gegen eine der an einem Rechtsgeschäft beteiligten Personen richtet. Darüber hinaus ist bei einem Verstoß gegen ein gesetzliches Verbot durch eine bestimmte Vertragsregelung nicht das gesamte Rechtsgeschäft, sondern nur die verstoßende Regelung nichtig, wenn nach dem Schutzzweck des Verbotsgesetzes die Nichtigkeitsfolge auf die gegen die Verbotsnorm verstoßende Regelung des Rechtsgeschäfts beschränkt ist. So führt typischerweise der Verstoß gegen arbeitsrechtliche Schutz- bzw. Verbotsnormen in einem Arbeitsvertrag allein zur Unwirksamkeit der gegen das Verbotsgesetz verstoßenden Bestimmung des Arbeitsvertrages. In diesem Fall kommt eine Prüfung der Gesamtnichtigkeit des Arbeitsvertrages am Maßstab des § 139 nicht in Betracht.

Schema 13: **Nichtigkeit eines Rechtsgeschäfts nach § 138 Abs. 1** 761

→ *Rn. 444 ff.*

I. Voraussetzungen

1. **Rechtsgeschäft**
   Nach § 138 Abs. 1 muss ein Rechtsgeschäft gegen die guten Sitten verstoßen. Hierbei kann es sich um mehrseitige wie auch einseitige Rechtsgeschäfte handeln.

2. **Verstoß gegen die guten Sitten**
   a) Ein Verstoß gegen die guten Sitten liegt vor, wenn das Rechtsgeschäft gegen das Anstandsgefühl aller billig und gerecht Denkenden verstößt. Unter den guten Sitten werden die grundlegenden Anschauungen der Gemeinschaft bzw. der beteiligten Kreise über die moralisch-sittlich und rechtlich unabdingbaren Mindestanforderungen verstanden. Unterschieden wird zwischen der sog. Inhaltssittenwidrigkeit (der Inhalt des Rechtsgeschäfts steht nicht mit grundlegenden sittlich-rechtlichen Prinzipien im Einklang) und der sog. Umstandssittenwidrigkeit (die Sittenwidrigkeit ergibt sich erst aufgrund des Gesamtcharakters eines Rechtsgeschäfts unter Berücksichtigung des Zusammenhangs von Inhalt, Beweggrund und Zweck).
   b) Fallgruppen
      1) **Verstoß gegen sittliche und rechtliche Wertmaßstäbe von Ehe und Familie**
        Sittenwidrig sind z. B. Vereinbarungen, die die Ehescheidung ausschließen oder eine Scheinehe ermöglichen sollen. Des Weiteren ist ein Vertrag über eine Leihmutterschaft sittenwidrig.
      2) **Kommerzialisierung höchstpersönlicher Rechtsgüter, insbesondere der Sexualität und sonstiger nicht handelbarer Positionen**
        Sittenwidrig sind etwa Verträge über die entgeltliche Erbringung sexueller Handlungen wie auch über die entgeltliche Verschaffung von Ämtern und Titeln.
      3) **Schädigung Dritter und der Allgemeinheit**
        Sittenwidrig sind z. B. Schmiergeld- und Bestechungsabreden, sofern sie zu einer für den Geschäftsherrn nachteiligen Vertragsgestaltung führen, des Weiteren sind Vereinbarungen über die Vorname strafbarer Handlungen sittenwidrig. Das gilt z. B. für rechtsgeschäftliche Vereinbarungen, die der Vorbereitung einer Steuerhinterziehung dienen.

4) **Verstöße gegen berufsständische Werte**
    Sittenwidrig sind z. B. Verstöße gegen ärztliche und anwaltliche
    Berufsausübungsanforderungen, sofern der Verstoß gegen Berufs-
    pflichten auch mit grundlegenden Wertungen der Rechts- und Sit-
    tenordnung unvereinbar ist (so z. B. die Vereinbarung zwischen
    einem Rechtsanwalt und einem Dritten über die Zahlung von Pro-
    visionen für die Vermittlung von Mandanten).

5) **Fremdbestimmung statt Selbstbestimmung**
    Sittenwidrig sind z. B. die Ausnutzung einer Monopolstellung zur
    Durchsetzung überhöhter Preise wie auch Verträge, die zum Verlust
    der wirtschaftlichen Bewegungs- und Entscheidungsfreiheit der un-
    terlegenen Vertragspartei führen.

6) **Wucher**
    Der Wuchertatbestand des § 138 Abs. 2 stellt einen gesetzlich kon-
    kretisierten Unterfall der Sittenwidrigkeit dar. Zur Erfüllung des
    Wuchertatbestands müssen folgende Voraussetzungen vorliegen:
    – ein Vertrag, der auf den Austausch von Leistungen gerichtet ist,
    – ein auffälliges Missverhältnis zwischen Leistung und Gegenleis-
       tung, das nach der Rechtsprechung grundsätzlich zu bejahen ist,
       wenn der Wert der Leistung des Bewucherten etwa doppelt so
       hoch oder höher ist als der Wert der Gegenleistung des Wuche-
       rers; Vergütungsvereinbarungen in Arbeitsverträgen sind sitten-
       widrig, wenn die Vergütung um mehr als ein Drittel den bran-
       chenüblichen Tariflohn unterschreitet.
    – Vorliegen einer bestimmten Situation auf Seiten des Bewucher-
       ten (gegenwärtige Zwangslage, Unerfahrenheit, Mangel an Ur-
       teilsvermögen, erhebliche Willensschwäche);
    – Ausbeutung (bewusstes Ausnutzen) der Situation des Bewucher-
       ten durch den Wucherer (subjektives Element: Der Wucherer
       muss Kenntnis von dem auffälligen Missverhältnis zwischen
       Leistung und Gegenleistung haben sowie die Situation des Be-
       wucherten vorsätzlich ausnutzen, wobei eine Ausbeutungsab-
       sicht nicht erforderlich ist).

7) **Wucherähnliche Geschäfte**
    Fehlt das bewusste Ausnutzen der besonderen Situation des Bewu-
    cherten oder ist dieses subjektive Element nicht nachweisbar, so
    kann sich die Sittenwidrigkeit aus § 138 Abs. 1 unter dem Gesichts-
    punkt eines sog. wucherähnlichen Geschäfts ergeben. Hierfür müs-
    sen folgende Voraussetzungen vorliegen:
    – ein Vertrag, der auf den Austausch von Leistungen gerichtet ist;
    – ein auffälliges Missverhältnis zwischen Leistung und Gegenleis-
       tung;
    – anstößige Umstände, insbesondere eine verwerfliche Gesinnung
       des Begünstigten (subjektives Element, das allerdings weniger
       strengen Anforderungen unterliegt als im Rahmen von § 138
       Abs. 2).

II. Rechtsfolge

Der Verstoß gegen die guten Sitten hat nach § 138 Abs. 1 grundsätzlich die Nichtigkeit des gesamten Rechtsgeschäfts zur Folge. Führt der Verstoß nur zur Nichtigkeit eines Teils des Rechtsgeschäfts, so ist die Gesamtnichtigkeit nach § 139 zu beurteilen.

C. Definitionen

Abgabe einer empfangsbedürftigen Willenserklärung ist der Zeitpunkt der willentlichen Entäußerung einer Willenserklärung in den Rechtsverkehr, wenn der Erklärende von seiner Seite alles getan hat, um seinen rechtsgeschäftlichen Willen derart kundzutun, dass an der Endgültigkeit dieses Willens kein Zweifel mehr bestehen kann, und er damit gerechnet hat und rechnen konnte, dass die Erklärung den Empfänger erreicht.

Abgabe einer nicht empfangsbedürftigen Willenserklärung ist der Zeitpunkt der willentlichen Entäußerung der Erklärung in den Rechtsverkehr, wenn der Erklärende von seiner Seite alles getan hat, um seinen rechtsgeschäftlichen Willen derart kundzutun, dass an der Endgültigkeit dieses Willens kein Zweifel mehr bestehen kann.

Abschlussfreiheit ist ein Teil der Vertragsfreiheit, wonach jedem Einzelnen die Freiheit überlassen wird, ob und mit wem er einen Vertrag abschließt.

Abschlussverbot ist eine Einschränkung der Abschlussfreiheit, wenn der Abschluss bestimmter Verträge durch das Gesetz untersagt wird.

Absolute Rechte ist sind solche subjektiven Rechte, die gegenüber jedermann wirken und deshalb absolut, d. h. von jeder Person zu beachten sind (z. B. Gesundheit, Eigentum).

Abstraktionsprinzip ist ein Prinzip des deutschen Privatrechts, das sowohl die rechtliche Trennung von Verpflichtungs- und Verfügungsgeschäft, als auch eine eigenständige Beurteilung der Wirksamkeit der jeweiligen Rechtsgeschäfte beinhaltet; d. h., dass die Unwirksamkeit des Verpflichtungsgeschäfts nicht auch die Unwirksamkeit des Verfügungsgeschäfts zur Folge haben muss und umgekehrt.

Aggressivnotstand hindert den Eigentümer einer Sache, die Einwirkung eines anderen auf die Sache zu verbieten, wenn die Einwirkung zur Abwendung einer gegenwärtigen Gefahr notwendig und der drohende Schaden gegenüber dem aus der Einwirkung dem Eigentümer entstehenden Schaden unverhältnismäßig groß ist (§ 904).

Aktive Stellvertretung s. Stellvertretung.

Allgemeine Geschäftsbedingungen (AGB) sind alle für eine Vielzahl von Verträgen vorformulierten Vertragsbedingungen, die eine Vertragspartei der anderen bei Vertragsschluss stellt (§ 305 Abs. 1 Satz 1).

Allgemeines Persönlichkeitsrecht ist das Recht des einzelnen gegenüber jedermann auf Achtung seiner Menschenwürde und Entfaltung seiner individuellen Persönlichkeit und umfasst insbesondere den Schutz der Intim- und Privatsphäre.

Anfechtbares Rechtsgeschäft ist ein solches, das zunächst Wirksamkeit entfaltet, bei dem jedoch aufgrund eines Mangels die Wirksamkeit von dem oder den Beteiligten beseitigt werden kann.

Angebot ist eine ausdrückliche oder konkludente empfangsbedürftige Willenserklärung, die darauf gerichtet ist, einem anderen die Schließung eines Vertrages anzutragen (§ 145).

Annahme ist eine ausdrückliche oder konkludente empfangsbedürftige Willenserklärung, die inhaltlich dem Angebot entspricht und auf den Vertragsschluss gerichtet ist.

Anscheinsvollmacht ist die Vollmacht kraft Rechtsscheins, wenn der Vertretene zwar das Verhalten des angeblichen Vertreters nicht kennt, es jedoch bei pflichtmäßiger Sorgfalt hätte kennen und verhindern können, und wenn der Geschäftsgegner das Verhalten des Vertreters nach Treu und Glauben und mit Rücksicht auf die Verkehrssitte dahin auffassen darf, dass es dem Vertretenen bei verkehrsmäßiger Sorgfalt nicht habe verborgen bleiben können.

Anspruch ist das Recht, von einem anderen ein Tun oder Unterlassen zu verlangen (§ 194 Abs. 1).

Anwartschaftsrecht bezeichnet die gesicherte Rechtsposition auf den Erwerb eines subjektiven Rechts.

Auflösende Bedingung ist ein zukünftiges ungewisses Ereignis, dessen Eintritt die Wirkungen des Rechtsgeschäfts beendigt (§ 158 Abs. 2).

Aufschiebende Bedingung ist ein zukünftiges ungewisses Ereignis, mit dessen Eintritt das Rechtsgeschäft Wirkungen entfaltet (§ 158 Abs. 1).

Auslegung ist die Ermittlung des rechtlichen Sinngehalts einer Willenserklärung oder eines Vertrages (§§ 133, 157).

Außenvollmacht ist die Vollmacht, die durch Erklärung des Vertretenen gegenüber einem Dritten erteilt wird (§ 167 Abs. 1 Alt. 2).

Ausschlussfrist ist die Frist, deren Ablauf ein Recht zum Erlöschen bringt (z. B. § 121 Abs. 1).

Bedingung ist ein zukünftiges ungewisses Ereignis, von dem die Wirkungen des Rechtsgeschäfts abhängig gemacht werden (§ 158).

Befristung ist ein zukünftiges gewiss eintretendes Ereignis, von dem die Wirkungen des Rechtsgeschäfts abhängig gemacht werden (§ 163).

Beredtes Schweigen ist das Schweigen, bei dem eine Willenserklärung gegeben ist, weil das „Nichtverhalten" einer Person aufgrund besonderer Umstände gerade nur als auf die Herbeiführung eines rechtlichen Erfolgs zielendes Verhalten verstanden werden kann.

Bestätigung ist eine Willenserklärung (im Falle der Bestätigung von Verträgen zwei übereinstimmende Willenserklärungen), die ihrem Inhalt nach darauf gerichtet ist, ein bisher nichtiges Rechtsgeschäft als wirksam anzuerkennen (§ 141 Abs. 1).

Defensiver Notstand s. Verteidigungsnotstand.

Deliktsfähigkeit ist die Fähigkeit, für schadenstiftende Ereignisse durch unerlaubte Handlungen (§§ 823 ff.) verantwortlich gemacht werden zu können.

Dissens liegt vor, wenn es an der erforderlichen Übereinstimmung der Willenserklärungen fehlt und damit kein Konsens zwischen den Beteiligten besteht.

Drohung bedeutet die Ankündigung bzw. das Inaussichtstellen eines künftigen Übels, auf dessen Eintritt oder Nichteintritt der Drohende einwirken zu können behauptet und das verwirklicht werden soll, wenn der Bedrohte nicht die von dem Drohenden gewünschte Willenserklärung abgibt.

Duldungsvollmacht ist die Vollmacht kraft Rechtsscheins, wenn der Vertretene es wissentlich geschehen zulässt, dass ein anderer für ihn als Vertreter auftritt und der Geschäftsgegner dieses Dulden nach Treu und Glauben dahin verstehen darf, dass der Handelnde aufgrund einer wirksamen Vollmacht tätig wird.

Einigungsmangel s. **Dissens.**

Einseitiges Rechtsgeschäft ist ein Rechtsgeschäft, bei dem der gewollte rechtliche Erfolg bereits durch die Willenserklärung einer Person herbeigeführt wird (z. B. Kündigung eines Dauerschuldverhältnisses, Errichtung eines Testaments etc.).

Einwilligung ist die vorherige Zustimmung eines Dritten zur Vornahme eines Rechtsgeschäfts, dessen Wirksamkeit einer Zustimmung bedarf (§ 183).

Einzelvertretung (Einzelvollmacht) ist gegeben, wenn im Falle der Bevollmächtigung mehrerer Personen jede alleinvertretungsberechtigt ist.

Einzelvollmacht s. **Einzelvertretung.**

Empfangsbedürftige Willenserklärung ist eine Willenserklärung, die einem anderen gegenüber abgegeben werden, diesem zugehen muss, um im Rechtsverkehr Wirksamkeit zu entfalten.

Empfangsbote ist eine Person, die seitens des Empfängers zur Entgegennahme von Erklärungen bestellt worden oder nach der Verkehrsanschauung als bestellt anzusehen ist, Erklärungen entgegen zu nehmen.

Empfangstheorie besagt, dass der Zugang der Willenserklärung gegenüber Abwesenden im Interesse einer angemessenen Risikoverteilung die Zuleitung der Erklärung durch den Erklärenden in den Machtbereich des Empfängers fordert, jedoch die damit gegebene Möglichkeit der Kenntnisnahme für den Empfänger ausreicht.

Erfüllungsinteresse (Positives Interesse) bedeutet, dass der Gläubiger eines Schadensersatzanspruchs so zu stellen ist, wie wenn der Schuldner ordnungsgemäß erfüllt hätte.

Erklärungsbote ist eine Person, die seitens des Erklärenden zur Weiterleitung von Erklärungen bestellt worden oder nach der Verkehrsanschauung als bestellt anzusehen ist.

Erklärungswille ist als subjektives Element der Willenserklärung der Wille, eine rechtlich bedeutsame Erklärung abzugeben.

Error in negotio ist ein Irrtum, der darin liegt, dass der Erklärende mit dem von ihm nach dem Inhalt der Erklärung nach außen zum Ausdruck gebrachten

Geschäftstyp etwas anderes verbindet, als dies vom objektiven Empfängerhorizont aus der Fall ist.

Error in persona ist ein Irrtum über die Identität der Person.

Eventualanfechtung (vorsorgliche Anfechtung) ist die Erklärung der Anfechtung für den Fall, dass das Rechtsgeschäft nicht den vom Anfechtenden in erster Linie behaupteten Inhalt hat oder nicht ohnehin nichtig ist.

Falsa demonstratio non nocet bedeutet, dass der wirkliche Wille des Erklärenden maßgebend ist, wenn Erklärender und Empfänger bewusst oder unbewusst eine fehlerhafte Bezeichnung verwenden, jedoch in dem, was der Erklärende will und meint, übereinstimmen.

Fehleridentität liegt vor, wenn der Nichtigkeitsgrund sowohl das Verpflichtungs- als auch das Verfügungsgeschäft erfasst.

Fernabsatzvertrag ist ein Vertrag über die Lieferung von Waren oder die Erbringung von Dienstleistungen, der zwischen einem Unternehmer und einem Verbraucher unter ausschließlicher Verwendung von Telekommunikationsmitteln abgeschlossen wird (§ 312b Abs. 1 Satz 1).

Fiktion ist die gesetzliche Annahme eines Sachverhaltes, der mit den tatsächlichen Verhältnissen nicht übereinstimmt.

Formfreiheit bedeutet die Freiheit, darüber zu entscheiden, wie der rechtsgeschäftlich erhebliche Wille geäußert wird, sprich in welcher Form – mündlich, schriftlich oder auf sonstige Weise.

Frist ist eine abgegrenzte, bestimmte oder zumindest bestimmbare Zeitspanne, innerhalb der Leistungen erbracht oder Handlungen vorgenommen werden sollen bzw. können und mit deren Ablauf Rechtspositionen begründet werden und erlöschen können.

Gattungsvollmacht ist eine Vollmacht, die dem Vertreter hinsichtlich der Vornahme einer bestimmten Gattung oder Art von Rechtsgeschäften erteilt wird.

Gefälligkeitsverhältnis bedeutet ein gesellschaftliches, etwa auf Freundschaft, Kollegialität oder Nachbarschaft beruhendes Verhältnis zwischen Personen ohne rechtlichen Bindungswillen.

Genehmigung ist die nachträgliche Zustimmung des Dritten zu einem Rechtsgeschäft, das zu seiner Wirksamkeit der Zustimmung bedarf (§ 184 Abs. 1).

Generalvollmacht ist die Vollmacht, die dem Vertreter die Befugnis zur Vornahme aller Rechtsgeschäfte gibt, die im Rahmen einer Stellvertretung vorgenommen werden können.

Gesamtvollmacht ist die Vollmacht, die mehreren Personen in der Weise erteilt wird, dass sie nur gemeinsam vertretungsberechtigt sind (z. B. § 48 Abs. 2 HGB).

Geschäft für den, den es angeht ist ein durch den Vertreter abgeschlossenes und sofort abgewickeltes Rechtsgeschäft, bei dem der Vertreter die Person des Vertretenen nicht offenbaren muss, weil es dem Geschäftsgegner gleichgültig ist, wer sein Vertragspartner sein soll (Ausnahme vom **Offenkundigkeitsprinzip**).

Geschäftsähnliche Handlung ist eine Willensäußerung, die auf die Herbeiführung eines tatsächlichen Erfolgs gerichtet ist und deren Rechtsfolgen nicht aufgrund des Willens des Erklärenden eintreten, sondern weil sie im Gesetz bestimmt sind.

Geschäftsfähigkeit ist die Fähigkeit einer Person, im Rechtsverkehr selbstständig auftreten und rechtsverbindlich Erklärungen abgeben und empfangen zu können.

Geschäftswille ist als subjektives Element der Willenserklärung der Wille bzw. das Bewusstsein des Erklärenden, ein bestimmtes Rechtsgeschäft zu tätigen und damit einen bestimmten rechtlichen Erfolg herbeizuführen.

Gestaltungsfreiheit s. Inhaltsfreiheit.

Gestaltungsrecht ist ein subjektives Recht, das einer Person die Rechtsmacht einräumt, ohne Mitwirkung eines anderen einseitig auf eine bestehende Rechtslage einzuwirken und diese ändern zu können (z. B. Anfechtung, Rücktritt vom Vertrag).

Handlungsfähigkeit ist die Fähigkeit, rechtlich wirksam handeln zu können.

Handlungswille ist als subjektives Element der Willenserklärung der Wille, überhaupt eine Handlung vornehmen zu wollen.

Hauptvollmacht ist im Falle einer gestuften Vertretung die seitens des Vertretenen dem Vertreter erteilte Vollmacht.

Haustürgeschäft ist ein Vertrag zwischen einem Unternehmer und einem Verbraucher, der eine entgeltliche Leistung zum Gegenstand hat und zu dessen Abschluss der Verbraucher durch mündliche Verhandlung an seinem Arbeitsplatz oder im Bereich einer Privatwohnung, anlässlich einer vom Unternehmer oder von einem Dritten zumindest auch im Interesse des Unternehmers durchgeführten Freizeitveranstaltung oder im Anschluss an ein überraschendes Ansprechen in Verkehrsmitteln oder im Bereich öffentlich zugänglicher Verkehrsflächen bestimmt worden ist (§ 312 Abs. 1 Satz 1).

Heilung formbedürftiger Rechtsgeschäfte bedeutet, dass ein wegen Verstoßes gegen eine gesetzlich vorgeschriebene Form nichtiges Rechtsgeschäft durch Erfüllung geheilt, d. h. wirksam werden kann.

Herrschaftsrechte zeichnen sich dadurch aus, dass dem Inhaber des Rechts Herrschaftsmacht über einen bestimmten Gegenstand, insb. über Sachen, Rechte und geistige Schöpfungen zukommt.

Inhaltsfreiheit (Gestaltungsfreiheit) ist die Freiheit der Vertragsparteien, den Vertrag inhaltlich grundsätzlich nach ihrem Belieben auszugestalten, soweit nicht zwingende Vorschriften des Gesetzes entgegenstehen.

Inhaltsirrtum ist ein Anfechtungsgrund, der denjenigen zur Anfechtung berechtigt, der bei der Abgabe einer Willenserklärung über deren Inhalt im Irrtum war, sofern anzunehmen ist, dass er sie bei Kenntnis der Sachlage und bei verständiger Würdigung des Falles nicht abgegeben haben würde.

Innenvollmacht ist die Vollmacht, die durch Erklärung des Vertretenen gegenüber dem zu Bevollmächtigenden erteilt wird (§ 167 Abs. 1 Alt. 1).

Insichgeschäft ist ein vom Vertreter im Namen des Vertretenen mit sich selbst im eigenen Namen (**Selbstkontrahieren**) oder ein im Namen des Vertretenen mit sich als Vertreter und einer weiteren Person (**Mehrfachvertretung**) getätigtes Rechtsgeschäft (§ 181).

Invitatio ad offerendum ist eine Aufforderung zur Abgabe von Angeboten an potentielle Vertragspartner, die mangels Rechtsbindungswillens noch kein Angebot darstellt.

Irrtum ist das unbewusste Auseinanderfallen von innerem und äußerem Tatbestand einer Willenserklärung.

Juristische Person ist eine Personenvereinigung oder eine rechtlich verselbständigte Zusammenfassung von Vermögenswerten, die rechtsfähig ist, d. h. Träger von Rechten und Pflichten sein kann.

Kalkulationsirrtum ist der Irrtum über die Berechnungsgrundlage bei der Festsetzung eines Preises oder einer Vergütung.

Kontrahierungszwang ist eine Einschränkung der Abschlussfreiheit, die dadurch gekennzeichnet ist, dass eine Person rechtlich gezwungen wird, mit einer anderen einen Vertrag abzuschließen.

Mehrfachvertretung s. Insichgeschäft.

Mehrseitiges Rechtsgeschäft ist ein Rechtsgeschäft, bei dem der beabsichtigte Erfolg nur durch mindestens zwei Willenserklärungen verschiedener Personen herbeigeführt werden kann.

Mentalreservation bedeutet einen geheimen Vorbehalt des Erklärenden bei der Abgabe einer Willenserklärung, das Erklärte nicht zu wollen (§ 116 Satz 1).

Modifizierte Annahme ist die von einem Angebot abweichende Annahme; sie führt zum Erlöschen des Angebots und gilt als neuer Antrag (§ 150 Abs. 2).

Naturalrestitution bedeutet, dass der Schädiger den Zustand herzustellen hat, der bestehen würde, wenn der zum Schadensersatz verpflichtende Umstand nicht eingetreten wäre (§ 249 Abs. 1).

Natürliche Person ist jeder Mensch ab Vollendung seiner Geburt.

Negatives Interesse s. Vertrauensschaden.

Neubeginn der Verjährung ist das Verjährungshindernis, wonach die bis zum Eintritt der Voraussetzungen des Neubeginns der Verjährung abgelaufene Zeit der Verjährungsfrist nicht berücksichtigt wird, sondern die Verjährungsfrist neu zu laufen beginnt (§ 212).

Nicht empfangsbedürftige Willenserklärung ist eine Willenserklärung, die von niemandem empfangen werden muss und für deren Wirksamwerden im Rechtsverkehr die Abgabe der Willenserklärung ausreicht (z. B. Auslobung § 657).

Nichtigkeit eines Rechtsgeschäfts bedeutet, dass das geplante Rechtsgeschäft unwirksam ist und die beabsichtigten Rechtswirkungen von Anfang an nicht entfalten kann.

Notstand ist ein Fall der Selbstverteidigung, wenn die Gefahrenlage unter bestimmten Voraussetzungen durch einen Eingriff in fremde Rechtsgüter abgewendet werden darf (§§ 228, 904).

Notwehr ist diejenige Verteidigung, welche erforderlich ist, um einen gegenwärtigen rechtswidrigen Angriff von sich oder einem anderen abzuwenden (§ 227 Abs. 2).

Nutzungen sind die Früchte einer Sache oder eines Rechts sowie die Vorteile, welche der Gebrauch der Sache oder des Rechts gewährt (§ 100).

Objektives Recht bezeichnet die Rechtsordnung als Ganzes oder die Gesamtheit der abstrakt-generellen Regelungen einzelner Teilbereiche der Gesamtrechtsordnung, z. B. des Privatrechts, des bürgerlichen Rechts, des Sachenrechts oder auch des Familienrechts.

Offener Dissens (Offener Einigungsmangel) liegt vor, solange nicht die Parteien sich über alle Punkte eines Vertrages geeinigt haben, über die nach der Erklärung auch nur einer Partei eine Vereinbarung getroffen werden soll (§ 154).

Offener Einigungsmangel s. Offener Dissens.

Offenkundigkeitsprinzip bedeutet, dass der Vertreter gegenüber dem am Rechtsgeschäft beteiligten Dritten grds. deutlich machen muss, dass die Rechtsfolgen des Geschäfts nicht ihn, sondern den Vertretenen treffen sollen.

Pacta sunt servanda ist das Prinzip des Bürgerlichen Rechts, wonach keine Vertragspartei sich einseitig vom Vertrag lösen kann und jede Vertragspartei zur Einhaltung und Durchführung des Vertrages verpflichtet ist.

Passive Stellvertretung s. Stellvertretung.

Persönlichkeitsrechte sind solche Rechte bzw. Rechtsgüter, die unmittelbar mit dem Menschen als Person bzw. seiner Persönlichkeit verbunden sind (z. B. Körper, Gesundheit, Freiheit, Name).

Positives Interesse s. Erfüllungsinteresse.

Postmortale Vollmacht ist die Vollmacht, die den Bevollmächtigten zur Vertretung der Erben des Vollmachtgebers berechtigt, solange sie von den Erben nicht widerrufen wird.

Potestativbedingung ist eine Bedingung, deren Eintritt von dem Willen einer der am Rechtsgeschäft beteiligten Parteien abhängt.

Privatautonomie ist der wesentliche Gedanke des deutschen Privatrechts, wonach der Einzelne innerhalb der durch die Rechtsordnung gesetzten Grenzen seine Angelegenheiten auf der Ebene der Gleichordnung grundsätzlich eigenverantwortlich regeln kann.

Putativnotwehr ist eine Notwehrsituation, in welcher der Handelnde ohne Sorgfaltsverstoß irrtümlich vom Vorliegen der Notwehrvoraussetzungen ausgeht, oder wenn er das erforderliche Maß der Notwehr aus Verwirrung, Furcht oder Schrecken überschreitet.

Realakt ist ein tatsächlicher Vorgang, bei dem rechtliche Folgen kraft Gesetzes allein an das Vorhandensein einer tatsächlichen Handlung geknüpft werden;

auf das Vorliegen eines Willens und einer Willensäußerung, gerichtet auf die Herbeiführung eines tatsächlichen oder rechtlichen Erfolgs, kommt es nicht an.

Realofferte ist ein Angebot auf Abschluss eines Vertrages durch Bereitstellung von Leistungen mit der Möglichkeit der Selbstverschaffung.

Rechtsfähigkeit ist die Eigenschaft, Rechtssubjekt – Träger von Rechten und Pflichten – sein zu können.

Rechtsfähiger Verein ist eine auf Dauer angelegte Vereinigung von Personen zur Verfolgung eines gemeinsamen Zwecks, die durch eine körperschaftliche – korporative – Organisationsstruktur gekennzeichnet ist und als solche Träger von Rechten und Pflichten sein kann.

Rechtsgeschäft ist ein Tatbestand, der eine oder mehrere Willenserklärungen zum Inhalt hat und auf die Herbeiführung eines vom Gesetz anerkannten Rechtserfolgs gerichtet ist, wobei unter Umständen weitere Erfordernisse hinzukommen müssen (z. B. Realakt der Übergabe bei der Eigentumsübertragung nach § 929 Satz 1).

Rechtsobjekt bezeichnet Gegenstände, die der rechtlichen Beherrschung durch eine Person unterliegen, d. h. von ihr auf der Grundlage und im Rahmen der objektiven Rechtsordnung genutzt und verwertet werden können.

Rechtsscheinsvollmacht bezeichnet eine Vollmacht, auf deren Bestehen der Geschäftsgegner vertrauen darf, obwohl die Vollmacht nicht oder nicht mehr besteht.

Rechtssubjekt ist derjenige, der Rechte (z. B. Anspruch auf Kaufpreiszahlung gemäß § 433 Abs. 2) und Verpflichtungen (z. B. Verpflichtung zur Kaufpreiszahlung gemäß § 433 Abs. 2) haben kann.

Repräsentationsprinzip bedeutet im Recht der Stellvertretung, dass der Vertreter die rechtsgeschäftlich handelnde Person ist, nicht der Vertretene.

Relative Rechte sind solche subjektiven Rechte, die sich nur gegen bestimmte Personen richten, nur diese sind gegenüber dem Rechtsinhaber verpflichtet und können das Recht verletzen (z. B. Forderungsrecht aus dem Schuldverhältnis).

Sache ist ein körperlicher Gegenstand (§ 90), der sinnlich wahrnehmbar, räumlich abgegrenzt, tatsächlich beherrschbar und nach sachenrechtlichen Grundsätzen übertragbar ist.

Scheingeschäft ist ein Rechtsgeschäft, zu dessen Abschluss die Willenserklärungen nur zum Schein abgegeben werden.

Schikaneverbot bedeutet die Unzulässigkeit der Rechtsausübung, wenn sie nur den Zweck haben kann, einem anderen Schaden zuzufügen (§ 226).

Schwebend unwirksames Rechtsgeschäft: Hierunter wird ein Rechtsgeschäft verstanden, das wegen des Nichtvorliegens einer erforderlichen Wirksamkeitsvoraussetzung im Zeitpunkt seiner Vornahme zunächst nicht den beabsichtigten Rechtserfolg herbeiführt, jedoch durch Nachholung des fehlenden Erfordernisses in Wirksamkeit erstarken kann.

Selbsthilfe ist die nur ausnahmsweise zulässige, eigenmächtige, gewaltsame Durchsetzung oder Sicherung privatrechtlicher Ansprüche, wenn obrigkeitliche Hilfe nicht rechtzeitig zu erlangen ist und ohne sofortiges Eingreifen die Gefahr besteht, dass die Verwirklichung des Anspruchs vereitelt oder wesentlich erschwert wird (§ 229).

Selbstkontrahieren s. Insichgeschäft.

Sicherheitsleistung ist darauf ausgerichtet, den Sicherungsnehmer vor drohenden Rechtsnachteilen zu bewahren.

Sittenwidrigkeit ist ein Verstoß gegen das Anstandsgefühl aller billig und gerecht denkenden Menschen.

Spezialvollmacht ist die Vollmacht, die nur hinsichtlich der Vornahme eines bestimmten Rechtsgeschäftes erteilt wird.

Stellvertretung ist ein rechtliches Institut, wonach die vom Vertreter abgegebene (**aktive Stellvertretung**, § 164 Abs. 1) oder ihm zugegangene (**passive Stellvertretung**, § 164 Abs. 3) Willenserklärung dem Vertretenen so zugerechnet wird, als habe dieser sie selbst abgegeben oder empfangen, d. h. die Rechtsfolgen der Erklärung wirken für und gegen den Vertretenen.

Subjektives Recht ist die einer bestimmten Person auf der Grundlage des objektiven Rechts verliehene und von der Rechtsordnung anerkannte Rechtsposition bzw. Rechtsmacht.

Reale Leistungsbewirkung (Theorie der realen Leistungsbewirkung) bedeutet, dass die Erfüllung einer Schuld kein Rechtsgeschäft ist, bei dem sich Gläubiger und Schuldner über die Annahme einer Leistung als Erfüllung einigen müssen, sondern ein realer Tilgungsakt, durch den der Schuldner von seiner Verpflichtung befreit wird.

Terminbestimmung ist ein rechtlich bedeutsames Datum, an dem eine Handlung vorgenommen werden soll oder eine Rechtswirkung eintritt.

Trennungsprinzip ist ein Prinzip des deutschen Privatrechts, wonach ein Austauschgeschäft in zwei selbständige rechtsgeschäftliche Vorgänge – Verpflichtungsgeschäft und Verfügungsgeschäft – aufgespalten wird.

Treuhandgeschäft ist ein Rechtsgeschäft, bei dem der Treugeber dem Treuhänder Rechte zur Ausübung im eigenen Namen einräumt, mit der Einschränkung, dass der Treuhänder sie nur im Interesse des Treugebers ausüben darf.

Übel (künftiges) ist jeder Nachteil, der geeignet ist, aufgrund seiner Drohwirkung gegenüber dem Erklärenden oder auch einer anderen Person (z. B. Angehörige) den Erklärenden zur Abgabe der gewünschten Willenserklärung zu veranlassen.

Unternehmen ist die organisatorische Einheit personeller, sachlicher und immaterieller Mittel zur Erreichung eines wirtschaftlichen Zwecks.

Unternehmer ist jede natürliche oder juristische Person oder eine mit Rechtsfähigkeit ausgestattete Personengesellschaft, die beim Abschluss eines Rechtsgeschäfts in Ausübung ihrer gewerblichen oder selbständigen beruflichen Tätigkeit handelt (§ 14).

Untervollmacht ist die von dem Hauptvertreter im Namen des Vertretenen erteilte Vollmacht an einen Untervertreter.

Unverbindliche Rechtsgeschäfte sind solche, die keine durchsetzbaren Ansprüche begründen, jedoch für den Fall der Erfüllung einen Erwerbsgrund darstellen.

Urkunde ist eine schriftlich verkörperte und vom Aussteller unterzeichnete Gedankenerklärung.

Venire contra factum proprium (Widersprüchliches Verhalten) bedeutet einen Unterfall der unzulässigen Rechtsausübung, wenn der Berechtigte sich damit zu seinem eigenen früheren Verhalten in Widerspruch setzt (§ 242).

Verbraucher ist jede natürliche Person, die ein Rechtsgeschäft zu einem Zweck abschließt, der weder ihrer gewerblichen noch ihrer selbständigen beruflichen Tätigkeit zugerechnet werden kann (§ 13).

Verfügungsgeschäft ist ein Rechtsgeschäft, dessen rechtlicher Erfolg in einer unmittelbaren Einwirkung auf ein Recht besteht, wobei die Verfügung in der Übertragung eines Rechts, der Belastung eines Rechts, der Aufhebung eines Rechts sowie der Änderung des Inhalts eines Rechts bestehen kann.

Verjährung ist der Zeitablauf, der den Schuldner berechtigt, die Leistung zu verweigern (§§ 194 ff.).

Verjährungsablaufhemmung ist das Verjährungshindernis, wonach unter bestimmten Voraussetzungen das Ende der Verjährung hinaus geschoben wird (§§ 210, 211).

Verjährungshemmung ist das Verjährungshindernis, wonach der Zeitraum, währenddessen die Verjährung gehemmt ist, in die Verjährungsfrist nicht eingerechnet wird (§§ 203–209).

Verlautbarungsirrtum ist ein Inhaltsirrtum, der sich auf den Sinn bzw. die Bedeutung eines von dem Erklärenden verwendeten Begriffs, mit dem der Gegenstand des Rechtsgeschäfts bezeichnet werden soll, bezieht.

Vermögen ist die Summe aller geldwerten Rechte und Güter einer Person.

Vernehmungstheorie besagt, dass die gegenüber einem anwesenden Empfänger mündlich oder konkludent abgegebene Willenserklärung nur dann zugeht und wirksam wird, wenn sie der Empfänger wahrgenommen hat.

Verpflichtungsgeschäft ist ein Rechtsgeschäft, dessen rechtlicher Erfolg darin besteht, dass eine Person gegenüber einer anderen zu einer Leistung verpflichtet wird (Tun oder Unterlassen).

Versteckter Dissens (Versteckter Einigungsmangel) liegt vor, wenn sich die Parteien bei einem Vertrag, den sie als geschlossen ansehen, über einen Punkt, über den eine Vereinbarung getroffen werden sollte, in Wirklichkeit nicht geeinigt haben (§ 155).

Versteckter Einigungsmangel s. versteckter Dissens.

Verteidigungsnotstand (defensiver Notstand) ist ein Fall der Selbstverteidigung, wenn eine fremde Sache beschädigt oder zerstört wird, um eine von der Sache ausgehende Gefahr von sich oder einem Dritten abzuwenden, und die Beschädigung oder die Zerstörung zur Abwendung der Gefahr erforderlich ist und der Schaden nicht außer Verhältnis zu der Gefahr steht (§ 228 Satz 1).

Vertrag ist der Hauptfall des mehrseitigen Rechtsgeschäfts, für dessen rechtserhebliche Wirkung i. S. d. Bindung der Vertragsparteien mit bestimmtem Inhalt mindestens zwei übereinstimmende Willenserklärungen verschiedener Personen gegeben sein müssen.

Vertragslücke bezeichnet die Unvollständigkeit des Vertrages, die dann vorliegt, wenn der Vertrag innerhalb des durch diesen gedeckten Rahmens oder innerhalb der wirklich gewollten Vereinbarungen ergänzungsbedürftig ist.

Vertrauensschaden (Negatives Interesse) sind solche Vermögensnachteile, die dem Geschädigten im Vertrauen auf die Gültigkeit einer Willenserklärung entstanden sind (z. B. § 122).

Vertretungsmacht ist die Berechtigung des Vertreters, Rechtsgeschäfte gegenüber Dritten mit Wirkung für und gegen den Vertretenen zu tätigen.

Verwirkung eines Rechts bedeutet die Unzulässigkeit der Rechtsausübung, wenn das Recht längere Zeit nicht geltend gemacht wird und für den Schuldner der schutzwürdige Eindruck entstanden ist, es würde auch in der Zukunft nicht geltend gemacht.

Vollmacht ist eine empfangsbedürftige Willenserklärung, durch die der Vertretene den Vertreter mit rechtsgeschäftlich begründeter Vertretungsmacht ausstattet.

Vorsorgliche Anfechtung s. Eventualanfechtung.

Widerruf ist eine empfangsbedürftige Willenserklärung, mittels derer die Rücknahme einer bereits abgegeben Willenserklärung erfolgt.

Widersprüchliches Verhalten s. venire contra factum propium.

Widerrufsrecht des Verbrauchers ist ein Gestaltungsrecht des Verbrauchers, dessen fristgerechte Ausübung ein bestehendes Schuldverhältnis in ein Rückgewährschuldverhältnis umwandelt, indem die Beteiligten bereits erbrachte Leistungen einander Zug um Zug zurückgewähren müssen (§ 355).

Willenserklärung ist die Äußerung eines auf die Herbeiführung eines bestimmten Rechtserfolgs auf dem Gebiet des Privatrechts gerichteten Willens.

Wollensbedingung ist keine Bedingung im Rechtssinne, vielmehr wird das Zustandekommen eines Rechtsgeschäfts in das Belieben einer Vertragspartei gestellt.

Zufallsbedingung ist eine Bedingung, auf dessen Eintritt die Parteien bzw. Beteiligten eines Rechtsgeschäfts keinen Einfluss haben.

Zugang der Willenserklärung ist neben der Abgabe Voraussetzung für das Wirksamwerden einer empfangsbedürftigen Willenserklärung (zum Zugang gegenüber Abwesenden s. Empfangstheorie; zum Zugang gegenüber Anwesenden s. Wahrnehmungstheorie).

Zustimmung ist die Erklärung des Einverständnisses eines Dritten zu einem von einer anderen Person vorgenommenen Rechtsgeschäft, das nur mit Zustimmung des Dritten (**Einwilligung** oder **Genehmigung**) Wirksamkeit entfalten kann (§§ 182 ff.).

Sachverzeichnis

Das Sachverzeichnis verweist auf die Randnummern.

Sachverzeichnis

Sachverzeichnis

11., überarb. Auflage 2010
356 Seiten. Kart. € 19,90
ISBN 978-3-17-021414-9
Urban Taschenbücher, Band 20

Karl Engisch

Einführung in das juristische Denken

Die 1956 erstmals erschienene „Einführung in das juristische Denken" von Karl Engisch gehört mittlerweile zu den „Klassikern" der rechtswissenschaftlichen Literatur. In acht Kapiteln werden vor allem Grundsatzfragen der Methodenlehre, aber auch der Rechtsphilosophie in Auseinandersetzung mit den geistigen Strömungen des zwanzigsten Jahrhunderts abgehandelt. Zielsetzung dieses Buches ist es, dem Rechtsstudenten wie auch dem interessierten Laien die geheimnisvolle und bisweilen suspekte Logik und Methodik des juristischen Denkens nahezubringen.

Die Herausgeber:
Prof. Dr. Thomas Würtenberger, Rechtswissenschaftliche Fakultät der Universität Freiburg; **Dr. Dirk Otto**, Promotion und Publikationen im Bereich der Staatsphilosophie.

W. Kohlhammer GmbH · 70549 Stuttgart
Tel. 0711/7863 - 7280 · Fax 0711/7863 - 8430 · www.kohlhammer.de